ANÁLISE NUMÉRICA

Dados Internacionais de Catalogação na Publicação (CIP)
(Câmara Brasileira do Livro, SP, Brasil)

Burden, Richard L.
Análise numérica / Richard L. Burden, J. Douglas Faires ; Annette M. Burden ; tradução All Tasks ; revisão técnica Helena Maria Ávila de Castro. - 3. ed. São Paulo : Cengage Learning, 2022.

Título original: Numerical analysis
3. reimpr. da 3. ed. brasileira de 2016.
Bibliografia
ISBN 978-85-221-2340-7

1. Análise numérica I. Faires, J. Douglas.
II. Burden, Annette M. III. Título.

15-09093 CDD-515

Índice para catálogo sistemático:

1. Análise numérica : Matemática 515

ANÁLISE NUMÉRICA

Tradução da 10ª edição norte-americana

Richard L. Burden
Youngstown State University

J. Douglas Faires
Youngstown State University

Annette M. Burden
Youngstown State University

Tradução
All Tasks e Helena Maria Ávila de Castro

Revisão Técnica
Helena Maria Ávila de Castro
Professora Doutora do Instituto de Matemática e Estatística da Universidade de São Paulo (IME-SP)

CENGAGE

Austrália • Brasil • México • Cingapura • Reino Unido • Estados Unidos

CENGAGE

Análise numérica
Tradução da 10ª edição norte-americana
3ª edição brasileira
Richard L. Burden, Douglas J. Faires e
Annette M. Burden

Gerente Editorial: Noelma Brocanelli

Editora de Desenvolvimento: Salete Del Guerra

Editora de Aquisição: Guacira Simonelli

Supervisora de Produção Gráfica: Fabiana Alencar

Especialista em Direitos Autorais: Jenis Oh

Título Original: Numerical Analysis, Tenth Edition

ISBN 13: 978-1-305-25366-7

ISBN 10: 1-305-25366-3

Tradução: All Tasks e Helena Maria Ávila de Castro

Revisão Técnica: Helena Maria Ávila de Castro

Revisão: Tatiana Tanaka, Vera Lúcia Pereira e Mônica de Aguiar Rocha

Projeto Gráfico e Diagramação: Triall Composição Editorial Ltda.

Indexação: Joana Figueiredo

Capa: Buono Disegno

Imagem de capa: Vilmos Varga/Shutterstock

Para informações sobre nossos produtos, entre em contato pelo telefone
0800 11 19 39
Para permissão de uso de material desta obra, envie seu pedido para
direitosautorais@cengage.com

ISBN 13: 978-85-221-2340-7
ISBN 10: 85-221-2340-3

Cengage Learning
Condomínio E-Business Park
Rua Werner Siemens, 111 – Prédio 11 – Torre A – Conjunto 12
Lapa de Baixo – CEP 05069-900 – São Paulo – SP
Tel.: (11) 3665-9900 Fax: (11) 3665-9901
SAC: 0800 11 19 39

Para suas soluções de curso e aprendizado, visite
www.cengage.com.br

Impresso no Brasil
Printed in Brazil
3. reimpr. – 2022

Esta edição é dedicada à memória de
J. Douglas Faires.
Doug foi um amigo, colega e coautor por mais de 40 anos .
Sentiremos, com pesar, sua falta.

Prefácio

Sobre o texto

Este livro foi elaborado para uma sequência de cursos sobre a teoria e aplicação de técnicas de aproximação numérica. Ele foi desenvolvido principalmente para estudantes de matemática, ciências e engenharia que tenham completado pelo menos o primeiro ano da sequência-padrão de cálculo da faculdade. A familiaridade com os fundamentos da álgebra matricial e equações diferenciais é útil, mas apresentamos o material introdutório destes tópicos de modo que não haja necessidade de tais cursos serem pré-requisitos.

As edições anteriores de *Análise numérica* foram utilizadas em uma ampla variedade de situações. Em alguns casos, a análise matemática subjacente ao desenvolvimento de técnicas de aproximação foi mais enfatizada que os próprios métodos; em outros, a ênfase foi contrária. O livro também foi utilizado como referência principal em disciplinas iniciais de pós-graduação em programas de engenharia, matemática e ciência da computação e nas disciplinas de primeiro ano em cursos de análise introdutória oferecidos em universidades internacionais. Adaptamos o livro para se adequar a esses diversos usuários sem comprometer nosso propósito original:

Introduzir técnicas modernas de aproximação; explicar como, por que e quando pode se esperar que elas funcionem; e fornecer uma base para estudo posterior de análise numérica e computação científica.

A obra contém material suficiente para, pelo menos, um ano completo de estudo, mas sabemos que muitos professores utilizam o texto para uma disciplina de apenas um semestre. Em uma disciplina de um semestre, os estudantes aprendem a identificar os tipos de problemas que requerem técnicas numéricas para sua solução e veem exemplos da propagação de erro que pode ocorrer quando métodos numéricos são aplicados. Eles aproximam com precisão a solução de problemas que não podem ser resolvidos exatamente e aprendem técnicas típicas para fazer estimativas de limitantes de erro para as aproximações. O restante do texto, então, serve como referência para métodos que não foram considerados no curso. Tanto o curso de um ano como o de um semestre é consistente com os propósitos do texto.

Quase todos os conceitos são ilustrados por exemplos, e esta edição contém aproximadamente 2 500 exercícios testados em sala de aula que vão desde aplicações elementares de métodos e algoritmos a generalizações e extensões da teoria deles. Além disso, os conjuntos de exercícios incluem numerosos problemas aplicados de diversas áreas da engenharia, bem como das ciências físicas, computacionais, biológicas e sociais. As aplicações escolhidas demonstram de forma clara e concisa como as técnicas numéricas podem e, frequentemente, precisam ser aplicadas em situações da vida real.

Vários pacotes de software, conhecidos como Sistemas de Computação Algébrica (SCA), foram desenvolvidos para produzir cálculos matemáticos simbólicos. O Maple©, o Mathematica© e o MATLAB são predominantes entre eles no ambiente acadêmico. As versões desses pacotes de softwares para estudantes estão disponíveis a preços razoáveis para os sistemas computacionais mais comuns. Além disso, agora está disponível o Sage, um sistema de domínio público. Informações sobre esse sistema podem ser encontradas no site

http://www.sagemath.org

Embora haja diferenças significativas entre os pacotes, tanto no desempenho quanto no preço, todos podem executar operações padrão de álgebra e de cálculo.

Os resultados, na maior parte de nossos exemplos e exercícios, foram gerados usando problemas para os quais é possível determinar valores exatos, pois isso permite que se monitore melhor o desempenho do método de aproximação. Além disso, em muitas técnicas numéricas a análise de erro requer a limitação de uma derivada ordinária ou parcial de uma função, o que pode ser uma tarefa tediosa e não particularmente instrutiva, uma vez que as técnicas do cálculo tenham sido dominadas. Assim, ter um pacote de computação simbólica disponível pode ser muito útil no estudo de técnicas de aproximação, uma vez que soluções exatas podem frequentemente ser obtidas facilmente por meio da computação simbólica. As derivadas podem ser obtidas simbolicamente de modo rápido, e um pouco de discernimento em geral permite que a computação simbólica ajude também no processo de limitação.

Desde nossa primeira edição, introduzimos um recurso que era inovador e um tanto controverso. Em vez de apresentar nossas técnicas de aproximação em uma linguagem de programação específica (FORTRAN dominava na época), fornecemos algoritmos em pseudocódigo, que resultariam em um programa bem estruturado em várias linguagens.

Respostas dos exercícios no site

Nesta edição estão disponíveis, para professores e alunos, as respostas dos exercícios selecionados na página do livro, no site da Cengage em www.cengage.com.br.

Novidades desta edição

Há mais de 35 anos foi publicada a primeira edição deste livro. Isso ocorreu na década posterior aos principais avanços nas técnicas numéricas. Esses avanços foram o reflexo da ampla disponibilidade dos equipamentos computacionais. Em cada uma de nossas revisões do livro, adicionamos novas técnicas na tentativa de manter nossa abordagem atualizada. Para manter essa tendência, precisamos fazer diversas mudanças significativas para esta edição:

- Alguns dos exemplos do livro foram reescritos para enfatizar melhor o problema a ser resolvido antes de dar a solução. Foram acrescentados alguns passos em alguns dos exemplos para mostrar explicitamente os cálculos necessários nos primeiros passos do processo iterativo. Isso dá ao leitor uma opção de testar e debug os programas que escreverem para problemas similares aos exemplos.

- Os exercícios dos capítulos foram divididos em computacionais, aplicados e teóricos para dar ao professor maior flexibilidade ao passar as lições de casa. Em quase todas as situações computacionais, os exercícios foram emparelhados de modo par-ímpar. As respostas para os exercícios ímpares estão disponíveis na página do livro no site da Editora, de modo que se os problemas pares forem dados como lição de casa, os estudantes poderão trabalhar nos problemas ímpares e verificar suas respostas antes de fazer os problemas pares.
- Muitos exercícios aplicados novos foram adicionado ao texto.
- Foram adicionadas questões para discussão depois de cada capítulo, principalmente para o uso do professor nos cursos online.
- A última seção de cada capítulo mudou de nome e foi dividida em quatro subseções: Software numérico, Questões para discussão, Conceitos-chaves e Revisão do Capítulo. Muitas dessas questões para discussão direcionam o estudante para áreas modernas de pesquisa em desenvolvimento de software.
- Partes do texto foram reorganizadas para facilitar os cursos online.
- O material bibliográfico foi atualizado para refletir novas edições dos livros que são referências. Foram adicionadas novas fontes que não estavam disponíveis anteriormente.

Como sempre em nossas revisões, cada sentença foi examinada para verificar se ela foi construída de maneira a refletir melhor o que estamos tentando descrever.

Linhas gerais de curso sugeridas

O livro *Análise Numérica* foi desenvolvido para permitir flexibilidade aos professores tanto na escolha dos tópicos quanto no nível de rigor teórico e na ênfase nas aplicações. Em conformidade com esses objetivos, fornecemos referências detalhadas para os resultados que não são demonstrados no texto e para as aplicações que são usadas para indicar a importância prática dos métodos. Os textos de referências citados são aqueles com mais probabilidade de serem encontrados nas bibliotecas da faculdade e foram atualizados para refletir as edições recentes. Também incluímos referências de trabalhos de pesquisa originais, quando entendemos que esse material era acessível ao nosso público-alvo. Todo o material citado foi indexado para a posição apropriada no texto e foram incluídas as informações de chamada de material de referência (por exemplo: [AHU, p. 252-269]) para permitir uma fácil localização em buscas por material em bibliotecas.

O seguinte fluxograma indica os pré-requisitos dos capítulos. A maioria das sequências que podem ser geradas deste gráfico foi testada pelos autores na Youngstown State University.

O material dessa edição permite que os professores preparem um curso de graduação em álgebra linear numérica para alunos que não tenham estudado análise numérica anteriormente. Isso pode ser feito cobrindo os Capítulos 1, 6, 7 e 9.

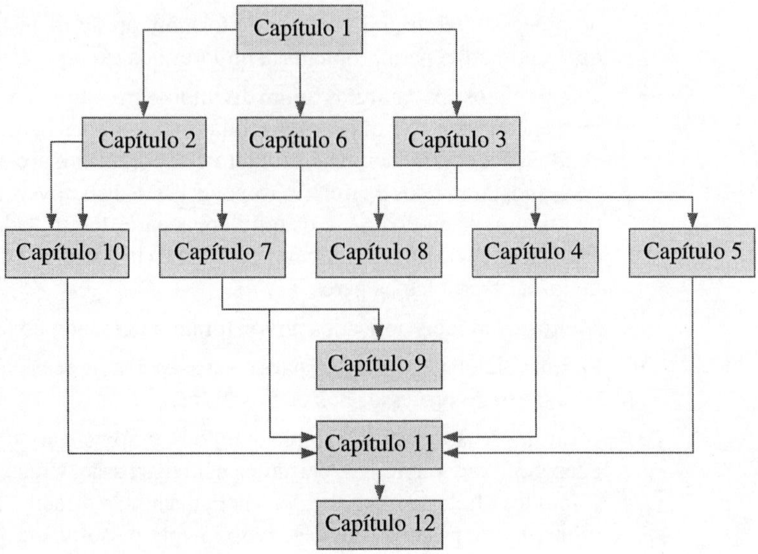

Agradecimentos

Tivemos a felicidade de contar com a impressão de muitos de nossos estudantes e colegas sobre as edições anteriores deste livro e levamos todos os comentários muito a sério. Tentamos incluir todas as sugestões que complementam a filosofia do livro e somos extremamente gratos a todos aqueles que reservaram um tempo para nos contatar durante esses anos e sugerir formas de melhorar as versões subsequentes.

Gostaríamos de agradecer particularmente os seguintes, cujas sugestões usamos nesta edição e também nas anteriores.

Douglas Carter
John Carroll, Dublin University
Yavuz Duman, T.C. Istanbul Kultur Universitesi
Neil Goldman,
Christopher Harrison,
Teryn Jones, Youngstown State University
Aleksandar Samardzic, University of Belgrade
Mikhail M. Shvartsman, University of St. Thomas
Dennis C. Smolarski, Santa Clara University
Dale Smith, Comcast

Gostaríamos de agradecer à dra Barbara T. Faires, por sua cooperação em nos fornecer os materiais necessários para tornar possível essa revisão. Sua benevolência em uma época tão difícil foi muito valiosa .

Como foi nossa prática nas edições anteriores, utilizamos a ajuda de estudantes da Youngstown State University na preparação da décima edição. Agradecemos a Teryn Jones que trabalhou nos aplicativos Java. Gostaríamos de agradecer a Edward R. Burden, um estudante de doutorado em Engenharia Elétrica na Ohio State University, que tem verificado todos os problemas aplicados e material novo do texto. Gostaríamos também de expressar gratidão aos nossos colegas de faculdade e à administração da

Youngstown State University por nos fornecer a oportunidade e as instalações para concluirmos este projeto.

Por fim, gostaríamos de agradecer a algumas pessoas que trouxeram contribuições significativas à história dos métodos numéricos. Herman H. Goldstine escreveu um livro excelente, intitulado *A History of Numerical A nalysis from the 16th Through the 19th Century* [Golds]. Outra fonte excelente de conhecimento matemático histórico é o arquivo MacTutor History of Mathematics na University of St. Andrews, Escócia. Ele foi criado por John J. O'Connor e Edmund F. Robertson e encontra-se no seguinte endereço da Internet:

http://www-gap.dcs.st-and.ac.uk/~history/

Uma quantidade incrível de trabalho foi consumida para a criação do material desse site e consideramos as informações verdadeiramente precisas. Finalmente, agradecemos a todos que contribuíram com a Wikipedia, agregando sua experiência ao site para que outros pudessem se beneficiar de seu conhecimento.

Para concluir, agradecemos novamente àqueles que despenderam tempo e esforços para nos contatar durante esses anos. É maravilhoso contar com tantos estudantes e docentes que utilizaram nosso livro como seu primeiro contato com os métodos numéricos. Esperamos que esta edição dê continuidade a este intercâmbio e aumente o prazer dos estudantes no aprendizado da análise numérica. Se tiver sugestões para a melhora de edições futuras deste livro, seríamos gratos, como sempre, por seus comentários. Podemos ser contatados mais facilmente por correio eletrônico nos endereços listados abaixo.

Richard L. Burden
rlburden@ysu.edu
Annette M. Burden
amburden@ysu.edu

Sumário

CAPÍTULO 1

Preliminares matemáticos e análise de erros

Introdução

Nos cursos iniciais de química, vemos a *lei dos gases ideais*:

$$PV = NRT,$$

a qual relaciona a pressão P, o volume V, a temperatura T e o número de moles N de um gás "ideal". Nessa equação, R é uma constante que depende do sistema de medidas.

Suponha que duas experiências sejam conduzidas para testar essa lei, usando o mesmo gás em cada caso. Na primeira experiência,

$$P = 1{,}00 \text{ atm}, \qquad V = 0{,}100 \text{ m}^3,$$
$$N = 0{,}00420 \text{ mol}, \qquad R = 0{,}08206.$$

A lei dos gases ideais prevê que a temperatura do gás seja

$$T = \frac{PV}{NR} = \frac{(1{,}00)(0{,}100)}{(0{,}00420)(0{,}08206)} = 290{,}15 \text{ K} = 17\ °\text{C}.$$

Quando medimos a temperatura do gás, descobrimos que a temperatura verdadeira é de 15 °C.

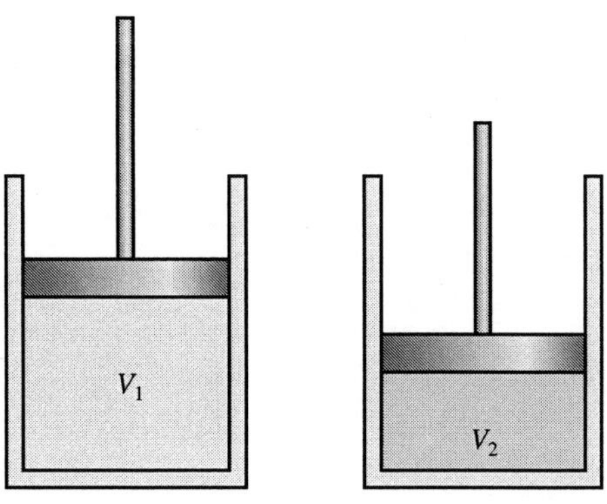

Então, repetimos a experiência usando os mesmos valores de R e N, mas aumentamos a pressão por um fator 2 e reduzimos o volume pelo mesmo fator. Já que o produto PV continua o mesmo, a temperatura prevista ainda é de 17 °C, mas descobrimos que a temperatura real do gás é agora de 19 °C.

Claramente, a lei dos gases ideais é duvidosa, mas antes de concluir que a lei é inválida nessa situação, deveríamos examinar os dados para ver se o erro pode ser atribuído aos resultados experimentais. Se assim for, devemos ser capazes de determinar quão mais precisos os resultados experimentais deveriam ser para garantir que um erro dessa ordem não ocorresse.

A análise dos erros envolvidos no cálculo é um tópico importante na análise numérica e é apresentada na Seção 1.2. Essa aplicação particular é considerada no Exercício 26 daquela seção.

Este capítulo contém um breve resumo daqueles tópicos do cálculo elementar de uma variável que serão necessários nos capítulos posteriores. Um conhecimento sólido de cálculo é essencial para um entendimento da análise de técnicas numéricas, e uma revisão mais completa pode ser necessária para aqueles que estiverem afastados deste assunto por algum tempo. Além disso, há uma introdução à convergência, análise de erros, representação dos números pela máquina e algumas técnicas para categorizar e minimizar os erros computacionais.

1.1 Revisão de cálculo

Limites e continuidade

Os conceitos de *limite* e *continuidade* de uma função são fundamentais no estudo do cálculo e formam a base da análise das técnicas numéricas.

Definição 1.1 Uma função f definida em um conjunto X de números reais tem o **limite** L em x_0, escrito como

$$\lim_{x \to x_0} f(x) = L,$$

se, dado qualquer número real $\varepsilon > 0$, existe um número real $\delta > 0$, tal que

$$|f(x) - L| < \varepsilon, \quad \text{sempre que} \quad x \in X \quad \text{e} \quad 0 < |x - x_0| < \delta.$$

(Veja a Figura 1.1.) ■

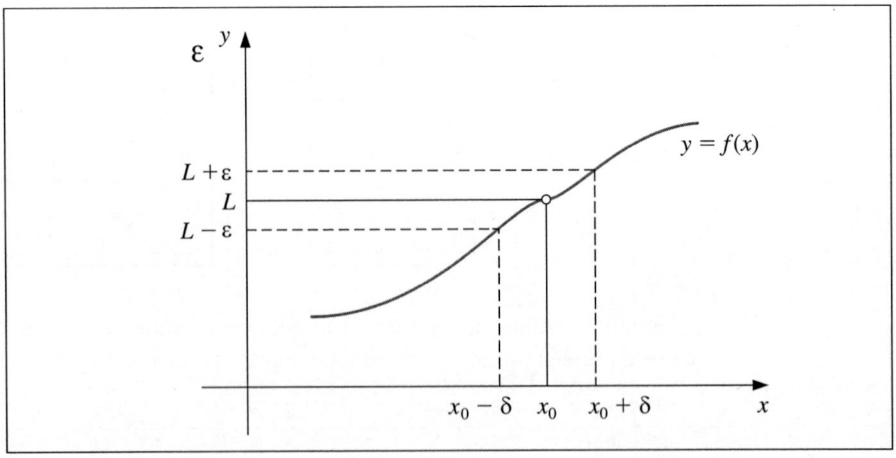

Figura 1.1

Os conceitos básicos de cálculo e suas aplicações foram desenvolvidos no final do século XVII e início do século XVIII, mas os conceitos matemáticos precisos de limite e continuidade não foram definidos até a época de Augustin Louis Cauchy (1789-1857), Heinrich Eduard Heine (1821-1881) e Karl Weierstrass (1815-1897) no final do século XIX.

Definição 1.2 Seja f uma função definida em um conjunto X de números reais e $x_0 \in X$. Então f é **contínua** em x_0 se

$$\lim_{x\to x_0} f(x) = f(x_0).$$

A função f é **contínua no conjunto** X se for contínua em cada número de X. ■

$C(X)$ denota o conjunto de todas as funções que são contínuas no conjunto X. Quando X é um intervalo da reta real, os parênteses nessa notação são omitidos. Por exemplo, o conjunto de todas as funções contínuas no intervalo fechado $[a, b]$ é denotado por $C[a, b]$. O símbolo $\mathbb{R}$ denota o conjunto dos números reais que tem também a notação de intervalo $(-\infty, \infty)$. Assim, o conjunto de todas as funções que são contínuas em todo número real é denotado por $C(\mathbb{R})$ ou por $C(-\infty, \infty)$.

O *limite de uma sequência* de números reais ou complexos é definido de maneira análoga.

Definição 1.3 Seja $\{x_n\}_{n=1}^{\infty}$ uma sequência infinita de números reais. A sequência tem o **limite** x (**converge para** x) se, para qualquer $\varepsilon > 0$, existe um número inteiro $N(\varepsilon)$, tal que $|x_n - x| < \varepsilon$, sempre que $n > N(\varepsilon)$. A notação

$$\lim_{n\to\infty} x_n = x \qquad \text{ou} \qquad x_n \to x \qquad \text{quando} \qquad n \to \infty,$$

significa que a sequência $\{x_n\}_{n=1}^{\infty}$ converge para x. ■

Teorema 1.4 Se f é uma função definida no conjunto X de números reais e $x_0 \in X$, então as seguintes afirmações são equivalentes:

a. f é contínua em x_0;
b. Se $\{x_n\}_{n=1}^{\infty}$ for qualquer sequência em X convergindo para x_0, então o $\lim_{n\to\infty} f(x_n) = f(x_0)$. ■

As funções que considerarmos ao discutir os métodos numéricos supostas como contínuas, já que isso é um requisito mínimo para um comportamento previsível. Funções que não são contínuas podem pular pontos de interesse, o que pode causar dificuldade na tentativa de aproximar uma solução de um problema.

Diferenciabilidade

Hipóteses mais sofisticadas sobre uma função geralmente levam a uma melhor aproximação dos resultados. Por exemplo, uma função com um gráfico liso normalmente vai comportar-se de maneira mais previsível que aquela com numerosas características irregulares. A condição de ser lisa baseia-se no conceito da derivada.

Definição 1.5 Seja f uma função definida em um intervalo aberto contendo x_0. A função f é **diferenciável** em x_0 se

$$f'(x_0) = \lim_{x \to x_0} \frac{f(x) - f(x_0)}{x - x_0}$$

existe. O número $f'(x_0)$ é chamado **derivada** de f em x_0. Uma função que tem uma derivada em cada número do conjunto X é **diferenciável** em X. ■

A derivada de f em x_0 é a inclinação da reta tangente ao gráfico de f em $(x_0, f(x_0))$, como mostrado na Figura 1.2.

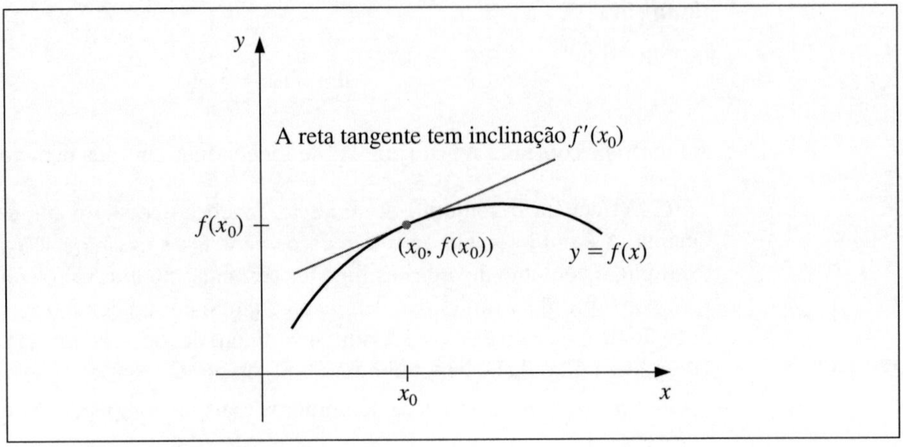

Figura 1.2

▶**Teorema 1.6** Se a função f for diferenciável em x_0, então f será contínua em x_0. ■

Os próximos teoremas são de fundamental importância nos métodos de dedução da estimativa de erro. As demonstrações desses teoremas e dos outros resultados sem referências nesta seção podem ser encontradas em qualquer texto padrão de cálculo.

O conjunto de todas as funções que têm n derivadas contínuas em X é denotado por $C^n(X)$, e o conjunto das funções que têm derivadas de todas as ordens em X é denotado por $C^\infty(X)$. Funções polinomiais, racionais, trigonométricas, exponenciais e logarítmicas estão em $C^\infty(X)$, onde X consiste em todos os números para os quais as funções estão definidas. Quando X for um intervalo da reta real, omitiremos novamente os parênteses nessa notação.

O teorema atribuído a Michel Rolle (1652-1719) apareceu em 1691 em um artigo intitulado *Méthode pour résoundre les ègalites.* Rolle, originalmente, criticou o cálculo desenvolvido por Isaac Newton e Gottfried Leibniz, mas depois tornou-se um de seus defensores.

▶**Teorema 1.7** **(Teorema de Rolle)**

Suponha que $f \in C[a, b]$ e que f seja diferenciável em (a, b). Se $f(a) = f(b)$, então existe um número c em (a, b) com $f'(c) = 0$. (Veja a Figura 1.3.) ■

▶**Teorema 1.8** **(Teorema do valor médio)**

Se $f \in C[a, b]$ e f for diferenciável em (a, b), então existe um número c em (a, b) com (Veja Figura 1.4.)

$$f'(c) = \frac{f(b) - f(a)}{b - a}.$$ ■

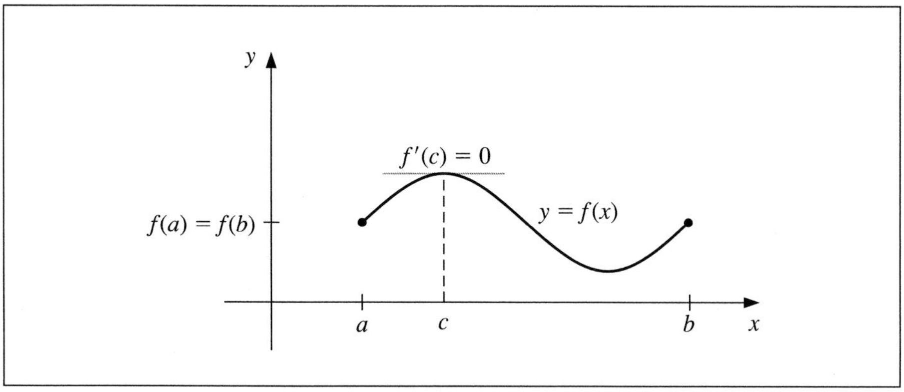

Figura 1.3

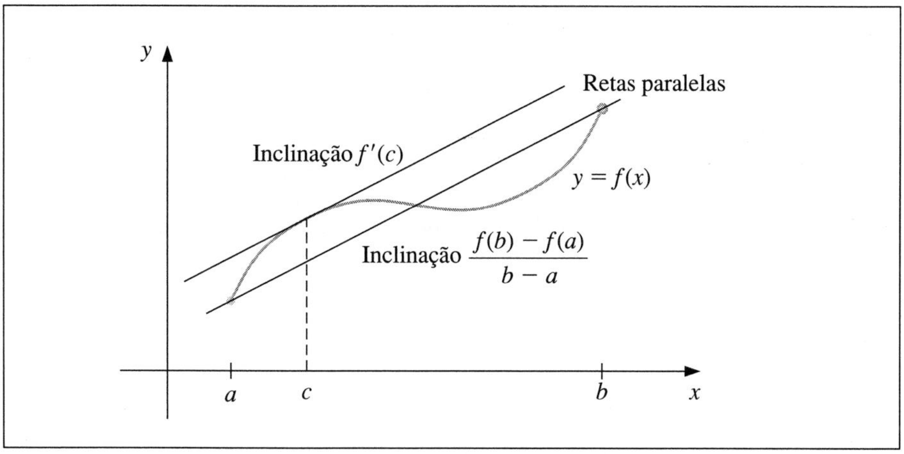

Figura 1.4

▶Teorema 1.9 (Teorema do valor extremo)

Se $f \in C[a, b]$, então existem $c_1, c_2 \in [a, b]$ com $f(c_1) \leq f(x) \leq f(c_2)$, para todo $x \in [a, b]$. Além disso, se f for diferenciável em (a, b), então os números c_1 e c_2 ocorrem nas extremidades de $[a, b]$ ou nos pontos para os quais f' for zero. (Veja a Figura 1.5.) ■

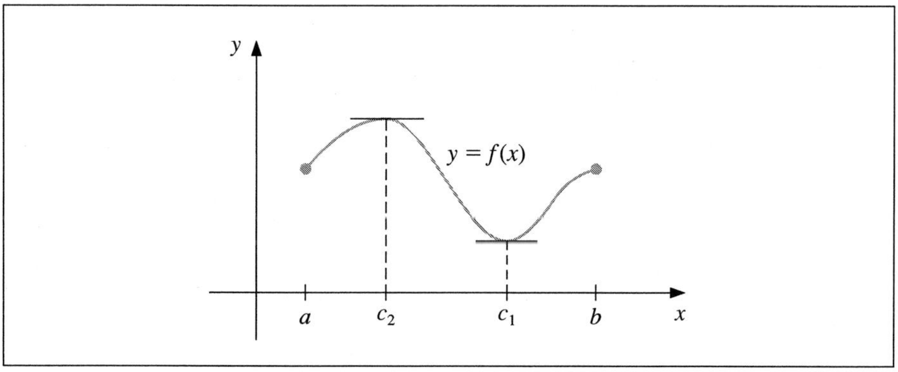

Figura 1.5

EXEMPLO 1 Encontre os valores mínimo e máximo absolutos de

$$f(x) = 2 - e^x + 2x$$

nos intervalos **(a)** [0, 1] e **(b)** [1, 2].

Solução Começamos derivando $f(x)$ para obter

$$f'(x) = -e^x + 2.$$

Temos que $f'(x) = 0$ quando $-e^x + 2 = 0$ ou, equivalentemente, quando $e^x = 2$. Tomando o logaritmo natural em ambos os lados da equação, obtemos

$$\ln(e^x) = \ln(2) \text{ ou } x = \ln(2) \approx 0{,}69314718056$$

(a) Quando o intervalo é [0,1], os extremos absolutos devem ocorrer em $f(0)$, $f(\ln(2))$ ou $f(1)$. Calculando, temos

$$f(0) = 2 - e^0 + 2(0) = 1$$
$$f(\ln(2)) = 2 - e^{\ln}(2) + 2\ln(2) = 2\ln(2) \approx 1{,}38629436112$$
$$f(1) = 2 - e + 2(1) = 4 - e \approx 1{,}28171817154.$$

Logo, o mínimo absoluto de $f(x)$ em [0,1] é $f(0) = 1$, e o máximo absoluto é $f(\ln(2)) = 2\ln(2)$.

(b) Quando o intervalo é [1, 2], sabemos que $f'(x) \neq 0$ de modo que os extremos absolutos ocorrem em $f(1)$ e $f(2)$. Mas, $f(2) = 2 - e^2 + 2(2) = 6 - e^2 \approx -1{,}3890560983$. Assim, o mínimo absoluto em [1, 2] é $6 - e^2$ e o máximo absoluto é 1.

Observamos que

$$\max_{0 \le x \le 2} |f(x)| = |6 - e^2| \approx 1.3890560983.$$ ■

O teorema a seguir não é geralmente apresentado em um curso básico de cálculo, mas é deduzido pela aplicação do Teorema de Rolle sucessivamente a $f, f', \ldots$ e, finalmente, a $f^{(n-1)}$. Este resultado é considerado no Exercício 26.

▶ Teorema 1.10 (Teorema de Rolle generalizado)

Suponha que $f \in C[a, b]$ seja n vezes diferenciável em (a, b). Se $f(x) = 0$ em $n + 1$ números distintos $a \le x_0 < x_1 < \ldots < x_n \le b$, então existe um número c em (x_0, x_n) e portanto em (a, b) com $f^{(n)}(c) = 0$. ■

Usaremos frequentemente o teorema do valor intermediário. Embora seu enunciado pareça razoável, sua demonstração está além do escopo do curso usual de cálculo. Ele pode, entretanto, ser encontrado na maioria dos textos de análise (veja, por exemplo, [Fu], pg. 67).

▶ Teorema 1.11 (Teorema do valor intermediário)

Se $f \in C[a, b]$ e K é qualquer número entre $f(a)$ e $f(b)$, então existe um número c em (a, b) para o qual $f(c) = K$. ■

A Figura 1.6 mostra uma escolha do número cuja existência é garantida pelo teorema do valor intermediário. Neste exemplo, existem outras duas possibilidades.

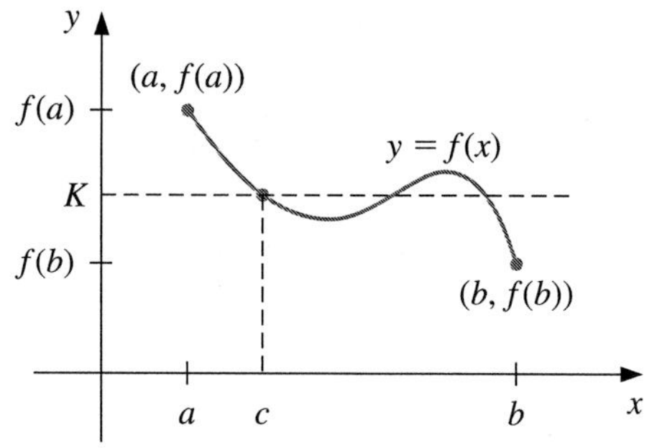

Figura 1.6

EXEMPLO 2 Mostre que $x^5 - 2x^3 + 3x^2 - 1 = 0$ tem uma solução no intervalo [0,1].

Solução Considere a função definida por $f(x) = x^5 - 2x^3 + 3x^2 - 1$. A função f é contínua em [0,1]. Além disso,

$$f(0) = -1 < 0 \quad \text{e} \quad 0 < 1 = f(1).$$

Portanto, o teorema do valor intermediário implica que existe um número c, com $0 < c < 1$, para o qual $c^5 - 2c^3 + 3c^2 - 1 = 0$. ■

Como visto no Exemplo 2, o teorema do valor intermediário é usado para determinar quando existem soluções para certos problemas. Entretanto, ele não fornece uma maneira eficiente de encontrar estas soluções. Este tópico será considerado no Capítulo 2.

Integração

O outro conceito básico de cálculo que usamos extensivamente é a integral de Riemann.

Definição 1.12 A **integral de Riemann** da função f no intervalo $[a, b]$ é o limite seguinte, desde que ele exista:

$$\int_a^b f(x)\, dx = \lim_{\max \Delta x_i \to 0} \sum_{i=1}^{n} f(z_i)\, \Delta x_i,$$

onde os números $x_0, x_1, \ldots, x_n$ satisfazem $a = x_0 \leq x_1 \leq \ldots \leq x_n = b$ e onde $\Delta x_i = x_i - x_{i-1}$, para cada $i = 1, 2, \ldots, n$ e z_i é arbitrariamente escolhido no intervalo $[x_{i-1}, x_i]$. ■

George Friedrich Bernhard Riemann (1826-1866) fez muitas das importantes descobertas que classificam as funções que têm integrais. Ele também tem trabalhos fundamentais na geometria e na teoria das funções complexas e é respeitado como um dos mais profundos matemáticos do século XIX.

Uma função f que é contínua em um intervalo $[a, b]$ também é integrável, segundo Riemann, em $[a, b]$. Isso permite escolher, para conveniência de cálculo, que os pontos x_i sejam igualmente espaçados em $[a, b]$ e, para cada $i = 1, 2, \ldots, n$, escolher $z_i = x_i$. Nesse caso,

$$\int_a^b f(x)\, dx = \lim_{n \to \infty} \frac{b-a}{n} \sum_{i=1}^{n} f(x_i),$$

onde os números mostrados na Figura 1.7 como x_i são $x_i = a + i\,(b - a)/n$.

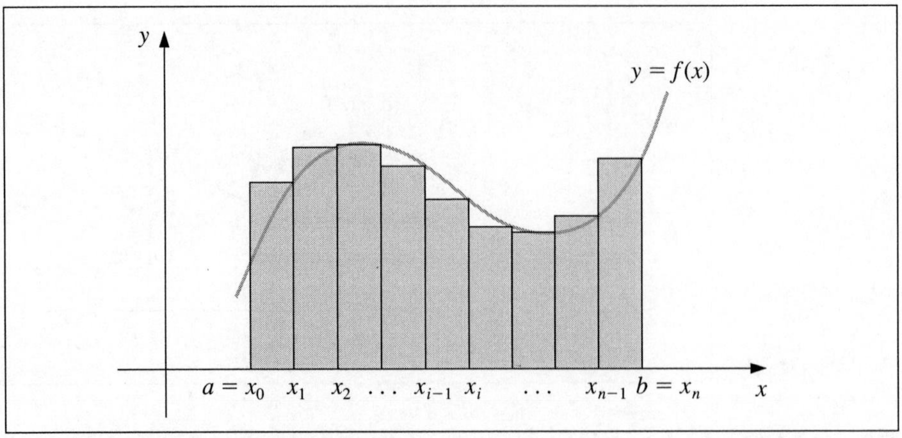

Figura 1.7

Dois outros resultados serão necessários em nosso estudo de análise numérica. O primeiro é uma generalização usual do Teorema do valor médio para integrais.

▶ Teorema 1.13 (Teorema do valor médio para integrais com peso)

Suponha que $f \in C[a, b]$, que a integral de Riemann de g exista em $[a, b]$ e que $g(x)$ não mude de sinal em $[a, b]$. Então, existe um número c em (a, b) tal que

$$\int_a^b f(x)\,g(x)\,dx = f(c)\int_a^b g(x)\,dx. \qquad \blacksquare$$

Quando $g(x) \equiv 1$, o Teorema 1.13 é o teorema do valor médio usual para integrais. Ele fornece o **valor médio** da função f no intervalo $[a, b]$ como (Veja a Figura 1.8.)

$$f(c) = \frac{1}{b-a}\int_a^b f(x)\,dx.$$

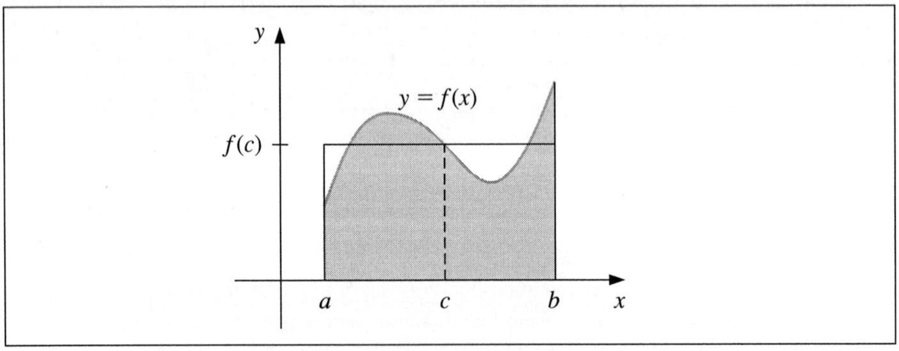

Figura 1.8

A demonstração do Teorema 1.13 geralmente não é apresentada em um curso de cálculo básico, mas pode ser encontrada na maioria dos textos de análise (veja, por exemplo, [Fu], p. 162).

Polinômios e séries de Taylor

O teorema final desta revisão de cálculo descreve os polinômios de Taylor. Esses polinômios são amplamente usados na análise numérica.

▶ Teorema 1.14 (Teorema de Taylor)

Suponha que $f \in C^n[a, b]$, que $f^{(n+1)}$ exista em $[a, b]$ e que $x_0 \in [a, b]$. Para todo $x \in [a, b]$, existe um número $\xi(x)$ entre x_0 e x com

$$f(x) = P_n(x) + R_n(x),$$

onde

$$P_n(x) = f(x_0) + f'(x_0)(x - x_0) + \frac{f''(x_0)}{2!}(x - x_0)^2 + \cdots + \frac{f^{(n)}(x_0)}{n!}(x - x_0)^n$$

$$= \sum_{k=0}^{n} \frac{f^{(k)}(x_0)}{k!}(x - x_0)^k$$

e

$$R_n(x) = \frac{f^{(n+1)}(\xi(x))}{(n+1)!}(x - x_0)^{n+1}. \qquad \blacksquare$$

Aqui, $P_n(x)$ é chamado **polinômio de Taylor de ordem *n*** (ou enésimo polimônio de Taylor) de f em x_0 e $R_n(x)$ é chamado **resto** (ou **erro de truncamento**) relativo a $P_n(x)$. Como o número $\xi(x)$ no erro de truncamento $R_n(x)$ depende do valor de x no qual o polinômio $P_n(x)$ está sendo calculado, ele é função da variável x. Entretanto, não devemos esperar que sejamos capazes de determinar explicitamente $\xi(x)$. O Teorema de Taylor simplesmente garante que tal função existe e que seu valor está entre x e x_0. Na verdade, um dos problemas comuns nos métodos numéricos é tentar determinar uma limitação realística para o valor de $f^{(n+1)}(\xi(x))$ quando x está dentro de algum intervalo especificado.

Brook Taylor (1685-1731) descreveu esta série em 1715 no artigo *Methodus incrementorum directa et inversa.* Casos especiais do resultado e provavelmente o próprio resultado tinham sido previamente conhecidos por Isaac Newton, James Gregory e outros.

A série infinita obtida pelo limite de $P_n(x)$ quando $n \to \infty$ é chamada **série de Taylor** de f em x_0. No caso de $x_0 = 0$, o polinômio de Taylor é frequentemente chamado **polinômio de Maclaurin** e a série de Taylor é geralmente chamada **série de Maclaurin.**

Colin Maclaurin (1698-1746) é mais conhecido como o defensor do cálculo de Newton quando este esteve sob o ataque ferrenho do filósofo irlandês, o bispo George Berkeley. Maclaurin não descobriu a série que leva seu nome; ela era conhecida pelos matemáticos do século XVII, antes de seu nascimento. Entretanto, ele desenvolveu um método para resolver um sistema de equações lineares que é conhecido como Regra de Cramer, que Cramer não publicou até 1750.

O termo **erro de truncamento** no polinômio de Taylor refere-se ao erro envolvido na utilização de uma adição truncada ou finita para aproximar a soma de uma série infinita.

EXEMPLO 3 Sejam $f(x) = \cos x$ e $x_0 = 0$. Determine

(a) o segundo polinômio de Taylor de f em x_0; e
(b) o terceiro polinômio de Taylor de f em x_0.

Solução Visto que $f \in C^\infty(\mathbb{R})$, o Teorema de Taylor pode ser aplicado a qualquer $n \geq 0$. Além disso,

$$f'(x) = \operatorname{sen} x,\ f''(x) = -\cos x,\ f'''(x) = \operatorname{sen} x \quad \text{e} \quad f^{(4)}(x) = \cos x,$$

assim

$$f(0) = 1,\ f'(0) = 0,\ f''(0) = -1 \quad \text{e} \quad f'''(0) = 0.$$

(a) Para $n = 2$ e $x_0 = 0$, temos

$$\cos x = f(0) + f'(0)x + \frac{f''(0)}{2!}x^2 + \frac{f'''(\xi(x))}{3!}x^3$$
$$= 1 - \frac{1}{2}x^2 + \frac{1}{6}x^3 \operatorname{sen} \xi(x),$$

em que $\xi(x)$ é algum número (geralmente desconhecido) entre 0 e x. (Veja a Figura 1.9.)

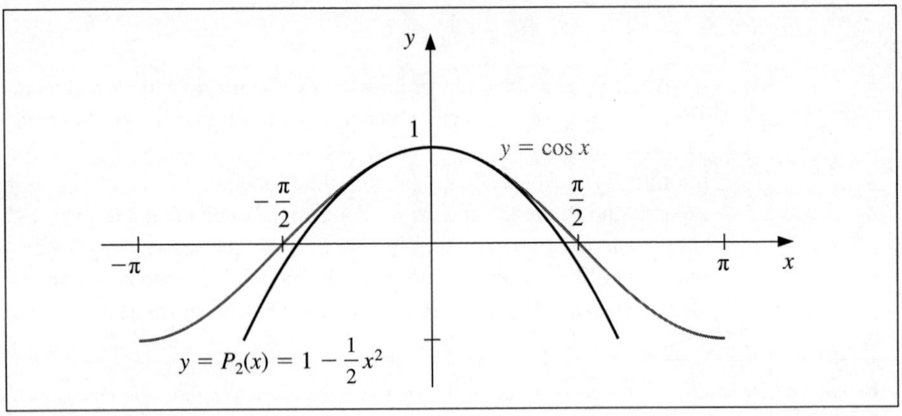

Figura 1.9

Quando $x = 0{,}01$, ele se torna

$$\cos(0{,}01) = 1 - \frac{1}{2}(0{,}01)^2 + \frac{1}{6}(0{,}01)^3 \operatorname{sen} \xi(0{,}01) = 0{,}99995 + \frac{10^{-6}}{6} \operatorname{sen} \xi(0{,}01).$$

A aproximação para cos(0,01) determinada pelo polinômio de Taylor é, portanto, 0,99995. O erro de truncamento, ou resto, relativo a essa aproximação é

$$\frac{10^{-6}}{6} \operatorname{sen} \xi(0{,}01) = 0{,}1\bar{6} \times 10^{-6} \operatorname{sen} \xi(0{,}01),$$

onde usamos a barra sobre o 6 em $0{,}1\bar{6}$ para indicar que esse algarismo repete-se indefinidamente. Embora não tenhamos nenhuma maneira de determinar sen $\xi(0{,}01)$, sabemos que todos os valores do seno ficam no intervalo $[-1, 1]$, assim, o erro que ocorre se usarmos a aproximação 0,99995 para o valor do cos(0,01) é limitado por

$$|\cos(0{,}01) - 0{,}99995| = 0{,}1\bar{6} \times 10^{-6} |\operatorname{sen} \xi(0{,}01)| \leq 0{,}1\bar{6} \times 10^{-6}.$$

Consequentemente, a aproximação 0,99995 é igual pelo menos aos primeiros cinco algarismos do cos(0,01) e

$$0{,}9999483 < 0{,}99995 - 1{,}\bar{6} \times 10^{-6} \leq \cos(0{,}01)$$
$$\leq 0{,}99995 + 1{,}\bar{6} \times 10^{-6} < 0{,}9999517.$$

O limitante para o erro é muito maior que o erro real. Isso acontece em parte em razão da limitação deficiente usada para $|\text{sen}\ \xi(x)|$. É mostrado no Exercício 27 que, para todos os valores de x, temos $|\text{sen}\ x| \leq |x|$. Como $0 \leq \xi < 0{,}01$, poderíamos ter usado o fato de que $|\text{sen}\ \xi(x)| \leq 0{,}01$ na fórmula de erro, produzindo o limitante $0{,}1\bar{6} \times 10^{-8}$.

(b) Como $f'''(0) = 0$, o polinômio de Taylor de ordem três com o termo de resto em $x_0 = 0$ é

$$\cos x = 1 - \frac{1}{2}x^2 - \frac{1}{24}x^4 \cos \xi(x),$$

onde $0 < \xi(x) < 0{,}01$. O polinômio aproximador permanece o mesmo e a aproximação ainda é 0,99995, mas agora temos muito mais segurança de precisão. Como $|\cos \xi(x)| \leq 1$ para todo x, temos

$$\left|\frac{1}{24}x^4 \cos \xi(x)\right| \leq \frac{1}{24}(0{,}01)^4(1) \approx 4{,}2 \times 10^{-10}.$$

Assim

$$|\cos(0{,}01) - 0{,}99995| \leq 4{,}2 \times 10^{-10},$$

e

$$0{,}99994999958 = 0{,}99995 - 4{,}2 \times 10^{-10}$$
$$\leq \cos(0{,}01) \leq 0{,}99995 + 4{,}2 \times 10^{-10} = 0{,}99995000042. \quad \blacksquare$$

O Exemplo 3 ilustra os dois objetivos da análise numérica:

(i) Determinar uma aproximação para a solução de um dado problema.
(ii) Determinar um limitante para o erro da aproximação.

Os polinômios de Taylor em ambas as partes fornecem a mesma resposta para (i), mas o polinômio de Taylor de ordem três fornece uma resposta muito melhor para (ii) que o polinômio de Taylor de ordem dois.

Podemos também usar os polinômios de Taylor para obter aproximações para integrais.

Ilustração Podemos usar o terceiro polinômio de Taylor e seu resto, encontrados no Exemplo 3, para aproximar $\int_0^{0,1} \cos x\, dx$. Temos

$$\int_0^{0,1} \cos x\, dx = \int_0^{0,1} \left(1 - \frac{1}{2}x^2\right) dx + \frac{1}{24}\int_0^{0,1} x^4 \cos \xi(x)\, dx$$
$$= \left[x - \frac{1}{6}x^3\right]_0^{0,1} + \frac{1}{24}\int_0^{0,1} x^4 \cos \xi(x)\, dx$$
$$= 0{,}1 - \frac{1}{6}(0{,}1)^3 + \frac{1}{24}\int_0^{0,1} x^4 \cos \xi(x)\, dx.$$

Portanto,

$$\int_0^{0,1} \cos x\, dx \approx 0,1 - \frac{1}{6}(0,1)^3 = 0,0998\overline{3}.$$

Um limitante para o erro nessa aproximação é determinado pela integral do resto de Taylor e o fato de que $|\cos \xi(x)| \leq 1$ para todo x:

$$\frac{1}{24}\left|\int_0^{0,1} x^4 \cos \tilde{\xi}(x)\, dx\right| \leq \frac{1}{24}\int_0^{0,1} x^4 |\cos \tilde{\xi}(x)|\, dx$$

$$\leq \frac{1}{24}\int_0^{0,1} x^4\, dx = \frac{(0,1)^5}{120} = 8,\overline{3} \times 10^{-8}.$$

Como o valor verdadeiro da integral é

$$\int_0^{0,1} \cos x\, dx = \operatorname{sen} x\Big]_0^{0,1} = \operatorname{sen} 0,1 = 0,099833416647,$$

o erro real da aproximação é $8,3314 \times 10^{-8}$, o qual está dentro da limitação do erro. ■

EXERCÍCIOS 1.1

1. Mostre que as seguintes equações têm pelo menos uma solução nos intervalos dados.
   a. $x \cos x - 2x^2 + 3x - 1 = 0$, [0,2, 0,3] e [1,2, 1,3]
   b. $(x - 2)^2 - \ln x = 0$, [1, 2] e [e, 4]
   c. $2x \cos(2x) - (x - 2)^2 = 0$, [2, 3] e [3, 4]
   d. $x - (\ln x)^x = 0$, [4, 5]
2. Mostre que as seguintes equações têm pelo menos uma solução nos intervalos dados.
   a. $\sqrt{x} - \cos x = 0$, [0, 1]
   b. $e^x - x^2 + 3x - 2 = 0$, [0, 1]
   c. $-3\,\mathrm{tg}(2x) + x = 0$, [0, 1]
   d. $\ln x - x^2 + \frac{5}{2}x - 1 = 0$, $[\frac{1}{2}, 1]$
3. Encontre intervalos que contenham soluções das seguintes equações.
   a. $x - 2^{-x} = 0$
   b. $2x \cos(2x) - (x + 1)^2 = 0$
   c. $3x - e^x = 0$
   d. $x + 1 - 2 \operatorname{sen}(\pi x) = 0$
4. Encontre intervalos que contenham soluções das seguintes equações.
   a. $x - 3^{-x} = 0$
   b. $4x^2 - e^x = 0$
   c. $x^3 - 2x^2 - 4x + 2 = 0$
   d. $x^3 + 4,001x^2 + 4,002x + 1,101 = 0$
5. Determine $\max_{a \leq x \leq b} |f(x)|$ para as seguintes funções e intervalos.
   a. $f(x) = (2 - e^x + 2x)/3$, [0, 1]
   b $f(x) = (4x - 3)/(x^2 - 2x)$, [0,5, 1]
   c. $f(x) = 2x \cos(2x) - (x - 2)^2$, [2, 4]
   d. $f(x) = 1 + e^{-\cos(x-1)}$, [1, 2]

6. Encontre $\max_{a \le x \le b}$ para as seguintes funções e intervalos.
   a. $f(x) = 2x/(x^2 + 1)$, $[0, 2]$
   b. $f(x) = x^2\sqrt{(4 - x)}$, $[0, 4]$
   c. $f(x) = x^3 - 4x + 2$, $[1, 2]$
   d. $f(x) = x\sqrt{(3 - x^2)}$, $[0, 1]$
7. Mostre que $f'(x)$ é 0 pelo menos uma vez nos intervalos dados.
   a. $f(x) = 1 - e^x + (e - 1)\operatorname{sen}((\pi/2)x)$, $[0, 1]$
   b. $f(x) = (x - 1)\operatorname{tg} x + x \operatorname{sen} \pi x$, $[0, 1]$
   c. $f(x) = x \operatorname{sen} \pi x - (x - 2)\ln x$, $[1, 2]$
   d. $f(x) = (x - 2)\operatorname{sen} x \ln(x + 2)$ $[-1, 3]$
8. Suponha que $f \in C[a, b]$ e que $f'(x)$ exista em (a, b). Mostre que se $f'(x) \neq 0$ para todo x em (a, b), então pode existir no máximo um número p em $[a, b]$ com $f(p) = 0$.
9. Seja $f(x) = x^3$.
   a. Determine o polinômio de Taylor de ordem dois $P_2(x)$ em $x_0 = 0$.
   b. Determine $R_2(0{,}5)$ e o erro real ao usar $P_2(0{,}5)$ para aproximar $f(0{,}5)$.
   c. Repita a parte (a) usando $x_0 = 1$.
   d. Repita a parte (b) usando o polinômio da parte (c).
10. Determine o polinômio de Taylor de ordem três $P_3(x)$ para a função $f(x) = \sqrt{x+1}$ em $x_0 = 0$. Aproxime $\sqrt{0{,}5}$, $\sqrt{0{,}75}$, $\sqrt{1{,}25}$ e $\sqrt{1{,}5}$ usando $P_3(x)$ e determine os erros reais.
11. Determine o polinômio de Taylor de ordem dois $P_2(x)$ para a função $f(x) = e^x \cos x$ em $x_0 = 0$.
    a. Use $P_2(0{,}5)$ para aproximar $f(0{,}5)$. Determine um limitante superior para o erro $|f(0{,}5) - P_2(0{,}5)|$ usando a fórmula de erro e compare-o com o erro real.
    b. Determine um limitante para o erro $|f(x) - P_2(x)|$ cometido ao usar $P_2(x)$ para aproximar $f(x)$ no intervalo $[0, 1]$.
    c. Aproxime $\int_0^1 f(x)\,dx$ usando $\int_0^1 P_2(x)\,dx$.
    d. Determine um limitante superior para o erro em (c) usando $\int_0^1 |R_2(x)\,dx|$ e compare o limitante com o erro real.
12. Repita o Exercício 11 usando $x_0 = \pi/6$.
13. Determine o polinômio de Taylor de ordem três $P_3(x)$ para a função $f(x) = (x - 1)\ln x$ em $x_0 = 1$.
    a. Use $P_3(0{,}5)$ para aproximar $f(0{,}5)$. Determine um limitante superior para o erro $|f(0{,}5) - P_3(0{,}5)|$ usando a fórmula de erro e compare-o com o erro real.
    b. Determine um limitante para erro $|f(x) - P_3(x)|$ cometido usando $P_3(x)$ ao aproximar $f(x)$ no intervalo $[0{,}5, 1{,}5]$.
    c. Aproxime $\int_{0,5}^{1,5} f(x)\,dx$ usando $\int_{0,5}^{1,5} P_3(x)\,dx$.
    d. Determine um limitante superior para o erro em (c) usando $\int_{0,5}^{1,5} |R_3(x)\,dx|$ e compare o limitante com o erro real.
14. Seja $f(x) = 2x\cos(2x) - (x - 2)^2$ e $x_0 = 0$.
    a. Determine o polinômio de Taylor de ordem três $P_3(x)$ e use-o para aproximar $f(0{,}4)$.
    b. Use a fórmula de erro do Teorema de Taylor para determinar um limitante superior para o erro $|f(0{,}4) - P_3(0{,}4)|$. Calcule o erro real.
    c. Determine o polinômio de Taylor de ordem quatro $P_4(x)$ e use-o para aproximar $f(0{,}4)$.
    d. Use a fórmula de erro do Teorema de Taylor para determinar um limitante superior para erro $|f(0{,}4) - P_4(0{,}4)|$. Calcule o erro real.

15. Determine o polinômio de Taylor de ordem quatro $P_4(x)$ para a função $f(x) = xe^{x^2}$ em $x_0 = 0$.
   a. Determine um limitante superior para o erro $|f(x) - P_4(x)|$ para $0 \leq x \leq 0{,}4$.
   b. Aproxime $\int_0^{0,4} f(x)\,dx$ usando $\int_0^{0,4} P_4(x)\,dx$.
   c. Determine um limitante superior para o erro em (b) usando $\int_0^{0,4} P_4(x)\,dx$.
   d. Aproxime $f'(0{,}2)$ usando $P'_4(0{,}2)$ e determine o erro.
16. Use o termo de erro de um polinômio de Taylor para estimar o erro envolvido na utilização de sen $x \approx x$ para aproximar sen 1°.
17. Use um polinômio de Taylor em $\pi/4$ para aproximar cos 42° com uma precisão de 10^{-6}.
18. Seja $f(x) = (1 - x)^{-1}$ e $x_0 = 0$. Determine o polinômio de Taylor de ordem n $P_n(x)$ de $f(x)$ em x_0. Determine o valor de n necessário para que $P_n(x)$ aproxime $f(x)$ com precisão de 10^{-6} em [0, 0,5].
19. Seja $f(x) = e^x$ e $x_0 = 0$. Determine o polinômio de Taylor de ordem n, $P_n(x)$, de $f(x)$ em x_0. Determine o valor de n necessário para que $P_n(x)$ aproxime $f(x)$ com precisão de 10^{-6} em [0, 0,5].
20. Determine o polinômio de Maclaurin de grau n, $P_n(x)$, de $f(x) = \text{arctg}\, x$.
21. O polinômio $P_2(x) = 1 - \frac{1}{2}x^2$ deve ser usado para aproximar $f(x) = \cos x$ em $[-\frac{1}{2}, \frac{1}{2}]$. Determine um limitante para o erro máximo.
22. Use o teorema do valor intermediário 1.11 e o Teorema de Rolle 1.7 para mostrar que o gráfico de $f(x) = x^3 + 2x + k$ cruza o eixo x exatamente uma vez, independentemente do valor da constante k.
23. Um polinômio de Maclaurin para e^x é usado para fornecer a aproximação 2,5 de e. O limitante para o erro nessa aproximação é estabelecido como sendo $E = \frac{1}{6}$. Determine um limitante para o erro em E.
24. A *função erro* definida por

$$\text{erf}(x) = \frac{2}{\sqrt{\pi}} \int_0^x e^{-t^2} dt$$

   fornece a probabilidade de que qualquer uma de uma série de tentativas fique a menos de x unidades da média, supondo que as tentativas tenham uma distribuição normal com média 0 e desvio padrão $\sqrt{2}/2$. Essa integral não pode ser calculada em termos de funções elementares, por essa razão deve ser usada uma técnica de aproximação.
   a. Integre a série de Maclaurin para e^{-x^2} para mostrar que

$$\text{erf}(x) = \frac{2}{\sqrt{\pi}} \sum_{k=0}^{\infty} \frac{(-1)^k x^{2k+1}}{(2k+1)k!}$$

   b. A função erro também pode ser expressa na forma

$$\text{erf}(x) = \frac{2}{\sqrt{\pi}} e^{-x^2} \sum_{k=0}^{\infty} \frac{2^k x^{2k+1}}{1 \cdot 3 \cdot 5 \cdots (2k+1)}$$

   Verifique que as duas séries coincidem para $k = 1, 2, 3$ e 4. [*Sugestão*: use a série de Maclaurin para e^{-x^2}.]
   c. Use a série do item (a) para aproximar erf (1) com precisão de 10^{-7}.
   d. Use o mesmo número de termos que no item (c) para aproximar erf (1) com a série do item (b).
   e. Explique por que ocorrem dificuldades ao usar a série do item (b) para aproximar erf (x).

EXERCÍCIOS TEÓRICOS

25. O polinômio de Taylor de ordem n de uma função f em x_0 é às vezes conhecido como o polinômio de grau no máximo n que "melhor" aproxima f perto de x_0.

a. Explique por que essa descrição é precisa.

b. Determine o polinômio quadrático que melhor aproxima uma função f perto de $x_0 = 1$ se a reta tangente em $x_0 = 1$ tem a equação $y = 4x - 1$ e se $f''(1) = 6$.

26. Demonstre o Teorema de Rolle generalizado, Teorema 1.10, verificando o seguinte.

a. Use o Teorema de Rolle para mostrar que $f'(z_i) = 0$ para $n - 1$ números em $[a, b]$, com $a < z_1 < z_2 < \cdots < z_{n-1} < b$.

b. Use o Teorema de Rolle para mostrar que $f''(w_i) = 0$ para $n - 2$ números em $[a, b]$ com $z_1 < w_1 < z_2 < w_2 \cdots w_{n-2} < z_{n-1} < b$.

c. Continue os argumentos nas partes (a) e (b) para mostrar que para cada $j = 1, 2, \ldots, n - 1$, existem $n - j$ números distintos em $[a, b]$, nos quais $f^{(j)}$ é 0.

d. Mostre que a parte (c) implica a conclusão do teorema.

27. O Exemplo 3 afirma que para todo x temos $|\text{sen}\, x| \leq |x|$. Use o seguinte para verificar esta afirmação.

a. Mostre que para todo $x \geq 0$, $f(x) = x - \text{sen}\, x$ é não decrescente, o que implica que $\text{sen}\, x \leq x$ com a igualdade ocorrendo apenas quando $x = 0$.

b. Use o fato de que a função seno é ímpar para obter a conclusão.

28. Diz-se que uma função $f: [a, b] \to \mathbb{R}$ satisfaz uma *condição de Lipschitz* com constante de Lipschitz L em $[a, b]$ se, para todo $x, y \in [a, b]$, temos $|f(x) - f(y)| \leq L|x - y|$.

a. Mostre que se f satisfaz uma condição de Lipschitz com constante de Lipschitz L no intervalo $[a, b]$, então $f \in C[a, b]$.

b. Mostre que se f tem uma derivada que é limitada em $[a, b]$ por L, então f satisfaz uma condição de Lipschitz com constante de Lipschitz L em $[a, b]$.

c. Dê um exemplo de uma função que seja contínua em um intervalo fechado, mas não satisfaça uma condição de Lipschitz no intervalo.

29. Suponha que $f \in C[a, b]$, que x_1 e x_2 estão em $[a, b]$.

a. Mostre que existe um número ξ entre x_1 e x_2 com

$$f(\xi) = \frac{f(x_1) + f(x_2)}{2} = \frac{1}{2}f(x_1) + \frac{1}{2}f(x_2).$$

b. Suponha que c_1 e c_2 sejam constantes positivas. Mostre que existe um número ξ entre x_1 e x_2 com

$$f(\xi) = \frac{c_1 f(x_1) + c_2 f(x_2)}{c_1 + c_2}$$

c. Dê um exemplo que mostre que o resultado na parte (b) não é necessariamente válido quando c_1 e c_2 têm sinais opostos, com $c_1 \neq -c_2$.

30. Sejam $f \in C[a, b]$ e p no intervalo aberto (a, b).

a. Suponha que $f(p) \neq 0$. Mostre que existe um $\delta > 0$ tal que $f(x) \neq 0$, para todo x em $[p - \delta, p + \delta]$, onde $[p - \delta, p + \delta]$ é subconjunto de $[a, b]$.

b. Suponha que $f(p) = 0$ e que seja dado $k > 0$. Mostre que existe um $\delta > 0$ tal que $|f(x)| \leq k$ para todo x em $[p - \delta, p + \delta]$, onde $[p - \delta, p + \delta]$ é subconjunto de $[a, b]$.

QUESTÃO PARA DISCUSSÃO

1. Descreva, com suas próprias palavras, a condição de Lipschitz. Dê vários exemplos de funções que satisfaçam esta condição ou dê vários exemplos de funções que não satisfaçam esta condição.

1.2 Erros de arredondamento e aritmética no computador

A aritmética executada por uma calculadora ou computador é diferente daquela dos nossos cursos de álgebra e cálculo. Você pode esperar que tenhamos sempre como afirmações verdadeiras coisas como $2 + 2 = 4$, $4 \cdot 8 = 32$ e $(\sqrt{3})^2 = 3$. Entretanto, na aritmética *computacional*, esperamos resultados exatos para $2 + 2 = 4$, $4 \cdot 8 = 32$, mas não temos precisamente $(\sqrt{3})^2 = 3$. Para entender por que isso é verdadeiro, devemos explorar o mundo da aritmética com número finito de algarismos.

Espere erros devido ao arredondamento sempre que forem feitos cálculos usando números que não sejam potências de 2. Manter esse erro sob controle é extremamente importante quando o número de cálculos for grande.

Em nosso mundo da matemática tradicional, permitimos números com uma quantidade infinita de algarismos. A aritmética que usamos nesse mundo *define* $\sqrt{3}$ como o único número positivo que, quando multiplicado por si mesmo, produz o inteiro 3. No mundo da computação, entretanto, cada número representável tem apenas um número fixo e finito de algarismos. Isso significa, por exemplo, que apenas números racionais – e nem mesmo todos eles – podem ser representados exatamente. Como $\sqrt{3}$ não é racional, recebe uma representação aproximada, cujo quadrado não será precisamente 3, embora provavelmente seja suficientemente próximo de 3 para ser aceitável na maioria das situações. Na maior parte dos casos, então, essa aritmética de máquina é satisfatória e passa sem ser notada e sem causar preocupação, mas às vezes aparecem problemas por causa dessa discrepância.

O erro que é produzido quando uma calculadora ou um computador é usado para realizar cálculos com números reais é chamado **erro de arredondamento.** Isso ocorre porque a aritmética efetuada em uma máquina envolve apenas números com uma quantidade finita de algarismos, com o resultado de que os cálculos são efetuados apenas com representações aproximadas dos números corretos. Em um computador típico, apenas um subconjunto relativamente pequeno do sistema de números reais é usado para a representação de todos os números reais. Esse subconjunto contém apenas números racionais, tanto positivos como negativos, e armazena a parte fracionária junto com a parte exponencial.

Números de máquina binários

Em 1985, o IEEE (Instituto de Engenheiros Elétricos e Eletrônicos) publicou um relatório chamado *Binary Floating Point Arithmetic Standard 754-1985.* Uma versão atualizada foi publicada em 2008 como *IEEE 754-2008.* Isso fornece os padrões para números binários e decimais de ponto flutuante, formatos para troca de dados, algoritmos para o arredondamento de operações aritméticas e o tratamento de exceções. Foram especificados formatos para precisões simples, dupla e estendida, e esses padrões são geralmente seguidos por todos os fabricantes de microcomputadores que usam hardware de ponto flutuante.

É usada para um número real uma representação de 64 bits (dígitos binários). O primeiro bit é um indicador de sinal, denotado por s. Ele é seguido por um expoente de 11 bits, c, chamado **característica,** e por uma fração binária de 52 bits, f, chamada **mantissa**. A base para o expoente é 2.

Visto que 52 algarismos binários correspondem a 16 ou 17 algarismos decimais, podemos considerar que um número representado nesse sistema tem pelo menos 16 algarismos decimais de precisão. O expoente de 11 algarismos binários fornece uma faixa de 0 a $2^{11} - 1 = 2.047$. Entretanto, a utilização apenas de inteiros positivos para o expoente não permitiria uma representação adequada de números de módulo pequeno. Para garantir que números de módulo pequeno sejam igualmente representáveis, 1.023 é subtraído da característica, de maneira que o intervalo do expoente seja, na verdade, de -1.023 a 1.024.

Para economizar armazenamento e fornecer uma representação única de cada número em ponto flutuante, é imposta uma normalização. A utilização desse sistema fornece um número em ponto flutuante da forma

$$(-1)^s 2^{c-1.023}(1+f)$$

Ilustração Considere o número de máquina

0 10000000011 1011100100010000000000000000000000000000000000000000.

O bit mais à esquerda é $s = 0$, o que indica que o número é positivo. Os próximos 11 bits, 10000000011, que fornecem a característica, são equivalentes ao número decimal

$$c = 1 \cdot 2^{10} + 0 \cdot 2^9 \cdot + \ldots + 0 \cdot 2^2 + 1 \cdot 2^1 + 1 \cdot 2^0 = 1024 + 2 + 1 = 1027.$$

A parte exponencial do número é, portanto, $2^{1.027-1.023} = 2^4$. Os 52 bits finais especificam que a mantissa seja

$$f = 1 \cdot \left(\frac{1}{2}\right)^1 + 1 \cdot \left(\frac{1}{2}\right)^3 + 1 \cdot \left(\frac{1}{2}\right)^4 + 1 \cdot \left(\frac{1}{2}\right)^5 + 1 \cdot \left(\frac{1}{2}\right)^8 + 1 \cdot \left(\frac{1}{2}\right)^{12}.$$

Consequentemente, esse número de máquina representa precisamente o número decimal

$$\begin{aligned}(-1)^s 2^{c-1023}(1+f) &= (-1)^0 \cdot 2^{1027-1023}\left(1+\left(\frac{1}{2}+\frac{1}{8}+\frac{1}{16}+\frac{1}{32}+\frac{1}{256}+\frac{1}{4.096}\right)\right)\\ &= 27{,}56640625.\end{aligned}$$

Entretanto, o próximo menor número de máquina é

0 10000000011 1011100100001111111111111111111111111111111111111111,

e o próximo maior número de máquina é

0 10000000011 1011100100010000000000000000000000000000000000000001.

Isso significa que nosso número de máquina original representa não apenas 27,56640625, mas também metade dos números reais que estão entre 27,56640625 e o número de máquina menor mais próximo, bem como metade dos números entre 27,5640625 e o número de máquina maior mais próximo. Para ser preciso, ele representa qualquer número real no intervalo

[27,5664062499999982236431605997495353221893310546875,
27,5664062500000017763568394002504646778106689453125).

O menor número positivo normalizado que pode ser representado tem $s = 0$, $c = 1$ e $f = 0$ e é equivalente a

$$2^{-1022} \cdot (1+0) \approx 0{,}22251 \times 10^{-307},$$

e o maior tem $s = 0$, $c = 2.046$ e $f = 1 - 2^{-52}$ e é equivalente a

$$2^{1023} \cdot (2 - 2^{-52}) \approx 0{,}17977 \times 10^{309}.$$

Números que ocorrem em cálculos com módulo menor que

$$2^{-1022} \cdot (1 + 0)$$

resultam em **underflow** e são geralmente igualados a zero. Números maiores que

$$2^{1023} \cdot (2 - 2^{-52})$$

resultam em **overflow** e normalmente fazem o cálculo parar (a menos que o programa tenha sido projetado para detectar essa ocorrência). Observe que há duas representações para o número zero; um 0 positivo quando $s = 0$, $c = 0$ e $f = 0$, e um 0 negativo quando $s = 1$, $c = 0$ e $f = 0$.

Números de máquina decimais

O uso da representação binária tende a dissimular dificuldades computacionais que ocorrem quando uma coleção finita de números de máquina for usada para representar todos os números reais. Para examinar esses problemas, usaremos os números decimais mais familiares em vez da representação binária. Consideraremos agora, por simplicidade, que os números de máquina sejam representados na forma normalizada de ponto flutuante *decimal*

$$\pm 0{,}d_1 d_2 \ldots d_k \times 10^n, \; 1 \le d_1 \le 9 \text{ e } 0 \le d_i \le 9,$$

para cada $i = 2, \ldots, k$. Os números dessa forma são chamados *números de máquina decimais* de k algarismos.

Qualquer número real positivo dentro do intervalo numérico da máquina pode ser normalizado na forma

$$y = 0{,}d_1 d_2 \ldots d_k d_{k+1} d_{k+2} \ldots \times 10^n.$$

O erro que resulta da substituição de um número por sua forma em ponto flutuante é chamado **erro de arredondamento**, independentemente de ter sido usado o método de arredondamento ou truncamento.

A forma em ponto flutuante de y, denotada por $fl\,(y)$, é obtida terminando a mantissa de y em k algarismos decimais. Há duas maneiras de realizar isso. Um método, chamado **truncamento**, é simplesmente cortar (ou truncar) os algarismos $d_{k+1} d_{k+2} \ldots$. Isso produz a forma em ponto flutuante

$$fl\,(y) = 0{,}d_1 d_2 \ldots d_k \times 10^n.$$

O outro método, chamado **arredondamento**, adiciona $5 \times 10^{n-(k+1)}$ a y e então trunca o resultado para obter um número da forma

$$fl\,(y) = 0{,}\delta_1 \delta_2 \ldots \delta_k \times 10^n.$$

Desse modo, ao arredondar, se $d_{k+1} \ge 5$, adicionamos 1 a d_k para obter $fl\,(y)$; isto é, *arredondamos para cima*. Quando $d_{k+1} < 5$, simplesmente cortamos tudo menos os primeiros k algarismos; logo, *arredondamos para baixo*. Se arredondarmos para baixo, então $\delta_i = d_i$ para cada $i = 1, 2, \ldots, k$. Entretanto, se arredondarmos para cima, os algarismos (e mesmo o expoente) podem mudar.

EXEMPLO 1 Determine os valores com cinco algarismos do número irracional π por (a) truncamento e (b) arredondamento.

Solução O número π tem uma expansão decimal infinita da forma $\pi = 3{,}14159265\ldots$ Escrevendo na forma decimal normalizada, temos

$$\pi = 0{,}314159265\ldots \times 10^1.$$

(a) A forma em ponto flutuante de π usando o truncamento para cinco algarismos é

$$fl(\pi) = 0{,}31415 \times 10^1 = 3{,}1415.$$

(b) Como o sexto algarismo da expansão decimal de π é 9, a forma de ponto flutuante de π usando arredondamento para cinco algarismos é

$$fl(\pi) = (0{,}31415 + 0{,}00001) \times 10^1 = 3{,}1416.$$ ■

O erro relativo é geralmente uma medida melhor de precisão que o erro absoluto, já que leva em consideração o tamanho do número que está sendo aproximado.

A seguinte definição descreve dois métodos para medir erros de aproximação.

Definição 1.15 Ao supor que p^* é uma aproximação de p, o **erro real** é $p - p^*$, o **erro absoluto** é $|p - p^*|$ e o **erro relativo** é $\dfrac{|p - p^*|}{|p|}$, contanto que $p \neq 0$. ■

Considere os erros real, absoluto e relativo na representação de p por p^* no seguinte exemplo.

EXEMPLO 2 Determine os erros real, absoluto e relativo ao aproximar p por p^* quando

(a) $p = 0{,}3000 \times 10^1$ e $p^* = 0{,}3100 \times 10^1$;
(b) $p = 0{,}3000 \times 10^{-3}$ e $p^* = 0{,}3100 \times 10^{-3}$;
(c) $p = 0{,}3000 \times 10^4$ e $p^* = 0{,}3100 \times 10^4$.

Solução

(a) Se $p = 0{,}3000 \times 10^1$ e $p^* = 0{,}3100 \times 10^1$, o erro real é -0.1, o erro absoluto é 0,1 e o erro relativo é $0{,}333\overline{3} \times 10^{-1}$.
(b) Se $p = 0{,}3000 \times 10^{-3}$ e $p^* = 0{,}3100 \times 10^{-3}$, o erro real é -0.1×10^{-4}, o erro absoluto é $0{,}1 \times 10^{-4}$ e o erro relativo é $0{,}333\overline{3} \times 10^{-1}$.
(c) Se $p = 0{,}3000 \times 10^4$ e $p^* = 0{,}3100 \times 10^4$, o erro real é -0.1×10^3, o erro absoluto é $0{,}1 \times 10^3$ e o erro relativo é novamente $0{,}333\overline{3} \times 10^{-1}$.

Esse exemplo mostra que o mesmo erro relativo, $0{,}333\overline{3} \times 10\ ^{1}$, ocorre para erros absolutos muito variados. Como uma medida de precisão, o erro absoluto pode ser enganoso e o erro relativo pode ser mais significativo, já que este leva em consideração o próprio valor. ■

Um limitante do erro é um número não negativo maior do que o erro absoluto. Ele é às vezes obtido pelos métodos do cálculo para determinar o valor absoluto máximo de uma função. Esperamos encontrar o menor limitante superior para o erro para obter uma estimativa do erro real que seja tão precisa quanto possível.

A definição seguinte usa o erro relativo para fornecer uma medida dos algarismos significativos de precisão para uma aproximação.

Em geral, não podemos determinar o valor exato do erro real em uma aproximação. Em vez disso, encontramos um limitante para o erro, o que fornece "o pior caso" de erro.

Definição 1.16 Diz-se que o número p^* aproxima p até t **algarismos significativos** (ou posições) se t for o maior inteiro não negativo para o qual

$$\frac{|p - p^*|}{|p|} \leq 5 \times 10^{-t}.$$ ■

A Tabela 1.1 ilustra a natureza contínua dos algarismos significativos listando, para os vários valores de p, o menor limitante superior de $|p - p^*|$, denotado por max $|p - p^*|$ quando p^* coincide com p até quatro algarismos significativos.

Tabela 1.1

p	0,1	0,5	100	1.000	5.000	9.990	10.000
max $\lvert p - p^* \rvert$	0,00005	0,00025	0,05	0,5	2,5	4,995	5.

O termo *algarismo significativo* é usado muitas vezes para descrever livremente o número de algarismos decimais que parecem ser precisos. A definição é mais precisa e fornece um conceito contínuo.

Retornando à representação de números por máquinas, vemos que a representação em ponto flutuante $fl(y)$ para o número y tem o erro relativo

$$\left| \frac{y - fl(y)}{y} \right|.$$

Se forem usados k algarismos decimais e truncamento para a representação por máquina de

$$y = 0,d_1d_2 \ldots d_kd_{k+1} \ldots \times 10^n,$$

então

$$\left| \frac{y - fl(y)}{y} \right| = \left| \frac{0,d_1d_2 \ldots d_kd_{k+1} \ldots \times 10^n - 0,d_1d_2 \ldots d_k \times 10^n}{0,d_1d_2 \ldots \times 10^n} \right|$$

$$= \left| \frac{0,d_{k+1}d_{k+2} \ldots \times 10^{n-k}}{0,d_1d_2 \ldots \times 10^n} \right| = \left| \frac{0,d_{k+1}d_{k+2} \ldots}{0,d_1d_2 \ldots} \right| \times 10^{-k}.$$

Desde que $d_1 \neq 0$, o valor mínimo do denominador é 0,1. O numerador é limitado acima por 1. Consequentemente,

$$\left| \frac{y - fl(y)}{y} \right| \leq \frac{1}{0{,}1} \times 10^{-k} = 10^{-k+1}.$$

De maneira similar, um limitante para o erro relativo ao usar aritmética de arredondamento, com k algarismos, é $0{,}5 \times 10^{-k+1}$. (Veja o Exercício 28.)

Observe que os limitantes do erro relativo usando a aritmética com k algarismos são independentes do número que está sendo representado. Esse resultado deve-se à maneira como os números de máquina são distribuídos ao longo da reta real. Por causa da forma exponencial da característica, a mesma quantidade de números de máquina decimais é usada para representar cada um dos intervalos [0,1, 1], [1, 10] e [10, 100]. Na verdade, dentro dos limites da máquina, a quantidade de números de máquina decimais em $[10^n, 10^{n+1}]$ é constante para todos os inteiros n.

Aritmética com número finito de algarismo

Além da representação imprecisa de números, a aritmética realizada em um computador não é exata. A aritmética envolve a manipulação de algarismos binários por várias operações de deslocamento ou lógicas. Como o mecanismo real dessas operações não é pertinente nesta apresentação, devemos criar nossa própria aproximação da aritmética de computador. Embora nossa aritmética não forneça a descrição exata, ela é suficiente para explicar os problemas que ocorrem. (Para uma explicação das manipulações realmente envolvidas, estimulamos o leitor a consultar textos de ciência da computação mais técnicos, como [MA], *Computer System Architecture.*)

Suponha que as representações em ponto flutuante $fl(x)$ e $fl(y)$ sejam fornecidas para os números reais x e y e que os símbolos $\oplus$, $\ominus$, $\otimes$ e $\oslash$ representem as operações de máquina adição, subtração, multiplicação e divisão, respectivamente. Consideraremos uma aritmética com um número finito de algarismos determinada por

$$x \oplus y = fl(fl(x) + fl(y)), \qquad x \otimes y = fl(fl(x) \times fl(y)),$$
$$x \ominus y = fl(fl(x) - fl(y)), \qquad x \oslash y = fl(fl(x) \div fl(y)).$$

Essa aritmética corresponde à realização de aritmética exata nas representações em ponto flutuante de x e y e, depois, à conversão do resultado exato em sua representação em ponto flutuante com um número finito de algarismos.

EXEMPLO 3 Suponha que $x = \frac{5}{7}$ e $y = \frac{1}{3}$. Use truncamento, com cinco algarismos, para calcular $x \oplus y$, $x \ominus y$, $x \otimes y$ e $x \oslash y$.

Solução Observe que

$$x = \frac{5}{7} = 0{,}\overline{714285} \quad \text{e} \quad y = \frac{1}{3} = 0{,}\overline{3}$$

implicam que os valores truncados, com cinco algarismos, de x e y são

$$fl(x) = 0{,}71428 \times 10^0 \quad \text{e} \quad fl(y) = 0{,}33333 \times 10^0.$$

Assim,

$$x \oplus y = fl(fl(x) + fl(y)) = fl\,(0{,}71428 \times 10^0 + 0{,}33333 \times 10^0)$$

$$= fl\,(1{,}04761 \times 10^0) = 0{,}10476 \times 10^1.$$

O valor verdadeiro é $x + y = \frac{5}{7} + \frac{1}{3} = \frac{22}{21}$, de modo que temos

$$\text{Erro absoluto} = \left|\frac{22}{21} - 0{,}10476 \times 10^1\right| = 0{,}190 \times 10^{-4}$$

e

$$\text{Erro relativo} = \left|\frac{0{,}190 \times 10^{-4}}{22/21}\right| = 0{,}182 \times 10^{-4}.$$

A Tabela 1.2 lista os valores destes e de outros cálculos. ■

Tabela 1.2

Operação	Resultado	Valor real	Erro absoluto	Erro relativo
$x \oplus y$	$0{,}10476 \times 10^1$	22/21	$0{,}190 \times 10^{-4}$	$0{,}182 \times 10^{-4}$
$x \ominus y$	$0{,}38095 \times 10^0$	8/21	$0{,}238 \times 10^{-5}$	$0{,}625 \times 10^{-5}$
$x \otimes y$	$0{,}23809 \times 10^0$	5/21	$0{,}524 \times 10^{-5}$	$0{,}220 \times 10^{-4}$
$x \oslash y$	$0{,}21428 \times 10^1$	15/7	$0{,}571 \times 10^{-4}$	$0{,}267 \times 10^{-4}$

Como o máximo erro relativo para as operações do Exemplo 3 é $0{,}267 \times 10^{-4}$, a aritmética produz resultados satisfatórios de cinco algarismos. Esse não é o caso no exemplo a seguir.

EXEMPLO 4

Suponha que, além de $x = \frac{5}{7}$ e $y = \frac{1}{3}$, tenhamos

$$u = 0{,}714251. \qquad \upsilon = 98765{,}9 \qquad \text{e} \qquad w = 0{,}111111 \times 10^{-4},$$

de modo que

$$fl(u) = 0{,}71425 \times 10^0, \quad fl(\upsilon) = 0{,}98765 \times 10^5 \quad \text{e} \quad fl(w) = 0.11111 \times 10^{-4}.$$

Determine os valores truncados em cinco algarismos de $x \ominus u$, $(x \ominus u) \oslash w$, $(x \ominus u) \otimes \upsilon$ e $u \oplus \upsilon$.

Solução Estes números foram escolhidos para ilustrar alguns problemas que podem aparecer com a aritmética com um número finito de algarismos. Como x e u são quase os mesmos, sua diferença é pequena. O erro absoluto de $x \ominus u$ é

$$|(x - u) - (x \ominus u)| = |(x - u) - (fl(fl(x) - fl(u)))|$$

$$= \left|\left(\frac{5}{7} - 0{,}714251\right) - \left(fl\,\left(0{,}71428 \times 10^0 - 0{,}71425 \times 10^0\right)\right)\right|$$

$$= \left|0{,}347143 \times 10^{-4} - fl\,\left(0{,}00003 \times 10^0\right)\right| = 0{,}47143 \times 10^{-5}.$$

Esta aproximação tem um erro absoluto pequeno, mas um erro relativo grande:

$$\left|\frac{0{,}47143 \times 10^{-5}}{0{,}347143 \times 10^{-4}}\right| \leq 0{,}136.$$

A divisão subsequente pelo número pequeno w ou a multiplicação subsequente pelo número grande υ aumenta o erro absoluto sem modificar o erro relativo. A adição dos números grande e pequeno u e v produz um erro absoluto grande, mas não um erro relativo grande. Estes cálculos estão mostrados na Tabela 1.3. ■

Tabela 1.3

Operação	Resultado	Valor real	Erro absoluto	Erro relativo
$x \ominus u$	$0{,}30000 \times 10^{-4}$	$0{,}34714 \times 10^{-4}$	$0{,}471 \times 10^{-5}$	$0{,}136$
$(x \ominus u) \oplus w$	$0{,}27000 \times 10^{1}$	$0{,}31242 \times 10^{1}$	$0{,}424$	$0{,}136$
$(x \ominus u) \otimes \upsilon$	$0{,}29629 \times 10^{1}$	$0{,}34285 \times 10^{1}$	$0{,}465$	$0{,}136$
$u \oplus \upsilon$	$0{,}98765 \times 10^{5}$	$0{,}98766 \times 10^{5}$	$0{,}161 \times 10^{1}$	$0{,}163 \times 10^{-4}$

Um dos cálculos produtores de erro mais comum envolve o cancelamento de algarismos significativos devido à subtração de números quase iguais. Suponha que dois números quase iguais x e y, com $x > y$, tenham representações com k algarismos

$$fl(x) = 0{,}d_1d_2 \ldots d_p\alpha_{p+1}\alpha_{p+2} \ldots \alpha_k \times 10^n$$

e

$$fl(y) = 0{,}d_1d_2 \ldots d_p\beta_{p+1}\beta_{p+2} \ldots \beta_k \times 10^n.$$

A forma em ponto flutuante de $x - y$ é

$$fl(fl(x) - fl(y)) = 0{,}\sigma_{p+1}\sigma_{p+2} \ldots \sigma_k \times 10^{n-p},$$

onde

$$0{,}\sigma_{p+1}\sigma_{p+2} \ldots \sigma_k = 0{,}\alpha_{p+1}\alpha_{p+2} \ldots \alpha_k - 0{,}\beta_{p+1}\beta_{p+2} \ldots \beta_k.$$

O número em ponto flutuante usado para representar $x - y$ tem no máximo $k - p$ algarismos significativos. Entretanto, na maioria dos dispositivos de cálculo, serão atribuídos k algarismos para $x - y$, com os últimos p sendo nulos ou atribuídos aleatoriamente. Quaisquer cálculos posteriores envolvendo $x - y$ levarão adiante o problema de ter apenas $k - p$ algarismos significativos, já que uma cadeia de cálculos não é mais precisa que sua parte menos precisa.

Se uma representação ou cálculo com um número finito de algarismos introduzir um erro, ocorrerá uma ampliação posterior do erro ao se dividir por um número de módulo pequeno (ou, de maneira equivalente, ao se multiplicar por um número de módulo grande). Suponha, por exemplo, que o número z tenha a aproximação com um número finito de algarismos $z + \delta$, onde δ é o erro produzido pela representação ou pelo cálculo anterior. Agora, se dividirmos por $\varepsilon = 10^{-n}$, onde $n > 0$, então

$$\frac{z}{\varepsilon} \approx fl\left(\frac{fl(z)}{fl(\varepsilon)}\right) = (z + \delta) \times 10^n.$$

Portanto, o erro absoluto nessa aproximação, $|\delta| \times 10^n$, é o erro absoluto original, $|\delta|$, multiplicado pelo fator 10^n.

EXEMPLO 5 Seja $p = 0{,}54617$ e $q = 0{,}54601$. Use aritmética com quatro algarismos para aproximar $p-q$ e determine os erros absoluto e relativo usando **(a)** arredondamento e **(b)** truncamento.

Solução O exato valor de $r = p - q$ é $r = 0{,}00016$.

(a) Suponha que a subtração seja realizada usando a aritmética de quatro algarismos. Arredondando p e q para quatro algarismos, tem-se $p^* = 0{,}5462$ e $q^* = 0{,}5460$, respectivamente, e $r^* = p^* - q^* = 0{,}0002$ é a aproximação de r com quatro algarismos. Como

$$\frac{|r - r^*|}{|r|} = \frac{|0{,}00016 - 0{,}0002|}{|0{,}00016|} = 0{,}25,$$

o resultado tem apenas um algarismo significativo, enquanto p^* e q^* tinham precisão de quatro e cinco algarismos significativos, respectivamente.

(b) Se for usado o truncamento para obter quatro algarismos, as aproximações de quatro algarismos de p, q e r são $p^* = 0{,}5461$, $q^* = 0{,}5460$ e $r^* = p^* - q^* = 0{,}0001$. Isso dá

$$\frac{|r - r^*|}{|r|} = \frac{|0{,}00016 - 0{,}0001|}{|0{,}00016|} = 0{,}375,$$

que também resulta em apenas um algarismo significativo de precisão. ■

A perda de precisão em decorrência do erro de arredondamento pode frequentemente ser evitada por uma reformulação do problema, como ilustrado a seguir.

Ilustração A fórmula quadrática afirma que as raízes de $ax^2 + bx + c = 0$, quando $a \neq 0$, são

$$x_1 = \frac{-b + \sqrt{b^2 - 4ac}}{2a} \quad \text{e} \quad x_2 = \frac{-b - \sqrt{b^2 - 4ac}}{2a}. \tag{1.1}$$

Considere esta fórmula aplicada à equação $x^2 + 62{,}10x + 1 = 0$, cujas raízes são aproximadamente

$$x_1 = -0{,}01610723 \quad \text{e} \quad x_2 = -62{,}08390.$$

Usaremos novamente aritmética de arredondamento, com quatro algarismos, nos cálculos para determinar a raiz. Nessa equação, b^2 é muito maior do que $4ac$, então o numerador no cálculo de x_1 envolve a *subtração* de números quase iguais. Como

$$\sqrt{b^2 - 4ac} = \sqrt{(62{,}10)^2 - (4{,}000)(1{,}000)(1{,}000)}$$
$$= \sqrt{3856 - 4{,}000} = \sqrt{3852} = 62{,}06,$$

temos

$$fl(x_1) = \frac{-62{,}10 + 62{,}06}{2{,}000} = \frac{-0{,}04000}{2{,}000} = -0{,}02000,$$

uma aproximação insatisfatória de $x_1 = -0{,}01611$, com o grande erro relativo

$$\frac{-0{,}01611 + 0{,}02000|}{|-0{,}01611|} \approx 2{,}4 \times 10^{-1}.$$

As raízes x_1 e x_2 de uma equação quadrática geral estão relacionadas aos coeficientes pelo fato de que

$$x_1 + x_2 = -\frac{b}{a} \quad \text{e} \quad x_1 x_2 = \frac{c}{a}.$$

Esse é um caso especial das fórmulas de Vièta para os coeficientes de polinômios.

Por outro lado, o cálculo de x_2 envolve a *adição* dos números quase iguais $-b$ e $-\sqrt{b^2 - 4ac}$. Isso não representa problema já que

$$fl(x_2) = \frac{-62{,}10 - 62{,}06}{2{,}000} = \frac{-124{,}2}{2{,}000} = -62{,}10$$

tem o erro relativo pequeno

$$\frac{|-62{,}08 + 62{,}10|}{|-62{,}08|} \approx 3{,}2 \times 10^{-4}.$$

Para obter uma aproximação de x_1 mais precisa com arredondamento para quatro algarismos, mudamos a forma da fórmula quadrática *racionalizando o numerador*:

$$x_1 = \frac{-b + \sqrt{b^2 - 4ac}}{2a}\left(\frac{-b - \sqrt{b^2 - 4ac}}{-b - \sqrt{b^2 - 4ac)}}\right) = \frac{b^2 - (b^2 - 4ac)}{2a(-b - \sqrt{b^2 - 4ac)}},$$

o que pode ser simplificado para a fórmula quadrática alternativa

$$x_1 = \frac{-2c}{b + \sqrt{b^2 - 4ac}}. \tag{1.2}$$

Usando a equação (1.2), tem-se

$$fl(x_1) = \frac{-2{,}000}{62{,}10 + 62{,}06} = \frac{-2{,}000}{124{,}2} = -0{,}01610,$$

que tem o pequeno erro relativo $6{,}2 \times 10^{-4}$.

A técnica de racionalização também pode ser aplicada para fornecer a seguinte fórmula quadrática alternativa para x_2:

$$x_2 = \frac{-2c}{b - \sqrt{b^2 - 4ac}} \tag{1.3}$$

Essa é a forma a ser usada se b for um número negativo. Na Ilustração, entretanto, o uso errôneo dessa fórmula para x_2 resultaria não apenas na subtração de números quase iguais, mas também na divisão pelo pequeno resultado dessa subtração. A imprecisão que essa combinação produz,

$$fl(x_2) = \frac{-2c}{b - \sqrt{b^2 - 4ac}} = \frac{-2{,}000}{62{,}10 - 62{,}06} = \frac{-2{,}000}{0{,}04000} = -50{,}00,$$

tem o grande erro relativo $1{,}9 \times 10^{-1}$. ■

- A lição: pense antes de calcular!

Aritmética estruturada

A perda de precisão devida ao erro de arredondamento pode também ser reduzida reorganizando os cálculos, como mostra o próximo exemplo.

EXEMPLO 6 Calcule $f(x) = x^3 - 6{,}1\,x^2 + 3{,}2x + 1{,}5$ em $x = 4{,}71$ usando aritmética de três algarismos.

Solução A Tabela 1.4 fornece os resultados intermediários dos cálculos.

Tabela 1.4

	x	x^2	x^3	$6{,}1x^2$	$3{,}2x$
Exato	4,71	22,1841	104,487111	135,32301	15,072
Três algarismos (truncamento)	4,71	22,1	104.	134.	15,0
Três algarismos (arredondamento)	4,71	22,2	105.	135.	15,1

A fim de ilustrar a situação, observemos os cálculos envolvidos na determinação de x^3 usando a aritmética de arredondamento com três algarismos. Primeiro determinamos

$$x^2 = 4{,}71^2 = 22{,}1841 \text{ e arredondamos para } 22{,}2.$$

Então usamos esse valor de x^2 para determinar

$$x^3 = x^2 \,.\, x = 22{,}2 \cdot 4{,}71 = 104{,}562 \quad \text{que arredondamos para } 105.$$

Além disso,

$$6{,}1x^2 = 6{,}1(22{,}2) = 135{,}42 \quad \text{que arredondamos para } 135,$$

e

$$3{,}2x = 3{,}2(4{,}71) = 15{,}072 \quad \text{que arredondamos para } 15{,}1.$$

O resultado exato do cálculo é

$$\text{Exato:} \quad f(4{,}71) = 104{,}487111 - 135{,}32301 + 15{,}072 + 1{,}5 = -14{,}263899;$$

Usando aritmética com número finito de algarismos, a maneira na qual somamos os resultados pode afetar o resultado final. Suponha que somemos da esquerda para a direita. Então, para a aritmética de truncamento, temos

Três algarismos (truncamento): $f(4{,}71) = ((104{,}0 - 134{,}0) + 15{,}0) + 1{,}5 = -13{,}5;$

e para a aritmética de arredondamento, temos

Três algarismos (arredondamento): $f(4{,}71) = ((105{,}0 - 135{,}0) + 15{,}1) + 1{,}5 = -13{,}4.$

(Verifique esses resultados cuidadosamente para se assegurar de que sua noção de aritmética de um número finito de algarismos está correta.) Observe que os valores do truncamento para três algarismos simplesmente retêm os primeiros três algarismos, sem nenhum arredondamento envolvido, e diferem significativamente dos valores do arredondamento para três algarismos.

Os erros relativos nos métodos com três algarismos são

$$\left|\frac{-14{,}263899 + 13{,}5}{-14{,}263899}\right| \approx 0{,}05, \text{ para o truncamento}$$

e

$$\left|\frac{-14{,}263899 + 13{,}4}{-14{,}263899}\right| \approx 0{,}06, \text{ para o arredondamento.} \quad \blacksquare$$

Ilustração Como abordagem alternativa, o polinômio $f(x)$ do Exemplo 6 pode ser escrito de modo **estruturado** como

$$f(x) = x^3 - 6{,}1x^2 + 3{,}2x + 1{,}5 = ((x - 6{,}1)\,x + 3{,}2)\,x + 1{,}5.$$

O uso da aritmética de truncamento, com três algarismos, produz agora

$$\begin{aligned} f(4{,}71) &= ((4{,}71 - 6{,}1)\,4{,}71 + 3{,}2)\,4{,}71 + 1{,}5 = ((-1{,}39)(4{,}71) + 3{,}2)4{,}71 + 1{,}5 \\ &= (-6{,}54 + 3{,}2)\,4{,}71 + 1{,}5 = (-3{,}34)\,4{,}71 + 1{,}5 = -15{,}7 + 1{,}5 = -14{,}2. \end{aligned}$$

De modo parecido, obtemos agora com o arredondamento, com três algarismos, a resposta $-14{,}3$. Os novos erros relativos são

Três algarismos (truncamento): $\left|\dfrac{-14{,}263899 + 14{,}2}{-14{,}263899}\right| \approx 0{,}0045;$

e

Três algarismos (arredondamento): $\left|\dfrac{-14{,}263899 + 14{,}3}{-14{,}263899}\right| \approx 0{,}0025.$

Lembre-se de que o truncamento (ou arredondamento) é efetuado após cada cálculo.

A estruturação reduziu o erro relativo da aproximação por truncamento para menos de 10% do valor obtido inicialmente. Para a aproximação por arredondamento, a melhora foi ainda mais dramática; o erro, nesse caso, foi reduzido em mais de 95%. $\blacksquare$

Os polinômios devem *sempre* ser expressos na forma estruturada antes de se realizar um cálculo, pois essa forma minimiza o número de operações aritméticas. O decréscimo de erro na ilustração se dá em decorrência da redução nas operações de quatro multiplicações e três adições para duas multiplicações e três adições. Uma maneira de reduzir o erro de arredondamento é reduzir o número de operações.

EXERCÍCIOS 1.2

1. Calcule o erro absoluto e o erro relativo na aproximação de p por p^*.
   a. $p = \pi, p^* = 22/7$ b. $p = \pi, p^* = 3{,}1416$
   c. $p = e, p^* = 2{,}718$ d. $p = \sqrt{2}, p^* = 1{,}414$
2. Calcule o erro absoluto e o erro relativo na aproximação de p por p^*.
   a. $p = e^{10}, p^* = 22.000$ b. $p = 10^{\pi}, p^* = 1.400$
   c. $p = 8!, p^* = 39.900$ d. $p = 9!, p^* = \sqrt{18\pi}\,(9/e)^9$
3. Suponha que p^* deva aproximar p com erro relativo de no máximo 10^{-3}. Determine o maior intervalo no qual p^* deve estar contido para cada valor de p.
   a. 150 b. 900 c. 1.500 d. 90
4. Determine o maior intervalo no qual p^* deve estar contido a fim de aproximar p com erro relativo de no máximo 10^{-4} para cada valor de p.
   a. π b. e c. $\sqrt{2}$ d. $\sqrt[3]{7}$
5. Efetue os seguintes cálculos (i) exatamente, (ii) usando aritmética de truncamento, com três algarismos, e (iii) usando aritmética de arredondamento, com três algarismos. (iv) Calcule os erros relativos nas partes (ii) e (iii).

   a. $\dfrac{4}{5} + \dfrac{1}{3}$ b. $\dfrac{4}{5} \cdot \dfrac{1}{3}$ c. $\left(\dfrac{1}{3} - \dfrac{3}{11}\right) + \dfrac{3}{20}$ d. $\left(\dfrac{1}{3} + \dfrac{3}{11}\right) - \dfrac{3}{20}$

6. Use a aritmética de arredondamento, com três algarismos, para efetuar os seguintes cálculos. Calcule o erro absoluto e o erro relativo com o valor exato determinado com pelo menos cinco algarismos.

   a. $133 + 0{,}921$ b. $133 - 0{,}499$

   c. $(121 - 0{,}327) - 119$ d. $(121 - 119) - 0{,}327$

7. Use a aritmética de arredondamento, com três algarismos, para efetuar os seguintes cálculos. Calcule o erro absoluto e o erro relativo com o valor exato determinado com pelo menos cinco algarismos.

   a. $\dfrac{\frac{13}{14} - \frac{6}{7}}{2e - 5{,}4}$ b. $-10\pi + 6e - \dfrac{3}{62}$

   c. $\left(\dfrac{2}{9}\right) \cdot \left(\dfrac{9}{7}\right)$ d. $\dfrac{\sqrt{13} + \sqrt{11}}{\sqrt{13} - \sqrt{11}}$

8. Repita o Exercício 7 usando a aritmética de arredondamento, com quatro algarismos.
9. Repita o Exercício 7 usando a aritmética de truncamento, com três algarismos.
10. Repita o Exercício 7 usando a aritmética de truncamento, com quatro algarismos.
11. Os primeiros três termos diferentes de zero na série de Maclaurin para a função arco-tangente são $x - (1/3)x^3 + (1/5)x^5$. Calcule o erro absoluto e o erro relativo nas seguintes aproximações de π usando o polinômio em vez do arco-tangente:

    a. $4\left[\operatorname{arctg}\left(\dfrac{1}{2}\right) + \operatorname{arctg}\left(\dfrac{1}{3}\right)\right]$ b. $16 \operatorname{arctg}\left(\dfrac{1}{5}\right) + 4 \operatorname{arctg}\left(\dfrac{1}{239}\right)$

12. O número e pode ser definido por $e = \sum_{n=0}^{\infty}(1/n!)$, em que $n! = n(n-1)\cdots 2\cdot 1$ para $n \neq 0$ e $0! = 1$. Calcule o erro absoluto e o erro relativo nas seguintes aproximações de e:

a. $\sum_{n=0}^{5} \frac{1}{n!}$ **b.** $\sum_{n=0}^{10} \frac{1}{n!}$

13. Seja

$$f(x) = \frac{x \cos x - \text{sen}\, x}{x - \text{sen}\, x}.$$

a. Determine $\lim_{x\to 0} f(x)$.

b. Use a aritmética de arredondamento, com quatro algarismos, para calcular $f(0,1)$.

c. Substitua cada função trigonométrica por seu polinômio de Maclaurin de ordem três e repita o item (b).

d. O valor real é $f(0,1) = -1,99899998$. Determine o erro relativo para os valores obtidos nos itens (b) e (c).

14. Seja

$$f(x) = \frac{e^x - e^{-x}}{x}.$$

a. Determine $\lim_{x\to 0}(e^x - e^{-x})/x$.

b. Use a aritmética de arredondamento, com três algarismos, para calcular $f(0,1)$.

c. Substitua cada função exponencial por seu polinômio de Maclaurin de ordem três e repita o item (b).

d. O valor real é $f(0,1) = 2,003335000$. Determine o erro relativo para os valores obtidos nos itens (b) e (c).

15. Use a aritmética de arredondamento, com quatro algarismos, e as fórmulas (1.1), (1.2) e (1.3) para determinar a aproximação mais precisa para as raízes das seguintes equações quadráticas. Calcule os erros absolutos e relativos.

a. $\frac{1}{3}x^2 - \frac{123}{4}x + \frac{1}{6} = 0$ **b.** $\frac{1}{3}x^2 + \frac{123}{4}x - \frac{1}{6} = 0$

c. $1,002x^2 - 11,01x + 0,01265 = 0$ **d.** $1,002x^2 + 11,01x + 0,01265 = 0$

16. Use a aritmética de arredondamento, com quatro algarismos, e as Fórmulas (1.1), (1.2) e (1.3) para encontrar as aproximações mais precisas para as raízes das seguintes equações quadráticas. Calcule os erros absolutos e relativos.

a. $x2 - \sqrt{7x} + \sqrt{2} = 0$

b. $\pi x^2 + 13x + 1 = 0$

c. $x^2 + x - e = 0$

d. $x^2 - \sqrt{35x} - 2 = 0$

17. Repita o Exercício 15 usando a aritmética de truncamento, com quatro algarismos.

18. Repita o Exercício 16 usando a aritmética de truncamento, com quatro algarismos.

19. Use o formato real longo de 64 bits para determinar o equivalente decimal dos seguintes números de máquina em ponto flutuante.

a. 0 10000001010 1001001100000000000000000000000000000000000000000000

b. 1 10000001010 1001001100000000000000000000000000000000000000000000

c. 0 01111111111 0101001100000000000000000000000000000000000000000000

d. 0 01111111111 0101001100000000000000000000000000000000000000000001

20. Determine os próximos maior e menor números de máquina na forma decimal para os números fornecidos no Exercício 19.

21. Suponha que dois pontos (x_0, y_0) e (x_1, y_1) estejam em uma reta, com $y_1 \neq y_0$. Há duas fórmulas disponíveis para determinar a intersecção da reta com o eixo x:

$$x = \frac{x_0y_1 - x_1y_0}{y_1 - y_0} \quad \text{e} \quad x = x_0 - \frac{(x_1 - x_0)y_0}{y_1 - y_0}.$$

a. Mostre que ambas as fórmulas são algebricamente corretas.

b. Use os dados $(x_0, y_0) = (1{,}31, 3{,}24)$ e $(x_1, y_1) = (1{,}93, 4{,}76)$ e a aritmética de arredondamento, com três algarismos para calcular a intersecção com o eixo x das duas maneiras. Qual método é melhor e por quê?

22. O polinômio de Taylor de ordem n para $f(x) = e^x$ é $\sum_{i=0}^{n}(x^i/i!)$. Use o polinômio de grau nove e a aritmética de truncamento, com três algarismos, para determinar uma aproximação de e^{-5} por cada um dos seguintes métodos.

a. $e^{-5} \approx \sum_{i=0}^{9} \frac{(-5)^i}{i!} = \sum_{i=0}^{9} \frac{(-1)^i 5^i}{i!}$

b. $e^{-5} = \frac{1}{e^5} \approx \frac{1}{\sum_{i=0}^{9} \frac{5^i}{i!}}$.

c. Um valor aproximado de e^{-5} correto até três algarismos é $6{,}74 \times 10^{-3}$. Qual fórmula, (a) ou (b), fornece o resultado mais preciso e por quê?

23. O sistema linear dois por dois

$$ax + by = e,$$
$$cx + dy = f,$$

onde a, b, c, d, e, f são dados, pode ser resolvido para x e y como segue:

$$\text{faça } m = \frac{c}{a}, \quad \text{desde que } a \neq 0;$$
$$d_1 = d - mb;$$
$$f_1 = f - me;$$
$$y = \frac{f_1}{d_1};$$
$$x = \frac{e - by}{a}.$$

Resolva os seguintes sistemas lineares usando a aritmética de arredondamento, com quatro algarismos.

a. $1{,}130x - 6{,}990y = 14{,}20$
$1{,}013x - 6{,}099y = 14{,}22$

b. $8{,}110x + 12{,}20y = -0{,}1370$
$-18{,}11x + 112{,}2y = -0{,}1376$

24. Repita o Exercício 23 usando a aritmética de truncamento, com quatro algarismos.

25. a. Mostre que a técnica de estruturação de polinômio descrita no Exemplo 6 pode também ser aplicada ao cálculo de

$$f(x) = 1{,}01e^{4x} - 4{,}62e^{3x} - 3{,}11e^{2x} + 12{,}2e^{x} - 1{,}99.$$

b. Use a aritmética de arredondamento, com três algarismos, considerando que $e^{1,53} = 4{,}62$ e o fato de que $e^{nx} = (e^x)^n$ para calcular $f(1{,}53)$ como dado no item (a).

c. Refaça o cálculo no item (b) primeiro estruturando os cálculos.

d. Compare as aproximações do item (b) e (c) com o resultado verdadeiro com três algarismos $f(1{,}53) = -7{,}61$.

EXERCÍCIO APLICADO

26. O exemplo de abertura deste capítulo descrevia uma experiência física envolvendo a temperatura de um gás sob pressão. Nessa aplicação, foram fornecidos $P = 1{,}00$ atm, $V = 0{,}100$ m^3, $N = 0{,}00420$ mol e $R = 0{,}08206$. Determinando T pela lei dos gases ideais, tem-se

$$T = \frac{PV}{NR} = \frac{(1{,}00)(0{,}100)}{(0{,}00420)(0{,}08206)} = 290{,}15\text{ K} = 17\text{ °C}.$$

No laboratório, descobriu-se que T era 15 °C nessas condições e, quando a pressão era dobrada e o volume reduzido pela metade, T era 19 °C. Suponha que os dados fossem valores arredondados precisos até os algarismos dados e mostre que ambos os valores de laboratório estão dentro dos limites de precisão para a lei dos gases ideais.

EXERCÍCIOS TEÓRICOS

27. O coeficiente binomial

$$\binom{m}{k} = \frac{m!}{k!(m-k)!}$$

descreve o número de maneiras para se escolher um subconjunto com k objetos a partir de um conjunto com m elementos.

a. Suponha que os números de máquina decimais sejam da forma

$$\pm\, 0{,}d_1d_2d_3d_4 \times 10^n, \quad \text{com } 1 \le d_1 \le 9,\ 0 \le d_i \le 9 \quad \text{se } i = 2, 3, 4 \quad \text{e } |n| \le 15.$$

Qual o maior valor de m para o qual o coeficiente binomial $\binom{m}{k}$ pode ser calculado para todo k pela definição sem causar overflow?

b. Mostre que $\binom{m}{k}$ também pode ser calculado por

$$\binom{m}{k} = \left(\frac{m}{k}\right)\left(\frac{m-1}{k-1}\right)\cdots\left(\frac{m-k+1}{1}\right)$$

c. Qual é o maior valor de m para o qual o coeficiente binomial $\binom{m}{3}$ pode ser calculado pela fórmula do item (b) sem causar overflow?

d. Use a equação em (b) e a aritmética de truncamento, com quatro algarismos, para calcular o número de mãos de 5 cartas em um baralho de 52 cartas. Calcule os erros real e relativo.

28. Suponha que $fl(y)$ seja uma aproximação por arredondamento, com k algarismos, de y. Mostre que

$$\left|\frac{y - fl(y)}{y}\right| \le 0{,}5 \times 10^{-k+1}.$$

[*Sugestão*: se $d_{k+1} < 5$, então $fl(y) = 0{,}d_1d_2\ldots d_k \times 10^n$. Se $d_{k+1} \ge 5$, então $fl(y) = 0{,}d_1d_2\ldots d_k \times 10^n + 10^{n-k}$].

29. Seja $f \in C[a, b]$ uma função cuja derivada exista em (a, b). Suponha que f deva ser calculada em x_0 em (a, b), mas em vez de calcular o valor real $f(x_0)$, o valor aproximado, $\tilde{f}(x_0)$ é o valor real de f em $x_0 + \epsilon$, isto é, $\tilde{f}(x_0) = f(x_0 + \epsilon)$.

a. Use o teorema do valor médio 1.8 para estimar o erro absoluto $|f(x_0) - \tilde{f}(x_0)|$ e o erro relativo $|f(x_0) - \tilde{f}(x_0)| / |f(x_0)|$, considerando que $f(x_0) \neq 0$.

b. Se $\epsilon = 5 \times 10^{-6}$ e $x_0 = 1$, determine limitantes para os erros absoluto e relativo, para

i. $f(x) = e^x$

ii. $f(x) = \operatorname{sen} x$

c. Repita o item (b) com $\epsilon = (5 \times 10^{-6})x_0$ e $x_0 = 10$.

QUESTÕES PARA DISCUSSÃO

1. Discuta a diferença entre a aritmética executada por um computador e a aritmética tradicional. Por que é tão importante reconhecer a diferença?
2. Forneça diversos exemplos da vida real de erros catastróficos que ocorreram pelo uso da aritmética com um número finito de algarismos e explique o que deu errado.
3. Discuta as diversas maneiras diferentes de arredondar números.
4. Discuta a diferença entre um número escrito na notação padrão e um escrito na forma normalizada de ponto flutuante decimal. Forneça diversos exemplos.

1.3 Algoritmos e convergência

Ao longo do texto examinaremos os procedimentos de aproximação, chamados *algoritmos*, envolvendo sequências de cálculos. Um **algoritmo** é um procedimento que descreve, sem ambiguidades, uma sequência finita de passos a serem feitos em uma ordem específica. O objetivo do algoritmo é implementar um procedimento para resolver um problema ou aproximar uma solução do problema.

Usamos um **pseudocódigo** para descrever os algoritmos. Esse pseudocódigo especifica a forma da entrada a ser fornecida e a forma de saída desejada. Nem todos os procedimentos numéricos fornecem saídas satisfatórias para entradas arbitrariamente escolhidas. Como consequência, uma técnica de parada independente da técnica numérica é incorporada em cada algoritmo para evitar laços infinitos.

Dois símbolos de pontuação são usados nos algoritmos:

- Um ponto final (.) indica o término de um passo.
- Um ponto-e-vírgula (;) separa tarefas dentro de um passo.

A endentação é usada para indicar que grupos de instruções serão tratados como uma única entidade.

Técnicas de laços nos algoritmos são ou controladas por um contador, como em

$$\text{Para } i = 1, 2, \ldots, n$$

$$\text{Faça } x_i = a_i + i \cdot h$$

ou controladas por uma condição, como em

Quando $i < N$ faça os Passos 3−6.

Para permitir a execução condicional, usamos as construções padrão.

Se . . . então   ou   Se . . . então
senão

Os passos nos algoritmos seguem as regras de construção de programas estruturados. Eles foram organizados de maneira que haja dificuldade mínima na tradução do pseudocódigo para qualquer linguagem de programação adequada a aplicações científicas.

Os algoritmos são amplamente mesclados com comentários. Esses são escritos em itálico, entre parênteses, para se distinguirem das instruções do algoritmo.

OBSERVAÇÃO ! Quando o término de certos passos estruturados for difícil de determinar, usaremos um comentário como (Fim do Passo 14) à direita ou abaixo da instrução final. Veja, por exemplo, o comentário no passo 5 do Exemplo 1.

O uso do algoritmo é tão antigo quanto a matemática formal, mas seu nome se deve ao matemático árabe Muhammad ibn-Msâ al-Khwarârizmî (c. 780-850). A tradução para o latim de seus trabalhos começa com as palavras "Dixit Algorismi", que significam "al-Khwârizmî diz".

Ilustração O seguinte algoritmo calcula $x_1 + x_2 + \cdots + x_N = \sum_{i=1}^{N} x_i$, dados N e os números $x_1, x_2, \ldots, x_N$.

ENTRADA $N, x_1, x_2, \ldots, x_n$.
SAÍDA $SOMA = \sum_{i=1}^{N} x_i$.

Passo 1 Faça $SOMA = 0$. (*Inicializar acumulador.*)

Passo 2 Para $i = 1, 2, \ldots, N$ faça $SOMA = SOMA + x_i$. (*Adicionar o próximo termo.*)

Passo 3 SAÍDA ($SOMA$);
PARE. ■

EXEMPLO 1 O polinômio de Taylor de ordem N de $f(x) = \ln x$ expandido em torno de $x_0 = 1$ é

$$P_N(x) = \sum_{i=1}^{N} \frac{(-1)^{i+1}}{i}(x-1)^i,$$

e o valor de ln 1,5 com oito casas decimais é 0,40546511. Construa um algoritmo para determinar o mínimo valor de N necessário para que

$$|\ln 1{,}5 - P_N(1{,}5)| < 10^{-5}$$

sem usar o termo de resto do polinômio de Taylor.

Solução A partir do cálculo, sabemos que se $\sum_{n=1}^{\infty} a_n$ é uma série alternada com limite A cujos termos decrescem em módulo, então A e a enésima soma parcial $A_N = \sum_{n=1}^{N} a_n$ diferem por menos do que o módulo do termo $(N + 1)$; isto é

$$|A - A_N| \leq |a_{N+1}|.$$

O seguinte algoritmo usa esse limitante.

ENTRADA valor x, tolerância TOL, número máximo de iterações M.

SAÍDA grau N do polinômio ou uma mensagem de erro.

Passo 1 Faça $N = 1$;
$y = x - 1$;
$SOMA = 0$;
$POTÊNCIA = y$;
$TERMO = y$;
$SINAL = -1$. (*Usado para implementar a alternância de sinais.*)

Passo 2 Enquanto $N \leq M$ execute Passos 3 a 5.

Passo 3 Faça $SINAL = -SINAL$; (*Alternar os sinais.*)
$SOMA = SOMA + SINAL \cdot TERMO$; (*Acumula os termos.*)
$POTÊNCIA = POTÊNCIA \cdot y$;
$TERMO = POTÊNCIA / (N + 1)$. (*Calcula o próximo termo.*)

Passo 4 Se $|TERMO| < TOL$ então (*Teste de precisão.*)
SAÍDA (N);
PARE. (*O procedimento foi bem-sucedido.*)

Passo 5 Faça $N = N + 1$. (*Preparar para a próxima iteração.* (*Fim do Passo 2*))

Passo 6 **SAÍDA** ('O método falhou'); (*O procedimento foi malsucedido.*)
PARE.

A entrada de nosso problema é $x = 1{,}5$, $TOL = 10^{-5}$ e talvez $M = 15$. Essa escolha de M fornece um limitante superior para a quantidade de cálculos que estamos dispostos a efetuar, reconhecendo que é provável que o algoritmo falhe se esse limitante for ultrapassado. Se a saída será um valor de N ou uma mensagem de erro, depende da precisão do dispositivo de cálculo. ■

Caracterizando algoritmos

Consideraremos uma variedade de problemas de aproximação ao longo do texto e em cada caso precisaremos determinar métodos de aproximação que produzam resultados confiáveis para uma vasta classe de problemas. Em razão das diversas maneiras pelas quais os métodos de aproximação são originados, necessitamos de uma variedade de condições para categorizar sua precisão. Nem todas essas condições serão apropriadas para um problema particular.

Um critério que imporemos a um algoritmo, sempre que possível, é o de que pequenas alterações nos dados iniciais produzam alterações correspondentemente pequenas nos resultados finais. Um algoritmo que satisfaça essa propriedade é dito **estável**; caso contrário, é **instável**. Alguns algoritmos são estáveis apenas para certas escolhas de dados iniciais. Esses são chamados **condicionalmente estáveis**. Caracterizaremos as propriedades de estabilidade de algoritmos sempre que possível.

A palavra *stable* (estável) tem a mesma raiz que *stand* (permanecer, resistir) e *standard* (normal, usual). Na matemática, o termo estável aplicado a um problema indica que uma pequena mudança nos dados ou nas condições iniciais não resulta em uma mudança dramática na solução do problema.

Para mais considerações sobre o crescimento do erro de arredondamento e sua conexão com a estabilidade do algoritmo, suponha que um erro com módulo $E_0 > 0$ seja introduzido em algum estágio do cálculo e que o módulo do erro após n operações subsequentes seja denotado por E_n. Os dois casos que surgem com mais frequência na prática são definidos como segue.

Definição 1.17 Suponha que $E_0 > 0$ denote um erro introduzido em algum estágio dos cálculos e E_n represente o módulo do erro após n operações subsequentes.

- Se $E_n \approx CnE_0$, onde C é uma constante independente de n, então o crescimento do erro é dito **linear**.
- Se $E_n \approx C^nE_0$, para algum $C > 1$, então o crescimento do erro é **exponencial**. ■

O crescimento linear do erro é normalmente inevitável e, quando C e E_0 são pequenos, os resultados são geralmente aceitáveis. O crescimento exponencial do erro deve ser evitado, visto que o termo C^n se torna grande mesmo para valores de n relativamente pequenos. Isso leva a imprecisões inaceitáveis, independentemente do tamanho de E_0. Consequentemente, um algoritmo que exiba um crescimento linear de erro é estável e um algoritmo que apresente um crescimento de erro exponencial é instável. (Veja a Figura 1.10.)

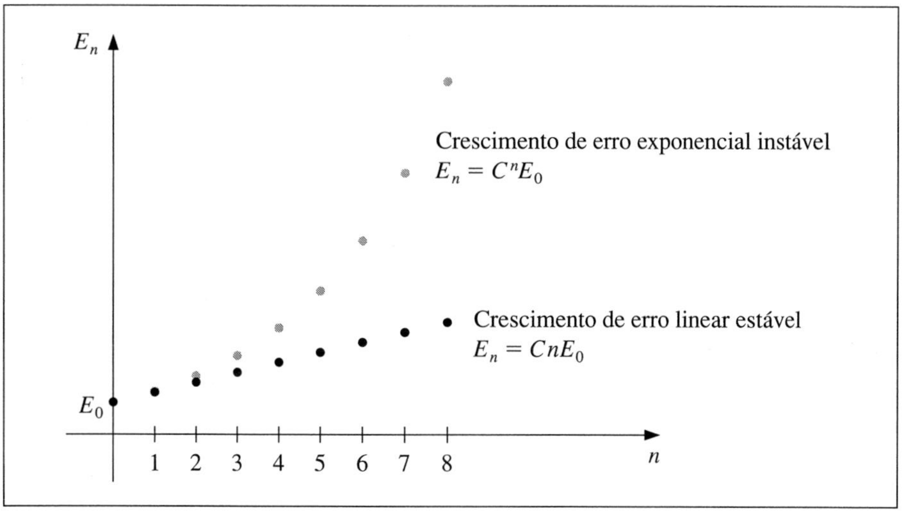

Figura 1.10

Ilustração Para quaisquer constantes c_1 e c_2,

$$p_n = c_1\left(\frac{1}{3}\right)^n + c_2 3^n, \tag{1.4}$$

é uma solução da equação recursiva

$$p_n = \frac{10}{3}p_{n-1} - p_{n-2}, \qquad \text{para } n = 2, 3, \ldots$$

Isto pode ser visto observando que

$$\begin{aligned}
\frac{10}{3}p_{n-1} - p_{n-2} &= \frac{10}{3}\left[c_1\left(\frac{1}{3}\right)^{n-1} + c_2 3^{n-1}\right] - \left[c_1\left(\frac{1}{3}\right)^{n-2} + c_2 3^{n-2}\right] \\
&= c_1\left(\frac{1}{3}\right)^{n-2}\left[\frac{10}{3}\cdot\frac{1}{3} - 1\right] + c_2 3^{n-2}\left[\frac{10}{3}\cdot 3 - 1\right] \\
&= c_1\left(\frac{1}{3}\right)^{n-2}\left(\frac{1}{9}\right) + c_2 3^{n-2}(9) = c_1\left(\frac{1}{3}\right)^n + c_2 3^n = p_n.
\end{aligned}$$

Suponha que nos tenham sido dados $p_0 = 1$ e $p_1 = \frac{1}{3}$. Usando estes valores e a Eq. (1.4) podemos determinar valores únicos para as constantes, como $c_1 = 1$ e $c_2 = 0$. Assim, $p_n = (\frac{1}{3})^n$ para todo n.

Se for usada aritmética de arredondamento, com cinco algarismos, para o cálculo dos termos da sequência dada por esta equação, então, $\hat{p}_0 = 1{,}0000$ e $\hat{p}_1 = 0{,}33333$, o que requer a modificação das constantes para $\hat{c}_1 = 1{,}0000$ e $\hat{c}_2 = -0{,}12500 \times 10^{-5}$. A sequência de aproximação $\{\hat{p}_n\}_{n=0}^{\infty}$ gerada é então determinada por

$$\hat{p}_n = 1{,}0000\left(\frac{1}{3}\right)^n - 0{,}12500 \times 10^{-5}(3)^n,$$

que tem erro de arredondamento,

$$p_n - \hat{p}_n = 0{,}12500 \times 10^{-5}(3^n).$$

Este procedimento é instável porque o erro cresce exponencialmente com n, o que se reflete na extrema imprecisão depois dos primeiros termos, como mostra a Tabela 1.5.

Tabela 1.5

n	$\hat{p}_n$ calculado	p_n correto	Erro relativo
0	$0{,}10000 \times 10^{1}$	$0{,}10000 \times 10^{1}$	
1	$0{,}33333 \times 10^{0}$	$0{,}33333 \times 10^{0}$	
2	$0{,}11110 \times 10^{0}$	$0{,}11111 \times 10^{0}$	9×10^{-5}
3	$0{,}37000 \times 10^{-1}$	$0{,}37037 \times 10^{-1}$	1×10^{-3}
4	$0{,}12230 \times 10^{-1}$	$0{,}12346 \times 10^{-1}$	9×10^{-3}
5	$0{,}37660 \times 10^{-2}$	$0{,}41152 \times 10^{-2}$	8×10^{-2}
6	$0{,}32300 \times 10^{-3}$	$0{,}13717 \times 10^{-2}$	8×10^{-1}
7	$-0{,}26893 \times 10^{-2}$	$0{,}45725 \times 10^{-3}$	7×10^{0}
8	$-0{,}92872 \times 10^{-2}$	$0{,}15242 \times 10^{-3}$	6×10^{1}

Considere agora esta equação recursiva:

$$p_n = 2p_{n-1} - p_{n-2}, \quad \text{para } n = 2, 3, \ldots$$

Ela tem a solução $p_n = c_1 + c_2 n$ para quaisquer constantes c_1 e c_2, pois

$$\begin{aligned} 2p_{n-1} - p_{n-2} &= 2(c_1 + c_2(n-1)) - (c_1 + c_2(n-2)) \\ &= c_1(2-1) + c_2(2n - 2 - n + 2) = c_1 + c_2 n = p_n. \end{aligned}$$

Se nos forem dados $p_0 = 1$ e $p_1 = \frac{1}{3}$, então as constantes nesta equação estão univocamente determinadas, e são $c_1 = 1$ e $c_2 = -\frac{2}{3}$. Isto implica que $p_n = 1 - \frac{2}{3}n$.

Se for usada aritmética de arredondamento, com cinco algarismos, para o cálculo dos termos da sequência dada por esta equação, então $\hat{p}_0 = 1{,}0000$ e $\hat{p}_1 = 0{,}33333$. Consequentemente, as constantes arredondadas para cinco algarismos são $\hat{c}_1 = 1{,}0000$ e $\hat{c}_2 = -0{,}66667$. Desse modo,

$$\hat{p}_n = 1{,}0000 - 0{,}66667n,$$

cujo erro de arredondamento é

$$p_n - \hat{p}_n = \left(0{,}66667 - \frac{2}{3}\right)n,$$

Este procedimento é estável porque o erro cresce *linearmente* com n, o que se reflete nas aproximações mostradas na Tabela 1.6. ∎

Tabela 1.6

n	$\hat{p}_n$ calculado	p_n correto	Erro relativo
0	$0{,}10000 \times 10^1$	$0{,}10000 \times 10^1$	
1	$0{,}33333 \times 10^0$	$0{,}33333 \times 10^0$	
2	$-0{,}33330 \times 10^0$	$-0{,}33330 \times 10^0$	9×10^{-5}
3	$-0{,}10000 \times 10^1$	$-0{,}10000 \times 10^1$	0
4	$-0{,}16667 \times 10^1$	$-0{,}16667 \times 10^1$	0
5	$-0{,}23334 \times 10^1$	$-0{,}23333 \times 10^1$	4×10^{-5}
6	$-0{,}30000 \times 10^1$	$-0{,}30000 \times 10^1$	0
7	$-0{,}36667 \times 10^1$	$-0{,}36667 \times 10^1$	0
8	$-0{,}43334 \times 10^1$	$-0{,}43333 \times 10^1$	2×10^{-5}

Os efeitos do erro de arredondamento podem ser reduzidos usando-se uma aritmética de mais algarismos, tal como a opção de precisão dupla ou múltipla disponível na maioria dos computadores. As desvantagens de se usar a aritmética de precisão dupla são o maior gasto de tempo de computação e a não eliminação do crescimento do erro de arredondamento.

Uma abordagem para estimar o erro de arredondamento é usar a aritmética de intervalo (isto é, manter o maior e o menor valores possíveis em cada passo), de maneira que, no final, obtenhamos um intervalo que contenha o valor real. Infelizmente, um intervalo muito pequeno pode ser necessário para uma implementação razoável.

Taxas de convergência

Como frequentemente usamos técnicas iterativas envolvendo sequências, esta seção é concluída com uma breve discussão sobre um pouco da terminologia que descreve a taxa na qual ocorre a convergência. Em geral, gostaríamos que a técnica convergisse tão rapidamente quanto possível. Usamos a seguinte definição para comparar as taxas de convergência dos diversos métodos.

Definição 1.18 Suponha que se saiba que a sequência $\{\beta_n\}_{n=1}^{\infty}$ convirja para zero e que $\{\alpha_n\}_{n=1}^{\infty}$ convirja para um número α. Se existir uma constante K positiva tal que

$$|\alpha_n - \alpha| \leq K\,|\beta_n|, \quad \text{para } n \text{ grande},$$

então dizemos que $\{\alpha_n\}_{n=1}^{\infty}$ converge para α com **taxa ou ordem de convergência** $O(\beta_n)$. (Lê-se essa expressão como "O grande de β_n".) É indicado na escrita por $\alpha_n = \alpha + O(\beta_n)$. ∎

Embora a Definição 1.18 permita que $\{\alpha_n\}_{n=1}^{\infty}$ seja comparada com uma sequência arbitrária $\{\beta_n\}_{n=1}^{\infty}$, em quase todas as situações usamos

$$\beta_n = \frac{1}{n^p},$$

para algum número $p > 0$. Estamos geralmente interessados no maior valor de p com $\alpha_n = \alpha + O(1/n^p)$.

EXEMPLO 2 Suponha que, para $n \geq 1$,

$$\alpha_n = \frac{n+1}{n^2} \text{ e } \hat{\alpha}_n = \frac{n+3}{n^3}.$$

Embora tanto $\lim_{n\to\infty} \alpha_n = 0$ quanto $\lim_{n\to\infty} \hat{\alpha}_n = 0$, a sequência $\{\hat{\alpha}_n\}$ converge para esse limite muito mais rapidamente que a sequência $\{\alpha_n\}$. Utilizando-se a aritmética de arredondamento, com cinco algarismos, temos os valores mostrados na Tabela 1.7. Determine as taxas de convergência para estas duas sequências.

Tabela 1.7

n	1	2	3	4	5	6	7
α_n	2,00000	0,75000	0,44444	0,31250	0,24000	0,19444	0,16327
$\hat{\alpha}_n$	4,00000	0,62500	0,22222	0,10938	0,064000	0,041667	0,029155

Solução Defina as sequências $\beta_n = 1/n$ e $\hat{\beta}_n = 1/n^2$. Então

$$|\alpha_n - 0| = \frac{n+1}{n^2} \leq \frac{n+n}{n^2} = 2 \cdot \frac{1}{n} = 2\beta_n$$

e

$$|\hat{\alpha}_n - 0| = \frac{n+3}{n^3} \leq \frac{n+3n}{n^3} = 4 \cdot \frac{1}{n^2} = 4\hat{\beta}_n.$$

Portanto, a taxa de convergência de $\{\alpha_n\}$ a zero é parecida com a convergência de $\{1/n\}$ a zero, enquanto $\{\hat{\alpha}_n\}$ converge a zero, a uma taxa parecida com a sequência mais rapidamente convergente $\{1/n^2\}$. Expressamos isto escrevendo

$$\alpha_n = 0 + O\left(\frac{1}{n}\right) \quad \text{e} \quad \hat{\alpha}_n = 0 + O\left(\frac{1}{n^2}\right).$$ ■

Nós também usamos a notação do "O grande" para descrever a taxa na qual as funções convirjam.

Definição 1.19 Suponha que $\lim_{h\to 0} G(h) = 0$ e $\lim_{h\to 0} F(h) = L$. Se existir uma constante positiva K tal que

$|F(h) - L| \leq K\,|G(h)|$, para h suficientemente pequeno, então escrevemos $F(h) = L + O(G(h))$. ■

As funções que usamos para comparação geralmente têm a forma $G(h) = h^p$, onde $p > 0$. Estamos interessados no maior valor de p para o qual $F(h) = L + O(h^p)$.

EXEMPLO 3 Use o terceiro polinômio de Taylor, em $h = 0$, para mostrar que $\cos h + \frac{1}{2}h^2 = 1 + O(h^4)$.

Solução No Exemplo 3(b) da Seção 1.1, descobrimos que esse polinômio é

$$\cos h = 1 - \frac{1}{2}h^2 + \frac{1}{24}h^4 \cos \tilde{\xi}(h),$$

para algum número $\tilde{\xi}(h)$ entre zero e h. Consequentemente,

$$\cos h + \frac{1}{2}h^2 = 1 + \frac{1}{24}h^4 \cos \tilde{\xi}(h).$$

Portanto,

$$\left| \left(\cos h + \frac{1}{2}h^2\right) - 1 \right| = \left| \frac{1}{24} \cos \tilde{\xi}(h) \right| h^4 \leq \frac{1}{24}h^4,$$

de modo que, quando $h \to 0$, $h + \frac{1}{2}h^2$ converge para seu limite, 1, tão rapidamente quanto h^4 converge para 0. Ou seja,

$$\cos h + \frac{1}{2}h^2 = 1 + O(h^4).$$

■

EXERCÍCIOS 1.3

1. Use a aritmética de truncamento, com três algarismos, para calcular as seguintes somas. Para cada parte, qual método é mais preciso e por quê?

   a. $\sum_{i=1}^{10}(1/i^2)$ primeiro por $\frac{1}{1} + \frac{1}{4} + \cdots + \frac{1}{100}$ e então por $\frac{1}{100} + \frac{1}{81} + \cdots + \frac{1}{1}$.

   b. $\sum_{i=1}^{10}(1/i^3)$ primeiro por $\frac{1}{1} + \frac{1}{8} + \frac{1}{27} + \cdots + \frac{1}{1.000}$ e então por $\frac{1}{1.000} + \frac{1}{729} + \cdots + \frac{1}{1}$.

2. O número e é definido por $e = \sum_{n=0}^{\infty}(1/n!)$, em que $n! = n(n-1)\cdots 2 \cdot 1$ para $n \neq 0$ e $0! = 1$. Use a aritmética de truncamento, com quatro algarismos, para calcular as seguintes aproximações de e e determine os erros absoluto e relativo.

   a. $e \approx \sum_{n=0}^{5} \frac{1}{n!}$

   b. $e \approx \sum_{j=0}^{5} \frac{1}{(5-j)!}$

   c. $e \approx \sum_{n=0}^{10} \frac{1}{n!}$

   d. $e \approx \sum_{j=0}^{10} \frac{1}{(10-j)!}$

3. A série de Maclaurin para a função arco-tangente converge para $-1 < x \leq 1$ e é determinada por

$$\text{arctg } x = \lim_{n \to \infty} P_n(x) = \lim_{n \to \infty} \sum_{i=1}^{n} (-1)^{i+1} \frac{x^{2i-1}}{2i-1}.$$

   a. Use o fato de que $\text{tg } \pi/4 = 1$ para determinar o número n de termos da série que precisam ser somados para garantir que $|4P_n(1) - \pi| < 10^{-3}$.

   b. A linguagem de programação C++ exige que o valor de π seja conhecido com precisão de 10^{-10}. Quantos termos da série seriam necessários somar para obter essa ordem de precisão?

4. O Exercício 3 detalha um meio bem ineficiente de obter uma aproximação de π. O método pode ser substancialmente melhorado observando que $\pi/4 = \text{arctg}\,\frac{1}{2} + \text{arctg}\,\frac{1}{3}$ e calculando a série para o arco-tangente em $\frac{1}{2}$ e em $\frac{1}{3}$. Determine o número de termos que devem ser somados para garantir uma aproximação de π com precisão de 10^{-3}.
5. Outra fórmula para calcular π pode ser deduzida da identidade $\pi/4 = 4\,\text{arctg}\,\frac{1}{5} - \text{arctg}\,\frac{1}{239}$. Determine o número de termos que devem ser somados para garantir uma aproximação de π com precisão de 10^{-3}.
6. Determine as taxas de convergência das seguintes sequências quando $n \to \infty$.

   a. $\lim_{n\to\infty} \text{sen}\,\frac{1}{n} = 0$ **b.** $\lim_{n\to\infty} \text{sen}\,\frac{1}{n^2} = 0$

   c. $\lim_{n\to\infty} \left(\text{sen}\,\frac{1}{n}\right)^2 = 0$ **d.** $\lim_{n\to\infty} [\ln(n+1) - \ln(n)] = 0$

7. Determine as taxas de convergência das seguintes sequências quando $h \to 0$.

   a. $\lim_{h\to 0} \frac{\text{sen}\,h}{h} = 1$ **b.** $\lim_{h\to 0} \frac{1 - \cos h}{h} = 0$

   c. $\lim_{h\to 0} \frac{\text{sen}\,h - h\cos h}{h} = 0$ **d.** $\lim_{h\to 0} \frac{1 - e^h}{h} = -1$

EXERCÍCIOS TEÓRICOS

8. Suponha que $0 < q < p$ e que $\alpha_n = \alpha + O(n^{-p})$.
   a. Mostre que $\alpha_n = \alpha + O(n^{-q})$.
   b. Faça uma tabela listando $1/n$, $1/n^2$, $1/n^3$ e $1/n^4$ para $n = 5$, 10, 100 e 1.000 e discuta as diferentes taxas de convergência dessas sequências quando n se torna grande.
9. Suponha que $0 < q < p$ e que $F(h) = L + O(h^p)$.
   a Mostre que $F(h) = L + O(h^q)$.
   b. Faça uma tabela listando h, h^2, h^3 e h^4 para $h = 0{,}5$, 0,1, 0,01 e 0,001 e discuta as diferentes taxas de convergência dessas potências de h quando h tende a zero.
10. Suponha que quando x tenda a zero,
    $$F_1(x) = L_1 + O(x^\alpha) \quad \text{e} \quad F_2(x) = L_2 + O(x^\beta).$$
    Sejam c_1 e c_2 constantes diferentes de zero e defina
    $$F(x) = c_1F_1(x) + c_2F_2(x) \quad \text{e} \quad G(x) = F_1(c_1x) + F_2(c_2x).$$
    Mostre que se $\gamma = \text{mínimo}\,[\alpha, \beta]$, então, quando x tende a zero,
    a. $F(x) = c_1L_1 + c_2L_2 + O(x^\gamma)$
    b. $G(x) = L_1 + L_2 + O(x^\gamma)$.
11. A sequência $\{F_n\}$, descrita por $F_0 = 1$, $F_1 = 1$ e $F_{n+2} = F_n + F_{n+1}$ se $n \geq 0$, é chamada *sequência* de *Fibonacci*. Seus termos ocorrem naturalmente em muitas espécies botânicas, particularmente naquelas com pétalas ou escalas arranjadas na forma de uma espiral logarítmica. Considere a sequência $\{x_n\}$, onde $x_n = F_{n+1}/F_n$. Supondo que $\lim_{n\to\infty} x_n = x$ exista, mostre que $x = (1 + \sqrt{5})/2$. Esse número é chamado de *razão áurea*.
12. Mostre que a sequência Fibonacci também satisfaz a equação
    $$F_n \equiv \tilde{F}_n = \frac{1}{\sqrt{5}}\left[\left(\frac{1+\sqrt{5}}{2}\right)^n - \left(\frac{1-\sqrt{5}}{2}\right)^n\right].$$

13. Descreva a saída do seguinte algoritmo. Como este algoritmo se compara com a ilustração na página 32?

ENTRADA $n, x_1, x_2, \ldots, x_n$.
SAÍDA SOMA.

Passo 1 Faça SOMA = x_1.
Passo 2 Para $i = 2, 3, \ldots, n$ execute Passo 3.
Passo 3 SOMA = SOMA + x_i.
Passo 4 SAÍDA SOMA;
PARE.

14. Compare os três algoritmos a seguir. Quando o algoritmo da parte (a) está correto?

a. **ENTRADA** $n, x_1, x_2, \ldots, x_n$.
SAÍDA PRODUTO.
Passo 1 Faça PRODUTO = 0.
Passo 2 Para $i = 1, 2, \ldots, n$ execute
Faça PRODUTO = PRODUTO * x_i.
Passo 3 SAÍDA PRODUTO;
PARE.

b. **ENTRADA** $n, x_1, x_2, \ldots, x_n$.
SAÍDA PRODUTO.
Passo 1 Faça PRODUTO = 1.
Passo 2 Para $i = 1, 2, \ldots, n$ execute
Faça PRODUTO = PRODUTO * x_i.
Passo 3 SAÍDA PRODUTO;
PARE.

c. **ENTRADA** $n, x_1, x_2, \ldots, x_n$.
SAÍDA PRODUTO.
Passo 1 Faça PRODUTO = 1.
Passo 2 Para $i = 1, 2, \ldots, n$ execute
se $x_i = 0$ então faça PRODUTO = 0;
SAÍDA PRODUTO;
PARE
senão faça PRODUTO = PRODUTO * x_i.
Passo 3 SAÍDA PRODUTO;
PARE.

15. a. Quantas multiplicações e adições são necessárias para determinar uma soma da forma

$$\sum_{i=1}^{n} \sum_{j=1}^{i} a_i b_j?$$

b. Modifique a soma na parte (a) para uma forma equivalente que reduza o número de cálculos.

QUESTÕES PARA DISCUSSÃO

1. Escreva um algoritmo para somar a série finita $\sum_{i=1}^{n} x_i$ na ordem inversa.
2. Construa um algoritmo que tenha como entradas um inteiro $n \geq 1$, números $x_0, x_1, \ldots, x_n$ e um número x e que produza como saída o produto $(x - x_0)(x - x_1) \cdots (x - x_n)$.
3. Seja $P(x) = a_n x^n + a_{n-1} x^{n-1} + \cdots + a_1 x + a_0$ um polinômio e x_0 um número dado. Construa um algoritmo para calcular $P(x_0)$ usando multiplicação estruturada.
4. As Equações (1.2) e (1.3) da Seção 1.2 dão fórmulas alternativas para as raízes x_1 e x_2 de $ax^2 + bx + c = 0$. Construa um algoritmo com entradas a, b, c e saídas x_1, x_2 que calcule as raízes x_1 e x_2 (as quais também podem ser iguais ou complexas conjugadas) usando a melhor fórmula para cada raiz.
5. Suponha que

$$\frac{1-2x}{1-x+x^2} + \frac{2x-4x^3}{1-x^2+x^4} + \frac{4x^3-8x^7}{1-x^4+x^8} + \cdots = \frac{1+2x}{1+x+x^2},$$

para $x < 1$ e seja $x = 0{,}25$. Escreva e execute um algoritmo que determine o número de termos necessários no lado esquerdo da equação de modo que o lado esquerdo difira do lado direito por menos de 10^{-6}.

6. O que os algoritmos na parte (a) e na parte (b) calculam?

a. **ENTRADA** a_0, a_1, x_0, x_1.

SAÍDA S.

Passo 1 Para $i = 0, 1$ execute faça $s_i = a_i$.

Passo 2 Para $i = 0, 1$ execute

para $j = 0, 1$ execute

para $i \neq j$ faça $s_i = \dfrac{(x - x_j)}{(x_i - x_j)} * s_i$.

Passo 3 Faça $S = s_0 + s_1$.

Passo 4 SAÍDA S;

PARE.

b. **ENTRADA** $a_0, a_1, a_2, x_0, x_1, x_2$.

SAÍDA S.

Passo 1 Para $i = 0, \ldots, 2$ execute faça $s_i = a_i$.

Passo 2 Para $i = 0, 1, 2$ execute

para $j = 0, 1$ execute

se $i \neq j$ então faça $s_i = \dfrac{(x - x_j)}{(x_i - x_j)} * s_i$.

Passo 3 Faça $S = s_0 + s_1 + s_2$.

Passo 4 SAÍDA S;

PARE.

c. Generalize os algoritmos para que tenham entradas $n, a_0, \ldots, a_n, x_0, \ldots, x_n$. Qual é o valor de saída de S?

1.4 Software numérico

Os pacotes de software para computador para a aproximação de soluções numéricas de problemas estão disponíveis em muitas formas. Em nosso *website* para este livro

`https://sites.google.com/site/numericalanalysis1burden/`

fornecemos programas escritos em C, FORTRAN, Maple, Mathematica, MATLAB, Pascal e Java que podem ser usados para resolver os problemas dados nos exemplos e exercícios. Esses programas fornecerão resultados satisfatórios para a maioria dos problemas que você poderá precisar resolver, mas eles são o que chamamos de programas de *propósito especial*. Usamos esse termo para distinguir esses programas dos que se encontram disponíveis nas bibliotecas padrão de sub-rotinas matemáticas. Os programas nesses pacotes serão chamados de *propósito geral*.

Os programas nos pacotes de software de propósito geral diferem em sua intenção dos algoritmos e programas fornecidos neste livro. Os pacotes de software de propósito geral consideram maneiras de reduzir erros devidos a arredondamento da máquina, underflow e overflow. Eles também descrevem o intervalo de entrada que levará a resultados de certa precisão especificada.Como essas características são dependentes de máquina, os pacotes de software de propósito geral usam parâmetros que descrevem as características de ponto flutuante da máquina que esteja sendo usada para os cálculos.

Ilustração Para ilustrar algumas diferenças entre os programas incluídos em um pacote de propósito geral e um programa que forneceríamos para uso neste livro, considere um algoritmo que calcule a norma euclidiana de um vetor n-dimensional $\mathbf{x} = (x_1, x_2, \ldots, x_n)^t$. Essa norma é frequentemente necessária dentro de programas maiores e é definida por

$$||\mathbf{x}||_2 = \left[\sum_{i=1}^{n} x_i^2\right]^{1/2}.$$

A norma fornece uma medida da distância do vetor $\mathbf{x}$ ao vetor $\mathbf{0}$. Por exemplo, o vetor $\mathbf{x} = (2, 1, 3, -2, -1)^t$ tem

$$||\mathbf{x}||_2 = [2^2 + 1^2 + 3^2 + (-2)^2 + (-1)^2]^{1/2} = \sqrt{19},$$

então sua distância a $\mathbf{0} = (0, 0, 0, 0, 0)^t$ é $\sqrt{19} \leqslant 4{,}36$.

Um algoritmo do tipo que apresentaríamos para esse problema é fornecido aqui. Ele não inclui nenhum parâmetro dependente da máquina nem fornece garantia de precisão, mas fornecerá resultados precisos "na maioria das vezes".

ENTRADA $n, x_1, x_2, \ldots, x_n$.

SAÍDA *NORMA*.

Passo 1 Faça $SOMA = 0$.

Passo 2 Para $i = 1, 2, \ldots, n$ faça $SOMA = SOMA + x_i^2$.

Passo 3 Faça $NORMA = SOMA^{1/2}$.

Passo 4 SAÍDA (*NORMA*);
PARE. ■

Um programa com base nesse algoritmo é fácil de escrever e entender. Entretanto, o programa poderia falhar em fornecer precisão suficiente por várias razões. Por exemplo, o módulo de alguns dos números pode ser muito grande ou muito pequeno para ser precisamente representado no sistema de ponto flutuante do computador. Além disso, a ordem normal para efetuar os cálculos poderia não produzir os resultados mais precisos ou a rotina padrão de raiz quadrada do software poderia não ser a melhor disponível para o problema. Questões desse tipo são consideradas por projetistas de algoritmos ao escrever programas para software de propósito geral. Esses programas são frequentemente usados como subprogramas para resolver problemas maiores, assim, eles devem incorporar controles dos quais não precisaremos.

Algoritmos de propósito geral

Agora, considere um algoritmo para um programa de software de propósito geral para calcular a norma euclidiana. Primeiro, é possível que, embora uma componente x_i do vetor esteja dentro do intervalo da máquina, o quadrado da componente não esteja. Isso pode ocorrer quando algum $|x_i|$ é tão pequeno que x_i^2 causa underflow ou quando algum $|x_i|$ é tão grande que x_i^2 causa overflow. Também é possível que todos esses termos estejam dentro do intervalo da máquina, mas que o overflow ocorra pela adição de um quadrado de um dos termos à soma previamente calculada.

Como os critérios de precisão dependem da máquina na qual os cálculos estão sendo efetuados, os parâmetros dependentes de máquina são incorporados ao algoritmo. Suponha que estejamos trabalhando em um computador hipotético com base 10, tendo $t \geq 4$ algarismos de precisão, um expoente mínimo *emin* e um expoente máximo *emax*. Então, o conjunto de números em ponto flutuante nessa máquina consiste em 0 e nos números da forma

$$x = f \cdot 10^e, \quad \text{onde} \quad f = \pm(f_1 10^{-1} + f_2 10^{-2} + \ldots + f_t 10^{-t}),$$

onde $1 \leq f_1 \leq 9$ e $0 \leq f_i \leq 9$, para cada $i = 2, \ldots, t$ e onde $emin \leq e \leq emax$. Essas restrições implicam que o menor número positivo representado na máquina seja $\sigma = 10^{emin-1}$, de forma que qualquer número calculado x com $|x| < \sigma$ cause underflow e resulte em x sendo igualado a 0. O maior número positivo será $\lambda = (1 - 10^{-t})10^{emax}$ e qualquer número calculado x com $|x| > \lambda$ causará overflow. Quando ocorrer underflow, o programa continuará, muitas vezes sem perda significativa de precisão. Se ocorrer overflow, o programa falhará.

O algoritmo pressupõe que as características de ponto flutuante da máquina são descritas usando parâmetros N, s, S, y e Y. O número máximo de entradas que podem ser somadas com pelo menos $t/2$ algarismos de precisão é dado por N. Isso implica que o algoritmo continue a determinar a norma de um vetor $\mathbf{x} = (x_1, x_2, \ldots, x_n)^t$ somente se $n \leq N$. Para resolver o problema de underflow-overflow, os números em ponto flutuante diferentes de zero devem ser divididos em três grupos:

- números x de módulo pequeno, aqueles que satisfaçam $0 < |x| < y$;
- números x de módulo médio, em que $y \leq |x| < Y$;
- números x de módulo grande, em que $Y \leq |x| \approx$.

Os parâmetros y e Y são escolhidos de maneira que não haja problema de underflow-overflow no quadrado e na soma de números de grandeza média. O quadrado de números de pequena grandeza pode causar underflow, então um fator de escala S muito maior que 1 é usado com o resultado que $(Sx)^2$ evite o underflow, mesmo quando x^2 não o faça. A soma e o quadrado de números de módulo grande podem causar overflow, então, nesse caso, um fator de escala positivo s muito menor que 1 é usado para garantir que $(sx)^2$ não cause overflow quando calculado ou incorporado em uma soma, mesmo que x^2 pudesse causar.

Para evitar mudanças de escala desnecessárias, y e Y são escolhidos de maneira que o intervalo de números de módulo médio seja o maior possível. O algoritmo que segue é uma modificação de um descrito em [Brow, W.], p. 471. Ele incorpora um procedimento para mudar a escala das componentes do vetor que são pequenas em módulo até que uma componente de módulo médio seja encontrada. Então, ele desfaz a mudança de escala da soma anterior e continua a calcular o quadrado e a soma de números pequenos e médios até que uma componente de módulo grande seja encontrada. Uma vez que uma componente de módulo grande apareça, o algoritmo muda a escala da soma anterior e continua a mudar a escala, calcular o quadrado e a soma dos números restantes.

O algoritmo supõe que, na transição de números pequenos a médios, números pequenos sem mudança de escala são desprezíveis quando comparados a números médios. De maneira análoga, na transição de números médios a grandes, números médios sem mudança de escala são desprezíveis quando comparados a números grandes. Portanto, a escolha dos parâmetros de mudança de escala deve ser feita de maneira que os números sejam igualados a 0 somente quando forem realmente desprezíveis. As relações típicas entre as características de máquina descritas por t, σ, λ, *emin*, *emax* e os parâmetros do algoritmo N, s, S, y e Y são fornecidos depois do algoritmo.

O algoritmo usa três marcadores para indicar os vários estágios no processo de soma. Esses marcadores são valores iniciais fornecidos no Passo 3 do algoritmo. O MARCADOR 1 é 1 até que uma componente média ou grande seja encontrada; então, ele é alterado para 0. O MARCADOR 2 é 0 enquanto números pequenos estão sendo somados, muda para 1 quando um número médio é encontrado pela primeira vez e muda novamente para 0 quando um número grande é encontrado. O MARCADOR 3 é inicialmente 0 e muda para 1 quando um número grande é encontrado pela primeira vez. O Passo 3 também introduz o marcador FEITO, o qual é 0 até que os cálculos sejam concluídos e depois muda para 1.

ENTRADA $N, s, S, y, Y, \lambda, n, x_1, x_2, \ldots, x_n$.

SAÍDA *NORMA* ou uma mensagem de erro apropriada.

Passo 1 Se $n \leq 0$ então SAÍDA ('O inteiro n deve ser positivo');
PARE.

Passo 2 Se $n \geq N$ então SAÍDA ('O inteiro n é muito grande');
PARE.

Passo 3 Faça $SOMA = 0$;
$MARCADOR1 = 1$; (*Os números pequenos estão sendo somados.*)
$MARCADOR2 = 0$;
$MARCADOR3 = 0$;
$FEITO = 0$;
$i = 1$.

Passo 4 Enquanto ($i \leq n$ e $MARCADOR1 = 1$) execute o Passo 5.

Passo 5 Se $|x_i| < y$ então faça $SOMA = SOMA + (Sx_i)^2$;
$i = i + 1$
senão faça $MARCADOR1 = 0$. (*Um número não pequeno encontrado.*)

Passo 6 Se $i > n$ então faça $NORMA = (SOMA)^{1/2}/ S$;
$FEITO = 1$
senão faça $SOMA = (SOMA/S)/S$; (*Escala para números maiores.*)
$MARCADOR2 = 1$.

Passo 7 Enquanto ($i \leq n$ e $MARCADOR2 = 1$) execute Passo 8. (*Soma dos números de tamanho médio.*)

Passo 8 Se $|x_i| < Y$ então faça $SOMA = SOMA + x_i^2$;
$i = i + 1$
senão faça $MARCADOR2 = 0$. (*Um número grande foi encontrado.*)

Passo 9 Se $FEITO = 0$ então

se $i > n$ então faça $NORMA = (SOMA)^{1/2}$;

$FEITO = 1$

senão faça $SOMA = ((SOMA)s)s$; (*Mudança de escala para os números grandes.*)

$MARCADOR3 = 1$.

Passo 10 Enquanto ($i \leq n$ e $MARCADOR3 = 1$) execute Passo 11.

Passo 11 Faça $SOMA = SOMA + (sx_i)^2$; (*Somar os números grandes.*)

$i = i + 1$.

Passo 12 Se $FEITO = 0$ então

se $SOMA^{1/2} < \lambda s$ então faça $NORMA = (SOMA)^{1/2}/s$;

$FEITO = 1$

senão faça $SOMA = \lambda$. (*A norma é muito grande.*)

Passo 13 Se $FEITO = 1$ então SAÍDA ('A norma é', $NORMA$)

senão SAÍDA ('Norma ≥', $NORMA$, 'ocorreu overflow').

Passo 14 PARE.

As relações entre as características da máquina t, σ, λ, *emin*, *emax* e os parâmetros do algoritmo N, s, S, y, e Y foram escolhidos em [Brow, W.], p. 471 como sendo:

$N = 10^{e_N}$, onde $e_N = [(t - 2)/2]$, o maior inteiro menor ou igual a $(t - 2)/2$;

$s = 10^{e_s}$, onde $e_s = [-(emax + e_N)/2]$;

$S = 10^{e_S}$, onde $e_S = [(1 - emin)/2]$, o menor inteiro maior ou igual a $(1 - emin)/2$;

$y = 10^{e_y}$, onde $e_y = [(emin + t - 2)/2]$;

$Y = 10^{e_Y}$, onde $e_Y = [(emax - e_N)/2]$.

O primeiro computador portátil foi o Osborne I, produzido em 1981, embora fosse muito maior e pesado do que consideraríamos atualmente como portátil.

A confiabilidade incorporada neste algoritmo aumentou muito a complexidade em comparação com o algoritmo apresentado antes na seção. Na maioria dos casos, os algoritmos de propósito especial e os de propósito geral dão resultados idênticos. A vantagem do algoritmo de propósito geral é que ele fornece segurança para seus resultados.

Muitas formas de software numérico de propósito geral estão disponíveis comercialmente e em domínio público. Muitos dos primeiros softwares foram escritos para computadores de grande porte e uma boa referência para eles é *Sources and Development of Mathematical Software*, editado por Wayne Cowell [Co].

Agora que o computador pessoal se tornou suficientemente poderoso, softwares numéricos padrão estão disponíveis para eles. A maioria desses softwares numéricos está escrita em FORTRAN, embora alguns pacotes estejam escritos em C, C++ e FORTRAN 90.

O sistema FORTRAN (FORmula TRANslator) foi a linguagem de programação científica de propósito geral original. Ela ainda é amplamente usada em situações que exigem cálculos científicos intensivos.

Procedimentos ALGOL foram apresentados para cálculos com matrizes em 1971 em [WR]. Um pacote de sub-rotinas FORTRAN com base principalmente em procedimentos ALGOL foi então desenvolvido nas rotinas EISPACK. Essas rotinas estão documentadas nos manuais, publicados pela Springer-Verlag como parte de série Lecture Notes in Computer Science, [Sm,B] e [Gar]. As sub-rotinas FORTRAN são usadas para calcular autovalores e autovetores para diversos tipos de matrizes.

O LINPACK é um pacote de sub-rotinas FORTRAN para analisar e resolver sistemas de equações lineares e resolver problemas de mínimos quadrados lineares. A documentação desse pacote está contida em [DBMS]. Uma introdução passo a passo ao LINPACK, EISPACK e BLAS (Basic Linear Algebra Subprograms) é fornecida em [CV].

O projeto EISPACK foi o primeiro pacote de software numérico de larga escala a tornar-se disponível em domínio público e abriu caminho para muitos outros pacotes fazerem o mesmo.

O pacote LAPACK, disponível pela primeira vez em 1992, é uma biblioteca de sub-rotinas FORTRAN que suplantou o LINPACK e o EISPACK, integrando esses dois conjuntos de algoritmos em um pacote unificado e atualizado. O software foi reestruturado para atingir grande eficiência em processadores vetoriais e outros multiprocessadores de alto desempenho ou de memória compartilhada. O LAPACK foi expandido em profundidade e alcance na versão 3.0, a qual está disponível em FORTRAN, FORTRAN 90, C, C++ e JAVA. C e JAVA estão disponíveis apenas como interfaces de linguagem ou tradutores de bibliotecas FORTRAN de LAPACK. O pacote BLAS não faz parte do LAPACK, mas o código para o BLAS é distribuído com o LAPACK.

Outros pacotes para a resolução de tipos específicos de problemas também estão em domínio público. Como alternativa para o netlib, você pode usar o Xnetlib para pesquisar os bancos de dados e recuperar software. Podem-se encontrar mais informações no artigo *Software Distribution Using Netlib* de Dongarra, Roman e Wade [DRW].

A engenharia de software foi estabelecida como uma disciplina de laboratório durante os anos 1970 e 1980. O EISPACK foi desenvolvido no Argonne Labs e o LINPACK, logo depois. No início dos anos 1980, Argonne foi reconhecido internacionalmente como líder mundial, não apenas no cálculo simbólico como também no numérico.

Esses pacotes de software são altamente eficientes, precisos e confiáveis. Eles são cuidadosamente testados, e a documentação está prontamente disponível. Embora os pacotes sejam portáteis, é aconselhável investigar a dependência da máquina e ler toda a documentação. Os programas são testados para quase todas as contingências especiais que possam levar a erros e falhas. No final de cada capítulo, discutiremos alguns dos pacotes apropriados de propósito geral.

Os pacotes comercialmente disponíveis também representam a tecnologia de ponta em métodos numéricos. Seus conteúdos frequentemente baseiam-se nos pacotes de domínio público, mas incluem métodos em bibliotecas para quase todos os tipos de problemas.

A IMSL (International Mathematical and Statistical Libraries) consiste nas bibliotecas MATH, STAT e SFUN para matemática numérica, estatística e funções especiais, respectivamente. Essas bibliotecas contêm mais de 900 sub-rotinas originalmente disponíveis em FORTRAN 77 e agora disponíveis em C, FORTRAN, 90 e JAVA. Essas sub-rotinas resolvem os problemas mais comuns de análise numérica. As bibliotecas estão comercialmente disponíveis a partir de Visual Numerics.

Os pacotes são entregues na forma compilada com documentação extensa. Há um programa-exemplo para cada rotina, bem como informações de referência. A IMSL contém métodos para sistemas lineares, análise de autossistemas, interpolação e aproximação, integração e diferenciação, equações diferenciais, transformadas, equações não lineares, otimização e operações básicas de matriz/vetor. A biblioteca também contém rotinas estatísticas extensas.

Em 1970, a IMSL tornou-se a primeira biblioteca científica em larga escala para computadores de grande porte. Desde então, as bibliotecas tornaram-se disponíveis para sistemas computacionais, variando desde supercomputadores a computadores pessoais.

O Numerical Algorithms Group (NAG) existe no Reino Unido desde 1970 e oferece mais de mil sub-rotinas em uma biblioteca de FORTRAN 77, cerca de 400 sub-rotinas em uma biblioteca de C, mais de 200 sub-rotinas em uma biblioteca de FORTRAN 90 e uma biblioteca númerica MPI FORTRAN para máquinas paralelas e redes de estações de trabalho ou computadores pessoais. Uma introdução útil às rotinas NAG pode ser vista em [Ph]. A biblioteca NAG contém rotinas para realizar a maioria das tarefas padrão de análise numérica de maneira similar às da IMSL. Ela também inclui algumas rotinas estatísticas e um conjunto de rotinas gráficas.

O Numerical Algorithms Group (NAG) foi instituído no Reino Unido em 1971 e desenvolveu a primeira biblioteca de software matemático. Ela conta agora com mais de 10 mil usuários no mundo todo e contém mais de mil funções matemáticas e estatísticas que vão desde software em estatística, simbólico, de visualização e de simulação numérica a compiladores e ferramentas de desenvolvimento de aplicações.

Os pacotes IMSL e NAG são desenvolvidos para matemáticos, cientistas ou engenheiros que desejem chamar sub-rotinas C, Java ou FORTRAN de alta qualidade a partir de um programa. A documentação disponível com os pacotes comerciais ilustra um programa principal típico necessário para usar as rotinas da biblioteca. Os próximos três pacotes software são ambientes isolados. Quando ativados, o usuário insere comandos para fazer que o software resolva um problema. Entretanto, cada pacote permite a programação dentro da linguagem de comando.

O MATLAB é um laboratório de matrizes que foi originalmente um programa em FORTRAN publicado por Cleve Moler [Mo] na década de 1980. O laboratório baseia-se principalmente nas sub-rotinas EISPACK e LINPACK, embora funções tais como sistemas não lineares, integração numérica, splines cúbicos, ajuste de curvas, otimização, equações diferenciais ordinárias e ferramentas gráficas tenham sido incorporadas. O MATLAB está escrito atualmente em C e assembler, e a versão para PC deste pacote requer um coprocessador numérico. A estrutura básica é para executar operações com matrizes, como encontrar os autovalores de uma matriz inserida na linha de comando ou a partir de um arquivo externo via chamada de funções. Esse poderoso sistema autocontido é especialmente útil para ensino em um curso de álgebra linear aplicada.

O MATLAB foi originalmente escrito para fornecer acesso fácil ao software matricial desenvolvido nos projetos LINPACK e EISPACK. A primeira versão foi escrita no final dos anos 1970 para uso em cursos de teoria de matrizes, álgebra linear e análise numérica. Há atualmente mais de 500 mil usuários do MATLAB em mais de 100 países.

O segundo pacote é GAUSS, um sistema matemático e estatístico produzido por Lee E. Ediefson e Samuel D. Jones em 1985. Ele está codificado principalmente em assembler e tem base essencialmente no EISPACK e LINPACK. Como no caso do MATLAB, estão disponíveis integração, derivação, sistemas não lineares, transformada rápida de Fourier e gráficos. GAUSS é menos orientado em direção a ensino em álgebra linear e mais em direção à análise estatística de dados. Este pacote também usa um coprocessador numérico, se este estiver disponível.

O terceiro pacote é o Maple, um sistema de computação algébrica desenvolvido em 1980 pelo Symbolic Computational Group, na Universidade de Waterloo. O projeto do sistema Maple original foi apresentado no trabalho de B.W. Char, K.O. Geddes, W.M. Gentlemen e G.H. Gonnet [CGGG].

O Maple, que é escrito em C, tem a capacidade de manipular informações de maneira simbólica. Essa manipulação simbólica permite que o usuário obtenha respostas exatas em vez de valores numéricos. O Maple pode fornecer respostas exatas a problemas matemáticos, tais como integrais, equações diferenciais e sistemas lineares. Ele contém uma estrutura de programação e permite que textos, bem como comandos, sejam salvos em planilha. Essas planilhas podem então ser carregadas no Maple e os comandos executados.

As rotinas NAG são compatíveis com Maple a partir da versão 9.0.

O igualmente popular Mathematica, lançado em 1988, é parecido com o Maple.

Estão disponíveis diversos pacotes que podem ser classificados como pacotes de supercalculadoras para PC. Entretanto, estes não devem ser confundidos com os softwares de propósito geral listados aqui. Se você tiver interesse em um desses pacotes, deveria ler *Supercalculators on the PC*, de B. Simon e R. M. Wilson [SW].

Informações adicionais sobre software e bibliotecas de software podem ser encontradas nos livros de Cody e Waite [CW] e de Kockler [Ko], e no artigo de 1995 de Dongarra e Walker [DW]. Mais informações sobre computação em ponto flutuante podem ser encontradas no livro de Chaitini-Chatelin e Frayse [CF] e no artigo de Goldberg [Goldb].

Os livros que tratam da aplicação de técnicas numéricas em computadores paralelos incluem os de autoria de Schendell [Sche], Phillips e Freeman [PF] e Golub e Ortega [GO].

QUESTÃO PARA DISCUSSÃO

1. Discuta as diferenças entre alguns dos pacotes de software disponíveis para cálculos numéricos.

CONCEITOS-CHAVE

Algoritmos
Aritmética com um número finito de algarismos
Convergência
Diferenciação
Erros de arredondamento
Estabilidade
Integração
Integral de Riemann
Limites
Representação por um número finito de algarismos
Software numérico
Teorema de Rolle
Teorema de Rolle generalizado
Teorema de Taylor
Teorema do valor extremo
Teorema do valor intermediário
Teorema do valor médio com peso

REVISÃO DO CAPÍTULO

Vamos revisar o Capítulo 1 em termos das habilidades que você precisará nos capítulos subsequentes.

Na Seção 1.1 você deve ser capaz de usar o Teorema de Rolle, o teorema do valor intermediário e o teorema do valor extremo para:

i. Determinar se uma equação tem pelo menos uma solução em um intervalo dado.
ii. Encontrar um intervalo que contenha uma solução de uma equação dada.
iii. Mostrar que $f'(x) = 0$ em algum ponto de um intervalo dado.
iv. Maximizar uma função em um intervalo dado.

Você deve ser ainda capaz de usar o Teorema de Taylor para encontrar o polinômio de Taylor $P_n(x)$ de ordem enésimo para uma função dada f, em x_0. Além disso, você deve ser capaz de usar o teorema do valor extremo para maximizar o resto (erro) para esta expansão. Os estudantes devem observar que, ao calcular um limitante superior para o resto $R_n(x)$, usualmente minimizamos o limitante do erro. Conseguimos isso encontrando o máximo do valor absoluto de uma derivada particular em um intervalo apropriado.

Na Seção 1.2 você deve ser capaz de converter números para a forma de *máquina decimal*, com k algarismos. Você também deve ser capaz de usar de modo competente a aritmética de arredondamento ou de truncamento, conforme necessário. Você deve ser capaz de calcular o erro real, o erro absoluto e o erro relativo em aproximações de p por p^* e ser capaz de encontrar o maior intervalo no qual p^* deve ficar para aproximar p com um erro relativo que esteja dentro de uma tolerância especificada. Os estudantes devem estar cientes de que, ao efetuar aritmética com um número finito de algarismos, cada cálculo individual deve ser arredondado ou truncado antes de efetuar qualquer outro passo.

Na Seção 1.3, sempre que possível, você deve ser capaz de determinar o número n de termos de uma série que precisam ser somados para garantir que o erro absoluto caia dentro de uma tolerância especificada. Ao tratar séries com termos de sinais alternados e de módulos decrescentes, o erro produzido pelo truncamento da série em qualquer termo é menor do que o módulo do próximo termo. Sempre que possível, você deve ser capaz de determinar a taxa de convergência de uma sequência. Você deve ser capaz de seguir os passos de um algoritmo e descrever a saída.

A Seção 1.4 destaca algumas das diferenças entre os pacotes de software de propósito geral e os algoritmos fornecidos no texto. O que se deve levar desta seção, principalmente, é ser exposto ao fato de que os pacotes de software de propósito geral consideram maneiras de reduzir os erros devidos ao arredondamento de máquina, underflow e overflow. Eles também descrevem os intervalos de variação da entrada que levarão a resultados de certa precisão especificada.

CAPÍTULO 2

Soluções de equações em uma variável

Introdução

O crescimento de uma população pode ser modelado por curtos períodos, supondo que a população cresça continuamente com o tempo, a uma taxa proporcional ao número presente naquele instante. Se supusermos que $N(t)$ denota o número de indivíduos no instante t, e λ, a taxa de natalidade constante da população, então essa população satisfaz a equação diferencial

$$\frac{dN(t)}{dt} = \lambda\, N(t).$$

A solução dessa equação é $N(t) = N_0 e^{\lambda t}$, onde N_0 denota a população inicial.

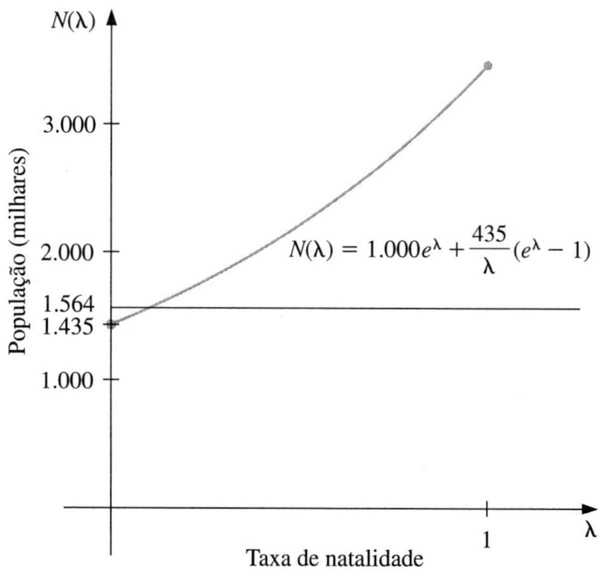

Esse modelo exponencial é válido apenas quando a população é isolada, sem imigração. Se a imigração for permitida a uma taxa constante v, a equação diferencial se torna

$$\frac{dN(t)}{dt} = \lambda\, N(t) + v,$$

cuja solução é

$$N(t) = N_0 e^{\lambda t} + \frac{v}{\lambda}(e^{\lambda t} - 1).$$

Suponha que uma população tenha inicialmente $N(0)$ =1.000.000 indivíduos, que 435.000 imigrem para a comunidade no primeiro ano, e que $N(1) = 1.564.000$ indivíduos estejam presentes ao fim de um ano. Para determinar a taxa de natalidade dessa população, precisamos determinar λ na equação

$$1564{,}000 = 1\,000\,000e^{\lambda} + \frac{435000}{\lambda}(e^{\lambda} - 1).$$

Não é possível isolar λ nesta equação, mas os métodos numéricos discutidos neste capítulo podem ser usados para encontrar soluções aproximadas de equações deste tipo com precisão arbitrariamente alta. A solução desse problema particular é considerada no Exercício 22 da Seção 2.3.

2.1 O método da bissecção

Neste capítulo, consideramos um dos problemas básicos mais importantes da aproximação numérica, o **problema da determinação de uma raiz.** Esse processo envolve a determinação de uma **raiz**, ou solução, de uma equação da forma $f(x) = 0$, para dada função f. Uma raiz dessa equação também é denominada **zero** da função f.

O problema de encontrar uma aproximação da raiz de uma equação data de pelo menos 1700 a.C. Uma tábua cuneiforme na Coleção de Yale da Babilônia, que data desse período, fornece um número sexagesimal (base 60) equivalente a 1,414222 como aproximação de $\sqrt{2}$, um resultado com precisão de 10^{-5}. Essa aproximação pode ser encontrada por meio da técnica descrita no Exercício 19 da Seção 2.2.

Na ciência da computação, o processo de dividir um conjunto continuamente pela metade para determinar a solução de um problema, como no caso do método da bissecção, é chamado procedimento de *busca binária.*

Técnica da bissecção

A primeira técnica, com base no teorema do valor intermediário, é denominada **método da bissecção**.

Suponha que f seja uma função contínua definida no intervalo $[a, b]$, com $f(a)$ e $f(b)$ de sinais opostos. De acordo com o teorema do valor intermediário, existe um número p em (a, b) com $f(p) = 0$. Para simplificar o problema, suponhamos que a raiz nesse intervalo seja única, apesar de o procedimento poder ser aplicado quando existir mais de uma raiz no intervalo (a, b). O método requer repetidas divisões na metade de subintervalos de $[a, b]$ e, a cada passo, a localização da metade contendo p.

Inicialmente, defina $a_1 = a$ e $b_1 = b$ e considere p_1 o ponto médio de $[a, b]$, ou seja,

$$p_1 = a_1 + \frac{b_1 - a_1}{2} = \frac{a_1 + b_1}{2}.$$

- Se $f(p_1) = 0$, então $p = p_1$ e resolvemos o problema.
- Se $f(p_1) \neq 0$, então $f(p_1)$ tem o mesmo sinal de $f(a_1)$ ou de $f(b_1)$.
  - Se $f(p_1)$ e $f(a_1)$ têm o mesmo sinal, $p \in (p_1, b_1)$. Definimos $a_2 = p_1$ e $b_2 = b_1$.
  - Se $f(p_1)$ e $f(a_1)$ têm sinais opostos, $p \in (a_1, p_1)$. Definimos $a_2 = a_1$ e $b_2 = p_1$.

Depois, reaplicamos o processo ao intervalo $[a_2, b_2]$. Isso produz o método descrito no Algoritmo 2.1. (Veja a Figura 2.1.)

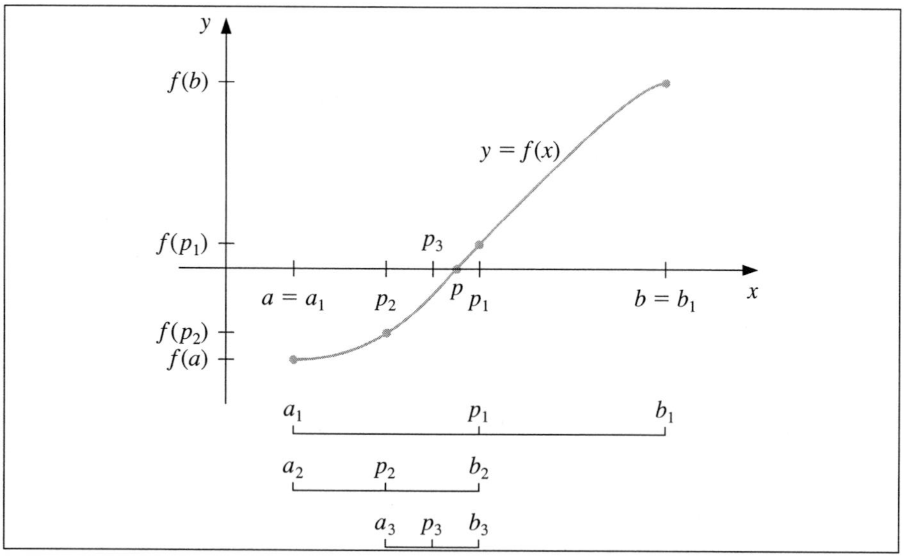

Figura 2.1

ALGORITMO 2.1 **Bissecção**

Para determinar uma solução de $f(x) = 0$, dada a função contínua f no intervalo $[a, b]$, onde $f(a)$ e $f(b)$ têm sinais opostos:

ENTRADA extremidades a, b; tolerância TOL; número máximo de iterações N_0.

SAÍDA solução aproximada p ou mensagem de erro.

Passo 1 Faça $i = 1$;
$FA = f(a)$.

Passo 2 Enquanto $i \leq N_0$, execute os Passos 3 a 6.

Passo 3 Faça $p = a + (b - a)/2$; (*Calcule* p_i.)
$FP = f(p)$.

Passo 4 Se $FP = 0$ ou $(b - a)/2 < TOL$, então
SAÍDA (p); (*Procedimento concluído com sucesso.*)
PARE.

Passo 5 Faça $i = i + 1$.

Passo 6 Se $FA \cdot FP > 0$, então faça $a = p$; (*Calcule* a_i, b_i.)
$FA = FP$
senão faça $b = p$. (*FA não muda*)

Passo 7 SAÍDA ('O método falhou após N_0 iterações, N_0 =', N_0);
(*O procedimento não foi bem-sucedido.*)
PARE.

■

Outros procedimentos de parada podem ser aplicados no Passo 4 do Algoritmo 2.1 ou em qualquer das técnicas iterativas deste capítulo. Por exemplo, podemos selecionar uma tolerância $\epsilon > 0$ e gerar $p_1, \ldots, p_N$ até que uma das condições a seguir seja satisfeita:

$$|p_N - p_{N-1}| < \epsilon, \tag{2.1}$$

$$\frac{|p_N - p_{N-1}|}{|p_N|} < \epsilon, \quad p_N \neq 0, \quad \text{ou} \tag{2.2}$$

$$|f(p_N)| < \epsilon. \tag{2.3}$$

Infelizmente, podem ocorrer dificuldades quando quaisquer desses critérios de parada forem aplicados. Por exemplo, podem ocorrer sequências $\{p_n\}_{n=0}^{\infty}$ com a propriedade de que as diferenças $p_n - p_{n-1}$ convirjam para zero, enquanto a própria sequência diverge (consulte o Exercício 19). Também é possível que $f(p_n)$ esteja próximo de zero, mesmo quando p_n for significativamente diferente de p (consulte o Exercício 20). Sem outras informações sobre f ou p, a Desigualdade (2.2) é o melhor critério de parada a ser aplicado, pois é o que mais se aproxima de testar o erro relativo.

Quando um computador é utilizado para gerar aproximações, é boa prática definir um limite superior para o número de iterações. Isso elimina a possibilidade da ocorrência de um laço infinito, uma situação que pode ocorrer quando a sequência diverge (e também quando a codificação do programa é incorreta). Isso foi efetuado no Passo 2 do Algoritmo 2.1, no qual o limite N_0 foi definido e o procedimento encerrado se $i > N_0$.

Observe que, para iniciarmos o algoritmo de bissecção, devemos determinar um intervalo $[a, b]$ com $f(a) \cdot f(b) < 0$. Em cada passo, o comprimento do intervalo que contém um zero de f é reduzido por um fator 2 e, desse modo, é vantajoso escolher o menor intervalo inicial $[a, b]$ possível. Por exemplo, se $f(x) = 2x^3 - x^2 + x - 1$, temos tanto

$$f(-4) \cdot f(4) < 0 \quad \text{quanto} \quad f(0) \cdot f(1) < 0,$$

portanto, o algoritmo de bissecção poderia ser utilizado em qualquer um dos intervalos $[-4, 4]$ ou $[0, 1]$. Entretanto, iniciar o algoritmo em $[0, 1]$ em vez de $[-4, 4]$ reduz em três o número de iterações necessárias para a obtenção de uma precisão específica.

O exemplo a seguir ilustra o algoritmo de bissecção. O processo de iteração neste exemplo é encerrado quando o erro relativo for inferior a 0,0001. Isso estará garantido se tivermos

$$\frac{|p - p_n|}{\min\{|a_n|, |b_n|\}} < 10^{-4}.$$

EXEMPLO 1 Mostre que $f(x) = x^3 + 4x^2 - 10 = 0$ tem uma raiz em $[1,2]$ e use o método da bissecção para determinar uma aproximação da raiz que tenha precisão de pelo menos 10^{-4}.

Solução Como $f(1) = -5$ e $f(2) = 14$, o teorema do valor intermediário 1.11 garante que essa função contínua tenha uma raiz em $[1,2]$.

Para a primeira iteração do método da bissecção, usamos o fato de que no ponto médio de $[1, 2]$ temos $f(1{,}5) = 2{,}375 > 0$. Isso indica que devemos escolher o intervalo [1, 1,5] para nossa segunda iteração. A seguir, encontramos que $f(1,25) = -1,796875$, de modo que nosso intervalo se torna [1,25, 1,5], cujo ponto médio é 1,375. Ao continuar dessa maneira, encontramos os valores na Tabela 2.1.

Após 13 iterações, $p_{13} = 1,365112305$ se aproxima da raiz p com um erro

$$|p - p_{13}| < |b_{14} - a_{14}| = |1,365234375 - 1,365112305| = 0,000122070.$$

Uma vez que $|a_{14}| < |p|$, temos

$$\frac{|p - p_{13}|}{|p|} < \frac{|b_{14} - a_{14}|}{|a_{14}|} \leq 9,0 \times 10^{-5},$$

Tabela 2.1

n	a_n	b_n	p_n	$f(p_n)$
1	1,0	2,0	1,5	2,375
2	1,0	1,5	1,25	−1,79687
3	1,25	1,5	1,375	0,16211
4	1,25	1,375	1,3125	−0,84839
5	1,3125	1,375	1,34375	−0,35098
6	1,34375	1,375	1,359375	−0,09641
7	1,359375	1,375	1,3671875	0,03236
8	1,359375	1,3671875	1,36328125	−0,03215
9	1,36328125	1,3671875	1,365234375	0,000072
10	1,36328125	1,365234375	1,364257813	−0,01605
11	1,364257813	1,365234375	1,364746094	−0,00799
12	1,364746094	1,365234375	1,364990235	−0,00396
13	1,364990235	1,365234375	1,365112305	−0,00194

de modo que a aproximação está correta, pelo menos até 10^{-4}. O valor correto de p, até nove casas decimais, é $p = 1,365230013$. Observe que p_9 está mais próximo de p que a aproximação final p_{13}. Poderíamos suspeitar que a afirmação é verdadeira, já que $|f(p_9)| < |f(p_{13})|$, mas não poderíamos ter certeza disso a menos que a resposta verdadeira seja conhecida. ∎

Apesar de conceitualmente claro, o método da bissecção tem desvantagens significativas. Sua convergência é lenta (isto é, N pode crescer muito antes que $|p - p_N|$ se torne pequeno o suficiente), e uma boa aproximação intermediária pode ser descartada de modo inadvertido. Entretanto, o método tem a propriedade importante de sempre convergir para uma solução e, por isso, é utilizado muitas vezes como o iniciador de métodos mais eficientes, que serão apresentados mais adiante neste capítulo.

▶ Teorema 2.1 Suponha que $f \in C[a, b]$ e $f(a) \cdot f(b) < 0$. O método da bissecção gera uma sequência $\{p_n\}_{n=1}^{\infty}$, aproximando um zero p de f com

$$|p_n - p| \leq \frac{b - a}{2^n}, \quad \text{quando } n \geq 1.$$

Demonstração Para cada $n \geq 1$, temos

$$b_n - a_n = \frac{1}{2^{n-1}}(b - a) \quad \text{e} \quad p \in (a_n, b_n).$$

Sendo $p_n = \frac{1}{2}(a_n + b_n)$ para todo $n \geq 1$, temos

$$|p_n - p| \leq \frac{1}{2}(b_n - a_n) = \frac{b - a}{2^n}.$$ M■

Uma vez que

$$|p_n - p| \leq (b - a)\frac{1}{2^n},$$

a sequência $\{p_n\}_{n=1}^{\infty}$ converge para p com uma taxa de convergência $O\left(\frac{1}{2^n}\right)$, isto é,

$$p_n = p + O\left(\frac{1}{2^n}\right).$$

É importante entender que o Teorema 2.1 fornece apenas um limitante para erro de aproximação e que esse limitante pode ser muito conservador. Por exemplo, quando aplicado ao problema do Exemplo 1, o limitante garante apenas que

$$|p - p_9| \leq \frac{2 - 1}{2^9} \approx 2 \times 10^{-3},$$

mas o erro real é muito menor:

$$|p - p_9| = |1{,}365230013 - 1{,}365234375| \approx 4{,}4 \times 10^{-6}.$$

EXEMPLO 2 Determine o número de iterações necessárias para resolver $f(x) = x^3 + 4x^2 - 10 = 0$ com uma precisão de 10^{-3}, utilizando $a_1 = 1$ e $b_1 = 2$.

Solução Usaremos logaritmos para encontrar um inteiro N que satisfaça

$$|p_N - p| \leq 2^{-N}(b - a) = 2^{-N} < 10^{-3}.$$

Bastariam logaritmos em qualquer base, mas usaremos logaritmos na base 10 porque a tolerância é dada como uma potência de 10. Já que $2^{-N} < 10^{-3}$ implica que $\log_{10} 2^{-N} < \log_{10} 10^{-3} = -3$, temos

$$-N \log_{10} 2 < -3, \quad \text{de modo que} \quad N > \frac{3}{\log_{10} 2} \approx 9{,}96.$$

Portanto, dez iterações garantirão uma aproximação com precisão de 10^{-3}.

A Tabela 2.1 mostra que o valor de $p_9 = 1{,}365234375$ corresponde à precisão de 10^{-4}. Novamente, é importante lembrar que a análise de erro fornece apenas um limitante para o número de iterações e que, em muitos casos, esse limitante é muito maior que o número realmente necessário. ■

A determinação do limitante do número de iterações para o método da bissecção pressupõe que os cálculos sejam efetuados usando aritmética de infinitos algarismos. Ao implementar o método em um computador, considere os efeitos dos erros de arredondamento. Por exemplo, o cálculo do ponto médio do intervalo $[a_n, b_n]$ deve ter como base a equação

$$p_n = a_n + \frac{b_n - a_n}{2}, \quad \text{em vez de} \quad p_n = \frac{a_n + b_n}{2}.$$

A primeira equação adiciona uma pequena correção, $(b_n - a_n)/2$, ao valor conhecido a_n. Quando $b_n - a_n$ está próximo da precisão máxima da máquina, essa correção poderia estar errada, mas tal erro não afetaria de modo significativo o valor calculado de p_n. Entretanto, é possível que $(a_n + b_n)/2$ retorne um ponto médio que nem mesmo está no intervalo $[a_n, b_n]$.

Em latim, *signum* significa "símbolo" ou "sinal". Desse modo, a função sinal (*signum* no original) retorna naturalmente o sinal de um número (a menos que este seja zero).

Como última observação, para determinar qual subintervalo de $[a_n, b_n]$ contém uma raiz de f, o melhor é utilizar a função **sinal**, definida como

$$\text{sgn}(x) = \begin{cases} -1, & \text{se } x < 0, \\ 0, & \text{se } x = 0, \\ 1, & \text{se } x > 0. \end{cases}$$

O teste

$$\text{sgn}\,(f(a_n))\,\text{sgn}\,(f(p_n)) < 0 \quad \text{em vez de} \quad f(a_n)f(p_n) < 0$$

fornece o mesmo resultado, mas evita a possibilidade de overflow ou underflow na multiplicação de $f(a_n)$ e $f(p_n)$.

EXERCÍCIOS 2.1

1. Utilize o método da bissecção para determinar p_3 para $f(x) = \sqrt{x} - \cos x$ em $[0, 1]$.
2. Seja $f(x) = 3(x + 1)(x - \frac{1}{2})(x - 1) = 0$. Utilize o método da bissecção nos intervalos a seguir para determinar p_3.
   a. $[-2, 1{,}5]$ **b.** $[-1{,}25, 2{,}5]$
3. Utilize o método da bissecção para determinar as soluções com precisão de 10^{-2} para $x^3 - 7x^2 + 14x - 6 = 0$ em cada intervalo.
   a. $[0, 1]$ **b.** $[1, 3{,}2]$ **c.** $[3{,}2, 4]$
4. Utilize o método da bissecção para determinar as soluções com precisão de 10^{-2} para $x^4 - 2x^3 - 4x^2 + 4x + 4 = 0$ em cada intervalo.
   a. $[-2, -1]$ **b.** $[0, 2]$ **c.** $[2, 3]$ **d.** $[-1, 0]$
5. Utilize o método da bissecção para determinar as soluções com precisão de 10^{-5} para os problemas a seguir.
   a. $x - 2^{-x} = 0$ para $0 \leq x \leq 1$
   b. $e^x - x^2 + 3x - 2 = 0$ para $0 \leq x \leq 1$

c. $2x\cos(2x) - (x+1)^2 = 0$ para $-3 \leq x \leq -2$ e $-1 \leq x \leq 0$

d. $x\cos x - 2x^2 + 3x - 1 = 0$ para $0{,}2 \leq x \leq 0{,}3$ e $1{,}2 \leq x \leq 1{,}3$

6. Utilize o método da bissecção para determinar as soluções com precisão de 10^{-5} para os problemas a seguir.

a. $3x - e^x = 0$ para $1 \leq x \leq 2$

b. $2x + 3\cos x - e^x = 0$ para $0 \leq x \leq 1$

c. $x^2 - 4x + 4 - \ln x = 0$ para $1 \leq x \leq 2$ e $2 \leq x \leq 4$

d. $x + 1 - 2\,\text{sen}\,\pi x = 0$ para $0 \leq x \leq 0{,}5$ e $0{,}5 \leq x \leq 1$

7. a. Esboce os gráficos de $y = x$ e $y = 2\,\text{sen}\,x$.

b. Utilize o método da bissecção para determinar uma aproximação com precisão de 10^{-5} do primeiro valor positivo de x com $x = 2\,\text{sen}\,x$.

8. a. Esboce os gráficos de $y = x$ e $y = \text{tg}\,x$.

b. Utilize o método da bissecção para determinar uma aproximação com precisão de 10^{-5} do primeiro valor positivo de x com $x = \text{tg}\,x$.

9. a. Esboce os gráficos de $y = e^x - 2$ e $y = \cos(e^x - 2)$.

b. Utilize o método da Bissecção para determinar uma aproximação com precisão de 10^{-5} de um valor em $[0{,}5,\ 1{,}5]$ com $e^x - 2 = \cos(e^x - 2)$.

10. a. Esboce os gráficos de $y = x^2 - 1$ e $y = e^{1-x^2}$.

b. Use o método da bissecção para determinar uma aproximação com precisão de 10^{-3} para um valor no intervalo $[-2, 0]$ com $x^2 - 1 = e^{1-x^2}$.

11. Seja $f(x) = (x+2)(x+1)x(x-1)^3(x-2)$. Para qual zero de f o método da bissecção converge quando aplicado aos intervalos a seguir?

a. $[-3,\ 2{,}5]$ b. $[-2{,}5,\ 3]$ c. $[-1{,}75,\ 1{,}5]$ d. $[-1{,}5,\ 1{,}75]$

12. Seja $f(x) = (x+2)(x+1)^2x(x-1)^3(x-2)$. Para qual zero de f o método da bissecção converge quando aplicado aos intervalos a seguir?

a. $[-1{,}5,\ 2{,}5]$ b. $[-0{,}5,\ 2{,}4]$ c. $[-0{,}5,\ 3]$ d. $[-3,\ -0{,}5]$

13. Determine uma aproximação de $\sqrt[3]{25}$ correta até 10^{-4}, utilizando o algoritmo da bissecção. [*Sugestão:* Considere $f(x) = x^3 - 25$.]

14. Determine uma aproximação de $\sqrt{3}$ correta até 10^{-4}, utilizando o algoritmo da bissecção. [*Sugestão*: considere $f(x) = x^2 - 3$.]

EXERCÍCIOS APLICADOS

15. Uma gamela de comprimento L tem seção transversal semicircular com raio r (veja a figura abaixo). Quando a gamela está cheia com água até uma distância h do topo, o volume V de água é

$$V = L\left[0{,}5\,\pi r^2 - r^2\text{arcsen}\,(h/r) - h(r^2 - h^2)^{1/2}\right].$$

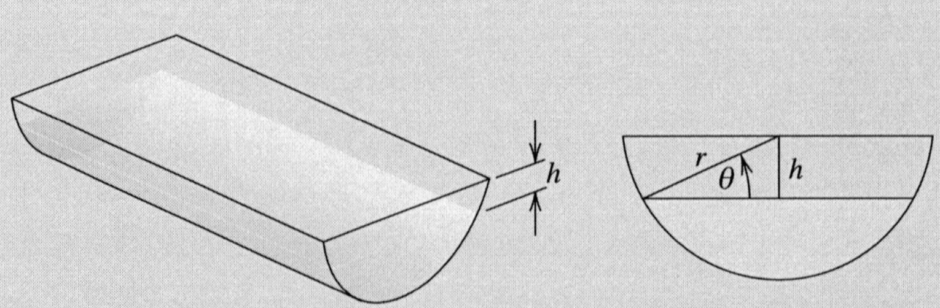

Suponha que $L = 10$ pés, $r = 1$ pé e $V = 12{,}4$ pés^3. Determine a profundidade da água na gamela com precisão de 0,01 pé.

16. Uma partícula começa a se movimentar sobre um plano inclinado liso cujo ângulo θ está variando com velocidade constante

$$\frac{d\theta}{dt} = \omega < 0.$$

Depois de t segundos, a posição do objeto é dada por

$$x(t) = -\frac{g}{2\omega^2}\left(\frac{e^{\omega t} - e^{-\omega t}}{2} - \text{sen}\ \omega t\right).$$

Suponha que a partícula tenha se deslocado 1,7 pé em 1 segundo. Determine, com precisão de 10^{-5}, a velocidade ω com a qual θ varia. Suponha que $g = 32{,}17$ pés/s^2.

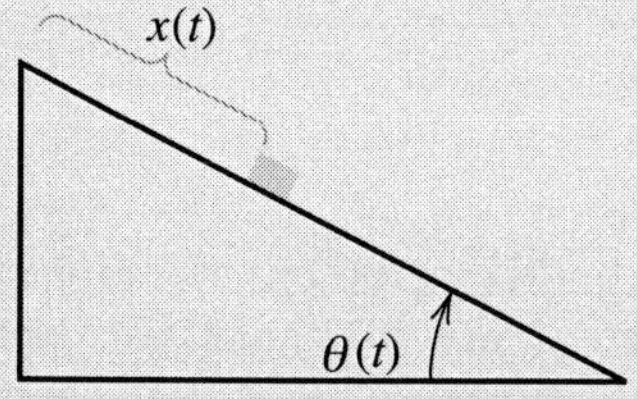

EXERCÍCIOS TEÓRICOS

17. Utilize o Teorema 2.1 a fim de determinar um limitante para o número de iterações necessárias para obter uma aproximação com precisão de 10^{-4} da solução de $x^3 - x - 1 = 0$ no intervalo [1, 2]. Determine uma aproximação da raiz com essa ordem de precisão.

18. Utilize o Teorema 2.1 para determinar um limitante para o número de iterações necessárias para a obtenção de uma aproximação com precisão de 10^{-3} da solução de $x^3 + x - 4 = 0$ no intervalo [1, 4]. Determine uma aproximação da raiz com essa ordem de precisão.

19. Seja $\{p_n\}$ a sequência definida por $p_n = \sum_{k=1}^{n} \frac{1}{k}$. Mostre que $\{p_n\}$ diverge mesmo que $\lim_{n\to\infty} (p_n - p_{n-1}) = 0$.

20. Seja $f(x) = (x - 1)^{10}$, $p = 1$ e $p_n = 1 + 1/n$. Mostre que $|f(p_n)| < 10^{-3}$ sempre que $n > 1$, mas que $|p - p_n| < 10^{-3}$ requer $n > 1000$.

21. A função definida por $f(x) = \text{sen}\ \pi x$ tem zeros em cada inteiro. Mostre que, quando $-1 < a < 0$ e $2 < b < 3$, o método da bissecção converge para

a. 0, se $a + b < 2$ **b.** 2, se $a + b > 2$ **c.** 1, se $a + b = 2$

QUESTÕES PARA DISCUSSÃO

1. Exiba uma função f para a qual o método da bissecção converge para um valor que não é um zero de f.
2. Exiba uma função f para a qual o método da bissecção converge para um zero de f, mas f não é contínua neste ponto.
3. O método da bissecção é sensível aos valores iniciais? Por que sim ou por que não?

2.2 Iteração de ponto fixo

Um *ponto fixo* de uma função é um número cujo valor de uma função não é alterado pela aplicação da função.

Definição 2.2 O número p é um **ponto fixo** de uma dada função g se $g(p) = p$. ■

Nesta seção, consideraremos a determinação das soluções dos problemas de ponto fixo e a relação entre estes e os problemas de determinação de raiz que desejamos resolver. Os problemas de determinação de raiz e os de ponto fixo são classes equivalentes no seguinte sentido:

- Dado um problema de determinação de raiz $f(p) = 0$, podemos definir funções g com um ponto fixo em p de diversas formas, por exemplo, como

$$g(x) = x - f(x) \text{ ou como } g(x) = x + 3f(x).$$

- Reciprocamente, se a função g tiver um ponto fixo em p, então a função definida por

$$f(x) = x - g(x)$$

terá um zero em p.

Embora os problemas que desejamos resolver estejam na forma de problemas de determinação de raiz, a forma de ponto fixo é mais fácil de ser analisada, e determinadas escolhas de ponto fixo levam a técnicas de determinação de raiz muito eficientes.

Primeiramente, devemos nos familiarizar com esse novo tipo de problema e determinar quando uma função tem um ponto fixo e como os pontos fixos podem ser aproximados com uma precisão específica.

Os pontos fixos ocorrem em muitas áreas da matemática e são uma das principais ferramentas utilizadas pelos economistas para demonstrar resultados relativos ao equilíbrio. Embora a ideia por trás da técnica seja antiga, a terminologia foi empregada pela primeira vez pelo matemático holandês L. E. J. Brouwer (1882–1962), no início do século passado.

EXEMPLO 1 Determine todos os pontos fixos de $g(x) = x^2 - 2$.

Solução Um ponto fixo de g tem a propriedade de que

$$p = g(p) = p^2 - 2, \quad \text{o que implica que} \quad 0 = p^2 - p - 2 = (p + 1)(p - 2).$$

Um ponto fixo de g ocorre precisamente quando o gráfico de $y = g(x)$ intercepta $y = x$, de modo que g tem dois pontos fixos, um em $p = -1$ e o outro em $p = 2$. Estes são mostrados na Figura 2.2. ■

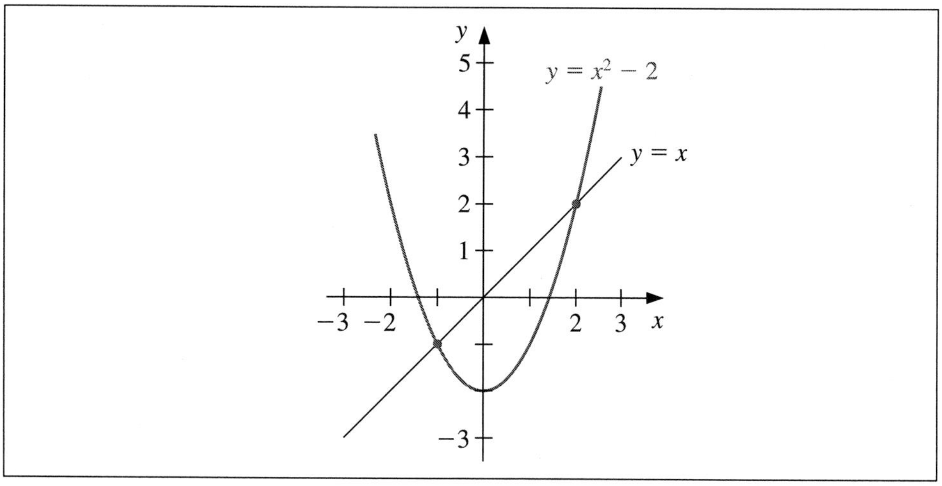

Figura 2.2

O teorema a seguir estabelece condições suficientes para a existência e a unicidade de um ponto fixo.

▶ **Teorema 2.3** **(i)** Se $g \in C[a, b]$ e $g(x) \in [a, b]$, para todo $x \in [a, b]$, então g terá um ponto fixo em $[a, b]$.

(ii) Além disso, se $g'(x)$ existir em (a, b) e existir uma constante positiva $k < 1$ com

$$|g'(x)| \leq k, \quad \text{para todo } x \in (a, b),$$

então o ponto fixo em $[a, b]$ será único. (Veja a Figura 2.3.)

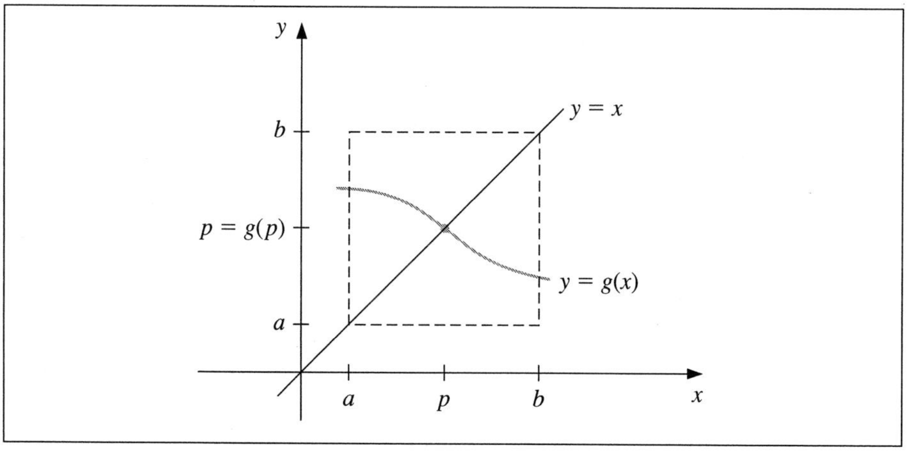

Figura 2.3

Demonstração

(i) Se $g(a) = a$ ou $g(b) = b$, então g tem um ponto fixo em uma extremidade. Caso contrário, $g(a) > a$ e $g(b) < b$. A função $h(x) = g(x) - x$ é contínua em $[a, b]$, com

$$h(a) = g(a) - a > 0 \quad \text{e} \quad h(b) = g(b) - b < 0.$$

O teorema do valor intermediário implica a existência de $p \in (a, b)$ para o qual $h(p) = 0$. Esse número p é um ponto fixo de g, uma vez que

$$0 = h(p) = g(p) - p \quad \text{implica que} \quad g(p) = p.$$

(ii) Suponha também que $|g'(x)| \leq k < 1$ e que p e q sejam pontos fixos em $[a, b]$. Se $p \neq q$, o teorema do valor médio implica a existência de um número ξ entre p e q e, portanto, em $[a, b]$, com

$$\frac{g(p) - g(q)}{p - q} = g'(\xi).$$

Assim,

$$|p - q| = |g(p) - g(q)| = |g'(\xi)||p - q| \leq k|p - q| < |p - q|,$$

o que é uma contradição. Essa contradição deve ter como origem a única suposição, $p \neq q$. Desse modo, $p = q$, e o ponto fixo em $[a, b]$ é único. ∎

EXEMPLO 2 Mostre que $g(x) = (x^2 - 1)/3$ tem um único ponto fixo no intervalo $[-1, 1]$.

Solução Os valores máximo e mínimo de $g(x)$ para x em $[-1,1]$ devem ocorrer ou quando x está em uma extremidade do intervalo ou quando a derivada é 0. Como $g'(x) = 2x/3$, a função g é contínua e $g'(x)$ existe em $[-1,1]$. Os valores máximo e mínimo de g ocorrem em $x = -1, x = 0$, ou $x = 1$. Mas $g(-1) = 0$, $g(1) = 0$ e $g(0) = -1/3$, de modo que ocorre um máximo absoluto de $g(x)$ no intervalo $[-1,1]$ em $x = -1$ e $x = 1$ e um mínimo absoluto em $x = 0$.

Além disso,

$$|g'(x)| = \left|\frac{2x}{3}\right| \leq \frac{2}{3}, \quad \text{para todo } x \in (-1, 1).$$

Assim, g satisfaz todas as hipóteses do Teorema 2.3 e tem um único ponto fixo em $[-1, 1]$. ∎

Para a função do Exemplo 2, o único ponto fixo p no intervalo $[-1, 1]$ pode ser determinado de modo algébrico. Se

$$p = g(p) = \frac{p^2 - 1}{3}, \quad \text{então} \quad p^2 - 3p - 1 = 0,$$

que, de acordo com a fórmula quadrática, implica, como mostrado no gráfico à esquerda na Figura 2.4, que

$$p = \frac{1}{2}(3 - \sqrt{13}).$$

Observe que g também tem um único ponto fixo $p = \frac{1}{2}(3+\sqrt{13})$ no intervalo $[3, 4]$. Entretanto, $g(4) = 5$ e $g'(4) = \frac{8}{3} > 1$, de modo que g não satisfaz as hipóteses do Teorema 2.3 em $[3, 4]$. Isso mostra que as hipóteses do Teorema 2.2 são suficientes para garantir um ponto fixo único, mas não são necessárias. (Veja o gráfico à direita na Figura 2.4.)

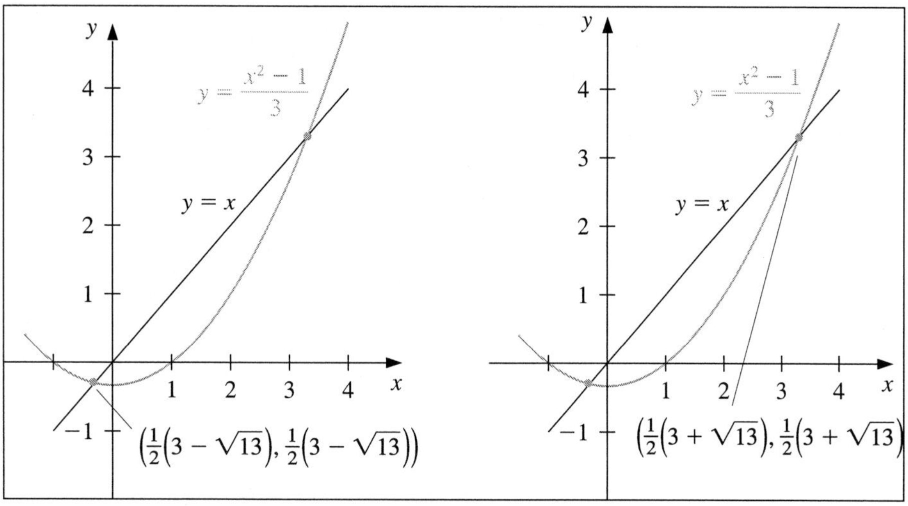

Figura 2.4

EXEMPLO 3

Mostre que o Teorema 2.3 não garante um ponto fixo único de $g(x) = 3^{-x}$ no intervalo [0,1], mesmo existindo um ponto fixo único nesse intervalo.

Solução como $g'(x) = -3^{-x} \ln 3 < 0$ em [0, 1], a função g é decrescente em [0, 1]. Desse modo,

$$g(1) = \frac{1}{3} \leq g(x) \leq 1 = g(0), \quad \text{para} \quad 0 \leq x \leq 1.$$

Portanto, para $x \in [0, 1]$, temos $g(x) \in [0, 1]$. A primeira parte do Teorema 2.3 garante que existe pelo menos um ponto fixo em [0,1].

Entretanto,

$$g'(0) = -\ln 3 = -1{,}098612289,$$

de modo que $|g'(x)| \not\leq 1$ em (0, 1) e o Teorema 2.2 não pode ser aplicado para a determinação da unicidade. Mas g é sempre decrescente, e fica claro a partir da Figura 2.5 que o ponto fixo deve ser único. ■

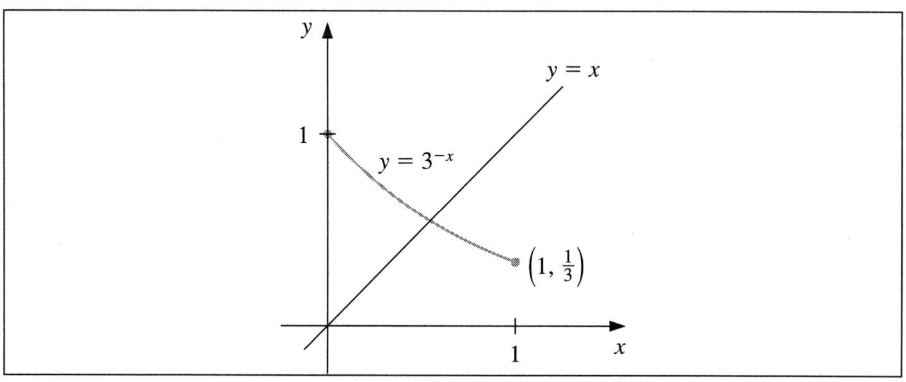

Figura 2.5

Iteração de ponto fixo

Não podemos determinar explicitamente o ponto fixo no Exemplo 3, pois não temos como isolar p na equação $p = g(p) = 3^{-p}$. Podemos, entretanto, determinar aproximações para esse ponto fixo com qualquer grau de precisão. Vamos considerar agora como isso pode ser feito.

Para determinar a aproximação do ponto fixo de uma função g, escolhemos uma aproximação inicial p_0 e geramos a sequência $\{p_n\}_{n=0}^{\infty}$, definindo $p_n = g(p_{n-1})$, para cada $n \geq 1$. Se a sequência convergir para p e g for contínua, então

$$p = \lim_{n\to\infty} p_n = \lim_{n\to\infty} g(p_{n-1}) = g\left(\lim_{n\to\infty} p_{n-1}\right) = g(p),$$

e será obtida uma solução para $x = g(x)$. Essa técnica é denominada **iteração de ponto fixo** ou **iteração funcional**. O procedimento é detalhado no Algoritmo 2.2 e mostrado na Figura 2.6.

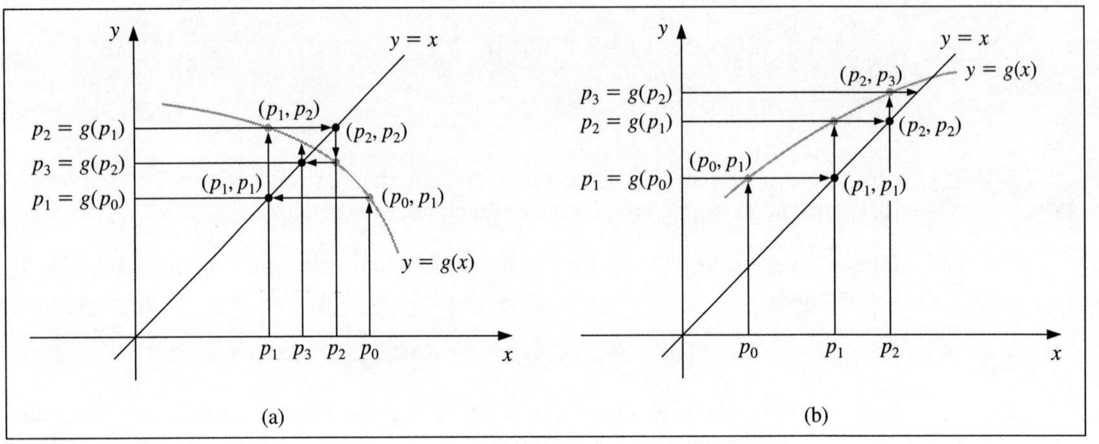

Figura 2.6

ALGORITMO 2.2

Iteração de ponto fixo

Para determinar uma solução para $p = g(p)$, dada uma aproximação inicial p_0:

ENTRADA aproximação inicial p_0; tolerância TOL; número máximo de iterações N_0.

SAÍDA solução aproximada p ou mensagem de erro.

Passo 1 Faça $i = 1$.

Passo 2 Enquanto $i \leq N_0$, execute Passos 3 a 6.

  Passo 3 Faça $p = g(p_0)$. (*Calcular p_i.*)

  Passo 4 Se $|p - p_0| < TOL$, então

    SAÍDA (p); (*Procedimento concluído com sucesso.*)

    PARE.

  Passo 5 Faça $i = i + 1$.

  Passo 6 Faça $p_0 = p$. (*Atualizar p_0.*)

Passo 7 SAÍDA (‘O método falhou após N_0 iterações, N_0 =’, N_0); (*O procedimento não foi bem-sucedido.*)

PARE. ■

O que vem a seguir ilustra algumas características da iteração funcional.

Ilustração A equação $x^3 + 4x^2 - 10 = 0$ tem uma única raiz em [1, 2]. Existem várias maneiras pelas quais a equação pode ser alterada para a forma de ponto fixo $x = g(x)$ por meio da manipulação algébrica simples. Por exemplo, para obter a função g descrita na parte (c), podemos manipular a equação $x^3 + 4x^2 - 10 = 0$, como a seguir:

$$4x^2 = 10 - x^3, \quad \text{então} \quad x^2 = \frac{1}{4}(10 - x^3), \quad \text{e} \quad x = \pm\frac{1}{2}(10 - x^3)^{1/2}.$$

Para obter uma solução positiva, escolhemos $g_3(x)$. Não é importante deduzir as funções mostradas abaixo, mas você deveria verificar que o ponto fixo de cada uma é realmente uma solução da equação original $x^3 + 4x^2 - 10 = 0$.

(a) $x = g_1(x) = x - x^3 - 4x^2 + 10$ **(b)** $x = g_2(x) = \left(\frac{10}{x} - 4x\right)^{1/2}$

(c) $x = g_3(x) = \frac{1}{2}(10 - x^3)^{1/2}$ **(d)** $x = g_4(x) = \left(\frac{10}{4 + x}\right)^{1/2}$

(e) $x = g_5(x) = x - \frac{x^3 + 4x^2 - 10}{3x^2 + 8x}$

Com $p_0 = 1{,}5$, a Tabela 2.2 lista os resultados da iteração de ponto fixo para todas as cinco opções de g.

Tabela 2.2

n	(a)	(b)	(c)	(d)	(e)
0	1,5	1,5	1,5	1,5	1,5
1	−0,875	0,8165	1,286953768	1,348399725	1,373333333
2	6,732	2,9969	1,402540804	1,367376372	1,365262015
3	−469,7	$(-8{,}65)^{1/2}$	1,345458374	1,364957015	1,365230014
4	$1{,}03 \times 10^8$		1,375170253	1,365264748	1,365230013
5			1,360094193	1,365225594	
6			1,367846968	1,365230576	
7			1,363887004	1,365229942	
8			1,365916734	1,365230022	
9			1,364878217	1,365230012	
10			1,365410062	1,365230014	
15			1,365223680	1,365230013	
20			1,365230236		
25			1,365230006		
30			1,365230013		

A raiz verdadeira é 1,365230013, como mostrado no Exemplo 1 da Seção 2.1. Ao comparar os resultados com os do algoritmo da bissecção dados no exemplo, podemos notar que resultados excelentes foram obtidos para as opções (d) e (e) (o método da bissecção requer 27 iterações para essa precisão). É interessante observar que a opção

(a) é divergente e a opção (b) se torna indefinida porque envolve a raiz quadrada de um número negativo. ■

Embora as diversas funções que demos levem a problemas de ponto fixo para o mesmo problema de determinação de raízes, são muito diferentes como técnicas de aproximação da solução do problema de determinação de raiz. Seu propósito é ilustrar a verdadeira questão a ser respondida:

- Pergunta: Como podemos encontrar um problema de ponto fixo que gere uma sequência que convirja de modo rápido e confiável para uma solução de um dado problema de determinação de raiz?

O teorema a seguir e seu corolário fornecem alguns indícios relativos a caminhos a serem seguidos ou, talvez o mais importante, rejeitados.

▶ Teorema 2.4 **(Teorema do ponto fixo)**

Seja $g \in C[a, b]$ tal que $g(x) \in [a, b]$, para todo x em $[a, b]$. Além disso, suponha que g' exista em (a, b) e que exista uma constante $0 < k < 1$ com

$$|g'(x)| \leq k, \quad \text{para todo} \quad x \in (a, b).$$

Então, para qualquer número p_0 em $[a, b]$, a sequência definida por

$$p_n = g(p_{n-1}), \quad n \geq 1,$$

converge para o único ponto fixo p em $[a, b]$.

Demonstração O Teorema 2.3 implica a existência de um ponto único p em $[a, b]$ com $g(p) = p$. Uma vez que g leva $[a, b]$ a si mesmo, a sequência $\{p_n\}_{n=0}^{\infty}$ é definida para todo $n \geq 0$, e $p_n \in [a, b]$, para todo n. Usando o teorema do valor médio 1.8 e o fato que $|g'(x)| \leq k$, temos, para cada n,

$$|p_n - p| = |g(p_{n-1}) - g(p)| = |g'(\xi_n)||p_{n-1} - p| \leq k|p_{n-1} - p|,$$

onde $\xi_n \in (a, b)$. Ao aplicar essa desigualdade indutivamente, temos

$$|p_n - p| \leq k|p_{n-1} - p| \leq k^2|p_{n-2} - p| \leq \cdots \leq k^n|p_0 - p|. \tag{2.4}$$

Como $0 < k < 1$, temos $\lim_{n\to\infty} k^n = 0$ e

$$\lim_{n\to\infty} |p_n - p| \leq \lim_{n\to\infty} k^n|p_0 - p| = 0.$$

Portanto, $\{p_n\}_{n=0}^{\infty}$ converge para p. ■

Corolário 2.5 Se g satisfizer as hipóteses do Teorema 2.4, então limitantes para o erro envolvido na utilização de p_n para a aproximação de p são dados por

$$|p_n - p| \leq k^n \max\{p_0 - a, b - p_0\} \tag{2.5}$$

e

$$|p_n - p| \leq \frac{k^n}{1-k}|p_1 - p_0|, \quad \text{para todo} \quad n \geq 1. \tag{2.6}$$

Demonstração Já que $p \in [a, b]$, o primeiro limitante é definido pela Desigualdade (2.4):

$$|p_n - p| \leq k^n|p_0 - p| \leq k^n \max\{p_0 - a, b - p_0\}.$$

Para $n \geq 1$, o procedimento empregado na demonstração do Teorema 2.4 implica que

$$|p_{n+1} - p_n| = |g(p_n) - g(p_{n-1})| \leq k|p_n - p_{n-1}| \leq \cdots \leq k^n|p_1 - p_0|.$$

Assim, para $m > n \geq 1$,

$$\begin{aligned}
|p_m - p_n| &= |p_m - p_{m-1} + p_{m-1} - \cdots + p_{n+1} - p_n| \\
&\leq |p_m - p_{m-1}| + |p_{m-1} - p_{m-2}| + \cdots + |p_{n+1} - p_n| \\
&\leq k^{m-1}|p_1 - p_0| + k^{m-2}|p_1 - p_0| + \cdots + k^n|p_1 - p_0| \\
&= k^n|p_1 - p_0|(1 + k + k^2 + \cdots + k^{m-n-1}).
\end{aligned}$$

De acordo com o Teorema 2.3, $\lim_{m\to\infty} p_m = p$, de modo que

$$|p - p_n| = \lim_{m\to\infty} |p_m - p_n| \leq \lim_{m\to\infty} k^n |p_1 - p_0| \sum_{i=0}^{m-n-1} k^i \leq k^n |p_1 - p_0| \sum_{i=0}^{\infty} k^i.$$

Mas $\sum_{i=0}^{\infty} k^i$ é uma série geométrica com razão k e $0 < k < 1$. Essa sequência converge para $1/(1 - k)$, que fornece o segundo limitante:

$$|p - p_n| \leq \frac{k^n}{1 - k}|p_1 - p_0|. \qquad \blacksquare$$

As duas desigualdades no corolário relacionam a taxa com a qual $\{p_n\}_{n=0}^{\infty}$ converge com o limitante k para a primeira derivada. A taxa de convergência depende do fator k^n. Quanto menor for o valor de k, mais rápida será a convergência, que poderá ser muito lenta, caso k esteja próximo de 1.

Ilustração Vamos considerar os diversos esquemas de ponto fixo descritos na ilustração precedente à luz do teorema do ponto fixo 2.4 e seu Corolário 2.5.

(a) Para $g_1(x) = x - x^3 - 4x^2 + 10$, temos $g_1(1) = 6$ e $g_1(2) = -12$, de modo que g_1 não leva $[1, 2]$ em si mesmo. Além disso, $g_1'(x) = 1 - 3x^2 - 8x$, de modo que $|g_1'(x)| > 1$ para todo x em $[1, 2]$. Apesar de o Teorema 2.4 não afirmar que o método deve falhar para essa opção de g, não há motivo para que a convergência seja esperada.

(b) Com $g_2(x) = [(10/x) - 4x]^{1/2}$, podemos observar que g_2 não leva $[1, 2]$ em $[1, 2]$ e a sequência $\{p_n\}_{n=0}^{\infty}$ não é definida quando $p_0 = 1{,}5$. Além disso, não existe nenhum intervalo contendo $p \approx 1{,}365$ tal que $|g'_2(x)| < 1$, uma vez que $|g'_2(p)| \approx 3{,}4$. Não há motivo para que a convergência desse método seja esperada.

(c) Para a função $g_3(x) = \frac{1}{2}(10 - x^3)^{1/2}$, temos

$$g_3'(x) = -\frac{3}{4}x^2(10 - x^3)^{-1/2} < 0 \quad \text{em } [1, 2],$$

de modo que g_3 é estritamente decrescente em $[1, 2]$. Entretanto, $|g'_3(2)| \approx 2{,}12$, de modo que a condição $|g_3'(x)| \leq k < 1$ falha em $[1, 2]$. Uma análise mais detalhada da sequência $\{p_n\}_{n=0}^{\infty}$ que se inicia com $p_0 = 1{,}5$ mostra ser suficiente considerar o intervalo $[1, 1{,}5]$ em vez de $[1, 2]$. Nesse intervalo, ainda é verdade que $g_3'(x) < 0$ e que g_3 é estritamente decrescente, mas além disso

$$1 < 1{,}28 \approx g_3(1{,}5) \leq g_3(x) \leq g_3(1) = 1{,}5,$$

para todo $x \in [1, 1{,}5]$. Isso mostra que g_3 leva $[1, 1{,}5]$ em si mesmo. Como também é verdade que $|g_3'(x)| \leq |g_3'(1{,}5)| \approx 0{,}66$ nesse intervalo, o Teorema 2.4 confirma a convergência que sabíamos existir.

(d) Para $g_4(x) = (10/(4 + x))^{1/2}$, temos

$$|g_4'(x)| = \left| \frac{-5}{\sqrt{10}(4+x)^{3/2}} \right| \leq \frac{5}{\sqrt{10}(5)^{3/2}} < 0{,}15, \quad \text{para todo} \quad x \in [1, 2].$$

O limitante do módulo de $g_4'(x)$ é muito menor que o limitante (encontrado em (**c**)) do módulo de $g_3'(x)$, o que explica a convergência mais rápida quando usamos g_4.

(e) A sequência definida por

$$g_5(x) = x - \frac{x^3 + 4x^2 - 10}{3x^2 + 8x}$$

converge de modo muito mais rápido que as outras opções. Nas próximas seções, discutiremos a origem dessa opção e por que ela é tão eficiente. ■

Pelo que vimos, a

- pergunta: como podemos encontrar um problema de ponto fixo que convirja de modo seguro e rápido para uma solução de um dado problema de determinação de raízes?

poderia ter a

- resposta: manipule o problema de determinação de raízes em um problema de ponto fixo que satisfaça as condições do teorema do ponto fixo 2.4 e que tenha uma derivada tão pequena quanto possível próxima do ponto fixo.

Na próxima seção, examinaremos isso com mais detalhes.

EXERCÍCIOS 2.2

1. Utilize manipulação algébrica para mostrar que cada uma das funções a seguir tem um ponto fixo em p precisamente quando $f(p) = 0$, em que $f(x) = x^4 + 2x^2 - x - 3$.

a. $g_1(x) = (3 + x - 2x^2)^{1/4}$

b. $g_2(x) = \left(\dfrac{x + 3 - x^4}{2}\right)^{1/2}$

c. $g_3(x) = \left(\dfrac{x+3}{x^2+2}\right)^{1/2}$

d. $g_4(x) = \dfrac{3x^4 + 2x^2 + 3}{4x^3 + 4x - 1}$

2. **a.** Se possível, efetue quatro iterações em cada função g definida no Exercício 1. Faça $p_0 = 1$ e $p_{n+1} = g(p_n)$, para $n = 0, 1, 2, 3$.

b. Qual é a função que você acredita que vai fornecer a melhor aproximação da solução?

3. Seja $f(x) = x^3 - 2x + 1$. Para resolver $f(x) = 0$, são propostos os seguintes quatro problemas de ponto fixo. Deduza cada método de ponto fixo e calcule p_1, p_2, p_3, p_4. Quais métodos parecem adequados?

a. $x = \dfrac{1}{2}(x^3 + 1), \quad p_0 = \dfrac{1}{2}$

b. $x = \dfrac{2}{x} - \dfrac{1}{x^2}, \quad p_0 = \dfrac{1}{2}$

c. $x = \sqrt{2 - \dfrac{1}{x}}, \quad p_0 = \dfrac{1}{2}$

d. $x = -\sqrt[3]{1 - 2x}, \quad p_0 = \dfrac{1}{2}$

4. Seja $f(x) = x^4 + 3x^2 - 2$. Para resolver $f(x) = 0$, são propostos os seguintes quatro problemas de ponto fixo. Deduza cada método de ponto fixo e calcule p_1, p_2, p_3 e p_4. Quais métodos parecem adequados?

   a. $x = \sqrt{\dfrac{2 - x^4}{3}}, \quad p_0 = 1$

   b. $x = \sqrt[4]{2 - 3x^2}, \quad p_0 = 1$

   c. $x = \dfrac{2 - x^4}{3x}, \quad p_0 = 1$

   d. $x = \sqrt[3]{\dfrac{2 - 3x^2}{x}}, \quad p_0 = 1$

5. Os quatro métodos a seguir são propostos para o cálculo de $21^{1/3}$. Classifique-os de acordo com sua velocidade de convergência aparente, supondo $p_0 = 1$.

   a. $p_n = \dfrac{20p_{n-1} + 21/p_{n-1}^2}{21}$

   b. $p_n = p_{n-1} - \dfrac{p_{n-1}^3 - 21}{3p_{n-1}^2}$

   c. $p_n = p_{n-1} - \dfrac{p_{n-1}^4 - 21p_{n-1}}{p_{n-1}^2 - 21}$

   d. $p_n = \left(\dfrac{21}{p_{n-1}}\right)^{1/2}$

6. Os quatro métodos a seguir são propostos para o cálculo de $7^{1/5}$. Classifique-os de acordo com sua velocidade de convergência aparente, supondo $p_0 = 1$.

   a. $p_n = p_{n-1}\left(1 + \dfrac{7 - p_{n-1}^5}{p_{n-1}^2}\right)^3$

   b. $p_n = p_{n-1} - \dfrac{p_{n-1}^5 - 7}{p_{n-1}^2}$

   c. $p_n = p_{n-1} - \dfrac{p_{n-1}^5 - 7}{5p_{n-1}^4}$

   d. $p_n = p_{n-1} - \dfrac{p_{n-1}^5 - 7}{12}$

7. Utilize um método de iteração de ponto fixo para determinar uma solução com precisão de 10^{-2} para $x^4 - 3x^2 - 3 = 0$ em [1,2]. Use $p_0 = 1$.

8. Utilize um método de iteração de ponto fixo para determinar uma solução com precisão de 10^{-2} para $x^3 - x - 1 = 0$ em [1, 2]. Utilize $p_0 = 1$.

9. Utilize o Teorema 2.3 para mostrar que $g(x) = \pi + 0{,}5\ \text{sen}(x/2)$ tem um único ponto fixo em $[0, 2\pi]$. Aplique a iteração de ponto fixo para encontrar uma aproximação do ponto fixo que tenha a precisão de 10^{-2}. Utilize o Corolário 2.5 para estimar o número de iterações necessárias para que a precisão de 10^{-2} seja alcançada e compare essa estimativa teórica com o número realmente necessário.

10. Utilize o Teorema 2.3 para mostrar que $g(x) = 2^{-x}$ tem um único ponto fixo em $[\frac{1}{3}, 1]$. Aplique a iteração de ponto fixo para encontrar uma aproximação do ponto fixo que tenha a precisão de 10^{-4}. Utilize o Corolário 2.5 para estimar o número de iterações necessárias para que a precisão de 10^{-4} seja alcançada e compare essa estimativa teórica com o número realmente necessário.

11. Utilize um método de iteração de ponto fixo para encontrar uma aproximação de $\sqrt{3}$ com precisão de 10^{-4}. Compare seu resultado e o número de iterações necessárias com a resposta obtida no Exercício 10 da Seção 2.1.

12. Utilize um método de iteração de ponto fixo para encontrar uma aproximação de $\sqrt[3]{25}$ com precisão de 10^{-4}. Compare seu resultado e o número de iterações necessárias com a resposta obtida no Exercício 13 da Seção 2.1.

13. Para cada uma das equações a seguir, determine um intervalo $[a, b]$ no qual a iteração de ponto fixo convirja. Estime o número de iterações necessárias para obter aproximações com precisão de 10^{-5} e efetue os cálculos.

a. $x = \dfrac{2 - e^x + x^2}{3}$

b. $x = \dfrac{5}{x^2} + 2$

c. $x = (e^x/3)^{1/2}$

d. $x = 5^{-x}$

e. $x = 6^{-x}$

f. $x = 0{,}5\,(\text{sen}\,x + \cos x)$

14. Para cada uma das equações a seguir, utilize o intervalo dado ou determine um intervalo $[a, b]$ no qual a iteração de ponto fixo convirja. Estime o número de iterações necessárias para obter aproximações com precisão de 10^{-5} e efetue os cálculos.

a. $2 + \text{sen}\,x - x = 0$ utilize $[2, 3]$

b. $x^3 - 2x - 5 = 0$ utilize $[2, 3]$

c. $3x^2 - e^x = 0$

d. $x - \cos x = 0$

15. Determine todos os zeros de $f(x) = x^2 + 10\cos x$, utilizando a iteração de ponto fixo para uma função de iteração g adequada. Determine os zeros com precisão de 10^{-4}.

16. Utilize um método de iteração de ponto fixo para determinar uma solução com precisão de 10^{-4} para $x = \text{tg}\,x$, com x em $[4, 5]$.

17. Utilize um método de iteração de ponto fixo para determinar uma solução com precisão de 10^{-2} para $x = 2\,\text{sen}\,(\pi x) + x = 0$, para x em $[1, 2]$. Utilize $p_0 = 1$.

EXERCÍCIO APLICADO

18. Um objeto em queda vertical no ar está sujeito à resistência viscosa, bem como à força da gravidade. Suponha que um objeto com massa m seja solto a uma altura s_0 e que a altura do objeto após t segundos seja

$$s(t) = s_0 - \frac{mg}{k}t + \frac{m^2 g}{k^2}(1 - e^{-kt/m}),$$

onde $g = 32{,}17$ pés/s^2 e k representa o coeficiente de resistência do ar em lb-s/pé. Suponha que $s_0 = 300$ pés, $m = 0{,}25$ lb e $k = 0{,}1$ lb-s/pé. Determine, com precisão de 0,01 s, o tempo decorrido até que o objeto alcance o solo.

EXERCÍCIOS TEÓRICOS

19. Sejam $g \in C^1[a, b]$ e p em (a, b), com $g(p) = p$ e $|g'(p)| > 1$. Mostre que existe um $\delta > 0$ tal que se $0 < |p_0 - p| < \delta$, então, $|p_0 - p| < |p_1 - p|$. Desse modo, independentemente de quão próxima a aproximação inicial p_0 esteja de p, a próxima iteração p_1 estará mais afastada, de modo que a iteração de ponto fixo não convergirá, caso $p_0 \neq p$.

20. Seja A uma constante positiva dada e $g(x) = 2x - Ax^2$.

a. Mostre que, se a iteração de ponto fixo convergir para um limite não nulo, o limite será $p = 1/A$, de modo que o inverso de um número possa ser determinado simplesmente por meio de multiplicações e subtrações.

b. Determine um intervalo em torno de $1/A$ para o qual a iteração de ponto fixo convirja, desde que p_0 esteja neste intervalo.

21. Encontre uma função g definida em $[0, 1]$ que não satisfaça nenhuma das hipóteses do Teorema 2.2, mas possua um único ponto fixo em $[0, 1]$.

22. a. Mostre que o Teorema 2.2 é verdadeiro se a desigualdade $|g'(x)| \leq k$ for substituída por $g'(x) \leq k$, para todo $x \in (a, b)$. [*Sugestão*: observe que apenas a unicidade está em jogo.]

b. Mostre que o Teorema 2.3 pode não ser válido se a desigualdade $|g'(x)| \leq k$ for substituída por $g'(x) \leq k$. [*Sugestão*: mostre que $g(x) = 1 - x^2$, para x em $[0, 1]$, fornece um contraexemplo.]

23. a. Utilize o Teorema 2.4 para mostrar que a sequência definida por

$$x_n = \frac{1}{2}x_{n-1} + \frac{1}{x_{n-1}}, \quad \text{para } n \geq 1,$$

converge para $\sqrt{2}$ sempre que $x_0 > \sqrt{2}$.

b. Use o fato de que $0 < (x_0 - \sqrt{2})^2$ sempre que $x_0 \neq \sqrt{2}$ para mostrar que, se $0 < x_0 < \sqrt{2}$, então $x_1 > \sqrt{2}$.

c. Use os resultados das partes (a) e (b) para mostrar que a sequência em (a) converge para $\sqrt{2}$, sempre que $x_0 > 0$.

24. a. Mostre que se A for qualquer número positivo, então a sequência definida por

$$x_n = \frac{1}{2}x_{n-1} + \frac{A}{2x_{n-1}}, \quad \text{para } n \geq 1,$$

convergirá para $\sqrt{A}$, sempre que $x_0 > 0$.

b. O que ocorre se $x_0 < 0$?

25. Substitua a hipótese no Teorema 2.4 de que "existe um número positivo $k < 1$ com $|g'(x)| \leq k$" por "g satisfaz uma condição de Lipschitz no intervalo $[a, b]$, com constante de Lipschitz $L < 1$". (Consulte o Exercício 28, Seção 1.1.) Mostre que as conclusões do teorema permanecem válidas.

26. Suponha que g seja continuamente diferenciável em algum intervalo (c, d) que contenha o ponto fixo p de g. Mostre que se $|g'(p)| < 1$, existe um $\delta > 0$, tal que se $|p_0 - p| \leq \delta$, então a iteração de ponto fixo converge.

QUESTÃO PARA DISCUSSÃO

1. Forneça uma visão geral de como a teoria do caos e a iteração de ponto fixo estão relacionadas. Como ponto inicial, consulte o seguinte: http://pages.cs.wisc.edu/~goadl/cs412/examples/chaosNR.pdf and http://www.cut-the-knot.org/blue/chaos.shtml. Summarize your readings.

2.3 Método de Newton e suas extensões

O **método de Newton** (ou *Newton-Raphson*) é um dos métodos numéricos mais eficientes e conhecidos para a solução de um problema de determinação de raiz e pode ser introduzido de várias formas.

Isaac Newton (1642–1727) foi um dos mais brilhantes cientistas de todos os tempos. O fim do século XVII foi um período de muito entusiasmo para a ciência e a matemática, das quais quase todos os aspectos foram abrangidos pelo trabalho de Newton. Seu método para resolver equações foi introduzido para a determinação de uma raiz da equação $y^3 - 2y - 5 = 0$. Apesar de ter demonstrado o método apenas no caso de polinômios, claramente Newton estava ciente de suas aplicações mais amplas.

Método de Newton

Caso desejemos apenas um algoritmo, podemos considerar a técnica de modo gráfico, como é feito muitas vezes em cálculo. Outra possibilidade é deduzir o método de Newton como uma técnica para obter uma convergência mais rápida que a fornecida por outros tipos de iteração funcional, como será feito na Seção 2.4. Um terceiro modo de introduzir o método, discutido a seguir, tem como base os polinômios de Taylor. Veremos que essa dedução particular produz não só o método, mas também um limitante para o erro na aproximação.

Suponha que $f \in C^2[a, b]$. Seja $p_0 \in [a, b]$ uma aproximação para p tal que $f'(p_0) \neq 0$ e $|p - p_0|$ seja "pequeno". Considere o primeiro polinômio de Taylor de $f(x)$ expandido em torno de p_0 e calculado em $x = p$:

$$f(p) = f(p_0) + (p - p_0)f'(p_0) + \frac{(p - p_0)^2}{2} f''(\xi(p)),$$

onde $\xi(p)$ está entre p e p_0. Uma vez que $f(p) = 0$, essa equação fornece

$$0 = f(p_0) + (p - p_0)f'(p_0) + \frac{(p - p_0)^2}{2} f''(\xi(p)).$$

Joseph Raphson (1648-1715) descreveu o método atribuído a Isaac Newton em 1690, creditando-o como fonte da descoberta. Nem Newton nem Raphson utilizaram, de forma explícita, a derivada em sua descrição, pois ambos consideraram apenas polinômios. Outros matemáticos, em particular James Gregory (1636-1675), conheciam o processo subjacente naquela época, ou mesmo antes.

Para deduzir o método de Newton, vamos supor que, como $|p - p_0|$ é pequeno, o termo envolvendo $(p - p_0)^2$ será muito menor, de modo que

$$0 \approx f(p_0) + (p - p_0)f'(p_0).$$

Isolando p, obtemos

$$p \approx p_0 - \frac{f(p_0)}{f'(p_0)} \equiv p_1.$$

Isso fornece a estrutura para a aplicação do método de Newton, que começa com uma aproximação inicial p_0 e gera a sequência $\{p_n\}_{n=0}^{\infty}$ por

$$p_n = p_{n-1} - \frac{f(p_{n-1})}{f'(p_{n-1})}, \quad \text{para } n \geq 1. \tag{2.7}$$

A Figura 2.7 mostra como as aproximações são obtidas por meio de tangentes sucessivas. (Consulte também o Exercício 31.) Começando com a aproximação inicial p_0, a aproximação p_1 é a interseção da reta tangente ao gráfico de f em $(p_0, f(p_0))$ com o eixo x, a aproximação p_2 é a intersecção da reta tangente ao gráfico de f em $(p_1, f(p_1))$ com o eixo x, e assim por diante. O Algoritmo 2.3 implementa esse procedimento.

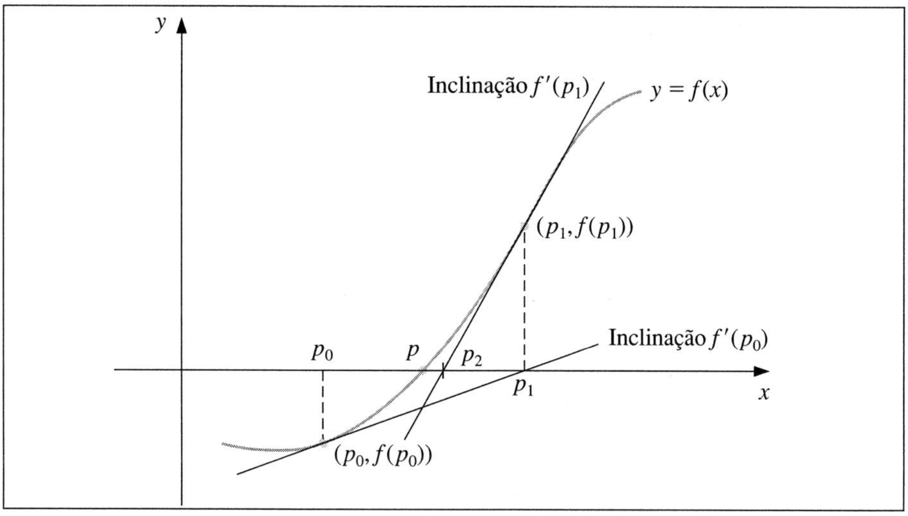

Figura 2.7

ALGORITMO 2.3 **Método de Newton**

Para determinar uma solução para $f(x) = 0$, dada uma aproximação inicial p_0:

ENTRADA aproximação inicial p_0; tolerância TOL; número máximo de iterações N_0.

SAÍDA solução aproximada p ou mensagem de erro.

Passo 1 Faça $i = 1$.

Passo 2 Enquanto $i \leq N_0$, execute Passos 3 a 6.

Passo 3 Faça $p = p_0 - f(p_0)/f'(p_0)$. (*Calcule* p_i.)

Passo 4 Se $|p - p_0| < TOL$, então
SAÍDA (p); (*Procedimento concluído com sucesso.*)
PARE.

Passo 5 Faça $i = i + 1$.

Passo 6 Faça $p_0 = p$. (*Atualize* p_0.)

Passo 7 SAÍDA ('O método falhou após N_0 iterações, N_0 =', N_0);
(*O procedimento não foi bem-sucedido.*)
PARE. ■

As desigualdades da técnica de parada fornecidas para o método da Bissecção são aplicáveis ao método de Newton. Assim, escolha uma tolerância $\varepsilon > 0$, e construa $p_1, \ldots p_N$, até que

$$|p_N - p_{N-1}| < \varepsilon, \tag{2.8}$$

$$\frac{|p_N - p_{N-1}|}{|p_N|} < \varepsilon, \quad p_N \neq 0, \tag{2.9}$$

ou

$$|f(p_N)| < \varepsilon. \tag{2.10}$$

Uma forma da desigualdade (2.8) é utilizada no Passo 4 do Algoritmo 2.3. Observe que a desigualdade (2.8), (2.9), ou (2.10) pode não fornecer muitas informações acerca do erro real $|p_N - p|$. (Consulte os Exercícios 19 e 20 da Seção 2.1.)

O método de Newton é uma técnica de iteração funcional da forma $p_n = g(p_{n-1})$, para a qual

$$g(p_{n-1}) = p_{n-1} - \frac{f(p_{n-1})}{f'(p_{n-1})}, \quad \text{para } n \geq 1. \tag{2.11}$$

De fato, essa é a técnica de iteração funcional que foi utilizada para obter a convergência rápida discutida na parte (**e**) da tabela 2.2 na Seção 2.2.

A Equação (2.7) mostra claramente que a aplicação do método de Newton não pode continuar se $f'(p_{n-1}) = 0$ para algum n. Observaremos, na realidade, que o método é mais eficiente quando f' está distante de zero próximo a p.

EXEMPLO 1 Considere a função $f(x) = \cos x - x$. Aproxime uma raiz de f usando **(a)** um método de ponto fixo e **(b)** o método de Newton.

Solução **(a)** Uma solução desse problema de determinação de raiz também é uma solução do problema de ponto fixo $x = \cos x$, e o gráfico na Figura 2.8 implica um ponto fixo único p em $[0, \pi/2]$.

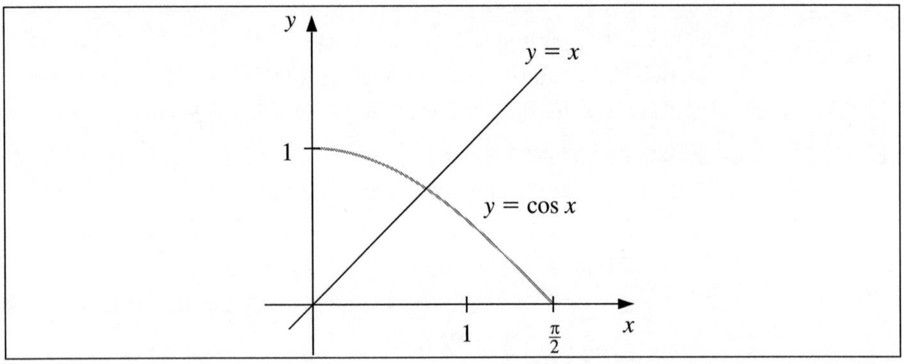

Figura 2.8

Observe que a variável na função trigonométrica está medida em radianos e não em graus. Isso será sempre assim, a menos que especificado o contrário.

Tabela 2.3

n	p_n
0	0,7853981635
1	0,7071067810
2	0,7602445972
3	0,7246674808
4	0,7487198858
5	0,7325608446
6	0,7434642113
7	0,7361282565

A Tabela 2.3 fornece os resultados da iteração de ponto fixo, para $p_0 = \pi/4$. O melhor que podemos concluir, a partir desses resultados, é que $p \approx 0,74$.

(b) Para aplicar o método de Newton a este problema, precisamos de $f'(x) = -\operatorname{sen} x - 1$. Começando novamente com $p_0 = \pi/4$, temos

$$\begin{aligned} p_1 &= p_0 - \frac{p_0}{f'(p_0)} \\ &= \frac{\pi}{4} - \frac{\cos(\pi/4) - \pi/4}{-\operatorname{sen}(\pi/4) - 1} \\ &= \frac{\pi}{4} - \frac{\sqrt{2}/2 - \pi/4}{-\sqrt{2}/2 - 1} \\ &= 0{,}7395361337 \\ p_2 &= p_1 - \frac{\cos(p_1) - p_1}{-\operatorname{sen}(p_1) - 1} \\ &= 0{,}7390851781 \end{aligned}$$

Continuamos gerando a sequência com

$$p_n = p_{n-1} - \frac{f(p_{n-1})}{f'(p_{n-1})} = p_{n-1} - \frac{\cos p_{n-1} - p_{n-1}}{-\operatorname{sen} p_{n-1} - 1}.$$

Isso fornece as aproximações na Tabela 2.4. É obtida uma excelente aproximação com $n = 3$. Por causa da coincidência de p_3 e p_4, seria razoável esperar que este resultado fosse preciso até todos os algarismos listados. ∎

Tabela 2.4

Método de Newton	
n	p_n
0	0,7853981635
1	0,7395361337
2	0,7390851781
3	0,7390851332
4	0,7390851332

Convergência usando o método de Newton

O Exemplo 1 mostra que o método de Newton pode fornecer aproximações extremamente precisas com bem poucas iterações. Para aquele exemplo, apenas uma iteração do método de Newton foi necessário para fornecer uma precisão maior do que sete iterações do método de ponto fixo. Agora é a hora de examinar o método de Newton de modo mais cuidadoso para descobrir porque ele é tão eficiente.

A dedução do método de Newton por séries de Taylor no começo da seção mostra a importância de uma aproximação inicial precisa. A hipótese essencial é que o termo que envolve $(p - p_0)^2$ seja, em comparação com $|p - p_0|$, tão pequeno que possa ser desprezado. Isso será claramente falso, a menos que p_0 seja uma boa aproximação de p. Caso p_0 não esteja suficientemente próximo da raiz real, há poucos motivos para suspeitar que o método de Newton convergirá para a raiz. Entretanto, em alguns casos, mesmo aproximações iniciais pouco precisas produzirão a convergência. (Os Exercícios 15 e 16 mostram algumas dessas possibilidades.)

O teorema da convergência para o método de Newton a seguir enfatiza a importância teórica da escolha de p_0.

▶Teorema 2.6 Seja $f \in C^2[a, b]$. Se $p \in (a, b)$ tal que $f(p) = 0$ e $f'(p) \neq 0$, então, existe um $\delta > 0$, tal que o método de Newton gera uma sequência $\{p_n\}_{n=1}^{\infty}$ que converge para p para qualquer aproximação inicial $p_0 \in [p - \delta, p + \delta]$.

Demonstração A demonstração tem como base a análise do método de Newton como o esquema de iteração funcional $p_n = g(p_{n-1})$, para $n \geq 1$, com

$$g(x) = x - \frac{f(x)}{f'(x)}.$$

Seja k em (0, 1). Primeiramente, encontramos um intervalo $[p - \delta, p + \delta]$ que g leve em si mesmo para o qual $|g'(x)| \leq k$, para todo $x \in (p - \delta, p + \delta)$.

Uma vez que f' e contínuo e $f'(p) \neq 0$, a parte (a) do Exercício 30 na Seção 1.1 implica a existência de um $\delta_1 > 0$, tal que $f'(x) \neq 0$ para $x \in [p - \delta_1, p + \delta_1] \subseteq [a, b]$. Assim, g é definida e contínua em $[p - \delta_1, p + \delta_1]$. Também teremos

$$g'(x) = 1 - \frac{f'(x)f'(x) - f(x)f''(x)}{[f'(x)]^2} = \frac{f(x)f''(x)}{[f'(x)]^2},$$

para $x \in [p - \delta_1, p + \delta_1]$ e, como $f \in C^2[a, b]$, temos $g \in C^1[p - \delta_1, p + \delta_1]$.

Por hipótese, $f(p) = 0$, de modo que

$$g'(p) = \frac{f(p)f''(p)}{[f'(p)]^2} = 0.$$

Sendo g' contínua e $0 < k < 1$, a parte (b) do Exercício 30 na Seção 1.1 implica a existência de um δ, com $0 < \delta < \delta_1$ e tal que

$$|g'(x)| \leq k, \text{ para todo } x \in [p - \delta, p + \delta].$$

Precisamos mostrar que g leva $[p - \delta, p + \delta]$ em $[p - \delta, p + \delta]$. Se $x \in [p - \delta, p + \delta]$, o teorema do valor médio implica que, para algum número ξ entre x e p, teremos $|g(x) - g(p)| = |g'(\xi)||x - p|$. Assim,

$$|g(x) - p| = |g(x) - g(p)| = |g'(\xi)||x - p| \leq k|x - p| < |x - p|.$$

Como $x \in [p - \delta, p + \delta]$, temos que $|x - p| < \delta$ e $|g(x) - p| < \delta$. Portanto, g leva $[p - \delta, p + \delta]$ em $[p - \delta, p + \delta]$.

Todas as hipóteses do teorema do ponto fixo 2.4 estão agora satisfeitas, de modo que a sequência $\{p_n\}_{n=1}^{\infty}$, definida por

$$p_n = g(p_{n-1}) = p_{n-1} - \frac{f(p_{n-1})}{f'(p_{n-1})}, \quad \text{para } n \geq 1,$$

converge para p, para qualquer $p_0 \in [p - \delta, p + \delta]$. ■

O Teorema 2.6 afirma que, sob hipóteses aceitáveis, o método de Newton converge, desde que uma aproximação inicial suficientemente precisa seja escolhida. Ele também implica que a constante k, que limita a derivada de g e, por consequência, indica a velocidade de convergência do método, decresce para 0 à medida que o procedimento continua. Esse resultado é importante para a teoria do método de Newton, mas raramente é aplicado na prática, pois não indica como determinar δ.

Em uma aplicação prática, uma aproximação inicial é escolhida e são geradas aproximações sucessivas pelo método de Newton. Em geral, essas aproximações convergirão de forma rápida para a raiz ou indicarão claramente que a convergência será improvável.

O método da secante

O método de Newton é uma técnica altamente eficiente, mas tem uma desvantagem importante: a necessidade de conhecer o valor da derivada de f em cada aproximação. Com frequência, o cálculo de $f'(x)$ é muito mais difícil e requer mais operações aritméticas que o de $f(x)$.

Para evitar o problema do cálculo de derivadas no método de Newton, introduzimos uma pequena variação. Por definição,

$$f'(p_{n-1}) = \lim_{x \to p_{n-1}} \frac{f(x) - f(p_{n-1})}{x - p_{n-1}}.$$

Se p_{n-2} estiver próximo de p_{n-1}, então

$$f'(p_{n-1}) \approx \frac{f(p_{n-2}) - f(p_{n-1})}{p_{n-2} - p_{n-1}} = \frac{f(p_{n-1}) - f(p_{n-2})}{p_{n-1} - p_{n-2}}.$$

Utilizar essa aproximação para $f'(p_{n-1})$ na fórmula de Newton fornece

$$p_n = p_{n-1} - \frac{f(p_{n-1})(p_{n-1} - p_{n-2})}{f(p_{n-1}) - f(p_{n-2})}. \tag{2.12}$$

O termo *secante* é derivado do latim *secan*, que significa "cortar". O método da secante utiliza uma reta secante, uma reta que liga dois pontos e que corta a curva, para a aproximação de uma raiz.

Essa técnica é denominada **método da secante** e é apresentada no Algoritmo 2.4 (veja a Figura 2.9.) Começando com as duas aproximações iniciais p_0 e p_1, a aproximação p_2 é a intersecção da reta que liga $(p_0, f(p_0))$ e $(p_1, f(p_1))$ com o eixo x; a aproximação p_3 é a intersecção da reta que liga $(p_1, f(p_1))$ e $(p_2, f(p_2))$ com o eixo x e assim por diante. Observe que apenas um cálculo de função é necessário em cada passo do método da secante depois de p_2 ter sido determinado. Em contraste, cada passo do método de Newton requer o cálculo tanto da função quanto de sua derivada.

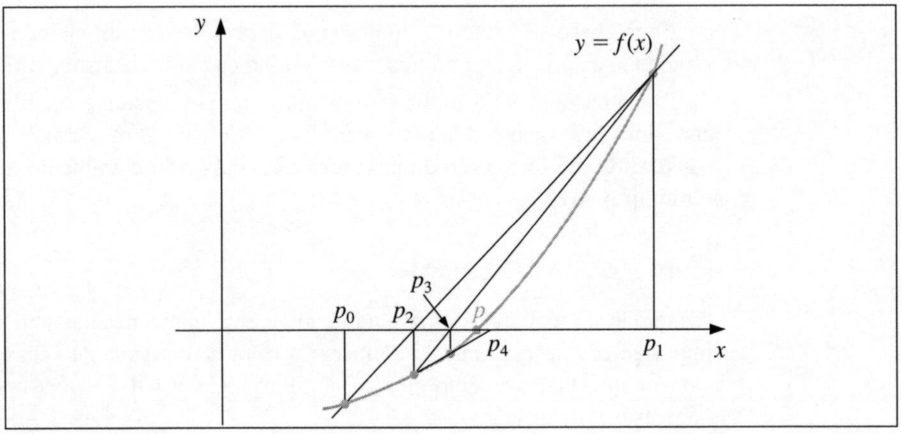

Figura 2.9

ALGORITMO 2.4 **Método da secante**

Para determinar uma solução para $f(x) = 0$, dadas as aproximações iniciais p_0 e p_1:

ENTRADA aproximações iniciais p_0, p_1; tolerância TOL; número máximo de iterações N_0.

SAÍDA solução aproximada p ou mensagem de erro.

Passo 1 Faça $i = 2$;
$q_0 = f(p_0)$;
$q_1 = f(p_1)$.

Passo 2 Enquanto $i \leq N_0$, execute os Passos 3 a 6.

Passo 3 Faça $p = p_1 - q_1(p_1 - p_0)/(q_1 - q_0)$. (*Calcula* p_i.)

Passo 4 Se $|p - p_1| < TOL$, então
SAÍDA (p); (*Procedimento concluído com sucesso.*)
PARE.

Passo 5 Faça $i = i + 1$.

Passo 6 Faça $p_0 = p_1$; (*Atualize* p_0, q_0, p_1, q_1.)
$q_0 = q_1$;
$p_1 = p$;
$q_1 = f(p)$.

Passo 7 SAÍDA ('O método falhou após N_0 iterações, N_0 =', N_0);
(*O procedimento não foi bem-sucedido.*)
PARE. ■

O próximo exemplo envolve um problema considerado no Exemplo 1, no qual utilizamos o método de Newton com $p_0 = \pi/4$.

EXEMPLO 2 Utilize o método da secante para encontrar uma solução para $x = \cos x$ e compare as aproximações com aquelas dadas no Exemplo 1, o qual aplicava o método de Newton.

Solução No Exemplo 1, comparamos a iteração funcional e o método de Newton com a aproximação inicial $p_0 = \pi/4$. Para o método da secante, precisamos de duas aproximações iniciais. Suponha que usemos $p_0 = 0{,}5$ e $p_1 = \pi/4$:

$$\begin{aligned}
p_2 &= p_1 - \frac{(p_1 - p_0)(\cos p_1 - p_1)}{(\cos p_1 - p_1) - (\cos p_2 - p_2)} \\
&= \frac{\pi}{4} - \frac{(\pi/4 - 0{,}5)(\cos(\pi/4) - \pi/4)}{(\cos(\pi/4) - \pi/4) - (\cos 0{,}5 - 0{,}5)} \\
&= 0{,}7363841388,
\end{aligned}$$

Aproximações sucessivas são geradas pela fórmula

$$p_n = p_{n-1} - \frac{(p_{n-1} - p_{n-2})(\cos p_{n-1} - p_{n-1})}{(\cos p_{n-1} - p_{n-1}) - (\cos p_{n-2} - p_{n-2})}, \quad \text{para } n \geq 2.$$

Isto fornece os resultados na Tabela 2.5. Observe que, embora a fórmula para p_2 pareça indicar um cálculo repetido, uma vez que $f(p_0)$ e $f(p_1)$ forem calculados, estes não são calculados de novo. ■

Comparando os resultados na Tabela 2.5 do método da secante com os do método de Newton, podemos ver que a aproximação p_5 do método da secante é precisa até o décimo algarismo, enquanto o método de Newton obtinha essa precisão em p_3. Para esse exemplo, a convergência do método da Secante é muito mais rápida que a da iteração funcional, mas ligeiramente mais lenta que a do método de Newton. Isso é o que geralmente ocorre. (Consulte o Exercício 14 da Seção 2.4.)

O método de Newton e o da secante são frequentemente utilizados para refinar uma resposta obtida por meio de outra técnica, como o método da bissecção, pois esses métodos exigem uma primeira aproximação boa, mas, em geral, fornecem uma convergência rápida.

Tabela 2.5

Secante	
n	p_n
0	0,5
1	0,7853981635
2	0,7363841388
3	0,7390581392
4	0,7390851493
5	0,7390851332

Newton	
n	p_n
0	0,7853981635
1	0,7395361337
2	0,7390851781
3	0,7390851332
4	0,7390851332

O método da falsa posição

Cada par sucessivo de aproximações no método da bissecção define um intervalo que contém uma raiz p da equação, isto é, para cada inteiro positivo n, pode ser encontrada uma raiz entre a_n e b_n. Isso significa que, para cada n, as iterações do método da bissecção satisfazem

$$|p_n - p| < \frac{1}{2}|a_n - b_n|,$$

que fornece um limitante do erro para cada aproximação que pode ser facilmente calculado.

A definição de um intervalo que contenha a raiz não é garantida nem no método de Newton nem no método da secante. No Exemplo1, o método de Newton foi aplicado a $f(x) = \cos x - x$ e foi encontrada a raiz aproximada 0,7390851332. A Tabela 2.5 mostra que essa raiz não está nem no intervalo delimitado por p_0 e p_1 nem por p_1 e p_2. As aproximações pelo método da secante para esse problema também são dadas na Tabela 2.5. Nesse caso, as aproximações iniciais p_0 e p_1 delimitam um intervalo que contém a raiz, mas o par de aproximações p_3 e p_4 não.

O **método da falsa posição** (também conhecido como *regula falsi*) gera aproximações da mesma maneira que o método da secante, mas inclui um teste para garantir que a raiz esteja sempre no intervalo delimitado por iterações sucessivas. Apesar de não ser um método que recomendemos, em geral, ele ilustra como a delimitação de um intervalo que contenha a raiz pode ser incorporada.

O termo *regula falsi*, literalmente uma "falsa regra" ou "falsa posição", refere-se a uma técnica que utiliza resultados sabidamente falsos, mas de alguma maneira específica, para obter a convergência para um resultado verdadeiro. Problemas de falsa posição podem ser encontrados no papiro Rhind, que data de cerca de 1650 a.C.

Primeiramente, escolha as aproximações iniciais p_0 e p_1 com $f(p_0) \cdot f(p_1) < 0$. Do mesmo modo que no método da secante, a aproximação p_2 é escolhida como a interseção da reta que liga $(p_0, f(p_0))$ e $(p_1, f(p_1))$ com o eixo x. Para decidir qual reta secante utilizar para calcular p_3, consideramos $f(p_2) \cdot f(p_1)$ ou, mais corretamente, $\operatorname{sgn} f(p_2) \cdot \operatorname{sgn} f(p_1)$.

- Se $\operatorname{sgn} f(p_2) \cdot \operatorname{sgn} f(p_1) < 0$, então p_1 e p_2 delimitam um intervalo que contém a raiz. Escolha p_3 como a intersecção da reta ligando $(p_1, f(p_1))$ e $(p_2, f(p_2))$ com o eixo x.
- Caso contrário, escolhemos p_3 como a interseção da reta que liga $(p_0, f(p_0))$ e $(p_2, f(p_2))$ com o eixo x e, depois, trocamos os índices em p_0 e p_1.

De modo análogo, após p_3 ser calculado, o sinal de $f(p_3) \cdot f(p_2)$ determinará se utilizaremos p_2 e p_3 ou p_3 e p_1 para calcular p_4. Neste último caso, é efetuada a troca de índices em p_2 e p_1. A troca de índices garante que a raiz esteja no intervalo delimitado por duas iterações sucessivas. O processo é descrito no Algoritmo 2.5, e a Figura 2.10 mostra como as iterações podem ser diferentes das do método da secante. Nessa descrição, as três primeiras aproximações são iguais, mas as quartas são diferentes.

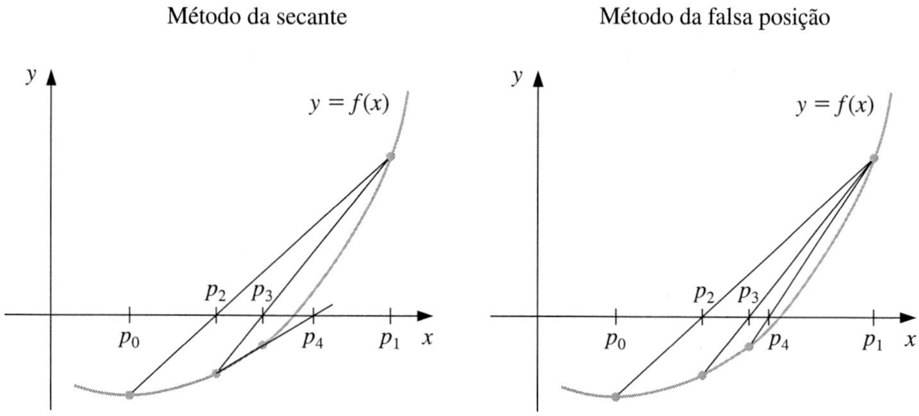

Figura 2.10

ALGORITMO 2.5 **Falsa posição**

Para determinar uma solução para $f(x) = 0$, dada a função contínua f no intervalo $[p_0, p_1]$ onde $f(p_0)$ e $f(p_1)$ tenham sinais opostos:

ENTRADA aproximações iniciais p_0, p_1; tolerância TOL; número máximo de iterações N_0.

SAÍDA solução aproximada p ou mensagem de erro.

Passo 1 Faça $i = 2$;
$q_0 = f(p_0)$;
$q_1 = f(p_1)$.

Passo 2 Enquanto $i \leq N_0$, execute Passos 3 a 7.

Passo 3 Faça $p = p_1 - q_1(p_1 - p_0)/(q_1 - q_0)$. (*Calcula p_i.*)

Passo 4 Se $|p - p_1| < TOL$, então
SAÍDA (p); (*Procedimento concluído com sucesso.*)
PARE.

Passo 5 Faça $i = i + 1$;
$q = f(p)$.

Passo 6 Se $q \cdot q_1 < 0$, então faça $p_0 = p_1$;
$q_0 = q_1$.

Passo 7 Faça $p_1 = p$;
$q_1 = q$.

Passo 8 SAÍDA ('O método falhou após N_0 iterações, N_0 =', N_0);
(*O procedimento não foi bem-sucedido.*)
PARE. ■

EXEMPLO 3 Use o método da falsa posição para encontrar uma solução de $x = \cos x$ e compare as aproximações com aquelas dadas no Exemplo 1, o qual aplicou a iteração de ponto fixo e o método de Newton e com aquelas encontradas no Exemplo 2, o qual aplicava o método da secante.

Solução Para fazer uma comparação razoável, usaremos as mesmas aproximações iniciais que no método da secante; isto é, $p_0 = 0{,}5$ e $p_1 = \pi/4$. A Tabela 2.6 mostra os resultados do método da falsa posição aplicado a $f(x) = \cos x - x$ junto com os obtidos usando os métodos da secante e de Newton. Observe que as aproximações da falsa posição e da secante coincidem até p_3 e que o método da falsa posição requer uma iteração adicional para obter a mesma precisão do que o método da secante. ■

Tabela 2.6

	Falsa posição	Secante	Newton
n	p_n	p_n	p_n
0	0,5	0,5	0,7853981635
1	0,7853981635	0,7853981635	0,7395361337
2	0,7363841388	0,7363841388	0,7390851781
3	0,7390581392	0,7390581392	0,7390851332
4	0,7390848638	0,7390851493	0,7390851332
5	0,7390851305	0,7390851332	
6	0,7390851332		

Geralmente, a maior segurança do método da falsa posição faz que sejam necessários mais cálculos que no método da secante, do mesmo modo que a simplificação possibilitada pelo método da secante em relação ao método de Newton, normalmente, introduz o ônus de iterações adicionais. Outros exemplos de aspectos positivos e negativos desses métodos podem ser vistos nos Exercícios 13 e 14.

EXERCÍCIOS 2.3

1. Seja $f(x) = x^2 - 6$ e $p_0 = 1$. Utilize o método de Newton para determinar p_2.

2. Seja $f(x) = -x^3 - \cos x$ e $p_0 = -1$. Utilize o método de Newton para determinar p_2. Poderíamos utilizar $p_0 = 0$?

3. Seja $f(x) = x^2 - 6$. Com $p_0 = 3$ e $p_1 = 2$, determine p_3.

a. Utilize o método da secante.

b. Utilize o método da falsa posição.

c. Qual é o resultado mais próximo de $\sqrt{6}$, (a) ou (b)?

4. Seja $f(x) = -x^3 - \cos x$. Com $p_0 = -1$ e $p_1 = 0$, determine p_3.

a. Utilize o método da secante. **b.** Utilize o método da falsa posição.

5. Utilize o método de Newton para encontrar soluções com precisão de 10^{-4} para os problemas a seguir.

a. $x^3 - 2x^2 - 5 = 0, \quad [1, 4]$

b. $x^3 + 3x^2 - 1 = 0, \quad [-3, -2]$

c. $x - \cos x = 0, \quad [0, \pi/2]$

d. $x - 0{,}8 - 0{,}2 \operatorname{sen} x = 0, \quad [0, \pi/2]$

6. Utilize o método de Newton para encontrar soluções com precisão de 10^{-5} para os problemas a seguir.

a. $e^x + 2^{-x} + 2\cos x - 6 = 0$ para $1 \le x \le 2$

b. $\ln(x - 1) + \cos(x - 1) = 0$ para $1{,}3 \le x \le 2$

c. $2x\cos 2x - (x - 2)^2 = 0$ para $2 \le x \le 3$ e $3 \le x \le 4$

d. $(x - 2)^2 - \ln x = 0$ para $1 \le x \le 2$ e $e \le x \le 4$

e. $e^x - 3x^2 = 0$ para $0 \le x \le 1$ e $3 \le x \le 5$

f. $\operatorname{sen} x - e^{-x} = 0$ para $0 \le x \le 1$, $3 \le x \le 4$ e $6 \le x \le 7$

7. Repita o Exercício 5, utilizando o método da secante.

8. Repita o Exercício 6, utilizando o método da secante.

9. Repita o Exercício 5, utilizando o método da falsa posição.

10. Repita o Exercício 6, utilizando o método da falsa posição.

11. Utilize todos os três métodos desta seção para encontrar soluções com precisão de 10^{-5} para os problemas a seguir.

a. $3x - e^x = 0$ para $1 \leq x \leq 2$

b. $2x + 3\cos x - e^x = 0$ para $1 \leq x \leq 2$

12. Utilize todos os três métodos desta seção para encontrar soluções com precisão de 10^{-7} para os problemas a seguir.

a. $x^2 - 4x + 4 - \ln x = 0$ para $1 \leq x \leq 2$ e para $2 \leq x \leq 4$

b. $x + 1 - 2\,\text{sen}\,\pi x = 0$ para $0 \leq x \leq 1/2$ e para $1/2 \leq x \leq 1$

13. O polinômio de quarto grau

$$f(x) = 230x^4 + 18x^3 + 9x^2 - 221x - 9$$

tem dois zeros reais, um em $[-1, 0]$ e outro em $[0, 1]$. Tente encontrar a aproximação desses zeros com a precisão de 10^{-6}, utilizando o

a. método da falsa posição

b. método da secante

c. método de Newton

Utilize as extremidades de cada intervalo como aproximações iniciais em (a) e (b) e os pontos médios como as aproximações iniciais em (c).

14. A função $f(x) = \text{tg}\,\pi x - 6$ tem um zero em $(1/\pi)\,\text{arctg}\,6 \approx 0{,}447431543$. Sejam $p_0 = 0$ e $p_1 = 0{,}48$. Utilize dez interações de cada um dos métodos a seguir para encontrar a aproximação dessa raiz. Qual é o método mais eficiente e por quê?

a. Método da bissecção,

b. Método da falsa posição,

c. Método da secante.

15. A equação $4x^2 - e^x - e^{-x} = 0$ tem duas soluções positivas x_1 e x_2. Utilize o método de Newton para encontrar uma aproximação de uma solução com precisão de 10^{-5}, com os valores de p_0 a seguir.

a. $p_0 = -10$ **b.** $p_0 = -5$ **c.** $p_0 = -3$

d. $p_0 = -1$ **e.** $p_0 = 0$ **f.** $p_0 = 1$

g. $p_0 = 3$ **h.** $p_0 = 5$ **i.** $p_0 = 10$

16. A equação $x^2 - 10\cos x = 0$ tem duas soluções, $\pm 1{,}3793646$. Utilize o método de Newton para encontrar uma aproximação das soluções com precisão de 10^{-5}, com os valores de p_0 a seguir.

a. $p_0 = -100$ **b.** $p_0 = -50$ **c.** $p_0 = -25$

d. $p_0 = 25$ **e.** $p_0 = 50$ **f.** $p_0 = 100$

17. A função descrita por $f(x) = \ln(x^2 + 1) - e^{0,4x}\cos \pi x$ tem um número infinito de zeros.

a. Determine, com precisão de 10^{-6}, o único zero negativo.

b. Determine, com precisão de 10^{-6}, os quatro menores zeros positivos.

c. Determine uma aproximação inicial razoável para determinar o enésimo menor zero positivo de f. [*Sugestão*: esboce um gráfico aproximado de f.]

d. Utilize a parte (c) para determinar, com precisão de 10^{-6}, o 25º menor zero positivo de f.

18. Utilize o método de Newton para resolver a equação

$$0 = \frac{1}{2} + \frac{1}{4}x^2 - x\,\text{sen}\,x - \frac{1}{2}\cos 2x, \quad \text{com } p_0 = \frac{\pi}{2}.$$

Faça iterações, utilizando o método de Newton, até a precisão de 10^{-5} ser alcançada. Explique por que o resultado não parece normal para o método de Newton. Além disso, resolva a equação com $p_0 = 5\pi$ e $p_0 = 10\pi$.

EXERCÍCIOS APLICADOS

19. Utilize o método de Newton para encontrar uma aproximação com precisão de 10^{-4} do valor de x que produza o ponto no gráfico de $y = x^2$ mais próximo a (1, 0). [*Sugestão*: minimize $[d(x)]^2$, onde $d(x)$ representa a distância de (x, x^2) a (1, 0).]

20. Utilize o método de Newton para encontrar uma aproximação com precisão de 10^{-4} do valor de x que produza o ponto no gráfico de $y = 1/x$ mais próximo a (2, 1).

21. A soma de dois números é 20. Se cada número for adicionado à respectiva raiz quadrada, o produto das duas somas será 155,55. Determine os dois números com precisão de 10^{-4}.

22. Determine uma aproximação para λ =, com precisão de 10^{-4}, na equação da população

$$1\,564\,000 = 1\,000\,000e^{\lambda} + \frac{435\ 000}{\lambda}(e^{\lambda} - 1),$$

discutida na introdução deste capítulo. Utilize esse valor para calcular a população no fim do segundo ano, supondo que a taxa de imigração durante o ano permaneça em 435.000 indivíduos por ano.

23. Os problemas que envolvem a quantia necessária para o pagamento de uma hipoteca durante um período fixo empregam a fórmula a seguir

$$A = \frac{P}{i}[1 - (1 + i)^{-n}],$$

denominada *equação da anuidade ordinária*. Nessa equação, A é o valor da hipoteca, P é a quantia de cada pagamento, e i é a taxa de juros por período para n períodos de pagamento. Suponha que uma quantia de \$ 135.000,00 deva ser paga em trinta anos pela hipoteca de uma casa e que o mutuário possa pagar até \$ 1.000,00 por mês pela casa. Qual deve ser a taxa de juros máxima para que o mutuário possa pagar a hipoteca?

24. O valor acumulado em uma poupança com base em pagamentos regulares pode ser determinado a partir da *equação da anuidade antecipada*,

$$A = \frac{P}{i}[(1 + i)^{n} - 1].$$

Nessa equação, A é a quantia na conta, P é a quantia depositada de forma regular e i é a taxa de juros por período para n períodos de depósito. Um engenheiro gostaria de ter uma poupança de \$ 750.000,00 ao se aposentar, depois de vinte anos de trabalho, e pode depositar \$ 1.500,00 por mês para esse fim. Qual é a taxa de juros mínima com a qual essa quantia pode ser investida, supondo que os juros sejam compostos mensalmente?

25. O modelo de crescimento populacional logístico é descrito por uma equação na forma

$$P(t) = \frac{P_L}{1 - ce^{-kt}},$$

onde P_L, c e $k > 0$ são constantes, e $P(t)$ é a população no instante t. P_L representa o valor-limite da população, pois $\lim_{t\to\infty} P(t) = P_L$. Utilize os dados do censo dos anos 1950, 1960 e 1970 fornecidos na tabela da página 115 para determinar as constantes P_L, c e k para um modelo de crescimento logístico. Utilize o modelo logístico para calcular a população dos Estados Unidos em 1980 e 2010, supondo $t = 0$ em 1950. Compare os resultados obtidos para 1980 com o valor real.

26. O modelo de crescimento populacional de Gompertz é descrito por

$$P(t) = P_L e^{-ce^{-kt}},$$

onde P_L, c e $k > 0$ são constantes e $P(t)$ é a população no instante t. Repita o Exercício 25, utilizando o modelo de crescimento de Gompertz em vez do modelo logístico.

27. O jogador A eliminará (ganha por 21 a 0) o jogador B em uma partida de raquetebol com uma probabilidade de

$$P = \frac{1+p}{2}\left(\frac{p}{1-p+p^2}\right)^{21},$$

onde p denota a probabilidade de A vencer qualquer rebatida específica (independentemente do sacador). (Consulte [Keller, J], p. 267). Determine, com precisão de 10^{-3}, o valor mínimo de p que garanta que A eliminará B em pelo menos metade das partidas jogadas.

28. A concentração de um medicamento no sangue de um paciente é determinada por $c(t) = Ate^{-t/3}$ miligramas por mililitro, t horas após a injeção de A unidades. A concentração máxima segura é de 1 mg/mL.
    a. Qual é a quantidade a ser injetada para que essa concentração máxima segura seja alcançada e quando esse valor máximo será alcançado?
    b. Uma quantidade adicional desse medicamento deve ser administrada ao paciente após a concentração cair para 0,25 mg/mL. Determine, com precisão de minutos, quando essa segunda injeção deve ser aplicada.
    c. Suponha que a concentração após injeções consecutivas seja aditiva e que 75% da quantidade injetada originalmente seja administrada na segunda injeção. Quando a terceira injeção deve ser aplicada?

29. No projeto de veículos para qualquer tipo de terreno, é necessário considerar falhas do veículo quando este tenta transpor dois tipos de obstáculos. Um tipo de falha é denominado *falha de suspensão* e ocorre quando o veículo tenta cruzar um obstáculo que faz que sua parte inferior toque o chão. Outro tipo é chamado *falha dianteira* e ocorre quando o veículo desce em uma vala e sua parte dianteira toca o chão.

    A figura a seguir, adaptada a partir de [Bek], mostra os componentes envolvidos na falha dianteira de um veículo. Nessa referência é mostrado que o ângulo α máximo que pode ser transposto por um veículo, quando β é o ângulo máximo para o qual a falha de suspensão *não* ocorre, satisfaz a equação

$$A \operatorname{sen}\alpha\cos\alpha + B\operatorname{sen}^2\alpha - C\cos\alpha - E\operatorname{sen}\alpha = 0,$$

onde

$$A = l\operatorname{sen}\beta_1,\quad B = l\cos\beta_1,\quad C = (h + 0{,}5D)\operatorname{sen}\beta_1 - 0{,}5D\operatorname{tg}\beta_1,$$

e

$$E = (h + 0{,}5D)\cos\beta_1 - 0{,}5D.$$

    a. Afirma-se que, quando $l = 89$ pol, $h = 49$ pol, $D = 55$ pol, e $\beta_1 = 11{,}5°$, o ângulo α é de aproximadamente 33°. Verifique esse resultado.
    b. Determine α para a situação em que l, h e β_1 tenham os valores indicados na parte (a), mas $D = 30$ pol.

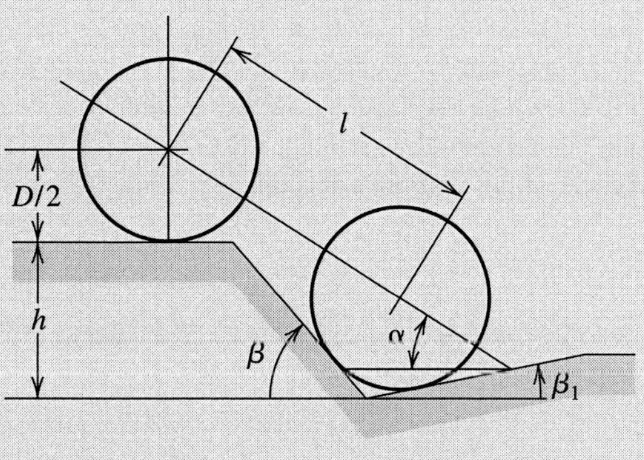

EXERCÍCIOS TEÓRICOS

30. A equação de iteração do método da secante pode ser escrita na forma mais simples

$$p_n = \frac{f(p_{n-1})p_{n-2} - f(p_{n-2})p_{n-1}}{f(p_{n-1}) - f(p_{n-2})}.$$

Explique por que, em geral, essa equação de iteração tende a ser menos precisa que a do Algoritmo 2.4.

31. O seguinte enunciado descreve o método de Newton de forma gráfica: suponha que $f'(x)$ exista em $[a, b]$ e que $f'(x) \neq 0$ em $[a, b]$. Suponha também que exista um $p \in [a, b]$, tal que $f(p) = 0$, e seja $p_0 \in [a, b]$ arbitrário. Seja p_1 o ponto no qual a reta tangente a f em $(p_0, f(p_0))$ cruza o eixo x. Para cada $n \geq 1$, seja p_n a interseção da reta tangente a f em $(p_{n-1}, f(p_{n-1}))$ com o eixo x. Deduza a fórmula que descreve esse método.

32. Deduza a fórmula de erro para o método de Newton

$$|p - p_{n+}| \leq \frac{M}{2|f'(p_n)|}|p - p_n|^2$$

supondo que as hipóteses do Teorema 2.6 sejam válidas, que $|f'(Pn)| \neq 0$ e que $M = \max |f''(x)|$. [*Sugestão:* use polinômios de Taylor como na dedução do método de Newton no início desta seção.]

QUESTÕES PARA DISCUSSÃO

1. O método de Newton converge para qualquer aproximação inicial x_0? Em caso afirmativo, qual a taxa de convergência e qual a ordem de convergência? O método ainda converge quando $f(x)$ tiver zeros múltiplos em p?
2. Se a estimativa inicial não estiver suficientemente próxima da raiz, o método de Newton pode não convergir ou pode convergir para a raiz errada. Encontre um ou dois exemplos em que isso pode ocorrer e forneça uma argumentação que explique por que isso pode ocorrer.
3. A função $f(x) = 0{,}5x^3 - 6x^2 + 21{,}5x - 22$ tem um zero em $x = 4$. Usando o ponto inicial de $p(0) = 5$ e $p_0 = 5, p_1 = 4{,}5$ no método da secante, compare os resultados dos métodos de Newton e da secante.
4. A função $f(x) = x^{(1/3)}$ tem a raiz $x = 0$. Usando o ponto inicial $x = 1$ e $p_0 = 5, p_1 = 0{,}5$ no método da secante, compare os resultados dos métodos de Newton e da secante.

2.4 Análise de erro para métodos iterativos

Nesta seção investigaremos a ordem de convergência dos esquemas de iteração funcional e reconsideraremos o método de Newton como meio para estabelecer uma convergência rápida. Também iremos considerar maneiras para acelerar a convergência do método de Newton em circunstâncias especiais. Entretanto, primeiramente, precisamos de um procedimento para medir quão rapidamente uma sequência converge.

Ordem de convergência

Definição 2.7 Suponha que $\{p_n\}_{n=0}^{\infty}$ seja uma sequência que convirja para p, com $p_n \neq p$ para todo n. Caso existam constantes positivas λ e α com

$$\lim_{n\to\infty} \frac{|p_{n+1} - p|}{|p_n - p|^\alpha} = \lambda,$$

então $\{p_n\}_{n=0}^{\infty}$ **converge para p com ordem α, com constante de erro assintótica λ.** ■

Uma técnica iterativa da forma $p_n = g(p_{n-1})$ é de *ordem* α se a sequência $\{p_n\}_{n=0}^{\infty}$ convergir para a solução $p = g(p)$ com ordem α.

Em geral, uma sequência com uma alta ordem de convergência converge de modo mais rápido que uma sequência de ordem inferior. A constante assintótica afeta a velocidade de convergência, mas não é tão importante quanto a ordem. Dois casos de ordem merecem atenção especial.

(i) Se $\alpha = 1$, (e $\lambda < 1$), a sequência é **linearmente convergente**.
(ii) Se $\alpha = 2$, a sequência é **quadraticamente convergente**.

A próxima ilustração compara uma sequência linearmente convergente com uma quadraticamente convergente. Isso mostra por que tentamos encontrar métodos que produzam sequências convergentes de ordem superior.

Ilustração Suponha que $\{p_n\}_{n=0}^{\infty}$ seja linearmente convergente para 0 com

$$\lim_{n\to\infty} \frac{|p_{n+1}|}{|p_n|} = 0{,}5$$

e que $\{\tilde{p}_n\}_{n=0}^{\infty}$ seja quadraticamente convergente para 0 com a mesma constante de erro assintótica,

$$\lim_{n\to\infty} \frac{|\tilde{p}_{n+1}|}{|\tilde{p}_n|^2} = 0{,}5.$$

Para simplificar, suponha que, para cada n, temos

$$\frac{|p_{n+1}|}{|p_n|} \approx 0{,}5 \quad \text{e} \quad \frac{|\tilde{p}_{n+1}|}{|\tilde{p}_n|^2} \approx 0{,}5.$$

Para o esquema linearmente convergente, isso significa que

$$|p_n - 0| = |p_n| \approx 0{,}5|p_{n-1}| \approx (0{,}5)^2|p_{n-2}| \approx \cdots \approx (0{,}5)^n|p_0|,$$

enquanto o procedimento quadraticamente convergente tem

$$\begin{aligned}|\tilde{p}_n - 0| = |\tilde{p}_n| &\approx 0{,}5|\tilde{p}_{n-1}|^2 \approx (0{,}5)[0{,}5|\tilde{p}_{n-2}|^2]^2 = (0{,}5)^3|\tilde{p}_{n-2}|^4,\\ &\approx (0{,}5)^3[(0{,}5)|\tilde{p}_{n-3}|^2]^4 = (0{,}5)^7|\tilde{p}_{n-3}|^8\\ &\approx \cdots \approx (0{,}5)^{2^n-1}|\tilde{p}_0|^{2^n}.\end{aligned}$$

A Tabela 2.7 ilustra a velocidade de convergência relativa das sequências para 0 se $|p_0| = |\tilde{p}_0| = 1$.

Tabela 2.7

n	Sequência $\{p_n\}_{n=0}^{\infty}$ com convergência linear $(0,5)^n$	Sequência $\{\tilde{p}_n\}_{n=0}^{\infty}$ com convergência quadrática $(0,5)^{2^n-1}$
1	$5,0000 \times 10^{-1}$	$5,0000 \times 10^{-1}$
2	$2,5000 \times 10^{-1}$	$1,2500 \times 10^{-1}$
3	$1,2500 \times 10^{-1}$	$7,8125 \times 10^{-3}$
4	$6,2500 \times 10^{-2}$	$3,0518 \times 10^{-5}$
5	$3,1250 \times 10^{-2}$	$4,6566 \times 10^{-10}$
6	$1,5625 \times 10^{-2}$	$1,0842 \times 10^{-19}$
7	$7,8125 \times 10^{-3}$	$5,8775 \times 10^{-39}$

A sequência quadraticamente convergente está a menos de 10^{-38} de 0 no sétimo termo. Pelo menos 126 termos são necessários para garantir essa precisão na sequência linearmente convergente. ■

Em geral, a convergência das sequências quadraticamente convergentes é muito mais rápida que a das sequências apenas linearmente convergentes, mas muitas das técnicas que geram sequências convergentes o fazem apenas linearmente.

▶ Teorema 2.8 Seja $g \in C[a, b]$ tal que $g(x) \in [a, b]$, para todo $x \in [a, b]$. Suponha também que g' seja contínua em (a, b) e que exista uma constante positiva $k < 1$ com

$$|g'(x)| \leq k, \qquad \text{para todo } x \in (a, b).$$

Se $g'(p) \neq 0$, então, para qualquer número $p_0 \neq p$ em $[a, b]$, a sequência

$$p_n = g(p_{n-1}), \qquad \text{para } n \geq 1,$$

converge apenas linearmente para o único ponto fixo p em $[a, b]$.

Demonstração Sabemos que, segundo o teorema do ponto fixo 2.4 na Seção 2.2, a sequência converge para p. Uma vez que g' exista em (a, b), podemos aplicar o teorema do valor médio à função g para mostrar que, para qualquer n,

$$p_{n+1} - p = g(p_n) - g(p) = g'(\xi_n)(p_n - p),$$

onde ξ_n está entre p_n e p. Como $\{p_n\}_{n=0}^{\infty}$ converge para p, também temos que $\{\xi_n\}_{n=0}^{\infty}$ converge para p. Uma vez que g' é contínua em (a, b), temos

$$\lim_{n\to\infty} g'(\xi_n) = g'(p).$$

Assim,

$$\lim_{n\to\infty} \frac{p_{n+1} - p}{p_n - p} = \lim_{n\to\infty} g'(\xi_n) = g'(p) \quad \text{e} \quad \lim_{n\to\infty} \frac{|p_{n+1} - p|}{|p_n - p|} = |g'(p)|.$$

Portanto, se $g'(p) \neq 0$, a iteração de ponto fixo apresenta convergência linear com constante de erro assintótica $|g'(p)|$. ■

O Teorema 2.8 implica que é possível a ocorrência de uma convergência de ordem superior para métodos de ponto fixo da forma $g(p) = p$ apenas quando $g'(p) = 0$. O próximo resultado descreve condições adicionais que garantem a convergência quadrática procurada.

▸ Teorema 2.9 Seja p uma solução da equação $x = g(x)$. Suponha que $g'(p) = 0$ e que g'' seja contínua, com $|g''(x)| < M$ em um intervalo aberto I contendo p. Então, existe um número $\delta > 0$ tal que, para $p_0 \in [p - \delta, p + \delta]$, a sequência definida por $p_n = g(p_{n-1})$, quando $n \geq 1$, converge pelo menos quadraticamente para p. Além disso, para valores suficientemente grandes de n,

$$|p_{n+1} - p| < \frac{M}{2}|p_n - p|^2.$$

Demonstração Escolha k em $(0, 1)$ e $\delta > 0$, de modo que no intervalo $[p - \delta, p + \delta]$, contido em I, tenhamos $|g'(x)| \leq k$ e g'' contínua. Como $|g'(x)| \leq k < 1$, o argumento utilizado na demonstração do Teorema 2.6 na Seção 2.3 mostra que os termos da sequência $\{p_n\}_{n=0}^{\infty}$ estão contidos em $[p - \delta, p + \delta]$. Expandindo $g(x)$ em um polinômio de Taylor linear para $x \in [p - \delta, p + \delta]$, temos

$$g(x) = g(p) + g'(p)(x - p) + \frac{g''(\xi)}{2}(x - p)^2,$$

onde ξ está entre x e p. As hipóteses $g(p) = p$ e $g'(p) = 0$ implicam que

$$g(x) = p + \frac{g''(\xi)}{2}(x - p)^2.$$

Em particular, quando $x = p_n$,

$$p_{n+1} = g(p_n) = p + \frac{g''(\xi_n)}{2}(p_n - p)^2,$$

com ξ_n entre p_n e p. Assim,

$$p_{n+1} - p = \frac{g''(\xi_n)}{2}(p_n - p)^2.$$

Já que $|g'(x)| \leq k < 1$ em $[p - \delta, p + \delta]$ e g leva $[p - \delta, p + \delta]$ em $[p - \delta, p + \delta]$, temos que, de acordo com o teorema do ponto fixo, $\{p_n\}_{n=0}^{\infty}$ converge para p. Porém, ξ_n está entre p e p_n para cada n, de modo que $\{\xi_n\}_{n=0}^{\infty}$ também converge para p, e

$$\lim_{n\to\infty} \frac{|p_{n+1} - p|}{|p_n - p|^2} = \frac{|g''(p)|}{2}.$$

Esse resultado significa que a sequência $\{p_n\}_{n=0}^{\infty}$ é quadraticamente convergente se $g''(p) \neq 0$ e de convergência de ordem superior se $g''(p) = 0$.

Como g'' é contínua e estritamente limitada por M no intervalo $[p - \delta, p + \delta]$, isso também implica, para valores de n suficientemente grandes, que

$$|p_{n+1} - p| < \frac{M}{2}|p_n - p|^2. \quad \blacksquare$$

Os Teoremas 2.8 e 2.9 indicam que nossa busca por métodos de ponto fixo quadraticamente convergentes deveria apontar para funções cujas derivadas fossem zero no ponto fixo. Ou seja,

- Para que um método de ponto fixo convirja quadraticamente, precisamos ter tanto $g(p) = p$ como $g'(p) = 0$.

O modo mais fácil de construir um problema de ponto fixo associado a um problema de determinação de raiz $f(x) = 0$ é adicionar ou subtrair um múltiplo de $f(x)$ de x. Portanto, consideremos

$$p_n = g(p_{n-1}), \qquad \text{para } n \geq 1,$$

para g na forma

$$g(x) = x - \phi(x)f(x),$$

onde ϕ será uma função diferenciável que escolheremos posteriormente.

Para que o procedimento iterativo derivado de g convirja quadraticamente, precisamos ter $g'(p) = 0$, quando $f(p) = 0$. Como

$$g'(x) = 1 - \phi'(x)f(x) - f'(x)\phi(x)$$

e $f(p) = 0$, temos

$$g'(p) = 1 - \phi'(p)f(p) - f'(p)\phi(p) = 1 - \phi'(p) \cdot 0 - f'(p)\phi(p) = 1 - f'(p)\phi(p),$$

e $g'(p) = 0$, se e somente se, $\phi(p) = 1/f'(p)$.

Se tomarmos $\phi(x) = 1/f'(x)$, garantiremos que $\phi(p) = 1/f'(p)$ e obteremos o procedimento quadraticamente convergente

$$p_n = g(p_{n-1}) = p_{n-1} - \frac{f(p_{n-1})}{f'(p_{n-1})}.$$

É claro que esse é simplesmente o método de Newton.

- Se $f(p) = 0$ e $f'(p) \neq 0$, então para valores iniciais suficientemente próximos de p, o método de Newton convergirá pelo menos quadradicamente.

Raízes múltiplas

Na discussão precedente, fizemos a restrição de que $f'(p) \neq 0$, onde p é a solução de $f(x) = 0$. Em particular, os métodos de Newton e da secante, em geral, apresentarão problemas se $f'(p) = 0$ quando $f(p) = 0$. Para examinar tais dificuldades com mais detalhes, utilizaremos a definição a seguir.

Definição 2.10 Uma solução p de $f(x) = 0$ é um **zero de multiplicidade** m de f se, para $x \neq p$, podemos escrever $f(x) = (x - p)^m q(x)$, onde $\lim_{x \to p} q(x) \neq 0$. ■

Para polinômios, p é um zero de multiplicidade m de f se $f(x) = (x - p)^m\, q(x)$, em que $q(p) \neq 0$.

Basicamente, $q(x)$ representa a parte de $f(x)$ que não contribui para o zero de f. O resultado a seguir fornece informações para a fácil identificação de zeros **simples** de uma função, ou seja, os que têm multiplicidade um.

▶ Teorema 2.11 A função $f \in C^1[a, b]$ tem um zero simples em p no intervalo (a, b) se e somente se $f(p) = 0$, mas $f'(p) \neq 0$.

Demonstração Se f tem um zero simples em p, então $f(p) = 0$ e $f(x) = (x - p)\, q(x)$, onde $\lim_{x \to p} q(x) \neq 0$. Como $f \in C^1[a, b]$,

$$f'(p) = \lim_{x \to p} f'(x) = \lim_{x \to p} [q(x) + (x - p)q'(x)] = \lim_{x \to p} q(x) \neq 0.$$

Reciprocamente, se $f(p) = 0$, mas $f'(p) \neq 0$, expanda f em um polinômio de Taylor de grau zero em torno de p. Então,

$$f(x) = f(p) + f'(\xi(x))(x - p) = (x - p)f'(\xi(x)),$$

onde $\xi(x)$ está entre x e p. Uma vez que $f \in C^1[a, b]$,

$$\lim_{x \to p} f'(\xi(x)) = f'\left(\lim_{x \to p} \xi(x)\right) = f'(p) \neq 0.$$

Tomando $q = f' \circ \xi$, temos $f(x) = (x - p)\, q(x)$, onde $\lim_{x \to p} q(x) \neq 0$. Assim, f tem um zero simples em p. ■

A generalização do Teorema 2.11 a seguir é considerada no Exercício 12.

▶ Teorema 2.12 A função $f \in C^m[a, b]$ tem um zero de multiplicidade m em p no intervalo (a, b), se e somente se

$$0 = f(p) = f'(p) = f''(p) = \cdots = f^{(m-1)}(p), \qquad \text{mas} \qquad f^{(m)}(p) \neq 0. \quad ■$$

O resultado do Teorema 2.12 implica a existência de um intervalo em torno de p onde o método de Newton converge de forma quadrática para p para qualquer aproximação inicial $p_0 = p$, desde que p seja um zero simples. O exemplo a seguir mostra que a convergência quadrática pode não ocorrer se o zero não for simples.

EXEMPLO 1 Seja $f(x) = e^x - x - 1$. **(a)** Mostre que f tem um zero de multiplicidade 2 em $x = 0$. **(b)** Mostre que o método de Newton com $p_0 = 1$ converge para este zero, mas não quadraticamente.

Solução (a) Temos

$$f(x) = e^x - x - 1, \qquad f'(x) = e^x - 1 \quad \text{e} \quad f''(x) = e^x,$$

de modo que

$$f(0) = e^0 - 0 - 1 = 0, \quad f'(0) = e^0 - 1 = 0 \quad \text{e} \quad f''(0) = e^0 = 1.$$

O Teorema 2.12 implica que f tem um zero de multiplicidade 2 em $x = 0$.

(b) Os primeiros dois termos gerados pelo método de Newton aplicado a f com $p_0 = 1$ são

$$p_1 = p_0 - \frac{f(p_0)}{f'(p_0)} = 1 - \frac{e - 2}{e - 1} \approx 0{,}58198$$

e

$$p_2 = p_1 - \frac{f(p_1)}{f'(p_1)} \approx 0{,}58198 - \frac{0{,}20760}{0{,}78957} \approx 0{,}31906.$$

Os primeiros oito termos da sequência gerada pelo método de Newton são mostrados na Tabela 2.8. Notamos claramente que a sequência converge para 0, mas não de forma quadrática. O gráfico de f é mostrado na Figura 2.11. ■

Tabela 2.8

n	p_n
0	1,0
1	0,58198
2	0,31906
3	0,16800
4	0,08635
5	0,04380
6	0,02206
7	0,01107
8	0,005545
9	$2{,}7750 \times 10^{-3}$
10	$1{,}3881 \times 10^{-3}$
11	$6{,}9411 \times 10^{-4}$
12	$3{,}4703 \times 10^{-4}$
13	$1{,}7416 \times 10^{-4}$
14	$8{,}8041 \times 10^{-5}$
15	$4{,}2610 \times 10^{-5}$
16	$1{,}9142 \times 10^{-6}$

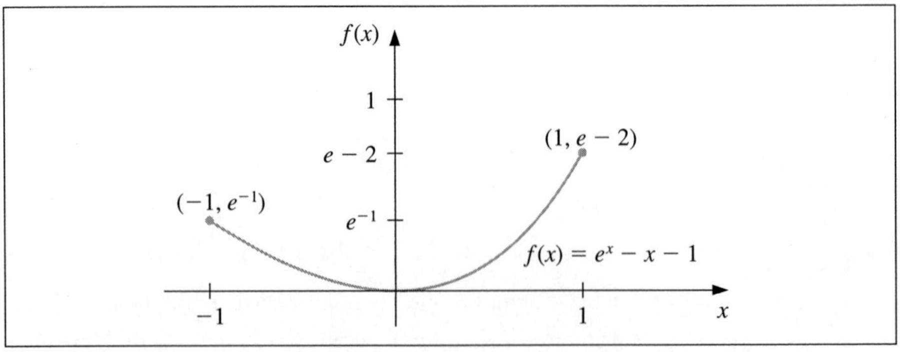

Figura 2.11

Um meio de tratar o problema de raízes múltiplas da função f é definir

$$\mu(x) = \frac{f(x)}{f'(x)}.$$

Se p for um zero de f de multiplicidade m com $f(x) = (x - p)^m q(x)$, então

$$\mu(x) = \frac{(x-p)^m q(x)}{m(x-p)^{m-1}q(x) + (x-p)^m q'(x)}$$
$$= (x-p)\frac{q(x)}{mq(x) + (x-p)q'(x)}$$

também tem um zero em p. Entretanto, $q(p) \neq 0$, de modo que

$$\frac{q(p)}{mq(p) + (p-p)q'(p)} = \frac{1}{m} \neq 0,$$

e p é um zero simples de $\mu(x)$. O método de Newton pode ser aplicado à função $\mu(x)$ para fornecer

$$g(x) = x - \frac{\mu(x)}{\mu'(x)} = x - \frac{f(x)/f'(x)}{\{[f'(x)]^2 - [f(x)][f''(x)]\}/[f'(x)]^2},$$

que pode ser simplificado para

$$g(x) = x - \frac{f(x)f'(x)}{[f'(x)]^2 - f(x)f''(x)}. \tag{2.13}$$

Se g satisfizer as condições de continuidade exigidas, a iteração funcional aplicada a g terá convergência quadrática, independentemente da multiplicidade do zero de f. Teoricamente, a única desvantagem desse método é o cálculo adicional de $f''(x)$ e o procedimento mais trabalhoso de cálculo das iterações. Entretanto, na prática, raízes múltiplas podem causar problemas de arredondamento graves, pois o denominador da Equação (2.13) consiste na diferença de dois números que são próximos de zero.

EXEMPLO 2 No Exemplo 1, foi mostrado que $f(x) = e^x - x - 1$ tem um zero de multiplicidade 2 em $x = 0$ e que o método de Newton com $p_0 = 1$ converge para este zero, mas não quadraticamente. Mostre que a modificação do método de Newton dada pela Equação (2.13) melhora a taxa de convergência.

Tabela 2.9

n	p_n
1	$-2{,}3421061 \times 10^{-1}$
2	$-8{,}4582788 \times 10^{-3}$
3	$-1{,}1889524 \times 10^{-5}$
4	$-6{,}8638230 \times 10^{-6}$
5	$-2{,}8085217 \times 10^{-7}$

Solução O método Newton modificado leva a

$$p_1 = p_0 - \frac{f(p_0)f'(p_0)}{f'(p_0)^2 - f(p_0)f''(p_0)} = 1 - \frac{(e-2)(e-1)}{(e-1)^2 - (e-2)e} \approx -2{,}3421061 \times 10^{-1}.$$

Isso está consideravelmente mais próximo de 0 que o primeiro termo usando o método de Newton, que era 0,58918. A Tabela 2.9 lista as primeiras cinco aproximações do zero duplo $x = 0$. Os resultados foram obtidos usando um sistema com 10 algarismos de precisão. A relativa falta de melhora nos dois últimos elementos é devida ao fato que, ao usar este sistema, tanto o numerador quanto o denominador se aproximam de 0. Consequentemente, há uma perda de algarismos significativos de precisão à medida que a aproximação tende a zero. ■

O que vem a seguir ilustra o fato de que o método de Newton modificado converge quadraticamente mesmo no caso de um zero simples.

Ilustração Na Seção 2.2, descobrimos que um zero de $f(x) = x^3 + 4x^2 - 10 = 0$ é $p = 1{,}36523001$. Para comparar a convergência para um zero de multiplicidade um, tanto pelo método de Newton como pelo método de Newton modificado dado na Equação (2.13), consideremos

$$\textbf{(i)}\quad p_n = p_{n-1} - \frac{p_{n-1}^3 + 4p_{n-1}^2 - 10}{3p_{n-1}^2 + 8p_{n-1}}, \quad \text{do método de Newton}$$

e, a partir do método de Newton modificado dado pela Equação (2.13),

$$\textbf{(ii)}\quad p_n = p_{n-1} - \frac{(p_{n-1}^3 + 4p_{n-1}^2 - 10)(3p_{n-1}^2 + 8p_{n-1})}{(3p_{n-1}^2 + 8p_{n-1})^2 - (p_{n-1}^3 + 4p_{n-1}^2 - 10)(6p_{n-1} + 8)}.$$

Com $p_0 = 1{,}5$, temos

Método de Newton

$$p_1 = 1{,}37333333, \quad p_2 = 1{,}36526201 \quad \text{e} \quad p_3 = 1{,}36523001.$$

Método de Newton modificado

$$p_1 = 1{,}35689898, \quad p_2 = 1{,}36519585 \quad \text{e} \quad p_3 = 1{,}36523001.$$

Ambos os métodos convergem rapidamente para o zero real, que é dado por ambos os métodos como p_3. Observe, entretanto, que no caso de um zero simples, o método de Newton original requer substancialmente menos cálculos. ■

EXERCÍCIOS 2.4

1. Utilize o método de Newton para determinar soluções com precisão de 10^{-5} para os problemas a seguir.

a. $x^2 - 2xe^{-x} + e^{-2x} = 0$, para $0 \le x \le 1$

b. $\cos(x + \sqrt{2}) + x(x/2 + \sqrt{2}) = 0$, para $-2 \le x \le -1$

c. $x^3 - 3x^2(2^{-x}) + 3x(4^{-x}) - 8^{-x} = 0$, para $0 \le x \le 1$

d. $e^{6x} + 3(\ln 2)^2 e^{2x} - (\ln 8)\, e^{4x} - (\ln 2)^3 = 0$, para $-1 \le x \le 0$

2. Utilize o método de Newton para determinar soluções com precisão de 10^{-5} para os problemas a seguir.

a. $1 - 4x\cos x + 2x^2 + \cos 2x = 0$, para $0 \le x \le 1$

b. $x^2 + 6x^5 + 9x^4 - 2x^3 - 6x^2 + 1 = 0$, para $-3 \le x \le -2$

c. $\operatorname{sen} 3x + 3e^{-2x}\operatorname{sen} x - 3e^{-x}\operatorname{sen} 2x - e^{-3x} = 0$, para $3 \le x \le 4$

d. $e^{3x} - 27x^6 + 27x^4e^x - 9x^2e^{2x} = 0$, para $3 \le x \le 5$

3. Repita o Exercício 1, utilizando o método de Newton modificado, descrito na Equação (2.13). Podemos notar alguma melhoria na velocidade ou precisão em relação ao Exercício 1?

4. Repita o Exercício 2, utilizando o método de Newton modificado, descrito na Equação (2.13). Podemos notar alguma melhoria na velocidade ou precisão em relação ao Exercício 2?

5. Utilize os métodos de Newton e Newton modificado, descrito na Equação (2.13), para determinar uma solução com precisão de 10^{-5} para o problema

$$e^{6x} + 1{,}441e^{2x} - 2{,}079e^{4x} - 0{,}3330 = 0, \qquad \text{para } -1 \leq x \leq 0.$$

Esse é o mesmo problema do item 1(d) com os coeficientes substituídos por suas aproximações com quatro algarismos. Compare as soluções com os resultados dos itens 1(d) e 2(d).

EXERCÍCIOS TEÓRICOS

6. Mostre que as sequências a seguir convergem linearmente para $p = 0$. Quão grande deve ser n para que tenhamos $|p_n - p| \leq 5 \times 10^{-2}$?

a. $p_n = \dfrac{1}{n}, \quad n \geq 1$ **b.** $p_n = \dfrac{1}{n^2}, \quad n \geq 1$

7. **a.** Mostre que, para qualquer inteiro positivo k, a sequência definida por $p_n = 1/n^k$ converge linearmente para $p = 0$.
b. Para cada par de inteiros k e m, determine um número N para o qual $1/N^k < 10^{-m}$.

8. **a.** Mostre que a sequência $p_n = 10^{-2^n}$ converge quadraticamente para 0.
b. Mostre que a sequência $p_n = 10^{-n^k}$ não converge quadraticamente para 0, independentemente do tamanho do expoente $k > 1$.

9. **a.** Construa uma sequência de ordem 3 que convirja para 0.
b. Suponha $\alpha > 1$. Construa uma sequência de ordem α que convirja para 0.

10. Suponha que p seja um zero de multiplicidade m de f, onde $f^{(m)}$ é contínua em um intervalo aberto que contenha p. Mostre que o método de ponto fixo a seguir tem $g'(p) = 0$:

$$g(x) = x - \frac{mf(x)}{f'(x)}.$$

11. Mostre que o algoritmo da bissecção 2.1 fornece uma sequência com limitante de erro que converge de modo linear para 0.

12. Suponha que f tenha m derivadas contínuas. Modifique a demonstração do Teorema 2.11 para mostrar que f tem um zero de multiplicidade m em p, se e somente se

$$0 = f(p) = f'(p) = \cdots = f^{(m-1)}(p), \qquad \text{mas } f^{(m)}(p) \neq 0.$$

13. O método iterativo para resolver $f(x) = 0$, fornecido pelo método do ponto fixo $g(x) = x$, onde

$$p_n = g(p_{n-1}) = p_{n-1} - \frac{f(p_{n-1})}{f'(p_{n-1})} - \frac{f''(p_{n-1})}{2f'(p_{n-1})}\left[\frac{f(p_{n-1})}{f'(p_{n-1})}\right]^2, \quad \text{para } n = 1, 2, 3, \ldots,$$

tem $g'(p) = g''(p) = 0$. Em geral, isso produz uma convergência cúbica ($\alpha = 3$). Expanda a análise do Exemplo 1 para comparar as convergências quadrática e cúbica.

14. É possível mostrar (consulte, por exemplo, [DaB, p. 228–229]) que se $\{p_n\}_{n=0}^{\infty}$ são aproximações obtidas pelo método da secante, convergentes para p, que é a solução de $f(x) = 0$, então existe uma constante C, tal que $|p_{n+1} - p| \approx C|p_n - p||p_{n-1} - p|$ para valores suficientemente grandes de n. Suponha que $\{p_n\}$ convirja para p com grau α e mostre que $\alpha = (1 + \sqrt{5})/2$. (*Observação*: isso significa que a ordem de convergência do método da secante é de aproximadamente 1,62.)

QUESTÕES PARA DISCUSSÃO

1. A velocidade na qual a sequência gerada por um método iterativo converge é chamada taxa de convergência do método. Existem muitos tipos de taxa de convergência: linear, superlinear, sublinear, logarítmica,

quadrática, cúbica e assim por diante. A desvantagem dessas taxas de convergência é que elas não cobrem algumas sequências que ainda convergem razoavelmente rápido, mas cuja "velocidade" é variável. Escolha uma das taxas de convergência e descreva como essa taxa pode ser acelerada.

2. Discuta quando o método de Newton fornece convergência linear ou quadrática para a função $f(x) = x^2(x - 1)$.
3. Leia o documento encontrado em http://www.uark.edu/misc/arnold/public_html/4363/OrderConv.pdf e explique em suas próprias palavras o que o erro assintótico constante implica.
4. Qual é a diferença entre ordem de convergência e taxa de convergência? Elas têm alguma relação entre si? É possível que duas sequências tenham as mesmas taxas de convergência, mas ordens de convergência diferentes e vice-versa?

2.5 Acelerando a convergência

O Teorema 2.8 implica que é algo raro ter o luxo da convergência quadrática. Agora, consideraremos uma técnica denominada **método Δ^2 de Aitken**, que pode ser utilizada para acelerar a convergência de uma sequência linearmente convergente, independentemente de sua origem ou aplicação.

Alexander Aitken (1895-1967) utilizou essa técnica em 1926 para acelerar a taxa de convergência de uma série em um artigo sobre equações algébricas [Ai]. Esse processo é parecido com o empregado muito antes pelo matemático japonês Takakazu Seki Kowa (1642-1708).

Método Δ^2 de Aitken

Suponha que $\{p_n\}_{n=0}^{\infty}$ seja uma sequência linearmente convergente com limite p. Para motivar a construção de uma sequência $\{\hat{p}_n\}_{n=0}^{\infty}$ que convirja de modo mais rápido para p do que $\{p_n\}_{n=0}^{\infty}$, suponhamos primeiramente que os sinais de $p_n - p$, $p_{n+1} - p$ e $p_{n+2} - p$ coincidam e que n seja suficientemente grande para que

$$\frac{p_{n+1} - p}{p_n - p} \approx \frac{p_{n+2} - p}{p_{n+1} - p}.$$

Então,

$$(p_{n+1} - p)^2 \approx (p_{n+2} - p)(p_n - p),$$

de modo que

$$p_{n+1}^2 - 2p_{n+1}p + p^2 \approx p_{n+2}p_n - (p_n + p_{n+2})p + p^2$$

e

$$(p_{n+2} + p_n - 2p_{n+1})p \approx p_{n+2}p_n - p_{n+1}^2.$$

Isolando p, temos

$$p \approx \frac{p_{n+2}p_n - p_{n+1}^2}{p_{n+2} - 2p_{n+1} + p_n}.$$

Ao adicionar e subtrair os termos p_n^2 e $2p_n p_{n+1}$ no numerador e agrupá-los de modo adequado, obtemos

$$p \approx \frac{p_n p_{n+2} - 2p_n p_{n+1} + p_n^2 - p_{n+1}^2 + 2p_n p_{n+1} - p_n^2}{p_{n+2} - 2p_{n+1} + p_n}$$

$$= \frac{p_n(p_{n+2} - 2p_{n+1} + p_n) - (p_{n+1}^2 - 2p_n p_{n+1} + p_n^2)}{p_{n+2} - 2p_{n+1} + p_n}$$

$$= p_n - \frac{(p_{n+1} - p_n)^2}{p_{n+2} - 2p_{n+1} + p_n}.$$

O **método Δ^2 de Aitken** tem como base a hipótese de que a sequência $\{\hat{p}_n\}_{n=1}^{\infty}$, definida por

$$\hat{p}_n = p_n - \frac{(p_{n+1} - p_n)^2}{p_{n+2} - 2p_{n+1} + p_n}, \tag{2.14}$$

converge de forma mais rápida para p que a sequência original $\{p_n\}_{n=0}^{\infty}$.

Tabela 2.10

n	p_n	$\hat{p}_n$
1	0,54030	0,96178
2	0,87758	0,98213
3	0,94496	0,98979
4	0,96891	0,99342
5	0,98007	0,99541
6	0,98614	
7	0,98981	

EXEMPLO 1 A sequência $\{p_n\}_{n=1}^{\infty}$, onde $p_n = \cos(1/n)$, converge linearmente para $p = 1$. Determine os primeiros cinco termos da sequência dada pelo método Δ^2 de Aitken.

Solução Para determinar um termo $\hat{p}_n$ da sequência do método Δ^2 de Aitken, precisamos ter os termos p_n, p_{n+1}, e p_{n+2} da sequência original. Assim, para determinar $\hat{p}_5$, precisamos dos primeiros sete termos de $\{p_n\}$. Estes são dados na Tabela 2.10. Certamente parece que $\{\hat{p}_n\}_{n=1}^{\infty}$ converge mais rapidamente para $p = 1$ do que $\{p_n\}_{n=1}^{\infty}$. ■

A notação Δ associada a essa técnica tem origem na definição a seguir.

Definição 2.13 Para dada sequência $\{p_n\}_{n=0}^{\infty}$, a **diferença progressiva** Δp_n (lê-se "delta p_n") é definida por

$$\Delta p_n = p_{n+1} - p_n, \qquad \text{para } n \geq 0.$$

Potências superiores do operador Δ são definidas recursivamente por

$$\Delta^k p_n = \Delta(\Delta^{k+1} p_n), \qquad \text{para } k \geq 2.$$ ■

A definição implica que

$$\Delta^2 p_n = \Delta(p_{n+1} - p_n) = \Delta p_{n+1} - \Delta p_n = (p_{n+2} - p_{n+1}) - (p_{n+1} - p_n).$$

Dessa forma, $\Delta^2 p_n = p_{n+2} - 2p_{n+1} + p_n$, e a fórmula para $\hat{p}_n$ dada na Equação (2.14) pode ser escrita como

$$\hat{p}_n = p_n - \frac{(\Delta p_n)^2}{\Delta^2 p_n}, \quad \text{para } n \geq 0. \tag{2.15}$$

Até este ponto em nossa discussão do método Δ^2 de Aitken, afirmamos que a sequência $\{\hat{p}_n\}_{n=0}^{\infty}$ converge para p de modo mais rápido que a sequência $\{p_n\}_{n=0}^{\infty}$ original, mas não definimos o que o termo "convergência mais rápida" significa. O Teorema 2.14 explica e justifica essa terminologia. A demonstração desse teorema é considerada no Exercício 16.

▶Teorema 2.14 Suponha que $\{p_n\}_{n=0}^{\infty}$ seja uma sequência que convirja linearmente para o limite p e que

$$\lim_{n\to\infty} \frac{p_{n+1} - p}{p_n - p} < 1.$$

Então, a sequência $\{\hat{p}_n\}_{n=0}^{\infty}$ Δ^2 de Aitken converge para p de forma mais rápida que $\{p_n\}_{n=0}^{\infty}$ no sentido que

$$\lim_{n\to\infty} \frac{\hat{p}_n - p}{p_n - p} = 0.$$

■

Método de Steffensen

Ao aplicar uma modificação do método Δ^2 de Aitken a uma sequência linearmente convergente obtida a partir da iteração de ponto fixo, podemos acelerar a convergência, tornando-a quadrática. Esse procedimento é denominado método de Steffensen e difere ligeiramente da aplicação direta do método Δ^2 de Aitken à sequência de iteração de ponto fixo de convergência linear. O método Δ^2 de Aitken constrói os termos na seguinte ordem:

$$p_0, \quad p_1 = g(p_0), \quad p_2 = g(p_1), \quad \hat{p}_0 = \{\Delta^2\}(p_0),$$
$$p_3 = g(p_2), \quad \hat{p}_1 = \{\Delta^2\}(p_1), \ldots,$$

onde $\{\Delta^2\}$ indica que a Equação (2.15) é utilizada. O método de Steffensen fornece os mesmos quatro primeiros termos, p_0, p_1, p_2 e $\hat{p}_0$. Entretanto, nessa etapa o método supõe que $\hat{p}_0$ seja uma melhor aproximação de p que p_2, e a iteração de ponto fixo é aplicada a $\hat{p}_0$ em vez de p_2. Utilizando essa notação, a sequência gerada é

$$p_0^{(0)}, \quad p_1^{(0)} = g(p_0^{(0)}), \quad p_2^{(0)} = g(p_1^{(0)}), \quad p_0^{(1)} = \{\Delta^2\}(p_0^{(0)}), \quad p_1^{(1)} = g(p_0^{(1)}), \ldots.$$

Cada terceiro termo da sequência de Steffensen é gerado pela Equação (2.15); os outros utilizam a iteração de ponto fixo no termo anterior. O processo é descrito no Algoritmo 2.6.

Johan Frederik Steffensen (1873-1961) escreveu um livro de grande influência intitulado *Interpolation* em 1927.

ALGORITMO 2.6 Método de Steffensen

Para determinar uma solução para $p = g(p)$, dada uma aproximação inicial p_0:

ENTRADA aproximação inicial p_0; tolerância TOL; número máximo de iterações N_0.

SAÍDA solução aproximada p ou mensagem de erro.

Passo 1 Faça $i = 1$.

Passo 2 Enquanto $i \leq N_0$, execute Passos 3 a 6.

Passo 3 Faça $p_1 = g(p_0)$; (*Calcula* $p_1^{(i-1)}$.)
$p_2 = g(p_1)$; (*Calcula* $p_2^{(i-1)}$.)
$p = p_0 - (p_1 - p_0)^2/(p_2 - 2p_1 + p_0)$. (*Calcula* $p_0^{(i)}$.)

Passo 4 Se $|p - p_0| < TOL$, então
SAÍDA (p); (*Procedimento concluído com sucesso.*)
PARE.

Passo 5 Faça $i = i + 1$.

Passo 6 Faça $p_0 = p$. (*Atualiza* p_0.)

Passo 7 SAÍDA ('O método falhou após N_0 iterações, N_0 =', N_0);
(*O procedimento não foi bem-sucedido.*)
PARE. ■

Observe que $\Delta^2 p_n$ pode ser 0, o que introduziria um 0 no denominador da próxima iteração. Caso isso ocorra, terminamos a sequência e selecionamos $p_2^{(n-1)}$ como a resposta aproximada.

Ilustração Para resolver $x^3 + 4x^2 - 10 = 0$, utilizando o método de Steffensen, faça $x^3 + 4x^2 = 10$, divida por $x + 4$ e isole x. Esse procedimento produz o método de ponto fixo

$$g(x) = \left(\frac{10}{x+4}\right)^{1/2}.$$

Consideramos este método de ponto fixo na Tabela 2.2, coluna **(d)** da Seção 2.2.

O procedimento de Steffensen com $p_0 = 1{,}5$ fornece os valores da Tabela 2.11. A iteração $p_0^{(2)} = 1{,}365230013$ tem precisão até a nona casa decimal. Neste exemplo, a precisão alcançada pelo método de Steffensen é aproximadamente a mesma obtida no método de Newton aplicado a esse polinômio. Esses resultados podem ser vistos na ilustração no final da Seção 2.4. ■

Tabela 2.11

k	$p_0^{(k)}$	$p_1^{(k)}$	$p_2^{(k)}$
0	$p_0^{(0)}$	$p_1^{(0)} = g(p_0^{(0)})$	$p_2^{(0)} = g(p_1^{(0)})$
1	$p_0^{(1)} = p_0^{(0)} - \dfrac{(p_1^{(0)} - p_0^{(0)})^2}{p_2^{(0)} - 2p_1^{(0)} + p_0^{(0)}}$	$p_1^{(1)} = g(p_0^{(1)})$	$p_2^{(1)} = g(p_1^{(1)})$
2	$p_0^{(2)} = p_0^{(1)} - \dfrac{(p_1^{(1)} - p_0^{(1)})^2}{p_2^{(1)} - 2p_2^{(1)} + p_0^{(1)}}$		
Que leva à seguinte tabela			
0	1,5	1,348399725	1,367376372
1	1,365265224	1,365225534	1,365230583
2	1,365230013		

De acordo com a ilustração, parece que o método de Steffensen fornece a convergência quadrática sem o cálculo de uma derivada, e o Teorema 2.14 confirma que este é o caso. A demonstração desse teorema pode ser encontrada em [He2, p. 90-92] ou [IK, p. 103-107].

▶Teorema 2.15 Suponha que $x = g(x)$ tenha a solução p com $g'(p) \neq 1$. Caso exista um $\delta > 0$ tal que $g \in C^3[p - \delta, p + \delta]$, então, o método de Steffensen fornece a convergência quadrática para qualquer $p_0 \in [p - \delta, p + \delta]$. ■

EXERCÍCIOS 2.5

1. As sequências a seguir são linearmente convergentes. Gere os primeiros cinco termos da sequência $\{\hat{p}_n\}$, utilizando o método Δ^2 de Aitken.

a. $p_0 = 0{,}5, \quad p_n = (2 - e^{p_{n-1}} + p_{n-1}^2)/3, \quad n \geq 1$

b. $p_0 = 0{,}75, \quad p_n = (e^{p_{n-1}}/3)^{1/2}, \quad n \geq 1$

c. $p_0 = 0{,}5, \quad p_n = 3^{-p_{n-1}}, \quad n \geq 1$

d. $p_0 = 0{,}5, \quad p_n = \cos p_{n-1}, \quad n \geq 1$

2. Considere a função $f(x) = e^{6x} + 3(\ln 2)^2 e^{2x} - (\ln 8)e^{4x} - (\ln 2)^3$. Utilize o método de Newton com $p_0 = 0$ para obter uma aproximação de um zero de f. Gere termos até que $|p_{n+1} - p_n| < 0{,}0002$. Obtenha a sequência Δ^2 de Aitken $\{\hat{p}_n\}$. Houve melhora na convergência?

3. Seja $g(x) = \cos(x - 1)$ e $p_0^{(0)} = 2$. Utilize o método de Steffensen para determinar $p_0^{(1)}$.

4. Seja $g(x) = 1 + (\text{sen}\, x)^2$ e $p_0^{(0)} = 1$. Utilize o método de Steffensen para determinar $p_0^{(1)}$ e $p_0^{(2)}$.

5. O método de Steffensen é aplicado a uma função $g(x)$ com $p_0^{(0)} = 1$ e $p_2^{(0)} = 3$ para a obtenção de $p_0^{(1)} = 0{,}75$. Qual é o $p_1^{(0)}$?

6. O método de Steffensen é aplicado a uma função $g(x)$ com $p_0^{(0)} = 1$ e $p_1^{(0)} = \sqrt{2}$ para a obtenção de $p_0^{(1)} = 2{,}7802$. Qual é o $p_2^{(0)}$?

7. Utilize o método de Steffensen para determinar com a precisão de 10^{-4} a raiz de $x^3 - x - 1 = 0$ no intervalo $[1, 2]$ e compare o resultado com os do Exercício 8 da Seção 2.2.

8. Utilize o método de Steffensen para determinar com a precisão de 10^{-4} a raiz de $x - 2^{-x} = 0$ no intervalo $[0, 1]$ e compare o resultado com os do Exercício 10 da Seção 2.2.

9. Utilize o método de Steffensen com $p_0 = 2$ para calcular uma aproximação de $\sqrt{3}$ com precisão de 10^{-4}. Compare o resultado com os do Exercício 11 da Seção 2.2 e do Exercício 14 da Seção 2.1.

10. Utilize o método de Steffensen com $p_0 = 3$ para calcular uma aproximação de $\sqrt{25}$ com precisão de 10^{-4}. Compare o resultado com os resultados do Exercício 12 da Seção 2.2 e do Exercício 13 da Seção 2.1.

11. Utilize o método de Steffensen para obter uma aproximação das soluções das equações a seguir com precisão de 10^{-5}.
   a. $x = (2 - e^x + x^2)/3$, onde g é a função do Exercício 13(a) da Seção 2.2.
   b. $x = 0{,}5\,(\operatorname{sen} x + \cos x)$, onde g é a função do Exercício 13(f) da Seção 2.2.
   c. $x = (e^x/3)^{1/2}$, onde g é a função do Exercício 13(c) da Seção 2.2.
   d. $x = 5^{-x}$, onde g é a função do Exercício 13(d) da Seção 2.2.

12. Utilize o método de Steffensen para obter uma aproximação das soluções das equações a seguir com precisão de 10^{-5}.
   a. $2 + \operatorname{sen} x - x = 0$, onde g é a função do Exercício 14(a) da Seção 2.2.
   b. $x^3 - 2x - 5 = 0$, onde g é a função do Exercício 14(b) da Seção 2.2.
   c. $3x^2 - e^x = 0$, onde g é a função do Exercício 14(c) da Seção 2.2.
   d. $x - \cos x = 0$, onde g é a função do Exercício 14(d) da Seção 2.2.

EXERCÍCIOS TEÓRICOS

13. As sequências a seguir convergem para 0. Utilize o método Δ^2 de Aitken para gerar $\{\hat{p}_n\}$ até que $|\hat{p}_n| \leq 5 \times 10^{-2}$:
   a. $p_n = \dfrac{1}{n}, \quad n \geq 1$
   b. $p_n = \dfrac{1}{n^2}, \quad n \geq 1$

14. Uma sequência $\{p_n\}$ é considerada **superlinearmente convergente** para p se
$$\lim_{n\to\infty} \frac{|p_{n+1} - p|}{|p_n - p|} = 0.$$
   a. Mostre que se $p_n \to p$ com ordem α, para $\alpha > 1$, $\{p_n\}$ é superlinearmente convergente para p.
   b. Mostre que $p_n = \frac{1}{n^n}$ é superlinearmente convergente para 0, mas não converge para 0 com ordem α, para qualquer $\alpha > 1$.

15. Suponha que $\{p_n\}$ seja superlinearmente convergente para p. Mostre que
$$\lim_{n\to\infty} \frac{|p_{n+1} - p_n|}{|p_n - p|} = 1.$$

16. Demonstre o Teorema 2.14. [*Sugestão*: seja $\delta_n = (p_{n+1} - p)/(p_n - p) - \lambda$. Mostre que $\lim_{n\to\infty} \delta_n = 0$. Expresse $(\hat{p}_{n+1} - p)/(p_n - p)$ como função de δ_n, δ_{n+1} e λ.]

17. Seja $P_n(x)$ o enésimo polinômio de Taylor para $f(x) = e^x$ expandida em torno de $x_0 = 0$.
   a. Para x fixo, mostre que $p_n = P_n(x)$ satisfaz as hipóteses do Teorema 2.14.
   b. Seja $x = 1$. Utilize o método Δ^2 de Aitken para gerar a sequência $\hat{p}_0, \ldots, \hat{p}_8$.
   c. O método de Aitken acelera a convergência nessa situação?

QUESTÕES PARA DISCUSSÃO

1. Leia o artigo curto intitulado " A Comparison of Iterative Methods for the Solution of Non-Linear Systems" (Uma comparação de métodos iterativos para a solução de sistemas não lineares), de Noreen Jamil, encontrado em http://ijes.info/3/2/42543201.pdf. Olhe algumas das referências. Resuma sua leitura.

2. A bissecção é às vezes associada aos métodos de Newton e da secante até que um intervalo suficientemente pequeno em torno da raiz tenha sido identificado para que se possa escolher uma boa aproximação inicial. Outra abordagem é usar o método de Brent. Descreva esse método. Ele acelera a convergência, e, em caso afirmativo, por quê?

2.6 Zeros de polinômios e o método de Muller

Um *polinômio de grau n* tem a forma

$$P(x) = a_n x^n + a_{n-1} x^{n-1} + \cdots 1\ a_1 x + a_0,$$

onde os a_i, denominados *coeficientes* de P, são constantes, e $a_n \neq 0$. A função nula, $P(x) = 0$, para todos os valores de x, é considerada um polinômio, mas não tem grau atribuído.

Carl Friedrich Gauss (1777-1855), um dos maiores matemáticos de todos os tempos, demonstrou o Teorema Fundamental da Álgebra em sua tese de doutorado e o publicou em 1799. Ele publicou diferentes demonstrações desses resultados por toda sua vida, em 1815, 1816, e até 1848. Esse resultado tinha sido enunciado, sem demonstração, por Albert Girard (1595-1632), e demonstrações parciais tinham sido dadas por Jean d'Alembert (1717-1783), Euler e Lagrange.

Polinômios algébricos

▶Teorema 2.16 (Teorema fundamental da álgebra)

Se $P(x)$ for um polinômio de grau $n \geq 1$ com coeficientes reais ou complexos, então, $P(x) = 0$ terá pelo menos uma raiz (possivelmente complexa). ∎

Apesar de o Teorema Fundamental da álgebra ser básico para qualquer estudo de funções elementares, a demonstração usual requer técnicas do estudo da teoria de funções complexas. O leitor deve consultar [SaS. p. 155] para um desenvolvimento sistemático completo dos tópicos necessários para a demonstração do teorema.

EXEMPLO 1 Determine todos os zeros do polinômio $P(x) = x^3 - 5x^2 + 17x - 13$.

Solução É fácil verificar que $P(1) = 1 - 5 + 17 - 13 = 0$, então $x = 1$ é um zero de P and $(x - 1)$ é um fator do polinômio. Dividindo $P(x)$ por $x - 1$, temos

$$P(x) = (x - 1)(x^2 - 4x + 13).$$

Para determinar os zeros de $x^2 - 4x + 13$, usamos a fórmula quadrática em sua forma padrão, o que fornece os zeros complexos

$$\frac{-(-4) \pm \sqrt{(-4)^2 - 4(1)(13)}}{2(1)} = \frac{4 \pm \sqrt{-36}}{2} = 2 \pm 3i.$$

Portanto, o polinômio de grau três $P(x)$ tem três zeros, $x_1 = 1$, $x_2 = 2 - 3i$ e $x_2 = 2 + 3i$. ∎

No exemplo anterior, descobrimos que o polinômio de grau três tinha três zeros distintos. Uma consequência importante do Teorema Fundamental da Álgebra é o corolário a seguir. Ele afirma que isso sempre ocorre, contanto que, quando os zeros não forem distintos, contemos o número de zeros de acordo com sua multiplicidade.

Corolário 2.17 Se $P(x)$ é um polinômio de grau $n \geq 1$ com coeficientes reais ou complexos, então existem constantes distintas únicas $x_1, x_2, \ldots, x_k$, possivelmente complexas, e inteiros positivos únicos $m_1, m_2, \ldots, m_k$, tais que $\sum_{i=1}^{k} m_i = n$, e

$$P(x) = a_n(x - x_1)^{m_1}(x - x_2)^{m_2} \cdots (x - x_k)^{m_k}. \qquad \blacksquare$$

O Corolário 2.17 afirma que o conjunto de zeros de um polinômio é único e, se cada zero x_i for contado o número de vezes correspondente a sua multiplicidade m_i, um polinômio de grau n terá exatamente n zeros.

O corolário do Teorema Fundamental da Álgebra a seguir é utilizado muitas vezes nesta seção e em capítulos posteriores.

Corolário 2.18 Sejam $P(x)$ e $Q(x)$ polinômios de grau, no máximo, n. Se $x_1, x_2, \ldots, x_k$, com $k > n$, são números distintos com $P(x_i) = Q(x_i)$ para $i = 1, 2, \ldots, k$, então $P(x) = Q(x)$ para todos os valores de x. $\blacksquare$

Esse resultado implica que, para mostrar que dois polinômios de grau menor ou igual a n são os mesmos, precisamos apenas mostrar que eles coincidem em $n + 1$ valores. Isso será usado com frequência, particularmente nos Capítulos 3 e 8.

Método de Horner

Para utilizar o método de Newton a fim de localizar zeros aproximados de um polinômio $P(x)$, precisamos calcular $P(x)$ e $P'(x)$ em valores específicos. Uma vez que $P(x)$ e $P'(x)$ são polinômios, a eficiência computacional requer que o cálculo dessas funções seja efetuado do modo estruturado discutido na Seção 1.2. O método de Horner incorpora essa técnica de estruturação e, como consequência, requer apenas n multiplicações e n adições para calcular um polinômio arbitrário de enésimo grau.

William Horner (1786-1837) foi um garoto prodígio que, aos 18 anos, tornou-se diretor de uma escola em Bristol. O método de Horner para resolver equações algébricas foi publicado em 1819, no *Philosophical Transactions da Royal Society*.

▶Teorema 2.19 **(Método de Horner)**

Seja

$$P(x) = a_n x^n + a_{n-1}x^{n-1} + \cdots + a_1 x + a_0.$$

Se $b_n = a_n$ e

$$b_k = a_k + b_{k+1}x_0, \qquad \text{para } k = n - 1, n - 2, \ldots 1, 0,$$

então, $b_0 = P(x_0)$. Além disso, se

$$Q(x) = b_n x^{n-1} + b_{n-1}x^{n-2} + \cdots + b_2 x + b_1,$$

então,

$$P(x) = (x - x_0)Q(x) + b_0.$$

Paolo Ruffini (1765-1822) descreveu um método similar, pelo qual foi condecorado com a medalha de ouro da Sociedade Matemática Italiana para a Ciência. Nem Ruffini nem Horner foram os primeiros a descobrir esse método, que era conhecido na China havia, pelo menos, 500 anos.

Demonstração Segundo a definição de $Q(x)$,

$$\begin{aligned}(x - x_0)Q(x) + b_0 &= (x - x_0)(b_n x^{n-1} + \cdots + b_2 x + b_1) + b_0 \\ &= (b_n x^n + b_{n-1} x^{n-1} + \cdots + b_2 x^2 + b_1 x) \\ &\quad - (b_n x_0 x^{n-1} + \cdots + b_2 x_0 x + b_1 x_0) + b_0 \\ &= b_n x^n + (b_{n-1} - b_n x_0) x^{n-1} + \cdots + (b_1 - b_2 x_0) x + (b_0 - b_1 x_0)\end{aligned}$$

De acordo com a hipótese, $b_n = a_n$ e $b_k - b_{k+1} x_0 = a_k$, de modo que

$$(x - x_0)Q(x) + b_0 = P(x) \text{MeM} b_0 = P(x_0).$$ M■

EXEMPLO 2 Utilize o método de Horner para calcular $P(x) = 2x^4 - 3x^2 + 3x - 4$ em $x_0 = -2$.

Solução Quando usamos cálculos à mão no método de Horner, primeiramente montamos uma tabela, que sugere o nome *divisão sintética*, muitas vezes aplicado à técnica. Neste problema, a tabela é como a seguir:

	Coeficiente de x^4	Coeficiente de x^3	Coeficiente de x^2	Coeficiente de x	Termo constante
$x_0 = -2$	$a_4 = 2$	$a_3 = 0$	$a_2 = -3$	$a_1 = 3$	$a_0 = -4$
		$b_4 x_0 = -4$	$b_3 x_0 = 8$	$b_2 x_0 = -10$	$b_1 x_0 = 14$
	$b_4 = 2$	$b_3 = -4$	$b_2 = 5$	$b_1 = -7$	$b_0 = 10$

O termo "sintético" tem origem em vários idiomas. O termo correspondente em inglês tem o sentido geral de algo que é "falso" ou "substituído". Entretanto, na matemática, o sentido é de algo que está "agrupado". A geometria sintética trata das formas como um todo em vez de objetos individuais, como na abordagem da geometria analítica. Na divisão sintética de polinômios, as várias potências das variáveis não são dadas de forma explícita, permanecendo agrupadas.

Assim,

$$P(x) = (x + 2)(2x^3 - 4x^2 + 5x - 7) + 10.$$ ■

Outra vantagem da utilização do procedimento de Horner (ou divisão sintética) é a de que, uma vez que

$$P(x) = (x - x_0)Q(x) + b_0,$$

onde

$$Q(x) = b_n x^{n-1} + b_{n-1} x^{n-2} + \cdots + b_2 x + b_1,$$

diferenciar em relação a x fornece

$$P'(x) = Q(x) + (x - x_0)Q'(x) \quad \text{e} \quad P'(x_0) = Q(x_0). \tag{2.16}$$

Quando o método de Newton-Raphson é utilizado para a determinação de um zero aproximado de um polinômio, $P(x)$ e $P'(x)$ podem ser calculados da mesma forma.

EXEMPLO 3 Determine uma aproximação de um dos zeros de

$$P(x) = 2x^4 - 3x^2 + 3x - 4,$$

utilizando o método de Newton com $x_0 = -2$ e a divisão sintética para calcular $P(x_n)$ e $P'(x_n)$ em cada iteração x_n.

Solução Com $x_0 = -2$ como uma aproximação inicial, obtivemos $P(-2)$ no Exemplo 1 por

$x_0 = -2$	2	0	-3	3	-4	
		-4	8	-10	14	
	2	-4	5	-7	10	$= P(-2)$.

Utilizando o Teorema 2.19 e a Equação (2.16),

$$Q(x) = 2x^3 - 4x^2 + 5x - 7 \quad \text{e} \quad P'(-2) = Q(-2),$$

de modo que $P'(-2)$ pode ser determinada por meio do cálculo de $Q(-2)$ de modo similar:

$x_0 = -2$	2	-4	5	-7	
		-4	16	-42	
	2	-8	21	-49	$= Q(-2) = P'(-2)$

e

$$x_1 = x_0 - \frac{P(x_0)}{P'(x_0)} = x_0 - \frac{P(x_0)}{Q(x_0)} = -2 - \frac{10}{-49} \approx -1{,}796.$$

Repetindo o procedimento para determinar x_2, temos

$-1{,}796$	2	0	-3	3	-4	
		$-3{,}592$	6,451	$-6{,}197$	5,742	
	2	$-3{,}592$	3,451	$-3{,}197$	1,742	$= P(x_1)$
		$-3{,}592$	12,902	$-29{,}368$		
	2	$-7{,}184$	16,353	$-32{,}565$	$= Q(x_1)$	$= P'(x_1)$.

Assim, $P(-1{,}796) = 1{,}742$, $P'(-1{,}796) = Q(-1{,}796) = -32{,}565$, e

$$x_2 = -1{,}796 - \frac{1{,}742}{-32{,}565} \approx -1{,}7425.$$

De modo similar, $x_3 = -1{,}73897$. Um zero real com cinco casas decimais de precisão é $-1{,}73896$.

Observe que o polinômio $Q(x)$ depende da aproximação que está sendo usada e varia de iteração para iteração. ■

O Algoritmo 2.7 calcula $P(x_0)$ e $P'(x_0)$, utilizando o método de Horner.

ALGORITMO 2.7 **Método de Horner**

Para calcular o polinômio

$$P(x) = a_n x^n + a_{n-1}x^{n-1} + \cdots + a_1 x + a_0 = (x - x_0)Q(x) + b_0$$

e sua derivada em x_0:

ENTRADA grau n; coeficientes $a_0, a_1, \ldots, a_n$; x_0.

SAÍDA $y = P(x_0)$; $z = P'(x_0)$.

Passo 1 Faça $y = a_n$; (*Calcula* b_n para P.)
$z = a_n$. (*Calcula* b_{n-1} para Q.)

Passo 2 Para $j = n - 1, n - 2, \ldots, 1$
faça $y = x_0 y + a_j$; (*Calcula* b_j para P.)
$z = x_0 z + y$. (*Calcula* b_{j-1} para Q.)

Passo 3 Faça $y = x_0 y + a_0$. (*Calcula* b_0 para P.)

Passo 4 SAÍDA (y, z);
PARE. ■

Se a enésima iteração, x_N, no método de Newton for um zero aproximado para P, então

$$P(x) = (x - x_N)Q(x) + b_0 = (x - x_N)Q(x) + P(x_N) \approx (x - x_N)Q(x),$$

de modo que $x - x_N$ será um fator aproximado de $P(x)$. Considerando $\hat{x}_1 = x_N$ o zero aproximado de P e $Q_1(x) \equiv Q(x)$ o fator aproximado, temos

$$P(x) \approx (x - \hat{x}_1)Q_1(x).$$

Podemos encontrar um segundo zero aproximado de P, aplicando o método de Newton a $Q_1(x)$.

Se $P(x)$ for um polinômio de enésimo grau com n zeros reais, esse procedimento aplicado de forma repetida resultará por fim em $(n - 2)$ zeros aproximados de P e um fator quadrático aproximado $Q_{n-2}(x)$. Nesse ponto, $Q_{n-2}(x) = 0$ pode ser resolvido pela fórmula quadrática para a determinação dos dois últimos zeros aproximados de P. Embora possa ser utilizado para a determinação de todos os zeros aproximados, esse método depende da utilização repetida de aproximações e pode levar a resultados imprecisos.

O procedimento descrito é denominado **deflação**. A dificuldade de obtenção de precisão na deflação se deve ao fato de que, ao obtermos os zeros aproximados de $P(x)$, o método de Newton é utilizado no polinômio reduzido $Q_k(x)$, isto é, o polinômio que tem a propriedade de que

$$P(x) \approx (x - \hat{x}_1)(x - \hat{x}_2) \cdots (x - \hat{x}_k)Q_k(x).$$

Em geral, um zero aproximado $\hat{x}_{k+1}$ de Q_k não produzirá uma aproximação tão boa de uma raiz de $P(x) = 0$ quanto de uma raiz da equação reduzida $Q_k(x) = 0$, e a imprecisão aumentará à medida que k aumenta. Para eliminar essa dificuldade, podemos utilizar as equações reduzidas para encontrar aproximações $\hat{x}_2, \hat{x}_3, \ldots, \hat{x}_k$ de zeros de P e, depois, melhorar essas aproximações, aplicando o método de Newton ao polinômio original $P(x)$.

Zeros complexos: método de Müller

Um problema na aplicação do método da secante, da falsa posição ou de Newton a polinômios é a possibilidade de que o polinômio tenha raízes complexas, mesmo quando todos os coeficientes são números reais. Se a aproximação inicial for um número real, todas as aproximações subsequentes também serão números reais. Para superar essa dificuldade, podemos começar com uma aproximação inicial complexa e efetuar todos os cálculos, utilizando a aritmética complexa. Um método alternativo tem como base o teorema a seguir.

▸ Teorema 2.20 Se $z = a + bi$ for um zero complexo de multiplicidade m do polinômio $P(x)$ com coeficientes reais, então $\bar{z} = a - bi$ também será um zero de multiplicidade m do polinômio $P(x)$, e $(x^2 - 2ax + a^2 + b^2)^m$ será um fator de $P(x)$. ■

O método de Müller é similar ao método da secante. Porém, enquanto o método da secante utiliza uma reta que liga dois pontos na curva para aproximar a raiz, o método de Müller utiliza uma parábola que liga três pontos na curva para determinar a aproximação.

Uma divisão sintética envolvendo polinômios quadráticos pode ser desenvolvida para fatorar o polinômio de forma aproximada, de modo que um dos termos será um polinômio quadrático cujas raízes complexas sejam aproximações das raízes do polinômio original. Essa técnica foi descrita com alguns detalhes em nossa segunda edição [BFR]. Em vez de proceder de acordo com tal referência, iremos considerar um método que foi apresentado pela primeira vez por D. E. Müller [Mu]. Essa técnica pode ser utilizada no caso de qualquer problema de determinação de raiz, mas é especialmente útil para a aproximação de raízes de polinômios.

O método da secante começa com duas aproximações iniciais, p_0 e p_1, e determina a aproximação subsequente, p_2, como a interseção do eixo x com a reta que liga $(p_0, f(p_0))$ e $(p_1, f(p_1))$. (Veja a Figura 2.12(a).) O método de Müller utiliza três aproximações iniciais, p_0, p_1 e p_2, e determina a aproximação subsequente, p_3, considerando a intersecção do eixo x com a parábola que liga $(p_0, f(p_0))$, $(p_1, f(p_1))$ e $(p_2, f(p_2))$. (Veja a Figura 2.12(b).)

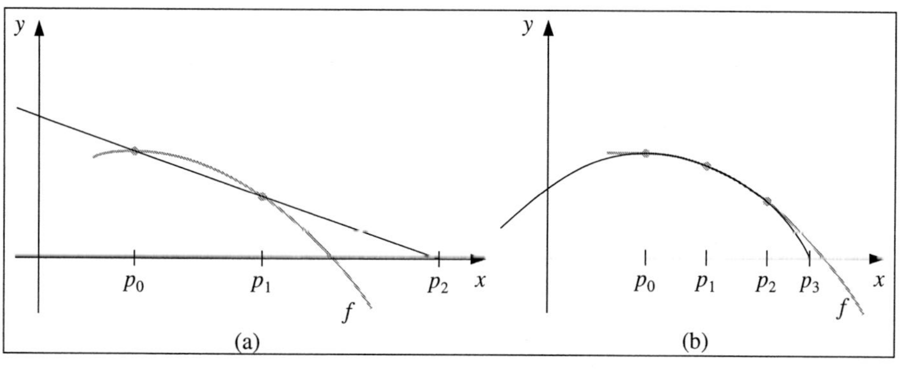

Figura 2.12

A dedução do método de Müller começa pela consideração do polinômio quadrático

$$P(x) = a(x - p_2)^2 + b(x - p_2) + c$$

que liga $(p_0, f(p_0))$, $(p_1, f(p_1))$ e $(p_2, f(p_2))$. As constantes a, b e c podem ser determinadas a partir das condições

$$f(p_0) = a(p_0 - p_2)^2 + b(p_0 - p_2) + c, \tag{2.17}$$

$$f(p_1) = a(p_1 - p_2)^2 + b(p_1 - p_2) + c, \tag{2.18}$$

e

$$f(p_2) = a \cdot 0^2 + b \cdot 0 + c = c, \tag{2.19}$$

como sendo

$$c = f(p_2), \tag{2.20}$$

$$b = \frac{(p_0 - p_2)^2[f(p_1) - f(p_2)] - (p_1 - p_2)^2[f(p_0) - f(p_2)]}{(p_0 - p_2)(p_1 - p_2)(p_0 - p_1)}, \tag{2.21}$$

e

$$a = \frac{(p_1 - p_2)[f(p_0) - f(p_2)] - (p_0 - p_2)[f(p_1) - f(p_2)]}{(p_0 - p_2)(p_1 - p_2)(p_0 - p_1)}. \tag{2.22}$$

Para determinar p_3, um zero de P, aplicamos a fórmula quadrática a $P(x) = 0$. Entretanto, por causa dos problemas de erro de arredondamento causados pela subtração de números quase iguais, aplicamos a fórmula da maneira descrita nas Equações (1.2) e (1.3) da Seção 1.2:

$$p_3 - p_2 = \frac{-2c}{b \pm \sqrt{b^2 - 4ac}}.$$

Essa fórmula oferece dois resultados possíveis de p_3, dependendo do sinal que preceda o termo com o radical. No método de Müller, o sinal é escolhido de forma a coincidir com o sinal de b. Escolhido dessa forma, o denominador será o de maior módulo, o que resultará na escolha de p_3 como o zero de P mais próximo de p_2. Assim,

$$p_3 = p_2 - \frac{2c}{b + \text{sgn}(b)\sqrt{b^2 - 4ac}},$$

onde a, b e c são dados pelas Equações (2.20) a (2.22).

Após p_3 ter sido determinado, o procedimento é reinicializado, utilizando p_1, p_2 e p_3 no lugar de p_0, p_1 e p_2 para a determinação da aproximação subsequente p_4. A aplicação do método continua até uma conclusão satisfatória ser obtida. Em cada passo, o método envolve o radical $\sqrt{b^2 - 4ac}$, de modo que são fornecidas raízes complexas aproximadas quando $b^2 - 4ac < 0$. O Algoritmo 2.8 implementa esse procedimento.

ALGORITMO 2.8 **Método de Müller**

Para determinar uma solução de $f(x) = 0$, dadas três aproximações p_0, p_1 e p_2:

ENTRADA p_0, p_1, p_2; tolerância TOL; número máximo de iterações N_0.

SAÍDA solução aproximada p ou mensagem de erro.

Passo 1 Faça $h_1 = p_1 - p_0$;
$h_2 = p_2 - p_1$;
$\delta_1 = (f(p_1) - f(p_0))/h_1$;
$\delta_2 = (f(p_2) - f(p_1))/h_2$;
$d = (\delta_2 - \delta_1)/(h_2 + h_1)$;
$i = 3$.

Passo 2 Enquanto $i \leq N_0$, execute Passos 3 a 7.

Passo 3 $b = \delta_2 + h_2 d$;
$D = (b^2 - 4f(p_2)d)^{1/2}$. (*Observação: a aritmética complexa pode ser necessária.*)

Passo 4 Se $|b - D| < |b + D|$, então faça $E = b + D$
senão faça $E = b - D$.

Passo 5 Faça $h = -2f(p_2)/E$;
$p = p_2 + h$.

Passo 6 Se $|h| < TOL$, então
SAÍDA (p); (*Procedimento concluído com sucesso.*)
PARE.

Passo 7 Faça $p_0 = p_1$; (*Prepara para a próxima iteração.*)
$p_1 = p_2$;
$p_2 = p$;
$h_1 = p_1 - p_0$;
$h_2 = p_2 - p_1$;
$\delta_1 = (f(p_1) - f(p_0))/h_1$;
$\delta_2 = (f(p_2) - f(p_1))/h_2$;
$d = (\delta_2 - \delta_1)/(h_2 + h_1)$;
$i = i + 1$.

Passo 8 SAÍDA ('O método falhou após N_0 iterações, N_0 =', N_0);
(*O procedimento não foi bem-sucedido.*)
PARE. ■

Ilustração Considere o polinômio $f(x) = x^4 - 3x^3 + x^2 + x + 1$, que tem parte de seu gráfico mostrada na Figura 2.13.

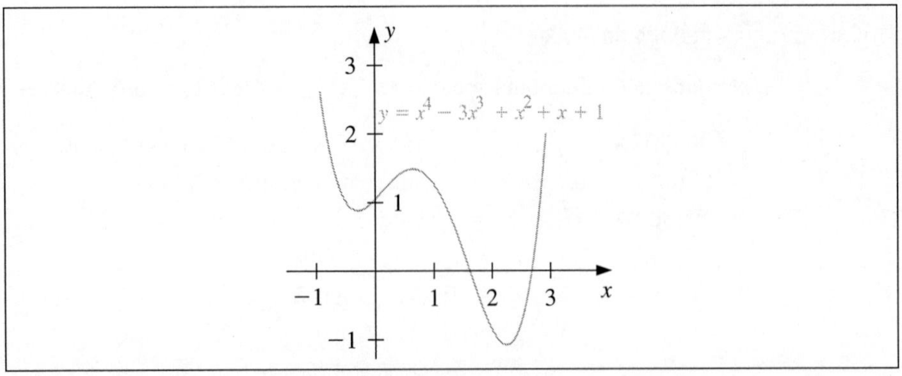

Figura 2.13

Três conjuntos de três pontos iniciais serão usados com o Algoritmo 2.8 e $TOL = 10^{-5}$ para aproximar os zeros de f. O primeiro conjunto usará $p_0 = 0.5$, $p_1 = -0{,}5$ e $p_2 = 0$. A parábola passando por esses pontos tem raízes complexas porque ela não intercepta o eixo x. A Tabela 2.12 fornece aproximações para os correspondentes zeros complexos de f.

Tabela 2.12

	$p_0 = 0{,}5,\ p_1 = -0{,}5,\ p_2 = 0$	
i	p_i	$f(p_i)$
3	$-0{,}100000 + 0{,}888819i$	$-0{,}01120000 + 3{,}014875548i$
4	$-0{,}492146 + 0{,}447031i$	$-0{,}1691201 - 0{,}7367331502i$
5	$-0{,}352226 + 0{,}484132i$	$-0{,}1786004 + 0{,}0181872213i$
6	$-0{,}340229 + 0{,}443036i$	$0{,}01197670 - 0{,}0105562185i$
7	$-0{,}339095 + 0{,}446656i$	$-0{,}0010550 + 0{,}000387261i$
8	$-0{,}339093 + 0{,}446630i$	$0{,}000000 + 0{,}000000i$
9	$-0{,}339093 + 0{,}446630i$	$0{,}000000 + 0{,}000000i$

A Tabela 2.13 fornece aproximações para os dois zeros reais de f. O menor deles usa $p_0 = 0{,}5$, $p_1 = 1{,}0$ e $p_2 = 1{,}5$ e a maior raiz é aproximada quando $p_0 = 1{,}5$, $p_1 = 2{,}0$ e $p_2 = 2{,}5$.

Tabela 2.13

$p_0 = 0{,}5,$	$p_1 = 1{,}0,$	$p_2 = 1{,}5$	$p_0 = 1{,}5,$	$p_1 = 2{,}0,$	$p_2 = 2{,}5$
i	p_i	$f(p_i)$	i	p_i	$f(p_i)$
3	1,40637	−0,04851	3	2,24733	−0,24507
4	1,38878	0,00174	4	2,28652	−0,01446
5	1,38939	0,00000	5	2,28878	−0,00012
6	1,38939	0,00000	6	2,28880	0,00000
			7	2,28879	0,00000

Os valores nas tabelas são aproximações precisas para as posições listadas. ■

A ilustração mostra que o método de Müller pode determinar aproximações das raízes dos polinômios com uma variedade de valores iniciais. De fato, o método de Müller geralmente converge para a raiz de um polinômio para qualquer opção de aproximação inicial, embora problemas nos quais a convergência não ocorra possam ser construídos. Por exemplo, suponha que, para algum i, tenhamos $f(p_i) = f(p_{i+1}) =$

$f(p_{i+2}) \neq 0$. Nesse caso, a equação quadrática será reduzida a uma função constante não nula que nunca cruzará o eixo x. Porém, em geral, isso não ocorre, e pacotes de software de uso geral que utilizam o método de Müller precisam apenas de uma aproximação inicial para cada raiz e até mesmo oferecem essa aproximação como opção.

EXERCÍCIOS 2.6

1. Determine aproximações, com precisão de 10^{-4}, de todos os zeros reais dos polinômios a seguir, utilizando o método de Newton.

a. $f(x) = x^3 - 2x^2 - 5$
b. $f(x) = x^3 + 3x^2 - 1$
c. $f(x) = x^3 - x - 1$
d. $f(x) = x^4 + 2x^2 - x - 3$
e. $f(x) = x^3 + 4{,}001x^2 + 4{,}002x + 1{,}101$
f. $f(x) = x^5 - x^4 + 2x^3 - 3x^2 + x - 4$

2. Determine aproximações, com precisão de 10^{-5}, de todos os zeros de cada um dos polinômios a seguir, primeiramente encontrando os zeros reais, usando o método de Newton, e, a seguir, reduzindo a polinômios de menor grau para determinar quaisquer zeros complexos.

a. $f(x) = x^4 + 5x^3 - 9x^2 - 85x - 136$
b. $f(x) = x^4 - 2x^3 - 12x^2 + 16x - 40$
c. $f(x) = x^4 + x^3 + 3x^2 + 2x + 2$
d. $f(x) = x^5 + 11x^4 - 21x^3 - 10x^2 - 21x - 5$
e. $f(x) = 16x^4 + 88x^3 + 159x^2 + 76x - 240$
f. $f(x) = x^4 - 4x^2 - 3x + 5$
g. $f(x) = x^4 - 2x^3 - 4x^2 + 4x + 4$
h. $f(x) = x^3 - 7x^2 + 14x - 6$

3. Repita o Exercício 1, utilizando o método de Müller.

4. Repita o Exercício 2, utilizando o método de Müller.

5. Utilize o método de Newton para determinar, com precisão de 10^{-3}, os zeros e os pontos críticos das funções a seguir. Utilize os resultados para esboçar o gráfico de f.

a. $f(x) = x^3 - 9x^2 + 12$
b. $f(x) = x^4 - 2x^3 - 5x^2 + 12x - 5$

6. $f(x) = 10x^3 - 8{,}3x^2 + 2{,}295x - 0{,}21141 = 0$ tem uma raiz em $x = 0{,}29$. Utilize o método de Newton, com aproximação inicial $x_0 = 0{,}28$, para tentar determinar essa raiz. Explique o que ocorre.

7. Utilize cada um dos métodos a seguir para determinar uma solução em [0,1, 1], com precisão de 10^{-4}, de

$$600x^4 - 550x^3 + 200x^2 - 20x - 1 = 0.$$

a. Método da bissecção
b. Método de Newton
c. Método da secante
d. Método da falsa posição
e. Método de Müller

EXERCÍCIOS APLICADOS

8. Duas escadas se cruzam em um beco de largura L. Cada escada tem uma extremidade apoiada na base de uma parede e a outra extremidade apoiada em algum ponto da parede oposta. As escadas se cruzam a uma altura A acima do pavimento. Calcule L, sendo $x_1 = 20$ pés e $x_2 = 30$ pés os respectivos comprimentos das escadas, e $A = 8$ pés.

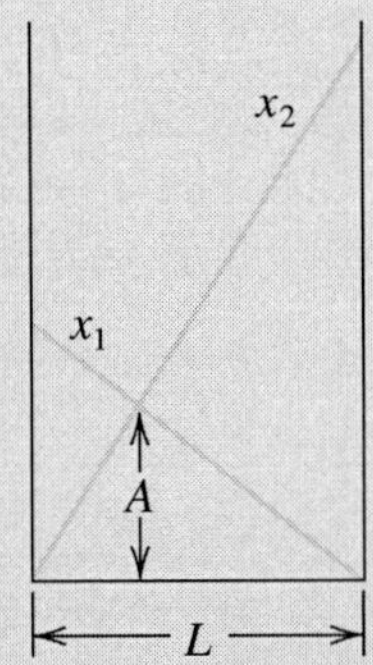

9. Uma lata em forma de cilindro circular reto deve ser fabricada de tal forma que possa conter o volume de 1.000 cm³. A tampa e o fundo circulares da lata devem ter um raio 0,25 cm maior que o do cilindro para que o excesso de material seja utilizado como vedação da borda. A chapa de material da lateral da lata também deve ser 0,25 cm mais longa que a circunferência da lata para formar a vedação. Determine, com precisão de 10^{-4}, a quantidade mínima de material necessária para a fabricação da lata.

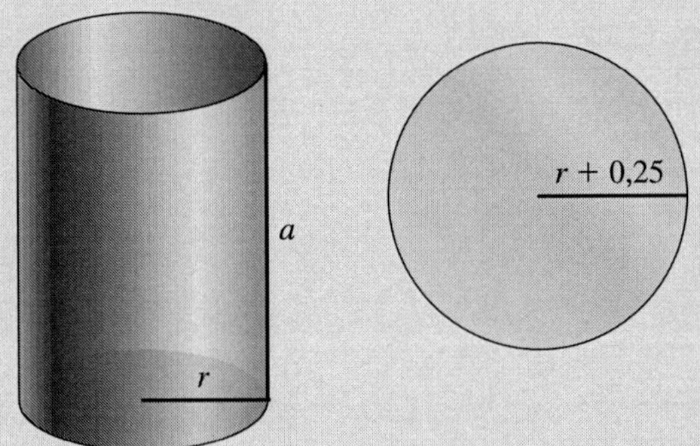

10. Em 1224, Leonardo de Pisa, mais conhecido como Fibonacci, respondeu a um desafio matemático de John de Palermo na presença do Imperador Frederick II: determine uma raiz da equação $x^3 + 2x^2 + 10x = 20$. Primeiramente, ele mostrou que a equação não tinha raízes racionais nem raízes irracionais euclidianas, isto é, não existia nenhuma raiz na forma $a \pm \sqrt{b}$, $\sqrt{a} \pm \sqrt{b}$, $\sqrt{a \pm \sqrt{b}}$, ou $\sqrt{\sqrt{a} \pm \sqrt{b}}$, onde a e b são números racionais. Depois, Fibonacci determinou uma aproximação da única raiz real, provavelmente utilizando uma técnica algébrica de Omar Khayyam, a qual envolve a intersecção de um círculo e uma parábola. Sua resposta foi dada no sistema de números de base 60 como

$$1 + 22\left(\frac{1}{60}\right) + 7\left(\frac{1}{60}\right)^2 + 42\left(\frac{1}{60}\right)^3 + 33\left(\frac{1}{60}\right)^4 + 4\left(\frac{1}{60}\right)^5 + 40\left(\frac{1}{60}\right)^6.$$

Qual é a precisão dessa aproximação?

QUESTÕES PARA DISCUSSÃO

1. Discuta a possibilidade de combinar o método da falsa posição com o método de Müller para obter um método para o qual a convergência seja acelerada. Compare essa abordagem ao método de Brent.
2. Discuta as diferenças, se existirem, entre o método de Müller e a interpolação quadrática inversa.

2.7 Software numérico e revisão do capítulo

Dadas uma função específica f e uma tolerância, um programa eficiente deve produzir uma aproximação de uma ou mais soluções de $f(x) = 0$, cada uma com um erro absoluto ou relativo dentro da tolerância, e os resultados devem ser gerados em um intervalo de tempo aceitável. Caso não cumpra essa tarefa, o programa deve, pelo menos, fornecer explicações coerentes sobre as causas da falha e sugestões de como eliminar tais causas.

O IMSL tem sub-rotinas que implementam o método de Müller com deflação. Também incluída nesse pacote está uma rotina devida a R. P. Brent que usa uma combinação da interpolação linear, de uma interpolação quadrática inversa parecida com o método de Müller, e o método da bissecção. O método de Laguerre também é usado para determinar zeros de polinômios reais. Outra rotina para determinar zeros de polinômios reais usa um método de Jenkins-Traub, que também é usado para determinar os zeros de um polinômio complexo.

A biblioteca NAG tem uma sub-rotina que usa uma combinação do método da bissecção, interpolação linear e extrapolação para aproximar um zero real de uma função em um dado intervalo. O NAG também fornece sub-rotinas para aproximar todos os zeros de um polinômio real ou de um polinômio complexo, respectivamente. Ambas as sub-rotinas usam um método de Laguerre modificado.

A biblioteca Netlib contém uma sub-rotina que usa uma combinação do método da bissecção e da secante desenvolvida por D. J. Dekker para aproximar um zero real da função em um intervalo. Ele exige a especificação de um intervalo que contenha uma raiz e devolve um intervalo com uma largura que está dentro de uma tolerância especificada. Outra sub-rotina usa uma combinação do método da bissecção, interpolação e extrapolação para determinar um zero real da função no intervalo.

Observe que, não obstante a diversidade de métodos, os pacotes criados por profissionais têm como base, primariamente, os métodos e princípios discutidos neste capítulo. O leitor deve ser capaz de utilizar esses pacotes, lendo os manuais que os acompanham, para melhor assimilar as informações sobre os parâmetros e as especificações dos resultados obtidos.

Existem três livros, escritos por Traub [Tr], Ostrowski [Os] e Householder [Ho], que consideramos clássicos sobre a resolução de equações não lineares. Além disso, o livro de Brent [Bre] serviu de base para muitos dos métodos de determinação de raiz atualmente utilizados.

QUESTÕES PARA DISCUSSÃO

1. Discuta as diferenças entre alguns dos pacotes de software disponíveis para o cálculo numérico de uma solução de $f(x) = 0$.
2. Compare e contraste as taxas de convergência de pelo menos dois dos métodos discutidos neste capítulo.
3. Compare e contraste o método de Cauchy e o método de Müller.

CONCEITOS-CHAVE

Iteração de ponto fixo
Medida de erro
Método Δ^2 de Aitken
Método da bissecção
Método da falsa posição
Método da secante
Método de Horner
Método de Müller
Método de Newton
Método de Steffensen
Taxas de convergência

REVISÃO DO CAPÍTULO

Vamos revisar o Capítulo 2 em termos das habilidades que foram desenvolvidas neste capítulo.

Neste capítulo consideramos o problema da resolução da equação $f(x) = 0$, onde f é uma dada função contínua. Todos os métodos começam com aproximações iniciais e geram uma sequência que converge para uma raiz da equação, se a aplicação do método for bem-sucedida. Se $[a, b]$ for um intervalo no qual $f(a)$ e $f(b)$ têm sinais opostos, os métodos da bissecção e da falsa posição convergem. Entretanto, a convergência desses métodos pode ser lenta. Em geral, uma convergência mais rápida é obtida por meio do método da secante ou do método de Newton. Entretanto, boas aproximações iniciais são necessárias para esses métodos, duas para o método da Secante e uma para o método de Newton. Constatamos que as técnicas de delimitação de raízes em intervalos, tais como o método da bissecção ou o método da falsa posição, podem ser utilizadas como métodos iniciadores para o método da secante ou o método de Newton.

O método de Müller fornece uma convergência rápida, sem uma aproximação inicial especialmente boa. Esse método não é tão eficiente quanto o de Newton, pois sua ordem de convergência próximo a uma raiz é de aproximadamente $\alpha = 1{,}84$ e no método de Newton, a convergência é quadrática, $\alpha = 2$. Entretanto, o método de Müller é melhor que o da secante, cuja ordem é aproximadamente $\alpha = 1{,}62$ e tem a vantagem de ser capaz de determinar aproximações de raízes complexas.

A deflação é geralmente utilizada com o método de Müller, uma vez que uma raiz aproximada de um polinômio tenha sido determinada. Após uma aproximação da raiz da equação deflacionada ter sido determinada, utilizamos o método de Müller ou o método de Newton no polinômio original, com essa raiz como a aproximação inicial. Esse procedimento garante que a raiz, sendo aproximada, seja uma solução da equação real, não da equação deflacionada. Recomendamos o método de Müller para a determinação de todos os zeros dos polinômios, reais ou complexos. O método de Müller também pode ser utilizado no caso de uma função contínua arbitrária.

Outros métodos de alta ordem de convergência estão disponíveis para a determinação das raízes dos polinômios. Caso esse tópico seja de interesse especial, recomendamos a consideração do método de Laguerre, que fornece uma convergência cúbica e também aproxima raízes complexas (consulte [Ho], p. 176-179 para uma discussão completa), do método de Jenkins--Traub (consulte [JT]) e do método de Brent (Consulte [Bre]).

Outro método de interesse, o método de Cauchy, é similar ao método de Müller, mas evita o problema de falha deste último, quando $f(x_i) = f(x_{i+1}) = f(x_{i+2})$ para determinado i. Para uma discussão interessante sobre esse método, bem como mais detalhes sobre o método de Muller, recomendamos [YG], Seções 4.10, 4.11 e 5.4.

CAPÍTULO 3

Interpolação e aproximação polinomial

Introdução

Um censo da população norte-americana é realizado a cada dez anos. A tabela a seguir fornece a população, em milhares de pessoas, de 1960 a 2010 e os dados também são representados na figura.

Ano	1960	1970	1980	1990	2000	2010
População (em milhares)	179.323	203.302	226.542	249.633	281.422	308.746

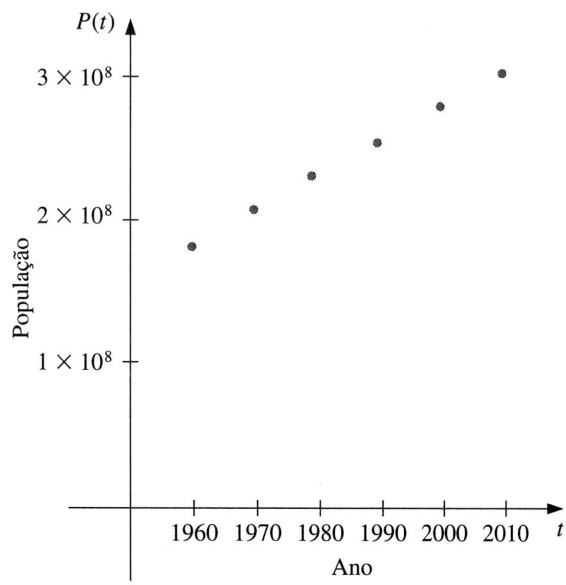

Revendo esses dados, poderíamos perguntar se eles podem ser utilizados para fornecer uma estimativa razoável da população, digamos, em 1975 ou até mesmo no ano de 2020. Previsões desse tipo podem ser obtidas utilizando-se uma função que ajuste os dados fornecidos. Esse processo é chamado *interpolação* e é o objeto de estudo deste capítulo. Esse problema populacional será considerado durante todo o capítulo e nos Exercícios 19 da Seção 3.1, 17 da Seção 3.3 e 24 da Seção 3.5.

3.1 Interpolação e polinômios de Lagrange

Uma das classes mais conhecidas e úteis de funções que levam o conjunto dos números reais em si mesmo é a classe dos *polinômios algébricos*, ou seja, o conjunto de funções da forma

$$P_n(x) = a_n x^n + a_{n-1} x^{n-1} + \ldots + a_1 x + a_0,$$

onde n é um inteiro não negativo e $a_0, \ldots, a_n$ são constantes reais. Uma razão para sua importância é que eles aproximam as funções contínuas uniformemente. Dada qualquer função definida e contínua em um intervalo fechado e limitado, existe um polinômio que está tão próximo da função dada quanto quisermos. Este resultado é expresso de forma precisa no teorema da aproximação de Weierstrass. (Veja a Figura 3.1.)

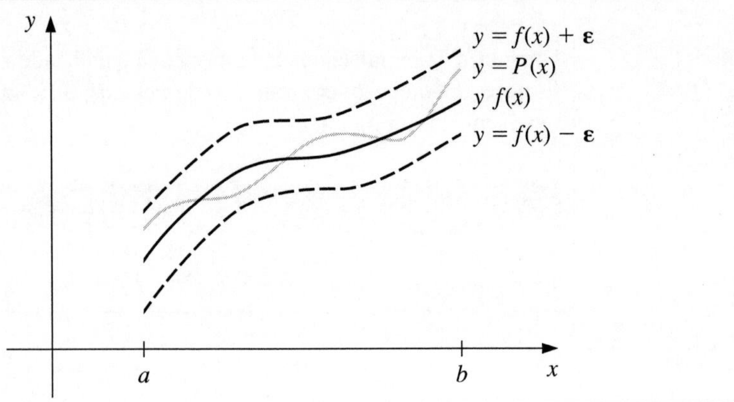

Figura 3.1

▶ Teorema 3.1 (Teorema da aproximação de Weierstrass)

Suponha que f seja definida e contínua em $[a, b]$. Para cada $\epsilon > 0$, existirá um polinômio $P(x)$, com a propriedade que

$$|f(x) - P(x)| < \epsilon \text{ para todo } x \text{ em } [a, b]. \qquad \blacksquare$$

A demonstração desse teorema pode ser encontrada na maioria dos textos elementares sobre análise real (veja, por exemplo, [Bart] p. 165-172).

Outra razão importante para considerar a classe de polinômios na aproximação de funções é que a derivada e a integral indefinidas de um polinômio são fáceis de determinar e também são polinômios. Por esses motivos, os polinômios são frequentemente utilizados para aproximar funções contínuas.

Karl Weierstrass (1815-1897) é muitas vezes chamado de pai da análise moderna devido à sua insistência de rigor na demonstração de resultados matemáticos. Ele foi importante no desenvolvimento de testes para convergência de séries e na determinação de maneiras para definir rigorosamente números irracionais. Ele foi o primeiro a demonstrar que uma função poderia ser contínua em qualquer ponto, sem ser diferençável em nenhum ponto, um resultado que chocou alguns de seus colegas contemporâneos.

Os polinômios de Taylor foram apresentados na Seção 1.1 deste livro, onde foram descritos como um dos blocos de construção fundamental da análise numérica. Dada essa proeminência, é possível presumir que a interpolação polinomial faria intenso uso dessas funções. Contudo, esse não é o caso. Os polinômios de Taylor coincidem tão bem quanto possível com uma certa função em um ponto específico, mas eles concentram sua precisão perto daquele ponto. Um bom polinômio interpolador precisa fornecer uma aproximação relativamente precisa sobre todo um intervalo e os polinômios de Taylor geralmente não fazem isso. Por exemplo, suponha que se calculem os seis primeiros polinômios de Taylor em torno de $x_0 = 0$ para $f(x) = e^x$. Como as derivadas de $f(x)$ são todas e^x, as quais, calculadas em $x_0 = 0$ resultam 1, os polinômios de Taylor são

$$P_0(x) = 1, \quad P_1(x) = 1 + x, \quad P_2(x) = 1 + x + \frac{x^2}{2}, \quad P_3(x) = 1 + x + \frac{x^2}{2} + \frac{x^3}{6},$$

$$P_4(x) = 1 + x + \frac{x^2}{2} + \frac{x^3}{6} + \frac{x^4}{24} \quad \text{e} \quad P_5(x) = 1 + x + \frac{x^2}{2} + \frac{x^3}{6} + \frac{x^4}{24} + \frac{x^5}{120}.$$

Os gráficos dos polinômios são mostrados na Figura 3.2. (Observe que, mesmo para os polinômios de maior grau, o erro piora progressivamente à medida que nos afastamos do zero.)

Muito pouco do trabalho de Weierstrass foi publicado durante sua vida, mas suas palestras, especialmente sobre a teoria das funções, tiveram influência significativa sobre uma geração inteira de estudantes.

Figura 3.2

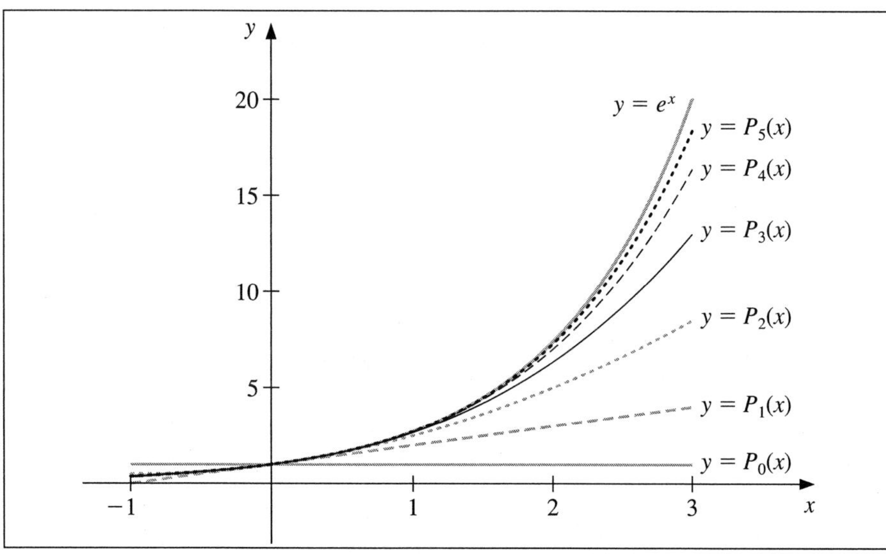

Embora sejam obtidas melhores aproximações para $f(x) = e^x$ se forem usados polinômios de Taylor de grau mais elevado, isso não é verdade para todas as funções. Considere, como um exemplo extremo, utilizar polinômios de Taylor de vários graus para $f(x) = 1/x$ expandido em $x_0 = 1$ para aproximar $f(3) = \frac{1}{3}$. Como

$$f(x) = x\ ^{1}, \mathrm{M} f'(x) = -x\ ^{2}, \mathrm{M} f''(x) = (-1)^2\, 2 \cdot x^{-3},$$

e, em geral,

$$f^{(k)}(x) = (-1)^k k!\, x^{-k-1},$$

os polinômios de Taylor são

$$P_n(x) = \sum_{k=0}^{n} \frac{f^{(k)}(1)}{k!}(x-1)^k = \sum_{k=0}^{n}(-1)^k(x-1)^k.$$

Ao aproximar $f(3) = \frac{1}{3}$ por $P_n(3)$ para valores cada vez maiores de n, conseguimos os valores contidos na Tabela 3.1 – um fracasso bastante dramático! Quando aproximamos $f(3) = \frac{1}{3}$ por $P_n(3)$ para valores crescentes maiores de n, as aproximações se tornam cada vez mais imprecisas.

Tabela 3.1

n	0	1	2	3	4	5	6	7
$P_n(3)$	1	−1	3	−5	11	−21	43	−85

Como os polinômios de Taylor têm a propriedade de que todas as informações usadas na aproximação estão concentradas em um ponto único x_0, não é incomum que tais polinômios forneçam aproximações imprecisas à medida que nos afastamos de x_0. Isso limita a aproximação polinomial de Taylor somente às situações nas quais são necessárias aproximações apenas nos pontos próximos a x_0. Para propósitos computacionais comuns, é mais eficiente utilizar métodos que incluam informações em diversos pontos, os quais serão considerados no restante deste capítulo. A utilização básica dos polinômios de Taylor em análise numérica não é para propósitos de aproximação, mas sim para dedução de técnicas numéricas e estimativas de erro.

Polinômios interpoladores de Lagrange

O problema de determinação de um polinômio de grau um que passa pelos pontos distintos (x_0, y_0) e (x_1, y_1) é o mesmo que aproximar uma função f para a qual $f(x_0) = y_0$ e $f(x_1) = y_1$ por meio de um polinômio interpolador de primeiro grau, ou seja, um polinômio que coincida com os valores de f nos pontos estipulados. O uso deste polinômio para aproximar dentro do intervalo determinado pelas extremidades é chamado **interpolação** polinomial.

Em primeiro lugar, definimos as funções:

$$L_0(x) = \frac{x - x_1}{x_0 - x_1} \quad \text{e} \quad L_1(x) = \frac{x - x_0}{x_1 - x_0}.$$

O **polinômio interpolador de Lagrange** linear por (x_0, y_0) e (x_1, y_1) é

$$P(x) = L_0(x)f(x_0) + L_1(x)f(x_1) = \frac{x - x_1}{x_0 - x_1}f(x_0) + \frac{x - x_0}{x_1 - x_0}f(x_1).$$

Observe que

$$L_0(x_0) = 1, \quad L_0(x_1) = 0, \quad L_1(x_0) = 0 \quad \text{e} \quad L_1(x_1) = 1,$$

o que implica que

$$P(x_0) = 1 \cdot f(x_0) + 0 \cdot f(x_1) = f(x_0) = y_0$$

e

$$P(x_1) = 0 \cdot f(x_0) + 1 \cdot f(x_1) = f(x_1) = y_1.$$

Assim, P é o único polinômio de grau no máximo 1 que passa por (x_0, y_0) e (x_1, y_1).

EXEMPLO 1

Determine o polinômio interpolador de Lagrange linear que passa pelos pontos (2,4) e (5,1).

Solução Neste caso, temos

$$L_0(x) = \frac{x-5}{2-5} = -\frac{1}{3}(x-5) \quad \text{e} \quad L_1(x) = \frac{x-2}{5-2} = \frac{1}{3}(x-2),$$

de modo que

$$P(x) = -\frac{1}{3}(x-5)\cdot 4 + \frac{1}{3}(x-2)\cdot 1 = -\frac{4}{3}x + \frac{20}{3} + \frac{1}{3}x - \frac{2}{3} = -x + 6.$$

O gráfico de $y = P(x)$ é mostrado na Figura 3.3. ∎

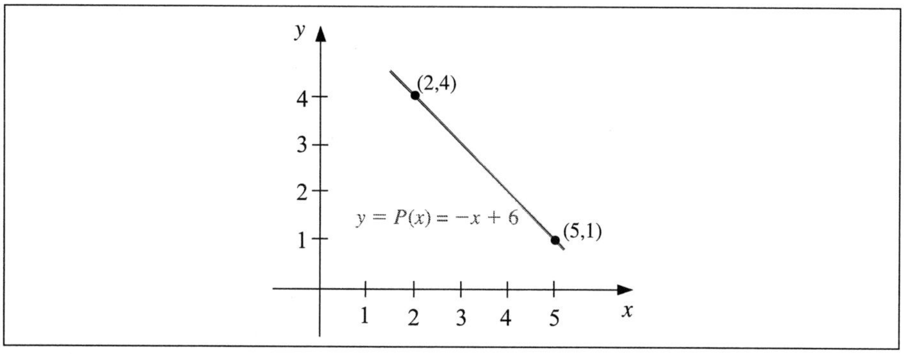

Figura 3.3

Para generalizar o conceito de interpolação linear, considere a construção de um polinômio de grau no máximo n, que passe pelos $n + 1$ pontos

$$(x_0, f(x_0)), (x_1, f(x_1)), \ldots, (x_n, f(x_n)).$$

(Veja a Figura 3.4.)

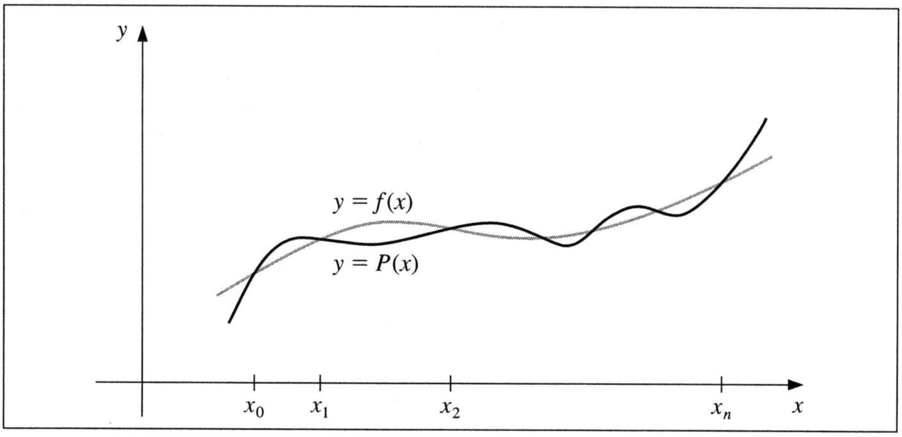

Figura 3.4

Nesse caso, é necessário construir para cada $k = 0, 1, \ldots, n$ uma função $L_{n,k}(x)$ com a propriedade de que $L_{n,k}(x_i) = 0$, quando $i \neq k$ e $L_{n,k}(x_k) = 1$. Para satisfazer $L_{n,k}(x_i) = 0$ para cada $i \neq k$ é necessário que o numerador de $L_{n,k}(x_k)$ contenha o termo

$$(x - x_0)(x - x_1)\cdots(x - x_{k-1})(x - x_{k+1})\cdots(x - x_n).$$

Para satisfazer $L_{n,k}(x_k) = 1$, o denominador de $L_{n,k}(x)$ deve ser igual a este termo calculado em $x = x_k$. Logo,

$$L_{n,k}(x) = \frac{(x - x_0) \cdots (x - x_{k-1})(x - x_{k+1}) \cdots (x - x_n)}{(x_k - x_0) \cdots (x_k - x_{k-1})(x_k - x_{k+1}) \cdots (x_k - x_n)}.$$

Um esboço do gráfico de um típico $L_{n,k}$ (quando n é par) é mostrado na Figura 3.5.

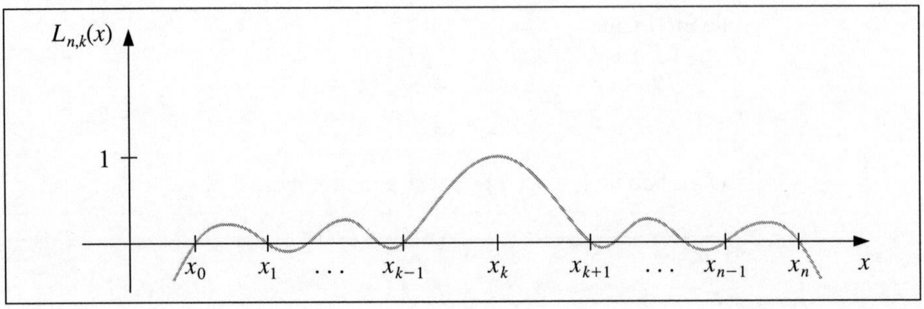

Figura 3.5

O polinômio interpolador é facilmente descrito uma vez que a forma de $L_{n,k}$ seja conhecida. Esse polinômio, chamado **enésimo polinômio interpolador de Lagrange**, é definido no seguinte teorema.

▶ Teorema 3.2 Se $x_0, x_1, \ldots, x_n$ são $n + 1$ números distintos, e f é uma função cujos valores são dados por esses números, então existe um único polinômio $P(x)$ de grau no máximo n

$$f(x_k) = P(x_k), \qquad \text{para cada } k = 0, 1, \ldots, n.$$

Esse polinômio é dado por

$$P(x) = f(x_0)\,L_{n,0}(x) + \cdots + f(x_n)\,L_{n,n}(x) = \sum_{k=0}^{n} f(x_k)\,L_{n,k}(x), \tag{3.1}$$

onde, para cada $k = 0, 1, \ldots, n$,

$$L_{n,k}(x) = \frac{(x - x_0)(x - x_1) \cdots (x - x_{k-1})(x - x_{k+1}) \cdots (x - x_n)}{(x_k - x_0)(x_k - x_1) \cdots (x_k - x_{k-1})(x_k - x_{k+1}) \cdots (x_k - x_n)} \tag{3.2}$$

$$= \prod_{\substack{i=0 \\ i \neq k}}^{n} \frac{(x - x_i)}{(x_k - x_i)}.$$

■

Escreveremos $L_{n,k}(x)$ simplesmente como $L_k(x)$ quando não houver nenhuma confusão quanto ao seu grau.

A fórmula de interpolação que recebeu o nome de Joseph Louis Lagrange (1736-1813) provavelmente era conhecida por Isaac Newton por volta de 1675, mas parece ter sido publicada pela primeira vez por Edward Waring (1736-1798) em 1779. Lagrange escreveu extensivamente sobre o assunto da interpolação e seu trabalho influenciou significativamente os matemáticos posteriores. Ele publicou esse resultado em 1795.

O símbolo $\prod$ é usado para escrever produtos de modo compacto e é semelhante ao símbolo $\sum$, que é usado para escrever somas. Por exemplo, $\prod_{i=0}^{3} a_i = a_1 * a_2 * a_3$.

EXEMPLO 2

(a) Usar os números (ou *nós*)
$x_0 = 2, x_1 = 2{,}75$ e $x_2 = 4$ para determinar o segundo polinômio interpolador para $f(x) = 1/x$.

(b) Use este polinômio para aproximar $f(3) = 1/3$.

Solução **(a)** Primeiramente determinamos os coeficientes polinomiais $L_0(x)$, $L_1(x)$ e $L_2(x)$. Na forma estruturada, eles são

$$L_0(x) = \frac{(x-2{,}75)(x-4)}{(2-2{,}75)(2-4)} = \frac{2}{3}(x-2{,}75)(x-4),$$

$$L_1(x) = \frac{(x-2)(x-4)}{(2{,}75-2)(2{,}75-4)} = -\frac{16}{15}(x-2)(x-4)$$

e

$$L_2(x) = \frac{(x-2)(x-2{,}75)}{(4-2)(4-2{,}75)} = \frac{2}{5}(x-2)(x-2{,}75).$$

Além disso, $f(x_0) = f(2) = 1/2$, $f(x_1) = f(2{,}75) = 4/11$ e $f(x^2) = f(4) = 1/4$, de modo que

$$\begin{aligned} P(x) &= \sum_{k=0}^{2} f(x_k)L_k(x) \\ &= \frac{1}{3}(x-2{,}75)(x-4) - \frac{64}{165}(x-2)(x-4) + \frac{1}{10}(x-2)(x-2{,}75) \\ &= \frac{1}{22}x^2 - \frac{35}{88}x + \frac{49}{44}. \end{aligned}$$

(b) Uma aproximação para $f(3) = 1/3$ (veja a Figura 3.6) é

$$f(3) \approx P(3) = \frac{9}{22} - \frac{105}{88} + \frac{49}{44} = \frac{29}{88} \approx 0{,}32955.$$

Lembre-se de que na seção de abertura deste capítulo (veja a Tabela 3.1), descobrimos que nenhum polinômio de Taylor expandido em $x_0 = 1$ poderia ser usado de modo razoável para aproximar $f(x) = 1/x$ em $x = 3$. ■

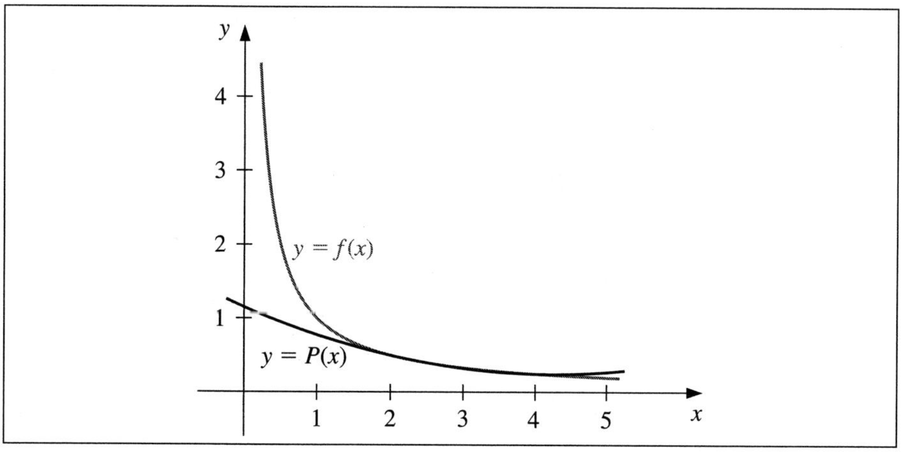

Figura 3.6

O próximo passo é calcular um resto ou limitante para o erro envolvido na aproximação de uma função por um polinômio interpolador.

▶ **Teorema 3.3** Suponha que $x_0, x_1, \ldots, x_n$ sejam números distintos no intervalo $[a, b]$ e que $f \in C^{n+1}[a,b]$. Então, para cada x em $[a,b]$, existe um número $\xi(x)$ (geralmente desconhecido) entre $\min\{x_0, x_1, \ldots, x_n\}$, e o $\max\{x_0, x_1, \ldots, x_n\}$ e consequentemente em (a, b), com

$$f(x) = P(x) + \frac{f^{(n+1)}(\xi(x))}{(n+1)!}(x-x_0)(x-x_1)\cdots(x-x_n), \qquad (3.3)$$

onde $P(x)$ é o polinômio interpolador dado na Equação (3.1).

O termo de erro para o polinômio de Lagrange pode ser expresso de outras maneiras, mas essa forma é a mais útil e aquela que coincide mais de perto com a forma padrão do erro no polinomial de Taylor.

Demonstração Observe em primeiro lugar que, se $x = x_k$, para qualquer $k = 0, 1, \ldots, n$, então $f(x_k) = P(x_k)$, e escolher $\xi(x_k)$ arbitrariamente em (a, b) torna a Equação (3.3) verdadeira.

Se $x \neq x_k$, para todo $k = 0, 1, \ldots, n$, defina a função g para t em $[a, b]$ por

$$\begin{aligned} g(t) &= f(t) - P(t) - [f(x) - P(x)]\frac{(t-x_0)(t-x_1)\cdots(t-x_n)}{(x-x_0)(x-x_1)\cdots(x-x_n)} \\ &= f(t) - P(t) - [f(x) - P(x)]\prod_{i=0}^{n}\frac{(t-x_i)}{(x-x_i)}. \end{aligned}$$

Como $f \in C^{n+1}[a, b]$ e $P \in C^{\infty}[a, b]$, segue que $g \in C^{n+1}[a, b]$. Para $t = x_k$, temos

$$g(x_k) = f(x_k) - P(x_k) - [f(x) - P(x)]\prod_{i=0}^{n}\frac{(x_k-x_i)}{(x-x_i)} = 0 - [f(x) - P(x)]\cdot 0 = 0.$$

Além disso,

$$g(x) = f(x) - P(x) - [f(x) - P(x)]\prod_{i=0}^{n}\frac{(x-x_i)}{(x-x_i)} = f(x) - P(x) - [f(x) - P(x)] = 0.$$

Logo, $g \in C^{n+1}[a, b]$ e g é zero nos $n + 2$ números distintos $x, x_0, x_1, \ldots, x_n$. Conforme o teorema generalizado de Rolle 1.10, existe um número ξ em (a, b) para o qual $g^{(n+1)}(\xi) = 0$. Então,

$$0 = g^{(n+1)}(\xi) = f^{(n+1)}(\xi) - P^{(n+1)}(\xi) - [f(x) - P(x)]\frac{d^{n+1}}{dt^{n+1}}\left[\prod_{i=0}^{n}\frac{(t-x_i)}{(x-x_i)}\right]_{t=\xi}. \qquad (3.4)$$

Como $P(x)$ é um polinômio de grau no máximo n, a $(n + 1)$-ésima derivada, $P^{(n+1)}(x)$, é identicamente nula. Além disso, $\Pi^{n}_{i=0}[(t - x_i)/(x - x_i)]$ é um polinômio de grau $(n + 1)$, então temos

$$\prod_{i=0}^{n}\frac{(t-x_i)}{(x-x_i)} = \left[\frac{1}{\prod_{i=0}^{n}(x-x_i)}\right]t^{n+1} + (\text{termos de grau mais baixo em } t),$$

e

$$\frac{d^{n+1}}{dt^{n+1}} \prod_{i=0}^{n} \frac{(t - x_i)}{(x - x_i)} = \frac{(n+1)!}{\prod_{i=0}^{n}(x - x_i)}.$$

A Equação (3.4) agora se transforma em

$$0 = f^{(n+1)}(\xi) - 0 - [f(x) - P(x)]\frac{(n+1)!}{\prod_{i=0}^{n}(x - x_i)},$$

e, ao isolar $f(x)$, obtemos

$$f(x) = P(x) + \frac{f^{(n+1)}(\xi)}{(n+1)!} \prod_{i=0}^{n}(x - x_i). \qquad \blacksquare$$

A fórmula do erro no Teorema 3.3 é um resultado teórico importante, pois os polinômios de Lagrange são amplamente utilizados na dedução de métodos numéricos de diferenciação e integração. Os limitantes de erro para essas técnicas são obtidos a partir da fórmula de erro de Lagrange.

Observe que a forma do erro para o polinômio de Lagrange é bastante semelhante àquela do polinômio de Taylor. O enésimo polinômio de Taylor em torno de x_0 concentra todas as informações conhecidas em x_0 e possui um termo de erro da forma

$$\frac{f^{(n+1)}(\xi(x))}{(n+1)!}(x - x_0)^{n+1}.$$

O polinômio de Lagrange de grau n usa informações nos números distintos $x_0, x_1, \ldots, x_n$ e, em lugar de $(x - x_0)^{n+1}$, sua fórmula de erro usa um produto dos $n + 1$ termos $(x - x_0), (x - x_1), \ldots, (x - x_n)$:

$$\frac{f^{(n+1)}(\xi(x))}{(n+1)!}(x - x_0)(x - x_1)\cdots(x - x_n).$$

EXEMPLO 3 No Exemplo 2, encontramos o segundo polinômio de Lagrange para $f(x) = 1/x$ em [2, 4] usando os nós $x_0 = 2$, $x_1 = 2{,}75$ e $x_2 = 4$. Determine a forma de erro para este polinômio e o erro máximo quando o polinômio for usado para aproximar $f(x)$ com $x \in [2, 4]$.

Solução Como $f(x) = x^{-1}$, temos

$$f'(x) = -x^{-2}, \qquad f''(x) = 2x^{-3} \qquad \text{e} \qquad f'''(x) = -6x^{-4}.$$

Como consequência, o segundo polinômio de Lagrange tem a fórmula de erro

$$\frac{f'''(\xi(x))}{3!}(x - x_0)(x - x_1)(x - x_2) = -\,(\xi(x))^{-4}(x-2)(x-2{,}75)(x-4), \quad \text{para } \xi(x) \text{ em } (2, 4).$$

O valor máximo de $(\xi(x))^{-4}$ no intervalo é $2^{-4} = 1/16$. Precisamos agora determinar o valor máximo neste intervalo do valor absoluto do polinômio

$$g(x) = (x - 2)(x - 2{,}75)(x - 4) = x^3 - \frac{35}{4}x^2 + \frac{49}{2}x - 22.$$

Já que

$$D_x\left(x^3 - \frac{35}{4}x^2 + \frac{49}{2}x - 22\right) = 3x^2 - \frac{35}{2}x + \frac{49}{2} = \frac{1}{2}(3x-7)(2x-7),$$

os pontos críticos ocorrem em

$$x = \frac{7}{3}, \text{ com } g\left(\frac{7}{3}\right) = \frac{25}{108}, \qquad \text{e} \qquad x = \frac{7}{2}, \text{ com } g\left(\frac{7}{2}\right) = -\frac{9}{16}.$$

Assim, o erro máximo é

$$\frac{f'''(\xi(x))}{3!}|(x-x_0)(x-x_1)(x-x_2)| \le \frac{1}{16}\left|-\frac{9}{16}\right| = \frac{9}{256} \approx 0{,}03515625. \qquad \blacksquare$$

O próximo exemplo ilustra como a fórmula de erro pode ser usada para preparar uma tabela de dados que irá garantir um erro de interpolação dentro de uma limitação especificada.

EXEMPLO 4 Suponha que preparemos uma tabela para a função $f(x) = e^x$, para x em [0, 1]. Suponha que o número de casas decimais a serem dadas por entrada seja $d \ge 8$ e que a diferença entre os valores x adjacentes, o tamanho do passo, seja h. Qual seria o valor h para a interpolação linear para se obter um erro absoluto de no máximo 10^{-6} para todo x em [0,1]?

Solução Sejam $x_0, x_1, \ldots$ os números nos quais f será calculada, x em [0, 1] e suponha que j satisfaça $x_j \le x \le x_{j+1}$. A Equação 3.3 implica que o erro na interpolação linear será

$$|f(x) - P(x)| = \left|\frac{f^{(2)}(\xi)}{2!}(x-x_j)(x-x_{j+1})\right| = \frac{|f^{(2)}(\xi)|}{2}|(x-x_j)|\,|(x-x_{j+1})|.$$

Como o tamanho do passo é h, segue que $x_j = jh$, $x_{j+1} = (j+1)h$ e

$$|f(x) - P(x)| \le \frac{|f^{(2)}(\xi)|}{2!}|(x-jh)(x-(j+1)h)|.$$

Logo,

$$\begin{aligned}|f(x) - P(x)| &\le \frac{\max_{\xi\in[0,1]} e^{\xi}}{2} \max_{x_j\le x\le x_{j+1}} |(x-jh)(x-(j+1)h)| \\ &\le \frac{e}{2} \max_{x_j\le x\le x_{j+1}} |(x-jh)(x-(j+1)h)|.\end{aligned}$$

Considere a função $g(x) = (x - jh)(x - (j+1)h)$, para $jh \le x \le (j+1)h$. Como

$$g'(x) = (x-(j+1)h) + (x-jh) = 2\left(x - jh - \frac{h}{2}\right),$$

o único ponto crítico de g é em $x = jh + h/2$, com $g(jh + h/2) = (h/2)^2 = h^2/4$.

Já que $g(jh) = 0$ e $g((j+1)h) = 0$, o valor máximo de $|g'(x)|$ em $[jh, (j+1)h]$ deve ocorrer neste ponto crítico, o que implica que (veja o Exercício 21)

$$|f(x) - P(x)| \le \frac{e}{2} \max_{x_j\le x\le x_{j+1}} |g(x)| \le \frac{e}{2}\cdot\frac{h^2}{4} = \frac{eh^2}{8}.$$

Consequentemente, para garantir que o erro na interpolação linear seja limitado por 10^{-6}, é suficiente que h seja escolhido de modo que

$$\frac{eh^2}{8} \leq 10^{-6}. \quad \text{Isso implica que} \quad h < 1{,}72 \times 10^{-3}.$$

Como $n = (1 - 0)/h$ deve ser um número inteiro, uma escolha lógica para o tamanho do passo seria $h = 0{,}001$. M■

EXERCÍCIOS 3.1

1. Para as funções $f(x)$ dadas, sejam $x_0 = 0$, $x_1 = 0{,}6$ e $x_2 = 0{,}9$. Construa polinômios interpoladores de grau no máximo um e no máximo dois para determinar uma aproximação de $f(0{,}45)$ e encontre o erro absoluto.

a. $f(x) = \cos x$ **b.** $f(x) = \sqrt{1 + x}$

c. $f(x) = \ln(x + 1)$ **d.** $f(x) = \operatorname{tg} x$

2. Para as funções $f(x)$ dadas, sejam $x_0 = 1$, $x_1 = 1{,}25$ e $x_2 = 1{,}6$. Construa polinômios interpoladores de grau no máximo um e no máximo dois para determinar uma aproximação de $f(1{,}4)$, e encontre o erro absoluto.

a. $f(x) = \operatorname{sen} \pi x$ **b.** $f(x) = \sqrt[3]{x - 1}$

c. $f(x) = \log_{10}(3x - 1)$ **d.** $f(x) = e^{2x} - x$

3. Use o Teorema 3.3 para encontrar um limitante do erro para as aproximações no Exercício 1.

4. Use o Teorema 3.3 para encontrar um limitante do erro para as aproximações no Exercício 2.

5. Utilize polinômios interpoladores de Lagrange de graus um, dois e três adequados para aproximar cada um dos seguintes:

a. $f(8{,}4)$ se $f(8{,}1) = 16{,}94410$, $f(8{,}3) = 17{,}56492$, $f(8{,}6) = 18{,}50515$, $f(8{,}7) = 18{,}82091$

b. $f(-\frac{1}{3})$ se $f(-0{,}75) = -0{,}07181250$, $f(-0{,}5) = -0{,}02475000$, $f(-0{,}25) = 0{,}33493750$, $f(0) = 1{,}10100000$

c. $f(0{,}25)$ se $f(0{,}1) = 0{,}62049958$, $f(0{,}2) = -0{,}28398668$, $f(0{,}3) = 0{,}00660095$, $f(0{,}4) = 0{,}24842440$

d. $f(0{,}9)$ se $f(0{,}6) = -0{,}17694460$, $f(0{,}7) = 0{,}01375227$, $f(0{,}8) = 0{,}22363362$, $f(1{,}0) = 0{,}65809197$

6. Utilize polinômios interpoladores de Lagrange de graus um, dois e três adequados para aproximar cada um dos seguintes:

a. $f(0{,}43)$ se $f(0) = 1$, $f(0{,}25) = 1{,}64872$, $f(0{,}5) = 2{,}71828$, $f(0{,}75) = 4{,}48169$

b. $f(0)$ se $f(-0{,}5) = 1{,}93750$, $f(-0{,}25) = 1{,}332303$, $f(0{,}25) = 0{,}800781$, $f(0{,}5) = 0{,}687500$

c. $f(0{,}18)$ se $f(0{,}1) = -0{,}29004986$, $f(0{,}2) = -0{,}56079734$, $f(0{,}3) = -0{,}81401972$, $f(0{,}4) = -1{,}0526302$

d. $f(0{,}25)$ se $f(-1) = 0{,}86199480$, $f(-0{,}5) = 0{,}95802009$, $f(0) = 1{,}0986123$, $f(0{,}5) = 1{,}2943767$

7. Os dados do Exercício 5 foram gerados a partir das funções a seguir. Use a fórmula de erro para encontrar um limitante para o erro e compare o limitante ao erro real para os casos $n = 1$ e $n = 2$.

a. $f(x) = x \ln x$ **b.** $f(x) = x^3 + 4{,}001x^2 + 4{,}002x + 1{,}101$

c. $f(x) = x \cos x - 2x^2 + 3x - 1$ **d.** $f(x) = \operatorname{sen}(e^x - 2)$

8. Os dados do Exercício 6 foram gerados a partir das funções a seguir. Use a fórmula de erro para encontrar um limitante para o erro e compare o limitante ao erro real para os casos $n = 1$ e $n = 2$.

a. $f(x) = e^{2x}$ **b.** $f(x) = x^4 - x^3 + x^2 - x + 1$

b. $f(x) = x^2 \cos x - 3x$ **c.** $f(x) = \ln(e^x + 2)$

9. Seja $P_3(x)$ o polinômio interpolador para os dados $(0, 0)$, $(0{,}5, y)$, $(1, 3)$ e $(2, 2)$. Encontre y se o coeficiente de x^3 em $P_3(x)$ é 6.

10. Sejam $f(x) = \sqrt{x - x^2}$ e $P_2(x)$ o polinômio interpolador por $x_0 = 0$, x_1 e $x_2 = 1$. Encontre o maior valor de x_1 em $(0, 1)$ para o qual $f(0{,}5) - P_2(0{,}5) = -0{,}25$.

11. Use os valores a seguir e aritmética com arredondamento para quatro algarismos para construir uma aproximação polinomial de Lagrange de grau três para $f(1{,}09)$. A função sendo aproximada é $f(x) = \log_{10}(\operatorname{tg} x)$. Use esse conhecimento para encontrar um limitante para o erro na aproximação.

$$f(1{,}00) = 0{,}1924 \quad f(1{,}05) = 0{,}2414 \quad f(1{,}10) = 0{,}2933 \quad f(1{,}15) = 0{,}3492$$

12. Use o polinômio interpolador de Lagrange de grau menor ou igual a três e aritmética com truncamento em quatro algarismos para aproximar cos 0,750 usando os seguintes valores. Encontre um limitante do erro para a aproximação.

$$\cos 0{,}698 = 0{,}7661 \quad \cos 0{,}733 = 0{,}7432 \quad \cos 0{,}768 = 0{,}7193 \quad \cos 0{,}803 = 0{,}6946$$

O valor real de cos 0,750 é 0,7317 (com quatro casas decimais). Explique a discrepância entre o erro real e o limitante do erro.

13. Construa os polinômios interpoladores de Lagrange para as funções a seguir e encontre um limitante para o erro absoluto no intervalo $[x_0, x_n]$.

a. $f(x) = e^{2x} \cos 3x, \quad x_0 = 0, \quad x_1 = 0{,}3, \quad x_2 = 0{,}6, \quad n = 2$

b. $f(x) = \operatorname{sen}(\ln x), \quad x_0 = 2{,}0, \quad x_1 = 2{,}4, \quad x_2 = 2{,}6, \quad n = 2$

c. $f(x) = \ln x, \quad x_0 = 1, \quad x_1 = 1{,}1, \quad x_2 = 1{,}3, \quad x_3 = 1{,}4, \quad n = 3$

d. $f(x) = \cos x + \operatorname{sen} x, \quad x_0 = 0, \quad x_1 = 0{,}25, \quad x_2 = 0{,}5, \quad x_3 = 1{,}0, \quad n = 3$

14. Construa os polinômios interpoladores de Lagrange para as seguintes funções e encontre um limitante para o erro absoluto no intervalo $[x_0, x_n]$.

a. $f(x) = e^{-2x} \operatorname{sen} 3x, \quad x_0 = 0, x_1 = \frac{\pi}{6}, x_2 = \frac{\pi}{4}, n = 2$

b. $f(x) = \log_{10} x, \quad x_0 = 3{,}0, x_1 = 3{,}2, x_2 = 3{,}5, n = 2$

c. $f(x) = ex + e^{-x}, \quad x_0 = -0{,}3, x_1 = 0, x_2 = 0{,}3, n = 2$

d. $f(x) = \cos(2 \ln(3x)), \quad x_0 = 0, x_1 = 0{,}3, x_2 = 0{,}5, x_3 = 1{,}0, n = 3$

15. Seja $f(x) = e^x$, para $0 \leq x \leq 2$.

a. Aproxime $f(0{,}25)$ usando interpolação linear com $x_0 = 0$ e $x_1 = 0{,}5$.

b. Aproxime $f(0{,}75)$ usando interpolação linear com $x_0 = 0{,}5$ e $x_1 = 1$.

c. Aproxime $f(0{,}25)$ e $f(0{,}75)$ usando o polinômio interpolador quadrático com $x_0 = 0, x_1 = 1$ e $x_2 = 2$.

d. Quais são as melhores aproximações e por quê?

16. Seja $f(x) = e^{-x} \cos x$, para $0 \leq x \leq 1$.

a. Aproxime $f(0{,}25)$ usando interpolação linear com $x_0 = 0$ e $x_1 = 0{,}5$.

b. Aproxime $f(0{,}75)$ usando interpolação linear com $x_0 = 0{,}5$ e $x_1 = 1$.

c. Aproxime $f(0{,}25)$ e $f(0{,}75)$ usando o segundo polinômio interpolador com $x_0 = 0, x_1 = 0{,}5$, e $x_2 = 1{,}0$.

d. Quais aproximações são melhores e por quê?

17. Suponha que você tenha que construir tabelas com oito casas decimais para a função logaritmo comum, ou na base 10, a partir de $x = 1$ até $x = 10$, de forma que a interpolação linear seja precisa até 10^{-6}. Determine um limitante para o tamanho do passo nessa tabela. Qual escolha de tamanho do passo asseguraria que $x = 10$ esteja incluído na tabela?

18. No Exercício 24 da Seção 1.1, uma série Maclaurin foi integrada para aproximar erf(1), onde erf(x) é a função de erro da distribuição normal definida por

$$\operatorname{erf}(x) = \frac{2}{\sqrt{\pi}} \int_0^x e^{-t^2} dt.$$

a. Use a série Maclaurin para construir uma tabela para erf(x) que tenha precisão de 10^{-4} para erf(x_i), onde $x_i = 0{,}2i$, para $i = 0, 1, \ldots, 5$.

b. Use tanto a interpolação linear quanto a interpolação quadrática para obter uma aproximação de erf $(\frac{1}{3})$. Qual das abordagens parece mais viável?

EXERCÍCIOS APLICADOS

19. **a.** A introdução deste capítulo inclui uma tabela que mostra a população dos Estados Unidos de 1960 até 2010. Use a interpolação de Lagrange para aproximar a população nos anos de 1950, 1975, 2014 e 2020.

b. A população em 1950 era aproximadamente 150.697.360 e, em 2014, a estimativa da população era 317.298.000. Quão precisos você acha que seus valores para 1975 e 2020 são?

20. Suspeita-se que grande quantidade de tanino em folhas maduras de carvalho inibam o crescimento das larvas da mariposa de inverno (*Operophtera bromata L., Geometridae*), as quais danificam muito essas árvores em determinados anos. A tabela a seguir relaciona o peso médio de duas amostras de larvas em certos momentos nos primeiros 28 dias após o nascimento. A primeira amostra foi criada em folhas novas de carvalho, enquanto a segunda amostra foi criada em folhas maduras da mesma árvore.

a. Use a interpolação de Lagrange para aproximar a curva de peso médio para cada amostra.

b. Encontre um peso médio máximo aproximado para cada amostra, determinando o máximo do polinômio interpolador.

Dia	0	6	10	13	17	20	28
Peso médio da amostra 1 (mg)	6,67	17,33	42,67	37,33	30,10	29,31	28,74
Peso médio da amostra 2 (mg)	6,67	16,11	18,89	15,00	10,56	9,44	8,89

EXERCÍCIOS TEÓRICOS

21. Demonstre que $\max\limits_{x_j \leq x \leq x_{j+1}} |g(x)| = h^2/4$, onde $g(x) = (x - jh)(x - (j+1)h)$.

22. Demonstre o Teorema 1.14 seguindo o procedimento exposto na demonstração do Teorema 3.3 [*Sugestão:* Seja

$$g(t) = f(t) - P(t) - [f(x) - P(x)] \cdot \frac{(t - x_0)^{n+1}}{(x - x_0)^{n+1}},$$

onde $P(x)$ é o enésimo polinômio de Taylor, e use o teorema generalizado de Rolle 1.10.]

23. O polinômio de Bernstein de grau n para $f \in C[0, 1]$ é dado por

$$B_n(x) = \sum_{k=0}^{n} \binom{n}{k} f\left(\frac{k}{n}\right) x^k (1 - x)^{n-k},$$

onde $\binom{n}{k}$ denota $n!/k!\,(n - k)!$. Esses polinômios podem ser usados em uma demonstração construtiva do teorema de aproximação de Weierstrass 3.1 (consultar [Bart]), já que $\lim\limits_{n\to\infty} B_n(x) = f(x)$, para cada $x \in [0, 1]$.

a. Encontre $B_3(x)$ para as funções

i. $f(x) = x$ **ii.** $f(x) = 1$

b. Demonstre que, para cada $k \leq n$,

$$\binom{n-1}{k-1} = \left(\frac{k}{n}\right)\binom{n}{k}.$$

c. Use a parte (b) e o fato, a partir de (ii) na parte (a), de que

$$1 = \sum_{k=0}^{n} \binom{n}{k} x^k (1-x)^{n-k}, \quad \text{para cada} \quad n,$$

para mostrar que, para $f(x) = x^2$,

$$B_n(x) = \left(\frac{n-1}{n}\right) x^2 + \frac{1}{n} x.$$

d. Use a parte (c) para estimar o valor de n necessário para que $|B_n(x) - x^2| \leq 10^{-6}$ para todos os x em $[0, 1]$.

QUESTÕES PARA DISCUSSÃO

1. Suponha que usemos polinômios de Lagrange para ajustar dois conjuntos de dados que coincidem exatamente, exceto por uma pequena perturbação em um dos pontos em decorrência de erros de medida. Embora a perturbação seja pequena, a mudança no polinômio de Lagrange é grande. Explique por que esta discrepância ocorre.
2. Se decidirmos aumentar o grau do polinômio interpolador pela adição de nós, há alguma maneira fácil de usar um polinômio interpolador anterior para obter o polinômio interpolador de grau mais alto ou precisamos começar de novo?

3.2 Interpolação de dados e o método de Neville

Na seção anterior, encontramos uma representação explícita para os polinômios de Lagrange e seus erros ao aproximar uma função em um intervalo. Um uso frequente destes polinômios envolve a interpolação de dados tabulados. Neste caso, pode não ser necessária uma representação explícita do polinômio, mas apenas o valor do polinômio em pontos específicos. Nesta situação, a função por trás dos dados pode não ser conhecida, de modo que a fórmula explícita do erro não pode ser usada. Ilustraremos agora uma aplicação prática da interpolação em tal situação.

Ilustração A Tabela 3.2 fornece os valores de uma função em vários pontos. As aproximações de $f(1{,}5)$ obtidas pelos diversos polinômios de Lagrange serão comparadas para tentar determinar a precisão da aproximação.

Tabela 3.2

x	$f(x)$
1,0	0,7651977
1,3	0,6200860
1,6	0,4554022
1,9	0,2818186
2,2	0,1103623

Como 1,5 está entre 1,3 e 1,6, o polinômio linear mais adequado utiliza $x_0 = 1{,}3$ e $x_1 = 1{,}6$. O valor do polinômio interpolador em 1,5 é

$$P_1(1{,}5) = \frac{(1{,}5-1{,}6)}{(1{,}3-1{,}6)}f(1{,}3) + \frac{(1{,}5-1{,}3)}{(1{,}6-1{,}3)}f(1{,}6)$$
$$= \frac{(1{,}5-1{,}6)}{(1{,}3-1{,}6)}(0{,}6200860) + \frac{(1{,}5-1{,}3)}{(1{,}6-1{,}3)}(0{,}4554022) = 0{,}5102968.$$

É razoável utilizar dois polinômios de grau dois, um tomando $x_0 = 1{,}3$, $x_1 = 1{,}6$ e $x_2 = 1{,}9$, o que resulta

$$P_2(1{,}5) = \frac{(1{,}5-1{,}6)(1{,}5-1{,}9)}{(1{,}3-1{,}6)(1{,}3-1{,}9)}(0{,}6200860) + \frac{(1{,}5-1{,}3)(1{,}5-1{,}9)}{(1{,}6-1{,}3)(1{,}6-1{,}9)}(0{,}4554022)$$
$$+ \frac{(1{,}5-1{,}3)(1{,}5-1{,}6)}{(1{,}9-1{,}3)(1{,}9-1{,}6)}(0{,}2818186) = 0{,}5112857,$$

e um com $x_0 = 1{,}0$, $x_1 = 1{,}3$ e $x_2 = 1{,}6$, o que resulta $\hat{P}_2(1{,}5) = 0{,}5124715$.

No caso de grau três, existem também duas escolhas razoáveis para o polinômio. Uma delas com $x_0 = 1{,}3$, $x_1 = 1{,}6$, $x_2 = 1{,}9$ e $x_3 = 2{,}2$, o que resulta $P_3(1{,}5) = 0{,}5118302$. A segunda aproximação de grau três é obtida tomando $x_0 = 1{,}0$, $x_1 = 1{,}3$, $x_2 = 1{,}6$ e $x_3 = 1{,}9$, o que resulta $\hat{P}_3(1{,}5) = 0{,}5118127$.

O polinômio de Lagrange de grau quatro utiliza todos os valores na tabela. Com $x_0 = 1{,}0$, $x_1 = 1{,}3$, $x_2 = 1{,}6$, $x_3 = 1{,}9$ e $x_4 = 2{,}2$, a aproximação é $P_4(1{,}5) = 0{,}5118200$.

Como $P_3(1{,}5)$, $\hat{P}_3(1{,}5)$ e $P_4(1{,}5)$, todos coincidem até uma precisão de 2×10^{-5} unidades, espera-se essa ordem de precisão para essas aproximações. Espera-se também que $P_4(1{,}5)$ seja a aproximação mais precisa, pois utiliza mais os dados fornecidos.

A função que está sendo aproximada é a função de Bessel de primeira espécie e ordem zero, cujo valor em 1,5 é conhecido como sendo 0,5118277. Portanto, as precisões verdadeiras das aproximações são as seguintes:

$$|P_1(1{,}5) - f(1{,}5)| \approx 1{,}53 \times 10^{-3},$$
$$|P_2(1{,}5) - f(1{,}5)| \approx 5{,}42 \times 10^{-4},$$
$$|\hat{P}_2(1{,}5) - f(1{,}5)| \approx 6{,}44 \times 10^{-4},$$
$$|P_3(1{,}5) - f(1{,}5)| \approx 2{,}5 \times 10^{-6},$$
$$|\hat{P}_3(1{,}5) - f(1{,}5)| \approx 1{,}50 \times 10^{-5},$$
$$|P_4(1{,}5) - f(1{,}5)| \approx 7{,}7 \times 10^{-6}.$$

Embora $P_3(1{,}5)$ seja a aproximação mais precisa, se não for conhecido o valor real de $f(1{,}5)$, aceitaríamos $P_4(1{,}5)$ como a melhor aproximação, já que inclui mais dados sobre a função. O termo de erro de Lagrange deduzido no Teorema 3.3 não pode ser aplicado neste caso, pois o conhecimento da quarta derivada de f não está disponível. Infelizmente, esse é geralmente o caso. ■

Método de Neville

Uma dificuldade prática com a interpolação de Lagrange é que, como o termo de erro é difícil de ser aplicado, o grau do polinômio necessário para a precisão desejada não é normalmente conhecido até que os cálculos sejam feitos. A prática usual é calcular os resultados fornecidos por diversos polinômios até que uma coincidência adequada seja obtida, como foi feito na ilustração anterior. Entretanto, o trabalho feito no cálculo da aproximação pelo polinômio de grau dois não diminui o trabalho necessário para calcular a aproximação de grau três; nem a aproximação de grau quatro é mais fácil de ser obtida quando a aproximação de grau três for conhecida e assim por diante. Agora, deduziremos esses polinômios aproximadores de uma maneira que tire a maior vantagem possível dos cálculos anteriores.

Definição 3.4 Seja f uma função definida em $x_0, x_1, x_2, \ldots, x_n$, e suponha que $m_1, m_2, \ldots, m_k$, sejam k números inteiros distintos, com $0 \leq m_i \leq n$ para cada i. O polinômio de Lagrange que coincide com $f(x)$ nos k pontos $x_{m_1}, x_{m_2}, \ldots, x_{m_k}$, é denotado por $P_{m_1, m_2, \ldots, m_k}(x)$. ∎

EXEMPLO 1 Se $x_0 = 1, x_1 = 2, x_2 = 3, x_3 = 4, x_4 = 6$ e $f(x) = e^x$. Determine o polinômio interpolador denotado por $P_{1,2,4}(x)$ e use-o para aproximar $f(5)$.

Solução Este é o polinômio de Lagrange que coincide com $f(x)$ em $x_1 = 2$, $x_2 = 3$, e $x_4 = 6$. Portanto,

$$P_{1,2,4}(x) = \frac{(x-3)(x-6)}{(2-3)(2-6)}e^2 + \frac{(x-2)(x-6)}{(3-2)(3-6)}e^3 + \frac{(x-2)(x-3)}{(6-2)(6-3)}e^6.$$

Assim,

$$\begin{aligned} f(5) \approx P(5) &= \frac{(5-3)(5-6)}{(2-3)(2-6)}e^2 + \frac{(5-2)(5-6)}{(3-2)(3-6)}e^3 + \frac{(5-2)(5-3)}{(6-2)(6-3)}e^6 \\ &= -\frac{1}{2}e^2 + e^3 + \frac{1}{2}e^6 \approx 218{,}105. \end{aligned}$$

∎

O próximo resultado descreve um método para gerar recursivamente as aproximações por polinômios de Lagrange.

Teorema 3.5 Seja f uma função definida em $x_0, x_1, \ldots, x_k$, e sejam x_j, x_i dois números distintos nesse conjunto. Então

$$P(x) = \frac{(x - x_j)P_{0,1,\ldots,j-1,j+1,\ldots,k}(x) - (x - x_i)P_{0,1,\ldots,i-1,i+1,\ldots,k}(x)}{(x_i - x_j)}$$

descreve o k-ésimo polinômio de Lagrange que interpola f nos $k + 1$ pontos $x_0, x_1, \ldots, x_k$.

Demonstração Para facilidade de notação, sejam $Q \equiv P_{0,1,\ldots,i-1,i+1,\ldots,k}$ e $\hat{Q} \equiv P_{0,1,\ldots,j-1,j+1,\ldots,k}$. Como $Q(x)$ e $\hat{Q}(x)$ são polinômios de grau $k - 1$ ou menor, $P(x)$ é de grau no máximo k.

Primeiro, observe que $\hat{Q}(x_i) = f(x_i)$ implica que

$$P(x_i) = \frac{(x_i - x_j)\hat{Q}(x_i) - (x_i - x_i)Q(x_i)}{x_i - x_j} = \frac{(x_i - x_j)}{(x_i - x_j)}f(x_i) = f(x_i).$$

Analogamente, como $Q(x_j) = f(x_j)$, temos $P(x_j) = f(x_j)$.

Além disso, se $0 \leq r \leq k$ e r não for nem i nem j, então $Q(x_r) = \hat{Q}(x_r) = f(x_r)$. Assim,

$$P(x_r) = \frac{(x_r - x_j)\hat{Q}(x_r) - (x_r - x_i)Q(x_r)}{x_i - x_j} = \frac{(x_i - x_j)}{(x_i - x_j)}f(x_r) = f(x_r).$$

Porém, por definição, $P_{0,1,\ldots,k}(x)$ é o único polinômio de grau no máximo k que coincide com f em $x_0, x_1, \ldots, x_k$. Logo, $P \equiv P_{0,1,\ldots,k}$. ∎

O Teorema 3.5 implica que os polinômios interpoladores podem ser gerados de forma recursiva. Por exemplo, temos

$$P_{0,1} = \frac{1}{x_1 - x_0}[(x - x_0)P_1 + (x - x_1)P_0], \quad P_{1,2} = \frac{1}{x_2 - x_1}[(x - x_1)P_2 + (x - x_2)P_1],$$

$$P_{0,1,2} = \frac{1}{x_2 - x_0}[(x - x_0)P_{1,2} + (x - x_2)P_{0,1}],$$

e assim por diante. Eles podem ser gerados da maneira mostrada na Tabela 3.3, onde cada linha é completada antes que as linhas que a sucedem sejam iniciadas.

Tabela 3.3

x_0	P_0				
x_1	P_1	$P_{0,1}$			
x_2	P_2	$P_{1,2}$	$P_{0,1,2}$		
x_3	P_3	$P_{2,3}$	$P_{1,2,3}$	$P_{0,1,2,3}$	
x_4	P_4	$P_{3,4}$	$P_{2,3,4}$	$P_{1,2,3,4}$	$P_{0,1,2,3,4}$

Esse procedimento que usa o resultado do Teorema 3.5 para gerar recursivamente aproximações por polinômios interpoladores é chamado **Método de Neville**. A notação P usada na Tabela 3.3 é incômoda, por causa do número de subscritos utilizados para representar os valores. Entretanto, observe que, conforme a tabela está sendo construída, somente dois subscritos são necessários. Prosseguir para baixo na tabela corresponde à utilização de pontos x_i consecutivos com i maior e prosseguir para a direita corresponde ao aumento do grau do polinômio interpolador. Como os pontos aparecem consecutivamente em cada entrada, é necessário descrever somente um ponto inicial e o número de pontos adicionais usados na construção da aproximação.

Eric Harold Neville (1889-1961) forneceu essa modificação da fórmula de Lagrange em um artigo publicado em 1932. [N]

A fim de evitar os subscritos múltiplos, denote por $Q_{i,j}(x)$, para $0 \leq j \leq i$, o polinômio interpolador de grau j nos $(j + 1)$ números $x_{i-j}, x_{i-j+1}, \ldots, x_{i-1}, x_i$; isto é,

$$Q_{i,j} = P_{i-j,i-j+1,\ldots,i-1,i}.$$

Usar essa notação fornece a matriz de notação para Q na Tabela 3.4.

Tabela 3.4

x_0	$P_0 = Q_{0,0}$				
x_1	$P_1 = Q_{1,0}$	$P_{0,1} = Q_{1,1}$			
x_2	$P_2 = Q_{2,0}$	$P_{1,2} = Q_{2,1}$	$P_{0,1,2} = Q_{2,2}$		
x_3	$P_3 = Q_{3,0}$	$P_{2,3} = Q_{3,1}$	$P_{1,2,3} = Q_{3,2}$	$P_{0,1,2,3} = Q_{3,3}$	
x_4	$P_4 = Q_{4,0}$	$P_{3,4} = Q_{4,1}$	$P_{2,3,4} = Q_{4,2}$	$P_{1,2,3,4} = Q_{4,3}$	$P_{0,1,2,3,4} = Q_{4,4}$

EXEMPLO 2 Os valores para diversos polinômios interpoladores em $x = 1,5$ foram obtidos na ilustração no começo desta seção usando os dados mostrados na Tabela 3.5. Aplique o método de Neville aos dados, construindo uma tabela recursiva da forma mostrada na Tabela 3.4.

Tabela 3.5

x	$f(x)$
1,0	0,7651977
1,3	0,6200860
1,6	0,4554022
1,9	0,2818186
2,2	0,1103623

Solução Se $x_0 = 1,0$, $x_1 = 1,3$, $x_2 = 1,6$, $x_3 = 1,9$ e $x_4 = 2,2$, então $Q_{0,0} = f(1,0)$, $Q_{1,0} = f(1,3)$, $Q_{2,0} = f(1,6)$, $Q_{3,0} = f(1,9)$ e $Q_{4,0} = f(2,2)$. Esses são os cinco polinômios de grau zero (constantes) que aproximam $f(1,5)$ e são os mesmos dos dados fornecidos na Tabela 3.5.

O cálculo da aproximação de grau um $Q_{1,1}(1,5)$ resulta

$$\begin{aligned} Q_{1,1}(1,5) &= \frac{(x - x_0)Q_{1,0} - (x - x_1)Q_{0,0}}{x_1 - x_0} \\ &= \frac{(1,5 - 1,0)Q_{1,0} - (1,5 - 1,3)Q_{0,0}}{1,3 - 1,0} \\ &= \frac{0,5(0,6200860) - 0,2(0,7651977)}{0,3} = 0,5233449. \end{aligned}$$

Da mesma forma,

$$Q_{2,1}(1,5) = \frac{(1,5 - 1,3)(0,4554022) - (1,5 - 1,6)(0,6200860)}{1,6 - 1,3} = 0,5102968,$$

$$Q_{3,1}(1,5) = 0,5132634 \quad \text{e} \quad Q_{4,1}(1,5) = 0,5104270.$$

Esperamos que a melhor aproximação linear seja $Q_{2,1}$, pois 1,5 está entre $x_1 = 1,3$ e $x_2 = 1,6$.

De maneira semelhante, aproximações utilizando polinômios de graus mais altos são fornecidas por

$$Q_{2,2}(1,5) = \frac{(1,5 - 1,0)(0,5102968) - (1,5 - 1,6)(0,5233449)}{1,6 - 1,0} = 0,5124715.$$

$$Q_{3,2}(1,5) = 0,5112857 \quad \text{e} \quad Q_{4,2}(1,5) = 0,5137361.$$

As aproximações de graus mais altos são geradas de forma semelhante e estão mostradas na Tabela 3.6. ■

Tabela 3.6

1,0	0,7651977				
1,3	0,6200860	0,5233449			
1,6	0,4554022	0,5102968	0,5124715		
1,9	0,2818186	0,5132634	0,5112857	0,5118127	
2,2	0,1103623	0,5104270	0,5137361	0,5118302	0,5118200

Se a aproximação mais recente, $Q_{4,4}$, não for suficientemente precisa, um outro nó, x_5, pode ser escolhido e mais uma linha pode ser adicionada à tabela:

$$x_5 \quad Q_{5,0} \quad Q_{5,1} \quad Q_{5,2} \quad Q_{5,3} \quad Q_{5,4} \quad Q_{5,5}.$$

Então, $Q_{4,4}$, $Q_{5,4}$ e $Q_{5,5}$ podem ser comparados para determinar precisão adicional.

A função no Exemplo 2 é a função de Bessel de primeira espécie e grau zero, cujo valor em 2,5 é $-0{,}0483838$, e uma nova linha de aproximações para $f(1{,}5)$ é

$$2{,}5 \quad -0{,}0483838 \quad 0{,}4807699 \quad 0{,}5301984 \quad 0{,}5119070 \quad 0{,}5118430 \quad 0{,}5118277.$$

A nova entrada final, 0,5118277, está correta até sete casas decimais.

EXEMPLO 3 A Tabela 3.7 lista os valores de $f(x) = \ln x$, corretos nas casas dadas. Utilize o método de Neville e aritmética de arredondamento com 4 algarismos para aproximar $f(2{,}1) = \ln 2{,}1$, completando a tabela de Neville.

Tabela 3.7

i	x_i	$\ln x_i$
0	2,0	0,6931
1	2,2	0,7885
2	2,3	0,8329

Solução Como $x - x_0 = 0{,}1$, $x - x_1 = -0{,}1$ e $x - x_2 = -0{,}2$ e nos foi dado que $Q_{0,0} = 0{,}6931$, $Q_{1,0} = 0{,}7885$ e $Q_{2,0} = 0{,}8329$, temos

$$Q_{1,1} = \frac{1}{0{,}2}[(0{,}1)0{,}7885 - (-0{,}1)0{,}6931] = \frac{0{,}1482}{0{,}2} = 0{,}7410$$

e

$$Q_{2,1} = \frac{1}{0{,}1}[(-0{,}1)0{,}8329 - (-0{,}2)0{,}7885] = \frac{0{,}07441}{0{,}1} = 0{,}7441.$$

A aproximação final que podemos obter destes dados é

$$Q_{2,1} = \frac{1}{0{,}3}[(0{,}1)0{,}7441 - (-0{,}2)0{,}7410] = \frac{0{,}2276}{0{,}3} = 0{,}7420.$$

Estes valores são mostrados na Tabela 3.8. ■

Tabela 3.8

i	x_i	$x - x_i$	Q_{i0}	Q_{i1}	Q_{i2}
0	2,0	0,1	0,6931		
1	2,2	−0,1	0,7885	0,7410	
2	2,3	−0,2	0,8329	0,7441	0,7420

No exemplo anterior, temos $f(2{,}1) = \ln 2{,}1 = 0{,}7419$ até quatro casas decimais, então o erro absoluto é

$$|f(2{,}1) - P_2(2{,}1)| = |0{,}7419 - 0{,}7420| = 10^{-4}.$$

Contudo, $f'(x) = 1/x$, $f''(x) = -1/x^2$ e $f'''(x) = 2/x^3$, então a fórmula de erro de Lagrange (3.3) no Teorema 3.3 fornece o limitante de erro

$$\begin{aligned}|f(2{,}1) - P_2(2{,}1)| &= \left|\frac{f'''(\xi(2{,}1))}{3!}(x - x_0)(x - x_1)(x - x_2)\right| \\ &= \left|\frac{1}{3\,(\xi(2{,}1))^3}(0{,}1)(-0{,}1)(-0{,}2)\right| \le \frac{0{,}002}{3(2)^3} = 8{,}\bar{3} \times 10^{-5}.\end{aligned}$$

Observe que o erro real, 10^{-4}, excede o limitante de erro, $8.\bar{3} \times 10^{-5}$. Essa aparente contradição é uma consequência dos cálculos com um número finito de algarismos. Empregamos aproximações com quatro algarismos e a fórmula de erro de Lagrange (3.3) pressupõe uma aritmética com um número infinito de algarismos. Tal fato fez que nosso erro real excedesse a estimativa de erro teórica.

- Lembre-se: você não pode esperar mais precisão do que a aritmética fornece.

O Algoritmo 3.1. calcula os valores no método de Neville por linhas.

ALGORITMO 3.1 **Interpolação iterada de Neville**

Para calcular o polinômio interpolador P pelos $n + 1$ números distintos $x_0, \ldots, x_n$ para a função f no número x:

ENTRADA números $x, x_0, x_1, \ldots, x_n$; valores $f(x_0), f(x_1), \ldots, f(x_n)$ como a primeira coluna $Q_{0,0}, Q_{1,0}, \ldots, Q_{n,0}$ de Q.

SAÍDA a tabela Q com $P(x) = Q_{n,n}$.

Passo 1 Para $i = 1, 2, \ldots, n$

para $j = 1, 2, \ldots, i$

faça $$Q_{i,j} = \frac{(x - x_{i-j})Q_{i,j-1} - (x - x_i)Q_{i-1,j-1}}{x_i - x_{i-j}}.$$

Passo 2 SAÍDA (Q);

PARE. ■

EXERCÍCIOS 3.2

1. Use o método de Neville para obter aproximações para os polinômios interpoladores de Lagrange de graus um, dois e três e aproximar o seguinte:

   a. $f(8{,}4)$ se $f(8{,}1) = 16{,}94410$, $f(8{,}3) = 17{,}56492$, $f(8{,}6) = 18{,}50515$, $f(8{,}7) = 18{,}82091$

   b. $f(-\frac{1}{3})$ se $f(-0{,}75) = -0{,}07181250$, $f(-0{,}5) = -0{,}02475000$, $f(-0{,}25) = 0{,}33493750$, $f(0) = 1{,}10100000$

   c. $f(0{,}25)$ se $f(0{,}1) = 0{,}62049958$, $f(0{,}2) = -0{,}28398668$, $f(0{,}3) = 0{,}00660095$, $f(0{,}4) = 0{,}24842440$

   d. $f(0{,}9)$ se $f(0{,}6) = -0{,}17694460$, $f(0{,}7) = 0{,}01375227$, $f(0{,}8) = 0{,}22363362$, $f(1{,}0) = 0{,}65809197$

2. Use o método de Neville para obter aproximações para os polinômios interpoladores de Lagrange de graus um, dois e três e aproximar o seguinte:
   a. $f(0{,}43)$ se $f(0) = 1$, $f(0{,}25) = 1{,}64872$, $f(0{,}5) = 2{,}71828$, $f(0{,}75) = 4{,}48169$
   b. $f(0)$ se $f(-0{,}5) = 1{,}93750$, $f(-0{,}25) = 1{,}33203$, $f(0{,}25) = 0{,}800781$, $f(0{,}5) = 0{,}687500$
   c. $f(0{,}18)$ se $f(0{,}1) = -0.29004986$, $f(0{,}2) = -0{,}56079734$, $f(0{,}3) = -0{,}81401972$, $f(0{,}4) = -1{,}0526302$
   d. $f(0{,}25)$ se $f(-1) = 0{,}86199480$, $f(-0{,}5) = 0{,}95802009$, $f(0) = 1{,}0986123$, $f(0{,}5) = 1{,}2943767$
3. Use o método de Neville para aproximar $\sqrt{3}$ com as seguintes funções e valores.
   a. $f(x) = 3^x$ e os valores $x_0 = -2$, $x_1 = -1$, $x_2 = 0$, $x_3 = 1$, e $x_4 = 2$.
   b. $f(x) = \sqrt{x}$ e os valores $x_0 = 0$, $x_1 = 1$, $x_2 = 2$, $x_3 = 4$, e $x_4 = 5$.
   c. Compare a precisão das aproximações nas partes (a) e (b).
4. Seja $P_3(x)$ o polinômio interpolador para os dados (0, 0), (0,5, y), (1, 3), e (2, 2). Encontre y se o coeficiente de x^3 em $P_3(x)$ for 6.
5. O método de Neville é usado para aproximar $f(0{,}4)$, fornecendo a seguinte tabela:

$x_0 = 0$	$P_0 = 1$			
$x_1 = 0{,}25$	$P_1 = 2$	$P_{0,1} = 2{,}6$		
$x_2 = 0{,}5$	P_2	$P_{1,2}$	$P_{0,1,2}$	
$x_3 = 0{,}75$	$P_3 = 8$	$P_{2,3} = 2{,}4$	$P_{1,2,3} = 2{,}96$	$P_{0,1,2,3} = 3{,}016$

   Determine $P_2 = f(0{,}5)$.
6. O método de Neville é usado para aproximar $f(0{,}5)$, fornecendo a seguinte tabela:

$x_0 = 0$	$P_0 = 0$		
$x_1 = 0{,}4$	$P_1 = 2{,}8$	$P_{0,1} = 3{,}5$	
$x_2 = 0{,}7$	P_2	$P_{1,2}$	$P_{0,1,2} = \frac{27}{7}$

   Determine $P_2 = f(0{,}7)$.
7. Suponha que $x_j = j$, para $j = 0, 1, 2, 3$, e que seja sabido que
$$P_{0,1}(x) = 2x + 1, \quad P_{0,2}(x) = x + 1 \quad \text{e} \quad P_{1,2,3}(2{,}5) = 3.$$
   Encontre $P_{0,1,2,3}(2{,}5)$.
8. Suponha que $x_j = j$, para $j = 0, 1, 2, 3$ e que seja sabido que
$$P_{0,1}(x) = x + 1, \quad P_{1,2}(x) = 3x - 1 \quad \text{e} \quad P_{1,2,3}(1{,}5) = 4.$$
   Encontre $P_{0,1,2,3}(1{,}5)$.
9. O algoritmo de Neville é utilizado para aproximar $f(0)$ usando $f(-2)$, $f(-1)$, $f(1)$ e $f(2)$. Suponha que $f(-1)$ foi diminuído em 2 e $f(1)$ foi aumentado em 3. Determine o erro no cálculo original do valor do polinômio interpolador para aproximar $f(0)$.
10. O algoritmo de Neville é usado para aproximar $f(0)$ usando $f(-2)$, $f(-1)$, $f(1)$, e $f(2)$. Suponha que $f(-1)$ foi aumentado em 2 e $f(1)$ foi diminuído em 3. Determine o erro no cálculo original no valor do polinômio interpolador que aproxima $f(0)$.

EXERCÍCIOS TEÓRICOS

11. Construa uma sequência de valores interpoladores y_n para $f(1 + \sqrt{10})$, onde $f(x) = (1 + x^2)^{-1}$ para $-5 \leq x \leq 5$, da seguinte maneira: para cada $n = 1, 2, \ldots, 10$, seja $h = 10/n$ e $y_n = P_n(1 + \sqrt{10})$, onde $P_n(x)$ é o polinômio interpolador para $f(x)$ nos nós $x_0^{(n)}, x_1^{(n)}, \ldots, x_n^{(n)}$ e $x_j^{(n)} = -5 + jh$, para cada $j = 0, 1, 2, \ldots, n$. A sequência $\{y_n\}$ parece convergir para $f(1 + \sqrt{10})$?

Interpolação inversa Suponha que $f \in C^1[a, b]$, $f'(x) \neq 0$ em $[a, b]$ e que f tenha um zero p em $[a, b]$. Sejam $x_0, \ldots, x_n$, $n + 1$ números distintos em $[a, b]$ com $f(x_k) = y_k$, para cada $k = 0, 1, \ldots, n$. Para aproximar p, construa o polinômio interpolador de grau n nos nós $y_0, \ldots, y_n$ para f^{-1}. Como $y_k = f(x_k)$ e $0 = f(p)$, segue que $f^{-1}(y_k) = x_k$ e $p = f^{-1}(0)$. Usar a interpolação iterada para aproximar $f^{-1}(0)$ é chamado *interpolação iterada inversa.*

12. Use a interpolação iterada inversa para encontrar uma aproximação para a solução de $x - e^{-x} = 0$, usando os seguintes dados

x	0,3	0,4	0,5	0,6
e^{-x}	0,740818	0,670320	0,606531	0,548812

13. Construa um algoritmo que possa ser usado para interpolação inversa.

QUESTÕES PARA DISCUSSÃO

1. Confiabilidade: o que é e como é medida? Leia o artigo encontrado em http://www.slideshare.net/ analise-decurvas/reliability-what-is-it-and-how-is-it-measured. Resuma suas descobertas e descreva como o método de Neville é aplicado para medir o erro.
2. O método de Neville pode ser usado para obter a interpolação polinomial em um ponto genérico, em oposição a um ponto específico?

3.3 Diferenças divididas

A interpolação iterada foi usada na seção anterior para gerar aproximações polinomiais de grau sucessivamente mais alto em um ponto específico. Os métodos de diferença dividida, apresentados nesta seção, são utilizados para gerar sucessivamente os próprios polinômios.

Diferenças divididas

Suponha que $P_n(x)$ seja o enésimo polinômio interpolador que coincida com a função f nos números distintos $x_0, x_1, \ldots, x_n$. Embora esse polinômio seja único, representações algébricas alternativas são úteis em determinadas situações. As diferenças divididas de f em relação a $x_0, x_1, \ldots, x_n$ são usadas para expressar $P_n(x)$ na forma

$$P_n(x) = a_0 + a_1(x - x_0) + a_2(x - x_0)(x - x_1) + \ldots + a_n(x - x_0) \ldots (x - x_{n-1}), \quad (3.5)$$

para constantes adequadas $a_0, a_1, \ldots, a_n$. Para determinar a primeira dessas constantes, a_0, observe que, se $P_n(x)$ for escrito na forma da Equação (3.5), então, calcular $P_n(x)$ em x_0 deixa somente o termo constante a_0; isto é,

$$a_0 = P_n(x_0) = f(x_0).$$

Da mesma forma, quando $P(x)$ é calculado em x_1, os únicos termos diferentes de zero no cálculo de $P_n(x_1)$ são os termos constante e linear,

$$f(x_0) + a_1(x_1 - x_0) = P_n(x_1) = f(x_1);$$

de modo que

$$a_1 = \frac{f(x_1) - f(x_0)}{x_1 - x_0}. \tag{3.6}$$

Apresentamos agora a notação de diferença dividida, que é semelhante à notação Δ^2 de Aitken usada na Seção 2.5. A *diferença dividida de ordem zero* da função f com relação a x_i, denotada $f[x_i]$, é simplesmente o valor de f em x_i:

$$f[x_i] = f(x_i). \tag{3.7}$$

As diferenças divididas restantes são definidas de forma indutiva; a *primeira diferença dividida* de f em relação a x_i e x_{i+1} é denotada por $f[x_i, x_{i+1}]$ e é definida como

$$f[x_i, x_{i+1}] = \frac{f[x_{i+1}] - f[x_i]}{x_{i+1} - x_i}. \tag{3.8}$$

A *segunda diferença dividida*, $f[x_i, x_{i+1}, x_{i+2}]$, é definida como

$$f[x_i, x_{i+1}, x_{i+2}] = \frac{f[x_{i+1}, x_{i+2}] - f[x_i, x_{i+1}]}{x_{i+2} - x_i}.$$

Assim como em muitas áreas, Isaac Newton foi um pioneiro no estudo das equações diferenciais. Ele desenvolveu fórmulas de interpolação já em 1675, usando sua notação Δ em tabelas de diferenças. Ele adotou uma abordagem muito geral para as fórmulas de diferenças, de modo que os exemplos que ele produziu explicitamente, incluindo as fórmulas de Lagrange, são frequentemente conhecidos por outros nomes.

Analogamente, depois das $(k - 1)$-ésimas diferenças divididas,

$$f[x_i, x_{i+1}, x_{i+2}, \ldots, x_{i+k-1}] \quad \text{e} \quad f[x_{i+1}, x_{i+2}, \ldots, x_{i+k-1}, x_{i+k}],$$

terem sido determinadas, a **enésima diferença dividida** com relação a $x_i, x_{i+1}, x_{i+2}, \ldots, x_{i+k}$ é dada por

$$f[x_i, x_{i+1}, \ldots, x_{i+k-1}, x_{i+k}] = \frac{f[x_{i+1}, x_{i+2}, \ldots, x_{i+k}] - f[x_i, x_{i+1}, \ldots, x_{i+k-1}]}{x_{i+k} - x_i}. \tag{3.9}$$

O processo termina com a única enésima *diferença dividida*.

$$f[x_0, x_1, \ldots, x_n] = \frac{f[x_1, x_2, \ldots, x_n] - f[x_0, x_1, \ldots, x_{n-1}]}{x_n - x_0}.$$

Por causa da Equação (3.6), podemos escrever $a_1 = f[x_0, x_1]$, exatamente da mesma forma que a_0 pode ser expresso como $a_0 = f(x_0) = f[x_0]$. Assim, o polinômio interpolador na Equação (3.5) é

$$\begin{aligned} P_n(x) = f[x_0] + f[x_0, x_1](x - x_0) + a_2(x - x_0)(x - x_1) \\ + \ldots + a_n(x - x_0)(x - x_1)\ldots(x - x_{n-1}). \end{aligned}$$

Como se pode esperar do cálculo de a_0 e a_1, as constantes necessárias são

$$a_k = f[x_0, x_1, x_2, \ldots, x_k],$$

para cada $k = 0, 1, \ldots, n$. Então, $P_n(x)$ pode ser reescrito na forma chamada diferença dividida de Newton:

$$P_n(x) = f[x_0] + \sum_{k=1}^{n} f[x_0, x_1, \ldots, x_k]\,(x - x_0)\ldots(x - x_{k-1}). \tag{3.10}$$

O valor de $f[x_0, x_1, \ldots, x_k]$ é independente da ordem dos números $x_0, x_1, \ldots, x_k$, conforme mostrado no Exercício 23.

A maneira de gerar diferenças divididas está esboçada na Tabela 3.9. Duas quartas diferenças e uma quinta diferença também poderiam ser determinadas a partir desses dados.

Tabela 3.9

x	$f(x)$	Primeiras diferenças divididas	Segundas diferenças divididas	Terceiras diferenças divididas
x_0	$f[x_0]$			
		$f[x_0, x_1] = \dfrac{f[x_1] - f[x_0]}{x_1 - x_0}$		
x_1	$f[x_1]$		$f[x_0, x_1, x_2] = \dfrac{f[x_1, x_2] - f[x_0, x_1]}{x_2 - x_0}$	
		$f[x_1, x_2] = \dfrac{f[x_2] - f[x_1]}{x_2 - x_1}$		$f[x_0, x_1, x_2, x_3] = \dfrac{f[x_1, x_2, x_3] - f[x_0, x_1, x_2]}{x_3 - x_0}$
x_2	$f[x_2]$		$f[x_1, x_2, x_3] = \dfrac{f[x_2, x_3] - f[x_1, x_2]}{x_3 - x_1}$	
		$f[x_2, x_3] = \dfrac{f[x_3] - f[x_2]}{x_3 - x_2}$		$f[x_1, x_2, x_3, x_4] = \dfrac{f[x_2, x_3, x_4] - f[x_1, x_2, x_3]}{x_4 - x_1}$
x_3	$f[x_3]$		$f[x_2, x_3, x_4] = \dfrac{f[x_3, x_4] - f[x_2, x_3]}{x_4 - x_2}$	
		$f[x_3, x_4] = \dfrac{f[x_4] - f[x_3]}{x_4 - x_3}$		$f[x_2, x_3, x_4, x_5] = \dfrac{f[x_3, x_4, x_5] - f[x_2, x_3, x_4]}{x_5 - x_2}$
x_4	$f[x_4]$		$f[x_3, x_4, x_5] = \dfrac{f[x_4, x_5] - f[x_3, x_4]}{x_5 - x_3}$	
		$f[x_4, x_5] = \dfrac{f[x_5] - f[x_4]}{x_5 - x_4}$		
x_5	$f[x_5]$			

ALGORITMO 3.2 Fórmula das diferenças divididas de Newton

Para que sejam obtidos os coeficientes na forma de diferenças divididas do polinômio interpolador P pelos $(n + 1)$ números distintos $x_0, x_1, \ldots, x_n$ para a função f:

ENTRADA números $x_0, x_1, \ldots, x_n$; valores $f(x_0), f(x_1), \ldots, f(x_n)$ como $F_{0,0}, F_{1,0}, \ldots, F_{n,0}$.

SAÍDA os números $F_{0,0}, F_{1,1}, \ldots, F_{n,n}$, onde

$$P_n(x) = F_{0,0} + \sum_{i=1}^{n} F_{i,i} \prod_{j=0}^{i-1} (x - x_j). \quad (F_{i,i} \text{ é } f[x_0, x_1, \ldots, x_i].)$$

Passo 1 Para $i = 1, 2, \ldots, n$

Para $j = 1, 2, \ldots, i$

faça $F_{i,j} = \dfrac{F_{i,j-1} - F_{i-1,j-1}}{x_i - x_{i-j}}$. $(F_{i,j} = f[x_{i-j}, \ldots, x_i].)$

Passo 2 SAÍDA $(F_{0,0}, F_{1,1}, \ldots, F_{n,n})$;

PARE. ■

A forma da saída no Algoritmo 3.2 pode ser modificada para produzir todas as diferenças divididas, como foi feito no Exemplo 1.

EXEMPLO 1 Complete a tabela de diferença dividida para os dados usados no Exemplo 1 da Seção 3.2 e reproduzidos na Tabela 3.10 e construa o polinômio interpolador que usa todos estes dados.

Tabela 3.10

x	$f(x)$
1,0	0,7651977
1,3	0,6200860
1,6	0,4554022
1,9	0,2818186
2,2	0,1103623

Solução A primeira diferença dividida envolvendo x_0 e x_1 é

$$f[x_0, x_1] = \frac{f[x_1] - f[x_0]}{x_1 - x_0} = \frac{0{,}6200860 - 0{,}7651977}{1{,}3 - 1{,}0} = -0{,}4837057.$$

As primeiras diferenças divididas restantes são encontradas de maneira análoga e estão mostradas na quarta coluna da Tabela 3.11.

Tabela 3.11

i	x_i	$f[x_i]$	$f[x_{i-1}, x_i]$	$f[x_{i-2}, x_{i-1}, x_i]$	$f[x_{i-3}, \ldots, x_i]$	$f[x_{i-4}, \ldots, x_i]$
0	1,0	0,7651977				
			−0,4837057			
1	1,3	0,6200860		−0,1087339		
			−0,5489460		0,0658784	
2	1,6	0,4554022		−0,0494433		0,0018251
			−0,5786120		0,0680685	
3	1,9	0,2818186		−0,0118183		
			−0,5715210			
4	2,2	0,1103623				

A segunda diferença dividida envolvendo x_0, x_1 e x_2 é

$$f[x_0, x_1, x_2] = \frac{f[x_1, x_2] - f[x_0, x_1]}{x_2 - x_0} = \frac{-0{,}5489460 - (-0{,}4837057)}{1{,}6 - 1{,}0} = -0{,}1087339.$$

As diferenças divididas restantes são mostradas na quinta coluna da Tabela 3.11. A terceira diferença dividida envolvendo x_0, x_1, x_2 e x_3 e a quarta diferença dividida envolvendo todos os dados são, respectivamente,

$$f[x_0, x_1, x_2, x_3] = \frac{f[x_1, x_2, x_3] - f[x_0, x_1, x_2]}{x_3 - x_0} = \frac{-0{,}0494433 - (-0{,}1087339)}{1{,}9 - 1{,}0}$$
$$= 0{,}0658784,$$

e

$$f[x_0, x_1, x_2, x_3, x_4] = \frac{f[x_1, x_2, x_3, x_4] - f[x_0, x_1, x_2, x_3]}{x_4 - x_0} = \frac{0{,}0680685 - 0{,}0658784}{2{,}2 - 1{,}0}$$
$$= 0{,}0018251.$$

Todos os elementos são dados na Tabela 3.11.

Os coeficientes do polinômio interpolador na forma de diferenças progressivas de Newton estão na diagonal da tabela. Este polinômio é

$$P_4(x) = 0{,}7651977 - 0{,}4837057\,(x - 1{,}0) - 0{,}1087339\,(x - 1{,}0)(x - 1{,}3)$$
$$+ 0{,}0658784\,(x - 1{,}0)(x - 1{,}3)(x - 1{,}6)$$
$$+ 0{,}0018251\,(x - 1{,}0)(x - 1{,}3)(x - 1{,}6)(x - 1{,}9).$$

Observe que o valor $P_4(1{,}5) = 0{,}5118200$ coincide com o resultado na Tabela 3.6 do Exemplo 2 da Seção 3.2, como deveria, pois os polinômios são os mesmos. ■

O teorema de valor médio 1.8 aplicado à Equação (3.8) quando $i = 0$,

$$f[x_0, x_1] = \frac{f(x_1) - f(x_0)}{x_1 - x_0},$$

implica que, quando f' existe, $f[x_0, x_1] = f'(\xi)$ para algum número ξ entre x_0 e x_1. O teorema a seguir generaliza esse resultado.

▸Teorema 3.6 Suponha que $f \in C^n[a, b]$ e $x_0, x_1, \ldots, x_n$ sejam números distintos em $[a, b]$. Então, existe um número ξ em (a, b) tal que

$$f[x_0, x_1, \ldots, x_n] = \frac{f^{(n)}(\xi)}{n!}.$$

Demonstração Seja

$$g(x) = f(x) - P_n(x).$$

Como $f(x_i) = P_n(x_i)$, para cada $i = 0, 1, \ldots, n$, a função g tem $n + 1$ zeros distintos em $[a, b]$. O teorema generalizado de Rolle 1.10 implica que existe um número ξ em (a, b) com $g^{(n)}(\xi) = 0$, então

$$0 = f^{(n)}(\xi) - P_n^{(n)}(\xi).$$

Como $P_n(x)$ é um polinômio de grau n cujo coeficiente dominante é $f[x_0, x_1, \ldots, x_n]$,

$$P_n^{(n)}(x) = n!\, f[x_0, x_1, \ldots, x_n],$$

para todos os valores de x. Como consequência,

$$f[x_0, x_1, \ldots, x_n] = \frac{f^{(n)}(\xi)}{n!}.$$ ■

A fórmula de diferenças divididas de Newton pode ser expressa de uma maneira simplificada quando os *nós* estão ordenados consecutivamente e com o mesmo espaçamento. Nesse caso, introduzimos a notação $h = x_{i+1} - x_i$, para cada $i = 0, 1, \ldots, n - 1$ e fazemos $x = x_0 + sh$. Então, a diferença $x - x_i$ pode ser escrita como $x - x_i = (s - i)h$. Assim, a Equação (3.10) se transforma em

$$
\begin{aligned}
P_n(x) = P_n(x_0 + sh) &= f[x_0] + sh\,f[x_0, x_1] + s(s-1)h^2 f[x_0, x_1, x_2] \\
&\quad + \cdots + s(s-1)\ldots(s-n+1)h^n f[x_0, x_1, \ldots, x_n] \\
&= f[x_0] + \sum_{k=1}^{n} s(s-1)\ldots(s-k+1)h^k f[x_0, x_1, \ldots, x_k].
\end{aligned}
$$

Usando a notação de coeficiente binomial,

$$\binom{s}{k} = \frac{s(s-1)\cdots(s-k+1)}{k!},$$

é possível expressar $P_n(x)$ sucintamente como

$$P_n(x) = P_n(x_0 + sh) = f[x_0] + \sum_{k=1}^{n} \binom{s}{k} k!\, h^k f[x_0, x_1, \ldots, x_k]. \tag{3.11}$$

Diferenças progressivas

A **fórmula das diferenças progressivas de Newton** é construída utilizando a notação da diferença progressiva Δ introduzida no método Δ^2 de Aitken. Com essa notação,

$$f[x_0, x_1] = \frac{f(x_1) - f(x_0)}{x_1 - x_0} = \frac{1}{h}(f(x_1) - f(x_0)) = \frac{1}{h}\Delta f(x_0)$$

$$f[x_0, x_1, x_2] = \frac{1}{2h}\left[\frac{\Delta f(x_1) - \Delta f(x_0)}{h}\right] = \frac{1}{2h^2}\Delta^2 f(x_0),$$

e, em geral,

$$f[x_0, x_1, \ldots, x_k] = \frac{1}{k!h^k}\Delta^k f(x_0).$$

Então, como $f[x_0] = f(x_0)$, a Equação (3.11) tem a forma a seguir.

Fórmula de diferenças progressivas de Newton

$$P_n(x) = f(x_0) + \sum_{k=1}^{n} \binom{s}{k} \Delta^k f(x_0) \tag{3.12}$$

Diferenças regressivas

Se os nós interpoladores forem reordenados do último para o primeiro, como $x_n, x_{n-1}, \ldots, x_0$, é possível escrever a fórmula de interpolação da seguinte maneira

$$
\begin{aligned}
P_n(x) &= f[x_n] + f[x_n, x_{n-1}](x - x_n) + f[x_n, x_{n-1}, x_{n-2}](x - x_n)(x - x_{n-1}) \\
&\quad + \ldots + f[x_n, \ldots, x_0](x - x_n)(x - x_{n-1})\ldots(x - x_1).
\end{aligned}
$$

Se, além disso, os nós forem igualmente espaçados com $x = x_n + sh$ e $x = x_i + (s + n - i)h$, então

$$\begin{aligned} P_n(x) &= P_n(x_n + sh) \\ &= f[x_n] + shf[x_n, x_{n-1}] + s(s+1)h^2 f[x_n, x_{n-1}, x_{n-2}] + \ldots \\ &\quad + s(s+1)\ldots(s+n-1)h^n f[x_n, \ldots, x_0]. \end{aligned}$$

Isso é usado para deduzir uma fórmula mais comumente aplicada conhecida como **fórmula de diferenças regressivas de Newton**. Para discutir essa fórmula, precisamos da definição a seguir.

Definição 3.7 Dada a sequência $\{p_n\}_{n=0}^{\infty}$, defina a **diferença regressiva** ∇p_n (lido *nabla* p_n) por

$$\nabla p_n = p_n - p_{n-1}, \qquad \text{para } n \geqslant 1.$$

Potências mais altas são definidas de forma recursiva por

$$\nabla^k p_n = \nabla(\nabla^{k-1} p_n), \qquad \text{para } k \geqslant 2.$$ ■

A Definição 3.7 implica que

$$f[x_n, x_{n-1}] = \frac{1}{h}\nabla f(x_n), \qquad f[x_n, x_{n-1}, x_{n-2}] = \frac{1}{2h^2}\nabla^2 f(x_n),$$

e, em geral,

$$f[x_n, x_{n-1}, \ldots, x_{n-k}] = \frac{1}{k!h^k}\nabla^k f(x_n).$$

Consequentemente,

$$P_n(x) = f[x_n] + s\nabla f(x_n) + \frac{s(s+1)}{2}\nabla^2 f(x_n) + \cdots + \frac{s(s+1)\cdots(s+n-1)}{n!}\nabla^n f(x_n).$$

Se estendermos a notação do coeficiente binomial para incluir todos os valores reais de s, fazendo

$$\binom{-s}{k} = \frac{-s(-s-1)\cdots(-s-k+1)}{k!} = (-1)^k \frac{s(s+1)\cdots(s+k-1)}{k!},$$

então

$$P_n(x) = f[x_n] + (-1)^1\binom{-s}{1}\nabla f(x_n) + (-1)^2\binom{-s}{2}\nabla^2 f(x_n) + \ldots + (-1)^n\binom{-s}{n}\nabla^n f(x_n),$$

o que traz o resultado a seguir.

Fórmula de diferenças regressivas de Newton

$$P_n(x) = f[x_n] + \sum_{k=1}^{n}(-1)^k\binom{-s}{k}\nabla^k f(x_n) \tag{3.13}$$

Ilustração A Tabela 3.12 de diferenças divididas corresponde aos dados do Exemplo 1.

Tabela 3.12

		Primeiras diferenças divididas	Segundas diferenças divididas	Terceiras diferenças divididas	Quartas diferenças divididas
1,0	0,7651977				
		−0,4837057			
1,3	0,6200860		−0,1087339		
		−0,5489460		0,0658784	
1,6	0,4554022		−0,0494433		0,0018251
		−0,5786120		0,0680685	
1,9	0,2818186		0,0118183		
		−0,5715210			
2,2	0,1103623				

Somente um polinômio interpolador de grau no máximo quatro utiliza esses cinco pontos de dados, mas organizaremos os pontos dados a fim de obter as melhores aproximações por interpolação de graus um, dois e três. Isso fornecerá um senso de precisão da aproximação de grau quatro para o valor dado de x.

Se for necessária uma aproximação para $f(1{,}1)$, a escolha razoável para os nós seria $x_0 = 1{,}0$, $x_1 = 1{,}3$, $x_2 = 1{,}6$, $x_3 = 1{,}9$ e $x_4 = 2{,}2$, pois essa escolha usa o mais cedo possível os pontos dados mais próximos a $x = 1{,}1$ e também utiliza a quarta diferença dividida. Isso implica que $h = 0{,}3$ e $s = \frac{1}{3}$, de modo que a fórmula das diferenças divididas regressivas de Newton é utilizada com as diferenças divididas que possuem um sublinhado *sólido* (__) na Tabela 3.12.

$$
\begin{aligned}
P_4(1{,}1) &= P_4\left(1{,}0 + \frac{1}{3}(0{,}3)\right)\\
&= 0{,}7651977 + \frac{1}{3}(0{,}3)(-0{,}4837057) + \frac{1}{3}\left(-\frac{2}{3}\right)(0{,}3)^2(-0{,}1087339)\\
&\quad + \frac{1}{3}\left(-\frac{2}{3}\right)\left(-\frac{5}{3}\right)(0{,}3)^3(0{,}0658784)\\
&\quad + \frac{1}{3}\left(-\frac{2}{3}\right)\left(-\frac{5}{3}\right)\left(-\frac{8}{3}\right)(0{,}3)^4(0{,}0018251)\\
&- 0{,}7196460.
\end{aligned}
$$

Para obter uma aproximação em um valor de x que esteja próximo ao final dos valores tabelados, digamos, $x = 2{,}0$, é preferível novamente usar o mais cedo possível os pontos dados mais próximos de x. Isso requer a utilização da fórmula de diferenças divididas regressivas de Newton com $s = -\frac{2}{3}$ e as diferenças divididas incluídas na Tabela 3.12 que têm um sublinhado *ondulado* (~~~~~). Observe que a quarta diferença dividida é usada em ambas as fórmulas:

$$\begin{aligned}
P_4(2{,}0) &= P_4\left(2{,}2 - \frac{2}{3}(0{,}3)\right) \\
&= 0{,}1103623 - \frac{2}{3}(0{,}3)(-0{,}5715210) - \frac{2}{3}\left(\frac{1}{3}\right)(0{,}3)^2(0{,}0118183) \\
&\quad - \frac{2}{3}\left(\frac{1}{3}\right)\left(\frac{4}{3}\right)(0{,}3)^3(0{,}0680685) - \frac{2}{3}\left(\frac{1}{3}\right)\left(\frac{4}{3}\right)\left(\frac{7}{3}\right)(0{,}3)^4(0{,}0018251) \\
&= 0{,}2238754.
\end{aligned}$$

■

Diferenças centradas

As fórmulas progressiva e regressiva de Newton não são adequadas para obter uma aproximação de $f(x)$ quando x estiver próximo ao centro da tabela, pois não permitirá que a diferença de grau mais alto possível tenha x_0 próximo a x. Diversas fórmulas de diferenças divididas estão disponíveis para esse caso, cada uma tendo situações nas quais podem ser usadas com o máximo de proveito. Esses métodos são conhecidos como **fórmulas de diferenças centradas.** Consideraremos apenas uma fórmula de diferença centrada, o método de Stirling.

Para as fórmulas da diferença centrada, escolhemos x_0 próximo ao ponto sendo aproximado e denotamos os nós diretamente abaixo de x_0 por $x_1, x_2, \ldots$ e aqueles diretamente acima por $x_{-1}, x_{-2}, \ldots$ Com essa convenção, a **fórmula de Stirling** é dada por

$$\begin{aligned}
P_n(x) = P_{2m+1}(x) &= f[x_0] + \frac{sh}{2}(f[x_{-1}, x_0] + f[x_0, x_1]) + s^2h^2 f[x_{-1}, x_0, x_1] \qquad (3.14)\\
&+ \frac{s(s^2-1)h^3}{2} f[x_{-2}, x_{-1}, x_0, x_1] + f[x_{-1}, x_0, x_1, x_2]) \\
&+ \cdots + s^2(s^2-1)(s^2-4)\cdots(s^2-(m-1)^2)h^{2m} f[x_{-m}, \ldots, x_m] \\
&+ \frac{s(s^2-1)\cdots(s^2-m^2)h^{2m+1}}{2}(f[x_{-m-1}, \ldots, x_m] + f[x_{-m}, \ldots, x_{m+1}]),
\end{aligned}$$

se $n = 2m + 1$ for ímpar. Se $n = 2m$ for par, a mesma fórmula pode ser aplicada, mas excluindo a última linha. Os valores usados para esta fórmula estão sublinhados na Tabela 3.13.

James Stirling (1692-1770) publicou esta e inúmeras outras fórmulas em *Methodus Differentialis*, em 1720. Inclusas neste trabalho estão as técnicas para a aceleração da convergência de diversas séries.

Tabela 3.13

x	$f(x)$	Primeira diferença dividida	Segunda diferença dividida	Terceira diferença dividida	Quarta diferença dividida
x_{-2}	$f[x_{-2}]$				
		$f[x_{-2}, x_{-1}]$			
x_{-1}	$f[x_{-1}]$		$f[x_{-2}, x_{-1}, x_0]$		
		$\underline{f[x_{-1}, x_0]}$		$\underline{f[x_{-2}, x_{-1}, x_0, x_1]}$	
x_0	$\underline{f[x_0]}$		$\underline{f[x_{-1}, x_0, x_1]}$		$\underline{f[x_{-2}, x_{-1}, x_0, x_1, x_2]}$
		$\underline{f[x_0, x_1]}$		$\underline{f[x_{-1}, x_0, x_1, x_2]}$	
x_1	$f[x_1]$		$f[x_0, x_1, x_2]$		
		$f[x_1, x_2]$			
x_2	$f[x_2]$				

EXEMPLO 2

Considere a tabela de dados que foi fornecida nos exemplos anteriores. Utilize a fórmula de Stirling para obter uma aproximação de $f(1{,}5)$ com $x_0 = 1{,}6$.

Solução São utilizados os valores *sublinhados* na Tabela de diferenças 3.14.

Tabela 3.14

x	$f(x)$	Primeira diferença dividida	Segunda diferença dividida	Terceira diferença dividida	Quarta diferença dividida
1,0	0,7651977				
		−0,4837057			
1,3	0,6200860		−0,1087339		
		$\underline{-0{,}5489460}$		$\underline{0{,}0658784}$	
1,6	$\underline{0{,}4554022}$		$\underline{-0{,}0494433}$		$\underline{0{,}0018251}$
		$\underline{-0{,}5786120}$		$\underline{0{,}0680685}$	
1,9	0,2818186		0,0118183		
		−0,5715210			
2,2	0,1103623				

A fórmula, com $h = 0{,}3$, $x_0 = 1{,}6$ e $s = -\frac{1}{3}$, se torna

$$
\begin{aligned}
f(1{,}5) &\approx P_4\left(1{,}6 + \left(-\frac{1}{3}\right)(0{,}3)\right)\\
&= 0{,}4554022 + \left(-\frac{1}{3}\right)\left(\frac{0{,}3}{2}\right)((-0{,}5489460) + (-0{,}5786120))\\
&\quad + \left(-\frac{1}{3}\right)^2 (0{,}3)^2(-0{,}0494433)\\
&\quad + \frac{1}{2}\left(-\frac{1}{3}\right)\left(\left(-\frac{1}{3}\right)^2 - 1\right)(0{,}3)^3(0{,}0658784 + 0{,}0680685)\\
&\quad + \left(-\frac{1}{3}\right)^2\left(\left(-\frac{1}{3}\right)^2 - 1\right)(0{,}3)^4(0{,}0018251) = 0{,}5118200.
\end{aligned}
$$

■

A maioria dos textos escritos antes da grande difusão do uso dos computadores tinha um amplo tratamento dos métodos de diferença dividida. Se for necessário um tratamento mais abrangente deste assunto, o livro de Hildebrand [Hild] é uma referência particularmente boa.

EXERCÍCIOS 3.3

1. Utilize a Equação (3.10) ou o Algoritmo 3.2 para construir polinômios interpoladores de graus um, dois e três para os dados a seguir. Faça a aproximação do valor especificado usando cada um dos polinômios:
   a. $f(8{,}4)$ se $f(8{,}1) = 16{,}94410, f(8{,}3) = 17{,}56492, f(8{,}6) = 18{,}50515, f(8{,}7) = 18{,}82091$
   b. $f(0{,}9)$ se $f(0{,}6) = -0{,}17694460, f(0{,}7) = 0{,}01375227, f(0{,}8) = 0{,}22363362, f(1{,}0) = 0{,}65809197$
2. Utilize a Equação (3.10) ou o Algoritmo 3.2 para construir polinômios interpoladores de graus um, dois e três para os dados a seguir. Faça a aproximação do valor especificado usando cada um dos polinômios:
   a. $f(0{,}43)$ se $f(0) = 1, f(0{,}25) = 1{,}64872, f(0{,}5) = 2{,}71828, f(0{,}75) = 4{,}48169$
   b. $f(0)$ se $f(-0{,}5) = 1{,}93750, f(-0{,}25) = 1{,}33203, f(0{,}25) = 0{,}800781, f(0{,}5) = 0{,}687500$
3. Use a fórmula de diferenças progressivas de Newton para construir polinômios interpoladores de graus um, dois e três para os dados a seguir. Faça a aproximação do valor especificado usando cada um dos polinômios:
   a. $f(-\frac{1}{3})$ se $f(-0{,}75) = -0{,}07181250, f(-0{,}5) = -0{,}0247500, f(-0{,}25) = 0{,}33493750, f(0) = 1{,}10100000$
   b. $f(0{,}25)$ se $f(0{,}1) = -0{,}62049958, f(0{,}2) = -0{,}28398668, f(0{,}3) = 0{,}00660095, f(0{,}4) = 0{,}24842440$
4. Use a fórmula de diferenças progressivas de Newton para construir polinômios interpoladores de graus um, dois e três para os dados a seguir. Faça a aproximação do valor especificado usando cada um dos polinômios:
   a. $f(0{,}43)$ se $f(0) = 1, f(0{,}25) = 1{,}64872, f(0{,}5) = 2{,}71828, f(0{,}75) = 4{,}48169$
   b. $f(0{,}18)$ se $f(0{,}1) = -0{,}29004986, f(0{,}2) = -0{,}56079734, f(0{,}3) = -0{,}81401972, f(0{,}4) = -1{,}0526302$
5. Use a fórmula de diferenças regressivas de Newton para construir polinômios interpoladores de graus um, dois e três para os dados a seguir. Faça a aproximação do valor especificado usando cada um dos polinômios:
   a. $f(-\frac{1}{3})$ se $f(-0{,}75) = -0{,}07181250, f(-0{,}5) = -0{,}02475000, f(-0{,}25) = 0{,}33493750, f(0) = 1{,}10100000$
   b. $f(0{,}25)$ se $f(0{,}1) = -0{,}62049958, f(0{,}2) = -0{,}28398668, f(0{,}3) = 0{,}00660095, f(0{,}4) = 0{,}24842440$
6. Use a fórmula de diferenças regressivas de Newton para construir polinômios interpoladores de graus um, dois e três para os dados a seguir. Faça a aproximação do valor especificado usando cada um dos polinômios:
   a. $f(0{,}43)$ se $f(0) = 1, f(0{,}25) = 1{,}64872, f(0{,}5) = 2{,}71828, f(0{,}75) = 4{,}48169$
   b. $f(0{,}25)$ se $f(-1) = 0{,}86199480, f(-0{,}5) = 0{,}95802009, f(0) = 1{,}0986123, f(0{,}5) = 1{,}2943767$
7. **a.** Use o Algoritmo 3.2 para construir polinômios interpoladores de graus um, dois e três para os pontos espaçados de forma desigual fornecidos na tabela a seguir:

x	$f(x)$
−0,1	5,30000
0,0	2,00000
0,2	3,19000
0,3	1,00000

   b. Acrescente $f(0{,}35) = 0{,}97260$ à tabela e construa o polinômio interpolador de grau quatro.

8. **a.** Use o Algoritmo 3.2 para construir o polinômio interpolador de grau quatro para os pontos espaçados de forma desigual fornecidos na tabela a seguir:

x	$f(x)$
0,0	−6,00000
0,1	−5,89483
0,3	−5,65014
0,6	−5,17788
1,0	−4,28172

b. Acrescente $f(1,1) = -3,99583$ à tabela e construa o polinômio interpolador de grau cinco.

9. **a.** Faça a aproximação de $f(0,05)$ usando os dados abaixo e a fórmula de diferenças divididas progressivas de Newton:

x	0,0	0,2	0,4	0,6	0,8
$f(x)$	1,00000	1,22140	1,49182	1,82212	2,22554

b. Use a fórmula de diferenças divididas regressivas de Newton para aproximar $f(0,65)$.

c. Use a fórmula de Stirling para aproximar $f(0,43)$.

10. **a** Faça a aproximação de $f(-0.05)$ usando os dados a seguir e a fórmula de diferenças divididas progressivas de Newton.

x	−1,2	−0,9	−0,6	−0,3	0,0
$f(x)$	0,18232	−0,105083	−0,51036	−1,20397	−3,12145

b. Use a fórmula de diferenças regressivas de Newton para aproximar $f(-0.2)$.

c. Use a fórmula Stirling's para aproximar $f(-0.43)$.

11. Os dados a seguir são referentes a um polinômio $P(x)$ de grau desconhecido.

x	0	1	2
$P(x)$	2	−1	4

Determine o coeficiente de x^2 em $P(x)$ se todas as diferenças progressivas de grau três forem 1.

12. Os dados a seguir são referentes a um polinômio $P(x)$ de grau desconhecido.

x	0	1	2	3
$P(x)$	4	9	15	18

Determine o coeficiente de x^3 em $P(x)$ se todas as diferenças progressivas de ordem quatro forem 1.

13. A fórmula de diferenças divididas progressivas de Newton é usada para aproximar $f(0,3)$ a partir dos seguintes dados:

x	0,0	0,2	0,4	0,6
$f(x)$	15,0	21,0	30,0	51,0

Suponha que se descubra que $f(0,4)$ foi diminuído em 10 e $f(0,6)$ foi aumentado em 5. Por qual valor a aproximação de $f(0,3)$ deveria ser mudada?

14. Para uma função f, a fórmula de diferenças divididas de Newton fornece o polinômio interpolador

$$P_3(x) = 1 + 4x + 4x(x - 0{,}25) + \frac{16}{3}x(x - 0{,}25)(x - 0{,}5),$$

nos nós $x_0 = 0$, $x_1 = 0{,}25$, $x_2 = 0{,}5$ e $x_3 = 0{,}75$. Encontre $f(0{,}75)$.

15. Um polinômio de grau quatro $P(x)$ satisfaz $\Delta^4P(0) = 24$, $\Delta^3P(0) = 6$ e $\Delta^2P(0) = 0$, onde $\Delta P(x) = P(x + 1) - P(x)$. Calcule $\Delta^2P(10)$.

16. Para uma função f, as diferenças divididas progressivas são dadas por

$x_0 = 0{,}0$	$f[x_0]$		
		$f[x_0, x_1]$	
$x_1 = 0{,}4$	$f[x_1]$		$f[x_0, x_1, x_2] = \frac{50}{7}$
		$f[x_1, x_2] = 10$	
$x_2 = 0{,}7$	$f[x_2] = 6$		

Determine os valores que faltam na tabela.

EXERCÍCIOS APLICADOS

17. a. A introdução deste capítulo inclui uma tabela que relaciona a população dos Estados Unidos de 1960 até 2010. Use as diferenças divididas adequadas para aproximar a população nos anos de 1950, 1975, 2014 e 2020.

b. A população em 1950 era de aproximadamente 150.697.360 e, em 2014, a estimativa da população era de 317.298.000. Quão precisos você acha que são os valores de 1975 e 2020?

18. O tempo mais rápido já registrado no Kkentucky Derby foi o de um cavalo chamado Secretariat em 1973. Ele percorreu o percurso de $1\frac{1}{4}$ de milha em $1{:}59\frac{2}{5}$ (1 minuto e 59,4 segundos). Os tempos nas marcas de um quarto de milha, meia milha e uma milha foram $0{:}25\frac{1}{5}$, $0{:}49\frac{1}{5}$ e $1{:}36\frac{2}{5}$.

a. Use interpolação para prever o tempo na marca de três quartos de milha e compare-o com o tempo real de 1:13..

b. Use a derivada do polinômio interpolador para obter uma estimativa da velocidade de Secretariat no final da corrida.

EXERCÍCIOS TEÓRICOS

19. Mostre que o polinômio que interpola os dados a seguir tem grau três.

x	−2	−1	0	1	2	3
$f(x)$	1	4	11	16	13	−4

20. a. Mostre que os polinômios cúbicos

$$P(x) = 3 - 2(x + 1) + 0(x + 1)(x) + (x + 1)(x)(x - 1)$$

e

$$Q(x) = -1 + 4(x + 2) - 3(x + 2)(x + 1) + (x + 2)(x + 1)(x)$$

ambos interpolam os dados

x	−2	−1	0	1	2
$f(x)$	−1	3	1	−1	3

b. Por que a parte (a) não viola a propriedade de unicidade de polinômios interpoladores?

21. Dado

$$P_n(x) = f[x_0] + f[x_0, x_1](x - x_0) + a_2(x - x_0)(x - x_1)$$
$$+ a_3(x - x_0)(x - x_1)(x - x_2) + \dots$$
$$+ a_n(x - x_0)(x - x_1)\dots(x - x_{n-1}),$$

use $P_n(x_2)$ para mostrar que $a_2 = f[x_0, x_1, x_2]$.

22. Mostre que

$$f[x_0, x_1, \dots, x_n, x] = \frac{f^{(n+1)}(\xi(x))}{(n+1)!},$$

para algum $\xi(x)$. [*Sugestão:* A partir da Equação (3.3),

$$f(x) = P_n(x) + \frac{f^{(n+1)}(\xi(x))}{(n+1)!}(x - x_0)\cdots(x - x_n).$$

Considerando o polinômio interpolador de grau $n + 1$ por $x_0, x_1, \dots, x_n, x$, temos

$$f(x) = P_{n+1}(x) = P_n(x) + f[x_0, x_1, \dots, x_n, x](x - x_0)\dots(x - x_n).$$

23. Sejam $i_0, i_1, \dots, i_n$ uma reordenação dos números inteiros $0, 1, \dots, n$. Mostre que $f[x_{i_0}, x_{i_1}, \dots, x_{i_n}] = f[x_0, x_1, \dots, x_n]$. [*Sugestão*: considere o coeficiente dominante do enésimo polinômio de Lagrange pelos dados $\{x_0, x_1, \dots, x_n\} = \{x_{i_0}, x_{i_1}, \dots, x_{i_n}\}$.]

QUESTÕES PARA DISCUSSÃO

1. Compare e contraste os diversos métodos de diferenças divididas sobre os quais você leu neste capítulo.
2. É mais fácil adicionar um novo par de dados usando métodos de diferenças divididas ou polinômio de Lagrange para obter um polinômio de grau mais alto?
3. O polinômio de Lagrange foi usado para deduzir a fórmula de erro para o polinômio interpolador. Alguma das fórmulas de diferença dividida poderia ter sido usada para deduzir este erro? Por que sim ou por que não?

3.4 Interpolação de Hermite

Os *polinômios osculadores* generalizam tanto os polinômios de Taylor quanto os polinômios de Lagrange. Suponha que sejam dados $n + 1$ números distintos $x_0, x_1, \dots, x_n$ em $[a, b]$ e números inteiros não negativos $m_0, m_1, \dots, m_n$ e $m = \max\{m_0, m_1, \dots, m_n\}$. O polinômio osculador que aproxima uma função $f \in C^m[a, b]$ em x_i, para cada $i = 0, \dots, n$, é o polinômio de menor grau com a propriedade de coincidir com a função f e todas suas derivadas de grau menor ou igual a m_i em x_i. O grau desse polinômio osculador é de, no máximo,

$$M = \sum_{i=0}^{n} m_i + n$$

pois o número de condições a serem satisfeitas é $\sum_{i=0}^{n} m_i + (n + 1)$, e um polinômio de grau M tem $M + 1$ coeficientes que podem ser usados para satisfazer tais condições.

A palavra latina *osculum*, literalmente traduzida como "boca pequena" ou "beijo", quando aplicada a uma curva, indica que ela apenas toca e tem a mesma forma. A interpolação de Hermite tem essa propriedade osculadora. Ela ajusta uma curva dada, e sua derivada força a curva de interpolação a "beijar" a curva dada.

Definição 3.8 Sejam $x_0, x_1, \ldots, x_n$ os $n + 1$ números distintos em $[a, b]$ e para $i = 0, 1, \ldots, n$, seja m_i um número inteiro não negativo. Suponha que $f \in C^m[a, b]$, onde $m = \max_{0 \le i \le n} m_i$.

O **polinômio osculador** que aproxima f é o polinômio $P(x)$ de menor grau tal que

$$\frac{d^k P(x_i)}{dx^k} = \frac{d^k f(x_i)}{dx^k}, \quad \text{para cada } i = 0, 1, \ldots, n \text{ e } k = 0, 1, \ldots, m_i. \quad \blacksquare$$

Observe que, quando $n = 0$, o polinômio osculador que aproxima f é o m_0-ésimo polinômio de Taylor de f em x_0. Quando $m_i = 0$ para cada i, o polinômio osculador é o enésimo polinômio interpolador de Lagrange de f por $x_0, x_1, \ldots, x_n$.

Charles Hermite (1822-1901) fez descobertas matemáticas significativas em sua vida, em áreas como análise complexa e teoria dos números envolvendo particularmente a teoria de equações. Ele ficou talvez mais conhecido por demonstrar, em 1873, que e é um número transcendental ou seja, ele não é solução de nenhuma equação algébrica que tenha coeficientes inteiros. Em 1882, Lindemann usou uma demonstração semelhante para mostrar que π também é transcendental, o que demonstrou que é impossível utilizar ferramentas padrão euclidianas para construir um quadrado que tenha a mesma área de um círculo unitário.

Polinômios de Hermite

O caso em que $m_i = 1$, para cada $i = 0, 1, \ldots, n$, dá os **polinômios de Hermite**. Para determinada função f, esses polinômios coincidem com f em $x_0, x_1, \ldots, x_n$. Além disso, como suas primeiras derivadas coincidem com as de f, eles têm a mesma "forma" da função em $(x_i, f(x_i))$ no sentido de que as *retas tangentes* ao polinômio e à função coincidem. Restringiremos nosso estudo sobre polinômios osculadores a esta situação e consideraremos, em primeiro lugar, um teorema que descreve exatamente a forma dos polinômios de Hermite.

Em 1878 Hermite deu uma descrição de um polinômio osculador geral em uma carta a Carl W. Borchardt, a quem regularmente enviava seus novos resultados. Sua demonstração é uma aplicação interessante do uso de técnicas de integração complexa para resolver um problema de valor real.

Teorema 3.9 Se $f \in C^1[a, b]$ e $x_0, \ldots, x_n \in [a, b]$ são distintos, o único polinômio de mínimo grau que coincide com f e f' em $x_0, \ldots, x_n$ é o polinômio de Hermite de grau no máximo $2n + 1$ dado por

$$H_{2n+1}(x) = \sum_{j=0}^{n} f(x_j)\, H_{n,j}(x) + \sum_{j=0}^{n} f'(x_j)\, \hat{H}_{n,j}(x),$$

onde, para $L_{n,j}(x)$ denotando o j-ésimo coeficiente polinomial de Lagrange de grau n, temos

$$H_{n,j}(x) = [1 - 2(x - x_j)\, L'_{n,j}(x_j)]\, L^2_{n,j}(x) \quad \text{e} \quad \hat{H}_{n,j}(x) = (x - x_j)\, L^2_{n,j}(x).$$

Além do mais, se $f \in C^{2n+2}[a, b]$, então

$$f(x) = H_{2n+1}(x) + \frac{(x - x_0)^2 \ldots (x - x_n)^2}{(2n + 2)!} f^{(2n+2)}(\xi(x)),$$

para algum $\xi(x)$ (geralmente desconhecido) no intervalo (a, b). $\blacksquare$

Demonstração Em primeiro lugar, lembre que

$$L_{n,j}(x_i) = \begin{cases} 0, & \text{se } i \neq j, \\ 1, & \text{se } i = j. \end{cases}$$

Por isso, quando $i \neq j$,

$$H_{n,j}(x_i) = 0 \quad \text{e} \quad \hat{H}_{n,j}(x_i) = 0,$$

ao passo que, para cada i,

$$H_{n,i}(x_i) = [1 - 2(x_i - x_i)\, L'_{n,i}(x_i)] \cdot 1 = 1 \quad \text{e} \quad \hat{H}_{n,i}(x_i) = (x_i - x_i) \cdot 1^2 = 0.$$

Como consequência, temos

$$H_{2n+1}(x_i) = \sum_{\substack{j=0 \\ j \neq i}}^{n} f(x_j) \cdot 0 + f(x_i) \cdot 1 + \sum_{j=0}^{n} f'(x_j) \cdot 0 = f(x_i),$$

logo, H_{2n+1} coincide com f em $x_0, x_1, \ldots, x_n$.

Para demonstrar a coincidência de H'_{2n+1} com f' nos nós, observe primeiramente que $L_{n,j}(x)$ é um fator de $H'_{n,j}(x)$, e então $H'_{n,j}(x_i) = 0$ quando $i \neq j$. Além disso, quando $i = j$ temos $L_{n,i}(x_i) = 1$, então

$$\begin{aligned} H'_{n,i}(x_i) &= -2\, L'_{n,i}(x_i) \cdot L^2_{n,i}(x_i) + [1 - 2(x_i - x_i) L'_{n,i}(x_i)]\, 2\, L_{n,i}(x_i)\, L'_{n,i}(x_i) \\ &= -2L'_{n,i}(x_i) + 2L'_{n,i}(x_i) = 0. \end{aligned}$$

Por isso, $H'_{n,j}(x_i) = 0$ para todos os i e j.

Por fim,

$$\begin{aligned} \hat{H}'_{n,j}(x_i) &= L^2_{n,j}(x_i) + (x_i - x_j)\, 2L_{n,j}(x_i)\, L'_{n,j}(x_i) \\ &= L_{n,j}(x_i)\, [L_{n,j}(x_i) + 2(x_i - x_j)\, L'_{n,j}(x_i)], \end{aligned}$$

logo, $\hat{H}_{n,j}(x_i) = 0$ se $i \neq j$ e $\hat{H}'_{n,i}(x_i) = 1$. Combinando esses fatos, temos

$$H'_{2n+1}(x_i) = \sum_{j=0}^{n} f(x_j) \cdot 0 + \sum_{\substack{j=0 \\ j \neq i}}^{n} f'(x_j) \cdot + f'(x_i) \cdot 1 = f'(x_i).$$

Portanto, H_{2n+1} coincide com f e H'_{2n+1} com f' em $x_0, x_1, \ldots, x_n$.

A unicidade desse polinômio e a fórmula de erro são consideradas no Exercício 11. ∎

EXEMPLO 1

Use o polinômio de Hermite que coincida com os dados relacionados na Tabela 3.15 para encontrar uma aproximação para $f(1{,}5)$.

Tabela 3.15

k	x_k	$f(x_k)$	$f'(x_k)$
0	1,3	0,6200860	−0,5220232
1	1,6	0,4554022	−0,5698959
2	1,9	0,2818186	−0,5811571

Solução Primeiro, calculam-se os polinômios de Lagrange e suas derivadas. Isso resulta em

$$L_{2,0}(x) = \frac{(x-x_1)(x-x_2)}{(x_0-x_1)(x_0-x_2)} = \frac{50}{9}x^2 - \frac{175}{9}x + \frac{152}{9}, \quad L'_{2,0}(x) = \frac{100}{9}x - \frac{175}{9};$$

$$L_{2,1}(x) = \frac{(x-x_0)(x-x_2)}{(x_1-x_0)(x_1-x_2)} = \frac{-100}{9}x^2 + \frac{320}{9}x - \frac{247}{9}, \quad L'_{2,1}(x) = \frac{-200}{9}x + \frac{320}{9};$$

e

$$L_{2,2} = \frac{(x-x_0)(x-x_1)}{(x_2-x_0)(x_2-x_1)} = \frac{50}{9}x^2 - \frac{145}{9}x + \frac{104}{9}, \quad L'_{2,2}(x) = \frac{100}{9}x - \frac{145}{9}.$$

Os polinômios $H_{2,j}(x)$ e $\hat{H}_{2,j}(x)$ são, então,

$$\begin{aligned}
H_{2,0}(x) &= [1 - 2(x-1{,}3)(-5)]\left(\frac{50}{9}x^2 - \frac{175}{9}x + \frac{152}{9}\right)^2 \\
&= (10x - 12)\left(\frac{50}{9}x^2 - \frac{175}{9}x + \frac{152}{9}\right)^2, \\
H_{2,1}(x) &= 1 \cdot \left(\frac{-100}{9}x^2 + \frac{320}{9}x - \frac{247}{9}\right)^2, \\
H_{2,2}(x) &= 10(2-x)\left(\frac{50}{9}x^2 - \frac{145}{9}x + \frac{104}{9}\right)^2, \\
\hat{H}_{2,0}(x) &= (x-1{,}3)\left(\frac{50}{9}x^2 - \frac{175}{9}x + \frac{152}{9}\right)^2, \\
\hat{H}_{2,1}(x) &= (x-1{,}6)\left(\frac{-100}{9}x^2 + \frac{320}{9}x - \frac{247}{9}\right)^2,
\end{aligned}$$

e

$$\hat{H}_{2,2}(x) = (x-1{,}9)\left(\frac{50}{9}x^2 - \frac{145}{9}x + \frac{104}{9}\right)^2.$$

Por fim,

$$\begin{aligned}
H_5(x) = {} & 0{,}6200860H_{2,0}(x) + 0{,}4554022H_{2,1}(x) + 0{,}2818186H_{2,2}(x) \\
& - 0{,}5220232\hat{H}_{2,0}(x) - 0{,}5698959\hat{H}_{2,1}(x) - 0{,}5811571\hat{H}_{2,2}(x)
\end{aligned}$$

e

$$\begin{aligned}
H_5(1{,}5) = {} & 0{,}6200860\left(\frac{4}{27}\right) + 0{,}4554022\left(\frac{64}{81}\right) + 0{,}2818186\left(\frac{5}{81}\right) \\
& - 0{,}5220232\left(\frac{4}{405}\right) - 0{,}5698959\left(\frac{-32}{405}\right) - 0{,}5811571\left(\frac{-2}{405}\right) = 0{,}5118277.
\end{aligned}$$

um resultado que é correto para as casas escritas. ■

Embora o Teorema 3.9 forneça uma descrição completa dos polinômios de Hermite, fica claro, a partir do Exemplo 1, que a necessidade de se determinar e calcular os polinômios de Lagrange e suas derivadas torna o processo tedioso até mesmo para valores pequenos de n.

Polinômios de Hermite usando diferenças divididas

Um método alternativo para que sejam geradas aproximações Hermite tem como base a fórmula de interpolação por diferenças divididas de Newton (3.10) em $x_0, x_1, \ldots, x_n$, ou seja,

$$P_n(x) = f[x_0] + \sum_{k=1}^{n} f[x_0, x_1, \ldots, x_k](x - x_0) \ldots (x - x_{k-1}).$$

O método alternativo usa a ligação entre a enésima diferença dividida e a enésima derivada de f, conforme delineado no Teorema 3.6 na Seção 3.3.

Suponha que os números distintos $x_0, x_1, \ldots, x_n$ sejam fornecidos juntamente com os valores de f e f' nesses números. Defina uma nova sequência $z_0, z_1, \ldots, z_{2n+1}$ por

$$z_{2i} = z_{2i+1} = x_i, \qquad \text{para cada } i = 0, 1, \ldots, n,$$

e construa a tabela de diferenças divididas no formato da Tabela 3.9 que utilize $z_0, z_1, \ldots, z_{2n+1}$.

Como $z_{2i} = z_{2i+1} = x_i$ para cada i, não se pode definir $f[z_{2i}, z_{2i+1}]$ pela fórmula de diferença dividida. Entretanto, se for presumido, com base no Teorema 3.6, que a substituição razoável nesta situação seria $f[z_{2i}, z_{2i+1}] = f'(z_{2i}) = f'(x_i)$, poderemos utilizar os valores

$$f'(x_0), f'(x_1), \ldots, f'(x_n)$$

em lugar das diferenças divididas de grau um não definidas

$$f[z_0, z_1], f[z_2, z_3], \ldots, f[z_{2n}, z_{2n+1}].$$

As diferenças divididas restantes são produzidas normalmente e as diferenças divididas adequadas são empregadas na fórmula de interpolação por diferenças divididas de Newton. A Tabela 3.16 mostra os valores utilizados para as primeiras três colunas de diferenças divididas ao determinarmos o polinômio de Hermite $H_5(x)$ por x_0, x_1 e x_2. Os valores remanescentes são gerados da mesma maneira que na Tabela 3.9. O polinômio de Hermite é dado por

$$H_{2n+1}(x) = f[z_0] + \sum_{k=1}^{2n+1} f[z_0, \ldots, z_k](x - z_0)(x - z_1) \ldots (x - z_{k-1}).$$

Uma demonstração disso pode ser encontrada em [Pou], p. 56.

Tabela 3.16

z	$f(z)$	Primeiras diferenças divididas	Segundas diferenças divididas
$z_0 = x_0$	$f[z_0] = f(x_0)$		
		$f[z_0, z_1] = f'(x_0)$	
$z_1 = x_0$	$f[z_1] = f(x_0)$		$f[z_0, z_1, z_2] = \dfrac{f[z_1, z_2] - f[z_0, z_1]}{z_2 - z_0}$
		$f[z_1, z_2] = \dfrac{f[z_2] - f[z_1]}{z_2 - z_1}$	
$z_2 = x_1$	$f[z_2] = f(x_1)$		$f[z_1, z_2, z_3] = \dfrac{f[z_2, z_3] - f[z_1, z_2]}{z_3 - z_1}$
		$f[z_2, z_3] = f'(x_1)$	
$z_3 = x_1$	$f[z_3] = f(x_1)$		$f[z_2, z_3, z_4] = \dfrac{f[z_3, z_4] - f[z_2, z_3]}{z_4 - z_2}$
		$f[z_3, z_4] = \dfrac{f[z_4] - f[z_3]}{z_4 - z_3}$	
$z_4 = x_2$	$f[z_4] = f(x_2)$		$f[z_3, z_4, z_5] = \dfrac{f[z_4, z_5] - f[z_3, z_4]}{z_5 - z_3}$
		$f[z_4, z_5] = f'(x_2)$	
$z_5 = x_2$	$f[z_5] = f(x_2)$		

EXEMPLO 2 Use os dados do Exemplo 1 e os métodos de diferença dividida para determinar a aproximação pelo polinômio de Hermite em $x = 1{,}5$.

Solução Os elementos sublinhados nas três primeiras colunas da Tabela 3.17 são os dados do Exemplo 1. Os elementos restantes nessa tabela são gerados pela fórmula padrão de diferenças divididas (3.9).

Por exemplo, para o segundo elemento na terceira coluna, usamos o segundo elemento 1,3 na segunda coluna e o primeiro elemento 1,6 nesta coluna para obter

$$\frac{0{,}4554022 - 0{,}6200860}{1{,}6 - 1{,}3} = -0{,}5489460.$$

Para o primeiro elemento na quarta coluna, usamos o primeiro elemento 1,3 na terceira coluna e o primeiro elemento 1,6 nesta coluna para obter

$$\frac{-0{,}5489460 - (-0{,}5220232)}{1{,}6 - 1{,}3} = -0{,}0897427.$$

O valor do polinômio de Hermite em 1,5 é

$$\begin{aligned}
H_5(1{,}5) &= f[1{,}3] + f'(1{,}3)(1{,}5 - 1{,}3) + f[1{,}3,\ 1{,}3,\ 1{,}6](1{,}5 - 1{,}3)^2 \\
&\quad + f[1{,}3,\ 1{,}3,\ 1{,}6,\ 1{,}6](1{,}5 - 1{,}3)^2(1{,}5 - 1{,}6) \\
&\quad + f[1{,}3,\ 1{,}3,\ 1{,}6,\ 1{,}6,\ 1{,}9](1{,}5 - 1{,}3)^2(1{,}5 - 1{,}6)^2 \\
&\quad + f[1{,}3,\ 1{,}3,\ 1{,}6,\ 1{,}6,\ 1{,}9,\ 1{,}9](1{,}5 - 1{,}3)^2(1{,}5 - 1{,}6)^2(1{,}5 - 1{,}9) \\
&= 0{,}6200860 + (-0{,}5220232)(0{,}2) + (-0{,}0897427)(0{,}2)^2 \\
&\quad + 0{,}0663657(0{,}2)^2(-0{,}1) + 0{,}0026663(0{,}2)^2(-0{,}1)^2 \\
&\quad + (-0{,}0027738)(0{,}2)^2(-0{,}1)^2(-0{,}4) \\
&= 0{,}5118277.
\end{aligned}$$

■

Tabela 3.17

1,3	0,6200860					
		−0,5220232				
1,3	0,6200860		−0,0897427			
		−0,5489460		0,0663657		
1,6	0,4554022		−0,0698330		0,0026663	
		−0,5698959		0,0679655		−0,0027738
1,6	0,4554022		−0,0290537		0,0010020	
		−0,5786120		0,0685667		
1,9	0,2818186		−0,0084837			
		−0,5811571				
1,9	0,2818186					

A técnica utilizada no Algoritmo 3.3 pode ser ampliada para uso na determinação de outros polinômios osculadores. Uma discussão concisa sobre os procedimentos pode ser encontrada em [Pou], p. 53-57.

ALGORITMO 3.3 **Interpolação de Hermite**

Para obter os coeficientes do polinômio interpolador de Hermite $H(x)$ pelos $(n + 1)$ números distintos $x_0, \ldots, x_n$, para a função f:

ENTRADA números $x_0, x_1, \ldots, x_n$; valores $f(x_0), \ldots, f(x_n)$ e $f'(x_0), \ldots, f'(x_n)$.

SAÍDA os números $Q_{0,0}, Q_{1,1}, \ldots, Q_{2n+1,2n+1}$, onde

$$H(x) = Q_{0,0} + Q_{1,1}(x - x_0) + Q_{2,2}(x - x_0)^2 + Q_{3,3}(x - x_0)^2(x - x_1) + Q_{4,4}(x - x_0)^2(x - x_1)^2 + \ldots + Q_{2n+1,2n+1}(x - x_0)^2(x - x_1)^2 \ldots (x - x_{n-1})^2(x - x_n).$$

Passo 1 Para $i = 0, 1, \ldots, n$ execute os Passos 2 e 3.

Passo 2 Faça $z_{2i} = x_i$;
$z_{2i+1} = x_i$;
$Q_{2i,0} = f(x_i)$;
$Q_{2i+1,0} = f(x_i)$;
$Q_{2i+1,1} = f'(x_i)$.

Passo 3 Se $i \neq 0$, então faça

$$Q_{2i,1} = \frac{Q_{2i,0} - Q_{2i-1,0}}{z_{2i} - z_{2i-1}}.$$

Passo 4 Para $i = 2, 3, \ldots, 2n + 1$

para $j = 2, 3, \ldots, i$ faça $Q_{i,j} = \dfrac{Q_{i,j-1} - Q_{i-1,j-1}}{z_i - z_{i-j}}$.

Passo 5 SAÍDA $(Q_{0,0}, Q_{1,1}, \ldots, Q_{2n+1,2n+1})$;
PARE. ■

EXERCÍCIOS 3.4

1. Use o Teorema 3.9 ou o Algoritmo 3.3 para construir um polinômio aproximador para os seguintes dados.

a.

x	$f(x)$	$f'(x)$
8,3	17,56492	3,116256
8,6	18,50515	3,151762

b.

x	$f(x)$	$f'(x)$
0,8	0,22363362	2,1691753
1,0	0,65809197	2,0466965

c.

x	$f(x)$	$f'(x)$
−0,5	−0,0247500	0,7510000
−0,25	0,3349375	2,1890000
−0	1,1010000	4,0020000

d.

x	$f(x)$	$f'(x)$
0,1	−0,62049958	3,58502082
0,2	−0,28398668	3,14033271
0,3	0,00660095	2,66668043
0,4	0,24842440	2,16529366

2. Use o Teorema 3.9 ou o Algoritmo 3.3 para construir um polinômio aproximador para os seguintes dados.

a.

x	$f(x)$	$f'(x)$
0	1,00000	2,00000
0,5	2,71828	5,43656

b.

x	$f(x)$	$f'(x)$
−0,25	1,33203	0,437500
0,25	0,800781	−0,625000

c.

x	$f(x)$	$f'(x)$
0,1	−0,29004996	−2,8019975
0,2	−0,56079734	−2,6159201
0,3	−0,81401972	−2,9734038

d.

x	$f(x)$	$f'(x)$
−1	0,86199480	0,15536240
−0,5	0,95802009	0,23269654
0	1,0986123	0,33333333
0,5	1,2943767	0,45186776

3. Os dados do Exercício 1 foram gerados usando as funções a seguir. Use os polinômios construídos no Exercício 1 para o valor determinado de x para obter uma aproximação de $f(x)$ e calcular o erro absoluto.

a. $f(x) = x \ln x$; aproximar $f(8{,}4)$.

b. $f(x) = \text{sen}\,(e^x - 2)$; aproximar $f(0{,}9)$.

c. $f(x) = x^3 + 4{,}001x^2 + 4{,}002x + 1{,}101$; aproximar $f(-\frac{1}{3})$.

d. $f(x) = x \cos x - 2x^2 + 3x - 1$; aproximar $f(0{,}25)$.

4. Os dados do Exercício 2 foram gerados usando as funções a seguir. Use os polinômios construídos no Exercício 2 para o valor dado de x para obter uma aproximação de $f(x)$ e calcular o erro absoluto.

a. $f(x) = e^{2x}$; aproximar $f(0{,}43)$.

b. $f(x) = x^4 - x^3 + x^2 - x + 1$; aproximar $f(0)$.

c. $f(x) = x^2 \cos x - 3x$; aproximar $f(0{,}18)$.

d. $f(x) = \ln(e^x + 2)$; aproximar $f(0{,}25)$.

5. **a.** Use os valores a seguir e a aritmética de arredondamento de cinco algarismos para construir o polinômio interpolador de Hermite e aproximar sen 0,34.

x	sen x	D_x sen x = cos x
0,30	0,29552	0,95534
0,32	0,31457	0,94924
0,35	0,34290	0,93937

b. Determine um limitante de erro para a aproximação na parte (a) e compare-o com o erro real.

c. Acrescente sen 0,33 = 0,32404 e cos 0,33 = 0,94604 aos dados e refaça os cálculos.

6. Seja $f(x) = 3xe^x - e^{2x}$.

a. Faça a aproximação de $f(1{,}03)$ pelo polinômio interpolador de Hermite de grau no máximo três usando $x_0 = 1$ e $x_1 = 1{,}05$. Compare o erro real com o limitante do erro.

b. Repita (a) com o polinômio interpolador de Hermite de grau no máximo cinco, usando $x_0 = 1$, $x_1 = 1{,}05$ e $x_2 = 1{,}07$.

7. A tabela a seguir fornece dados para a função descrita por $f(x) = e^{0,1x^2}$. Obtenha uma aproximação de $f(1{,}25)$ usando $H_5(1{,}25)$ e $H_3(1{,}25)$, onde H_5 usa os nós $x_0 = 1$, $x_1 = 2$ e $x_2 = 3$; e H_3 usa os nós $\bar{x}_0 = 1$ e $\bar{x}_1 = 1{,}5$. Encontre os limitantes de erro para essas aproximações.

x	$f(x) = e^{0,1x^2}$	$f'(x) = 0,2xe^{0,1x^2}$
$x_0 = \bar{x}_0 = 1$	1,105170918	0,2210341836
$\bar{x}_1 = 1,5$	1,252322716	0,3756968148
$x_1 = 2$	1,491824698	0,5967298792
$x_2 = 3$	2,459603111	1,475761867

EXERCÍCIOS APLICADOS

8. Um lançador de beisebol arremessa uma bola da posição do lançador para o receptor. Embora a distância da posição do lançador até a *home plate* seja de 60 pés e 6 polegadas, a bola percorre tipicamente 55 pés e 5 polegadas. Suponha que a velocidade inicial da bola seja 95 milhas por hora e que a velocidade terminal na *home plate* seja 92 milhas por hora. Construa um polinômio interpolador de Hermite para os dados

Tempo t (em segundos)	0	0,4
Distância d (em pés)	0	55,5
Velocidade (milhas por hora)	95	92

   a. Use a derivada do polinômio de Hermite para obter uma estimativa da velocidade da bola, em milhas por hora, em $t = 0,2$ segundo.

   b. O máximo da velocidade da bola ocorre em $t = 0$, ou a derivada do polinômio de Hermite tem um máximo maior do que 95 milhas por hora? Em caso afirmativo, isso parece razoável? [*Sugestão:* Converta milhas por hora para pés por segundo para resolver o problema e depois converta de novo para milhas por hora para dar as respostas.]

9. Um carro viajando ao longo de uma estrada reta é cronometrado em vários pontos. Os dados tirados das observações são fornecidos na tabela a seguir, onde o tempo é expresso em segundos, a distância, em pés, e a velocidade, em pés por segundo.

Tempo	0	3	5	8	13
Distância	0	225	383	623	993
Velocidade	75	77	80	74	72

   a. Use um polinômio de Hermite para fazer uma estimativa da posição do carro e da sua velocidade quando $t = 10$ s.

   b. Use a derivada do polinômio de Hermite para determinar se o carro excedeu alguma vez o limite de velocidade de 55 milhas/h na estrada. Em caso afirmativo, qual foi a primeira vez em que o carro excedeu essa velocidade?

   c. Qual é a velocidade máxima estimada para o carro?

EXERCÍCIOS TEÓRICOS

10. Sejam $z_0 = x_0$, $z_1 = x_0$, $z_2 = x_1$ e $z_3 = x_1$. Forme a seguinte tabela de diferenças divididas.

$z_0 = x_0$	$f[z_0] = f(x_0)$			
		$f[z_0, z_1] = f'(x_0)$		
$z_1 = x_0$	$f[z_1] = f(x_0)$		$f[z_0, z_1, z_2]$	
		$f[z_1, z_2]$		$f[z_0, z_1, z_2, z_3]$
$z_2 = x_1$	$f[z_2] = f(x_1)$		$f[z_1, z_2, z_3]$	
		$f[z_2, z_3] = f'(x_1)$		
$z_3 = x_1$	$f[z_3] = f(x_1)$			

Demonstre que o polinômio cúbico de Hermite $H_3(x)$ também pode ser escrito como

$$f[z_0] + f[z_0, z_1](x - x_0) + f[z_0, z_1, z_2](x - x_0)^2 + f[z_0, z_1, z_2, z_3](x - x_0)^2(x - x_1).$$

11. **a.** Demonstre que $H_{2n+1}(x)$ é o único polinômio de mínimo grau que coincide com f e f' em $x_0, \ldots, x_n$. [*Sugestão*: suponha que $P(x)$ seja um outro tal polinômio e considere $D = H_{2n+1} - P$ e D' em $x_0, x_1, \ldots, x_n$.]

b. Deduza o termo de erro no Teorema 3.9. [*Sugestão:* utilize o mesmo método usado para a dedução de erro de Lagrange, Teorema 3.3, definindo

$$g(t) = f(t) - H_{2n+1}(t) - \frac{(t - x_0)^2 \cdots (t - x_n)^2}{(x - x_0)^2 \cdots (x - x_n)^2}[f(x) - H_{2n+1}(x)]$$

e usando o fato de que $g'(t)$ tem $(2n + 2)$ zeros *distintos* em $[a, b]$.]

QUESTÕES PARA DISCUSSÃO

1. Um dos problemas do polinômio interpolador é que, embora ele passe pelos pontos, a forma da curva nem sempre é bem ajustada. Uma abordagem é usar polinômios interpoladores e fazer não só os pontos, mas também as derivadas coincidirem. Descreva com suas próprias palavras como se consegue isso.
2. Nesta seção, foram apresentados dois métodos para encontrar polinômios de Hermite. Explique a utilidade de cada um dos dois métodos.
3. Investigue a dedução do método das diferenças divididas para calcular o polinômio interpolador de Hermite. [*Sugestão: consulte a referência de Powell.*]

3.5 Interpolação por *spline* cúbico[1]

As seções anteriores trataram da aproximação de funções arbitrárias em intervalos fechados usando polinômios. Entretanto, os polinômios de alto grau podem oscilar erraticamente; isto é, a menor flutuação sobre uma pequena parte do intervalo pode induzir grandes flutuações sobre todo o intervalo. Apresentamos um bom exemplo disso na Figura 3.14 no final desta seção.

Uma abordagem alternativa é dividir o intervalo em uma coleção de subintervalos e construir um polinômio aproximador (geralmente) diferente em cada subintervalo. A aproximação por funções desse tipo é chamada **aproximação polinomial por partes.**

Aproximação polinomial por partes

A aproximação polinomial por partes mais simples é a interpolação **linear por partes,** que consiste em unir um conjunto de pontos dados.

$$\{(x_0, f(x_0)), (x_1, f(x_1)), \ldots, (x_n, f(x_n))\}$$

por uma série de retas, conforme mostrado na Figura 3.7.

[1] As demonstrações nesta seção baseiam-se nos resultados no Capítulo 6.

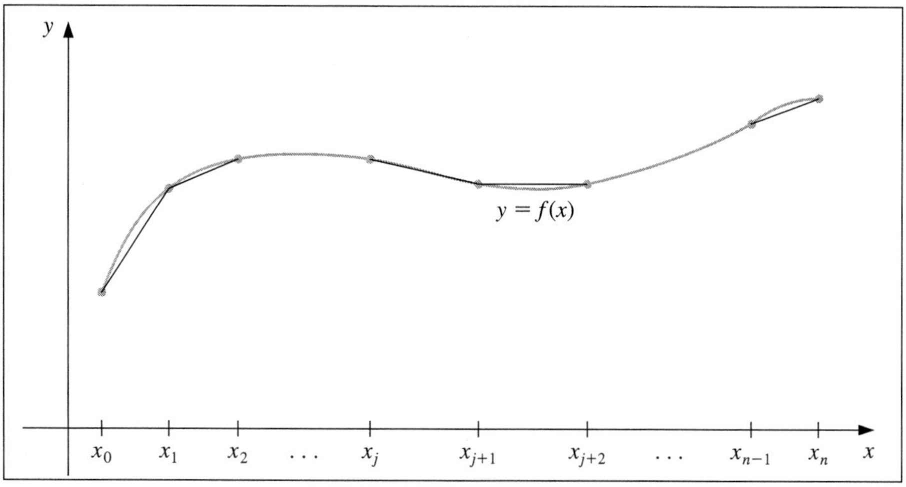

Figura 3.7

Uma desvantagem da aproximação por função linear é a possibilidade de que não haja diferenciabilidade nas extremidades dos subintervalos, o que, em um contexto geométrico, significa que a função interpoladora não é "lisa". Muitas vezes, fica claro a partir das condições físicas que é necessário que a função seja lisa; logo, a função aproximadora deve ser continuamente diferenciável.

Um procedimento alternativo é a utilização de um polinômio por partes do tipo Hermite. Por exemplo, se os valores de f e de f' forem conhecidos em cada um dos pontos $x_0 < x_1 < \ldots < x_n$, um polinômio cúbico de Hermite pode ser usado em cada um dos subintervalos $[x_0, x_1]$, $[x_1, x_2]$, $\ldots$, $[x_{n-1}, x_n]$ para obter uma função que tenha uma derivada contínua no intervalo $[x_0, x_n]$.

Determinar o polinômio cúbico de Hermite adequado em determinado intervalo é simplesmente uma questão de calcular $H_3(x)$ para aquele intervalo. Como os polinômios interpoladores de Lagrange necessários para a determinação de H_3 são de grau um, isto pode ser feito com certa facilidade. Contudo, para usar os polinômios por partes de Hermite para interpolação geral, é necessário conhecer a derivada da função que está sendo aproximada, o que frequentemente não está disponível.

O restante desta seção considera a aproximação usando polinômios por partes que não exijam nenhuma informação sobre a derivada, exceto talvez nas extremidades do intervalo sobre o qual a função esteja sendo aproximada.

Isaac Jacob Schoenberg (1903-1990) desenvolveu seu trabalho sobre *splines* durante a Segunda Guerra Mundial, enquanto estava de licença da Universidade da Pensilvânia para trabalhar no Laboratório de Pesquisa Balística do Exército em Aberdeen, Maryland. Seu trabalho original envolvia procedimentos numéricos para a resolução de equações diferenciais. A aplicação muito mais ampla dos *splines* nas áreas de ajuste de dados e projetos geométricos por computador se tornou evidente com a crescente disponibilidade dos computadores nos anos 1960.

A raiz da palavra *spline* é a mesma que a da palavra tala (*splint*, em inglês). Originariamente, era uma pequena tira de madeira que podia ser usada para unir duas tábuas. Mais tarde, a palavra passou a ser usada para se referir a uma longa tira flexível, geralmente feita em metal, que podia ser usada para desenhar curvas contínuas lisas, forçando a tira a passar por pontos específicos e desenhando ao longo da curva obtida.

O tipo mais simples de função polinomial por partes diferenciável em todo um intervalo $[x_0, x_n]$ é aquele obtido ajustando um polinômio quadrático entre cada par sucessivo de nós. Isso é feito construindo uma função quadrática em $[x_0, x_1]$ coincidindo com a função em x_0 e x_1, outra função quadrática em $[x_1, x_2]$ coincidindo com a função em x_1 e x_2, e assim por diante. Um polinômio quadrático geral possui três constantes arbitrárias – o termo constante, o coeficiente de x e o coeficiente de x^2 – e somente duas condições são necessárias para ajustar os dados nas extremidades de cada subintervalo. Existe uma flexibilidade que permite que a função quadrática seja escolhida de forma que a função interpoladora tenha uma derivada contínua em $[x_0, x_n]$. A dificuldade surge quando existe a necessidade de especificar condições acerca da derivada da função interpoladora nas extremidades x_0 e x_n. Não há um número suficiente de constantes para garantir que as condições serão satisfeitas. (Consultar o Exercício 34.)

Splines cúbicos

A aproximação polinomial por partes mais comum usa polinômios cúbicos entre cada par de nós sucessivos e é chamada **interpolação por *spline* cúbico**. Um polinômio cúbico geral envolve quatro constantes; logo, existe flexibilidade suficiente no procedimento de *splines* cúbicos para assegurar que a função interpoladora seja não somente continuamente diferenciável no intervalo, mas também tenha uma segunda derivada contínua. A construção do *spline* cúbico, entretanto, não supõe que as derivadas da função interpoladora coincidam com aquelas da função que está sendo aproximada, mesmo nos nós. (Veja a Figura 3.8.)

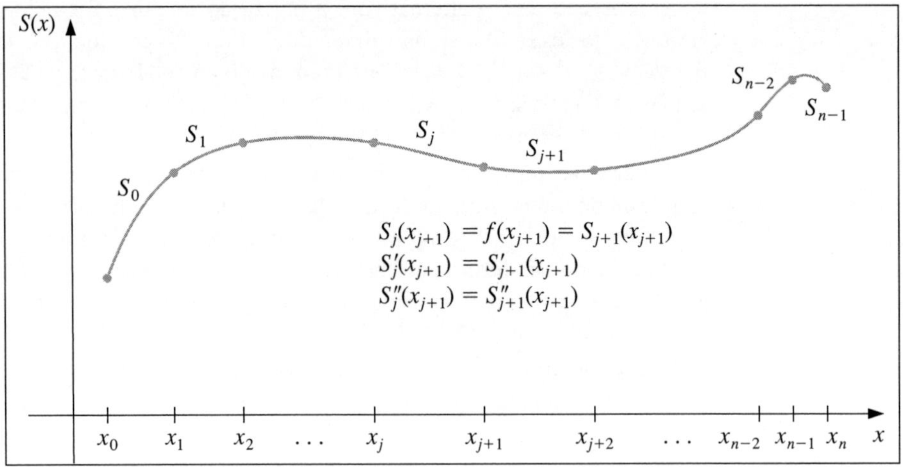

Figura 3.8

▸ Definição 3.10 Dada a função f definida em $[a, b]$ e em um conjunto de nós $a = x_0 < x_1 < \ldots < x_n = b$, um ***spline* cúbico interpolador** S para f é uma função que satisfaz as seguintes condições:

(a) $S(x)$ é um polinômio cúbico, denotado $S_j(x)$, no subintervalo $[x_j, x_{j+1}]$ para cada $j = 0, 1, \ldots, n-1$;
(b) $S_j(x_j) = f(x_j)$ e $S_j(x_{j+1}) = f(x_{j+1})$ para cada $j = 0, 1, \ldots, n-1$;
(c) $S_{j+1}(x_{j+1}) = S_j(x_{j+1})$ para cada $j = 0, 1, \ldots, n-2$; (*Implicada por* **(b)**.)
(d) $S'_{j+1}(x_{j+1}) = S'_j(x_{j+1})$ para cada $j = 0, 1, \ldots, n-2$;
(e) $S''_{j+1}(x_{j+1}) = S''_j(x_{j+1})$ para cada $j = 0, 1, \ldots, n-2$;
(f) Um dos conjuntos de condições de contorno a seguir é satisfeito:
  (i) $S''(x_0) = S''(x_n) = 0$ **(condições de contorno livres ou naturais)**;
  (ii) $S'(x_0) = f'(x_0)$ e $S'(x_n) = f'(x_n)$ **(condições de contorno fixadas)**.

Um *spline* natural não tem condições impostas para a direção em suas extremidades, então a curva toma a forma de uma linha reta depois que passa pelos pontos de interpolação mais próximos de suas extremidades. O nome vem de fato que um *spline* livre é a forma natural que uma haste flexível assume se forçada a passar pelos pontos de interpolação especificados sem restrições adicionais. (Veja Figura 3.9.)

Embora os *splines* cúbicos possam ser definidos com outras condições de contorno, as condições dadas em (f) são suficientes para nossos propósitos. Quando as condições de contorno livres ocorrem, o *spline* é chamado ***spline* natural**, e seu gráfico se aproxima da forma que uma haste longa flexível assumiria se fosse forçada a passar pelos pontos dados $\{(x_0, f(x_0)), (x_1 f(x_1)), \ldots, (x_n, f(x_n))\}$.

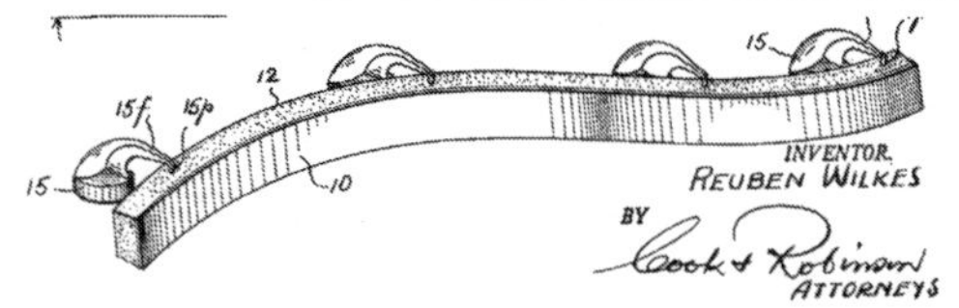

Figura 3.9

Em geral, as condições de contorno fixadas levam a aproximações mais precisas, pois incluem mais informações sobre a função. Entretanto, para que esse tipo de condição de contorno seja válido, é necessário ter os valores da derivada nas extremidades ou uma aproximação precisa daqueles valores.

Fixar um *spline* indica que as extremidades da haste flexível são fixas de forma a forçar a tomada de uma direção específica em cada uma de suas extremidades. Isso é importante, por exemplo, quando duas funções *spline* devem coincidir em suas extremidades. Isso é feito matematicamente especificando os valores da derivada da curva nas extremidades do *spline*.

EXEMPLO 1 Construa um *spline* cúbico natural que passe pelos pontos (1, 2), (2, 3) e (3, 5).

Solução Este *spline* consiste em dois polinômios cúbicos. O primeiro, para o intervalo [1,2], é denotado por

$$S_0(x) = a_0 + b_0(x - 1) + c_0(x - 1)^2 + d_0(x - 1)^3,$$

e o outro, para [2, 3], é denotado

$$S_1(x) = a_1 + b_1(x - 2) + c_1(x - 2)^2 + d_1(x - 2)^3.$$

Existem oito constantes a serem determinadas e isto faz que sejam necessárias oito condições. Quatro condições vêm do fato que os *splines* devem coincidir com os dados nos nós. Portanto,

$$2 = f(1) = a_0, \quad 3 = f(2) = a_0 + b_0 + c_0 + d_0, \quad 3 = f(2) = a_1, \quad \text{e}$$

$$5 = f(3) = a_1 + b_1 + c_1 + d_1.$$

Outras duas condições vêm do fato de que $S_0'(2) = S_1'(2)$ e $S_0''(2) = S_1''(2)$. Estas são

$$S_0'(2) = S_1'(2): \quad b_0 + 2c_0 + 3d_0 = b_1 \quad \text{e} \quad S_0''(2) = S_1''(2): \quad 2c_0 + 6d_0 = 2c_1.$$

As duas últimas vêm das condições de contorno naturais:

$$S''_0(1) = 0: \quad 2c_0 = 0 \quad \text{e} \quad S''_1(3) = 0: \quad 2c_1 + 6d_1 = 0.$$

A solução deste sistema de equações nos dá o *spline*

$$S(x) = \begin{cases} 2 + \frac{3}{4}(x-1) + \frac{1}{4}(x-1)^3, & \text{para } x \in [1,2] \\ 3 + \frac{3}{2}(x-2) + \frac{3}{4}(x-2)^2 - \frac{1}{4}(x-2)^3, & \text{para } x \in [2,3]. \end{cases}$$ ■

Construção de um *spline* cúbico

Como ilustrado pelo exemplo anterior, um *spline* definido em um intervalo dividido em n subintervalos exigirá a determinação de $4n$ constantes. Para construir o *spline* cúbico interpolador para uma dada função f, as condições da definição são aplicadas aos polinômios cúbicos

$$S_j(x) = a_j + b_j(x - x_j) + c_j(x - x_j)^2 + d_j(x - x_j)^3,$$

para cada $j = 0, 1, \ldots, n-1$. Como $S_j(x_j) = a_j = f(x_j)$, a condição **(c)** pode ser aplicada para obter

$$a_{j+1} = S_{j+1}(x_{j+1}) = S_j(x_{j+1}) = a_j + b_j(x_{j+1} - x_j) + c_j(x_{j+1} - x_j)^2 + d_j(x_{j+1} - x_j)^3,$$

para cada $j = 0, 1, \ldots, n-2$.

Como os termos $x_{j+1} - x_j$ são usados repetidamente nesse desenvolvimento, é conveniente que seja introduzida uma notação mais simples

$$h_j = x_{j+1} - x_j,$$

para cada $j = 0, 1, \ldots, n-1$. Se for definido ainda $a_n = f(x_n)$, então a equação

$$a_{j+1} = a_j + b_j h_j + c_j h_j^2 + d_j h_j^3 \tag{3.15}$$

será válida para cada $j = 0, 1, \ldots, n-1$.

De maneira semelhante, defina $b_n = S'(x_n)$ e observe que

$$S'_j(x) = b_j + 2c_j(x - x_j) + 3d_j(x - x_j)^2$$

implica $S'_j(x_j) = b_j$, para cada $j = 0, 1, \ldots, n-1$. Ao aplicar a condição (d), obtemos

$$b_{j+1} = b_j + 2c_j h_j + 3d_j h_j^2, \tag{3.16}$$

para cada $j = 0, 1, \ldots, n-1$.

Uma outra relação entre os coeficientes de S_j é obtida definindo $c_n = S''(x_n)/2$ e aplicando a condição (e). Então, para cada $j = 0, 1, \ldots, n-1$,

$$c_{j+1} = c_j + 3d_j h_j. \tag{3.17}$$

Isolando d_j na Equação (3.17) e substituindo esse valor nas Equações (3.15) e (3.16) obtemos, para cada $j = 0, 1, \ldots, n-1$, as novas equações

$$a_{j+1} = a_j + b_j h_j + \frac{h_j^2}{3}(2c_j + c_{j+1}) \tag{3.18}$$

e

$$b_{j+1} = b_j + h_j(c_j + c_{j+1}). \tag{3.19}$$

A relação final envolvendo os coeficientes é obtida isolando primeiro b_j na Equação (3.18), adequada

$$b_j = \frac{1}{h_j}(a_{j+1} - a_j) - \frac{h_j}{3}(2c_j + c_{j+1}), \tag{3.20}$$

e depois, com a redução do índice, b_{j-1}. Isso nos dá

$$b_{j-1} = \frac{1}{h_{j-1}}(a_j - a_{j-1}) - \frac{h_{j-1}}{3}(2c_{j-1} + c_j).$$

Substituindo esses valores na equação deduzida da Equação (3.19), com o índice reduzido em um, resulta o sistema linear de equações

$$h_{j-1}c_{j-1} + 2(h_{j-1} + h_j)c_j + h_j c_{j+1} = \frac{3}{h_j}(a_{j+1} - a_j) - \frac{3}{h_{j-1}}(a_j - a_{j-1}), \tag{3.21}$$

para cada $j = 1, 2, \ldots, n - 1$. Esse sistema envolve somente os $\{c_j\}_{j=0}^{n}$ como incógnitas, pois os valores de $\{h_j\}_{j=0}^{n-1}$ e $\{a_j\}_{j=0}^{n}$ são determinados, respectivamente, pelo espaçamento dos nós $\{x_j\}_{j=0}^{n}$ e pelos valores de f nos nós. Observe que, uma vez determinados os valores de $\{c_j\}_{j=0}^{n}$, é uma questão simples encontrar o restante das constantes $\{b_j\}_{j=0}^{n-1}$ a partir da Equação (3.20) e $\{d_j\}_{j=0}^{n-1}$ a partir da Equação (3.17), e construir os polinômios cúbicos $\{S_j(x)\}_{j=0}^{n-1}$.

A questão principal que surge com relação a essa construção é se os valores de $\{c_j\}_{j=0}^{n}$ podem ser encontrados utilizando o sistema de equações fornecido em (3.21) e, em caso positivo, se esses valores serão únicos. Os teoremas a seguir indicam que esse é o caso quando qualquer uma das condições de contorno apresentadas na parte (f) da definição é imposta. As demonstrações desses teoremas exigem material proveniente da álgebra linear, que é discutida no Capítulo 6.

Splines naturais

▸ Teorema 3.11 Se f for definida em $a = x_0 < x_1 < \ldots < x_n = b$, então f tem um *spline* S interpolador natural único nos nós $x_0, x_1, \ldots, x_n$, isto é, um *spline* interpolador que satisfaz as condições de contorno $S''(a) = 0$ e $S''(b) = 0$.

Demonstração As condições de contorno, nesse caso, implicam que $c_n = S''(x_n)/2 = 0$ e que

$$0 = S''(x_0) = 2c_0 + 6d_0(x_0 - x_0),$$

de modo que $c_0 = 0$. As duas equações $c_0 = 0$ e $c_n = 0$, juntamente com as equações em (3.21), produzem um sistema linear descrito pela equação vetorial $A\mathbf{x} = \mathbf{b}$, onde A é a matriz $(n + 1) \times (n + 1)$

$$A = \begin{bmatrix} 1 & 0 & 0 & \cdots & \cdots & 0 \\ h_0 & 2(h_0+h_1) & h_1 & \ddots & & \vdots \\ 0 & h_1 & 2(h_1+h_2) & h_2 & \ddots & \vdots \\ \vdots & \ddots & \ddots & \ddots & \ddots & 0 \\ \vdots & & \ddots & h_{n-2} & 2(h_{n-2}+h_{n-1}) & h_{n-1} \\ 0 & \cdots & \cdots & 0 & 0 & 1 \end{bmatrix},$$

e **b** e **x** são os vetores

$$\mathbf{b} = \begin{bmatrix} 0 \\ \frac{3}{h_1}(a_2 - a_1) - \frac{3}{h_0}(a_1 - a_0) \\ \vdots \\ \frac{3}{h_{n-1}}(a_n - a_{n-1}) - \frac{3}{h_{n-2}}(a_{n-1} - a_{n-2}) \\ 0 \end{bmatrix} \quad \text{e} \quad \mathbf{x} = \begin{bmatrix} c_0 \\ c_1 \\ \vdots \\ c_n \end{bmatrix}.$$

A matriz A é estritamente diagonal dominante; ou seja, em cada linha, o módulo do elemento da diagonal excede a soma dos módulos de todos os outros elementos na linha. Será mostrado, pelo Teorema 6.21 da Seção 6.6, que um sistema linear com uma matriz desta forma terá uma única solução $c_0, c_1, \ldots, c_n$. ∎

A solução para o problema de *spline* cúbico com as condições de contorno $S''(x_0) = S''(x_n) = 0$ pode ser obtida aplicando o Algoritmo 3.4.

ALGORITMO 3.4 ***Spline* cúbico natural**

Para construir o *spline* cúbico S interpolador para a função f, definida nos números $x_0 < x_1 < \ldots < x_n$, satisfazendo $S''(x_0) = S''(x_n) = 0$:

ENTRADA $n; x_0, x_1, \ldots, x_n; a_0 = f(x_0), a_1 = f(x_1), \ldots, a_n = f(x_n)$.

SAÍDA a_j, b_j, c_j, d_j para $j = 0, 1, \ldots, n-1$.

(*Observação*: $S(x) = S_j(x) = a_j + b_j(x - x_j) + c_j(x - x_j)^2 + d_j(x - x_j)^3$ *para* $x_j \leq x \leq x_{j+1}$.)

Passo 1 Para $i = 0, 1, \ldots, n-1$ faça $h_i = x_{i+1} - x_i$.

Passo 2 Para $i = 1, 2, \ldots, n-1$ faça

$$\alpha_i = \frac{3}{h_i}(a_{i+1} - a_i) - \frac{3}{h_{i-1}}(a_i - a_{i-1}).$$

Passo 3 Faça $l_0 = 1$; (*Os Passos 3, 4, 5 e parte do Passo 6 resolvem um sistema linear tridiagonal, usando um método descrito no Algoritmo 6.7.*)

$\mu_0 = 0$;

$z_0 = 0$.

Passo 4 Para $i = 1, 2, \ldots, n-1$

faça $l_i = 2(x_{i+1} - x_{i-1}) - h_{i-1}\mu_{i-1}$;

$\mu_i = h_i/l_i$;

$z_i = (\alpha_i - h_{i-1}z_{i-1})/l_i$.

Passo 5 Faça $l_n = 1$;
$z_n = 0$;
$c_n = 0$.

Passo 6 Para $j = n - 1, n - 2, \ldots, 0$
faça $c_j = z_j - \mu_j c_{j+1}$;
$b_j = (a_{j+1} - a_j)/h_j - h_j(c_{j+1} + 2c_j)/3$;
$d_j = (c_{j+1} - c_j)/(3h_j)$.

Passo 7 SAÍDA (a_j, b_j, c_j, d_j para $j = 0, 1, \ldots, n - 1$);
PARE. ■

EXEMPLO 2 No início do Capítulo 3, apresentamos alguns polinômios de Taylor para obter aproximações da função exponencial $f(x) = e^x$. Use os pontos dados $(0, 1)$, $(1, e)$, $(2, e^2)$ e $(3, e^3)$ para formar um *spline* natural $S(x)$ que aproxime $f(x) = e^x$.

Solução Temos $n = 3$, $h_0 = h_1 = h_2 = 1$, $a_0 = 0$, $a_1 = e$, $a_2 = e^2$ e $a_3 = e^3$. Então, a matriz A e os vetores **b** e **x** dados no Teorema 3.11 têm as formas

$$A = \begin{bmatrix} 1 & 0 & 0 & 0 \\ 1 & 4 & 1 & 0 \\ 0 & 1 & 4 & 1 \\ 0 & 0 & 0 & 1 \end{bmatrix}, \quad \mathbf{b} = \begin{bmatrix} 0 \\ 3(e^2 - 2e + 1) \\ 3(e^3 - 2e^2 + e) \\ 0 \end{bmatrix}, \quad \text{e} \quad \mathbf{x} = \begin{bmatrix} c_0 \\ c_1 \\ c_2 \\ c_3 \end{bmatrix}.$$

A equação matricial $A\mathbf{x} = \mathbf{b}$ é equivalente ao sistema de equações

$$\begin{aligned} c_0 &= 0, \\ c_0 + 4c_1 + c_2 &= 3(e^2 - 2e + 1), \\ c_1 + 4c_2 + c_3 &= 3(e^3 - 2e^2 + e), \\ c_3 &= 0, \end{aligned}$$

Este sistema tem a solução $c_0 = c_3 = 0$, e, com cinco casas decimais,

$$c_1 = \frac{1}{5}(-e^3 + 6e^2 - 9e + 4) \approx 0{,}75685 \quad \text{e} \quad c_2 = \frac{1}{5}(4e^3 - 9e^2 + 6e - 1) \approx 5{,}83007.$$

A determinação das constantes restantes resulta em

$$\begin{aligned} b_0 &= \frac{1}{h_0}(a_1 - a_0) - \frac{h_0}{3}(c_1 + 2c_0) \\ &= (e - 1) - \frac{1}{15}(-e^3 + 6e^2 - 9e + 4) \approx 1{,}46600, \\ b_1 &= \frac{1}{h_1}(a_2 - a_1) - \frac{h_1}{3}(c_2 + 2c_1) \\ &= (e^2 - e) - \frac{1}{15}(2e^3 + 3e^2 - 12e + 7) \approx 2{,}22285, \\ b_2 &= \frac{1}{h_2}(a_3 - a_2) - \frac{h_2}{3}(c_3 + 2c_2) \\ &= (e^3 - e^2) - \frac{1}{15}(8e^3 - 18e^2 + 12e - 2) \approx 8{,}80977, \end{aligned}$$

$$d_0 = \frac{1}{3h_0}(c_1 - c_0) = \frac{1}{15}(-e^3 + 6e^2 - 9e + 4) \approx 0{,}25228,$$

$$d_1 = \frac{1}{3h_1}(c_2 - c_1) = \frac{1}{3}(e^3 - 3e^2 + 3e - 1) \approx 1{,}69107,$$

e

$$d_2 = \frac{1}{3h_2}(c_3 - c_1) = \frac{1}{15}(-4e^3 + 9e^2 - 6e + 1) \approx -1{,}94336.$$

O *spline* cúbico natural é descrito pela equação por partes

$$S(x) = \begin{cases} 1 + 1{,}46600x + 0{,}25228x^3, & \text{para } x \in [0, 1], \\ 2{,}71828 + 2{,}22285(x-1) + 0{,}75685(x-1)^2 + 1{,}69107(x-1)^3, & \text{para } x \in [1, 2], \\ 7{,}38906 + 8{,}80977(x-2) + 5{,}83007(x-2)^2 - 1{,}94336(x-2)^3, & \text{para } x \in [2, 3]. \end{cases}$$

O *spline* e sua concordância com $f(x) = e^x$ são mostrados na Figura 3.10. ■

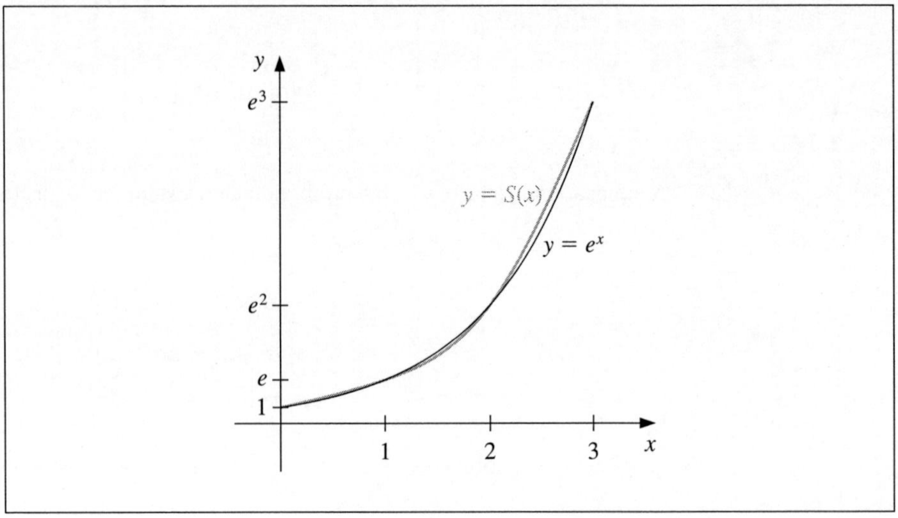

Figura 3.10

Uma vez que tenhamos determinado uma aproximação da função por *spline*, podemos usá-lo para aproximar outras propriedades da função. A próxima ilustração envolve a integral do *spline* que encontramos no exemplo anterior.

Ilustração Para aproximar a integral de $f(x) = e^x$ em [0, 3], que tem valor

$$\int_0^3 e^x\, dx = e^3 - 1 \approx 20{,}08553692 - 1 = 19{,}08553692,$$

podemos integrar em partes o *spline* que aproxima f neste intervalo. Isto dá

$$\begin{aligned} \int_0^3 S(x) = &\int_0^1 1 + 1{,}46600x + 0{,}25228x^3\, dx \\ &+ \int_1^2 2{,}71828 + 2{,}22285(x-1) + 0{,}75685(x-1)^2 + 1{,}69107(x-1)^3\, dx \\ &+ \int_2^3 7{,}38906 + 8{,}80977(x-2) + 5{,}83007(x-2)^2 - 1{,}94336(x-2)^3\, dx. \end{aligned}$$

Integrando e coletando valores, obtemos

$$\int_0^3 S(x) = \left[x + 1{,}46600\frac{x^2}{2} + 0{,}25228\frac{x^4}{4}\right]_0^1$$

$$+ \left[2{,}71828(x-1) + 2{,}22285\frac{(x-1)^2}{2} + 0{,}75685\frac{(x-1)^3}{3} + 1{,}69107\frac{(x-1)^4}{4}\right]_1^2$$

$$+ \left[7{,}38906(x-2) + 8{,}80977\frac{(x-2)^2}{2} + 5{,}83007\frac{(x-2)^3}{3} - 1{,}94336\frac{(x-2)^4}{4}\right]_2^3$$

$$= (1 + 2{,}71828 + 7{,}38906) + \frac{1}{2}(1{,}46600 + 2{,}22285 + 8{,}80977)$$

$$+ \frac{1}{3}(0{,}75685 + 5{,}83007) + \frac{1}{4}(0{,}25228 + 1{,}69107 - 1{,}94336)$$

$$= 19{,}55229.$$

Como os nós são igualmente espaçados neste exemplo, a aproximação da integral é simplesmente

$$\int_0^3 S(x)\,dx = (a_0 + a_1 + a_2) + \tfrac{1}{2}(b_0 + b_1 + b_2) + \tfrac{1}{3}(c_0 + c_1 + c_2) + \tfrac{1}{4}(d_0 + d_1 + d_2). \tag{3.22}$$

■

Splines fixados

EXEMPLO 3

No Exemplo 1, encontramos um *spline* natural S que passa pelos pontos (1, 2), (2, 3) e (3, 5). Construa um *spline* fixado por estes pontos, que satisfaça $s'(1) = 2$ e $s'(3) = 1$.

Solução Seja

$$s_0(x) = a_0 + b_0(x-1) + c_0(x-1)^2 + d_0(x-1)^3$$

o polinômio cúbico em [1,2] e, aquele em [2,3],

$$s_1(x) = a_1 + b_1(x-2) + c_1(x-2)^2 + d_1(x-2)^3.$$

A maioria das condições para determinar as oito constantes são as mesmas do Exemplo 1. Isto é,

$2 = f(1) = a_0,\quad 3 = f(2) = a_0 + b_0 + c_0 + d_0,\quad 3 = f(2) = a_1,$ e

$5 = f(3) = a_1 + b_1 + c_1 + d_1.$

$s_0'(2) = s_1'(2):\quad b_0 + 2c_0 + 3d_0 = b_1$ e $s_0''(2) = s_1''(2):\quad 2c_0 + 6d_0 = 2c_1$

Entretanto, as condições de contorno agora são

$$s_0'(1) = 2: \quad b_0 = 2 \quad \text{e} \quad s_1'(3) = 1: \quad b_1 + 2c_1 + 3d_1 = 1.$$

A solução deste sistema nos dá o *spline* como sendo

$$s(x) = \begin{cases} 2 + 2(x-1) - \frac{5}{2}(x-1)^2 + \frac{3}{2}(x-1)^3, & \text{para } x \in [1, 2] \\ 3 + \frac{3}{2}(x-2) + 2(x-2)^2 - \frac{3}{2}(x-2)^3, & \text{para } x \in [2, 3] \end{cases}.$$ ■

No caso de condições de contorno fixadas, temos um resultado que é semelhante ao teorema para condições de contorno naturais descrito no Teorema 3.11.

▸Teorema 3.12 Se f é definida em $a = x_0 < x_1 < ... < x_n = b$ e diferenciável em a e b, então f tem um único *spline* fixado interpolador S, nos nós $x_0, x_1, \ldots, x_n$, isto é, um *spline* interpolador que satisfaz as condições de contorno $S'(a) = f'(a)$ e $S'(b) = f'(b)$.

Demonstração Como $f'(a) = S'(a) = S'(x_0) = b_0$, a Equação (3.20) com $j = 0$ implica

$$f'(a) = \frac{1}{h_0}(a_1 - a_0) - \frac{h_0}{3}(2c_0 + c_1).$$

Consequentemente,

$$2h_0c_0 + h_0c_1 = \frac{3}{h_0}(a_1 - a_0) - 3f'(a).$$

Da mesma forma,

$$f'(b) = b_n = b_{n-1} + h_{n-1}(c_{n-1} + c_n),$$

logo, a Equação (3.20) com $j = n - 1$ implica que

$$\begin{aligned} f'(b) &= \frac{a_n - a_{n-1}}{h_{n-1}} - \frac{h_{n-1}}{3}(2c_{n-1} + c_n) + h_{n-1}(c_{n-1} + c_n) \\ &= \frac{a_n - a_{n-1}}{h_{n-1}} + \frac{h_{n-1}}{3}(c_{n-1} + 2c_n), \end{aligned}$$

e

$$h_{n-1}c_{n-1} + 2h_{n-1}c_n = 3f'(b) - \frac{3}{h_{n-1}}(a_n - a_{n-1}).$$

As Equações (3.21) juntamente com as equações

$$2h_0c_0 + h_0c_1 = \frac{3}{h_0}(a_1 - a_0) - 3f'(a)$$

e

$$h_{n-1}c_{n-1} + 2h_{n-1}c_n = 3f'(b) - \frac{3}{h_{n-1}}(a_n - a_{n-1})$$

determinam o sistema linear $A\mathbf{x} = \mathbf{b}$, onde

$$A = \begin{bmatrix} 2h_0 & h_0 & 0 & \cdots & \cdots & 0 \\ h_0 & 2(h_0+h_1) & h_1 & \ddots & & \vdots \\ 0 & h_1 & 2(h_1+h_2) & h_2 & \ddots & \vdots \\ \vdots & \ddots & \ddots & \ddots & \ddots & 0 \\ \vdots & & \ddots & h_{n-2} & 2(h_{n-2}+h_{n-1}) & h_{n-1} \\ 0 & \cdots & \cdots & 0 & h_{n-1} & 2h_{n-1} \end{bmatrix},$$

$$\mathbf{b} = \begin{bmatrix} \frac{3}{h_0}(a_1 - a_0) - 3f'(a) \\ \frac{3}{h_1}(a_2 - a_1) - \frac{3}{h_0}(a_1 - a_0) \\ \vdots \\ \frac{3}{h_{n-1}}(a_n - a_{n-1}) - \frac{3}{h_{n-2}}(a_{n-1} - a_{n-2}) \\ 3f'(b) - \frac{3}{h_{n-1}}(a_n - a_{n-1}) \end{bmatrix}, \quad \text{e} \quad \mathbf{x} = \begin{bmatrix} c_0 \\ c_1 \\ \vdots \\ c_n \end{bmatrix}.$$

A matriz A é estritamente diagonal dominante; logo, satisfaz as condições do Teorema 6.21 na Seção 6.6. Portanto, o sistema linear tem uma solução única para $c_0, c_1, \ldots, c_n$.■

A solução para o problema de *spline* cúbico com as condições de contorno $S'(x_0) = f'(x_0)$ e $S'(x_n) = f'(x_n)$ pode ser obtida aplicando o Algoritmo 3.5.

ALGORITMO 3.5 ***Spline* cúbico fixado**

Para construir o *spline* cúbico S interpolador para a função f, definido nos números $x_0 < x_1 < \ldots < x_n$, satisfazendo $S'(x_0) = f'(x_0)$ e $S'(x_n) = f'(x_n)$:

ENTRADA n; $x_0, x_1, \ldots, x_n$; $a_0 = f(x_0)$, $a_1 = f(x_1), \ldots, a_n = f(x_n)$; $FPO = f'(x_0)$; $FPN = f'(x_n)$.

SAÍDA a_j, b_j, c_j, d_j para $j = 0, 1, \ldots, n-1$. (*Observação*: $S(x) = S_j(x) = a_j + b_j(x - x_j) + c_j(x - x_j)^2 + d_j(x - x_j)^3$ *para* $x_j \le x \le x_{j+1}$.)

Passo 1 Para $i = 0, 1, \ldots, n-1$, faça $h_i = x_{i+1} - x_i$.

Passo 2 Faça $\alpha_0 = 3(a_1 - a_0)/h_0 - 3FPO$;
$\alpha_0 = 3FPN - 3(a_n - a_{n-1})/h_{n-1}$.

Passo 3 Para $i = 1, 2, \ldots, n-1$

$$\text{faça } \alpha_i = \frac{3}{h_i}(a_{i+1} - a_i) - \frac{3}{h_{i-1}}(a_i - a_{i-1}).$$

Passo 4 Faça $l_0 = 2h_0$; (*Os Passos 4, 5, 6 e parte do Passo 7 resolvem um sistema linear tridiagonal usando um método descrito no Algoritmo 6.7.*)
$\mu_0 = 0{,}5$;
$z_0 = \alpha_0 / l_0$.

Passo 5 Para $i = 1, 2, \ldots, n-1$
faça $l_i = 2(x_{i+1} - x_{i-1}) - h_{i-1}\mu_{i-1}$;

$\mu_i = h_i / l_i;$

$z_i = (\alpha_i - h_{i-1} z_{i-1})/l_i;$

Passo 6 Faça $l_n = h_{n-1}(2 - \mu_{n-1});$

$z_n = (\alpha_n - h_{n-1} z_{n-1})/l_n;$

$c_n = z_n.$

Passo 7 Para $j = n - 1, n - 2, \dots, 0$

faça $c_j = z_j - \mu_j c_{j+1};$

$b_j = (a_{j+1} - a_j) / h_j - h_j(c_{j+1} + 2c_j) / 3;$

$d_j = (c_{j+1} - c_j)/(3h_j).$

Passo 8 SAÍDA (a_j, b_j, c_j, d_j para $j = 0, 1, \dots, n - 1$);

PARE. ■

EXEMPLO 4

O Exemplo 2 usou um *spline* natural e os pontos dados $(0, 1)$, $(1, e)$, $(2, e^2)$ e $(3, e^3)$ para formar uma nova função aproximadora $S(x)$. Determine o *spline* fixado que usa estes dados e a informação adicional que, já que $f'(x) = e^x$, $f'(0) = 1$ e $f'(3) = e^3$.

Solução Como no Exemplo 2, temos $n = 3$, $h_0 = h_1 = h_2 = 1$, $a_0 = 0$, $a_1 = e$, $a_2 = e^2$ e $a_3 = e^3$. Isto, junto com a informação de que $f'(0) = 1$ e $f'(3) = e^3$, nos dá que a matriz A e os vetores **b** e **x** são da forma

$$A = \begin{bmatrix} 2 & 1 & 0 & 0 \\ 1 & 4 & 1 & 0 \\ 0 & 1 & 4 & 1 \\ 0 & 0 & 1 & 2 \end{bmatrix}, \quad \mathbf{b} = \begin{bmatrix} 3(e-2) \\ 3(e^2 - 2e + 1) \\ 3(e^3 - 2e^2 + e) \\ 3e^2 \end{bmatrix} \quad \text{e} \quad \mathbf{x} = \begin{bmatrix} c_0 \\ c_1 \\ c_2 \\ c_3 \end{bmatrix}.$$

A equação matricial $A\mathbf{x} = \mathbf{b}$ é equivalente ao sistema de equações

$$\begin{aligned} 2c_0 + c_1 &= 3(e - 2), \\ c_0 + 4c_1 + c_2 &= 3(e^2 - 2e + 1), \\ c_1 + 4c_2 + c_3 &= 3(e^3 - 2e^2 + e), \\ c_2 + 2c_3 &= 3e^2. \end{aligned}$$

Resolver esse sistema simultaneamente para c_0, c_1, c_2 e c_3 nos dá, com cinco casas decimais,

$$\begin{aligned} c_0 &= \tfrac{1}{15}(2e^3 - 12e^2 + 42e - 59) = 0{,}44468, \\ c_1 &= \tfrac{1}{15}(-4e^3 + 24e^2 - 39e + 28) = 1{,}26548, \\ c_2 &= \tfrac{1}{15}(14e^3 - 39e^2 + 24e - 8) = 3{,}35087, \\ c_3 &= \tfrac{1}{15}(-7e^3 + 42e^2 - 12e + 4) = 9{,}40815. \end{aligned}$$

A determinação das constantes restantes da mesma maneira que no Exemplo 2 nos dá

$$b_0 = 1{,}00000, \quad b_1 = 2{,}71016, \quad b_2 = 7{,}32652,$$

e

$$d_0 = 0{,}27360, \quad d_1 = 0{,}69513, \quad d_2 = 2{,}01909.$$

Isto fornece o *spline* fixado

$$s(x) = \begin{cases} 1 + x + 0{,}44468x^2 + 0{,}27360x^3, & \text{se } 0 \le x < 1, \\ 2{,}71828 + 2{,}71016(x-1) + 1{,}26548(x-1)^2 + 0{,}69513(x-1)^3, & \text{se } 1 \le x < 2, \\ 7{,}38906 + 7{,}32652(x-2) + 3{,}35087(x-2)^2 + 2{,}01909(x-2)^3, & \text{se } 2 \le x \le 3. \end{cases}$$

O gráfico do *spline* fixado e $f(x) = e^x$ são tão semelhantes que nenhuma diferença pode ser vista. ■

Podemos também aproximar a integral de f em $[0,3]$ pela integral do *spline* fixado. O valor exato da integral é

$$\int_0^3 e^x\,dx = e^3 - 1 \approx 20{,}08554 - 1 = 19{,}08554.$$

Como os dados são igualmente espaçados, a integração nas partes do *spline* fixado resulta na mesma fórmula que em (3.32); ou seja,

$$\int_0^3 s(x)\,dx = (a_0 + a_1 + a_2) + \frac{1}{2}(b_0 + b_1 + b_2) + (c_0 + c_1 + c_2) + \frac{1}{4}(d_0 + d_1 + d_2).$$

Assim, a aproximação da integral é

$$\int_0^3 s(x)\,dx = (1 + 2{,}71828 + 7{,}38906) + \frac{1}{2}(1 + 2{,}71016 + 7{,}32652)$$

$$+ \frac{1}{3}(0{,}44468 + 1{,}26548 + 3{,}35087) + \frac{1}{4}(0{,}27360 + 0{,}69513 + 2{,}01909)$$

$$= 19{,}05965.$$

Os erros absolutos na aproximação da integral utilizando os *splines* fixado e natural são

$$\text{Natural: } |19{,}08554 - 19{,}55229| = 0{,}46675$$

e

$$\text{Fixado: } |19{,}08554 - 19{,}05965| = 0{,}02589,$$

Para fins de integração, o *spline* fixado é amplamente superior. Isso não deveria ser surpresa, pois as condições de contorno para o *spline* fixado são exatas, ao passo que para o *spline* natural estamos supondo que, como $f''(x) = e^x$,

$$0 = S''(x) \approx f''(0) = e^0 = 1$$

e

$$0 = S''(3) \approx f''(3) = e^3 \approx 20.$$

O próximo exemplo usa um *spline* para aproximar uma curva que não tem representação funcional determinada.

Ilustração A Figura 3.11 mostra um pato em pleno voo. Para aproximar o perfil superior do pato, são escolhidos pontos ao longo da curva pelos quais se deseja que a curva de aproximação passe. A Tabela 3.18 lista as coordenadas de 21 pontos dados em relação ao sistema de coordenadas superposto mostrado na Figura 3.12. Observe que mais pontos são utilizados quando a curva está variando rapidamente do que quando ela varia de forma mais lenta.

Figura 3.11

Tabela 3.18

x	0,9	1,3	1,9	2,1	2,6	3,0	3,9	4,4	4,7	5,0	6,0	7,0	8,0	9,2	10,5	11,3	11,6	12,0	12,6	13,0	13,3
$f(x)$	1,3	1,5	1,85	2,1	2,6	2,7	2,4	2,15	2,05	2,1	2,25	2,3	2,25	1,95	1,4	0,9	0,7	0,6	0,5	0,4	0,25

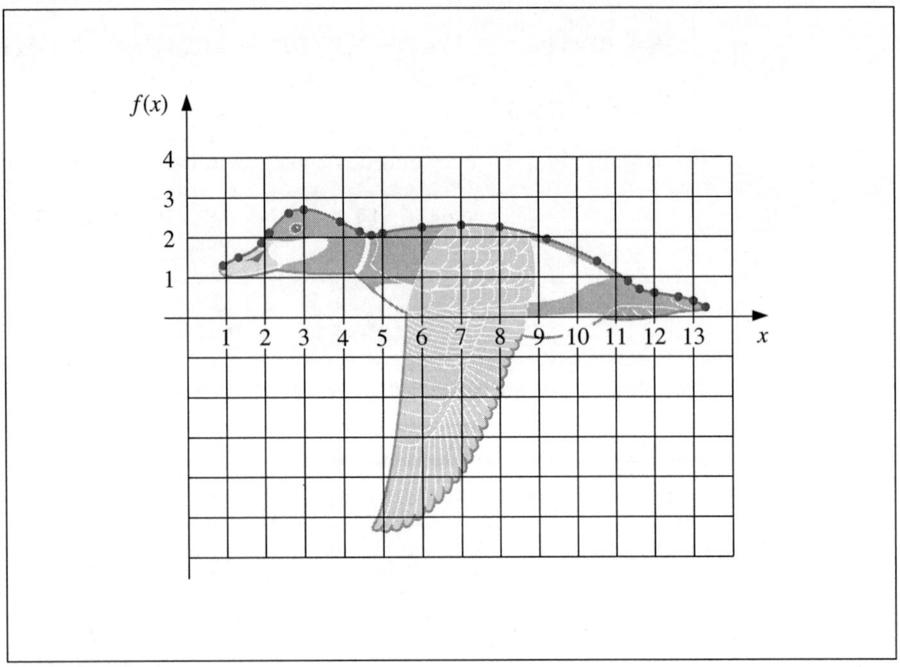

Figura 3.12

Usar o Algoritmo 3.4 para gerar o *spline* cúbico livre para esses dados produz os coeficientes mostrados na Tabela 3.19. Essa curva *spline* é quase idêntica ao perfil, conforme mostrado na Figura 3.13.

Tabela 3.19

j	x_j	a_j	b_j	c_j	d_j
0	0,9	1,3	0,54	0,00	−0,25
1	1,3	1,5	0,42	−0,30	0,95
2	1,9	1,85	1,09	1,41	−2,96
3	2,1	2,1	1,29	−0,37	−0,45
4	2,6	2,6	0,59	−1,04	0,45
5	3,0	2,7	−0,02	−0,50	0,17
6	3,9	2,4	−0,50	−0,03	0,08
7	4,4	2,15	−0,48	0,08	1,31
8	4,7	2,05	−0,07	1,27	−1,58
9	5,0	2,1	0,26	−0,16	0,04
10	6,0	2,25	0,08	−0,03	0,00
11	7,0	2,3	0,01	−0,04	−0,02
12	8,0	2,25	−0,14	−0,11	0,02
13	9,2	1,95	−0,34	−0,05	−0,01
14	10,5	1,4	−0,53	−0,10	−0,02
15	11,3	0,9	−0,73	−0,15	1,21
16	11,6	0,7	−0,49	0,94	−0,84
17	12,0	0,6	−0,14	−0,06	0,04
18	12,6	0,5	−0,18	0,00	−0,45
19	13,0	0,4	−0,39	−0,54	0,60
20	13,3	0,25			

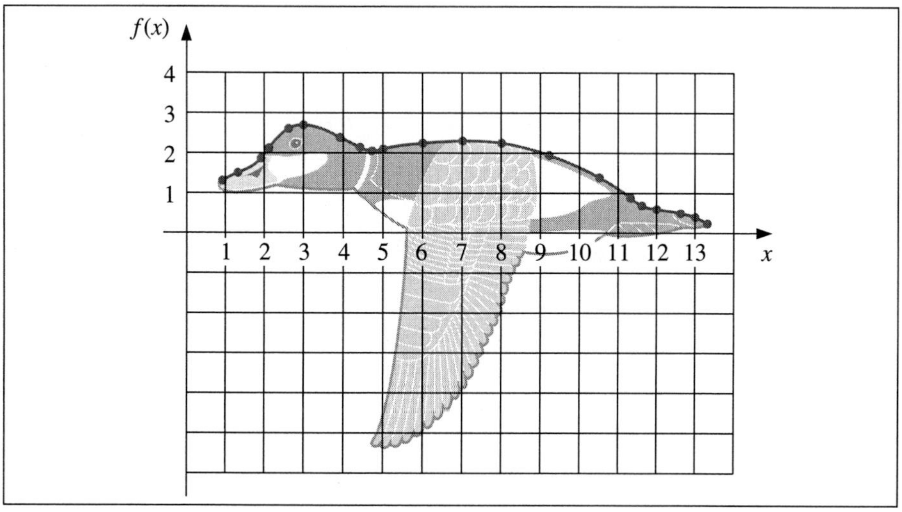

Figura 3.13

Para fins de comparação, a Figura 3.14 fornece uma ilustração da curva que é gerada usando um polinômio interpolador de Lagrange para ajustar os dados da Tabela 3.18. O polinômio interpolador, nesse caso, é de grau 20 e oscila de forma desenfreada, produzindo uma ilustração bastante estranha das costas do pato, em pleno voo ou não.

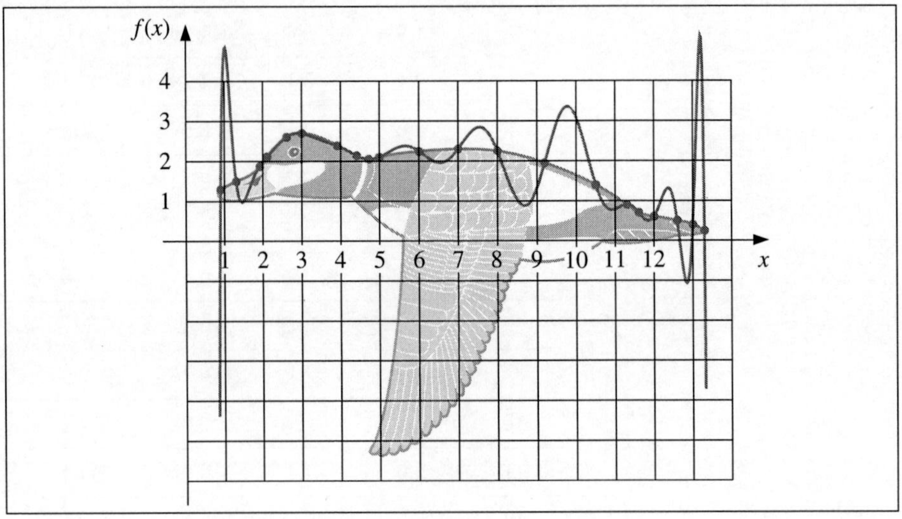

Figura 3.14

Para que seja utilizado um *spline* fixado para obter uma aproximação dessa curva, precisaríamos de aproximações das derivadas nas extremidades. Mesmo que essas aproximações estivessem disponíveis, poderíamos esperar pouca melhora devido à concordância bastante próxima do *spline* cúbico livre com a curva do perfil superior. ■

Construir um *spline* cúbico para aproximar o perfil inferior do pato seria mais difícil, pois a curva para essa porção não pode ser expressa como função de x e em determinados pontos a curva não parece ser lisa. Esses problemas podem ser resolvidos utilizando *splines* separados para representar várias porções da curva, mas uma abordagem mais eficiente para curvas desse tipo será considerada na próxima seção.

As condições de contorno fixadas são geralmente preferidas quando é feita a aproximação de funções por *splines* cúbicos, de modo que a derivada da função deve ser estimada nas extremidades do intervalo. Quando os nós são igualmente espaçados perto de ambas as extremidades, as aproximações podem ser obtidas por qualquer uma das outras fórmulas adequadas apresentadas nas Seções 4.1 e 4.2. Quando os nós são desigualmente espaçados, o problema se torna consideravelmente mais difícil.

Para concluir esta seção, apresentamos uma fórmula para o limitante do erro para o *spline* cúbico com condições de contorno fixadas. A demonstração desse resultado pode ser vista em [Schul], p. 57-58.

▶Teorema 3.13 Seja $f \in C^4[a, b]$ com $\max_{a \le x \le b} |f^{(4)}(x)| = M$. Se S é o único *spline* cúbico fixado interpolador para f, com relação aos nós $a = x_0 < x_1 < \ldots < x_n = b$, então, para todos os x em $[a, b]$, temos

$$|f(x) - S(x)| \le \frac{5M}{384} \max_{0 \le j \le n-1} (x_{j+1} - x_j)^4.$$ ■

Um resultado de limitante de erro de grau quatro também é válido no caso de condições de contorno livres, porém ele é mais difícil de expressar (Consultar [BD], p. 827-835.)

As condições de contorno livres normalmente vão gerar resultados menos precisos que as condições fixadas próximas às extremidades do intervalo $[x_0, x_n]$, a menos que aconteça de a função f quase satisfazer $f''(x_0) = f''(x_n) = 0$. Uma alternativa para a condição de contorno livre que não exige o conhecimento da derivada de f é a condição *not-a-knot* (consultar [Deb2], p. 55-56.) Essa condição exige que $S'''(x)$ seja contínua em x_1 e em x_{n-1}.

EXERCÍCIOS 3.5

1. Determine o *spline* cúbico S livre que interpola os dados $f(0) = 0, f(1) = 1$ e $f(2) = 2$.
2. Determine o *spline* cúbico fixado s que interpola os dados $f(0) = 0, f(1) = 1, f(2) = 2$ e satisfaz $s'(0) = s'(2) = 1$.
3. Construa o *spline* cúbico livre para os seguintes dados.

a.

x	$f(x)$
8,3	17,56492
8,6	18,50515

b.

x	$f(x)$
0,8	0,22363362
1,0	0,65809197

c.

x	$f(x)$
−0,5	−0,0247500
−0,25	0,3349375
0	1,1010000

d.

x	$f(x)$
0,1	−0,62049958
0,2	−0,28398668
0,3	0,00660095
0,4	0,24842440

4. Construa o *spline* cúbico livre para os seguintes dados.

a.

x	$f(x)$
0	1,00000
0,5	2,71828

b.

x	$f(x)$
−0,25	1,33203
0,25	0,800781

c.

x	$f(x)$
0,1	−0,29004996
0,2	−0,56079734
0,3	−0,81401972

d.

x	$f(x)$
−1	0,86199480
−0,5	0,95802009
0	1,0986123
0,5	1,2943767

5. Os dados do Exercício 3 foram gerados usando as seguintes funções. Use os *splines* cúbicos construídos no Exercício 3 para o valor dado de x para obter uma aproximação de $f(x)$ e de $f'(x)$ e calcule o erro absoluto.
   a. $f(x) = x \ln x$; aproxime $f(8,4)$ e $f'(8,4)$.
   b. $f(x) = \text{sen}\,(e^x - 2)$; aproxime $f(0,9)$ e $f'(0,9)$.
   c. $f(x) = x^3 + 4,001x^2 + 4,002x + 1,101$; aproxime $f(-\frac{1}{3})$ e $f'(-\frac{1}{3})$.
   d. $f(x) = x \cos x - 2x^2 + 3x - 1$; aproxime $f(0,25)$ e $f'(0,25)$.

6. Os dados do Exercício 4 foram gerados usando as seguintes funções. Use os *splines* cúbicos construídos no Exercício 4 para o valor dado de x para obter uma aproximação de $f(x)$ e $f'(x)$ e calcule o erro absoluto.
   a. $f(x) = e^{2x}$; aproxime $f(0{,}43)$ e $f'(0{,}43)$.
   b. $f(x) = x^4 - x^3 + x^2 - x + 1$; aproxime $f(0)$ e $f'(0)$.
   c. $f(x) = x^2 \cos x - 3x$; aproxime $f(0{,}18)$ e $f'(0{,}18)$.
   d. $f(x) = \ln(e^x + 2)$; aproxime $f(0{,}25)$ e $f'(0{,}25)$.
7. Construa o *spline* cúbico fixado usando os dados do Exercício 3 e o fato de que
   a. $f'(8{,}3) = 1{,}116256$ e $f'(8{,}6) = 1{,}151762$.
   b. $f'(0{,}8) = 2{,}1691753$ e $f'(1{,}0) = 2{,}0466965$.
   c. $f'(-0{,}5) = 0{,}7510000$ e $f'(0) = 4{,}0020000$.
   d. $f'(0{,}1) = 3{,}58502082$ e $f'(0{,}4) = 2{,}16529366$.
8. Construa o *spline* cúbico fixado usando os dados do Exercício 3 e o fato de que
   a. $f'(0) = 2$ e $f'(0{,}5) = 5{,}43656$.
   b. $f'(-0{,}25) = 0{,}437500$ e $f'(0{,}25) = -0{,}625000$.
   c. $f'(0{,}1) = -2{,}8004996$ e $f'(0) = -2{,}9734038$.
   d. $f'(-1) = 0{,}15536240$ e $f'(0{,}5) = 0{,}45186276$.
9. Repita o Exercício 5 usando os *splines* cúbicos fixados construídos no Exercício 7.
10. Repita o Exercício 6 usando os *splines* cúbicos fixados construídas no Exercício 8.
11. Um *spline* cúbico natural S em $[0, 2]$ é definido por

$$S(x) = \begin{cases} S_0(x) = 1 + 2x - x^3, & \text{se } 0 \le x < 1, \\ S_1(x) = 2 + b(x-1) + c(x-1)^2 + d(x-1)^3, & \text{se } 1 \le x \le 2. \end{cases}$$

    Encontre b, c e d.
12. Um *spline* cúbico natural S é definido por

$$S(x) = \begin{cases} S_0(x) = 1 + B(x-1) - D(x-1)^3, & \text{se } 1 \le x < 2, \\ S_1(x) = 1 + b(x-2) - \frac{3}{4}(x-2)^2 + d(x-2)^3, & \text{se } 2 \le x \le 3. \end{cases}$$

    Se S interpolar os dados (1, 1), (2, 1) e (3, 0), encontre B, D, b e d.
13. Um spline cúbico fixado S para uma função f está definido em $[1, 3]$ por

$$s(x) = \begin{cases} s_0(x) = 3(x-1) + 2(x-1)^2 - (x-1)^3, & \text{se } 1 \le x < 2, \\ s_1(x) = a + b(x-2) + c(x-2)^2 + d(x-2)^3, & \text{se } 2 \le x \le 3. \end{cases}$$

    Dado que $f'(1) = f'(3)$, encontre a, b, c e d.
14. Um *spline* cúbico fixado s para uma função f é definido por

$$s(x) = \begin{cases} s_0(x) = 1 + Bx + 2x^2 - 2x^3, & \text{se } 0 \le x < 1, \\ s_1(x) = 1 + b(x-1) - 4(x-1)^2 + 7(x-1)^3, & \text{se } 1 \le x \le 2. \end{cases}$$

    Encontre $f'(0)$ e $f'(2)$.
15. Dada a partição $x_0 = 0$, $x_1 = 0{,}05$ e $x_2 = 0{,}1$ de $[0, 0{,}1]$, encontre a função F interpoladora linear por partes para $f(x) = e^{2x}$. Obtenha uma aproximação de $\int_0^{0,1} e^{2x}\,dx$ com $\int_0^{0,1} F(x)\,dx$ e compare os resultados ao valor real.
16. Dada a partição $x_0 = 0$, $x_1 = 0{,}3$, e $x_2 = 0{,}5$ de $[0, 0{,}5]$, encontre a função interpoladora linear por partes F para $f(x) = \text{sen } 3x$. Aproxime $\int_0^{0,5} \text{sen } 3x\,dx$ por $\int_0^{0,5} F(x)\,dx$ e compare o resultado ao valor real.
17. Construa um *spline* cúbico livre para obter uma aproximação de $f(x) = \cos \pi x$ usando os valores dados por $f(x)$ em $x = 0, 0{,}25, 0{,}5, 0{,}75$ e $1{,}0$. (a) Integre o *spline* sobre $[0, 1]$ e compare o resultado com $\int_0^1 \cos \pi x\,dx = 0$. (b) Use as derivadas do *spline* para obter uma aproximação de $f'(0{,}5)$ e $f''(0{,}5)$ e compare essas aproximações com os valores reais.

18. Construa um *spline* cúbico livre para obter uma aproximação de $f(x) = e^{-x}$ usando os valores dados por $f(x)$ em $x = 0, 0{,}25, 0{,}75$ e $1{,}0$. (a) Integre o *spline* sobre [0, 1] e compare o resultado com $\int_0^1 e^{-x}\,dx = 1 - 1/e$. (b) Use as derivadas do *spline* para obter uma aproximação de $f'(0{,}5)$ e $f''(0{,}5)$ e compare essas aproximações com os valores reais.

19. Repita o Exercício 17, agora construindo o *spline* cúbico fixado com $f'(0) = f'(1) = 0$.

20. Repita o Exercício 18, agora construindo o *spline* cúbico fixado com $f'(0) = -1, f'(1) = -e^{-1}$.

21. Dados a partição $x_0 = 0$, $x_1 = 0{,}05$ e $x_2 = 0{,}1$ de $[0, 0{,}1]$ e $f(x) = e^{2x}$:

a. Encontre o *spline* cúbico s com condições de contorno fixadas que interpola f.

b. Encontre uma aproximação para $\int_0^{0,1} e^{2x}\,dx$ calculando $\int_0^{0,1} s(x)\,dx$.

c. Use o Teorema 3.13 para estimar $\max_{0\le x\le 0,1}|f(x) - s(x)|$ e $\left|\int_0^{0,1} f(x)\,dx - \int_0^{0,1} s(x)\,dx\right|$.

d. Determine o *spline* cúbico S com condições de fronteira livres e compare $S(0{,}02)$, $s(0{,}02)$ e $e^{0,04} = 1{,}04081077$.

22. Dada a partição $x_0 = 0$, $x_1 = 0{,}3$, $x_2 = 0{,}5$ de $[0, 0{,}5]$ e $f(x) = \operatorname{sen} 3x$:

a. Encontre o *spline* cúbico s com condições de contorno fixadas que interpole f.

b. Determine a aproximação de $\int_0^{0,5} \operatorname{sen} 3x\,dx$ por $\int_0^{0,5} s(x)$ e compare o resultado com o valor real.

EXERCÍCIOS APLICADOS

23. Um carro viajando ao longo de uma estrada reta é cronometrado em vários pontos. Os dados tirados das observações são fornecidos na tabela a seguir, onde o tempo é expresso em segundos, a distância em pés e a velocidade em pés por segundo.

Tempo	0	3	5	8	13
Distância	0	225	383	623	993
Velocidade	75	77	80	74	72

a. Use um *spline* cúbico fixado para fazer uma estimativa da posição do carro e sua velocidade quando $t = 10$ s.

b. Use a derivada do *spline* para determinar se o carro excedeu alguma vez o limite de velocidade de 55 milhas/h na estrada; em caso afirmativo, qual foi a primeira vez em que o carro excedeu essa velocidade?

c. Qual é a velocidade máxima prevista para o carro?

24. a. A introdução deste capítulo inclui uma tabela que fornece a população dos Estados Unidos entre 1960 e 2010. Use a interpolação por *spline* cúbico livre para obter uma aproximação para a população nos anos de 1950, 1975, 2014 e 2020.

b. A população em 1950 era de aproximadamente 150.697.360 e, em 2014, a estimativa da população era 317.298.000. Quão exata você considera suas cifras para 1975 e 2020?

25. Suspeita-se que grande quantidade de tanino em folhas maduras de carvalho inibam o crescimento das larvas da mariposa de inverno (*Operophtera bromata L., Geometridae*), as quais danificam muito essas árvores em determinados anos. A tabela a seguir lista o peso médio de duas amostras de larvas em alguns instantes nos primeiros 28 dias após o nascimento. A primeira amostra foi criada em folhas novas de carvalho, enquanto a segunda amostra foi criada em folhas maduras da mesma árvore.

a. Use o *spline* cúbico livre para obter uma aproximação da curva de peso médio para cada amostra.

b. Encontre um peso médio máximo aproximado para cada amostra determinando o máximo do *spline*.

Dia	0	6	10	13	17	20	28
Peso médio da amostra 1 (mg)	6,67	17,33	42,67	37,33	30,10	29,31	28,74
Peso médio da amostra 2 (mg)	6,67	16,11	18,89	15,00	10,56	9,44	8,89

26. O Kentucky Derby de 2014 foi vencido por um cavalo chamado California Chrome (favorito por 5:2) com o tempo de 2:03.66 (2 minutos e 3,66 segundos) para a corrida de $1\frac{1}{4}$ milhas. Os tempos nas marcas de um quarto de milha, meia milha e uma milha foram 0:23,04, 0:47,37, e 1:37,45.

a. Use esses valores, juntamente com o instante inicial, para construir um *spline* cúbico livre para a corrida de California Chrome.

b. Use o *spline* para prever o tempo na marca de três quartos de milha e compare ao tempo real de 1:11,80.

c. Use o *spline* para aproximar a velocidade inicial de California Chrome e a velocidade na linha de chegada.

27. A parte superior deste magnífico animal deve ser aproximada utilizando *splines* interpoladores cúbicos fixados. A curva é desenhada em um reticulado a partir do qual a tabela é construída. Use o Algoritmo 3.5 para construir os três *splines* cúbicos fixados.

28. Repita o Exercício 27, constituindo três *splines* naturais usando o Algoritmo 3.4.

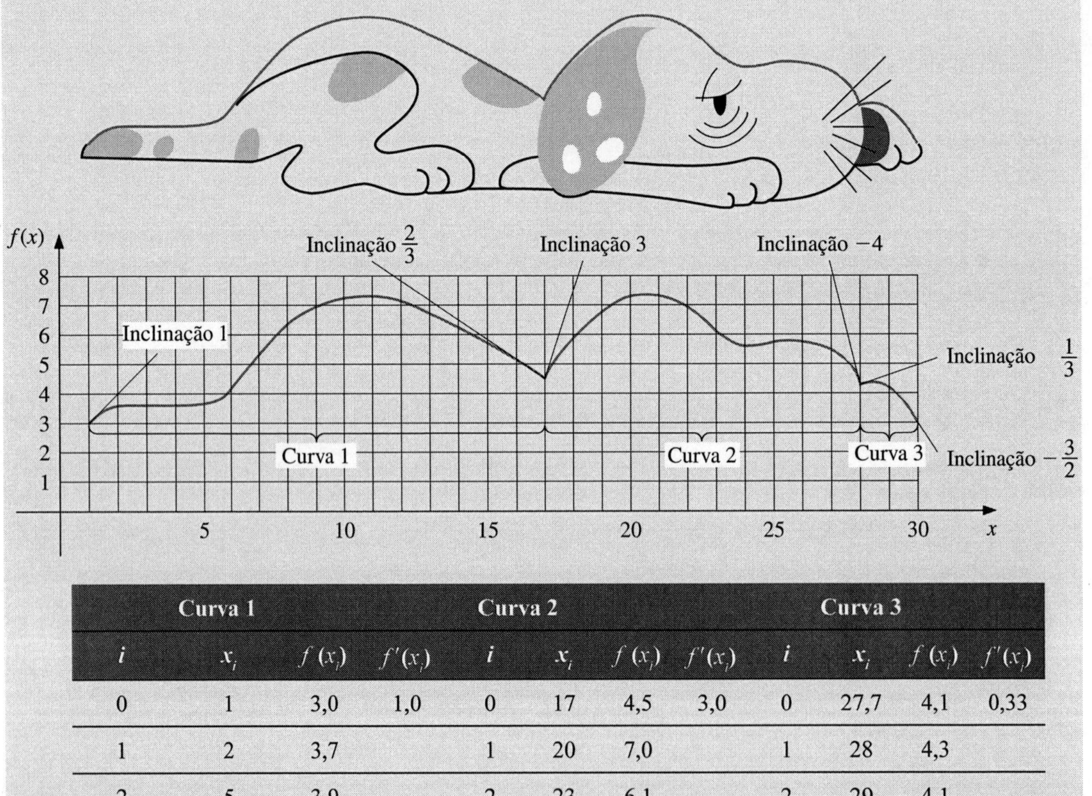

Curva 1				Curva 2				Curva 3			
i	x_i	$f(x_i)$	$f'(x_i)$	i	x_i	$f(x_i)$	$f'(x_i)$	i	x_i	$f(x_i)$	$f'(x_i)$
0	1	3,0	1,0	0	17	4,5	3,0	0	27,7	4,1	0,33
1	2	3,7		1	20	7,0		1	28	4,3	
2	5	3,9		2	23	6,1		2	29	4,1	
3	6	4,2		3	24	5,6		3	30	3,0	−1,5
4	7	5,7		4	25	5,8					
5	8	6,6		5	27	5,2					
6	10	7,1		6	27,7	4,1	−4,0				
7	13	6,7									
8	17	4,5	−0,67								

EXERCÍCIOS TEÓRICOS

29. Suponha que $f(x)$ seja um polinômio de grau três. Demonstre que $f(x)$ é seu próprio *spline* cúbico fixado, mas que pode não ser seu próprio *spline* cúbico livre.

30. Suponha que $\{(x_i, f(x_i))\}_{i=1}^{n}$ estejam em uma reta. O que é possível dizer a respeito de *splines* cúbicos livres e fixados para a função f? [*Sugestão:* pegue uma pista dos resultados dos Exercícios 1 e 2.]

31. Estenda os Algoritmos 3.4 e 3.5 para incluir como resultado a primeira e segunda derivadas do *spline* nos nós.

32. Estenda os Algoritmos 3.4 e 3.5 para incluir como resultado a integral do *spline* sobre o intervalo $[x_0, x_n]$.

33. Seja $f \in C^2[a, b]$ e suponha dados os nós $a = x_0 < x_1 < \ldots < x_n = b$. Deduza uma estimativa de erro semelhante àquela do Teorema 3.13 para a função f interpoladora linear por partes. Use essa estimativa para deduzir os limitantes do erro para o Exercício 21.

34. Seja f definida em $[a, b]$ e suponha dados os nós $a = x_0 < x_1 < x_2 = b$. Uma função *spline* quadrática interpoladora S consiste no polinômio quadrático

$$S_0(x) = a_0 + b_0(x - x_0) + c_0(x - x_0)^2 \text{ em } [x_0, x_1]$$

e no polinômio quadrático

$$S_1(x) = a_1 + b_1(x - x_1) + c_1(x - x_1)^2 \text{ em } [x_1, x_2],$$

tal que

(i) $S(x_0) = f(x_0)$, $S(x_1) = f(x_1)$ e $S(x_2) = f(x_2)$,

(ii) $S \in C^1[x_0, x_2]$.

Demonstre que as condições (i) e (ii) levam a cinco equações nas seis incógnitas a_0, b_0, c_0, a_1, b_1 e c_1. O problema é decidir qual condição adicional impor para tornar a solução única. A condição $S \in C^2[x_0, x_2]$ leva a uma solução que tenha sentido?

35. Determine um *spline* quadrático s que interpole os dados $f(0) = 0$, $f(1) = 1$, e $f(2) = 2$ e satisfaça $s'(0) = 2$.

QUESTÕES PARA DISCUSSÃO

1. Nesta seção, foram discutidas a interpolação linear por partes e a interpolação por *splines* cúbicos. A interpolação por *splines* quadráticos foi introduzida em um exercício. *Splines* de grau mais alto também podem ser calculados. Compare o uso da interpolação por *splines* quadráticos *versus* a interpolação por splines cúbicos.

2. Investigue a assim chamada interpolação *not-a-knot*, que é uma alternativa à interpolação por *splines* cúbicos natural e fixado.

3.6 Curvas parametrizadas

Nenhuma das técnicas desenvolvidas neste capítulo pode ser usada para gerar curvas da forma mostrada na Figura 3.15, pois essa curva não pode ser expressa como uma função de uma coordenada em termos da outra. Nesta seção, veremos como representar curvas gerais usando um parâmetro para expressar ambas as coordenadas x e y. Qualquer bom livro em computação gráfica mostrará como essa técnica pode ser estendida para representar curvas gerais e superfícies no espaço. (Consulte, por exemplo, [FVFH].)

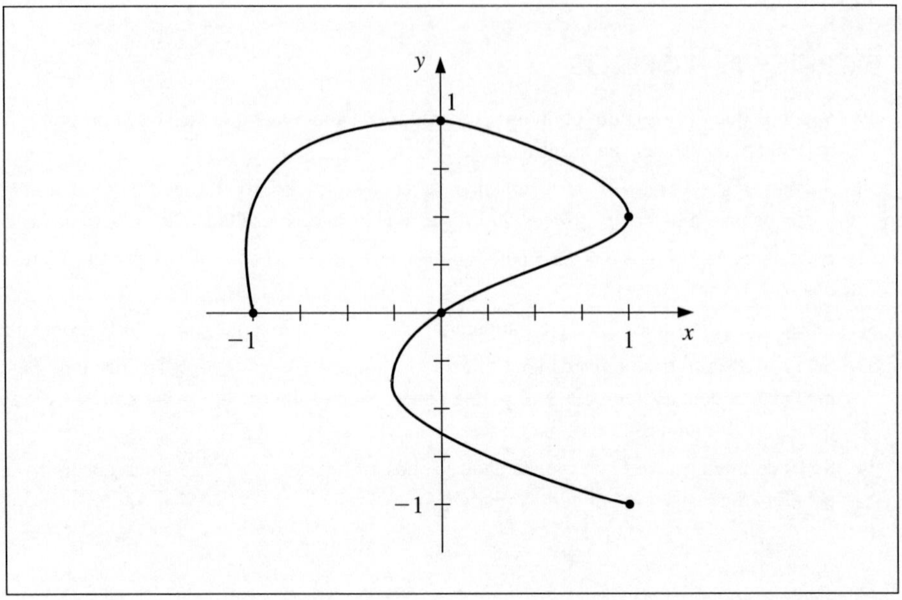

Figura 3.15

Uma técnica paramétrica simples para determinar um polinômio ou um polinômio por partes, para ligar os pontos (x_0, y_0), (x_1, y_1), . . . , (x_n, y_n) na ordem dada, é usando um parâmetro t em um intervalo $[t_0, t_n]$, com $t_0 < t_1 < \ldots < t_n$ e construindo funções aproximadoras com

$$x_i = x(t_i) \quad \text{e} \quad y_i = y(t_i), \quad \text{para cada } i = 0, 1, \ldots, n.$$

O exemplo a seguir apresenta a técnica no caso em que ambas as funções aproximadoras sejam polinômios interpoladores de Lagrange.

EXEMPLO 1 Construa um par de polinômios de Lagrange para aproximar a curva mostrada na Figura 3.15 usando os pontos dados mostrados na curva.

Solução Existe flexibilidade na escolha do parâmetro e serão selecionados os pontos $\{t_i\}_{i=0}^4$ igualmente espaçados em [0, 1], o que nos dá os dados da Tabela 3.20.

Tabela 3.20

i	0	1	2	3	4
t_i	0	0,25	0,5	0,75	1
x_i	−1	0	1	0	1
y_i	0	1	0,5	0	−1

Isso produz os polinômios interpoladores estruturados

$$x(t) = \left(\left(\left(64t - \tfrac{352}{3}\right)t + 60\right)t - \tfrac{14}{3}\right)t - 1 \quad \text{e} \quad y(t) = \left(\left(\left(-\tfrac{64}{3}t + 48\right)t - \tfrac{116}{3}\right)t + 11\right)t.$$

Representar graficamente esse sistema paramétrico produz o gráfico em azul na Figura 3.16. Embora ele passe pelos pontos exigidos e a forma seja basicamente a mesma, é uma aproximação bastante grosseira da curva original. Uma aproximação mais precisa exigiria nós adicionais, com um consequente aumento nos cálculos. ■

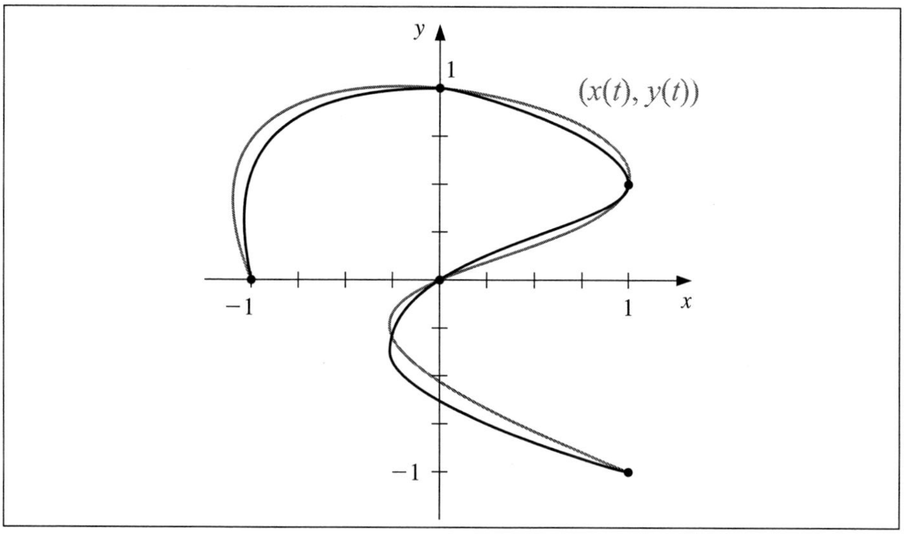

Figura 3.16

As curvas de Hermite e os *splines* podem ser gerados de forma semelhante, mas isso também requer esforço de cálculo extensivo.

As aplicações em computação gráfica exigem a geração rápida de curvas lisas que possam ser fácil e rapidamente modificadas. Por razões tanto estéticas como computacionais, mudar uma parte dessas curvas deveria ter pouco ou nenhum efeito sobre as outras partes das curvas. Isso elimina o uso de polinômios interpoladores e *splines*, pois alterar uma parte dessas curvas afeta a curva inteira.

A escolha de curva para utilização em computação gráfica é, muitas vezes, uma forma de polinômio cúbico de Hermite por partes. Cada parte de um polinômio cúbico de Hermite é totalmente determinada pela especificação de suas extremidades e das derivadas nessas extremidades. Como consequência, uma parte da curva pode ser alterada, enquanto a maior parte da curva continua inalterada. Somente as partes adjacentes precisam ser modificadas para assegurar que a curva seja lisa nas extremidades. Os cálculos podem ser feitos rapidamente, e a curva pode ser modificada uma seção de cada vez.

O problema com a interpolação de Hermite é a necessidade de especificar as derivadas nas extremidades de cada seção da curva. Suponha que a curva tenha $n + 1$ pontos dados $(x(t_0), y(t_0)), \ldots, (x(t_n), y(t_n))$ e que se deseje paramerizar um polinômio cúbico para permitir características complexas. Nesse caso, devemos especificar $x'(t_i)$ e $y'(t_i)$, para cada $i = 0, 1, \ldots, n$. Isso não é tão difícil quanto possa parecer à primeira vista, pois cada parte é gerada de forma independente. É necessário assegurar somente que as derivadas nas extremidades de cada parte coincidam com aquelas na parte adjacente. Então, essencialmente, é possível simplificar o processo para o procedimento de determinar um par de polinômios cúbicos de Hermite no parâmetro t, onde $t_0 = 0$ e $t_1 = 1$, dados os pontos nas extremidades $(x(0), y(0))$ e $(x(1), y(1))$ e as derivadas dy/dx (em $t = 0$) e dy/dx (em $t = 1$).

Um sistema de computação gráfica bem-sucedido precisa ter por base uma teoria matemática formal, de modo que os resultados sejam previsíveis, mas essa teoria deve ficar no plano de fundo, de forma que o artista possa basear o projeto na estética.

Observe, contudo, que estão sendo especificadas somente seis condições e que os polinômios cúbicos $x(t)$ e $y(t)$ têm cada um quatro parâmetros, para um total de oito.

Isso dá flexibilidade na escolha do par de polinômios cúbicos de Hermite que satisfaçam as condições, pois a forma natural para se determinar $x(t)$ e $y(t)$ exige que sejam especificados $x'(0)$, $x'(1)$, $y'(0)$ e $y'(1)$. A curva explícita de Hermite em x e y exige especificação somente dos quocientes

$$\frac{dy}{dx}(t=0) = \frac{y'(0)}{x'(0)} \quad \text{e} \quad \frac{dy}{dx}(t=1) = \frac{y'(1)}{x'(1)}.$$

Ao multiplicarmos $x'(0)$ e $y'(0)$ por um fator de escala comum, a reta tangente à curva em $(x(0), y(0))$ permanece a mesma, mas a forma da curva varia. Quanto maior o fator de escala, mais a curva se aproxima da reta tangente perto de $(x(0), y(0))$. Uma situação semelhante existe na outra extremidade $(x(1), y(1))$.

Para simplificar ainda mais o processo em computação gráfica interativa, a derivada em uma extremidade é especificada usando um segundo ponto, chamado *ponto-guia,* na reta tangente desejada. Quanto mais distante o ponto-guia estiver do nó, mais a curva se aproxima da reta tangente próxima ao nó.

Na Figura 3.17, os nós ocorrem em (x_0, y_0) e (x_1, y_1), o ponto-guia para (x_0, y_0) é $(x_0 + \alpha_0, y_0 + \beta_0)$, e o ponto-guia para (x_1, y_1) é $(x_1 - \alpha_1, y_1 - \beta_1)$. O polinômio cúbico de Hermite $x(t)$ em $[0, 1]$ satisfaz

$$x(0) = x_0, \quad x(1) = x_1, \quad x'(0) = \alpha_0 \quad \text{e} \quad x'(1) = \alpha_1.$$

O único polinômio cúbico que satisfaz essas condições é

$$x(t) = [2(x_0 - x_1) + (\alpha_0 + \alpha_1)]t^3 + [3(x_1 - x_0) - (\alpha_1 - 2\alpha_0)]t^2 + \alpha_0 t + x_0. \quad (3.23)$$

De maneira semelhante, o único polinômio cúbico que satisfaz

$$y(0) = y_0, \quad y(1) = y_1, \quad y'(0) = \beta_0 \quad \text{e} \quad y'(1) = \beta_1$$

é

$$y(t) = [2(y_0 - y_1) + (\beta_0 + \beta_1)]t^3 + [3(y_1 - y_0) - (\beta_1 - 2\beta_0)]t^2 + \beta_0 t + y_0. \quad (3.24)$$

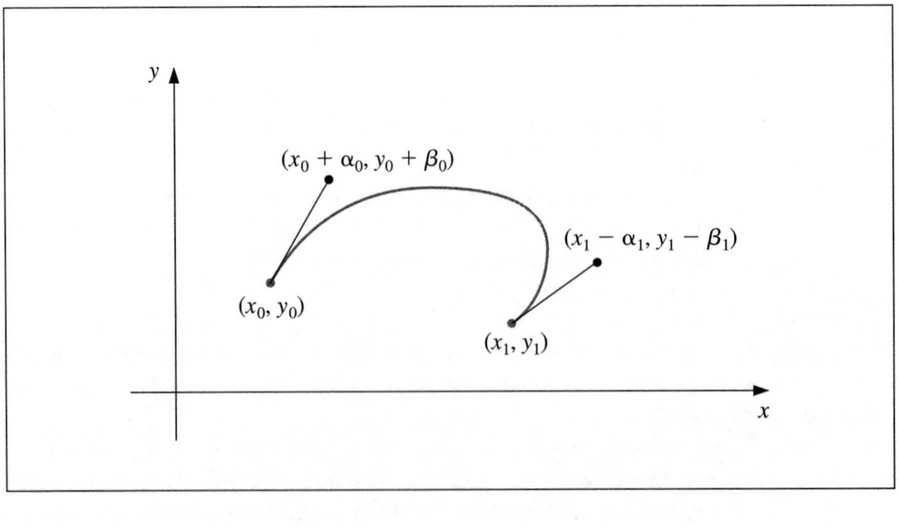

Figura 3.17

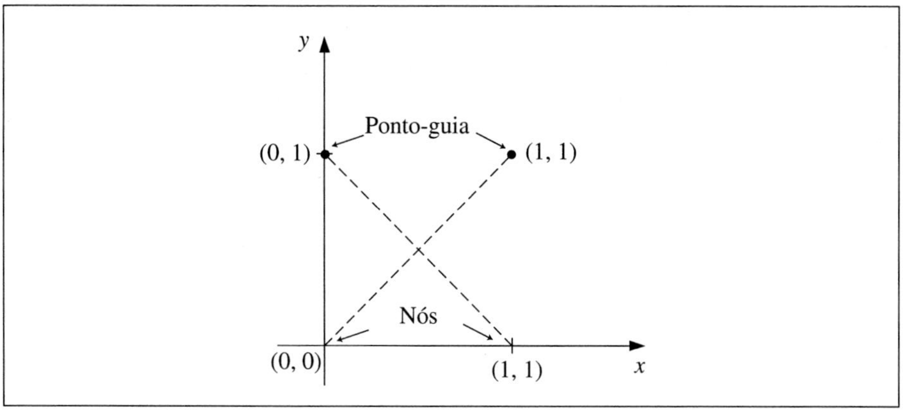

Figura 3.18

Figura 3.19

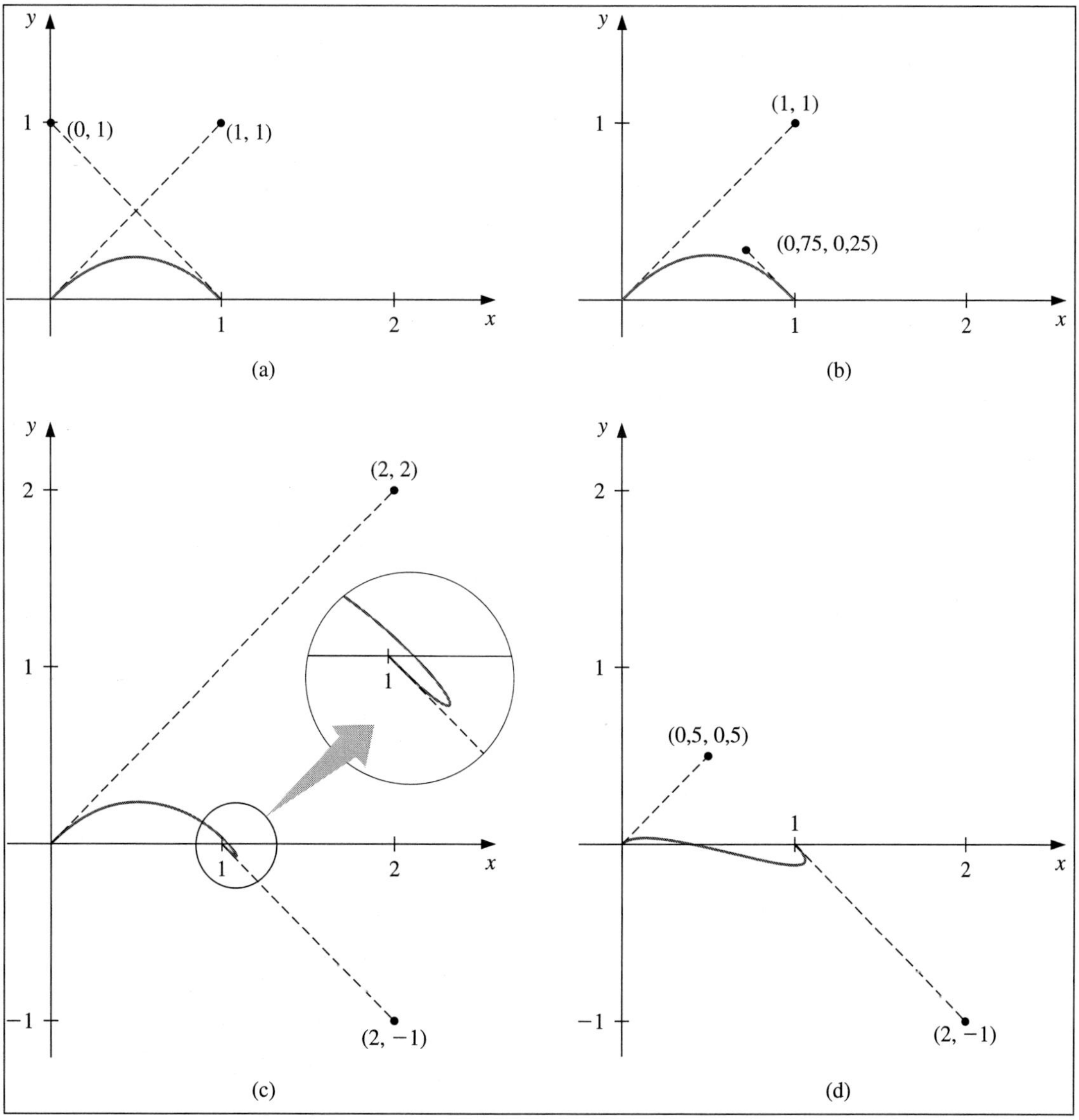

EXEMPLO 2 Determine o gráfico da curva parametrizada gerada pelas Equações (3.23) e (3.24) quando as extremidades forem $(x_0, y_0) = (0, 0)$ e $(x_1, y_1) = (1, 0)$ e os respectivos pontos-guia, mostrados na Figura 3.18, forem (1,1) e (0,1).

Solução As informações sobre as extremidades implicam que $x_0 = 0$, $x_1 = 1$, $y_0 = 0$, e $y_1 = 0$, e os pontos-guia em (1,1) e (0,1) implicam que $\alpha_0 = 1$, $\alpha_1 = 1$, $\beta_0 = 1$, e $\beta_1 = -1$. Observe que as inclinações das retas guias em (0,0) e (1,0) são, respectivamente,

$$\frac{\beta_0}{\alpha_0} = \frac{1}{1} = 1 \quad \text{e} \quad \frac{\beta_1}{\alpha_1} = \frac{-1}{1} = -1.$$

Pierre Etienne Bézier (1910-1999) foi chefe de projetos e produção da Renault Automóveis durante a maior parte de sua vida profissional. Ele iniciou sua pesquisa em projetos e modelagem por computador em 1960, desenvolvendo ferramentas interativas para projetos de curvas e superfícies, além de iniciar a modelagem em 3D gerada por computador para automóveis.

As Equações (3.23) e (3.24) implicam que, para $t \in [0, 1]$, temos

$$x(t) = [2(0-1) + (1+1)]t^3 + [3(0-0) - (1 + 2 \cdot 1)]t^2 + 1 \cdot t + 0 = t$$

e

$$y(t) = [2(0-0) + (1 + (-1))]t^3 + [3(0-0) - (-1 + 2 \cdot 1)]t^2 + 1 \cdot t + 0 = -t^2 + t.$$

Este gráfico é mostrado como (a) na Figura 3.19, junto com algumas outras possibilidades de curvas produzidas pelas Equações (3.23) e (3.24) quando os nós forem (0,0) e (1,0) e as inclinações nestes nós forem 1 e −1, respectivamente. ∎

O procedimento padrão para determinar curvas em um modo gráfico interativo é usar, em primeiro lugar, um mouse ou "trackball" para marcar os nós e pontos-guia para gerar uma primeira aproximação da curva. Isso pode ser feito manualmente, mas a maioria dos sistemas gráficos permite a utilização de seu dispositivo de entrada para desenhar a curva na tela à mão livre e selecionar os nós e pontos-guia adequados para sua curva à mão livre.

Os nós e pontos-guia podem, então, ser manipulados para uma posição que produza uma curva esteticamente agradável. Como a computação é mínima, a curva pode ser determinada tão rapidamente que a mudança resultante é vista imediatamente. Além do mais, todos os dados necessários para calcular as curvas estão embutidos nas coordenadas dos nós e pontos-guia; logo, nenhum conhecimento analítico é exigido do usuário do sistema.

As curvas de Bézier, que levam seu nome, têm a vantagem de ser baseadas em uma teoria matemática rigorosa, que não precisa ser explicitamente reconhecida pelo profissional que quer simplesmente fazer uma curva ou superfície esteticamente agradável. Essas curvas são a base do poderoso sistema Adobe Postscript e produz as curvas à mão livre que são geradas em muitos pacotes de computação gráfica.

Programas gráficos populares usam esse tipo de sistema para suas representações gráficas à mão livre em uma forma ligeiramente modificada. Os polinômios cúbicos de Hermite são descritos como **polinômios de Bézier**, os quais incorporam um fator de escala 3 ao calcular as derivadas nas extremidades. Isso modifica as equações paramétricas para

$$x(t) = [2(x_0 - x_1) + 3(\alpha_0 + \alpha_1)]t^3 + [3(x_1 - x_0) - 3(\alpha_1 + 2\alpha_0)]t^2 + 3\alpha_0 t + x_0 \quad (3.25)$$

e

$$y(t) = [2(y_0 - y_1) + 3(\beta_0 + \beta_1)]t^3 + [3(y_1 - y_0) - 3(\beta_1 + 2\beta_0)]t^2 + 3\beta_0 t + y_0, \quad (3.26)$$

para $0 \leq t \leq 1$, mas essa mudança não é percebida pelo usuário do sistema.

O Algoritmo 3.6 constrói um conjunto de curvas de Bézier com base nas equações paramétricas nas Equações (3.25) e (3.26).

ALGORITMO 3.6 **Curva de Bézier**

Para construir as curvas cúbicas de Bézier $C_0, \ldots, C_{n-1}$ em forma paramétrica, onde C_i é representada por

$$(x_i(t), y_i(t)) = (a_0^{(i)} + a_1^{(i)}t + a_2^{(i)}t^2 + a_3^{(i)}t^3, b_0^{(i)} + b_1^{(i)}t + b_2^{(i)}t^2 + b_3^{(i)}t^3),$$

para $0 \leq t \leq 1$, conforme determinado pela extremidade esquerda (x_i, y_i), ponto-guia esquerdo (x_i^+, y_i^+), extremidade direita (x_{i+1}, y_{i+1}) e ponto-guia direito $(\bar{x}_{i+1}, \bar{y}_{i+1})$ para cada $i = 0, 1, \ldots, n-1$:

ENTRADA n; $(x_0, y_0), \ldots, (x_n, y_n)$; $(x_0^+, y_0^+), \ldots, (x_{n-1}^+, y_{n-1}^+)$; $(\bar{x}_1, \bar{y}_1), \ldots, (\bar{x}_n, \bar{y}_n)$.

SAÍDA coeficientes $\{a_0^{(i)}, a_1^{(i)}, a_2^{(i)}, a_3^{(i)}, b_0^{(i)}, b_1^{(i)}, b_2^{(i)}, b_3^{(i)}$, para $0 \leq i \leq n-1\}$.

Passo 1 Para cada $i = 0, 1, \ldots, n-1$ execute Passos 2 e 3.

Passo 2 Faça $a_0^{(i)} = x_i$;
$b_0^{(i)} = y_i$;
$a_1^{(i)} = 3(x_i^+ - x_i)$;
$b_1^{(i)} = 3(y_i^+ - y_i)$;
$a_2^{(i)} = 3(x_i + x_{i+1}^- - 2x_i^+)$;
$b_2^{(i)} = 3(y_i + y_{i+1}^- - 2y_i^+)$;
$a_3^{(i)} = x_{i+1} - x_i + 3x_i^+ - 3x_{i+1}^-$;
$b_3^{(i)} = y_{i+1} - y_i + 3y_i^+ - 3y_{i+1}^-$;

Passo 3 SAÍDA $(a_0^{(i)}, a_1^{(i)}, a_2^{(i)}, a_3^{(i)}, b_0^{(i)}, b_1^{(i)}, b_2^{(i)}, b_3^{(i)})$.

Passo 4 PARE. ■

Curvas tridimensionais são geradas de maneira semelhante, especificando adicionalmente as terceiras componentes z_0 e z_1 para os nós e $z_0 + \gamma_0$ e $z_1 - \gamma_1$ para os pontos-guia. O problema mais difícil de resolver envolvendo a representação de curvas tridimensionais diz respeito à perda da terceira dimensão, quando a curva é projetada em uma tela de computador bidimensional. Diversas técnicas de projeção são utilizadas, mas esse assunto se encaixa no campo da computação gráfica. Para uma introdução a esse tópico e modos pelos quais as técnicas podem ser modificadas para representações de superfície, consulte um dos muitos livros sobre métodos de computação gráfica, tais como [FVFH].

EXERCÍCIOS 3.6

1. Sejam $(x_0, y_0) = (0, 0)$ e $(x_1, y_1) = (5, 2)$ as extremidades de uma curva. Use os pontos-guia fornecidos para construir as aproximações cúbicas paramétricas de Hermite $(x(t), y(t))$ para a curva e represente graficamente as aproximações.
   a. (1, 1) e (6, 1)
   b. (0,5, 0,5) e (5,5, 1,5)
   c. (1, 1) e (6, 3)
   d. (2, 2) e (7, 0)
2. Repita o Exercício 1 usando os polinômios cúbicos de Bézier.
3. Construa e represente graficamente os polinômios cúbicos de Bézier, dados os seguintes pontos e pontos--guia.
   a. Ponto (1, 1) com ponto-guia (1,5, 1,25) para o ponto (6, 2) com ponto-guia (7, 3).
   b. Ponto (1, 1) com ponto-guia (1,25, 1,5) para o ponto (6, 2) com ponto-guia (5, 3).
   c. Ponto (0, 0) com ponto-guia (0,5, 0,5) para o ponto (4, 6) com ponto-guia de entrada (3,5, 7) e ponto--guia de saída (4,5, 5) para o ponto (6, 1) com ponto-guia (7, 2).
   d. Ponto (0, 0) com ponto-guia (0,5, 0,5) para o ponto (2, 1) com ponto-guia de entrada (3, 1) e ponto-guia de saída (3, 1) para o ponto (4, 0) com ponto-guia de entrada (5, 1) e ponto-guia de saída (3, −1) para o ponto (6, −1) com ponto-guia (6,5, −0,25).
4. Use os dados na tabela a seguir e o Algoritmo 3.6 para aproximar a forma da letra *N*.

i	x_i	y_i	α_i	β_i	α'_i	β'_i
0	3	6	3,3	6,5		
1	2	2	2,8	3,0	2,5	2,5
2	6	6	5,8	5,0	5,0	5,8
3	5	2	5,5	2,2	4,5	2,5
4	6,5	3			6,4	2,8

EXERCÍCIOS TEÓRICOS

5. Suponha que um polinômio cúbico de Bézier passe por (u_0, v_0) e (u_3, v_3) com pontos-guia (u_1, v_1) e (u_2, v_2), respectivamente.
   a. Deduza as equações paramétricas para $u(t)$ e $v(t)$ supondo que

$$u(0) = u_0, \quad u(1) = u_3, \quad u'(0) = u_1 - u_0, \quad u'(1) = u_3 - u_2$$

e

$$v(0) = v_0, \quad v(1) = v_3, \quad v'(0) = v_1 - v_0, \quad v'(1) = v_3 - v_2.$$

b. Seja $f(i/3) = u_i$, para $i = 0, 1, 2, 3$ e $g(i/3) = v_i$, para $i = 0, 1, 2, 3$. Mostre que o polinômio de Bernstein de grau três em t para f é $u(t)$ e que o polinômio de Bernstein de grau três em t para g é $v(t)$. (Consulte o Exercício 23 da Seção 3.1.).

QUESTÕES PARA DISCUSSÃO

1. Investigue a utilidade dos métodos desta seção para pacotes gráficos.

3.7 Software numérico e revisão do capítulo

As rotinas de interpolação incluídas na Biblioteca IMSL são baseadas no livro *A Pratical Guide to Splines*, de Carl de Boor [Deb] e usam interpolação por *splines* cúbicos. Existem *splines* cúbicos para minimizar a oscilações e preservar a concavidade. Métodos para interpelação bidimensional por *splines* bicúbicos também estão inclusos.

A biblioteca NAG contém sub-rotinas para interpolação polinomial e de Hermite, para interpolação por *splines* cúbicos e para interpolação de Hermite por parte cúbica. A NAG também tem sub-rotinas para interpolar funções de duas variáveis.

A biblioteca netlib contem sub-rotinas para calcular *splines* cúbicos com diversas condições nas extremidades. Um pacote produz os coeficientes das diferenças divididas de Newton para um conjunto discreto de dados e existem várias rotinas para calcular polinômios de Hermite por partes.

QUESTÕES PARA DISCUSSÃO

1. Os polinômios interpoladores são afetados de modo adverso por dados ruins. Ou seja, um erro em um ponto dado afetará todo o polinômio interpolador. Os *splines* tornam possível que se confine os efeitos ruins de um dado errado. Discuta como se consegue isso.
2. Os *splines* cúbicos têm as seguintes propriedades: (a) eles interpolam os dados; (b) eles têm continuidade das derivadas zero, primeira e segunda nos pontos interiores; e (c) eles satisfazem certas condições de contorno. Discuta as opções para condições de contorno.

CONCEITOS-CHAVE

Aproximação polinomial por partes
Condição de contorno Fixada
Condição de contorno natural
Curva de Bézier
Curva parametrizada
Diferença progressiva
Diferenças divididas
Fórmula de diferença dividida de Newton
Fórmula de Stirling de diferença regressiva
Interpolação
Interpolação por polinômio
Interpolação por *spline* cúbico
Método de Neville
Operador de diferença progressiva
Operador de diferença regressiva
Osculador de Hermite
Polinômio de Lagrange
Spline cúbico
Spline cúbico fixado
Spline cúbico natural
Teorema da aproximação de Weierstrass

REVISÃO DO CAPÍTULO

Neste capítulo, consideramos a aproximação de uma função usando polinômios e polinômios por partes. Descobrimos que a função pode ser especificada por meio de uma equação de definição dada ou fornecendo pontos no plano pelos quais o gráfico da função passe. Um conjunto de nós $x_0, x_1, \ldots, x_n$ é fornecido para cada caso, além de mais informações, tais como o valor de várias derivadas, que podem ser necessárias. É preciso encontrar uma função aproximadora que satisfaça as condições especificadas por esses dados.

O polinômio interpolador $P(x)$ é o polinômio de menor grau que satisfaz, para o caso de uma função f,

$$P(x_i) = f(x_i), \qquad \text{para cada } i = 0, 1, \ldots, n.$$

Embora esse polinômio interpolador seja único, ele pode tomar formas diferentes. A forma de Lagrange é usada com mais frequência para interpolar tabelas quando n é pequeno e para deduzir fórmulas de aproximação para derivadas e integrais. O método de Neville é utilizado para calcular diversos polinômios interpoladores no mesmo valor de x. As formas de Newton para o polinômio são mais adequadas para computação e também são amplamente utilizadas para deduzir fórmulas para resolução de equações diferenciais. Entretanto, a interpolação polinomial possui a fraqueza inerente da oscilação, especialmente se o número de nós for grande. Nesse caso, outros métodos podem ser mais bem aplicados.

Os polinômios de Hermite interpolam uma função e sua derivada nos nós. Eles podem ser bastante precisos, mas exigem mais informações sobre a função sendo aproximada. Quando existe um grande número de nós, os polinômios de Hermite também exibem as fraquezas da oscilação.

A forma mais comumente usada de interpolação é a interpolação polinomial por partes. Se os valores da função e da derivada estiverem disponíveis, a interpolação cúbica por partes de Hermite é a recomendada. Esse é o método preferido para interpolar valores de uma função que é a solução de uma equação diferencial. Quando somente os valores da função estiverem disponíveis, a interpolação *spline* cúbico livre pode ser usada. Esse *spline* força a segunda derivada do *spline* a ter o valor zero nas extremidades. Outros *splines* cúbicos exigem dados adicionais. Por exemplo, o *spline* cúbico fixado precisa dos valores da derivada da função nas extremidades do intervalo.

Como afirmamos na Seção 3.3, nosso tratamento dos métodos de diferenças divididas foi breve, já que os resultados desta seção não serão muito utilizados no material subsequente. A maioria dos textos antigos de análise numérica tem tratamento vasto dos métodos de diferenças divididas. Se for necessário um tratamento mais abrangente, o livro de Hildebrand [Hild] é uma referência particularmente boa.

Como observação final, há outros métodos de interpolação comumente usados. A interpolação trigonométrica, em particular a transformada rápida de Fourier discutida no Capítulo 8, é usada com grandes quantidades de dados, quando for suposto que a função tenha uma natureza periódica. A interpolação por funções racionais também é usada.

Se houver uma suspeita de que os dados não são precisos, podem ser usadas técnicas de alisamento, e alguma forma de ajuste dos dados por mínimos quadrados é recomendada. Polinômios, funções trigonométricas, funções racionais e *splines* podem ser usados no ajuste por mínimos quadrados dos dados. Consideraremos estes tópicos no Capítulo 8.

São referências gerais para os métodos deste capítulo os livros de Powell [Pow] e de Davis [Da]. O artigo original sobre *splines* é de Schoenberg [Scho]. São livros importantes sobre *splines* Schultz [Schul], De Boor [Deb2], Dierckx [Di] e Schumaker [Schum].

CAPÍTULO 4

Derivação e integração numérica

Introdução

Uma chapa para telhado ondulada é construída pressionando-se uma chapa plana de alumínio em um molde cuja seção transversal em forma de onda senoidal.

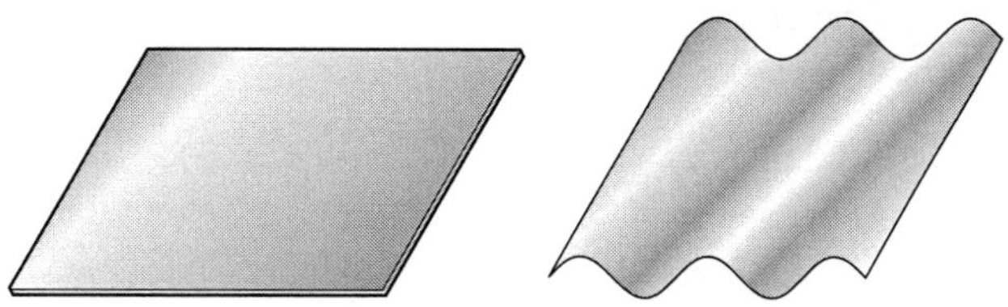

É necessária uma chapa ondulada de 4 pés de comprimento; a altura de cada onda é de 1 polegada a partir da reta central, e cada onda tem um período de aproximadamente 2π polegadas. O problema de encontrar o comprimento da chapa plana inicial é o mesmo que determinar o comprimento da curva dada por $f(x) = \text{sen}\, x$, de $x = 0$ polegada até $x = 48$ polegadas. A partir do cálculo, sabemos que o comprimento é

$$L = \int_0^{48} \sqrt{1 + (f'(x))^2}\, dx = \int_0^{48} \sqrt{1 + (\cos x)^2}\, dx,$$

de forma que o problema se reduz ao cálculo da integral. Embora a função seno seja uma das funções matemáticas mais comuns, o cálculo de seu comprimento envolve uma integral elíptica de segundo tipo, que não pode ser calculada explicitamente. Neste capítulo, são desenvolvidos métodos para obter uma aproximação da solução para problemas desse tipo. Esse problema, em particular, é considerado no Exercício 21 da Seção 4.4, Exercício 15 da Seção 4.5 e no Exercício 10 da Seção 4.7.

Mencionamos, na introdução do Capítulo 3, que a razão para a utilização de polinômios algébricos para obter uma aproximação de um conjunto de dados arbitrário é que, dada qualquer função contínua definida em um intervalo fechado, existe um polinômio que é arbitrariamente próximo à função em todos os pontos do intervalo. As derivadas e as integrais dos polinômios também são facilmente obtidas e calculadas. Não é surpreendente, então, que a maioria dos procedimentos para obter aproximações de integrais e derivadas use os polinômios que aproximam a função.

4.1 Derivação numérica

A derivada da função f em x_0 é

$$f'(x_0) = \lim_{h \to 0} \frac{f(x_0 + h) - f(x_0)}{h}.$$

Essa fórmula fornece uma maneira óbvia de gerar uma aproximação de $f'(x_0)$; simplesmente calcule

$$\frac{f(x_0 + h) - f(x_0)}{h}$$

para valores pequenos de h. Embora isso pareça óbvio, não é muito bem-sucedido em razão dos nossos velhos erros de arredondamento. Mas certamente é o melhor lugar para começar.

Para obter uma aproximação de $f'(x_0)$, suponha primeiro que $x_0 \in (a, b)$, onde $f \in C^2[a, b]$, e que $x_1 = x_0 + h$ para algum $h \neq 0$ que seja suficientemente pequeno para garantir que $x_1 \in [a, b]$. Construímos o primeiro polinômio de Lagrange $P_{0,1}(x)$ para f determinado por x_0 e x_1, com seu termo de erro:

$$\begin{aligned} f(x) &= P_{0,1}(x) + \frac{(x - x_0)(x - x_1)}{2!} f''(\xi(x)) \\ &= \frac{f(x_0)(x - x_0 - h)}{-h} + \frac{f(x_0 + h)(x - x_0)}{h} + \frac{(x - x_0)(x - x_0 - h)}{2} f''(\xi(x)), \end{aligned}$$

para algum $\xi(x)$ entre x_0 e x_1. A derivação resulta em

$$\begin{aligned} f'(x) &= \frac{f(x_0 + h) - f(x_0)}{h} + D_x \left[\frac{(x - x_0)(x - x_0 - h)}{2} f''(\xi(x)) \right] \\ &= \frac{f(x_0 + h) - f(x_0)}{h} + \frac{2(x - x_0) - h}{2} f''(\xi(x)) \\ &\quad + \frac{(x - x_0)(x - x_0 - h)}{2} D_x(f''(\xi(x))). \end{aligned}$$

Desprezar os termos envolvendo $\xi(x)$ nos dá

$$f'(x) \approx \frac{f(x_0 + h) - f(x_0)}{h}.$$

Uma dificuldade com essa fórmula é a de que não há informações sobre $D_x f''(\xi(x))$, portanto, o erro de truncamento não pode ser estimado. Quando x é x_0, porém, o coeficiente de $D_x f''(\xi(x))$ é 0 e a fórmula é simplificada para

$$f'(x_0) = \frac{f(x_0 + h) - f(x_0)}{h} - \frac{h}{2} f''(\xi). \tag{4.1}$$

Para pequenos valores de h, o quociente de diferenças $[f(x_0 + h) - f(x_0)]/h$ pode ser usado para obter uma aproximação de $f'(x_0)$ com um erro limitado por $M|h|/2$, em que M é um limitante de $|f''(x)|$ para x entre x_0 e $x_0 + h$. Essa fórmula é conhecida como **fórmula de diferenças progressivas** se $h > 0$ (veja a Figura 4.1) e **fórmula de diferenças regressivas** se $h < 0$.

Equações de diferenças foram usadas e popularizadas por Isaac Newton no último quarto do século XVII, mas muitas dessas técnicas foram desenvolvidas anteriormente por Thomas Harriot (1561-1621) e Henry Briggs (1561-1630). Harriot realizou avanços significativas em técnicas de navegação, e Briggs foi a pessoa mais responsável pela aceitação dos logaritmos como auxílio nos cálculos.

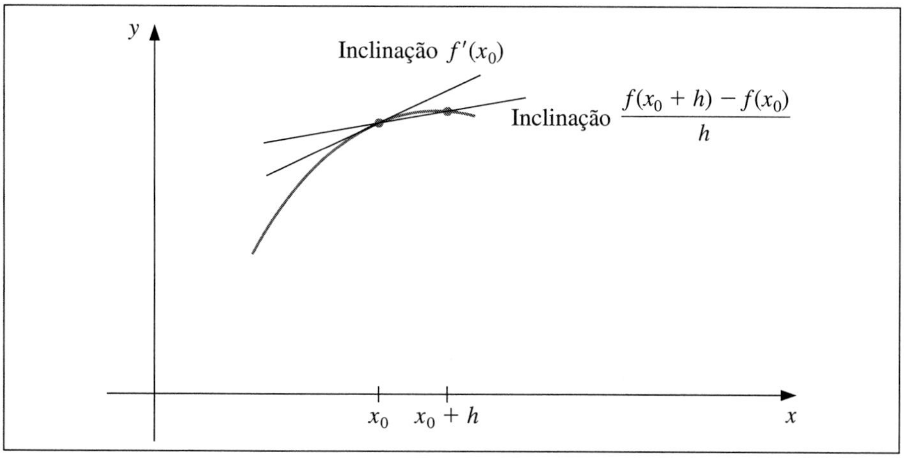

Figura 4.1

EXEMPLO 1 Use a fórmula de diferenças progressivas para aproximar a derivada de $f(x) = \ln x$ em $x_0 = 1{,}8$ usando $h = 0{,}1$, $h = 0{,}05$, e $h = 0{,}01$ e determine limitantes para os erros de aproximação.

Solução A fórmula de diferenças progressivas

$$\frac{f(1{,}8+h) - f(1{,}8)}{h}$$

com $h = 0{,}1$ dá

$$\frac{\ln 1{,}9 - \ln 1{,}8}{0{,}1} = \frac{0{,}64185389 - 0{,}58778667}{0{,}1} = 0{,}5406722.$$

Como $f''(x) = -1/x^2$ e $1{,}8 < \xi < 1{,}9$, um limitante para este erro de aproximação é

$$\frac{|hf''(\xi)|}{2} = \frac{|h|}{2\xi^2} < \frac{0{,}1}{2(1{,}8)^2} = 0{,}0154321.$$

As aproximações e os limitantes de erro quando $h = 0{,}05$ e $h = 0{,}01$ são encontrados de forma parecida, e os resultados são mostrados na Tabela 4.1.

Tabela 4.1

h	$f(1{,}8+h)$	$\frac{f(1{,}8+h)-f(1{,}8)}{h}$	$\frac{\lvert h\rvert}{2(1{,}8)^2}$
0,1	0,64185389	0,5406722	0,0154321
0,05	0,61518564	0,5479795	0,0077160
0,01	0,59332685	0,5540180	0,0015432

Como $f'(x) = 1/x$, o valor exato de $f'(1,8)$ é $0,55\bar{5}$, e os limitantes de erro são bastante próximos do erro de aproximação verdadeiro. M■

Para obter fórmulas gerais de aproximação de derivadas, suponha que $\{x_0, x_1, ..., x_n\}$ são $(n + 1)$ números distintos em certo intervalo I e que $f \in C^{n+1}(I)$. Do Teorema 3.3, na página 122,

$$f(x) = \sum_{k=0}^{n} f(x_k)L_k(x) + \frac{(x - x_0)\cdots(x - x_n)}{(n+1)!} f^{(n+1)}(\xi(x)),$$

para algum $\xi(x)$ em I, onde $L_k(x)$ denota o k-ésimo coeficiente do polinômio de Lagrange para f em $x_0, x_1, ..., x_n$. Derivando essa expressão, obtemos

$$f'(x) = \sum_{k=0}^{n} f(x_k)L'_k(x) + D_x\left[\frac{(x - x_0)\cdots(x - x_n)}{(n+1!)}\right] f^{(n+1)}(\xi(x))$$
$$+ \frac{(x - x_0)\cdots(x - x_n)}{(n+1)!} D_x[f^{(n+1)}(\xi(x))].$$

Novamente há um problema ao estimar o erro de truncamento, a menos que x seja um dos números x_j. Nesse caso, o termo que multiplica $D_x\,[f^{(n+1)}(\xi(x))]$ é 0, e a fórmula se torna

$$f'(x_j) = \sum_{k=0}^{n} f(x_k)L'_k(x_j) + \frac{f^{(n+1)}(\xi(x_j))}{(n+1)!} \prod_{\substack{k=0 \\ k\neq j}}^{n} (x_j - x_k), \tag{4.2}$$

que é chamada **fórmula de $(n + 1)$ pontos** para obter uma aproximação de $f'(x_j)$.

Em geral, a utilização de mais pontos na Equação (4.2) produz maior precisão, embora o número de cálculos de funções e o crescimento de erros de arredondamento desencorajem um pouco isso. As fórmulas mais comuns são aquelas que envolvem três e cinco pontos.

Primeiro, deduziremos algumas fórmulas de três pontos úteis e consideraremos aspectos de seus erros. Como

$$L_0(x) = \frac{(x - x_1)(x - x_2)}{(x_0 - x_1)(x_0 - x_2)}, \quad \text{temos} \quad L'_0(x) = \frac{2x - x_1 - x_2}{(x_0 - x_1)(x_0 - x_2)}.$$

Analogamente,

$$L'_1(x) = \frac{2x - x_0 - x_2}{(x_1 - x_0)(x_1 - x_2)} \quad \text{e} \quad L'_2(x) = \frac{2x - x_0 - x_1}{(x_2 - x_0)(x_2 - x_1)}.$$

Consequentemente, da Equação (4.2),

$$f'(x_j) = f(x_0)\left[\frac{2x_j - x_1 - x_2}{(x_0 - x_1)(x_0 - x_2)}\right] + f(x_1)\left[\frac{2x_j - x_0 - x_2}{(x_1 - x_0)(x_1 - x_2)}\right]$$
$$+ f(x_2)\left[\frac{2x_j - x_0 - x_1}{(x_2 - x_0)(x_2 - x_1)}\right] + \frac{1}{6} f^{(3)}(\xi_j) \prod_{\substack{k=0 \\ k\neq j}}^{2} (x_j - x_k), \tag{4.3}$$

para cada $j = 0, 1, 2$, em que a notação ξ_j indica que esse ponto depende de x_j.

Fórmulas de três pontos

As fórmulas da Equação (4.3) tornam-se especialmente úteis se os pontos forem igualmente espaçados, ou seja, quando

$$x_1 = x_0 + h \quad \text{e} \quad x_2 = x_0 + 2h,\text{MMpara algum } h \neq 0.$$

Vamos supor nós igualmente espaçados ao longo do restante desta seção.

Utilizando a Equação (4.3) com $x_j = x_0$, $x_1 = x_0 + h$ e $x_2 = x_0 + 2h$, temos

$$f'(x_0) = \frac{1}{h}\left[-\frac{3}{2}f(x_0) + 2f(x_1) - \frac{1}{2}f(x_2)\right] + \frac{h^2}{3}f^{(3)}(\xi_0).$$

Fazendo o mesmo para $x_j = x_1$, temos

$$f'(x_1) = \frac{1}{h}\left[-\frac{1}{2}f(x_0) + \frac{1}{2}f(x_2)\right] - \frac{h^2}{6}f^{(3)}(\xi_1)$$

e para $x_j = x_2$,

$$f'(x_2) = \frac{1}{h}\left[\frac{1}{2}f(x_0) - 2f(x_1) + \frac{3}{2}f(x_2)\right] + \frac{h^2}{3}f^{(3)}(\xi_2).$$

Como $x_1 = x_0 + h$ e $x_2 = x_0 + 2h$, essas fórmulas também podem ser expressas como

$$f'(x_0) = \frac{1}{h}\left[-\frac{3}{2}f(x_0) + 2f(x_0+h) - \frac{1}{2}f(x_0+2h)\right] + \frac{h^2}{3}f^{(3)}(\xi_0),$$

$$f'(x_0+h) = \frac{1}{h}\left[-\frac{1}{2}f(x_0) + \frac{1}{2}f(x_0+2h)\right] - \frac{h^2}{6}f^{(3)}(\xi_1) \quad \text{e}$$

$$f'(x_0+2h) = \frac{1}{h}\left[\frac{1}{2}f(x_0) - 2f(x_0+h) + \frac{3}{2}f(x_0+2h)\right] + \frac{h^2}{3}f^{(3)}(\xi_2).$$

Por uma questão de conveniência, a substituição da variável x_0 por $x_0 + h$ é usada na equação do meio para alterar essa fórmula para uma aproximação de $f'(x_0)$. Uma mudança semelhante, x_0 por $x_0 + 2h$, é usada na última equação. Isso resulta em três fórmulas para obter uma aproximação de $f'(x_0)$:

$$f'(x_0) = \frac{1}{2h}[-3f(x_0) + 4f(x_0+h) - f(x_0+2h)] + \frac{h^2}{3}f^{(3)}(\xi_0),$$

$$f'(x_0) = \frac{1}{2h}[-f(x_0-h) + f(x_0+h)] - \frac{h^2}{6}f^{(3)}(\xi_1) \quad \text{e}$$

$$f'(x_0) = \frac{1}{2h}[f(x_0-2h) - 4f(x_0-h) + 3f(x_0)] + \frac{h^2}{3}f^{(3)}(\xi_2).$$

Finalmente, observe que, como a última dessas equações pode ser obtida a partir da primeira, simplesmente substituindo h por $-h$, há de fato somente duas fórmulas:

Fórmula de três pontos na extremidade

- $$f'(x_0) = \frac{1}{2h}[-3f(x_0) + 4f(x_0 + h) - f(x_0 + 2h)] + \frac{h^2}{3} f^{(3)}(\xi_0), \qquad (4.4)$$

em que ξ_0 está entre x_0 e $x_0 + 2h$.

Fórmula de três pontos no ponto médio

- $$f'(x_0) = \frac{1}{2h}[f(x_0 + h) - f(x_0 - h)] - \frac{h^2}{6} f^{(3)}(\xi_1), \qquad (4.5)$$

em que ξ_1 está entre $x_0 - h$ e $x_0 + h$.

Embora os erros nas Equações (4.4) e (4.5) sejam $O(h^2)$, o erro na Equação (4.5) é aproximadamente metade do erro na Equação (4.4). Isso porque a Equação (4.5) usa dados em ambos os lados de x_0, e a Equação (4.4) usa dados somente em um lado. Observe também que f precisa ser calculada somente em dois pontos na Equação (4.5), enquanto na Equação (4.4) são necessários três cálculos. A Figura 4.2 ilustra a aproximação produzida a partir da Equação (4.5). A aproximação na Equação (4.4) é útil próxima das extremidades de um intervalo, já que as informações sobre f fora do intervalo podem não estar disponíveis.

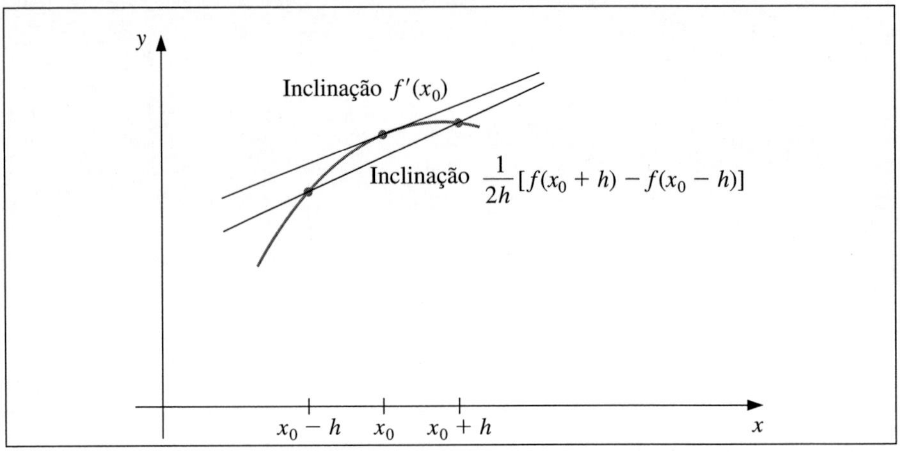

Figura 4.2

Fórmula de cinco pontos

Os métodos apresentados nas Equações (4.4) e (4.5) são chamados **fórmulas de três pontos** (embora o terceiro ponto $f(x_0)$ não apareça na Equação (4.5)). Analogamente, há **fórmulas de cinco pontos** que envolvem o cálculo da função em mais dois pontos. O termo de erro para essas fórmulas é $O(h^4)$. Uma fórmula de cinco pontos comum é usada para determinar aproximações para a derivada no ponto médio.

Fórmula de cinco pontos no ponto médio

- $$f'(x_0) = \frac{1}{12h}[f(x_0 - 2h) - 8f(x_0 - h) + 8f(x_0 + h) - f(x_0 + 2h)] + \frac{h^4}{30} f^{(5)}(\xi), \qquad (4.6)$$

em que ξ está entre $x_0 - 2h$ e $x_0 + 2h$.

A dedução desta fórmula é considerada na Seção 4.2. A outra fórmula de cinco pontos é útil para aproximações nas extremidades.

Fórmula de cinco pontos na extremidade

- $$f'(x_0) = \frac{1}{12h}[-25f(x_0) + 48f(x_0+h) - 36f(x_0+2h) + 16f(x_0+3h) - 3f(x_0+4h)] + \frac{h^4}{5}f^{(5)}(\xi), \tag{4.7}$$

em que ξ está entre x_0 e $x_0 + 4h$.

As aproximações nas extremidades esquerdas são encontradas usando-se esta fórmula com $h > 0$ e as aproximações nas extremidades direitas, com $h < 0$. A fórmula de cinco pontos na extremidade é particularmente útil na interpolação pelos *splines* cúbicos fixados da Seção 3.5.

EXEMPLO 2

São dados valores para $f(x) = xe^x$ na Tabela 4.2. Utilize todas as fórmulas de três e cinco pontos aplicáveis para aproximar $f'(2{,}0)$.

Tabela 4.2

x	$f(x)$
1,8	10,889365
1,9	12,703199
2,0	14,778112
2,1	17,148957
2,2	19,855030

Solução Os dados da tabela nos permitem calcular quatro aproximações de três pontos diferentes. Podemos usar a fórmula na extremidade (4.4) com $h = 0{,}1$ ou com $h = -0{,}1$ e podemos usar a fórmula no ponto médio (4.5) com $h = 0{,}1$ ou $h = 0{,}2$.

Usando a fórmula na extremidade (4.4) com $h = 0{,}1$, obtemos

$$\frac{1}{0{,}2}[-3f(2{,}0) + 4f(2{,}1) - f(2{,}2] = 5[-3(14{,}778112) + 4(17{,}148957) - 19{,}855030)] = 22{,}032310$$

e com $h = -0{,}1$, obtemos 22,054525.

Usando a fórmula no ponto médio (4.5) com $h = 0{,}1$, obtemos

$$\frac{1}{0{,}2}[f(2{,}1) - f(1{,}9] = 5(17{,}148957 - 12{,}7703199) = 22{,}228790$$

e com $h = 0{,}2$, obtemos 22,414163.

A única fórmula de cinco pontos para a qual a tabela fornece pontos suficientes é a fórmula de ponto médio (4.6) com $h = 0{,}1$. Isto dá

$$\frac{1}{1,2}[f(1,8) - 8f(1,9) + 8f(2,1) - f(2,2)] = \frac{1}{1,2}[10,889365 - 8(12,703199)$$
$$+ 8(17,148957) - 19,855030]$$
$$= 22,166999.$$

Se não tivéssemos nenhuma outra informação, aceitaríamos a aproximação de cinco pontos no ponto médio usando $h = 0,1$ como a mais precisa e esperaríamos que o valor verdadeiro estivesse entre essa aproximação e a aproximação de três pontos no ponto médio, ou seja, no intervalo $[22,166\ 22,229]$.

O valor verdadeiro nesse caso é $f'(2,0) = (2+1)e^2 = 22,167168$, de modo que os erros de aproximação são na realidade os seguintes:

Três pontos na extremidade com $h = 0,1$: $1,35 \times 10^{-1}$;
Três pontos na extremidade com $h = -0,1$: $1,13 \times 10^{-1}$;
Três pontos no ponto médio com $h = 0,1$: $-6,16 \times 10^{-2}$;
Três pontos no ponto médio com $h = 0,2$: $-2,47 \times 10^{-1}$;
Cinco pontos no ponto médio com $h = 0,1$: $1,69 \times 10^{-4}$. M■

Também podem ser deduzidos métodos para encontrar aproximações de derivadas mais altas de uma função usando somente valores tabulados da função em vários pontos. Porém, a dedução é algebricamente entediante, de modo que somente um procedimento representativo será apresentado.

Expanda uma função f em um polinômio de Taylor de ordem três em torno de um ponto x_0 e calcule em $x_0 + h$ e $x_0 - h$. Então

$$f(x_0 + h) = f(x_0) + f'(x_0)h + \frac{1}{2}f''(x_0)h^2 + \frac{1}{6}f'''(x_0)h^3 + \frac{1}{24}f^{(4)}(\xi_1)h^4$$

e

$$f(x_0 - h) = f(x_0) - f'(x_0)h + \frac{1}{2}f''(x_0)h^2 - \frac{1}{6}f'''(x_0)h^3 + \frac{1}{24}f^{(4)}(\xi_{-1})h^4,$$

em que $x_0 - h < \xi_{-1} < x_0 < \xi_1 < x_0 + h$.

Se somarmos essas equações, os termos que envolvem $f'(x_0)$ e $-f'''(x_0)$ se cancelam e então,

$$f(x_0 + h) + f(x_0 - h) = 2f(x_0) + f''(x_0)h^2 + \frac{1}{24}[f^{(4)}(\xi_1) + f^{(4)}(\xi_{-1})]h^4.$$

Isolando $f''(x_0)$, nessa equação, obtemos

$$f''(x_0) = \frac{1}{h^2}[f(x_0 - h) - 2f(x_0) + f(x_0 + h)] - \frac{h^2}{24}[f^{(4)}(\xi_1) + f^{(4)}(\xi_{-1})]. \quad (4.8)$$

Suponha que $f^{(4)}$ seja contínua em $[x_0 - h, x_0 + h]$. Como $\frac{1}{2}[f^{(4)}(\xi_1) + f^{(4)}(\xi_{-1})]$ está entre $f^{(4)}(\xi_1)$ e $f^{(4)}(\xi_{-1})$, o teorema de valor intermediário implica que existe um número ξ entre ξ_1 e ξ_{-1} e, consequentemente, em $(x_0 - h, x_0 + h)$, com

$$f^{(4)}(\xi) = \frac{1}{2}[f^{(4)}(\xi_1) + f^{(4)}(\xi_{-1})].$$

Isso permite reescrever a Equação (4.8) em sua forma final.

Fórmula da segunda derivada no ponto médio

- $$f''(x_0) = \frac{1}{h^2}[f(x_0 - h) - 2f(x_0) + f(x_0 + h)] - \frac{h^2}{12}f^{(4)}(\xi), \tag{4.9}$$

  para algum ξ, em que $x_0 - h < \xi < x_0 + h$.

Se $f^{(4)}$ for contínua em $[x_0 - h, x_0 + h]$, é também limitada, de modo que a aproximação é $O(h^2)$.

EXEMPLO 3

No Exemplo 2, usamos os dados mostrados na Tabela 4.3 para aproximar a primeira derivada de $f(x) = xe^x$ em $x = 2{,}0$. Use a fórmula da segunda derivada (4.9) para aproximar $f''(2.0)$.

Tabela 4.3

x	$f(x)$
1,8	10,889365
1,9	12,703199
2,0	14,778112
2,1	17,148957
2,2	19,855030

Solução Os dados nos permitem determinar duas aproximações para $f''(2{,}0)$. Usando (4.9) com $h = 0{,}1$, obtemos

$$\begin{aligned}\frac{1}{0{,}01}[f(1{,}9) - 2f(2{,}0) + f(2{,}1)] &= 100[12{,}703199 - 2(14{,}778112) + 17{,}148957] \\ &= 29{,}593200,\end{aligned}$$

e usando a Equação (4.9) com $h = 0{,}2$, resulta

$$\begin{aligned}\frac{1}{0{,}04}[f(1{,}8) - 2f(2{,}0) + f(2{,}2)] &= 25[10{,}889365 - 2(14{,}778112) + 19{,}855030] \\ &= 29{,}704275.\end{aligned}$$

Como $f''(x) = (x + 2)e^x$, o valor exato é $f''(2{,}0) = 29{,}556224$. Logo, os erros reais são aproximadamente $-3{,}70 \times 10^{-2}$ e $-1{,}48 \times 10^{-1}$, respectivamente. ■

Instabilidade dos erros de arredondamento

É particularmente importante prestar atenção ao erro de arredondamento ao aproximar derivadas. Para ilustrar a situação, vamos examinar a fórmula de três pontos no ponto médio, Equação (4.5),

$$f'(x_0) = \frac{1}{2h}[f(x_0 + h) - f(x_0 - h)] - \frac{h^2}{6}f^{(3)}(\xi_1),$$

com mais detalhes. Suponha que no cálculo de $f(x_0 + h)$ e de $f(x_0 - h)$ sejam encontrados erros de arredondamentos $e(x_0 + h)$ e $e(x_0 - h)$. Então, nossos valores calculados $\tilde{f}(x_0 + h)$ e $\tilde{f}(x_0 - h)$ estarão relacionados aos valores verdadeiros $f(x_0 + h)$ e $f(x_0 - h)$ pelas fórmulas

$$f(x_0 + h) = \tilde{f}(x_0 + h) + e(x_0 + h) \quad \text{e} \quad f(x_0 - h) = \tilde{f}(x_0 - h) + e(x_0 - h).$$

O erro total na aproximação,

$$f'(x_0) - \frac{\tilde{f}(x_0+h) - \tilde{f}(x_0-h)}{2h} = \frac{e(x_0+h) - e(x_0-h)}{2h} - \frac{h^2}{6} f^{(3)}(\xi_1),$$

deve-se em parte ao erro de arredondamento e em parte ao erro de truncamento. Se supusermos que os erros de arredondamento $e(x_0 \pm h)$ estejam limitados por algum número $\varepsilon > 0$ e que a terceira derivada de f esteja limitada por um número $M > 0$, então

$$\left| f'(x_0) - \frac{\tilde{f}(x_0+h) - \tilde{f}(x_0-h)}{2h} \right| \leq \frac{\varepsilon}{h} + \frac{h^2}{6} M.$$

Para reduzir o erro de truncamento, $h^2M/6$, devemos reduzir h. Mas, conforme h é reduzido, o erro de arredondamento ε/h cresce. Na prática, raramente é vantajoso permitir que h seja muito pequeno, já que os erros de arredondamento dominarão os cálculos.

Ilustração Considere a utilização dos valores na Tabela 4.4 para obter uma aproximação de $f'(0{,}900)$, em que $f(x) = \text{sen}\, x$. O valor verdadeiro é $\cos 0{,}900 = 0{,}62161$. Usando a fórmula

$$f'(0{,}900) \approx \frac{f(0{,}900+h) - f(0{,}900-h)}{2h}$$

com valores diferentes para h, obtemos as aproximações da Tabela 4.5.

Tabela 4.4

x	sen x	x	sen x
0,800	0,71736	0,901	0,78395
0,850	0,75128	0,902	0,78457
0,880	0,77074	0,905	0,78643
0,890	0,77707	0,910	0,78950
0,895	0,78021	0,920	0,79560
0,898	0,78208	0,950	0,81342
0,899	0,78270	1,000	0,84147

Tabela 4.5

h	Aproximação para $f'(0{,}900)$	Erro
0,001	0,62500	0,00339
0,002	0,62250	0,00089
0,005	0,62200	0,00039
0,010	0,62150	−0,00011
0,020	0,62150	−0,00011
0,050	0,62140	−0,00021
0,100	0,62055	−0,00106

A escolha ótima para h parece estar entre 0,005 e 0,05. Podemos usar o cálculo (veja o Exercício 29) para verificar que o mínimo de

$$e(h) = \frac{\varepsilon}{h} + \frac{h^2}{6} M.$$

ocorre em $h = \sqrt[3]{3\varepsilon/M}$, em que

$$M = \max_{x \in [0{,}800,\, 1{,}00]} |f'''(x)| = \max_{x \in [0{,}800,\, 1{,}00]} |\cos x| = \cos 0{,}8 \approx 0{,}69671.$$

Como os valores de f são dados com cinco casas decimais, suporemos que o erro de arredondamento seja limitado por $\varepsilon = 5 \times 10^{-6}$. Portanto, a escolha ótima para h é aproximadamente

$$h = \sqrt[3]{\frac{3(0{,}000005)}{0{,}69671}} \approx 0{,}028,$$

que é consistente com os resultados da Tabela 4.6.

Na prática, não é possível calcular um h ótimo para usar na aproximação da derivada, já que não conhecemos a terceira derivada da função. Mas precisamos atentar para o fato de que a redução do tamanho do passo nem sempre melhorará a aproximação. M ■

Consideramos somente os problemas de arredondamento que ocorrem na fórmula de três pontos na Equação (4.5), mas dificuldades semelhantes ocorrem com todas as fórmulas de derivação. A razão pode ser explicada pela necessidade de dividir por uma potência de h. Como encontramos na Seção 1.2 (consulte, em particular, o Exemplo 3), a divisão por números pequenos tende a piorar os erros de arredondamento e essa operação deve ser evitada, se possível. No caso da derivação numérica, é impossível evitar o problema inteiramente, embora os métodos de ordem superior reduzam a dificuldade.

Como métodos de aproximação, a derivação numérica é *instável*, já que pequenos valores de h necessários para reduzir o erro de truncamento também provocam o crescimento do erro de arredondamento. Essa é a primeira classe de métodos instáveis encontrada e essas técnicas seriam evitadas, se fosse possível. Porém, além de serem usadas para propósitos computacionais, as fórmulas são necessárias para a aproximação de soluções de equações diferenciais ordinárias e parciais.

Tenha em mente que aproximações por métodos de diferenças podem ser instáveis.

EXERCÍCIOS 4.1

1. Use as fórmulas de diferenças progressivas e regressivas para completar as seguintes tabelas:

a.

x	$f(x)$	$f'(x)$
0,5	0,4794	
0,6	0,5646	
0,7	0,6442	

b.

x	$f(x)$	$f'(x)$
0,0	0,00000	
0,2	0,74140	
0,4	1,3718	

2. Use as fórmulas de diferenças progressivas e regressivas para completar as seguintes tabelas:

a.

x	$f(x)$	$f'(x)$
−0,3	1,9507	
−0,1	2,0421	
−0,1	2,0601	

b.

x	$f(x)$	$f'(x)$
1,0	1,0000	
1,2	1,2625	
1,4	1,6595	

3. Os dados no Exercício 1 foram retirados das funções a seguir. Calcule os erros reais no Exercício 1 e encontre limitantes para os erros usando as fórmulas de erro.

a. $f(x) = \text{sen}\, x$ **b.** $f(x) = e^x - 2x^2 + 3x - 1$

4. Os dados no Exercício 2 foram retirados das funções a seguir. Calcule os erros reais no Exercício 2 e encontre limitantes para os erros usando as fórmulas de erro.

a. $f(x) = 2\cos 2x - x$ **b.** $f(x) = x^2 \ln x + 1$

5. Use a fórmula de três pontos mais precisa para completar as seguintes tabelas.

a.

x	$f(x)$	$f'(x)$
1,1	9,025013	
1,2	11,02318	
1,3	13,46374	
1,4	16,44465	

b.

x	$f(x)$	$f'(x)$
8,1	16,94410	
8,3	17,56492	
8,5	18,19056	
8,7	18,82091	

c.

x	$f(x)$	$f'(x)$
2,9	−4,827866	
3,0	−4,240058	
3,1	−3,496909	
3,2	−2,596792	

d.

x	$f(x)$	$f'(x)$
2,0	3,6887983	
2,1	3,6905701	
2,2	3,6688192	
2,3	3,6245909	

6. Use a fórmula dos três pontos mais precisa para completar as seguintes tabelas.

a.

x	$f(x)$	$f'(x)$
−0,3	−0,27652	
−0,2	−0,25074	
−0,1	−0,16134	
0	0	

b.

x	$f(x)$	$f'(x)$
7,4	−68,3193	
7,6	−71,6982	
7,8	−75,1576	
8,0	−78,6974	

c.

x	$f(x)$	$f'(x)$
1,1	1,52918	
1,2	1,64024	
1,3	1,70470	
1,4	1,71277	

d.

x	$f(x)$	$f'(x)$
−2,7	0,054797	
−2,5	0,11342	
−2,3	0,65536	
−2,1	0,98472	

7. Os dados no Exercício 5 foram retirados das funções a seguir. Calcule os erros reais no Exercício 5 e encontre limitantes para os erros usando as fórmulas de erro.

a. $f(x) = e^{2x}$ **b.** $f(x) = x \ln x$

c. $f(x) = x \cos x - x^2 \operatorname{sen} x$ **d.** $f(x) = 2 (\ln x)^2 + 3 \operatorname{sen} x$

8. Os dados no Exercício 6 foram retirados das funções a seguir. Calcule os erros reais no Exercício 6 e encontre limitantes para os erros usando as fórmulas de erro.

a. $f(x) = e^{2x} - \cos 2x$ **b.** $f(x) = \ln (x + 2) - (x + 1)^2$

c. $f(x) = x \operatorname{sen} x - x^2 \cos x$ **d.** $f(x) = (\cos 3x)^2 - e^{2x}$

9. Utilize as fórmulas fornecidas nesta seção para determinar, com a maior precisão possível, aproximações para completar as tabelas.

a.

x	$f(x)$	$f'(x)$
2,1	−1,709847	
2,2	−1,373823	
2,3	−1,119214	
2,4	−0,9160143	
2,5	−0,7470223	
2,6	−0,6015966	

b.

x	$f(x)$	$f'(x)$
−3,0	9,367879	
−2,8	8,233241	
−2,6	7,180350	
−2,4	6,209329	
−2,2	5,320305	
−2,0	4,513417	

10. Utilize as fórmulas fornecidas nesta seção para determinar, com a maior precisão possível, aproximações para completar as tabelas.

a.

x	$f(x)$	$f'(x)$
1,05	−1,709847	
1,10	−1,373823	
1,15	−1,119214	
1,20	−0,9160143	
1,25	−0,7470223	
1,30	−0,6015966	

b.

x	$f(x)$	$f'(x)$
−3,0	16,08554	
−2,8	12,64465	
−2,6	9,863738	
−2,4	7,623176	
−2,2	5,825013	
−2,0	4,389056	

11. Os dados no Exercício 9 foram retirados das funções a seguir. Calcule os erros reais no Exercício 9 e encontre limitantes para os erros usando as fórmulas de erro e Maple.

a. $f(x) = \text{tg}\, x$ **b.** $f(x) = e^{x/3} + x^2$

12. Os dados no Exercício 10 foram retirados das funções a seguir. Calcule os erros reais no Exercício 10 e encontre limitantes para os erros usando as fórmulas de erro e Maple.

a. $f(x) = \text{tg}\, 2x$ **b.** $f(x) = e^{-x} - 1 + x$

13. Use os dados a seguir e a informação de que as primeiras cinco derivadas de f são limitadas, em [1,5], por 2, 3, 6, 12 e 23, respectivamente, para obter uma aproximação de $f'(3)$ com a maior precisão possível. Encontre um limitante para o erro.

x	1	2	3	4	5
$f(x)$	2,4142	2,6734	2,8974	3,0976	3,2804

14. Repita o Exercício 13, supondo que a terceira derivada de f seja limitada, em [1,5], por 4.

15. Repita o Exercício 1, usando a aritmética de arredondamento com quatro algarismos e compare os erros àqueles do Exercício 3.

16. Repita o Exercício 5, usando a aritmética de truncamento com quatro algarismos e compare os erros àqueles no Exercício 7.

17. Repita o Exercício 9, usando a aritmética de arredondamento com quatro algarismos e compare os erros àqueles no Exercício 11.

18. Considere a tabela de dados a seguir:

x	0,2	0,4	0,6	0,8	1,0
$f(x)$	0,9798652	0,9177710	0,808038	0,6386093	0,3843735

a. Use todas as fórmulas apropriadas, fornecidas nesta seção, para obter aproximações de $f'(0,4)$ e $f''(0,4)$.

b. Use todas as fórmulas apropriadas, fornecidas nesta seção, para obter aproximações de $f'(0,6)$ e $f''(0,6)$.

19. Seja $f(x) = \cos \pi x$. Use a Equação (4.9) e os valores de $f(x)$ em $x = 0,25$, 0,5 e 0,75 para obter uma aproximação de $f''(0,5)$. Compare esse resultado ao valor exato e à aproximação encontrada no Exercício 15 da Seção 3.5. Explique por que esse método é particularmente preciso para esse problema e encontre um limitante para o erro.

20. Seja $f(x) = 3xe^x - \cos x$. Use os dados a seguir e a Equação (4.9) para obter uma aproximação de $f''(1,3)$ com $h = 0,1$ e com $h = 0,01$.

x	1,20	1,29	1,30	1,31	1,40
$f(x)$	11,59006	13,78176	14,04276	14,30741	16,86187

Compare seus resultados com $f''(1,3)$.

21. Considere a tabela de dados a seguir:

x	0,2	0,4	0,6	0,8	1,0
$f(x)$	0,9798652	0,9177710	0,8080348	0,6386093	0,3843735

a. Use a Equação (4.7) para obter uma aproximação de $f'(0,2)$.

b. Use a Equação (4.7) para obter uma aproximação de $f'(1,0)$.

c. Use a Equação (4.6) para obter uma aproximação para $f'(0,6)$.

EXERCÍCIOS APLICADOS

22. Em um circuito com voltagem aplicada $\mathcal{E}(t)$ e indutância L, a primeira lei de Kirchhoff fornece a relação

$$\mathcal{E}(t) = L\frac{di}{dt} + Ri,$$

onde R é a resistência no circuito e i é a corrente. Suponha que medimos a corrente em vários valores de t e obtivemos

t	1,00	1,01	1,02	1,03	1,0
i	3,10	3,12	3,14	3,18	3,24

em que t é medido em segundos, i em amperes, a indutância L é uma constante de 0,98 henries e a resistência é 0,142 ohms. Obtenha uma aproximação da voltagem $\mathcal{E}(t)$ quando $t = 1{,}00$, 1,01, 1,02, 1,03 e 1,04.

23. No Exercício 9 da Seção 3.4, foram fornecidos dados descrevendo um carro viajando por uma estrada reta. O exercício exigia o prognóstico da posição e da velocidade do carro quando $t = 10$s. Use os instantes e as posições a seguir para prever a velocidade em cada instante listado.

Tempo	0	3	5	8	10	13
Distância	0	225	383	623	742	993

EXERCÍCIOS TEÓRICOS

24. Deduza uma fórmula de cinco pontos $O(h^4)$ para obter uma aproximação de $f'(x_0)$ que utilize $f(x_0 - h)$, $f(x_0)$, $f(x_0 + h)$, $f(x_0 + 2h)$ e $f(x_0 + 3h)$. [*Sugestão*: Considere a expressão $Af(x_0 - h) + Bf(x_0 + h) + Cf(x_0 + 2h) + Df(x_0 + 3h)$. Expanda nos polinômios de Taylor de ordem quatro e escolha A, B, C e D apropriadamente.]

25. Use a fórmula deduzida no Exercício 24 e os dados do Exercício 21 para obter aproximações de $f'(0,4)$ e $f'(0,8)$.

26. **a.** Analise os erros de arredondamento, como no Exemplo 4, para a fórmula

$$f'(x_0) = \frac{f(x_0 + h) - f(x_0)}{h} - \frac{h}{2}f''(\xi_0).$$

b. Encontre um $h > 0$ ótimo para a função dada no Exemplo 2.

27. Todos os estudantes de cálculo sabem que a derivada de uma função f em x pode ser definida como

$$f'(x) = \lim_{h \to 0} \frac{f(x+h) - f(x)}{h}.$$

Escolha sua função favorita f, um número x não nulo e um computador ou calculadora. Gere aproximações $f_n'(x)$ para $f'(x)$ por

$$f_n'(x) = \frac{f(x + 10^{-n}) - f(x)}{10^{-n}},$$

para $n = 1, 2, ..., 20$ e descreva o que acontece.

28. Deduza um método para obter uma aproximação de $f'''(x_0)$, cujo termo de erro seja da ordem h^2, expandindo a função f em um polinômio de Taylor de ordem quatro em torno de x_0 e calculando-o em $x_0 \pm h$ e $x_0 \pm 2h$.

29. Considere a função

$$e(h) = \frac{\varepsilon}{h} + \frac{h^2}{6}M,$$

em que M é um limitante para a terceira derivada de uma função. Mostre que $e(h)$ tem um mínimo em $\sqrt[3]{3\varepsilon/M}$.

QUESTÕES PARA DISCUSSÃO

1. Nesta seção, você foi exposto a diversas fórmulas para aproximar derivadas. Compare e contraste três fórmulas e suas medidas de erro. Como você sabe qual fórmula usar?
2. Deduza um método para aproximar $f(x_0)$ cujo termo de erro seja da ordem de h^2, expandindo a função f no quarto polinômio de Taylor em x_0 e o calculando em $x_0 + 2h$.

4.2 Extrapolação de Richardson

A extrapolação de Richardson é utilizada para gerar resultados de alta precisão ao usar fórmulas de ordem baixa. Embora o nome pelo qual o método é conhecido refira-se ao artigo escrito por L. F. Richardson e J. A. Gaunt [RG] em 1927, a ideia por trás da técnica é mais antiga. Um artigo interessante considerando a história e a aplicação da extrapolação pode ser encontrado em [Joy].

A extrapolação pode ser aplicada sempre que se souber que uma técnica de aproximação tem um termo de erro com uma forma previsível, que dependa de um parâmetro, normalmente o tamanho do passo h. Suponha que, para cada número $h \neq 0$, tenhamos uma fórmula $N_1(h)$ que aproxime um valor M desconhecido e que o erro de truncamento envolvido na aproximação tenha a forma

$$M - N_1(h) = K_1h + K_2h^2 + K_3h^3 + \cdots,$$

para alguma coleção de constantes desconhecidas $K_1, K_2, K_3, \cdots$.

O erro de truncamento é $O(h)$ de modo que, a menos que haja uma grande variação em módulo entre as constantes $K_1, K_2, K_3,...,$

$$M - N_1(0{,}1) \approx 0{,}1K_1, \text{MM} M - N_1(0{,}01) \approx 0{,}01K_1,$$

e, em geral, $M - N_1(h) \approx K_1 h$.

O objetivo da extrapolação é encontrar uma forma fácil de combinar as aproximações $O(h)$, bastante imprecisas, de uma maneira apropriada para gerar fórmulas com erro de truncamento de ordem mais alta.

Lewis Fry Richardson (1881-1953) foi o primeiro a aplicar sistematicamente a matemática à previsão do tempo, enquanto trabalhava no England for the Meteorological Office (Agência inglesa de Meteorologia). Como um opositor consciencioso da Primeira Guerra Mundial, escreveu extensivamente sobre a frivolidade econômica dos conflitos armados, usando sistemas de equações diferenciais para modelar as interações racionais entre países. A técnica de extrapolação que leva seu nome foi a redescoberta de uma técnica com raízes tão antigas quanto Christiaan Huygens (1629-1695) e possivelmente Arquimedes (287-212 a.C.).

Suponha, por exemplo, que possamos combinar as fórmulas $N_1(h)$ para gerar uma fórmula de ordem $O(h^2)$ de aproximação $N_2(h)$, para M com

$$M - N_2(h) = \hat{K}_2 h^2 + \hat{K}_3 h^3 + \cdots,$$

para alguma coleção de constantes $\hat{K}_2, \hat{K}_3, \cdots$, novamente desconhecida. Então, temos

$$M - N_2(0{,}1) \approx 0{,}01\hat{K}_2, \text{MMM} - N_2(0{,}01) \approx 0{,}0001\hat{K}_2,$$

e assim por diante. Se as constantes K_1 e $\hat{K}_2$ forem aproximadamente de mesmo módulo, então as aproximações $N_2(h)$ serão muito melhores que as aproximações $N_1(h)$ correspondentes. A extrapolação continua com a combinação das aproximações $N_2(h)$ de maneira que produza fórmulas com erro de truncamento $O(h^3)$ e assim por diante.

Para ver especificamente como são geradas essas fórmulas de ordem mais alta, vamos considerar a fórmula $O(h)$ para obter uma aproximação de M da forma

$$M = N_1(h) + K_1 h + K_2 h^2 + K_3 h^3 + \cdots. \tag{4.10}$$

Como é suposto que a fórmula seja válida para todo h positivo, substituímos o parâmetro h por metade de seu valor. Então, temos uma segunda fórmula de aproximação $O(h)$

$$M = N_1\left(\frac{h}{2}\right) + K_1\frac{h}{2} + K_2\frac{h^2}{4} + K_3\frac{h^3}{8} + \cdots. \tag{4.11}$$

Subtraindo a Equação (4.10) da Equação (4.11) multiplicada por 2, eliminamos o termo envolvendo K_1 e obteremos

$$M = N_1\left(\frac{h}{2}\right) + \left[N_1\left(\frac{h}{2}\right) - N_1(h)\right] + K_2\left(\frac{h^2}{2} - h^2\right) + K_3\left(\frac{h^3}{4} - h^3\right) + \cdots. \tag{4.12}$$

Defina

$$N_2(h) = N_1\left(\frac{h}{2}\right) + \left[N_1\left(\frac{h}{2}\right) - N_1(h)\right].$$

Então, a Equação (4.12) é uma fórmula de aproximação $O(h^2)$ para M:

$$M = N_2(h) - \frac{K_2}{2}h^2 - \frac{3K_3}{4}h^3 - \cdots. \qquad (4.13)$$

EXEMPLO 1 No Exemplo 1 da Seção 4.1, usamos o método de diferenças progressivas com $h = 0,1$ e $h = 0,05$ para encontrar aproximações para $f'(1.8)$ com $f(x) = \ln(x)$. Suponha que esta fórmula tenha erro de truncamento $O(h)$. Use extrapolação nesses valores para ver se isto resulta em uma aproximação melhor.

Solução No Exemplo 1 da Seção 4.1, encontramos que

com $h = 0,1$: $f'(1,8) \approx 0,5406722$, e com $h = 0,05$: $f'(1,8) \approx 0,5479795$.

Isso implica que

$$N_1(0,1) = 0,5406722 \quad \text{e} \quad N_1(0,05) = 0,5479795.$$

A extrapolação desses resultados fornece a nova aproximação

$$N_2(0,1) = N_1(0,05) + (N_1(0,05) - N_1(0,1)) = 0,5479795 + (0,5479795 - 0,5406722) = 0,555287.$$

Vimos que os resultados para $h = 0,1$ e $h = 0,05$ estão dentro de uma precisão de $1,5 \times 10^{-2}$ e $7,7 \times 10^{-3}$ respectivamente. Como $f'(1,8) = 1/1,8 = 0,\bar{5}$, o valor extrapolado está dentro de uma precisão de $2,7 \times 10^{-4}$. M■

A extrapolação pode ser usada sempre que o erro de truncamento da fórmula tiver a forma

$$\sum_{j=1}^{m-1} K_j h^{\alpha_j} + O(h^{\alpha_m})$$

para uma coleção de constantes K_j e quando $\alpha_1 < \alpha_2 < \alpha_3 < \cdots < \alpha_m$. Muitas fórmulas usadas para extrapolação têm erros de truncamento que contêm apenas as potências pares de h, ou seja, têm a forma

$$M = N_1(h) + K_1 h^2 + K_2 h^4 + K_3 h^6 + \cdots. \qquad (4.14)$$

A extrapolação é muito mais eficiente do que quando todas as potências de h estão presentes porque o processo de tomar a média produz resultados com erros $O(h^2)$, $O(h^4)$, $O(h^6)$, ..., com praticamente nenhum aumento nos cálculos, em vez de resultados com erros $O(h)$, $O(h^2)$, $O(h^3)$, ...

Suponha que a aproximação tenha a forma da Equação (4.14). A substituição de h por $h/2$ fornece a fórmula de aproximação $O(h^2)$

$$M = N_1\left(\frac{h}{2}\right) + K_1\frac{h^2}{4} + K_2\frac{h^4}{16} + K_3\frac{h^6}{64} + \cdots.$$

Subtraindo a Equação (4.14) de 4 vezes esta equação, elimina-se o termo h^2,

$$3M = \left[4N_1\left(\frac{h}{2}\right) - N_1(h)\right] + K_2\left(\frac{h^4}{4} - h^4\right) + K_3\left(\frac{h^6}{16} - h^6\right) + \cdots.$$

Dividindo esta equação por 3, obtém-se uma fórmula $O(h^4)$

$$M = \frac{1}{3}\left[4N_1\left(\frac{h}{2}\right) - N_1(h)\right] + \frac{K_2}{3}\left(\frac{h^4}{4} - h^4\right) + \frac{K_3}{3}\left(\frac{h^6}{16} - h^6\right) + \cdots .$$

Definindo

$$N_2(h) = \frac{1}{3}\left[4N_1\left(\frac{h}{2}\right) - N_1(h)\right] = N_1\left(\frac{h}{2}\right) + \frac{1}{3}\left[N_1\left(\frac{h}{2}\right) - N_1(h)\right]$$

obtemos a fórmula de aproximação com erro de truncamento $O(h^4)$:

$$M = N_2(h) - K_2\frac{h^4}{4} - K_3\frac{5h^6}{16} + \cdots . \tag{4.15}$$

Agora, substitua h na Equação (4.15) por $h/2$ para obter uma segunda fórmula $O(h^4)$:

$$M = N_2\left(\frac{h}{2}\right) - K_2\frac{h^4}{64} - K_3\frac{5h^6}{1024} - \cdots .$$

Subtraindo a Equação (4.15) de 16 vezes esta equação, elimina-se o termo h^4 e obtém-se

$$15M = \left[16N_2\left(\frac{h}{2}\right) - N_2(h)\right] + K_3\frac{15h^6}{64} + \cdots .$$

A divisão desta equação por 15 produz uma nova fórmula $O(h^6)$

$$M = \frac{1}{15}\left[16N_2\left(\frac{h}{2}\right) - N_2(h)\right] + K_3\frac{h^6}{64} + \cdots .$$

Temos agora a fórmula de aproximação $O(h^6)$

$$N_3(h) = \frac{1}{15}\left[16N_2\left(\frac{h}{2}\right) - N_2(h)\right] = N_2\left(\frac{h}{2}\right) + \frac{1}{15}\left[N_2\left(\frac{h}{2}\right) - N_2(h)\right].$$

Continuando esse processo, obtemos, para cada $j = 2,3,...$, a aproximação $O(h^{2j})$

$$N_j(h) = N_{j-1}\left(\frac{h}{2}\right) + \frac{N_{j-1}(h/2) - N_{j-1}(h)}{4^{j-1} - 1}.$$

A Tabela 4.6 mostra a ordem nas quais são geradas as aproximações quando

$$M = N_1(h) + K_1 h^2 + K_2 h^4 + K_3 h^6 + \cdots . \tag{4.16}$$

É suposto, de modo conservador, que o resultado verdadeiro tenha precisão pelo menos da concordância dos dois elementos inferiores na diagonal, nesse caso, de $|N_3(h) - N_4(h)|$.

Tabela 4.6

$O(h^2)$	$O(h^4)$	$O(h^6)$	$O(h^8)$
1: $N_1(h)$			
2: $N_1(\frac{h}{2})$	**3:** $N_2(h)$		
4: $N_1(\frac{h}{4})$	**5:** $N_2(\frac{h}{2})$	**6:** $N_3(h)$	
7: $N_1(\frac{h}{8})$	**8:** $N_2(\frac{h}{4})$	**9:** $N_3(\frac{h}{2})$	**10:** $N_4(h)$

EXEMPLO 2

O Teorema de Taylor pode ser usado para mostrar que a fórmula de diferença centrada para aproximar $f'(x_0)$ na Equação (4.5) pode ser expressa com uma fórmula de erro

$$f'(x_0) = \frac{1}{2h}[f(x_0+h) - f(x_0-h)] - \frac{h^2}{6}f'''(x_0) - \frac{h^4}{120}f^{(5)}(x_0) - \cdots .$$

Encontre aproximações de ordem $O(h^2)$, $O(h^4)$ e $O(h^6)$ para $f'(2,0)$ quando $f(x) = xe^x$ e $h = 0,2$.

Solução Não é provável que as constantes $K_1 = -f'''(x_0)/6$, $K_2 = -f^{(5)}(x_0)/120, \cdots$, sejam conhecidas, mas isso não é importante. Precisamos apenas saber que estas constantes existem para aplicar extrapolação.

Temos a aproximação $O(h^2)$

$$f'(x_0) = N_1(h) - \frac{h^2}{6}f'''(x_0) - \frac{h^4}{120}f^{(5)}(x_0) - \cdots , \tag{4.17}$$

em que

$$N_1(h) = \frac{1}{2h}[f(x_0+h) - f(x_0-h)].$$

Isto nos dá as primeiras aproximações $O(h^2)$

$$N_1(0,2) = \frac{1}{0,4}[f(2,2) - f(1,8)] = 2,5(19,855030 - 10,889365) = 22,414160$$

e

$$N_1(0,1) = \frac{1}{0,2}[f(2,1) - f(1,9)] = 5(17,148957 - 12,703199) = 22,228786.$$

Combinando-as para obter a primeira aproximação $O(h^4)$, obtém-se

$$N_2(0,2) = N_1(0,1) + \frac{1}{3}(N_1(0,1) - N_1(0,2)) = 22,228786 + \frac{1}{3}(22,228786 - 22,414160)$$
$$= 22,166995.$$

Para determinar uma fórmula $O(h^6)$, precisamos outro resultado $O(h^4)$, o que faz que precisemos determinar uma terceira aproximação $O(h^2)$

$$N_1(0,05) = \frac{1}{0,1}[f(2,05) - f(1,95)] = 10(15,924197 - 13,705941) = 22,182564.$$

Podemos agora encontrar a aproximação $O(h^4)$

$$N_2(0,1) = N_1(0,05) + \frac{1}{3}(N_1(0,05) - N_1(0,1))$$
$$= 22,182564 + \frac{1}{3}(22,182564 - 22,228786)$$
$$= 22,167157$$

e, finalmente, a aproximação $O(h^6)$

$$N_3(0,2) = N_2(0,1) + \frac{1}{15}(N_2(0,1) - N_1(0,2))$$
$$= 22,167157 + \frac{1}{15}(22,167157 - 22,166995)$$
$$= 22,167168.$$

Esperaríamos que a aproximação final fosse precisa pelo menos até o valor 22,167, pois $N_2(0,2)$ e $N_3(0,2)$ dão este mesmo valor. Na verdade, $N_3(0,2)$ é correta em todos os algarismos listados. M■

Visto que cada coluna além da primeira na tabela de extrapolação é obtida por um simples processo de cálculo de médias, a técnica pode gerar uma aproximação de ordem superior com custos computacionais mínimos. Porém, conforme o k aumenta, o erro de arredondamento em $N_1(h/2^k)$, em geral, aumentará porque a instabilidade da diferenciação numérica está relacionada ao tamanho do passo $h/2^k$. Além disso, as fórmulas de ordem mais altas dependem cada vez mais do elemento imediatamente à sua esquerda na tabela, que é a razão pela qual recomendamos a comparação dos últimos elementos da diagonal para garantir precisão.

Na Seção 4.1, foram discutidos os métodos de três e cinco pontos para obter uma aproximação para $f'(x_0)$, dados vários valores da função f. Os métodos de três pontos foram deduzidos por meio da derivação de um polinômio interpolador de Lagrange para f. Os métodos de cinco pontos podem ser obtidos de forma semelhante, mas a dedução é monótona. A extrapolação pode ser usada para deduzir essas fórmulas mais facilmente, como ilustrado a seguir.

Ilustração Suponha que a função f seja expandida em um polinômio de Taylor de ordem quatro em torno de x_0. Então

$$f(x) = f(x_0) + f'(x_0)(x - x_0) + \frac{1}{2}f''(x_0)(x - x_0)^2 + \frac{1}{6}f'''(x_0)(x - x_0)^3$$
$$+ \frac{1}{24}f^{(4)}(x_0)(x - x_0)^4 + \frac{1}{120}f^{(5)}(\xi)(x - x_0)^5,$$

para algum número ξ entre x e x_0. Calculando f em $x_0 + h$ e $x_0 - h$, obtemos

$$f(x_0 + h) = f(x_0) + f'(x_0)h + \frac{1}{2}f''(x_0)h^2 + \frac{1}{6}f'''(x_0)h^3 \quad (4.18)$$
$$+ \frac{1}{24}f^{(4)}(x_0)h^4 + \frac{1}{120}f^{(5)}(\xi_1)h^5$$

e

$$f(x_0 - h) = f(x_0) - f'(x_0)h + \frac{1}{2}f''(x_0)h^2 - \frac{1}{6}f'''(x_0)h^3 \qquad (4,19)$$
$$+ \frac{1}{24}f^{(4)}(x_0)h^4 - \frac{1}{120}f^{(5)}(\xi_2)h^5,$$

em que $x_0 - h < \xi_2 < x_0 < \xi_1 < x_0 + h$.

Subtraindo a Equação (4.19) da Equação (4.18), obtemos uma nova aproximação para $f'(x)$):

$$f(x_0 + h) - f(x_0 - h) = 2hf'(x_0) + \frac{h^3}{3}f'''(x_0) + \frac{h^5}{120}[f^{(5)}(\xi_1) + f^{(5)}(\xi_2)], \qquad (4.20)$$

o que implica que

$$f'(x_0) = \frac{1}{2h}[f(x_0 + h) - f(x_0 - h)] - \frac{h^2}{6}f'''(x_0) - \frac{h^4}{240}[f^{(5)}(\xi_1) + f^{(5)}(\xi_2)].$$

Se $f^{(5)}$ for contínua em $[x_0 - h, x_0 + h]$, o Teorema 1.11 do valor intermediário implica que existe um número $\tilde{\xi}$ em $(x_0 - h, x_0 + h)$ com

$$f^{(5)}(\tilde{\xi}) = \frac{1}{2}\left[f^{(5)}(\xi_1) + f^{(5)}(\xi_2)\right].$$

Como consequência, podemos obter a aproximação $O(h^2)$

$$f'(x_0) = \frac{1}{2h}[f(x_0 + h) - f(x_0 - h)] - \frac{h^2}{6}f'''(x_0) - \frac{h^4}{120}f^{(5)}(\tilde{\xi}). \qquad (4.21)$$

Embora a aproximação na Equação (4.21) seja a mesma que aquela fornecida na fórmula de três pontos na Equação (4.5), o ponto desconhecido ocorre agora em $f^{(5)}$, em vez de f'''. A extrapolação tira vantagem disso primeiro através da substituição de h na Equação (4.21) por $2h$ para fornecer a nova fórmula

$$f'(x_0) = \frac{1}{4h}[f(x_0 + 2h) - f(x_0 - 2h)] - \frac{4h^2}{6}f'''(x_0) - \frac{16h^4}{120}f^{(5)}(\hat{\xi}), \qquad (4.22)$$

em que $\hat{\xi}$ está entre $x_0 - 2h$ e $x_0 + 2h$.

Multiplicando a Equação (4.21) por 4 e subtraindo a Equação (4.22), obtemos

$$3f'(x_0) = \frac{2}{h}[f(x_0 + h) - f(x_0 - h)] - \frac{1}{4h}[f(x_0 + 2h) - f(x_0 - 2h)]$$
$$- \frac{h^4}{30}f^{(5)}(\tilde{\xi}) + \frac{2h^4}{15}f^{(5)}(\hat{\xi}).$$

Mesmo que $f^{(5)}$ seja contínua em $[x_0 - 2h, x_0 + 2h]$, o Teorema 1.11 do valor intermediário não pode ser aplicado do modo como fizemos para deduzir a Equação (4.21) porque temos a *diferença* de termos envolvendo $f^{(5)}$. Entretanto, um método alternativo pode ser usado para mostrar que $f^{(5)}(\tilde{\xi})$ e $f^{(5)}(\hat{\xi})$ ainda podem ser substituídos por um valor comum $f^{(5)}(\xi)$. Supondo isso e dividindo por 3, obtemos a fórmula de cinco pontos no ponto médio Equação (4.6), que vimos na Seção 4.1:

$$f'(x_0) = \frac{1}{12h}[f(x_0 - 2h) - 8f(x_0 - h) + 8f(x_0 + h) - f(x_0 + 2h)] + \frac{h^4}{30}f^{(5)}(\xi).$$ M■

Outras fórmulas para a primeira derivada e as derivadas de ordem superior podem ser deduzidas de forma semelhante. Veja, por exemplo, o Exercício 8.

A técnica de extrapolação é usada no decorrer de todo o texto. As aplicações mais proeminentes ocorrem na aproximação de integrais na Seção 4.5 e na determinação de soluções aproximadas de equações diferenciais na Seção 5.8.

EXERCÍCIOS 4.2

1. Aplique o processo de extrapolação descrito no Exemplo 1 para determinar $N_3(h)$, uma aproximação para $f'(x_0)$, para as funções e os tamanhos de passo a seguir.

a. $f(x) = \ln x, x_0 = 1{,}0, h = 0{,}4$ **b.** $f(x) = x + e^x, x_0 = 0{,}0, h = 0{,}4$

c. $f(x) = 2^x \operatorname{sen} x, x_0 = 1{,}05, h = 0{,}4$ **d.** $f(x) = x^3 \cos x, x_0 = 2{,}3, h = 0{,}4$

2. Adicione outra linha à tabela de extrapolação no Exercício 1 para obter a aproximação $N_4(h)$.

3. Repita o Exercício 1 usando a aritmética de arredondamento de quatro algarismos.

4. Repita o Exercício 2 usando a aritmética de arredondamento de quatro algarismos.

5. Os dados a seguir fornecem aproximações para a integral

$$M = \int_0^{\pi} \operatorname{sen} x \, dx.$$

$$N_1(h) = 1{,}570796, \quad N_1\left(\frac{h}{2}\right) = 1{,}896119, \quad N_1\left(\frac{h}{4}\right) = 1{,}974232, \quad N_1\left(\frac{h}{8}\right) = 1{,}993570.$$

Supondo que $M = N_1(h) + K_1h^2 + K_2h^4 + K_3h^6 + K_4h^8 + O(h^{10})$, construa uma tabela de extrapolação para determinar $N_4(h)$.

6. Os dados a seguir podem ser usados para obter uma aproximação da integral

$$M = \int_0^{3\pi/2} \cos x \, dx.$$

$$N_1(h) = 2{,}356194, \quad N_1\left(\frac{h}{2}\right) = -0{,}4879837,$$

$$N_1\left(\frac{h}{4}\right) = -0{,}8815732, \quad N_1\left(\frac{h}{8}\right) = -0{,}9709157.$$

Suponha que exista uma fórmula do tipo dado no Exercício 5 e determine $N_4(h)$.

EXERCÍCIOS TEÓRICOS

7. Mostre que a fórmula de cinco pontos na Equação (4.6) aplicada a $f(x) = xe^x$ em $x_0 = 2{,}0$ fornece $N_2(0{,}2)$ na Tabela 4.6 quando $h = 0{,}1$ e $N_2(0{,}1)$ quando $h = 0{,}05$.

8. A fórmula de diferenças progressivas pode ser expressa como

$$f'(x_0) = \frac{1}{h}[f(x_0 + h) - f(x_0)] - \frac{h}{2}f''(x_0) - \frac{h^2}{6}f'''(x_0) + O(h^3).$$

Use a extrapolação para deduzir uma fórmula $O(h^3)$ para $f'(x_0)$.

9. Suponha que $N(h)$ é uma aproximação para M para cada $h > 0$ e que

$$M = N(h) + K_1h + K_2h^2 + K_3h^3 + \ldots,$$

para certas constantes $K_1, K_2, K_3, \ldots$. Use os valores $N(h)$, $N(\frac{h}{3})$ e $N(\frac{h}{9})$ para produzir uma aproximação $O(h^3)$ para M.

10. Suponha que $N(h)$ seja uma aproximação para M para cada $h > 0$ e que

$$M = N(h) + K_1h^2 + K_2h^4 + K_3h^6 + \ldots,$$

para certas constantes $K_1, K_2, K_3, \ldots$. Use os valores $N(h)$, $N(\frac{h}{3})$ e $N(\frac{h}{9})$ para produzir uma aproximação $O(h^6)$ para M.

11. Em cálculo, aprendemos que $e = \lim_{h\to 0}(1 + h)^{1/h}$.

a. Determine aproximações para e que correspondam a $h = 0{,}04$, $0{,}02$ e $0{,}01$.

b. Use extrapolações nas aproximações, supondo que existam constantes $K_1, K_2, \ldots$, com $e = (1 + h)^{1/h} + K_1h + K_2h^2 + K_3h^3 + \ldots$, para produzir uma aproximação $O(h^3)$ para e, em que $h = 0{,}04$.

c. Você acredita que a hipótese na parte (b) está correta?

12. **a.** Mostre que

$$\lim_{h\to 0}\left(\frac{2+h}{2-h}\right)^{1/h} = e.$$

b. Calcule aproximações para e usando a fórmula $N(h) = \left(\frac{2+h}{2-h}\right)^{1/h}$, para $h = 0{,}04$, $0{,}02$ e $0{,}01$.

c. Suponha que $e = N(h) + K_1h + K_2h^2 + K_3h^3 + \ldots$. Use a extrapolação, com pelo menos 16 algarismos de precisão, para calcular uma aproximação $O(h^3)$ para e com $h = 0{,}04$. Você acha que a hipótese está correta?

d. Mostre que $N(-h) = N(h)$.

e. Use a parte (d) para mostrar que $K_1 = K_3 = K_5 = \ldots = 0$ na fórmula

$$e = N(h) + K_1h + K_2h^2 + K_3h^3K_4h^4 + K_5h^5 + \ldots,$$

de modo que a fórmula se reduz a

$$e = N(h) + K_2h^2 + K_4h^4 + K_6h^6 + \ldots.$$

f. Use os resultados da parte (e) e a extrapolação para calcular uma aproximação $O(h^6)$ para e com $h = 0{,}04$.

13. Suponha que a tabela de extrapolação a seguir foi construída para obter uma aproximação do número M com $M = N_1(h) + K_1h^2 + K_2h^4 + K_3h^6$:

$N_1(h)$		
$N_1\left(\frac{h}{2}\right)$	$N_2(h)$	
$N_1\left(\frac{h}{4}\right)$	$N_2\left(\frac{h}{2}\right)$	$N_3(h)$

a. Mostre que o polinômio interpolador linear $P_{0,1}(h)$ por $(h^2, N_1(h))$ e $(h^2/4, N_1(h/2))$ satisfaz $P_{0,1}(0) = N_2(h)$. Analogamente, mostre que $P_{1,2}(0) = N_2(h/2)$.

b. Mostre que o polinômio interpolador linear $P_{0,2}(h)$ por $(h^4, N_2(h))$ e $(h^4/16, N_2(h/2)$ satisfaz $P_{0,2}(0) = N_3(h)$.

14. Suponha que $N_1(h)$ seja uma fórmula que produz aproximações $O(h)$ para um número M e que

$$M = N_1(h) + K_1h + K_2h^2 + \ldots,$$

para uma coleção de constantes positivas $K_1, K_2, \ldots$. Então, $N_1(h)$, $N_1(h/2)$, $N_1(h/4), \ldots$ são todos limitantes inferiores para M. O que pode ser dito sobre as aproximações extrapoladas $N_2(h)$, $N_3(h), \ldots$?

15. Os semiperímetros de polígonos regulares com k lados que inscrevem e circunscrevem a circunferência unitária foram utilizados por Arquimedes antes de 200 a.C. para obter uma aproximação de π, o comprimento de uma semicircunferência. A geometria pode ser usada para mostrar que a sequência de semiperímetros inscritos e circunscritos $\{p_k\}$ e $\{P_k\}$, respectivamente, satisfazem

$$p_k = k \operatorname{sen}\left(\frac{\pi}{k}\right) \quad \text{e} \quad P_k = k \operatorname{tg}\left(\frac{\pi}{k}\right),$$

com $p_k < \pi < P_k$, sempre que $k \geqslant 4$.

a. Mostre que $p_4 = 2\sqrt{2}$ e $P_4 = 4$.

b. Mostre que, para $k \geqslant 4$, a sequência satisfaz as relações de recorrência

$$P_{2k} = \frac{2p_k P_k}{p_k + P_k} \quad \text{e} \quad p_{2k} = \sqrt{p_k P_{2k}}.$$

c. Obtenha uma aproximação de π com precisão de 10^{-4}, calculando p_k e P_k até que $P_k - p_k < 10^{-4}$.

d. Use séries de Taylor para mostrar que

$$\pi = p_k + \frac{\pi^3}{3!}\left(\frac{1}{k}\right)^2 - \frac{\pi^5}{5!}\left(\frac{1}{k}\right)^4 + \cdots$$

e

$$\pi = P_k - \frac{\pi^3}{3}\left(\frac{1}{k}\right)^2 + \frac{2\pi^5}{15}\left(\frac{1}{k}\right)^4 - \cdots.$$

e. Use a extrapolação com $h = 1/k$ para melhor aproximar π.

QUESTÕES PARA DISCUSSÃO

1. Como a extrapolação de Richardson pode ser aplicada à integração? Como esta aplicação afeta a medida do erro?
2. Se a extrapolação de Richardson for aplicada a um processo instável como a derivação numérica, a instabilidade aparecerá na tabela de extrapolação à medida que h ficar pequeno?

4.3 Elementos de integração numérica

Frequentemente é necessário o cálculo da integral definida de uma função que não tenha primitiva explícita ou cuja primitiva não seja fácil de obter. O método básico envolvido na aproximação de $\int_a^b f(x)\,dx$ é chamado **quadratura numérica**. Ele utiliza uma soma $\sum_{i=0}^{n} a_i f(x_i)$ para obter uma aproximação de $\int_a^b f(x)\,dx$.

Os métodos de quadratura nesta seção são baseados nos polinômios interpoladores dados no Capítulo 3. Escolhemos primeiro um conjunto de pontos distintos $\{x_0, \ldots, x_n\}$ do intervalo $[a, b]$. Em seguida, integramos o polinômio interpolador de Lagrange

$$P_n(x) = \sum_{i=0}^{n} f(x_i)L_i(x)$$

e seu termo de erro de truncamento em $[a, b]$ para obter

$$\int_a^b f(x)\,dx = \int_a^b \sum_{i=0}^{n} f(x_i)L_i(x)\,dx + \int_a^b \prod_{i=0}^{n}(x - x_i)\frac{f^{(n+1)}(\xi(x))}{(n+1)!}\,dx$$

$$= \sum_{i=0}^{n} a_i f(x_i) + \frac{1}{(n+1)!}\int_a^b \prod_{i=0}^{n}(x - x_i) f^{(n+1)}(\xi(x))\,dx,$$

em que $\xi(x)$ está em $[a, b]$ para cada x e

$$a_i = \int_a^b L_i(x)dx,MM\text{para cada } i = 0, 1 \ldots, n.$$

A fórmula de quadratura é, portanto,

$$\int_a^b f(x)\,dx \approx \sum_{i=0}^{n} a_i f(x_i),$$

com erro dado por

$$E(f) = \frac{1}{(n+1)!}\int_a^b \prod_{i=0}^{n}(x - x_i) f^{(n+1)}(\xi(x))\,dx.$$

Antes de discutir a situação geral de fórmulas de quadraturas, vamos considerar as fórmulas produzidas ao utilizar o primeiro e o segundo polinômios de Lagrange com pontos igualmente espaçados. Isso fornece a **regra do trapézio** e a **regra de Simpson**, que são normalmente apresentadas em cursos de cálculos.

A regra do trapézio

Para deduzir a regra do trapézio para a aproximação de $\int_a^b f(x)dx$, sejam $x_0 = a, x_1 = b$, $h = b - a$, e vamos utilizar o polinômio linear de Lagrange:

$$P_1(x) = \frac{(x - x_1)}{(x_0 - x_1)} f(x_0) + \frac{(x - x_0)}{(x_1 - x_0)} f(x_1).$$

Assim,

$$\int_a^b f(x)\,dx = \int_{x_0}^{x_1} \left[\frac{(x - x_1)}{(x_0 - x_1)} f(x_0) + \frac{(x - x_0)}{(x_1 - x_0)} f(x_1)\right] dx \qquad (4.23)$$
$$+ \frac{1}{2}\int_{x_0}^{x_1} f''(\xi(x))(x - x_0)(x - x_1)\,dx.$$

Já que $(x - x_0)(x - x_1)$ não muda de sinal em $[x_0, x_1]$, o Teorema 1.13 do valor médio com peso para integrais pode ser aplicado ao termo de erro para fornecer, para algum ξ em (x_0, x_1),

$$\int_{x_0}^{x_1} f''(\xi(x))(x - x_0)(x - x_1)\,dx = f''(\xi)\int_{x_0}^{x_1} (x - x_0)(x - x_1)\,dx$$
$$= f''(\xi)\left[\frac{x^3}{3} - \frac{(x_1 + x_0)}{2}x^2 + x_0 x_1 x\right]_{x_0}^{x_1}$$
$$= -\frac{h^3}{6} f''(\xi).$$

Consequentemente, a Equação (4.23) implica que

$$\int_a^b f(x)\,dx = \left[\frac{(x - x_1)^2}{2(x_0 - x_1)} f(x_0) + \frac{(x - x_0)^2}{2(x_1 - x_0)} f(x_1)\right]_{x_0}^{x_1} - \frac{h^3}{12} f''(\xi)$$
$$= \frac{(x_1 - x_0)}{2}[f(x_0) + f(x_1)] - \frac{h^3}{12} f''(\xi).$$

Como $h = x_1 - x_0$, temos a seguinte regra.

Regra do trapézio:

$$\int_a^b f(x)\,dx = \frac{h}{2}[f(x_0) + f(x_1)] - \frac{h^3}{12}f''(\xi).$$

Ela é chamada regra dos trapézios, pois, quando f é uma função com valores positivos, $\int_a^b f(x)\,dx$ é aproximada pela área de um trapézio, como mostrado na Figura 4.3.

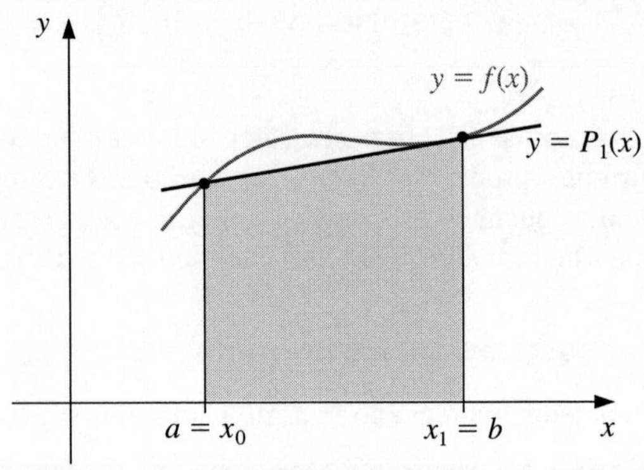

Figura 4.3

Como o termo de erro para a regra do trapézio envolve f'', a regra fornece o resultado exato quando aplicada a qualquer função cuja segunda derivada seja identicamente zero, ou seja, qualquer polinômio de grau menor ou igual a um.

Regra de Simpson

A regra de Simpson resulta da integração em $[a, b]$ do segundo polinômio de Lagrange com nós igualmente espaçados $x_0 = a$, $x_2 = b$ e $x_1 = a + h$, em que $h = (b - a)/2$. (Veja a Figura 4.4.)

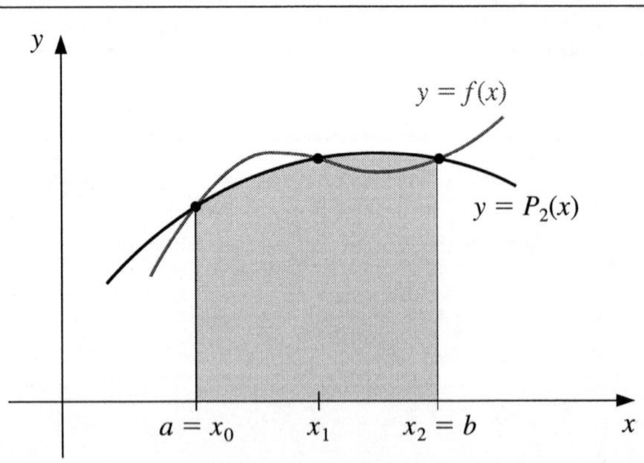

Figura 4.4

Portanto,

$$\int_a^b f(x)\,dx = \int_{x_0}^{x_2} \left[\frac{(x - x_1)(x - x_2)}{(x_0 - x_1)(x_0 - x_2)} f(x_0) + \frac{(x - x_0)(x - x_2)}{(x_1 - x_0)(x_1 - x_2)} f(x_1) \right.$$
$$\left. + \frac{(x - x_0)(x - x_1)}{(x_2 - x_0)(x_2 - x_1)} f(x_2) \right] dx$$
$$+ \int_{x_0}^{x_2} \frac{(x - x_0)(x - x_1)(x - x_2)}{6} f^{(3)}(\xi(x))\,dx.$$

Ao deduzir a regra de Simpson dessa forma, porém, obtemos apenas um termo de erro $O(h^4)$ envolvendo $f^{(3)}$. Abordando o problema de outra forma, é possível deduzir um termo de ordem superior, envolvendo $f^{(4)}$.

Para ilustrar essa forma alternativa, suponha que f seja expandida no polinômio de Taylor de ordem três em x_1. Então, para cada x em $[x_0, x_2]$, existe um número $\xi(x)$ em (x_0, x_2) com

$$f(x) = f(x_1) + f'(x_1)(x - x_1) + \frac{f''(x_1)}{2}(x - x_1)^2 + \frac{f'''(x_1)}{6}(x - x_1)^3$$
$$+ \frac{f^{(4)}(\xi(x))}{24}(x - x_1)^4$$

e

$$\int_{x_0}^{x_2} f(x)\,dx = \left[f(x_1)(x - x_1) + \frac{f'(x_1)}{2}(x - x_1)^2 + \frac{f''(x_1)}{6}(x - x_1)^3 \right. \tag{4.24}$$
$$\left. + \frac{f'''(x_1)}{24}(x - x_1)^4 \right]_{x_0}^{x_2} + \frac{1}{24}\int_{x_0}^{x_2} f^{(4)}(\xi(x))(x - x_1)^4\,dx.$$

Como $(x - x_1)^4$ nunca é negativo em $[x_0, x_2]$, o Teorema 1.13 do valor médio com peso para integrais implica que

$$\frac{1}{24}\int_{x_0}^{x_2} f^{(4)}(\xi(x))(x - x_1)^4\,dx = \frac{f^{(4)}(\xi_1)}{24}\int_{x_0}^{x_2} (x - x_1)^4\,dx = \frac{f^{(4)}(\xi_1)}{120}(x - x_1)^5 \Big]_{x_0}^{x_2},$$

para algum número ξ_1 em (x_0, x_2).

Porém, $h = x_2 - x_1 = x_1 - x_0$, de modo que

$$(x_2 - x_1)^2 - (x_0 - x_1)^2 = (x_2 - x_1)^4 - (x_0 - x_1)^4 = 0,$$

ao passo que

$$(x_2 - x_1)^3 - (x_0 - x_1)^3 = 2h^3 \text{ MMeMM} (x_2 - x_1)^5 - (x_0 - x_1)^5 = 2h^5.$$

Consequentemente, a Equação (4.24) pode ser reescrita como

$$\int_{x_0}^{x_2} f(x)\,dx = 2hf(x_1) + \frac{h^3}{3} f''(x_1) + \frac{f^{(4)}(\xi_1)}{60} h^5.$$

Se agora substituirmos $f''(x_1)$ pela aproximação dada na Equação (4.9) da Seção 4.1, teremos

$$\int_{x_0}^{x_2} f(x)\,dx = 2hf(x_1) + \frac{h^3}{3}\left\{\frac{1}{h^2}[f(x_0) - 2f(x_1) + f(x_2)] - \frac{h^2}{12}f^{(4)}(\xi_2)\right\} + \frac{f^{(4)}(\xi_1)}{60}h^5$$

$$= \frac{h}{3}[f(x_0) + 4f(x_1) + f(x_2)] - \frac{h^5}{12}\left[\frac{1}{3}f^{(4)}(\xi_2) - \frac{1}{5}f^{(4)}(\xi_1)\right].$$

Pode-se mostrar por métodos alternativos (consulte o Exercício 26) que os valores ξ_1 e ξ_2 nesta expressão podem ser substituídos por um valor comum ξ em (x_0, x_2). Isso resulta na regra de Simpson.

Regra de Simpson

$$\int_{x_0}^{x_2} f(x)\,dx = \frac{h}{3}[f(x_0) + 4f(x_1) + f(x_2)] - \frac{h^5}{90}f^{(4)}(\xi).$$

Já que o termo de erro envolve a quarta derivada de f, a regra de Simpson fornece resultados exatos quando aplicada a qualquer polinômio de grau menor ou igual a três.

Thomas Simpson (1710-1761) foi um matemático autodidata que se sustentou quando jovem como tecelão. Seu interesse principal foi a teoria da probabilidade, embora em 1750 tenha publicado um livro de cálculo com dois volumes intitulado *The Doctrine and application of fluxions.*

EXEMPLO 1 Compare as aproximações pela regra do trapézio e pela regra de Simpson para $\int_0^2 f(x)\,dx$ quando $f(x)$ for

(a) x^2 **(b)** x^4 **(c)** $(x+1)^{-1}$

(d) $\sqrt{1+x^2}$ **(e)** $\operatorname{sen} x$ **(f)** e^x

Solução Em [0,2], as regras do trapézio e as de Simpson têm as formas

$$\text{Trapézio: } \int_0^2 f(x)\,dx \approx f(0) + f(2) \quad \text{e}$$

$$\text{Simpson: } \int_0^2 f(x)\,dx \approx \frac{1}{3}[f(0) + 4f(1) + f(2)].$$

Quando $f(x) = x^2$, elas fornecem

$$\text{Trapézio: } \int_0^2 f(x)\,dx \approx 0^2 + 2^2 = 4 \text{ e}$$

$$\text{Simpson: } \int_0^2 f(x)\,dx \approx \frac{1}{3}[(0^2) + 4\cdot 1^2 + 2^2] = \frac{8}{3}.$$

A aproximação pela regra de Simpson é exata porque seu erro de truncamento envolve $f^{(4)}$, que é identicamente 0 quando $f(x) = x^2$.

Os resultados com três casas para as funções elementares estão resumidos na Tabela 4.7. Observe que em cada instância a regra de Simpson é significativamente melhor. M ■

Tabela 4.7

	(a)	(b)	(c)	(d)	(e)	(f)
$f(x)$	x^2	x^4	$(x+1)^{-1}$	$\sqrt{1+x^2}$	$\operatorname{sen} x$	e^x
Valor exato	2,667	6,400	1,099	2,958	1,416	6,389
Trapézio	4,000	16,000	1,333	3,326	0,909	8,389
Simpson	2,667	6,667	1,111	2,964	1,425	6,421

Medidas de precisão

A dedução padrão das fórmulas de erro das quadraturas tem base na determinação da classe de polinômios, para a qual essas fórmulas produzem resultados exatos. A próxima definição é usada para facilitar a discussão dessa dedução.

Definição 4.1 A **ordem de exatidão**, ou de **precisão**, de uma fórmula de quadratura é o maior inteiro positivo n tal que a fórmula seja exata para x^k, para cada $k = 0, 1, \ldots, n$.

A Definição 4.1 implica que as regras do trapézio e a de Simpson tenham graus de precisão um e três, respectivamente.

A maior precisão da regra de Simpson, em relação à regra do trapézio, é intuitivamente explicada pelo fato de que a de Simpson inclui um cálculo de ponto-médio, que oferece melhor equilíbrio à aproximação.

Integração e adição são operações lineares; ou seja,

$$\int_a^b (\alpha f(x) + \beta g(x))dx = \alpha \int_a^b f(x)dx + \beta \int_a^b g(x)dx$$

e

$$\sum_{i=0}^{n} (\alpha f(x_i) + \beta g(x_i)) = \alpha \sum_{i=0}^{n} f(x_i) + \beta \sum_{i=0}^{n} g(x_i),$$

para todo par de funções integráveis f e g e todo par de constantes reais α e β. Isso implica (consulte o Exercício 25) que

- a ordem de precisão de uma fórmula de quadratura é n se, e somente se, o erro for 0 para todos os polinômios de graus $k = 0, 1, \ldots, n$, mas for não nulo para algum polinômio de grau $n + 1$.

As regras do trapézio e de Simpson são exemplos de uma classe de métodos conhecida como fórmulas de Newton-Cotes. Temos dois tipos de fórmulas de Newton-Cotes: aberta e fechada.

A terminologia aberto e fechado para os métodos significa que os métodos abertos usam como nós apenas pontos no intervalo aberto (a, b) para obter uma aproximação de $\int_a^b f(x)dx$. Os métodos fechados incluem como nós as extremidades a e b do intervalo fechado $[a, b]$.

Fórmulas fechadas de Newton-Cotes

A *fórmula* fechada de *Newton-Cotes de* $(n + 1)$ *pontos* usa os nós $x_i = x_0 + ih$, para $i = 0, 1, \ldots, n$, em que $x_0 = a$, $x_n = b$ e $h = (b - a)/n$. (Veja a Figura 4.5.) É denominada fechada porque as extremidades do intervalo fechado $[a, b]$ são incluídas como nós.

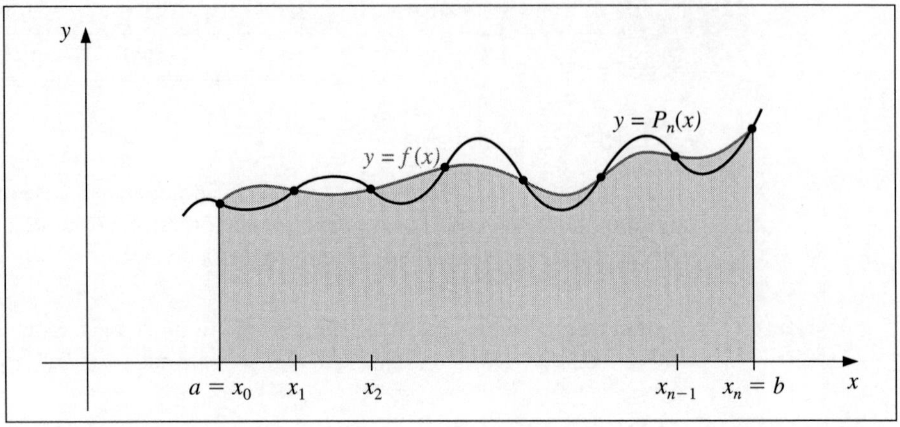

Figura 4.5

A fórmula assume a forma

$$\int_a^b f(x)dx \approx \sum_{i=0}^{n} a_i f(x_i),$$

em que

$$a_i = \int_{x_0}^{x_n} L_i(x)\,dx = \int_{x_0}^{x_n} \prod_{\substack{j=0\\ j\neq i}}^{n} \frac{(x - x_j)}{(x_i - x_j)}\,dx.$$

Roger Cotes (1682-1716) superou antecedentes modestos para se tornar, em 1704, o primeiro *Plumian Professor* na Universidade de Cambridge. Ele produziu avanços em diversas áreas da matemática, incluindo métodos numéricos para interpolação e integração. Newton tem a fama de ter dito o seguinte sobre Cotes: "se ele tivesse vivido mais, talvez soubéssemos algo".

O teorema a seguir detalha a análise de erro associada às fórmulas fechadas de Newton-Cotes. Para uma demonstração desse teorema, veja [IK], p. 313.

▶Teorema 4.2 Suponha que $\sum_{i=0}^{n} a_i f(x_i)$ denota a fórmula fechada de Newton-Cotes de $(n + 1)$ pontos com $x_0 = a$, $x_n = b$ e $h = (b - a)/n$. Existe $\xi \in (a, b)$ para o qual

$$\int_a^b f(x)\,dx = \sum_{i=0}^{n} a_i f(x_i) + \frac{h^{n+3} f^{(n+2)}(\xi)}{(n+2)!} \int_0^n t^2(t-1)\cdots(t-n)\,dt,$$

se n for par e $f \in C^{n+2}[a, b]$ e

$$\int_a^b f(x)\,dx = \sum_{i=0}^{n} a_i f(x_i) + \frac{h^{n+2} f^{(n+1)}(\xi)}{(n+1)!} \int_0^n t(t-1)\cdots(t-n)\,dt,$$

se n for ímpar e $f \in C^{n+1}[a, b]$. ■

Observe que, quando n for um inteiro par, a ordem de precisão é $n + 1$, embora o polinômio interpolador seja de grau no máximo n. No caso de n ser ímpar, a ordem de precisão é somente n.

Algumas das **fórmulas fechadas de Newton-Cotes** comuns com seus termos de erro são listadas. Observe que, em cada caso, o valor não conhecido ξ está em (a, b).

$n = 1$: regra do trapézio

$$\int_{x_0}^{x_1} f(x)\,dx = \frac{h}{2}[f(x_0) + f(x_1)] - \frac{h^3}{12}f''(\xi), \quad \text{em que } x_0 < \xi < x_1. \tag{4.25}$$

$n = 2$: regra de Simpson

$$\int_{x_0}^{x_2} f(x)\,dx = \frac{h}{3}[f(x_0) + 4f(x_1) + f(x_2)] - \frac{h^5}{90}f^{(4)}(\xi), \quad \text{em que } x_0 < \xi < x_2. \tag{4.26}$$

$n = 3$: regra de Simpson dos 3/8

$$\int_{x_0}^{x_3} f(x)\,dx = \frac{3h}{8}[f(x_0) + 3f(x_1) + 3f(x_2) + f(x_3)] - \frac{3h^5}{80}f^{(4)}(\xi), \tag{4.27}$$

em que $x_0 < \xi < x_3$.

$n = 4$:

$$\int_{x_0}^{x_4} f(x)\,dx = \frac{2h}{45}[7f(x_0) + 32f(x_1) + 12f(x_2) + 32f(x_3) + 7f(x_4)] - \frac{8h^7}{945}f^{(6)}(\xi),$$

em que $x_0 < \xi < x_4$. (4.28)

Fórmulas abertas de Newton-Cotes

As *fórmulas abertas de Newton-Cotes* não incluem as extremidades de $[a, b]$ como nós. Elas usam os nós $x_i = x_0 + ih$, para cada $i = 0, 1, \ldots, n$, em que $h = (b - a) / (n + 2)$ e $x_0 = a + h$. Isso implica que $x_n = b - h$, então indicamos as extremidades por $x_{-1} = a$ e $x_{n+1} = b$, como mostrado na Figura 4.6. Em uma fórmula aberta, todos os nós usados na aproximação estão contidos no intervalo aberto (a, b). As fórmulas se tornam

$$\int_a^b f(x)\,dx = \int_{x_{-1}}^{x_{n+1}} f(x)\,dx \approx \sum_{i=0}^{n} a_i f(x_i),$$

em que novamente

$$a_i = \int_a^b L_i(x)dx.$$

Figura 4.6

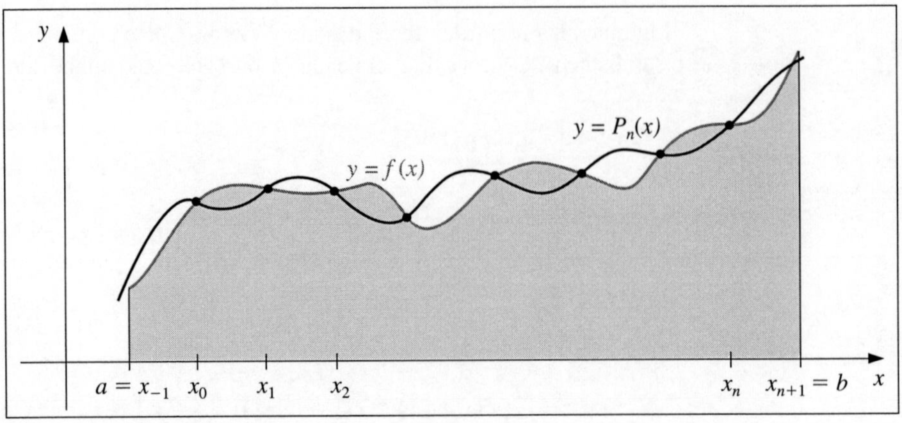

O teorema a seguir é análogo ao Teorema 4.2; sua demonstração está em [IK], p. 314.

▶ **Teorema 4.3** Suponha que $\sum_{i=0}^{n} a_i f(x_i)$ denote a fórmula aberta de Newton-Cotes de $(n+1)$ pontos com $x_{-1} = a$, $x_{n+1} = b$ e $h = (b-a)/(n+2)$. Existe $\xi \in (a, b)$ para o qual

$$\int_a^b f(x)\,dx = \sum_{i=0}^{n} a_i f(x_i) + \frac{h^{n+3} f^{(n+2)}(\xi)}{(n+2)!} \int_{-1}^{n+1} t^2(t-1)\cdots(t-n)\,dt,$$

se n for par e $f \in C^{n+2}[a, b]$ e

$$\int_a^b f(x)\,dx = \sum_{i=0}^{n} a_i f(x_i) + \frac{h^{n+2} f^{(n+1)}(\xi)}{(n+1)!} \int_{-1}^{n+1} t(t-1)\cdots(t-n)\,dt,$$

se n for ímpar e $f \in C^{n+1}[a, b]$. ■

Observe que, como no caso dos métodos fechados, temos um grau de precisão comparativamente maior para os métodos pares do que para os métodos ímpares.

Algumas das fórmulas **abertas de Newton-Cotes** comuns, com seus termos de erro são as seguintes:

$n = 0$: regra do ponto médio

$$\int_{x_{-1}}^{x_1} f(x)\,dx = 2hf(x_0) + \frac{h^3}{3} f''(\xi), \quad \text{em que } x_{-1} < \xi < x_1. \tag{4.29}$$

$n = 1$:

$$\int_{x_{-1}}^{x_2} f(x)\,dx = \frac{3h}{2}[f(x_0) + f(x_1)] + \frac{3h^3}{4} f''(\xi), \quad \text{em que } x_{-1} < \xi < x_2. \tag{4.30}$$

$n = 2$:

$$\int_{x_{-1}}^{x_3} f(x)\,dx = \frac{4h}{3}[2f(x_0) - f(x_1) + 2f(x_2)] + \frac{14h^5}{45} f^{(4)}(\xi), \qquad (4.31)$$

em que $x_{-1} < \xi < x_3$.

$n = 3$:

$$\int_{x_{-1}}^{x_4} f(x)\,dx = \frac{5h}{24}[11f(x_0) + f(x_1) + f(x_2) + 11f(x_3)] + \frac{95}{144} h^5 f^{(4)}(\xi), \qquad (4.32)$$

em que $x_{-1} < \xi < x_4$.

EXEMPLO 2 Compare os resultados das fórmulas fechadas e aberta de Newton-Cotes listadas como Equações (4.25) a (4.28), e Equações (4.29), a (4.32), para fazer a aproximação de

$$\int_0^{\pi/4} \operatorname{sen} x\,dx = -\sqrt{2}/2 \approx 0{,}29289322.$$

Solução Para as fórmulas fechadas, temos

$$n = 1: \quad \frac{(\pi/4)}{2}\left[\operatorname{sen} 0 + \operatorname{sen}\frac{\pi}{4}\right] \approx 0{,}27768018$$

$$n = 2: \quad \frac{(\pi/8)}{3}\left[\operatorname{sen} 0 + 4\operatorname{sen}\frac{\pi}{8} + \operatorname{sen}\frac{\pi}{4}\right] \approx 0{,}29293264$$

$$n = 3: \quad \frac{3(\pi/12)}{8}\left[\operatorname{sen} 0 + 3\operatorname{sen}\frac{\pi}{12} + 3\operatorname{sen}\frac{\pi}{6} + \operatorname{sen}\frac{\pi}{4}\right] \approx 0{,}29291070$$

$$n = 4: \quad \frac{2(\pi/16)}{45}\left[7\operatorname{sen} 0 + 32\operatorname{sen}\frac{\pi}{16} + 12\operatorname{sen}\frac{\pi}{8} + 32\operatorname{sen}\frac{3\pi}{16} + 7\operatorname{sen}\frac{\pi}{4}\right] \approx 0{,}29289318$$

e, para as fórmulas abertas, temos

$$n = 0: \quad 2(\pi/8)\left[\operatorname{sen}\frac{\pi}{8}\right] \approx 0{,}30055887$$

$$n = 1: \quad \frac{3(\pi/12)}{2}\left[\operatorname{sen}\frac{\pi}{12} + \operatorname{sen}\frac{\pi}{6}\right] \approx 0{,}29798754$$

$$n = 2: \quad \frac{4(\pi/16)}{3}\left[2\operatorname{sen}\frac{\pi}{16} - \operatorname{sen}\frac{\pi}{8} + 2\operatorname{sen}\frac{3\pi}{16}\right] \approx 0{,}29285866$$

$$n = 3: \quad \frac{5(\pi/20)}{24}\left[11\operatorname{sen}\frac{\pi}{20} + \operatorname{sen}\frac{\pi}{10} + \operatorname{sen}\frac{3\pi}{20} + 11\operatorname{sen}\frac{\pi}{5}\right] \approx 0{,}29286923$$

A Tabela 4.8 resume estes resultados e mostra os erros de aproximação ■

Tabela 4.8

n	0	1	2	3	4
Fórmulas fechadas		0,27768018	0,29293264	0,29291070	0,29289318
Erro		0,01521303	0,00003942	0,00001748	0,00000004
Fórmulas abertas	0,30055887	0,29798754	0,29285866	0,29286923	
Erro	0,00766565	0,00509432	0,00003456	0,00002399	

EXERCÍCIOS 4.3

1. Obtenha uma aproximação das seguintes integrais utilizando a regra do trapézio.

   a. $\int_{0,5}^{1} x^4\, dx$
   b. $\int_{0}^{0,5} \frac{2}{x-4}\, dx$
   c. $\int_{1}^{1,5} x^2 \ln x\, dx$
   d. $\int_{0}^{1} x^2 e^{-x}\, dx$
   e. $\int_{1}^{1,6} \frac{2x}{x^2-4}\, dx$
   f. $\int_{0}^{0,35} \frac{2}{x^2-4}\, dx$
   g. $\int_{0}^{\pi/4} x \operatorname{sen} x\, dx$
   h. $\int_{0}^{\pi/4} e^{3x} \operatorname{sen} 2x\, dx$

2. Obtenha uma aproximação das integrais a seguir utilizando a regra do trapézio.

   a. $\int_{-0,25}^{0,25} (\cos x)^2\, dx$
   b. $\int_{-0,5}^{0} x \ln(x+1)\, dx$
   c. $\int_{0,75}^{1,3} \left((\operatorname{sen} x)^2 - 2x \operatorname{sen} x + 1\right)\, dx$
   d. $\int_{e}^{e+1} \frac{1}{x \ln x}\, dx$

3. Encontre um limitante para o erro no Exercício 1 utilizando a fórmula de erro e compare-o ao erro real.
4. Encontre um limitante para o erro no Exercício 2 utilizando a fórmula de erro e compare-o com o erro real.
5. Repita o Exercício 1 utilizando a regra de Simpson.
6. Repita o Exercício 2 utilizando a regra de Simpson.
7. Repita o Exercício 3 utilizando a regra de Simpson e os resultados do Exercício 5.
8. Repita o Exercício 4 utilizando a regra de Simpson e os resultados do Exercício 6.
9. Repita o Exercício 1 utilizando a regra do ponto médio.
10. Repita o Exercício 2 utilizando a regra do ponto médio.
11. Repita o Exercício 3 utilizando a regra do ponto médio e os resultados do Exercício 9.
12. Repita o Exercício 4 utilizando a regra do ponto médio e os resultados do Exercício 10.
13. A regra do trapézio aplicada a $\int_0^2 f(x)\, dx$ fornece o valor 4, e a regra de Simpson fornece o valor 2. Quanto é $f(1)$?
14. A regra do trapézio aplicada a $\int_0^2 f(x)\, dx$ fornece o valor 5, e a regra do ponto médio fornece o valor 4. Que valor resulta da regra de Simpson?
15. Obtenha uma aproximação das integrais a seguir usando as Equações (4.25) a (4.32). As precisões das aproximações são consistentes com as fórmulas de erro?

    a. $\int_{0}^{0,1} \sqrt{1+x}\, dx$
    b. $\int_{0}^{\pi/2} (\operatorname{sen} x)^2\, dx$
    c. $\int_{1,1}^{1,5} e^x\, dx$
    d. $\int_{0}^{1} x^{1/3}\, dx$

16. Aproxime as seguintes integrais usando as formulas (4.25) a (4.32). As precisões das aproximações são consistentes com as fórmulas de erro? Qual das partes (c) e (d) fornece a melhor aproximação?

    a. $\int_{2}^{2,5} \frac{(\ln x)^3}{3x}\, dx$
    b. $\int_{0,5}^{1} 5x e^{3x^2}\, dx$
    c. $\int_{1}^{10} \frac{1}{x}\, dx$
    d. $\int_{1}^{5,5} \frac{1}{x}\, dx + \int_{5,5}^{10} \frac{1}{x}\, dx$

17. Dada a função f nos seguintes valores:

x	1,8	2,0	2,2	2,4	2,6
$f(x)$	3,12014	4,42569	6,04241	8,03014	10,46675

obtenha uma aproximação de $\int_{1,8}^{2,6} f(x)\,dx$ utilizando todas as fórmulas de quadratura apropriadas desta seção.

18. Suponha que os dados do Exercício 17 tenham erros de arredondamento fornecidos pela tabela a seguir:

x	1,8	2,0	2,2	2,4	2,6
Erro em $f(x)$	2×10^{-6}	-2×10^{-6}	$-0{,}9 \times 10^{-6}$	$-0{,}9 \times 10^{-6}$	2×10^{-6}

Calcule os erros devidos ao arredondamento no Exercício 17.

EXERCÍCIOS TEÓRICOS

19. Encontre a ordem de precisão da fórmula de quadratura

$$\int_{-1}^{1} f(x)\,dx = f\left(-\frac{\sqrt{3}}{3}\right) + f\left(\frac{\sqrt{3}}{3}\right).$$

20. Seja $h = (b - a)/3$, $x_0 = a$, $x_1 = a + h$ e $x_2 = b$. Encontre a ordem de precisão da fórmula de quadratura

$$\int_{a}^{b} f(x)\,dx = \frac{9}{4}hf(x_1) + \frac{3}{4}hf(x_2).$$

21. A fórmula de quadratura $\int_{-1}^{1} f(x)\,dx = c_0 f(-1) + c_1 f(0) + c_2 f(1)$ é exata para todos os polinômios de grau menor ou igual a 2. Determine c_0, c_1 e c_2.

22. A fórmula de quadratura $\int_{0}^{2} f(x)\,dx = c_0 f(0) + c_1 f(1) + c_2 f(2)$ é exata para todos os polinômios de grau menor ou igual a 2. Determine c_0, c_1 e c_2.

23. Encontre as constantes c_0, c_1 e x_1 de forma que a fórmula de quadratura

$$\int_{0}^{1} f(x)\,dx = c_0 f(0) + c_1 f(x_1)$$

tenha a maior ordem de precisão possível.

24. Determine constantes x_0, x_1 e c_1 de modo que a fórmula de quadratura

$$\int_{0}^{1} f(x)\,dx = \frac{1}{2} f(x_0) + c_1 f(x_1)$$

tenha o maior grau de precisão possível.

25. Demonstre a afirmação que está depois da Definição 4.1; isto é, mostre que uma fórmula de quadratura tem ordem de precisão n se e somente se o erro $E(P(x)) = 0$ para todos os polinômios $P(x)$ de graus $k = 0, 1, \ldots, n$, mas $E(P(x)) \neq 0$ para algum polinômio $P(x)$ de grau $n + 1$.

26. Deduza a regra de Simpson com o termo de erro utilizando

$$\int_{x_0}^{x_2} f(x)\,dx = a_0 f(x_0) + a_1 f(x_1) + a_2 f(x_2) + kf^{(4)}(\xi).$$

Encontre a_0, a_1 e a_2 a partir do fato de que a regra de Simpson é exata para $f(x) = x^n$ quando $n = 1$, 2 e 3. Em seguida, encontre k aplicando a fórmula de integração com $f(x) = x^4$.

27. Deduza a regra aberta com $n = 1$ com o termo de erro, utilizando o Teorema 4.3.

28. Deduza a regra de Simpson dos 3/8, (a regra fechada com $n = 3$), com o termo de erro, utilizando o Teorema 4.2.

QUESTÕES PARA DISCUSSÃO

1. O método básico para aproximar uma integral definida de uma função que não tem uma primitiva explícita ou cuja primitiva não seja fácil de obter é chamado quadratura numérica. Discuta os diversos métodos de quadratura aos quais você foi exposto na Seção 4.3.
2. Discuta o uso de fórmulas abertas para integrar uma função de 0 a 1 que tenha uma singularidade em 0, como, por exemplo, a função $f(x) = \dfrac{1}{\sqrt{x}}$.
3. Escolha uma das funções do Exemplo 1 da Seção 4.3 e crie uma planilha que aproxime a integral de 0 a 2 usando a regra do trapézio. Compare sua aproximação com o resultado obtido na Tabela 4.7.
4. Escolha uma das funções do Exemplo 1 da Seção 4.3 e crie uma planilha que aproxime a integral de 0 a 2 usando a regra de Simpson. Compare sua aproximação com o resultado obtido na Tabela 4.7.

4.4 Integração numérica composta

As fórmulas de Newton-Cotes em geral não são adequadas para utilização em intervalos de integração grandes. Seriam necessárias fórmulas de alto grau, e os valores dos coeficientes nessas fórmulas são difíceis de se obter. Além disso, as fórmulas de Newton-Cotes são baseadas em polinômios interpoladores que utilizam nós igualmente espaçados, um procedimento que é impreciso em intervalos grandes por causa da natureza oscilatória dos polinômios de grau alto.

Nesta seção, discutiremos uma abordagem *por partes* da integração numérica, que utiliza fórmulas de Newton-Cotes de ordem inferior. Essas são as técnicas mais frequentemente aplicadas.

A aproximação por partes é frequentemente efetiva. Lembre que isso foi utilizado para a interpolação por *spline* e de Bézier.

EXEMPLO 1 Use a regra de Simpson para aproximar $\int_0^4 e^x\,dx$ e compare isso ao resultado obtido ao somar as aproximações pela regra de Simpson para $\int_0^2 e^x\,dx$ e $\int_2^4 e^x\,dx$ e também para $\int_0^1 e^x\,dx$, $\int_1^2 e^x\,dx$, $\int_2^3 e^x\,dx$ e $\int_3^4 e^x\,dx$.

Solução A regra de Simpson em [0, 4] com $h = 2$ fornece

$$\int_0^4 e^x\,dx \approx \frac{2}{3}(e^0 + 4e^2 + e^4) = 56{,}76958.$$

Visto que a resposta exata nesse caso seria $e^4 - e^0 = 53{,}59815$, o erro $-3{,}17143$ é muito maior que aquele que seria normalmente aceito.

Aplicando regra de Simpson em cada um dos intervalos [0, 2] e [2, 4] com $h = 1$, temos

$$\begin{aligned}\int_0^4 e^x\,dx &= \int_0^2 e^x\,dx + \int_2^4 e^x\,dx\\ &\approx \frac{1}{3}\left(e^0 + 4e + e^2\right) + \frac{1}{3}\left(e^2 + 4e^3 + e^4\right)\\ &= \frac{1}{3}\left(e^0 + 4e + 2e^2 + 4e^3 + e^4\right)\\ &= 53{,}86385.\end{aligned}$$

O erro foi reduzido para $-0{,}26570$.

Para as integrais em [0, 1], [1, 2], [3, 4] e [3, 4], usamos a regra de Simpson quatro vezes, com $h = \frac{1}{2}$, obtendo

$$\begin{aligned}\int_0^4 e^x\,dx &= \int_0^1 e^x\,dx + \int_1^2 e^x\,dx + \int_2^3 e^x\,dx + \int_3^4 e^x\,dx \\ &\approx \frac{1}{6}\left(e_0 + 4e^{1/2} + e\right) + \frac{1}{6}\left(e + 4e^{3/2} + e^2\right) \\ &\quad + \frac{1}{6}\left(e^2 + 4e^{5/2} + e^3\right) + \frac{1}{6}\left(e^3 + 4e^{7/2} + e^4\right) \\ &= \frac{1}{6}\left(e^0 + 4e^{1/2} + 2e + 4e^{3/2} + 2e^2 + 4e^{5/2} + 2e^3 + 4e^{7/2} + e^4\right) \\ &= 53{,}61622.\end{aligned}$$

O erro para essa aproximação foi reduzido para $-0{,}01807$. ■

Para generalizar esse procedimento para uma integral arbitrária $\int_a^b f(x)dx$, escolha um inteiro n par. Subdivida o intervalo $[a, b]$ em n subintervalos e aplique a regra de Simpson em cada par consecutivo de subintervalos. (Veja a Figura 4.7.)

Figura 4.7

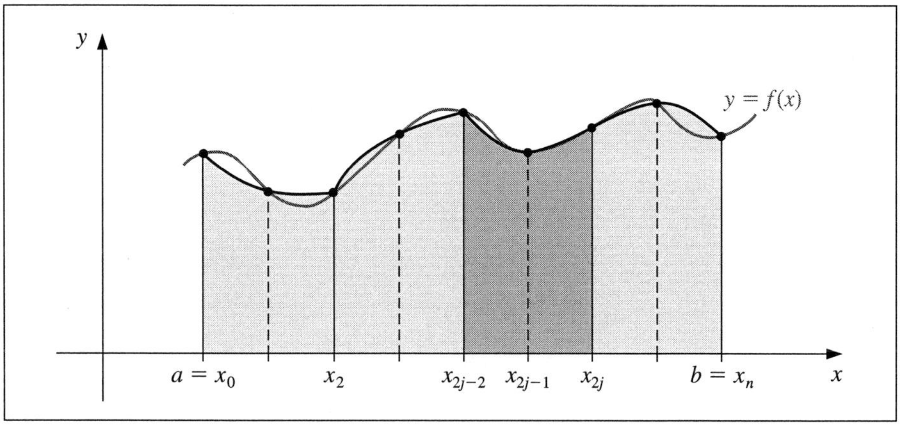

Com $h = (b - a)/n$ e $x_j = a + jh$, para cada $j = 0, 1, \ldots, n$, temos

$$\begin{aligned}\int_a^b f(x)\,dx &= \sum_{j=1}^{n/2} \int_{x_{2j-2}}^{x_{2j}} f(x)\,dx \\ &= \sum_{j=1}^{n/2} \left\{ \frac{h}{3}[f(x_{2j-2}) + 4f(x_{2j-1}) + f(x_{2j})] - \frac{h^5}{90} f^{(4)}(\xi_j) \right\},\end{aligned}$$

para algum ξ_j com $x_{2j-2} < \xi_j < x_{2j}$, desde que $f \in C^4\,[a, b]$. Utilizando o fato de que, para todo $j = 1, 2, \ldots, (n/2) - 1$, temos um $f(x_{2j})$ aparecendo no termo correspondente ao intervalo $[x_{2j-2}, x_{2j}]$ e também no termo correspondente ao intervalo $[x_{2j}, x_{2j+2}]$, é possível reduzir essa soma a

$$\int_a^b f(x)\,dx = \frac{h}{3}\left[f(x_0) + 2\sum_{j=1}^{(n/2)-1} f(x_{2j}) + 4\sum_{j=1}^{n/2} f(x_{2j-1}) + f(x_n)\right] - \frac{h^5}{90}\sum_{j=1}^{n/2} f^{(4)}(\xi_j).$$

O erro associado a essa aproximação é

$$E(f) = -\frac{h^5}{90}\sum_{j=1}^{n/2} f^{(4)}(\xi_j),$$

em que $x_{2j-2} < \xi_j < x_{2j}$, para cada $j = 1, 2, \ldots, n/2$.

Se $f \in C^4\,[a, b]$, o Teorema 1.9 do valor extremo implica que $f^{(4)}$ assuma o seu máximo e o seu mínimo em $[a, b]$. Visto que

$$\min_{x\in[a,b]} f^{(4)}(x) \le f^{(4)}(\xi_j) \le \max_{x\in[a,b]} f^{(4)}(x),$$

temos

$$\frac{n}{2}\min_{x\in[a,b]} f^{(4)}(x) \le \sum_{j=1}^{n/2} f^{(4)}(\xi_j) \le \frac{n}{2}\max_{x\in[a,b]} f^{(4)}(x)$$

e

$$\min_{x\in[a,b]} f^{(4)}(x) \le \frac{2}{n}\sum_{j=1}^{n/2} f^{(4)}(\xi_j) \le \max_{x\in[a,b]} f^{(4)}(x).$$

Pelo Teorema 1.1 do valor intermediário existe um $\mu \in (a, b)$ tal que

$$f^{(4)}(\mu) = \frac{2}{n}\sum_{j=1}^{n/2} f^{(4)}(\xi_j).$$

Dessa forma,

$$E(f) = -\frac{h^5}{90}\sum_{j=1}^{n/2} f^{(4)}(\xi_j) = -\frac{h^5}{180} n f^{(4)}(\mu),$$

ou, já que $h = (b - a)/n$,

$$E(f) = -\frac{(b-a)}{180} h^4 f^{(4)}(\mu).$$

Essas observações produzem o resultado a seguir.

▶ Teorema 4.4 Sejam $f \in C^4\,[a, b]$, n par, $h = (b - a)/n$ e $x_j = a + jh$, para todo $j = 0, 1, \ldots, n$. Existe um $\mu \in (a, b)$ para o qual a **regra de Simpson composta** para n subintervalos pode ser escrita com seu termo de erro como

$$\int_a^b f(x)\,dx = \frac{h}{3}\left[f(a) + 2\sum_{j=1}^{(n/2)-1} f(x_{2j}) + 4\sum_{j=1}^{n/2} f(x_{2j-1}) + f(b)\right] - \frac{b-a}{180} h^4 f^{(4)}(\mu).$$

■

Observe que o termo de erro para a regra de Simpson composta é $O(h^4)$, enquanto era $O(h^5)$ para a regra padrão de Simpson. Entretanto, essas taxas não são comparáveis, pois, para a regra padrão de Simpson, temos h fixado em $h = (b - a)/2$, mas, para a regra de Simpson composta, temos $h = (b - a)/n$, com n sendo um inteiro par. Isto nos permite reduzir consideravelmente o valor de h.

O Algoritmo 4.1 utiliza a regra de Simpson composta em n subintervalos. Esse é o algoritmo de quadratura de propósitos gerais mais frequentemente utilizado.

ALGORITMO 4.1 **Regra de Simpson composta**

Para obter uma aproximação da integral $I = \int_a^b f(x)\,dx$:

ENTRADAMMextremidades a, b; inteiro positivo par n.

SAÍDAMMaproximação XI para I.

*Passo 1*MMFaça $h = (b - a)/n$.

*Passo 2*MMFaça $XI0 = f(a) + f(b)$;
$XI1 = 0$; (*Somatório de* $f(x_{2i-1})$.)
$XI2 = 0$. (*Somatório de* $f(x_{2i})$.)

*Passo 3*MMPara $i = 1, \ldots, n - 1$, execute Passos 4 e 5.

*Passo 4*MMFaça $X = a + ih$.

*Passo 5*MMSe i for par, então faça $XI2 = XI2 + f(X)$
senão faça $XI1 = XI1 + f(X)$.

*Passo 6*MMFaça $XI = h(XI0 + 2 \cdot XI2 + 4 \cdot XI1)/3$.

*Passo 7*MMSAÍDA (XI);
PARE. ■

A abordagem da subdivisão pode ser aplicada a qualquer fórmula de Newton--Cotes. As extensões da regra do trapézio (veja a Figura 4.8) e do ponto médio são dadas sem demonstração. Como a regra do trapézio requer somente um intervalo para cada aplicação, o inteiro n pode ser tanto ímpar quanto par.

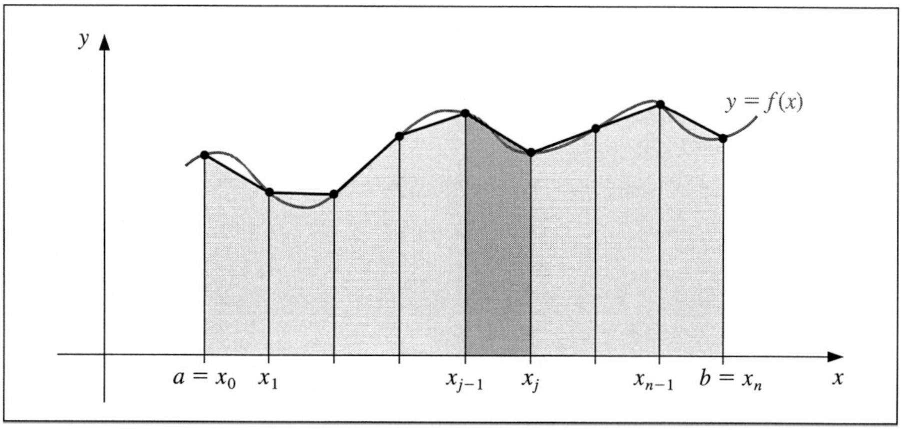

Figura 4.8

▶**Teorema 4.5** Sejam $f \in C^2[a, b]$, $h = (b - a)/n$ e $x_j = a + jh$ para todo $j = 0, 1, \ldots, n$. Existe um $\mu \in (a, b)$ para o qual a **regra do trapézio composta** para n subintervalos pode ser escrita com seu termo de erro como

$$\int_a^b f(x)\,dx = \frac{h}{2}\left[f(a) + 2\sum_{j=1}^{n-1} f(x_j) + f(b)\right] - \frac{b-a}{12}h^2 f''(\mu).$$ ■

Para a **regra do ponto médio composta**, n deve novamente ser par. (Veja a Figura 4.9.)

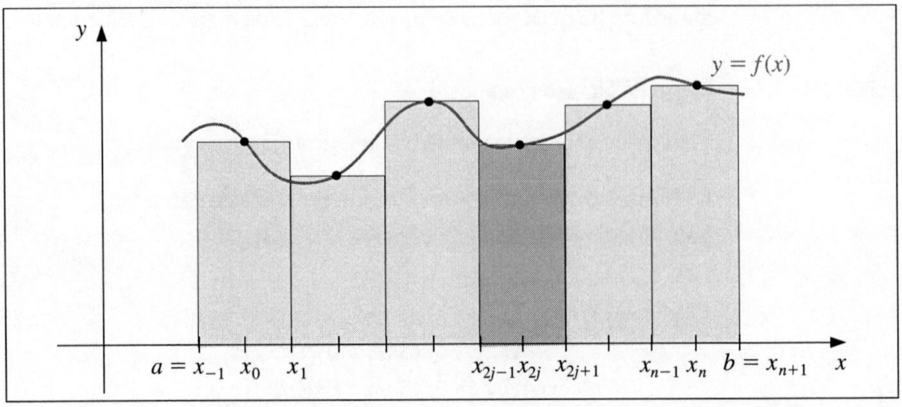

Figura 4.9

▶ **Teorema 4.6** Sejam $f \in C^2[a, b]$, n par, $h = (b - a)/(n + 2)$ e $x_j = a + (j + 1)h$ para todo $j = -1, 0, \ldots, n + 1$. Existe um $\mu \in (a, b)$ para o qual a **regra do ponto médio composta** para $n + 2$ subintervalos pode ser escrita com seu termo de erro como

$$\int_a^b f(x)\,dx = 2h\sum_{j=0}^{n/2} f(x_{2j}) + \frac{b-a}{6}h^2 f''(\mu).$$ ■

EXEMPLO 2 Determine valores de h que garantirão um erro de aproximação menor que 0,00002 ao aproximar $\int_0^{\pi} \operatorname{sen} x\,dx$ usando
(a) regra do trapézio composta e **(b)** regra de Simpson composta

Solução **(a)** A fórmula do erro para a regra do trapézio composta para $f(x) = \operatorname{sen} x$ em $[0, \pi]$ é

$$\left|\frac{\pi h^2}{12} f''(\mu)\right| = \left|\frac{\pi h^2}{12}(-\operatorname{sen}\mu)\right| = \frac{\pi h^2}{12}|\operatorname{sen}\mu|.$$

Para garantir precisão suficiente com esta técnica, precisamos ter

$$\frac{\pi h^2}{12}|\operatorname{sen}\mu| \le \frac{\pi h^2}{12} < 0{,}00002.$$

Como $h = \pi/n$, precisamos

$$\frac{\pi^3}{12n^2} < 0{,}00002, \quad \text{o que implica que} \quad n > \left(\frac{\pi^3}{12(0{,}00002)}\right)^{1/2} \approx 359{,}44,$$

e a regra do trapézio necessita $n \ge 360$.

(b) A fórmula de erro para a regra de Simpson composta para $f(x) = \operatorname{sen} x$ em $[0, \pi]$ é

$$\left|\frac{\pi h^4}{180} f^{(4)}(\mu)\right| = \left|\frac{\pi h^4}{180} \operatorname{sen} \mu\right| = \frac{\pi h^4}{180} |\operatorname{sen} \mu|.$$

Para garantir precisão suficiente com esta técnica, precisamos ter

$$\frac{\pi h^4}{180} |\operatorname{sen} \mu| \leq \frac{\pi h^4}{180} < 0{,}00002.$$

Usando novamente o fato de que $n = \pi/h$, temos

$$\frac{\pi^5}{180 n^4} < 0{,}00002, \quad \text{o que implica que} \quad n > \left(\frac{\pi^5}{180(0{,}00002)}\right)^{1/4} \approx 17{,}07.$$

Assim, a regra de Simpson composta requer apenas $n \geq 18$.

A regra de Simpson com $n = 18$ fornece

$$\int_0^\pi \operatorname{sen} x \, dx \approx \frac{\pi}{54}\left[2\sum_{j=1}^{8} \operatorname{sen}\left(\frac{j\pi}{9}\right) + 4\sum_{j=1}^{9} \operatorname{sen}\left(\frac{(2j-1)\pi}{18}\right)\right] = 2{,}0000104.$$

Isto tem precisão de 10^{-5}, pois o valor verdadeiro é $-\cos(\pi) - (-\cos(0)) = 2$. ■

A regra de Simpson composta é a escolha clara se você quiser minimizar os cálculos. Para propósito de comparação, considere a regra do trapézio composta usando $h = \pi/18$ para a integral no Exemplo 2. Essa aproximação usa os mesmos cálculos de função que a regra de Simpson composta, mas a aproximação, nesse caso,

$$\int_0^\pi \operatorname{sen} x \, dx \approx \frac{\pi}{36}\left[2\sum_{j=1}^{17} \operatorname{sen}\left(\frac{j\pi}{18}\right) + \operatorname{sen} 0 + \operatorname{sen} \pi\right] = \frac{\pi}{36}\left[2\sum_{j=1}^{17} \operatorname{sen}\left(\frac{j\pi}{18}\right)\right]$$
$$= 1{,}9949205,$$

tem precisão de cerca de 5×10^{-3}.

Estabilidade do erro de arredondamento

No Exemplo 2, vimos que, para garantir uma precisão de 2×10^{-5} na aproximação de $\int_0^\pi \operatorname{sen} x \, dx$, precisávamos de 360 subdivisões de $[0, \pi]$ ao usarmos a regra do trapézio composta e de apenas 18 ao usarmos a regra de Simpson composta. Além do fato de serem necessários menos cálculos na técnica de Simpson, poderíamos suspeitar que esse método também envolvesse menos erro de arredondamento. Entretanto, uma propriedade importante compartilhada por todas as técnicas de integração compostas é uma estabilidade com relação ao erro de arredondamento. Ou seja, o erro de arredondamento não depende do número de cálculos realizados.

É esperado que a integração numérica seja estável, enquanto a derivação numérica é instável.

Para demonstrar tal fato surpreendente, suponha que seja aplicada a regra de Simpson composta com n subintervalos a uma função f em $[a, b]$ e seja determinado o limitante máximo para o erro de arredondamento. Suponha que $f(x_i)$ seja aproximado por $\tilde{f}(x_i)$ e que

$$f(x_i) = \tilde{f}(x_i) + e_i,\text{MMpara cada } i = 0, 1, \ldots, n,$$

em que e_i denota o erro de arredondamento associado ao uso de $\tilde{f}(x_i)$ para obter uma aproximação de $f(x_i)$. Então o erro acumulado, $e(h)$, na regra de Simpson composta é

$$\begin{aligned} e(h) &= \left| \frac{h}{3} \left[e_0 + 2 \sum_{j=1}^{(n/2)-1} e_{2j} + 4 \sum_{j=1}^{n/2} e_{2j-1} + e_n \right] \right| \\ &\le \frac{h}{3} \left[|e_0| + 2 \sum_{j=1}^{(n/2)-1} |e_{2j}| + 4 \sum_{j=1}^{n/2} |e_{2j-1}| + |e_n| \right]. \end{aligned}$$

Se os erros de arredondamento forem uniformemente limitados por ε, então

$$e(h) \le \frac{h}{3} \left[\varepsilon + 2 \left(\frac{n}{2} - 1 \right) \varepsilon + 4 \left(\frac{n}{2} \right) \varepsilon + \varepsilon \right] = \frac{h}{3} 3n\varepsilon = nh\varepsilon.$$

Mas $nh = b - a$, então

$$e(h) \le (b - a)\, \varepsilon,$$

um limite independente de h (e n). Isso significa que, ainda que seja necessário dividir um intervalo em mais partes para garantir a precisão, o número maior de cálculos que é exigido não aumenta o erro de arredondamento. Esse resultado implica que o procedimento é estável à medida que h se aproxime de zero. Lembre-se de que isso não era verdade para os procedimentos de derivação numérica considerados no início deste capítulo.

EXERCÍCIOS 4.4

1. Utilize a regra do trapézio composta com os valores indicados de n para obter uma aproximação das seguintes integrais.

   a. $\int_1^2 x \ln x \, dx, \quad n = 4$ **b.** $\int_{-2}^2 x^3 e^x \, dx, \quad n = 4$

   c. $\int_0^2 \frac{2}{x^2 + 4} \, dx, \quad n = 6$ **d.** $\int_0^{\pi} x^2 \cos x \, dx, \quad n = 6$

   e. $\int_0^2 e^{2x} \operatorname{sen} 3x \, dx, \quad n = 8$ **f.** $\int_1^3 \frac{x}{x^2 + 4} \, dx, \quad n = 8$

   g. $\int_3^5 \frac{1}{\sqrt{x^2 - 4}} \, dx, \quad n = 8$ **h.** $\int_0^{3\pi/8} \operatorname{tg} \, x \, dx, \quad n = 8$

2. Utilize a regra do trapézio composta com os valores indicados de n para obter uma aproximação das seguintes integrais.

   a. $\int_{-0,5}^{0,5} \cos^2 x \, dx, \quad n = 4$ **b.** $\int_{-0,5}^{0,5} x \ln(x + 1) \, dx, \quad n = 6$

   c. $\int_{0,75}^{1,75} (\operatorname{sen}^2 x - 2x \operatorname{sen} x + 1) \, dx, \quad n = 8$ **d.** $\int_e^{e+2} \frac{1}{x \ln x} \, dx, \quad n = 8$

3. Utilize a regra de Simpson composta para obter uma aproximação das integrais no Exercício 1.

4. Utilize a regra de Simpson composta para obter uma aproximação das integrais no Exercício 2.
5. Utilize a regra do ponto médio composta com $n + 2$ subintervalos para obter uma aproximação das integrais no Exercício 1.
6. Utilize a regra do ponto médio composta com $n + 2$ subintervalos para obter uma aproximação das integrais no Exercício 2.
7. Obtenha uma aproximação de $\int_0^2 x^2 \ln(x^2 + 1)\, dx$ usando $h = 0{,}25$. Use a
   a. regra do trapézio composta.
   b. regra de simpson composta.
   c. regra do ponto médio composta.
8. Obtenha uma aproximação de $\int_0^2 x^2 e^{-x^2} dx$ usando $h = 0{,}25$. Use a
   a. regra do trapézio composta.
   b. regra de simpson composta.
   c. regra do ponto médio composta.
9. Suponha que $f(0) = 1, f(0{,}5) = 2{,}5, f(1) = 2$ e $f(0{,}25) = f(0{,}75) = \alpha$. Encontre α se a regra do trapézio composta com $n = 4$ resultar o valor 1,75 para $\int_0^1 f(x)\, dx$.
10. A regra do ponto médio para obter uma aproximação de $\int_{-1}^1 f(x)\, dx$ resulta em 12, a regra do ponto médio composta com $n = 2$ resulta em 5 e a regra de Simpson composta resulta em 6. Utilize o fato de que $f(-1) = f(1)$ e $f(-0{,}5) = f(0{,}5) - 1$ para determinar $f(-1), f(-0{,}5), f(0), f(0{,}5)$ e $f(1)$.
11. Determine os valores de n e h necessários para obter uma aproximação de

$$\int_0^2 e^{2x} \operatorname{sen} 3x\, dx$$

   com precisão de 10^{-4}. Use a
   a. regra do trapézio composta.
   b. regra de simpson composta.
   c. regra do ponto médio composta.
12. Repita o Exercício 11 para a integral $\int_0^\pi x^2 \cos x\, dx$.
13. Determine os valores de n e h necessários para obter uma aproximação de

$$\int_0^2 \frac{1}{x+4}\, dx$$

   com precisão de 10^{-5} e calcule a aproximação. Use a
   a. regra do trapézio composta.
   b. regra de simpson composta.
   c. regra do ponto médio composta.
14. Repita o exercício 13 para a integral $\int_1^2 x \ln x\, dx$.
15. Seja f definida por

$$f(x) = \begin{cases} x^3 + 1, & 0 \le x \le 0{,}1, \\ 1{,}001 + 0{,}03(x - 0{,}1) + 0{,}3(x - 0{,}1)^2 + 2(x - 0{,}1)^3, & 0{,}1 \le x \le 0{,}2, \\ 1{,}009 + 0{,}15(x - 0{,}2) + 0{,}9(x - 0{,}2)^2 + 2(x - 0{,}2)^3, & 0{,}2 \le x \le 0{,}3. \end{cases}$$

   a. Investigue a continuidade das derivadas de f.
   b. Utilize a regra do trapézio composta com $n = 6$ para obter uma aproximação de $\int_0^{0,3} f(x)\, dx$ e estime o erro utilizando o limitante do erro.
   c. Utilize a regra de Simpson composta com $n = 6$ para obter uma aproximação de $\int_0^{0,3} f(x)\, dx$. Os resultados são mais precisos que na parte (b)?

16. No cálculo de muitas variáveis e em cursos de estatística, é mostrado que

$$\int_{-\infty}^{\infty} \frac{1}{\sigma\sqrt{2\pi}} e^{-(1/2)(x/\sigma)^2}\,dx = 1,$$

para todo σ positivo. A função

$$f(x) = \frac{1}{\sigma\sqrt{2\pi}} e^{-(1/2)(x/\sigma)^2}$$

é a *função de densidade normal* com *média* $\mu = 0$ e *desvio padrão* σ. A probabilidade de um valor descrito por essa distribuição, escolhido aleatoriamente, estar em $[a, b]$ é dada por $\int_a^b f(x)\,dx$. Obtenha uma aproximação, com a precisão de 10^{-5}, da probabilidade de um valor escolhido aleatoriamente, descrito por essa distribuição, estar em

a. $[-\sigma, \sigma]$ **b.** $[-2\sigma, 2\sigma]$ **c.** $[-3\sigma, 3\sigma]$

EXERCÍCIOS APLICADOS

17. Determine, com a precisão de 10^{-6}, o comprimento do gráfico da elipse com a equação $4x^2 + 9y^2 = 36$.

18. Um carro completa uma volta na pista de corrida em 84 segundos. A velocidade do carro, a cada intervalo de 6 segundos, é determinada por um radar e é fornecida no início da volta, em pés/segundo, pelos valores na seguinte tabela.

Tempo	0	6	12	18	24	30	36	42	48	54	60	66	72	78	84
Velocidade	124	134	148	156	147	133	121	109	99	85	78	89	104	116	123

Qual é a extensão da pista?

19. Uma partícula de massa m movendo-se em um fluido está sujeita a uma resistência viscosa R, a qual é uma função da velocidade v. A relação entre a resistência R, a velocidade v e o tempo t é dada pela equação

$$t = \int_{v(t_0)}^{v(t)} \frac{m}{R(u)}\,du.$$

Suponha que $R(v) = -v\sqrt{v}$ para um fluido particular, em que R está em Newtons e v em metros/segundo. Se $m = 10$ kg e $v(0) = 10$ m/s, obtenha uma aproximação do tempo necessário para que a velocidade da partícula se reduza para $v = 5$ m/s.

20. Para simular as características térmicas de freios a disco (veja a figura a seguir), D. A. Secrist e R. W. Hornbeck [SH] precisaram aproximar numericamente a "média em relação à área da temperatura do revestimento", T, da pastilha de disco a partir da equação

$$T = \frac{\int_{r_e}^{r_0} T(r) r \theta_p\,dr}{\int_{r_e}^{r_0} r\theta_p\,dr},$$

em que r_e representa o raio no qual o contato do disco da pastilha começa, r_0 representa o raio externo do contato do disco da pastilha, θ_p representa o ângulo subentendido pelo setor das pastilhas de disco e $T(r)$ é a temperatura em cada ponto da pastilha, obtida numericamente a partir da análise da equação de calor (consulte a Seção 12.2). Suponha que $r_e = 0{,}308$ pés, $r_0 = 0{,}478$ pés, $\theta_p = 0{,}7051$ radianos e as temperaturas fornecidas na tabela a seguir tenham sido calculadas em vários pontos do disco. Obtenha uma aproximação de T.

r (pés)	$T(r)$ (°F)	r (pés)	$T(r)$ (°F)	r (pés)	$T(r)$ (°F)
0,308	640	0,376	1034	0,444	1204
0,325	794	0,393	1064	0,461	1222
0,342	885	0,410	1114	0,478	1239
0,359	943	0,427	1152		

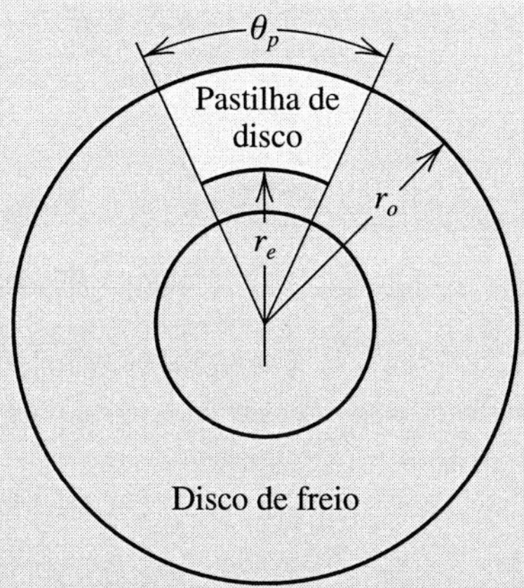

21. Encontre uma aproximação, com precisão 10^{-4}, do valor da integral considerada na introdução de aplicação deste capítulo:

$$\int_0^{48} \sqrt{1 + (\cos x)^2}dx.$$

22. A equação

$$\int_0^x \frac{1}{\sqrt{2\pi}} e^{-t^2/2}\, dt = 0{,}45$$

pode ser resolvida para determinar x utilizando o método de Newton com

$$f(x) = \int_0^x \frac{1}{\sqrt{2\pi}} e^{-t^2/2}\, dt - 0{,}45$$

e

$$f'(x) = \frac{1}{\sqrt{2\pi}} e^{-x^2/2}.$$

Para calcular f na aproximação p_k, precisamos de uma fórmula de quadratura para obter uma aproximação de

$$\int_0^{p_k} \frac{1}{\sqrt{2\pi}} e^{-t^2/2}\, dt.$$

a. Encontre uma solução para $f(x) = 0$, com precisão de 10^{-5}, utilizando o método de Newton com $p_0 = 0{,}5$ e a regra de Simpson composta.

b. Repita (a) utilizando a regra do trapézio composta, em vez da regra de Simpson composta.

EXERCÍCIOS TEÓRICOS

23. Mostre que o erro $E(f)$ para a regra de Simpson composta pode ser aproximado por

$$-\frac{h^4}{180}[f'''(b) - f'''(a)].$$

[*Sugestão:* $\sum_{j=1}^{n/2} f^{(4)}(\xi_j)(2h)$ é uma soma de Riemann para $\int_a^b f^{(4)}(x)\,dx$.]

24. **a.** Deduza uma estimativa para $E(f)$ na regra do trapézio composta utilizando o método no Exercício 23.

b. Repita a parte (a) para a regra do ponto médio.

25. Utilize as estimativas de erro dos Exercícios 23 e 24 para estimar os erros no Exercício 12.

26. Utilize as estimativas de erro dos Exercícios 23 e 24 para estimar os erros no Exercício 14.

QUESTÕES PARA DISCUSSÃO

1. Deduza um método composto com base na regra dos 3/8 de Simpson.
2. A regra dos 3/8 de Simpson é outro método de integração numérica. Como este método difere do método de Simpson? Ele vale a pena? Por que sim ou por que não?

4.5 Integração de Romberg

Nesta seção, ilustraremos como a extrapolação de Richardson aplicada a resultados da regra do trapézio composta pode ser usada para obter aproximações de alta precisão com pequeno custo computacional.

Na Seção 4.4, vimos que a regra do trapézio composta tem um erro de truncamento de ordem $O(h^2)$. Especificamente, mostramos que, para $h = (b - a)/n$ e $x_j = a + jh$, temos

$$\int_a^b f(x)\,dx = \frac{h}{2}\left[f(a) + 2\sum_{j=1}^{n-1} f(x_j) + f(b)\right] - \frac{(b-a)f''(\mu)}{12}h^2,$$

para algum número μ em (a, b).

Por um método alternativo, pode ser mostrado (consulte [RR], p. 136-140) que se $f \in C^\infty[a, b]$, a regra do trapézio composta também pode ser escrita com um termo de erro na forma

$$\int_a^b f(x)\,dx = \frac{h}{2}\left[f(a) + 2\sum_{j=1}^{n-1} f(x_j) + f(b)\right] + K_1h^2 + K_2h^4 + K_3h^6 + \cdots, \tag{4.33}$$

em que cada K_i é uma constante que depende apenas de $f^{(2i-1)}(a)$ e $f^{(2i-1)}(b)$.

Lembre-se, da Seção 4.2, que a extrapolação de Richardson pode ser feita em qualquer procedimento de aproximação cujo erro de truncamento seja da forma

$$\sum_{j=1}^{m-1} K_j h^{\alpha_j} + O(h^{\alpha_m}),$$

para uma coleção de constantes K_j e quando $\alpha_1 < \alpha_2 < \alpha_3 < \cdots < \alpha_m$. Naquela seção, demos exemplos para ilustrar quão efetiva é esta técnica quando o procedimento de aproximação tem erro de truncamento apenas com potências pares de h, ou seja, quando o erro de truncamento tem a forma

$$\sum_{j=1}^{m-1} K_j h^{2j} + O(h^{2m}).$$

Como a regra do trapézio composta tem esta forma, é uma candidata óbvia para a extrapolação. Isto resulta na técnica conhecida como **integração de Romberg.**

Werner Romberg (1909-2003) idealizou este procedimento para melhorar a precisão da regra do trapézio por meio da eliminação de termos sucessivos da expansão em 1955.

Para aproximar a integral $\int_a^b f(x)dx$, usamos os resultados da regra do trapézio composta com $n = 1, 2, 4, 8, 16,...$, e denotamos as aproximações resultantes respectivamente por $R_{1,1}$, $R_{2,1}$, $R_{3,1}$, e assim por diante. A seguir, aplicamos extrapolação da maneira dada na Seção 4.2; ou seja, obtemos aproximações $O(h^4)$, denotadas por $R_{2,2}$, $R_{3,2}$, $R_{4,2}$ e assim por diante, por

$$R_{k,2} = R_{k,1} + \frac{1}{3}(R_{k,1} - R_{k-1,1}), \quad \text{para } k = 2, 3, ..$$

e, então, aproximações $O(h^6)$, $R_{3,3}$, $R_{4,3}$, $R_{5,3}$ podem ser obtidas por

$$R_{k,3} = R_{k,2} + \frac{1}{15}(R_{k,2} - R_{k-1,2}), \quad \text{para } k = 3, 4, \ldots$$

Em geral, depois das aproximações adequadas $R_{k,j-1}$ terem sido obtidas, determinamos as aproximações $O(h^{2j})$ por

$$R_{k,j} = R_{k,j-1} + \frac{1}{4^{j-1} - 1}(R_{k,j-1} - R_{k-1,j-1}), \quad \text{para } k = j, j+1, \ldots$$

EXEMPLO 1

Use a regra do trapézio composta para encontrar aproximações de $\int_0^\pi \text{sen}\, x\, dx$ com $n = 1, 2, 4, 8$ e 16. A seguir, faça a integração de Romberg nos resultados.

A regra do trapézio composta para os diversos valores de n fornece as seguintes aproximações para o valor verdadeiro 2:

$$R_{1,1} = \frac{\pi}{2}[\text{sen}\,0 + \text{sen}\,\pi] = 0,$$

$$R_{2,1} = \frac{\pi}{4}\left[\text{sen}\,0 + 2\,\text{sen}\frac{\pi}{2} + \text{sen}\,\pi\right] = 1{,}57079633,$$

$$R_{3,1} = \frac{\pi}{8}\left[\text{sen}\,0 + 2\left(\text{sen}\frac{\pi}{4} + \text{sen}\frac{\pi}{2} + \text{sen}\frac{3\pi}{4}\right) + \text{sen}\pi\right] = 1{,}89611890,$$

$$R_{4,1} = \frac{\pi}{16}\left[\text{sen}\,0 + 2\left(\text{sen}\frac{\pi}{8} + \text{sen}\frac{\pi}{4} + \cdots + \text{sen}\frac{3\pi}{4} + \text{sen}\frac{7\pi}{8}\right) + \text{sen}\pi\right]$$
$$= 1{,}97423160, \text{ e}$$

$$R_{5,1} = \frac{\pi}{32}\left[\text{sen}\,0 + 2\left(\text{sen}\frac{\pi}{16} + \text{sen}\frac{\pi}{8} + \cdots + \text{sen}\frac{7\pi}{8} + \text{sen}\frac{15\pi}{16}\right) + \text{sen}\pi\right]$$
$$= 1{,}99357034.$$

As aproximações $O(h^4)$ são

$$R_{2,2} = R_{2,1} + \frac{1}{3}(R_{2,1} - R_{1,1}) = 2{,}09439511,$$

$$R_{3,2} = R_{3,1} + \frac{1}{3}(R_{3,1} - R_{2,1}) = 2{,}00455976,$$

$$R_{4,2} = R_{4,1} + \frac{1}{3}(R_{4,1} - R_{3,1}) = 2{,}00026917, \text{ e}$$

$$R_{5,2} = R_{5,1} + \frac{1}{3}(R_{5,1} - R_{4,1}) = 2{,}00001659.$$

As aproximações $O(h^6)$ são

$$R_{3,3} = R_{3,2} + \frac{1}{15}(R_{3,2} - R_{2,2}) = 1{,}99857073,$$

$$R_{4,3} = R_{4,2} + \frac{1}{15}(R_{4,2} - R_{3,2}) = 1{,}99998313, \text{ e}$$

$$R_{5,3} = R_{5,2} + \frac{1}{15}(R_{5,2} - R_{4,2}) = 1{,}99999975.$$

As duas aproximações $O(h^8)$ são

$$R_{4,4} = R_{4,3} + \frac{1}{63}(R_{4,3} - R_{3,3}) = 2{,}00000555 \quad \text{e} \quad R_{5,4} = R_{5,3} + \frac{1}{63}(R_{5,3} - R_{4,3})$$
$$= 2{,}00000001,$$

e a aproximação final $O(h^{10})$ é

$$R_{5,5} = R_{5,4} + \frac{1}{255}(R_{5,4} - R_{4,4}) = 1{,}99999999.$$

Estes resultados são mostrados na Tabela 4.9. ■

Tabela 4.9

0				
1.57079633	2.09439511			
1.89611890	2.00455976	1.99857073		
1.97423160	2.00026917	1.99998313	2.00000555	
1.99357034	2.00001659	1.99999975	2.00000001	1.99999999

Observe que, ao gerar as aproximações para regra do trapézio composta no Exemplo 1, cada aproximação consecutiva incluía todos os cálculos de função da aproximação anterior. Ou seja, $R_{1,1}$ usou cálculos em 0 e π, $R_{2,1}$ usou este cálculos e adicionou um cálculo de função no ponto intermediário $\pi/2$. A seguir, $R_{3,1}$ usou os cálculos de $R_{2,1}$ e adicionou dois intermediários, em $\pi/4$ e $3\pi/4$. Este padrão continua com $R_{4,1}$, usando os mesmos cálculos que $R_{3,1}$, mas adicionando cálculos nos quatro pontos intermediários $\pi/8$, $3\pi/8$, $5\pi/8$, $7\pi/8$ e assim por diante.

Este procedimento de cálculo de função para aproximações pela regra do trapézio composta serve para uma integral em qualquer intervalo [a, b]. Em geral, a regra do trapézio composta, denotada $R_{k+1,1}$, usa os mesmos cálculos que $R_{k,1}$, mas adiciona cálculos em 2^{k-2} pontos intermediários. O cálculo eficiente destas aproximações pode, portanto, ser feita de modo recursivo.

Para obter as aproximações pela regra do trapézio composta para $\int_a^b f(x)\,dx$, seja $h_k = (b-a)/m_k = (b-a)/2^{k-1}$. Então

$$R_{1,1} = \frac{h_1}{2}[f(a) + f(b)] = \frac{(b-a)}{2}[f(a) + f(b)],$$

e

$$R_{2,1} = \frac{h_2}{2}[f(a) + f(b) + 2f(a + h_2)].$$

Ao expressar novamente este resultado para $R_{2,1}$, podemos incorporar a aproximação $R_{1,1}$ determinada anteriormente

$$R_{2,1} = \frac{(b-a)}{4}\left[f(a) + f(b) + 2f\left(a + \frac{(b-a)}{2}\right)\right] = \frac{1}{2}[R_{1,1} + h_1 f(a + h_2)].$$

De modo semelhante, podemos escrever

$$R_{3,1} = \frac{1}{2}\{R_{2,1} + h_2[f(a + h_3) + f(a + 3h_3)]\},$$

e, em geral (veja a Figura 4.10), obtemos

$$R_{k,1} = \frac{1}{2}\left[R_{k-1,1} + h_{k-1}\sum_{i=1}^{2^{k-2}} f(a + (2i-1)h_k)\right], \tag{4.34}$$

para cada $k = 2, 3, \ldots, n$. (Veja os Exercícios 18 e 19.)

Figura 4.10

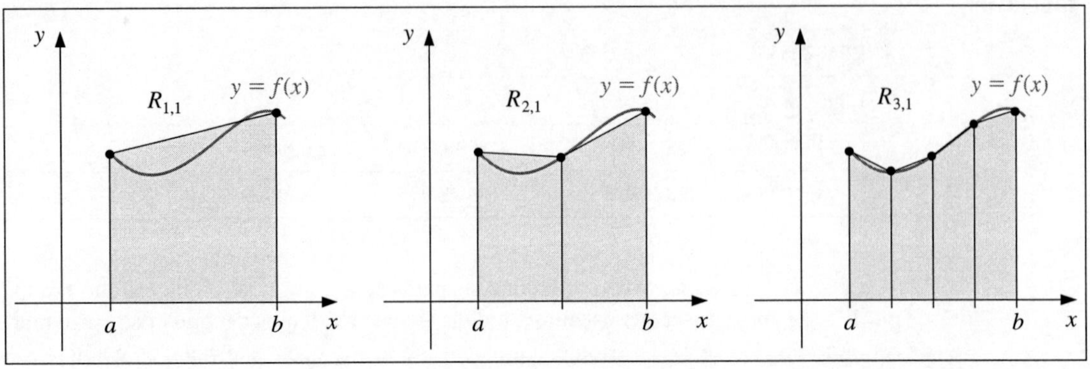

A extrapolação é então usada para fornecer aproximações $O(h_k^{2j})$ por

$$R_{k,j} = R_{k,j-1} + \frac{1}{4^{j-1} - 1}(R_{k,j-1} - R_{k-1,j-1}), \quad \text{para } k = j, j+1, \ldots,$$

como é mostrado na Tabela 4.10.

Tabela 4.10

k	$O(h_k^2)$	$O(h_k^4)$	$O(h_k^6)$	$O(h_k^8)$		$O(h_k^{2n})$
1	$R_{1,1}$					
2	$R_{2,1}$	$R_{2,2}$				
3	$R_{3,1}$	$R_{3,2}$	$R_{3,3}$			
4	$R_{4,1}$	$R_{4,2}$	$R_{4,3}$	$R_{4,4}$		
...	.	.	.	.		
n	$R_{n,1}$	$R_{n,2}$	$R_{n,3}$	$R_{n,4}$	⋯	$R_{n,n}$

O método efetivo de construir a tabela de Romberg usa a aproximação de ordem mais alta em cada passo. Ou seja, ele calcula os elementos linha a linha, na ordem $R_{1,1}$, $R_{2,1}$, $R_{2,2}$, $R_{3,1}$, $R_{3,2}$, $R_{3,3}$ e assim por diante. Isto também permite que uma linha totalmente nova na tabela seja calculada fazendo apenas uma aplicação adicional da regra do trapézio composta. ele então usa uma média simples nos valores previamente calculados para obter os elementos restantes da linha. Lembre-se de

- Calcular a tabela de Romberg uma linha completa de cada vez.

EXEMPLO 2 Acrescente uma linha de extrapolação adicional na Tabela 4.9 para aproximar $\int_0^{\pi} \text{sen}\, x\, dx$.

Solução Para obter uma linha adicional, precisamos a aproximação por trapézio

$$R_{6,1} = \frac{1}{2}\left[R_{5,1} + \frac{\pi}{16}\sum_{k=1}^{2^4} \text{sen}\frac{(2k-1)\pi}{32}\right] = 1{,}99839336.$$

Os valores na Tabela 4.9 fornecem

$$R_{6,2} = R_{6,1} + \frac{1}{3}(R_{6,1} - R_{5,1}) = 1{,}99839336 + \frac{1}{3}(1{,}99839336 - 1{,}99357035)$$
$$= 2{,}00000103,$$
$$R_{6,3} = R_{6,2} + \frac{1}{15}(R_{6,2} - R_{5,2}) = 2{,}00000103 + \frac{1}{15}(2{,}00000103 - 2{,}00001659)$$
$$= 2{,}00000000,$$
$$R_{6,4} = R_{6,3} + \frac{1}{63}(R_{6,3} - R_{5,3}) = 2{,}00000000, \quad R_{6,5} = R_{6,4} + \frac{1}{255}(R_{6,4} - R_{5,4})$$
$$= 2{,}00000000,$$

e $R_{6,6} = R_{6,5} + \frac{1}{1023}(R_{6,5} - R_{5,5}) = 2.00000000$. A nova tabela de extrapolação é mostrada na Tabela 4.11. ■

Tabela 4.11

0					
1,57079633	2,09439511				
1,89611890	2,00455976	1,99857073			
1,97423160	2,00026917	1,99998313	2,00000555		
1,99357034	2,00001659	1,99999975	2,00000001	1,99999999	
1,99839336	2,00000103	2,00000000	2,00000000	2,00000000	2,00000000

Observe que todos os valores extrapolados, exceto o primeiro (na primeira linha da segunda coluna) são mais precisos que a melhor aproximação pela regra do trapézio composta (na última linha da primeira coluna). Embora existam 21 elementos na Tabela 4.11, apenas os seis na coluna da esquerda exigem o cálculo de funções, já que estes são os únicos elementos gerados pela regra do trapézio composta; os outros elementos são obtidos por um processo de média. De fato, por causa da relação de recorrência dos termos na coluna da esquerda, os únicos cálculos de função necessários são aqueles para a aproximação final pela regra do trapézio composta. Em geral, $R_{k,1}$ exige o cálculo de $1 + 2^{k-1}$ valores de função, de modo que neste caso são necessários $1 + 2^5 = 33$.

O Algoritmo 4.2 usa um procedimento recursivo para determinar as aproximações iniciais pela regra do trapézio composta e calcula os resultados da tabela linha por linha.

ALGORITMO 4.2 **Integração de Romberg**

Para obter uma aproximação da integral $I = \int_a^b f(x)\,dx$, escolha um inteiro $n > 0$.

ENTRADA extremidades a, b; inteiro n.

SAÍDA uma matriz R. (*Calcula R por linhas; somente as 2 últimas linhas são salvas no armazenamento.*)

Passo 1 Faça $h = b - a$;

$$R_{1,1} = \frac{h}{2}(f(a) + f(b)).$$

Passo 2 SAÍDA $(R_{1,1})$.

Passo 3 Para $i = 2, \ldots, n$ execute Passos 4 a 8.

Passo 4 Faça $R_{2,1} = \frac{1}{2}\left[R_{1,1} + h\sum_{k=1}^{2^{i-2}} f(a + (k - 0{,}5)h)\right]$.

(*Aproximação do método do trapézio.*)

Passo 5 Para $j = 2, \ldots, i$

Faça $R_{2,j} = R_{2,j-1} + \frac{R_{2,j-1} - R_{1,j-1}}{4^{j-1} - 1}$. (*Extrapolação.*)

Passo 6 SAÍDA ($R_{2,j}$ para $j = 1, 2, \ldots, i$).

Passo 7 Faça $h = h / 2$.

Passo 8 Para $j = 1, 2, \ldots, i$ faça $R_{1,j} = R_{2,j}$. (*Atualiza linha 1 de R.*)

Passo 9 PARE. ■

O Algoritmo 4.2 requer um inteiro n predefinido para determinar o número de linhas a ser geradas. Poderíamos também definir uma tolerância de erro para a aproximação e gerar n, menor que certo limitante superior, até que os valores consecutivos nas diagonais, $R_{n-1,n-1}$ e $R_{n,n}$, coincidam dentro da tolerância. Para se prevenir contra a possibilidade de dois elementos de linhas consecutivas coincidirem entre si, mas não com o valor da integral sendo aproximado, é comum gerar aproximações até que não só $|R_{n-1,n-1} - R_{n,n}|$ esteja dentro da tolerância, como também $|R_{n-2,n-2} - R_{n-1,n-1}|$. Embora não seja uma precaução totalmente segura, ela vai garantir que dois conjuntos de aproximações geradas de modo diferente coincidam dentro da tolerância especificada, antes de $R_{n,n}$ ser aceito como suficientemente preciso.

A integração de Romberg aplicada a f no intervalo $[a, b]$ baseia-se na hipótese de que a regra do trapézio composta tem um termo de erro que pode ser expresso na forma da Equação (4.33); ou seja, devemos ter $f \in C^{2k+2}[a, b]$ para que a k-ésima linha seja gerada. Algoritmos com propósitos gerais que utilizam a integração de Romberg incluem uma verificação em cada estágio para garantir que essa hipótese seja satisfeita. Esses métodos são conhecidos como *algoritmos cuidadosos de Romberg* e são descritos em [Joh]. Essa referência também descreve métodos para a utilização da técnica de Romberg como um procedimento adaptativo, semelhante à regra de Simpson adaptativa que será discutida na Seção 4.6.

O adjetivo cuidadoso, utilizado na descrição de um método numérico, indica que é incorporada uma verificação para determinar se as hipóteses de continuidade parecem ser verdadeiras.

EXERCÍCIOS 4.5

1. Utilize a integração de Romberg para calcular $R_{3,3}$ para as integrais a seguir.

a. $\int_1^{1,5} x^2 \ln x \, dx$ **b.** $\int_0^1 x^2 e^{-x} \, dx$

c. $\int_0^{0,35} \frac{2}{x^2 - 4} \, dx$ **d.** $\int_0^{\pi/4} x^2 \operatorname{sen} x \, dx$

e. $\int_0^{\pi/4} e^{3x} \operatorname{sen} 2x \, dx$ **f.** $\int_1^{1,6} \frac{2x}{x^2 - 4} \, dx$

g. $\int_3^{3,5} \frac{x}{\sqrt{x^2 - 4}} \, dx$ **h.** $\int_0^{\pi/4} (\cos x)^2 \, dx$

2. Utilize a integração de Romberg para calcular $R_{3,3}$ para as integrais a seguir.

a. $\int_{-1}^{1} (\cos x)^2 \, dx$ b. $\int_{-0,75}^{0,75} x \ln(x+1) \, dx$

c. $\int_{1}^{4} \left((\text{sen}\, x)^2 - 2x \,\text{sen}\, x + 1\right) dx$ d. $\int_{e}^{2e} \frac{1}{x \ln x} \, dx$

3. Calcule $R_{4,4}$ para as integrais do Exercício 1.
4. Calcule $R_{4,4}$ para as integrais do Exercício 2.
5. Utilize a integração de Romberg para obter uma aproximação das integrais do Exercício 1 com precisão de 10^{-6}. Calcule a tabela de Romberg até que ou $|R_{n-1,n-1} - R_{n,n}| < 10^{-6}$ ou $n = 10$. Compare seus resultados com os valores exatos das integrais.
6. Utilize a integração de Romberg para obter uma aproximação das integrais do Exercício 2 com precisão de 10^{-6}. Calcule a tabela de Romberg até que ou $|R_{n-1,n-1} - R_{n,n}| < 10^{-6}$ ou $n = 10$. Compare seus resultados com os valores exatos das integrais.
7. Utilize os dados a seguir para obter uma aproximação de $\int_1^5 f(x)\, dx$ tão precisa quanto possível.

x	1	2	3	4	5
$f(x)$	2,4142	2,6734	2,8974	3,0976	3,2804

8. Use os seguintes dados para aproximar $\int_0^6 f(x)\, dx$ de modo tão preciso quanto possível.

x	0	0,75	1,5	2,25	3	3,75	4,5	5,25	6
$f(x)$	0	0,866025	1,22474	1,5	1,7321	1,9365	2,1213	2,2913	2,4495

9. A integração de Romberg é utilizada para obter uma aproximação de

$$\int_2^3 f(x)\, dx.$$

Se $f(2) = 0,51342$, $f(3) = 0,36788$, $R_{31} = 0,43687$ e $R_{33} = 0,43662$, encontre $f(2,5)$.

10. A integração de Romberg é utilizada para obter uma aproximação de

$$\int_0^1 \frac{x^2}{1+x^3}\, dx.$$

Se $R_{11} = 0,250$ e $R_{22} = 0,2315$, encontre R_{21}.

11. A integração de Romberg para obter uma aproximação de $\int_a^b f(x)\, dx$ fornece $R_{11} = 8$, $R_{22} = 16/3$ e $R_{33} = 208/45$. Encontre R_{31}.
12. A integração de Romberg para obter uma aproximação de $\int_0^1 f(x)\, dx$ fornece $R_{11} = 4$ e $R_{22} = 5$. Encontre $f(\frac{1}{2})$.
13. Utilize a integração de Romberg para calcular as aproximações a seguir para

$$\int_0^{48} \sqrt{1 + (\cos x)^2}\, dx.$$

[*Observação*: Os resultados neste exercício são mais interessantes se um dispositivo com aritmética entre sete e nove algarismos for utilizado.]

a. Determine $R_{1,1}$, $R_{2,1}$, $R_{3,1}$, $R_{4,1}$ e $R_{5,1}$ e utilize essas aproximações para prever o valor da integral.

b. Determine $R_{2,2}$, $R_{3,3}$, $R_{4,4}$ e $R_{5,5}$ e modifique sua previsão.

c. Determine $R_{6,1}$, $R_{6,2}$, $R_{6,3}$, $R_{6,4}$, $R_{6,5}$ e $R_{6,6}$ e modifique sua previsão.

d. Determine $R_{7,7}$, $R_{8,8}$, $R_{9,9}$ e $R_{10,10}$ e modifique sua previsão.

e. Explique por que essa integral causa dificuldade com a integração de Romberg e como isso pode ser reformulado para determinar mais facilmente uma aproximação precisa.

14. No Exercício 24 da Seção 1.1, uma série de Maclaurin foi integrada para obter uma aproximação de erf (1), em que erf(x) é a função de erro da distribuição normal definida por

$$\text{erf}(x) = \frac{2}{\sqrt{\pi}} \int_0^x e^{-t^2}\, dt.$$

Obtenha uma aproximação de erf(1) com precisão de 10^{-7}.

EXERCÍCIOS APLICADOS

15. Encontre uma aproximação com precisão de 10^{-4} do valor da integral considerada na aplicação na abertura deste capítulo:

$$\int_0^{48} \sqrt{1 + (\cos x)^2}\, dx.$$

16. No Exercício 19 da Seção 4.4, o método de Simpson composto foi usado para aproximar o tempo necessário para uma partícula frear para 5 metros por segundo. A partícula tem massa $m = 10$ kg e está se movendo em um fluido. A partícula está sujeita a uma resistência viscosa $R = -\,v\sqrt{v}$ em que v é a velocidade da partícula em metros por segundo.

A relação entre R, v e o tempo t é dada por

$$t = \int_{v(0)}^{v(t)} \frac{m}{R(u)} du$$

Supondo que $v(0) = 10$ metros por segundo, use a integração de Romberg com $n = 4$ para obter uma aproximação.

EXERCÍCIOS TEÓRICOS

17. Mostre que a aproximação obtida a partir de $R_{k,2}$ é a mesma que a dada pela regra de Simpson composta descrita no Teorema 4.4 com $h = h_k$.

18. Mostre que, para todo k,

$$\sum_{i=1}^{2^{k-1}-1} f\left(a + \frac{i}{2}h_{k-1}\right) = \sum_{i=1}^{2^{k-2}} f\left(a + \left(i - \frac{1}{2}\right)h_{k-1}\right) + \sum_{i=1}^{2^{k-2}-1} f(a + ih_{k-1}).$$

19. Utilize o resultado do Exercício 18 para verificar a Equação (4.34); isto é, mostre que, para todo k,

$$R_{k,1} = \frac{1}{2}\left[R_{k-1,1} + h_{k-1}\sum_{i=1}^{2^{k-2}} f\left(a + \left(i - \frac{1}{2}\right)h_{k-1}\right)\right].$$

QUESTÕES PARA DISCUSSÃO

1. Uma modificação da integração de Romberg é a construção de $R_k\,(h)$ dobrando o tamanho do passo h, e outra é a construção de $R_k\,(h)$ tomando a metade do passo h. Discuta a utilidade de ambas as modificações se estiverem disponíveis como entrada um número limitado de valores dados (t_k, I_k).

2. Recrie a Tabela 4.9 por meio da criação de uma planilha que aproximará a integral. Compare sua aproximação ao resultado obtido na Tabela 4.9. Descreva as semelhanças e as diferenças nas tabelas.

3. O valor médio de uma função é definido por $\int_a^b \frac{f(x)}{(b-a)}dx$. A extrapolação de Richardson pode ser usada para determinar o valor médio? Em caso afirmativo, quais modificações, se for necessária alguma, precisam ser feitas?
4. Se for escolhida a regra de Simpson composta, em vez da regra do trapézio composta, na primeira coluna da tabela de Romberg, as colunas à direita serão diferentes daquelas da tabela de Romberg original?

4.6 Métodos da quadratura adaptativos

A fórmulas compostas são muito eficientes na maior parte das situações, mas ocasionalmente não funcionam, pois exigem o uso de nós igualmente espaçados. Isto não é adequado ao integrar uma função em um intervalo que contenha tanto regiões com grande variação da função quanto regiões com pequena variação da função.

Ilustração A única solução da equação diferencial $y'' + 6y' + 25 = 0$ que, além disso, satisfaz $y(0) = 0$ e $y(0) = 4$ é $y(x) = e^{-3x}$ sen $4x$. Funções deste tipo são comuns na engenharia mecânica porque descrevem certas características de sistemas de mola e de absorção de choque e na engenharia elétrica porque são soluções comuns de problemas de circuitos elementares. O gráfico de $y(x)$ para x no intervalo [0, 4] é mostrado na Figura 4.11.

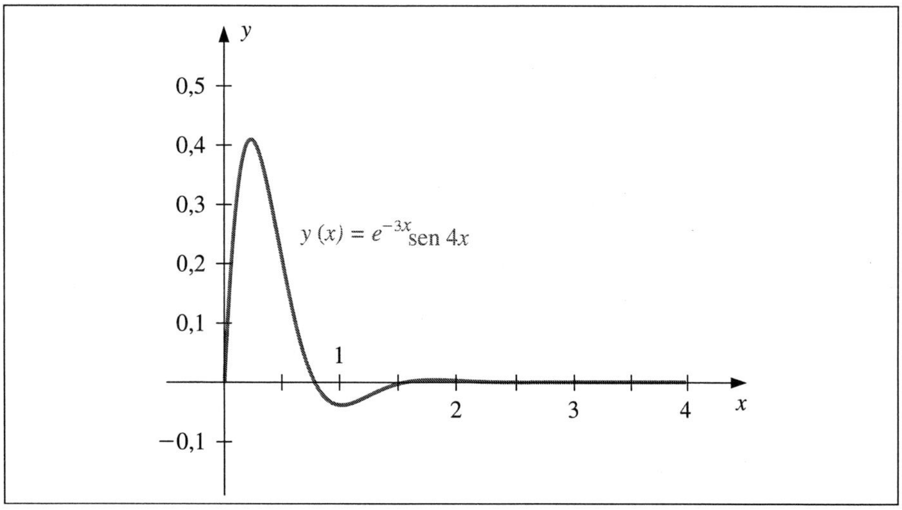

Figura 4.11

Suponha que precisemos da integral de $y(x)$ em [0, 4]. O gráfico indica que a integral em [3, 4] deve estar muito próxima de 0 e em [2, 3] também não se esperaria que fosse grande. Entretanto, em [0, 2], há uma variação significativa da função, e não está, de modo algum, claro qual é a integral neste intervalo. Este é um exemplo de uma situação na qual a integração composta seria inadequada. Um método de ordem bem baixa poderia ser usado em [2, 4], mas um método de ordem mais alta seria necessário em [0, 2]. ■

A questão que consideraremos nesta seção é a seguinte:

- Como podemos determinar qual técnica deve ser aplicada nas várias partes do intervalo de integração e quão precisa podemos esperar que a aproximação final seja?

Veremos que, em condições bastante razoáveis, podemos responder a esta pergunta e também determinar aproximações que satisfaçam às exigências de precisão.

Se o erro de aproximação de uma integral em dado intervalo precisa ser uniformemente distribuído, um tamanho de passo menor é necessário para regiões de grande variação que para aquelas com menor variação. Uma técnica eficiente para este tipo de problema deve prever a quantidade de variação funcional e adaptar o tamanho do passo conforme necessário. Esses métodos são chamados **métodos de quadratura adaptativos**. Os métodos numéricos adaptativos são particularmente populares para inclusão em pacotes de softwares profissionais, visto que eles, além de serem eficientes, geralmente oferecem aproximações que estejam dentro de uma tolerância especificada.

Nesta seção, consideramos um método de quadratura adaptativo e veremos como ele pode ser utilizado não só para reduzir o erro da aproximação, mas também para prever uma estimativa de erro para a aproximação que não conte com o conhecimento de derivadas superiores da função. O método que discutiremos tem base na regra de Simpson composta, mas a técnica é facilmente modificada para utilizar outros procedimentos compostos.

Suponha que queiramos aproximar $\int_a^b f(x)\, dx$ até uma tolerância especificada $\varepsilon > 0$. O primeiro passo no procedimento é aplicar a regra de Simpson com o tamanho de passo $h = (b - a)/2$. Isso produz (Veja a Figura 4.12.)

$$\int_a^b f(x)\, dx = S(a, b) - \frac{h^5}{90} f^{(4)}(\xi), \quad \text{para algum } \xi \text{ em } (a, b), \tag{4.35}$$

em que denotamos a aproximação pela regra de Simpson em $[a, b]$ por

$$S(a, b) = \frac{h}{3}[f(a) + 4f(a + h) + f(b)].$$

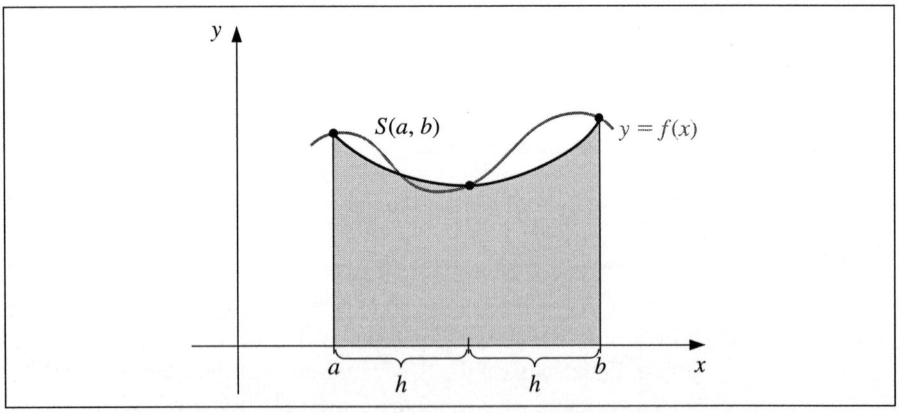

Figura 4.12

O próximo passo é determinar uma precisão de aproximação sem usar $f^{(4)}(\xi)$. Para fazer isso, aplicamos a regra de Simpson composta com $n = 4$ e o tamanho de passo $(b - a)/4 = h/2$, obtendo

$$\int_a^b f(x)\,dx = \frac{h}{6}\left[f(a) + 4f\left(a + \frac{h}{2}\right) + 2f(a+h) + 4f\left(a + \frac{3h}{2}\right) + f(b)\right]$$
$$- \left(\frac{h}{2}\right)^4 \frac{(b-a)}{180} f^{(4)}(\tilde{\xi}), \quad (4.36)$$

para algum $\tilde{\xi}$ em (a, b). Para simplificar a notação, sejam

$$S\left(a, \frac{a+b}{2}\right) = \frac{h}{6}\left[f(a) + 4f\left(a + \frac{h}{2}\right) + f(a+h)\right]$$

e

$$S\left(\frac{a+b}{2}, b\right) = \frac{h}{6}\left[f(a+h) + 4f\left(a + \frac{3h}{2}\right) + f(b)\right].$$

Então, a Equação (4.36) pode ser reescrita (veja a Figura 4.13) como

$$\int_a^b f(x)\,dx = S\left(a, \frac{a+b}{2}\right) + S\left(\frac{a+b}{2}, b\right) - \frac{1}{16}\left(\frac{h^5}{90}\right) f^{(4)}(\tilde{\xi}). \quad (4.37)$$

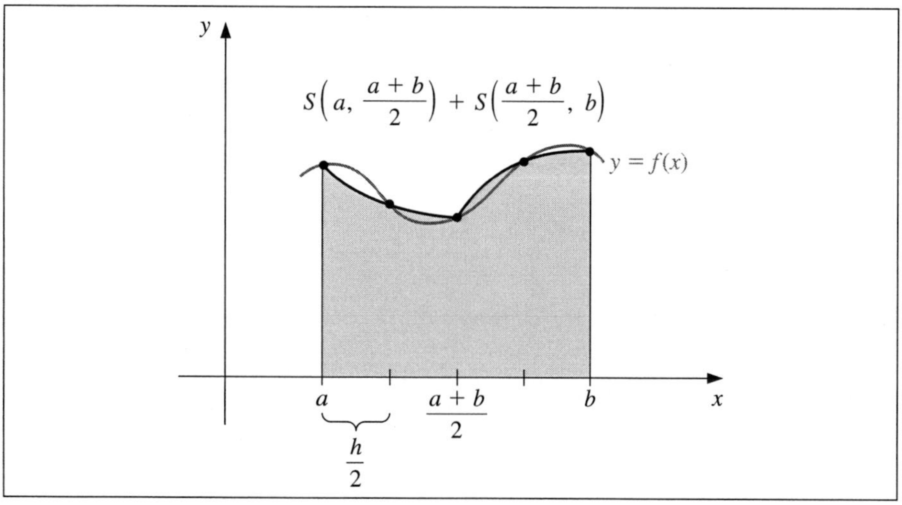

Figura 4.13

A estimativa de erro é deduzida supondo que $\xi \approx \tilde{\xi}$ ou, mais precisamente, que $f^{(4)}(\xi) \approx f^{(4)}(\tilde{\xi})$, e o sucesso da técnica depende da precisão dessa hipótese. Se for precisa, então igualar as integrais nas Equações (4.35) e (4.37) implica que

$$S\left(a, \frac{a+b}{2}\right) + S\left(\frac{a+b}{2}, b\right) - \frac{1}{16}\left(\frac{h^5}{90}\right) f^{(4)}(\xi) \approx S(a,b) - \frac{h^5}{90} f^{(4)}(\xi),$$

de modo que

$$\frac{h^5}{90} f^{(4)}(\xi) \approx \frac{16}{15}\left[S(a,b) - S\left(a, \frac{a+b}{2}\right) - S\left(\frac{a+b}{2}, b\right)\right].$$

Utilizar essa estimativa na Equação (4.37) produz a estimativa do erro

$$\left|\int_a^b f(x)\,dx - S\left(a, \frac{a+b}{2}\right) - S\left(\frac{a+b}{2}, b\right)\right|$$

$$\approx \frac{1}{16}\left(\frac{h^5}{90}\right) f^{(4)}(\xi) \approx \frac{1}{15}\left|S(a,b) - S\left(a, \frac{a+b}{2}\right) - S\left(\frac{a+b}{2}, b\right)\right|.$$

Esse resultado significa que $S(a, (a+b)/2) + S((a+b)/2, b)$ aproxima $\int_a^b f(x)\,dx$ cerca de 15 vezes melhor que aproxima o valor conhecido $S(a, b)$. Logo, se

$$\left|S(a,b) - S\left(a, \frac{a+b}{2}\right) - S\left(\frac{a+b}{2}, b\right)\right| < 15\varepsilon, \tag{4.38}$$

esperamos obter

$$\left|\int_a^b f(x)\,dx - S\left(a, \frac{a+b}{2}\right) - S\left(\frac{a+b}{2}, b\right)\right| < \varepsilon, \tag{4.39}$$

e

$$S\left(a, \frac{a+b}{2}\right) + S\left(\frac{a+b}{2}, b\right)$$

é aceito como uma aproximação precisa o suficiente de $\int_a^b f(x)\,dx$.

EXEMPLO 1 Para verificar a precisão da estimativa de erro fornecida nas Equações (4.38) e (4.39), considere sua aplicação à integral

$$\int_0^{\pi/2} \operatorname{sen} x\,dx = 1,$$

por comparação

$$\frac{1}{15}\left|S\left(0, \frac{\pi}{2}\right) - S\left(0, \frac{\pi}{4}\right) - S\left(\frac{\pi}{4}, \frac{\pi}{2}\right)\right| \text{ para } \left|\int_0^{\pi/2} \operatorname{sen} x\,dx - S\left(0, \frac{\pi}{4}\right) - S\left(\frac{\pi}{4}, \frac{\pi}{2}\right)\right|.$$

Solução Temos

$$S\left(0, \frac{\pi}{2}\right) = \frac{\pi/4}{3}\left[\operatorname{sen} 0 + 4\operatorname{sen}\frac{\pi}{4} + \operatorname{sen}\frac{\pi}{2}\right] = \frac{\pi}{12}(2\sqrt{2}+1) = 1{,}002279878$$

e

$$S\left(0, \frac{\pi}{4}\right) + S\left(\frac{\pi}{4}, \frac{\pi}{2}\right) = \frac{\pi/8}{3}\left[\operatorname{sen} 0 + 4\operatorname{sen}\frac{\pi}{8} + 2\operatorname{sen}\frac{\pi}{4} + 4\operatorname{sen}\frac{3\pi}{8} + \operatorname{sen}\frac{\pi}{2}\right]$$
$$= 1{,}000134585.$$

Assim

$$\left|S\left(0, \frac{\pi}{2}\right) - S\left(0, \frac{\pi}{4}\right) - S\left(\frac{\pi}{4}, \frac{\pi}{2}\right)\right| = |1{,}002279878 - 1{,}000134585| = 0{,}002145293.$$

Consequentemente, a estimativa para o erro obtido ao utilizar $S(a, (a+b)) + S((a+b), b)$ como uma aproximação de $\int_a^b f(x)\,dx$ é

$$\frac{1}{15}\left|S\left(0,\frac{\pi}{2}\right) - S\left(0,\frac{\pi}{4}\right) - S\left(\frac{\pi}{4},\frac{\pi}{2}\right)\right| = 0{,}000143020,$$

que aproxima bem o erro real

$$\left|\int_0^{\pi/2} \operatorname{sen} x\,dx - 1{,}000134585\right| = 0{,}000134585,$$

ainda que $D_x^4 \operatorname{sen} x = \operatorname{sen} x$ varie significativamente no intervalo $(0, \pi/2)$. ■

Quando as aproximações na Equação (4.38) diferem em mais de 15ε, aplicamos a regra de Simpson individualmente aos subintervalos $[a, (a+b)/2]$ e $[(a+b)/2, b]$. Em seguida, utilizamos o procedimento para estimativa do erro para determinar se a aproximação da integral em cada subintervalo está dentro da tolerância de $\varepsilon/2$. Se esse for o caso, somam-se as aproximações para produzir uma aproximação $\int_a^b f(x)\,dx$ dentro da tolerância ε.

Se a aproximação para um dos subintervalos não estiver dentro da tolerância $\varepsilon/2$, então esse subintervalo é subdividido e o procedimento é reaplicado aos subintervalos para determinar se a aproximação em cada subintervalo tem precisão de $\varepsilon/4$. Esse procedimento de divisão na metade é feito até cada parte alcançar a tolerância requerida.

Embora seja possível construir problemas de forma que esta tolerância nunca seja alcançada, a técnica em geral é bem-sucedida, pois cada subdivisão normalmente aumenta a precisão da aproximação por um fator 16, enquanto requer um aumento de precisão de um fator somente 2.

O Algoritmo 4.3 detalha esse procedimento de quadratura adaptativo para a regra de Simpson, embora a implementação seja ligeiramente diferente da discussão precedente. Por exemplo, no Passo 1, a tolerância foi igualada a 10ε em vez dos 15ε que apareciam na Equação (4.38). Esse limitante é escolhido de modo conservador para compensar o erro na hipótese $f^{(4)}(\xi) \approx f^{(4)}(\tilde{\xi})$. Em problemas para os quais se saiba que $f^{(4)}$ varia muito, o limitante deve ser reduzido ainda mais.

É uma boa ideia incluir uma margem de segurança quando é impossível verificar as hipóteses de precisão.

O procedimento listado no algoritmo primeiro aproxima a integral no subintervalo mais à esquerda em uma subdivisão. Isso requer o armazenamento e a chamada eficiente dos cálculos funcionais feitos previamente para os nós dos subintervalos da metade direita. Os Passos 3, 4 e 5 contêm um procedimento de manipulação de pilhas com um indicador para seguir os dados necessários para o cálculo da aproximação no subintervalo imediatamente adjacente e à direita do subintervalo no qual a aproximação está sendo gerada. O método é mais fácil de ser implementado, usando uma linguagem de programação recursiva.

ALGORITMO 4.3 **Quadratura adaptativa**

Para obter uma aproximação da integral $I = \int_a^b f(x)\,dx$ dentro de dada tolerância:

ENTRADA extremidades a, b; tolerância TOL; limite N para número de níveis.

SAÍDA aproximação APP ou mensagem de que N foi excedido.

Passo 1 Faça $APP = 0$;

$i = 1$;

$TOL_i = 10\ TOL$;

$a_i = a$;

$h_i = (b - a)/2$;

$FA_i = f(a)$;

$FC_i = f(a + h_i)$;

$FB_i = f(b)$;

$S_i = h_i\,(FA_i + 4FC_i + FB_i)/3$; (*Aproximação pelo método de Simpson para o intervalo inteiro.*)

$L_i = 1$.

Passo 2 Enquanto $i > 0$ execute Passos 3 a 5.

Passo 3 Faça $FD = f(a_i + h_i/2)$;

$FE = f(a_i + 3h_i/2)$;

$S1 = h_i\,(FA_i + 4FD + FC_i)/6$; (*Aproximação pelo método de Simpson para as metades dos subintervalos.*)

$S2 = h_i\,(FC_i + 4FE + FB_i)/6$;

$v_1 = a_i$; (*Salva os dados neste nível.*)

$v_2 = FA_i$;

$v_3 = FC_i$;

$v_4 = FB_i$;

$v_5 = h_i$;

$v_6 = TOL_i$;

$v_7 = S_i$;

$v_8 = L_i$.

Passo 4 Faça $i = i - 1$. (*Exclua o nível.*)

Passo 5 Se $|S1 + S2 - v_7| < v_6$

então faça $APP = APP + (S1 + S2)$

senão

se $(v_8 \geq N)$

então

SAÍDA ('NÍVEL EXCEDIDO'): (*Falha do procedimento.*)

PARE.

senãoM(*Adicione um nível.*)

faça $i = i + 1$; (*Dados para o subintervalo da metade direita.*)

$a_i = v_1 + v_5$;

$FA_i = v_3$;

$FC_i = FE$;

$FB_i = v_4$;

$h_i = v_5/2$;

$TOL_i = v_6/2$;

$S_i = S2$;

$L_i = v_8 + 1$;

faça $i = i + 1$; (*Dados para o subintervalo da metade esquerda.*)

$a_i = v_1$;

$FA_i = v_2$;

$FC_i = FD$;

$FB_i = v_3$;

$h_i = h_{i-1}$;

$TOL_i = TOL_{i-1}$;

$S_i = S1$;

$L_i = L_{i-1}$.

Passo 6 SAÍDA (*APP*); (*APP aproxima I com precisão TOL.*)

PARE. ■

Ilustração O gráfico da função $f(x) = (100/x^2)$ sen $(10/x)$ para x em $[1,3]$ é mostrado na Figura 4.14. O uso do Algoritmo 4.3 de quadratura adaptativo, com tolerância 10^{-4}, para obter uma aproximação de $\int_1^3 f(x)\,dx$ produz $-1{,}426014$, um resultado com precisão de $1{,}1 \times 10^{-5}$. A aproximação exigiu que a regra de Simpson com $n = 4$ fosse realizada nos 23 subintervalos cujas extremidades estão mostradas no eixo horizontal na Figura 4.14. O número total de cálculos funcionais necessários para essa aproximação é 93.

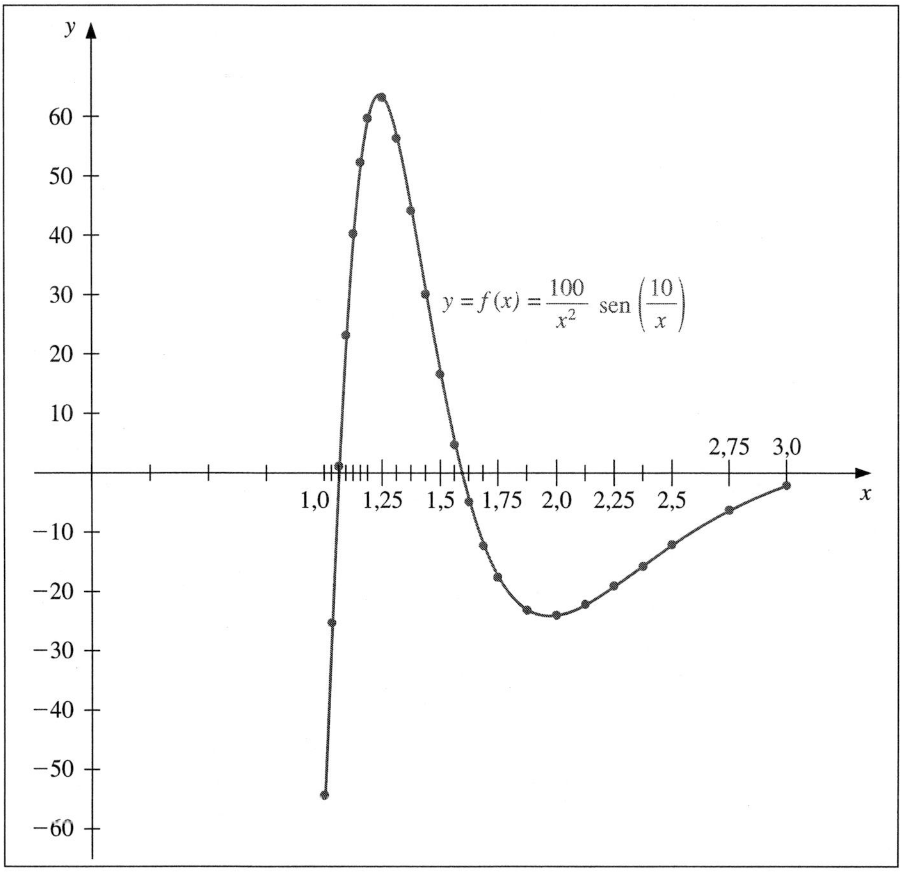

Figura 4.14

O maior valor de h para o qual a regra padrão de Simpson composta resulta em uma precisão de 10^{-4} é $h = 1/88$. Essa aplicação exige 177 cálculos de função, quase duas vezes o que é necessário na quadratura adaptativa. ■

EXERCÍCIOS 4.6

1. Calcule as aproximações pela regra de Simpson $S(a, b)$, $S(a, (a + b)/2)$ e $S((a + b)/2, b)$ para as integrais a seguir e verifique a estimativa dada na fórmula de aproximação.

   a. $\int_1^{1,5} x^2 \ln x \, dx$ b. $\int_0^1 x^2 e^{-x} \, dx$

   c. $\int_0^{0,35} \frac{2}{x^2 - 4} \, dx$ d. $\int_0^{\pi/4} x^2 \operatorname{sen} x \, dx$

2. Calcule as aproximações pela regra de Simpson $S(a,b)$, $S(a,(a + b)/2)$ e $S((a + b)/2,b)$ para as seguintes integrais e verifique a estimativa dada na fórmula de aproximação.

   a. $\int_0^{\pi/4} e^{3x} \operatorname{sen} 2x \, dx$ b. $\int_1^{1,6} \frac{2x}{x^2 - 4} \, dx$

   c. $\int_3^{3,5} \frac{x}{\sqrt{x^2 - 4}} \, dx$ d. $\int_0^{\pi/4} (\cos x)^2 \, dx$

3. Utilize a quadratura adaptativa para encontrar aproximações com precisão de 10^{-3} para as integrais do Exercício 1. Não utilize um programa de computador para gerar esses resultados.
4. Use quadratura adaptativa para encontrar aproximações com precisão de 10^{-3} para as integrais do Exercício 2. Não utilize um programa de computador para gerar estes resultados.
5. Utilize a quadratura adaptativa para obter uma aproximação das integrais a seguir com precisão de 10^{-5}.

   a. $\int_1^3 e^{2x} \operatorname{sen} 3x \, dx$ b. $\int_1^3 e^{3x} \operatorname{sen} 2x \, dx$

   c. $\int_0^5 (2x \cos(2x) - (x - 2)^2) \, dx$ d. $\int_0^5 (4x \cos(2x) - (x - 2)^2) \, dx$

6. Utilize a quadratura adaptativa para obter uma aproximação das integrais a seguir com precisão de 10^{-5}.

   a. $\int_0^{\pi} (\operatorname{sen} x + \cos x) \, dx$ b. $\int_1^2 (x + \operatorname{sen} 4x) \, dx$

   c. $\int_{-1}^1 x \operatorname{sen} 4x \, dx$ d. $\int_0^{\pi/2} (6 \cos 4x + 4 \operatorname{sen} 6x) e^x \, dx$

7. Utilize a regra de Simpson composta com $n = 4, 6, 8, \ldots$, até que as aproximações sucessivas para as integrais a seguir coincidam até 10^{-6}. Determine o número de nós necessários. Utilize o algoritmo de quadratura adaptativa para obter uma aproximação da integral com precisão de 10^{-6} e conte o número de nós. A quadratura adaptativa produziu alguma melhora?

   a. $\int_0^{\pi} x \cos x^2 \, dx$ b. $\int_0^{\pi} x \operatorname{sen} x^2 \, dx$

8. Use a regra de Simpson composta $n = 4,6,8,\ldots$, até que as aproximações sucessivas para as seguintes integrais coincidam até 10^{-6}. Determine o número de nós necessários. Use o algoritmo de quadratura adaptativa para aproximar a integral com precisão de 10^{-6} e conte o número de nós. A quadratura adaptativa produziu alguma melhora?

   a. $\int_0^{\pi} x^2 \cos x \, dx$ b. $\int_0^{\pi} x^2 \operatorname{sen} x \, dx$

9. Faça os gráficos de sen $(1/x)$ e cos $(1/x)$ em [0,1, 2]. Utilize a quadratura adaptativa para obter uma aproximação das integrais a seguir com a precisão de 10^{-3}.

a. $\int_{0,1}^{2} \operatorname{sen} \frac{1}{x}\, dx$ b. $\int_{0,1}^{2} \cos \frac{1}{x}\, dx$

EXERCÍCIOS APLICADOS

10. O estudo da difração da luz em uma abertura retangular envolve as integrais de Fresnel

$$c(t) = \int_0^t \cos \frac{\pi}{2} w^2\, dw \quad \text{e} \quad s(t) = \int_0^t \operatorname{sen} \frac{\pi}{2} w^2\, dw.$$

Construa uma tabela de valores para $c(t)$ e $s(t)$ com precisão 10^{-4} para valores de $t = 0{,}1, 0{,}2, \ldots, 1{,}0$.

11. A equação diferencial

$$mu''(t) + ku(t) = F_0 \cos \omega t$$

descreve um sistema massa-mola com massa m, constante da mola k e sem amortecimento aplicado. O termo $F_0 \cos \omega t$ descreve uma força externa periódica aplicada ao sistema. A solução da equação, quando o sistema está inicialmente em repouso ($u'(0) = u(0) = 0$), é

$$u(t) = \frac{F_0}{m(\omega_0^2 - \omega^2)} (\cos \omega t - \cos \omega_0 t), \quad \text{onde} \quad \omega_0 = \sqrt{\frac{k}{m}} \neq \omega.$$

Esboce o gráfico de u quando $m = 1$, $k = 9$, $F_0 = 1$, $\omega = 2$ e $t \in [0, 2\pi]$. Obtenha uma aproximação de $\int_0^{2\pi} u(t)\, dt$ com precisão 10^{-4}.

12. Se o termo $cu'(t)$ for adicionado no lado esquerdo da equação de movimento no Exercício 11, a equação diferencial resultante descreve um sistema massa-mola que é amortecido com uma constante de amortecimento $c \neq 0$. A solução para essa equação quando o sistema está inicialmente em repouso é

$$u(t) = c_1 e^{r_1 t} + c_2 e^{r_2 t} + \frac{F_0}{c^2\omega^2 + m^2(\omega_0^2 - \omega^2)^2} \left(c\omega \operatorname{sen} \omega t + m\left(\omega_0^2 - \omega^2\right) \cos \omega t\right),$$

em que

$$r_1 = \frac{-c + \sqrt{c^2 - 4\omega_0^2 m^2}}{2m} \quad \text{e} \quad r_2 = \frac{-c - \sqrt{c^2 - 4\omega_0^2 m^2}}{2m}.$$

a. Sejam $m = 1$, $k = 9$, $F_0 = 1$, $c = 10$ e $\omega = 2$. Encontre os valores de c_1 e c_2 de forma que $u(0) = u'(0) = 0$.

b. Esboce o gráfico de $u(t)$ para $t \in [0, 2\pi]$ e obtenha uma aproximação de $\int_0^{2\pi} u(t)\, dt$ com precisão 10^{-4}.

EXERCÍCIOS TEÓRICOS

13. Sejam $T(a, b)$ e $T(a, \frac{a+b}{2}) + T(\frac{a+b}{2}, b)$ as aplicações simples e dupla da regra do trapézio a $\int_a^b f(x)\, dx$. Deduza a relação entre

$$\left| T(a, b) - T\left(a, \frac{a+b}{2}\right) - T\left(\frac{a+b}{2}, b\right) \right|$$

e

$$\left| \int_a^b f(x)\, dx - T\left(a, \frac{a+b}{2}\right) - T\left(\frac{a+b}{2}, b\right) \right|.$$

QUESTÕES PARA DISCUSSÃO

1. A integração de Romberg pode substituir a regra de Simpson na quadratura adaptativa? Em caso afirmativo, como n seria determinado?
2. A eficiência da quadratura adaptativa diminui substancialmente se a função tiver singularidades integráveis nas extremidades do intervalo. Esta situação pode exigir milhares de iterações para diminuir o erro de integração para um nível aceitável. Discuta como isso pode ser evitado.

4.7 Quadratura de Gauss

Na Seção 4.3, as fórmulas de Newton-Cotes foram deduzidas pela integração de polinômios interpoladores. Como o termo de erro no polinômio interpolador de grau n envolve a $(n + 1)$-ésima derivada da função sendo aproximada, uma fórmula de Newton-Cotes é exata ao aproximar a integral de qualquer polinômio de grau menor ou igual a n.

Todas as fórmulas de Newton-Cotes usam valores da função em pontos igualmente espaçados. Essa restrição é conveniente quando as fórmulas são combinadas para formar as regras compostas que consideramos na Seção 4.4, mas isso pode reduzir significativamente a precisão da aproximação. Considere, por exemplo, a regra do trapézio aplicada na determinação das integrais das funções mostradas na Figura 4.15.

Figura 4.15

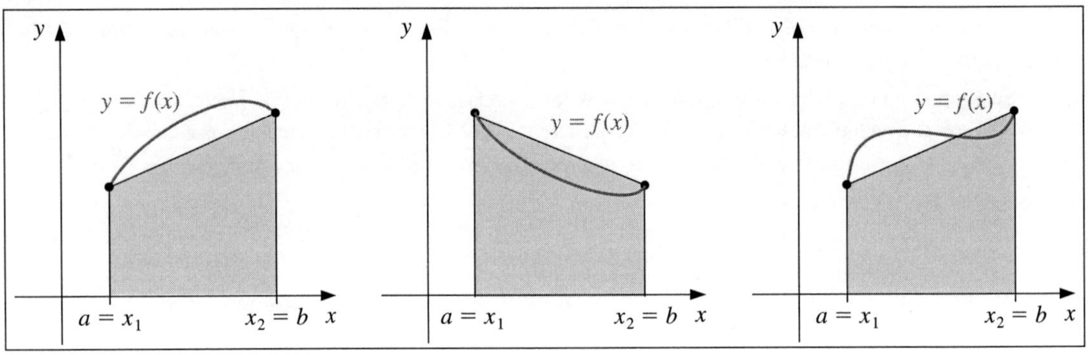

A regra do trapézio aproxima a integral da função pela integração da função linear que une as extremidades do gráfico da função. Mas essa, provavelmente, não é a melhor reta para obter uma aproximação da integral. Retas como aquelas mostradas na Figura 4.16 provavelmente dariam aproximações muito melhores na maioria dos casos.

A quadratura de Gauss escolhe os pontos para cálculo de uma forma ótima, em vez de igualmente espaçados. Os nós $x_1, x_2, \ldots, x_n$ no intervalo $[a, b]$ e coeficientes $c_1, c_2, \ldots, c_n$, são escolhidos para minimizar o erro esperado na aproximação

$$\int_a^b f(x)\, dx \approx \sum_{i=0}^{n} c_i f(x_i).$$

Para medir essa precisão, suponha que a melhor escolha desses valores produza o resultado exato para a maior classe de polinômios, isto é, a escolha que resulte na maior ordem de precisão.

Figura 4.16

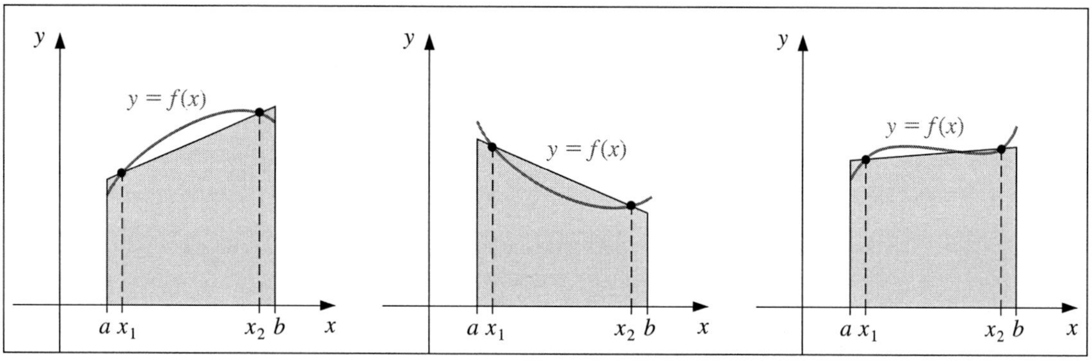

Os coeficientes $c_1, c_2, \ldots, c_n$ na fórmula de aproximação são arbitrários, e os nós $x_1, x_2, \ldots, x_n$ são restritos somente pelo fato de que eles devem estar em $[a, b]$, o intervalo da integração. Isso nos fornece $2n$ parâmetros a escolher. Se os coeficientes de um polinômio forem considerados parâmetros, a classe de polinômios de grau no máximo $2n - 1$ também contém $2n$ parâmetros. Essa, então, é a maior classe de polinômios para a qual é razoável esperar que a fórmula será exata. Com a escolha apropriada de valores e constantes, podemos obter que a aproximação será exata neste conjunto.

Gauss demonstrou seu eficiente método de integração numérica em um artigo que apresentou para a Sociedade Göttingen, em 1814. Ele fez com que os nós, bem como os coeficientes dos cálculos de função, fossem parâmetros na fórmula de somatória e encontrou uma disposição ideal dos nós. Goldstine [Golds, p. 224-232] tem uma descrição interessante de sua dedução.

Para ilustrar o procedimento para a escolha dos parâmetros apropriados, mostraremos como selecionar os coeficientes e nós quando $n = 2$ e o intervalo de integração for $[-1, 1]$. Discutiremos então a situação mais geral para uma escolha arbitrária de nós e coeficientes e mostraremos como a técnica será modificada ao integrar em um intervalo arbitrário.

Suponha que desejemos determinar c_1, c_2, x_1 e x_2 de modo que a fórmula de integração

$$\int_{-1}^{1} f(x)dx \approx c_1 f(x_1) + c_2 f(x_2)$$

forneça o resultado exato sempre que $f(x)$ seja um polinômio de grau menor ou igual a $2(2) - 1 = 3$, isto é, quando

$$f(x) = a_0 + a_1 x + a_2 x^2 + a_3 x^3,$$

para alguma coleção de constantes, a_0, a_1, a_2 e a_3. Como

$$\int (a_0 + a_1 x + a_2 x^2 + a_3 x^3)\, dx = a_0 \int 1dx + a_1 \int x\, dx + a_2 \int x^2\, dx + a_3 \int x^3\, dx,$$

isso é equivalente a mostrar que a fórmula fornece resultados exatos quando $f(x)$ é 1, x, x^2 e x^3. Consequentemente, precisamos de c_1, c_2, x_1 e x_2 de forma que

$$c_1 \cdot 1 + c_2 \cdot 1 = \int_{-1}^{1} 1dx = 2, \text{MMMM} c_1 \cdot x_1 + c_2 \cdot x_2 = \int_{-1}^{1} x\, dx = 0,$$

$$c_1 \cdot x_1^2 + c_2 \cdot x_2^2 = \int_{-1}^{1} x^2\, dx = \frac{2}{3} \text{MMeMM} c_1 \cdot x_1^3 + c_2 \cdot x_2^3 = \int_{-1}^{1} x^3\, dx = 0.$$

Um pouco de álgebra mostra que esse sistema de equações tem a solução única

$$c_1 = 1, \quad c_2 = 1, \quad x_1 = -\frac{\sqrt{3}}{3} \quad \text{e} \quad x_2 = \frac{\sqrt{3}}{3},$$

que fornece a fórmula de aproximação

$$\int_{-1}^{1} f(x)\, dx \approx f\left(\frac{-\sqrt{3}}{3}\right) + f\left(\frac{\sqrt{3}}{3}\right). \tag{4.40}$$

Essa fórmula tem ordem de precisão três, ou seja, fornece o resultado exato para todo polinômio de grau menor ou igual a três.

Polinômios de Legendre

Essa técnica poderia ser utilizada para determinar os nós e os coeficientes para fórmulas que forneçam resultados exatos para polinômios de grau maior, mas um método alternativo pode obtê-los mais facilmente. Nas Seções 8.2 e 8.3 consideraremos vários conjuntos de polinômios ortogonais, funções que têm a propriedade de que uma integral definida particular do produto de quaisquer duas delas será 0. O conjunto relevante para o nosso problema é o conjunto dos polinômios de Legendre, uma coleção $\{P_0(x), P_1(x), \ldots, P_n(x), \ldots\}$ com as propriedades:

1. Para cada n, $P_n(x)$ é um polinômio mônico de grau n.

2. $\int_{-1}^{1} P(x)\, P_n(x)\, dx = 0$ sempre que $P(x)$ for um polinômio de grau menor que n.

Os polinômios mônicos têm o coeficiente dominante igual a 1.

Adrien-Marie Legendre (1752-1833) introduziu este conjunto de polinômios em 1785. Ele teve inúmeras disputas de prioridade com Gauss, principalmente em razão do fato de Gauss não publicar muitos de seus resultados originais até muito depois de descobri-los.

Os primeiros polinômios de Legendre são

$$P_0(x) = 1, \quad P_1(x) = x, \quad P_2(x) = x^2 - \frac{1}{3},$$

$$P_3(x) = x^3 - \frac{3}{5}x \quad \text{e} \quad P_4(x) = x^4 - \frac{6}{7}x^2 + \frac{3}{35}.$$

As raízes desses polinômios são distintas, estão no intervalo $(-1, 1)$, têm simetria em relação à origem e, mais importante, são a escolha correta para a determinação dos parâmetros que resolvem nosso problema.

Os nós $x_1, x_2, \ldots, x_n$ necessários para produzir uma fórmula de aproximação integral que forneça resultados exatos para todo polinômio de grau menor ou igual a $2n$ são as raízes do polinômio de Legendre de grau n. Isso é estabelecido pelo resultado a seguir.

▶ Teorema 4.7 Suponha que $x_1, x_2, \ldots, x_n$ sejam as raízes do enésimo polinômio de Legendre $P_n(x)$ e que para todo $i = 1, 2, \ldots, n$, os números c_i sejam definidos por

$$c_i = \int_{-1}^{1} \prod_{\substack{j=1 \\ j \neq i}}^{n} \frac{x - x_j}{x_i - x_j}\, dx.$$

Se $P(x)$ é qualquer polinômio de grau menor que $2n$, então

$$\int_{-1}^{1} P(x)dx = \sum_{i=1}^{n} c_i P(x_i).$$

Demonstração Vamos considerar primeiro a situação para um polinômio $P(x)$ de grau menor que n. Reescreva $P(x)$ como um $(n - 1)$-ésimo coeficientes polinomiais de Lagrange com nós nas raízes do enésimo polinômio de Legendre $P_n(x)$. O termo de erro para essa representação envolve a enésima derivada de $P(x)$. Uma vez que $P(x)$ possui grau menor que n, a enésima derivada de $P(x)$ é 0 e sua representação é exata. Então,

$$P(x) = \sum_{i=1}^{n} P(x_i)L_i(x) = \sum_{i=1}^{n}\prod_{\substack{j=1\\ j\neq i}}^{n} \frac{x - x_j}{x_i - x_j} P(x_i)$$

e

$$\int_{-1}^{1} P(x)\,dx = \int_{-1}^{1}\left[\sum_{i=1}^{n}\prod_{\substack{j=1\\ j\neq i}}^{n} \frac{x - x_j}{x_i - x_j} P(x_i)\right] dx$$

$$= \sum_{i=1}^{n}\left[\int_{-1}^{1}\prod_{\substack{j=1\\ j\neq i}}^{n} \frac{x - x_j}{x_i - x_j}\, dx\right] P(x_i) = \sum_{i=1}^{n} c_i P(x_i).$$

Isso demonstra o resultado para polinômios de grau menor que n.

Se o polinômio $P(x)$ de grau no mínimo n, mas menor que $2n$, for dividido pelo enésimo polinômio de Legendre $P_n(x)$, obtêm-se dois polinômios $Q(x)$ e $R(x)$, cada qual de grau menor que n, com

$$P(x) = Q(x)P_n(x) + R(x).$$

Observe que, como x_i é uma raiz de $P_n(x)$ para todo $i = 1, 2, \ldots, n$, temos

$$P(x_i) = Q(x_i)P_n(x_i) + R(x_i) = R(x_i).$$

Agora, invocamos o poder exclusivo dos polinômios de Legendre. Primeiro, o grau do polinômio $Q(x)$ é menor que n, então (pela propriedade 2 de Legendre),

$$\int_{-1}^{1} Q(x)P_n(x)\,dx = 0.$$

Em seguida, como $R(x)$ é um polinômio de grau menor que n, o argumento inicial implica que

$$\int_{-1}^{1} R(x)\,dx = \sum_{i=1}^{n} c_i R(x_i).$$

Juntando esses fatos, verifica-se que a fórmula é exata para o polinômio $P(x)$:

$$\int_{-1}^{1} P(x)\,dx = \int_{-1}^{1} [Q(x)P_n(x) + R(x)]\,dx = \int_{-1}^{1} R(x)\,dx = \sum_{i=1}^{n} c_i R(x_i) = \sum_{i=1}^{n} c_i P(x_i).$$

■

As constantes c_i necessárias para a regra de quadratura podem ser geradas a partir da equação no Teorema 4.7, mas tanto essas constantes quanto as raízes dos polinômios de Legendre são extensivamente tabuladas. A Tabela 4.12 lista esses valores para $n = 2, 3, 4$ e 5.

Tabela 4.12

n	Raízes $r_{n,i}$	Coeficientes $c_{n,i}$
2	0,5773502692	1,0000000000
	−0,5773502692	1,0000000000
3	0,7745966692	0,5555555556
	0,0000000000	0,8888888889
	−0,7745966692	0,5555555556
4	0,8611363116	0,3478548451
	0,3399810436	0,6521451549
	−0,3399810436	0,6521451549
	−0,8611363116	0,3478548451
5	0,9061798459	0,2369268850
	0,5384693101	0,4786286705
	0.0000000000	0,5688888889
	−0,5384693101	0,4786286705
	−0,9061798459	0,2369268850

EXEMPLO 1 Obtenha uma aproximação de $\int_{-1}^{1} e^x \cos x \, dx$ utilizando a quadratura de Gauss com $n = 3$.

Solução Os itens na Tabela 4.21 fornecem

$$\int_{-1}^{1} e^x \cos x \, dx \approx 0,\overline{5}\, e^{0,774596692} \cos 0,774596692$$
$$+ 0,\overline{8} \cos 0 + 0,\overline{5}\, e^{-0,774596692} \cos(-0,774596692)$$
$$= 1,9333904.$$

O valor verdadeiro pode ser encontrado utilizando integração por partes, e é 1,9334214, de modo que o erro absoluto será menor que $3,2 \times 10^{-5}$. ■

Quadratura de Gauss em intervalos arbitrários

Uma integral $\int_a^b f(x)\, dx$ sobre um $[a, b]$ arbitrário pode ser transformada em uma integral sobre $[-1, 1]$ utilizando a mudança de variáveis (veja a Figura 4.17):

$$t = \frac{2x - a - b}{b - a} \Longleftrightarrow x = \frac{1}{2}[(b - a)t + a + b].$$

Isso permite que a quadratura de Gauss seja aplicada a todo intervalo $[a, b]$, já que

$$\int_a^b f(x)\, dx = \int_{-1}^{1} f\left(\frac{(b-a)t + (b+a)}{2}\right) \frac{(b-a)}{2}\, dt. \tag{4.41}$$

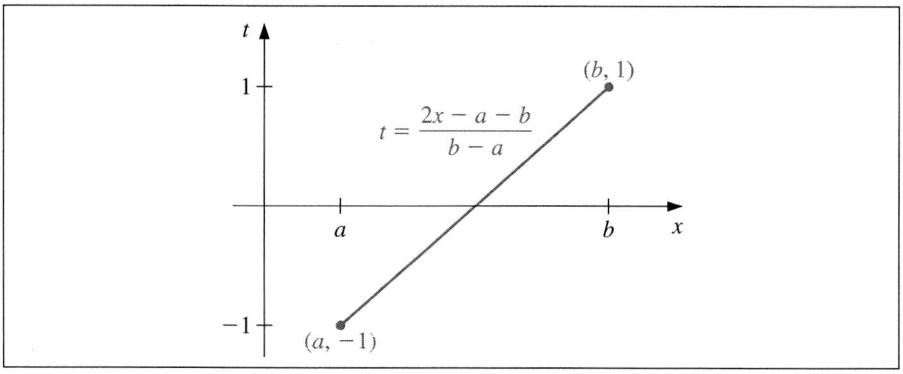

Figura 4.17

EXEMPLO 2 Considere a integral $\int_1^3 x^6 - x^2 \operatorname{sen}(2x)dx = 317{,}3442466$.

(a) Compare os resultados da fórmula fechada de Newton-Cotes com $n = 1$, da fórmula aberta de Newton-Cotes com $n = 1$ e da quadratura de Gauss com $n = 2$.

(b) Compare os resultados da fórmula fechada de Newton-Cotes com $n = 2$, da fórmula aberta de Newton-Cotes com $n = 2$ e da quadratura de Gauss com $n = 3$.

Solução **(a)** Cada uma das fórmulas nesta parte exige dois cálculos da função $f(x) = x^6 - x^2 \operatorname{sen}(2x)$. As aproximações de Newton-Cotes são

$$\textbf{Fechada } \boldsymbol{n = 1}: \quad \frac{2}{2}[f(1) + f(3)] = 731{,}6054420;$$

$$\textbf{Aberta } \boldsymbol{n = 1}: \quad \frac{3(2/3)}{2}[f(5/3) + f(7/3)] = 188{,}7856682.$$

A quadratura de Gauss aplicada a este problema exige que primeiro a integral seja transformada em um problema cujo intervalo de integração seja $[-1, 1]$. O uso da Equação (4.41) dá

$$\int_1^3 x^6 - x^2 \operatorname{sen}(2x)\, dx = \int_{-1}^1 (t+2)^6 - (t+2)^2 \operatorname{sen}(2(t+2))\, dt.$$

Então, a quadratura de Gauss com $n = 2$ dá

$$\int_1^3 x^6 - x^2 \operatorname{sen}(2x)\, dx \approx f(-0{,}5773502692 + 2) + f(0{,}5773502692 + 2)$$

$$= 306{,}8199344.$$

(b) Cada uma das fórmulas nesta parte exige três cálculos da função. As aproximações de Newton-Cotes são

$$\textbf{Fechada } \boldsymbol{n = 2}: \quad \frac{1}{3}[f(1) + 4f(2) + f(3)] = 333{,}2380940;$$

$$\textbf{Aberta } \boldsymbol{n = 2}: \quad \frac{4(1/2)}{3}[2f(1{,}5) - f(2) + 2f(2{,}5)] = 303{,}5912023.$$

A quadratura de Gauss com $n = 3$, uma vez que a transformação tenha sido feita, fornece

$$\int_1^3 x^6 - x^2 \operatorname{sen}(2x)\, dx \approx 0{,}\overline{5} f(-0{,}7745966692 + 2)$$

$$+ 0{,}\overline{8} f(2) + 0{,}\overline{5} f(-0{,}7745966692 + 2) = 317{,}2641516.$$

Os resultados da quadratura de Gauss são claramente superiores em cada caso. ■

EXERCÍCIOS 4.7

1. Obtenha uma aproximação das integrais a seguir utilizando a quadratura de Gauss com $n = 2$ e compare seus resultados aos valores exatos das integrais.

   a. $\int_1^{1,5} x^2 \ln x \, dx$ **b.** $\int_0^1 x^2 e^{-x} \, dx$

   c. $\int_0^{0,35} \frac{2}{x^2 - 4} \, dx$ **d.** $\int_0^{\pi/4} x^2 \operatorname{sen} x \, dx$

2. Aproxime as seguintes integrais usando a quadratura de Gauss com $n = 2$ e compare seus resultados com os valores exatos das integrais.

   a. $\int_0^{\pi/4} e^{3x} \operatorname{sen} 2x \, dx$ **b.** $\int_1^{1,6} \frac{2x}{x^2 - 4} \, dx$

   c. $\int_3^{3,5} \frac{x}{\sqrt{x^2 - 4}} \, dx$ **d.** $\int_0^{\pi/4} (\cos x)^2 \, dx$

3. Repita o exercício 1 com $n = 3$.
4. Repita o Exercício 2 com $n = 3$.
5. Repita o Exercício 1 com $n = 4$.
6. Repita o Exercício 2 com $n = 4$.
7. Repita o Exercício 1 com $n = 5$.
8. Repita o Exercício 2 com $n = 5$.

EXERCÍCIOS APLICADOS

9. Ache uma aproximação para o comprimento do gráfico da elipse $4x^2 + 9y^2 = 36$ no primeiro quadrante, usando quadratura de Gauss com $n = 5$. Determine o erro na aproximação, dado que o comprimento real é 3,7437137.

10. Use a quadratura de Gauss composta para aproximar a integral

$$\int_0^{48} \sqrt{1 + (\cos x)^2} \, dx,$$

considerada na aplicação na abertura deste capítulo. Para a aproximação, divida o intervalo [0, 48] em 16 subintervalos e some as aproximações obtidas pelo uso da quadratura de Gauss com $n = 5$ para cada um dos subintervalos. Como é a comparação desta aproximação com o valor real?

EXERCÍCIOS TEÓRICOS

11. Determine as constantes a, b, c e d que produzam uma fórmula de quadratura

$$\int_{-1}^{1} f(x) \, dx = af(-1) + bf(1) + cf'(-1) + df'(1)$$

que tenha ordem de precisão três.

12. Determine as constantes a, b, c e d que produzam uma fórmula de quadratura

$$\int_{-1}^{1} f(x) \, dx = af(-1) + bf(0) + cf(1) + df'(-1) + ef'(1)$$

que tenha ordem de precisão 4.

13. Verifique os valores para $n = 2$ e 3 na Tabela 4.12, na página 256, encontrando as raízes dos respectivos polinômios de Legendre, e utilize as equações anteriores a esta tabela para encontrar os coeficientes associados a esses valores.

14. Mostre que a fórmula $Q(P) = \sum_{i=1}^{n} c_i P(x_i)$ não pode ter ordem de precisão maior que $2n - 1$, independentemente da escolha de $c_1, \ldots, c_n$ e de $x_1, \ldots, x_n$. [*Sugestão*: construa um polinômio que tenha uma raiz dupla em cada x_i.]

QUESTÕES PARA DISCUSSÃO

1. Descreva as diferenças e as semelhanças entre a quadratura de Gauss e o método de quadratura adaptativa de Gauss conhecido como quadratura de Gauss-Kronrod.
2. Descreva as diferenças e as semelhanças entre a quadratura de Hermite-Gauss e a quadratura de Gauss.

4.8 Integrais múltiplas

As técnicas discutidas nas seções anteriores podem ser modificadas de forma direta para serem utilizadas na aproximação de integrais múltiplas. Considere a integral dupla

$$\iint_R f(x, y)\, dA,$$

em que $R = \{(x, y) \mid a \leq x \leq b,\ c \leq y \leq d\}$, para certas constantes a, b, c e d, é uma região retangular no plano. (Veja a Figura 4.18.)

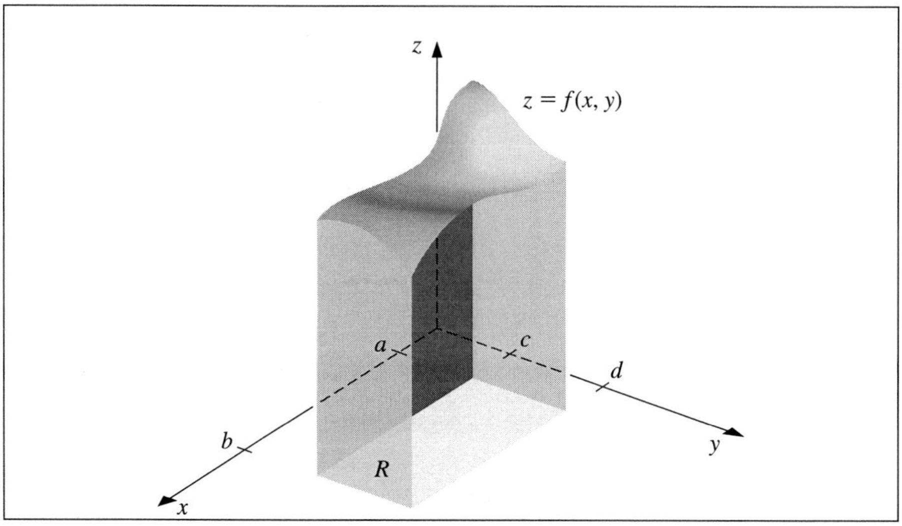

Figura 4.18

A ilustração a seguir mostra como a regra do trapézio composta usando dois subintervalos em cada coordenada se aplicaria a esta integral.

Ilustração Escrever a integral dupla como uma integral iterada fornece

$$\iint_R f(x, y)\, dA = \int_a^b \left(\int_c^d f(x, y)\, dy \right) dx.$$

Para simplificar a notação, seja $k = (d - c)/2$ e $h = (b - a)/2$. Aplique a regra do trapézio composta à integral de dentro para obter

$$\int_c^d f(x, y)\,dy \approx \frac{k}{2}\left[f(x, c) + f(x, d) + 2f\left(x, \frac{c+d}{2}\right)\right].$$

Esta aplicação é de ordem $O\,((d-c)^3)$. A seguir, aplique a regra do trapézio composta novamente, para aproximar a integral desta função de x:

$$\begin{aligned}
\int_a^b \left(\int_c^d f(x, y)\,dy\right) dx &\approx \int_a^b \left(\frac{d-c}{4}\right)\left[f(x, c) + 2f\left(x, \frac{c+d}{2}\right) + f(x, d)\right] dx \\
&= \frac{b-a}{4}\left(\frac{d-c}{4}\right)\left[f(a, c) + 2f\left(a, \frac{c+d}{2}\right) + f(a, d)\right] \\
&+ \frac{b-a}{4}\left(2\left(\frac{d-c}{4}\right)\left[f\left(\frac{a+b}{2}, c\right) + 2f\left(\frac{a+b}{2}, \frac{c+d}{2}\right) + f\left(\frac{a+b}{2}, d\right)\right]\right) \\
&+ \frac{b-a}{4}\left(\frac{d-c}{4}\right)\left[f(b, c) + 2f\left(b, \frac{c+d}{2}\right) + f(b, d)\right] \\
&= \frac{(b-a)(d-c)}{16}\Bigg[f(a, c) + f(a, d) + f(b, c) + f(b, d) \\
&+ 2\left(f\left(\frac{a+b}{2}, c\right) + f\left(\frac{a+b}{2}, d\right) + f\left(a, \frac{c+d}{2}\right) + f\left(b, \frac{c+d}{2}\right)\right) \\
&+ 4f\left(\frac{a+b}{2}, \frac{c+d}{2}\right)\Bigg]
\end{aligned}$$

Esta aproximação é da ordem de $O\,(b-a)(d-c)\,[(b-a)^2 + (d-c)^2]$. A Figura 4.19 mostra um reticulado com o peso relativo do valor da função em cada um dos nós usado na aproximação. ■

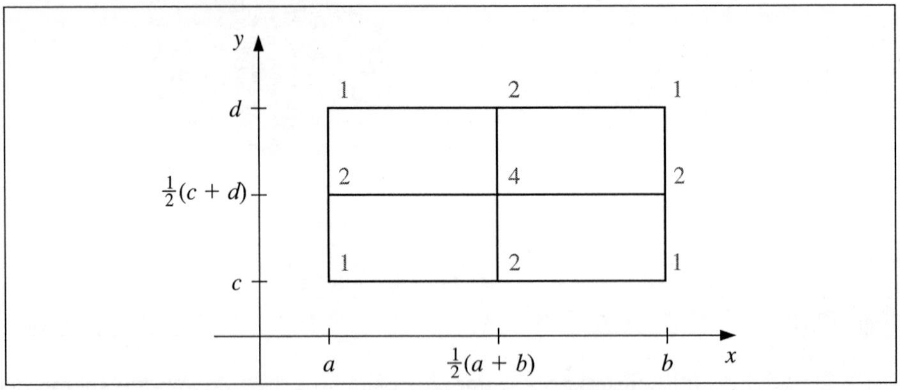

Figura 4.19

Como a ilustração mostra, o procedimento é bem simples. Mas o número de cálculos de função cresce com o quadrado do número necessário para uma única integral. Em uma situação prática, não esperaríamos usar um método tão elementar quanto a regra do trapézio com $n = 2$. Em vez disso, usaremos a regra de Simpson composta, mais precisa, para ilustrar a técnica de aproximação geral, embora qualquer outra fórmula composta pudesse ser usada em seu lugar.

Para aplicar a regra de Simpson composta, dividimos a região R tomando partições tanto de $[a, b]$ como de $[c, d]$ em um número par de subintervalos. Para simplificar a notação, escolhemos inteiros pares n e m e partições de $[a, b]$ e $[c, d]$, com os pontos do reticulado $x_0, x_1, \ldots, x_n$ e $y_0, y_1, \ldots, y_m$, respectivamente espaçados uniformemente. Essas subdivisões determinam tamanhos de passos $h = (b - a)/n$ e $k = (d - c)/m$. Escrevendo a integral dupla como integral iterada

$$\iint_R f(x, y)\, dA = \int_a^b \left(\int_c^d f(x, y)\, dy \right) dx,$$

utilizamos primeiro a regra de Simpson composta para obter uma aproximação de

$$\int_c^d f(x, y)\, dy,$$

tratando x como uma constante.

Seja $y_j = c + jk$, para todo $j = 0, 1, \ldots, m$. Então

$$\int_c^d f(x, y)\, dy = \frac{k}{3}\left[f(x, y_0) + 2\sum_{j=1}^{(m/2)-1} f(x, y_{2j}) + 4\sum_{j=1}^{m/2} f(x, y_{2j-1}) + f(x, y_m) \right] - \frac{(d-c)k^4}{180}\frac{\partial^4 f(x, \mu)}{\partial y^4},$$

para algum μ em (c, d). Dessa forma,

$$\begin{aligned}\int_a^b \int_c^d f(x, y)\, dy\, dx = \frac{k}{3}\Bigg[&\int_a^b f(x, y_0)\, dx + 2\sum_{j=1}^{(m/2)-1} \int_a^b f(x, y_{2j})\, dx \\ &+ 4\sum_{j=1}^{m/2} \int_a^b f(x, y_{2j-1})\, dx + \int_a^b f(x, y_m)\, dx \Bigg] \\ &- \frac{(d-c)k^4}{180}\int_a^b \frac{\partial^4 f(x, \mu)}{\partial y^4}\, dx.\end{aligned}$$

A regra de Simpson composta é agora empregada nas integrais dessa equação. Seja $x_i = a + ih$, para todo $i = 0, 1, \ldots, n$. Então, para todo $j = 0, 1, \ldots, m$, temos

$$\int_a^b f(x, y_j)\, dx = \frac{h}{3}\left[f(x_0, y_j) + 2\sum_{i=1}^{(n/2)-1} f(x_{2i}, y_j) + 4\sum_{i=1}^{n/2} f(x_{2i-1}, y_j) + f(x_n, y_j) \right] - \frac{(b-a)h^4}{180}\frac{\partial^4 f}{\partial x^4}(\xi_j, y_j),$$

para algum ξ_j em (a, b). A aproximação resultante tem a forma

$$\int_a^b \int_c^d f(x, y)\,dy\,dx \approx \frac{hk}{9}\Bigg\{\Bigg[f(x_0, y_0) + 2\sum_{i=1}^{(n/2)-1} f(x_{2i}, y_0) + 4\sum_{i=1}^{n/2} f(x_{2i-1}, y_0) + f(x_n, y_0)\Bigg]$$

$$+ 2\Bigg[\sum_{j=1}^{(m/2)-1} f(x_0, y_{2j}) + 2\sum_{j=1}^{(m/2)-1}\sum_{i=1}^{(n/2)-1} f(x_{2i}, y_{2j}) + 4\sum_{j=1}^{(m/2)-1}\sum_{i=1}^{n/2} f(x_{2i-1}, y_{2j}) + \sum_{j=1}^{(m/2)-1} f(x_n, y_{2j})\Bigg]$$

$$+ 4\Bigg[\sum_{j=1}^{m/2} f(x_0, y_{2j-1}) + 2\sum_{j=1}^{m/2}\sum_{i=1}^{(n/2)-1} f(x_{2i}, y_{2j-1}) + 4\sum_{j=1}^{m/2}\sum_{i=1}^{n/2} f(x_{2i-1}, y_{2j-1}) + \sum_{j=1}^{m/2} f(x_n, y_{2j-1})\Bigg]$$

$$+ \Bigg[f(x_0, y_m) + 2\sum_{i=1}^{(n/2)-1} f(x_{2i}, y_m) + 4\sum_{i=1}^{n/2} f(x_{2i-1}, y_m) + f(x_n, y_m)\Bigg]\Bigg\}.$$

O termo de erro E é fornecido por

$$E = \frac{-k(b-a)h^4}{540}\Bigg[\frac{\partial^4 f(\xi_0, y_0)}{\partial x^4} + 2\sum_{j=1}^{(m/2)-1}\frac{\partial^4 f(\xi_{2j}, y_{2j})}{\partial x^4} + 4\sum_{j=1}^{m/2}\frac{\partial^4 f(\xi_{2j-1}, y_{2j-1})}{\partial x^4} + \frac{\partial^4 f(\xi_m, y_m)}{\partial x^4}\Bigg] - \frac{(d-c)k^4}{180}\int_a^b \frac{\partial^4 f(x, \mu)}{\partial y^4}\,dx.$$

Se $\partial^4 f/\partial x^4$ for contínua, o Teorema 1.11 do valor intermediário pode ser aplicado repetidamente para mostrar que o cálculo das derivadas parciais com relação a x pode ser substituído por um valor comum e que

$$E = \frac{-k(b-a)h^4}{540}\left[3m\frac{\partial^4 f}{\partial x^4}(\overline{\eta}, \overline{\mu})\right] - \frac{(d-c)k^4}{180}\int_a^b \frac{\partial^4 f(x, \mu)}{\partial y^4}\,dx,$$

para algum $(\overline{\eta}, \overline{\mu})$ em R. Se $\partial^4 f/\partial y^4$ também for contínua, o teorema do valor médio com pesos para integrais implica que

$$\int_a^b \frac{\partial^4 f(x, \mu)}{\partial y^4}\,dx = (b-a)\frac{\partial^4 f}{\partial y^4}(\hat{\eta}, \hat{\mu}),$$

para algum $(\hat{\eta}, \hat{\mu})$ em R. Como $m = (d-c)/k$, o termo de erro tem a forma

$$E = \frac{-k(b-a)h^4}{540}\left[3m\frac{\partial^4 f}{\partial x^4}(\overline{\eta}, \overline{\mu})\right] - \frac{(d-c)(b-a)}{180}k^4\frac{\partial^4 f}{\partial y^4}(\hat{\eta}, \hat{\mu}),$$

que se simplifica para

$$E = -\frac{(d-c)(b-a)}{180}\left[h^4 \frac{\partial^4 f}{\partial x^4}(\overline{\eta}, \overline{\mu}) + k^4 \frac{\partial^4 f}{\partial y^4}(\hat{\eta}, \hat{\mu})\right],$$

para algum $(\overline{\eta}, \overline{\mu})$ e $(\hat{\eta}, \hat{\mu})$ em R.

EXEMPLO 1 Use a regra de Simpson composta com $n = 4$ e $m = 2$ para aproximar

$$\int_{1,4}^{2,0} \int_{1,0}^{1,5} \ln(x + 2y)\, dy\, dx.$$

Solução Os tamanhos de passo para esta aplicação são $h = (2,0 - 1,4)/4 = 0,15$ e $k = (1,5 - 1,0)/2 = 0,25$. A região da integração R é mostrada na Figura 4.20, junto com os nós (x_i, y_j), em que $i = 0, 1, 2, 3, 4$ e $j = 0, 1, 2$. Ela também mostra os coeficientes $\omega_{i,j}$ de $f(x_i, y_j) = \ln(x_i + 2y_j)$ na soma que resulta na aproximação da integral pela regra de Simpson composta.

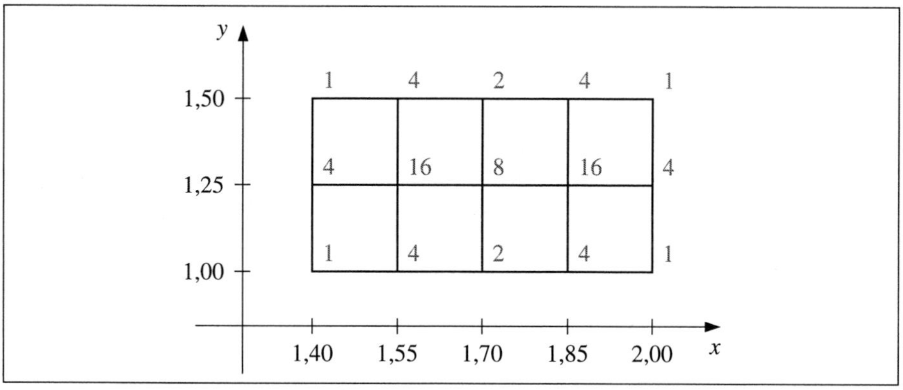

Figura 4.20

A aproximação é

$$\int_{1,4}^{2,0} \int_{1,0}^{1,5} \ln(x + 2y)\, dy\, dx \approx \frac{(0,15)(0,25)}{9} \sum_{i=0}^{4} \sum_{j=0}^{2} w_{i,j} \ln(x_i + 2y_j)$$

$$= 0,4295524387.$$

Temos

$$\frac{\partial^4 f}{\partial x^4}(x, y) = \frac{-6}{(x+2y)^4} \quad \text{e} \quad \frac{\partial^4 f}{\partial y^4}(x, y) = \frac{-96}{(x+2y)^4},$$

e os valores máximos dos valores absolutos dessas derivadas parciais ocorrem em R quando $x = 1,4$ e $y = 1,0$. Então, o erro é limitado por

$$|E| \le \frac{(0,5)(0,6)}{180}\left[(0,15)^4 \max_{(x,y)\text{ em } R} \frac{6}{(x+2y)^4} + (0,25)^4 \max_{(x,y)\text{ em } R} \frac{96}{(x+2y)^4}\right] \le 4,72 \times 10^{-6}.$$

O valor real da integral, com dez casas decimais, é

$$\int_{1,4}^{2,0}\int_{1,0}^{1,5} \ln(x + 2y)\, dy\, dx = 0{,}4295545265,$$

de modo que a aproximação tem a precisão de $2{,}1 \times 10^{-6}$. ■

As mesmas técnicas podem ser aplicadas para a aproximação de integrais triplas, assim como integrais de ordens superiores para funções de mais de três variáveis. O número de cálculos funcionais necessários para a aproximação é o produto do número de cálculos funcionais necessários quando o método é aplicado para cada variável.

Quadratura de Gauss para aproximação de integral dupla

Para reduzir o número de cálculos funcionais, métodos mais eficientes, como a quadratura de Gauss, a integração de Romberg ou a quadratura adaptativa, podem ser incorporados no lugar das fórmulas de Newton-Cotes. O exemplo a seguir ilustra a utilização da quadratura de Gauss para a integral considerada no Exemplo 1.

EXEMPLO 2 Use quadratura de Gauss, com $n = 3$ em ambas as dimensões, para aproximar a integral

$$\int_{1,4}^{2,0}\int_{1,0}^{1,5} \ln(x + 2y)\, dy\, dx.$$

Solução Antes de usar a quadratura de Gauss para aproximar esta integral, precisamos transformar a região de integração

$$R = \{(x, y) \mid 1{,}4 \le x \le 2{,}0,\ 1{,}0 \le y \le 1{,}5\} \text{ em}$$
$$\hat{R} = \{(u, v) \mid -1 \le u \le 1,\ -1 \le v \le 1\}.$$

As transformações lineares que conseguem isso são

$$u = \frac{1}{2{,}0 - 1{,}4}(2x - 1{,}4 - 2{,}0) \quad \text{e} \quad v = \frac{1}{1{,}5 - 1{,}0}(2y - 1{,}0 - 1{,}5),$$

ou, de forma equivalente, $x = 0{,}3u + 1{,}7$ e $y = 0{,}25v + 1{,}25$. Empregando essa mudança de variáveis, obtemos uma integral na qual a quadratura de Gauss pode ser aplicada:

$$\int_{1,4}^{2,0}\int_{1,0}^{1,5} \ln(x + 2y)\, dy\, dx = 0{,}075 \int_{-1}^{1}\int_{-1}^{1} \ln(0{,}3u + 0{,}5v + 4{,}2)\, dv\, du.$$

A fórmula da quadratura de Gauss para $n = 3$ em ambos u e v requer que sejam utilizados os nós

$$u_1 = v_1 = r_{3,2} = 0 \text{ MM} u_0 = v_0 = r_{3,1} = -0{,}7745966692,$$

e

$$u_2 = v_2 = r_{3,3} = 0{,}7745966692.$$

Os pesos associados são $c_{3,2} = 0{,}\overline{8}$ e $c_{3,1} = c_{3,3} = 0{,}\overline{5}$. (Esses são dados na Tabela 4.12, na página 256.) A aproximação resultante é

$$\int_{1,4}^{2,0}\int_{1,0}^{1,5} \ln(x + 2y)\, dy\, dx \approx 0,075 \sum_{i=1}^{3}\sum_{j=1}^{3} c_{3,i}\, c_{3,j} \ln(0,3r_{3,i} + 0,5r_{3,j} + 4,2)$$
$$= 0,4295545313.$$

Embora esse resultado exija somente 9 cálculos funcionais comparados a 15 para a regra de Simpson composta considerada no Exemplo 1, esse resultado tem precisão de $4,8 \times 10^{-9}$, comparado à precisão de $2,1 \times 10^{-6}$ no Exemplo 1. ■

Regiões não retangulares

A utilização de métodos de aproximação para integrais duplas não é limitada a integrais com regiões de integração retangulares. As técnicas previamente discutidas podem ser modificadas para obter uma aproximação de integrais duplas da forma

$$\int_a^b \int_{c(x)}^{d(x)} f(x, y)\, dy\, dx \tag{4.42}$$

ou

$$\int_c^d \int_{a(y)}^{b(y)} f(x, y)\, dx dy. \tag{4.43}$$

Na verdade, integrais em regiões que não sejam desse tipo podem também ser aproximadas por partições apropriadas da região. (Veja o Exercício 10.)

Para descrever a técnica envolvida na aproximação da integral da forma

$$\int_a^b \int_{c(x)}^{d(x)} f(x, y)\, dy\, dx,$$

usaremos a regra de Simpson básica para integrar com relação a ambas as variáveis. O tamanho de passo para a variável x é $h = (b - a)/2$, mas o tamanho de passo para y varia com x (veja a Figura 4.21) e é escrito como

$$k(x) = \frac{d(x) - c(x)}{2}.$$

Figura 4.21

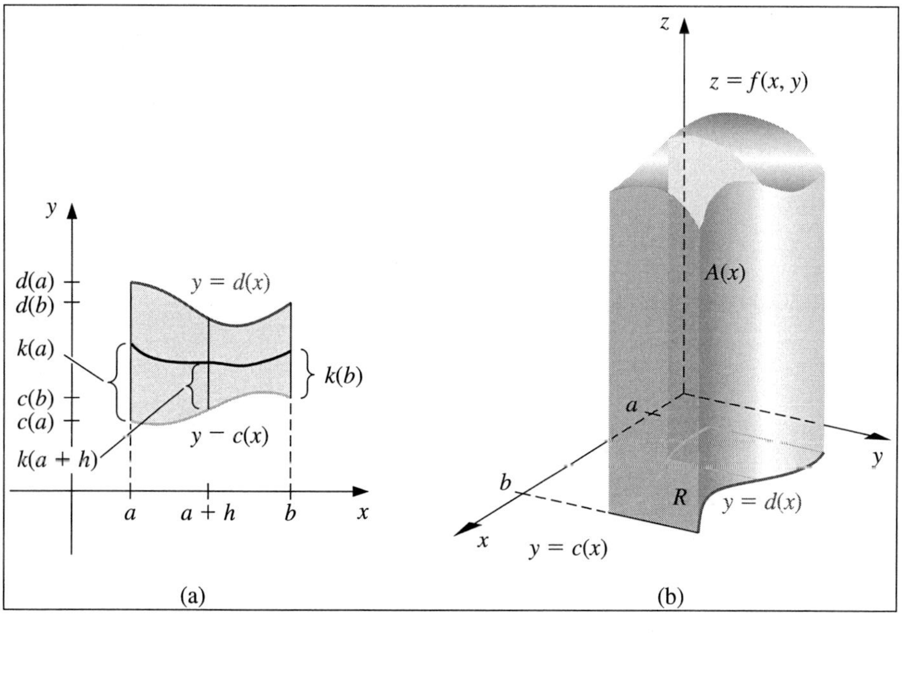

Consequentemente,

$$\int_a^b \int_{c(x)}^{d(x)} f(x, y)\, dy\, dx \approx \int_a^b \frac{k(x)}{3}[f(x, c(x)) + 4f(x, c(x) + k(x)) + f(x, d(x))]\, dx$$

$$\approx \frac{h}{3}\left\{ \frac{k(a)}{3}[f(a, c(a)) + 4f(a, c(a) + k(a)) + f(a, d(a))] \right.$$

$$+ \frac{4k(a + h)}{3}[f(a + h, c(a + h)) + 4f(a + h, c(a + h)$$

$$+ k(a + h)) + f(a + h, d(a + h))]$$

$$\left. + \frac{k(b)}{3}[f(b, c(b)) + 4f(b, c(b) + k(b)) + f(b, d(b))] \right\}.$$

O Algoritmo 4.4 aplica a regra de Simpson composta para uma integral na forma da Equação (4.42). Integrais na forma da Equação (4.43) podem, obviamente, ser tratadas de forma semelhante.

ALGORITMO 4.4 **Integral dupla de Simpson**

Para obter uma aproximação da integral

$$I = \int_a^b \int_{c(x)}^{d(x)} f(x, y)\, dy\, dx:$$

ENTRADA extremidades a, b; inteiros positivos pares m, n.

SAÍDA aproximação J para I.

*Passo 1*MMFaça $h = (b - a) / n$;
$J_1 = 0$;MM(*Termos nas extremidades.*)
$J_2 = 0$;MM(*Termos pares.*)
$J_3 = 0$.MM(*Termos ímpares.*)

Passo 2 Para $i = 0, 1, \ldots, n$ execute Passos 3 a 8.

*Passo 3*MMFaça $x = a + ih$; (*Método de Simpson composto para x.*)
$HX = (d(x) - c(x))/m$;
$K_1 = f(x, c(x)) + f(x, d(x))$; (*Termos na extremidades.*)
$K_2 = 0$; (*Termos pares.*)
$K_3 = 0$. (*Termos ímpares.*)

Passo 4 Para $j = 1, 2, \ldots, m - 1$ execute Passos 5 e 6.

Passo 5 Faça $y = c(x) + jHX$;
$Q = f(x, y)$.

Passo 6 Se j for par, então faça $K_2 = K_2 + Q$
senão faça $K_3 = K_3 + Q$.

Passo 7 Faça $L = (K_1 + 2K_2 + 4K_3)HX/3$.

$$\left(L \approx \int_{c(x_i)}^{d(x_i)} f(x_i, y)\, dy \quad \text{pelo método de Simpson composto.} \right)$$

Passo 8 Se $i = 0$ ou $i = n$, então faça $J_1 = J_1 + L$
senão, se i for par, então faça $J_2 = J_2 + L$

senão, faça $J_3 = J_3 + L$. (*Final do Passo 2*)

Passo 9 Faça $J = h(J_1 + 2J_2 + 4J_3)/3$.

Passo 10 SAÍDA (J);

PARE. ■

Para aplicar a quadratura de Gauss à integral dupla

$$\int_a^b \int_{c(x)}^{d(x)} f(x, y)\, dy\, dx,$$

primeiro é necessário transformar, para todo x em $[a, b]$, a variável y no intervalo $[c(x), d(x)]$ na variável t no intervalo $[-1, 1]$. Essa transformação linear fornece

$$f(x, y) = f\left(x, \frac{(d(x) - c(x))t + d(x) + c(x)}{2}\right) \quad \text{e} \quad dy = \frac{d(x) - c(x)}{2}\, dt.$$

Então, para cada x em $[a, b]$, aplicamos a quadratura de Gauss à integral resultante

$$\int_{c(x)}^{d(x)} f(x, y)\, dy = \int_{-1}^{1} f\left(x, \frac{(d(x) - c(x))t + d(x) + c(x)}{2}\right) dt$$

para produzir

$$\int_a^b \int_{c(x)}^{d(x)} f(x, y)\, dy\, dx$$

$$\approx \int_a^b \frac{d(x) - c(x)}{2} \sum_{j=1}^{n} c_{n,j} f\left(x, \frac{(d(x) - c(x))r_{n,j} + d(x) + c(x)}{2}\right) dx,$$

em que, como antes, as raízes $r_{n,j}$ e os coeficientes $c_{n,j}$ vêm da Tabela 4.12, na página 256. Agora, o intervalo $[a, b]$ é transformado em $[-1, 1]$, e a quadratura de Gauss é aplicada para obter uma aproximação da integral no lado direito dessa equação. Os detalhes são fornecidos no Algoritmo 4.5.

A redução nos cálculos geralmente faz com que valha a pena a aplicação da quadratura de Gauss em vez da técnica de Simpson ao aproximar integrais duplas.

ALGORITMO 4.5 **Integral dupla de Gauss**

Para obter uma aproximação da integral

$$\int_a^b \int_{c(x)}^{d(x)} f(x, y)\, dy\, dx:$$

ENTRADA extremidades a, b; inteiros positivos m, n.

(*As raízes $r_{i,j}$ e os coeficientes $c_{i,j}$ precisam estar disponíveis para $i = \max\{m, n\}$ e para $1 \le j \le i$.*)

SAÍDAMMaproximação J para I.

*Passo 1*MMFaça $h_1 = (b - a)/2$;

$h_2 = (b + a)/2$;

$J = 0$.

Passo 2 Para $i = 1, 2, \ldots, m$ execute Passos 3 a 5.

Passo 3 Faça $JX = 0$;

$x = h_1 r_{m,i} + h_2$;

$d_1 = d(x)$;

$c_1 = c(x)$;

$k_1 = (d_1 - c_1)/2$;

$k_2 = (d_1 + c_1)/2$.

Passo 4 Para $j = 1, 2, \ldots, n$, execute

faça $y = k_1 r_{n,j} + k_2$;

$Q = f(x, y)$;

$JX = JX + c_{n,j}\, Q$.

Passo 5 Faça $J = J + c_{m,i}\, k_1 JX$. (*Final do Passo 2*)

Passo 6 Faça $J = h_1 J$.

Passo 7 SAÍDA (J);

PARE. ■

Ilustração O volume do sólido na Figura 4.22 é aproximado aplicando o algoritmo da integral dupla de Simpson com $n = m = 10$ a

$$\int_{0,1}^{0,5}\int_{x^3}^{x^2} e^{y/x}\, dy\, dx.$$

Isso requer 121 cálculos da função $f(x, y) = e^{y/x}$ e produz o valor 0,0333054, que aproxima o volume do sólido mostrado na Figura 4.22 até cerca de sete casas decimais. A aplicação do algoritmo da quadratura de Gauss, com $n = m = 5$, requer somente 25 cálculos da função e fornece a aproximação 0,03330556611, que tem precisão de 11 casas decimais. ■

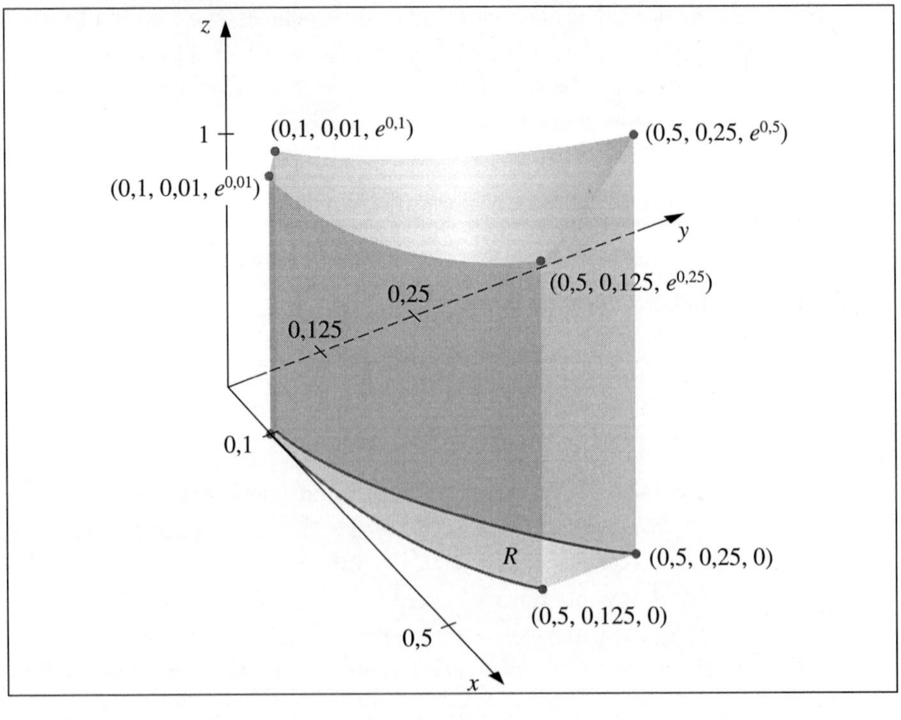

Figura 4.22

Aproximação da integral tripla

Integrais triplas da forma

$$\int_a^b \int_{d(x)}^{d(x)} \int_{\alpha(x,y)}^{\beta(x,y)} f(x, y, z)\, dz\, dy\, dx$$

(veja a Figura 4.23) são aproximadas de uma forma semelhante. Por causa do número de cálculos envolvidos, a quadratura de Gauss é o método preferível. O Algoritmo 4.6 implementa esse procedimento.

A redução nos cálculos faz que quase sempre valha a pena aplicar a quadratura de Gauss em vez de uma técnica de Simpson ao aproximar integrais triplas ou superiores.

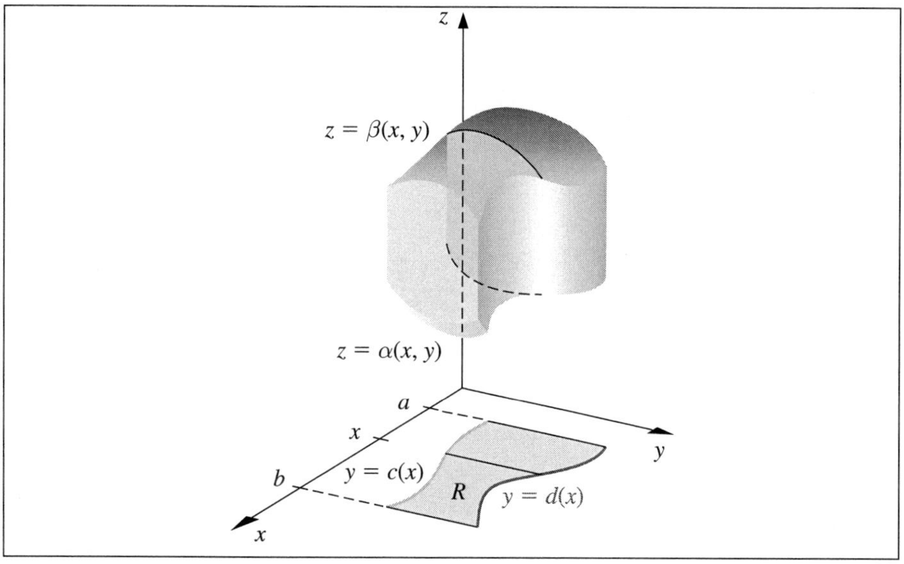

Figura 4.23

ALGORITMO 4.6 **Integral tripla de Gauss**

Para obter uma aproximação da integral

$$\int_a^b \int_{c(x)}^{d(x)} \int_{\alpha(x,y)}^{\beta(x,y)} f(x, y, z)\, dz\, dy\, dx:$$

ENTRADA extremidades a, b; inteiros positivos m, n, p.

(*As raízes* $r_{i,j}$ *e os coeficientes* $c_{i,j}$ *precisam estar disponíveis para* $i = \max\{n, m, p\}$ *e para* $1 \le j \le i$.)

SAÍDA aproximação J para I.

Passo 1 Faça $h_1 = (b - a)/2$;
$h_2 = (b + a)/2$;
$J = 0$.

Passo 2 Para $i = 1, 2, \ldots, m$ execute Passos 3 a 8.

Passo 3 Faça $JX = 0$;
$x = h_1 r_{m,i} + h_2$;

$d_1 = d(x);$
$c_1 = c(x);$
$k_1 = (d_1 - c_1)/2;$
$k_2 = (d_1 + c_1)/2.$

Passo 4 Para $j = 1, 2, \ldots, n$ execute Passos 5 a 7.

Passo 5 Faça $JY = 0;$
$y = k_1 r_{n,j} + k_2;$
$\beta_1 = \beta(x, y);$
$\alpha_1 = \alpha(x, y);$
$l_1 = (\beta_1 - \alpha_1)/2;$
$l_2 = (\beta_1 + \alpha_1)/2.$

Passo 6 Para $k = 1, 2, \ldots, p$ execute
faça $z = l_1 r_{p,k} + l_2;$
$Q = f(x, y, z);$
$JY = JY + c_{p,k} Q.$

Passo 7 Faça $JX = JX + c_{n,j}\, l_1\, JY.$ *(Final do Passo 4)*

Passo 8 Faça $J = J + c_{m,i}\, k_1 JX.$ *(Final do Passo 2)*

Passo 9 Faça $J = h_1 J.$

Passo 10 SAÍDA (J);
PARE. ■

O exemplo a seguir requer o de quatro integrais triplas.

Ilustração O centro de massa de uma região sólida D com função densidade σ está em

$$(\bar{x}, \bar{y}, \bar{z}) = \left(\frac{M_{yz}}{M}, \frac{M_{xz}}{M}, \frac{M_{xy}}{M}\right),$$

em que

$$M_{yz} = \iiint_D x\sigma(x, y, z)\, dV, MMM_{xz} = \iiint_D y\sigma(x, y, z)\, dV$$

e

$$M_{xy} = \iiint_D z\sigma(x, y, z)\, dV$$

são os momentos em relação aos planos coordenados, e a massa de D é

$$M = \iiint_D \sigma(x, y, z)\, dV$$

O sólido mostrado na Figura 4.24 é limitado pela folha superior do cone $z^2 = x^2 + y^2$ e pelo plano $z = 2$. Suponha que este sólido tenha função densidade fornecida por

$$\sigma(x, y, z) = \sqrt{x^2 + y^2}.$$

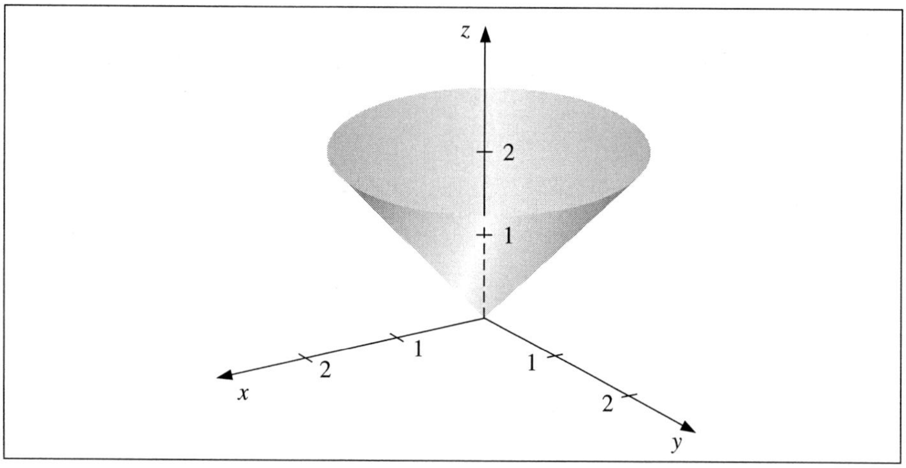

Figura 4.24

A aplicação do Algoritmo 4.6 para a integral tripla de Gauss com $n = m = p = 5$ requer 125 cálculos de função por integral e fornece as aproximações a seguir:

$$M = \int_{-2}^{2} \int_{-\sqrt{4-x^2}}^{\sqrt{4-x^2}} \int_{\sqrt{x^2+y^2}}^{2} \sqrt{x^2+y^2}\, dz\, dy\, dx$$

$$= 4 \int_{0}^{2} \int_{0}^{\sqrt{4-x^2}} \int_{\sqrt{x^2+y^2}}^{2} \sqrt{x^2+y^2}\, dz\, dy\, dx \approx 8{,}37504476,$$

$$M_{yz} = \int_{-2}^{2} \int_{-\sqrt{4-x^2}}^{\sqrt{4-x^2}} \int_{\sqrt{x^2+y^2}}^{2} x\sqrt{x^2+y^2}\, dz\, dy\, dx \approx -5{,}55111512 \times 10^{-17},$$

$$M_{xz} = \int_{-2}^{2} \int_{-\sqrt{4-x^2}}^{\sqrt{4-x^2}} \int_{\sqrt{x^2+y^2}}^{2} y\sqrt{x^2+y^2}\, dz\, dy\, dx \approx -8{,}01513675 \times 10^{-17} \text{ e}$$

$$M_{xy} = \int_{-2}^{2} \int_{-\sqrt{4-x^2}}^{\sqrt{4-x^2}} \int_{\sqrt{x^2+y^2}}^{2} z\sqrt{x^2+y^2}\, dz\, dy\, dx \approx 13{,}40038156.$$

Isso implica que a posição aproximada do centro de massa é

$$(\overline{x}, \overline{y}, \overline{z}) = (0, 0, 1{,}60003701).$$

Essas integrais são relativamente fáceis de calcular diretamente. Fazendo isso, você encontrará o centro de massa exato em (0, 0, 1,6). ■

EXERCÍCIOS 4.8

1. Utilize o Algoritmo 4.4 com $n = m = 4$ para obter uma aproximação das integrais duplas a seguir e compare os resultados com as respostas exatas.

a. $\int_{2,1}^{2,5} \int_{1,2}^{1,4} xy^2\, dy\, dx$

b. $\int_{0}^{0,5} \int_{0}^{0,5} e^{y-x}\, dy\, dx$

c. $\int_{2}^{2,2} \int_{x}^{2x} (x^2 + y^3)\, dy\, dx$

d. $\int_{1}^{1,5} \int_{0}^{x} (x^2 + \sqrt{y})\, dy\, dx$

2. Encontre os menores valores para $n = m$ de forma que o Algoritmo 4.4 possa ser utilizado para obter aproximações das integrais no Exercício 1 a menos de 10^{-6} do valor real.
3. Utilize o Algoritmo 4.5 com $n = m = 2$ para obter aproximações das integrais no Exercício 1 e compare os resultados àqueles obtidos no Exercício 1.
4. Encontre os menores valores para $n = m$ de forma que o Algoritmo 4.5 possa ser utilizado para obter aproximações das integrais no Exercício 1 com precisão 10^{-6}. Não continue além de $n = m = 5$. Compare o número de cálculos funcionais necessário ao número necessário no Exercício 2.
5. Utilize o Algoritmo 4.4 com (i) $n = 4$, $m = 8$, (ii) $n = 8$, $m = 4$ e (iii) $n = m = 6$ para obter aproximações das integrais duplas a seguir e compare os resultados às respostas exatas.

   a. $\int_0^{\pi/4}\int_{\operatorname{sen} x}^{\cos x} (2y \operatorname{sen} x + \cos^2 x)\, dy\, dx$ **b.** $\int_1^{e}\int_1^{x} \ln xy\, dy\, dx$

   c. $\int_0^{1}\int_x^{2x} (x^2 + y^3)\, dy\, dx$ **d.** $\int_0^{1}\int_x^{2x} (y^2 + x^3)\, dy\, dx$

   e. $\int_0^{\pi}\int_0^{\pi} \cos x\, dy\, dx$ **f.** $\int_0^{\pi}\int_0^{\pi} \cos y\, dy\, dx$

   g. $\int_0^{\pi/4}\int_0^{\operatorname{sen} x} \frac{1}{\sqrt{1 - y^2}}\, dy\, dx$ **h.** $\int_{-\pi}^{3\pi/2}\int_0^{2\pi} (y \operatorname{sen} x + x \cos y)\, dy\, dx$

6. Encontre os menores valores para $n = m$ de forma que o Algoritmo 4.4 possa ser utilizado para obter aproximações das integrais no Exercício 5 a menos de 10^{-6} do valor real.
7. Utilize o Algoritmo 4.5 com (i) $n = m = 3$, (ii) $n = 3$, $m = 4$ e (iii) $n = 4$, $m = 3$ e (iv) $n = m = 4$ para obter aproximações das integrais no Exercício 5.
8. Utilize o Algoritmo 4.5 com $n = m = 5$ para obter aproximações das integrais no Exercício 5. Compare o número de cálculos funcionais necessário ao número necessário no Exercício 6.
9. Utilize o Algoritmo 4.4 com $n = m = 14$ e o Algoritmo 4.5 com $n = m = 4$ para obter uma aproximação de

$$\iint_R e^{-(x+y)}\, dA,$$

   para a região R no plano limitada pelas curvas $y = x^2$ e $y = \sqrt{x}$.
10. Utilize o Algoritmo 4.4 para obter uma aproximação de

$$\iint_R \sqrt{xy + y^2}\, dA,$$

   em que R é a região no plano limitada pelas retas $x + y = 6$, $3y - x = 2$ e $3x - y = 2$. Primeiro, divida R em duas regiões R_1 e R_2 nas quais o Algoritmo 4.4 possa ser aplicado. Utilize $n = m = 6$ tanto em R_1 como em R_2.
11. Utilize o Algoritmo 4.6 com $n = m = p = 2$ para obter aproximações das integrais triplas a seguir e compare os resultados com as respostas exatas.

   a. $\int_0^{1}\int_1^{2}\int_0^{0,5} e^{x+y+z}\, dz\, dy\, dx$ **b.** $\int_0^{1}\int_x^{1}\int_0^{y} y^2 z\, dz\, dy\, dx$

   c. $\int_0^{1}\int_{x^2}^{x}\int_{x-y}^{x+y} y\, dz\, dy\, dx$ **d.** $\int_0^{1}\int_{x^2}^{x}\int_{x-y}^{x+y} z\, dz\, dy\, dx$

   e. $\int_0^{\pi}\int_0^{x}\int_0^{xy} \frac{1}{y} \operatorname{sen} \frac{z}{y}\, dz\, dy\, dx$ **f.** $\int_0^{1}\int_0^{1}\int_{-xy}^{xy} e^{x^2+y^2}\, dz\, dy\, dx$

12. Repita o Exercício 11 utilizando $n = m = p = 3$.
13. Repita o Exercício 11 utilizando $n = m = p = 4$.

14. Repita o Exercício 11 utilizando $n = m = p = 5$.

15. Utilize o Algoritmo 4.6 com $n = m = p = 5$ para obter uma aproximação de

$$\iiint_S \sqrt{xyz}\, dV,$$

em que S é a região no primeiro octante limitada pelo cilindro $x^2 + y^2 = 4$, pela esfera $x^2 + y^2 + z^2 = 4$ e pelo plano $x + y + z = 8$. Quantos cálculos funcionais são necessários para a aproximação?

16. Utilize o Algoritmo 4.6 com $n = m = p = 4$ para obter uma aproximação de

$$\iiint_S xy \operatorname{sen}(yz)\, dV,$$

em que S é o sólido limitado pelos planos coordenados e pelos planos $x = \pi$, $y = \pi/2$, $z = \pi/3$. Compare essa aproximação ao resultado exato.

EXERCÍCIOS APLICADOS

17. Uma lâmina plana é uma folha fina de massa distribuída continuamente. Se σ é função que descreve a densidade de uma lâmina com a forma de uma região R no plano xy, então o centro de massa da lâmina $(\bar{x}, \bar{y})$ é

$$\bar{x} = \frac{\iint_R x\sigma(x, y)\, dA}{\iint_R \sigma(x, y)\, dA}, \quad \bar{y} = \frac{\iint_R y\sigma(x, y)\, dA}{\iint_R \sigma(x, y)\, dA}.$$

Utilize o Algoritmo 4.4 com $n = m = 14$ para encontrar o centro de massa da lâmina descrita por $R = \{(x, y) \mid 0 \leq x \leq 1{,}0 \leq y \leq \sqrt{1 - x^2}\}$ com a função densidade $\sigma(x, y) = e^{-(x^2+y^2)}$. Compare a aproximação com o resultado exato.

18. Repita o Exercício 17 utilizando o Algoritmo 4.5 com $n = m = 5$.

19. A área da superfície descrita por $z = f(x, y)$ para (x, y) em R é fornecida por

$$\iint_R \sqrt{[f_x(x, y)]^2 + [f_y(x, y)]^2 + 1}\, dA.$$

Utilize o Algoritmo 4.4 com $n = m = 8$ para encontrar uma aproximação para a área da superfície no hemisfério $x^2 + y^2 + z^2 = 9$, $z \geq 0$ que esteja acima da região do plano descrita por $R = \{(x, y) \mid 0 \leq x \leq 1{,}0 \leq y \leq 1\}$.

20. Repita o Exercício 19 utilizando o Algoritmo 4.5 com $n = m = 4$.

QUESTÕES PARA DISCUSSÃO

1. Os métodos de Monte Carlo são fáceis de aplicar aos métodos de integração multidimensionais. Estes métodos podem fornecer precisão melhor do que os métodos discutidos nesta seção. Um destes métodos é o algoritmo de Metropolis-Hastings. Compare e contraste este método com o método de integração dupla de Simpson.
2. Os métodos de Monte Carlo são fáceis de aplicar aos métodos de integração multidimensionais. Estes métodos podem fornecer precisão melhor do que os métodos discutidos nesta seção. Um destes métodos é o algoritmo de Metropolis-Hastings. Compare e contraste este método com o método de integração tripla de Gauss.
3. Os métodos de Monte Carlo são fáceis de aplicar aos métodos de integração multidimensionais. Estes métodos podem fornecer precisão melhor do que os métodos discutidos nesta seção. Um destes métodos é o algoritmo de amostragem de Gibbs. Compare e contraste este método com o método de integração dupla de Simpson.

4. Os métodos de Monte Carlo são fáceis de aplicar aos métodos de integração multidimensionais. Estes métodos podem fornecer precisão melhor do que os métodos discutidos nesta seção. Um destes métodos é o algoritmo de amostragem de Gibbs. Compare e contraste este método com o método de integração tripla de Gauss.

4.9 Integrais impróprias

As integrais impróprias ocorrem quando a noção de integração é estendida para um intervalo de integração no qual a função é ilimitada ou para um intervalo com uma ou mais extremidades infinitas. Em ambas as circunstâncias, as regras normais da aproximação da integral devem ser modificadas.

Singularidade na extremidade esquerda

Consideraremos primeiro a situação quando o integrando é ilimitado na extremidade esquerda do intervalo de integração, como mostrado na Figura 4.25. Nesse caso, podemos dizer que f tem uma **singularidade** na extremidade a. A seguir, mostraremos que outras integrais impróprias podem ser reduzidas a problemas dessa forma.

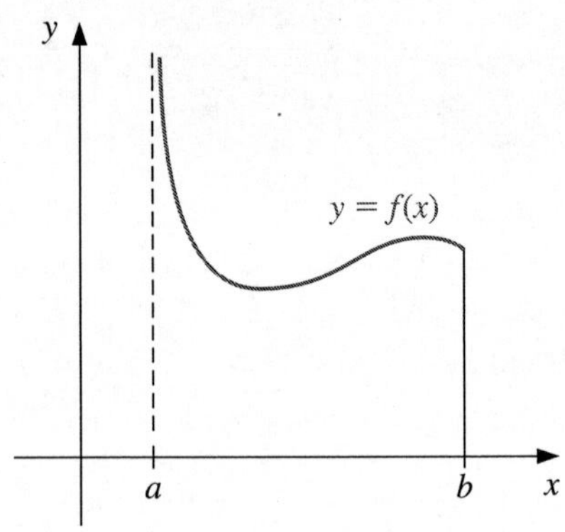

Figura 4.25

Com o cálculo, mostra-se que a integral imprópria com uma singularidade na extremidade esquerda,

$$\int_a^b \frac{dx}{(x-a)^p},$$

converge se e somente se $0 < p < 1$ e, nesse caso, definimos

$$\int_a^b \frac{1}{(x-a)^p}\,dx = \lim_{M \to a^+} \left.\frac{(x-a)^{1-p}}{1-p}\right|_{x=M}^{x=b} = \frac{(b-a)^{1-p}}{1-p}.$$

EXEMPLO 1 Mostre que a integral imprópria $\int_0^1 \frac{1}{\sqrt{x}}\,dx$ converge mas que $\int_0^1 \frac{1}{x^2}\,dx$ diverge.

Solução Para a primeira integral, temos

$$\int_0^1 \frac{1}{\sqrt{x}}\,dx = \lim_{M\to 0^+}\int_M^1 x^{-1/2}\,dx = \lim_{M\to 0^+} 2x^{1/2}\Big|_{x=M}^{x=1} = 2 - 0 = 2,$$

mas a segunda integral

$$\int_0^1 \frac{1}{x^2}\,dx = \lim_{M\to 0^+}\int_M^1 x^{-2}\,dx = \lim_{M\to 0^+} -x^{-1}\Big|_{x=M}^{x=1}$$

é ilimitada. ∎

Se f for uma função que possa ser escrita na forma

$$f(x) = \frac{g(x)}{(x-a)^p},$$

em que $0 < p < 1$ e g é contínua em $[a, b]$, então a integral imprópria

$$\int_a^b f(x)\,dx$$

também existe. Aproximaremos essa integral utilizando a regra de Simpson composta, contanto que $g \in C^5\,[a, b]$. Nesse caso, podemos construir o polinômio de Taylor de ordem quatro, $P_4(x)$, de g em torno de a,

$$P_4(x) = g(a) + g'(a)(x-a) + \frac{g''(a)}{2!}(x-a)^2 + \frac{g'''(a)}{3!}(x-a)^3 + \frac{g^{(4)}(a)}{4!}(x-a)^4,$$

e escrever

$$\int_a^b f(x)\,dx = \int_a^b \frac{g(x) - P_4(x)}{(x-a)^p}\,dx + \int_a^b \frac{P_4(x)}{(x-a)^p}\,dx. \tag{4.44}$$

Visto que $P(x)$ é um polinômio, podemos determinar exatamente o valor de

$$\int_a^b \frac{P_4(x)}{(x-a)^p}\,dx = \sum_{k=0}^{4}\int_a^b \frac{g^{(k)}(a)}{k!}(x-a)^{k-p}\,dx = \sum_{k=0}^{4}\frac{g^{(k)}(a)}{k!(k+1-p)}(b-a)^{k+1-p}. \tag{4.45}$$

Isso é geralmente a parte dominante da aproximação, especialmente quando o polinômio de Taylor $P_4(x)$ estiver bastante próximo de $g(x)$ no intervalo $[a, b]$.

Para obter uma aproximação da integral de f, devemos adicionar esse valor à aproximação de

$$\int_a^b \frac{g(x) - P_4(x)}{(x-a)^p}\,dx.$$

Para determinar isso, primeiro definimos

$$G(x) = \begin{cases} \frac{g(x)-P_4(x)}{(x-a)^p}, & \text{se } a < x \le b, \\ 0, & \text{se } x = a. \end{cases}$$

Isso nos dá uma função contínua em $[a, b]$. Como $0 < p < 1$ e $P_4^{(k)}(a)$ coincide com $g^{(k)}(a)$, para cada $k = 0, 1, 2, 3, 4$ temos que $G \in C^4 [a, b]$. Isso implica que a regra de Simpson composta pode ser aplicada para obter uma aproximação da integral de G em $[a, b]$. Somando essa aproximação ao valor na Equação (4.45), obtemos uma aproximação para a integral imprópria de f em $[a, b]$, com a precisão da aproximação pela regra de Simpson composta.

EXEMPLO 2 Utilize a regra de Simpson composta com $h = 0{,}25$ para obter uma aproximação do valor da integral imprópria.

$$\int_0^1 \frac{e^x}{\sqrt{x}}\, dx.$$

Solução Como o quarto polinômio de Taylor para e^x em torno de $x = 0$ é

$$P_4(x) = 1 + x + \frac{x^2}{2} + \frac{x^3}{6} + \frac{x^4}{24},$$

uma parte da aproximação para $\int_0^1 \frac{e^x}{\sqrt{x}}\, dx$ é

$$\begin{aligned}
\int_0^1 \frac{P_4(x)}{\sqrt{x}}\, dx &= \int_0^1 \left(x^{-1/2} + x^{1/2} + \frac{1}{2}x^{3/2} + \frac{1}{6}x^{5/2} + \frac{1}{24}x^{7/2} \right) dx \\
&= \lim_{M \to 0^+} \left[2x^{1/2} + \frac{2}{3}x^{3/2} + \frac{1}{5}x^{5/2} + \frac{1}{21}x^{7/2} + \frac{1}{108}x^{9/2} \right]_M^1 \\
&= 2 + \frac{2}{3} + \frac{1}{5} + \frac{1}{21} + \frac{1}{108} \approx 2{,}9235450.
\end{aligned}$$

Para a segunda parte da aproximação para $\int_0^1 \frac{e^x}{\sqrt{x}}\, dx$, precisamos aproximar $\int_0^1 G(x)\, dx$, em que

$$G(x) = \begin{cases} \dfrac{1}{\sqrt{x}} \left(e^x - P_4(x) \right), & \text{se } 0 < x \le 1, \\ 0, & \text{se } x = 0. \end{cases}$$

A Tabela 4.13 lista os valores necessários para a regra de Simpson composta para essa aproximação.

Tabela 4.13

x	$G(x)$
0,00	0
0,25	0,0000170
0,50	0,0004013
0,75	0,0026026
1,00	0,0099485

Utilizando esses dados e a regra de Simpson composta, obtemos

$$\int_0^1 G(x)\,dx \approx \frac{0{,}25}{3}[0 + 4(0{,}0000170) + 2(0{,}0004013) + 4(0{,}0026026) + 0{,}0099485]$$
$$= 0{,}0017691.$$

Consequentemente,

$$\int_0^1 \frac{e^x}{\sqrt{x}}\,dx \approx 2{,}9235450 + 0{,}0017691 = 2{,}9253141.$$

Esse resultado é correto dentro da precisão da aproximação da regra de Simpson composta para a função G. Visto que $|G^{(4)}(x)| < 1$ em $[0, 1]$, o erro é limitado por

$$\frac{1-0}{180}(0{,}25)^4 = 0{,}0000217. \qquad \blacksquare$$

Singularidade na extremidade direita

Para obter uma aproximação da integral imprópria com uma singularidade na extremidade direita, podemos aplicar a técnica que utilizamos acima, mas expandida em termos da extremidade direita b, em vez da extremidade esquerda a. Alternativamente, podemos fazer a substituição

$$z = -x, \; dz = -dx$$

para mudar a integral imprópria para a forma

$$\int_a^b f(x)dx = \int_{-b}^{-a} f(-z)dz, \tag{4.46}$$

a qual tem sua singularidade na extremidade esquerda. Então podemos aplicar a técnica de singularidade na extremidade esquerda que já desenvolvemos. (Veja a Figura 4.26.)

Figura 4.26

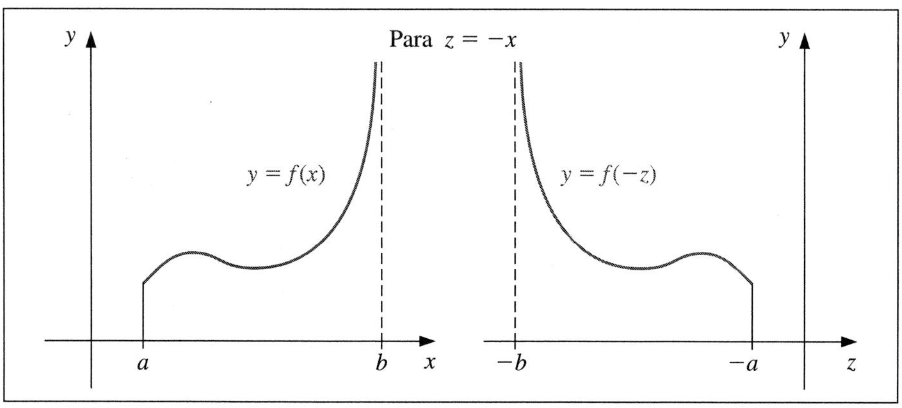

Uma integral imprópria com uma singularidade em c, em que $a < c < b$, é tratada como a soma de integrais impróprias com singularidades nas extremidades, já que

$$\int_a^b f(x)dx = \int_a^c f(x)dx + \int_c^b f(x)dx.$$

Singularidade infinita

O outro tipo de integral imprópria envolve extremos infinitos de integração. A integral básica desse tipo tem a forma

$$\int_a^\infty \frac{1}{x^p}\, dx,$$

para $p > 1$. Isso é convertido em uma integral com singularidade na extremidade esquerda em 0 fazendo a substituição na integração

$t = x^{-1}$,MM$dt = -x^{-2}dx$,MMde modo queMM$dx = -x^2 dt = -t^{-2}dt.$

Então,

$$\int_a^\infty \frac{1}{x^p}\, dx = \int_{1/a}^0 -\frac{t^p}{t^2}\, dt = \int_0^{1/a} \frac{1}{t^{2-p}}\, dt.$$

De uma forma semelhante, a mudança da variável $t = x^{-1}$ converte a integral imprópria $\int_a^\infty f(x)\, dx$ em uma que tenha uma singularidade na extremidade à esquerda em zero:

$$\int_a^\infty f(x)\, dx = \int_0^{1/a} t^{-2} f\left(\frac{1}{t}\right) dt. \tag{4.47}$$

Ela pode ser agora aproximada utilizando uma fórmula de quadratura do tipo descrito anteriormente.

EXEMPLO 3 Obtenha uma aproximação do valor da integral imprópria

$$I = \int_1^\infty x^{-3/2} \operatorname{sen} \frac{1}{x}\, dx.$$

Solução Inicialmente, faça a mudança de variável $t = x^{-1}$, que converte a singularidade infinita em uma com singularidade na extremidade esquerda. Então

$$dt = -\, x^{-2}\, dx, \text{ temos } dx = -\, x^2\, dt = -\, \frac{1}{t^2}\, dt,$$

e

$$I = \int_{x=1}^{x=\infty} x^{-3/2} \operatorname{sen} \frac{1}{x}\, dx = \int_{t=1}^{t=0} \left(\frac{1}{t}\right)^{-3/2} \operatorname{sen} t \left(-\frac{1}{t^2}\, dt\right) = \int_0^1 t^{-1/2} \operatorname{sen} t\, dt.$$

O quarto polinômio de Taylor, $P_4(t)$, para sen t em 0 é

$$P_4(t) = t - \frac{1}{6}t^3,$$

assim

$$G(t) = \begin{cases} \dfrac{\operatorname{sen} t - t + \frac{1}{6}t^3}{t^{1/2}}, & \text{se } 0 < t \le 1 \\ 0, & \text{se } t = 0 \end{cases}$$

está em C^4 [0, 1] e temos

$$
\begin{aligned}
I &= \int_0^1 t^{-1/2}\left(t - \frac{1}{6}t^3\right) dt + \int_0^1 \frac{\operatorname{sen} t - t + \frac{1}{6}t^3}{t^{1/2}}\, dt \\
&= \left[\frac{2}{3}t^{3/2} - \frac{1}{21}t^{7/2}\right]_0^1 + \int_0^1 \frac{\operatorname{sen} t - t + \frac{1}{6}t^3}{t^{1/2}}\, dt \\
&= 0{,}61904761 + \int_0^1 \frac{\operatorname{sen} t - t + \frac{1}{6}t^3}{t^{1/2}}\, dt.
\end{aligned}
$$

O resultado a partir da regra de Simpson composta com $n = 16$ para a integral remanescente é 0,0014890097. Isso resulta na aproximação final

$$I = 0{,}0014890097 + 0{,}61904761 = 0{,}62053661,$$

que tem precisão de $4{,}0 \times 10^{-8}$. ■

EXERCÍCIOS 4.9

1. Utilize a regra de Simpson composta e os valores fornecidos de n para obter aproximações das integrais impróprias a seguir.

   a. $\displaystyle\int_0^1 x^{-1/4} \operatorname{sen} x\, dx, \quad n = 4$

   b. $\displaystyle\int_0^1 \frac{e^{2x}}{\sqrt[5]{x^2}}\, dx, \quad n = 6$

   c. $\displaystyle\int_1^2 \frac{\ln x}{(x-1)^{1/5}}\, dx, \quad n = 8$

   d. $\displaystyle\int_0^1 \frac{\cos 2x}{x^{1/3}}\, dx, \quad n = 6$

2. Utilize a regra de Simpson composta e os valores fornecidos de n para obter aproximações das integrais impróprias a seguir.

   a. $\displaystyle\int_0^1 \frac{e^{-x}}{\sqrt{1-x}}\, dx, \quad n = 6$

   b. $\displaystyle\int_0^2 \frac{xe^x}{\sqrt[3]{(x-1)^2}}\, dx, \quad n = 8$

3. Utilize a transformação $t = x^{-1}$ e, em seguida, a regra de Simpson composta e os valores fornecidos de n para obter aproximações das integrais impróprias a seguir.

   a. $\displaystyle\int_1^\infty \frac{1}{x^2+9}\, dx, \quad n = 4$

   b. $\displaystyle\int_1^\infty \frac{1}{1+x^4}\, dx, \quad n = 4$

   c. $\displaystyle\int_1^\infty \frac{\cos x}{x^3}\, dx, \quad n = 6$

   d. $\displaystyle\int_1^\infty x^{-4} \operatorname{sen} x\, dx, \quad n = 6$

4. A integral imprópria $\int_0^\infty f(x)\, dx$ não pode ser convertida em uma integral com extremidades finitas utilizando a substituição $t = 1/x$ porque a extremidade em zero torna-se infinita. O problema é resolvido primeiro escrevendo $\int_0^\infty f(x)\, dx = \int_0^1 f(x)\, dx + \int_0^\infty f(x)\, dx$. Aplique essa técnica para obter aproximações das integrais impróprias a seguir com precisão de 10^{-6}.

   a. $\displaystyle\int_0^\infty \frac{1}{1+x^4}\, dx$

   b. $\displaystyle\int_0^\infty \frac{1}{(1+x^2)^3}\, dx$

EXERCÍCIOS APLICADOS

5. Suponha que um corpo de massa m esteja se movendo verticalmente para cima, começando na superfície da Terra. Se toda a resistência, exceto a gravidade, for desprezada, a velocidade de escape v será dada por

$$v^2 = 2gR \int_1^{\infty} z^{-2}\, dz, \quad \text{em que} \quad z = \frac{x}{R},$$

$R = 3960$ mi é o raio da terra e $g = 0{,}00609$ mi/s^2 é a força de gravidade na superfície da Terra. Obtenha uma aproximação da velocidade de escape v.

EXERCÍCIOS TEÓRICOS

6. Os polinômios de Laguerre $\{L_0(x), L_1(x) \ldots\}$ formam um conjunto ortogonal em $[0, \infty)$ e satisfazem $\int_0^{\infty} e^{-x} L_i(x) L_j(x)\, dx = 0$, para $i \neq j$. (Consulte a Seção 8.2.) O polinômio $L_n(x)$, tem n zeros distintos $x_1, x_2, \ldots, x_n$ em $[0, \infty)$. Seja

$$c_{n,i} = \int_0^{\infty} e^{-x} \prod_{\substack{j=1 \\ j\neq i}}^{n} \frac{x - x_j}{x_i - x_j}\, dx.$$

Mostre que a fórmula de quadratura

$$\int_0^{\infty} f(x)e^{-x} dx = \sum_{i=1}^{n} c_{n,i} f(x_i)$$

tem ordem de precisão $2n - 1$. (*Sugestão*: Siga os passos da demonstração do Teorema 4.7.)

7. Os polinômios de Laguerre $L_0(x) = 1$, $L_1(x) = 1 - x$, $L_2(x) = x^2 - 4x + 2$ e $L_3(x) = -x^3 + 9x^2 - 18x + 6$ são deduzidos no Exercício 11 da Seção 8.2. Como mostrado no Exercício 6, esses polinômios são úteis na aproximação de integrais da forma

$$\int_0^{\infty} e^{-x} f(x) dx = 0.$$

a. Deduza a fórmula de quadratura utilizando $n = 2$ e os zeros de $L_2(x)$.

b. Deduza a fórmula de quadratura utilizando $n = 3$ e os zeros de $L_3(x)$.

8. Utilize as fórmulas de quadratura deduzidas no Exercício 7 para obter uma aproximação da integral

$$\int_0^{\infty} \sqrt{x} e^{-x} dx.$$

9. Utilize as fórmulas de quadratura deduzidas no Exercício 7 para obter uma aproximação da integral

$$\int_{-\infty}^{\infty} \frac{1}{1 + x^2}\, dx.$$

QUESTÕES PARA DISCUSSÃO

1. Descreva como lidar com singularidades ao aproximar integrais impróprias.

2. A eficiência da quadratura adaptativa diminui substancialmente se a função tiver singularidades integráveis nas extremidades do intervalo. Essa situação pode exigir milhares de interações para diminuir o erro de integração para um nível aceitável. Discuta como a sub-rotina AutoGKSingular resolve este problema.

4.10 Software numérico e revisão do capítulo

A maior parte dos softwares para integração de uma função de uma única variável real tem base na abordagem adaptativa ou nas fórmulas de Gauss, extremamente precisas. A integração cuidadosa de Romberg é uma técnica adaptativa que inclui uma verificação para assegurar que o integrando seja liso nos subintervalos de integração. Esse método tem sido utilizado de forma bem-sucedida em bibliotecas de software. Integrais múltiplas são geralmente aproximadas estendendo bons métodos adaptativos a dimensões superiores. A quadratura do tipo de Gauss também é recomendada para diminuir o número de cálculos de função.

As principais rotinas nas bibliotecas NAG e IMSL têm base no *QUADPACK: A subroutine Package for Automatic Integration*, de R. Piessens, E. de Doncker-Kapenga, C. W. Uberhuber e D. K. Kahaner, publicado pela Springer-Verlag em 1983 [PDUK].

A Biblioteca IMSL contém um esquema de integração adaptativa com base na regra de Gauss-Kronrod de 21 pontos utilizando a regra de Gauss de 10 pontos para estimar o erro. A regra de Gauss utiliza os dez pontos $x_1, \ldots, x_{10}$ e os pesos $w_1, \ldots, w_{10}$ para fornecer a fórmula de quadratura $\sum_{i=1}^{10} w_i f(x_i)$ para obter uma aproximação de $\int_a^b f(x)\, dx$. Os pontos adicionais $x_{11}, \ldots, x_{21}$ e os pesos novos $v_1, \ldots, v_{21}$ são então utilizados na fórmula de Kronrod $\sum_{i=1}^{21} v_i f(x_i)$. Os resultados das duas fórmulas são comparados para eliminar o erro. A vantagem na utilização de $x_1, \ldots, x_{10}$ em cada fórmula é que f precisa ser calculada somente em 21 pontos. Se regras de Gauss independentes de 10 e de 21 pontos fossem utilizadas, 31 cálculos de função seriam necessários. Esse procedimento permite singularidades nas extremidades no integrando.

Outras sub-rotinas IMSL permitem singularidades nas extremidades; singularidades especificadas pelo usuário; e intervalos infinitos de integração. Além disso, existem rotinas para a aplicação das regras de Gauss-Kronrod para integrar uma função de duas variáveis e uma rotina para usar a quadratura de Gauss para integrar uma função de n variáveis sobre n intervalos da forma $[a_i, b_i]$.

A biblioteca NAG inclui a rotina para calcular a integral de f sobre o intervalo $[a, b]$ utilizando um método adaptativo com base na Quadratura de Gauss, utilizando as regras de Gauss de 10 pontos e a de Kronrod de 21 pontos. Ela também tem uma rotina para aproximar uma integral utilizando uma família de fórmulas do tipo de Gauss com base em 1, 3, 5, 7, 15, 31, 63, 127 e 255 nós. Essas regras de alta precisão entrelaçadas devem-se a Patterson [Pat] e são utilizadas de uma forma adaptativa. O NAG inclui muitas outras sub-rotinas para obter aproximações de integrais.

Embora a diferenciação numérica seja instável, fórmulas de aproximação de derivadas são necessárias para resolver equações diferenciais. A biblioteca NAG inclui uma sub-rotina para a derivação numérica de uma função de uma única variável real, sendo possível encontrar até a 14ª derivada. A IMSL tem uma função que utiliza uma alteração adaptativa no tamanho do passo para diferenças finitas para obter uma aproximação da primeira, segunda ou terceira derivada de f em x, até uma tolerância especificada. O IMSL também inclui sub-rotina para calcular as derivadas de uma função definida em um conjunto de pontos utilizando interpolação quadrática. Ambos os pacotes permitem a derivação e a integração de *splines* cúbicos interpoladores construídos por sub-rotinas mencionadas na Seção 3.5.

QUESTÕES PARA DISCUSSÃO

1. Dê uma visão geral da sub-rotina AutoGKSmooth encontrada no pacote de software numérico ALGLIB.
2. Dê uma visão geral da sub-rotina AutoGKSmoothW encontrada no pacote de software numérico ALGLIB.
3. Discuta como o MAPLE lida com as integrais múltiplas. Existem algumas situações que podem criar problemas ao usar o MAPLE?

4. Discuta como o MATLAB lida com as integrais múltiplas. Existem situações que podem criar problemas ao usar o MATLAB?
5. Discuta como o Mathematica lida com as integrais múltiplas. Existem situações que podem criar problemas ao usar o Mathematica?

CONCEITOS-CHAVE

Derivação numérica
Erro de arredondamento
Extrapolação de Richardson
Fórmulas abertas de Newton--Cotes
Fórmulas de diferença
Fórmulas fechadas de Newton--Cotes
Grau de precisão
Integração de Romberg
Integração numérica
Integrais impróprias
Medidas de precisão
Métodos de integração múltipla
Métodos de quadratura adaptativa
Polinômios de Legendre
Quadratura de Gauss
Quadratura numérica
Regra de Simpson
Regra de Simpson composta
Regra do trapézio
Regra do trapézio composta
Singularidade

REVISÃO DO CAPÍTULO

Neste capítulo, consideramos a aproximação de integrais de funções de uma, duas ou três variáveis e a aproximação de derivadas de uma função de uma única variável real.

A regra do ponto médio, a regra do trapézio e a regra de Simpson foram estudadas para introduzir as técnicas e a análise de erro nos métodos de quadratura. Descobrimos que a regra de Simpson composta era fácil de usar e produzia aproximações precisas, a menos que a função oscilasse em um subintervalo do intervalo de integração. Vimos que a quadratura adaptativa poderia ser usada se houvesse suspeita de um comportamento oscilatório da função. Também descobrimos que o uso da quadratura de Gauss nos permite minimizar o número de nós e, ao mesmo tempo, manter a precisão. A integração de Romberg foi introduzida para tirar vantagem da facilidade de aplicação da regra do trapézio composta e da extrapolação.

Para leituras mais aprofundadas sobre integração numérica, recomendamos os livros de Engels [E] e Davis e Rabinowitz [DR]. Para mais informações sobre a quadratura de Gauss, consulte Stroud e Secrest [StS]. Livros sobre integrais múltiplas incluem aqueles de Stroud [Stro] e de Sloan e Joe [SJ].

CAPÍTULO 5

Problemas de valor inicial para equações diferenciais ordinárias

Introdução

O movimento de um pêndulo oscilante, sob certas hipóteses simplificadoras, é descrito pela equação diferencial de segunda ordem

$$\frac{d^2\theta}{dt^2} + \frac{g}{L} \operatorname{sen} \theta = 0,$$

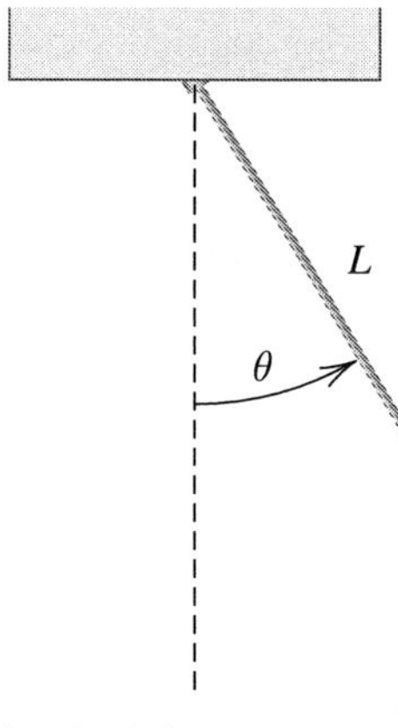

em que L é o comprimento do pêndulo, $g \approx 32{,}17$ pés/s^2 é a aceleração da gravidade da Terra e θ é o ângulo que o pêndulo faz com a vertical. Se, além disso, especificarmos a posição do pêndulo quando o movimento começa, $\theta(t_0) = \theta_0$, e sua velocidade naquele ponto, $\theta'(t_0) = \theta'_0$, teremos o que é chamado *problema de valor inicial.*

Para valores pequenos de θ, a aproximação $\theta \approx \operatorname{sen} \theta$ pode ser utilizada para simplificar esse problema para um problema de valor inicial linear

$$\frac{d^2\theta}{dt^2} + \frac{g}{L}\theta = 0, \quad \theta(t_0) = \theta_0, \quad \theta'(t_0) = \theta'_0.$$

Esse problema pode ser resolvido com a utilização de uma técnica padrão de equação diferencial. Para valores maiores de θ, ou hipótese que $\theta \approx \operatorname{sen} \theta$ não é razoável, de modo que devem ser usados métodos de aproximação. Um problema desse tipo é considerado no Exercício 7 da Seção 5.9.

Qualquer livro-texto sobre equações diferenciais ordinárias detalha inúmeros métodos para encontrar explicitamente soluções para problemas de valor inicial de primeira ordem. Na prática, porém, poucos dos problemas que se originam do estudo de fenômenos físicos podem ser resolvidos exatamente.

A primeira parte deste capítulo está relacionada à aproximação da solução $y(t)$ de um problema da forma

$$\frac{dy}{dt} = f(t, y), \quad \text{para } a \leq t \leq b,$$

sujeito a uma condição inicial $y(a) = \alpha$. Adiante neste capítulo, trataremos da extensão destes métodos a um sistema de equações diferenciais de primeira ordem da forma

$$\begin{aligned}
\frac{dy_1}{dt} &= f_1(t, y_1, y_2, \ldots, y_n),\\
\frac{dy_2}{dt} &= f_2(t, y_1, y_2, \ldots, y_n),\\
&\vdots\\
\frac{dy_n}{dt} &= f_n(t, y_1, y_2, \ldots, y_n),
\end{aligned}$$

para $a \leq t \leq b$, sujeito às condições iniciais

$$y_1(a) = \alpha_1, \quad y_2(a) = \alpha_2, \quad \ldots, \quad y_n(a) = \alpha_n.$$

Examinaremos, ainda, a relação de um sistema desse tipo com o problema geral de valor inicial de ordem n da forma

$$y^{(n)} = f(t, y, y', y'', \ldots, y^{(n-1)}),$$

para $a \leq t \leq b$, sujeito às condições iniciais

$$y(a) = \alpha_1, \quad y'(a) = \alpha_2, \quad \ldots, \quad y^{n-1}(a) = \alpha_n.$$

5.1 A teoria elementar dos problemas de valor inicial

Equações diferenciais são utilizadas para modelar problemas em ciências e engenharia que envolvam a alteração de algumas variáveis com relação à outra. A maioria destes problemas requer a solução de um *problema de valor inicial*, isto é, a solução de uma equação diferencial que satisfaça determinada condição inicial.

Na maioria das situações da vida real, a equação diferencial que modela o problema é complicada demais para ser resolvida exatamente, e uma entre duas abordagens é aplicada para aproximar a solução. A primeira abordagem é simplificar a equação diferencial para uma que possa ser resolvida exatamente e depois usar a solução da equação simplificada para aproximar a solução da equação original. A outra abordagem, que examinaremos neste capítulo, usa métodos de aproximação da solução do problema original. Essa é a abordagem empregada mais comumente, uma vez que os métodos de aproximação fornecem resultados mais precisos e informações mais realísticas sobre erros.

Os métodos que consideramos neste capítulo não produzem uma aproximação contínua para a solução do problema de valor inicial. Em vez disso, as aproximações são encontradas em determinados pontos especificados e, muitas vezes, igualmente espaçados. Algum método de interpolação, normalmente o de Hermite, é usado se forem necessários valores intermediários.

Precisamos de algumas definições e resultados da teoria das equações diferenciais ordinárias antes de considerar métodos para a aproximação de soluções de problemas de valores iniciais.

Definição 5.1 Uma função $f(t, y)$ satisfaz uma **condição de Lipschitz** na variável y em um conjunto $D \subset \mathbb{R}^2$ se existir uma constante $L > 0$ tal que

$$|f(t, y_1) - f(t, y_2)| \leq L\,|y_1 - y_2|,$$

sempre que (t, y_1) e (t, y_2) estiverem em D. A constante L é chamada de **constante de Lipschitz** para f. ∎

EXEMPLO 1 Mostre que $f(t, y) = t|y|$ satisfaz uma condição de Lipschitz no conjunto $D = \{(t, y)|\ 1 \leq t \leq 2 \text{ e } -3 \leq y \leq 4\}$.

Solução Para cada par de pontos (t, y_1) e (t, y_2) em D, temos

$$|f(t, y_1) - f(t, y_2)| = \big||t|\,y_1| - t|y_2|\big| = |t|\,\big||y_1| - |y_2|\big| \leq 2|y_1 - y_2|.$$

Assim, f satisfaz uma condição de Lipschitz em D na variável y, com constante de Lipschitz 2. O menor valor possível para a constante de Lipschitz para este problema é $L = 2$, já que, por exemplo,

$$|f(2, 1) - f(2, 0)| = |2 - 0| = 2|1 - 0|.$$ ∎

Definição 5.2 Um conjunto $D \subset \mathbb{R}^2$ é dito **convexo** se, sempre que (t_1, y_1) e (t_2, y_2) pertencerem a D, então $((1 - \lambda)t_1 + \lambda t_2, (1 - \lambda) y_1 + \lambda y_2)$ também pertencer a D para todo λ em $[0,1]$. ∎

Em termos geométricos, a Definição 5.2 afirma que um conjunto é convexo desde que, sempre que dois pontos pertencerem ao conjunto, todo o segmento de reta entre os pontos também pertencer ao conjunto (veja a Figura 5.1 e o Exercício 7). Os conjuntos considerados neste capítulo são geralmente da forma $D = \{(t, y) \mid a \leq t \leq b$ e $-\infty < y < \infty\}$ para certas constantes a e b. É fácil verificar (veja o Exercício 9) que estes conjuntos são convexos.

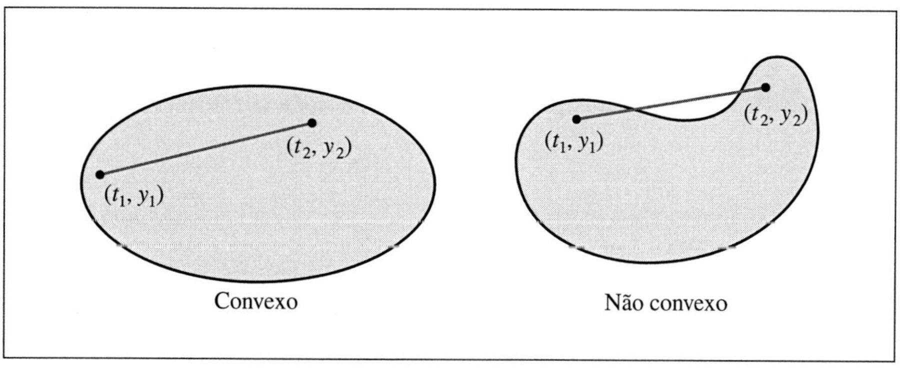

Figura 5.1

▶Teorema 5.3 Suponha que $f(t, y)$ esteja definido em um conjunto convexo $D \subset \mathbb{R}^2$. Se existir uma constante $L > 0$ tal que

$$\left|\frac{\partial f}{\partial y}(t, y)\right| \leq L, \text{ para todo } (t, y) \in D, \tag{5.1}$$

então f satisfaz uma condição de Lipschitz em D na variável y, com constante de Lipschitz L. ■

Rudolf Lipschitz (1832-1903) trabalhou em muitas áreas da matemática, incluindo teoria dos números, séries de Fourier, equações diferenciais, mecânica analítica e teoria do potencial. Ele é mais conhecido por essa generalização do trabalho de Augustin-Louis Cauchy (1789-1857) e Giuseppe Peano (1856-1932).

A demonstração do Teorema 5.3 é discutida no Exercício 8; ela é parecida com a demonstração do resultado correspondente para as funções de uma única variável discutida no Exercício 28 da Seção 1.1.

Como o próximo teorema mostrará, é sempre de interesse significativo determinar se a função envolvida em um problema de valor inicial satisfaz a uma condição de Lipschitz em sua segunda variável, e a condição (5.1) é geralmente mais fácil de ser aplicada que a definição. Devemos observar, entretanto, que o Teorema 5.3 fornece apenas condições suficientes para que uma condição de Lipschitz seja satisfeita. Observe que a função no Exemplo 1 satisfaz uma condição de Lipschitz, mas a derivativa parcial com relação a y não existe quando $y = 0$.

O teorema a seguir é uma versão do teorema fundamental de existência e unicidade para equações diferenciais ordinárias de primeira ordem. Embora o teorema possa ser demonstrado com hipóteses um pouco mais fracas, esta forma de teorema é suficiente para nossos propósitos. (A demonstração do teorema, aproximadamente nesta forma, pode ser encontrada em [BiR], p. 142-155.)

▶Teorema 5.4 Suponha que $D = \{(t, y) \mid a \leq t \leq b \text{ e } -\infty < y < \infty\}$ e que $f(t, y)$ seja contínua em D. Se f satisfizer uma condição de Lipschitz em D na variável y, então o problema de valor inicial

$$y'(t) = f(t, y), \qquad a \leq t \leq b, \qquad y(a) = \alpha,$$

tem uma única solução $y(t)$ para $a \leq t \leq b$. ■

EXEMPLO 2 Use o Teorema 5.4 para mostrar que existe uma única solução do problema de valor inicial

$$y' = 1 + t\,\text{sen}\,(ty), \qquad 0 \leq t \leq 2, \qquad y(0) = 0.$$

Solução Mantendo t constante e aplicando o teorema do valor médio à função

$$f(t, y) = 1 + t\,\text{sen}(ty),$$

descobrimos que, quando $y_1 < y_2$, existe um número ξ em (y_1, y_2) tal que

$$\frac{f(t, y_2) - f(t, y_1)}{y_2 - y_1} = \frac{\partial}{\partial y} f(t, \xi) = t^2 \cos(\xi t).$$

Assim,

$$|f(t, y_2) - f(t, y_1)| = |y_2 - y_1||t^2 \cos(\xi t)| \le 4\,|y_2 - y_1|,$$

e f satisfaz uma condição de Lipschitz na variável y, com constante de Lipschitz $L = 4$. Como, adicionalmente, $f(t, y)$ é contínua quando $0 \le t \le 2$ e $-\infty < y < \infty$, o Teorema 5.4 implica que existe uma única solução para este problema de valor inicial.

Se você já fez um curso de equações diferenciais, poderia tentar encontrar a solução exata para este problema. ■

Problemas bem-postos

Agora que, até certo ponto, cuidamos da questão de quando problemas de valor inicial têm soluções únicas, podemos avançar para a outra questão importante ao aproximarmos a solução de um problema de valor inicial. Os problemas de valor inicial obtidos pela observação de fenômenos físicos em geral são apenas aproximações da situação real, de modo que precisamos saber se pequenas variações no enunciado do problema introduzem variações correspondentemente pequenas na solução. Isto também é importante por causa dos erros de arredondamento quando os métodos numéricos são usados. Ou seja,

- Pergunta: como determinar se um problema particular tem a propriedade de que pequenas variações ou perturbações no enunciado do problema introduzem variações correspondentemente pequenas na solução?

Como de costume, precisamos primeiro dar uma definição viável para expressar este conceito.

Definição 5.5 O problema de valor inicial

$$\frac{dy}{dt} = f(t, y), \quad a \le t \le b, \quad y(a) = \alpha, \tag{5.2}$$

é considerado um **problema bem-posto** se:

- Existir uma única solução, $y(t)$, para o problema, e
- Existirem constantes $\varepsilon_0 > 0$ e $k > 0$ tais que, para qualquer ε, em $(0, \varepsilon_0)$, sempre que $\delta(t)$ for contínua com $|\delta(t)| < \varepsilon$ para todo t em $[a, b]$ e quando $|\delta_0| < \varepsilon$, o problema de valor inicial

$$\frac{dz}{dt} = f(t, z) + \delta(t), \quad a \le t \le b, \quad z(a) = \alpha + \delta_0, \tag{5.3}$$

tem uma única solução $z(t)$ que satisfaz

$$|z(t) - y(t)| < k\varepsilon \qquad \text{para todo } t \text{ em } [a, b].$$ ■

O problema especificado pela Equação (5.3) é chamado de **problema perturbado** associado ao problema original na Equação (5.2). Ele admite a possibilidade de um erro ser introduzido na expressão da equação diferencial, bem como de um erro δ_0 estar presente na condição inicial.

Os métodos numéricos sempre estarão ligados à resolução de um problema perturbado, já que qualquer erro de arredondamento introduzido na representação perturba o problema original. A menos que o problema original seja bem-posto, há poucas razões para esperar que a solução numérica de um problema perturbado aproxime de modo preciso a solução do problema original.

O teorema a seguir especifica condições que asseguram que um problema de valor inicial seja bem-posto. A demonstração deste teorema pode ser encontrada em [BiR], p. 142-147.

▶ Teorema 5.6 Suponha que $D = \{(t, y) \mid a \leq t \leq b \text{ e } -\infty < y < \infty\}$. Se f for contínua e satisfizer a uma condição de Lipschitz na variável y no conjunto D, então o problema de valor inicial

$$\frac{dy}{dt} = f(t, y), \quad a \leq t \leq b, \quad y(a) = \alpha$$

é bem-posto. ■

EXEMPLO 3 Mostre que o problema de valor inicial

$$\frac{dy}{dt} = y - t^2 + 1, \quad 0 \leq t \leq 2, \quad y(0) = 0{,}5, \tag{5.4}$$

é bem-posto em $D = \{(t, y) \mid 0 \leq t \leq 2 \text{ e } -\infty < y < \infty\}$.

Solução Como

$$\left|\frac{\partial(y - t^2 + 1)}{\partial y}\right| = |1| = 1,$$

o Teorema 5.3 implica que $f(t, y) = y - t^2 + 1$ satisfaz a condição de Lipschitz em y, em D, com constante de Lipschitz 1. Como f é contínua em D, o Teorema 5.6 implica que o problema é bem-posto.

Como ilustração, considere o problema perturbado

$$\frac{dz}{dt} = z - t^2 + 1 + \delta, \quad 0 \leq t \leq 2, \quad z(0) = 0{,}5 + \delta_0, \tag{5.5}$$

em que δ e δ_0 são constantes. As soluções das Equações (5.4) e (5.5) são

$$y(t) = (t + 1)^2 - 0{,}5e^t \quad \text{e} \quad z(t) = (t + 1)^2 + (\delta + \delta_0 - 0{,}5)e^t - \delta,$$

respectivamente.

Suponha que ε seja qualquer número positivo. Se $|\delta| < \varepsilon$ e $|\delta_0| < \varepsilon$, então

$$|y(t) - z(t)| = |(\delta + \delta_0)e^t - \delta|, \leq |\delta + \delta_0|e^2 + |\delta| \leq (2e^2 + 1)\varepsilon,$$

para todo t. Assim, o problema (5.4) é bem-posto com $k(\varepsilon) = 2e^2 + 1$ para todo $\varepsilon > 0$. ■

EXERCÍCIOS 5.1

1. Use o Teorema 5.4 para mostrar que cada um dos seguintes problemas de valor inicial tem uma solução única e encontre a solução.
   a. $y' = y\cos t,\ 0 \le t \le 1,\ y(0) = 1.$
   b. $y' = \frac{2}{t}y + t^2e^t,\ 1 \le t \le 2,\ y(1) = 0.$
   c. $y' = -\frac{2}{t}y + t^2e^t,\ 1 \le t \le 2,\ y(1) = \sqrt{2}e.$
   d. $y' = \frac{4t^3y}{1+t^4},\ 0 \le t \le 1,\ y(0) = 1.$
2. Mostre que cada um dos seguintes problemas de valor inicial tem uma solução única e encontre a solução. O Teorema 5.4 pode ser aplicado em cada caso?
   a. $y' = e^{t-y},\ 0 \le t \le 1,\ y(0) = 1.$
   b. $y' = t^{-2}(\operatorname{sen} 2t - 2ty),\ 1 \le t \le 2,\ y(1) = 2.$
   c. $y' = -y + ty^{1/2},\ 2 \le t \le 3,\ y(2) = 2.$
   d. $y' = \frac{ty+y}{ty+t},\ 2 \le t \le 4,\ y(2) = 4.$
3. Para cada escolha de $f(t, y)$ dada nas partes (a) a (d):
   (i) É verdade que f satisfaz uma condição de Lipschitz em $D = \{(t, y) \mid 0 \le t \le 1, -\infty < y < \infty\}$?
   (ii) O Teorema 5.6 pode ser usado para demonstrar que o problema de valor inicial
   $$y' = f(t, y), \qquad 0 \le t \le 1, \qquad y(0) = 1,$$
   é bem-posto?
   a. $f(t, y) = t^2y + 1$
   b. $f(t, y) = ty$
   c. $f(t, y) = 1 - y$
   d. $f(t, y) = -ty + \frac{4t}{y}$
4. Para cada escolha de $f(t, y)$ dada nas partes (a) a (d):
   (i) É verdade que f satisfaz uma condição de Lipschitz em $D = \{(t, y) \mid 0 \le t \le 1, -\infty < y < \infty\}$?
   (ii) O Teorema 5.6 pode ser usado para mostrar que o problema de valor inicial
   $$y' = f(t, y), \qquad 0 \le t \le 1, \qquad y(0) = 1,$$
   é bem-posto?
   a. $f(t, y) = e^{t-y}$
   b. $f(t, y) = \frac{1+y}{1+t}$
   c. $f(t, y) = \cos(yt)$
   d. $f(t, y) = \frac{y^2}{1+t}$
5. Para os seguintes problemas de valor inicial, mostre que a equação dada define implicitamente uma solução. Encontre uma aproximação de $y(2)$ usando o método de Newton.
   a. $y' = -\frac{y^3+y}{(3y^2+1)t},\ 1 \le t \le 2, y(1) = 1;\quad y^3t + yt = 2$
   b. $y' = -\frac{y\cos t + 2te^y}{\operatorname{sen} t + t^2e^y + 2},\ 1 \le t \le 2,\quad y(1) = 0;\ y\operatorname{sen} t + t^2e^y + 2y = 1$
6. Suponha que a perturbação $\delta(t)$ seja proporcional a t, isto é, $\delta(t) = \delta t$ para alguma constante δ. Mostre diretamente que os seguintes problemas de valor inicial são bem-postos.
   a. $y' = 1 - y, 0 \le t \le 2, y(0) = 0$
   b. $y' = t + y, 0 \le t \le 2, y(0) = -1$
   c. $y' = \frac{2}{t}y + t^2e^t, 1 \le t \le 2, y(1) = 0$
   d. $y' = \frac{2}{t}y + t^2e^t, 1 \le t \le 2, y(1) = \sqrt{2}e$

EXERCÍCIOS TEÓRICOS

7. Mostre que qualquer ponto na reta que liga (t_1, y_1) a (t_2, y_2) corresponde a $((1-\lambda)t_1 + \lambda t_2, (1-\lambda)y_1 + \lambda y_2)$ para alguma escolha de λ.

8. Demonstre o Teorema 5.3 aplicando o Teorema 1.8 do valor médio para $f(t, y)$, mantendo t fixo.

9. Mostre que, para quaisquer constantes a e b, o conjunto $D = \{(t, y) \mid a \leq t \leq b, -\infty < y < \infty\}$ é convexo.

10. O *método de Picard* para resolver o problema de valor inicial

$$y' = f(t, y), \qquad a \leq t \leq b, \qquad y(a) = \alpha,$$

é descrito como segue: tome $y_0(t) = \alpha$ para todo t em $[a, b]$. Defina uma sequência de funções $\{y_k(t)\}$ por

$$y_k(t) = \alpha + \int_a^t f(\tau, y_{k-1}(\tau))\, d\tau, \qquad k = 1, 2, \ldots.$$

a. Integre $y' = f(t, y(t))$, e use a condição inicial para deduzir o método de Picard.

b. Gere $y_0(t), y_1(t), y_2(t)$ e $y_3(t)$ para o problema de valor inicial.

$$y' = -y + t + 1, \qquad 0 \leq t \leq 1, \qquad y(0) = 1.$$

c. Compare o resultado na parte (b) com as séries Maclaurin da solução real $y(t) = t + e^{-t}$.

QUESTÕES PARA DISCUSSÃO

1. Os métodos numéricos dizem sempre respeito à solução de problemas perturbados, já que erros de arredondamento introduzidos na representação perturbam o problema original. Como você pode decidir se sua aproximação para um problema perturbado aproxima de modo preciso a solução do problema original?

2. O seguinte problema de valor inicial

$$\begin{cases} y' = f(x, y) \\ y(0) = 0 \end{cases}$$

em que f é a função

$$f(x, y) = \begin{cases} y \operatorname{sen}(1/y) & y \neq 0 \\ 0 & y = 0 \end{cases}$$

é contínua mas não é lipschitziana em uma vizinhança de (0,0). Por que a solução é única?

5.2 Método de Euler

Apesar de o método de Euler ser raramente usado na prática, a simplicidade de sua dedução pode ser utilizada para ilustrar as técnicas envolvidas na construção de algumas das técnicas mais avançadas, sem a álgebra incômoda que acompanha essas construções.

O objetivo do método de Euler é obter uma aproximação para a solução do problema de valor inicial bem-posto

$$\frac{dy}{dt} = f(t, y), \quad a \leq t \leq b, \quad y(a) = \alpha. \tag{5.6}$$

Na realidade, não será obtida uma aproximação contínua para a solução $y(t)$; em vez disso, aproximações de y serão geradas em vários valores, chamados **pontos da malha**, no intervalo $[a, b]$. Uma vez que a solução aproximada é obtida nos pontos, a solução aproximada em outros pontos no intervalo pode ser encontrada por meio da interpolação.

Em primeiro lugar, estipulamos que os pontos de malha sejam igualmente distribuídos por todo o intervalo $[a, b]$. Essa condição é assegurada por meio da escolha de um número inteiro positivo N, tomando $h = (b - a)/N$, e pela seleção dos pontos de malha

$$t_i = a + ih, \qquad \text{para cada } i = 0, 1, 2, \ldots, N.$$

O mais prolífico dos matemáticos, Leonhard Euler (1707-1783), foi o primeiro a apresentar ao público da área o uso de métodos de diferenças elementares para encontrar aproximações de soluções de equações diferenciais. Esse foi apenas um dos numerosos tópicos da Matemática, no qual Euler foi pioneiro.

A distância comum entre os pontos $h = t_{i+1} - t_i$ é chamada **tamanho do passo.**

Usaremos também o Teorema de Taylor para deduzir o método de Euler. Suponha que $y(t)$, a única solução da Equação (5.6), tenha duas derivadas contínuas em $[a, b]$, de forma que, para cada $i = 0, 1, 2, \ldots, N - 1$,

$$y(t_{i+1}) = y(t_i) + (t_{i+1} - t_i)y'(t_i) + \frac{(t_{i+1} - t_i)^2}{2}y''(\xi_i),$$

para algum número ξ_i em (t_i, t_{i+1}). Como h $= t_{i+1} - t_i$, temos

$$y(t_{i+1}) = y(t_i) + hy'(t_i) + \frac{h^2}{2}y''(\xi_i),$$

e, como $y(t)$ satisfaz a equação diferencial (5.6),

$$y(t_{i+1}) = y(t_i) + hf(t_i, y(t_i)) + \frac{h^2}{2}y''(\xi_i). \tag{5.7}$$

O método de Euler constrói $w_i \approx y(t_i)$, para cada $i = 1, 2, \ldots, N$, desprezando o resto. Assim, o método de Euler é

$$w_0 = \alpha,$$

$$w_{i+1} = w_i + hf(t_i, w_i), \qquad \text{para cada } i = 0, 1, \ldots, N - 1. \tag{5.8}$$

Ilustração No Exemplo 1, usaremos um algoritmo para o método de Euler para aproximar a solução de

$$y' = y - t^2 + 1, \quad 0 \leq t \leq 2, \quad y(0) = 0{,}5,$$

em $t = 2$. Aqui, simplesmente ilustraremos os passos da técnica quando tivermos $h = 0{,}5$.

Para este problema, $f(t, y) = y - t^2 + 1$; assim,

$$w_0 = y(0) = 0{,}5;$$
$$w_1 = w_0 + 0{,}5\,(w_0 - (0{,}0)^2 + 1) = 0{,}5 + 0{,}5(1{,}5) = 1{,}25;$$
$$w_2 = w_1 + 0{,}5\,(w_1 - (0{,}5)^2 + 1) = 1{,}25 + 0{,}5(2{,}0) = 2{,}25;$$
$$w_3 = w_2 + 0{,}5\,(w_2 - (1{,}0)^2 + 1) = 2{,}25 + 0{,}5(2{,}25) = 3{,}375;$$

e

$$y(2) \approx w_4 = w_3 + 0{,}5\,(w_3 - (1{,}5)^2 + 1) = 3{,}375 + 0{,}5(2{,}125) = 4{,}4375. \quad \blacksquare$$

A Equação (5.8) é chamada **equação de diferença** associada ao método de Euler. Como veremos adiante neste capítulo, a teoria e a solução das equações das diferenças são parecidas, de muitas formas, à teoria e à solução de equações diferenciais. O Algoritmo 5.1 implementa o método de Euler.

ALGORITMO 5.1 **Método de Euler**

Para encontrar uma aproximação da solução do problema de valor inicial

$$y' = f(t, y), \qquad a \leq t \leq b, \qquad y(a) = \alpha,$$

em $(N + 1)$ números igualmente espaçados no intervalo $[a, b]$:

ENTRADA extremidades a, b; número inteiro N; condição inicial α.

SAÍDA aproximação w de y nos $(N + 1)$ valores de t.

Passo 1 Faça $h = (b - a) / N$;
$t = a$;
$w = \alpha$;
SAÍDA (t, w).

Passo 2 Para $i = 1, 2, \ldots, N$, execute Passos 3 e 4.

Passo 3 Faça $w = w + hf(t, w)$; (*Calcule* w_i.)
$t = a + ih$. (*Calcule* t_i.)

Passo 4 SAÍDA (t, w).

Passo 5 PARE. ■

Para interpretar o método de Euler geometricamente, observe que, quando w_i for uma boa aproximação de $y(t_i)$, a hipótese de que o problema seja bem-posto implica que

$$f(t_i, w_i) \approx y'(t_i) = f(t_i, y(t_i)).$$

O gráfico da função destacando $y(t_i)$ é mostrado na Figura 5.2. Um passo no método de Euler aparece na Figura 5.3, e uma série de passos aparece na Figura 5.4.

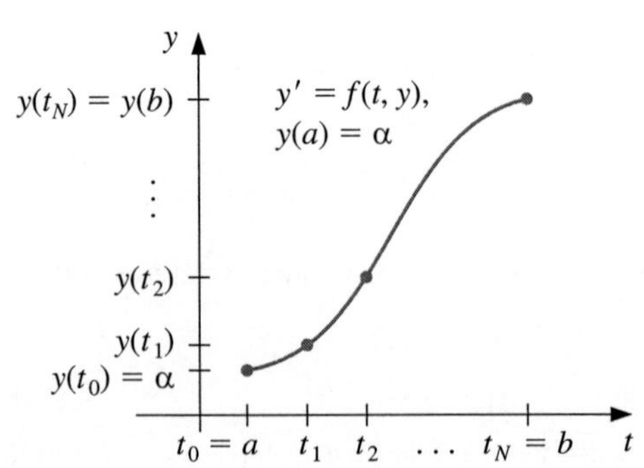

Figura 5.2

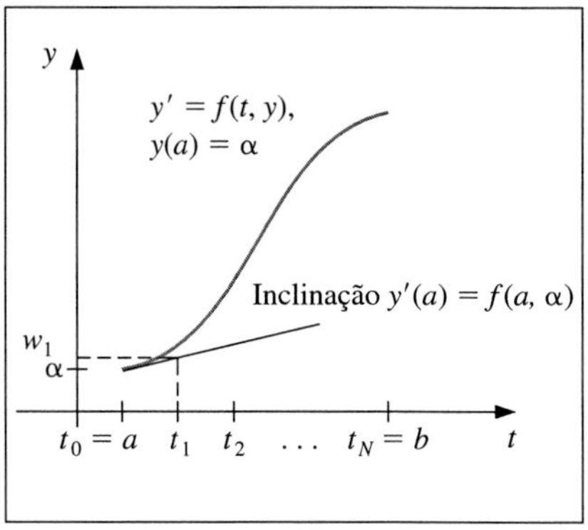

Figura 5.3

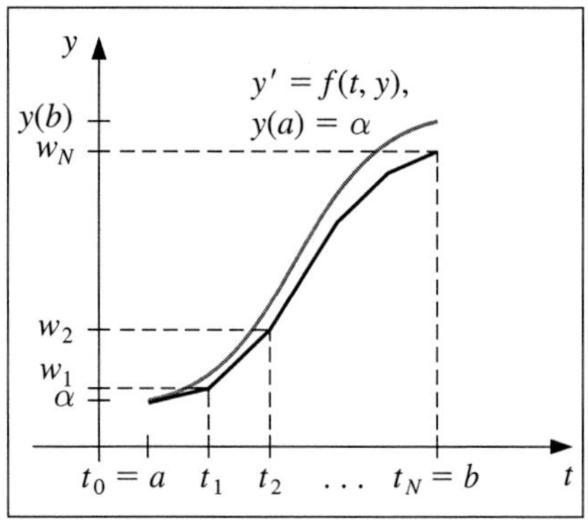

Figura 5.4

EXEMPLO 1

O método de Euler foi usado na primeira ilustração com $h = 0{,}5$ para aproximar a solução do problema de valor inicial

$$y' = y - t^2 + 1, \qquad 0 \leq t \leq 2, \qquad y(0) = 0{,}5,$$

Use o Algoritmo 5.1 com $N = 10$ para determinar aproximações e compare-as com os valores exatos dados por $y(t) = (t + 1)^2 - 0{,}5\,e^t$.

Solução Com $N = 10$, temos, $h = 0{,}2$, $t_i = 0{,}2i$, $w_0 = 0{,}5$ e

$$w_{i+1} = w_i + h(w_i - t_i^2 + 1) = w_i + 0{,}2\,[w_i - 0{,}04i^2 + 1] = 1{,}2w_i - 0{,}008i^2 + 0{,}2,$$

para $i = 0,1,\ldots,9$. Assim,

$$w_1 = 1{,}2(0{,}5) - 0{,}008(0)^2 + 0{,}2 = 0{,}8, \quad w_2 = 1{,}2(0{,}8) - 0{,}008(1)^2 + 0{,}2 = 1{,}152,$$

e assim por diante. A Tabela 5.1 mostra a comparação entre os valores aproximados em t_i e os valores reais. ∎

Tabela 5.1

t_i	w_i	$y_i = y(t_i)$	$\|y_i - w_i\|$
0,0	0,5000000	0,5000000	0,0000000
0,2	0,8000000	0,8292986	0,0292986
0,4	1,1520000	1,2140877	0,0620877
0,6	1,5504000	1,6489406	0,0985406
0,8	1,9884800	2,1272295	0,1387495
1,0	2,4581760	2,6408591	0,1826831
1,2	2,9498112	3,1799415	0,2301303
1,4	3,4517734	3,7324000	0,2806266
1,6	3,9501281	4,2834838	0,3333557
1,8	4,4281538	4,8151763	0,3870225
2,0	4,8657845	5,3054720	0,4396874

Observe que o erro aumenta ligeiramente conforme o valor de t aumenta. Esse crescimento controlado do erro é consequência da estabilidade do método de Euler, que implica que podemos esperar que o erro cresça de maneira que não seja pior que o crescimento linear.

Limitantes de erro para o método de Euler

Apesar de o método de Euler não ser preciso o suficiente para justificar seu uso na prática, ele é suficientemente elementar para que a análise do erro produzido em sua aplicação seja simples. A análise de erro para métodos mais precisos, que consideramos em seções subsequentes, segue o mesmo padrão, mas é mais complicado.

Para deduzir um limitante de erro no método de Euler, precisamos de dois lemas auxiliares para os cálculos.

Lema 5.7 Para todo $x \geq -1$ e para qualquer m positivo, temos $0 \leq (1+x)^m \leq e^{mx}$.

Demonstração A aplicação do Teorema de Taylor com $f(x) = e^x$, $x_0 = 0$ e $n = 1$ resulta em

$$e^x = 1 + x + \frac{1}{2}x^2 e^{\xi},$$

em que ξ está entre x e zero. Logo,

$$0 \leq 1 + x \leq 1 + x + \frac{1}{2}x^2 e^{\xi} = e^x,$$

e, já que $1 + x \geq 0$, temos

$$0 \leq (1+x)^m \leq (e^x)^m = e^{mx}. \quad \blacksquare$$

Lema 5.8 Se s e t forem números reais positivos, $\{a_i\}_{i=0}^{k}$ for uma sequência que satisfaz $a_0 \geq -t/s$ e

$$a_{i+1} \leq (1+s)a_i + t, \qquad \text{para cada } i = 0, 1, 2, \ldots, k-1, \tag{5.9}$$

então,

$$a_{i+1} \leq e^{(i+1)s}\left(a_0 + \frac{t}{s}\right) - \frac{t}{s}.$$

Demonstração Para um número inteiro fixo i, a Desigualdade (5.9) implica que

$$\begin{aligned}
a_{i+1} &\leq (1+s)a_i + t \\
&\leq (1+s)[(1+s)a_{i-1} + t] + t = (1+s)^2 a_{i-1} + [1 + (1+s)]t \\
&\leq (1+s)^3 a_{i-2} + [1 + (1+s) + (1+s)^2]\, t \\
&\;\;\vdots \\
&\leq (1+s)^{i+1} a_0 + [1 + (1+s) + (1+s)^2 + \cdots + (1+s)^i]\, t.
\end{aligned}$$

Mas,

$$1 + (1 + s) + (1 + s)^2 + \cdots + (1 + s)^i = \sum_{j=0}^{i} (1 + s)^j$$

é uma série geométrica de razão $(1 + s)$ cuja soma é

$$\frac{1 - (1+s)^{i+1}}{1 - (1+s)} = \frac{1}{s}[(1+s)^{i+1} - 1].$$

Assim,

$$a_{i+1} \leq (1+s)^{i+1}a_0 + \frac{(1+s)^{i+1} - 1}{s}t = (1+s)^{i+1}\left(a_0 + \frac{t}{s}\right) - \frac{t}{s},$$

e, usando o Lema 5.7 com $x = 1 + s$, temos

$$a_{i+1} \leq e^{(i+1)s}\left(a_0 + \frac{t}{s}\right) - \frac{t}{s}.$$

■

▶ Teorema 5.9 Suponha que f seja contínua e satisfaça uma condição de Lipschitz, com constante L, em

$$D = \{(t, y) \mid a \leq t \leq b \quad \text{e} \quad -\infty < y < \infty\}$$

e que exista uma constante M com

$$|y''(t)| \leq M, \qquad \text{para todo } t \in [a, b].$$

em que $y(t)$ denota a única solução do problema de valor inicial

$$y' = f(t, y), \qquad a \leq t \leq b, \qquad y(a) = \alpha$$

Sejam $w_0, w_1, \ldots, w_N$ as aproximações geradas pelo método de Euler para algum número inteiro positivo N. Então, para cada $i = 0, 1, 2, \ldots, N$,

$$|y(t_i) - w_i| \leq \frac{hM}{2L}\left[e^{L(t_i - a)} - 1\right]. \tag{5.10}$$

Demonstração Quando $i = 0$, o resultado é claramente verdadeiro, já que $y(t_0) = w_0 = \alpha$. A partir da Equação (5.7), temos

$$y(t_{i+1}) = y(t_i) + hf(t_i, y(t_i)) + \frac{h^2}{2}y''(\xi_i),$$

para $i = 0, 1, \ldots, N - 1$, e, a partir das equações em (5.8),

$$w_{i+1} = w_i + hf(t_i, w_i).$$

Consequentemente, usando a notação $y_i = y(t_i)$ e $y_{i+1} = y(t_{i+1})$, subtraímos estas duas equações para obter

$$y_{i+1} - w_{i+1} = y_i - w_i + h[f(t_i, y_i) - f(t_i, w_i)] + \frac{h^2}{2}y''(\xi_i).$$

logo

$$|y_{i+1} - w_{i+1}| \le |y_i - w_i| + h|f(t_i, y_i) - f(t_i, w_i)| + \frac{h^2}{2}\,|y''(\xi_i)|.$$

Como f satisfaz uma condição de Lipschitz na segunda variável com constante L e $|y''(t)| \le M$, temos

$$|y_{i+1} - w_{i+1}| \le (1 + hL)|y_i - w_i| + \frac{h^2 M}{2}.$$

Usando o Lema 5.8 e fazendo $s = hL$, $t = h^2M/2$ e $a_j = |y_j - w_j|$, para cada $j = 0, 1, \ldots, N$, vemos que

$$|y_{i+1} - w_{i+1}| \le e^{(i+1)hL}\left(|y_0 - w_0| + \frac{h^2 M}{2hL}\right) - \frac{h^2 M}{2hL}.$$

Já que $|y_0 - w_0| = 0$ e $(i + 1)h = t_{i+1} - t_0 = t_{i+1} - a$, temos

$$|y_{i+1} - w_{i+1}| \le \frac{hM}{2L}(e^{(t_{i+1}-a)L} - 1),$$

para cada $i = 0, 1, \ldots, N - 1$. ■

A fraqueza do Teorema 5.9 está na necessidade de conhecimento de um limitante para a segunda derivada da solução. Apesar de essa condição frequentemente nos impedir de obter um limitante realístico para o erro, deve ser observado que se $\partial f/\partial t$ e $\partial f/\partial y$ ambas existirem, a regra da cadeia para derivação parcial implica

$$y''(t) = \frac{dy'}{dt}(t) = \frac{df}{dt}(t, y(t)) = \frac{\partial f}{\partial t}(t, y(t)) + \frac{\partial f}{\partial y}(t, y(t)) \cdot f(t, y(t)).$$

Então, às vezes é possível obter um limitante para $y''(t)$ mesmo sem conhecer explicitamente $y(t)$.

EXEMPLO 2 A solução do problema de valor inicial

$$y' = y - t^2 + 1, \qquad 0 \le t \le 2, \qquad y(0) = 0{,}5$$

foi aproximada no Exemplo 1 usando o método de Euler com $h = 0{,}2$. Use a desigualdade no Teorema 5.9 para encontrar um limitante para os erros na aproximação e compare-os com os erros reais.

Solução Como $f(t, y) = y - t^2 + 1$, temos $\partial f(t, y)/\partial y = 1$ para todo y, de modo que $L = 1$. Para esse problema, a solução exata é $y(t) = (t + 1)^2 - 0{,}5e^t$, portanto $y''(t) = 2 - 0{,}5e^t$ e

$$|y''(t)| \le 0{,}5e^2 - 2, \qquad \text{para todo } t \in [0{,}2].$$

Usando a desigualdade no limitante do erro para o método de Euler com $h = 0{,}2$, $L = 1$ e $M = 0{,}5e^2 - 2$, temos

$$|y_i - w_i| \le 0{,}1(0{,}5e^2 - 2)(e^{t_i} - 1).$$

Portanto,

$$|y(0,2) - w_1| \leq 0,1(0,5e^2 - 2)(e^{0.2} - 1) = 0,03752,$$
$$|y(0,4) - w_2| \leq 0,1(0,5e^2 - 2)(e^{0.4} - 1) = 0,08334,$$

e assim por diante. A Tabela 5.2 lista o erro real encontrado no Exemplo 1, junto com esse limitante de erro. Observe que, mesmo tendo sido usado o limitante verdadeiro para a segunda derivada da solução, o limitante do erro é consideravelmente maior que o erro real. ■

Tabela 5.2

t_i	0,2	0,4	0,6	0,8	1,0	1,2	1,4	1,6	1,8	2,0
Erro real	0,02930	0,06209	0,09854	0,13875	0,18268	0,23013	0,28063	0,33336	0,38702	0,43969
Limitante do erro	0,03752	0,08334	0,13931	0,20767	0,29117	0,39315	0,51771	0,66985	0,85568	1,08264

A principal importância da fórmula do limitante de erro dada no Teorema 5.9 é que o limitante depende linearmente do tamanho do passo h. Consequentemente, diminuir o tamanho do passo deve fornecer correspondentemente maior precisão nas aproximações.

O efeito que o erro de arredondamento tem na escolha do tamanho do passo é omitido no resultado do Teorema 5.9. Conforme h se torna menor, mais operações são necessárias e mais erro de arredondamento é esperado. Na realidade, então, a fórmula da equação-diferença

$$w_0 = \alpha,$$
$$w_{i+1} = w_i + hf(t_i, w_i), \qquad \text{para cada } i = 0, 1, \ldots, N-1,$$

não é usada para calcular a aproximação da solução y_i no ponto t_i da malha. Em vez disso, usamos uma equação da forma

$$u_0 = \alpha + \delta_0,$$
$$u_{i+1} = u_i + hf(t_i, u_i) + \delta_{i+1}, \qquad \text{para cada } i = 0, 1, \ldots, N-1, \tag{5.11}$$

em que δ_i denota o erro de arredondamento associado a u_i. Usando métodos similares àqueles da demonstração do Teorema 5.9, podemos produzir um limitante de erro para as aproximações dadas pelo método de Euler com um número finito de algarismos de y_i.

▶Teorema 5.10 Denote por $y(t)$ a única solução do problema de valor inicial

$$y' = f(t, y), \qquad a \leq t \leq b, \qquad y(a) = \alpha \tag{5.12}$$

e sejam $u_0, u_1, \ldots, u_N$ as aproximações obtidas usando a Equação (5.11). Se $|\delta_i| < \delta$ para cada $i = 0, 1, \ldots, N$ e se as hipóteses do Teorema 5.9 forem válidas para a Equação (5.12), então

$$|y(t_i) - u_i| \leq \frac{1}{L}\left(\frac{hM}{2} + \frac{\delta}{h}\right)[e^{L(t_i-a)} - 1] + |\delta_0|e^{L(t_i-a)}, \tag{5.13}$$

para cada $i = 0, 1, \ldots, N$. ■

O limitante de erro (5.13) não é mais linear em h. Na verdade, como

$$\lim_{h \to 0} \left(\frac{hM}{2} + \frac{\delta}{h} \right) = \infty,$$

seria esperado que o erro se tornasse grande para valores suficientemente pequenos de h. O cálculo pode ser usado para determinar um limitante inferior para o tamanho do passo h. Tomar $E(h) = (hM / 2) + (\delta / h)$ implica que $E'(h) = (M / 2) - (\delta / h^2)$.

Se $h < \sqrt{2\,\delta / M}$, então $E'(h) < 0$ e $E(h)$ está diminuindo.

Se $h > \sqrt{2\,\delta / M}$, então $E'(h) > 0$ e $E(h)$ está aumentando.

O valor mínimo de $E(h)$ ocorre quando

$$h = \sqrt{\frac{2\delta}{M}}. \tag{5.14}$$

Diminuir h além desse valor tende a aumentar o erro total na aproximação. Normalmente, porém, o valor de δ é suficientemente pequeno para que esse limitante inferior para h não afete o funcionamento do método de Euler.

EXERCÍCIOS 5.2

1. Use o método de Euler para obter uma aproximação para as soluções de cada um dos seguintes problemas de valor inicial.
   a. $y' = te^{3t} - 2y, \quad 0 \le t \le 1, \quad y(0) = 0, \quad$ com $h = 0{,}5$
   b. $y' = 1 + (t - y)^2, \quad 2 \le t \le 3, \quad y(2) = 1, \quad$ com $h = 0{,}5$
   c. $y' = 1 + y/t, \quad 1 \le t \le 2, \quad y(1) = 2, \quad$ com $h = 0{,}25$
   d. $y' = \cos 2t + \operatorname{sen} 3t, \quad 0 \le t \le 1, \quad y(0) = 1, \quad$ com $h = 0{,}25$
2. Use o método de Euler para obter uma aproximação para as soluções de cada um dos seguintes problemas de valor inicial.
   a. $y' = e^{t-y}, \quad 0 \le t \le 1, \quad y(0) = 1, \quad$ com $h = 0{,}5$
   b. $y' = \dfrac{1+t}{1+y}, \quad 1 \le t \le 2, \quad y(1) = 2,$ com $h = 0{,}5$
   c. $y' = -y + ty^{1/2}, \quad 2 \le t \le 3, \quad y(2) = 2, \quad$ com $h = 0{,}25$
   d. $y' = t^{-2}(\operatorname{sen} 2t - 2ty), \quad 1 \le t \le 2, \quad y(1) = 2, \quad$ com $h = 0{,}25$
3. As soluções reais dos problemas de valor inicial no Exercício 1 são dadas aqui. Compare o erro real em cada passo com o limitante de erro.
   a. $y(t) = \dfrac{1}{5}te^{3t} - \dfrac{1}{25}e^{3t} + \dfrac{1}{25}e^{-2t}$
   b. $y(t) = t + \dfrac{1}{1-t}$
   c. $y(t) = t \ln t + 2t$
   d. $y(t) = \dfrac{1}{2}\operatorname{sen} 2t - \dfrac{1}{3}\cos 3t + \dfrac{4}{3}$
4. As soluções reais dos problemas de valor inicial no Exercício 2 são dadas aqui. Compare o erro real em cada passo ao limitante de erro se o Teorema 5.9 puder ser aplicado.
   a. $y(t) = \ln(e^t + e - 1)$
   b. $y(t) = \sqrt{t^2 + 2t + 6} - 1$
   c. $y(t) = (t - 2 + \sqrt{2}ee^{-t/2})^2$
   d. $y(t) = \dfrac{4 + \cos 2 - \cos 2t}{2t^2}$

5. Use o método de Euler para encontrar aproximações para as soluções de cada um dos seguintes problemas de valor inicial.

a. $y' = y/t - (y/t)^2, \quad 1 \leq t \leq 2, \quad y(1) = 1, \quad \text{com } h = 0{,}1$

b. $y' = 1 + y/t + (y/t)^2, \quad 1 \leq t \leq 3, \quad y(1) = 0, \quad \text{com } h = 0{,}2$

c. $y' = -(y+1)(y+3), \quad 0 \leq t \leq 2, \quad y(0) = -2, \quad \text{com } h = 0{,}2$

d. $y' = -5y + 5t^2 + 2t, \quad 0 \leq t \leq 1, \quad y(0) = \frac{1}{3}, \quad \text{com } h = 0{,}1$

6. Use o método de Euler para encontrar as aproximações das soluções de cada um dos seguintes problemas de valor inicial.

a. $y' = \dfrac{2 - 2ty}{t^2 + 1}, \quad 0 \leq t \leq 1, \quad y(0) = 1, \text{ com } h = 0{,}1$

b. $y' = \dfrac{y^2}{1 + t}, \quad 1 \leq t \leq 2, \quad y(1) = -(\ln 2)^{-1}, \text{ com } h = 0{,}1$

c. $y' = t^{-1}(y^2 + y), \quad 1 \leq t \leq 3, \quad y(1) = -2, \quad \text{com } h = 0{,}2$

d. $y' = -ty + 4ty^{-1}, \quad 0 \leq t \leq 1, \quad y(0) = 1, \quad \text{com } h = 0{,}1$

7. As soluções reais dos problemas de valor inicial no Exercício 5 são dadas aqui. Calcule o erro real nas aproximações do Exercício 5.

a. $y(t) = \dfrac{t}{1 + \ln t}$ **b.** $y(t) = t\,\mathrm{tg}(\ln t)$

c. $y(t) = -3 + \dfrac{2}{1 + e^{-2t}}$ **d.** $y(t) = t^2 + \dfrac{1}{3}e^{-5t}$

8. As soluções reais dos problemas de valor inicial do Exercício 6 são dadas aqui. Calcule o erro real nas aproximações do Exercício 6.

a. $y(t) = \dfrac{2t + 1}{t^2 + 1}$ **b.** $y(t) = \dfrac{-1}{\ln(t + 1)}$ **c.** $y(t) = \dfrac{2t}{1 - 2t}$ **d.** $y(t) = \sqrt{4 - 3e^{-t^2}}$

9. Dado o problema de valor inicial

$$y' = \frac{2}{t}y + t^2 e^t, \quad 1 \leq t \leq 2, \quad y(1) = 0,$$

com solução exata $y(t) = t^2(e^t - e)$:

a. Use o método de Euler com $h = 0{,}1$ para uma aproximação da solução e compare-a com os valores reais de y.

b. Use as respostas geradas na parte (a) e a interpolação linear para encontrar a aproximação dos seguintes valores de y e compare-os com os valores reais.

i. $y(1{,}04)$ **ii.** $y(1{,}55)$ **iii.** $y(1{,}97)$

c. Calcule o valor de h necessário para que $|y(t_i) - w_i| \leq 0{,}1$, usando a Equação (5.10).

10. Dado o problema de valor inicial

$$y' = \frac{1}{t^2} - \frac{y}{t} - y^2, \quad 1 \leq t \leq 2, \quad y(1) = -1,$$

com a solução exata $y(t) = -1/t$:

a. Use o método de Euler com $h = 0{,}05$ para encontrar a aproximação da solução e compare-a com os valores reais de y.

b. Use as respostas geradas na parte (a) e a interpolação linear para aproximar os valores de y a seguir e compare-os com os valores reais.

i. $y(1{,}052)$ **ii.** $y(1{,}555)$ **iii.** $y(1{,}978)$

c. Calcule o valor de h necessário para que $|y(t_i) - w_i| \leq 0{,}05$ usando a Equação (5.10).

11. Dado o problema de valor inicial

$$y' = -y + t + 1, \quad 0 \leq t \leq 5, \quad y(0) = 1,$$

com a solução exata $y(t) = e^{-t} + t$:

a. Aproxime $y(5)$ usando o método de Euler com $h = 0{,}2$, $h = 0{,}1$ e $h = 0{,}05$.

b. Determine o valor ótimo de h para usar no cálculo de $y(5)$, considerando $\delta = 10^{-6}$ e que a Equação (5.14) seja válida.

12. Considere o problema de valor inicial

$$y' = -10y, \quad 0 \leq t \leq 2, \quad y(0) = 1,$$

que tem a solução $y(t) = e^{-10t}$. O que acontece quando o método de Euler é aplicado a este problema com $h = 0{,}1$? Este comportamento infringe o Teorema 5.9?

13. Use os resultados do Exercício 5 e a interpolação linear para encontrar uma aproximação dos seguintes valores de $y(t)$. Compare as aproximações obtidas com os valores reais obtidos, usando as funções dadas no Exercício 7.

a. $y(1{,}25)$ e $y(1{,}93)$

b. $y(2{,}1)$ e $y(2{,}75)$

c. $y(1{,}4)$ e $y(1{,}93)$

d. $y(0{,}54)$ e $y(0{,}94)$

14. Use os resultados do Exercício 6 e a interpolação linear para encontrar uma aproximação dos seguintes valores de $y(t)$. Compare as aproximações obtidas com os valores reais obtidos usando as funções dadas no Exercício 8.

a. $y(0{,}25)$ e $y(0{,}93)$

b. $y(1{,}25)$ e $y(1{,}93)$

c. $y(2{,}10)$ e $y(2{,}75)$

d. $y(0{,}54)$ e $y(0{,}94)$

15. Seja $E(h) = \dfrac{hM}{2} + \dfrac{\delta}{h}$.

a. Para o problema de valor inicial

$$y' = -y + 1, \quad 0 \leq t \leq 1, \quad y(0) = 0,$$

calcule o valor de h que minimize $E(h)$. Considere $\delta = 5 \times 10^{-(n+1)}$ se você estiver usando a aritmética de n algarismos na parte (c).

b. Para o h ótimo calculado na parte (a), use a Equação (5.13) para calcular o erro mínimo que pode ser obtido.

c. Compare o erro real obtido usando $h = 0{,}1$ e $h = 0{,}01$ ao erro mínimo na parte (b). Você pode explicar os resultados?

EXERCÍCIOS APLICADOS

16. Em um circuito com tensão aplicada $\mathcal{E}$ e com resistência R, indutância L e capacitância C em paralelo, a corrente i satisfaz a equação diferencial

$$\frac{di}{dt} = C\frac{d^2\mathcal{E}}{dt^2} + \frac{1}{R}\frac{d\mathcal{E}}{dt} + \frac{1}{L}\mathcal{E}.$$

Suponha que $C = 0{,}3$ farads, $R = 1{,}4$ ohm, $L = 1{,}7$ henrie e que a tensão seja dada por

$$\mathcal{E}(t) = e^{-0{,}06\pi t}\,\text{sen}\,(2t - \pi).$$

Se $i(0) = 0$, encontre a corrente i para os valores $t = 0{,}1j$, em que $j = 0, 1, \ldots, 100$.

17. No livro *Looking at History Through Mathematics*, Rashevsky [Ra], p. 103-110, considera um modelo para um problema envolvendo a produção de rebeldes na sociedade. Considere uma sociedade com população de $x(t)$ indivíduos no instante t, em anos, e suponha que todo rebelde que se acasale com outro rebelde tenha filhos também rebeldes, enquanto uma proporção fixa r de todos os filhos de outros tipos de acasalamento também seja rebelde. Se for suposto que as taxas de nascimento e mortalidade para todos os indivíduos são as constantes b e d, respectivamente, e se não rebeldes e rebeldes se acasalam aleatoriamente, o problema pode ser expresso pelas equações diferenciais

$$\frac{dx(t)}{dt} = (b-d)x(t) \quad \text{e} \quad \frac{dx_n(t)}{dt} = (b-d)x_n(t) + rb(x(t) - x_n(t)),$$

em que $x_n(t)$ denota o número de rebeldes na população no instante t.

a. Suponha que a variável $p(t) = x_n(t)/x(t)$ seja introduzida para representar a proporção de rebeldes na sociedade no instante t. Mostre que estas equações podem ser combinadas e simplificadas na única equação diferencial

$$\frac{dp(t)}{dt} = rb(1 - p(t)).$$

b. Considerando $p(0) = 0{,}01$, $b = 0{,}02$, $d = 0{,}015$ e $r = 0{,}1$, encontre a aproximação da solução $p(t)$ de $t = 0$ a $t = 50$ quando o tamanho do passo for $h = 1$ ano.

c. Resolva a equação diferencial para $p(t)$ exatamente e compare seu resultado na parte (b) quando $t = 50$ com o valor exato naquele ano.

QUESTÕES PARA DISCUSSÃO

1. Forneça uma visão geral do método de Euler usando o website http://www.mathscoop.com/calculus/differential-equations/euler-method.php como ponto inicial. Preste bastante atenção na medida do erro. Por que este método não é prático?
2. Descreva como o método de Euler poderia ser implementado em uma planilha como o Excel.
3. Use o método de Euler para aproximar a solução do problema de valor inicial $dy/dt = e^t \cos t$ para t entre 0 e 5. Comece com um tamanho de passo 0,25 e a seguir tente um tamanho de passo 0,1 ou mesmo 0,05 ou menor. Use uma planilha ou um sistema de computação algébrica para os cálculos. A solução faz o que você esperava? O que está acontecendo e por quê?

5.3 Métodos de Taylor de ordem superior

Já que o objetivo das técnicas numéricas é determinar aproximações precisas com o mínimo esforço, precisamos de meios para comparar a eficiência de vários métodos de aproximação. A primeira ferramenta que consideramos é chamada *erro de truncamento local* do método.

O erro de truncamento local em um passo específico mede a quantidade pela qual a solução exata da equação diferencial deixa de satisfazer a equação de diferenças sendo usada para a aproximação. Isto poderia parecer uma maneira improvável de comparar o erro de diversos métodos. O que nós queremos realmente saber é quão bem as aproximações geradas pelos métodos satisfazem a equação diferencial, e não o contrário. Entretanto, nós não sabemos a solução exata, de modo que em geral não podemos determinar isso, e o erro de truncamento local servirá bastante bem para determinar não só o erro local de um método, mas também o erro de aproximação real.

Considere o problema de valor inicial

$$y' = f(t, y), \quad a \le t \le b, \quad y(a) = \alpha.$$

Definição 5.11 O método de diferenças

$$w_0 = \alpha,$$
$$w_{i+1} = w_i + h\phi(t_i, w_i) \qquad \text{para cada } i = 0, 1, \ldots, N-1,$$

tem um **erro de truncamento local**

$$\tau_{i+1}(h) = \frac{y_{i+1} - (y_i + h\phi(t_i, y_i))}{h} = \frac{y_{i+1} - y_i}{h} - \phi(t_i, y_i),$$

para cada $i = 0, 1, \ldots, N - 1$, em que y_i e y_{i+1} denotam a solução da equação diferencial em t_i e t_{i+1}, respectivamente. ■

Por exemplo, o método de Euler tem o erro de truncamento local no i-ésimo passo

$$\tau_{i+1}(h) = \frac{y_{i+1} - y_i}{h} - f(t_i, y_i), \quad \text{para cada } i = 0, 1, \ldots, N - 1.$$

Este erro é um *erro local* porque mede a precisão do método em um passo específico, supondo que o método estivesse exato no passo anterior. Como tal, ele depende da equação diferencial, do tamanho do passo e do passo particular na aproximação.

Considerando a Equação (5.7) da seção anterior, vemos que o método de Euler possui

$$\tau_{i+1}(h) = \frac{h}{2}y''(\xi_i), \quad \text{para algum } \xi_i \text{ em } (t_i, t_{i+1}).$$

Quando for conhecido que $y''(t)$ é limitado por uma constante M em $[a, b]$, isso implica

$$|\tau_{i+1}(h)| \leq \frac{h}{2}M,$$

de modo que o erro de truncamento local no método de Euler é $O(h)$.

Uma forma de escolher métodos de equação de diferença para resolver equações diferenciais ordinárias é de maneira que seus erros de truncamento locais sejam $O(h^p)$ para um valor de p tão grande quanto possível, mantendo o número e a complexidade de cálculos nos métodos dentro de um limite razoável.

Já que o método de Euler foi deduzido usando o Teorema de Taylor com $n = 1$ para aproximar a solução da equação diferencial, nossa primeira tentativa de encontrar métodos para melhorar as propriedades de convergência de métodos de diferença é estender esta técnica de dedução para valores maiores de n.

Os métodos nesta seção usam os polinômios de Taylor e o conhecimento da derivada em um nó para aproximar o valor da função em um novo nó.

Suponha que a solução $y(t)$ do problema de valor inicial

$$y' = f(t, y), \qquad a \leq t \leq b, \qquad y(a) = \alpha,$$

tenha $(n + 1)$ derivadas contínuas. Se expandirmos a solução, $y(t)$, em termos de seu enésimo polinômio de Taylor em t_i e calcularmos em t_{i+1}, obtemos

$$y(t_{i+1}) = y(t_i) + hy'(t_i) + \frac{h^2}{2}y''(t_i) + \cdots + \frac{h^n}{n!}y^{(n)}(t_i) + \frac{h^{n+1}}{(n+1)!}y^{(n+1)}(\xi_i), \quad (5.15)$$

para algum ξ_i em (t_i, t_{i+1}).

A derivação sucessiva da solução, $y(t)$, fornece

$$y'(t) = f(t, y(t)), \qquad y''(t) = f'(t, y(t)), \qquad \text{e, em geral,} \qquad y^{(k)}(t) = f^{(k-1)}(t, y(t)).$$

Substituindo estes resultados na Equação (5.15), teremos

$$y(t_{i+1}) = y(t_i) + hf(t_i, y(t_i)) + \frac{h^2}{2} f'(t_i, y(t_i)) + \cdots$$

$$+ \frac{h^n}{n!} f^{(n-1)}(t_i, y(t_i)) + \frac{h^{n+1}}{(n+1)!} f^{(n)}(\xi_i, y(\xi_i)). \qquad (5.16)$$

O método de equação de diferença correspondente à Equação (5.16) é obtido excluindo-se o resto envolvendo ξ_i.

Método de Taylor de ordem n

$$w_0 = \alpha,$$
$$w_{i+1} = w_i + hT^{(n)}(t_i, w_i), \qquad \text{para cada } i = 0, 1, \ldots, N-1, \qquad (5.17)$$

em que

$$T^{(n)}(t_i, w_i) = f(t_i, w_i) + \frac{h}{2} f'(t_i, w_i) + \cdots + \frac{h^{n-1}}{n!} f^{(n-1)}(t_i, w_i).$$

O método de Euler é o método de Taylor de primeira ordem.

EXEMPLO 1 Aplique o método de Taylor de ordens (**a**) dois e (**b**) quatro com $N = 10$ ao problema de valor inicial

$$y' = y - t^2 + 1, \qquad 0 \le t \le 2, \qquad y(0) = 0{,}5,$$

Solução (**a**) Para o método de segunda ordem, precisamos a primeira derivada de $f(t, y(t)) = y(t) - t^2 + 1$ com relação à variável t. Como $y' = y - t^2 + 1$, temos

$$f'(t, y(t)) = \frac{d}{dt}(y - t^2 + 1) = y' - 2t = y - t^2 + 1 - 2t,$$

e

$$T^{(2)}(t_i, w_i) = f(t_i, w_i) + \frac{h}{2} f'(t_i, w_i) = w_i - t_i^2 + 1 + \frac{h}{2}(w_i - t_i^2 + 1 - 2t_i)$$
$$= \left(1 + \frac{h}{2}\right)(w_i - t_i^2 + 1) - ht_i.$$

Como $N = 10$, temos $h = 0{,}2$, e $t_i = 0{,}2i$ para cada $i = 1,2,\ldots,10$. Assim, o método de segunda ordem fica

$$\begin{aligned}
w_0 &= 0{,}5,\\
w_{i+1} &= w_i + h\left[\left(1+\frac{h}{2}\right)\left(w_i - t_i^2 + 1\right) - ht_i\right]\\
&= w_i + 0{,}2\left[\left(1+\frac{0{,}2}{2}\right)(w_i - 0{,}04i^2 + 1) - 0{,}04i\right]\\
&= 1{,}22w_i - 0{,}0088i^2 - 0{,}008i + 0{,}22.
\end{aligned}$$

Os dois primeiros passos dão as aproximações

$$y(0.2) \approx w_1 = 1{,}22\,(0{,}5) - 0{,}0088\,(0)^2 - 0{,}008\,(0) + 0{,}22 = 0{,}83$$

e

$$y(0{,}4) \approx w_2 = 1{,}22\,(0{,}83) - 0{,}0088\,(0{,}2)^2 - 0{,}008\,(0{,}2) + 0{,}22 = 1{,}2158.$$

Todas as aproximações e seus erros são mostrados na Tabela 5.3.

Tabela 5.3

t_i	Taylor de Ordem 2 w_i	Erro $\lvert y(t_i) - w_i\rvert$
0,0	0,500000	0
0,2	0,830000	0,000701
0,4	1,215800	0,001712
0,6	1,652076	0,003135
0,8	2,132333	0,005103
1,0	2,648646	0,007787
1,2	3,191348	0,011407
1,4	3,748645	0,016245
1,6	4,306146	0,022663
1,8	4,846299	0,031122
2,0	5,347684	0.042212

(b) Para o método de Taylor de quarta ordem, precisamos das três primeiras derivadas de $f(t, y(t))$ com relação a t. Usando novamente $y' = y - t^2 + 1$, temos

$$\begin{aligned}
f'(t, y(t)) &= y - t^2 + 1 - 2t,\\
f''(t, y(t)) &= \frac{d}{dt}(y - t^2 + 1 - 2t) = y' - 2t - 2\\
&= y - t^2 + 1 - 2t - 2 = y - t^2 - 2t - 1,
\end{aligned}$$

e

$$f'''(t, y(t)) = \frac{d}{dt}(y - t^2 - 2t - 1) = y' - 2t - 2 = y - t^2 - 2t - 1,$$

de modo que

$$
\begin{aligned}
T^{(4)}(t_i, w_i) &= f(t_i, w_i) + \frac{h}{2} f'(t_i, w_i) + \frac{h^2}{6} f''(t_i, w_i) + \frac{h^3}{24} f'''(t_i, w_i) \\
&= w_i - t_i^2 + 1 + \frac{h}{2}(w_i - t_i^2 + 1 - 2t_i) + \frac{h^2}{6}(w_i - t_i^2 - 2t_i - 1) \\
&+ \frac{h^3}{24}(w_i - t_i^2 - 2t_i - 1) \\
&= \left(1 + \frac{h}{2} + \frac{h^2}{6} + \frac{h^3}{24}\right)(w_i - t_i^2) - \left(1 + \frac{h}{3} + \frac{h^2}{12}\right)(ht_i) \\
&+ 1 + \frac{h}{2} - \frac{h^2}{6} - \frac{h^3}{24}.
\end{aligned}
$$

Assim, o método de Taylor de quarta ordem é

$$
\begin{aligned}
w_0 &= 0.5, \\
w_{i+1} &= w_i + h\Bigg[\left(1 + \frac{h}{2} + \frac{h^2}{6} + \frac{h^3}{24}\right)(w_i - t_i^2) - \left(1 + \frac{h}{3} + \frac{h^2}{12}\right) ht_i \\
&+ 1 + \frac{h}{2} - \frac{h^2}{6} - \frac{h^3}{24}\Bigg],
\end{aligned}
$$

para $i = 0,1,\ldots, N-1$.

Como $N = 10$ e $h = 0,2$, o método fica

$$
\begin{aligned}
w_{i+1} &= w_i + 0,2\Bigg[\left(1 + \frac{0,2}{2} + \frac{0,04}{6} + \frac{0,008}{24}\right)(w_i - 0,04i^2) \\
&- \left(1 + \frac{0,2}{3} + \frac{0,04}{12}\right)(0,04i) + 1 + \frac{0,2}{2} - \frac{0,04}{6} - \frac{0,008}{24}\Bigg] \\
&= 1,2214w_i - 0,008856i^2 - 0,00856i + 0,2186,
\end{aligned}
$$

Tabela 5.4

t_i	Taylor de Ordem 2 w_i	Erro $\lvert y(t_i) - w_i \rvert$
0,0	0,500000	0
0,2	0,829300	0,000001
0,4	1,214091	0,000003
0,6	1,648947	0,000006
0,8	2,127240	0,000010
1,0	2,640874	0,000015
1,2	3,179964	0,000023
1,4	3,732432	0,000032
1,6	4,283529	0,000045
1,8	4,815238	0,000062
2,0	5,305555	0,000083

para cada $i = 0, 1, \ldots, 9$. Os primeiros dois passos dão as aproximações

$$y(0{,}2) \approx w_1 = 1{,}2214(0{,}5) - 0{,}008856(0)^2 - 0{,}00856(0) + 0{,}2186 = 0{,}8293$$

e

$$y(0{,}4) \approx w_2 = 1{,}2214(0{,}8293) - 0{,}008856(0{,}2)^2 - 0{,}00856(0{,}2) + 0{,}2186 = 1{,}214091.$$

Todas as aproximações e seus erros são mostrados na Tabela 5.4.

Compare estes resultados com aqueles do método de Taylor de ordem 2 na Tabela 5.3 e você perceberá que os resultados de quarta ordem são amplamente superiores. ∎

Os resultados da Tabela 5.4 indicam que os resultados do método de Taylor de ordem 4 são bastante precisos nos nós 0,2, 0,4 e assim por diante. Suponha que precisemos determinar uma aproximação para um ponto intermediário na tabela, por exemplo, em $t = 1{,}25$. Se usarmos a interpolação linear nas aproximações pelo método de Taylor de quarta ordem em $t = 1{,}2$ e $t = 1{,}4$, teremos

$$y(1{,}25) \approx \left(\frac{1{,}25 - 1{,}4}{1{,}2 - 1{,}4}\right) 3{,}1799640 + \left(\frac{1{,}25 - 1{,}2}{1{,}4 - 1{,}2}\right) 3{,}7324321 = 3{,}3180810.$$

Já que o valor verdadeiro é $y(1{,}25) = 3{,}3173285$, esta aproximação tem um erro de 0,0007525, o que é quase 30 vezes a média dos erros de aproximação em 1,2 e 1,4.

A interpolação de Hermite requer tanto o valor da função quanto sua derivada em cada nó. Isso o torna um método de interpolação natural para aproximação de equações diferenciais, já que estes dados estão todos disponíveis.

Podemos otimizar significativamente a aproximação usando a interpolação cúbica de Hermite. A determinação desta aproximação para $y(1{,}25)$ requer aproximações para $y'(1{,}2)$ e $y'(1{,}4)$ bem como aproximações para $y(1{,}2)$ e $y(1{,}4)$. Entretanto, as aproximações para $y(1{,}2)$ e $y(1{,}4)$ estão na tabela, e as aproximações para as derivadas estão disponíveis a partir da equação diferencial, pois $y'(t) = f(t, y(t))$. Em nosso exemplo, $y'(t) = y(t) - t^2 + 1$, de modo que

$$y'(1{,}2) = y(1{,}2) - (1{,}2)^2 + 1 \approx 3{,}1799640 - 1{,}44 + 1 = 2{,}7399640$$

e

$$y'(1{,}4) = y(1{,}4) - (1{,}4)^2 + 1 \approx 3{,}7324327 - 1{,}96 + 1 = 2{,}7724321.$$

O procedimento de diferença dividida na Seção 3.4 fornece as informações na Tabela 5.5. Os valores sublinhados vêm de dados, e os outros valores usam as fórmulas de diferenças divididas.

Tabela 5.5

1,2	<u>3,1799640</u>			
		<u>2,7399640</u>		
1,2	<u>3,1799640</u>		0,1118825	
		2,7623405		−0,3071225
1,4	<u>3,7324321</u>		0,0504580	
		<u>2,7724321</u>		
1,4	<u>3,7324321</u>			

O polinômio cúbico de Hermite é

$$y(t) \approx 3{,}1799640 + (t - 1{,}2)2{,}7399640 + (t - 1{,}2)^2 0{,}1118825$$
$$+ (t - 1{,}2)^2(t - 1{,}4)(-0{,}3071225),$$

de modo que,

$$y(1{,}25) \approx 3{,}1799640 + 0{,}1369982 + 0{,}0002797 + 0{,}0001152 = 3{,}3173571,$$

e um resultado com precisão de 0,0000286. Este valor é de cerca da média dos erros em 1,2 e 1,4, ou cerca de 4% do erro obtido usando a interpolação linear. Essa melhora na precisão certamente justifica os cálculos adicionais exigidos pelo método de Hermite.

▶Teorema 5.12 Se o método de Taylor de ordem n for usado para aproximar a solução de

$$y'(t) = f(t, y(t)), \qquad a \leq t \leq b, \qquad y(a) = \alpha,$$

com tamanho do passo h e se $y \in C^{n+1}[a, b]$, então o erro de truncamento local será $O(h^n)$.

Demonstração Observe que a Equação (5.16) na página 303 pode ser reescrita como

$$y_{i+1} - y_i - hf(t_i, y_i) - \frac{h^2}{2}f'(t_i, y_i) - \cdots - \frac{h^n}{n!}f^{(n-1)}(t_i, y_i) = \frac{h^{n+1}}{(n+1)!}f^{(n)}(\xi_i, y(\xi_i)),$$

para algum ξ_i em (t_i, t_{i+1}). Então, o erro de truncamento local será

$$\tau_{i+1}(h) = \frac{y_{i+1} - y_i}{h} - T^{(n)}(t_i, y_i) = \frac{h^n}{(n+1)!}f^{(n)}(\xi_i, y(\xi_i)),$$

para cada $i = 0, 1, \ldots, N - 1$. Já que $y \in C^{n+1}[a, b]$, temos $y^{(n+1)}(t) = f^{(n)}(t, y(t))$ limitada em $[a, b]$ e $\tau_i(h) = O(h^n)$, para cada $i = 1, 2, \ldots, N$. ■

EXERCÍCIOS 5.3

1. Use o método de Taylor de segunda ordem para encontrar uma aproximação das soluções de cada um dos seguintes problemas de valor inicial.
   a. $y' = te^{3t} - 2y, \quad 0 \leq t \leq 1, \quad y(0) = 0, \quad \text{com } h = 0{,}5$
   b. $y' = 1 + (t - y)^2, \quad 2 \leq t \leq 3, \quad y(2) = 1, \quad \text{com } h = 0{,}5$
   c. $y' = 1 + y/t, \quad 1 \leq t \leq 2, \quad y(1) = 2, \quad \text{com } h = 0{,}25$
   d. $y' = \cos 2t + \text{sen } 3t, \quad 0 \leq t \leq 1, \quad y(0) = 1, \quad \text{com } h = 0{,}25$
2. Use o método de Taylor de segunda ordem para encontrar uma aproximação das soluções de cada um dos seguintes problemas de valor inicial.
   a. $y' = e^{t-y}, \quad 0 \leq t \leq 1, \quad y(0) = 1, \quad \text{com } h = 0{,}5$
   b. $y' = \dfrac{1+t}{1+y}, \quad 1 \leq t \leq 2, \quad y(1) = 2, \quad \text{com } h = 0{,}5$
   c. $y' = -y + ty^{1/2}, \quad 2 \leq t \leq 3, \quad y(2) = 2, \quad \text{com } h = 0{,}25$
   d. $y' = t^{-2}(\text{sen } 2t - 2ty), \quad 1 \leq t \leq 2, \quad y(1) = 2, \quad \text{com } h = 0{,}25$
3. Repita o Exercício 1 usando o método de Taylor de quarta ordem.
4. Repita o Exercício 2 usando o método de Taylor de quarta ordem.

5. Use o método de Taylor de segunda ordem para encontrar uma aproximação das soluções de cada um dos seguintes problemas de valor inicial.

a. $y' = y/t - (y/t)^2$, $1 \leq t \leq 1{,}2$, $y(1) = 1$, com $h = 0{,}1$

b. $y' = \operatorname{sen} t + e^{-t}$, $0 \leq t \leq 1$, $y(0) = 0$, com $h = 0{,}5$

c. $y' = (y^2 + y)/t$, $1 \leq t \leq 3$, $y(1) = -2$, com $h = 0{,}5$

d. $y' = -ty + 4ty^{-1}$, $0 \leq t \leq 1$, $y(0) = 1$, com $h = 0{,}25$

6. Use o método de Taylor de segunda ordem para encontrar uma aproximação das soluções de cada um dos seguintes problemas de valor inicial.

a. $y' = \dfrac{2 - 2ty}{t^2 + 1}$, $0 \leq t \leq 1$, $y(0) = 1$, com $h = 0{,}1$

b. $y' = \dfrac{y^2}{1 + t}$, $1 \leq t \leq 2$, $y(1) = -(\ln 2)^{-1}$, com $h = 0{,}1$

c. $y' = (y^2 + y)/t$, $1 \leq t \leq 3$, $y(1) = -2$, com $h = 0{,}2$

d. $y' = -ty + 4t/y$, $0 \leq t \leq 1$, $y(0) = 1$, com $h = 0{,}1$

7. Repita o Exercício 5 usando o método de Taylor de quarta ordem.

8. Repita o Exercício 6 usando o método de Taylor de quarta ordem.

9. Dado o problema de valor inicial

$$y' = \frac{2}{t}y + t^2 e^t, \quad 1 \leq t \leq 2, \quad y(1) = 0,$$

com solução exata $y(t) = t^2(e^t - e)$:

a. Use o método de Taylor de segunda ordem com $h = 0{,}1$ para encontrar uma aproximação da solução e compare-a com os valores reais de y.

b. Use as respostas geradas na parte (a) e a interpolação linear para encontrar aproximações de y nos valores a seguir e compare-as com os valores reais de y.

i. $y(1{,}04)$ **ii.** $y(1{,}55)$ **iii.** $y(1{,}97)$

c. Use o método de Taylor de quarta ordem com $h = 0{,}1$ para determinar uma aproximação da solução e compare-a com os valores reais de y.

d. Use as respostas geradas na parte (c) e a interpolação cúbica de Hermite por partes para encontrar aproximações de y nos seguintes valores e compare-as ao valor real de y.

i. $y(1{,}04)$ **ii.** $y(1{,}55)$ **iii.** $y(1{,}97)$

10. Dado o problema de valor inicial

$$y' = \frac{1}{t^2} - \frac{y}{t} - y^2, \quad 1 \leq t \leq 2, \quad y(1) = -1,$$

com solução exata $y(t) = -1/t$:

a. Use o método de Taylor de segunda ordem com $h = 0{,}05$ para encontrar uma aproximação da solução e compare-a com os valores reais de y.

b. Use as respostas geradas na parte (a) e a interpolação linear para encontrar aproximações de y nos seguintes valores e compare-as com os valores reais de y.

i. $y(1{,}052)$ **ii.** $y(1{,}555)$ **iii.** $y(1{,}978)$

c. Use o método de Taylor de quarta ordem com $h = 0{,}05$ para aproximar a solução e compare-a com os valores reais de y.

d. Use as respostas geradas na parte (c) e a interpolação cúbica de Hermite por partes para encontrar aproximações de y nos seguintes valores e compare-as com o valor real de y.

i. $y(1{,}052)$ **ii.** $y(1{,}555)$ **iii.** $y(1{,}978)$

11. Use o método de Taylor de segunda ordem com $h = 0{,}1$ para encontrar uma aproximação da solução de

$$y' = 1 + t\operatorname{sen}(ty), \quad 0 \leq t \leq 2, \quad y(0) = 0.$$

EXERCÍCIOS APLICADOS

12. Um projétil de massa $m = 0{,}11$ kg jogado verticalmente para cima com velocidade inicial $\upsilon(0) = 8$ m/s tem sua velocidade diminuída pela força da gravidade, $F_g = -mg$, e pela resistência do ar, $F_r = -k\upsilon\,|\upsilon|$, em que $g = 9{,}8$ m/s^2 e $k = 0{,}002$ kg/m. A equação diferencial para a velocidade υ é dada por $m\upsilon' = -mg - k\upsilon\,|\upsilon|$.
    a. Encontre a velocidade após 0,1, 0,2, . . . , 1,0 s.
    b. Com precisão de um décimo de segundo, determine quando o projétil alcança sua altura máxima e começa a cair.
13. Um tanque grande contém 1000 galões de água com 50 libras de sal dissolvidas. Suponha que uma solução de água salgada com uma concentração de 0,02 libra de sal por galão de água escoa para dentro do tanque a uma taxa de 5 galões por minuto. A solução no tanque é bem misturada e escoa para fora do tanque por um buraco no fundo, a uma taxa constante de 3 galões por minuto.

    Seja $x(t)$ a quantidade, em libras, de sal no tanque no instante t, em que $x(0) = 50$ libras. A equação diferencial que dá a taxa de variação $x'(t)$ de sal, medido em libras por minuto, no tanque é

    $$x'(t) = 0{,}1 - \frac{3x(t)}{1000 + 2t}.$$

    a. Determine quando o tanque conterá 1010 galões de água salgada.
    b. Usando o método de Taylor de ordem 4 com $h = 0{,}5$, determine a concentração de sal quando o tanque contiver 1010 galões de água.

QUESTÕES PARA DISCUSSÃO

1. Discuta as diferenças e semelhanças entre o método de Euler e o método de Taylor. Um dos métodos é melhor do que o outro?
2. Use o método de Taylor de quarta ordem para aproximar solução do problema de valor inicial $dy/dt = e^t$ sen(t), para t entre 0 e 5. Comece com um tamanho de passo de 0,25, a seguir tente um tamanho de passo 0,1 e 0,025. Use uma planilha ou um sistema de computação algébrica para os cálculos. A solução faz que você esperava? O que está acontecendo e por quê?

5.4 Métodos de Runge-Kutta

Os métodos de Taylor delineados na seção anterior têm a propriedade desejável de erro de truncamento local de alta ordem, mas a desvantagem de exigir a determinação e o cálculo em diversos pontos das derivadas de $f(t, y)$. Esse é um procedimento complicado e que consome muito tempo na maioria dos problemas, de modo que os métodos de Taylor são raramente usados na prática.

Os **métodos de Runge-Kutta** têm o erro de truncamento local de alta ordem dos métodos de Taylor, ao mesmo tempo que eliminam a necessidade de calcular as derivadas de $f(t, y)$. Antes de apresentar as ideias por trás de sua dedução, precisamos enunciar o Teorema de Taylor em duas variáveis. A demonstração desse resultado pode ser encontrada em qualquer livro padrão de cálculo avançado (consulte, por exemplo, [Fu], p. 331).

No final do século XIX, Carl Runge (1856-1927) usou métodos similares àqueles apresentados nesta seção para deduzir diversas fórmulas para encontrar uma aproximação da solução dos problemas de valor inicial.

Em 1901, Martin Wilhelm Kutta (1867-1944) generalizou os métodos que Runge desenvolveu em 1895, para incorporar sistemas de equações diferenciais de primeira ordem. Estas técnicas são ligeiramente diferentes daquelas que chamamos hoje em dia de métodos de Runge-Kutta.

▶ Teorema 5.13 Suponha que $f(t, y)$ e que todas as suas derivadas parciais de ordem menor ou igual a $n + 1$ sejam contínuas em $D = \{(t, y) \mid a \leq t \leq b, c \leq y \leq d\}$, e seja $(t_0, y_0) \in D$.

Para cada $(t, y) \in D$, existem ξ entre t e t_0 e μ entre y e y_0 tais que

$$f(t, y) = P_n(t, y) + R_n(t, y),$$

em que

$$\begin{aligned}
P_n(t, y) = f(t_0, y_0) &+ \left[(t - t_0)\frac{\partial f}{\partial t}(t_0, y_0) + (y - y_0)\frac{\partial f}{\partial y}(t_0, y_0)\right] \\
&+ \left[\frac{(t - t_0)^2}{2}\frac{\partial^2 f}{\partial t^2}(t_0, y_0) + (t - t_0)(y - y_0)\frac{\partial^2 f}{\partial t \partial y}(t_0, y_0)\right. \\
&+ \left.\frac{(y - y_0)^2}{2}\frac{\partial^2 f}{\partial y^2}(t_0, y_0)\right] + \cdots \\
&+ \left[\frac{1}{n!}\sum_{j=0}^{n}\binom{n}{j}(t - t_0)^{n-j}(y - y_0)^j \frac{\partial^n f}{\partial t^{n-j}\partial y^j}(t_0, y_0)\right]
\end{aligned}$$

e

$$R_n(t, y) = \frac{1}{(n + 1)!}\sum_{j=0}^{n+1}\binom{n + 1}{j}(t - t_0)^{n+1-j}(y - y_0)^j \frac{\partial^{n+1} f}{\partial t^{n+1-j}\partial y^j}(\xi, \mu). \quad \blacksquare$$

A função $P_n(t, y)$ é chamada de **enésimo polinômio de Taylor em duas variáveis** para a função f em torno de (t_0, y_0), e $R_n(t, y)$ é o resto associado à $P_n(t, y)$.

EXEMPLO 1

Determine $P_2(t, y)$, o segundo polinômio de Taylor em (2, 3), da função

$$f(t, y) = \exp\left[-\frac{(t - 2)^2}{4} - \frac{(y - 3)^2}{4}\right]\cos(2t + y - 7).$$

Solução Para determinar $P_2(t, y)$, precisamos dos valores de f e suas primeiras e segundas derivadas parciais em (2, 3). Temos o seguinte:

$$f(t, y) = \exp\left[-\frac{(t - 2)^2}{4}\right]\exp\left[-\frac{(y - 3)^2}{4}\right]\cos(2(t - 2) + (y - 3))$$

$$f(2, 3) = e^{(-0^2/4 - 0^2/4)}\cos(4 + 3 - 7) = 1,$$

$$\begin{aligned}
\frac{\partial f}{\partial t}(t, y) = \exp\left[-\frac{(t - 2)^2}{4}\right]\exp\left[-\frac{(y - 3)^2}{4}\right]&\left[\frac{1}{2}(t - 2)\cos(2(t - 2) + (y - 3))\right. \\
&+ \left.\frac{1}{2}(\text{sen } (2(t - 2) + (y - 3))\right]
\end{aligned}$$

$$\frac{\partial f}{\partial t}(2,3) = 0,$$

$$\frac{\partial f}{\partial y}(t,y) = \exp\left[-\frac{(t-2)^2}{4}\right]\exp\left[-\frac{(y-3)^2}{4}\right]\left[\frac{1}{2}(y-3)\cos(2(t-2)\right.$$

$$\left. + (y-3)) + \operatorname{sen}(2(t-2)+(y-3))\right]$$

$$\frac{\partial f}{\partial y}(2,3) = 0,$$

$$\frac{\partial^2 f}{\partial t^2}(t,y) = \exp\left[-\frac{(t-2)^2}{4}\right]\exp\left[-\frac{(y-3)^2}{4}\right]\left[\left(-\frac{9}{2}+\frac{(t-2)^2}{4}\right)\right.$$

$$\left.\times\cos(2(t-2)+(y-3)) + 2(t-2)\operatorname{sen}(2(t-2)+(y-3))\right]$$

$$\frac{\partial^2 f}{\partial t^2}(2,3) = -\frac{9}{2},$$

$$\frac{\partial^2 f}{\partial y^2}(t,y) = \exp\left[-\frac{(t-2)^2}{4}\right]\exp\left[-\frac{(y-3)^2}{4}\right]\left[\left(-\frac{3}{2}+\frac{(y-3)^2}{4}\right)\right.$$

$$\left.\times\cos(2(t-2)+(y-3)) + (y-3)\operatorname{sen}(2(t-2)+(y-3))\right]$$

$$\frac{\partial^2 f}{\partial y^2}(2,3) = -\frac{3}{2},$$

e

$$\frac{\partial^2 f}{\partial t\partial y}(t,y) = \exp\left[-\frac{(t-2)^2}{4}\right]\exp\left[-\frac{(y-3)^2}{4}\right]\left[\left(-2+\frac{(t-2)(y-3)}{4}\right.\right.$$

$$\left.\left.\times\cos(2(t-2)+(y-3)) + \left(\frac{(t-2)}{2}+(y-3)\right)\operatorname{sen}(2(t-2)+(y-3)\right)\right]$$

$$\frac{\partial^2 f}{\partial t\partial y}(2,3) = -2.$$

Assim,

$$P_2(t,y) = f(2,3) + \left[(t-2)\frac{\partial f}{\partial t}(2,3) + (y-3)\frac{\partial f}{\partial y}(2,3)\right] + \left[\frac{(t-2)^2}{2}\frac{\partial^2 f}{\partial t^2}(2,3)\right.$$

$$\left. + (t-2)(y-3)\frac{\partial^2 f}{\partial t\partial y}(2,3) + \frac{(y-3)}{2}\frac{\partial^2 f}{\partial y^2}(2,3)\right]$$

$$= 1 - \frac{9}{4}(t-2)^2 - 2(t-2)(y-3) - \frac{3}{4}(y-3)^2.$$

■

Uma ilustração da precisão de $P_2(t, y)$ próximo a (2, 3) é vista na Figura 5.5.

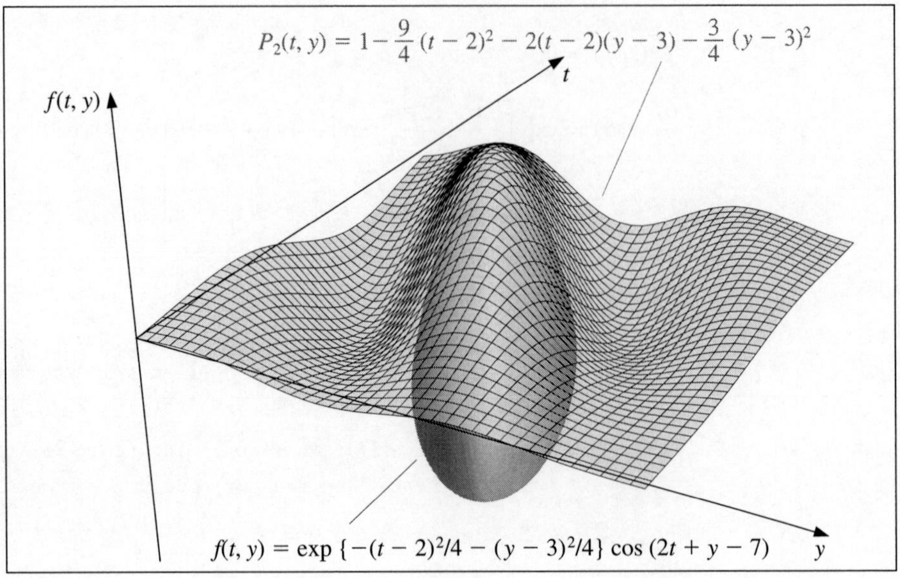

Figura 5.5

Métodos de Runge-Kutta de segunda ordem

O primeiro passo na dedução de um método Runge-Kutta é determinar valores para a_1, α_1 e β_1 com a propriedade de que $a_1 f(t + \alpha_1, y + \beta_1)$ forneça uma aproximação de

$$T^{(2)}(t, y) = f(t, y) + \frac{h}{2} f'(t, y),$$

com erro não maior que $O(h^2)$, que é o erro de truncamento local para o método de Taylor de segunda ordem. Como

$$f'(t, y) = \frac{df}{dt}(t, y) = \frac{\partial f}{\partial t}(t, y) + \frac{\partial f}{\partial y}(t, y) \cdot y'(t) \quad \text{e} \quad y'(t) = f(t, y),$$

temos

$$T^{(2)}(t, y) = f(t, y) + \frac{h}{2}\frac{\partial f}{\partial t}(t, y) + \frac{h}{2}\frac{\partial f}{\partial y}(t, y) \cdot f(t, y). \tag{5.18}$$

Expandindo $f(t + \alpha_1, y + \beta_1)$ em seu polinômio de Taylor de primeiro grau em torno de (t, y), teremos

$$a_1 f(t + \alpha_1, y + \beta_1) = a_1 f(t, y) + a_1\alpha_1 \frac{\partial f}{\partial t}(t, y) + a_1\beta_1 \frac{\partial f}{\partial y}(t, y) + a_1 \cdot R_1(t + \alpha_1, y + \beta_1), \tag{5.19}$$

em que

$$R_1(t + \alpha_1, y + \beta_1) = \frac{\alpha_1^2}{2}\frac{\partial^2 f}{\partial t^2}(\xi, \mu) + \alpha_1\beta_1 \frac{\partial^2 f}{\partial t \partial y}(\xi, \mu) + \frac{\beta_1^2}{2}\frac{\partial^2 f}{\partial y^2}(\xi, \mu), \tag{5.20}$$

para algum ξ entre t e $t + \alpha_1$ e algum μ entre y e $y + \beta_1$.

Igualando os coeficientes de f e de suas derivadas nas Equações (5.18) e (5.19), obtemos as três equações

$$f(t, y) : a_1 = 1; \qquad \frac{\partial f}{\partial t}(t, y) : a_1\alpha_1 = \frac{h}{2}; \qquad \text{e} \qquad \frac{\partial f}{\partial y}(t, y) : a_1\beta_1 = \frac{h}{2}f(t, y).$$

Os parâmetros a_1, α_1 e β_1 são, portanto,

$$a_1 = 1, \quad \alpha_1 = \frac{h}{2} \quad \text{e} \quad \beta_1 = \frac{h}{2}f(t, y),$$

de modo que

$$T^{(2)}(t, y) = f\left(t + \frac{h}{2}, y + \frac{h}{2}f(t, y)\right) - R_1\left(t + \frac{h}{2}, y + \frac{h}{2}f(t, y)\right),$$

e, a partir da Equação (5.20),

$$R_1\left(t + \frac{h}{2}, y + \frac{h}{2}f(t, y)\right) = \frac{h^2}{8}\frac{\partial^2 f}{\partial t^2}(\xi, \mu) + \frac{h^2}{4}f(t, y)\frac{\partial^2 f}{\partial t\partial y}(\xi, \mu) + \frac{h^2}{8}(f(t, y))^2\frac{\partial^2 f}{\partial y^2}(\xi, \mu).$$

Se todas as derivadas parciais de segunda ordem de f forem limitadas, então

$$R_1\left(t + \frac{h}{2}, y + \frac{h}{2}f(t, y)\right)$$

é $O(h^2)$. Como consequência:

- A ordem do erro para este novo método é a mesma que a do método de Taylor de ordem dois.

O método de equação de diferença resultante da substituição de $T^{(2)}(t, y)$, no método de Taylor de segunda ordem, por $f(t + (h/2), y + (h/2)f(t, y))$ é um método de Runge-Kutta específico conhecido como o *método do ponto médio.*

Método do ponto médio

$$w_0 = \alpha,$$

$$w_{i+1} = w_i + hf\left(t_i + \frac{h}{2}, w_i + \frac{h}{2}f(t_i, w_i)\right), \quad \text{para } i = 0, 1, \ldots, N-1.$$

Como apenas três parâmetros estão presentes em $a_1 f(t + \alpha_1, y + \beta_1)$ e todos são necessários na aproximação de $T^{(2)}$, precisamos de uma fórmula mais complicada para satisfazer as condições exigidas em qualquer dos métodos de Taylor de ordem superior.

A forma mais apropriada com quatro parâmetros para a aproximação de

$$T^{(3)}(t, y) = f(t, y) + \frac{h}{2}f'(t, y) + \frac{h^2}{6}f''(t, y)$$

é

$$a_1 f(t, y) + a_2 f(t + \alpha_2, y + \delta_2 f(t, y)); \qquad (5.21)$$

e, mesmo com ela, não há flexibilidade suficiente para igualar o termo

$$\frac{h^2}{6}\left[\frac{\partial f}{\partial y}(t, y)\right]^2 f(t, y),$$

resultante da expansão de $(h^2/6)f''(t, y)$. Consequentemente, o melhor que pode ser obtido usando a Equação (5.21) são métodos com erro de truncamento local $O(h^2)$.

O fato de a Equação (5.21) ter quatro parâmetros, contudo, dá uma flexibilidade à sua escolha, de modo que diversos métodos $O(h^2)$ podem ser deduzidos. Um dos mais importantes é o *método de Euler modificado*, o qual corresponde às escolhas $a_1 = a_2 = \frac{1}{2}$ e $\alpha_2 = \delta_2 = h$ e tem a seguinte forma de equação de diferença.

Método de Euler modificado

$$w_0 = \alpha,$$

$$w_{i+1} = w_i + \frac{h}{2}[f(t_i, w_i) + f(t_{i+1}, w_i + hf(t_i, w_i))], \quad \text{para } i = 0, 1, \ldots, N-1.$$

EXEMPLO 2 Use o método do ponto médio e o método de Euler modificado com $N = 10$, $h = 0{,}2$, $t_i = 0{,}2i$, e $w_0 = 0{,}5$ para aproximar a solução de nosso exemplo usual,

$$y' = y - t^2 + 1, \quad 0 \leq t \leq 2, \quad y(0) = 0{,}5.$$

Solução As equações de diferenças produzidas pelas diversas fórmulas são

$$\text{método do ponto médio: } w_{i+1} = 1{,}22w_i - 0{,}0088i^2 - 0{,}008i + 0{,}218$$

e

$$\text{método de Euler modificado: } w_{i+1} = 1{,}22w_i - 0{,}0088i^2 - 0{,}008i + 0{,}216,$$

para cada $i = 0,1,\ldots,9$. Os primeiros dois passos desses métodos dão

$$\text{método do ponto médio: } w_1 = 1{,}22(0{,}5) - 0{,}0088(0)^2 - 0{,}008(0) + 0{,}218 = 0{,}828$$

e

$$\text{método de Euler modificado: } w_1 = 1{,}22(0{,}5) - 0{,}0088(0)^2 - 0{,}008(0) + 0{,}216 = 0{,}826$$

e

$$\text{método do ponto médio: } w_2 = 1{,}22(0{,}828) - 0{,}0088(0{,}2)^2 - 0{,}008(0{,}2) + 0{,}218 = 1{,}21136$$

e

$$\text{método de Euler modificado: } w_2 = 1{,}22(0{,}826) - 0{,}0088(0{,}2)^2 - 0{,}008(0.2) + 0{,}216 = 1{,}20692.$$

A Tabela 5.6 lista todos os resultados dos cálculos. Para este problema, o método do ponto médio é superior ao método de Euler modificado. ∎

Tabela 5.6

t_i	$y(t_i)$	Método do ponto médio	Erro	Método de Euler modificado	Erro
0,0	0,5000000	0,5000000	0	0,5000000	0
0,2	0,8292986	0,8280000	0,0012986	0,8260000	0,0032986
0,4	1,2140877	1,2113600	0,0027277	1,2069200	0,0071677
0,6	1,6489406	1,6446592	0,0042814	1,6372424	0,0116982
0,8	2,1272295	2,1212842	0,0059453	2,1102357	0,0169938
1,0	2,6408591	2,6331668	0,0076923	2,6176876	0,0231715
1,2	3,1799415	3,1704634	0,0094781	3,1495789	0,0303627
1,4	3,7324000	3,7211654	0,0112346	3,6936862	0,0387138
1,6	4,2834838	4,2706218	0,0128620	4,2350972	0,0483866
1,8	4,8151763	4,8009586	0,0142177	4,7556185	0,0595577
2,0	5,3054720	5,2903695	0,0151025	5,2330546	0,0724173

Métodos de Runge-Kutta de ordens superiores

O termo $T^{(3)}(t, y)$ pode ser aproximado com erro $O(h^3)$ por uma expressão da forma

$$f(t + \alpha_1, y + \delta_1 f(t + \alpha_2, y + \delta_2 f(t, y))),$$

envolvendo quatro parâmetros e a álgebra envolvida na determinação de α_1, δ_1, α_2, e δ_2 é bem complicada. O método $O(h^3)$ mais comum é o método de Heun, dado por

$$w_0 = \alpha$$

$$w_{i+1} = w_i + \tfrac{h}{4}\left(f(t_i, w_i) + 3\left(f\left(t_i + \tfrac{2h}{3}, w_i + \tfrac{2h}{3} f\left(t_i + \tfrac{h}{3}, w_i + \tfrac{h}{3} f(t_i, w_i)\right)\right)\right)\right),$$

$$\text{para } i = 0, 1, \ldots, N-1.$$

Karl Heun (1859-1929) foi um professor da Universidade Técnica de Karlsruhe. Ele introduziu esta técnica em um artigo publicado em 1900. [Heu]

Ilustração A aplicação do método de Heun com $N = 10$, $h = 0,2$, $t_i = 0,2i$, e $w_0 = 0,5$ para aproximar nosso exemplo usual

$$y' = y - t^2 + 1, \quad 0 \le t \le 2, \quad y(0) = 0,5,$$

fornece os valores na Tabela 5.7. Observe a diminuição do erro em todo o intervalo comparado às aproximações do ponto médio e de Euler modificado. ∎

Os métodos de Runge-Kutta de terceira ordem em geral não são usados. O método de Runge-Kutta mais comumente usado é o de quarta ordem na forma de equações de diferença, dado pelo seguinte.

Tabela 5.7

t_i	$y(t_i)$	Método de Heun'	Erro
0,0	0,5000000	0,5000000	0
0,2	0,8292986	0,8292444	0,0000542
0,4	1,2140877	1,2139750	0,0001127
0,6	1,6489406	1,6487659	0,0001747
0,8	2,1272295	2,1269905	0,0002390
1,0	2,6408591	2,6405555	0,0003035
1,2	3,1799415	3,1795763	0,0003653
1,4	3,7324000	3,7319803	0,0004197
1,6	4,2834838	4,2830230	0,0004608
1,8	4,8151763	4,8146966	0,0004797
2,0	5,3054720	5,3050072	0,0004648

Runge-Kutta de quarta ordem

$$w_0 = \alpha,$$

$$k_1 = hf(t_i, w_i),$$

$$k_2 = hf\left(t_i + \frac{h}{2}, w_i + \frac{1}{2}k_1\right),$$

$$k_3 = hf\left(t_i + \frac{h}{2}, w_i + \frac{1}{2}k_2\right),$$

$$k_4 = hf(t_{i+1}, w_i + k_3),$$

$$w_{i+1} = w_i + \frac{1}{6}(k_1 + 2k_2 + 2k_3 + k_4),$$

para cada $i = 0, 1, \ldots, N - 1$. Esse método tem erro de truncamento local $O(h^4)$, desde que a solução $y(t)$ tenha cinco derivadas contínuas. O motivo para apresentação da notação k_1, k_2, k_3, k_4 no método para eliminar a necessidade de encaixes sucessivos na segunda variável de $f(t, y)$. O Exercício 32 mostra o quão complicados se tornam esses encaixes.

O Algoritmo 5.2 implementa o método de Runge-Kutta de quarta ordem.

ALGORITMO 5.2 **Método de Runge-Kutta (quarta ordem)**

Para aproximar a solução do problema de valor inicial

$$y' = f(t, y), \qquad a \leq t \leq b, \qquad y(a) = \alpha,$$

em $(N + 1)$ números igualmente espaçados no intervalo $[a, b]$:

ENTRADA extremidades a, b; número inteiro N; condição inicial α.

SAÍDA aproximação w para y nos $(N + 1)$ valores de t.

Passo 1 Faça $h = (b - a)/N$;
$t = a$;
$w = \alpha$;
SAÍDA (t, w)

Passo 2 Para $i = 1, 2, \ldots, N$, execute Passos 3 a 5.

Passo 3 Faça $K_1 = hf(t, w)$;
$K_2 = hf(t + h/2, w + K_1/2)$;
$K_3 = hf(t + h/2, w + K_2/2)$;
$K_4 = hf(t + h, w + K_3)$.

Passo 4 Faça $w = w + (K_1 + 2K_2 + 2K_3 + K_4)/6$; (*Calcula* w_i.)
$t = a + ih$. (*Calcula* t_i.)

Passo 5 SAÍDA (t, w).

Passo 6 PARE. ∎

EXEMPLO 3 Utilize o método de Runge-Kutta de quarta ordem com $h = 0{,}2$, $N = 10$ e $t_i = 0{,}2i$ para obter aproximações para a solução do problema de valor inicial

$$y' = y - t^2 + 1, \qquad 0 \le t \le 2, \qquad y(0) = 0{,}5,$$

Solução A aproximação para $y(0{,}2)$ é obtida por

$$w_0 = 0{,}5$$
$$k_1 = 0{,}2f(0,\ 0{,}5) = 0{,}2(1{,}5) = 0{,}3$$
$$k_2 = 0{,}2f(0{,}1,\ 0{,}65) = 0{,}328$$
$$k_3 = 0{,}2f(0{,}1,\ 0{,}664) = 0{,}3308$$
$$k_4 = 0{,}2f(0{,}2,\ 0{,}8308) = 0{,}35816$$
$$w_1 = 0{,}5 + \frac{1}{6}(0{,}3 + 2(0{,}328) + 2(0{,}3308) + 0{,}35816) = 0{,}8292933.$$

Os resultados restantes e seus erros estão listados na Tabela 5.8. ∎

Tabela 5.8

t_i	Exato $y_i = y(t_i)$	Runge-Kutta de quarta ordem w_i	Erro $\lvert y_i - w_i \rvert$
0,0	0,5000000	0,5000000	0
0,2	0,8292986	0,8292933	0,0000053
0,4	1,2140877	1,2140762	0,0000114
0,6	1,6489406	1,6489220	0,0000186
0,8	2,1272295	2,1272027	0,0000269
1,0	2,6408591	2,6408227	0,0000364
1,2	3,1799415	3,1798942	0,0000474
1,4	3,7324000	3,7323401	0,0000599
1,6	4,2834838	4,2834095	0,0000743
1,8	4,8151763	4,8150857	0,0000906
2,0	5,3054720	5,3053630	0,0001089

Comparações computacionais

O principal esforço computacional na aplicação dos métodos de Runge-Kutta é o cálculo de f. Nos métodos de segunda ordem, o erro de truncamento local é $O(h^2)$ e o custo é de dois cálculos da função por passo. O método de Runge-Kutta de quarta ordem requer quatro cálculos de função por passo, e o erro de truncamento local é $O(h^4)$. Butcher (consulte [But] para obter um resumo) estabeleceu a relação entre o número de cálculos de função por passo e a ordem do erro de truncamento local exibida na Tabela 5.9. Essa tabela indica por que os métodos de ordem menor que cinco com tamanho de passo menor são preferíveis aos métodos de ordem superior usando um tamanho de passo maior.

Tabela 5.9

Cálculos de função por passo	2	3	4	$5 \leq n \leq 7$	$8 \leq n \leq 9$	$10 \leq n$
Melhor erro de truncamento local possível	$O(h^2)$	$O(h^3)$	$O(h^4)$	$O(h^{n-1})$	$O(h^{n-2})$	$O(h^{n-3})$

Uma medida de comparação dos métodos de Runge-Kutta de ordem inferior é descrita a seguir:

- O método de Runge-Kutta de quarta ordem requer quatro cálculos de função por passo, enquanto o de Euler, apenas um cálculo. Portanto, para o primeiro ser superior, deve fornecer respostas mais precisas que o de Euler, com um quarto do tamanho do passo. De forma semelhante, se o método de Runge-Kutta de quarta ordem for superior aos métodos de Runge-Kutta de segunda ordem, que exige dois cálculos por passo, ele deve fornecer mais precisão com tamanho do passo h que o método de segunda ordem com tamanho de passo $h/2$.

A seguir, há uma ilustração da superioridade do método de quarta ordem de Runge-Kutta, por esta medida, para o problema de valor inicial que vem sendo considerado.

Ilustração Para o problema

$$y' = y - t^2 + 1, \qquad 0 \leq t \leq 2, \qquad y(0) = 0{,}5,$$

o método de Euler com $h = 0{,}025$, o método de ponto médio com $h = 0{,}05$ e o método de Runge-Kutta de quarta ordem com $h = 0{,}1$ são comparados nos pontos da malha comuns a estes métodos, 0,1, 0,2, 0,3, 0,4 e 0,5. Cada uma dessas técnicas requer 20 cálculos de função para que se determine os valores listados na Tabela 5.10 para a aproximação de $y(0{,}5)$. Neste exemplo, o método de quarta ordem é claramente superior. ■

Tabela 5.10

t_i	Exato	Euler $h = 0{,}025$	Euler modificado $h = 0{,}05$	Runge-Kutta de quarta ordem $h = 0{,}1$
0,0	0,5000000	0,5000000	0,5000000	0,5000000
0,1	0,6574145	0,6554982	0,6573085	0,6574144
0,2	0,8292986	0,8253385	0,8290778	0,8292983
0,3	1,0150706	1,0089334	1,0147254	1,0150701
0,4	1,2140877	1,2056345	1,2136079	1,2140869
0,5	1,4256394	1,4147264	1,4250141	1,4256384

EXERCÍCIOS 5.4

1. Use o método de Euler modificado para encontrar aproximações das soluções de cada um dos seguintes problemas de valor inicial e compare os resultados com os valores reais.

a. $y' = te^{3t} - 2y, \quad 0 \leq t \leq 1, \quad y(0) = 0,$ com $h = 0{,}5$; solução real $y(t) = \frac{1}{5}te^{3t} - \frac{1}{25}e^{3t} + \frac{1}{25}e^{-2t}$.

b. $y' = 1 + (t - y)^2, \quad 2 \leq t \leq 3, \quad y(2) = 1,$ com $h = 0{,}5$; solução real $y(t) = t + t + \frac{1}{1-t}$.

c. $y' = 1 + y/t, \quad 1 \leq t \leq 2, \quad y(1) = 2,$ com $h = 0{,}25$; solução real $y(t) = t \ln t + 2t$.

d. $y' = \cos 2t + \operatorname{sen} 3t, \quad 0 \leq t \leq 1, \quad y(0) = 1,$ com $h = 0{,}25$; solução real $y(t) = \frac{1}{2}\operatorname{sen} 2t - \frac{1}{3}\cos 3t + \frac{4}{3}$.

2. Use o método de Euler modificado para encontrar aproximações das soluções de cada um dos seguintes problemas de valor inicial e compare os resultados com os valores reais.

a. $y' = e^{t-y}, \quad 0 \leq t \leq 1, \quad y(0) = 1,$ com $h = 0{,}5$; solução real $y(t) = \ln(e^t + e - 1)$.

b. $y' = \dfrac{1+t}{1+y}, \quad 1 \leq t \leq 2, \quad y(1) = 2,$ com $h = 0{,}5$; solução real $y(t) = \sqrt{t^2 + 2t + 6} - 1$.

c. $y' = -y + ty^{1/2}, \quad 2 \leq t \leq 3, \quad y(2) = 2,$ com $h = 0{,}25$; solução real $y(t) = \left(t - 2 + \sqrt{2}ee^{-t/2}\right)^2$.

d. $y' = t^{-2}(\operatorname{sen} 2t - 2ty), \quad 1 \leq t \leq 2, \quad y(1) = 2,$ com $h = 0{,}25$; solução real $y(t) = \dfrac{4 + \cos 2 - \cos 2t}{2t^2}$.

3. Use o método de Euler modificado para encontrar aproximações das soluções de cada um dos seguintes problemas de valor inicial e compare os resultados com os valores reais.

a. $y' = y/t - (y/t)^2, \quad 1 \leq t \leq 2, \quad y(1) = 1,$ com $h = 0{,}1$; solução real $y(t) = t/(1 + \ln t)$.

b. $y' = 1 + y/t + (y/t)^2, \quad 1 \leq t \leq 3, \quad y(1) = 0,$ com $h = 0{,}2$; solução real $y(t) = t\operatorname{tg}(\ln t)$.

c. $y' = -(y+1)(y+3), \quad 0 \leq t \leq 2, \quad y(0) = -2,$ com $h = 0{,}2$; solução real $y(t) = -3 + 2(1 + e^{-2t})^{-1}$.

d. $y' = -5y + 5t^2 + 2t, \quad 0 \leq t \leq 1, \quad y(0) = \frac{1}{3},$ com $h = 0{,}1$; solução real $y(t) = t^2 + \frac{1}{3}e^{-5t}$.

4. Use o método de Euler modificado para encontrar aproximações das soluções de cada um dos seguintes problemas de valor inicial e compare com os resultados aos valores reais.

a. $y' = \dfrac{2 - 2ty}{t^2 + 1}, \quad 0 \leq t \leq 1, \quad y(0) = 1,$ com $h = 0{,}1$; solução real $y(t) = \dfrac{2t + 1}{t^2 + 1}$.

b. $y' = \dfrac{y^2}{1+t}, \quad 1 \leq t \leq 2, \quad y(1) = \frac{-1}{\ln 2},$ com $h = 0{,}1$; solução real $y(t) = \dfrac{-1}{\ln(t+1)}$.

c. $y' = \dfrac{(y^2 + y)}{t}, \quad 1 \leq t \leq 3, \quad y(1) = -2,$ com $h = 0{,}2$; solução real $y(t) = \dfrac{2t}{1 - 2t}$.

d. $y' = -ty + 4t/y, \quad 0 \leq t \leq 1, \quad y(0) = 1,$ com $h = 0{,}1$; solução real $y(t) = \sqrt{4 - 3e^{-t^2}}$.

5. Repita o Exercício 1 usando o método do ponto médio.

6. Repita o Exercício 2 usando o método do ponto médio.

7. Repita o Exercício 3 usando o método do ponto médio.

8. Repita o Exercício 4 usando o método do ponto médio.

9. Repita o Exercício 1 usando o método de Heun.

10. Repita o Exercício 2 usando o método de Heun.

11. Repita o Exercício 3 usando o método de Heun.

12. Repita o Exercício 4 usando o método de Heun.

13. Repita o Exercício 1 usando o método de Runge-Kutta de quarta ordem.

14. Repita o Exercício 2 usando o método de Runge-Kutta de quarta ordem.

15. Repita o Exercício 3 usando o método de Runge-Kutta de quarta ordem.

16. Repita o Exercício 4 usando o método de Runge-Kutta de quarta ordem.

17. Use os resultados do Exercício 3 e a interpolação linear para encontrar aproximações dos valores de $y(t)$ e compare os resultados com os valores reais.
   a. $y(1{,}25)$ e $y(1{,}93)$
   b. $y(2{,}1)$ e $y(2{,}75)$
   c. $y(1{,}3)$ e $y(1{,}93)$
   d. $y(0{,}54)$ e $y(0{,}94)$
18. Use os resultados do Exercício 4 e a interpolação linear para encontrar aproximações dos valores de $y(t)$ e compare os resultados com os valores reais.
   a. $y(0{,}54)$ e $y(0{,}94)$
   b. $y(1{,}25)$ e $y(1{,}93)$
   c. $y(1{,}3)$ e $y(2{,}93)$
   d. $y(0{,}54)$ e $y(0{,}94)$
19. Repita o Exercício 17 usando os resultados do Exercício 7.
20. Repita o Exercício 18 usando os resultados do Exercício 8.
21. Repita o Exercício 17 usando os resultados do Exercício 11.
22. Repita o Exercício 18 usando os resultados do Exercício 12.
23. Repita o Exercício 17 usando os resultados do Exercício 15.
24. Repita o Exercício 18 usando os resultados do Exercício 16.
25. Use os resultados do Exercício 15 e a interpolação cúbica de Hermite para encontrar aproximações do valores de $y(t)$ e compare-as com os valores reais.
   a. $y(1{,}25)$ e $y(1{,}93)$
   b. $y(2{,}1)$ e $y(2{,}75)$
   c. $y(1{,}3)$ e $y(1{,}93)$
   d. $y(0{,}54)$ e $y(0{,}94)$
26. Use os resultados do Exercício 16 e a interpolação cúbica de Hermite para encontrar aproximações dos valores de $y(t)$ e compare-as com os valores reais.
   a. $y(0{,}54)$ e $y(0{,}94)$
   b. $y(1{,}25)$ e $y(1{,}93)$
   c. $y(1{,}3)$ e $y(2{,}93)$
   d. $y(0{,}54)$ e $y(0{,}94)$

EXERCÍCIOS APLICADOS

27. A reação química irreversível na qual duas moléculas de dicromato de potássio sólido ($K_2Cr_2O_7$), duas moléculas de água (H_2O) e três átomos de enxofre sólido (S) são combinadas para produzir três moléculas de dióxido de enxofre (SO_2), quatro moléculas de hidróxido de potássio sólido (KOH) e duas moléculas de óxido crômico sólido (Cr_2O_3) pode ser representada simbolicamente pela *equação estequiométrica*:

$$2K_2Cr_2O_7 + 2H_2O + 3S \rightarrow 4KOH + 2Cr_2O_3 + 3SO_2.$$

Se n_1 moléculas de $K_2Cr_2O_7$, n_2 moléculas de H_2O e n_3 moléculas de S estão originalmente disponíveis, a seguinte equação diferencial descreve a quantidade $x(t)$ de KOH depois de um tempo t:

$$\frac{dx}{dt} = k\left(n_1 - \frac{x}{2}\right)^2\left(n_2 - \frac{x}{2}\right)^2\left(n_3 - \frac{3x}{4}\right)^3,$$

em que k é a constante de velocidade da reação. Se $k = 6{,}22 \times 10^{-19}$, $n_1 = n_2 = 2 \times 10^3$ e $n_3 = 3 \times 10^3$, use o método de Runge-Kutta de quarta ordem para determinar quantas unidades de hidróxido de potássio terão sido formadas após 0,2 s.

28. A água escoa de um tanque cônico invertido com orifício circular a uma taxa de

$$\frac{dx}{dt} = -0{,}6\pi r^2\sqrt{2g}\frac{\sqrt{x}}{A(x)},$$

em que r é o raio do orifício, x é a altura do nível de líquido a partir do vértice do cone e $A(x)$ é a área da seção transversal do tanque x unidades acima do orifício. Suponha que $r = 0{,}1$ pé, $g = 32{,}1$ pés/s^2 e que o tanque tenha um nível inicial de água de 8 pés e volume inicial de 512 ($\pi/3$) pés^3. Use o método de Runge--Kutta de quarta ordem para encontrar o seguinte:
   a. Calcule o nível de água após 10 min com $h = 20$s.
   b. Determine, com precisão de 1 min, quando o tanque ficará vazio.

EXERCÍCIOS TEÓRICOS

29. Mostre que o método do ponto médio e o método de Euler modificado resultam nas mesmas aproximações para o problema de valor inicial

$$y' = -y + t + 1, \quad 0 \le t \le 1, \quad y(0) = 1,$$

para qualquer escolha de h. Por que isto é verdade?

30. Mostre que o método de diferença

$$w_0 = \alpha,$$
$$w_{i+1} = w_i + a_1 f(t_i, w_i) + a_2 f(t_i + \alpha_2, w_1 + \delta_2 f(t_i, w_i)),$$

para cada $i = 0, 1, \ldots, N-1$, não pode ter erro de truncamento local $O(h^3)$ para nenhuma escolha das constantes a_1, a_2, α_2 e δ_2.

31. Mostre que o método de Heun pode ser expresso na forma de diferenças, de modo parecido com o método de Runge-Kutta de quarta ordem, como

$$w_0 = \alpha,$$
$$k_1 = hf(t_i, w_i),$$
$$k_2 = hf\left(t_i + \frac{h}{3}, w_i + \frac{1}{3}k_1\right),$$
$$k_3 = hf\left(t_i + \frac{2h}{3}, w_i + \frac{2}{3}k_2\right),$$
$$w_{i+1} = w_i + \frac{1}{4}(k_1 + 3k_3),$$

para cada $i = 0,1,\ldots, N-1$.

32. O método de Runge-Kutta de quarta ordem pode ser escrito na forma

$$w_0 = \alpha,$$
$$w_{i+1} = w_i + \frac{h}{6}f(t_i, w_i) + \frac{h}{3}f(t_i + \alpha_1 h, w_i + \delta_1 hf(t_i, w_i))$$
$$+ \frac{h}{3}f(t_i + \alpha_2 h, w_i + \delta_2 hf(t_i + \gamma_2 h, w_i + \gamma_3 hf(t_i, w_i)))$$
$$+ \frac{h}{6}f(t_i + \alpha_3 h, w_i + \delta_3 hf(t_i + \gamma_4 h, w_i + \gamma_5 hf(t_i + \gamma_6 h, w_i + \gamma_7 hf(t_i, w_i)))).$$

Encontre os valores das constantes α_1, α_2, α_3, δ_1, δ_2, δ_3, γ_2, γ_3, γ_4, γ_5, γ_6 e γ_7.

QUESTÕES PARA DISCUSSÃO

1. Descreva o método do ponto médio e o método de Euler modificado. Qual é a relação entre estes métodos?
2. Em muitos dos métodos discutidos até aqui, à medida que h decresce, os cálculos demoram mais, mas são mais precisos. Entretanto, diminuir h demais poderia causar erros significativos. Por que isso ocorre?
3. Discuta como uma planilha pode ser usada para implementar o método de Runge-Kutta.
4. Discuta as diferenças entre o método de Runge-Kutta e o método de Euler.

5.5 Controle de erros e o método de Runge-Kutta-Fehlberg

Foi vista na Seção 4.6 que o uso apropriado de tamanhos variáveis do passo produz eficientes métodos de aproximação de integrais. Por si só, isso pode não ser suficiente para favorecer esses métodos devido ao aumento de complicações em sua aplicação; porém, eles têm outra característica que os torna convenientes. Eles incorporam no procedimento de tamanho do passo uma estimativa do erro de truncamento local que não requer aproximações de derivadas superiores da função. Esses métodos são chamados *adaptativos*, porque ajustam o número e a posição de nós usados na aproximação para assegurar que o erro de truncamento seja mantido abaixo de um limite especificado.

Seria bom rever o material sobre quadratura adaptativa na Seção 4.6 antes de considerar o material nesta seção.

Há uma conexão próxima entre o problema de aproximação do valor de uma integral definida e o de aproximação da solução de um problema de valor inicial. Não causa surpresa, portanto, que existam métodos adaptativos de aproximação de soluções de problemas de valor inicial e que tais métodos sejam não apenas eficientes, mas também incorporem o controle de erros.

Qualquer método de passo único para a aproximação da solução, $y(t)$, do problema de valor inicial

$$y' = f(t, y), \qquad \text{para } a \leq t \leq b, \qquad \text{com } y(a) = \alpha,$$

pode ser expresso na forma

$$w_{i+1} = w_i + h_i\phi(t_i, w_i, h), \qquad \text{para } i = 0, 1, \ldots, N-1,$$

para alguma função ϕ.

Um método de equação de diferença ideal

$$w_{i+1} = w_i + h_i\phi(t_i, w_i, h_i), \qquad i = 0, 1, \ldots, N-1,$$

para a aproximação da solução, $y(t)$, do problema de valor inicial

$$y' = f(t, y), \qquad a \leq t \leq b, \qquad y(a) = \alpha,$$

teria a propriedade de que, dada uma tolerância $\varepsilon > 0$, seria usado o número mínimo de pontos de malha para assegurar que o erro global, $|y(t_i) - w_i|$, não exceda ε em nenhum $i = 0, 1, \ldots, N$. Ter um número mínimo de pontos de malha e também controlar o erro global de um método de diferença é, não surpreendentemente, inconsistente com os pontos serem igualmente espaçados no intervalo. Nesta seção, examinamos técnicas usadas para controlar o erro de um método de equação de diferença de uma maneira eficiente pela escolha apropriada de pontos de malha.

Apesar de não podermos em geral determinar o erro global de um método, veremos na Seção 5.10 que há uma conexão próxima entre o erro de truncamento local e o erro global. Usando métodos de ordens diferentes, podemos prever o erro de truncamento local e, usando esta previsão, escolher um tamanho de passo que manterá esse erro sob controle, bem como o erro global.

Para ilustrar a técnica, suponha que tenhamos duas técnicas de aproximação. A primeira é obtida de um método de Taylor de enésima ordem da forma

$$y(t_{i+1}) = y(t_i) + h\phi(t_i, y(t_i), h) + O(h^{n+1})$$

e produz aproximações com erro de truncamento local $\tau_{i+1}(h) = O(h^n)$. Ele é dado por

$$w_0 = \alpha,$$
$$w_{i+1} = w_i + h\phi(t_i, w_i, h), \qquad \text{para } i > 0.$$

Em geral, o método é gerado pela aplicação de uma modificação de Runge-Kutta ao método de Taylor, mas a dedução específica não é importante.

O segundo método é similar, porém uma ordem mais alta; ele vem de um método de Taylor de ordem $(n + 1)$ da forma

$$y(t_{i+1}) = y(t_i) + h\tilde{\phi}(t_i, y(t_i), h) + O(h^{n+2}),$$

produzindo aproximações com erro de truncamento local $\tilde{\tau}_{i+1}(h) = O(h^{n+1})$. Ele é dado por

$$\tilde{w}_0 = \alpha,$$
$$\tilde{w}_{i+1} = \tilde{w}_i + h\tilde{\phi}(t_i, \tilde{w}_i, h), \qquad \text{para } i > 0,$$

Primeiro, supomos que $w_i \approx y(t_i) \approx \tilde{w}_i$ e escolhemos um tamanho de passo fixo h para gerar as aproximações w_{i+1} e $\tilde{w}_{i+1}$ para $y(t_{i+1})$. Então

$$\begin{aligned}
\tau_{i+1}(h) &= \frac{y(t_{i+1}) - y(t_i)}{h} - \phi(t_i, y(t_i), h) \\
&= \frac{y(t_{i+1}) - w_i}{h} - \phi(t_i, w_i, h) \\
&= \frac{y(t_{i+1}) - [w_i + h\phi(t_i, w_i, h)]}{h} \\
&= \frac{1}{h}(y(t_{i+1}) - w_{i+1}).
\end{aligned}$$

De forma análoga, temos

$$\tilde{\tau}_{i+1}(h) = \frac{1}{h}(y(t_{i+1}) - \tilde{w}_{i+1}).$$

e, como consequência, temos

$$\begin{aligned}
\tau_{i+1}(h) &= \frac{1}{h}(y(t_{i+1}) - w_{i+1}) \\
&= \frac{1}{h}[(y(t_{i+1}) - \tilde{w}_{i+1}) + (\tilde{w}_{i+1} - w_{i+1})] \\
&= \tilde{\tau}_{i+1}(h) + \frac{1}{h}(\tilde{w}_{i+1} - w_{i+1}).
\end{aligned}$$

Mas $\tau_{i+1}(h)$ é $O(h^n)$ e $\tilde{\tau}_{i+1}(h)$ é $O(h^{n+1})$, então a parte significativa de $\tau_{i+1}(h)$ deve vir de

$$\frac{1}{h}(\tilde{w}_{i+1} - w_{i+1}).$$

Isso nos dá uma aproximação facilmente calculável para o erro de truncamento local do método $O(h^n)$:

$$\tau_{i+1}(h) \approx \frac{1}{h}(\tilde{w}_{i+1} - w_{i+1}).$$

Seja $R = \frac{1}{h}|\tilde{w}_{i+1} - w_{i+1}|$.

O objetivo, porém, não é simplesmente obter uma estimativa do erro de truncamento local, mas ajustar o tamanho do passo para mantê-lo abaixo de um limite especificado. Para tanto, admitimos que, uma vez que $\tau_{i+1}(h)$ é $O(h^n)$, existe um número K, independente de h, tal que

$$\tau_{i+1}(h) \approx Kh^n.$$

Então, o erro de truncamento local produzido pela aplicação do método de ordem n com um novo tamanho de passo qh pode ser estimado usando as aproximações originais w_{i+1} e $\tilde{w}_{i+1}$:

$$\tau_{i+1}(qh) \approx K(qh)^n = q^n(Kh^n) \approx q^n\tau_{i+1}(h) \approx \frac{q^n}{h}(\tilde{w}_{i+1} - w_{i+1}).$$

Para limitar $\tau_{i+1}(qh)$ por ε, escolhemos q de forma que

$$\frac{q^n}{h}|\tilde{w}_{i+1} - w_{i+1}| \approx |\tau_{i+1}(qh)| \leq \varepsilon,$$

isto é, de forma que

$$q \leq \left(\frac{\varepsilon h}{|\tilde{w}_{i+1} - w_{i+1}|}\right)^{1/n} = \left(\frac{\varepsilon}{R}\right)^{1/n}. \tag{5.22}$$

Erwin Fehlberg desenvolveu esta e outras técnicas de correção de erros enquanto trabalhava nas instalações da Nasa, em Huntsville, Alabama, durante a década de 1960. Em 1969, ele recebeu uma Medalha de Feitos Científicos Excepcionais da Nasa por este trabalho.

Método de Runge-Kutta-Fehlberg

Uma técnica popular que usa essa desigualdade (5.22) para o controle de erro é o **método de Runge-Kutta-Fehlberg** (consulte [FE]). Essa técnica usa um método de Runge-Kutta com erro de truncamento local de quinta ordem,

$$\tilde{w}_{i+1} = w_i + \frac{16}{135}k_1 + \frac{6656}{12825}k_3 + \frac{28561}{56430}k_4 - \frac{9}{50}k_5 + \frac{2}{55}k_6,$$

para obter uma estimativa do erro local em um método de Runge-Kutta de quarta ordem dado por

$$w_{i+1} = w_i + \frac{25}{216}k_1 + \frac{1408}{2565}k_3 + \frac{2197}{4104}k_4 - \frac{1}{5}k_5,$$

em que as equações dos coeficiente são:

$$k_1 = hf(t_i, w_i),$$

$$k_2 = hf\left(t_i + \frac{h}{4}, w_i + \frac{1}{4}k_1\right),$$

$$k_3 = hf\left(t_i + \frac{3h}{8}, w_i + \frac{3}{32}k_1 + \frac{9}{32}k_2\right),$$

$$k_4 = hf\left(t_i + \frac{12h}{13}, w_i + \frac{1932}{2197}k_1 - \frac{7200}{2197}k_2 + \frac{7296}{2197}k_3\right),$$

$$k_5 = hf\left(t_i + h, w_i + \frac{439}{216}k_1 - 8k_2 + \frac{3680}{513}k_3 - \frac{845}{4104}k_4\right),$$

$$k_6 = hf\left(t_i + \frac{h}{2}, w_i - \frac{8}{27}k_1 + 2k_2 - \frac{3544}{2565}k_3 + \frac{1859}{4104}k_4 - \frac{11}{40}k_5\right).$$

Uma vantagem deste método é que apenas seis cálculos de f são necessários por passo. Métodos arbitrários de Runge-Kutta de quarta e quinta ordens usados juntos exigem (veja a Tabela 5.9 na pagína 318) pelo menos quatro cálculos de f para o método de quarta ordem e seis adicionais para o método de quinta ordem, para um total de pelo menos dez cálculos de função. Assim, o método de Runge-Kutta-Fehlberg tem pelo menos 40% de decréscimo no número de cálculos de função, comparado ao uso de um par arbitrário de métodos de quarta e quinta ordens.

Na teoria de controle de erros, um valor inicial de h no i-ésimo passo foi usado para encontrar os primeiros valores de w_{i+1} e $\tilde{w}_{i+1}$, o que leva à determinação de q para esse passo, e depois os cálculos foram repetidos. Esse procedimento requer duas vezes o número de cálculos de função por passo do que sem o controle de erros. Na prática, o valor de q a ser usado é escolhido de forma um pouco diferente para fazer o custo aumentado de cálculo de funções valer a pena. O valor de q determinado no i-ésimo passo é usado para dois propósitos:

- Quando $R > \epsilon$, para rejeitar a escolha inicial de h no i-ésimo passo e repetir os cálculos usando qh, e
- Quando $R \leq \epsilon$, para aceitar o valor calculado no i-ésimo passo usando o tamanho do passo h, mas alterar o tamanho do passo para qh no $(i + 1)$-ésimo passo.

Por causa da penalidade em termos de cálculos de função que deve ser paga se os passos forem repetidos, q tende a ser escolhido de modo conservador. Na verdade, no método de Runge-Kutta-Fehlberg com $n = 4$, a escolha usual é

$$q = \left(\frac{\varepsilon h}{2|\tilde{w}_{i+1} - w_{i+1}|}\right)^{1/4} = 0{,}84\left(\frac{\varepsilon h}{|\tilde{w}_{i+1} - w_{i+1}|}\right)^{1/4} = 0{,}84\left(\frac{\epsilon}{R}\right)^{1/n}.$$

No Algoritmo 5.3 para o método de Runge-Kutta-Fehlberg, o Passo 9 é adicionado para eliminar grandes modificações no tamanho do passo. Isso é feito para evitar perder tempo demais com tamanhos de passos pequenos em regiões com irregularidades nas derivadas de y e para evitar tamanhos de passos grandes, que possam resultar na omissão de regiões sensíveis entre os passos. O procedimento de aumento do tamanho do passo poderia ser omitido completamente do algoritmo, e o procedimento de diminuição do tamanho do passo, usado apenas quando necessário para manter o erro sob controle.

ALGORITMO 5.3 **Método de Runge-Kutta-Fehlberg**

Para a aproximação da solução do problema de valor inicial

$$y' = f(t, y), \qquad a \leq t \leq b, \qquad y(a) = \alpha,$$

com erro de truncamento local abaixo de uma dada tolerância:

ENTRADA extremidades a, b; condição inicial α; tolerância TOL; tamanho máximo do passo $hmax$; tamanho mínimo do passo $hmin$.

SAÍDA t, w, h onde w é uma aproximação de $y(t)$ e o tamanho do passo h foi usado, ou uma mensagem de que o tamanho mínimo do passo foi excedido.

Passo 1 Faça $t = a$;
$w = \alpha$;
$h = hmax$;
$FLAG = 1$;

SAÍDA (t, w).

Passo 2 Enquanto ($FLAG = 1$), execute Passos 3 a 11.

Passo 3 Faça $K_1 = hf(t, w)$;

$$K_2 = hf\left(t + \tfrac{1}{4}h, w + \tfrac{1}{4}K_1\right);$$
$$K_3 = hf\left(t + \tfrac{3}{8}h, w + \tfrac{3}{32}K_1 + \tfrac{9}{32}K_2\right);$$
$$K_4 = hf\left(t + \tfrac{12}{13}h, w + \tfrac{1932}{2197}K_1 - \tfrac{7200}{2197}K_2 + \tfrac{7296}{2197}K_3\right);$$
$$K_5 = hf\left(t + h, w + \tfrac{439}{216}K_1 - 8K_2 + \tfrac{3680}{513}K_3 - \tfrac{845}{4104}K_4\right);$$
$$K_6 = hf\left(t + \tfrac{1}{2}h, w - \tfrac{8}{27}K_1 + 2K_2 - \tfrac{3544}{2565}K_3 + \tfrac{1859}{4104}K_4 - \tfrac{11}{40}K_5\right).$$

Passo 4 Faça $R = \frac{1}{h}\left|\frac{1}{360}K_1 - \frac{128}{4275}K_3 - \frac{2197}{75240}K_4 + \frac{1}{50}K_5 + \frac{2}{55}K_6\right|$.

(*Observe*: $R = \frac{1}{h}|\tilde{w}_{i+1} - w_{i+1}| \approx |\tau_{i+1}(h)|$)

Passo 5 Se $R \leq TOL$, então execute Passos 6 e 7.

Passo 6 Faça $t = t + h$; (*Aproximação aceita.*)

$$w = w + \tfrac{25}{216}K_1 + \tfrac{1408}{2565}K_3 + \tfrac{2197}{4104}K_4 - \tfrac{1}{5}K_5.$$

Passo 7 SAÍDA (t, w, h). (*Fim do Passo 5*)

Passo 8 Faça $\delta = 0{,}84(TOL/R)^{1/4}$.

Passo 9 Se $\delta \leq 0{,}1$, então faça $h = 0{,}1h$
senão se $\delta \geq 4$, então faça $h = 4h$
senão faça $h = \delta h$. (*Calcula novo h.*)

Passo 10 Se $h > hmax$, então faça $h = hmax$.

Passo 11 Se $t \geq b$ então faça $FLAG = 0$
senão se $t + h > b$ então faça $h = b - t$
senão se $h < hmin$ então
faça $FLAG = 0$;
SAÍDA (*'h mínimo excedido'*).
(*O procedimento falhou.*)
(*Fim do Passo 3*)

Passo 12 (*O procedimento foi concluído.*)
PARE. ■

EXEMPLO 1

Use o método de Runge-Kutta Fehlberg com tolerância de $TOL = 10^{-5}$, tamanho de passo máximo $hmax = 0{,}25$, e tamanho de passo mínimo $hmin = 0{,}01$ para aproximar a solução do problema de valor inicial

$$y' = y - t^2 + 1, \quad 0 \le t \le 2, \quad y(0) = 0{,}5,$$

e compare os resultados com a solução exata $y(t) = (t+1)^2 - 0{,}5e^t$.

Solução Nós faremos o primeiro passo dos cálculos e então aplicaremos o Algoritmo 5.3 para determinar os outros resultados. As condições iniciais fornecem $t_0 = 0$ e $w_0 = 0{,}5$. Para determinar w_1 usando $h = 0{,}25$, o tamanho de passo máximo permitido, calculamos

$$k_1 = hf(t_0, w_0) = 0{,}25\left(0{,}5 - 0^2 + 1\right) = 0{,}375,$$

$$k_2 = hf\left(t_0 + \frac{1}{4}h, w_0 + \frac{1}{4}k_1\right) = 0{,}25f\left(\frac{1}{4}0{,}25, 0{,}5 + \frac{1}{4}0{,}375\right) = 0{,}3974609,$$

$$k_3 = hf\left(t_0 + \frac{3}{8}h, w_0 + \frac{3}{32}k_1 + \frac{9}{32}k_2\right)$$

$$= 0{,}25f\left(0{,}09375, 0{,}5 + \frac{3}{32}0{,}375 + \frac{9}{32}0{,}3974609\right) = 0{,}4095383,$$

$$k_4 = hf\left(t_0 + \frac{12}{13}h, w_0 + \frac{1932}{2197}k_1 - \frac{7200}{2197}k_2 + \frac{7296}{2197}k_3\right)$$

$$= 0{,}25f\left(0{,}2307692, 0{,}5 + \frac{1932}{2197}0{,}375 - \frac{7200}{2197}0{,}3974609 + \frac{7296}{2197}0{,}4095383\right)$$

$$= 0{,}4584971,$$

$$k_5 = hf\left(t_0 + h, w_0 + \frac{439}{216}k_1 - 8k_2 + \frac{3680}{513}k_3 - \frac{845}{4104}k_4\right)$$

$$= 0{,}25f\left(0{,}25, 0{,}5 + \frac{439}{216}0{,}375 - 8(0{,}3974609) + \frac{3680}{513}0{,}4095383 - \frac{845}{4104}0{,}4584971\right)$$

$$= 0{,}4658452,$$

e

$$k_6 = hf\left(t_0 + \frac{1}{2}h, w_0 - \frac{8}{27}k_1 + 2k_2 - \frac{3544}{2565}k_3 + \frac{1859}{4104}k_4 - \frac{11}{40}k_5\right)$$

$$= 0{,}25f\left(0{,}125, 0{,}5 - \frac{8}{27}0{,}375 + 2(0{,}3974609) - \frac{3544}{2565}0{,}4095383 + \frac{1859}{4104}0{,}4584971 - \frac{11}{40}0{,}4658452\right)$$

$$= 0{,}4204789.$$

Determinamos então que as duas aproximações para $y(0{,}25)$ são

$$\begin{aligned}\tilde{w}_1 &= w_0 + \frac{16}{135}k_1 + \frac{6656}{12825}k_3 + \frac{28561}{56430}k_4 - \frac{9}{50}k_5 + \frac{2}{55}k_6 \\ &= 0{,}5 + \frac{16}{135}0{,}375 + \frac{6656}{12825}0{,}4095383 + \frac{28561}{56430}0{,}4584971 - \frac{9}{50}0{,}4658452 \\ &\quad + \frac{2}{55}0{,}4204789 \\ &= 0{,}9204870,\end{aligned}$$

e

$$\begin{aligned}w_1 &= w_0 + \frac{25}{216}k_1 + \frac{1408}{2565}k_3 + \frac{2197}{4104}k_4 - \frac{1}{5}k_5 \\ &= 0{,}5 + \frac{25}{216}0{,}375 + \frac{1408}{2565}0{,}4095383 + \frac{2197}{4104}0{,}4584971 - \frac{1}{5}0{,}4658452 \\ &= 0{,}9204886.\end{aligned}$$

Isto também implica que

$$\begin{aligned}R &= \frac{1}{0{,}25}\left|\frac{1}{360}k_1 - \frac{128}{4275}k_3 - \frac{2197}{75240}k_4 + \frac{1}{50}k_5 + \frac{2}{55}k_6\right| \\ &= 4\left|\frac{1}{360}0{,}375 - \frac{128}{4275}0{,}4095383 - \frac{2197}{75240}0{,}4584971\right. \\ &\quad \left. + \frac{1}{50}0{,}4658452 + \frac{2}{55}0{,}4204789\right| \\ &= 0{,}00000621388,\end{aligned}$$

e

$$q = 0{,}84\left(\frac{\varepsilon}{R}\right)^{1/4} = 0{,}84\left(\frac{0{,}00001}{0{,}00000621388}\right)^{1/4} = 0{,}9461033291.$$

Como $R \leq 10^{-5}$, podemos aceitar a aproximação 0.9204886 para $y(0{,}25)$, mas devemos ajustar o tamanho do passo para a próxima iteração para $h = 0.9461033291\,(0{,}25) \approx 0.2365258$. Entretanto, podemos esperar que apenas os cinco algarismos dominantes deste resultado sejam precisos, pois R tem apenas cerca de 5 algarismos de precisão. Como estamos efetivamente subtraindo os números quase iguais w_i e $\tilde{w}_i$ ao calcular R, é bem provável que tenhamos erros de arredondamento. Esta é uma razão adicional para sermos cautelosos ao calcular q.

Os resultados são mostrados na Tabela 5.11. A precisão aumentada foi usada para garantir que os cálculos são precisos em todas as casas decimais listadas. As últimas duas colunas na Tabela 5.11 mostram os resultados do método de quinta ordem. Para valores pequenos de t, o erro é menor que o erro no método de quarta ordem, mas excede àquele do método de quarta ordem quando t aumenta. ■

Tabela 5.11

	RKF-4					RKF-5	
t_i	$y_i = y(t_i)$	w_i	h_i	R_i	$\|y_i - w_i\|$	$\hat{w}_i$	$\|y_i - \hat{w}_i\|$
0	0,5	0,5			0,5		
0,2500000	0,9204873	0,9204886	0,2500000	$6{,}2 \times 10^{-6}$	$1{,}3 \times 10^{-6}$	0,9204870	$2{,}424 \times 10^{-7}$
0,4865522	1,3964884	1,3964910	0,2365522	$4{,}5 \times 10^{-6}$	$2{,}6 \times 10^{-6}$	1,3964900	$1{,}510 \times 10^{-6}$
0,7293332	1,9537446	1,9537488	0,2427810	$4{,}3 \times 10^{-6}$	$4{,}2 \times 10^{-6}$	1,9537477	$3{,}136 \times 10^{-6}$
0,9793332	2,5864198	2,5864260	0,2500000	$3{,}8 \times 10^{-6}$	$6{,}2 \times 10^{-6}$	2,5864251	$5{,}242 \times 10^{-6}$
1,2293332	3,2604520	3,2604605	0,2500000	$2{,}4 \times 10^{-6}$	$8{,}5 \times 10^{-6}$	3,2604599	$7{,}895 \times 10^{-6}$
1,4793332	3,9520844	3,9520955	0,2500000	7×10^{-7}	$1{,}11 \times 10^{-5}$	3,9520954	$1{,}096 \times 10^{-5}$
1,7293332	4,6308127	4,6308268	0,2500000	$1{,}5 \times 10^{-6}$	$1{,}41 \times 10^{-5}$	4,6308272	$1{,}446 \times 10^{-5}$
1,9793332	5,2574687	5,2574861	0,2500000	$4{,}3 \times 10^{-6}$	$1{,}73 \times 10^{-5}$	5,2574871	$1{,}839 \times 10^{-5}$
2,0000000	5,3054720	5,3054896	0,0206668		$1{,}77 \times 10^{-5}$	5,3054896	$1{,}768 \times 10^{-5}$

EXERCÍCIOS 5.5

1. Use o método de Runge-Kutta-Fehlberg com tolerância $TOL = 10^{-4}$, $hmax = 0{,}25$ e $hmin = 0{,}05$ para aproximar as soluções dos problemas de valor inicial. Compare os resultados aos valores reais.

a. $y' = te^{3t} - 2y$, $0 \le t \le 1$, $y(0) = 0$; solução real $y(t) = \frac{1}{5}te^{3t} - \frac{1}{25}e^{3t} + \frac{1}{25}e^{-2t}$.

b. $y' = 1 + (t - y)^2$, $2 \le t \le 3$, $y(2) = 1$; solução real $y(t) = t + 1/(1 - t)$.

c. $y' = 1 + y/t$, $1 \le t \le 2$, $y(1) = 2$; solução real $y(t) = t\ln t + 2t$.

d. $y' = \cos 2t + \operatorname{sen} 3t$, $0 \le t \le 1$, $y(0) = 1$; solução real $y(t) = \frac{1}{2}\operatorname{sen} 2t - \frac{1}{3}\cos 3t + \frac{4}{3}$.

2. Use o Algoritmo de Runge-Kutta-Fehlberg com tolerância $TOL = 10^{-4}$ para a aproximação da solução dos problemas de valor inicial seguintes.

a. $y' = (y/t)^2 + y/t$, $1 \le t \le 1{,}2$, $y(1) = 1$, com $hmax = 0{,}05$ e $hmin = 0{,}02$.

b. $y' = \operatorname{sen} t + e^{-t}$, $0 \le t \le 1$, $y(0) = 0$, com $hmax = 0{,}25$ e $hmin = 0{,}02$.

c. $y' = (y^2 + y)/t$, $1 \le t \le 3$, $y(1) = -2$, com $hmax = 0{,}5$ e $hmin = 0{,}02$.

d. $y' = t^2$, $0 \le t \le 2$, $y(0) = 0$, com $hmax = 0{,}5$ e $hmin = 0{,}02$.

3. Use o método de Runge-Kutta-Fehlberg com tolerância $TOL = 10^{-6}$, $hmax = 0{,}5$ e $hmin = 0{,}05$ para a aproximação das soluções dos problemas de valor inicial. Compare os resultados aos valores reais.

a. $y' = y/t - (y/t)^2$, $1 \le t \le 4$, $y(1) = 1$; solução real $y(t) = t/(1 + \ln t)$.

b. $y' = 1 + y/t + (y/t)^2$, $1 \le t \le 3$, $y(1) = 0$; solução real $y(t) = t\operatorname{tg}(\ln t)$.

c. $y' = -(y + 1)(y + 3)$, $0 \le t \le 3$, $y(0) = -2$; solução real $y(t) = -3 + 2(1 + e^{-2t})^{-1}$.

d. $y' = (t + 2t^3)y^3 - ty$, $0 \le t \le 2$, $y(0) = \frac{1}{3}$; solução real $y(t) = (3 + 2t^2 + 6e^{t^2})^{-1/2}$.

4. Use o método de Runge-Kutta-Fehlberg com tolerância $TOL = 10^{-6}$, $hmax = 0{,}5$ e $hmi\ n = 0{,}05$ para aproximar as soluções dos seguintes problemas de valor inicial. Compare os resultados aos valores reais.

a. $y' = \frac{2-2ty}{t^2+1}$, $0 \le t \le 3$, $y(0) = 1$; solução real $y(t) = (2t + 1)/(t^2 + 1)$.

b. $y' = \frac{y^2}{1+t}$, $1 \le t \le 4$, $y(1) = -(\ln 2)^{-1}$; solução real $y(t) = \frac{-1}{\ln(t+1)}$

c. $y' = -ty + 4t/y$, $0 \le t \le 1$, $y(0) = 1$; solução real $y(t) = \sqrt{4 - 3e^{-t^2}}$.

d. $y' = -y + ty^{1/2}$, $2 \le t \le 4$, $y(2) = 2$; solução real $y(t) = (t - 2 + \sqrt{2}e\, e^{-t/2})^2$.

EXERCÍCIOS APLICADOS

5. Na teoria da propagação de doenças contagiosas (consulte [Ba1] ou [Ba2]), uma equação diferencial relativamente elementar pode ser usada para prever o número de indivíduos infectados na população a qualquer instante, desde que sejam feitas hipóteses simplificadoras apropriadas. Em particular, vamos supor que todos os indivíduos em uma população fixa tenham uma probabilidade igual de serem infectados e que, uma vez infectados, permaneçam nesse estado. Suponha que $x(t)$ denote o número de indivíduos suscetíveis no instante t e $y(t)$ denota o número de infectados. É razoável supor que a taxa na qual o número de infectados varia seja proporcional ao produto de $x(t)$ e $y(t)$, já que a taxa depende tanto do número de infectados quanto do número de suscetíveis presentes naquele instante. Se a população for grande o suficiente para supor que $x(t)$ e $y(t)$ sejam variáveis contínuas, o problema pode ser expresso como

$$y'(t) = kx(t)y(t),$$

em que k é uma constante e $x(t) + y(t) = m$, a população total. Esta equação pode ser reescrita envolvendo apenas $y(t)$ como

$$y'(t) = k(m - y(t))y(t).$$

   a. Supondo que $m = 100.000$, $y(0) = 1.000$, $k = 2 \times 10^{-6}$ e que o tempo seja medido em dias, encontre uma aproximação para o número de indivíduos infectados ao fim de 30 dias.

   b. A equação diferencial na parte (a) é chamada *equação Bernoulli* e pode ser transformada em uma equação diferencial linear em $u(t) = (y(t))^{-1}$. Use esta técnica para encontrar a solução exata para a equação, sob as mesmas hipóteses da parte (a), e compare o valor verdadeiro de $y(t)$ com a aproximação ali determinada. O que é $\lim_{t\to\infty} y(t)$? É compatível com sua intuição?

6. No exercício anterior, todos os indivíduos infectados permaneceram na população para propagar a doença. Uma proposta mais realista é apresentar uma terceira variável $z(t)$ para representar o número de indivíduos que são removidos da população afetada em determinado instante t pelo isolamento, recuperação e consequente imunidade, ou morte. Isso naturalmente complica muito o problema, mas pode ser mostrado (consulte [Ba2]) que uma solução aproximada pode ser dada na forma

$$x(t) = x(0)e^{-(k_1/k_2)z(t)} \quad \text{e} \quad y(t) = m - x(t) - z(t),$$

em que k_1 é a taxa de infecção, k_2 é a taxa de remoção e $z(t)$ é determinado a partir da equação diferencial

$$z'(t) = k_2(m - z(t) - x(0)e^{-(k_1/k_2)z(t)}).$$

Os autores não conhecem nenhuma técnica para resolver este problema diretamente, de modo que um procedimento numérico deve ser aplicado. Encontre aproximações para $z(30)$, $y(30)$ e $x(30)$, supondo que $m = 100.000$, $x(0) = 99.000$, $k_1 = 2 \times 10^{-6}$ e $k_2 = 10^{-4}$.

EXERCÍCIOS TEÓRICOS

7. O método de Runge-Kutta-Verner (consulte [Ve]) baseia-se nas fórmulas

$$w_{i+1} = w_i + \frac{13}{160}k_1 + \frac{2375}{5984}k_3 + \frac{5}{16}k_4 + \frac{12}{85}k_5 + \frac{3}{44}k_6 \quad \text{e}$$

$$\tilde{w}_{i+1} = w_i + \frac{3}{40}k_1 + \frac{875}{2244}k_3 + \frac{23}{72}k_4 + \frac{264}{1955}k_5 + \frac{125}{11592}k_7 + \frac{43}{616}k_8,$$

em que

$$k_1 = hf(t_i, w_i),$$

$$k_2 = hf\left(t_i + \frac{h}{6}, w_i + \frac{1}{6}k_1\right),$$

$$k_3 = hf\left(t_i + \frac{4h}{15}, w_i + \frac{4}{75}k_1 + \frac{16}{75}k_2\right),$$

$$k_4 = hf\left(t_i + \frac{2h}{3}, w_i + \frac{5}{6}k_1 - \frac{8}{3}k_2 + \frac{5}{2}k_3\right),$$

$$k_5 = hf\left(t_i + \frac{5h}{6}, w_i - \frac{165}{64}k_1 + \frac{55}{6}k_2 - \frac{425}{64}k_3 + \frac{85}{96}k_4\right),$$

$$k_6 = hf\left(t_i + h, w_i + \frac{12}{5}k_1 - 8k_2 + \frac{4015}{612}k_3 - \frac{11}{36}k_4 + \frac{88}{255}k_5\right),$$

$$k_7 = hf\left(t_i + \frac{h}{15}, w_i - \frac{8263}{15000}k_1 + \frac{124}{75}k_2 - \frac{643}{680}k_3 - \frac{81}{250}k_4 + \frac{2484}{10625}k_5\right),$$

e

$$k_8 = hf\left(t_i + h, w_i + \frac{3501}{1720}k_1 - \frac{300}{43}k_2 + \frac{297275}{52632}k_3 - \frac{319}{2322}k_4 + \frac{24068}{84065}k_5 + \frac{3850}{26703}k_7\right).$$

O método de sexta ordem $\tilde{w}_{i+1}$ é usado para obter uma estimativa do erro no método de quinta ordem w_{i+1}. Construa um algoritmo similar ao algoritmo de Runge-Kutta-Fehlberg e repita o Exercício 3 usando este novo método.

QUESTÕES PARA DISCUSSÃO

1. O método de Runge-Kutta-Fehlberg é um método adaptativo. O que isso significa?
2. O que é o método RK56 e como ele difere do método RKF45?
3. O que é o método de Runge-Kutta-Marson e como ele difere do método de Runge-Kutta-Fehlberg?
4. O que é a tabela de Butcher e o que ela tem a ver com os métodos de Runge-Kutta?
5. O método de Runge-Kutta-Fehlberg envolve dois métodos: um de quarta ordem e outro de quinta ordem. Discuta a tabela de Butcher estendida para cada um deles.
6. Quando o erro tiver sido controlado, tem-se uma aproximação de um método de ordem 4 e uma de um método de ordem 5. O procedimento aceita a aproximação do método de ordem 4. Por que não aceitar, em vez disso, a aproximação do método de ordem 5?
7. Um método de Runge-Kutta é univocamente identificado por sua tabela de Butcher. Descreva a tabela de Butcher para o método de Runge-Kutta-Verner descrito no Exercício 7.

5.6 Métodos de passo múltiplo

Os métodos discutidos até este ponto são chamados **métodos de passo único**, pois a aproximação no ponto da malha, t_{i+1}, envolve informações de somente um dos pontos anteriores de malha, t_i. Embora esses métodos possam utilizar informações sobre cálculos de função em pontos entre t_i e t_{i+1}, eles não retêm essas informações para utilização direta em aproximações futuras. Todas as informações empregadas por esses métodos são obtidas dentro do subintervalo no qual a solução está sendo aproximada.

Como a solução aproximada fica disponível em cada um dos pontos da malha $t_0, t_1, \ldots, t_i$, antes da aproximação em t_{i+1} ser obtida, e como o erro $|w_j - y(t_j)|$ tende a aumentar com j, parece razoável desenvolver métodos que utilizem esses dados prévios mais precisos ao encontrar uma aproximação da solução em t_{i+1}.

Métodos que usam a aproximação em mais de um ponto anterior da malha para determinar a aproximação no próximo ponto são chamados métodos de *passo múltiplo.* A definição precisa desses métodos vem a seguir junto com a definição de dois tipos de métodos de passo múltiplo.

Definição 5.14 Um **método de passo múltiplo de m passos** para a solução de um problema de valor inicial

$$y' = f(t, y), \qquad a \leq t \leq b, \qquad y(a) = \alpha, \tag{5.23}$$

tem uma equação de diferença para encontrar a aproximação w_{i+1} no ponto t_{i+1} da malha representada pela equação a seguir, em que m é um número inteiro maior que 1:

$$\begin{aligned} w_{i+1} = {} & a_{m-1}w_i + a_{m-2}w_{i-1} + \cdots + a_0 w_{i+1-m} \\ & + h[b_m f(t_{i+1}, w_{i+1}) + b_{m-1} f(t_i, w_i) \\ & + \cdots + b_0 f(t_{i+1-m}, w_{i+1-m})], \end{aligned} \tag{5.24}$$

para $i = m - 1, m, \ldots, N - 1$, em que $h = (b - a)/N$, e $a_0, a_1, \ldots, a_{m-1}$ e $b_0, b_1, \ldots, b_m$ são constantes, e os valores iniciais

$$w_0 = \alpha, \qquad w_1 = \alpha_1, \qquad w_2 = \alpha_2, \qquad \ldots. \qquad w_{m-1} = \alpha_{m-1}$$

são especificados. ■

Quando $b_m = 0$, o método é chamado **explícito** ou **aberto**, pois a Equação (5.24) fornece então w_{i+1} explicitamente em termos de valores previamente determinados. Quando $b_m \neq 0$, o método é chamado **implícito** ou **fechado**, pois w_{i+1} ocorre em ambos os lados da Equação (5.24) e somente é especificado implicitamente.

As técnicas de Adams-Bashforth devem-se a John Adams Couch (1819-1892), que fez um trabalho significativo em matemática e astronomia. Ele desenvolveu essas técnicas numéricas para aproximar a solução de um problema de escoamento de um fluido proposto por Bashforth.

Por exemplo, as equações

$$w_0 = \alpha, \quad w_1 = \alpha_1, \quad w_2 = \alpha_2, \quad w_3 = \alpha_3,$$

$$w_{i+1} = w_i + \frac{h}{24}[55f(t_i, w_i) - 59f(t_{i-1}, w_{i-1}) + 37f(t_{i-2}, w_{i-2}) - 9f(t_{i-3}, w_{i-3})], \tag{5.25}$$

para cada $i = 3, 4, \ldots, N - 1$, definem um método explícito de quatro passos conhecido como **técnica de Adams-Bashforth de quarta ordem**. As equações

$$w_0 = \alpha, \quad w_1 = \alpha_1, \quad w_2 = \alpha_2,$$

$$w_{i+1} = w_i + \frac{h}{24}[9f(t_{i+1}, w_{i+1}) + 19f(t_i, w_i) - 5f(t_{i-1}, w_{i-1}) + f(t_{i-2}, w_{i-2})], \tag{5.26}$$

para cada $i = 2, 3, \ldots, N - 1$, definem um método implícito de três passos conhecido como **técnica de Adams-Moulton de quarta ordem.**

Forest Ray Moulton (1872–1952) era o encarregado de balística no Aberdeen Proving Grounds, em Maryland, durante a Primeira Guerra Mundial. Ele foi um autor prolífico, tendo escrito diversos livros em matemática e astronomia. Desenvolveu métodos de passo múltiplo melhorados, para resolver equações em balística.

Adams estava particularmente interessado em utilizar sua habilidade para cálculos numéricos precisos na investigação das órbitas dos planetas. Ele previu a existência de Netuno ao analisar as irregularidades no planeta Urano e desenvolveu diversas técnicas de integração numérica para auxiliar na aproximação da solução de equações diferenciais.

Os valores iniciais, tanto na Equação (5.25) quanto na Equação (5.26), devem ser especificados, geralmente supondo que $w_0 = \alpha$ e gerando os valores restantes por meio do método Runge-Kutta ou método de Taylor. Veremos que os métodos implícitos são, em geral, mais precisos do que os métodos explícitos, mas para aplicar um método implícito como aquele dado por (5.25) diretamente, precisamos resolver a equação implícita para w_{i+1}. Isto nem sempre é possível e, mesmo quando pode ser feito, a solução para w_{i+1} pode não ser única.

EXEMPLO 1 No Exemplo 3 da Seção 5.4 (veja a Tabela 5.8 na página 317), usamos o método de Runge-Kutta de quarta ordem com $h = 0{,}2$ para aproximar a solução do problema de valor inicial

$$y' = y - t^2 + 1, \quad 0 \leq t \leq 2, \quad y(0) = 0{,}5.$$

As primeiras quatro aproximações que encontramos foram $y(0) = w_0 = 0{,}5$, $y(0{,}2) \approx w_1 = 0{,}8292933$, $y(0{,}4) \approx w_2 = 1{,}2140762$, e $y(0{,}6) \approx w_3 = 1{,}6489220$. Use-as como valores iniciais no método de quarta ordem de Adams-Bashforth para calcular novas aproximações para $y(0{,}8)$ e $y(1{,}0)$ e compare estas novas aproximações com aquelas produzidas pelo método de Runge-Kutta de quarta ordem.

Solução Para o método de Adams-Bashforth, temos

$$\begin{aligned}
y(0{,}8) \approx w_4 &= w_3 + \frac{0{,}2}{24}(55f(0{,}6, w_3) - 59f(0{,}4, w_2) + 37f(0{,}2, w_1) - 9f(0, w_0)) \\
&= 1{,}6489220 + \frac{0{,}2}{24}(55f(0{,}6,\ 1{,}6489220) - 59f(0{,}4,\ 1{,}2140762) \\
&\quad + 37f(0{,}2,\ 0{,}8292933) - 9f(0,\ 0{,}5)) \\
&= 1{,}6489220 + 0{,}0083333(55(2{,}2889220) - 59(2{,}0540762) \\
&\quad + 37(1{,}7892933) - 9(1{,}5)) \\
&= 2{,}1272892
\end{aligned}$$

e

$$\begin{aligned}
y(1{,}0) \approx w_5 &= w_4 + \frac{0{,}2}{24}(55f(0{,}8, w_4) - 59f(0{,}6, w_3) + 37f(0{,}4, w_2) - 9f(0{,}2, w_1)) \\
&= 2{,}1272892 + \frac{0{,}2}{24}(55f(0{,}8, 2{,}1272892) - 59f(0{,}6, 1{,}6489220) \\
&\quad + 37f(0{,}4, 1{,}2140762) - 9f(0{,}2, 0{,}8292933)) \\
&= 2{,}1272892 + 0{,}0083333(55(2{,}4872892) - 59(2{,}2889220) \\
&\quad + 37(2{,}0540762) - 9(1{,}7892933)) \\
&= 2{,}6410533.
\end{aligned}$$

O erro para estas aproximações em $t = 0{,}8$ e $t = 1{,}0$ são, respectivamente,

$$|2.1272295 - 2.1272892| = 5{,}97 \times 10^{-5} \text{ e } |2{,}6410533 - 2{,}6408591| = 1{,}94 \times 10^{-4}.$$

As aproximações correspondentes de Runge-Kutta tinham erros

$$|2{,}1272027 - 2{,}1272892| = 2{,}69 \times 10^{-5} \text{ e } |2{,}6408227 - 2{,}6408591| = 3{,}64 \times 10^{-5}.$$

■

Para começar a dedução de um método de passo múltiplo, observe que a solução do problema de valor inicial

$$y' = f(t, y), \qquad a \leq t \leq b, \qquad y(a) = \alpha,$$

se integrada sobre o intervalo $[t_i, t_{i+1}]$, tem a propriedade

$$y(t_{i+1}) - y(t_i) = \int_{t_i}^{t_{i+1}} y'(t)dt = \int_{t_i}^{t_{i+1}} f(t, y(t))dt.$$

Consequentemente,

$$y(t_{i+1}) = y(t_i) + \int_{t_i}^{t_{i+1}} f(t, y(t))dt. \tag{5.27}$$

Entretanto, uma vez que não podemos integrar $f(t, y(t))$ sem conhecer $y(t)$, a solução do problema, em vez disso integramos um polinômio interpolador $P(t)$ para $f(t, y(t))$, que é determinado por alguns dos pontos obtidos previamente (t_0, w_0), $(t_1, w_1), \ldots, (t_i, w_i)$. Quando supomos, além disso, que $y(t_i) \approx w_1$, a Equação (5.27) transforma-se em

$$y(t_{i+1}) \approx w_i + \int_{t_i}^{t_{i+1}} P(t)dt. \tag{5.28}$$

Embora qualquer forma de polinômio interpolador possa ser usada para a dedução, é mais conveniente usar a fórmula de diferenças regressivas de Newton, pois esta forma permite mais facilmente a incorporação dos dados calculados mais recentemente.

Para deduzir uma técnica explícita de m passos de Adams-Bashforth, formamos o polinômio de diferenças regressivas $P_{m-1}(t)$ que passa por

$$(t_i, f(t_i, y(t_i))), \quad (t_{i-1}, f(t_{i-1}, y(t_{i-1}))), \ldots, \quad (t_{i+1-m}, f(t_{i+1-m}, y(t_{i+1-m}))).$$

Como $P_{m-1}(t)$ é um polinômio interpolador de grau $m - 1$, existe algum número ξ_i em (t_{i+1-m}, t_i) com

$$f(t, y(t)) = P_{m-1}(t) + \frac{f^{(m)}(\xi_i, y(\xi_i))}{m!}(t - t_i)(t - t_{i-1}) \cdots (t - t_{i+1-m}).$$

Introduzir a substituição de variável $t = t_i + sh$, com $dt = h\,ds$ em $P_{m-1}(t)$ e no termo de erro implica que

$$\begin{aligned}
\int_{t_i}^{t_{i+1}} f(t, y(t))\,dt &= \int_{t_i}^{t_{i+1}} \sum_{k=0}^{m-1} (-1)^k \binom{-s}{k} \nabla^k f(t_i, y(t_i))\,dt \\
&\quad + \int_{t_i}^{t_{i+1}} \frac{f^{(m)}(\xi_i, y(\xi_i))}{m!}(t - t_i)(t - t_{i-1}) \cdots (t - t_{i+1-m})\,dt \\
&= \sum_{k=0}^{m-1} \nabla^k f(t_i, y(t_i)) h (-1)^k \int_0^1 \binom{-s}{k} ds \\
&\quad + \frac{h^{m+1}}{m!} \int_0^1 s(s+1) \cdots (s+m-1) f^{(m)}(\xi_i, y(\xi_i))\,ds.
\end{aligned}$$

Tabela 5.12

k	$\int_0^1 (-1)^k \binom{-s}{k} ds$
0	1
1	$\frac{1}{2}$
2	$\frac{5}{12}$
3	$\frac{3}{8}$
4	$\frac{251}{720}$
5	$\frac{95}{288}$

As integrais $(-1)^k \int_0^1 \binom{-s}{k} ds$ para diversos valores de k são facilmente calculadas e estão listadas na Tabela 5.12. Por exemplo, quando $k = 3$,

$$\begin{aligned}
(-1)^3 \int_0^1 \binom{-s}{3} ds &= -\int_0^1 \frac{(-s)(-s-1)(-s-2)}{1 \cdot 2 \cdot 3} ds \\
&= \frac{1}{6} \int_0^1 (s^3 + 3s^2 + 2s)\,ds \\
&= \frac{1}{6} \left[\frac{s^4}{4} + s^3 + s^2 \right]_0^1 = \frac{1}{6}\left(\frac{9}{4}\right) = \frac{3}{8}.
\end{aligned}$$

Como consequência,

$$\int_{t_i}^{t_{i+1}} f(t, y(t))\, dt = h\left[f(t_i, y(t_i)) + \frac{1}{2}\nabla f(t_i, y(t_i)) + \frac{5}{12}\nabla^2 f(t_i, y(t_i)) + \cdots\right]$$
$$+ \frac{h^{m+1}}{m!}\int_0^1 s(s+1)\cdots(s+m-1) f^{(m)}(\xi_i, y(\xi_i))\, ds. \qquad (5.29)$$

Como $s(s+1)\cdots(s+m-1)$ não muda o sinal em $[0, 1]$, o teorema do valor médio com peso para integrais pode ser usado para deduzir que, para algum número μ_i, em que $t_{i+1-m} < \mu_i < t_{i+1}$, o termo de erro na Equação (5.29) transforma-se em

$$\frac{h^{m+1}}{m!}\int_0^1 s(s+1)\cdots(s+m-1) f^{(m)}(\xi_i, y(\xi_i))\, ds$$
$$= \frac{h^{m+1} f^{(m)}(\mu_i, y(\mu_i))}{m!}\int_0^1 s(s+1)\cdots(s+m-1)\, ds.$$

Portanto, o erro na Equação (5.29) se simplifica para

$$h^{m+1} f^{(m)}(\mu_i, y(\mu_i))(-1)^m \int_0^1 \binom{-s}{m} ds. \qquad (5.30)$$

Mas $y(t_{i+1}) - y(t_i) = \int_{t_i}^{t_{i+1}} f(t, y(t))dt$, de modo que a Equação (5.27) pode ser escrita como

$$y(t_{i+1}) = y(t_i) + h\left[f(t_i, y(t_i)) + \frac{1}{2}\nabla f(t_i, y(t_i)) + \frac{5}{12}\nabla^2 f(t_i, y(t_i)) + \cdots\right]$$
$$+ h^{m+1} f^{(m)}(\mu_i, y(\mu_i))(-1)^m \int_0^1 \binom{-s}{m} ds. \qquad (5.31)$$

EXEMPLO 2 Para deduzir a técnica de Adams-Bashforth de três passos, considere a Equação (5.31) com $m = 3$:

Solução Temos

$$y(t_{i+1}) \approx y(t_i) + h\left[f(t_i, y(t_i)) + \frac{1}{2}\nabla f(t_i, y(t_i)) + \frac{5}{12}\nabla^2 f(t_i, y(t_i))\right]$$
$$= y(t_i) + h\left\{f(t_i, y(t_i)) + \frac{1}{2}[f(t_i, y(t_i)) - f(t_{i-1}, y(t_{i-1}))]\right.$$
$$\left. + \frac{5}{12}[f(t_i, y(t_i)) - 2f(t_{i-1}, y(t_{i-1})) + f(t_{i-2}, y(t_{i-2}))]\right\}$$
$$= y(t_i) + \frac{h}{12}[23f(t_i, y(t_i)) - 16f(t_{i-1}, y(t_{i-1})) + 5f(t_{i-2}, y(t_{i-2}))].$$

O método de Adams-Bashforth de três passos é, consequentemente,

$$w_0 = \alpha, \quad w_1 = \alpha_1, \quad w_2 = \alpha_2,$$
$$w_{i+1} = w_i + \frac{h}{12}[23f(t_i, w_i) - 16f(t_{i-1}, w_{i-1}) + 5f(t_{i-2}, w_{i-2})],$$

para $i = 2, 3, \ldots, N-1$. ■

Os métodos de passo múltiplo também podem ser deduzidos utilizando a série de Taylor. Um exemplo do procedimento envolvido é considerado no Exercício 17. Uma dedução usando o polinômio interpolador de Lagrange é discutida no Exercício 16.

O erro de truncamento local para métodos de passo múltiplo é definido de forma análoga àquela dos métodos de passo único. Como no caso de métodos de passo único, o erro de truncamento local fornece uma medida de por quanto a solução da equação diferencial deixa de resolver a equação da diferença.

Definição 5.15 Se $y(t)$ for a solução do problema de valor inicial

$$y' = f(t, y), \qquad a \leq t \leq b, \qquad y(a) = \alpha.$$

e

$$\begin{aligned} w_{i+1} &= a_{m-1}w_i + a_{m-2}w_{i-1} + \cdots + a_0 w_{i+1-m} \\ &+ h[b_m f(t_{i+1}, w_{i+1}) + b_{m-1}(t_i, w_i) + \cdots + b_0 f(t_{i+1-m}, w_{i+1-m})] \end{aligned}$$

é o $(i+1)$-ésimo passo em um método de passo múltiplo, o **erro de truncamento local** nesse passo é

$$\begin{aligned} \tau_{i+1}(h) = {} & \frac{y(t_{i+1}) - a_{m-1}y(t_i) - \cdots - a_0 y(t_{i+1-m})}{h} \\ & - [b_m f(t_{i+1}, y(t_{i+1})) + \cdots + b_0 f(t_{i+1-m}, y(t_{i+1-m}))], \end{aligned} \tag{5.32}$$

para cada $i = m-1, m, \ldots, N-1$. ■

EXEMPLO 3

Determine o erro de truncamento local para o método de Adams-Bashforth de três passos deduzido no Exemplo 2.

Solução Considerando a forma do erro dada na Equação (5.30), o valor adequado na Tabela 5.12 dá

$$h^4 f^{(3)}(\mu_i, y(\mu_i))(-1)^3 \int_0^1 \binom{-s}{3} ds = \frac{3h^4}{8} f^{(3)}(\mu_i, y(\mu_i)).$$

Usando o fato de que $f^{(3)}(\mu_i, y(\mu_i)) = y^{(4)}(\mu_i)$ e a equação de diferença deduzida no Exemplo 2, temos

$$\begin{aligned} \tau_{i+1}(h) &= \frac{y(t_{i+1}) - y(t_i)}{h} - \frac{1}{12}[23f(t_i, y(t_i)) - 16f(t_{i-1}, y(t_{i-1})) + 5f(t_{i-2}, y(t_{i-2}))] \\ &= \frac{1}{h}\left[\frac{3h^4}{8} f^{(3)}(\mu_i, y(\mu_i))\right] = \frac{3h^3}{8} y^{(4)}(\mu_i), \qquad \text{para algum } \mu_i \in (t_{i-2}, t_{i+1}). \end{aligned}$$

■

Métodos explícitos de Adams-Bashforth

Alguns dos métodos de passo múltiplo explícitos, junto com seus valores iniciais necessários e seus erros de truncamento locais, estão a seguir. A dedução dessas técnicas é semelhante ao procedimento nos Exemplos 2 e 3.

Método explícito de Adams-Bashforth de dois passos

$$w_0 = \alpha, \quad w_1 = \alpha_1,$$

$$w_{i+1} = w_i + \frac{h}{2}[3f(t_i, w_i) - f(t_{i-1}, w_{i-1})], \tag{5.33}$$

em que $i = 1, 2, \ldots, N-1$. O erro de truncamento local é $\tau_{i+1}(h) = \frac{5}{12}y'''(\mu_i)h^2$, para algum $\mu_i \in (t_{i-1}, t_{i+1})$.

Método explícito de Adams-Bashforth de três passos

$$w_0 = \alpha, \quad w_1 = \alpha_1, \quad w_2 = \alpha_2,$$

$$w_{i+1} = w_i + \frac{h}{12}[23f(t_i, w_i) - 16f(t_{i-1}, w_{i-1}) + 5f(t_{i-2}, w_{i-2})], \tag{5.34}$$

em que $i = 2, 3, \ldots, N-1$. O erro de truncamento local é $\tau_{i+1}(h) = \frac{3}{8}y^{(4)}(\mu_i)h^3$, para algum $\mu_i \in (t_{i-2}, t_{i+1})$.

Método explícito de Adams-Bashforth de quatro passos

$$w_0 = \alpha, \quad w_1 = \alpha_1, \quad w_2 = \alpha_2, \quad w_3 = \alpha_3,$$

$$w_{i+1} = w_i + \frac{h}{24}[55f(t_i, w_i) - 59f(t_{i-1}, w_{i-1}) + 37f(t_{i-2}, w_{i-2}) - 9f(t_{i-3}, w_{i-3})], \tag{5.35}$$

em que $i = 3, 4, \ldots, N-1$. O erro de truncamento local é $\tau_{i+1}(h) = \frac{251}{720}y^{(5)}(\mu_i)h^4$, para algum $\mu_i \in (t_{i-3}, t_{i+1})$.

Método Explícito de Adams-Bashforth de cinco passos

$$w_0 = \alpha, \quad w_1 = \alpha_1, \quad w_2 = \alpha_2, \quad w_3 = \alpha_3, \quad w_4 = \alpha_4,$$

$$w_{i+1} = w_i + \frac{h}{720}[1901f(t_i, w_i) - 2774f(t_{i-1}, w_{i-1})$$
$$+ 2616f(t_{i-2}, w_{i-2}) - 1274f(t_{i-3}, w_{i-3}) + 251f(t_{i-4}, w_{i-4})], \tag{5.36}$$

em que $i = 4, 5, \ldots, N-1$. O erro de truncamento local é $\tau_{i+1}(h) = \frac{95}{288}y^{(6)}(\mu_i)h^5$, para algum $\mu_i \in (t_{i-4}, t_{i+1})$.

Métodos implícitos de Adams-Moulton

Os métodos implícitos são deduzidos utilizando-se $(t_{i+1}, f(t_{i+1}, y(t_{i+1})))$ como um nó de interpolação adicional na aproximação da integral

$$\int_{t_i}^{t_{i+1}} f(t, y(t))\, dt.$$

Alguns dos métodos implícitos mais comuns são os seguintes.

Método implícito de Adams-Moulton de dois passos

$$w_0 = \alpha, \quad w_1 = \alpha_1,$$

$$w_{i+1} = w_i + \frac{h}{12}[5f(t_{i+1}, w_{i+1}) + 8f(t_i, w_i) - f(t_{i-1}, w_{i-1})], \tag{5.37}$$

em que $i = 1, 2, \ldots, N - 1$. O erro de truncamento local é $\tau_{i+1}(h) = -\frac{1}{24}y^{(4)}(\mu_i)h^3$, para algum $\mu_i \in (t_{i-1}, t_{i+1})$.

Método implícito de Adams-Moulton de três passos

$$w_0 = \alpha, \quad w_1 = \alpha_1, \quad w_2 = \alpha_2,$$

$$w_{i+1} = w_i + \frac{h}{24}[9f(t_{i+1}, w_{i+1}) + 19f(t_i, w_i) - 5f(t_{i-1}, w_{i-1}) + f(t_{i-2}, w_{i-2})], \tag{5.38}$$

em que $i = 2, 3, \ldots, N - 1$. O erro de truncamento local é $\tau_{i+1}(h) = -\frac{19}{720}y^{(5)}(\mu_i)h^4$, para algum $\mu_i \in (t_{i-2}, t_{i+1})$.

Método implícito de Adams-Moulton de quatro passos

$$w_0 = \alpha, \quad w_1 = \alpha_1, \quad w_2 = \alpha_2, \quad w_3 = \alpha_3,$$

$$w_{i+1} = w_i + \frac{h}{720}[251f(t_{i+1}, w_{i+1}) + 646f(t_i, w_i) - 264f(t_{i-1}, w_{i-1})$$

$$+ 106f(t_{i-2}, w_{i-2}) - 19f(t_{i-3}, w_{i-3})], \tag{5.39}$$

em que $i = 3, 4, \ldots, N - 1$. O erro de truncamento local é $\tau_{i+1}(h) = -\frac{3}{160}y^{(6)}(\mu_i)h^5$, para algum $\mu_i \in (t_{i-3}, t_{i+1})$.

É interessante comparar um método explícito de Adams-Bashforth de m passos com um método implícito de Adams-Moulton de $(m - 1)$ passos. Ambos envolvem m cálculos de f por passo, e ambos possuem o termo $y^{(m+1)}(\mu_i)h^m$ em seus erros de truncamento locais. Em geral, os coeficientes dos termos envolvendo f no erro de truncamento local são menores para os métodos implícitos que para os métodos explícitos. Isso leva a maior estabilidade e a menores erros de arredondamento para os métodos implícitos.

EXEMPLO 4 Considere o problema de valor inicial

$$y' = y - t^2 + 1, \qquad 0 \leq t \leq 2, \qquad y(0) = 0{,}5.$$

Use os valores exatos dados em $y(t) = (t + 1)^2 - 0{,}5e^t$ como valores iniciais e $h = 0{,}2$ para comparar as aproximações do **(a)** método explícito de Adams-Bashforth de quatro passos e **(b)** o método implícito de Adams-Moulton de três passos.

Solução **(a)** O método Adams-Bashforth tem a equação de diferenças

$$w_{i+1} = w_i + \frac{h}{24}[55f(t_i, w_i) - 59f(t_{i-1}, w_{i-1}) + 37f(t_{i-2}, w_{i-2}) - 9f(t_{i-3}, w_{i-3})],$$

para $i = 3, 4, \ldots, 9$. Quando simplificada utilizando $f(t, y) = y - t^2 + 1$, $h = 0{,}2$ e $t_i = 0{,}2i$, transforma-se em

$$w_{i+1} = \frac{1}{24}[35w_i - 11{,}8w_{i-1} + 7{,}4w_{i-2} - 1{,}8w_{i-3} - 0{,}192i^2 - 0{,}192i + 4{,}736].$$

(b) O método Adams-Moulton tem a equação de diferenças

$$w_{i+1} = w_i + \frac{h}{24}[9f(t_{i+1}, w_{i+1}) + 19f(t_i, w_i) - 5f(t_{i-1}, w_{i-1}) + f(t_{i-2}, w_{i-2})],$$

para $i = 2, 3, \ldots, 9$. Isso se reduz a

$$w_{i+1} = \frac{1}{24}[1{,}8w_{i+1} + 27{,}8w_i - w_{i-1} + 0{,}2w_{i-2} - 0{,}192i^2 - 0{,}192i + 4{,}736].$$

Para usar esse método explicitamente, precisamos resolver a equações explicitamente para determinar w_{i+1}. Isto fornece

$$w_{i+1} = \frac{1}{22{,}2}[27{,}8w_i - w_{i-1} + 0{,}2w_{i-2} - 0{,}192i^2 - 0{,}192i + 4{,}736],$$

para $i = 2, 3, \ldots, 9$.

Os resultados na Tabela 5.13 foram obtidos usando os valores exatos dados em $y(t) = (t + 1)^2 - 0{,}5e^t$ para α, α_1, α_2 e α_3 no caso explícito de Adams-Bashforth e para α, α_1 e α_2 no caso implícito de Adams-Moulton. Observe que o método implícito de Adams-Moulton fornece resultados consistentemente melhores. ■

Tabela 5.13

t_i	Exato	Adams-Bashforth w_i	Erro	Adams-Moulton w_i	Erro
0,0	0,5000000				
0,2	0,8292986				
0,4	1,2140877				
0,6	1,6489406			1,6489341	0,0000065
0,8	2,1272295	2,1273124	0,0000828	2,1272136	0,0000160
1,0	2,6408591	2,6410810	0,0002219	2,6408298	0,0000293
1,2	3,1799415	3,1803480	0,0004065	3,1798937	0,0000478
1,4	3,7324000	3,7330601	0,0006601	3,7323270	0,0000731
1,6	4,2834838	4,2844931	0,0010093	4,2833767	0,0001071
1,8	4,8151763	4,8166575	0,0014812	4,8150236	0,0001527
2,0	5,3054720	5,3075838	0,0021119	5,3052587	0,0002132

Métodos preditor-corretor

No Exemplo 4, o método implícito de Adams-Moulton forneceu resultados melhores que o método explícito de Adams-Bashforth de mesma ordem. Embora esse seja geralmente o caso, os métodos implícitos têm a fraqueza inerente de primeiro ter que converter algebricamente o método em uma representação explícita para w_{i+1}. Esse procedimento nem sempre é possível, como pode ser observado considerando-se o problema de valor inicial elementar

$$y' = e^y, \qquad 0 \leq t \leq 0{,}25, \qquad y(0) = 1.$$

Como $f(t, y) = e^y$, o método de Adams-Moulton de três passos tem

$$w_{i+1} = w_i + \frac{h}{24}[9e^{w_{i+1}} + 19e^{w_i} - 5e^{w_{i-1}} + e^{w_{i-2}}]$$

como sua equação de diferenças, e essa equação não pode ser resolvida explicitamente para w_{i+1}.

Poderíamos usar o método de Newton ou o método da secante para encontrar uma aproximação de w_{i+1}, mas isso complicaria consideravelmente o procedimento. Na prática, os métodos de passo múltiplo implícitos não são usados conforme descrito acima. Em vez disso, eles são utilizados para melhorar aproximações obtidas por meio de métodos explícitos. A combinação de uma técnica explícita para prever e uma implícita para melhorar a previsão é chamada **método preditor-corretor**.

Considere o seguinte método de quarta ordem para resolução de um problema de valor inicial. O primeiro passo é calcular os valores iniciais w_0, w_1, w_2 e w_3 para o método explícito de Adams-Bashforth de quatro passos. Para fazer isso, usamos um método de passo único de quarta ordem, o método de Runge-Kutta de quarta ordem. Depois disso, calculamos a aproximação w_{4p}, para $y(t_4)$ utilizando o método explícito de Adams-Bashforth como preditor:

$$w_{4p} = w_3 + \frac{h}{24}[55f(t_3, w_3) - 59f(t_2, w_2) + 37f(t_1, w_1) - 9f(t_0, w_0)].$$

Essa aproximação é melhorada inserindo w_{4p} no lado direito do método implícito de Adams-Moulton de três passos e usando esse método como um corretor. Isso fornece

$$w_4 = w_3 + \frac{h}{24}[9f(t_4, w_{4p}) + 19f(t_3, w_3) - 5f(t_2, w_2) + f(t_1, w_1)].$$

O único cálculo novo de função necessário nesse procedimento é $f(t_4, w_{4p})$ na equação corretora; todos os outros valores de f foram calculados para aproximações anteriores.

O valor w_4 é então usado como a aproximação de $y(t_4)$, e a técnica de utilização do método Adams-Bashforth como preditor e do método de Adams-Moulton como corretor é repetida para encontrarmos w_{5p} e w_5, as aproximações inicial e final de $y(t_5)$. Esse processo continua até obtermos uma aproximação w_N para $y(t_N) = y(b)$.

Aproximações melhoradas para $y(t_{i+1})$ poderiam ser obtidas pela iteração da fórmula de Adams-Moulton, mas essas convergem para a aproximação dada pela fórmula implícita em vez de convergirem para a solução $y(t_{i+1})$. Portanto, é geralmente mais eficiente usar a redução no tamanho do passo se for necessária maior precisão.

O Algoritmo 5.4 baseia-se no método de Adams-Bashforth de quarta ordem como preditor e em uma iteração do método Adams-Moulton como corretor, com os valores iniciais obtidos a partir do método de Runge-Kutta de quarta ordem.

ALGORITMO 5.4 Preditor-corretor de Adams de quarta ordem

Para aproximar a solução do problema de valor inicial

$$y' = f(t, y), \quad a \le t \le b, \quad y(a) = \alpha,$$

em $(N + 1)$ números igualmente espaçados no intervalo $[a, b]$:

ENTRADA extremidades a, b; número inteiro N; condição inicial α.

SAÍDA aproximação w para y nos $(N + 1)$ valores de t.

Passo 1 Faça $h = (b - a) / N$;
$t_0 = a$;
$w_0 = \alpha$;
SAÍDA (t_0, w_0).

Passo 2 Para $i = 1, 2, 3$, execute Passos 3 a 5.
(*Calcula os valores iniciais utilizando o método de Runge-Kutta.*)

Passo 3 Faça $K_1 = hf(t_{i-1}, w_{i-1})$;
$K_2 = hf(t_{i-1} + h/2, w_{i-1} + K_1/2)$;
$K_3 = hf(t_{i-1} + h/2, w_{i-1} + K_2/2)$;
$K_4 = hf(t_{i-1} + h, w_{i-1} + K_3)$.

Passo 4 Faça $w_i = w_{i-1} + (K_1 + 2K_2 + 2K_3 + K_4)/6$;
$t_i = a + ih$.

Passo 5 SAÍDA (t_i, w_i).

Passo 6 Para $i = 4, \ldots, N$ execute Passos 7 a 10.

Passo 7 Faça $t = a + ih$;
$w = w_3 + h[55f(t_3, w_3) - 59f(t_2, w_2) + 37f(t_1, w_1) - 9f(t_0, w_0)]/24$ (*Previsão do* w_i.)
$w = w_3 + h[9f(t, w) + 19f(t_3, w_3) - 5f(t_2, w_2) + f(t_1, w_1)]/24$ (*Correção de* w_i.)

Passo 8 SAÍDA (t, w).

Passo 9 Para $j = 0, 1, 2$
Faça $t_j = t_{j+1}$; (*Prepara para a próxima iteração.*)
$w_i = w_{j+1}$.

Passo 10 Faça $t_3 = t$;
$w_3 = w$.

Passo 11 PARE. ■

EXEMPLO 5 Aplique o método preditor-corretor de Adams de quarta ordem com $h = 0{,}2$ e valores iniciais do método de Runge-Kutta de quarta ordem ao problema de valor inicial

$$y' = y - t^2 + 1, \quad 0 \le t \le 2, \quad y(0) = 0{,}5.$$

Solução Esta é uma continuação e modificação do problema considerado no Exemplo 1 no começo desta seção. Naquele exemplo, vimos que as aproximações iniciais do método de Runge-Kutta são

$$y(0) = w_0 = 0{,}5, y(0{,}2) \approx w_1 = 0{,}8292933, y(0{,}4) \approx w_2 = 1{,}2140762 \text{ e}$$
$$y(0{,}6) \approx w_3 = 1{,}6489220,$$

e o método de quarta ordem de Adams-Bashforth fornece

$$
\begin{aligned}
y(0{,}8) \approx w_{4p} &= w_3 + \frac{0{,}2}{24}\,(55f(0{,}6, w_3) - 59f(0{,}4, w_2) + 37f(0{,}2, w_1) - 9f(0, w_0))\\
&= 1{,}6489220 + \frac{0{,}2}{24}(55f(0{,}6,\ 1{,}6489220) - 59f(0{,}4,\ 1{,}2140762)\\
&\quad + 37f(0{,}2,\ 0{,}8292933) - 9f(0,\ 0{,}5))\\
&= 1.6489220 + 0{,}0083333(55(2{,}2889220) - 59(2{,}0540762)\\
&\quad + 37(1{,}7892933) - 9(1{,}5))\\
&= 2{,}1272892.
\end{aligned}
$$

Nós agora usaremos w_{4_p} como preditor na aproximação de $y(0{,}8)$ e determinaremos o valor corrigido w_4, a partir do método implícito de Adams-Moulton. Isto dá

$$
\begin{aligned}
y(0{,}8) \approx w_4 &= w_3 + \frac{0{,}2}{24}\,\big(9f(0{,}8, w_{4p}) + 19f(0{,}6, w_3) - 5f(0{,}4, w_2) + f(0{,}2, w_1)\big)\\
&= 1{,}6489220 + \frac{0{,}2}{24}(9f(0{,}8,\ 2{,}1272892) + 19f(0{,}6,\ 1{,}6489220)\\
&\quad - 5f(0{,}4,\ 1{,}2140762) + f(0{,}2,\ 0{,}8292933))\\
&= 1{,}6489220 + 0{,}0083333(9(2{,}4872892) + 19(2{,}2889220) - 5(2{,}0540762)\\
&\quad + (1{,}7892933))\\
&= 2{,}1272056.
\end{aligned}
$$

Agora, usamos esta aproximação para determinar o preditor w_{5_p}, para $y(1{,}0)$ como

$$
\begin{aligned}
y(1{,}0) \approx w_{5p} &= w_4 + \frac{0{,}2}{24}(55f(0{,}8, w_4) - 59f(0{,}6, w_3) + 37f(0{,}4, w_2) - 9f(0{,}2, w_1))\\
&= 2{,}1272056 + \frac{0{,}2}{24}(55f(0{,}8,\ 2{,}1272056) - 59f(0{,}6,\ 1{,}6489220)\\
&\quad + 37f(0{,}4,\ 1{,}2140762) - 9f(0{,}2,\ 0{,}8292933))\\
&= 2{,}1272056 + 0{,}0083333(55(2{,}4872056) - 59(2{,}2889220)\\
&\quad + 37(2{,}0540762) - 9(1{,}7892933))\\
&= 2{,}6409314
\end{aligned}
$$

e o corrigimos com

$$
\begin{aligned}
y(1{,}0) \approx w_5 &= w_4 + \frac{0{,}2}{24}\,\big(9f(1{,}0, w_{5p}) + 19f(0{,}8, w_4) - 5f(0{,}6, w_3) + f(0{,}4, w_2)\big)\\
&= 2{,}1272056 + \frac{0{,}2}{24}(9f(1{,}0,\ 2{,}6409314) + 19f(0{,}8,\ 2{,}1272892)\\
&\quad - 5f(0{,}6,\ 1.6489220) + f(0{,}4,\ 1{,}2140762))\\
&= 2{,}1272056 + 0{,}0083333(9(2{,}6409314) + 19(2{,}4872056) - 5(2{,}2889220)\\
&\quad + (2{,}0540762))\\
&= 2{,}6408286.
\end{aligned}
$$

No Exemplo 1, vimos que, usando apenas o método explícito de Adams-Bashforth, os resultados obtidos eram inferiores aos de Runge-Kutta. Entretanto, estas aproximações de $y(0{,}8)$ e $y(1{,}0)$ são precisas até, respectivamente,

$$|2{,}1272295 - 2{,}1272056| = 2{,}39 \times 10^{-5} \text{ e } |2{,}6408286 - 2{,}6408591| = 3{,}05 \times 10^{-5},$$

comparados aos de Runge-Kutta, que eram precisos, respectivamente, até

$$|2{,}1272027 - 2{,}1272892| = 2{,}69 \times 10^{-5} \text{ e } |2{,}6408227 - 2{,}6408591| = 3{,}64 \times 10^{-5}.$$

O restante das aproximações pelo método preditor-corretor foram geradas usando o Algoritmo 5.4 e são mostradas na Tabela 5.14. ■

Tabela 5.14

t_i	$y_i = y(t_i)$	w_i	Erro $\lvert y_i - w_i \rvert$
0,0	0,5000000	0,5000000	0
0,2	0,8292986	0,8292933	0,0000053
0,4	1,2140877	1,2140762	0,0000114
0,6	1,6489406	1,6489220	0,0000186
0,8	2,1272295	2,1272056	0,0000239
1,0	2,6408591	2,6408286	0,0000305
1,2	3,1799415	3,1799026	0,0000389
1,4	3,7324000	3,7323505	0,0000495
1,6	4,2834838	4,2834208	0,0000630
1,8	4,8151763	4,8150964	0,0000799
2,0	5,3054720	5,3053707	0,0001013

Edward Arthur Milne (1896-1950) trabalhou em pesquisa em balística durante a Primeira Guerra Mundial e depois para o Observatório de Física Solar de Cambridge. Em 1929, ele foi designado para a Cátedra de W. W. Rouse Ball, na Wadham College em Oxford.

Outros métodos de passo múltiplo podem ser deduzidos usando a integração de polinômios interpoladores sobre intervalos da forma $[t_j, t_{i+1}]$, para $j \leq i - 1$, para obter uma aproximação para $y(t_{i+1})$. Quando um polinômio interpolador é integrado em $[t_{i-3}, t_{i+1}]$, o resultado é o **método explícito de Milne:**

$$w_{i+1} = w_{i-3} + \frac{4h}{3}[2f(t_i, w_i) - f(t_{i-1}, w_{i-1}) + 2f(t_{i-2}, w_{i-2})],$$

o qual possui erro de truncamento local de $\frac{14}{45} h^4 y^{(5)}(\xi_i)$, para algum $\xi_i \in (t_{i-3}, t_{i+1})$.

O nome de Simpson é associado a esta técnica, pois esta se baseia na regra de Simpson para integração.

Esse método é ocasionalmente utilizado como preditor para o **método implícito de Simpson,**

$$w_{i+1} = w_{i-1} + \frac{h}{3}[f(t_{i+1}, w_{i+1}) + 4f(t_i, w_i) + f(t_{i-1}, w_{i-1})],$$

o qual possui erro de truncamento local de $-(h^4/90)y^{(5)}(\xi_i)$, para algum $\xi_i \in (t_{i-1}, t_{i+1})$, e é obtido integrando um polinômio interpolador em $[t_{i-1}, t_{i+1}]$.

O erro de truncamento local envolvido em um método preditor-corretor do tipo Milne-Simpson é geralmente menor que o do método de Adams-Bashforth-Moulton. Porém, a técnica tem utilização limitada por causa dos problemas de erros de arredondamento, o que não ocorre com o procedimento de Adams. Discutiremos tal dificuldade na Seção 5.10.

EXERCÍCIOS 5.6

1. Use todos os métodos de Adams-Bashforth para encontrar aproximações das soluções dos problemas de valor inicial. Em cada caso, use valores iniciais exatos e compare os resultados com os valores reais.

a. $y' = te^{3t} - 2y$, $0 \le t \le 1$, $y(0) = 0$, com $h = 0{,}2$; solução real $y(t) = \frac{1}{5}te^{3t} - \frac{1}{25}e^{3t} + \frac{1}{25}e^{-2t}$.

b. $y' = 1 + (t - y)^2$, $2 \le t \le 3$, $y(2) = 1$, com $h = 0{,}2$; solução real $y(t) = t + \frac{1}{1-t}$.

c. $y' = 1 + y/t$, $1 \le t \le 2$, $y(1) = 2$, com $h = 0{,}2$; solução real $y(t) = t \ln t + 2t$.

d. $y' = \cos 2t + \operatorname{sen} 3t$, $0 \le t \le 1$, $y(0) = 1$, com $h = 0{,}2$; solução real $y(t) = \frac{1}{2}\operatorname{sen} 2t - \frac{1}{3}\cos 3t + \frac{4}{3}$.

2. Use todos os métodos de Adams-Bashforth para aproximar as soluções dos seguintes problemas de valor inicial. Em cada caso, use valores iniciais exatos e compare os resultados aos valores reais.

a. $y' = 1 + y/t + (y/t)^2$, $1 \le t \le 1{,}5$, $y(1) = 0$, com $h = 0{,}1$; solução real $y(t) = t\,\operatorname{tg}(\ln t)$.

b. $y' = \operatorname{sen} t + e^{-t}$, $0 \le t \le 0{,}5$, $y(0) = 0$, com $h = 0{,}1$; solução real $y(t) = 2 - \cos t - e^{-t}$.

c. $y' = \frac{y+1}{t}$, $1 \le t \le 1{,}5$, $y(1) = 1$, com $h = 0{,}1$; solução real $y(t) = 2t - 1$.

d. $y' = t^2$, $0 \le t \le 0{,}5$, $y(0) = 0$, com $h = 0{,}1$; solução real $y(t) = \frac{1}{3}t^3$.

3. Use todos os métodos de Adams-Bashforth para encontrar aproximações das soluções dos problemas de valor inicial. Em cada caso, use valores iniciais obtidos a partir do método de Runge-Kutta de quarta ordem. Compare os resultados com os valores reais.

a. $y' = y/t - (y/t)^2$, $1 \le t \le 2$, $y(1) = 1$, com $h = 0{,}1$; solução real $y(t) = \dfrac{t}{1 + \ln t}$.

b. $y' = 1 + y/t + (y/t)^2$, $1 \le t \le 3$, $y(1) = 0$, com $h = 0{,}2$; solução real $y(t) = t\,\operatorname{tg}(\ln t)$.

c. $y' = -(y + 1)(y + 3)$, $0 \le t \le 2$, $y(0) = -2$, com $h = 0{,}1$; solução real $y(t) = -3 + 2/(1 + e^{-2t})$.

d. $y' = -5y + 5t^2 + 2t$, $0 \le t \le 1$, $y(0) = \frac{1}{3}$, com $h = 0{,}1$; solução real $y(t) = t^2 + \frac{1}{3}e^{-5t}$.

4. Use todos os métodos de Adams-Bashforth para encontrar aproximações das soluções dos problemas de valor inicial. Em cada caso, use valores iniciais obtidos a partir do método de Runge-Kutta de quarta ordem. Compare os resultados com os valores reais.

a. $y' = \dfrac{2 - 2ty}{t^2 + 1}$, $0 \le t \le 1$, $y(0) = 1$, com $h = 0{,}1$; solução real $y(t) = \dfrac{2t + 1}{t^2 + 1}$.

b. $y' = \dfrac{y^2}{1 + t}$, $1 \le t \le 2$, $y(1) = \frac{-1}{\ln 2}$, com $h = 0{,}1$; solução real $y(t) = \dfrac{-1}{\ln(t + 1)}$.

c. $y' = (y^2 + y)/t$, $1 \le t \le 3$, $y(1) = -2$, com $h = 0{,}2$; solução real $y(t) = \dfrac{2t}{1 - 2t}$.

d. $y' = -ty + 4t/y$, $0 \le t \le 1$, $y(0) = 1$, com $h = 0{,}1$; solução real $y(t) = \sqrt{4 - 3e^{-t^2}}$.

5. Use todos os métodos de Adams-Moulton para a aproximação das soluções dos Exercícios 1(a), 1(c) e 1(d). Em cada caso, use valores iniciais exatos e resolva explicitamente para w_{i+1}. Compare os resultados com os valores reais.

6. Use todos os métodos de Adams-Moulton para aproximar as soluções nos Exercícios 2(b), 2(c) e 2(d). Em cada caso, use valores iniciais exatos e determine explicitamente w_{i+1}. Compare os resultados aos valores reais.

7. Use o Algoritmo 5.4 para obter aproximações das soluções dos problemas de valor inicial no Exercício 1.

8. Use o Algoritmo 5.4 para obter aproximações das soluções dos problemas de valor inicial no Exercício 2.

9. Use o Algoritmo 5.4 para obter aproximações das soluções dos problemas de valor inicial no Exercício 3.

10. Use o Algoritmo 5.4 para aproximar as soluções dos problemas de valor inicial no Exercício 4.

11. Use o método preditor-corretor de Milne-Simpson para aproximar as soluções dos problemas de valor inicial no Exercício 3.

12. Use o método preditor-corretor de Milne-Simpson para aproximar as soluções dos problemas de valor inicial no Exercício 4.

13. O problema de valor inicial

$$y' = e^y, \qquad 0 \leq t \leq 0{,}20, \qquad y(0) = 1$$

tem a solução

$$y(t) = 1 - \ln(1 - et).$$

Aplicar o método de Adams-Moulton de três passos a este problema é equivalente a encontrar o ponto fixo w_{i+1} de

$$g(w) = w_i + \frac{h}{24}(9e^w + 19e^{w_i} - 5e^{w_{i-1}} + e^{w_{i-2}}).$$

a. Com $h = 0{,}01$, obtenha w_{i+1} por iteração funcional para $i = 2, \ldots, 19$ usando valores iniciais exatos w_0, w_1 e w_2. A cada passo use w_i para aproximar w_{i+1} inicialmente.

b. O método de Newton vai acelerar a convergência em relação à iteração funcional?

EXERCÍCIOS APLICADOS

14. A equação diferencial de Gompertz

$$N'(t) = \alpha \ln \frac{K}{N(t)} N(t)$$

serve como modelo para o crescimento de tumores, em que $N(t)$ é o número de células no tumor no instante t. O número máximo de células possível é K, e α é uma constante ligada à habilidade de proliferação das células.

Em um tipo particular de câncer, $\alpha = 0{,}0439$, $k = 12000$ e t é medido em meses. No instante em que o tumor é detectado ($t = 0$), $N(0) = 4000$. Usando o método preditor-corretor de Adams com $h = 0{,}5$, encontre o número de meses que leva para que $N(t) = 11000$ células, que é o número letal de células para este câncer.

EXERCÍCIOS TEÓRICOS

15. Mude o Algoritmo 5.4 de forma que o corretor possa ser iterado, um número dado de iterações p. Repita o Exercício 9 com $p = 2$, 3 e 4 iterações. Qual escolha de p fornece a melhor resposta para cada problema de valor inicial?

16. **a.** Deduza a Equação (5.32) usando a forma de Lagrange do polinômio interpolador.

b. Deduza a Equação (5.34) usando a forma de diferenças regressivas de Newton do polinômio interpolador.

17. Deduza o método de Adams-Bashforth de três passos usando o método a seguir. Faça

$$y(t_{i+1}) = y(t_i) + ahf(t_i, y(t_i)) + bhf(t_{i-1}, y(t_{i-1})) + chf(t_{i-2}, y(t_{i-2})).$$

Expanda $y(t_{i+1})$, $f(t_{i-2}, y(t_{i-2}))$ e $f(t_{i-1}, y(t_{i-1}))$ em séries de Taylor em torno de $(t_i, y(t_i))$ e compare os coeficientes de h, h^2 e h^3 para obter a, b e c.

18. Deduza o método de Adam-Moulton de dois passos e seu erro de truncamento local, usando uma forma apropriada de polinômio interpolador.

19. Deduza o método de Simpson aplicando a regra de Simpson à integral

$$y(t_{i+1}) - y(t_{i-1}) = \int_{t_{i-1}}^{t_{i+1}} f(t, y(t))dt.$$

20. Deduza o método de Milne aplicando a fórmula aberta de Newton-Cotes da Equação (4.29) à integral

$$y(t_{i+1}) - y(t_{i-3}) = \int_{t_{i-3}}^{t_{i+1}} f(t, y(t))dt.$$

21. Verifique os valores na Tabela 5.12, na página 335.

QUESTÕES PARA DISCUSSÃO

1. O método preditor-corretor de Adams-Bashforth/Adams-Moulton exige quatro valores iniciais, um dos quais é fornecido pela condição inicial. Em geral, os outros valores iniciais são obtidos pelo método de Runge-Kutta de quarta ordem. O método seria melhorado pelo uso de valores iniciais de ordem mais alta?
2. Considere a possibilidade de mudar a ordem de um método explícito de Adams-Bashforth com base na representação por diferenças regressivas do método. Isto pode ser feito eficientemente?
3. Considere um método preditor-corretor com base no uso de um método de passo único para fornecer o preditor para um método corretor implícito de passo múltiplo. Esta combinação é possível?
4. Em um método preditor-corretor, em geral há apenas uma correção usando um método implícito. Discuta a possibilidade de corrigir mais de uma vez, usando a correção anterior como um novo preditor.

5.7 Métodos de passo múltiplo com tamanho de passo variável

O método de Runge-Kutta-Fehlberg é usado para controle de erros, pois a cada passo ele fornece, a um pequeno custo adicional, *duas* aproximações que podem ser comparadas e relacionadas ao erro de truncamento local. As técnicas preditor-corretor sempre geram duas aproximações a cada passo, de forma que elas são candidatas naturais para a adaptação do controle de erro.

Para ilustrar o procedimento de controle de erro, iremos construir um método preditor-corretor com tamanho de passo variável usando o método explícito de Adams--Bashforth de quatro passos como preditor e o método implícito de Adams-Moulton de três passos como corretor.

O método de Adams-Bashforth de quatro passos vem da relação

$$\begin{aligned} y(t_{i+1}) = y(t_i) &+ \frac{h}{24}[55f(t_i, y(t_i)) - 59f(t_{i-1}, y(t_{i-1})) \\ &+ 37f(t_{i-2}, y(t_{i-2})) - 9f(t_{i-3}, y(t_{i-3}))] + \frac{251}{720}y^{(5)}(\hat{\mu}_i)h^5, \end{aligned}$$

para algum $\hat{\mu}_i \in (t_{i-3}, t_{i+1})$. A hipótese de que as aproximações $w_0, w_1, \ldots, w_i$ sejam todas exatas implica que o erro de truncamento local de Adams-Bashforth é

$$\frac{y(t_{i+1}) - w_{p,i+1}}{h} = \frac{251}{720}y^{(5)}(\hat{\mu}_i)h^4. \tag{5.40}$$

Uma análise semelhante do método de Adams-Moulton de três passos, que vem de

$$y(t_{i+1}) = y(t_i) + \frac{h}{24}[9f(t_{i+1}, y(t_{i+1})) + 19f(t_i, y(t_i)) - 5f(t_{i-1}, y(t_{i-1}))$$
$$+ f(t_{i-2}, y(t_{i-2}))] - \frac{19}{720}y^{(5)}(\tilde{\mu}_i)h^5,$$

para algum $\tilde{\mu}_i \in (t_{i-2}, t_{i+1})$, leva ao erro de truncamento local

$$\frac{y(t_{i+1}) - w_{i+1}}{h} = -\frac{19}{720}y^{(5)}(\tilde{\mu}_i)h^4. \tag{5.41}$$

Para seguir adiante, devemos supor que, para valores pequenos de h,

$$y^{(5)}(\hat{\mu}_i) \approx y^{(5)}(\tilde{\mu}_i).$$

A efetividade da técnica de controle de erro depende diretamente dessa hipótese.

Se subtrairmos a Equação (5.41) da Equação (5.40), teremos

$$\frac{w_{i+1} - w_{p,i+1}}{h} = \frac{h^4}{720}[251y^{(5)}(\hat{\mu}_i) + 19y^{(5)}(\tilde{\mu}_i)] \approx \frac{3}{8}h^4 y^{(5)}(\tilde{\mu}_i),$$

logo

$$y^{(5)}(\tilde{\mu}_i) \approx \frac{8}{3h^5}(w_{i+1} - w_{p,i+1}). \tag{5.42}$$

Usando esse resultado para eliminar o termo que envolve $y^{(5)}(\tilde{\mu}_i)h^4$ na Equação (5.41), obtemos a aproximação para o erro de truncamento local de Adams-Moulton

$$|\tau_{i+1}(h)| = \frac{|y(t_{i+1}) - w_{i+1}|}{h} \approx \frac{19h^4}{720} \cdot \frac{8}{3h^5}|w_{i+1} - w_{p,i+1}| = \frac{19|w_{i+1} - w_{p,i+1}|}{270h}.$$

Suponha que agora reconsideremos a Equação (5.41) com um novo tamanho de passo qh, gerando novas aproximações $\hat{w}_{p,i+1}$ e $\hat{w}_{i+1}$. O objetivo é escolher q de forma que o erro de truncamento local dado na Equação (5.41) seja limitado por uma tolerância prescrita ε. Se supusermos que o valor $y^{(5)}(\mu)$ na Equação. (5.41) associada a qh também é aproximado usando a Equação (5.42), então

$$\frac{|y(t_i + qh) - \hat{w}_{i+1}|}{qh} = \frac{19q^4h^4}{720}|y^{(5)}(\mu)| \approx \frac{19q^4h^4}{720}\left[\frac{8}{3h^5}|w_{i+1} - w_{p,i+1}|\right]$$
$$= \frac{19q^4}{270}\frac{|w_{i+1} - w_{p,i+1}|}{h},$$

e precisaremos escolher q de forma que

$$\frac{|y(t_i + qh) - \hat{w}_{i+1}|}{qh} \approx \frac{19q^4}{270}\frac{|w_{i+1} - w_{p,i+1}|}{h} < \varepsilon.$$

ou seja, escolhemos q de forma que

$$q < \left(\frac{270}{19}\frac{h\varepsilon}{|w_{i+1} - w_{p,i+1}|}\right)^{1/4} \approx 2\left(\frac{h\varepsilon}{|w_{i+1} - w_{p,i+1}|}\right)^{1/4}.$$

Diversas hipóteses de aproximação foram feitas nesse desenvolvimento, de modo que, na prática, q é escolhido de forma conservadora, geralmente como

$$q = 1{,}5\left(\frac{h\varepsilon}{|w_{i+1} - w_{p,i+1}|}\right)^{1/4}.$$

Uma mudança no tamanho do passo para um método de passo múltiplo é mais onerosa em termos de cálculos de função que para um método de passo único, pois novos valores iniciais igualmente espaçados devem ser calculados. Como consequência, normalmente ignoramos a mudança no tamanho do passo sempre que o erro de truncamento local estiver entre $\varepsilon/10$ e ε, isto é, quando

$$\frac{\varepsilon}{10} < |\tau_{i+1}(h)| = \frac{|y(t_{i+1}) - w_{i+1}|}{h} \approx \frac{19|w_{i+1} - w_{p,i+1}|}{270h} < \varepsilon.$$

Além disso, é dado a q um limitante superior que assegura que uma aproximação extraordinariamente precisa não resulte em um tamanho de passo grande demais. O Algoritmo 5.5 incorpora essa proteção com um limitante superior 4.

Lembre-se de que, como os métodos de passo múltiplo exigem tamanhos de passo iguais para valores iniciais, qualquer modificação no tamanho do passo torna necessário recalcular de novos valores iniciais naquele ponto. Nos passos 3, 16 e 19 do Algoritmo 5.5, isso é feito chamando um subalgoritmo de Runge-Kutta (Algoritmo 5.2), o qual já havia sido desenvolvido no Passo 1.

ALGORITMO 5.5 **Preditor-corretor com tamanho de passo variável de Adams**

Para aproximar a solução do problema de valor inicial

$$y' = f(t, y), \qquad a \leq t \leq b, \qquad y(a) = \alpha,$$

com erro de truncamento local abaixo de determinada tolerância:

ENTRADA extremidades a e b; condição inicial α; tolerância TOL; tamanho máximo de passo $hmax$; tamanho mínimo de passo $hmin$.

SAÍDA i, t_i, w_i e h, onde no i-ésimo passo, w_i aproxima $y(t_i)$ e o tamanho do passo h foi usado, ou uma mensagem avisando que o tamanho mínimo de passo foi excedido.

Passo 1 Desenvolva um subalgoritmo para o método de Runge-Kutta de quarta ordem a ser chamado $RK4(h, \upsilon_0, x_0, \upsilon_1, x_1, \upsilon_2, x_2, \upsilon_3, x_3)$ que aceita como entrada um tamanho de passo h e valores iniciais $\upsilon_0 \approx y(x_0)$ e retorna $\{(x_j, \upsilon_j) \mid j = 1, 2, 3\}$ definido pelo seguinte:

para $j = 1, 2, 3$

Faça $K_1 = hf(x_{j-1} + \upsilon_{j-1})$;

$K_2 = hf(x_{j-1} + h/2, \upsilon_{j-1} + K_1/2)$

$K_3 = hf(x_{j-1} + h/2, \upsilon_{j-1} + K_2/2)$

$K_4 = hf(x_{j-1} + h, \upsilon_{j-1} + K_3)$

$\upsilon_j = \upsilon_{j-1} + (K_1 + 2K_2 + 2K_3 + K_4)/6$;

$x_j = x_0 + jh$.

Passo 2 Faça $t_0 = a$;
$w_0 = \alpha$;
$h = hmax$;
$FLAG = 1$; (*FLAG será usado para sair do laço no Passo 4.*)
$LAST = 0$; (*LAST indicará quando o último valor for calculado.*)
SAÍDA (t_0, w_0).

Passo 3 Chame $RK4(h, w_0, t_0, w_1, t_1, w_2, t_2, w_3, t_3)$;
Faça $NFLAG = 1$; (*Indica o cálculo a partir de RK4.*)
$i = 4$;
$t = t_3 + h$.

Passo 4 Enquanto ($FLAG = 1$), execute Passos 5 a 20.

Passo 5 Faça $WP = w_{i-1} + \frac{h}{24}[55f(t_{i-1}, w_{i-1}) - 59f(t_{i-2}, w_{i-2})$
$+ 37f(t_{i-3}, w_{i-3}) - 9f(t_{i-4}, w_{i-4})]$; (*Prever w_i.*)
$WC = w_{i-1} + \frac{h}{24}[9f(t, WP) + 19f(t_{i-1}, w_{i-1})$
$- 5f(t_{i-2}, w_{i-2}) + f(t_{i-3}, w_{i-3})]$; (*Corrigir w_i.*)
$\sigma = 19|WC - WP|/(270h)$.

Passo 6 Se $\sigma \leq TOL$ então execute Passos 7 a 16 (*Resultado aceito.*)
senão execute Passos 17 a 19. (*Resultado rejeitado.*)

Passo 7 Faça $w_i = WC$; (*Resultado aceito.*)
$t_i = t$.

Passo 8 Se $NFLAG = 1$ então para $j = i - 3, i - 2, i - 1, i$
SAÍDA (j, t_j, w_j, h);
(*Resultados anteriores também aceitos.*)
senão SAÍDA (i, t_i, w_i, h).
(*Resultados anteriores já aceitos.*)

Passo 9 Se $LAST = 1$ então faça $FLAG = 0$ (*Próximo passo será o 20.*)
senão execute os Passos 10 a 16.

Passo 10 Faça $i = i + 1$;
$NFLAG = 0$.

Passo 11 *Se* $\sigma \leq 0{,}1\ TOL$ ou $t_{i-1} + h > b$ então execute os Passos 12 a 16. (*Aumenta h se for mais preciso do que o necessário ou diminui h para incluir b como um ponto da malha.*)

Passo 12 Faça $q = (TOL/(2\sigma))^{1/4}$.

Passo 13 Se $q > 4$ então faça $h = 4h$
senão faça $h = qh$.

Passo 14 Se $h > hmax$ então faça $h = hmax$.

Passo 15 Se $t_{i-1} + 4h > b$ então
faça $h = (b - t_{i-1})/4$;
$LAST = 1$.

Passo 16 Chame $RK4(h, w_{i-1}, t_{i-1}, w_i, t_i, w_{i+1}, t_{i+1}, w_{i+2}, t_{i+2})$;
Faça $NFLAG = 1$;
$i = i + 3$. (*Ramo verdadeiro concluído. Próximo passo: 20.*)

Passo 17 Faça $q = (TOL/(2\sigma))^{1/4}$. (*Ramo falso a partir do Passo 6: resultado rejeitado.*)

Passo 18 Se $q < 0{,}1$ então faça $h = 0{,}1h$
senão faça $h = qh$.

Passo 19 Se $h < hmin$, então faça $FLAG = 0$;
SAÍDA ('*hmin* excedido'.)
senão
se $NFLAG = 1$ faça $i = i - 3$;
(*Resultados anteriores também foram rejeitados.*)
Chame $RK4(h, w_{i-1}, t_{i-1}, w_i, t_i, w_{i+1}, t_{i+1}, w_{i+2}, t_{i+2})$;
faça $i = i + 3$;
$NFLAG = 1$ (*Fim do Passo 6.*)

Passo 20 Faça $t = t_{i-1} + h$ (*Fim do Passo 4.*)

Passo 21 PARE. ■

EXEMPLO 1 Use o método preditor-corretor de Adams de tamanho de passo variável com tamanho de passo máximo $hmax = 0{,}2$, tamanho de passo mínimo $hmin = 0{,}01$ e tolerância $TOL = 10^{-5}$ para aproximar a solução do problema de valor inicial

$$y' = y - t^2 + 1, \quad 0 \leq t \leq 2, \quad y(0) = 0{,}5.$$

Solução Começamos com $h = hmax = 0{,}2$ e obtemos w_0, w_1, w_2, e w_3 usando Runge-Kutta, a seguir encontramos wp_4 e wc_4 pela aplicação do método preditor-corretor. Estes cálculos foram feitos no Exemplo 5 da Seção 5.6, no qual foi determinado que as aproximações de Runge-Kutta eram

$$y(0) = w_0 = 0{,}5, y(0{,}2) \approx w_1 = 0{,}8292933, y(0{,}4) \approx w_2 = 1{,}2140762,$$

e

$$y(0{,}6) \approx w_3 = 1{,}6489220.$$

O preditor-corretor fornece

$$y(0) = w_0 = 0{,}5, y(0{,}2) \approx w_1 = 0{,}8292933, y(0{,}4) \approx w_2 = 1{,}2140762,$$

e

$$y(0{,}6) \approx w_3 = 1{,}6489220$$

e

$$\begin{aligned} y(0{,}8) \approx w_{4p} &= w_3 + \frac{0{,}2}{24}(55f(0{,}6, w_3) - 59f(0{,}4, w_2) + 37f(0{,}2, w_1) - 9f(0, w_0)) \\ &= 2{,}1272892 \end{aligned}$$

e

$$\begin{aligned} y(0{,}8) \approx w_{4c} &= w_3 + \frac{0{,}2}{24}\left(9f(0{,}8, w_{4p}) + 19f(0{,}6, w_3) - 5f(0{,}42, w_2) + f(0{,}2, w_1)\right) \\ &= 2{,}1272056. \end{aligned}$$

Precisamos agora determinar se estas aproximações são suficientemente precisas ou se existe a necessidade de mudança no tamanho do passo. Primeiro, encontramos

$$\sigma = \frac{19}{270h}|w_{4c} - w_{4p}| = \frac{19}{270(0{,}2)}|2{,}1272056 - 2{,}1272892| = 2{,}941 \times 10^{-5}.$$

Como isto excede a tolerância 10^{-5}, um novo tamanho de passo é necessário, e o novo tamanho de passo é

$$qh = \left(\frac{10^{-5}}{2\delta}\right)^{1/4} = \left(\frac{10^{-5}}{2(2{,}941 \times 10^{-5})}\right)^{1/4} (0{,}2) = 0.642(0{,}2) \approx 0{,}128.$$

Como consequência, precisamos começar o procedimento de novo, calculando os valores de Runge-Kutta com este tamanho de passo, e a seguir, usar o método preditor-corretor com este mesmo tamanho de passo para calcular novos valores de w_{4p} e w_{4c}. Precisamos, então, fazer a verificação da precisão com estas aproximações, para ver se fomos bem-sucedidos. A Tabela 5.15 mostra que esta segunda tentativa foi bem-sucedida e lista todos os resultados obtidos usando o Algoritmo 5.5. ■

Tabela 5.15

t_i	$y(t_i)$	w_i	h_i	σ_i	$\lvert y(t_i) - w_i \rvert$
0	0,5	0,5			
0,12841297	0,70480460	0,70480402	0,12841297	$4{,}431680 \times 10^{-6}$	0,0000005788
0,25682594	0,93320140	0,93320019	0,12841297	$4{,}431680 \times 10^{-6}$	0,0000012158
0,38523891	1,18390410	1,18390218	0,12841297	$4{,}431680 \times 10^{-6}$	0,0000019190
0,51365188	1,45545014	1,45544767	0,12841297	$4{,}431680 \times 10^{-6}$	0,0000024670
0,64206485	1,74617653	1,74617341	0,12841297	$5{,}057497 \times 10^{-6}$	0,0000031210
0,77047782	2,05419248	2,05418856	0,12841297	$5{,}730989 \times 10^{-6}$	0,0000039170
0,89889079	2,37734803	2,37734317	0,12841297	$6{,}522850 \times 10^{-6}$	0,0000048660
1,02730376	2,71319871	2,71319271	0,12841297	$7{,}416639 \times 10^{-6}$	0,0000060010
1,15571673	3,05896505	3,05895769	0,12841297	$8{,}433180 \times 10^{-6}$	0,0000073570
1,28412970	3,41148675	3,41147778	0,12841297	$9{,}588365 \times 10^{-6}$	0,0000089720
1,38980552	3,70413577	3,70412572	0,10567582	$7{,}085927 \times 10^{-6}$	0,0000100440
1,49548134	3,99668536	3,99667414	0,10567582	$7{,}085927 \times 10^{-6}$	0,0000112120
1,60115716	4,28663498	4,28662249	0,10567582	$7{,}085927 \times 10^{-6}$	0,0000124870
1,70683298	4,57120536	4,57119105	0,10567582	$7{,}085927 \times 10^{-6}$	0,0000143120
1,81250880	4,84730747	4,84729107	0,10567582	$7{,}844396 \times 10^{-6}$	0,0000163960
1,91818462	5,11150794	5,11148918	0,10567582	$8{,}747367 \times 10^{-6}$	0,0000187650
1,93863847	5,16095461	5,16093546	0,02045384	$1{,}376200 \times 10^{-8}$	0,0000191530
1,95909231	5,20978430	5,20976475	0,02045384	$1{,}376200 \times 10^{-8}$	0,0000195490
1,97954616	5,25796697	5,25794701	0,02045384	$1{,}376200 \times 10^{-8}$	0,0000199540
2,00000000	5,30547195	5,30545159	0,02045384	$1{,}376200 \times 10^{-8}$	0,0000203670

EXERCÍCIOS 5.7

1. Use o algoritmo preditor-corretor com tamanho do passo variável de Adams com $TOL = 10^{-4}$, tamanho máximo do passo $hmax = 0{,}25$ e o tamanho mínimo do passo $hmin = 0{,}025$ para encontrar aproximações das soluções dos problemas de valor inicial dados. Compare os resultados com os valores reais.
   a. $y' = te^{3t} - 2y$, $0 \le t \le 1$, $y(0) = 0$; solução real $y(t) = \frac{1}{5}te^{3t} - \frac{1}{25}e^{3t} + \frac{1}{25}e^{-2t}$.
   b. $y' = 1 + (t - y)^2$, $2 \le t \le 3$, $y(2) = 1$; solução real $y(t) = t + 1/(1 - t)$.
   c. $y' = 1 + y/t$, $1 \le t \le 2$, $y(1) = 2$; solução real $y(t) = t \ln t + 2t$.
   d. $y' = \cos 2t + \operatorname{sen} 3t$, $0 \le t \le 1$, $y(0) = 1$; solução real $y(t) = \frac{1}{2}\operatorname{sen} 2t - \frac{1}{3}\cos 3t + \frac{4}{3}$.
2. Use o algoritmo preditor-corretor com tamanho do passo variável de Adams com $TOL = 10^{-4}$ para encontrar aproximações das soluções dos problemas de valor inicial abaixo:
   a. $y' = (y/t)^2 + y/t$, $1 \le t \le 1{,}2$, $y(1) = 1$, com $hmax = 0{,}05$ e $hmin = 0{,}01$.
   b. $y' = \operatorname{sen} t + e^{-t}$, $0 \le t \le 1$, $y(0) = 0$, com $hmax = 0{,}2$ e $hmin = 0{,}01$.
   c. $y' = (1/t)(y^2 + y)$, $1 \le t \le 3$, $y(1) = -2$, com $hmax = 0{,}4$ e $hmin = 0{,}01$.
   d. $y' = t^2$, $0 \le t \le 2$, $y(0) = 0$, com $hmax = 0{,}5$ e $hmin = 0{,}02$.
3. Use o algoritmo preditor-corretor com tamanho do passo variável de Adams com tolerância $TOL = 10^{-6}$, $hmax = 0{,}5$ e $hmin = 0{,}02$ para encontrar aproximações das soluções dos problemas de valor inicial dados. Compare os resultados com os valores reais.
   a. $y' = y/t - (y/t)^2$, $1 \le t \le 4$, $y(1) = 1$; solução real $y(t) = t/(1 + \ln t)$.
   b. $y' = 1 + y/t + (y/t)^2$, $1 \le t \le 3$, $y(1) = 0$; solução real $y(t) = t\operatorname{tg}(\ln t)$.
   c. $y' = -(y + 1)(y + 3)$, $0 \le t \le 3$, $y(0) = -2$; solução real $y(t) = -3 + 2(1 + e^{-2t})^{-1}$.
   d. $y' = (t + 2t^3)y^3 - ty$, $0 \le t \le 2$, $y(0) = \frac{1}{3}$; solução real $y(t) = (3 + 2t^2 + 6e^{t^2})^{-1/2}$.
4. Use o algoritmo preditor-corretor com tamanho de passo variável de Adams com tolerância $TOL = 10^{-5}$, $hmax = 0{,}2$, e $hmin = 0{,}02$ para aproximar as soluções dos problemas de valor inicial dados. Compare os resultados aos valores reais.
   a. $y' = \dfrac{2 - 2ty}{t^2 + 1}$, $0 \le t \le 3$, $y(0) = 1$; solução real $y(t) = (2t + 1)/(t^2 + 1)$.
   b. $y' = \dfrac{y^2}{1 + t}$, $1 \le t \le 4$, $y(1) = -(\ln 2)^{-1}$; solução real $y(t) = \dfrac{-1}{\ln(t + 1)}$.
   c. $y' = -ty + \dfrac{4t}{y}$, $0 \le t \le 1$, $y(0) = 1$; solução real $y(t) = \sqrt{4 - 3e^{-t^2}}$.
   d. $y' = -y + ty^{1/2}$, $2 \le t \le 4$, $y(2) = 2$; solução real $y(t) = (t - 2 + \sqrt{2}\,e\,e^{-t/2})^2$.

EXERCÍCIOS APLICADOS

5. Um circuito elétrico consiste em um capacitor, de capacitância constante $C = 1{,}1$ farads, em série com um resistor de resistência constante $R_0 = 2{,}1$ ohms. Uma tensão $\varepsilon(t) = 110 \operatorname{sen} t$ é aplicada a partir do instante $t = 0$. Quando o resistor esquenta, a resistência se torna uma função da corrente i,

$$R(t) = R_0 + ki, \quad \text{em que } k = 0{,}9,$$

e a equação diferencial para $i(t)$ se torna

$$\left(1 + \frac{2k}{R_0}i\right)\frac{di}{dt} + \frac{1}{R_0C}i = \frac{1}{R_0C}\frac{d\mathcal{E}}{dt}.$$

Encontre $i(2)$, supondo que $i(0) = 0$.

6. A temperatura dentro de uma SUV é $T(0) = 100$ °F, enquanto a temperatura do lado de fora é uma constante $M(t) = M_0 = 80°$. O proprietário da SUV entra e liga o ar-condicionado em $T_1 = 66°$. Com base na lei de resfriamento de Newton, a temperatura $T(t)$ no instante t satisfaz a equação diferencial

$$T'(t) = K_1 [M(t) - T(t)] + K_2 [T_1 - T(t)],$$

em que as constantes K_1 e K_2 têm base nas propriedades da SUV e do ar-condicionado. Suponha que $K_1 = \frac{1}{2}\frac{1}{hr}$ e $K_2 = \frac{7}{2}\frac{1}{hr}$. Encontre quanto tempo leva para que a temperatura dentro da SUV baixe para 70°F. Use $TOL = 0,1$, $hmin = 0,01$ e $hmax = 0,2$ no método preditor-corretor com tamanho de passo variável de Adams.

7. Seja $P(t)$ o número de indivíduos em uma população no instante t, medido em anos. Se a taxa de nascimentos média b for constante e a taxa de mortes média d for proporcional ao tamanho da população (devido à superlotação), então a taxa de crescimento da população é dada pela **equação logística**

$$\frac{dP(t)}{dt} = bP(t) - k[P(t)]^2,$$

em que $d = kP(t)$. Suponha que $P(0) = 50{,}976$, $b = 2{,}9 \times 10^{-2}$, e $k = 1{,}4 \times 10^{-7}$. Encontre a população depois de 5 anos.

EXERCÍCIOS TEÓRICOS

8. Construa um algoritmo preditor-corretor com tamanho do passo variável de Adams com base no método de cinco passos de Adams-Bashforth e no método de quatro passos de Adams-Moulton. Repita o Exercício 3 usando esse novo método.

QUESTÕES PARA DISCUSSÃO

1. Discuta a possibilidade de variar a ordem além de variar o tamanho de passo em um método preditor-corretor com base na representação por diferenças regressivas.
2. Discuta a possibilidade de um método preditor-corretor com tamanho de passo variável que permita apenas tomar a metade ou dobrar o tamanho do passo. Ele seria mais fácil de implementar do que o Algoritmo 5.5?
3. Discuta o erro envolvido no método preditor-corretor de Milne-Simpson com valores iniciais de Runge-Kutta comparado ao erro envolvido no método preditor-corretor de Adams com tamanho de passo variável usando valores iniciais de Runge-Kutta.

5.8 Métodos de extrapolação

A extrapolação foi usada na Seção 4.5 para aproximar integrais definidas, onde descobrimos que, ao calcular adequadamente uma média de aproximações por trapézio, relativamente imprecisas, poderíamos produzir novas aproximações que são extremamente precisas. Nesta seção, aplicaremos a extrapolação para aumentar a precisão de aproximações da solução de problemas de valor inicial. Como vimos anteriormente, as aproximações originais devem ter uma expansão do erro de uma forma específica para que o procedimento seja bem-sucedido.

Para aplicarmos a extrapolação para resolver problemas de valor inicial, utilizamos uma técnica que se baseia no método do ponto médio:

$$w_{i+1} = w_{i-1} + 2hf(t_i, w_i), \qquad \text{para } i \geq 1. \qquad (5.43)$$

Essa técnica requer dois valores iniciais, pois tanto w_0 como w_1 são necessários antes que a primeira aproximação de ponto médio, w_2, possa ser determinada. Um valor inicial é a condição inicial $w_0 = y(a) = \alpha$. Para determinar o segundo valor inicial, w_1, aplicamos o método de Euler. Aproximações subsequentes são obtidas a partir da Equação (5.43). Depois que é gerada uma série de aproximações desse tipo, terminando em um valor t, uma correção na extremidade final é feita envolvendo as duas aproximações de ponto médio finais. Isso produz uma aproximação $w(t, h)$ para $y(t)$, que tem a forma

$$y(t) = w(t, h) + \sum_{k=1}^{\infty} \delta_k h^{2k}, \tag{5.44}$$

em que os δ_k são constantes relacionadas às derivadas da solução $y(t)$. O ponto importante é que δ_k não depende do tamanho do passo h. Os detalhes desse procedimento podem ser encontrados no artigo de Gragg [Gr].

Para ilustrar a técnica de extrapolação para resolver

$$y'(t) = f(t, y), \qquad a \le t \le b, \qquad y(a) = \alpha,$$

consideramos um tamanho de passo h fixo e supomos que desejamos aproximar $y(t_1) = y(a + h)$.

Para o primeiro passo da extrapolação, tomamos $h_0 = h/2$ e usamos o método de Euler com $w_0 = \alpha$ para a aproximação de $y(a + h_0) = y(a + h/2)$ por

$$w_1 = w_0 + h_0 f(a, w_0).$$

A seguir, aplicamos o método do ponto médio com $t_{i-1} = a$ e $t_i = a + h_0 = a + h/2$ para produzir a primeira aproximação para $y(a + h) = y(a + 2h_0)$,

$$w_2 = w_0 + 2h_0 f(a + h_0, w_1).$$

A correção na extremidade é aplicada para obter a aproximação final de $y(a + h)$ para o tamanho de passo h_0. Isso resulta na aproximação $O(h_0^2)$ para $y(t_1)$

$$y_{1,1} = \frac{1}{2}[w_2 + w_1 + h_0 f(a + 2h_0, w_2)].$$

Salvamos a aproximação $y_{1,1}$ e descartamos os resultados intermediários w_1 e w_2.

Para obter a próxima aproximação, $y_{2,1}$, para $y(t_1)$, fazemos $h_1 = h/4$ e usamos o método de Euler com $w_0 = \alpha$ para obter uma aproximação $y(a + h_1) = y(a + h/4)$ que iremos chamar de w_1:

$$w_1 = w_0 + h_1 f(a, w_0).$$

A seguir, aproximamos $y(a+ 2h_1) = y(a + h/2)$ por w_2, $y(a + 3h_1) = y(a + 3h/4)$ com w_3, por w_4 a $y(a + 4h_1) = y(t_1)$ usando o método do ponto médio:

$$w_2 = w_0 + 2h_1 f(a + h_1, w_1),$$

$$w_3 = w_1 + 2h_1 f(a + 2h_1, w_2).$$

e

$$w_4 = w_2 + 2h_1 f(a + 3h_1, w_3).$$

A correção na extremidade agora é aplicada a w_3 e w_4 para produzir a aproximação melhorada de $O(h_1^2)$ para $y(t_1)$,

$$y_{2,1} = \frac{1}{2}[w_4 + w_3 + h_1 f(a + 4h_1, w_4)].$$

Por causa da forma do erro determinada na Equação (5.44), as duas aproximações para $y(a + h)$ possuem a propriedade de que

$$y(a+h) = y_{1,1} + \delta_1 \left(\frac{h}{2}\right)^2 + \delta_2 \left(\frac{h}{2}\right)^4 + \cdots = y_{1,1} + \delta_1 \frac{h^2}{4} + \delta_2 \frac{h^4}{16} + \cdots$$

e

$$y(a+h) = y_{2,1} + \delta_1 \left(\frac{h}{4}\right)^2 + \delta_2 \left(\frac{h}{4}\right)^4 + \cdots = y_{2,1} + \delta_1 \frac{h^2}{16} + \delta_2 \frac{h^4}{256} + \cdots.$$

Podemos eliminar a parte $O(h^2)$ desse erro de truncamento calculando a média dessas duas fórmulas adequadamente. Especificamente, se subtrairmos a primeira fórmula de 4 vezes a segunda e dividirmos o resultado por 3, teremos

$$y(a+h) = y_{2,1} + \frac{1}{3}(y_{2,1} - y_{1,1}) - \delta_2 \frac{h^4}{64} + \cdots.$$

Logo, a aproximação para $y(t_1)$ dada por

$$y_{2,2} = y_{2,1} + \frac{1}{3}(y_{2,1} - y_{1,1})$$

tem erro da ordem $O(h^4)$.

Continuando dessa maneira, o próximo passo é tomar $h_2 = h/6$ e aplicar o método de Euler uma vez, seguido pelo método do ponto médio cinco vezes. Depois, usamos a correção na extremidade para determinar a aproximação Oh^2, $y_{3,1}$ para $y(a + h) = y(t_1)$. Pode ser feita uma média dessa aproximação com $y_{2,1}$ para produzir uma segunda aproximação $O(h^4)$ que denotamos $y_{3,2}$. Depois, calculamos uma média de $y_{3,2}$ e $y_{2,2}$ para eliminar os termos de erro de $O(h^4)$ e produzir uma aproximação com erro de ordem $O(h^6)$. Fórmulas de ordens superiores são geradas com a continuação do processo.

A única diferença significativa entre a extrapolação realizada aqui e aquela usada na integração de Romberg, descrita na Seção 4.5, resulta do modo como as subdivisões são escolhidas. A integração de Romberg tem uma fórmula conveniente para representar as aproximações pela regra do trapézio composta que usa divisões consecutivas do tamanho do passo pelos números inteiros 1, 2, 4, 8, 16, 32, 64, ... Esse procedimento permite que o processo de cálculo de média prossiga de uma maneira simples.

Nós não temos meios de produzir facilmente aproximações refinadas para problemas de valor inicial, de modo que as divisões para a técnica de extrapolação são escolhidas para minimizar o número de cálculos de funções necessárias. O procedimento de cálculo de médias resultante dessa escolha de subdivisão, mostrado na Tabela 5.16, não é tão elementar, mas, exceto por isso, é o mesmo processo usado para a integração de Romberg.

Tabela 5.16

$y_{1,1} = w(t, h_0)$		
$y_{2,1} = w(t, h_1)$	$y_{2,2} = y_{2,1} + \frac{h_1^2}{h_0^2 - h_1^2}(y_{2,1} - y_{1,1})$	
$y_{3,1} = w(t, h_2)$	$y_{3,2} = y_{3,1} + \frac{h_2^2}{h_1^2 - h_2^2}(y_{3,1} - y_{2,1})$	$y_{3,3} = y_{3,2} + \frac{h_2^2}{h_0^2 - h_2^2}(y_{3,2} - y_{2,2})$

O Algoritmo 5.6 usa nós com subdivisões da forma 2^n e $2^n \cdot 3$. Outras escolhas podem ser utilizadas.

O Algoritmo 5.6 usa a técnica de extrapolação com a sequência de números inteiros.

$$q_0 = 2, q_1 = 4, q_2 = 6, q_3 = 8, q_4 = 12, q_5 = 16, q_6 = 24 \text{ e } q_7 = 32.$$

Um tamanho de passo básico h é selecionado e o método prossegue usando $h_i = h/q_i$, para cada $i = 0, \ldots, 7$, para aproximar $y(t + h)$. O erro é controlado exigindo que as aproximações $y_{1,1}, y_{2,2}, \ldots$ sejam calculadas até que $|y_{i,i} - y_{i-1,i-1}|$ seja menor que dada tolerância. Se a tolerância não for alcançada até $i = 8$, então h deve ser reduzido, e o processo, reaplicado.

Os valores mínimo e máximo de h, *hmin* e *hmax*, respectivamente, são especificados a fim de assegurar o controle do método. Se $y_{i,i}$ for considerado aceitável, então w_1 é igualado a $y_{i,i}$ e os cálculos recomeçam para que se determine w_2, o qual aproximará $y(t_2) = y(a + 2h)$. O processo é repetido até que a aproximação w_N para $y(b)$ seja determinada.

ALGORITMO 5.6 Extrapolação

Para aproximar a solução do problema de valor inicial

$$y' = f(t, y), \qquad a \leq t \leq b, \qquad y(a) = \alpha,$$

com erro de truncamento local abaixo de determinada tolerância:

ENTRADA extremidades a e b; condição inicial α; tolerância TOL; tamanho máximo de passo *hmax*; tamanho mínimo de passo *hmin*.

SAÍDA T, W, h, onde W aproxima $y(t)$ e o tamanho do passo h foi usado, ou uma mensagem de que o tamanho mínimo do passo foi excedido.

Passo 1 Inicialize o vetor $NK = (2, 4, 6, 8, 12, 16, 24, 32)$.

Passo 2 Faça $TO = a$;
$WO = \alpha$;
$h = hmax$;
$FLAG = 1$. (*FLAG será usado para sair do laço no Passo 4.*)

Passo 3 Para $i = 1, 2, \ldots, 7$
para $j = 1, \ldots, i$
faça $Q_{i,j} = (NK_{i+1}/NK_j)^2$. (*Observação:* $Q_{i,j} = h_j^2/h_{i+1}^2$.)

Passo 4 Enquanto ($FLAG = 1$), execute Passos 5 a 20.

Passo 5 Faça $k = 1$;
$NFLAG = 0$. (*Quando a precisão desejada for alcançada, NFLAG é igualado a 1.*)

Passo 6 Enquanto ($k \leq 8$ e $NFLAG = 0$), execute Passos 7 a 14.

Passo 7 Faça $HK = h / NK_k$;
$T = TO$;
$W2 = WO$;
$W3 = W2 + HK \cdot f(T, W2)$; (*Primeiro passo de Euler.*)
$T = TO + HK$.

Passo 8 Para $j = 1, \ldots, NK_k - 1$
faça $W1 = W2$;
$W2 = W3$;
$W3 = W1 + 2HK \cdot f(T, W2)$;
(*Método do ponto médio.*)
$T = TO + (j + 1) \cdot HK$.

Passo 9 Faça $y_k = [W3 + W2 + HK \cdot f(T, W3)]/2$.
(*Correção na extremidade para calcular* $y_{k,1}$.)

Passo 10 Se $k \geq 2$, então execute Passos 11 a 13.
(*Observação:* $y_{k-1} \equiv y_{k-1,1}, y_{k-2} \equiv y_{k-2,2}, \ldots, y_1 \equiv y_{k-1,k-1}$ *pois somente a linha anterior da tabela é salva.*)

Passo 11 Faça $j = k$;
$v = y_1$. (*Salve* $y_{k-1,\,k-1}$.)

Passo 12 Enquanto ($j \geq 2$) execute
faça $y_{j-1} = y_j + \dfrac{y_j - y_{j-1}}{Q_{k-1,j-1} - 1}$;
(*Extrapolação para calcular* $y_{j-1} \equiv y_{k,k-j+2}$.)

(*Observação*: $y_{j-1} = \dfrac{h_{j-1}^2 y_j - h_k^2 y_{j-1}}{h_{j-1}^2 - h_k^2}$.)
$j = j - 1$.

Passo 13 Se $|y_1 - v| \leq TOL$, então faça $NFLAG = 1$
(y_1 *é aceito como o novo w.*)

Passo 14 Faça $k = k + 1$. (*Fim do Passo 6*)

Passo 15 Faça $k = k - 1$. (*Parte do Passo 4*)

Passo 16 Se $NFLAG = 0$ então execute os Passos 17 e 18
(*Resultado rejeitado.*)
senão execute os Passos 19 e 20
(*Resultado aceito.*)

Passo 17 Faça $h = h/2$. (*Novo valor para w rejeitado, diminuir h.*)

Passo 18 Se $h < hmin$, então
SAÍDA ('*hmin* excedido');
Faça $FLAG = 0$. (*Final do Passo 16*)
(*Ramo verdadeiro concluído, o próximo passo é voltar ao Passo 4.*)

Passo 19 Faça $WO = y_1$; (*Novo valor para w aceito.*)
$TO = TO + h$;
SAÍDA (TO, WO, h).

Passo 20 Se $TO \geq b$, então faça $FLAG = 0$
(*Procedimento concluído com sucesso.*)
senão se $TO + h > b$ então faça $h = b - TO$

(*Terminar em $t = b$.*)
senão se ($k \le 3$ e $h < 0{,}5\,(hmax)$), então faça $h = 2h$.
(*Aumentar tamanho do passo, se possível.*) (*Fim dos Passos 4 e 16*)

Passo 21 PARE. ■

EXEMPLO 1

Use o método de extrapolação com tamanho de passo máximo $hmax = 0{,}2$, tamanho de passo mínimo $hmin = 0{,}01$ e tolerância $TOL = 10^{-9}$ para aproximar a solução do problema de valor inicial

$$y' = y - t^2 + 1, \quad 0 \le t \le 2, \quad y(0) = 0{,}5.$$

Solução Para o primeiro passo do método de extrapolação, fazemos $w_0 = 0{,}5$, $t_0 = 0$ e $h = 0{,}2$. Então, calculamos

$$h_0 = h/2 = 0{,}1,$$
$$w_1 = w_0 + h_0 f(t_0, w_0) = 0{,}5 + 0{,}1(1{,}5) = 0{,}65,$$

e

$$w_2 = w_0 + 2h_0 f(t_0 + h_0, w_1) = 0{,}5 + 0{,}2\,(1{,}64) = 0{,}828,$$

e a primeira aproximação para $y(0{,}2)$ é

$$y_{11} = \frac{1}{2}(w_2 + w_1 + h_0 f(t_0 + 2h_0, w_2)) = \frac{1}{2}(0{,}828 + 0{,}65 + 0{,}1 f(0{,}2,\, 0{,}828))$$
$$= 0{,}8284.$$

Para a segunda aproximação de $y(0{,}2)$, calculamos

$$h_1 = h/4 = 0{,}05,$$
$$w_1 = w_0 + h_1 f(t_0, w_0) = 0{,}5 + 0{,}05\,(1{,}5) = 0{,}575,$$
$$w_2 = w_0 + 2h_1 f(t_0 + h_1, w_1) = 0{,}5 + 0{,}1(1{,}5725) = 0{,}65725,$$
$$w_3 = w_1 + 2h_1 f(t_0 + 2h_1, w_2) = 0{,}575 + 0{,}1(1{,}64725) = 0{,}739725,$$

e

$$w_4 = w_2 + 2h_1 f(t_0 + 3h_1, w_3) = 0{,}65725 + 0{,}1(1{,}717225) = 0{,}8289725.$$

Então, a aproximação da correção de extremidade é

$$y_{21} = \frac{1}{2}(w_4 + w_3 + h_1 f(t_0 + 4h_1, w_4))$$
$$= \frac{1}{2}(0{,}8289725 + 0{,}739725 + 0{,}05 f(0{,}2,\, 0{,}8289725)) = 0{,}8290730625.$$

Isto fornece a primeira aproximação da extrapolação

$$y_{22} = y_{21} + \left(\frac{(1/4)^2}{(1/2)^2 - (1/4)^2}\right)(y_{21} - y_{11}) = 0{,}8292974167.$$

A terceira aproximação é encontrada pelo cálculo

$$h_2 = h/6 = 0{,}0\overline{3},$$
$$w_1 = w_0 + h_2 f(t_0, w_0) = 0{,}55,$$
$$w_2 = w_0 + 2h_2 f(t_0 + h_2, w_1) = 0{,}6032592593,$$
$$w_3 = w_1 + 2h_2 f(t_0 + 2h_2, w_2) = 0{,}6565876543,$$
$$w_4 = w_2 + 2h_2 f(t_0 + 3h_2, w_3) = 0{,}7130317696,$$
$$w_5 = w_3 + 2h_2 f(t_0 + 4h_2, w_4) = 0{,}7696045871,$$
$$w_6 = w_4 + 2h_2 f(t_0 + 5h_2, w_5) = 0{,}8291535569,$$

e, então, a aproximação de correção de extremidade,

$$y_{31} = \frac{1}{2}(w_6 + w_5 + h_2 f(t_0 + 6h_2, w_6) = 0{,}8291982979.$$

Podemos agora encontrar duas aproximações extrapoladas

$$y_{32} = y_{31} + \left(\frac{(1/6)^2}{(1/4)^2 - (1/6)^2}\right)(y_{31} - y_{21}) = 0{,}8292984862$$

e

$$y_{33} = y_{32} + \left(\frac{(1/6)^2}{(1/2)^2 - (1/6)^2}\right)(y_{32} - y_{22}) = 0{,}8292986199.$$

Como

$$|y_{33} - y_{22}| = 1{,}2 \times 10^{-6}$$

não satisfaz a tolerância, precisamos calcular pelo menos mais uma linha na tabela de extrapolação. Usamos $h_3 = h/8 = 0{,}025$ e calculamos w_1 pelo método de Euler, $w_2, \cdots, w_8$, pelo método do ponto médio e aplicamos a correção de extremidade. Isto nos dará a nova aproximação y_{41}, que nos permite calcular a nova linha de extrapolação

$$y_{41} = 0{,}8292421745 \quad y_{42} = 0{,}8292985873 \quad y_{43} = 0{,}8292986210 \quad y_{44} = 0{,}8292986211.$$

Comparando $|y_{44} - y_{33}| = 1{,}2 \times 10^{-9}$, encontramos que a tolerância de precisão não foi atingida. Para obter os elementos da próxima linha, usamos $h_4 = h/12 = 0{,}0\overline{6}$. Primeiro, calculamos w_1 pelo método de Euler, a seguir, w_2 por w_{12} pelo método do ponto médio. Finalmente, usamos a correção de extremidade para obter y_{51}. Os elementos restantes da quinta linha são obtidos usando extrapolação e são mostrados na Tabela 5.17. Como $y_{55} = 0{,}8292986213$ está a menos de 10^{-9} de y_{44}, ela é aceita como a aproximação de $y(0{,}2)$. O procedimento começa de novo para aproximar $y(0{,}4)$. O conjunto completo de aproximações, precisas em todas as casas decimais listadas, é dado na Tabela 5.18. ■

Tabela 5.17

$y_{1,1} = 0{,}8284000000$			
$y_{2,1} = 0{,}8290730625$	$y_{2,2} = 0{,}8292974167$		
$y_{3,1} = 0{,}8291982979$	$y_{3,2} = 0{,}8292984862$	$y_{3,3} = 0{,}8292986199$	
$y_{4,1} = 0{,}8292421745$	$y_{4,2} = 0{,}8292985873$	$y_{4,3} = 0{,}8292986210$	$y_{4,4} = 0{,}8292986211$

$y_{5,1} = 0{,}8292735291$	$y_{5,2} = 0{,}8292986128$	$y_{5,3} = 0{,}8292986213$	$y_{5,4} = 0{,}8292986213$	$y_{5,5} = 0{,}8292986213$

Tabela 5.18

t_i	$y_i = y(t_i)$	w_i	h_i	k
0,200	0,8292986210	0,8292986213	0,200	5
0,400	1,2140876512	1,2140876510	0,200	4
0,600	1,6489405998	1,6489406000	0,200	4
0,700	1,8831236462	1,8831236460	0,100	5
0,800	2,1272295358	2,1272295360	0,100	4
0,900	2,3801984444	2,3801984450	0,100	7
0,925	2,4446908698	2,4446908710	0,025	8
0,950	2,5096451704	2,5096451700	0,025	3
1,000	2,6408590858	2,6408590860	0,050	3
1,100	2,9079169880	2,9079169880	0,100	7
1,200	3,1799415386	3,1799415380	0,100	6
1,300	3,4553516662	3,4553516610	0,100	8
1,400	3,7324000166	3,7324000100	0,100	5
1,450	3,8709427424	3,8709427340	0,050	7
1,475	3,9401071136	3,9401071050	0,025	3
1,525	4,0780532154	4,0780532060	0,050	4
1,575	4,2152541820	4,2152541820	0,050	3
1,675	4,4862274254	4,4862274160	0,100	4
1,775	4,7504844318	4,7504844210	0,100	4
1,825	4,8792274904	4,8792274790	0,050	3
1,875	5,0052154398	5,0052154290	0,050	3
1,925	5,1280506670	5,1280506570	0,050	4
1,975	5,2473151731	5,2473151660	0,050	8
2,000	5,3054719506	5,3054719440	0,025	3

A demonstração de que o método apresentado no Algoritmo 5.6 converge envolve resultados da teoria da somabilidade; ela pode ser encontrada no artigo original de Gragg [Gr]. Inúmeros outros procedimentos de extrapolação estão disponíveis, alguns dos quais usam técnicas com tamanho de passo variável. Para procedimentos adicionais que se baseiam no processo de extrapolação, consulte os artigos de Bulirsch e Stoer [BS1], [BS2] e [BS3], ou o texto de Stetter [Stet]. Os métodos usados por Bulirsch e Stoer envolvem interpolação com funções racionais em lugar da interpolação polinomial utilizada no procedimento de Gragg.

EXERCÍCIOS 5.8

1. Use o algoritmo de extrapolação com tolerância $TOL = 10^{-4}$, $hmax = 0{,}25$ e $hmin = 0{,}05$ para encontrar aproximações das soluções dos problemas de valor inicial a seguir. Compare os resultados com os valores reais.

   a. $y' = te^{3t} - 2y$, $0 \le t \le 1$, $y(0) = 0$; solução real $y(t) = \frac{1}{5}te^{3t} - \frac{1}{25}e^{3t} + \frac{1}{25}e^{-2t}$.

   b. $y' = 1 + (t - y)^2$, $2 \le t \le 3$, $y(2) = 1$; solução real $y(t) = t + 1/(1 - t)$.

   c. $y' = 1 + y/t$, $1 \le t \le 2$, $y(1) = 2$; solução real $y(t) = t \ln t + 2t$.

   d. $y' = \cos 2t + \operatorname{sen} 3t$, $0 \le t \le 1$, $y(0) = 1$; solução real $y(t) = \frac{1}{2}\operatorname{sen} 2t - \frac{1}{3}\cos 3t + \frac{3}{4}$.

2. Use o algoritmo de extrapolação com $TOL = 10^{-4}$ para encontrar aproximações das soluções dos problemas de valor inicial abaixo:

   a. $y' = (y/t)^2 + y/t$, $1 \le t \le 1{,}2$, $y(1) = 1$, com $hmax = 0{,}05$ e $hmin = 0{,}02$.

   b. $y' = \operatorname{sen} t + e^{-t}$, $0 \le t \le 1$, $y(0) = 0$, com $hmax = 0{,}25$ e $hmin = 0{,}02$.

   c. $y' = (y^2 + y)/t$, $1 \le t \le 3$, $y(0) = -2$, com $hmax = 0{,}5$ e $hmin = 0{,}02$.

   d. $y' = t^2$, $0 \le t \le 2$, $y(0) = 0$, com $hmax = 0{,}5$ e $hmin = 0{,}02$.

3. Use o algoritmo de extrapolação com $TOL = 10^{-6}$, $hmax = 0{,}5$ e $hmin = 0{,}05$ para encontrar aproximações das soluções dos problemas de valor inicial abaixo. Compare os resultados com os valores reais.

   a. $y' = y/t - (y/t)^2$, $1 \le t \le 4$, $y(1) = 1$; solução real $y(t) = t/(1 + \ln t)$.

   b. $y' = 1 + y/t + (y/t)^2$, $1 \le t \le 3$, $y(1) = 0$; solução real $y(t) = t \operatorname{tg}(\ln t)$.

   c. $y' = -(y + 1)(y + 3)$, $0 \le t \le 3$, $y(0) = -2$; solução real $y(t) = -3 + 2(1 + e^{-2t})^{-1}$.

   d. $y' = (t + 2t^3)y^3 - ty$, $0 \le t \le 2$, $y(0) = \frac{1}{3}$; solução real $y(t) = (3 + 2t^2 + 6e^{t^2})^{-1/2}$.

4. Use o algoritmo de extrapolação com tolerância $TOL = 10^{-6}$, $hmax = 0{,}5$ e $hmin = 0{,}05$ para aproximar as soluções dos seguintes problemas de valor inicial. Compare os resultados aos valores reais.

   a. $y' = \dfrac{2 - 2ty}{t^2 + 1}$, $0 \le t \le 3$, $y(0) = 1$; solução real $y = \dfrac{(2t + 1)}{(t^2 + 1)}$.

   b. $y' = \dfrac{y^2}{1 + t}$, $1 \le t \le 4$, $y(1) = -(\ln 2)^{-1}$; solução real $y(t) = \dfrac{-1}{\ln(t + 1)}$.

   c. $y' = -ty + \dfrac{4t}{y}$, $0 \le t \le 1$, $y(0) = 1$; solução real $y(t) = \sqrt{4 - 3e^{-t^2}}$.

   d. $y' = -y + ty^{1/2}$, $2 \le t \le 4$, $y(2) = 2$; solução real $y(t) = (t - 2 + \sqrt{2}\, e\, e^{-t/2})^2$.

EXERCÍCIOS APLICADOS

5. Suponha que um lobo esteja perseguindo um coelho. O caminho do lobo em direção ao coelho é chamado de curva de perseguição. Suponha que o lobo corra com uma velocidade constante α e o coelho com velocidade constante β. Considere que o lobo começa no instante $t = 0$ na origem, e o coelho, no ponto (0,1). Suponha que o coelho corra sobre a reta $x = 1$, para cima. Denote por $(x(t), y(t))$ a posição do lobo no instante t.

   A equação diferencial que descreve a curva de perseguição é

$$\frac{dy}{dx} = \frac{1}{2}\left[(1 - x)^{-\beta/\alpha} - (1 - x)^{\beta/\alpha}\right]$$

   Suponha que o lobo corra a velocidade de 35 milhas por hora e o coelho corra à velocidade de 25 milhas por hora. Encontre a posição $(x(t), y(t))$ na qual o lobo pega o coelho usando o método de extrapolação com $TOL = 10^{-10}$, $hmin = 10^{-12}$, e $hmax = 0{,}1$.

6. O modelo populacional de Gompertz foi descrito no Exercício 26 da Seção 2.3. A população era dada por

$$P(t) = P_L e^{-ce^{-kt}}$$

em que P_L, c, e $k > 0$ são constantes e $P(t)$ é a população no instante t. $P(t)$ satisfaz a equação diferencial

$$P'(t) = k\,[\ln P_L - \ln P(t)]\, P(t).$$

a. Usando $t = 0$ como 1960 e os dados na tabela da página 115, aproxime P_L, c e k.

b. Aplique o método de extrapolação com $TOL = 1$ à equação diferencial para aproximar $P(1990)$, $P(2000)$ e $P(2010)$.

c. Compare as aproximações aos valores da função de Gompertz e à população real.

QUESTÕES PARA DISCUSSÃO

1. Compare a precisão do método de extrapolação no Algoritmo 5.6 ao do método de Runge-Kutta, para dado número de cálculo de funções.
2. Discuta as semelhanças e diferenças entre o método no Algoritmo 5.6 e o método de Bulirsch-Stoer.

5.9 Equações de ordem superior e sistemas de equações diferenciais

Esta seção contém uma introdução à solução numérica de problemas de valor inicial de ordem superior. As técnicas discutidas são limitadas àquelas que transformam uma equação de ordem superior em um sistema de equações diferenciais de primeira ordem. Antes de discutirmos o procedimento de transformação, são necessárias algumas observações referentes aos sistemas que envolvem equações diferenciais de primeira ordem.

Um **sistema de ordem *m*** de problemas de valor inicial de primeira ordem tem a forma

$$\begin{aligned}
\frac{du_1}{dt} &= f_1(t, u_1, u_2, \ldots, u_m),\\
\frac{du_2}{dt} &= f_2(t, u_1, u_2, \ldots, u_m),\\
&\vdots\\
\frac{du_m}{dt} &= f_m(t, u_1, u_2, \ldots, u_m),
\end{aligned} \tag{5.45}$$

para $a \leq t \leq b$, com as condições iniciais

$$u_1(a) = \alpha_1,\ u_2(a) = \alpha_2, \ldots, u_m(a) = \alpha_m. \tag{5.46}$$

O objetivo é encontrar m funções $u_1(t), u_2(t), \ldots, u_m(t)$ que satisfaçam cada uma das equações diferenciais junto com todas as condições iniciais.

Para discutirmos a existência e a unicidade de soluções de sistemas de equações, precisamos estender a definição da condição de Lipschitz para funções de vários variáveis.

Definição 5.16 A função $f(t, y_1, \ldots, y_m)$, definida no conjunto

$$D = \{(t, u_1, \ldots, u_m) \mid a \leq t \leq b \text{ e } -\infty < u_i < \infty, \text{ para cada } i = 1, 2, \ldots, m\},$$

satisfaz uma **condição de Lipschitz** em D nas variáveis $u_1, u_2, \ldots, u_m$ se existir uma constante $L > 0$ tal que

$$|f(t, u_1, \ldots, u_m) - f(t, z_1, \ldots, z_m)| \leq L \sum_{j=1}^{m} |u_j - z_j|, \tag{5.47}$$

para todo $(t, u_1, \ldots, u_m)$ e $(t, z_1, \ldots, z_m)$ em D. ■

Usando o teorema de valor médio, podemos demonstrar que, se f e suas derivadas parciais de primeira ordem forem contínuas em D e se

$$\left|\frac{\partial f(t, u_1, \ldots, u_m)}{\partial u_i}\right| \leq L,$$

para cada $i = 1, 2, \ldots, m$ e qualquer $(t, u_1, \ldots, u_m)$ em D, então f satisfará uma condição de Lipschitz em D com constante de Lipschitz L (consultar [BiR], p. 141). Segue um teorema básico de existência e unicidade. Sua demonstração pode ser encontrada em [BiR], p. 152-154.

Teorema 5.17 Suponha que

$$D = \{(t, u_1, u_2, \ldots, u_m) \mid a \leq t \leq b \text{ e } -\infty < u_i < \infty, \quad \text{para cada } i = 1, 2, \ldots, m\},$$

e sejam $f_i(t, u_1, \ldots, u_m)$, para $i = 1, 2, \ldots, m$, contínuas em D e satisfazendo uma condição de Lipschitz em D. O sistema de equações diferenciais de primeira ordem (5.45), sujeito às condições iniciais (5.46), possui uma solução única $u_1(t), \ldots, u_m(t)$, para $a \leq t \leq b$. ■

Os métodos para resolver sistemas de equações diferenciais de primeira ordem são generalizações dos métodos para uma única equação de primeira ordem apresentados anteriormente neste capítulo. Por exemplo, o método clássico de Runge-Kutta de quarta ordem expresso por

$$\begin{aligned}
w_0 &= \alpha,\\
k_1 &= hf(t_i, w_i),\\
k_2 &= hf\left(t_i + \frac{h}{2}, w_i + \frac{1}{2}k_1\right),\\
k_3 &= hf\left(t_i + \frac{h}{2}, w_i + \frac{1}{2}k_2\right),\\
k_4 &= hf(t_{i+1}, w_i + k_3),\\
w_{i+1} &= w_i + \frac{1}{6}(k_1 + 2k_2 + 2k_3 + k_4), \quad \text{para cada } i = 0, 1, \ldots, N-1,
\end{aligned}$$

usado para resolver o problema de valor inicial de primeira ordem

$$y' = f(t, y), \qquad a \leq t \leq b, \qquad y(a) = \alpha,$$

é generalizado como segue.

Escolha um número inteiro $N > 0$ e tome $h = (b - a)/N$. Divida o intervalo $[a, b]$ em N subintervalos com os pontos de malha

$$t_j = a + jh, \qquad \text{para cada } j = 0, 1, \ldots, N.$$

Use a notação w_{ij} para cada $j = 0, 1, \ldots, N$ e $i = 1, 2, \ldots, m$, para denotar uma aproximação para $u_i(t_j)$. Isto é, w_{ij} aproxima a i-ésima solução $u_i(t)$ da Equação (5.45) no j-ésimo ponto da malha t_j. Como condições iniciais, tome (veja a Figura 5.6)

$$w_{1,0} = \alpha_1, w_{2,0} = \alpha_2, \ldots, w_{m,0} = \alpha_m. \tag{5.48}$$

Suponha que os valores $w_{1,j}, w_{2,j}, \ldots, w_{m,j}$ tenham sido calculados. Conseguimos $w_{1,j+1}, w_{2,j+2}, \ldots, w_{m,j+1}$ calculando primeiro

$$k_{1,i} = hf_i(t_j, w_{1,j}, w_{2,j}, \ldots, w_{m,j}), \quad \text{para cada } i = 1, 2, \ldots, m, \tag{5.49}$$

$$k_{2,i} = hf_i\left(t_j + \frac{h}{2}, w_{1,j} + \frac{1}{2}k_{1,1}, w_{2,j} + \frac{1}{2}k_{1,2}, \ldots, w_{m,j} + \frac{1}{2}k_{1,m}\right), \tag{5.50}$$

para cada $i = 1, 2, \ldots, m$;

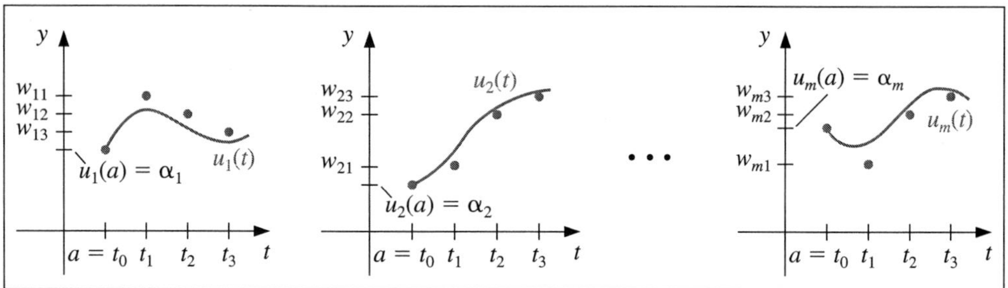

Figura 5.6

$$k_{3,i} = hf_i\left(t_j + \frac{h}{2}, w_{1,j} + \frac{1}{2}k_{2,1}, w_{2,j} + \frac{1}{2}k_{2,2}, \ldots, w_{m,j} + \frac{1}{2}k_{2,m}\right), \tag{5.51}$$

para cada $i = 1, 2, \ldots, m$;

$$k_{4,i} = hf_i(t_j + h, w_{1,j} + k_{3,1}, w_{2,j} + k_{3,2}, \ldots, w_{m,j} + k_{3,m}), \tag{5.52}$$

para cada $i = 1, 2, \ldots, m$; e então

$$w_{i,j+1} = w_{i,j} + \frac{1}{6}(k_{1,i} + 2k_{2,i} + 2k_{3,i} + k_{4,i}), \tag{5.53}$$

para cada $i = 1, 2, \ldots, m$. Observe que todos os valores $k_{1,1}, k_{1,2}, \ldots, k_{1,m}$ devem ser calculados antes que quaisquer termos da forma $k_{2,i}$ possam ser determinados. Em geral, cada $k_{l,1}, k_{l,2}, \ldots, k_{l,m}$ deve ser calculado antes de qualquer uma das expressões $k_{l+1,i}$. O Algoritmo 5.7 implementa o método de Runge-Kutta de quarta ordem para sistemas de problemas de valor inicial.

ALGORITMO 5.7 **Método de Runge-Kutta para sistemas de equações diferenciais**

Para aproximar a solução do sistema de ordem m de problemas de valor inicial de primeira ordem

$$u'_j = f_j(t, u_1, u_2, \ldots, u_m), \qquad a \leq t \leq b, \qquad \text{com } u_j(a) = \alpha_j,$$

para $j = 1, 2, \ldots, m$ em $(N + 1)$ números igualmente espaçados no intervalo $[a, b]$:

ENTRADA extremidades a e b; números de equações m; inteiro N; condições iniciais $\alpha_1, \ldots, \alpha_m$.

SAÍDA aproximações w_j para $u_j(t)$ nos $(N + 1)$ valores de t.

Passo 1 Faça $h = (b - a)/N$;
$t = a$.

Passo 2 Para $j = 1, 2, \ldots, m$ faça $w_j = \alpha_j$.

Passo 3 SAÍDA $(t, w_1, w_2, \ldots, w_m)$.

Passo 4 Para $i = 1, 2, \ldots, N$ execute Passos 5 a 11.

Passo 5 Para $j = 1, 2, \ldots, m$, faça
$k_{1,j} = hf_j(t, w_1, w_2, \ldots, w_m)$.

Passo 6 Para $j = 1, 2, \ldots, m$, faça

$$k_{2,j} = hf_j\left(t + \tfrac{h}{2}, w_1 + \tfrac{1}{2}k_{1,1}, w_2 + \tfrac{1}{2}k_{1,2}, \ldots, w_m + \tfrac{1}{2}k_{1,m}\right).$$

Passo 7 Para $j = 1, 2, \ldots, m$, faça

$$k_{3,j} = hf_j\left(t + \tfrac{h}{2}, w_1 + \tfrac{1}{2}k_{2,1}, w_2 + \tfrac{1}{2}k_{2,2}, \ldots, w_m + \tfrac{1}{2}k_{2,m}\right).$$

Passo 8 Para $j = 1, 2, \ldots, m$, faça
$k_{4,j} = hf_j(t + h, w_1 + k_{3,1}, w_2 + k_{3,2}, \ldots, w_m + k_{3,m})$.

Passo 9 Para $j = 1, 2, \ldots, m$, faça
$w_j = w_j + (k_{1,j} + 2k_{2,j} + 2k_{3,j} + k_{4,j})/6$.

Passo 10 Faça $t = a + ih$.

Passo 11 SAÍDA $(t, w_1, w_2, \ldots, w_m)$.

Passo 12 PARE. ■

EXEMPLO 1

A Lei de Kirchhoff afirma que a soma de todas as variações de tensão instantâneas ao redor de um circuito fechado é zero. Essa lei implica que a corrente $I(t)$ em um circuito fechado contendo uma resistência de R ohms, uma capacitância de C farads, uma indutância de L henries e uma fonte de tensão de $E(t)$ volts satisfaz a equação

$$LI'(t) + RI(t) + \frac{1}{C}\int I(t)\,dt = E(t).$$

As correntes $I_1(t)$ e $I_2(t)$ nos laços direito e esquerdo, respectivamente, do circuito mostrado na Figura 5.7 são as soluções do sistema de equações

$$2I_1(t) + 6[I_1(t) - I_2(t)] + 2I'_1(t) = 12,$$

$$\frac{1}{0{,}5}\int I_2(t)\,dt + 4I_2(t) + 6[I_2(t) - I_1(t)] = 0.$$

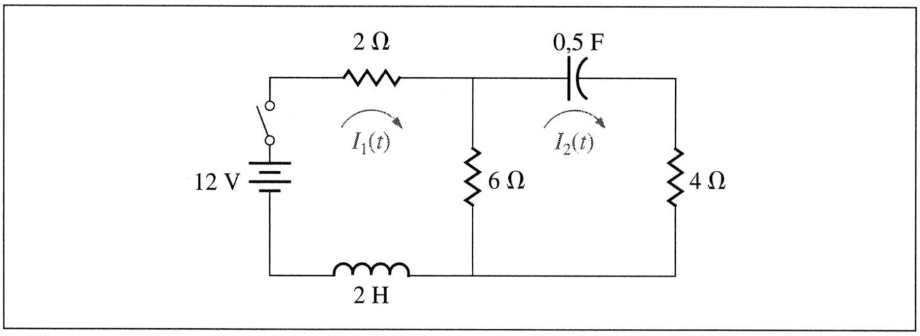

Figura 5.7

Se o interruptor no circuito for fechado no instante $t = 0$, temos as condições iniciais $I_1(0) = 0$ e $I_2(0) = 0$. Isole $I'_1(t)$ na primeira equação, derive a segunda equação e nela substitua o valor de $I'_1(t)$ para obter

$$I'_1 = f_1(t, I_1, I_2) = -4I_1 + 3I_2 + 6, \qquad I_1(0) = 0,$$
$$I'_2 = f_2(t, I_1, I_2) = 0{,}6I'_1 - 0{,}2I_2 = -2{,}4I_1 + 1{,}6I_2 + 3{,}6, \qquad I_2(0) = 0.$$

A solução exata desse sistema é

$$I_1(t) = -3{,}375e^{-2t} + 1{,}875e^{-0{,}4t} + 1{,}5,$$
$$I_2(t) = -2{,}25e^{-2t} + 2{,}25e^{-0{,}4t}.$$

Aplicaremos o método de Runge-Kutta de quarta ordem a esse sistema com $h = 0{,}1$. Como $w_{1,0} = I_1(0) = 0$ e $w_{2,0} = I_2(0) = 0$,

$$k_{1,1} = hf_1(t_0, w_{1,0}, w_{2,0}) = 0{,}1\ f_1(0, 0, 0) = 0{,}1\ (-4(0) + 3(0) + 6) = 0{,}6,$$
$$k_{1,2} = hf_2(t_0, w_{1,0}, w_{2,0}) = 0{,}1\ f_2(0, 0, 0) = 0{,}1\ (-2{,}4(0) + 1{,}6(0) + 3{,}6) = 0{,}36,$$
$$k_{2,1} = hf_1\left(t_0 + \frac{1}{2}h, w_{1,0} + \frac{1}{2}k_{1,1}, w_{2,0} + \frac{1}{2}k_{1,2}\right) = 0{,}1\ f_1(0{,}05, 0{,}3, 0{,}18)$$
$$= 0{,}1\ (-4(0{,}3) + 3(0{,}18) + 6) = 0{,}534,$$
$$k_{2,2} = hf_2\left(t_0 + \frac{1}{2}h, w_{1,0} + \frac{1}{2}k_{1,1}, w_{2,0} + \frac{1}{2}k_{1,2}\right) = 0{,}1\ f_2(0{,}05, 0{,}3, 0{,}18)$$
$$= 0{,}1\ (-2{,}4(0{,}3) + 1{,}6(0{,}18) + 3{,}6) = 0{,}3168.$$

Gerando os valores restantes de maneira análoga, obtemos

$$k_{3,1} = (0{,}1)f_1(0{,}05, 0{,}267, 0{,}1584) = 0{,}54072,$$
$$k_{3,2} = (0{,}1)f_2(0{,}05, 0{,}267, 0{,}1584) = 0{,}321264,$$
$$k_{4,1} = (0{,}1)f_1(0{,}1, 0{,}54072, 0{,}321264) = 0{,}4800912,$$
$$k_{4,2} = (0{,}1)f_2(0{,}1, 0{,}54072, 0{,}321264) = 0{,}28162944.$$

Como consequência,

$$I_1(0{,}1) \approx w_{1,1} = w_{1,0} + \frac{1}{6}(k_{1,1} + 2k_{2,1} + 2k_{3,1} + k_{4,1})$$
$$= 0 + \frac{1}{6}\ (0{,}6 + 2(0{,}534) + 2(0{,}54072) + 0{,}4800912) = 0{,}5382552$$

e

$$I_2(0,1) \approx w_{2,1} = w_{2,0} + \frac{1}{6}(k_{1,2} + 2k_{2,2} + 2k_{3,2} + k_{4,2}) = 0,3196263.$$

Os valores restantes na Tabela 5.19 são gerados de maneira análoga. ■

Tabela 5.19

t_j	$w_{1,j}$	$w_{2,j}$	$\lvert I_1(t_j) - w_{1,j}\rvert$	$\lvert I_2(t_j) - w_{2,j}\rvert$
0,0	0	0	0	0
0,1	0,5382550	0,3196263	$0,8285 \times 10^{-5}$	$0,5803 \times 10^{-5}$
0,2	0,9684983	0,5687817	$0,1514 \times 10^{-4}$	$0,9596 \times 10^{-5}$
0,3	1,310717	0,7607328	$0,1907 \times 10^{-4}$	$0,1216 \times 10^{-4}$
0,4	1,581263	0,9063208	$0,2098 \times 10^{-4}$	$0,1311 \times 10^{-4}$
0,5	1,793505	1,014402	$0,2193 \times 10^{-4}$	$0,1240 \times 10^{-4}$

Equações diferenciais de ordem superior

Muitos problemas físicos importantes – por exemplo, circuitos elétricos e sistemas vibrantes – envolvem problemas de valor inicial cujas equações têm ordens maiores que um. Não são necessárias novas técnicas para a solução desses problemas; renomeando as variáveis, conseguimos reduzir uma equação diferencial de ordem superior a um sistema de equações diferenciais de primeira ordem e, então, aplicar um dos métodos que já foram discutidos.

Um problema de valor inicial geral de ordem m

$$y^{(m)}(t) = f(t, y, y', \ldots, y^{(m-1)}), \qquad a \le t \le b,$$

com condições iniciais $y(a) = \alpha_1, y'(a) = \alpha_2, \ldots, y^{(m-1)}(a) = \alpha_m$ pode ser convertido em um sistema de equações na forma das Equações (5.45) e (5.46).

Faça $u_1(t) = y(t)$, $u_2(t) = y'(t), \ldots,$ e $u_m(t) = y^{(m-1)}(t)$. Isso produz o sistema de primeira ordem

$$\frac{du_1}{dt} = \frac{dy}{dt} = u_2, \quad \frac{du_2}{dt} = \frac{dy'}{dt} = u_3, \quad \ldots, \quad \frac{du_{m-1}}{dt} = \frac{dy^{(m-2)}}{dt} = u_m,$$

e

$$\frac{du_m}{dt} = \frac{dy^{(m-1)}}{dt} = y^{(m)} = f(t, y, y', \ldots, y^{(m-1)}) = f(t, u_1, u_2, \ldots, u_m),$$

com condições iniciais

$$u_1(a) = y(a) = \alpha_1, \quad u_2(a) = y'(a) = \alpha_2, \quad \ldots, \quad u_m(a) = y^{(m-1)}(a) = \alpha_m.$$

EXEMPLO 1 Transforme o problema de valor inicial de segunda ordem

$$y'' - 2y' + 2y = e^{2t}\,\text{sen}\, t, \qquad \text{para } 0 \le t \le 1, \qquad \text{com } y(0) = -0,4,\ y'(0) = -0,6.$$

em um sistema de problemas de valor inicial de primeira ordem e use o método Runge--Kutta com $h = 0,1$ para obter a aproximação da solução.

Solução Sejam $u_1(t) = y(t)$ e $u_2(t) = y'(t)$. Isso transforma a equação de segunda ordem no sistema

$$u_1'(t) = u_2(t),$$
$$u_2'(t) = e^{2t} \operatorname{sen} t - 2u_1(t) + 2u_2(t),$$

com condições iniciais $u_1(0) = -0{,}4, \quad u_2(0) = -0{,}6$.

As condições iniciais fornecem $w_{1,0} = -0{,}4$ e $w_{2,0} = -0{,}6$. As Equações de Runge-Kutta (5.49) até (5.52) na página 365 com $j = 0$ fornecem

$$k_{1,1} = hf_1(t_0, w_{1,0}, w_{2,0}) = hw_{2,0} = -0{,}06,$$

$$k_{1,2} = hf_2(t_0, w_{1,0}, w_{2,0}) = h\left[e^{2t_0} \operatorname{sen} t_0 - 2w_{1,0} + 2w_{2,0}\right] = -0{,}04,$$

$$k_{2,1} = hf_1\left(t_0 + \frac{h}{2}, w_{1,0} + \frac{1}{2}k_{1,1}, w_{2,0} + \frac{1}{2}k_{1,2}\right) = h\left[w_{2,0} + \frac{1}{2}k_{1,2}\right] = -0{,}062,$$

$$k_{2,2} = hf_2\left(t_0 + \frac{h}{2}, w_{1,0} + \frac{1}{2}k_{1,1}, w_{2,0} + \frac{1}{2}k_{1,2}\right)$$

$$= h\left[e^{2(t_0+0{,}05)} \operatorname{sen}(t_0 + 0{,}05) - 2\left(w_{1,0} + \frac{1}{2}k_{1,1}\right) + 2\left(w_{2,0} + \frac{1}{2}k_{1,2}\right)\right]$$

$$= -0{,}03247644757,$$

$$k_{3,1} = h\left[w_{2,0} + \frac{1}{2}k_{2,2}\right] = -0{,}06162832238,$$

$$k_{3,2} = h\left[e^{2(t_0+0{,}05)} \operatorname{sen}(t_0 + 0{,}05) - 2\left(w_{1,0} + \frac{1}{2}k_{2,1}\right) + 2\left(w_{2,0} + \frac{1}{2}k_{2,2}\right)\right]$$

$$= -0{,}03152409237,$$

$$k_{4,1} = h\left[w_{2,0} + k_{3,2}\right] = -0{,}06315240924,$$

e

$$k_{4,2} = h[e^{2(t_0+0{,}1)} \operatorname{sen}(t_0 + 0{,}1) - 2(w_{1,0} + k_{3,1}) + 2(w_{2,0} + k_{3,2})] = -0{,}02178637298.$$

Logo,

$$w_{1,1} = w_{1,0} + \frac{1}{6}(k_{1,1} + 2k_{2,1} + 2k_{3,1} + k_{4,1}) = -0{,}4617333423$$

e

$$w_{2,1} = w_{2,0} + \frac{1}{6}(k_{1,2} + 2k_{2,2} + 2k_{3,2} + k_{4,2}) = -0{,}6316312421.$$

O valor $w_{1,1}$ aproxima $u_1(0{,}1) = y(0{,}1) = 0{,}2e^{2(0{,}1)}(\operatorname{sen} 0{,}1 - 2 \cos 0{,}1)$, e $w_{2,1}$ aproxima $u_2(0{,}1) = y'(0{,}1) = 0{,}2e^{2(0{,}1)}(4 \operatorname{sen} 0{,}1 - 3 \cos 0{,}1)$.

O conjunto de valores $w_{1,j}$ e $w_{2,j}$, para $j = 0, 1, \ldots, 10$, é apresentado na Tabela 5.20 e comparado aos valores reais de $u_1(t) = 0{,}2e^{2t}(\operatorname{sen} t - 2 \cos t)$ e $u_2(t) = u'_1(t) = 0{,}2e^{2t}(4 \operatorname{sen} t - 3 \cos t)$. ■

Tabela 5.20

t_j	$y(t_j) = u_1(t_j)$	$w_{1,j}$	$y'(t_j) = u_2(t_j)$	$w_{2,j}$	$\lvert y(t_j) - w_{1,j}\rvert$	$\lvert y'(t_j) - w_{2,j}\rvert$
0,0	−0,40000000	−0,40000000	−0,6000000	−0,60000000	0	0
0,1	−0,46173297	−0,46173334	−0,6316304	−0,63163124	$3{,}7 \times 10^{-7}$	$7{,}75 \times 10^{-7}$
0,2	−0,52555905	−0,52555988	−0,6401478	−0,64014895	$8{,}3 \times 10^{-7}$	$1{,}01 \times 10^{-6}$
0,3	−0,58860005	−0,58860144	−0,6136630	−0,61366381	$1{,}39 \times 10^{-6}$	$8{,}34 \times 10^{-7}$
0,4	−0,64661028	−0,64661231	−0,5365821	−0,53658203	$2{,}03 \times 10^{-6}$	$1{,}79 \times 10^{-7}$
0,5	−0,69356395	−0,69356666	−0,3887395	−0,38873810	$2{,}71 \times 10^{-6}$	$5{,}96 \times 10^{-7}$
0,6	−0,72114849	−0,72115190	−0,1443834	−0,14438087	$3{,}41 \times 10^{-6}$	$7{,}75 \times 10^{-7}$
0,7	−0,71814890	−0,71815295	0,2289917	0,22899702	$4{,}05 \times 10^{-6}$	$2{,}03 \times 10^{-6}$
0,8	−0,66970677	−0,66971133	0,7719815	0,77199180	$4{,}56 \times 10^{-6}$	$5{,}30 \times 10^{-6}$
0,9	−0,55643814	−0,55644290	1,534764	1,5347815	$4{,}76 \times 10^{-6}$	$9{,}54 \times 10^{-6}$
1,0	−0,35339436	−0,35339886	2,578741	2,5787663	$4{,}50 \times 10^{-6}$	$1{,}34 \times 10^{-5}$

Os outros métodos de passo único podem ser estendidos aos sistemas de uma forma parecida. Quando os métodos de controle de erros, como o método de Runge-Kutta-Fehlberg, são estendidos, cada componente da solução numérica $(w_{1j}, w_{2j}, \ldots, w_{mj})$ deve ser examinada quanto à sua precisão. Se qualquer uma das componentes não for suficientemente precisa, a solução numérica inteira $(w_{1j}, w_{2j}, \ldots, w_{mj})$ deve ser recalculada.

Os métodos de passo múltiplo e as técnicas preditor-corretor também podem ser estendidos aos sistemas. Novamente, se o controle de erros for usado, cada componente deve ser precisa. A extensão da técnica de extrapolação aos sistemas também pode ser feita, mas a notação se torna bastante complicada. Se o tópico for de interesse, consulte [HNW1].

Teoremas de convergência e estimativas de erro para sistemas são análogos àqueles considerados na Seção 5.10 para uma única equação, exceto que os limitantes são dados em termos de normas de vetores, um tópico considerado no Capítulo 7. (Uma boa referência para estes teoremas é [Ge1], p. 45-72.)

EXERCÍCIOS 5.9

1. Use o método de Runge-Kutta para sistemas para encontrar aproximações das soluções dos seguintes sistemas de equações diferenciais de primeira ordem e compare os resultados às soluções reais.

a. $u_1' = 3u_1 + 2u_2 - (2t^2 + 1)e^{2t}$, $\quad u_1(0) = 1$;
$u_2' = 4u_1 + u_2 + (t^2 + 2t - 4)e^{2t}$ $\quad u_2(0) = 1$; $\quad 0 \leq t \leq 1$; $\quad h = 0{,}2$;
soluções reais $u_1(t) = \frac{1}{3}e^{5t} - \frac{1}{3}e^{-t} + e^{2t}$ e $u_2(t) = \frac{1}{3}e^{5t} + \frac{2}{3}e^{-t} + t^2e^{2t}$.

b. $u_1' = -4u_1 - 2u_2 + \cos t + 4 \operatorname{sen} t$, $\quad u_1(0) = 0$;
$u_2' = 3u_1 + u_2 - 3 \operatorname{sen} t$, $\quad u_2(0) = -1$; $\quad 0 \leq t \leq 2$; $\quad h = 0{,}1$;
soluções reais $u_1(t) = 2e^{-t} - 2e^{-2t} + \operatorname{sen} t$ e $u_2(t) = -3e^{-t} + 2e^{-2t}$.

c. $u_1' = u_2$; $\quad u_1(0) = 1$;
$u_2' = -u_1 - 2e^t + 1$ $\quad u_2(0) = 0$;

$u_3' = -u_1 - e^t + 1 \quad u_3(0) = 1; \quad 0 \le t \le 2; \quad h = 0{,}5;$
soluções reais $u_1(t) = \cos t + \text{sen}\, t - e^t + 1$, $u_2(t) = -\text{sen}\, t + \cos t - e^t$ e $u_3(t) = -\text{sen}\, t + \cos t$.

d. $u_1' = u_2 - u_3 + t \quad u_1(0) = 1;$
$u_2' = 3t^2, \quad u_2(0) = 1;$
$u_3' = u_2 + e^{-t}, \quad u_3(0) = -1; \quad 0 \le t \le 1; \quad h = 0{,}1;$
soluções reais $u_1(t) = -0{,}05t^5 + 0{,}25t^4 + t + 2 - e^{-t}$, $u_2(t) = t^3 + 1$ e $u_3(t) = 0{,}25t^4 + t - e^{-t}$.

2. Use o método de Runge-Kutta para sistemas para encontrar aproximações das soluções dos seguintes sistemas de equações diferenciais de primeira ordem e compare os resultados às soluções reais.

a. $u_1' = u_1 - u_2 + 2 \quad u_1(0) = -1;$
$u_2' = -u_1 + u_2 + 4t, \quad u_2(0) = 0; \quad 0 \le t \le 1; \quad h = 0{,}1;$
soluções reais $u_1(t) = -\dfrac{1}{2}e^{2t} + t^2 + 2t - \dfrac{1}{2}$ e $u_2(t) = \dfrac{1}{2}e^{2t} + t^2 - \dfrac{1}{2}$.

b. $u_1' = \dfrac{1}{9}u_1 - \dfrac{2}{3}u_2 - \dfrac{1}{9}t^2 + \dfrac{2}{3}, \quad u_1(0) = -3;$
$u_2' = u_2 + 3t - 4, \quad u_2(0) = 5; \quad 0 \le t \le 2; \quad h = 0{,}2;$
soluções reais $u_1(t) = -3e^t + t^2$ e $u_2(t) = 4e^t - 3t + 1$.

c. $u_1' = u_1 + 2u_2 - 2u_3 + e^{-t} \quad u_1(0) = 3;$
$u_2' = u_2 + u_3 - 2e^{-t}, \quad u_2(0) = -1;$
$u_3' = u_1 + 2u_2 + e^{-t}, \quad u_3(0) = 1; \quad 0 \le t \le 1; \quad h = 0{,}1;$
soluções reais $u_1(t) = -3e^{-t} - 3\,\text{sen}\, t + 6\cos t$, $u_2(t) = \dfrac{3}{2}e^{-t} + \dfrac{3}{10}\text{sen}\, t - \dfrac{21}{10}\cos t - \dfrac{2}{5}e^{2t}$
e $u_3(t) = -e^{-t} + \dfrac{12}{5}\cos t + \dfrac{9}{5}\text{sen}\, t - \dfrac{2}{5}e^{2t}$.

d. $u_1' = 3u_1 + 2u_2 - u_3 - 1 - 3t - 2\,\text{sen}\, t, \quad u_1(0) = 5;$
$u_2' = u_1 - 2u_2 + 3u_3 + 6 - t + 2\,\text{sen}\, t + \cos t, \quad u_2(0) = -9;$
$u_3' = 2u_1 + 4u_3 + 8 - 2t, \quad u_3(0) = -5; \quad 0 \le t \le 2; \quad h = 0{,}2;$
soluções reais $u_1(t) = 2e^{3t} + 3e^{-2t} + t$, $u_2(t) = -8e^{-2t} + e^{4t} - 2e^{3t} + \text{sen}\, t$
e $u_3(t) = 2e^{4t} - 4e^{3t} - e^{-2t} - 2$.

3. Use o Algoritmo de Runge-Kutta para sistemas para encontrar aproximações das soluções dos seguintes sistemas de equações diferenciais de ordem superior e compare os resultados às soluções reais.

a. $y'' - 2y' + y = te^t - t, \quad 0 \le t \le 1, \quad y(0) = y'(0) = 0;$ com $h = 0{,}1$;
solução real $y(t) = \frac{1}{6}t^3e^t - te^t + 2e^t - t - 2$.

b. $t^2y'' - 2ty' + 2y = t^3 \ln t, \quad 1 \le t \le 2, \quad y(1) = 1, \quad y'(1) = 0;$ com $h = 0{,}1$;
solução real $y(t) = \frac{7}{4}t + \frac{1}{2}t^3 \ln t - \frac{3}{4}t^3$.

c. $y''' + 2y'' - y' - 2y = e^t, \quad 0 \le t \le 3, \quad y(0) = 1, \quad y'(0) = 2, \quad y''(0) = 0;$ com $h = 0{,}2$;
solução real $y(t) = \frac{43}{36}e^t + \frac{1}{4}e^{-t} - \frac{4}{9}e^{-2t} + \frac{1}{6}te^t$.

d. $t^3y''' - t^2y'' + 3ty' - 4y = 5t^3 \ln t + 9t^3, \quad 1 \le t \le 2, \quad y(1) = 0, \quad y'(1) = 1, \quad y''(1) = 3;$ com $h = 0{,}1$;
solução real $y(t) = -t^2 + t\cos(\ln t) + t\,\text{sen}(\ln t) + t^3 \ln t$.

4. Use o algoritmo de Runge-Kutta para sistemas para encontrar aproximações das soluções dos seguintes sistemas de equações diferenciais de ordem superior e compare os resultados às soluções reais.

a. $y'' - 3y' + 2y = 6e^{-t}, \quad 0 \le t \le 1, \quad y(0) = y'(0) = 2;$ com $h = 0{,}1$;
solução real $y(t) = 2e^{2t} - e^t + e^{-t}$.

b. $t^2y'' + ty' - 4y = -3t, \quad 1 \le t \le 3, \quad y(1) = 4, \quad y'(1) = 3;$ com $h = 0{,}2$;
solução real $y(t) = 2t^2 + t + t^{-2}$

c. $y''' + y'' - 4y' - 4y = 0, \quad 0 \le t \le 2, \quad y(0) = 3, \quad y'(0) = -1, \quad y''(0) = 9;$ com $h = 0{,}2$;
solução real $y(t) = e^{-t} + e^{2t} + e^{-2t}$.

d. $t^3y''' + t^2y'' - 2ty' + 2y = 8t^3 - 2, \quad 1 \le t \le 2, \quad y(1) = 2, \quad y'(1) = 8, \quad y''(1) = 6;$ com $h = 0{,}1$;
solução real $y(t) = 2t - t^{-1} + t^2 + t^3 - 1$.

EXERCÍCIOS APLICADOS

5. O estudo de modelos matemáticos para prever a dinâmica da população de espécies concorrentes tem sua origem em trabalhos independentes publicados no início do século XX por A. J. Lotka e V. Volterra (consulte, por exemplo [Lo1], [Lo2] e [Vo].). Considere o problema de previsão da população de espécies, uma que é a predadora, cuja população no instante t é $x_2(t)$, alimentando-se da outra, que é a presa, cuja população é $x_1(t)$. Vamos supor que a presa sempre tenha abastecimento de alimentos adequado e que sua taxa de natalidade em qualquer instante seja proporcional ao número de presas vivas naquele instante; isto é, a taxa de natalidade (presa) é $k_1x_1(t)$. A taxa de mortalidade da presa depende tanto do número de presas quanto de predadores naquele instante. Por simplicidade, consideramos a taxa de mortalidade (presa) $= k_2x_1(t)x_2(t)$. A taxa de natalidade de predadores, por outro lado, depende de seu suprimento de alimentos, $x_1(t)$, assim como do número de predadores disponíveis para o propósito da reprodução. Por essa razão, consideramos que a taxa de natalidade (predador) seja $k_3x_1(t)\,x_2(t)$. A taxa de mortalidade dos predadores será considerada proporcional ao número de predadores vivos naquele instante; isto é, a taxa de mortalidade (predador) $= k_4x_2(t)$.

Como $x_1'(t)$ e $x_2'(t)$ representam a variação nas populações de presas e predadores, respectivamente, com relação ao tempo, o problema é expresso por um sistema de equações diferenciais não lineares

$$x_1'(t) = k_1x_1(t) - k_2x_1(t)x_2(t) \quad \text{e} \quad x_2'(t) = k_3x_1(t)x_2(t) - k_4x_2(t).$$

Resolva este problema para $0 \leq t \leq 4$, considerando que a população inicial de presas seja 1.000 e de predadores seja 500 e que as constantes sejam $k_1 = 3$, $k_2 = 0{,}002$, $k_3 = 0{,}0006$ e $k_4 = 0{,}5$. Esboce um gráfico das soluções para este problema, traçando as duas populações em função do tempo e descreva o fenômeno físico representado. Há uma solução estável para este modelo de população? Se houver, para quais valores de x_1 e x_2 a solução é estável?

6. No Exercício 5, consideramos o problema da previsão de população em um padrão predador-presa. Outro problema deste tipo diz respeito a duas espécies competindo pelo mesmo suprimento de alimentos. Se o número de indivíduos de cada espécie vivo no instante t é denotada por $x_1(t)$ e $x_2(t)$, é frequentemente suposto que, apesar de a taxa de natalidade de cada uma das espécies ser simplesmente proporcional ao número de espécies vivas naquele instante, a taxa de mortalidade de cada espécie depende da população de ambas as espécies. Vamos supor que a população de um par particular de espécies seja descrita pelas equações

$$\frac{dx_1(t)}{dt} = x_1(t)[4 - 0{,}0003x_1(t) - 0{,}0004x_2(t)] \quad \text{e}$$

$$\frac{dx_2(t)}{dt} = x_2(t)[2 - 0{,}0002x_1(t) - 0{,}0001x_2(t)].$$

Se for conhecido que a população inicial de cada espécie é 10.000 indivíduos, encontre a solução deste sistema para $0 \leq t \leq 4$. Há uma solução estável para esta população? Se houver, para que valores de x_1 e x_2 a solução é estável?

7. Suponha que um pêndulo oscilante, descrito no exemplo principal deste capítulo, tenha 2 pés de comprimento e que $g = 32{,}17$ pés/s². Com $h = 0{,}1$ s, compare o ângulo θ obtido pelos seguintes problemas de valor inicial em $t = 0{,}1$ e 2 s.

a. $\dfrac{d^2\theta}{dt^2} + \dfrac{g}{L}\operatorname{sen}\theta = 0, \quad \theta(0) = \dfrac{\pi}{6}, \quad \theta'(0) = 0,$

b. $\dfrac{d^2\theta}{dt^2} + \dfrac{g}{L}\theta = 0, \quad \theta(0) = \dfrac{\pi}{6}, \quad \theta'(0) = 0,$

EXERCÍCIOS TEÓRICOS

8. Modifique o algoritmo preditor-corretor de Adams de quarta ordem para obter soluções aproximadas de sistemas de equações de primeira ordem.

9. Repita o Exercício 1 usando o algoritmo desenvolvido no Exercício 8.

10. Repita o Exercício 2 usando o algoritmo desenvolvido no Exercício 8.

QUESTÕES PARA DISCUSSÃO

1. O sistema abaixo descreve a reação química de Robertson. Ele é considerado um sistema "rígido" de EDOs. O Algoritmo 5.7 pode ser aplicado a este sistema em $0 \leq x \leq 40$ com bons resultados? Por que sim ou por que não?

$$y_1' = -0{,}04y_1 + 10^4 y_2 y_3$$

$$y_2' = -0{,}04y_1 - 10^4 y_2 y_3 - 3 * 10^7 y_2^2$$

$$y_3' = 3 * 10^7 y_2^2$$

2. O que são os métodos de Rosenbrock e por que eles são usados?

5.10 Estabilidade

Diversos métodos foram apresentados neste capítulo para a aproximação da solução do problema de valor inicial. Apesar de diversas outras técnicas estarem disponíveis, escolhemos os métodos descritos aqui porque eles geralmente satisfazem três critérios:

- Seu desenvolvimento é claro o suficiente para que você possa entender como e por que eles funcionam.
- Um ou mais métodos darão resultados satisfatórios para a maioria dos problemas que é encontrada pelos estudantes de ciências e engenharia.
- A maioria das técnicas mais avançadas e complexas se baseia em um ou uma combinação de procedimentos descritos aqui.

Métodos de passo único

Nesta seção, discutimos por que estes métodos dão resultados satisfatórios, enquanto alguns métodos similares não dão. Antes de começarmos esta discussão, precisamos apresentar duas definições a respeito da convergência dos métodos de equação de diferença de passo único para a solução de uma equação diferencial quando o tamanho do passo diminui.

Definição 5.18 Um método de equação de diferença de passo único com erro de truncamento local $\tau_i(h)$ no i-ésimo passo é dito **consistente** com a equação diferencial que aproxima se

$$\lim_{h \to 0} \max_{1 \leq i \leq N} |\tau_i(h)| = 0. \qquad \blacksquare$$

Um método de passo único é consistente quando a equação de diferença para o método se aproxima da equação diferencial quando o tamanho do passo tende a zero.

Observe que essa é uma definição *local*, pois, para cada um dos valores de $\tau_i(h)$, estamos supondo que a aproximação w_{i-1} e a solução exata $y(t_{i-1})$ são as mesmas. Um meio mais realista de analisar os efeitos de diminuir h é determinar o efeito *global* do método. Esse efeito é o erro máximo do método sobre toda a extensão da aproximação, supondo apenas que o método fornece o resultado exato no valor inicial.

Definição 5.19 Um método de equação de diferença de passo único é dito **convergente** com relação à equação diferencial que aproxima se

$$\lim_{h\to 0} \max_{1\le i\le N} |w_i - y(t_i)| = 0,$$

em que $y(t_i)$ denota o valor exato da solução da equação diferencial e w_i é a aproximação obtida a partir do método de diferença no i-ésimo passo. ■

Um método é convergente quando a solução da equação de diferença se aproxima da solução da equação diferencial quando o tamanho do passo tende a zero.

EXEMPLO 1 Mostre que o método de Euler é convergente

Solução Analisando a Desigualdade (5.10) na página 295 na fórmula do limitante de erro do método de Euler, pode ser dito que, sob as hipóteses do Teorema 5.9,

$$\max_{1\le i\le N} |w_i - y(t_i)| \le \frac{Mh}{2L}|e^{L(b-a)} - 1|.$$

Entretanto, M, L, a e b são todos constantes, e

$$\lim_{h\to 0} \max_{1\le i\le N} |w_i - y(t_i)| \le \lim_{h\to 0} \frac{Mh}{2L} \left|e^{L(b-a)} - 1\right| = 0.$$

Então, o método de Euler é convergente com relação a uma equação diferencial satisfazendo às condições desta definição, e a taxa de convergência é $O(h)$. ■

Um método de passo único consistente tem a propriedade de que a equação de diferença para o método aproxima-se da equação diferencial quando o tamanho do passo tende a zero. Então, o erro de truncamento local de um método consistente aproxima-se de zero quando o tamanho do passo tende a zero.

O outro tipo de problema de limite de erro que existe quando usamos métodos de diferença para aproximar soluções de equações diferenciais é uma consequência de não usar resultados exatos. Na prática, nem as condições iniciais nem a aritmética que é subsequentemente executada são representadas exatamente por causa do erro de arredondamento associado à aritmética com um número finito de algarismos. Na Seção 5.2, vimos que esta consideração pode levar a dificuldades, mesmo para o método convergente de Euler.

Para analisar esta situação, pelo menos parcialmente, tentaremos determinar quais métodos são **estáveis**, no sentido de que pequenas variações ou perturbações nas condições iniciais produzem mudanças correspondentemente pequenas nas aproximações subsequentes.

Um método estável é aquele cujos resultados dependem continuamente dos dados iniciais.

Já que o conceito de estabilidade da equação de diferença de passo único é de certa forma análogo à condição de uma equação diferencial ser bem-posta, não é surpresa que a condição de Lipschitz apareça aqui, como apareceu no teorema correspondente nas equações diferenciais, o Teorema 5.6 na Seção 5.1.

A parte (i) do teorema a seguir diz respeito à estabilidade do método de passo único. A demonstração deste resultado não é difícil e é considerada no Exercício 1. A parte (ii) do Teorema 5.20 refere-se às condições suficientes para que um método consistente seja convergente. A parte (iii) justifica a observação feita na Seção 5.5 sobre controlar o erro global de um método controlando seu erro de truncamento local e implica, que, quando o erro de truncamento local tem a taxa de convergência $O(h^n)$, o erro global terá a mesma taxa de convergência. As demonstrações das partes (ii) e (iii) são mais difíceis que a da parte (i) e podem ser encontradas no material apresentado em [Ge1], p. 57-58.

▶ Teorema 5.20 Suponha que o problema de valor inicial

$$y' = f(t, y), \qquad a \leq t \leq b, \qquad y(a) = \alpha,$$

seja aproximado por um método da diferença de passo único na forma

$$w_0 = \alpha,$$
$$w_{i+1} = w_i + h\phi(t_i, w_i, h).$$

Suponha também que exista um número $h_0 > 0$ e que $\phi(t, w, h)$ seja contínua e satisfaça uma condição de Lipschitz na variável w com a constante de Lipschitz L no conjunto

$$D = \{(t, w, h) \mid a \leq t \leq b \text{ e } -\infty < w < \infty, 0 \leq h \leq h_0\}.$$

Então

(i) O método é estável;

(ii) O método de diferença é convergente se e somente se for consistente, o que é equivalente a

$$\phi(t, y, 0) = f(t, y), \qquad \text{para todo } a \leq t \leq b;$$

(iii) Se existir uma função τ e, para cada $i = 1, 2, \ldots, N$, o erro de truncamento local $\tau_i(h)$ satisfizer $|\tau_i(h)| \leq \tau(h)$ sempre que $0 \leq h \leq h_0$, então

$$|y(t_i) - w_i| \leq \frac{\tau(h)}{L} e^{L(t_i - a)}.$$

■

EXEMPLO 2 O método de Euler modificado é determinado por $w_0 = \alpha$,

$$w_{i+1} = w_i + \frac{h}{2}\left[f(t_i, w_i) + f(t_{i+1}, w_i + hf(t_i, w_i))\right], \quad \text{para } i = 0, 1, \ldots, N-1.$$

Verifique se este método é estável mostrando que ele satisfaz às hipóteses do Teorema 5.20.

Solução Para este método,

$$\phi(t, w, h) = \frac{1}{2} f(t, w) + \frac{1}{2} f(t + h, w + hf(t, w)).$$

Se f satisfizer uma condição de Lipschitz em $\{(t, w) \mid a \leq t \leq b \text{ e } -\infty < w < \infty\}$ na variável w com constante L, então, como

$$\phi(t, w, h) - \phi(t, \overline{w}, h) = \frac{1}{2}f(t, w) + \frac{1}{2}f(t + h, w + hf(t, w))$$
$$- \frac{1}{2}f(t, \overline{w}) - \frac{1}{2}f(t + h, \overline{w} + hf(t, \overline{w})),$$

a condição de Lipschitz em f leva a

$$\begin{aligned}|\phi(t, w, h) - \phi(t, \overline{w}, h)| &\leq \frac{1}{2}L|w - \overline{w}| + \frac{1}{2}L\,|w + hf(t, w) - \overline{w} - hf(t, \overline{w})|\\ &\leq L|w - \overline{w}| + \frac{1}{2}L\,|hf(t, w) - hf(t, \overline{w})|\\ &\leq L|w - \overline{w}| + \frac{1}{2}hL^2|w - \overline{w}|\\ &= \left(L + \frac{1}{2}hL^2\right)|w - \overline{w}|.\end{aligned}$$

Portanto, ϕ satisfaz uma condição de Lipschitz em w no conjunto

$$\{(t, w, h)\mid a \leq t \leq b, -\infty < w < \infty \text{ e } 0 \leq h \leq h_0\},$$

para qualquer $h_0 > 0$, com constante

$$L' = L + \frac{1}{2}h_0L^2.$$

Por fim, se f for contínua em $\{(t, w)\mid a \leq t \leq b, -\infty < w < \infty\}$, então ϕ é contínua em

$$\{(t, w, h)\mid a \leq t \leq b, -\infty < w < \infty \text{ e } 0 \leq h \leq h_0\};$$

e assim, o Teorema 5.20 implica que o método de Euler modificado é estável. Tomando $h = 0$, temos

$$\phi(t, w, 0) = \frac{1}{2}f(t, w) + \frac{1}{2}f(t + 0, w + 0 \cdot f(t, w)) = f(t, w),$$

de modo que a condição de consistência expressa no Teorema 5.20, parte (ii), é válida. Assim, o método será convergente. Além disso, vimos que para este método o erro de truncamento local é $O(h^2)$, o que implica que a convergência do método de Euler modificado também é $O(h^2)$. ■

Métodos de passo múltiplo

Para os métodos de passo múltiplo, os problemas envolvidos com consistência, convergência e estabilidade são compostos em razão do número de aproximações envolvidas em cada passo. Nos métodos de passo único, a aproximação w_{i+1} depende diretamente apenas da aproximação anterior w_i, enquanto os métodos de passo múltiplo usam pelo menos duas aproximações anteriores, e os métodos normalmente empregados envolvem mais.

O método geral de passo múltiplo para aproximação da solução do problema de valor inicial

$$y' = f(t, y), \qquad a \leq t \leq b, \qquad y(a) = \alpha, \tag{5.54}$$

pode ser escrito na forma

$$w_0 = \alpha \quad w_1 = \alpha_1, \quad \ldots, \quad w_{m-1} = \alpha_{m-1},$$
$$w_{i+1} = a_{m-1}w_i + a_{m-2}w_{i-1} + \cdots + a_0 w_{i+1-m} + hF(t_i, h, w_{i+1}, w_i, \ldots, w_{i+1-m}), \quad (5.55)$$

para cada $i = m - 1, m, \ldots, N - 1$, em que $a_0, a_1, \ldots, a_{m+1}$ são constantes e, como de costume, $h = (b - a)/N$ e $t_i = a + ih$.

O erro de truncamento local para um método de passo múltiplo expresso nesta forma é

$$\tau_{i+1}(h) = \frac{y(t_{i+1}) - a_{m-1}y(t_i) - \cdots - a_0 y(t_{i+1-m})}{h} - F(t_i, h, y(t_{i+1}), y(t_i), \ldots, y(t_{i+1-m})),$$

para cada $i = m - 1, m, \ldots, N - 1$. Como nos métodos de passo único, o erro de truncamento local mede por quanto a solução y da equação diferencial deixa de satisfazer a equação de diferença.

Para o método de Adams-Bashforth de quatro passos, vimos que

$$\tau_{i+1}(h) = \frac{251}{720}y^{(5)}(\mu_i)h^4, \quad \text{para algum } \mu_i \in (t_{i-3}, t_{i+1}),$$

enquanto o método de Adams-Moulton de três passos tem

$$\tau_{i+1}(h) = -\frac{19}{720}y^{(5)}(\mu_i)h^4, \quad \text{para algum } \mu_i \in (t_{i-2}, t_{i+1}),$$

desde que, é claro, $y \in C^5[a, b]$.

Em toda a análise, fazemos duas hipóteses a respeito da função F:

- Se $f \equiv 0$ (isto é, se a equação diferencial for homogênea), então $F \equiv 0$ também.
- F satisfaz uma condição de Lipschitz com relação a $\{w_j\}$, no sentido de que existe uma constante L e, para cada par de sequências $\{\upsilon_j\}_{j=0}^N$ e $\{\tilde{\upsilon}_j\}_{j=0}^N$ e para $i = m - 1, m, \ldots, N - 1$, temos

$$|F(t_i, h, \upsilon_{i+1}, \ldots, \upsilon_{i+1-m}) - F(t_i, h, \tilde{\upsilon}_{i+1}, \ldots, \tilde{\upsilon}_{i+1-m})| \leq L \sum_{j=0}^{m} |\upsilon_{i+1-j} - \tilde{\upsilon}_{i+1-j}|.$$

Os métodos explícitos de Adams-Bashforth e implícito de Adams-Moulton satisfazem ambas as condições, contanto que f satisfaça uma condição de Lipschitz. (Consulte o Exercício 2.)

O conceito de convergência para métodos de passo múltiplo é o mesmo dos métodos de passo único.

- Um método de passo múltiplo é **convergente** se a solução da equação de diferença se aproxima da solução da equação diferencial quando o tamanho do passo tende a zero. Isso significa que $\lim_{h\to 0} \max_{0\leq i\leq N}|w_i - y(t_i)| = 0$.

Na consistência, porém, uma situação um pouco diferente acontece. Novamente, queremos que um método de passo múltiplo seja consistente quando a equação de diferença se aproxime da equação diferencial quando o tamanho do passo tende a zero; isto é, o erro de truncamento local aproxima-se de zero em cada passo à medida que o tamanho do passo aproxima-se de zero. A condição adicional ocorre por causa do número de valores iniciais exigidos pelos métodos de passo múltiplo. Como geralmente apenas o primeiro valor inicial, $w_0 = \alpha$, é exato, é necessário exigir que os erros em todos os valores iniciais $\{\alpha_i\}$ aproximem-se de zero à medida que o tamanho do passo tenda a zero. Então, tanto

$$\lim_{h\to 0} |\tau_i(h)| = 0, \quad \text{para todos } i = m, m+1, \ldots, N, \quad \text{quanto} \tag{5.56}$$

$$\lim_{h\to 0} |\alpha_i - y(t_i)| = 0, \quad \text{para todos } i = 1, 2, \ldots, m-1, \tag{5.57}$$

devem ser verdadeiros, para um método de passo múltiplo na forma da Equação (5.55) ser **consistente**. Observe que a Equação (5.57) implica que um método de passo múltiplo não será consistente a menos que o método de passo único que gera os valores iniciais também seja consistente.

O teorema a seguir para os métodos de passo múltiplo é semelhante ao Teorema 5.20, parte (iii), e fornece uma relação entre o erro de truncamento local e o erro global de um método de passo múltiplo. Ele fornece a justificativa teórica para a tentativa de controlar o erro global por meio do controle do erro de truncamento local. A demonstração de uma forma ligeiramente mais geral do teorema pode ser encontrada em [IK, p. 387-388].

▶Teorema 5.21 Suponha que o problema de valor inicial

$$y' = f(t, y), \qquad a \le t \le b, \qquad y(a) = \alpha,$$

seja aproximado por um método preditor-corretor de Adams com uma equação preditora de Bashforth de m passos

$$w_{i+1} = w_i + h[b_{m-1} f(t_i, w_i) + \ldots + b_0 f(t_{i+1-m}, w_{i+1-m})],$$

com erro de truncamento local $\tau_{i+1}(h)$ e uma equação corretora implícita de Adams--Moulton de $(m-1)$ passos

$$w_{i+1} = w_i + h[\tilde{b}_{m-1} f(t_{i+1}, w_{i+1}) + \tilde{b}_{m-2} f(t_i, w_i) + \ldots + \tilde{b}_0 f(t_{i+2-m}, w_{i+2-m})],$$

com erro de truncamento local $\tilde{\tau}_{i+1}(h)$. Além disso, suponha que $f(t, y)$ e $f_y(t, y)$ sejam contínuas em $D = \{(t, y) \mid a \le t \le b \text{ e } -\infty < y < \infty\}$ e que f_y seja limitada. Então, o erro de truncamento local $\sigma_{i+1}(h)$ do método preditor-corretor é

$$\sigma_{i+1}(h) = \tilde{\tau}_{i+1}(h) + \tau_{i+1}(h)\tilde{b}_{m-1}\frac{\partial f}{\partial y}(t_{i+1}, \theta_{i+1}),$$

em que θ_{i+1} é um número entre zero e $h\tau_{i+1}(h)$.

Além do mais, existem constantes k_1 e k_2 tais que

$$|w_i - y(t_i)| \le \left[\max_{0\le j\le m-1} \left|w_j - y(t_j)\right| + k_1\sigma(h)\right] e^{k_2(t_i - a)},$$

em que $\sigma(h) = \max_{m\le j\le N} |\sigma_j(h)|$. ■

Antes de discutir conexões entre consistência, convergência e estabilidade para métodos de passo múltiplo, precisamos considerar mais detalhadamente a equação de diferença para um método de passo múltiplo. Ao fazê-lo, descobriremos o motivo da escolha dos métodos de Adams como nossos métodos padrão de passo múltiplo.

Associada à equação de diferença (5.55) dada no início dessa discussão,

$$w_0 = \alpha, w_1 = \alpha_1 \quad \ldots, \quad w_{m-1} = \alpha_{m-1},$$
$$w_{i+1} = a_{m-1}w_i + a_{m-2}w_{i-1} + \cdots + a_0 w_{i+1-m} + hF(t_i, h, w_{i+1}, w_i, \ldots, w_{i+1-m}),$$

existe um polinômio chamado **polinômio característico** do método, expresso por

$$P(\lambda) = \lambda^m - a_{m-1}\lambda^{m-1} - a_{m-2}\lambda^{m-2} - \cdots - a_1\lambda - a_0. \tag{5.58}$$

A estabilidade de um método de passo múltiplo com relação ao erro de arredondamento é ditada pelos módulos dos zeros do polinômio característico. Para observar tal fato, considere a aplicação do método de passo múltiplo padrão da equação (5.55) ao problema de valor inicial trivial

$$y' \equiv 0, \qquad y(a) = \alpha, \qquad \text{em que } \alpha \neq 0. \tag{5.59}$$

Esse problema tem solução exata $y(t) \equiv \alpha$. Examinando as Equações (5.27) e (5.28) na Seção 5.6 (veja a página 334), podemos ver que qualquer método de passo múltiplo irá, em teoria, produzir a solução exata $w_n = \alpha$ para todo n. O único desvio da solução exata deve-se ao erro de arredondamento do método.

O lado direito da equação diferencial em (5.59) tem $f(t, y) \equiv 0$; logo, pela hipótese (1), temos $F(t_i, h, w_{i+1}, w_{i+2}, \ldots, w_{i+1-m}) = 0$ na equação de diferença (5.55). Como consequência, a forma padrão da equação de diferença se torna

$$w_{i+1} = a_{m-1}w_i + a_{m-2}w_{i-1} + \cdots + a_0 w_{i+1-m}. \tag{5.60}$$

Suponha que λ seja um dos zeros do polinômio característico associado à Equação (5.55). Então, $w_n = \lambda^n$ para cada n é uma solução da Equação (5.59) desde que

$$\lambda^{i+1} - a_{m-1}\lambda^i - a_{m-2}\lambda^{i-1} - \cdots - a_0\lambda^{i+1-m} = \lambda^{i+1-m}[\lambda^m - a_{m-1}\lambda^{m-1} - \cdots - a_0] = 0.$$

De fato, se $\lambda_1, \lambda_2, \ldots, \lambda_m$ são zeros distintos do polinômio característico para a Equação (5.55), é possível demonstrar que *toda* solução da Equação (5.60) pode ser expressa na forma

$$w_n = \sum_{i=1}^{m} c_i \lambda_i^n. \tag{5.61}$$

para alguma coleção única de constantes $c_1, c_2, \ldots, c_m$.

Como a solução exata para a Equação (5.59) é $y(t) = \alpha$, a escolha $w_n = \alpha$, para todo n, é uma solução da Equação (5.60). Usando esse fato na Equação (5.60), temos

$$0 = \alpha - \alpha a_{m-1} - \alpha a_{m-2} - \cdots - \alpha a_0 = \alpha[1 - a_{m-1} - a_{m-2} - \cdots - a_0].$$

Isso implica que $\lambda = 1$ é um dos zeros do polinômio característico (5.58). Iremos supor que na representação (5.61) essa solução é descrita por $\lambda_1 = 1$ e $c_1 = \alpha$; de modo que, todas as soluções da Equação (5.59) são expressas por

$$w_n = \alpha + \sum_{i-2}^{m} c_i \lambda_i^n. \tag{5.62}$$

Se todos os cálculos fossem exatos, todas as constantes $c_2, c_3, \ldots, c_m$ seriam zero. Na prática, as constantes $c_2, c_3, \ldots, c_m$ não são nulas por causa do erro de arredondamento. Na verdade, o erro de arredondamento cresce exponencialmente a menos que $|\lambda_i| \leq 1$

para cada uma das raízes $\lambda_2, \lambda_3, \ldots, \lambda_m$. Quanto menor o módulo dessas raízes, mais estável o método com relação ao crescimento do erro de arredondamento.

Na dedução da Equação (5.62), fizemos a hipótese simplificadora de que os zeros do polinômio característico seriam distintos. A situação é semelhante quando ocorrem zeros múltiplos. Por exemplo, se $\lambda_k = \lambda_{k+1} = \ldots = \lambda_{k+p}$ para algum k e p, seria necessário simplesmente a substituição da soma

$$c_k\lambda_k^n + c_{k+1}\lambda_{k+1}^n + \cdots + c_{k+p}\lambda_{k+p}^n$$

na Equação (5.62) por

$$c_k\lambda_k^n + c_{k+1}n\lambda_k^{n-1} + c_{k+2}n(n-1)\lambda_k^{n-2} + \cdots + c_{k+p}[n(n-1)\cdots(n-p+1)]\lambda_k^{n-p}. \quad (5.63)$$

(Veja [He2], p. 119-145.) Embora a forma da solução esteja modificada, o erro de arredondamento se $|\lambda_k| > 1$ ainda cresce exponencialmente.

Apesar de termos considerado somente o caso especial de aproximação de problemas de valor inicial da forma de Equação (5.59), as características de estabilidade para essa equação determinam a estabilidade para a situação na qual $f(t, y)$ não é, de forma idêntica, nula. Isso ocorre porque a solução da equação homogênea (5.59) está embutida na solução de qualquer equação. As definições a seguir são motivadas por essa discussão.

▸ Definição 5.22 Sejam $\lambda_1, \lambda_2, \ldots, \lambda_m$ as raízes (não necessariamente distintas) da equação característica

$$P(\lambda) = \lambda^m - a_{m-1}\lambda^{m=1} - \cdots - a_1\lambda - a_0 = 0$$

associadas ao método de diferenças de passo múltiplo

$$w_0 = \alpha, \qquad w_1 = \alpha_1, \quad \ldots, \quad w_{m-1} = \alpha_{m-1}$$

e

$$w_{i+1} = a_{m-1}w_i + a_{m-2}w_{i-1} + \cdots + a_0w_{i+1-m} + hF(t_i, h, w_{i+1}, w_i, \ldots, w_{i+1-m}).$$

Se $|\lambda_i| \leq 1$, para cada $i = 1, 2, \ldots, m$, e se todas as raízes com valor absoluto 1 forem simples, então diremos que o método da diferença satisfaz a **condição de raiz.** ■

▸ Definição 5.23

(i) Métodos que satisfazem a condição de raiz e têm $\lambda = 1$ como única raiz da equação característica de módulo um são chamados **fortemente estáveis**.

(ii) Métodos que satisfazem a condição da raiz e têm mais de uma raiz distinta com módulo um são chamados **fracamente estáveis.**

(iii) Métodos que não satisfazem a condição de raiz são chamados de **instáveis.** ■

A consistência e a convergência de um método de passo múltiplo estão intimamente relacionadas à estabilidade do método quanto ao arredondamento. O próximo teorema detalha essas conexões. Para a demonstração desse resultado e a teoria sobre a qual ele se baseia, veja [IK], p. 410-417.

▸ Teorema 5.24 Um método de passo múltiplo da forma

$$w_0 = \alpha, \qquad w_1 = \alpha_1, \quad \ldots, \quad w_{m-1} = \alpha_{m-1},$$

$$w_{i+1} = a_{m-1}w_i + a_{m-2}w_{i-1} + \cdots + a_0 w_{i+1-m} + hF(t_i, h, w_{i+1}, w_i, \ldots, w_{i+1-m})$$

é estável se e somente se satisfizer a condição da raiz. Além do mais, se o método de diferença for consistente com a equação diferencial, então o método será estável se e somente se for convergente. ■

EXEMPLO 3 O método de Adams-Bashforth de quarta ordem pode ser expresso por

$$w_{i+1} = w_i + hF(t_i, h, w_{i+1}, w_i, \ldots, w_{i-3}),$$

em que

$$F(t_i, h, w_{i+1}, , \ldots, w_{i-3}) = \frac{h}{24}[55f(t_i, w_i) - 59f(t_{i-1}, w_{i-1}) + 37f(t_{i-2}, w_{i-2}) - 9f(t_{i-3}, w_{i-3})].$$

Mostre que este método é fortemente estável.

Solução Neste caso, temos $m = 4$, $a_0 = 0$, $a_1 = 0$, $a_2 = 0$ e $a_3 = 1$, de modo que a equação característica para esse método de Adams-Bashforth é

$$0 = P(\lambda) = \lambda^4 - \lambda^3 = \lambda^3(\lambda - 1).$$

Esse polinômio tem raízes $\lambda_1 = 1$, $\lambda_2 = 0$, $\lambda_3 = 0$ e $\lambda_4 = 0$. Ele satisfaz a condição da raiz e é fortemente estável.

O método de Adams-Moulton tem um polinômio característico similar, $P(\lambda) = \lambda^3 - \lambda^2$, com zeros $\lambda_1 = 1$, $\lambda_2 = 0$ e $\lambda_3 = 0$, e também é fortemente estável. ■

EXEMPLO 4 Mostre que o método de Milne de quarta ordem, o método explícito dado por

$$w_{i+1} = w_{i-3} + \frac{4h}{3}[2f(t_i, w_i) - f(t_{i-1}, w_{i-1}) + 2f(t_{i-2}, w_{i-2})],$$

satisfaz a condição da raiz, mas é fracamente estável.

Solução A equação característica para este método, $0 = P(\lambda) = \lambda^4 - 1$, tem quatro raízes de módulo 1: $\lambda_1 = 1$, $\lambda_2 = -1$, $\lambda_3 = i$ e $\lambda_4 = -i$. Como todas as raízes têm módulo 1, o método satisfaz a condição de raiz. Entretanto, existem várias raízes de módulo 1, de modo que o método é apenas fracamente estável. ■

EXEMPLO 5 Aplique o método de quarta ordem de Adams-Bashforth, fortemente estável, e o método de Milne, fracamente estável, com $h = 0{,}1$ ao problema de valor inicial

$$y' = -6y + 6, \quad 0 \leq t \leq 1, \quad y(0) = 2,$$

que tem a solução exata $y(t) = 1 + e^{-6t}$.

Solução Os resultados contidos na Tabela 5.21 mostram os efeitos de um método fracamente estável comparado aos de um método fortemente estável para esse problema. ■

Tabela 5.21

t_i	Exato $y(t_i)$	Método de Adams--Bashforth w_i	Erro $\lvert y_i - w_i \rvert$	Método de Milne w_i	Erro $\lvert y_i - w_i \rvert$
0,10000000		1,5488116		1,5488116	
0,20000000		1,3011942		1,3011942	
0,30000000		1,1652989		1,1652989	
0,40000000	1,0907180	1,0996236	$8{,}906 \times 10^{-3}$	1,0983785	$7{,}661 \times 10^{-3}$
0,50000000	1,0497871	1,0513350	$1{,}548 \times 10^{-3}$	1,0417344	$8{,}053 \times 10^{-3}$
0,60000000	1,0273237	1,0425614	$1{,}524 \times 10^{-2}$	1,0486438	$2{,}132 \times 10^{-2}$
0,70000000	1,0149956	1,0047990	$1{,}020 \times 10^{-2}$	0,9634506	$5{,}154 \times 10^{-2}$
0,80000000	1,0082297	1,0359090	$2{,}768 \times 10^{-2}$	1,1289977	$1{,}208 \times 10^{-1}$
0,90000000	1,0045166	0,9657936	$3{,}872 \times 10^{-2}$	0,7282684	$2{,}762 \times 10^{-1}$
1,00000000	1,0024788	1,0709304	$6{,}845 \times 10^{-2}$	1,6450917	$6{,}426 \times 10^{-1}$

A razão para a escolha do método de Adams-Bashforth-Moulton como nossa técnica preditora-corretora de quarta ordem padrão na Seção 5.6, em vez do método de Milne-Simpson de mesma ordem, é que tanto o método Adams-Bashforth quanto o Adams-Moulton são fortemente estáveis. É mais provável que eles forneçam aproximações precisas para uma classe mais ampla de problemas que o preditor-corretor com base nas técnicas de Milne e Simpson, os quais são fracamente estáveis.

EXERCÍCIOS 5.10

EXERCÍCIOS TEÓRICOS

1. Para demonstrar o Teorema 5.20, parte (i), mostre que a hipótese implica que existe uma constante $K > 0$ tal que

$$|u_i - \upsilon_i| \leq K\,|u_0 - \upsilon_0|, \qquad \text{para cada } 1 \leq i \leq N,$$

sempre que $\{u_i\}_{i=1}^{N}$ e $\{\upsilon_i\}_{i=1}^{N}$ satisfizerem a equação de diferença $w_{i+1} = w_i + h\phi(t_i, w_i, h)$.

2. Para os métodos de Adams-Bashforth e Adams-Moulton de quarta ordem,

a. Mostre que se $f = 0$, então

$$F(t_i, h, w_{i+1}, \ldots, w_{i+1-m}) = 0.$$

b. Mostre que se f satisfizer uma condição de Lipschitz com constante L, então existe uma constante C tal que

$$|F(t_i, h, w_{i+1}, \ldots, w_{i+1-m}) - F(t_i, h, \upsilon_{i+1}, \ldots, \upsilon_{i+1-m})| \leq C \sum_{j=0}^{m} |w_{i+1-j} - \upsilon_{i+1-j}|.$$

3. Use os resultados do Exercício 32 na Seção 5.4 para mostrar que o método de Runge-Kutta de quarta ordem é consistente.

4. Considere a equação diferencial

$$y' = f(t, y), \qquad a \leq t \leq b, \qquad y(a) = \alpha.$$

a. Mostre que

$$y'(t_i) = \frac{-3y(t_i) + 4y(t_{i+1}) - y(t_{i+2})}{2h} + \frac{h^2}{3}y'''(\xi_1),$$

para algum ξ tal que $t_i < \xi_i < t_{i+2}$.

b. A parte (a) sugere o método de diferença

$$w_{i+2} = 4w_{i+1} - 3w_i - 2hf(t_i, w_i), \qquad \text{para } i = 0, 1, \ldots, N-2.$$

Use esse método para resolver

$$y' = 1 - y, \qquad 0 \leq t \leq 1, \qquad y(0) = 0,$$

com $h = 0{,}1$. Use os valores iniciais $w_0 = 0$ e $w_1 = y(t_1) = 1 - e^{-0{,}1}$.

c. Repita a parte (b) com $h = 0{,}01$ e $w_1 = 1 - e^{-0{,}01}$.

d. Analise esse método quanto à consistência, estabilidade e convergência.

5. Dado o método de passo múltiplo

$$w_{i+1} = -\frac{3}{2}w_i + 3w_{i-1} - \frac{1}{2}w_{i-2} + 3hf(t_i, w_i), \qquad \text{para } i = 2, \ldots, N-1,$$

com valores iniciais w_0, w_1, w_2:

a. Encontre o erro de truncamento local.

b. Comente a respeito da consistência, estabilidade e convergência.

6. Obtenha uma solução aproximada para a equação diferencial

$$y' = -y, \qquad 0 \leq t \leq 10, \qquad y(0) = 1$$

usando o método de Milne com $h = 0{,}1$ e depois $h = 0{,}01$, com valores iniciais $w_0 = 1$ e $w_1 = e^{-h}$ em ambos os casos. Como a diminuição de h, de $h = 0{,}1$ para $h = 0{,}01$, afeta o número de algarismos corretos nas soluções aproximadas em $t = 1$ e $t = 10$?

7. Investigue a estabilidade do método de diferença

$$w_{i+1} = -4w_i + 5w_{i-1} + 2h[f(t_i, w_i) + 2hf(t_{i-1}, w_{i-1})],$$

para $i = 1, 2, \ldots, N-1$, com valores iniciais w_0, w_1.

8. Considere o problema $y' = 0$, $0 \leq t \leq 10$, $y(0) = 0$, que tem a solução $y \equiv 0$. Se o método de diferença do Exercício 4 for aplicado ao problema, então

$$w_{i+1} = 4w_i - 3w_{i-1}, \qquad \text{para } i = 1, 2, \ldots, N-1,$$

$$w_0 = 0 \quad \text{e} \quad w_1 = \alpha_1.$$

Suponha que $w_1 = \alpha_1 = \varepsilon$, em que ε é um pequeno erro de arredondamento. Calcule w_i exatamente para $i = 2, 3, \ldots, 6$ para descobrir como o erro ε se propaga.

QUESTÕES PARA DISCUSSÃO

1. Discuta a diferença entre o erro de truncamento local, o erro local, o erro de truncamento global e o erro global.
2. Descreva as regiões de estabilidade para o método de Euler, o método de Runge de segunda ordem e a regra de Kutta-Simpson de quarta ordem.
3. Para quase todos os problemas de valor inicial bem condicionados, um método fortemente instável tipicamente produzirá (na aritmética de ponto flutuante) soluções que logo se tornam inúteis. Discuta por que isso ocorre.

5.11 Equações diferenciais rígidas

Todos os métodos para aproximação de solução de problemas de valor inicial possuem termos de erro que envolvem uma derivada superior da solução da equação. Se a derivada puder ser limitada de modo razoável, então o método terá um limitante de erro previsível que pode ser usado para estimar a precisão da aproximação. Mesmo que a derivada cresça à medida que os passos aumentam, o erro pode ser mantido sob relativo controle, desde que a solução também cresça em módulo. Entretanto, muitas vezes surgem problemas para os quais o módulo da derivada aumenta, mas a solução, não. Nessa situação, o erro pode crescer tanto que chega a dominar os cálculos. Problemas de valores iniciais para os quais tal fato pode ocorrer são chamados **equações rígidas** e são bastante comuns, especialmente no estudo de vibrações, reações químicas e circuitos elétricos.

O nome sistemas rígidos vem do movimento de sistemas de mola e massa que têm grandes constantes de mola.

As equações diferenciais rígidas são caracterizadas como aquelas cuja solução exata tem um termo da forma e^{-ct}, em que c é uma constante positiva grande. Isso é normalmente apenas uma parte da solução, chamada solução *transiente*. A parte mais importante da solução é chamada solução *estacionária*. A parte transiente de uma equação rígida decairá rapidamente a zero à medida que t aumenta, mas como a enésima derivada desse termo tem módulo $c^n e^{-ct}$, a derivada não diminui tão rapidamente. Na verdade, como a derivada no termo de erro é calculada não em t, mas em um número entre zero e t, os termos com derivadas podem aumentar à medida que t aumenta – e com muita rapidez. Felizmente, as equações rígidas geralmente podem ser previstas a partir do problema físico do qual a equação é derivada e, com cuidado, o erro pode ser mantido sob controle. A maneira pela qual isso é feito será considerada nesta seção.

Ilustração O sistema de problemas de valor inicial

$$u_1' = 9u_1 + 24u_2 + 5\cos t - \frac{1}{3}\operatorname{sen} t, \quad u_1(0) = \frac{4}{3}$$

$$u_2' = -24u_1 - 51u_2 - 9\cos t + \frac{1}{3}\operatorname{sen} t, \quad u_2(0) = \frac{2}{3}$$

tem a solução única

$$u_1(t) = 2e^{-3t} - e^{-39t} + \frac{1}{3}\cos t, \quad u_2(t) = -e^{-3t} + 2e^{-39t} - \frac{1}{3}\cos t.$$

O termo transiente e^{-39t} na solução faz que esse sistema seja rígido. Ao aplicarmos o Algoritmo 5.7, o método de Runge-Kutta para sistemas de quarta ordem, obtemos os resultados listados na Tabela 5.22. Quando $h = 0{,}05$, temos estabilidade e as aproximações serão precisas. O aumento do tamanho do passo para $h = 0{,}1$, entretanto, leva a resultados desastrosos, mostrados também na tabela. ∎

Tabela 5.22

t	$u_1(t)$	$w_1(t)$ $h = 0{,}05$	$w_1(t)$ $h = 0{,}1$	$u_2(t)$	$w_2(t)$ $h = 0{,}05$	$w_2(t)$ $h = 0{,}1$
0,1	1,793061	1,712219	−2,645169	−1,032001	−0,8703152	7,844527
0,2	1,423901	1,414070	−18,45158	−0,8746809	−0,8550148	38,87631
0,3	1,131575	1,130523	−87,47221	−0,7249984	−0,7228910	176,4828
0,4	0,9094086	0,9092763	−934,0722	−0,6082141	−0,6079475	789,3540
0,5	0,7387877	9,7387506	−1760,016	−0,5156575	−0,5155810	3520,00
0,6	0,6057094	0,6056833	−7848,550	−0,4404108	−0,4403558	15697,84
0,7	0,4998603	0,4998361	−34989,63	−0,3774038	−0,3773540	69979,87
0,8	0,4136714	0,4136490	−155979,4	−0,3229535	−0,3229078	311959,5
0,9	0,3416143	0,3415939	−695332,0	−0,2744088	−0,2743673	1390664,0
1,0	0,2796748	0,2796568	−3099671.	−0,2298877	−0,2298511	6199352,0

Embora a rigidez seja normalmente associada aos sistemas de equações diferenciais, as características da aproximação de um método numérico, em particular aplicado a um sistema rígido, podem ser previstas por meio da análise do erro produzido quando o método é aplicado a uma *equação teste* simples,

$$y' = \lambda y, \qquad y(0) = \alpha, \qquad \text{em que } \lambda < 0. \tag{5.64}$$

A solução para essa equação é $y(t) = \alpha e^{\lambda t}$, que contém a solução transiente $e^{\lambda t}$. A solução estacionária é zero, de modo que as características de aproximação de um método são fáceis de se determinar. (Uma discussão mais completa sobre o erro de arredondamento associado aos sistemas rígidos exige a análise da equação teste quando λ for um número complexo com parte real negativa; consulte [Ge], p. 222.)

Primeiro, considere o método de Euler aplicado à equação teste. Tomando $h = (b - a)/N$ e $t_j = jh$, para $j = 0, 1, 2, \ldots, N$, a Equação (5.8) na página 291, implica que

$$w_0 = \alpha \qquad \text{e} \qquad w_{j+1} = w_j + h(\lambda w_j) = (1 + h\lambda)w_j,$$

logo,

$$w_{j+1} = (1 + h\lambda)^{j+1} w_0 = (1 + h\lambda)^{j+1}\alpha, \qquad \text{para } j = 0, 1, \ldots, N - 1. \tag{5.65}$$

Como a solução exata é $y(t) = \alpha e^{\lambda t}$, o erro absoluto é

$$|y(t_j) - w_j| = |e^{jh\lambda} - (1 + h\lambda)^j|\,|\alpha| = |(e^{h\lambda})^j - (1 + h\lambda)^j|\,|\alpha|,$$

e a precisão é determinada por quão bem o termo $1 + h\lambda$ aproxima $e^{h\lambda}$. Quando $\lambda < 0$, a solução exata $(e^{h\lambda})^j$ decai para zero à medida que j aumenta, mas pela Equação (5.65), a aproximação terá essa propriedade somente se $|1 + h\lambda| < 1$, o que implica que $2 < h\lambda < 0$. Isso efetivamente restringe o tamanho do passo h para: o método de Euler deve satisfazer $h < 2/|\lambda|$.

Agora suponha que seja introduzido um erro de arredondamento δ_0 à condição inicial para o método de Euler,

$$w_0 = \alpha + \delta_0.$$

No j-ésimo passo o erro de arredondamento será

$$\delta_j = (1 + h\lambda)^j \delta_0.$$

Como $\lambda < 0$, a condição para o controle do crescimento do erro de arredondamento é a mesma que a condição para o controle do erro absoluto, $|1 + h\lambda| < 1$, que implica $h < 2/|\lambda|$. Assim,

- Espera-se que o método de Euler seja estável para

$$y' = \lambda y, \quad y(0) = \alpha, \text{ em que } \lambda < 0,$$

apenas se o tamanho de passo h for menor do que $2/|\lambda|$.

A situação é parecida para os outros métodos de passo único. Em geral, existe uma função Q com a propriedade que o método de diferença, quando aplicado à equação teste, fornece

$$w_{i+1} = Q(h\lambda)w_i. \tag{5.66}$$

A precisão do método depende de quão bem $Q(h\lambda)$ aproxima $e^{h\lambda}$, e o erro aumentará ilimitadamente se $|Q(h\lambda)| > 1$. Um método de Taylor de ordem n, por exemplo, terá estabilidade com relação tanto ao crescimento do erro de arredondamento quanto do erro absoluto, desde que h seja escolhido satisfazendo

$$\left|1 + h\lambda + \frac{1}{2}h^2\lambda^2 + \cdots + \frac{1}{n!}h^n\lambda^n\right| < 1.$$

O Exercício 10 analisa o caso específico em que o método usado é o método clássico de Runge-Kutta de quarta ordem, que é essenciamente um método de Taylor de quarta ordem.

Quando um método de passo múltiplo da forma da Equação (5.54) é aplicado à equação teste, o resultado é

$$w_{j+1} = a_{m-1}w_j + \cdots + a_0 w_{j+1-m} + h\lambda(b_m w_{j+1} + b_{m-1}w_j + \cdots + b_0 w_{j+1-m}),$$

para $j = m - 1, \ldots, N - 1$, ou

$$(1 - h\lambda\, b_m)w_{j+1} - (a_{m-1} + h\lambda\, b_{m-1})w_j - \cdots - (a_0 + h\lambda\, b_0)w_{j+1-m} = 0.$$

Associado a esta equação de diferença homogênea está um **polinômio característico**

$$Q(z, h\lambda) = (1 - h\lambda\, b_m)z^m - (a_{m-1} + h\lambda\, b_{m-1})z^{m-1} - \cdots - (a_0 + h\lambda\, b_0).$$

Este polinômio é semelhante ao polinômio característico (5.58), mas incorpora também a equação teste. A teoria aqui é paralela à discussão sobre estabilidade na Seção 5.10.

Suponha que $w_0, \ldots, w_{m-1}$ sejam dados; e, para $h\lambda$ fixo, sejam $\beta_1, \ldots, \beta_m$ os zeros do polinômio $Q(z, h\lambda)$. Se $\beta_1, \ldots, \beta_m$ forem distintos, então existem $c_1, \ldots, c_m$ tais que

$$w_j = \sum_{k=1}^{m} c_k(\beta_k)^j \quad \text{para } j = 0, \ldots, N. \tag{5.67}$$

Se $Q(z, h\lambda)$ tiver zeros múltiplos, w_j é definido analogamente. [Veja a Equação (5.63) na Seção 5.10.] Se w_j deve aproximar precisamente $y(t_j) = e^{jh\lambda} = (e^{h\lambda})^j$, então todos os zeros β_k devem satisfazer $|\beta_k| < 1$; do contrário, determinadas escolhas de α resultarão em $c_k \neq 0$, e o termo $c_k(\beta_k)^j$ não decairá para zero.

Ilustração A equação diferencial de teste

$$y' = -30y, \qquad 0 \leq t \leq 1{,}5, \qquad y(0) = \frac{1}{3}$$

tem a solução exata $y = \frac{1}{3} e^{-30t}$. Usando $h = 0{,}1$ para o Algoritmo 5.1 de Euler, o Algoritmo 5.2 de Runge-Kutta de quarta ordem e o Algoritmo 5.4 preditor-corretor de Adams, fornecem-se os resultados em $t = 1{,}5$ na Tabela 5.23. ∎

Tabela 5.23

Solução exata	$9{,}54173 \times 10^{-21}$
Método de Euler	$-1{,}09225 \times 10^{4}$
Método de Runge-Kutta	$3{,}95730 \times 10^{1}$
Método preditor-corretor	$8{,}03840 \times 10^{5}$

As imprecisões da Ilustração são causadas pelo fato de que $|Q(h\lambda)| > 1$ para o método de Euler e de Runge-Kutta e que $Q(z, h\lambda)$ tem zeros com módulo maior que 1 para o método preditor-corretor. Para aplicar esses métodos a esse problema, o tamanho do passo deve ser reduzido. A definição a seguir é usada para descrever a quantidade de redução do tamanho no passo necessária.

Definição 5.25 A **região R de estabilidade absoluta** para um método de passo único é $R = \{h\lambda \in \mathcal{C} \mid |Q(h\lambda)| < 1\}$ e para um método de passo múltiplo é $R = \{h\lambda \in \mathcal{C} \mid |\beta_k| < 1$ para todos os zeros β_k de $Q(z, h\lambda)\}$. ∎

As Equações (5.66) e (5.67) implicam que um método pode ser efetivamente aplicado a uma equação rígida somente se $h\lambda$ estiver na região de estabilidade absoluta do método, a qual para dado problema coloca uma restrição no tamanho de h. Mesmo que o termo exponencial na solução exata decaia rapidamente para zero, λh deverá permanecer dentro da região de estabilidade absoluta durante todo o intervalo de valores de t para que a aproximação decaia a zero e o crescimento do erro permaneça sob controle. Isso significa que, embora h possa normalmente ser aumentado com base nas considerações sobre o erro de truncamento, o critério de estabilidade absoluta força h a permanecer pequeno. Os métodos de tamanho de passo variável são particularmente vulneráveis a este problema, pois uma análise do erro de truncamento local poderá indicar que o tamanho do passo poderia aumentar, o que poderia resultar inadvertidamente em λh fora da região de estabilidade absoluta.

Como a região de estabilidade absoluta de um método é geralmente o fator crítico na produção de aproximações precisas para sistemas rígidos, são procurados métodos numéricos com a maior região de estabilidade absoluta possível. Um método numérico é considerado ***A*-estável** se sua região R de estabilidade absoluta contiver todo o semiplano esquerdo.

Esse método é implícito, pois envolve w_{j+1} em ambos os lados da equação.

O **método do trapézio implícito**, determinado por

$$w_0 = \alpha, \tag{5.68}$$
$$w_{j+1} = w_j + \frac{h}{2}\left[f(t_{j+1}, w_{j+1}) + f(t_j, w_j)\right], \quad 0 \le j \le N-1,$$

é um método A-estável (veja o Exercício 14) e é o único método de passo múltiplo A-estável. Embora o método do trapézio não dê aproximações precisas para tamanhos de passo grandes, seu erro não crescerá exponencialmente.

As técnicas comumente usadas nos sistemas rígidos são métodos implícitos de passo múltiplo. Geralmente w_{i+1} é obtido resolvendo uma equação não linear ou um sistema não linear de maneira iterativa, frequentemente pelo método de Newton. Considere, por exemplo, o método do trapézio implícito

$$w_{j+1} = w_j + \frac{h}{2}[f(t_{j+1}, w_{j+1}) + f(t_j, w_j)].$$

Tendo calculado t_j, t_{j+1} e w_j, precisamos determinar w_{j+1}, a solução de

$$F(w) = w - w_j - \frac{h}{2}[f(t_{j+1}, w) + f(t_j, w_j)] = 0. \tag{5.69}$$

Para obter uma aproximação desta solução, selecione $w_{j+1}^{(0)}$, geralmente como w_j, e gere $w_{j+1}^{(k)}$ aplicando o método de Newton à Equação (5.69),

$$\begin{aligned} w_{j+1}^{(k)} &= w_{j+1}^{(k-1)} - \frac{F\left(w_{j+1}^{(k-1)}\right)}{F'\left(w_{j+1}^{(k-1)}\right)} \\ &= w_{j+1}^{(k-1)} - \frac{w_{j+1}^{(k-1)} - w_j - \frac{h}{2}\left[f(t_j, w_j) + f\left(t_{j+1}, w_{j+1}^{(k-1)}\right)\right]}{1 - \frac{h}{2} f_y\left(t_{j+1}, w_{j+1}^{(k-1)}\right)} \end{aligned}$$

até que $|w_{j+1}^{(k)} - w_{j+1}^{(k-1)}|$ seja suficientemente pequeno. Este procedimento é usado no Algoritmo 5.8. Normalmente, são necessárias apenas três ou quatro iterações por passo por causa da convergência quadrática do método de Newton.

O método da secante pode ser usado como alternativa para o método de Newton na Equação (5.69), mas então serão necessárias duas aproximações iniciais distintas de w_{j+1}. Para empregar o método da secante, a prática usual é tomar $w_{j+1}^{(0)} = w_j$ e obter $w_{j+1}^{(1)}$ a partir de algum método explícito de passo múltiplo. Quando um sistema de equações rígidas estiver envolvido, será necessária uma generalização tanto para o método de Newton quanto para o método da secante. Estes tópicos serão estudados no Capítulo 10.

ALGORITMO 5.8 **Trapézio com iteração de Newton**

Para aproximar a solução do problema de valor inicial

$$y' = f(t, y), \qquad \text{para } a \le t \le b, \qquad \text{com } y(a) = \alpha$$

em $(N + 1)$ números igualmente espaçados no intervalo $[a, b]$:

ENTRADA extremidades a, b; número inteiro N; condição inicial α; tolerância TOL; número máximo de iterações M em qualquer passo.

SAÍDA aproximação w de y nos $(N + 1)$ valores de t ou uma mensagem de erro.

Passo 1 Faça $h = (b - a)/N$;
$t = a$;
$w = \alpha$;
SAÍDA (t, w).

Passo 2 Para $i = 1, 2, \ldots, N$, execute Passos 3 a 7.

Passo 3 Faça $k_1 = w + \frac{h}{2} f(t, w)$;
$w_0 = k_1$;
$j = 1$;
$FLAG = 0$.

Passo 4 Enquanto $FLAG = 0$, execute Passos 5 e 6

Passo 5 Faça $w = w_0 - \dfrac{w_0 - \frac{h}{2} f(t + h, w_0) - k_1}{1 - \frac{h}{2} f_y(t + h, w_0)}$.

Passo 6 Se $|w - w_0| < TOL$ então faça $FLAG = 1$
senão faça $j = j + 1$;
$w_0 = w$;
se $j > M$, então
SAÍDA (*O número máximo de iterações foi excedido*);
PARE.

Passo 7 Faça $t = a + ih$;
SAÍDA (t, w). (*Fim do Passo* 2.)

Passo 8 PARE. ∎

Ilustração O problema de valor inicial rígido

$$y' = 5e^{5t}(y - t)^2 + 1, \qquad 0 \leq t \leq 1, \qquad y(0) = -1$$

tem solução $y(t) = t - e^{-5t}$. Para mostrar os efeitos da rigidez, o método do trapézio implícito e o método de Runge-Kutta de quarta ordem são aplicados tanto com $N = 4$, dando $h = 0{,}25$, quanto com $N = 5$, dando $h = 0{,}20$.

O método do trapézio funciona bem em ambos os casos usando $M = 10$ e $TOL = 10^{-6}$, assim como Runge-Kutta com $h = 0{,}2$. Porém, $h = 0{,}25$ está fora da região de estabilidade absoluta do método de Runge-Kutta, o que é evidente pelos resultados na Tabela 5.24. ∎

Apresentamos aqui apenas uma pequena quantidade do que o leitor deveria saber a respeito de equações diferenciais rígidas. Para maiores detalhes, consulte [Ge2], [Lam] ou [SGe].

Tabela 5.24

	Método de Runge-Kutta		Método do trapézio	
	$h = 0,2$		$h = 0,2$	
t_i	w_i	$\lvert y(t_i) - w_i \rvert$	w_i	$\lvert y(t_i) - w_i \rvert$
0,0	−1,0000000	0	−1,0000000	0
0,2	−0,1488521	$1,9027 \times 10^{-2}$	−0,1414969	$2,6383 \times 10^{-2}$
0,4	0,2684884	$3,8237 \times 10^{-3}$	0,2748614	$1,0197 \times 10^{-2}$
0,6	0,5519927	$1,7798 \times 10^{-3}$	0,5539828	$3,7700 \times 10^{-3}$
0,8	0,7822857	$6,0131 \times 10^{-4}$	0,7830720	$1,3876 \times 10^{-3}$
1,0	0,9934905	$2,2845 \times 10^{-4}$	0,9937726	$5,1050 \times 10^{-4}$
	$h = 0,25$		$h = 0,25$	
t_i	w_i	$\lvert y(t_i) - w_i \rvert$	w_i	$\lvert y(t_i) - w_i \rvert$
0,0	−1,0000000	0	−1,0000000	0
0,25	0,4014315	$4,37936 \times 10^{-1}$	0,0054557	$4,1961 \times 10^{-2}$
0,5	3,4374753	$3,01956 \times 10^{0}$	0,4267572	$8,8422 \times 10^{-3}$
0,75	$1,44639 \times 10^{23}$	$1,44639 \times 10^{23}$	0,7291528	$2,6706 \times 10^{-3}$
1,0	Overflow		0,9940199	$7,5790 \times 10^{-4}$

EXERCÍCIOS 5.11

1. Resolva os seguintes problemas de valor inicial rígidos usando o método de Euler e compare os resultados com a solução real.
   a. $y' = -9y, \quad 0 \leq t \leq 1, \quad y(0) = e$, com $h = 0,1$; solução real $y(t) = e^{1-9t}$.
   b. $y' = -20(y - t^2) + 2t, \quad 0 \leq t \leq 1, \quad y(0) = \frac{1}{3}$, com $h = 0,1$; solução real $y(t) = t^2 + \frac{1}{3}e^{-20t}$.
   c. $y' = -20y + 20 \operatorname{sen} t + \cos t, \quad 0 \leq t \leq 2, \quad y(0) = 1$, com $h = 0,25$ solução real $y(t) = \operatorname{sen} t + e^{-20t}$.
   d. $y' = 50/y - 50y, \quad 0 \leq t \leq 1, \quad y(0) = \sqrt{2}$, com $h = 0,1$; solução real $y(t) = (1 + e^{-100t})^{1/2}$.
2. Resolva os seguintes problemas de valor inicial rígidos usando o método de Euler e compare os resultados com a solução real.
   a. $y' = -5y + 6e^t, \quad 0 \leq t \leq 1, \quad y(0) = 2$, com $h = 0,1$; solução real $y(t) = e^{-5t} + e^t$.
   b. $y' = -10y + 10t + 1, \quad 0 \leq t \leq 1, \quad y(0) = e$, com $h = 0,1$; solução real $y(t) = e^{-10t+1} + t$.
   c. $y' = -15(y - t^{-3}) - 3/t^4, \quad 1 \leq t \leq 3, \quad y(1) = 0$, com $h = 0,25$; solução real $y(t) = -e^{-15t} + t^{-3}$.
   d. $y' = -20y + 20 \cos t - \operatorname{sen} t, \quad 0 \leq t \leq 2, \quad y(0) = 0$, com $h = 0,25$; solução real $y(t) = -e^{-20t} + \cos t$.
3. Repita o exercício 1 usando o método de Runge-Kutta de quarta ordem.
4. Repita o Exercício 2 usando o método de Runge-Kutta de quarta ordem.
5. Repita o Exercício 1 usando o método preditor-corretor de Adams de quarta ordem.
6. Repita o Exercício 2 usando o método preditor-corretor de Adams de quarta ordem.
7. Repita o Exercício 1 usando o algoritmo do trapézio com $TOL = 10^{-5}$.
8. Repita o Exercício 2 usando o algoritmo do trapézio com $TOL = 10^{-5}$.
9. Resolva o seguinte problema de valor inicial rígido usando o método de Runge-Kutta de quarta ordem com (a) $h = 0,1$ e (*b*) $h = 0,025$.

$$u_1' = 32u_1 + 66u_2 + \frac{2}{3}t + \frac{2}{3}, \quad 0 \leq t \leq 0,5, \quad u_1(0) = \frac{1}{3};$$

$$u_2' = -66u_1 - 133u_2 - \frac{1}{3}t - \frac{1}{3}, \quad 0 \le t \le 0{,}5, \quad u_2(0) = \frac{1}{3}.$$

Compare os resultados com a solução real,

$$u_1(t) = \frac{2}{3}t + \frac{2}{3}e^{-t} - \frac{1}{3}e^{-100t} \quad \text{e} \quad u_2(t) = -\frac{1}{3}t - \frac{1}{3}e^{-t} + \frac{2}{3}e^{-100t}.$$

EXERCÍCIOS TEÓRICOS

10. Mostre que o método de Runge-Kutta de quarta ordem,

$$\begin{aligned} k_1 &= hf(t_i, w_i), \\ k_2 &= hf(t_i + h/2, w_i + k_1/2), \\ k_3 &= hf(t_i + h/2, w_i + k_2/2), \\ k_4 &= hf(t_i + h, w_i + k_3), \\ w_{i+1} &= w_i + \frac{1}{6}(k_1 + 2k_2 + 2k_3 + k_4), \end{aligned}$$

quando aplicado à equação diferencial $y' = \lambda y$, pode ser escrito na forma

$$w_{i+1} = \left(1 + h\lambda + \frac{1}{2}(h\lambda)^2 + \frac{1}{6}(h\lambda)^3 + \frac{1}{24}(h\lambda)^4\right) w_i.$$

11. O método de passo único de Euler regressivo é definido por

$$w_{i+1} = w_i + hf(t_{i+1} + w_{i+1}), \qquad \text{para } i = 0, 1, \ldots, N-1.$$

Mostre que $Q(h\lambda) = 1/(1 - h\lambda)$ para o método de Euler regressivo.

12. Aplique o método de Euler regressivo às equações diferenciais dadas no Exercício 1. Use o método de Newton para determinar w_{i+1}.

13. Aplique o método de Euler regressivo às equações diferenciais dadas no Exercício 2. Use o método de Newton para determinar w_{i+1}.

14. **a.** Mostre que o método do trapézio implícito é A-estável.

b. Mostre que o método de Euler regressivo descrito no Exercício 12 é A-estável.

QUESTÕES PARA DISCUSSÃO

1. Discuta a consistência, a estabilidade e a convergência para o método do trapézio implícito

$$w_{i+1} = w_i + \frac{h}{2}\left(f(t_{i+1}, w_{i+1}) + f(t_i, w_i)\right), \quad \text{para } i = 0, 1, \ldots, N-1,$$

com $w_0 = \alpha$ aplicado à equação diferencial

$$y' = f(t, y), \qquad a \le t \le b, \qquad y(a) = \alpha.$$

2. O sistema abaixo descreve a reação química de Robertson. Ele é considerado um sistema "rígido" de EDOs. O Algoritmo 5.8 pode ser aplicado a este sistema em $0 \le x \le 40$? Por que sim ou por que não?

$$\begin{aligned} y_1' &= -0{,}04y_1 + 10^4 y_2 y_3 \\ y_2' &= -0{,}04y_1 + 10^4 y_2 y_3 - 3 \times 10^7 y_2^2 \\ y_3' &= 3 \times 10^7 y_2^2 \end{aligned}$$

5.12 Software numérico

A biblioteca IMSL inclui duas sub-rotinas de aproximação de soluções de problemas de valor inicial. Cada um dos métodos resolve um sistema de m equações de primeira ordem em m variáveis. As equações são da forma

$$\frac{du_i}{dt} = f_i(t, u_1, u_2, \ldots, u_m), \quad \text{para } i = 1, 2, \ldots, m,$$

em que $u_i(t_0)$ é dado para cada i. Uma sub-rotina de tamanho do passo variável baseia-se nos métodos de Runge-Kutta-Verner de quinta e sexta ordens descritos no Exercício 7 da Seção 5.5. Uma sub-rotina do tipo Adams também está disponível para uso em equações rígidas e tem base no método de C. William Gear. Esse método usa métodos implícitos de passo múltiplo que chegam até ordem 12 e fórmulas de derivação regressivas de ordem que vão até 5.

Os procedimentos do tipo Runge-Kutta contidos na biblioteca NAG baseiam-se na forma de Merson do método de Runge-Kutta. Um método de Adams de ordem e tamanho de passo variáveis também está na biblioteca, bem como um método de diferença regressiva com ordem e tamanho do passo variáveis para sistemas rígidos. Outras rotinas incorporam os mesmos métodos, mas iteram até que uma componente da solução chegue a certo valor ou até uma função da solução se torne zero.

A biblioteca Netlib inclui diversas sub-rotinas de aproximação de soluções de problemas de valor inicial no pacote ODE. Uma sub-rotina baseia-se nos métodos de Runge-Kutta-Verner de quinta e sexta ordens, outras nos métodos de Runge-Kutta--Fehlberg de quarta e quinta ordens, como descrito na Seção 5.5 na página 324. Uma sub-rotina para problemas de valor inicial para equação diferencial ordinária rígida tem base na fórmula de derivação regressiva com coeficiente variável.

QUESTÕES PARA DISCUSSÃO

1. Escolha dois métodos que foram discutidos neste capítulo e compare e contraste sua utilidade e estabilidade.
2. Escolha um dos algoritmos apresentados neste capítulo e discuta como a planilha Excel poderia ser usada para implementar este algoritmo.
3. Escolha um dos algoritmos apresentados neste capítulo e discuta como o MAPLE poderia ser usado para implementar este algoritmo.
4. Escolha um dos algoritmos apresentados neste capítulo e discuta como o MATLAB poderia ser usado para implementar este algoritmo.
5. Escolha um dos algoritmos apresentados neste capítulo e discuta como o Mathematica poderia ser usado para implementar este algoritmo.

CONCEITOS-CHAVE

Adams-Bashforth
Adams-Moulton
A-estável
Condição de Lipschitz
Controle de erro no método RKF
Equação diferencial rígida
Equações de ordem superior
Erro de truncamento local
Estabilidade
Limitante de erro para o método de Euler
Método de Euler
Método de Runge-Kutta-Fehlberg (RKF)
Método de Taylor de ordem superior
Método RK para sistemas
Métodos de extrapolação
Métodos de passo múltiplo
Métodos de passo múltiplo com tamanho de passo variável
Métodos de Runge-Kutta
Métodos preditor-corretor
Polinômio característico
Problema bem-posto
Problema de valor inicial
Problema perturbado
Região de estabilidade
Sistemas de equações diferenciais

REVISÃO DO CAPÍTULO

Neste capítulo nós estudamos métodos para aproximar as soluções de problemas de valor inicial para equações diferenciais ordinárias. Começamos com uma discussão sobre a mais elementar das técnicas numéricas, o método de Euler. Este procedimento não é suficientemente preciso para ser usado em aplicações, mas ilustra o comportamento geral das técnicas mais poderosas, sem as dificuldades algébricas que as acompanham. Os métodos de Taylor foram então estudados como generalizações do método de Euler. Descobrimos que eles são precisos, mas incômodos, por causa da necessidade de determinar muitas derivadas parciais da função que define a equação diferencial. As fórmulas de Runge-Kutta simplificaram os métodos de Taylor, não aumentando o erro significativamente. Até esse ponto, consideramos apenas métodos de passo único, técnicas que usam apenas dados do último ponto calculado.

Os métodos de passo múltiplo foram discutidos na Seção 5.6, onde os métodos explícitos do tipo Adams-Bashforth e métodos implícitos do tipo Adams-Moulton foram considerados. Eles culminam nos métodos preditor-corretor, os quais usam um método explícito, tal como Adams-Bashforth, para prever a solução e depois aplicam um método implícito correspondente, como Adams-Moulton, para corrigir a aproximação.

A Seção 5.9 ilustrou como essas técnicas podem ser usadas para resolver problemas de valor inicial de ordem superior e sistemas de problemas de valor inicial.

Os métodos adaptativos mais precisos baseiam-se em técnicas de passo único ou passo múltiplo relativamente simples. Em particular, vimos na Seção 5.5 que o método de Runge-Kutta-Fehlberg é um procedimento de passo único que procura escolher espaçamento da malha para manter o erro local da aproximação sob controle. O método preditor-corretor de tamanho de passo variável apresentado na Seção 5.7 baseia-se no método de Adams-Bashforth de quatro passos e no método de Adams-Moulton de três passos. Ele também altera o tamanho do passo para manter o erro local dentro de dada tolerância. O método de extrapolação discutido na Seção 5.8 baseia-se em uma modificação do método do ponto médio e incorpora a extrapolação para manter uma precisão desejada da aproximação.

O tópico final do capítulo diz respeito à dificuldade inerente à aproximação da solução de uma equação rígida, uma equação diferencial cuja solução exata contém uma parte da forma $e^{-\lambda t}$, em que λ é uma constante positiva. Devemos ter um cuidado especial com problemas desse tipo, ou os resultados podem ser subjugados pelo erro de arredondamento.

Métodos do tipo Runge-Kutta-Fehlberg são geralmente suficientes para problemas não rígidos quando é exigida precisão moderada. Os procedimentos de extrapolação são recomendados nos problemas não rígidos que exijam alta precisão. Extensões do método do trapézio implícito para ordem variável e métodos implícitos do tipo Adams de tamanho de passo variável são usados nos problemas de valor inicial rígidos.

Muitos livros são especializados em solução numérica de problemas de valor inicial. Dois clássicos são Henrici [He1] e Gear [Ge1]. Outros livros que dão uma visão geral do campo são Botha e Pinder [BP], Ortega e Poole [OP], Golub e Ortega [GO], Shampine [Sh] e Dormand [Do].

Dois livros de Hairer, Nörsett e Warner fornecem discussões abrangentes de problemas não rígidos [HNW1] e rígidos [HNW2]. O livro de Burrage [Bur] descreve métodos paralelos e sequenciais.

CAPÍTULO 6

Métodos diretos para resolução de sistemas lineares

Introdução

As leis de Kirchhoff para os circuitos elétricos afirmam que tanto o fluxo total de corrente através de cada junção quanto a queda de tensão total ao redor de cada laço fechado do circuito são nulos. Suponha que um potencial de V volts seja aplicado entre dois pontos A e G em um circuito e que i_1, i_2, i_3, i_4 e i_5 representem o fluxo de corrente mostrado no diagrama. Usando G como ponto de referência, as leis de Kirchhoff implicam que as correntes satisfaçam o sistema de equações lineares a seguir:

$$\begin{aligned}
5i_1 + 5i_2 &= V,\\
i_3 - i_4 - i_5 &= 0,\\
2i_4 - 3i_5 &= 0,\\
i_1 - i_2 - i_3 &= 0,\\
5i_2 - 7i_3 - 2i_4 &= 0.
\end{aligned}$$

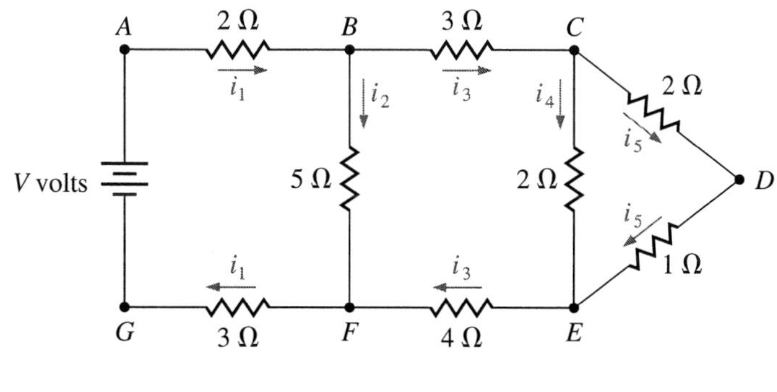

A resolução deste tipo de sistema será considerada neste capítulo. Esta aplicação é discutida no Exercício 23 da Seção 6.6.

Os sistemas de equações lineares estão associados a muitos problemas no campo da engenharia e da ciência, bem como as aplicações da matemática às ciências sociais e aos estudos quantitativos nos problemas de administração e economia.

Neste capítulo, consideraremos *métodos diretos* para resolução de um sistema linear de n equações em n variáveis. Um sistema desse tipo tem a forma

$$\begin{aligned} E_1: &\quad a_{11}x_1 + a_{12}x_2 + \cdots + a_{1n}x_n = b_1, \\ E_2: &\quad a_{21}x_1 + a_{22}x_2 + \cdots + a_{2n}x_n = b_2, \\ &\quad \vdots \\ E_n: &\quad a_{n1}x_1 + a_{n2}x_2 + \cdots + a_{nn}x_n = b_n, \end{aligned} \tag{6.1}$$

Neste sistema, são dadas as constantes a_{ij}, para $i, j = 1, 2, \ldots, n$, e b_i, para cada $i = 1, 2, \ldots n$, e precisamos determinar as incógnitas $x_1, \ldots, x_n$.

As técnicas diretas são métodos que teoricamente dão a solução exata do sistema em um número finito de passos. É claro que, na prática, as soluções estarão contaminadas pelo erro de arredondamento que está envolvido na aritmética que está sendo usada. A análise do efeito desse erro de arredondamento e a determinação da maneira de mantê-lo sob controle serão a componente principal deste capítulo.

Não é suposto que um curso de álgebra linear seja pré-requisito para este capítulo, de modo que incluiremos diversas noções básicas sobre o assunto. Métodos de aproximação da solução de sistemas lineares por métodos interativos são apresentados no Capítulo 7.

6.1 Sistemas de equações lineares

Utilizamos três tipos de operações para simplificar o sistema linear dado na Equação (6.1):

1. A equação E_i pode ser multiplicada por qualquer constante λ que não seja nula, com a equação resultante utilizada no lugar de E_i. Esta operação é denotada $(\lambda E_i) \to (E_i)$.
2. A equação E_j pode ser multiplicada por qualquer constante λ e adicionada à equação E_i e a equação resultante utilizada no lugar de E_i. Esta operação é denotada $(E_i + \lambda E_j) \to (E_i)$.
3. As equações E_i e E_j podem trocar de posição. Essa operação é denotada $(E_i) \leftrightarrow (E_j)$.

Por meio de uma sequência dessas operações, um sistema linear pode ser transformado em um sistema linear mais fácil de resolver e que terá as mesmas soluções (veja o Exercício 13). A sequência de operações está ilustrada no próximo exemplo.

Ilustração As quatro equações

$$\begin{aligned} E_1: &\quad x_1 + x_2 + 3x_4 = 4, \\ E_2: &\quad 2x_1 + x_2 - x_3 + x_4 = 1, \\ E_3: &\quad 3x_1 - x_2 - x_3 + 2x_4 = -3, \\ E_4: &\quad -x_1 + 2x_2 + 3x_3 - x_4 = 4, \end{aligned} \tag{6.2}$$

serão resolvidas, determinando-se x_1, x_2, x_3, e x_4. Primeiro, usamos a equação E_1 para eliminar a incógnita x_1 de E_2, E_3 e E_4, executando $(E_2 - 2E_1) \to (E_2)$, $(E_3 - 3E_1) \to (E_3)$, e $(E_4 + E_1) \to (E_4)$. Por exemplo, na segunda equação,

$$(E_2 - 2\,E_1) \to (E_2)$$

fornece

$$(2x_1 + x_2 - x_3 + x_4) - 2(x_1 + x_2 + 3x_4) = 1 - 2(4),$$

o que simplifica o resultado mostrado como E_2 em

$$\begin{aligned}
E_1 &: \ x_1 + x_2 \qquad + 3x_4 = 4,\\
E_2 &: \quad - x_2 - x_3 - 5x_4 = -7,\\
E_3 &: \quad - 4x_2 - x_3 - 7x_4 = -15,\\
E_4 &: \quad 3x_2 + 3x_3 + 2x_4 = 8,
\end{aligned}$$

Por simplicidade, as novas equações são novamente designadas por E_1, E_2, E_3 e E_4.

No novo sistema, E_2 é usada para eliminar a incógnita x_2 de E_3 e E_4 executando $(E_3 - 4E_2) \to (E_3)$ e $(E_4 + 3E_2) \to (E_4)$, o que resulta em

$$\begin{aligned}
E_1 &: \ x_1 + x_2 \qquad + 3x_4 = 4,\\
E_2 &: \quad - x_2 - x_3 - 5x_4 = -7,\\
E_3 &: \qquad\quad 3x_3 - 13x_4 = 13,\\
E_4 &: \qquad\qquad - 13x_4 = -13.
\end{aligned} \tag{6.3}$$

O sistema de equações (6.3) apresenta-se agora em **forma triangular** (ou **reduzida**), e as incógnitas podem ser determinadas por um **processo de substituição regressiva**. Como E_4 implica $x_4 = 1$, podemos determinar x_3 a partir de E_3:

$$x_3 = \frac{1}{3}(13 - 13x_4) = \frac{1}{3}(13 - 13) = 0.$$

Continuando, E_2 resulta em

$$x_2 = -(-7 + 5x_4 + x_3) = -(-7 + 5 + 0) = 2,$$

e E_1 resulta em

$$x_1 = 4 - 3x_4 - x_2 = 4 - 3 - 2 = -1.$$

A solução do sistema (6.3) e, consequentemente, do sistema (6.2), é, portanto, $x_1 = -1, x_2 = 2, x_3 = 0$ e $x_4 = 1$. ■

Matrizes e vetores

Ao realizarmos as operações apresentadas na ilustração, não precisaríamos ter escrito as equações inteiras para cada passo, nem carregar as variáveis x_1, x_2, x_3, e x_4 nos cálculos, pois elas sempre ficaram na mesma coluna. A única variação de sistema para sistema ocorreu nos coeficientes das incógnitas e nos valores do lado direito das equações. Por essa razão, um sistema linear é muitas vezes substituído por uma *matriz*, que contém todas as informações sobre o sistema que são necessárias para determinar sua solução, mas de forma compacta e que pode ser facilmente representada no computador.

Definição 6.1 Uma **matriz $n \times m$ (n por m)** é uma tabela retangular de elementos com n linhas e m colunas na qual não somente o valor de um elemento é importante, mas também sua posição na tabela. ■

A notação para uma matriz $n \times m$ será uma letra maiúscula, como A, para a matriz e letras minúsculas com índices duplos, como a_{ij}, para se referir ao elemento na intersecção da i-ésima linha e da j-ésima coluna; isto é,

$$A = [a_{ij}] = \begin{bmatrix} a_{11} & a_{12} & \cdots & a_{1m} \\ a_{21} & a_{22} & \cdots & a_{2m} \\ \vdots & \vdots & & \vdots \\ a_{n1} & a_{n2} & \cdots & a_{nm} \end{bmatrix}.$$

EXEMPLO 1 Determine o tamanho e os respectivos elementos da matriz

$$A = \begin{bmatrix} 2 & -1 & 7 \\ 3 & 1 & 0 \end{bmatrix}.$$

Solução A matriz tem duas linhas e três colunas, de modo que é de tamanho 2×3. Seus elementos são descritos por $a_{11} = 2$, $a_{12} = -1$, $a_{13} = 7$, $a_{21} = 3$, $a_{22} = 1$ e $a_{23} = 0$. ■

A matriz $1 \times n$

$$A = [a_{11}\ a_{12} \dots a_{1n}]$$

é chamada **vetor linha *n* dimensional**, e uma matriz $n \times 1$

$$A = \begin{bmatrix} a_{11} \\ a_{21} \\ \vdots \\ a_{n1} \end{bmatrix}$$

é chamada **vetor coluna *n* dimensional**. Geralmente, os índices desnecessários são omitidos para vetores, e letras minúsculas em negrito são usadas para notação. Dessa forma,

$$\mathbf{x} = \begin{bmatrix} x_1 \\ x_2 \\ \vdots \\ x_n \end{bmatrix}$$

denota um vetor coluna, e

$$\mathbf{y} = [y_1 \quad y_2 \quad \cdots \quad y_n]$$

um vetor linha. Além disso, vetores linha frequentemente têm vírgulas inseridas entre os elementos para tornar mais clara a separação. Assim, você pode encontrar **y** escrito como $\mathbf{y} = [y_1, y_2, \dots, y_n]$.

Uma matriz $n \times (n + 1)$ pode ser utilizada para representar o sistema linear

$$\begin{aligned} a_{11}x_1 + a_{12}x_2 + \cdots + a_{1n}x_n &= b_1, \\ a_{21}x_1 + a_{22}x_2 + \cdots + a_{2n}x_n &= b_2, \\ \vdots \qquad\qquad\qquad & \quad \vdots \\ a_{n1}x_1 + a_{n2}x_2 + \cdots + a_{nn}x_n &= b_n, \end{aligned}$$

construindo,

$$= [a_{ij}] = \begin{bmatrix} a_{11} & a_{12} & \cdots & a_{1n} \\ a_{21} & a_{22} & \cdots & a_{2n} \\ \vdots & \vdots & & \vdots \\ a_{n1} & a_{n2} & \cdots & a_{nn} \end{bmatrix}, \quad \mathbf{b} = \begin{bmatrix} b_1 \\ b_2 \\ \vdots \\ b_n \end{bmatrix} \quad \text{e}$$

$$[A, \mathbf{b}] = \left[\begin{array}{cccc:c} a_{11} & a_{12} & \cdots & a_{1n} & b_1 \\ a_{21} & a_{22} & \cdots & a_{2n} & b_2 \\ \vdots & \vdots & & \vdots & \vdots \\ a_{n1} & a_{n2} & \cdots & a_{nn} & b_n \end{array}\right],$$

em que a linha pontilhada na vertical é utilizada para separar os coeficientes das incógnitas dos elementos no lado direito das equações. A tabela $[A, \mathbf{b}]$ é chamada **matriz aumentada**.

Aumentada refere-se ao fato de que o lado direito do sistema foi incluído na matriz.

Repetir as operações envolvidas na ilustração da página 396 com a notação matricial resulta em primeiro considerar a matriz aumentada

$$\left[\begin{array}{rrrr:r} 1 & 1 & 0 & 3 & 4 \\ 2 & 1 & -1 & 1 & 1 \\ 3 & -1 & -1 & 2 & -3 \\ -1 & 2 & 3 & -1 & 4 \end{array}\right].$$

Realizar as operações conforme descrito naquele exemplo produz as matrizes aumentadas

$$\left[\begin{array}{rrrr:r} 1 & 1 & 0 & 3 & 4 \\ 0 & -1 & -1 & -5 & -7 \\ 0 & -4 & -1 & -7 & -15 \\ 0 & 3 & 3 & 2 & 8 \end{array}\right] \quad \text{e} \quad \left[\begin{array}{rrrr:r} 1 & 1 & 0 & 3 & 4 \\ 0 & -1 & -1 & -5 & -7 \\ 0 & 0 & 3 & 13 & 13 \\ 0 & 0 & 0 & -13 & -13 \end{array}\right].$$

A matriz final pode agora ser transformada em seu sistema linear correspondente e as soluções para x_1, x_2 x_3 e x_4 podem ser obtidas. O procedimento envolvido nesse processo é chamado **eliminação de Gauss com substituição regressiva.**

O procedimento geral da eliminação de Gauss aplicado ao sistema linear

$$\begin{aligned} E_1: &\quad a_{11}x_1 + a_{12}x_2 + \ldots + a_{1n}x_n = b_1, \\ E_2: &\quad a_{21}x_1 + a_{22}x_2 + \ldots + a_{2n}x_n = b_2, \\ &\quad \vdots \qquad\qquad\qquad\qquad\qquad \vdots \\ E_n: &\quad a_{n1}x_1 + a_{n2}x_2 + \ldots + a_{nn}x_n = b_n, \end{aligned} \tag{6.4}$$

é tratado de maneira semelhante. Primeiro, forme a matriz aumentada $\tilde{A}$:

$$\tilde{A} = [A, \mathbf{b}] = \begin{bmatrix} a_{11} & a_{12} & \cdots & a_{1n} & \vdots & a_{1,n+1} \\ a_{21} & a_{22} & \cdots & a_{2n} & \vdots & a_{2,n+1} \\ \vdots & \vdots & & \vdots & \vdots & \vdots \\ a_{n1} & a_{n2} & \cdots & a_{nn} & \vdots & a_{n,n+1} \end{bmatrix}, \tag{6.5}$$

em que A denota a matriz formada pelos coeficientes. Os elementos na $(n + 1)$-ésima coluna são os elementos de $\mathbf{b}$; isto é, $a_{i,\,n+1} = b_i$ para cada $i = 1, 2, \ldots, n$.

Uma técnica semelhante à eliminação de Gauss apareceu pela primeira vez durante a dinastia Han, na China, no texto "Nine Chapters on the Mathematical Art", que foi escrito cerca de 200 a.C. Joseph Louis Lagrange (1736-1813) descreveu uma técnica análoga a este procedimento em 1778 para o caso em que o valor de cada equação fosse 0. Gauss deu uma descrição mais genérica em "Theoria Motus corporum coelestium sectionibus solem ambientium", em que descrevia a técnica de mínimos quadrados que ele utilizou em 1801 para determinar a órbita do planeta secundário Ceres.

Desde que $a_{11} \neq 0$ fazemos as operações correspondentes a

$$(E_j - (a_{j1}/a_{11})E_1) \to (E_j) \text{ para cada } j = 2, 3, \ldots, n$$

para eliminar o coeficiente de x_1 em cada uma dessas linhas. Embora seja esperado que os elementos nas linhas $2, 3, \ldots, n$ mudem, por facilidade de notação, novamente denotaremos o elemento na i-ésima linha e j-ésima coluna por a_{ij}. Tendo isso em mente, seguiremos um procedimento sequencial para $i = 2, 3, \ldots, n - 1$ e efetuaremos a operação

$$(E_j - (a_{ji}/a_{ii})E_i) \to (E_j) \text{ para cada } j = i + 1, i + 2, \ldots, n,$$

desde que $a_{ii} \neq 0$. Isso elimina (muda o coeficiente para zero) x_i em cada linha abaixo da i-ésima para todos os valores de $i = 1, 2, \ldots, n - 1$. A matriz resultante tem a forma:

$$\tilde{\tilde{A}} = \begin{bmatrix} a_{11} & a_{12} & \cdots & a_{1n} & \vdots & a_{1,n+1} \\ 0 & a_{22} & \cdots & a_{2n} & \vdots & a_{2,n+1} \\ \vdots & \ddots & \ddots & \vdots & \vdots & \vdots \\ 0 & \cdots & 0 & a_{nn} & \vdots & a_{n,n+1} \end{bmatrix},$$

em que, exceto na primeira linha, não se espera que os valores de a_{ij} coincidam com aqueles da matriz original $\tilde{A}$. A matriz $\tilde{\tilde{A}}$ representa um sistema linear com o mesmo conjunto solução que o sistema original.

Como o novo sistema é triangular,

$$\begin{aligned} a_{11}x_1 + a_{12}x_2 + \cdots + a_{1n}x_n &= a_{1,n+1}, \\ a_{22}x_2 + \cdots + a_{2n}x_n &= a_{2,n+1}, \\ \vdots \qquad &\quad \vdots \\ a_{nn}x_n &= a_{n,n+1}, \end{aligned}$$

a *substituição regressiva* pode ser realizada. Isolando x_n na enésima equação, temos

$$x_n = \frac{a_{n,n+1}}{a_{nn}}.$$

Isolando x_{n-1} na $(n-1)$-ésima equação e usando o valor conhecido de x_n, o resultado é

$$x_{n-1} = \frac{a_{n-1,n+1} - a_{n-1,n}x_n}{a_{n-1,n-1}}.$$

Continuando esse processo, obtemos

$$x_i = \frac{a_{i,n+1} - a_{i,i+1}x_{i+1} - \cdots - a_{i,n-1}x_{n-1} - a_{i,n}x_n}{a_{ii}} = \frac{a_{i,n+1} - \sum_{j=i+1}^{n} a_{ij}x_j}{a_{ii}},$$

para cada $i = n-1, n-2, \ldots, 2, 1$.

O procedimento de eliminação de Gauss pode ser representado de forma mais precisa, embora mais complexamente, formando uma sequência de matrizes aumentadas $\tilde{A}^{(1)}, \tilde{A}^{(2)}, \ldots, \tilde{A}^{(n)}$, em que $\tilde{A}^{(1)}$ é a matriz $\tilde{A}$ dada na Equação (6.5) e $\tilde{A}^{(k)}$, para cada $k = 2, 3, \ldots, n$, tem elementos $a_{ij}^{(k)}$, dados por:

$$a_{ij}^{(k)} = \begin{cases} a_{ij}^{(k-1)}, & \text{quando } i = 1, 2, \ldots, k-1 \text{ e } j = 1, 2, \ldots, n+1, \\ 0, & \text{quando } i = k, k+1, \ldots, n \text{ e } j = 1, 2, \ldots, k-1, \\ a_{ij}^{(k-1)} - \dfrac{a_{i,k-1}^{(k-1)}}{a_{k-1,k-1}^{(k-1)}} a_{k-1,j}^{(k-1)}, & \text{quando } i = k, k+1, \ldots, n \text{ e } j = k, k+1, \ldots, n+1. \end{cases}$$

Assim,

$$\tilde{A}^{(k)} = \left[\begin{array}{cccccccc:c} a_{11}^{(1)} & a_{12}^{(1)} & a_{13}^{(1)} & \cdots & a_{1,k-1}^{(1)} & a_{1k}^{(1)} & \cdots & a_{1n}^{(1)} & a_{1,n+1}^{(1)} \\ 0 & a_{22}^{(2)} & a_{23}^{(2)} & \cdots & a_{2,k-1}^{(2)} & a_{2k}^{(2)} & \cdots & a_{2n}^{(2)} & a_{2,n+1}^{(2)} \\ \vdots & \ddots & \ddots & & \vdots & \vdots & & \vdots & \vdots \\ \vdots & & & \ddots & a_{k-1,k-1}^{(k-1)} & a_{k-1,k}^{(k-1)} & \cdots & a_{k-1,n}^{(k-1)} & a_{k-1,n+1}^{(k-1)} \\ \vdots & & & & 0 & a_{kk}^{(k)} & \cdots & a_{kn}^{(k)} & a_{k,n+1}^{(k)} \\ \vdots & & & & \vdots & \vdots & & \vdots & \vdots \\ 0 & \cdots & \cdots & \cdots & 0 & a_{nk}^{(k)} & \cdots & a_{nn}^{(k)} & a_{n,n+1}^{(k)} \end{array}\right] \tag{6.6}$$

representa o sistema linear equivalente no qual a variável x_{k-1} acabou de ser eliminada das equações $E_k, E_{k+1}, \ldots, E_n$.

O processo falhará se um dos elementos $a_{11}^{(1)}, a_{22}^{(2)}, a_{33}^{(3)}, \ldots, a_{n-1,n-1}^{(n-1)}, a_{nn}^{(n)}$ for nulo, pois, ou o passo

$$\left(E_i - \frac{a_{i,k}^{(k)}}{a_{kk}^{(k)}}(E_k)\right) \to E_i$$

não pode ser realizado (isto acontece se um dos $a_{11}^{(1)}, \ldots, a_{n-1,n-1}^{(n-1)}$ for nulo) ou a substituição regressiva não pode ser completada (no caso de $a_{nn}^{(n)} = 0$). O sistema ainda pode ter uma solução, mas a técnica para encontrá-la deverá ser alterada. Uma ilustração é dada no exemplo seguinte.

EXEMPLO 2

Represente o sistema linear

$$\begin{aligned}
E_1: &\quad x_1 - x_2 + 2x_3 - x_4 = -8,\\
E_2: &\quad 2x_1 - 2x_2 + 3x_3 - 3x_4 = -20,\\
E_3: &\quad x_1 + x_2 + x_3 = -2,\\
E_4: &\quad x_1 - x_2 + 4x_3 + 3x_4 = 4.
\end{aligned}$$

por uma matriz aumentada e use a eliminação de Gauss para encontrar sua solução.

Solução A matriz aumentada é

$$\tilde{A} = \tilde{A}^{(1)} = \left[\begin{array}{cccc:c} 1 & -1 & 2 & -1 & -8 \\ 2 & -2 & 3 & -3 & -20 \\ 1 & 1 & 1 & 0 & -2 \\ 1 & -1 & 4 & 3 & 4 \end{array}\right].$$

e efetuando as operações

$$(E_2 - 2E_1) \rightarrow (E_2), (E_3 - E_1) \rightarrow (E_3) \quad \text{e} \quad (E_4 - E_1) \rightarrow (E_4),$$

teremos

$$\tilde{A}^{(2)} = \left[\begin{array}{cccc:c} 1 & -1 & 2 & -1 & -8 \\ 0 & 0 & -1 & -1 & -4 \\ 0 & 2 & -1 & 1 & 6 \\ 0 & 0 & 2 & 4 & 12 \end{array}\right].$$

O elemento pivô para uma coluna específica é o elemento utilizado para gerar zeros nos outros elementos dessas colunas.

O elemento diagonal $a_{22}^{(2)}$, chamado **elemento pivô**, é nulo, de modo que o procedimento não pode continuar na forma atual. Mas a operação $(E_i) \leftrightarrow (E_j)$ é permitida, de modo que é feita uma busca nos elementos $a_{32}^{(2)}$ e $a_{42}^{(2)}$ pelo primeiro elemento diferente de zero. Como $a_{32}^{(2)} \neq 0$, a operação $(E_2) \leftrightarrow (E_3)$ é efetuada para se obter uma nova matriz,

$$\tilde{A}^{(2)\prime} = \left[\begin{array}{cccc:c} 1 & -1 & 2 & -1 & -8 \\ 0 & 2 & -1 & 1 & 6 \\ 0 & 0 & -1 & -1 & -4 \\ 0 & 0 & 2 & 4 & 12 \end{array}\right].$$

Como x_2 já foi eliminado de E_3 e E_4, $\tilde{A}^{(3)}$ será $\tilde{A}^{(2)\prime}$ e os cálculos continuam com a operação $(E_4 + 2E_3) \rightarrow (E_4)$, o que fornece

$$\tilde{A}^{(4)} = \left[\begin{array}{cccc:c} 1 & -1 & 2 & -1 & -8 \\ 0 & 2 & -1 & 1 & 6 \\ 0 & 0 & -1 & -1 & -4 \\ 0 & 0 & 0 & 2 & 4 \end{array}\right].$$

Por fim, a matriz é convertida novamente para um sistema linear que tem a mesma solução do sistema original, e aplica-se a substituição regressiva:

$$x_4 = \frac{4}{2} = 2,$$

$$x_3 = \frac{[-4 - (-1)x_4]}{-1} = 2,$$

$$x_2 = \frac{[6 - [(-1)x_3 + x_4]]}{2} = 3,$$

$$x_1 = \frac{[-8 - [(-1)x_2 + 2x_3 + (-1)x_4]]}{1} = -7.$$

■

O Exemplo 2 ilustra o que é feito se $a_{kk}^{(k)} = 0$ para algum $k = 1, 2, \ldots, n - 1$. É feita uma busca na k-ésima coluna de $\tilde{A}^{(k-1)}$, da k-ésima linha até a enésima linha, pelo primeiro elemento diferente de zero. Se $a_{pk}^{(k)} \neq 0$ para algum p, com $k + 1 \leq p \leq n$, então a operação $(E_k) \leftrightarrow (E_p)$ é realizada para obter $\tilde{A}^{(k-1)'}$. Pode-se então continuar o procedimento para formar $\tilde{A}^{(k)}$ e assim por diante. Se $a_{pk}^{(k)} = 0$ para cada p, pode-se demonstrar que (veja o Teorema 6.17 na página 441) o sistema linear não tem uma solução única e o procedimento para. Por fim, se $a_{nn}^{(n)} = 0$, o sistema linear não tem uma única solução, e novamente o procedimento para.

O Algoritmo 6.1 resume a eliminação de Gauss com substituição regressiva. O algoritmo incorpora pivotamento, quando um dos pivôs $a_{kk}^{(k)}$ for 0, por meio da troca da k-ésima linha com a p-ésima linha, sendo p o menor número inteiro maior que k para o qual $a_{pk}^{(k)} \neq 0$.

ALGORITMO 6.1 **Eliminação de Gauss com substituição regressiva**

Para resolver o sistema linear $n \times n$

$$\begin{array}{lcccccccc}
E_1: & a_{11}x_1 & + & a_{12}x_2 & + \cdots + & a_{1n}x_n & = & a_{1,n+1} \\
E_2: & a_{21}x_1 & + & a_{22}x_2 & + \cdots + & a_{2n}x_n & = & a_{2,n+1} \\
\vdots & \vdots & & \vdots & & \vdots & & \vdots \\
E_n: & a_{n1}x_1 & + & a_{n2}x_2 & + \cdots + & a_{nn}x_n & = & a_{n,n+1}
\end{array}$$

ENTRADA número de incógnitas e de equações n; matriz aumentada $A = [a_{ij}]$, em que $1 \leq i \leq n$ e $1 \leq j \leq n + 1$.

SAÍDA solução $x_1, x_2, \ldots, x_n$ ou mensagem de que este sistema linear não tem uma única solução.

Passo 1 Para $i = 1, \ldots, n - 1$, execute Passos 2 a 4. *(Processo de eliminação.)*

Passo 2 Faça p ser o menor número inteiro com $i \leq p \leq n$ e $a_{pi} \neq 0$.
Se nenhum número inteiro p puder ser encontrado
então SAÍDA ('não existe uma solução única');
PARE.

Passo 3 Se $p \neq i$, então execute $(E_p) \leftrightarrow (E_i)$.

Passo 4 Para $j = i + 1, \ldots, n$, execute Passos 5 e 6.

Passo 5 Faça $m_{ji} = a_{ji} / a_{ii}$.

Passo 6 Execute $(E_j - m_{ji}E_i) \rightarrow (E_j)$;

Passo 7 Se $a_{nn} = 0$, então SAÍDA ('não existe uma solução única'); PARE.

Passo 8 Faça $x_n = a_{n,n+1}/a_{nn}$. *(Começa a substituição regressiva.)*

Passo 9 Para $i = n - 1, \ldots, 1$ faça $x_i = [a_{i,n+1} - \sum_{j=i+1}^{n} a_{ij} x_j]/a_{ii}$.

Passo 10 SAÍDA $(x_1, \ldots, x_n)$; *(Processo completado com sucesso.)* PARE. ■

Ilustração O propósito deste exemplo é mostrar o que pode acontecer se o Algoritmo 6.1 falhar. Os cálculos serão feitos simultaneamente em dois sistemas lineares:

$$\begin{aligned} x_1 + x_2 + x_3 &= 4, \\ 2x_1 + 2x_2 + x_3 &= 6, \\ x_1 + x_2 + 2x_3 &= 6, \end{aligned} \qquad \text{e} \qquad \begin{aligned} x_1 + x_2 + x_3 &= 4, \\ 2x_1 + 2x_2 + x_3 &= 4, \\ x_1 + x_2 + 2x_3 &= 6. \end{aligned}$$

Esses sistemas produzem matrizes aumentadas

$$\tilde{A} = \left[\begin{array}{ccc:c} 1 & 1 & 1 & 4 \\ 2 & 2 & 1 & 6 \\ 1 & 1 & 2 & 6 \end{array}\right] \quad \text{e} \quad \tilde{A} = \left[\begin{array}{ccc:c} 1 & 1 & 1 & 4 \\ 2 & 2 & 1 & 4 \\ 1 & 1 & 2 & 6 \end{array}\right].$$

Como $a_{11} = 1$, realizamos as operações $(E_2 - 2E_1) \rightarrow (E_2)$ e $(E_3 - E_1) \rightarrow (E_3)$ para produzir

$$\tilde{A} = \left[\begin{array}{ccc:c} 1 & 1 & 1 & 4 \\ 0 & 0 & -1 & -2 \\ 0 & 0 & 1 & 2 \end{array}\right] \quad \text{e} \quad \tilde{A} = \left[\begin{array}{ccc:c} 1 & 1 & 1 & 4 \\ 0 & 0 & -1 & -4 \\ 0 & 0 & 1 & 2 \end{array}\right].$$

Nesse ponto, $a_{22} = a_{32} = 0$. O algoritmo exige que o procedimento pare, e nenhuma solução para qualquer um dos sistemas é obtida. Escrevendo as equações para cada sistema, temos

$$\begin{aligned} x_1 + x_2 + x_3 &= 4, \\ -x_3 &= -2, \\ x_3 &= 2, \end{aligned} \qquad \text{e} \qquad \begin{aligned} x_1 + x_2 + x_3 &= 4, \\ -x_3 &= -4, \\ x_3 &= 2. \end{aligned}$$

O primeiro sistema linear tem um número infinito de soluções, as quais podem ser descritas por $x_3 = 2$, $x_2 = 2 - x_1$ e x_1 arbitrário.

O segundo sistema leva à contradição $x_3 = 2$ e $x_3 = 4$, de modo que não existe nenhuma solução. Em cada caso, porém, não existe uma solução *única*, como concluímos a partir do Algoritmo 6.1. ■

Embora o Algoritmo 6.1 possa ser visto como a construção de matrizes aumentadas $\tilde{A}^{(1)}, \ldots, \tilde{A}^{(n)}$, as operações podem ser realizadas em um computador utilizando somente uma matriz $n \times (n + 1)$ para armazenamento. Em cada passo, simplesmente substituímos o valor anterior de a_{ij} pelo novo. Além disso, podemos armazenar os multiplicadores m_{ji} nas posições de a_{ji}, pois a_{ji} tem valor 0 para cada $i = 1, 2, \ldots, n - 1$ e $j = i + 1, i + 2, \ldots, n$. Assim, A pode ser sobrescrita pelos multiplicadores nos elementos que estão abaixo da diagonal principal (ou seja, os elementos da forma

a_{ji}, com $j > i$) e pelos elementos que acabaram de ser calculados de $\tilde{A}^{(n)}$ sobre e acima da diagonal principal (os elementos da forma a_{ij}, com $j \leq i$). Esses valores podem ser utilizados para resolver outros sistemas lineares envolvendo a matriz original A, como veremos na Seção 6.5.

Contagem de operações

Tanto a quantidade de tempo exigida para completar os cálculos quanto os erros de arredondamento subsequentes dependem do número de operações aritméticas em ponto flutuante necessárias para a resolução de um problema de rotina. Em geral, a quantidade de tempo exigida para a realização de uma multiplicação ou divisão em um computador é aproximadamente a mesma, e é consideravelmente maior que aquela exigida para a realização de uma adição ou subtração. As diferenças reais no tempo de execução, entretanto, dependem do sistema de computação particular. Para ilustrar as operações de contagem para determinado método, contaremos as operações necessárias para resolver um sistema linear típico de n equações em n incógnitas usando o Algoritmo 6.1. Manteremos a contagem das adições/subtrações separada da contagem das multiplicações/divisões por causa da diferença no tempo de execução.

Nenhuma operação aritmética é efetuada até os Passos 5 e 6 do algoritmo. O Passo 5 exige que sejam realizadas $(n - i)$ divisões. A substituição da equação E_j por $(E_j - m_{ji}E_i)$ no Passo 6 exige que m_{ji} seja multiplicado por cada termo em E_i, resultando em um total de $(n - i)(n - i + 1)$ multiplicações. Depois que esse passo for completado, cada termo da equação resultante é subtraído do termo correspondente em E_j. Isso exige $(n - i)(n - i + 1)$ subtrações. Para cada $i = 1, 2, \ldots, n - 1$, as operações exigidas nos Passos 5 e 6 são as seguintes.

Multiplicações/divisões:

$$(n - i) + (n - i)(n - i + 1) = (n - i)(n - i + 2).$$

Adições/subtrações:

$$(n - i)(n - i + 1).$$

O número total de operações exigidas para esses Passos 5 e 6 é obtido pela soma das contagens de operações para cada i. Lembrando, do cálculo, que

$$\sum_{j=1}^{m} 1 = m, \quad \sum_{j=1}^{m} j = \frac{m(m+1)}{2} \quad \text{e} \quad \sum_{j=1}^{m} j^2 = \frac{m(m+1)(2m+1)}{6},$$

teremos as contagens operacionais a seguir.

Multiplicações/divisões:

$$\begin{aligned}\sum_{i=1}^{n-1}(n-i)(n-i+2) &= \sum_{i=1}^{n-1}(n^2-2ni+i^2+2n-2i)\\ &= \sum_{i=1}^{n-1}(n-i)^2+2\sum_{i=1}^{n-1}(n-i)=\sum_{i=1}^{n-1}i^2+2\sum_{i=1}^{n-1}i\\ &= \frac{(n-1)n(2n-1)}{6}+2\frac{(n-1)n}{2}=\frac{2n^3+3n^2-5n}{6}.\end{aligned}$$

Adições/subtrações:

$$\begin{aligned}\sum_{i=1}^{n-1}(n-i)(n-i+1) &= \sum_{i=1}^{n-1}(n^2-2ni+i^2+n-i)\\ &= \sum_{i=1}^{n-1}(n-i)^2+\sum_{i=1}^{n-1}(n-i)=\sum_{i=1}^{n-1}i^2+\sum_{i=1}^{n-1}i\\ &= \frac{(n-1)n(2n-1)}{6}+\frac{(n-1)n}{2}=\frac{n^3-n}{3}.\end{aligned}$$

Os únicos outros passos no Algoritmo 6.1 que envolvem operações aritméticas são aqueles necessários na substituição regressiva, os Passos 8 e 9. O Passo 8 exige uma divisão. O Passo 9 exige $(n-i)$ multiplicações e $(n-i-1)$ adições para cada termo no somatório e a seguir uma subtração e uma divisão. O número total de operações nos Passos 8 e 9 é o seguinte.

Multiplicações/divisões:

$$\begin{aligned}1+\sum_{i=1}^{n-1}((n-i)+1) &= 1+\left(\sum_{i=1}^{n-1}(n-i)\right)+n-1\\ &= n+\sum_{i=1}^{n-1}(n-i)=n+\sum_{i=1}^{n-1}i=\frac{n^2+n}{2}.\end{aligned}$$

Adições/subtrações:

$$\sum_{i=1}^{n-1}((n-i-1)+1)=\sum_{i=1}^{n-1}(n-i)=\sum_{i=1}^{n-1}i=\frac{n^2-n}{2}$$

O número total de operações aritméticas no Algoritmo 6.1 é, portanto:

Multiplicações/divisões:

$$\frac{2n^3 + 3n^2 - 5n}{6} + \frac{n^2 + n}{2} = \frac{n^3}{3} + n^2 - \frac{n}{3}.$$

Adições/subtrações:

$$\frac{n^3 - n}{3} + \frac{n^2 - n}{2} = \frac{n^3}{3} + \frac{n^2}{2} - \frac{5n}{6}.$$

Para um valor grande de n, o número total de multiplicações e divisões é de aproximadamente $n^3/3$, assim como é o número total de adições e subtrações. Desse modo, a quantidade de operações e tempo exigidos aumenta com n proporcionalmente a n^3, conforme mostrado na Tabela 6.1.

Tabela 6.1

n	Multiplicações/divisões	Adições/subtrações
3	17	11
10	430	375
50	44.150	42.875
100	343.300	338.250

EXERCÍCIOS 6.1

1. Para cada um dos sistemas lineares a seguir, obtenha uma solução, utilizando métodos gráficos, se possível. Explique os resultados de um ponto de vista geométrico.

   a. $x_1 + 2x_2 = 3,$ $x_1 - x_2 = 0.$

   b. $x_1 + 2x_2 = 3,$ $2x_1 + 4x_2 = 6.$

   c. $x_1 + 2x_2 = 0,$ $2x_1 + 4x_2 = 0.$

   d. $2x_1 + x_2 = -1,$ $4x_1 + 2x_2 = -2,$ $x_1 - 3x_2 = 5.$

2. Para cada um dos sistemas lineares a seguir, obtenha uma solução, utilizando métodos gráficos, se possível. Explique os resultados de um ponto de vista geométrico.

   a. $x_1 + 2x_2 = 0,$ $x_1 - x_2 = 0.$

   b. $x_1 + 2x_2 = 3,$ $-2x_1 - 4x_2 = 6.$

   c. $2x_1 + x_2 = -1,$ $x_1 + x_2 = 2,$ $x_1 - 3x_2 = 5.$

   d. $2x_1 + x_2 + x_3 = 1,$ $2x_1 + 4x_2 - x_3 = -1.$

3. Use a eliminação de Gauss com substituição regressiva e aritmética de arredondamento de dois algarismos para resolver os seguintes sistemas lineares. Não reordene as equações. (A solução exata para cada sistema é $x_1 = 1, x_2 = -1, x_3 = 3$.)

   a. $4x_1 - x_2 + x_3 = 8,$ $2x_1 + 5x_2 + 2x_3 = 3,$ $x_1 + 2x_2 + 4x_3 = 11.$

   b. $4x_1 + x_2 + 2x_3 = 9,$ $2x_1 + 4x_2 - x_3 = -5,$ $x_1 + x_2 - 3x_3 = -9.$

4. Use a eliminação de Gauss com substituição regressiva e aritmética de arredondamento de dois algarismos para resolver os seguintes sistemas lineares. Não reordene as equações. (A solução exata para cada sistema é $x_1 = -1, x_2 = 1, x_3 = 3$.)

a. $-x_1 + 4x_2 + x_3 = 8,$
$\frac{5}{3}x_1 + \frac{2}{3}x_2 + \frac{2}{3}x_3 = 1,$
$2x_1 + x_2 + 4x_3 = 11.$

b. $4x_1 + 2x_2 - x_3 = -5,$
$\frac{1}{9}x_1 + \frac{1}{9}x_2 - \frac{1}{3}x_3 = -1,$
$x_1 + 4x_2 + 2x_3 = 9.$

5. Use o algoritmo de eliminação de Gauss para resolver os seguintes sistemas lineares, se possível, e determine se são necessárias trocas de linhas:

a. $x_1 - x_2 + 3x_3 = 2,$
$3x_1 - 3x_2 + x_3 = -1,$
$x_1 + x_2 = 3.$

b. $2x_1 - 1{,}5x_2 + 3x_3 = 1,$
$-x_1 + 2x_3 = 3,$
$4x_1 - 4{,}5x_2 + 5x_3 = 1.$

c. $2x_1 = 3,$
$x_1 + 1{,}5x_2 = 4{,}5,$
$-3x_2 + 0{,}5x_3 = -6{,}6,$
$2x_1 - 2x_2 + x_3 + x_4 = 0{,}8.$

d. $x_1 + x_2 + x_4 = 2,$
$2x_1 + x_2 - x_3 + x_4 = 1,$
$4x_1 - x_2 - 2x_3 + 2x_4 = 0,$
$3x_1 - x_2 - x_3 + 2x_4 = -3.$

6. Use o algoritmo de eliminação de Gauss para resolver os seguintes sistemas lineares, se possível, e determine se são necessárias trocas de linhas:

a. $x_2 - 2x_3 = 4,$
$x_1 - x_2 + x_3 = 6,$
$x_1 - x_3 = 2.$

b. $x_1 - \frac{1}{2}x_2 + x_3 = 4,$
$2x_1 - x_2 - x_3 + x_4 = 5,$
$x_1 + x_2 + \frac{1}{2}x_3 = 2,$
$x_1 - \frac{1}{2}x_2 + x_3 + x_4 = 5.$

c. $2x_1 - x_2 + x_3 - x_4 = 6,$
$x_2 - x_3 + x_4 = 5,$
$x_4 = 5,$
$x_3 - x_4 = 3.$

d. $x_1 + x_2 + x_4 = 2,$
$2x_1 + x_2 - x_3 + x_4 = 1,$
$-x_1 + 2x_2 + 3x_3 - x_4 = 4,$
$3x_1 - x_2 - x_3 + 2x_4 = -3.$

7. Use o Algoritmo 6.1 e a aritmética computacional de precisão simples para resolver os sistemas lineares a seguir.

a. $\frac{1}{4}x_1 + \frac{1}{5}x_2 + \frac{1}{6}x_3 = 9,$
$\frac{1}{3}x_1 + \frac{1}{4}x_2 + \frac{1}{5}x_3 = 8,$
$\frac{1}{2}x_1 + x_2 + 2x_3 = 8.$

b. $3{,}333x_1 + 15920x_2 - 10{,}333x_3 = 15913,$
$2{,}222x_1 + 16{,}71x_2 + 9{,}612x_3 = 28{,}544,$
$1{,}5611x_1 + 5{,}1791x_2 + 1{,}6852x_3 = 8{,}4254.$

c. $x_1 + \frac{1}{2}x_2 + \frac{1}{3}x_3 + \frac{1}{4}x_4 = \frac{1}{6},$
$\frac{1}{2}x_1 + \frac{1}{3}x_2 + \frac{1}{4}x_3 + \frac{1}{5}x_4 = \frac{1}{7},$
$\frac{1}{3}x_1 + \frac{1}{4}x_2 + \frac{1}{5}x_3 + \frac{1}{6}x_4 = \frac{1}{8},$
$\frac{1}{4}x_1 + \frac{1}{5}x_2 + \frac{1}{6}x_3 + \frac{1}{7}x_4 = \frac{1}{9}.$

d. $2x_1 + x_2 - x_3 + x_4 - 3x_5 = 7,$
$x_1 + 2x_3 - x_4 + x_5 = 2,$
$-2x_2 - x_3 + x_4 - x_5 = -5,$
$3x_1 + x_2 - 4x_3 + 5x_5 = 6,$
$x_1 - x_2 - x_3 - x_4 + x_5 = 3.$

8. Use o Algoritmo 6.1 e aritmética computacional de precisão simples para resolver os sistemas lineares a seguir.

a. $\frac{1}{2}x_1 + \frac{1}{4}x_2 - \frac{1}{8}x_3 = 0,$
$\frac{1}{3}x_1 - \frac{1}{6}x_2 + \frac{1}{9}x_3 = 1,$
$\frac{1}{7}x_1 + \frac{1}{7}x_2 + \frac{1}{10}x_3 = 2.$

b. $2{,}71x_1 + x_2 + 1032x_3 = 12,$
$4{,}12x_1 - x_2 + 500x_3 = 11{,}49,$
$3{,}33x_1 + 2x_2 - 200x_3 = 41.$

c. $\pi x_1 + \sqrt{2}x_2 - x_3 + x_4 = 0,$
$ex_1 - x_2 + x_3 + 2x_4 = 1,$
$x_1 + x_2 - \sqrt{3}x_3 + x_4 = 2,$
$-x_1 - x_2 + x_3 - \sqrt{5}x_4 = 3.$

d. $x_1 + x_2 - x_3 + x_4 - x_5 = 2,$
$2x_1 + 2x_2 + x_3 - x_4 + x_5 = 4,$
$3x_1 + x_2 - 3x_3 - 2x_4 + 3x_5 = 8,$
$4x_1 + x_2 - x_3 + 4x_4 - 5x_5 = 16,$
$16x_1 - x_2 + x_3 - x_4 - x_5 = 32.$

9. Dado o sistema linear

$$\begin{aligned} 2x_1 - 6\alpha x_2 &= 3 \\ 3\alpha x_1 - x_2 &= \tfrac{3}{2} \end{aligned}$$

a. Encontre o(s) valor(es) de α para o(s) qual(is) o sistema não tem solução.

b. Encontre o(s) valor(es) de α para o(s) qual(is) o sistema tem um número infinito de soluções.

c. Supondo que exista uma única solução para determinado α, encontre a solução.

10. Dado o sistema linear

$$\begin{aligned} x_1 - x_2 + \alpha x_3 &= -2, \\ -x_1 + 2x_2 - \alpha x_3 &= 3, \\ \alpha x_1 + x_2 + x_3 &= 2. \end{aligned}$$

a. Encontre o(s) valor(es) de α para o(s) qual(is) o sistema não tem solução.

b. Encontre o(s) valor(es) de α para o(s) qual(is) o sistema tem um número infinito de soluções.

c. Supondo que exista uma única solução para determinado α, encontre a solução.

EXERCÍCIOS APLICADOS

11. Suponha que em um sistema biológico existam n espécies de animais e m fontes de alimentos. Represente a população da j-ésima espécie por x_j, para cada $j = 1, \ldots, n$; represente o fornecimento diário disponível do i-ésimo alimento por b_i e a quantidade do i-ésimo alimento consumido em média por um membro da j-ésima espécie por a_{ij}. O sistema linear

$$\begin{aligned} a_{11}x_1 + a_{12}x_2 + \cdots + a_{1n}x_n &= b_1, \\ a_{21}x_1 + a_{22}x_2 + \cdots + a_{2n}x_n &= b_2, \\ \vdots \qquad \vdots \qquad & \quad \vdots \qquad \vdots \\ a_{m1}x_1 + a_{m2}x_2 + \cdots + a_{mn}x_n &= b_m \end{aligned}$$

representa um equilíbrio no qual existe um fornecimento diário de alimento para satisfazer exatamente a média diária de consumo de cada espécie.

a. Faça

$$A = [a_{ij}] = \begin{bmatrix} 1 & 2 & 0 & 3 \\ 1 & 0 & 2 & 2 \\ 0 & 0 & 1 & 1 \end{bmatrix},$$

$\mathbf{x} = (x_j) = [1000, 500, 350, 400]$ e $\mathbf{b} = (b_i) = [3500, 2700, 900]$. Haverá comida suficiente para satisfazer a média diária de consumo?

b. Qual é o número máximo de animais de cada espécie que poderia ser individualmente acrescido ao sistema com a provisão de alimentos ainda satisfazendo o consumo?

c. Se a espécie 1 for extinta, qual é o aumento de indivíduos de cada uma das espécies remanescentes que poderia ser sustentado?

d. Se a espécie 2 for extinta, qual é o aumento de indivíduos de cada uma das espécies remanescentes que poderia ser sustentado?

12. Uma equação integral de Fredholm do segundo tipo é uma equação da forma

$$u(x) = f(x) + \int_a^b K(x,t)u(t)dt,$$

em que a e b e as funções f e K são dadas. Para fazer uma aproximação da função u no intervalo $[a, b]$, uma partição $x_0 = a < x_1 < \ldots < x_{m-1} < x_m = b$ é selecionada, e as equações

$$u(x_i) = f(x_i) + \int_a^b K(x_i,t)u(t)dt, \quad \text{para cada } i = 0, \ldots, m,$$

são resolvidas para determinar $u(x_0)$, $u(x_1)$, . . . , $u(x_m)$. As integrais são aproximadas utilizando fórmulas de quadratura com base nos nós x_0, . . . , x_m. Em nosso problema, $a = 0$, $b = 1$, $f(x) = x^2$ e $k(x, t) = e^{|x-t|}$.

a. Mostre que o sistema linear

$$u(0) = f(0) + \frac{1}{2}[K(0,0)u(0) + K(0,1)u(1)],$$

$$u(1) = f(1) + \frac{1}{2}[K(1,0)u(0) + K(1,1)u(1)]$$

deve ser resolvido, quando a regra do trapézio for utilizada.

b. Determine e resolva o sistema linear que resulta quando a regra do trapézio composta for usada, com $n = 4$.

c. Repita a parte (b), utilizando a regra de Simpson composta.

EXERCÍCIOS TEÓRICOS

13. Mostre que as operações

a. $(\lambda E_i) \rightarrow (E_i)$ **b.** $(E_i + \lambda E_j) \rightarrow (E_i)$ **c.** $(E_i) \leftrightarrow (E_j)$

não mudam o conjunto solução de um sistema linear.

14. Método de Gauss-Jordan: Este método é descrito como segue. Use a i-ésima equação para eliminar não somente x_i das equações $E_{i+1}, E_{i+2}, \ldots, E_n$, como foi feito no método de eliminação de Gauss, mas também das equações $E_1, E_2, \ldots, E_{i-1}$. Após reduzir [$A$, **b**] para:

$$\left[\begin{array}{cccc:c} a_{11}^{(1)} & 0 & \cdots & 0 & a_{1,n+1}^{(1)} \\ 0 & a_{22}^{(2)} & \ddots & \vdots & a_{2,n+1}^{(2)} \\ \vdots & \ddots & \ddots & 0 & \vdots \\ 0 & \cdots & 0 & a_{nn}^{(n)}) & a_{n,n+1}^{(n)} \end{array}\right],$$

a solução é obtida tomando

$$x_i = \frac{a_{i,n+1}^{(i)}}{a_{ii}^{(i)}},$$

para cada $i = 1, 2, \ldots, n$. Este procedimento evita a substituição regressiva na eliminação de Gauss. Construa um algoritmo para o procedimento de Gauss-Jordan baseado no Algoritmo 6.1.

15. Utilize o método de Gauss-Jordan e aritmética de arredondamento de dois algarismos para resolver os sistemas do Exercício 3.

16. Repita o Exercício 7 utilizando o método de Gauss-Jordan.

17. a. Mostre que o método de Gauss-Jordan exige

$$\frac{n^3}{2} + n^2 - \frac{n}{2} \quad \text{multiplicações/divisões}$$

e

$$\frac{n^3}{2} - \frac{n}{2} \quad \text{adições/subtrações.}$$

b. Faça uma tabela comparando as operações exigidas pelo método de eliminação de Gauss e Gauss--Jordan para $n = 3, 10, 50, 100$. Qual é o método que requer menos operações?

18. Considere o seguinte método híbrido de eliminação de Gauss / Gauss-Jordan para resolver o sistema (6.4). Primeiro aplique a técnica de eliminação de Gauss para reduzir o sistema à forma triangular. Então, utilize a equação enésima para eliminar os coeficientes de x_n, em cada uma das primeiras $n - 1$ linhas. Depois de completado esse procedimento, utilize a $(n - 1)$-ésima equação para eliminar os coeficientes de x_{n-1} nas primeiras $n - 2$ linhas, e assim por diante. O sistema eventualmente tomará a forma do sistema reduzido no Exercício 14.

a. Mostre que esse método exige

$$\frac{n^3}{3} + \frac{3}{2}n^2 - \frac{5}{6}n \quad \text{multiplicações/divisões}$$

e

$$\frac{n^3}{3} + \frac{n^2}{2} - \frac{5}{6}n \quad \text{adições/subtrações.}$$

b. Faça uma tabela comparando as operações exigidas pelo métodos de eliminação de Gauss, Gauss-Jordan e híbrido para $n = 3, 10, 50, 100$.

19. Utilize o método híbrido descrito no Exercício 16 e a aritmética de arredondamento de dois algarismos para resolver os sistemas do Exercício 3.

20. Repita o Exercício 7 utilizando o método descrito no Exercício 16.

QUESTÕES PARA DISCUSSÃO

1. Uma técnica parecida com a eliminação de Gauss apareceu inicialmente em "Nine Chapters on the Mathematical". Leia o artigo curto "Jiu Zhang Suan Shu and the Gauss Algorithm for Linear Equations", de Ya-xiang Yuan, que pode ser encontrado em http://www.math.uiuc.edu/documenta/vol-ismp/10 yuan-ya--xiang.pdf. Compare a técnica com aquela apresentada neste capítulo.
2. No início do século XIIX, Newton desenvolveu um método parecido com a eliminação de Gauss. Compare este método com aquele apresentado neste capítulo.
3. Os Passos 5 e 6 do algoritmo de eliminação de Gauss exigem $\frac{n^3}{3} + n^2 - \frac{n}{3}$ multiplicações e divisões e $\frac{n^3}{3} + \frac{n^2}{2} - \frac{5n}{6}$ adições e subtrações para reduzir um sistema completo ao ponto no qual a substituição regressiva pode ser usada. Considere o sistema abaixo.

$$\begin{aligned} x_1+2x_2 \qquad &=4, \\ 2x_1+\ x_2+3x_3 \qquad &=5, \\ 3x_3+x_4 &=-1. \end{aligned}$$

Quantas operações são necessárias para reduzir o sistema de bandas acima até o mesmo ponto?

4. O texto descreve as três operações usadas para criar uma sequência de sistemas lineares equivalentes com a mesma solução do que o sistema original e cada um mais fácil de resolver que o anterior. Como esta sequência de sistemas impacta o custo de determinar a solução? Há erro gerado com cada sequência formada?

6.2 Estratégias de pivotamento

Ao desenvolver o Algoritmo 6.1, descobrimos que uma troca de linhas é necessária quando um dos elementos pivô $a_{kk}^{(k)}$ é 0. Esta troca de linha tem a forma $(E_k) \leftrightarrow (E_p)$, em que p é o menor número inteiro maior que k com $a_{pk}^{(k)} \neq 0$. Para reduzir o erro de arredondamento, é frequentemente necessário realizar trocas de linhas até mesmo quando os elementos de pivô não forem nulos.

Se $a_{kk}^{(k)}$ for pequeno em módulo em comparação a $a_{jk}^{(k)}$, então o módulo do multiplicador

$$m_{jk} = \frac{a_{jk}^{(k)}}{a_{kk}^{(k)}}$$

será muito maior que 1. O erro de arredondamento introduzido no cálculo de um dos termos $a_{kl}^{(k)}$ é multiplicado por m_{jk} ao calcularmos $a_{jl}^{(k+1)}$, de que se compõe o erro original. Além disso, ao realizarmos a substituição regressiva para

$$x_k = \frac{a_{k,n+1}^{(k)} - \sum_{j=k+1}^{n} a_{kj}^{(k)}}{a_{kk}^{(k)}},$$

com um valor pequeno para $a_{kk}^{(k)}$, qualquer erro no numerador pode ser radicalmente aumentado por causa da divisão por $a_{kk}^{(k)}$. Em nosso próximo exemplo, veremos que, até para alguns sistemas muito pequenos, o erro de arredondamento pode dominar os cálculos.

EXEMPLO 1 Aplique eliminação de Gauss ao sistema

$$\begin{aligned} E_1 &: 0{,}003000x_1 + 59{,}14x_2 = 59{,}17 \\ E_2 &: \quad 5{,}291x_1 - 6{,}130x_2 = 46{,}78, \end{aligned}$$

usando aritmética de arredondamento com quatro algarismos e compare os resultados com a solução exata $x_1 = 10{,}00$ e $x_2 = 1{,}000$.

Solução O primeiro elemento pivô, $a_{11}^{(1)} = 0{,}003000$, é pequeno e seu multiplicador associado,

$$m_{21} = \frac{5{,}291}{0{,}003000} = 1763{,}6\overline{6},$$

é arredondado para o número (grande) 1764. Fazendo $(E_2 - m_{21}E_1) \rightarrow (E_2)$ e os arredondamentos apropriados, obtemos o sistema

$$\begin{aligned} 0{,}003000x_1 + 59{,}14x_2 &\approx 59{,}17 \\ -104300x_2 &\approx -104400, \end{aligned}$$

em vez do sistema exato, que é

$$\begin{aligned} 0{,}003000x_1 + 59{,}14x_2 &= 59{,}17 \\ -104309{,}37\overline{6}x_2 &= -104309{,}37\overline{6}. \end{aligned}$$

A disparidade nos módulos de $m_{21}a_{13}$ e a_{23} introduziu erros de arredondamento, mas estes erros ainda não foram propagados. A substituição regressiva resulta em

$$x_2 \approx 1{,}001,$$

que é uma aproximação próxima do valor real, $x_2 = 1{,}000$. Porém, por causa do pivô pequeno $a_{11} = 0{,}003000$,

$$x_1 \approx \frac{59{,}17 - (59{,}14)(1{,}001)}{0{,}003000} = -10{,}00$$

contém o pequeno erro de 0,001 multiplicado por

$$\frac{59{,}14}{0{,}003000} \approx 20000.$$

Isto arruína a aproximação do valor real $x_1 = 10{,}00$.

Este exemplo foi claramente escolhido de propósito, e o gráfico na Figura 6.1 mostra por que o erro pode ocorrer tão facilmente. Para sistemas apenas ligeiramente maiores, é muito mais difícil prever quando erros de arredondamento devastadores podem acorrer. ∎

Figura 6.1

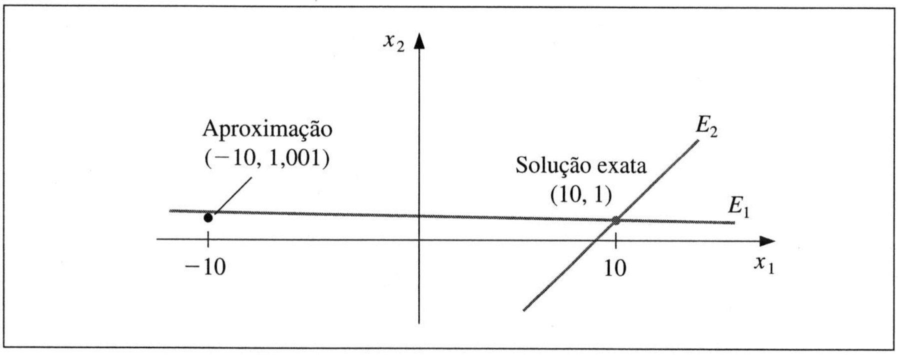

Pivotamento parcial

O Exemplo 1 mostra como as dificuldades surgem quando o elemento pivô $a_{kk}^{(k)}$ for pequeno em relação aos elementos $a_{ij}^{(k)}$ para $k \leq i \leq n$ e $k \leq j \leq n$. Para evitar esse problema, é feito o pivotamento, selecionando-se um elemento $a_{pq}^{(k)}$ com módulo maior como o pivô, e trocando as k-ésima e p-ésima linhas, seguido pela troca das k-ésima e q-ésima colunas, se necessário.

A estratégia mais simples, chamada pivotamento parcial, é selecionar um elemento na mesma coluna que esteja abaixo da diagonal e que tenha o maior valor absoluto; especificamente, determinamos o menor $p \geq k$ tal que

$$|a_{pk}^{(k)}| = \max_{k \leq i \leq n} |a_{ik}^{(k)}|$$

e realizamos a operação $(E_k) \leftrightarrow (E_p)$. Neste caso, nenhuma troca de colunas é utilizada.

EXEMPLO 2

Aplique a eliminação de Gauss ao sistema

$$\begin{aligned} E_1: \quad 0{,}003000x_1 + 59{,}14x_2 &= 59{,}17, \\ E_2: \quad 5{,}291x_1 - 6{,}130x_2 &= 46{,}78. \end{aligned}$$

usando pivotamento parcial e aritmética de arredondamento com quatro algarismos e compare os resultados com a solução exata $x_1 = 10{,}00$ e $x_2 = 1{,}000$.

Solução Para o procedimento de pivotamento parcial é necessário primeiro encontrar

$$\max\left\{|a_{11}^{(1)}|, |a_{21}^{(1)}|\right\} = \max\{|0{,}003000|, |5{,}291|\} = |5{,}291| = |a_{21}^{(1)}|.$$

Isto torna necessário que a operação $(E_2) \leftrightarrow (E_1)$ seja feita para determinar o sistema equivalente

$$\begin{aligned} E_1: \quad 5{,}291x_1 - 6{,}130x_2 &= 46{,}78, \\ E_2: \quad 0{,}003000x_1 + 59{,}14x_2 &= 59{,}17. \end{aligned}$$

O multiplicador para este sistema é

$$m_{21} = \frac{a_{21}^{(1)}}{a_{11}^{(1)}} = 0{,}0005670,$$

e a operação $(E_2 - m_{21}E_1) \to (E_2)$ reduz o sistema para

$$\begin{aligned} 5{,}291x_1 - 6{,}130x_2 &\approx 46{,}78, \\ 59{,}14x_2 &\approx 59{,}14. \end{aligned}$$

As respostas com quatro algarismos resultantes da substituição regressiva são os valores corretos $x_1 = 10{,}00$ e $x_2 = 1{,}000$. ■

A técnica que acabamos de descrever é chamada **pivotamento parcial,** ou *pivotamento pelo máximo da coluna*, e está detalhada no Algoritmo 6.2. A troca real das linhas é simulada no algoritmo pela troca dos valores de *NLINHA* no Passo 5.

ALGORITMO 6.2 **Eliminação de Gauss com pivotamento parcial**

Para resolver o sistema linear $n \times n$

$$\begin{aligned} E_1: &\quad a_{11}x_1 + a_{12}x_2 + \cdots + a_{1n}x_n = a_{1,n+1} \\ E_2: &\quad a_{21}x_1 + a_{22}x_2 + \cdots + a_{2n}x_n = a_{2,n+1} \\ &\quad \vdots \qquad\qquad\qquad\qquad\qquad\quad \vdots \\ E_n: &\quad a_{n1}x_1 + a_{n2}x_2 + \cdots + a_{nn}x_n = a_{n,n+1} \end{aligned}$$

ENTRADA número de incógnitas e equações n; matriz aumentada $A = [a_{ij}]$, em que $1 \le i \le n$ e $1 \le j \le n + 1$.

SAÍDA solução $x_1, \ldots, x_n$, ou mensagem de que o sistema linear não tem solução única.

Passo 1 Para $i = 1, \ldots, n$, faça $NLINHA(i) = i$. (*Inicializa o cursor de linha.*)

Passo 2 Para $i = 1, \ldots, n - 1$, execute Passos 3 a 6. (*Processo de eliminação.*)

Passo 3 Faça p o menor número inteiro com $i \leq p \leq n$ e $|a\,(NLINHA(p), i)| = \max_{i \leq j \leq n} |a\,(NLINHA(j), i)|$.
(*Notação:* $a\,(NLINHA(i), j) \equiv a_{NLINHA_i, j}$.)

Passo 4 Se $a\,(NLINHA(p), i) = 0$ então SAÍDA ('não existe uma solução única');
PARE.

Passo 5 Se $NLINHA\,(i) \neq NLINHA\,(p)$ então faça $NCOPIA = NLINHA\,(i)$;
$NLINHA\,(i) = NLINHA\,(p)$;
$NLINHA(p) = NCOPIA$.
(*Troca de linha simulada.*)

Passo 6 Para $j = i + 1, \ldots, n$ execute Passos 7 e 8.

Passo 7 Faça $m(NLINHA(j), i) = a(NLINHA(j), i)/a(NLINHA(i), i)$.

Passo 8 Execute $(E_{NLINHA(j)} - m(NLINHA(j), i) \,.\, E_{NLINHA(i)}) \rightarrow (E_{NLINHA(i)})$.

Passo 9 Se $a\,(NLINHA(n), n) = 0$ então SAÍDA ('não existe uma solução única');
PARE.

Passo 10 Faça $x_n = a(NLINHA(n), n + 1)/a(NLINHA(n), n)$.
(*Começa a substituição regressiva.*)

Passo 11 Para $i = n - 1, \ldots, 1$

$$\text{faça } x_i = \frac{a(NLINHA(i), n+1) - \sum_{j=i+1}^{n} a(NLINHA(i), j) \cdot x_j}{a(NLINHA(i), i)}.$$

Passo 12 SAÍDA $(x_1, \ldots, x_n)$; (*Procedimento completado com sucesso.*)
PARE. ■

Cada multiplicador m_{ji} no algoritmo de pivotamento parcial tem módulo menor ou igual a 1. Embora esta estratégia seja suficiente para a maioria dos sistemas lineares, ocorrem situações para as quais ela é inadequada.

Ilustração O sistema linear

$$\begin{aligned} E_1: &\quad 30{,}00x_1 + 591400x_2 = 591700, \\ E_2: &\quad 5{,}291x_1 - 6{,}130x_2 = 46{,}78, \end{aligned}$$

é o mesmo que aquele mostrado nos Exemplos 1 e 2, exceto que todos os elementos na primeira equação foram multiplicados por 10^4. O procedimento de pivotamento parcial descrito no Algoritmo 6.2 com aritmética de quatro algarismos leva aos mesmos resultados obtidos no Exemplo 1. O valor máximo na primeira coluna é 30,00, e o multiplicador

$$m_{21} = \frac{5{,}291}{30{,}00} = 0{,}1764$$

leva ao sistema

$$\begin{aligned} 30{,}00x_1 + 591400x_2 &\approx 591700, \\ -\ 104300x_2 &\approx -104400, \end{aligned}$$

que tem as mesmas soluções imprecisas que o Exemplo 1: $x_2 \approx 1{,}001$ e $x_1 \approx -10{,}00$. ■

Pivotamento parcial com escala

O pivotamento **parcial com escala**, também chamado *pivotamento por coluna com escala*, é apropriado para o sistema na ilustração. Ele coloca na posição de pivô o elemento que é maior em relação aos elementos em sua linha. O primeiro passo nesse procedimento é definir um fator de escala s_i para cada linha como

$$s_i = \max_{1 \le j \le n} |a_{ij}|.$$

Se para algum i tivermos $s_i = 0$, então o sistema não tem solução única, pois todos os elementos da i-ésima linha serão 0. Supondo que esse não seja o caso, a troca de linhas apropriada para colocar zeros na primeira coluna é determinada escolhendo-se o menor número inteiro p com

$$\frac{|a_{p1}|}{s_p} = \max_{1 \le k \le n} \frac{|a_{k1}|}{s_k}$$

e executando $(E_1) \leftrightarrow (E_p)$. O efeito da mudança de escala é garantir que o maior elemento em cada linha tenha um módulo *relativo* 1 antes que a comparação para a troca de linhas seja realizada.

De maneira análoga, antes de eliminar a variável x_i, utilizando as operações

$$E_k - m_{ki}E_i, \quad \text{para } k = i + 1, \ldots, n,$$

selecionamos o menor número inteiro $p \ge i$ com

$$\frac{|a_{pi}|}{s_p} = \max_{i \le k \le n} \frac{|a_{ki}|}{s_k}$$

e realizamos a troca de linhas $(E_i) \leftrightarrow (E_p)$ se $i \ne p$. Os fatores de escala $s_i, \ldots, s_n$ são calculados somente uma vez, no começo do procedimento. Eles dependem das linhas, de modo que também devem ser trocados quando as trocas de linhas são realizadas.

Ilustração Ao aplicar o pivotamento parcial com escala à ilustração anterior, obtemos

$$s_1 = \max\{|30{,}00|, |591\,400|\} = 591\,400$$

e

$$s_2 = \max\{|5{,}291|, |-6{,}130|\} = 6{,}130.$$

Consequentemente,

$$\frac{|a_{11}|}{s_1} = \frac{30{,}00}{591400} = 0{,}5073 \times 10^{-4}, \qquad \frac{|a_{21}|}{s_2} = \frac{5{,}291}{6{,}130} = 0{,}8631,$$

e a troca $(E_1) \leftrightarrow (E_2)$ é feita.

Ao aplicar a eliminação de Gauss ao novo sistema

$$5{,}291x_1 - 6{,}130x_2 = 46{,}78$$
$$30{,}00x_1 + 591.400x_2 = 591.700$$

obtemos os resultados corretos: $x_1 = 10{,}00$ e $x_2 = 1{,}000$. ■

O Algoritmo 6.3 implementa o pivotamento parcial com escala.

ALGORITMO 6.3 **Eliminação de Gauss com pivotamento parcial com escala**

Os únicos passos neste algoritmo que diferem daqueles apresentados no Algoritmo 6.2 são:

Passo 1 Para $i = 1, \ldots, n$, faça $s_i = \max_{1 \le j \le n} |a_{ij}|$;
se $s_i = 0$, então SAÍDA ('não existe uma solução única');
PARE.
senão faça $NLINHA(i) = i$.

Passo 2 Para $i = 1, \ldots, n - 1$ execute Passos 3 a 6. (*Processo de eliminação.*)

Passo 3 Faça p ser o menor número inteiro com $i \le p \le n$ e

$$\frac{|a(NLINHA(p), i)|}{s(NLINHA(p))} = \max_{i \le j \le n} \frac{|a(NLINHA(j), i)|}{s(NLINHA(j))}.$$

■

EXEMPLO 3 Resolva o sistema linear utilizando aritmética de arredondamento de três algarismos.

$$\begin{aligned}
2{,}11x_1 - 4{,}21x_2 + 0{,}921x_3 &= 2{,}01,\\
4{,}01x_1 + 10{,}2x_2 - 1{,}12x_3 &= -3{,}09,\\
1{,}09x_1 + 0{,}987x_2 + 0{,}832x_3 &= 4{,}21.
\end{aligned}$$

Solução Temos $s_1 = 4{,}21$, $s_2 = 10{,}2$ e $s_3 = 1{,}09$. Então

$$\frac{|a_{11}|}{s_1} = \frac{2{,}11}{4{,}21} = 0{,}501, \quad \frac{|a_{21}|}{s_1} = \frac{4{,}01}{10{,}2} = 0{,}393 \quad \text{e} \quad \frac{|a_{31}|}{s_3} = \frac{1{,}09}{1{,}09} = 1.$$

A matriz aumentada AA é definida por

$$\left[\begin{array}{ccc:c}
2{,}11 & -4{,}21 & 0{,}921 & 2{,}01\\
4{,}01 & 10{,}2 & -1{,}12 & -3{,}09\\
1{,}09 & 0{,}987 & {,}832 & 4{,}21
\end{array}\right].$$

Como $|a_{31}|/s_3$ é maior, executamos $(E_1) \leftrightarrow (E_3)$ para obter

$$\left[\begin{array}{ccc:c}
1{,}09 & 0{,}987 & 0{,}832 & 4{,}21\\
4{,}01 & 10{,}2 & -1{,}12 & -3{,}09\\
2{,}11 & -4{,}21 & {,}921 & 2{,}01
\end{array}\right].$$

Calcule os multiplicadores

$$m_{21} = \frac{a_{21}}{a_{11}} = 3{,}68; \quad m_{31} = \frac{a_{31}}{a_{11}} = 1{,}94.$$

Realizamos as primeiras duas eliminações e obtemos

$$\begin{bmatrix} 1,09 & ,987 & ,832 & \vdots & 4,21 \\ 0 & 6,57 & -4,18 & \vdots & -18,6 \\ 0 & -6,12 & -,689 & \vdots & -6,16 \end{bmatrix}.$$

Como

$$\frac{|a_{22}|}{s_2} = \frac{6,57}{10,2} = 0,644 \quad \text{e} \quad \frac{|a_{32}|}{s_3} = \frac{6,12}{4,21} = 1,45,$$

trocamos $E_2 \leftrightarrow E_3$, obtendo

$$\begin{bmatrix} 1,09 & 0,987 & 0,832 & \vdots & 4,21 \\ 0 & -6,12 & -,689 & \vdots & -6,16 \\ 0 & 6,57 & -4,18 & \vdots & -18,6 \end{bmatrix}.$$

O multiplicador m_{32} é calculado por

$$m_{32} = \frac{a_{32}}{a_{22}} = -1,07,$$

e o próximo passo de eliminação resulta na matriz

$$\begin{bmatrix} 1,09 & ,987 & ,832 & \vdots & 4,21 \\ 0 & -6,12 & -,689 & \vdots & -6,16 \\ 0 & 0 & -4,92 & \vdots & -25,2 \end{bmatrix}.$$

Finalmente, a substituição regressiva fornece a solução $\mathbf{x}$, a qual, com três algarismos, é $x_1 = -0,431$, $x_2 = 0,430$, e $x_3 = 5,12$. ■

Os primeiros cálculos adicionais necessários para o pivotamento parcial com escala resultam da determinação de fatores de escala; existem $(n - 1)$ comparações para cada uma das n linhas, para um total de

$$n\,(n - 1) \text{ comparações.}$$

Para determinar a primeira troca correta, são realizadas n divisões, seguidas por $n - 1$ comparações. Então, a primeira determinação de troca acrescenta

$$n \text{ divisões} \quad \text{e} \quad (n - 1) \text{ comparações.}$$

Como os fatores de escala são calculados uma única vez, o segundo passo exige

$$(n - 1) \text{ divisões} \quad \text{e} \quad (n - 2) \text{ comparações.}$$

Prosseguimos de maneira análoga até que existam zeros abaixo da principal diagonal em todas as linhas, menos na enésima. O passo final exige que executemos

2 divisões e 1 comparação.

Como consequência, o pivotamento parcial com escala adiciona um total de

$$n(n-1)+\sum_{k=1}^{n-1} k = n(n-1)+\frac{(n-1)n}{2} = \frac{3}{2}n(n-1) \text{ comparações} \quad (6.7)$$

e

$$\sum_{k=2}^{n} k = \left(\sum_{k=1}^{n} k\right) - 1 = \frac{n(n+1)}{2} - 1 = \frac{1}{2}(n-1)(n+2) \text{ divisões}$$

ao procedimento de eliminação de Gauss. O tempo exigido para se realizar uma comparação é aproximadamente o mesmo tempo gasto com uma adição/subtração. Como o tempo total para a realização do procedimento de eliminação básico de Gauss é $O(n^3/3)$ multiplicações/divisões e $O(n^3/3)$ adições/subtrações, o pivotamento parcial com escala não aumenta significativamente o tempo computacional exigido para se resolver um sistema para valores grandes de n.

Para enfatizar a importância da escolha dos fatores de escala somente uma vez, considere a quantidade de cálculos adicionais que seria exigida se o procedimento fosse modificado, de forma que novos fatores de escala fossem determinados cada vez que uma decisão de troca de linha estivesse prestes a ser feita. Nesse caso, o termo $n(n-1)$ na Equação (6.7) seria substituído por

$$\sum_{k=2}^{n} k(k-1) = \frac{1}{3}n(n^2-1).$$

Como consequência, essa técnica de pivotamento acrescentaria $O(n^3/3)$ comparações, além das $[n(n+1)/2] - 1$ divisões.

Pivotamento completo

O pivotamento pode incorporar a troca tanto de linhas quanto de colunas. O pivotamento **completo** (ou *máximo*) no k-ésimo passo busca todos os elementos a_{ij} para $i = k, k+1, \ldots, n$, e $j = k, k+1, \ldots, n$, para achar o elemento com o maior módulo. Ambas as trocas de linhas e colunas são executadas para trazer esse elemento à posição pivô. O primeiro passo do pivotamento total exige que $n^2 - 1$ comparações sejam feitas, o segundo passo exige $(n-1)^2 - 1$ comparações, e assim por diante. Consequentemente, o tempo adicional total exigido para incorporar o pivotamento completo à eliminação de Gauss é

$$\sum_{k=2}^{n}(k^2-1) = \frac{n(n-1)(2n+5)}{6}$$

comparações. O pivotamento completo é, consequentemente, a estratégia recomendada para sistemas para os quais a precisão seja essencial e a quantidade de tempo de execução necessária para esse método possa ser justificada.

EXERCÍCIOS 6.2

1. Encontre as trocas de linhas que são necessárias para resolver os sistemas lineares a seguir usando o Algoritmo 6.1.

   a. $x_1 - 5x_2 + x_3 = 7,$
   $10x_1 + 20x_3 = 6,$
   $5x_1 - x_3 = 4.$

   b. $x_1 + x_2 - x_3 = 1,$
   $x_1 + x_2 + 4x_3 = 2,$
   $2x_1 - x_2 + 2x_3 = 3.$

   c. $2x_1 - 3x_2 + 2x_3 = 5,$
   $-4x_1 + 2x_2 - 6x_3 = 14,$
   $2x_1 + 2x_2 + 4x_3 = 8.$

   d. $x_2 + x_3 = 6,$
   $x_1 - 2x_2 - x_3 = 4,$
   $x_1 - x_2 + x_3 = 5.$

2. Encontre as trocas de linhas que são necessárias para resolver os sistemas lineares a seguir utilizando o Algoritmo 6.1.

   a. $13x_1 + 17x_2 + x_3 = 5,$
   $x_2 + 19x_3 = 1,$
   $12x_2 - x_3 = 0.$

   b. $x_1 + x_2 - x_3 = 0,$
   $12x_2 - x_3 = 4,$
   $2x_1 + x_2 + x_3 = 5.$

   c. $5x_1 + x_2 - 6x_3 = 7,$
   $2x_1 + x_2 - x_3 = 8,$
   $6x_1 + 12x_2 + x_3 = 9.$

   d. $x_1 - x_2 + x_3 = 5,$
   $7x_1 + 5x_2 - x_3 = 8,$
   $2x_1 + x_2 + x_3 = 7.$

3. Repita o Exercício 1 utilizando o Algoritmo 6.2.
4. Repita o Exercício 2 utilizando o Algoritmo 6.2.
5. Repita o Exercício 1 utilizando o Algoritmo 6.3.
6. Repita o Exercício 2 utilizando o Algoritmo 6.3.
7. Repita o Exercício 1 utilizando o pivotamento completo.
8. Repita o Exercício 2 utilizando o pivotamento completo.
9. Utilize a eliminação de Gauss e a aritmética de truncamento de três algarismos para resolver os seguintes sistemas lineares e compare as aproximações com a solução real.

   a. $0{,}03x_1 + 58{,}9x_2 = 59{,}2,$
   $5{,}31x_1 - 6{,}10x_2 = 47{,}0.$
   Solução real [10, 1].

   b. $3{,}03x_1 - 12{,}1x_2 + 14x_3 = -119,$
   $-3{,}03x_1 + 12{,}1x_2 - 7x_3 = 120,$
   $6{,}11x_1 - 14{,}2x_2 + 21x_3 = -139.$
   Solução real $[0, 10, \frac{1}{7}]$.

   c. $1{,}19x_1 + 2{,}11x_2 - 100x_3 + x_4 = 1{,}12,$
   $14{,}2x_1 - 0{,}122x_2 + 12{,}2x_3 - x_4 = 3{,}44,$
   $100x_2 - 99{,}9x_3 + x_4 = 2{,}15,$
   $15{,}3x_1 + 0{,}110x_2 - 13{,}1x_3 - x_4 = 4{,}16.$
   Solução real [0,176, 0,0126, −0,0206, −1,18].

   d. $\pi x_1 - ex_2 + \sqrt{2}x_3 - \sqrt{3}x_4 = \sqrt{11},$
   $\pi^2 x_1 + ex_2 - e^2 x_3 + \frac{3}{7}x_4 = 0,$
   $\sqrt{5}x_1 - \sqrt{6}x_2 + x_3 - \sqrt{2}x_4 = \pi,$
   $\pi^3 x_1 + e^2 x_2 - \sqrt{7}x_3 + \frac{1}{9}x_4 = \sqrt{2}.$
   Solução real [0,788, −3,12, 0,167, 4,55].

10. Utilize a eliminação de Gauss e a aritmética de truncamento de três algarismos para resolver os seguintes sistemas lineares e compare as aproximações com a solução real.

a. $58{,}9x_1 + 0{,}03x_2 = 59{,}2,$
$-6{,}10x_1 + 5{,}31x_2 = 47{,}0.$
Solução real [1, 10].

b. $3{,}3330x_1 + 15920x_2 + 10{,}333x_3 = 7953,$
$2{,}2220x_1 + 16{,}710x_2 + 9{,}6120x_3 = 0{,}965,$
$-1{,}5611x_1 + 5{,}1792x_2 - 1{,}6855x_3 = 2{,}714.$
Solução real [1, 0,5, – 1].

c. $2{,}12x_1 - 2{,}12x_2 + 51{,}3x_3 + 100x_4 = \pi,$
$0{,}333x_1 - 0{,}333x_2 - 12{,}2x_3 + 19{,}7x_4 = \sqrt{2},$
$6{,}19x_1 + 8{,}20x_2 - 1{,}00x_3 - 2{,}01x_4 = 0,$
$-5{,}73x_1 + 6{,}12x_2 + x_3 - x_4 = -1.$
Solução real [0.0998, – 0,0683, – 0,0363, 0,0465].

d. $\pi x_1 + \sqrt{2}x_2 - x_3 + x_4 = 0,$
$ex_1 - x_2 + x_3 + 2x_4 = 1,$
$x_1 + x_2 - \sqrt{3}x_3 + x_4 = 2,$
$-x_1 - x_2 + x_3 - \sqrt{5}x_4 = 3.$
Solução real [1,35, – 4,68, – 4,03, – 1,66].

11. Repita o Exercício 9 utilizando a aritmética de arredondamento de três algarismos.

12. Repita o Exercício 10 utilizando a aritmética de arredondamento de três algarismos.

13. Repita o Exercício 9 utilizando a eliminação de Gauss com pivotamento parcial.

14. Repita o Exercício 10 utilizando a eliminação de Gauss com pivotamento parcial.

15. Repita o Exercício 9 utilizando a eliminação de Gauss com pivotamento parcial e aritmética de arredondamento de três algarismos.

16. Repita o Exercício 10 utilizando a eliminação de Gauss com pivotamento parcial e aritmética de arredondamento de três algarismos.

17. Repita o Exercício 9 utilizando a eliminação de Gauss com pivotamento parcial com escala.

18. Repita o Exercício 10 utilizando a eliminação de Gauss com pivotamento parcial com escala.

19. Repita o Exercício 9 utilizando a eliminação de Gauss com pivotamento parcial com escala e aritmética de arredondamento de três algarismos.

20. Repita o Exercício 10 utilizando a eliminação de Gauss com pivotamento parcial com escala e aritmética de arredondamento de três algarismos.

21. Repita o Exercício 9 utilizando a eliminação de Gauss com pivotamento completo.

22. Repita o Exercício 10 utilizando a eliminação de Gauss com pivotamento completo.

23. Repita o Exercício 9 utilizando a eliminação de Gauss com pivotamento completo e aritmética de arredondamento com três algarismos.

24. Repita o Exercício 10 utilizando a eliminação de Gauss com pivotamento completo e aritmética de arredondamento com três algarismos.

EXERCÍCIOS APLICADOS

25. O circuito a seguir tem quatro resistências e duas fontes de voltagem, As resistências são R_1, R_2, R_3 e R_4 ohms; as fontes de voltagem E_1 e E_2 volts; a as correntes são i_1, i_2 e i_3 amperes.

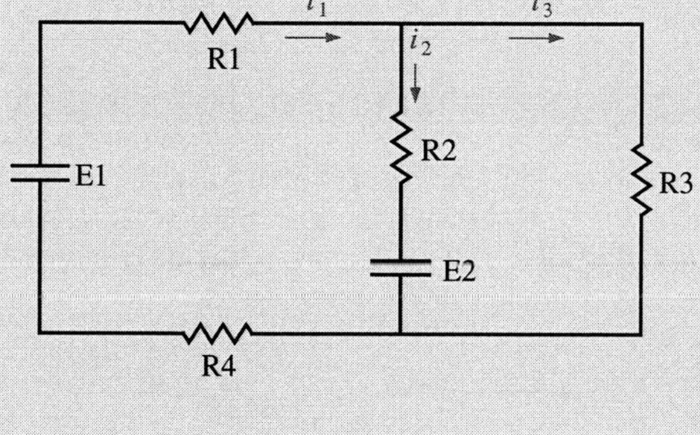

a. Usando as leis de Kirchohoff, deduza o sistema linear

$$\begin{aligned}(R_1 + R_4)i_1 + R_2 i_2 \quad &= E_1 + E_2\\(R_1 + R_4)i_1 \quad + R_3 i_3 &= E_1\\i_1 - i_2 - i_3 &= 0.\end{aligned}$$

b Usando a eliminação de Gauss sem pivotamento, encontre i_1, i_2 e i_3 quando $E_1 = 12$ volts, $E_2 = 10$ volts, $R_1 = 2$ ohms, $R_2 = 2$ ohms, $R_3 = 4$ ohms e $R_4 = 1$ ohm.

c. Se as resistências forem mudadas para $R_1 = 0{,}001$ ohm, $R_2 = 3{,}333$ ohms, $R_3 = 4{,}002$ ohms e $R_4 = 0{,}012$ ohm, encontre as correntes i_1, i_2 e i_3 usando a eliminação de Gauss e aritmética de truncamento com três algarismos.

d. O pivotamento parcial melhora a resposta da parte (c)?

EXERCÍCIO TEÓRICO

31. Suponha que

$$\begin{aligned}2x_1 + x_2 + 3x_3 &= 1,\\4x_1 + 6x_2 + 8x_3 &= 5,\\6x_1 + \alpha x_2 + 10x_3 &= 5,\end{aligned}$$

com $|\alpha| < 10$. Para qual dos seguintes valores de α será necessária nenhuma troca de linhas ao resolver este sistema utilizando o pivotamento parcial com escala?

a. $\alpha = 6$ **b.** $\alpha = 9$ **c.** $\alpha = -3$

QUESTÕES PARA DISCUSSSÃO

1. Construa um algoritmo para o procedimento de pivotamento completo discutido no texto.
2. Uma nova estratégia de pivotamento para a eliminação de Gauss foi apresentada no artigo "A New Pivoting Strategy for Gaussian Elimination", de Markus Olschowka. Discuta como esta estratégia se compara às estratégias discutidas neste capítulo.
3. A estratégia de pivotamento de *rook* (ou torre) foi introduzida por Neal e Poole em "A Geometric Analysis of Gaussian Elimination". Discuta como esta estratégia se compara às estratégias discutidas neste capítulo.
4. Compare e contraste as várias estratégias de pivotamento discutidas na Seção 6.2 de seu texto.

   Como o computador usa aritmética de precisão fixa, é possível que um erro pequeno seja introduzido cada vez que uma operação aritmética seja efetuada. Assim, o uso de uma estratégia de pivotamento trivial na eliminação de Gauss pode levar a erros significativos na solução de um sistema linear de equações. Este erro pode ser controlado?

6.3 Álgebra linear e inversão de matrizes

As matrizes foram introduzidas na Seção 6.1 como um método conveniente para expressar e manipular os sistemas lineares. Nesta seção, consideramos um pouco álgebra associada a matrizes e mostramos como isso pode ser utilizado para resolver problemas envolvendo sistemas lineares.

Definição 6.2 Duas matrizes A e B são **iguais** se elas tiverem o mesmo número de linhas e colunas, digamos $n \times m$, e se $a_{ij} = b_{ij}$, para cada $i = 1, 2, \ldots, n$ e $j = 1, 2, \ldots, m$. ■

Esta definição significa, por exemplo, que

$$\begin{bmatrix} 2 & -1 & 7 \\ 3 & 1 & 0 \end{bmatrix} \neq \begin{bmatrix} 2 & 3 \\ -1 & 1 \\ 7 & 0 \end{bmatrix}$$

pois têm dimensões diferentes.

Aritmética de matrizes

Duas operações importantes realizadas em matrizes são a soma de duas matrizes e a multiplicação de uma matriz por um número real.

Definição 6.3 Se A e B são duas matrizes $n \times m$, então a **soma** de A e B, denotada por $A + B$, é a matriz $n \times m$ cujos elementos são $a_{ij} + b_{ij}$, para cada $i = 1, 2, \ldots, n$ e $j = 1, 2, \ldots, m$. ∎

Definição 6.4 Se A é uma matriz $n \times m$ e λ é um número real, então a **multiplicação do escalar** λ por A, denotada λA, é a matriz $n \times m$ cujos elementos são λa_{ij}, para cada $i = 1, 2, \ldots, n$ e $j = 1, 2, \ldots, m$. ∎

EXEMPLO 1 Determine $A + B$ e λA quando

$$A = \begin{bmatrix} 2 & -1 & 7 \\ 3 & 1 & 0 \end{bmatrix}, \quad B = \begin{bmatrix} 4 & 2 & -8 \\ 0 & 1 & 6 \end{bmatrix} \quad \text{e } \lambda = -2.$$

Solução Temos

$$A + B = \begin{bmatrix} 2+4 & -1+2 & 7-8 \\ 3+0 & 1+1 & 0+6 \end{bmatrix} = \begin{bmatrix} 6 & 1 & -1 \\ 3 & 2 & 6 \end{bmatrix}$$

e

$$\lambda A = \begin{bmatrix} -2(2) & -2(-1) & -2(7) \\ -2(3) & -2(1) & -2(0) \end{bmatrix} = \begin{bmatrix} -4 & 2 & -14 \\ -6 & -2 & 0 \end{bmatrix}.$$

∎

Temos as seguintes propriedades gerais da adição de matrizes e multiplicação por escalar. Estas propriedades são suficientes para classificar o conjunto de todas as matrizes $n \times m$ com elementos reais como um **espaço vetorial** sobre o corpo dos números reais.

- Denote por O uma matriz na qual todos os elementos são 0, e por $-A$ a matriz cujos elementos são $-a_{ij}$.

Teorema 6.5 Sejam A, B e C matrizes $n \times m$ e λ e μ números reais. As seguintes propriedades de adição e multiplicação por escalar são válidas:

(i) $A + B = B + A$, **(ii)** $(A + B) + C = A + (B + C)$,

(iii) $A + O = O + A = A$, **(iv)** $A + (-A) = -A + A = 0$,

(v) $\lambda(A + B) = \lambda A + \lambda B$, **(vi)** $(\lambda + \mu)A = \lambda A + \mu A$,

(vii) $\lambda(\mu A) = (\lambda\mu)A$, **(viii)** $1A = A$.

Todas estas propriedades provêm de resultados análogos relativos aos números reais.■

Produtos de vetor por matriz

Em alguns casos, o produto de matrizes também pode ser definido. Consideraremos primeiro o produto de uma matriz $n \times m$ por um vetor coluna $m \times 1$.

Definição 6.6 Sejam A uma matriz $n \times m$ e $\mathbf{b}$ um vetor coluna de dimensão m. O **produto do vetor b pela matriz** A, denotado por $A\mathbf{b}$, é um vetor coluna de dimensão n dado por

$$A\mathbf{b} = \begin{bmatrix} a_{11} & a_{12} & \cdots & a_{1m} \\ a_{21} & a_{22} & \cdots & a_{2m} \\ \vdots & \vdots & & \vdots \\ a_{n1} & a_{n2} & \cdots & a_{nm} \end{bmatrix} \begin{bmatrix} b_1 \\ b_2 \\ \vdots \\ b_m \end{bmatrix} = \begin{bmatrix} \sum_{i=1}^{m} a_{1i}b_i \\ \sum_{i=1}^{m} a_{2i}b_i \\ \vdots \\ \sum_{i=1}^{m} a_{ni}b_i \end{bmatrix}.$$

■

Para que este produto esteja definido, o número de colunas da matriz A deve ser igual ao número de linhas do vetor $\mathbf{b}$, e o resultado será outro vetor coluna com o número de linhas coincidindo com o número de linhas da matriz.

EXEMPLO 2 Determine o produto $A\mathbf{b}$ se $A = \begin{bmatrix} 3 & 2 \\ -1 & 1 \\ 6 & 4 \end{bmatrix}$ e $\mathbf{b} = \begin{bmatrix} 3 \\ -1 \end{bmatrix}$.

Solução Como A tem dimensões 3×2 e $\mathbf{b}$ tem dimensões 2×1, o produto está definido e é um vetor com três linhas. Estas são

$$3(3) + 2(-1) = 7, \qquad (-1)(3) + 1(-1) = -4 \qquad \text{e} \qquad 6(3) + 4(-1) = 14.$$

Ou seja,

$$A\mathbf{b} = \begin{bmatrix} 3 & 2 \\ -1 & 1 \\ 6 & 4 \end{bmatrix} \begin{bmatrix} 3 \\ -1 \end{bmatrix} = \begin{bmatrix} 7 \\ -4 \\ 14 \end{bmatrix}.$$

■

A introdução do produto de vetor por matriz nos permite ver o sistema linear

$$\begin{aligned} a_{11}x_1 + a_{12}x_2 + \cdots + a_{1n}x_n &= b_1, \\ a_{21}x_1 + a_{22}x_2 + \cdots + a_{2n}x_n &= b_2, \\ \vdots \qquad\qquad & \quad \vdots \\ a_{n1}x_1 + a_{n2}x_2 + \cdots + a_{nn}x_n &= b_n, \end{aligned}$$

como a equação matricial

$$A\mathbf{x} = \mathbf{b},$$

em que

$$A = \begin{bmatrix} a_{11} & a_{12} & \cdots & a_{1n} \\ a_{21} & a_{22} & \cdots & a_{2n} \\ \vdots & \vdots & & \vdots \\ a_{n1} & a_{n2} & \cdots & a_{nn} \end{bmatrix}, \quad \mathbf{x} = \begin{bmatrix} x_1 \\ x_2 \\ \vdots \\ x_n \end{bmatrix} \quad \text{e} \quad \mathbf{b} = \begin{bmatrix} b_1 \\ b_2 \\ \vdots \\ b_n \end{bmatrix},$$

pois todos os elementos no produto $A\mathbf{x}$ devem coincidir com os elementos correspondentes do vetor **b**. Assim, uma matriz $n \times m$ pode ser vista como uma função com o conjunto dos vetores coluna de dimensão m como domínio e um subconjunto dos vetores colunas de dimensão n como imagem.

Produtos de matriz por matriz

Podemos usar a multiplicação de matriz por vetor para definir uma multiplicação mais geral de matriz por matriz.

Definição 6.7 Sejam A uma matriz $n \times m$ e B uma matriz $m \times p$. O **produto matricial** de A por B, denotado AB, é uma matriz C, $n \times p$, cujos elementos c_{ij} são

$$c_{ij} = \sum_{k=1}^{m} a_{ik}b_{kj} = a_{i1}b_{1j} + a_{i2}b_{2j} + \cdots + a_{im}b_{mj},$$

para cada $i = 1, 2, \ldots, n$ e $j = 1, 2, \ldots, p$. ■

O cálculo de c_{ij} pode ser visto como a multiplicação dos elementos da i-ésima linha de A pelos elementos correspondentes na j-ésima coluna de B, seguida por uma adição; isto é,

$$[a_{i1}, a_{i2}, \ldots, a_{im}] \begin{bmatrix} b_{1j} \\ b_{2j} \\ \vdots \\ b_{mj} \end{bmatrix} = c_{ij},$$

em que

$$c_{ij} = a_{i1}b_{1j} + a_{i2}b_{2j} + \cdots + a_{im}b_{mj} = \sum_{k=1}^{m} a_{ik}b_{kj}.$$

Isso explica por que o número de colunas de A deve ser igual ao número de linhas de B para que o produto AB seja definido.

O exemplo a seguir deve servir para esclarecimento adicional do processo de multiplicação de matrizes.

EXEMPLO 3 Determine todos os possíveis produtos das matrizes

$$A = \begin{bmatrix} 3 & 2 \\ -1 & 1 \\ 1 & 4 \end{bmatrix}, \quad B = \begin{bmatrix} 2 & 1 & -1 \\ 3 & 1 & 2 \end{bmatrix},$$

$$C = \begin{bmatrix} 2 & 1 & 0 & 1 \\ -1 & 3 & 2 & 1 \\ 1 & 1 & 2 & 0 \end{bmatrix} \quad \text{e} \quad D = \begin{bmatrix} 1 & -1 \\ 2 & -1 \end{bmatrix}.$$

Solução O tamanho das matrizes são

$$A : 3 \times 2, \quad B : 2 \times 3, \quad C : 3 \times 4 \quad \text{e} \quad D : 2 \times 2.$$

Os produtos que podem ser efetuados e suas dimensões são

$$AB : 3 \times 3, \quad BA : 2 \times 2, \quad AD : 3 \times 2, \quad BC : 2 \times 4, \quad DB : 2 \times 3 \quad \text{e} \quad DD : 2 \times 2.$$

Estes produtos são

$$AB = \begin{bmatrix} 12 & 5 & 1 \\ 1 & 0 & 3 \\ 14 & 5 & 7 \end{bmatrix}, \quad BA = \begin{bmatrix} 4 & 1 \\ 10 & 15 \end{bmatrix}, \quad AD = \begin{bmatrix} 7 & -5 \\ 1 & 0 \\ 9 & -5 \end{bmatrix},$$

$$BC = \begin{bmatrix} 2 & 4 & 0 & 3 \\ 7 & 8 & 6 & 4 \end{bmatrix}, \quad DB = \begin{bmatrix} -1 & 0 & -3 \\ 1 & 1 & -4 \end{bmatrix} \quad \text{e} \quad DD = \begin{bmatrix} -1 & 0 \\ 0 & -1 \end{bmatrix}.$$

■

Observe que, embora ambos os produtos de matrizes AB e BA estejam definidos, seus resultados são muito diferentes; eles não têm nem mesmo a mesma dimensão. Na linguagem matemática, dizemos que a operação de produto de matrizes *não é comutativa*; ou seja, produtos na ordem inversa podem ser diferentes. Isto ocorre mesmo quando ambos os produtos estão definidos e têm a mesma dimensão. Quase qualquer exemplo mostrará isso:

$$\begin{bmatrix} 1 & 1 \\ 1 & 0 \end{bmatrix}\begin{bmatrix} 0 & 1 \\ 1 & 1 \end{bmatrix} = \begin{bmatrix} 1 & 2 \\ 0 & 1 \end{bmatrix} \quad \text{enquanto} \quad \begin{bmatrix} 0 & 1 \\ 1 & 1 \end{bmatrix}\begin{bmatrix} 1 & 1 \\ 1 & 0 \end{bmatrix} = \begin{bmatrix} 1 & 0 \\ 2 & 1 \end{bmatrix}.$$

Entretanto, certas propriedades importantes envolvendo produtos de matrizes são válidas, como indicado no resultado a seguir.

▶ Teorema 6.8 Sejam A uma matriz $n \times m$, B uma matriz $m \times k$, C uma matriz $k \times p$, D uma matriz $m \times k$ e λ um número real. As seguintes propriedades são válidas:

(a) $A(BC) = (AB)C$; **(b)** $A(B + D) = AB + AD$; **(c)** $\lambda(\text{AB}) = (\lambda A)B = A(\lambda B)$.

Demonstração A verificação da propriedade na parte **(a)** é apresentada para mostrar o método envolvido. As outras partes podem ser demonstradas de maneira análoga.

Para mostrar que $A(BC) = (AB)C$, calculamos o elemento i, j de cada lado da equação. BC é uma matriz $m \times p$ com elemento $s\,j$

$$(BC)_{sj} = \sum_{l=1}^{k} b_{sl}c_{lj}.$$

Desse modo, $A(BC)$ é uma matriz $n \times p$ com elementos

$$[A(BC)]_{ij} = \sum_{s=1}^{m} a_{is}(BC)_{sj} = \sum_{s=1}^{m} a_{is}\left(\sum_{l=1}^{k} b_{sl}c_{lj}\right) = \sum_{s=1}^{m}\sum_{l=1}^{k} a_{is}b_{sl}c_{lj}.$$

De forma análoga, AB é uma matriz $n \times k$ com elementos

$$(AB)_{ij} = \sum_{s=1}^{m} a_{is}b_{sj},$$

de modo que $(AB)C$ é uma matriz $n \times p$ com elementos

$$[(AB)C]_{ij} = \sum_{l=1}^{k}(AB)_{il}c_{lj} = \sum_{l=1}^{k}\left(\sum_{s=1}^{m}a_{is}b_{sl}\right)c_{lj} = \sum_{l=1}^{k}\sum_{s=1}^{m}a_{is}b_{sl}c_{lj}.$$

Trocando a ordem do somatório no lado direito, obtemos

$$[(AB)C]_{ij} = \sum_{s=1}^{m}\sum_{l=1}^{k}a_{is}b_{sl}c_{lj} = [A(BC)]_{ij},$$

para cada $i = 1, 2, \ldots, n$ e $j = 1, 2, \ldots, p$. Então, $A(BC) = (AB)C$. ■

Matrizes quadradas

As matrizes que têm o mesmo número de linhas e de colunas são particularmente importantes nas aplicações.

Definição 6.9 **(i)** Uma matriz **quadrada** tem o mesmo número de linhas e colunas.

(ii) Uma matriz **diagonal** $D = [d_{ij}]$ é uma matriz quadrada com $d_{ij} = 0$ sempre que $i \neq j$.

(iii) A **matriz identidade de ordem** n, $I_n = [\delta_{ij}]$ é uma matriz diagonal com todos os elementos da diagonal iguais a 1. Quando o tamanho de I_n está claro, essa matriz é geralmente escrita simplesmente como I. ■

Por exemplo, a matriz identidade de ordem três é

$$I = \begin{bmatrix} 1 & 0 & 0 \\ 0 & 1 & 0 \\ 0 & 0 & 1 \end{bmatrix}.$$

O termo *diagonal* aplicado a uma matriz refere-se aos elementos na diagonal que vai do elemento no canto superior esquerdo até o elemento no canto inferior direito.

Definição 6.10 Uma matriz **triangular superior**, $n \times$ x n, $U = [u_{ij}]$ tem, para cada $j = 1, 2, \ldots, n$, os elementos

$$u_{ij} = 0, \quad \text{para cada } i = j + 1, j + 2, \ldots, n;$$

e uma matriz **triangular inferior** $L = [l_{ij}]$ tem, para cada $j = 1, 2, \ldots, n$, os elementos

$$l_{ij} = 0, \quad \text{para cada } i = 1, 2, \ldots, j - 1.$$ ■

Uma matriz diagonal, portanto, é tanto triangular superior quanto triangular inferior, pois seus únicos elementos não nulos estão na diagonal principal.

Uma matriz triangular tem todos os elementos nulos, exceto os que estão acima e na diagonal principal ou os que estão abaixo e na diagonal principal.

Ilustração Considere a matriz identidade de ordem três,

$$I_3 = \begin{bmatrix} 1 & 0 & 0 \\ 0 & 1 & 0 \\ 0 & 0 & 1 \end{bmatrix}.$$

Se A for qualquer matriz 3×3, então

$$AI_3 = \begin{bmatrix} a_{11} & a_{12} & a_{13} \\ a_{21} & a_{22} & a_{23} \\ a_{31} & a_{32} & a_{33} \end{bmatrix} \begin{bmatrix} 1 & 0 & 0 \\ 0 & 1 & 0 \\ 0 & 0 & 1 \end{bmatrix} = \begin{bmatrix} a_{11} & a_{12} & a_{13} \\ a_{21} & a_{22} & a_{23} \\ a_{31} & a_{32} & a_{33} \end{bmatrix} = A.$$

■

A matriz identidade I_n comuta com qualquer matriz A, $n \times n$, isto é, a ordem da multiplicação não importa,

$$I_n A = A = AI_n.$$

Tenha em mente que esta propriedade não é válida em geral, mesmo para matrizes quadradas.

Matrizes inversas

A **inversa de uma matriz** está relacionada aos sistemas lineares.

Definição 6.11 Uma matriz A, $n \times n$, é **não singular** (ou *inversível)* se existir uma matriz A^{-1}, $n \times n$, tal que $AA^{-1} = A^{-1}A = I$. A matriz A^{-1} é chamada **inversa** de A. Uma matriz sem uma inversa é chamada **singular** (*ou não inversível*). ■

A palavra "singular" significa algo que diverge do comum. Consequentemente, uma matriz singular *não* tem uma inversa.

As propriedades a seguir relativas às inversas de uma matriz provêm da Definição 6.11. As demonstrações desses resultados são consideradas no Exercício 13.

Teorema 6.12 Para qualquer matriz A, $n \times n$, não singular:

(i) A^{-1} é única.

(ii) A^{-1} é não singular e $(A^{-1})^{-1} = A$.

(iii) Se B também for uma matriz $n \times n$ não singular, então $(AB)^{-1} = B^{-1}A^{-1}$. ■

EXEMPLO 4 Sejam

$$A = \begin{bmatrix} 1 & 2 & -1 \\ 2 & 1 & 0 \\ -1 & 1 & 2 \end{bmatrix} \quad \text{e} \quad B = \begin{bmatrix} -\frac{2}{9} & \frac{5}{9} & -\frac{1}{9} \\ \frac{4}{9} & -\frac{1}{9} & \frac{2}{9} \\ -\frac{1}{3} & \frac{1}{3} & \frac{1}{3} \end{bmatrix}.$$

Mostre que $B = A^{-1}$ e que a solução do sistema linear descrito por

$$\begin{aligned} x_1 + 2x_2 - x_3 &= 2, \\ 2x_1 + x_2 &= 3, \\ -x_1 + x_2 + 2x_3 &= 4. \end{aligned}$$

é dada pelos elementos de $B\,\mathbf{b}$, em que $\mathbf{b}$ é o vetor coluna com elementos 2, 3 e 4, nesta ordem.

Solução Observe primeiro que

$$AB = \begin{bmatrix} 1 & 2 & -1 \\ 2 & 1 & 0 \\ -1 & 1 & 2 \end{bmatrix} \cdot \begin{bmatrix} -\frac{2}{9} & \frac{5}{9} & -\frac{1}{9} \\ \frac{4}{9} & -\frac{1}{9} & \frac{2}{9} \\ -\frac{1}{3} & \frac{1}{3} & \frac{1}{3} \end{bmatrix} = \begin{bmatrix} 1 & 0 & 0 \\ 0 & 1 & 0 \\ 0 & 0 & 1 \end{bmatrix} = I_3.$$

De maneira análoga, $BA = I_3$, de modo que A e B são não singulares com $B = A^{-1}$ e $A = B^{-1}$.

Primeiro, converta o sistema para a equação matricial

$$\begin{bmatrix} 1 & 2 & -1 \\ 2 & 1 & 0 \\ -1 & 1 & 2 \end{bmatrix} \begin{bmatrix} x_1 \\ x_2 \\ x_3 \end{bmatrix} = \begin{bmatrix} 2 \\ 3 \\ 4 \end{bmatrix}$$

e multiplique ambos os lados por B, a inversa de A. Como temos tanto

$$B(A\mathbf{x}) = (BA)\mathbf{x} = I_3\mathbf{x} = \mathbf{x} \quad \text{e} \quad B(A\mathbf{x}) = \mathbf{b},$$

vem que

$$BA\mathbf{x} = \left(\begin{bmatrix} -\frac{2}{9} & \frac{5}{9} & -\frac{1}{9} \\ \frac{4}{9} & -\frac{1}{9} & \frac{2}{9} \\ -\frac{3}{9} & \frac{3}{9} & \frac{3}{9} \end{bmatrix} \begin{bmatrix} 1 & 2 & -1 \\ 2 & 1 & 0 \\ -1 & 1 & 2 \end{bmatrix} \right) \mathbf{x} = \mathbf{x}$$

e

$$BA\mathbf{x} = B(\mathbf{b}) = \begin{bmatrix} -\frac{2}{9} & \frac{5}{9} & -\frac{1}{9} \\ \frac{4}{9} & -\frac{1}{9} & \frac{2}{9} \\ -\frac{1}{3} & \frac{1}{3} & \frac{1}{3} \end{bmatrix} \begin{bmatrix} 2 \\ 3 \\ 4 \end{bmatrix} = \begin{bmatrix} \frac{7}{9} \\ \frac{13}{9} \\ \frac{5}{3} \end{bmatrix}.$$

Isto implica que $\mathbf{x} = B\,\mathbf{b}$ e fornece a solução $x_1 = 7/9$, $x_2 = 13/9$ e $x_3 = 5/3$. ∎

Embora seja fácil resolver um sistema linear da forma $A\mathbf{x} = \boldsymbol{b}$ se A^{-1} for conhecido, não é computacionalmente eficiente determinar A^{-1} a fim de resolver o sistema. (Veja o Exercício 16.) Mesmo assim, é útil do ponto de vista conceitual descrever um método para determinar a inversa de uma matriz.

Para encontrar um método para calcular A^{-1} supondo que A seja não singular, vamos olhar novamente a multiplicação de matrizes. Seja B_j a j-ésima coluna da matriz B, $n \times n$.

$$B_j = \begin{bmatrix} b_{1j} \\ b_{2j} \\ \vdots \\ b_{nj} \end{bmatrix}.$$

Se $AB = C$, então a j-ésima coluna de C é determinada pelo produto

$$\begin{bmatrix} c_{1j} \\ c_{2j} \\ \vdots \\ c_{nj} \end{bmatrix} = C_j = AB_j = \begin{bmatrix} a_{11} & a_{12} & \cdots & a_{1n} \\ a_{21} & a_{22} & \cdots & a_{2n} \\ \vdots & \vdots & & \vdots \\ a_{n1} & a_{n2} & \cdots & a_{nn} \end{bmatrix} \begin{bmatrix} b_{1j} \\ b_{2j} \\ \vdots \\ b_{nj} \end{bmatrix} = \begin{bmatrix} \sum_{k=1}^{n} a_{1k} b_{kj} \\ \sum_{k=1}^{n} a_{2k} b_{kj} \\ \vdots \\ \sum_{k=1}^{n} a_{nk} b_{kj} \end{bmatrix}.$$

Suponha que A^{-1} exista e que $A^{-1} = B = (b_{ij})$. Então, $AB = I$ e

$$AB_j = \begin{bmatrix} 0 \\ \vdots \\ 0 \\ 1 \\ 0 \\ \vdots \\ 0 \end{bmatrix}, \text{ em que o valor 1 aparece na } j\text{-ésima linha.}$$

Para encontrarmos B, devemos resolver os n sistemas lineares nos quais a j-ésima coluna da inversa é a solução do sistema linear com a j-ésima coluna de I à direita. O próximo exemplo ilustra este método.

Ilustração Para determinar a inversa da matriz

$$A = \begin{bmatrix} 1 & 2 & -1 \\ 2 & 1 & 0 \\ -1 & 1 & 2 \end{bmatrix},$$

vamos considerar, em primeiro lugar, o produto AB, em que B é uma matriz 3×3 arbitrária:

$$AB = \begin{bmatrix} 1 & 2 & -1 \\ 2 & 1 & 0 \\ -1 & 1 & 2 \end{bmatrix} \begin{bmatrix} b_{11} & b_{12} & b_{13} \\ b_{21} & b_{22} & b_{23} \\ b_{31} & b_{32} & b_{33} \end{bmatrix}$$

$$= \begin{bmatrix} b_{11} + 2b_{21} - b_{31} & b_{12} + 2b_{22} - b_{32} & b_{13} + 2b_{23} - b_{33} \\ 2b_{11} + b_{21} & 2b_{12} + b_{22} & 2b_{13} + b_{23} \\ -b_{11} + b_{21} + 2b_{31} & -b_{12} + b_{22} + 2b_{32} & -b_{13} + b_{23} + 2b_{33} \end{bmatrix}.$$

Se $B = A^{-1}$, então $AB = I$, de modo que devemos ter

$$\begin{aligned} b_{11} + 2b_{21} - b_{31} &= 1, & b_{12} + 2b_{22} - b_{32} &= 0, & b_{13} + 2b_{23} - b_{33} &= 0,\\ 2b_{11} + b_{21} &= 0, & 2b_{12} + b_{22} &= 1, \text{ e } & 2b_{13} + b_{23} &= 0,\\ -b_{11} + b_{21} + 2b_{31} &= 0, & -b_{12} + b_{22} + 2b_{32} &= 0, & -b_{13} + b_{23} + 2b_{33} &= 1. \end{aligned}$$

Observe que os coeficientes em cada um dos sistemas de equações são os mesmos; a única mudança nos sistemas acontece no lado direito das equações. Como consequência, a eliminação de Gauss pode ser realizada em uma matriz aumentada maior, formada pela combinação das matrizes para cada um dos sistemas:

$$\left[\begin{array}{ccc:ccc} 1 & 2 & -1 & 1 & 0 & 0\\ 2 & 1 & 0 & 0 & 1 & 0\\ -1 & 1 & 2 & 0 & 0 & 1 \end{array}\right].$$

Primeiro, executar $(E_2 - 2E_1) \rightarrow (E_2)$ e $(E_3 + E_1) \rightarrow (E_3)$, seguido por $(E_3 + E_2) \rightarrow (E_3)$, produz

$$\left[\begin{array}{ccc:ccc} 1 & 2 & -1 & 1 & 0 & 0\\ 0 & -3 & 2 & -2 & 1 & 0\\ 0 & 3 & 1 & 1 & 0 & 1 \end{array}\right] \quad \text{e} \quad \left[\begin{array}{ccc:ccc} 1 & 2 & -1 & 1 & 0 & 0\\ 0 & -3 & 2 & -2 & 1 & 0\\ 0 & 0 & 3 & -1 & 1 & 1 \end{array}\right].$$

A substituição regressiva é realizada em cada uma das três matrizes aumentadas,

$$\left[\begin{array}{ccc:c} 1 & 2 & -1 & 1\\ 0 & -3 & 2 & -2\\ 0 & 0 & 3 & -1 \end{array}\right], \left[\begin{array}{ccc:c} 1 & 2 & -1 & 0\\ 0 & -3 & 2 & 1\\ 0 & 0 & 3 & 1 \end{array}\right], \left[\begin{array}{ccc:c} 1 & 2 & -1 & 0\\ 0 & -3 & 2 & 0\\ 0 & 0 & 3 & 1 \end{array}\right],$$

para eventualmente resultar em

$$\begin{aligned} b_{11} &= -\tfrac{2}{9}, & b_{12} &= \tfrac{5}{9}, & & b_{13} = -\tfrac{1}{9},\\ b_{21} &= \tfrac{4}{9}, & b_{22} &= -\tfrac{1}{9}, & \text{e} \quad & b_{23} = \tfrac{2}{9},\\ b_{31} &= -\tfrac{1}{3}, & b_{32} &= \tfrac{1}{3}, & & b_{32} = \tfrac{1}{3}. \end{aligned}$$

Como mostrado no Exemplo 4, estes são os elementos de A^{-1}:

$$B = A^{-1} = \begin{bmatrix} -\frac{2}{9} & \frac{5}{9} & -\frac{1}{9}\\ \frac{4}{9} & -\frac{1}{9} & \frac{2}{9}\\ -\frac{1}{3} & \frac{1}{3} & \frac{1}{3} \end{bmatrix}.$$

■

Como vimos na ilustração, para calcular A^{-1} é conveniente configurar uma matriz aumentada maior,

$$[\, A \;\vdots\; I \,].$$

Ao realizarmos a eliminação de acordo com o Algoritmo 6.1, obtemos uma matriz aumentada da forma

$$[\ U \ \vdots \ Y\ ],$$

em que U é uma matriz triangular superior e Y é a matriz obtida por meio da realização, na identidade I, das mesmas operações, que foram feitas para transformar A em U.

A eliminação de Gauss com substituição regressiva exige

$$\frac{4}{3}n^3 - \frac{1}{3}n \text{ multiplicações/divisões} \quad \text{e} \quad \frac{4}{3}n^3 - \frac{3}{2}n^2 + \frac{n}{6} \text{ adições/subtrações}$$

para resolver os n sistemas lineares (veja o Exercício 16(a)). Cuidado especial deve ser tomado na implementação, a fim de observar as operações que *não* precisam ser realizadas, como uma multiplicação quando já é conhecido que um dos fatores é um ou uma subtração quando já sabemos que o subtraendo é 0. O número de multiplicações/divisões exigido pode então ser reduzido para n^3, e o número de adições/subtrações, reduzido para $n^3 - 2n^2 + n$. (Veja o Exercício 16(d).)

Transposta de uma matriz

Outra matriz importante associada a dada matriz A é sua *transposta*, denotada por A^t.

Definição 6.13 A **transposta** de uma matriz $A = [a_{ij}]$, $n \times m$, é a matriz $A^t = [a_{ji}]$, $m \times n$, em que para cada i, a i-ésima coluna de A^t é o mesmo que a i-ésima linha de A. Uma matriz quadrada A é chamada **simétrica** se $A = A^t$. ■

Ilustração As matrizes

$$A = \begin{bmatrix} 7 & 2 & 0 \\ 3 & 5 & -1 \\ 0 & 5 & -6 \end{bmatrix}, \quad B = \begin{bmatrix} 2 & 4 & 7 \\ 3 & -5 & -1 \end{bmatrix}, \quad C = \begin{bmatrix} 6 & 4 & -3 \\ 4 & -2 & 0 \\ -3 & 0 & 1 \end{bmatrix}$$

têm transpostas

$$A^t = \begin{bmatrix} 7 & 3 & 0 \\ 2 & 5 & 5 \\ 0 & -1 & -6 \end{bmatrix}, \quad B^t = \begin{bmatrix} 2 & 3 \\ 4 & -5 \\ 7 & -1 \end{bmatrix}, \quad C^t = \begin{bmatrix} 6 & 4 & -3 \\ 4 & -2 & 0 \\ -3 & 0 & 1 \end{bmatrix}.$$

A matriz C é simétrica, já que $C^t = C$, mas as matrizes A e B não são. ■

A demonstração do próximo resultado segue diretamente da definição de transposta.

Teorema 6.14 As expressões a seguir, envolvendo a transposta de uma matriz, são válidas sempre que as operações forem possíveis:

(i) $(A^t)^t = A$,

(ii) $(A + B)^t = A^t + B^t$,

(iii) $(AB)^t = B^tA^t$,

(iv) se A^{-1} existir, então $(A^{-1})^t = (A^t)^{-1}$. ■

EXERCÍCIOS 6.3

1. Efetue as seguintes multiplicações de vetor por matriz:

a. $\begin{bmatrix} 2 & 1 \\ -4 & 3 \end{bmatrix}\begin{bmatrix} 3 \\ -2 \end{bmatrix}$ b. $\begin{bmatrix} 2 & -2 \\ -4 & 4 \end{bmatrix}\begin{bmatrix} 1 \\ 1 \end{bmatrix}$

c. $\begin{bmatrix} 2 & 0 & 0 \\ 3 & -1 & 2 \\ 0 & 2 & -3 \end{bmatrix}\begin{bmatrix} 2 \\ 5 \\ 1 \end{bmatrix}$ d. $\begin{bmatrix} -4 & 0 & 1 \end{bmatrix}\begin{bmatrix} 1 & -2 & 4 \\ -2 & 3 & 1 \\ 4 & 1 & 0 \end{bmatrix}$

2. Efetue as seguintes multiplicações de vetor por matriz:

a. $\begin{bmatrix} 3 & 0 \\ 2 & 1 \end{bmatrix}\begin{bmatrix} 1 \\ -2 \end{bmatrix}$ b. $\begin{bmatrix} 3 & 2 \\ 6 & 4 \end{bmatrix}\begin{bmatrix} 1 \\ -1 \end{bmatrix}$

c. $\begin{bmatrix} 2 & 1 & 0 \\ 1 & -1 & 2 \\ 0 & 2 & 4 \end{bmatrix}\begin{bmatrix} 2 \\ 5 \\ -1 \end{bmatrix}$ d. $\begin{bmatrix} 2 & -2 & 1 \end{bmatrix}\begin{bmatrix} 3 & -2 & 0 \\ -2 & 3 & 1 \\ 0 & 1 & -2 \end{bmatrix}$

3. Efetue as seguintes multiplicações de matriz por matriz:

a. $\begin{bmatrix} 2 & -3 \\ 3 & -1 \end{bmatrix}\begin{bmatrix} 1 & 5 \\ 2 & 0 \end{bmatrix}$ b. $\begin{bmatrix} 2 & -3 \\ 3 & -1 \end{bmatrix}\begin{bmatrix} 1 & 5 & -4 \\ -3 & 2 & 0 \end{bmatrix}$

c. $\begin{bmatrix} 2 & -3 & 1 \\ 4 & 3 & 0 \\ 5 & 2 & -4 \end{bmatrix}\begin{bmatrix} 0 & 1 & -2 \\ 1 & 0 & -1 \\ 2 & 3 & -2 \end{bmatrix}$ d. $\begin{bmatrix} 2 & 1 & 2 \\ -2 & 3 & 0 \\ 2 & -1 & 3 \end{bmatrix}\begin{bmatrix} 1 & -2 \\ -4 & 1 \\ 0 & 2 \end{bmatrix}$

4. Efetue as seguintes multiplicações de matriz por matriz:

a. $\begin{bmatrix} -2 & 3 \\ 0 & 3 \end{bmatrix}\begin{bmatrix} 2 & -5 \\ -5 & 2 \end{bmatrix}$ b. $\begin{bmatrix} -1 & 3 \\ -2 & 4 \end{bmatrix}\begin{bmatrix} 2 & -2 & 3 \\ -3 & 2 & 2 \end{bmatrix}$

c. $\begin{bmatrix} 2 & -3 & -2 \\ -3 & 4 & 1 \\ -2 & 1 & -4 \end{bmatrix}\begin{bmatrix} 2 & -3 & 4 \\ -3 & 4 & -1 \\ 4 & -1 & -2 \end{bmatrix}$ d. $\begin{bmatrix} 3 & -1 & 0 \\ 2 & -2 & 3 \\ -2 & 1 & 4 \end{bmatrix}\begin{bmatrix} -1 & 2 \\ 4 & -1 \\ 3 & -5 \end{bmatrix}$

5. Determine quais das seguintes matrizes são não singulares e calcule a inversa dessas matrizes:

a. $\begin{bmatrix} 4 & 2 & 6 \\ 3 & 0 & 7 \\ -2 & -1 & -3 \end{bmatrix}$ b. $\begin{bmatrix} 1 & 2 & 0 \\ 2 & 1 & -1 \\ 3 & 1 & 1 \end{bmatrix}$

c. $\begin{bmatrix} 1 & 1 & -1 & 1 \\ 1 & 2 & -4 & -2 \\ 2 & 1 & 1 & 5 \\ -1 & 0 & -2 & -4 \end{bmatrix}$ d. $\begin{bmatrix} 4 & 0 & 0 & 0 \\ 6 & 7 & 0 & 0 \\ 9 & 11 & 1 & 0 \\ 5 & 4 & 1 & 1 \end{bmatrix}$

6. Determine quais das seguintes matrizes são não singulares e calcule a inversa dessas matrizes:

a. $\begin{bmatrix} 1 & 2 & -1 \\ 0 & 1 & 2 \\ -1 & 4 & 3 \end{bmatrix}$ b. $\begin{bmatrix} 4 & 0 & 0 \\ 0 & 0 & 0 \\ 0 & 0 & 3 \end{bmatrix}$

c. $\begin{bmatrix} 1 & 2 & 3 & 4 \\ 2 & 1 & -1 & 1 \\ -3 & 2 & 0 & 1 \\ 0 & 5 & 2 & 6 \end{bmatrix}$ d. $\begin{bmatrix} 2 & 0 & 1 & 2 \\ 1 & 1 & 0 & 2 \\ 2 & -1 & 3 & 1 \\ 3 & -1 & 4 & 3 \end{bmatrix}$

7. Dados os dois sistemas lineares 4×4 tendo a mesma matriz de coeficientes:

$$\begin{aligned} x_1 - x_2 + 2x_3 - x_4 &= 6, \\ x_1 - x_3 + x_4 &= 4, \\ 2x_1 + x_2 + 3x_3 - 4x_4 &= -2, \\ -x_2 + x_3 - x_4 &= 5; \end{aligned} \qquad \begin{aligned} x_1 - x_2 + 2x_3 - x_4 &= 1, \\ x_1 - x_3 + x_4 &= 1, \\ 2x_1 + x_2 + 3x_3 - 4x_4 &= 2, \\ -x_2 + x_3 - x_4 &= -1. \end{aligned}$$

a. Resolva os sistemas lineares aplicando eliminação de Gauss à matriz aumentada

$$\left[\begin{array}{cccc:cc} 1 & -1 & 2 & -1 & 6 & 1 \\ 1 & 0 & -1 & 1 & 4 & 1 \\ 2 & 1 & 3 & -4 & -2 & 2 \\ 0 & -1 & 1 & -1 & 5 & -1 \end{array}\right].$$

b. Resolva os sistemas lineares descobrindo e multiplicando pela inversa de

$$A = \begin{bmatrix} 1 & -1 & 2 & -1 \\ 1 & 0 & -1 & 1 \\ 2 & 1 & 3 & -4 \\ 0 & -1 & 1 & -1 \end{bmatrix}.$$

c. Qual é o método que exige mais operações?

8. Considere os quatro sistemas lineares 3×3 tendo a mesma matriz de coeficientes

$$\begin{aligned} 2x_1 - 3x_2 + x_3 &= 2, \\ x_1 + x_2 - x_3 &= -1, \\ -x_1 + x_2 - 3x_3 &= 0; \end{aligned} \qquad \begin{aligned} 2x_1 - 3x_2 + x_3 &= 6, \\ x_1 + x_2 - x_3 &= 4, \\ -x_1 + x_2 - 3x_3 &= 5; \end{aligned}$$

$$\begin{aligned} 2x_1 - 3x_2 + x_3 &= 0, \\ x_1 + x_2 - x_3 &= 1, \\ -x_1 + x_2 - 3x_3 &= -3; \end{aligned} \qquad \begin{aligned} 2x_1 - 3x_2 + x_3 &= -1, \\ x_1 + x_2 - x_3 &= 0, \\ -x_1 + x_2 - 3x_3 &= 0. \end{aligned}$$

a. Resolva os sistemas lineares aplicando a eliminação de Gauss à matriz aumentada

$$\left[\begin{array}{ccc:cccc} 2 & -3 & 1 & 2 & 6 & 0 & -1 \\ 1 & 1 & -1 & -1 & 4 & 1 & 0 \\ -1 & 1 & -3 & 0 & 5 & -3 & 0 \end{array}\right].$$

b. Resolva os sistemas lineares descobrindo e multiplicando pela inversa de

$$A = \begin{bmatrix} 2 & -3 & 1 \\ 1 & 1 & -1 \\ -1 & 1 & -3 \end{bmatrix}.$$

c. Qual é o método que exige mais operações?

9. É frequentemente útil decompor matrizes em uma coleção de submatrizes. Por exemplo, as matrizes

$$A = \begin{bmatrix} 1 & 2 & -1 \\ 3 & -4 & -3 \\ 6 & 5 & 0 \end{bmatrix} \quad \text{e} \quad B = \begin{bmatrix} 2 & -1 & 7 & 0 \\ 3 & 0 & 4 & 5 \\ -2 & 1 & -3 & 1 \end{bmatrix}$$

podem ser decompostas em

$$\left[\begin{array}{cc:c} 1 & 2 & -1 \\ 3 & -4 & -3 \\ \hdashline 6 & 5 & 0 \end{array}\right] = \left[\begin{array}{c:c} A_{11} & A_{12} \\ \hdashline A_{21} & A_{22} \end{array}\right] \quad \text{e} \quad \left[\begin{array}{ccc:c} 2 & -1 & 7 & 0 \\ 3 & 0 & 4 & 5 \\ \hdashline -2 & 1 & -3 & 1 \end{array}\right] = \left[\begin{array}{c:c} B_{11} & B_{12} \\ \hdashline B_{21} & B_{22} \end{array}\right]$$

a. Mostre que o produto de A e B neste caso é

$$AB = \left[\begin{array}{c:c} A_{11}B_{11} + A_{12}B_{21} & A_{11}B_{12} + A_{12}B_{22} \\ \hdashline A_{21}B_{11} + A_{22}B_{21} & A_{21}B_{12} + A_{22}B_{22} \end{array}\right]$$

b. Se B fosse decomposto em

$$B = \left[\begin{array}{ccc:c} 2 & -1 & 7 & 0 \\ \hdashline 3 & 0 & 4 & 5 \\ -2 & 1 & -3 & 1 \end{array}\right] = \left[\begin{array}{c:c} B_{11} & B_{12} \\ \hdashline B_{21} & B_{22} \end{array}\right],$$

o resultado na parte (a) seria válido?

c. Faça uma conjectura relativa às condições necessárias para que o resultado da parte (a) seja válido no caso geral.

EXERCÍCIOS APLICADOS

10. O estudo de cadeias alimentares é um tópico importante na determinação da expansão e acumulação de poluentes ambientais em matéria viva. Suponha que uma cadeia alimentar tenha três elos. O primeiro elo é formado por vegetação dos tipos $v_1, v_2, \ldots, v_n$, os quais suprem as necessidades alimentares de herbívoros das espécies $h_1, h_2, \ldots, h_m$ no segundo elo. O terceiro elo consiste em animais carnívoros $c_1, c_2, \ldots, c_k$, que dependem completamente dos herbívoros no segundo elo como suprimento de alimentação. A coordenada a_{ij} da matriz

$$A = \begin{bmatrix} a_{11} & a_{12} & \cdots & a_{1m} \\ a_{21} & a_{22} & \cdots & a_{2m} \\ \vdots & \vdots & & \vdots \\ a_{n1} & a_{n2} & \cdots & a_{nm} \end{bmatrix}$$

representa o número total de plantas do tipo v_i ingeridas pelos herbívoros na espécie h_j, ao passo que b_{ij} em

$$B = \begin{bmatrix} b_{11} & b_{12} & \cdots & b_{1k} \\ b_{21} & b_{22} & \cdots & b_{2k} \\ \vdots & \vdots & & \vdots \\ b_{m1} & b_{m2} & \cdots & b_{mk} \end{bmatrix}$$

descreve o número de herbívoros da espécie h_i que são devorados pelos animais do tipo c_j.

a. Mostre que o número de plantas do tipo v_i, que eventualmente acabarão nos animais da espécie c_j, é determinado pelo elemento na i-ésima linha e j-ésima coluna da matriz AB.

b. Qual significado físico é associado às matrizes A^{-1}, B^{-1} e $(AB)^{-1} = B^{-1}A^{-1}$?

11. Em um jornal intitulado *Population Waves*, Bernadelli [Ber] (consulte também [Se]) faz uma hipótese sobre um tipo de besouro simplificado que tem o período de vida de 3 anos. A fêmea dessa espécie tem a taxa de sobrevivência de $\frac{1}{2}$ no primeiro ano e de $\frac{1}{3}$ do segundo até o terceiro ano, e gera uma média de seis novas fêmeas antes de perecer no final do terceiro ano. Uma matriz pode ser utilizada para mostrar a contribuição que um único besouro fêmea faz, em um sentido probabilístico, para a população fêmea da espécie, fazendo que a_{ij} na matriz $A = [a_{ij}]$ denote a contribuição que uma única fêmea de idade j fará para a população de fêmeas de idade, no próximo ano i, isto é

$$A = \begin{bmatrix} 0 & 0 & 6 \\ \frac{1}{2} & 0 & 0 \\ 0 & \frac{1}{3} & 0 \end{bmatrix}.$$

a. A contribuição que um besouro fêmea faz para a população em 2 anos, consequentemente, é determinada a partir dos elementos de A^2, em 3 anos, a partir de A^3, e assim por diante. Construa A^2 e A^3 e tente fazer uma afirmação geral sobre a contribuição de um besouro fêmea à população no período de n anos para qualquer valor inteiro positivo de n.

b. Utilize suas conclusões da parte (a) para descrever o que acontecerá no futuro com a população desses besouros, que inicialmente consiste em 6.000 besouros fêmeas em cada um dos três grupos etários.

c. Construa A^{-1} e descreva seu significado com relação à população dessa espécie.

EXERCÍCIOS TEÓRICOS

12. Demonstre as afirmações a seguir ou forneça contraexemplos para mostrar que não são verdadeiras.

a. O produto de duas matrizes simétricas é uma matriz simétrica.

b. A inversa de uma matriz não singular simétrica é uma matriz não singular simétrica.

c. Se A e B são matrizes $n \times n$, então $(AB)^t = A^tB^t$.

13. As afirmações a seguir são necessárias para a demonstração do Teorema 6.12.

a. Mostre que se A^{-1} existir, ela é única.

b. Mostre que se A for não singular, então $(A^{-1})^{-1} = A$.

c. Mostre que se A e B são matrizes $n \times n$ não singulares, então $(AB)^{-1} = B^{-1}A^{-1}$.

14. a. Mostre que o produto de duas matrizes $n \times n$ triangulares inferiores é triangular inferior.

b. Mostre que o produto de duas matrizes $n \times n$ triangulares superiores é triangular superior.

c. Mostre que a inversa de uma matriz $n \times n$ triangular inferior não singular é triangular inferior.

15. Na Seção 3.6, descobrimos que a forma paramétrica $(x(t), y(t))$ dos polinômios cúbicos de Hermite que passam por $(x(0), y(0)) = (x_0, y_0)$ e $(x(1), y(1)) = (x_1, y_1)$ com pontos-guia $(x_0 + \alpha_0, y_0 + \beta_0)$ e $(x_1 - \alpha_1, y_1 - \beta_1)$, respectivamente, é determinada por

$$x(t) = (2(x_0 - x_1) + (\alpha_0 + \alpha_1))t^3 + (3(x_1 - x_0) - \alpha_1 - 2\alpha_0)t^2 + \alpha_0 t + x_0$$

e

$$y(t) = (2(y_0 - y_1) + (\beta_0 + \beta_1))t^3 + (3(y_1 - y_0) - \beta_1 - 2\beta_0)t^2 + \beta_0 t + y_0.$$

Os polinômios cúbicos de Bézier têm a forma

$$\hat{x}(t) = (2(x_0 - x_1) + 3(\alpha_0 + \alpha_1))t^3 + (3(x_1 - x_0) - 3(\alpha_1 + 2\alpha_0))t^2 + 3\alpha_0 t + x_0$$

e

$$\hat{y}(t) = (2(y_0 - y_1) + 3(\beta_0 + \beta_1))t^3 + (3(y_1 - y_0) - 3(\beta_1 + 2\beta_0))t^2 + 3\beta_0 t + y_0.$$

a. Mostre que a matriz

$$A = \begin{bmatrix} 7 & 4 & 4 & 0 \\ -6 & -3 & -6 & 0 \\ 0 & 0 & 3 & 0 \\ 0 & 0 & 0 & 1 \end{bmatrix}$$

transforma os coeficientes do polinômio de Hermite nos coeficientes dos polinômios de Bézier.

b. Determine uma matriz B que transforme os coeficientes dos polinômios de Bézier nos coeficientes dos polinômios de Hermite.

16. Suponha que m sistemas lineares

$$A\mathbf{x}^{(p)} = \mathbf{b}^{(p)}, p = 1, 2, \ldots, m,$$

devam ser resolvidos, cada um com a mesma matriz A de coeficientes $n \times n$.

a. Mostre que a eliminação de Gauss com substituição regressiva aplicada à matriz aumentada

$$[\ A: \quad \mathbf{b}^{(1)}\mathbf{b}^{(2)} \cdots \mathbf{b}^{(m)}\ ]$$

exige

$$\frac{1}{3}n^3 + mn^2 - \frac{1}{3}n \text{ multiplicações/divisões}$$

e

$$\frac{1}{3}n^3 + mn^2 - \frac{1}{2}n^2 - mn + \frac{1}{6}n \text{ adições/subtrações.}$$

b. Mostre que o método Gauss-Jordan (veja o Exercício 14, Seção 6.1) aplicado à matriz aumentada

$$[\ A: \quad \mathbf{b}^{(1)}\mathbf{b}^{(2)} \cdots \mathbf{b}^{(m)}\ ]$$

exige

$$\frac{1}{2}n^3 + mn^2 - \frac{1}{2}n \text{ multiplicações/divisões}$$

e

$$\frac{1}{2}n^3 + (m-1)n^2 + \left(\frac{1}{2} - m\right)n \text{ adições/subtrações.}$$

c. Para o caso especial

$$\mathbf{b}^{(p)} = \begin{bmatrix} 0 \\ \vdots \\ 0 \\ 1 \\ \vdots \\ 0 \end{bmatrix} \leftarrow p\text{-ésima linha}$$

para cada $p = 1, \ldots, m$, com $m = n$, a solução $\mathbf{x}^{(p)}$ é a p-ésima coluna de A^{-1}. Mostre que a eliminação de Gauss com substituição regressiva exige

$$\frac{4}{3}n^3 - \frac{1}{3}n \text{ multiplicações/divisões}$$

e

$$\frac{4}{3}n^3 - \frac{3}{2}n^2 + \frac{1}{6}n \text{ adições/subtrações}$$

para esta aplicação, e que o método de Gauss-Jordan exige

$$\frac{3}{2}n^3 - \frac{1}{2}n \text{ multiplicações/divisões}$$

e

$$\frac{3}{2}n^3 - 2n^2 + \frac{1}{2}n \text{ adições/subtrações.}$$

d. Construa um algoritmo utilizando a eliminação de Gauss para descobrir A^{-1}, mas não faça multiplicações quando for conhecido que um dos fatores é 1, e não faça adições/subtrações quando for conhecido que um dos elementos envolvidos é 0. Mostre que os cálculos necessários são reduzidos para n^3 multiplicações/divisões e $n^3 - 2n^2 + n$ adições/subtrações.

e. Mostre que a resolução do sistema linear $A\mathbf{x} = \mathbf{b}$, quando A^{-1} for conhecido, ainda exige n^2 multiplicações/divisões e $n^2 - n$ adições/subtrações.

f. Mostre que a resolução de m sistemas lineares $A\mathbf{x}^{(p)} = \mathbf{b}^{(p)}$, para $p = 1, 2, \ldots, m$, pelo método $\mathbf{x}^{(p)} = A^{-1}\mathbf{b}^{(p)}$ requer mn^2 multiplicações e $m(n^2 - n)$ adições, se A^{-1} for conhecido.

g. Seja A uma matriz $n \times n$. Compare o número de operações necessárias para resolver n sistemas lineares envolvendo A por eliminação de Gauss com substituição regressiva e invertendo A, em primeiro lugar, e depois multiplicando $A\mathbf{x} = \mathbf{b}$ por A^{-1}, para $n = 3, 10, 50, 100$. É sempre vantajoso calcular A^{-1} com a finalidade de resolver de sistemas lineares?

17. Utilize o algoritmo desenvolvido no Exercício 16(d) para encontrar as inversas das matrizes não singulares no Exercício 5.

18. Considere o sistema linear, 2×2, $(A + iB)(\mathbf{x} + i\mathbf{y}) = \mathbf{c} + i\mathbf{d}$ com elementos complexos em forma de componentes:

$$(a_{11} + ib_{11})(x_1 + iy_1) + (a_{12} + ib_{12})(x_2 + iy_2) = c_1 + id_1,$$
$$(a_{21} + ib_{21})(x_1 + iy_1) + (a_{22} + ib_{22})(x_2 + iy_2) = c_2 + id_2.$$

a. Utilize as propriedades dos números complexos para converter esse sistema ao sistema linear real 4×4 equivalente

$$A\mathbf{x} - B\mathbf{y} = \mathbf{c},$$
$$B\mathbf{x} + A\mathbf{y} = \mathbf{d}.$$

b. Resolva o sistema linear

$$(1 - 2i)(x_1 + iy_1) + (3 + 2i)(x_2 + iy_2) = 5 + 2i,$$
$$(2 + i)(x_1 + iy_1) + (4 + 3i)(x_2 + iy_2) = 4 - i.$$

QUESTÕES PARA DISCUSSÃO

1. A afirmação "todas as matrizes diagonais são quadradas" é verdadeira ou falsa? Por que sim ou por que não?
2. Todas as matrizes quadradas têm uma inversa? Por que sim ou por que não?
3. Uma perturbação muito pequena de uma matriz quadrada singular pode transformá-la em uma matriz não singular? Por que sim ou por que não?

6.4 O determinante de uma matriz

O *determinante* de uma matriz fornece resultados de existência e unicidade para sistemas lineares com o mesmo número de equações e incógnitas. Denotaremos o determinante de uma matriz quadrada por det A, mas a notação $|A|$ também é comum.

Definição 6.15 Suponha que A seja uma matriz quadrada.

(i) Se $A = [a]$ for uma matriz 1×1, então $\det A = a$.

(ii) Se A for uma matriz $n \times n$, o **menor** M_{ij} é o determinante da submatriz $(n-1) \times (n-1)$ de, A obtida por meio da exclusão da i-ésima linha e da j-ésima coluna da matriz A.

(iii) O ***cofactor*** A_{ij} associado a M_{ij} é definido por $A_{ij} = (-1)^{i+j}M_{ij}$.

(iv) O **determinante** da matriz A, $n \times n$, quando $n > 1$, é dado por

$$\det A = \sum_{j=1}^{n} a_{ij}A_{ij} = \sum_{j=1}^{n} (-1)^{i+j}a_{ij}M_{ij}, \quad \text{para qualquer } i = 1, 2, \ldots, n,$$

ou por

$$\det A = \sum_{i=1}^{n} a_{ij}A_{ij} = \sum_{i=1}^{n} (-1)^{i+j}a_{ij}M_{ij}, \quad \text{para qualquer } j = 1, 2, \ldots, n.$$ ■

Podemos demonstrar (veja o Exercício 12) que calcular o determinante de uma matriz geral $n \times n$ por esta definição exige $O(n!)$ multiplicações/divisões e adições/subtrações. Até para valores relativamente pequenos de n, o número de operações se torna difícil de manejar.

Embora aparentemente existam $2n$ definições diferentes de $\det A$, dependendo da linha ou da coluna que é escolhida, todas as definições fornecem o mesmo resultado numérico. A flexibilidade na definição é utilizada no exemplo seguinte. É mais conveniente calcular o $\det A$ através da linha ou da coluna com o maior número de zeros.

A noção de determinante apareceu em 1683, tanto no Japão como na Europa, embora nem Takakazu Seki Kowa (1642-1708) nem Gottfried Leibniz (1646-1716) pareçam ter utilizado o termo determinante.

EXEMPLO 1 Encontre o determinante da matriz

$$A = \begin{bmatrix} 2 & -1 & 3 & 0 \\ 4 & -2 & 7 & 0 \\ -3 & -4 & 1 & 5 \\ 6 & -6 & 8 & 0 \end{bmatrix}$$

usando a linha ou coluna com o maior número de elementos nulos.

Solução Para calcular $\det A$, é mais fácil expandir usando a quarta coluna:

$$\det A = a_{14}A_{14} + a_{24}A_{24} + a_{34}A_{34} + a_{44}A_{44} = 5A_{34} = -5M_{34}.$$

Eliminando a terceira linha e a quarta colunas, temos

$$\det A = -5 \det \begin{bmatrix} 2 & -1 & 3 \\ 4 & -2 & 7 \\ 6 & -6 & 8 \end{bmatrix}$$

$$= -5\left\{2 \det \begin{bmatrix} -2 & 7 \\ -6 & 8 \end{bmatrix} - (-1) \det \begin{bmatrix} 4 & 7 \\ 6 & 8 \end{bmatrix} + 3 \det \begin{bmatrix} 4 & -2 \\ 6 & -6 \end{bmatrix}\right\} = -30.$$

■

As propriedades a seguir são úteis para relacionar sistemas lineares e eliminação de Gauss aos determinantes. Estas são demonstradas em qualquer texto padrão de álgebra linear.

▶Teorema 6.16 Suponha que A seja uma matriz $n \times n$:

(i) Se qualquer linha ou coluna de A tiver somente elementos nulos, então $\det A = 0$.

(ii) Se A tiver duas linhas ou duas colunas iguais, então $\det A = 0$.

(iii) Se $\tilde{A}$ for obtido a partir de A pela operação $(E_i) \leftrightarrow (E_j)$, com $i \neq j$, então $\det \tilde{A} = -\det A$.

(iv) Se $\tilde{A}$ for obtido a partir de A pela operação $(\lambda E_i) \rightarrow (E_i)$, então $\det \tilde{A} = \lambda \det A$.

(v) Se $\tilde{A}$ for obtido a partir de A pela operação $(E_i + \lambda E_j) \rightarrow (E_i)$, com $i \neq j$, então $\det \tilde{A} = \det A$.

(vi) Se B também for uma matriz $n \times n$, então $\det AB = \det A \det B$.

(vii) $\det A^t = \det A$.

(viii) Quando existir A^{-1}, $\det A^{-1} = (\det A)^{-1}$.

(ix) Se A for uma matriz triangular superior, ou uma triangular inferior, ou uma matriz diagonal, então $\det A = \prod_{i=1}^{n} a_{ii}$. ■

Como a parte (ix) do Teorema 6.16 indica, o determinante de uma matriz triangular é simplesmente o produto de seus elementos na diagonal. Com a utilização das operações de linhas dadas nas partes (iii), (iv) e (v), podemos reduzir uma matriz quadrada dada à forma triangular para determinar seu determinante.

EXEMPLO 2 Calcule o determinante da matriz

$$A = \begin{bmatrix} 2 & 1 & -1 & 1 \\ 1 & 1 & 0 & 3 \\ -1 & 2 & 3 & -1 \\ 3 & -1 & -1 & 2 \end{bmatrix}$$

utilizando as partes (iii), (iv) e (v) do Teorema 6.16.

Solução A sequência de operações na Tabela 6.2 produz a matriz

$$A8 = \begin{bmatrix} 1 & \frac{1}{2} & -\frac{1}{2} & \frac{1}{2} \\ 0 & 1 & 1 & 5 \\ 0 & 0 & 3 & 13 \\ 0 & 0 & 0 & -13 \end{bmatrix}.$$

Pela parte (ix), $\det A8 = -39$, de modo que $\det A = 39$. ■

Tabela 6.2

Operação	Efeito
$\frac{1}{2}E_1 \to E_1$	$\det A1 = \frac{1}{2}\det A$
$E_2 - E_1 \to E_2$	$\det A2 = \det A1 = \frac{1}{2}\det A$
$E_3 + E_1 \to E_3$	$\det A3 = \det A2 = \frac{1}{2}\det A$
$E_4 - 3E_1 \to E_4$	$\det A4 = \det A3 = \frac{1}{2}\det A$
$2E_2 \to E_2$	$\det A5 = 2\det A4 = \det A$
$E_3 - \frac{5}{2}E_2 \to E_3$	$\det A6 = \det A5 = \det A$
$E_4 + \frac{5}{2}E_2 \to E_4$	$\det A7 = \det A6 = \det A$
$E_3 \leftrightarrow E_4$	$\det A8 = -\det A7 = -\det A$

O resultado-chave relativo a não singularidade, eliminação de Gauss, sistemas lineares e determinantes é que as afirmações a seguir são equivalentes.

▶ Teorema 6.17 As afirmações abaixo são equivalentes para qualquer matriz A, $n \times n$:

(i) A equação $A\mathbf{x} = \mathbf{0}$ tem a solução única $\mathbf{x} = \mathbf{0}$.

(ii) O sistema $A\mathbf{x} = \mathbf{b}$ tem uma solução única para qualquer vetor coluna $\mathbf{b}$, n dimensional.

(iii) A matriz A é não singular; isto é, A^{-1} existe.

(iv) $\det A \neq 0$.

(v) A eliminação de Gauss com trocas de linhas pode ser realizada no sistema $A\mathbf{x} = \mathbf{b}$ para qualquer vetor coluna $\mathbf{b}$, n dimensional. ∎

O seguinte Corolário do Teorema 6.17 ilustra como o determinante pode ser usado para mostrar propriedades importantes das matrizes quadradas.

Corolário 6.18 Suponha que A e B sejam, ambas, matrizes $n \times n$ ou com $AB = I$ ou com $BA = I$. Então, $B = A^{-1}$ (e $A = B^{-1}$).

Demonstração Suponha que $AB = I$. Então, pela parte (vi) do Teorema 6.16,

$$1 = \det(I) = \det(AB) = \det(A) \cdot \det(B), \quad \text{de modo que} \quad \det(A) \neq 0 \text{ e } \det(B) \neq 0.$$

A equivalência das partes (iii) e (iv) do Teorema 6.17 implica que tanto A^{-1} quanto B^{-1} existem.

Portanto,

$$A^{-1} = A^{-1} \cdot I = A^{-1} \cdot (AB) = (A^{-1}A) \cdot B = I \cdot B = B.$$

Os papéis de A e B são análogos, o que também estabelece que $BA = I$. Portanto, $B = A^{-1}$. ∎

EXERCÍCIOS 6.4

1. Utilize a Definição 6.15 para calcular os determinantes das matrizes abaixo:

a. $\begin{bmatrix} 1 & 2 & 0 \\ 2 & 1 & -1 \\ 3 & 1 & 1 \end{bmatrix}$ **b.** $\begin{bmatrix} 4 & 0 & 1 \\ 2 & 1 & 0 \\ 2 & 2 & 3 \end{bmatrix}$

c. $\begin{bmatrix} 1 & 1 & -1 & 1 \\ 1 & 2 & -4 & -2 \\ 2 & 1 & 1 & 5 \\ -1 & 0 & -2 & -4 \end{bmatrix}$ **d.** $\begin{bmatrix} 2 & 0 & 1 & 2 \\ 1 & 1 & 0 & 2 \\ 2 & -1 & 3 & 1 \\ 3 & -1 & 4 & 3 \end{bmatrix}$

2. Utilize a Definição 6.15 para calcular os determinantes das matrizes abaixo:

a. $\begin{bmatrix} 4 & 2 & 6 \\ -1 & 0 & 4 \\ 2 & 1 & 7 \end{bmatrix}$ **b.** $\begin{bmatrix} 2 & 2 & 1 \\ 3 & 4 & -1 \\ 3 & 0 & 5 \end{bmatrix}$

c. $\begin{bmatrix} 1 & 1 & 2 & 1 \\ 2 & -1 & 2 & 0 \\ 3 & 4 & 1 & 1 \\ -1 & 5 & 2 & 3 \end{bmatrix}$ **d.** $\begin{bmatrix} 1 & 2 & 3 & 4 \\ 2 & 1 & -1 & 1 \\ -3 & 2 & 0 & 1 \\ 0 & 5 & 2 & 6 \end{bmatrix}$

3. Repita o Exercício 1 utilizando o método do Exemplo 2.
4. Repita o Exercício 2 utilizando o método do Exemplo 2.
5. Encontre todos os valores de α que tornam a matriz abaixo singular.

$$A = \begin{bmatrix} 1 & -1 & \alpha \\ 2 & 2 & 1 \\ 0 & \alpha & -\frac{3}{2} \end{bmatrix}.$$

6. Encontre todos os valores de α que tornam a matriz abaixo singular.

$$A = \begin{bmatrix} 1 & 2 & -1 \\ 1 & \alpha & 1 \\ 2 & \alpha & -1 \end{bmatrix}.$$

7. Encontre todos os valores de α tais que o sistema linear a seguir não tenha nenhuma solução.

$$\begin{aligned} 2x_1 - x_2 + 3x_3 &= 5, \\ 4x_1 + 2x_2 + 2x_3 &= 6, \\ -2x_1 + \alpha x_2 + 3x_3 &= 4. \end{aligned}$$

8. Encontre todos os valores de α tais que o sistema linear a seguir tenha um número infinito de soluções.

$$\begin{aligned} 2x_1 - x_2 + 3x_3 &= 5, \\ 4x_1 + 2x_2 + 2x_3 &= 6, \\ -2x_1 + \alpha x_2 + 3x_3 &= 1. \end{aligned}$$

EXERCÍCIOS APLICADOS

9. A matriz de rotação

$$R_\theta = \begin{bmatrix} \cos\theta & -\operatorname{sen}\theta \\ \operatorname{sen}\theta & \cos\theta \end{bmatrix}$$

aplicada ao vetor $\mathbf{x} = \begin{bmatrix} x_1 \\ x_2 \end{bmatrix}$

tem o efeito geométrico de girar $\mathbf{x}$ no sentido anti-horário de um ângulo de θ radianos.

a. Seja $\mathbf{y} = R_\theta \mathbf{x}$. Verifique que $\mathbf{y}$ é $\mathbf{x}$ rotacionado por θ. [*Sugestão*: Use a relação $x_1 + ix_2 = re^{i\alpha}$, em que $r = \sqrt{x_1^2 + x_2^2}$ e $\alpha = \text{tg}^{-1}\left(\frac{x_2}{x_1}\right)$. Mostre que $y = y_1 + iy_2 = re^{i(\theta+\alpha)}$.]

b. Encontre R_θ^{-1} de duas formas diferentes. [*Sugestão*: Considere a rotação no sentido horário.]

c. Faça $\mathbf{x} = \begin{bmatrix} 1 \\ 2 \end{bmatrix}$ e $\theta = \frac{\pi}{6}$. Encontre a rotação de $\mathbf{x}$ pelo ângulo θ tanto no sentido anti-horário quanto no sentido horário, usando R_θ e R_θ^{-1}.

d. Encontre os determinantes de R_θ e de R_θ^{-1}.

10. A matriz de rotação para uma rotação tridimensional no sentido anti-horário de um ângulo θ em torno de um vetor $\mathbf{u}$ é dada por

$$R_{\mathbf{u},\theta} = \begin{bmatrix} u_1^2(1-\cos\theta)+\cos\theta & u_1u_2(1-\cos\theta)-u_3\,\text{sen}\theta & u_1u_3(1-\cos\theta)+u_2\,\text{sen}\theta \\ u_1u_2(1-\cos\theta)+u_3\,\text{sen}\theta & u_2^2(1-\cos\theta)+\cos\theta & u_2u_3(1-\cos\theta)-u_1\,\text{sen}\theta \\ u_1u_3(1-\cos\theta)-u_2\,\text{sen}\theta & u_2u_3(1-\cos\theta)+u_1\,\text{sen}\theta & u_3^2(1-\cos\theta)+\cos\theta \end{bmatrix},$$

em que $\mathbf{u} = (u_1, u_2, u_3)^t$, $\sqrt{u_1^2+u_2^2+u_3^2} = 1$.

a. Gire o vetor $\mathbf{x} = (1,2,3)^T$ em torno do vetor $\mathbf{u} = \left(\frac{\sqrt{6}}{6}, \frac{\sqrt{6}}{3}, \frac{\sqrt{6}}{6}\right)$ de um ângulo $\frac{\pi}{3}$ no sentido anti-horário.

b. Encontre a matriz que "desfaça" a rotação da parte (a).

c. Calcule os determinantes das matrizes nas partes (a) e (b).

d. As partes (b) e (c) podem ser generalizadas?

11. A fórmula química

$$x_1\,[Ca(OH)_2] + x_2\,[HN\,O_3] \rightarrow x_3\,[C\,A(N\,O_3)_2] + x_4\,[H_2O]$$

indica que x_1 moléculas de hidróxido de cálcio $Ca(OH)_2$ se combinam com x_2 moléculas de ácido nítrico $HN\,O_3$ para fornecer x_3 moléculas de nitrato de cálcio $C\,A(N\,O_3)_2$ e x_4 moléculas de água H_2O. Para determinar x_1, x_2, x_3 e x_4, escrevemos equações para os átomos de cálcio Ca, oxigênio O, hidrogênio H e nitrogênio N. Como os átomos não são destruídos nesta reação química, uma reação balanceada requer que, para o cálcio, $x_1 = x_3$; para o oxigênio, $2x_1 + 3x_2 = 6x_3 + x_4$; para o hidrogênio, $2x_1 + x_2 = 2x_4$; e para o nitrogênio, $x_2 = 2x_3$. O sistema linear resultante $A\mathbf{x} = 0$ é

$$\begin{bmatrix} 1 & 0 & -1 & 0 \\ 2 & 3 & -6 & -1 \\ 2 & 1 & 0 & -2 \\ 0 & 1 & -2 & 0 \end{bmatrix} \begin{bmatrix} x_1 \\ x_2 \\ x_3 \\ x_4 \end{bmatrix} = \begin{bmatrix} 0 \\ 0 \\ 0 \\ 0 \end{bmatrix}.$$

a. Calcule o determinante de A.

b. Por que a parte (a) precisa dar este resultado?

c. Determine x_1, x_2, x_3 e x_4 que balanceiam a equação química.

d. A resposta na parte (c) é única?

EXERCÍCIOS TEÓRICOS

12. Utilize a indução matemática para mostrar que, quando $n > 1$, o cálculo do determinante de uma matriz $n \times n$ utilizando a definição exige

$$n! \sum_{k=1}^{n-1} \frac{1}{k!} \text{ multiplicações/divisões e } n! - 1 \text{ adições/subtrações.}$$

13. Seja A uma matriz 3×3. Mostre que se $\tilde{A}$ for a matriz obtida a partir de A utilizando qualquer uma das operações

$$(E_1) \leftrightarrow (E_2),\ (E_1) \leftrightarrow (E_3) \text{ ou } (E_2) \leftrightarrow (E_3),$$

então, $\det \tilde{A} = -\det A$.

14. Demonstre que AB é não singular se e somente se tanto A quanto B forem não singulares.

15. A solução pela **regra de Cramer** do sistema linear

$$\begin{aligned} a_{11}x_1 + a_{12}x_2 + a_{13}x_3 &= b_1, \\ a_{21}x_1 + a_{22}x_2 + a_{23}x_3 &= b_2, \\ a_{31}x_1 + a_{32}x_2 + a_{33}x_3 &= b_3, \end{aligned}$$

fornece

$$x_1 = \frac{1}{D}\det\begin{bmatrix} b_1 & a_{12} & a_{13} \\ b_2 & a_{22} & a_{23} \\ b_3 & a_{32} & a_{33} \end{bmatrix} \equiv \frac{D_1}{D}, \quad x_2 = \frac{1}{D}\det\begin{bmatrix} a_{11} & b_1 & a_{13} \\ a_{21} & b_2 & a_{23} \\ a_{31} & b_3 & a_{33} \end{bmatrix} \equiv \frac{D_2}{D},$$

e

$$x_3 = \frac{1}{D}\det\begin{bmatrix} a_{11} & a_{12} & b_1 \\ a_{21} & a_{22} & b_2 \\ a_{31} & a_{32} & b_3 \end{bmatrix} \equiv \frac{D_3}{D}, \quad \text{onde} \quad D = \det\begin{bmatrix} a_{11} & a_{12} & a_{13} \\ a_{21} & a_{22} & a_{23} \\ a_{31} & a_{32} & a_{33} \end{bmatrix}.$$

a. Encontre a solução para o sistema linear

$$\begin{aligned} 2x_1 + 3x_2 - x_3 &= 4, \\ x_1 - 2x_2 + x_3 &= 6, \\ x_1 - 12x_2 + 5x_3 &= 10, \end{aligned}$$

pela regra de Cramer.

b. Mostre que o sistema linear

$$\begin{aligned} 2x_1 + 3x_2 - x_3 &= 4, \\ x_1 - 2x_2 + x_3 &= 6, \\ -x_1 - 12x_2 + 5x_3 &= 9 \end{aligned}$$

não tem solução. Calcule D_1, D_2 e D_3.

c. Mostre que o sistema linear

$$\begin{aligned} 2x_1 + 3x_2 - x_3 &= 4, \\ x_1 - 2x_2 + x_3 &= 6, \\ -x_1 - 12x_2 + 5x_3 &= 10 \end{aligned}$$

tem um número infinito de soluções. Calcule D_1, D_2 e D_3.

d. Demonstre que, se um sistema linear 3×3 com $D = 0$ tem soluções, então $D_1 = D_2 = D_3 = 0$.

e. Determine o número de multiplicações/divisões e adições/subtrações necessárias para aplicar a regra de Cramer a um sistema 3×3.

16. **a.** Generalize a regra de Cramer para um sistema linear $n \times n$.

b. Utilize o resultado do Exercício 12 para determinar o número de multiplicações/divisões e adições/subtrações necessárias para aplicar a regra de Cramer a um sistema $n \times n$.

QUESTÕES PARA DISCUSSÃO

1. De acordo com o texto, há $2n$ definições diferentes de $\det A$, dependendo de qual linha ou coluna é escolhida. Discuta por que todas as definições dão o mesmo resultado numérico.
2. Explique como a eliminação de Gauss pode ser usada para encontrar o determinante de uma matriz.
3. Explique como a eliminação de Gauss pode ser usada para encontrar a inversa de uma matriz, se ela existir.

6.5 Fatoração de matrizes

A eliminação de Gauss é a ferramenta principal na solução direta de sistemas lineares de equações; logo, não deveria ser nenhuma surpresa que apareça de outras maneiras. Nesta seção, veremos que os passos utilizados para resolver um sistema da forma $A\mathbf{x} = \mathbf{b}$ pode ser utilizado para fatorar uma matriz. A fatoração é particularmente útil quando tiver a forma $A = LU$, em que L é triangular inferior e U é triangular superior. Embora nem todas as matrizes tenham esse tipo de representação, muitas das que ocorrem frequentemente no estudo de técnicas numéricas o têm.

Na Seção 6.1, descobrimos que a eliminação de Gauss aplicada a um sistema linear arbitrário $A\mathbf{x} = \mathbf{b}$ exige $O(n^3/3)$ operações aritméticas para determinar $\mathbf{x}$. Entretanto, para resolver um sistema linear que envolva um sistema triangular superior, somente a substituição regressiva é necessária, a qual exige $O(n^2)$ operações. O número de operações necessário para resolver um sistema triangular inferior é parecido.

Suponha que A tenha sido fatorada na forma $A = LU$, em que L é triangular inferior e U é triangular inferior. Então, podemos determinar $\mathbf{x}$ mais facilmente usando um processo de dois passos.

- Primeiro, tomamos $\mathbf{y} = U\mathbf{x}$ e resolvemos o sistema $L\mathbf{y} = \mathbf{b}$ para $\mathbf{y}$. Como L é triangular, determinar $\mathbf{y}$ a partir dessa equação exige somente $O(n^2)$ operações.
- Uma vez que $\mathbf{y}$ seja conhecido, o sistema triangular superior $U\mathbf{x} = \mathbf{y}$ exige somente $O(n^2)$ operações adicionais para determinar a solução $\mathbf{x}$.

Resolver um sistema linear $A\mathbf{x} = \mathbf{b}$ na forma fatorada significa que o número de operações necessárias nesta resolução é reduzido de $O\,(n^3/3)$ para $O\,(2n^2)$.

EXEMPLO 1 Compare o número aproximado de operações necessário para determinar a solução de um sistema linear usando uma técnica que exija $O\,(n^3/3)$ operações com uma que exija $O\,(2n^2)$, quando $n = 20$, $n = 100$ e $n = 1000$.

Solução A Tabela 6.3 fornece os resultados destes cálculos ■

Tabela 6.3

n	$n^3/3$	$2n^2$	% de redução
10	$3,\bar{3} \times 10^2$	2×10^2	40
100	$3,\bar{3} \times 10^5$	2×10^4	91
1000	$3,\bar{3} \times 10^8$	2×10^6	99,4

Como o exemplo ilustra, o fator de redução aumenta dramaticamente com o tamanho da matriz. Não é de surpreender que a redução da fatoração vem com um custo; a determinação das matrizes específicas L e U exige $O(n^3/3)$ operações. Mas, uma vez que a fatoração esteja determinada, os sistemas envolvendo a matriz A podem ser resolvidos desta maneira simplificada para qualquer número de vetores $\mathbf{b}$.

Para examinar quais matrizes têm uma fatoração LU e para descobrir como são determinadas, primeiro suponha que a eliminação de Gauss possa ser realizada no sistema $A\mathbf{x} = \mathbf{b}$ sem troca de linhas. Com a notação apresentada na Seção 6.1, isso equivale a ter elementos pivô $a_{ii}^{(i)}$ diferentes de zero, para cada $i = 1, 2, \ldots, n$.

O primeiro passo no processo de eliminação de Gauss consiste em efetuar, para cada $j = 2, 3, \ldots, n$, as operações

$$(E_j - m_{j,1}E_1) \to (E_j), \quad \text{onde} \quad m_{j,1} = \frac{a_{j1}^{(1)}}{a_{11}^{(1)}}. \tag{6.8}$$

Essas operações transformam o sistema em outro no qual todos os elementos na primeira coluna abaixo da diagonal são nulos.

O sistema de operações na Equação (6.8) pode ser visualizado de outra maneira. É simultaneamente alcançado multiplicando-se a matriz original A, à esquerda, pela matriz

$$M^{(1)} = \begin{bmatrix} 1 & 0 & \cdots & \cdots & 0 \\ -m_{21} & 1 & \ddots & & \vdots \\ \vdots & 0 & \ddots & \ddots & \vdots \\ \vdots & \vdots & \ddots & \ddots & 0 \\ -m_{n1} & 0 & \cdots & 0 & 1 \end{bmatrix}.$$

Isto se chama a **primeira matriz de transformação de Gauss**. Denotamos o produto desta matriz com $A^{(1)} \equiv A$ por $A^{(2)}$ e com $\mathbf{b}$ por $\mathbf{b}^{(2)}$, e então

$$A^{(2)}\mathbf{x} = M^{(1)}A\mathbf{x} = M^{(1)}\mathbf{b} = \mathbf{b}^{(2)}.$$

A fatoração de matrizes é uma das técnicas importantes que Gauss parece ter sido o primeiro a descobrir. Ela está incluída em sua obra em dois volumes sobre mecânica celeste *Theoria motus corporum coelestium in sectionibus conicis Solem ambientium*, publicada em 1809.

De maneira análoga, construímos $M^{(2)}$, a matriz identidade com os elementos abaixo da diagonal na segunda coluna substituídos pelos opostos dos multiplicadores

$$m_{j,2} = \frac{a_{j2}^{(2)}}{a_{22}^{(2)}}.$$

O produto dessa matriz com $A^{(2)}$ tem zeros abaixo da diagonal nas primeiras duas colunas, e tomamos

$$A^{(3)}\mathbf{x} = M^{(2)}A^{(2)}\mathbf{x} = M^{(2)}M^{(1)}A\mathbf{x} = M^{(2)}M^{(1)}\mathbf{b} = \mathbf{b}^{(3)}.$$

Em geral, com $A^{(k)}\mathbf{x} = \mathbf{b}^{(k)}$ já formado, multiplica-se pela ***k*-ésima matriz de transformação de Gauss**

$$M^{(k)} = \begin{bmatrix} 1 & 0 & \cdots & & & & & 0 \\ 0 & \ddots & \ddots & & & & & \vdots \\ \vdots & \ddots & 0 & & & & & \vdots \\ \vdots & & 0 & \ddots & & & & \vdots \\ \vdots & & \vdots & -m_{k+1,k} & \ddots & & & \vdots \\ \vdots & & \vdots & \vdots & 0 & \ddots & & \vdots \\ \vdots & & \vdots & \vdots & \vdots & \ddots & \ddots & 0 \\ 0 & \cdots & 0 & -m_{n,k} & 0 & \cdots & 0 & 1 \end{bmatrix},$$

para obter

$$A^{(k+1)}\mathbf{x} = M^{(k)}A^{(k)}\mathbf{x} = M^{(k)} \cdots M^{(1)}A\mathbf{x} = M^{(k)}\mathbf{b}^{(k)} = \mathbf{b}^{(k+1)} = M^{(k)} \ldots M^{(1)}\mathbf{b}. \quad (6.9)$$

O processo termina com a formação de $A^{(n)}\text{x} = \mathbf{b}^{(n)}$, em que $A^{(n)}$ é a matriz triangular superior

$$A^{(n)} = \begin{bmatrix} a_{11}^{(1)} & a_{12}^{(1)} & \cdots & a_{1n}^{(1)} \\ 0 & a_{22}^{(2)} & \ddots & \vdots \\ \vdots & \ddots & \ddots & a_{n-1,n}^{(n-1)} \\ 0 & \cdots & 0 & a_{nn}^{(n)} \end{bmatrix},$$

dada por

$$A^{(n)} = M^{(n-1)}M^{(n-2)} \ldots M^{(1)}A.$$

Esse processo forma o fator $U = A^{(n)}$ da fatoração da matriz $A = LU$. Para determinar a matriz triangular inferior complementar L, primeiro lembre-se da multiplicação de $A^{(k)}\mathbf{x} = \mathbf{b}^{(k)}$ pela transformação de Gauss de $M^{(k)}$ utilizada para obter a Equação (6.9):

$$A^{(k+1)}\mathbf{x} = M^{(k)}A^{(k)}\,\mathbf{x} = M^{(k)}\mathbf{b}^{(k)} = \mathbf{b}^{(k+1)},$$

em que $M^{(k)}$ gera as operações nas linhas

$$(E_j - m_{j,k}E_k) \to (E_j), \qquad \text{para } j = k + 1, \ldots, n.$$

Para reverter os efeitos desta transformação e retornar para $A^{(k)}$, é necessário que as operações $(E_j + m_{j,k}E_k) \to (E_j)$ sejam realizadas para cada $j = k + 1, \ldots, n$. Isso é equivalente a multiplicar pela inversa da matriz $M^{(k)}$, que é a matriz

$$L^{(k)} = [M^{(k)}]^{-1} = \begin{bmatrix} 1 & 0 & \cdots & \cdots & \cdots & \cdots & 0 \\ 0 & \ddots & \ddots & & & & \vdots \\ \vdots & \ddots & 0 & & & & \vdots \\ \vdots & & \vdots & m_{k+1,k} & \ddots & & \vdots \\ \vdots & & \vdots & \vdots & 0 & \ddots & \vdots \\ \vdots & & \vdots & \vdots & \vdots & \ddots & 0 \\ 0 & \cdots & 0 & m_{n,k} & 0 & \cdots 0 & 1 \end{bmatrix}.$$

A matriz triangular inferior L na fatoração de A é o produto das matrizes $L^{(k)}$:

$$L = L^{(1)}L^{(2)} \cdots L^{(n-1)} = \begin{bmatrix} 1 & 0 & \cdots & 0 \\ m_{21} & 1 & \ddots & \vdots \\ \vdots & \ddots & \ddots & 0 \\ m_{n1} & \cdots & m_{n,n-1} & 1 \end{bmatrix},$$

já que o produto de L com a matriz triangular superior $U = M^{(n-1)} \ldots M^{(2)} M^{(1)} A$ dá

$$LU = L^{(1)}L^{(2)} \cdots L^{(n-3)}L^{(n-2)}\, L^{(n-1)}.\, M^{(n-1)}M^{(n-2)}M^{(n-3)} \cdots M^{(2)}M^{(1)}A$$

$$= [M^{(1)}]^{-1}[M^{(2)}]^{-1} \cdots [M^{(n-2)}]^{-1}[M^{(n-1)}]^{-1}\,.\, M^{(n-1)}M^{(n-2)} \cdots M^{(2)}M^{(1)}A = A.$$

O Teorema 6.19 decorre dessas observações.

▶Teorema 6.19 Se a eliminação de Gauss puder ser realizada no sistema linear $A\mathbf{x} = \mathbf{b}$ sem trocas de linhas, então a matriz A pode ser fatorada no produto de uma matriz triangular inferior L e uma matriz triangular superior U, $A = LU$, em que $m_{ji} = a_{ji}^{(i)}/a_{ii}^{(i)}$,

$$U = \begin{bmatrix} a_{11}^{(1)} & a_{12}^{(1)} & \cdots & a_{1n}^{(1)} \\ 0 & a_{22}^{(2)} & \ddots & \vdots \\ \vdots & \ddots & \ddots & a_{n-1,n}^{(n-1)} \\ 0 & \cdots & 0 & a_{nn}^{(n)} \end{bmatrix} \quad \text{e} \quad L = \begin{bmatrix} 1 & 0 & \cdots & 0 \\ m_{21} & 1 & \ddots & \vdots \\ \vdots & \ddots & \ddots & 0 \\ m_{n1} & \cdots & m_{n,n-1} & 1 \end{bmatrix}.$$

EXEMPLO 2 **(a)** Determine a fatoração LU da matriz A no sistema linear $A\mathbf{x} = \mathbf{b}$, em que

$$A = \begin{bmatrix} 1 & 1 & 0 & 3 \\ 2 & 1 & -1 & 1 \\ 3 & -1 & -1 & 2 \\ -1 & 2 & 3 & -1 \end{bmatrix} \quad \text{e} \quad \mathbf{b} = \begin{bmatrix} 4 \\ 1 \\ -3 \\ 4 \end{bmatrix}.$$

(b) A seguir, use a fatoração para resolver o sistema

$$\begin{aligned} x_1 + x_2 \quad\quad + 3x_4 &= 8, \\ 2x_1 + x_2 - x_3 + x_4 &= 7, \\ 3x_1 - x_2 - x_3 + 2x_4 &= 14, \\ -x_1 + 2x_2 + 3x_3 - x_4 &= -7. \end{aligned}$$

Solução (a) O sistema original foi considerado na Seção 6.1, na qual vimos que $(E_2 - 2E_1) \rightarrow (E_2)$, $(E_3 - 3E_1) \rightarrow (E_3)$, $(E_4 - (-1)E_1) \rightarrow (E_4)$, $(E_3 - 4E_2) \rightarrow (E_3)$, $(E_4 - (-3)E_2) \rightarrow (E_4)$, converte o sistema para o sistema triangular

$$\begin{aligned} x_1 + x_2 \qquad + 3x_4 &= 4, \\ -x_2 - x_3 - 5x_4 &= -7, \\ 3x_3 + 13x_4 &= 13, \\ -13x_4 &= -13. \end{aligned}$$

Os multiplicadores m_{ij} e a matriz triangular superior produzem a fatoração

$$A = \begin{bmatrix} 1 & 1 & 0 & 3 \\ 2 & 1 & -1 & 1 \\ 3 & -1 & -1 & 2 \\ -1 & 2 & 3 & -1 \end{bmatrix} = \begin{bmatrix} 1 & 0 & 0 & 0 \\ 2 & 1 & 0 & 0 \\ 3 & 4 & 1 & 0 \\ -1 & -3 & 0 & 1 \end{bmatrix} \begin{bmatrix} 1 & 1 & 0 & 3 \\ 0 & -1 & -1 & -5 \\ 0 & 0 & 3 & 13 \\ 0 & 0 & 0 & -13 \end{bmatrix} = LU.$$

(b) Para resolver

$$A\mathbf{x} = LU\mathbf{x} = \begin{bmatrix} 1 & 0 & 0 & 0 \\ 2 & 1 & 0 & 0 \\ 3 & 4 & 1 & 0 \\ -1 & -3 & 0 & 1 \end{bmatrix} \begin{bmatrix} 1 & 1 & 0 & 3 \\ 0 & -1 & -1 & -5 \\ 0 & 0 & 3 & 13 \\ 0 & 0 & 0 & -13 \end{bmatrix} \begin{bmatrix} x_1 \\ x_2 \\ x_3 \\ x_4 \end{bmatrix} = \begin{bmatrix} 8 \\ 7 \\ 14 \\ -7 \end{bmatrix},$$

primeiro introduzimos a substituição $\mathbf{y} = U\mathbf{x}$. Então, $\mathbf{b} = L(U\mathbf{x}) = L\mathbf{y}$. isto é,

$$L\mathbf{y} = \begin{bmatrix} 1 & 0 & 0 & 0 \\ 2 & 1 & 0 & 0 \\ 3 & 4 & 1 & 0 \\ -1 & -3 & 0 & 1 \end{bmatrix} \begin{bmatrix} y_1 \\ y_2 \\ y_3 \\ y_4 \end{bmatrix} = \begin{bmatrix} 8 \\ 7 \\ 14 \\ -7 \end{bmatrix}.$$

Esse sistema é resolvido para $\mathbf{y}$ por um processo simples de substituição progressiva:

$$\begin{aligned} y_1 &= 8; \\ 2y_1 + y_2 &= 7, \quad \text{assim } y_2 = 7 - 2y_1 = -9; \\ 3y_1 + 4y_2 + y_3 &= 14, \quad \text{assim } y_3 = 14 - 3y_1 - 4y_2 = 26; \\ -y_1 - 3y_2 + y_4 &= -7, \quad \text{assim } y_4 = -7 + y_1 + 3y_2 = -26; \end{aligned}$$

Então, resolvemos $U\mathbf{x} = \mathbf{y}$ para determinar $\mathbf{x}$, a solução do sistema original; isto é,

$$\begin{bmatrix} 1 & 1 & 0 & 3 \\ 0 & -1 & -1 & -5 \\ 0 & 0 & 3 & 13 \\ 0 & 0 & 0 & -13 \end{bmatrix} \begin{bmatrix} x_1 \\ x_2 \\ x_3 \\ x_4 \end{bmatrix} = \begin{bmatrix} 8 \\ -9 \\ 26 \\ -26 \end{bmatrix}.$$

Utilizando a substituição regressiva, obtemos $x_4 = 2, x_3 = 0, x_2 = -1, x_1 = 3$. ■

A fatoração utilizada no Exemplo 2 é um método chamado *método de Doolittle* e exige que esteja sempre 1 na diagonal de L, o que resulta na fatoração descrita no Teorema 6.19. Na Seção 6.6, consideramos o *método de Crout,* uma fatoração que exige que esteja sempre 1 nos elementos diagonais de U, e o *método de Cholesky,* que exige que $l_{ii} = u_{ii}$, para cada i.

Um procedimento geral para fatorar matrizes em um produto de matrizes triangulares está contido no Algoritmo 6.4. Embora novas matrizes L e U sejam construídas, os valores gerados podem substituir os elementos correspondentes em A que não serão mais necessários.

O Algoritmo 6.4 permite que ou a diagonal L ou a diagonal U seja especificada.

ALGORITMO 6.4 **Fatoração *LU***

Para fatorar a matriz $A = [a_{ij}]$, $n \times n$, no produto da matriz triangular inferior $L = [l_{ij}]$ pela matriz triangular superior $U = [u_{ij}]$; isto é, $A = LU$, em que a diagonal principal de L ou U consiste apenas em 1:

ENTRADA dimensão n; os elementos a_{ij}, $1 \leq i, j \leq n$ de A; a diagonal $l_{11} = \ldots = l_{nn} = 1$ de L ou a diagonal $u_{11} = \ldots = u_{nn} = 1$ de U.

SAÍDA os elementos l_{ij}, $1 \leq j \leq i$, $1 \leq i \leq n$ de L e os elementos, u_{ij}, $i \leq j \leq n$, $1 \leq i \leq n$ de U.

Passo 1 Selecione l_{11} e u_{11} satisfazendo $l_{11} u_{11} = a_{11}$.
Se $l_{11} u_{11} = 0$, então SAÍDA ("Fatoração impossível");
PARE.

Passo 2 Para $j = 2, \ldots, n$ fixe $u_{1j} = a_{1j} / l_{11}$; (*Primeira linha de U.*)
$l_{j1} = a_{j1} / u_{11}$. (*Primeira coluna de L.*)

Passo 3 Para $i = 2, \ldots, n - 1$ execute os Passos 4 e 5.

Passo 4 Selecione l_{ii} e u_{ii} satisfazendo $l_{ii}u_{ii} = a_{ii} - \sum_{k=1}^{i-1} l_{ik}u_{ki}$.
Se $l_{ii} u_{ii} = 0$, então SAÍDA ("Fatoração impossível");
PARE.

Passo 5 Para $j = i + 1, \ldots, n$

faça $u_{ij} = \frac{1}{l_{ii}} \left[a_{ij} - \sum_{k=1}^{i-1} l_{ik}u_{kj}\right]$ (*i-ésima linha de U.*)

$l_{ji} = \frac{1}{u_{ii}} \left[a_{ji} - \sum_{k=1}^{i-1} l_{jk}u_{ki}\right]$. (*i-ésima coluna de L.*)

Passo 6 Selecione l_{nn} e u_{nn}, satisfazendo $l_{nn}u_{nn} = a_{nn} - \sum_{k=1}^{n-1} l_{nk}u_{kn}$.
(*Observação: Se* $l_{nn} u_{nn} = 0$, *então* $A = LU$, *porém A é singular.*)

Passo 7 SAÍDA (l_{ij} para $j = 1, \ldots, i$ e $i = 1, \ldots, n$);
SAÍDA (u_{ij} para $j = i, \ldots, n$ e $i = 1, \ldots, n$);
PARE. ∎

Uma vez completada a fatoração da matriz, a solução para um sistema linear da forma $A\mathbf{x} = LU\mathbf{x} = \mathbf{b}$ é encontrada, tomando-se $\mathbf{y} = U\mathbf{x}$ e resolvendo $L\mathbf{y} = \mathbf{b}$ para determinar $\mathbf{y}$. Já que L é triangular inferior, temos

$$y_1 = \frac{b_1}{l_{11}},$$

e, para cada $i = 2, 3, \ldots, n$,

$$y_i = \frac{1}{l_{ii}}\left[b_i - \sum_{j=1}^{i-1} l_{ij} y_j\right].$$

Depois que **y** for encontrado por meio desse processo de substituição progressiva, o sistema triangular superior $U\mathbf{x} = \mathbf{y}$ é resolvido para determinar **x**, por substituição regressiva, utilizando as equações

$$x_n = \frac{y_n}{u_{nn}} \quad \text{e} \quad x_i = \frac{1}{u_{ii}}\left[y_i - \sum_{j=i+1}^{n} u_{ij} x_j\right].$$

Matrizes de permutação

Na discussão anterior, supusemos que $A\mathbf{x} = \mathbf{b}$ pode ser resolvido utilizando a eliminação de Gauss sem trocas de linhas. De um ponto de vista prático, essa fatoração é útil somente quando as trocas de linha não são exigidas para controlar o erro de arredondamento resultante do uso de aritmética com um número finito de algarismos. Felizmente, muitos sistemas que encontramos quando utilizamos métodos de aproximação são desse tipo, mas agora consideraremos as modificações que devem ser feitas quando as trocas de linha forem necessárias. Começamos a discussão com a introdução de uma classe de matrizes que é utilizada para reorganizar, ou permutar, linhas de dada matriz.

Uma **matriz de permutação** $n \times n$, $P = [p_{ij}]$, é obtida por meio da reorganização das linhas de I_n, a matriz identidade. Isso resulta em uma matriz com exatamente um elemento diferente de zero em cada linha e em cada coluna, e cada elemento diferente de zero é igual a 1.

Ilustração A matriz

$$P = \begin{bmatrix} 1 & 0 & 0 \\ 0 & 0 & 1 \\ 0 & 1 & 0 \end{bmatrix}$$

é uma matriz de permutação 3×3. Para qualquer matriz A, 3×3, multiplicar à esquerda por P tem o efeito de trocar a segunda e terceira linhas de A:

$$PA = \begin{bmatrix} 1 & 0 & 0 \\ 0 & 0 & 1 \\ 0 & 1 & 0 \end{bmatrix}\begin{bmatrix} a_{11} & a_{12} & a_{13} \\ a_{21} & a_{22} & a_{23} \\ a_{31} & a_{32} & a_{33} \end{bmatrix} = \begin{bmatrix} a_{11} & a_{12} & a_{13} \\ a_{31} & a_{32} & a_{33} \\ a_{21} & a_{22} & a_{23} \end{bmatrix}.$$

De maneira análoga, multiplicar A à direita por P troca a segunda e a terceira colunas de A. ■

Duas propriedades úteis de matrizes de permutação relacionam-se à eliminação de Gauss; a primeira delas está ilustrada no exemplo anterior. Suponha que $k_1, \ldots, k_n$ seja uma permutação dos números inteiros $1, \ldots, n$ e que a matriz de permutação $P = (p_{ij})$ seja definida por

$$p_{ij} = \begin{cases} 1, & \text{se } j = k_i, \\ 0, & \text{caso contrário.} \end{cases}$$

A multiplicação de matrizes AP permuta as colunas de A.

Então,

- PA permuta as linhas de A; isto é,

$$PA = \begin{bmatrix} a_{k_1 1} & a_{k_1 2} & \cdots & a_{k_1 n} \\ a_{k_2 1} & a_{k_2 2} & \cdots & a_{k_2 n} \\ \vdots & \vdots & \ddots & \vdots \\ a_{k_n 1} & a_{k_n 2} & \cdots & a_{k_n n} \end{bmatrix}.$$

- P^{-1} existe e $P^{-1} = P^t$.

No final da Seção 6.4, vimos que, para qualquer matriz A não singular, o sistema linear $A\mathbf{x} = \mathbf{b}$ pode ser resolvido por eliminação de Gauss com a possibilidade de trocas de linhas. Se conhecêssemos as trocas de linhas que seriam exigidas para resolver o sistema por eliminação de Gauss, poderíamos organizar as equações originais em uma ordem que asseguraria que nenhuma troca de linhas seria necessária. Assim, há uma reordenação das equações no sistema que permite que a eliminação de Gauss prossiga *sem* trocas de linhas. Isso implica que, para qualquer matriz A não singular, existe uma matriz de permutação P para a qual o sistema

$$PA\mathbf{x} = P\mathbf{b}$$

pode ser resolvido sem trocas de linhas. Como consequência, essa matriz PA pode ser fatorada em

$$PA = LU,$$

em que L é triangular inferior e U é triangular superior. Como $P^{-1} = P^t$, temos a fatoração

$$A = P^{-1}LU = (P^t L)\, U.$$

A matriz U ainda é triangular superior, mas P^tL não é mais triangular inferior, a menos que $P = I$.

EXEMPLO 3 Determine a fatoração na forma $A = (P^t L)U$ para a matriz

$$A = \begin{bmatrix} 0 & 0 & -1 & 1 \\ 1 & 1 & -1 & 2 \\ -1 & -1 & 2 & 0 \\ 1 & 2 & 0 & 2 \end{bmatrix}.$$

Solução A matriz A não pode ter uma fatoração LU porque $a_{11} = 0$. Entretanto, usando a troca de linhas $(E_1) \leftrightarrow (E_2)$, seguida por $(E_3 + E_1) \rightarrow E_3$ e $(E_4 - E_1) \rightarrow E_4$, produz

$$\begin{bmatrix} 1 & 1 & -1 & 2 \\ 0 & 0 & -1 & 1 \\ 0 & 0 & 1 & 2 \\ 0 & 1 & 1 & 0 \end{bmatrix}.$$

Depois, a troca de linhas $(E_2) \leftrightarrow (E_4)$, seguida por $(E_4 - E_3) \rightarrow E_4$, resulta na matriz

$$U = \begin{bmatrix} 1 & 1 & -1 & 2 \\ 0 & 1 & 1 & 0 \\ 0 & 0 & 1 & 2 \\ 0 & 0 & 0 & 3 \end{bmatrix}.$$

A matriz de permutação associada às trocas das linhas $(E_1) \leftrightarrow (E_2)$ e $(E_2) \leftrightarrow (E_4)$ é

$$P = \begin{bmatrix} 0 & 1 & 0 & 0 \\ 0 & 0 & 0 & 1 \\ 0 & 0 & 1 & 0 \\ 1 & 0 & 0 & 0 \end{bmatrix}$$

e

$$PA = \begin{bmatrix} 1 & 1 & -1 & 2 \\ 1 & 2 & 0 & 2 \\ -1 & -1 & 2 & 0 \\ 0 & 0 & -1 & 1 \end{bmatrix}.$$

A eliminação de Gauss é feita em PA usando as mesmas operações que em A, exceto sem a troca de linhas. Ou seja, $(E_2 - E_1) \rightarrow (E_2)$, $(E_3 + E_1) \rightarrow (E_3)$, seguido por $(E_4 + E_3) \rightarrow (E_4)$. Os multiplicadores não nulos de PA são, consequentemente,

$$m_{21} = 1, \quad m_{31} = -1 \quad \text{e} \quad m_{43} = -1,$$

e a fatoração LU de PA é

$$PA = \begin{bmatrix} 1 & 0 & 0 & 0 \\ 1 & 1 & 0 & 0 \\ -1 & 0 & 1 & 0 \\ 0 & 0 & -1 & 1 \end{bmatrix} \begin{bmatrix} 1 & 1 & -1 & 2 \\ 0 & 1 & 1 & 0 \\ 0 & 0 & 1 & 2 \\ 0 & 0 & 0 & 3 \end{bmatrix} = LU.$$

A multiplicação por $P^{-1} = P^t$ produz a fatoração

$$A = P^{-1}(LU) = P^t(LU) = (P^tL)U = \begin{bmatrix} 0 & 0 & -1 & 1 \\ 1 & 0 & 0 & 0 \\ -1 & 0 & 1 & 0 \\ 1 & 1 & 0 & 0 \end{bmatrix} \begin{bmatrix} 1 & 1 & -1 & 2 \\ 0 & 1 & 1 & 0 \\ 0 & 0 & 1 & 2 \\ 0 & 0 & 0 & 3 \end{bmatrix}. \blacksquare$$

EXERCÍCIOS 6.5

1. Resolva os seguintes sistemas lineares:

a. $\begin{bmatrix} 1 & 0 & 0 \\ 2 & 1 & 0 \\ -1 & 0 & 1 \end{bmatrix} \begin{bmatrix} 2 & 3 & -1 \\ 0 & -2 & 1 \\ 0 & 0 & 3 \end{bmatrix} \begin{bmatrix} x_1 \\ x_2 \\ x_3 \end{bmatrix} = \begin{bmatrix} 2 \\ -1 \\ 1 \end{bmatrix}$

b. $\begin{bmatrix} 2 & 0 & 0 \\ -1 & 1 & 0 \\ 3 & 2 & -1 \end{bmatrix} \begin{bmatrix} 1 & 1 & 1 \\ 0 & 1 & 2 \\ 0 & 0 & 1 \end{bmatrix} \begin{bmatrix} x_1 \\ x_2 \\ x_3 \end{bmatrix} = \begin{bmatrix} -1 \\ 3 \\ 0 \end{bmatrix}$

2. Resolva os seguintes sistemas lineares:

a. $\begin{bmatrix} 1 & 0 & 0 \\ -2 & 1 & 0 \\ 3 & 0 & 1 \end{bmatrix} \begin{bmatrix} 2 & 1 & -1 \\ 0 & 4 & 2 \\ 0 & 0 & 5 \end{bmatrix} \begin{bmatrix} x_1 \\ x_2 \\ x_3 \end{bmatrix} = \begin{bmatrix} 1 \\ 0 \\ -5 \end{bmatrix}$

b. $\begin{bmatrix} 1 & 0 & 0 \\ 2 & 1 & 0 \\ -3 & 2 & 1 \end{bmatrix} \begin{bmatrix} 1 & 2 & -3 \\ 0 & 1 & 2 \\ 0 & 0 & 1 \end{bmatrix} \begin{bmatrix} x_1 \\ x_2 \\ x_3 \end{bmatrix} = \begin{bmatrix} 4 \\ 6 \\ 8 \end{bmatrix}$

3. Considere as matrizes a seguir. Encontre a matriz de permutação P de forma que PA possa ser fatorada no produto LU, em que L é triangular inferior com 1 em sua diagonal e U é triangular superior para essas matrizes.

a. $A = \begin{bmatrix} 1 & 2 & -1 \\ 2 & 4 & 0 \\ 0 & 1 & -1 \end{bmatrix}$

b. $A = \begin{bmatrix} 0 & 1 & 1 \\ 1 & -2 & -1 \\ 1 & -1 & 1 \end{bmatrix}$

c. $A = \begin{bmatrix} 1 & 1 & -1 & 0 \\ 1 & 1 & 4 & 3 \\ 2 & -1 & 2 & 4 \\ 2 & -1 & 2 & 3 \end{bmatrix}$

d. $A = \begin{bmatrix} 0 & 1 & 1 & 2 \\ 0 & 1 & 1 & -1 \\ 1 & 2 & -1 & 3 \\ 1 & 1 & 2 & 0 \end{bmatrix}$

4. Considere as matrizes a seguir. Encontre a matriz de permutação P de forma que PA possa ser fatorada no produto LU, em que L é triangular inferior com 1 em sua diagonal e U triangular superior para essas matrizes.

a. $A = \begin{bmatrix} 0 & 2 & -1 \\ 1 & -1 & 2 \\ 1 & -1 & 4 \end{bmatrix}$

b. $A = \begin{bmatrix} 1 & 2 & -1 \\ 2 & 4 & 7 \\ -1 & 2 & 5 \end{bmatrix}$

c. $A = \begin{bmatrix} 1 & 1 & -1 & 2 \\ -1 & -1 & 1 & 5 \\ 2 & 2 & 3 & 7 \\ 2 & 3 & 4 & 5 \end{bmatrix}$

d. $A = \begin{bmatrix} 1 & 1 & -1 & 2 \\ 2 & 2 & 4 & 5 \\ 1 & -1 & 1 & 7 \\ 2 & 3 & 4 & 6 \end{bmatrix}$

5. Fatore as matrizes a seguir na decomposição LU utilizando o algoritmo de fatoração LU com $l_{ii} = 1$ para todo i.

a. $\begin{bmatrix} 2 & -1 & 1 \\ 3 & 3 & 9 \\ 3 & 3 & 5 \end{bmatrix}$

b. $\begin{bmatrix} 1{,}012 & -2{,}132 & 3{,}104 \\ -2{,}132 & 4{,}096 & -7{,}013 \\ 3{,}104 & -7{,}013 & 0{,}014 \end{bmatrix}$

c. $\begin{bmatrix} 2 & 0 & 0 & 0 \\ 1 & 1{,}5 & 0 & 0 \\ 0 & -3 & 0{,}5 & 0 \\ 2 & -2 & 1 & 1 \end{bmatrix}$

d. $\begin{bmatrix} 2{,}1756 & 4{,}0231 & -2{,}1732 & 5{,}1967 \\ -4{,}0231 & 6{,}0000 & 0 & 1{,}1973 \\ -1{,}0000 & -5{,}2107 & 1{,}1111 & 0 \\ 6{,}0235 & 7{,}0000 & 0 & -4{,}1561 \end{bmatrix}$

6. Fatore as matrizes a seguir na decomposição LU utilizando o algoritmo de fatoração LU com $l_{ii} = 1$ para todo i.

a. $\begin{bmatrix} 1 & -1 & 0 \\ 2 & 2 & 3 \\ -1 & 3 & 2 \end{bmatrix}$ b. $\begin{bmatrix} \frac{1}{3} & \frac{1}{2} & -\frac{1}{4} \\ \frac{1}{5} & \frac{2}{3} & \frac{3}{8} \\ \frac{2}{5} & -\frac{2}{3} & \frac{5}{8} \end{bmatrix}$

c. $\begin{bmatrix} 2 & 1 & 0 & 0 \\ -1 & 3 & 3 & 0 \\ 2 & -2 & 1 & 4 \\ -2 & 2 & 2 & 5 \end{bmatrix}$ d. $\begin{bmatrix} 2{,}121 & -3{,}460 & 0 & 5{,}217 \\ 0 & 5{,}193 & -2{,}197 & 4{,}206 \\ 5{,}132 & 1{,}414 & 3{,}141 & 0 \\ -3{,}111 & -1{,}732 & 2{,}718 & 5{,}212 \end{bmatrix}$

7. Modifique o algoritmo de fatoração LU de forma que possa ser usado para resolver um sistema linear e depois resolva os sistemas lineares a seguir.

a. $\begin{aligned} 2x_1 - x_2 + x_3 &= -1, \\ 3x_1 + 3x_2 + 9x_3 &= 0, \\ 3x_1 + 3x_2 + 5x_3 &= 4. \end{aligned}$

b. $\begin{aligned} 1{,}012x_1 - 2{,}132x_2 + 3{,}104x_3 &= 1{,}984, \\ -2{,}132x_1 + 4{,}096x_2 - 7{,}013x_3 &= -5{,}049, \\ 3{,}104x_1 - 7{,}013x_2 + 0{,}014x_3 &= -3{,}895. \end{aligned}$

c. $\begin{aligned} 2x_1 &= 3, \\ x_1 + 1{,}5x_2 &= 4{,}5, \\ -3x_2 + 0{,}5x_3 &= -6{,}6, \\ 2x_1 - 2x_2 + x_3 + x_4 &= 0{,}8. \end{aligned}$

d. $\begin{aligned} 2{,}1756x_1 + 4{,}0231x_2 - 2{,}1732x_3 + 5{,}1967x_4 &= 17{,}102, \\ -4{,}0231x_1 + 6{,}0000x_2 + 1{,}1973x_4 &= -6{,}1593, \\ -1{,}0000x_1 - 5{,}2107x_2 + 1{,}1111x_3 &= 3{,}0004, \\ 6{,}0235x_1 + 7{,}0000x_2 - 4{,}1561x_4 &= 0{,}0000. \end{aligned}$

8. Modifique o algoritmo de fatoração LU de forma que possa ser utilizado para resolver um sistema linear e depois resolva os sistemas lineares a seguir.

a. $\begin{aligned} x_1 - x_2 &= 2, \\ 2x_1 + 2x_2 + 3x_3 &= -1, \\ -x_1 + 3x_2 + 2x_3 &= 4. \end{aligned}$

b. $\begin{aligned} \frac{1}{3}x_1 + \frac{1}{2}x_2 - \frac{1}{4}x_3 &= 1, \\ \frac{1}{5}x_1 + \frac{2}{3}x_2 + \frac{3}{8}x_3 &= 2, \\ \frac{2}{5}x_1 - \frac{2}{3}x_2 + \frac{5}{8}x_3 &= -3. \end{aligned}$

c. $\begin{aligned} 2x_1 + x_2 &= 0, \\ -x_1 + 3x_2 + 3x_3 &= 5, \\ 2x_1 - 2x_2 + x_3 + 4x_4 &= -2, \\ -2x_1 + 2x_2 + 2x_3 + 5x_4 &= 6. \end{aligned}$

d. $\begin{aligned} 2{,}121x_1 - 3{,}460x_2 + 5{,}217x_4 &= 1{,}909, \\ 5{,}193x_2 - 2{,}197x_3 + 4{,}206x_4 &= 0, \\ 5{,}132x_1 + 1{,}414x_2 + 3{,}141x_3 &= -2{,}101, \\ -3{,}111x_1 - 1{,}732x_2 + 2{,}718x_3 + 5{,}212x_4 &= 6{,}824. \end{aligned}$

9. Obtenha fatorações da forma $A = P^t LU$ para as matrizes abaixo.

a. $A = \begin{bmatrix} 0 & 2 & 3 \\ 1 & 1 & -1 \\ 0 & -1 & 1 \end{bmatrix}$ b. $A = \begin{bmatrix} 1 & -2 & 3 & 0 \\ 3 & -6 & 9 & 3 \\ 2 & 1 & 4 & 1 \\ 1 & -2 & 2 & -2 \end{bmatrix}$

10. Obtenha fatorações de forma $A = P^t LU$ para as seguintes matrizes.

a. $A = \begin{bmatrix} 1 & 2 & -1 \\ 1 & 2 & 3 \\ 2 & -1 & 4 \end{bmatrix}$ b. $A = \begin{bmatrix} 1 & -2 & 3 & 0 \\ 1 & -2 & 3 & 1 \\ 1 & -2 & 2 & -2 \\ 2 & 1 & 3 & -1 \end{bmatrix}$

EXERCÍCIOS APLICADOS

11. O Exercício 11 da Seção 6.3 pode ser generalizado da seguinte forma. Suponha que o besouro tenha um período de vida natural de 4 anos. A fêmea da espécie tem uma taxa de sobrevivência de p_1 no primeiro ano de vida, tem uma taxa de sobrevivência de p_2 do segundo para o terceiro ano e tem uma taxa de sobrevivência de p_3 do terceiro para o quarto ano, antes de expirar no final de seu quarto ano. O besouro fêmea dá à luz a uma média de b_1 besouros fêmeas em seu primeiro ano, b_2 besouros fêmeas em seu segundo ano, b_3 besouros fêmeas em seu terceiro ano e b_4 besouros fêmeas em seu quarto ano.

Pode ser usada uma matriz $A = [a_{ij}]$ para modelar a contribuição de um besouro fêmea individual, no sentido probabilístico, à população fêmea da espécie, fazendo a_{ij} denotar a contribuição que um único besouro fêmea na idade j fará para a população fêmea de idade i do próximo ano. Temos

$$A = \begin{bmatrix} b_1 & b_2 & b_3 & b_4 \\ p_1 & 0 & 0 & 0 \\ 0 & p_2 & 0 & 0 \\ 0 & 0 & b_3 & 0 \end{bmatrix}.$$

a. Usando a decomposição LU ou a decomposição $P^t LU$ com $b_1 = 0, b_2 = 1/8, b_3 = 1/4, b_4 = 1/2$, $p_1 = 1/2$, $p_2 = 1/4$ e $p_3 = 1/8$, determine o número de fêmeas de cada idade que é necessário para que depois de um ano a população fêmea seja $\vec{b} = (175, 100, 50, 25)^t$.

b. Repita a parte (a) usando $\vec{b} = (100, 100, 100, 100)^t$. O que a sua resposta significa?

EXERCÍCIOS TEÓRICOS

12. **a.** Mostre que o algoritmo de fatoração LU exige

$$\frac{1}{3}n^3 - \frac{1}{3}n \text{ multiplicações/divisões} \quad \text{e} \quad \frac{1}{3}n^3 - \frac{1}{2}n^2 + \frac{1}{6}n \text{ adições/subtrações.}$$

b. Mostre que a resolução de $L\mathbf{y} = \mathbf{b}$, em que L é uma matriz triangular inferior com $l_{ii} = 1$ para todo i, requer

$$\frac{1}{2}n^2 - \frac{1}{2}n \text{ multiplicações/divisões} \quad \text{e} \quad \frac{1}{2}n^2 - \frac{1}{2}n \text{ adições/subtrações.}$$

c. Mostre que a resolução de $A\mathbf{x} = \mathbf{b}$ fatorando, em primeiro lugar, A em $A = LU$ e depois resolvendo $L\mathbf{y} = \mathbf{b}$ e $U\mathbf{x} = \mathbf{y}$, exige o mesmo número de operações que o Algoritmo 6.1 de eliminação de Gauss.

d. Conte o número de operações exigidas para resolver m sistemas lineares $A\mathbf{x}^{(k)} = \mathbf{b}^{(k)}$ para $k = 1, \ldots, m$ fatorando, em primeiro lugar, A e depois utilizando o método da parte (c) m vezes.

13. Suponha que $A = P^t LU$, em que P é uma matriz de permutação, L é uma matriz triangular inferior com 1 na diagonal e U é uma matriz triangular superior.

a. Conte o número de operações necessárias para calcular $P^t LU$ para dada matriz A.

b. Mostre que se P contiver k trocas de linha, então

$$\det P = \det P^t = (-1)^k.$$

c. Utilize $\det A = \det P^t \det L \det U = (-1)^k \det U$ para contar o número de operações para determinar $\det A$ por fatoração.

d. Calcule $\det A$ e conte o número de operações quando

$$A = \begin{bmatrix} 0 & 2 & 1 & 4 & -1 & 3 \\ 1 & 2 & -1 & 3 & 4 & 0 \\ 0 & 1 & 1 & -1 & 2 & -1 \\ 2 & 3 & -4 & 2 & 0 & 5 \\ 1 & 1 & 1 & 3 & 0 & 2 \\ -1 & -1 & 2 & -1 & 2 & 0 \end{bmatrix}.$$

QUESTÕES PARA DISCUSSÃO

1. A decomposição LU é única? Por que sim ou por que não?
2. Quantas operações seriam necessárias para decompor uma matriz A, $m \times m$, tridiagonal na fatoração LU?
3. Como as trocas de linhas podem ser tratadas na decomposição LU?
4. Por que a decomposição LU de uma matriz é tão útil? Esta decomposição é prática do ponto de vista computacional?
5. Se uma matriz A precisar de troca de linhas, como isso afeta a decomposição de A em sua fatoração LU?
6. Discuta os diversos tipos de matrizes de banda e os efeitos de resolver mínimos quadrados com matrizes de banda usando decomposições.

6.6 Tipos especiais de matrizes

Agora voltaremos nossa atenção para duas classes de matrizes para as quais a eliminação de Gauss pode ser realizada de forma eficaz sem trocas de linha.

Matrizes diagonais dominantes

A primeira classe é descrita na seguinte definição.

Definição 6.20 Diz-se que a matriz A $n \times n$ é **diagonal dominante** quando

$$|a_{ii}| \geq \sum_{\substack{j=1,\\ j\neq i}}^{n} |a_{ij}| \quad \text{é válida para cada } i = 1, 2, \ldots, n. \tag{6.10}$$

Dizemos que uma matriz diagonal dominante é **estritamente diagonal dominante** quando a desigualdade na Equação (6.10) for estrita para cada n, ou seja, quando

$$|a_{ii}| > \sum_{\substack{j=1,\\ j\neq i}}^{n} |a_{ij}| \quad \text{é válida para cada } i = 1, 2, \ldots, n.$$ ■

Em cada linha de uma matriz estritamente diagonal dominante, o elemento na diagonal principal tem um módulo que é estritamente maior que a soma dos módulos de todos os outros elementos naquela linha.

Ilustração Considere as matrizes

$$A = \begin{bmatrix} 7 & 2 & 0 \\ 3 & 5 & -1 \\ 0 & 5 & -6 \end{bmatrix} \quad \text{e} \quad B = \begin{bmatrix} 6 & 4 & -3 \\ 4 & -2 & 0 \\ -3 & 0 & 1 \end{bmatrix}.$$

A matriz A, não simétrica, é estritamente diagonal dominante, já que

$$|7| > |2| + |0|, |5| > |3| + |-1| \quad \text{e} \quad |-6| > |0| + |5|.$$

A matriz simétrica B não é estritamente diagonal dominante porque, por exemplo, na primeira linha o valor absoluto do elemento da diagonal é $|6| < |4| + |-3| = 7$. É interessante observar que A^t não é estritamente diagonal dominante, pois a segunda linha de A^t é [2 5 5], nem, obviamente, é B^t, pois $B^t = B$. ∎

O teorema a seguir foi utilizado na Seção 3.5 para garantir que existam soluções únicas para os sistemas lineares necessários para a determinação de *splines* cúbicos interpoladores.

▶ Teorema 6.21 Uma matriz A estritamente diagonal dominante é não singular. Além disso, nesse caso, a eliminação de Gauss pode ser realizada em qualquer sistema linear da forma $A\mathbf{x} = \mathbf{b}$ para obter sua solução única sem trocas de linhas ou colunas, e os cálculos serão estáveis com relação ao crescimento de erros de arredondamento.

Demonstração Primeiro, utilizamos demonstração por contradição para mostrar que A é não singular. Considere o sistema linear descrito por $A\mathbf{x} = \mathbf{0}$ e suponha que exista uma solução $\mathbf{x} = (x_i)$ diferente de zero para este sistema. Seja k um índice para o qual

$$0 < |x_k| = \max_{1 \leq j \leq n} |x_j|.$$

Como $\sum_{j=1}^{n} a_{ij}x_j = 0$ para cada $i = 1, 2, \ldots, n$, temos, quando $i = k$,

$$a_{kk}x_k = -\sum_{\substack{j=1,\\ j\neq k}}^{n} a_{kj}x_j.$$

Da desigualdade triangular, temos

$$|a_{kk}||x_k| \leq \sum_{\substack{j=1,\\ j\neq k}}^{n} |a_{kj}||x_j|, \quad \text{então} \quad |a_{kk}| \leq \sum_{\substack{j=1,\\ j\neq k}}^{n} |a_{kj}|\frac{|x_j|}{|x_k|} \leq \sum_{\substack{j=1,\\ j\neq k}}^{n} |a_{kj}|.$$

Essa desigualdade contradiz o fato de A ser estritamente diagonal dominante. Consequentemente, a única solução de $A\mathbf{x} = \mathbf{0}$ é $\mathbf{x} = \mathbf{0}$. Pelo Teorema 6.17 na página 441, isso é equivalente à matriz A ser não singular.

Para demonstrar que a eliminação de Gauss pode ser feita sem troca de linhas, mostraremos que cada uma das matrizes $A^{(2)}, A^{(3)}, \ldots, A^{(n)}$ geradas pelo processo de eliminação de Gauss (descrito na Seção 6.5) é estritamente diagonal dominante. Isso garantirá que, em cada estágio do processo de eliminação de Gauss, o elemento pivô é não nulo.

Como A é estritamente diagonal dominante, $a_{11} \neq 0$ e $A^{(2)}$ pode ser formada. Logo, para cada $i = 2, 3, \ldots, n$.

$$a_{ij}^{(2)} = a_{ij}^{(1)} - \frac{a_{1j}^{(1)}a_{i1}^{(1)}}{a_{11}^{(1)}}, \quad \text{para } 2 \leq j \leq n.$$

Como $a_{i1}^{(2)} = 0$, a desigualdade triangular implica que

$$\sum_{\substack{j=2\\ j\neq i}}^{n} |a_{ij}^{(2)}| = \sum_{\substack{j=2\\ j\neq i}}^{n} \left| a_{ij}^{(1)} - \frac{a_{1j}^{(1)}a_{i1}^{(1)}}{a_{11}^{(1)}} \right| \leq \sum_{\substack{j=2\\ j\neq i}}^{n} |a_{ij}^{(1)}| + \sum_{\substack{j=2\\ j\neq i}}^{n} \left| \frac{a_{1j}^{(1)}a_{i1}^{(1)}}{a_{11}^{(1)}} \right|.$$

Mas, como A é estritamente diagonal dominante,

$$\sum_{\substack{j=2\\ j\neq i}}^{n} |a_{ij}^{(1)}| < |a_{ii}^{(1)}| - |a_{i1}^{(1)}| \quad \text{e} \quad \sum_{\substack{j=2\\ j\neq i}}^{n} |a_{1j}^{(1)}| < |a_{11}^{(1)}| - |a_{1i}^{(1)}|,$$

de modo que

$$\sum_{\substack{j=2\\ j\neq i}}^{n} |a_{ij}^{(2)}| < |a_{ii}^{(1)}| - |a_{i1}^{(1)}| + \frac{|a_{i1}^{(1)}|}{|a_{11}^{(1)}|}(|a_{11}^{(1)}| - |a_{1i}^{(1)}|) = |a_{ii}^{(1)}| - \frac{|a_{i1}^{(1)}||a_{1i}^{(1)}|}{|a_{11}^{(1)}|}.$$

A desigualdade triangular também implica que

$$|a_{ii}^{(1)}| - \frac{|a_{i1}^{(1)}||a_{1i}^{(1)}|}{|a_{11}^{(1)}|} \leq \left| a_{ii}^{(1)} - \frac{|a_{i1}^{(1)}||a_{1i}^{(1)}|}{|a_{11}^{(1)}|} \right| = |a_{ii}^{(2)}|,$$

o que dá

$$\sum_{\substack{j=2\\ j\neq i}}^{n} |a_{ij}^{(2)}| < |a_{ii}^{(2)}|.$$

Isso estabelece que a diagonal é estritamente dominante para as linhas 2, . . . , n. Como a primeira linha de $A^{(2)}$ e A é a mesma, $A^{(2)}$ é estritamente diagonal dominante.

Esse processo é continuado de forma indutiva até que seja obtida $A^{(n)}$, que é triangular superior e estritamente diagonal dominante. Isso implica que todos os elementos diagonais são diferentes de zero; logo, a eliminação de Gauss pode ser realizada sem trocas de linhas.

A demonstração de estabilidade para esse procedimento pode ser encontrada em [We]. ■

Matrizes definidas positivas

A próxima classe especial de matrizes é chamada *definida positiva.*

O nome definida positiva se refere ao fato de que o número $\mathbf{x}^t A\mathbf{x}$ deve ser positivo sempre que $\mathbf{x} \neq \mathbf{0}$.

Definição 6.22 Uma matriz A é **definida positiva** se for simétrica e se $\mathbf{x}^t A\mathbf{x} > 0$ para todo vetor n dimensional $\mathbf{x} \neq \mathbf{0}$. ■

Nem todos os autores exigem simetria de uma matriz definida positiva. Por exemplo, Golub e Van Loan [GV], uma referência padrão em métodos de matrizes, exigem somente que $\mathbf{x}^t A\mathbf{x} > 0$ para cada $\mathbf{x} \neq 0$. As matrizes que chamamos definidas positivas são chamadas definidas positivas simétricas [GV]. Mantenha esta discrepância em mente, se você estiver utilizando material proveniente de outras fontes.

Para ser preciso, a Definição 6.22 deveria especificar que a matriz 1×1 gerada pela operação $\mathbf{x}^t A\mathbf{x}$ tem um valor positivo para seu único elemento, já que a operação é realizada da seguinte maneira:

$$\mathbf{x}^t A\mathbf{x} = [x_1, x_2, \ldots, x_n] \begin{bmatrix} a_{11} & a_{12} & \cdots & a_{1n} \\ a_{21} & a_{22} & \cdots & a_{2n} \\ \vdots & \vdots & & \vdots \\ a_{n1} & a_{n2} & \cdots & a_{nn} \end{bmatrix} \begin{bmatrix} x_1 \\ x_2 \\ \vdots \\ x_n \end{bmatrix}$$

$$= [x_1, x_2, \ldots, x_n] \begin{bmatrix} \sum_{j=1}^{n} a_{1j}x_j \\ \sum_{j=1}^{n} a_{2j}x_j \\ \vdots \\ \sum_{j=1}^{n} a_{nj}x_j \end{bmatrix} = \left[\sum_{i=1}^{n} \sum_{j=1}^{n} a_{ij}x_i x_j \right].$$

EXEMPLO 1 Mostre a matriz

$$A = \begin{bmatrix} 2 & -1 & 0 \\ -1 & 2 & -1 \\ 0 & -1 & 2 \end{bmatrix}$$

é definida positiva.

Solução Suponha que $\mathbf{x}$ seja qualquer vetor coluna tridimensional. Então,

$$\mathbf{x}^t A\mathbf{x} = [x_1, x_2, x_3] \begin{bmatrix} 2 & -1 & 0 \\ -1 & 2 & -1 \\ 0 & -1 & 2 \end{bmatrix} \begin{bmatrix} x_1 \\ x_2 \\ x_3 \end{bmatrix}$$

$$= [x_1, x_2, x_3] \begin{bmatrix} 2x_1 - x_2 \\ -x_1 + 2x_2 - x_3 \\ -x_2 + 2x_3 \end{bmatrix}$$

$$= 2x_1^2 - 2x_1x_2 + 2x_2^2 - 2x_2x_3 + 2x_3^2.$$

Ao reorganizarmos os termos, teremos

$$\mathbf{x}^t A\mathbf{x} = x_1^2 + (x_1^2 - 2x_1x_2 + 2x_2^2) + (x_2^2 - 2x_2x_3 + x_3^2) + x_3^2$$
$$= x_1^2 + (x_1 + x_2)^2 + (x_2 + x_3)^2 + x_3^2,$$

o que implica que

$$x^2_1 + (x_1 - x_2)^2 + (x_2 - x_3)^2 + 2x_3^2 > 0,$$

a menos que $x_1 = x_2 = x_3 = 0$. ■

Deve ficar claro a partir do exemplo que utilizar a definição para determinar se uma matriz é definida positiva pode ser difícil. Felizmente, existem critérios mais fáceis de verificar, que são apresentados no Capítulo 9, para a identificação dos membros dessa importante classe. O próximo resultado fornece algumas condições que podem ser utilizadas para eliminar certas matrizes de consideração.

▶ **Teorema 6.23** Se A for uma matriz $n \times n$ definida positiva, então

(i) A tem uma inversa;

(ii) $a_{ii} > 0$, para cada $i = 1, 2, \ldots, n$;

(iii) $\max_{1 \le k,j \le n} |a_{kj}| \le \max_{1 \le i \le n} |a_{ii}|$;

(iv) $(a_{ij})^2 < a_{ii}a_{jj}$, para cada $i \ne j$.

Demonstração

(i) Se $\mathbf{x}$ satisfizer $A\mathbf{x} = \mathbf{0}$, então $\mathbf{x}^t A\mathbf{x} = 0$. Como A é definida positiva, isso implica que $\mathbf{x} = \mathbf{0}$. Consequentemente, $A\mathbf{x} = \mathbf{0}$ tem somente a solução nula. Pelo Teorema 6.17, na página 441, isso é equivalente a A ser não singular.

(ii) Para determinado i, defina $\mathbf{x} = (x_j)$ por $x_i = 1$ e $x_j = 0$, se $j \neq i$. Como $\mathbf{x} \neq \mathbf{0}$,

$$0 < \mathbf{x}^t A\mathbf{x} = a_{ii}.$$

(iii) Para $k \neq j$, defina $\mathbf{x} = (x_i)$ por

$$x_i = \begin{cases} 0, & \text{se } i \neq j \text{ e } i \neq k, \\ 1, & \text{se } i = j, \\ -1, & \text{se } i = k. \end{cases}$$

Como $\mathbf{x} \neq \mathbf{0}$,

$$0 < \mathbf{x}^t A\mathbf{x} = a_{jj} + a_{kk} - a_{jk} - a_{kj}.$$

Mas, $A^t = A$, de modo que $a_{jk} = a_{kj}$, o que implica que

$$2a_{kj} < a_{jj} + a_{kk}. \tag{6.11}$$

Agora defina $\mathbf{z} = (z_i)$ por

$$z_i = \begin{cases} 0, & \text{se } i \neq j \text{ e } i \neq k, \\ 1, & \text{se } i = j \text{ ou } i = k. \end{cases}$$

Então $\mathbf{z}^t A\mathbf{z} > 0$, logo

$$-2a_{kj} < a_{kk} + a_{jj}. \tag{6.12}$$

As Equações (6.11) e (6.12) implicam que, para cada $k \neq j$,

$$|a_{kj}| < \frac{a_{kk} + a_{jj}}{2} \leq \max_{1 \leq i \leq n} |a_{ii}|, \quad \text{então} \quad \max_{1 \leq k, j \leq n} |a_{kj}| \leq \max_{1 \leq i \leq n} |a_{ii}|.$$

(iv) Para $i \neq j$, defina $\mathbf{x} = (x_k)$ por

$$x_k = \begin{cases} 0, & \text{se } k \neq j \text{ e } k \neq i, \\ \alpha, & \text{se } k = i, \\ 1, & \text{se } k = j, \end{cases}$$

em que α representa um número real arbitrário. Como $\mathbf{x} \neq \mathbf{0}$,

$$0 < \mathbf{x}^t A\mathbf{x} = a_{ii}\alpha^2 + 2a_{ij}\alpha + a_{jj}.$$

Como polinômio quadrático em α sem raízes reais, o discriminante de $P(\alpha) = a_{ii}\alpha^2 + 2a_{ij}\alpha + a_{jj}$ deve ser negativo. Desse modo,

$$4\,a_{ij}^2 - 4a_{ii}\,a_{jj} < 0 \quad \text{e} \quad a_{ij}^2 < a_{ii}a_{jj}. \qquad \blacksquare$$

Embora o Teorema 6.23 forneça algumas condições importantes que devem ser verdadeiras para as matrizes definidas positivas, ele não assegura que uma matriz que satisfaça essas condições seja definida positiva.

A noção a seguir será utilizada para fornecer uma condição necessária e suficiente.

Definição 6.24 Uma **submatriz principal dominante** de uma matriz A é uma matriz de forma

$$A_k = \begin{bmatrix} a_{11} & a_{12} & \cdots & a_{1k} \\ a_{21} & a_{22} & \cdots & a_{2k} \\ \vdots & \vdots & & \vdots \\ a_{k1} & a_{k2} & \cdots & a_{kk} \end{bmatrix},$$

para algum $1 \leq k \leq n$. ■

Uma demonstração do resultado a seguir pode ser encontrada em [Stew2], p. 250.

Teorema 6.25 Uma matriz simétrica A é definida positiva se e somente se cada uma de suas submatrizes principais dominantes tiver um determinante positivo. ■

EXEMPLO 2 No Exemplo 1, utilizamos a definição para mostrar que a matriz simétrica

$$A = \begin{bmatrix} 2 & -1 & 0 \\ -1 & 2 & -1 \\ 0 & -1 & 2 \end{bmatrix}$$

é definida positiva. Confirme isso utilizando o Teorema 6.25.

Solução Observe que

$$\det A_1 = \det[2] = 2 > 0,$$

$$\det A_2 = \det \begin{bmatrix} 2 & -1 \\ -1 & 2 \end{bmatrix} = 4 - 1 = 3 > 0,$$

e

$$\det A_3 = \det \begin{bmatrix} 2 & -1 & 0 \\ -1 & 2 & -1 \\ 0 & -1 & 2 \end{bmatrix} = 2\det \begin{bmatrix} 2 & -1 \\ -1 & 2 \end{bmatrix} - (-1)\det \begin{bmatrix} -1 & -1 \\ 0 & 2 \end{bmatrix}$$

$$= 2(4 - 1) + (-2 + 0) = 4 > 0,$$

o que está de acordo com o Teorema 6.25. ■

O próximo resultado amplia a parte (**i**) do Teorema 6.23 e é análogo aos resultados para matrizes estritamente diagonais dominantes apresentados no Teorema 6.21, na página 458. Não daremos uma demonstração deste teorema, pois seria necessária a introdução de terminologia e resultados que não são exigidos para qualquer outro propósito. O desenvolvimento e a demonstração podem ser encontrados em [We], p. 120ff.

▶ Teorema 6.26 A matriz simétrica A é definida positiva se e somente se a eliminação de Gauss sem trocas de linhas puder ser feita no sistema linear $A\mathbf{x} = \mathbf{b}$, com todos os elementos pivô positivos. Além disso, nesse caso, os cálculos são estáveis com relação ao crescimento de erros de arredondamento. ■

Alguns fatos interessantes que são descobertos ao construir a demonstração do Teorema 6.26 são apresentados nos corolários a seguir.

Corolário 6.27 A matriz A é definida positiva se e somente se A puder ser fatorada na forma LDL^t, em que L é triangular inferior com 1 em sua diagonal e D é uma matriz diagonal com elementos positivos na diagonal. ■

Corolário 6.28 A matriz A é definida positiva se e somente se A puder ser fatorada na forma LL^t, em que L é triangular inferior com os elementos na diagonal diferentes de zero. ■

A matriz L no Corolário 6.28 não é a mesma matriz do Corolário 6.27. Uma relação entre elas é apresentada no Exercício 32.

O Algoritmo 6.5 é baseado no Algoritmo 6.4 de fatoração LU e obtém a fatoração LDL^t descrita no Corolário 6.27.

ALGORITMO 6.5 **Fatoração LDL^t**

Para fatorar a matriz A, $n \times n$, definida positiva na forma LDL^t, em que L é uma matriz triangular inferior com 1 ao longo da diagonal e D é uma matriz diagonal com elementos positivos na diagonal:

ENTRADA a dimensão n; elementos a_{ij}, para $1 \leq i, j \leq n$, de A.

SAÍDA os elementos l_{ij}, para $1 \leq j < i$ e $1 \leq i < n$ de L e d_i, para $1 \leq i \leq n$, de D.

Passo 1 Para $i = 1, \ldots, n$, execute Passos 2 a 4.

Passo 2 Para $j = 1, \ldots, i - 1$, faça $v_j = l_{ij} d_j$.

Passo 3 Faça $d_i = a_{ii} - \sum_{j=1}^{i-1} l_{ij} v_j$.

Passo 4 Para $j = i + 1, \ldots, n$, faça $l_{ji} = (a_{ji} - \sum_{k=1}^{i-1} l_{jk} v_k)/d_i$.

Passo 5 SAÍDA (l_{ij} para $j = 1, \ldots, i - 1$ e $i = 1, \ldots, n$);
SAÍDA (d_i para $i = 1, \ldots, n$);
PARE. ■

O Corolário 6.27 tem um correspondente quando A for simétrica, mas não necessariamente definida positiva. Esse resultado é amplamente aplicado, já que as matrizes simétricas são comuns e facilmente reconhecidas.

Corolário 6.29 Seja A uma matriz $n \times n$ simétrica para a qual a eliminação de Gauss possa ser aplicada sem trocas de linhas. Então, A poderá ser fatorada em LDL^t, em que L é triangular inferior com 1 em sua diagonal e D é a matriz diagonal com $a_{11}^{(1)}, \ldots, a_{nn}^{(n)}$ em sua diagonal. ■

EXEMPLO 3 Determine a fatoração LDL^t da matriz definida positiva

$$A = \begin{bmatrix} 4 & -1 & 1 \\ -1 & 4{,}25 & 2{,}75 \\ 1 & 2{,}75 & 3{,}5 \end{bmatrix}.$$

Solução A fatoração LDL^t tem 1 na diagonal da matriz triangular inferior L, de modo que precisamos ter

$$A = \begin{bmatrix} a_{11} & a_{21} & a_{31} \\ a_{21} & a_{22} & a_{32} \\ a_{31} & a_{32} & a_{33} \end{bmatrix} = \begin{bmatrix} 1 & 0 & 0 \\ l_{21} & 1 & 0 \\ l_{31} & l_{32} & 1 \end{bmatrix} \begin{bmatrix} d_1 & 0 & 0 \\ 0 & d_2 & 0 \\ 0 & 0 & d_3 \end{bmatrix} \begin{bmatrix} 1 & l_{21} & l_{31} \\ 0 & 1 & l_{32} \\ 0 & 0 & 1 \end{bmatrix}$$

$$= \begin{bmatrix} d_1 & d_1 l_{21} & d_1 l_{31} \\ d_1 l_{21} & d_2 + d_1 l_{21}^2 & d_2 l_{32} + d_1 l_{21} l_{31} \\ d_1 l_{31} & d_1 l_{21} l_{31} + d_2 l_{32} & d_1 l_{31}^2 + d_2 l_{32}^2 + d_3 \end{bmatrix}.$$

Assim,

$$a_{11}: 4 = d_1 \implies d_1 = 4, \qquad a_{21}: -1 = d_1 l_{21} \implies l_{21} = -0{,}25$$

$$a_{31}: 1 = d_1 l_{31} \implies l_{31} = 0{,}25, \qquad a_{22}: 4{,}25 = d_2 + d_1 l_{21}^2 \implies d_2 = 4$$

$$a_{32}: 2{,}75 = d_1 l_{21} l_{31} + d_2 l_{32} \implies l_{32} = 0{,}75, \quad a_{33}: 3{,}5 = d_1 l_{31}^2 + d_2 l_{32}^2 + d_3 \implies d_3 = 1,$$

e temos

$$A = LDL^t = \begin{bmatrix} 1 & 0 & 0 \\ -0{,}25 & 1 & 0 \\ 0{,}25 & 0{,}75 & 1 \end{bmatrix} \begin{bmatrix} 4 & 0 & 0 \\ 0 & 4 & 0 \\ 0 & 0 & 1 \end{bmatrix} \begin{bmatrix} 1 & -0{,}25 & 0{,}25 \\ 0 & 1 & 0{,}75 \\ 0 & 0 & 1 \end{bmatrix}.$$

■

O Algoritmo 6.5 é facilmente modificado para fatorar as matrizes simétricas descritas no Corolário 6.29. Ele simplesmente exige o acréscimo de uma verificação para assegurar que os elementos na diagonal sejam diferentes de zero. O Algoritmo 6.6 de Cholesky produz a fatoração LL^t descrita no Corolário 6.28.

Andre-Louis Cholesky (1875-1918) foi um oficial militar francês envolvido em geodésia e levantamentos no início dos anos 1900. Ele desenvolveu esse método de fatoração para calcular soluções para problemas de mínimos quadrados.

ALGORITMO 6.6 **Fatoração de Cholesky**

Para fatorar a matriz A $n \times n$ definida positiva em LL^t, em que L é triangular inferior:

ENTRADA a dimensão n: elementos a_{ij}, para $1 \le i, j \le n$ de A.

SAÍDA Os elementos l_{ij}, para $1 \le j \le i$ e $1 \le i \le n$ de L. (*Os elementos de* $U = L^t$ *são* $u_{ij} = l_{ji}$, *para* $i \le j \le n$ e $1 \le i \le n$.)

Passo 1 Faça $l_{11} = \sqrt{a_{11}}$.

Passo 2 Para $j = 2, \ldots, n$, faça $l_{j1} = a_{j1}/l_{11}$.

Passo 3 Para $i = 2, \ldots, n-1$, execute Passos 4 e 5.

  Passo 4 Faça $l_{ii} = (a_{ii} - \sum_{k=1}^{i-1} l_{ik}^2)^{1/2}$.

  Passo 5 Para $j = i+1, \ldots, n$
   faça $l_{ji} = (a_{ji} - \sum_{k=1}^{i-1} l_{jk} l_{ik})/l_{ii}$.

Passo 6 Faça $l_{nn} = (a_{nn} - \sum_{k=1}^{i-1} l_{nk}^2)^{1/2}$.

Passo 7 SAÍDA (l_{ij} para $j = 1, \ldots, i$ e $i = 1, \ldots, n$);
PARE. ■

EXEMPLO 4 Determine a fatoração de Cholesky LL^t da matriz definida positiva

$$A = \begin{bmatrix} 4 & -1 & 1 \\ -1 & 4{,}25 & 2{,}75 \\ 1 & 2{,}75 & 3{,}5 \end{bmatrix}.$$

Solução A fatoração LL^t não tem necessariamente 1 na diagonal da matriz triangular inferior L, de modo que precisamos ter

$$A = \begin{bmatrix} a_{11} & a_{21} & a_{31} \\ a_{21} & a_{22} & a_{32} \\ a_{31} & a_{32} & a_{33} \end{bmatrix} = \begin{bmatrix} l_{11} & 0 & 0 \\ l_{21} & l_{22} & 0 \\ l_{31} & l_{32} & l_{33} \end{bmatrix} \begin{bmatrix} l_{11} & l_{21} & l_{31} \\ 0 & l_{22} & l_{32} \\ 0 & 0 & l_{33} \end{bmatrix}$$

$$= \begin{bmatrix} l_{11}^2 & l_{11}l_{21} & l_{11}l_{31} \\ l_{11}l_{21} & l_{21}^2 + l_{22}^2 & l_{21}l_{31} + l_{22}l_{32} \\ l_{11}l_{31} & l_{21}l_{31} + l_{22}l_{32} & l_{31}^2 + l_{32}^2 + l_{33}^2 \end{bmatrix}.$$

Assim,

$$a_{11}: \quad 4 = l_{11}^2 \implies l_{11} = 2, \qquad a_{21}: \quad -1 = l_{11}l_{21} \implies l_{21} = -0{,}5$$

$$a_{31}: \quad 1 = l_{11}l_{31} \implies l_{31} = 0{,}5, \qquad a_{22}: \quad 4{,}25 = l_{21}^2 + l_{22}^2 \implies l_{22} = 2$$

$$a_{32}: \quad 2{,}75 = l_{21}l_{31} + l_{22}l_{32} \implies l_{32} = 1{,}5, \qquad a_{33}: \quad 3{,}5 = l_{31}^2 + l_{32}^2 + l_{33}^2 \implies l_{33} = 1,$$

e temos

$$A = LL^t = \begin{bmatrix} 2 & 0 & 0 \\ -0{,}5 & 2 & 0 \\ 0{,}5 & 1{,}5 & 1 \end{bmatrix} \begin{bmatrix} 2 & -0{,}5 & 0{,}5 \\ 0 & 2 & 1{,}5 \\ 0 & 0 & 1 \end{bmatrix}.$$

■

A fatoração LDL^t descrita no Algoritmo 6.5 requer

$$\frac{1}{6}n^3 + n^2 - \frac{7}{6}n \text{ multiplicações/divisões} \quad \text{e} \quad \frac{1}{6}n^3 - \frac{1}{6}n \text{ adições/subtrações.}$$

A fatoração de Cholesky LL^t de uma matriz definida positiva requer apenas

$$\frac{1}{6}n^3 + \frac{1}{2}n^2 - \frac{2}{3}n \text{ multiplicações/divisões} \quad \text{e} \quad \frac{1}{6}n^3 - \frac{1}{6}n \text{ adições/subtrações.}$$

A vantagem computacional na fatoração do Cholesky, entretanto, é enganosa, pois exige a extração de n raízes quadradas. Porém, o número de operações exigidas para calcular as n raízes quadradas é um fator linear de n e diminuirá em importância à medida que n aumenta.

O Algoritmo 6.5 fornece um método estável para fatorar uma matriz definida positiva na forma $A = LDL^t$, mas deve ser modificado para resolver o sistema linear $A\mathbf{x} = \mathbf{b}$. Para tanto, excluímos a afirmação PARE no Passo 5 do algoritmo e adicionamos os passos seguintes para resolver o sistema triangular inferior $L\mathbf{y} = \mathbf{b}$:

Passo 6 Faça $y_1 = b_1$.
Passo 7 Para $i = 2, \ldots, n$, faça $y_i = b_i - \sum_{j=1}^{i-1} l_{ij} y_j$.

O sistema linear $D\mathbf{z} = \mathbf{y}$ pode, então, ser resolvido por

Passo 8 Para $i = 1, \ldots, n$, faça $z_i = y_i/d_i$.

Por fim, o sistema triangular superior $L^t\mathbf{x} = \mathbf{z}$ é resolvido com os passos dados por

Passo 9 Faça $x_n = z_n$.
Passo 10 Para $i = n - 1, \ldots, 1$, faça $x_i = z_i - \sum_{j=i+1}^{n} l_{ji}x_j$.
Passo 11 SAÍDA (x_i para $i = 1, \ldots, n$);
PARE.

A Tabela 6.4 mostra as operações adicionais exigidas para resolver o sistema linear.

Tabela 6.4

Passo	Multiplicações/divisões	Adições/subtrações
6	0	0
7	$n(n - 1)/2$	$n(n - 1)/2$
8	n	0
9	0	0
10	$n(n - 1)/2$	$n(n - 1)/2$
Total	n^2	$n^2 - n$

Se a fatoração de Cholesky fornecida no Algoritmo 6.6 for preferida, os passos adicionais para resolução do sistema $A\mathbf{x} = \mathbf{b}$ são os que seguem. Primeiro, exclua a afirmação PARE do Passo 7. Depois, adicione

Passo 8 Faça $y_1 = b_1/L_{11}$.
Passo 9 Para $i = 2, \ldots, n$, faça $y_1 = \left(b_i - \sum_{j=1}^{i-1} l_{ij}y_j\right)\Big/ l_{ii}$.
Passo 10 Faça $x_n = y_n/l_{nn}$.
Passo 11 Para $i = n - 1, \ldots, 1$ faça $x_i = \left(y_i - \sum_{j=i+1}^{n} l_{ji}x_j\right)\Big/ l_{ii}$.
Passo 12 SAÍDA (x_i para $i = 1, \ldots, n$);
PARE.

Os Passos 8 a 12 exigem $n^2 + n$ multiplicações/divisões e $n^2 - n$ adições/subtrações.

Matrizes de banda

A última classe de matrizes considerada é chamada *matrizes de banda.* Na maioria das aplicações, as matrizes de banda também são estritamente diagonais dominantes ou definidas positivas.

Definição 6.30 Uma matriz $n \times n$ é chamada **matriz de banda** se existirem números inteiros p e q, com $1 < p, q < n$, com a propriedade que $a_{ij} = 0$ sempre que $p \leq j - i$ ou $q \leq i - j$. A **largura de banda** de uma matriz de banda é definida como $w = p + q - 1$. ∎

O nome matriz de banda vem do fato de que todos os elementos diferentes de zero ficam em uma banda ou faixa, a qual é centrada na diagonal principal.

O número p descreve o número de diagonais acima, incluindo a diagonal principal, nas quais os elementos diferentes de zero podem ficar. O número q descreve o número de diagonais abaixo, incluindo a diagonal principal, nas quais os elementos diferentes de zero podem ficar. Por exemplo, a matriz

$$A = \begin{bmatrix} 7 & 2 & 0 \\ 3 & 5 & -1 \\ 0 & -5 & -6 \end{bmatrix}$$

é uma matriz de banda com $p = q = 2$ e largura de banda $2 + 2 - 1 = 3$.

A definição de matriz de banda força essas matrizes a concentrarem todos os seus elementos diferentes de zero ao redor da diagonal. Dois casos especiais de matrizes de banda que frequentemente ocorrem têm $p = q = 2$ e $p = q = 4$.

Matrizes tridiagonais

Matrizes de largura de banda 3, que ocorrem quando $p = q = 2$, são chamadas **tridiagonais** por terem a forma

$$A = \begin{bmatrix} a_{11} & a_{12} & 0 & \cdots & \cdots & 0 \\ a_{21} & a_{22} & a_{23} & \ddots & & \vdots \\ 0 & a_{32} & a_{33} & a_{34} & \ddots & \vdots \\ \vdots & \ddots & \ddots & \ddots & \ddots & 0 \\ \vdots & & \ddots & \ddots & \ddots & a_{n-1,n} \\ 0 & \cdots & \cdots & 0 & a_{n,n-1} & a_{nn} \end{bmatrix}.$$

As matrizes tridiagonais também são consideradas no Capítulo 11, em conexão como estudo de aproximações lineares por partes para problemas de valores de contorno. O caso de $p = q = 4$ será utilizado para a solução de problemas de valores de contorno quando as funções de aproximação assumirem a forma de *splines* cúbicos.

Os algoritmos de fatoração podem ser consideravelmente simplificados no caso de matrizes de banda, porque um grande número de zeros aparece nessas matrizes, em padrões regulares. É particularmente interessante observar a forma que os métodos de Crout ou de Doolittle assumem neste caso.

Para ilustrar a situação, suponha que uma matriz tridiagonal A possa ser fatorada em matrizes triangulares L e U. Como A tem somente $(3n - 2)$ elementos diferentes de zero, existem somente $(3n - 2)$ condições a serem aplicadas para determinar os elementos de L e U, desde que, é claro, os elementos nulos de A sejam obtidos também.

Suponha que possam ser encontradas matrizes na forma

$$L = \begin{bmatrix} l_{11} & 0 & \cdots & \cdots & 0 \\ l_{21} & l_{22} & \ddots & & \vdots \\ 0 & \ddots & \ddots & \ddots & \vdots \\ \vdots & \ddots & \ddots & \ddots & 0 \\ 0 & \cdots & 0 & l_{n,n-1} & l_{nn} \end{bmatrix} \quad \text{e} \quad U = \begin{bmatrix} 1 & u_{12} & 0 & \cdots & 0 \\ 0 & 1 & \ddots & \ddots & \vdots \\ \vdots & \ddots & \ddots & \ddots & 0 \\ \vdots & & \ddots & \ddots & u_{n-1,n} \\ 0 & \cdots & \cdots & 0 & 1 \end{bmatrix}.$$

Existem $(2n - 1)$ elementos indeterminados em L e $(n - 1)$ elementos indeterminados em U, o que dá $(3n - 2)$, o número possível de elementos não nulos em A. Os elementos 0 de A são obtidos automaticamente.

A multiplicação envolvida em $A = LU$ fornece, além dos elementos 0,

$$a_{11} = l_{11};$$
$$a_{i,i-1} = l_{i,i-1}, \quad \text{para cada } i = 2, 3, \ldots, n; \tag{6.13}$$
$$a_{ii} = l_{i,i-1}u_{i-1,i} + l_{ii}, \quad \text{para cada } i = 2, 3, \ldots, n: \tag{6.14}$$

e

$$a_{i,i+1} = l_{ii}u_{i,i+1}, \quad \text{para cada } i = 1, 2, \ldots, n-1. \tag{6.15}$$

Uma solução para este sistema é encontrada utilizando-se primeiro a Equação (6.13) para obter todos os termos diferentes de zero fora da diagonal em L e, depois, utilizando as Equações (6.14) e (6.15) para obter de forma alternada o restante dos elementos em U e L. Uma vez que um elemento de L ou U tenha sido calculado, o elemento correspondente em A não é necessário. Assim, os elementos de A podem ser sobrescritos pelos elementos de L e U, com o resultado que nenhum espeço de armazenamento novo é necessário.

O Algoritmo 6.7 resolve um sistema de equações lineares $n \times n$ cuja matriz de coeficiente é tridiagonal. Esse algoritmo requer somente $(5n - 4)$ multiplicações/divisões e $(3n - 3)$ adições/subtrações. Consequentemente, tem vantagem computacional considerável sobre os métodos que não consideram a tridiagonalidade da matriz.

ALGORITMO 6.7 **Fatoração de Crout para sistemas lineares tridiagonais**

Para resolver o sistema linear $n \times n$

$$\begin{array}{ll}
E_1: & a_{11}x_1 + a_{12}x_2 = a_{1,n+1}, \\
E_2: & a_{21}x_1 + a_{22}x_2 + a_{23}x_3 = a_{2,n+1}, \\
\vdots & \vdots \\
E_{n-1}: & a_{n-1,n-2}x_{n-2} + a_{n-1,n-1}x_{n-1} + a_{n-1,n}x_n = a_{n-1,n+1}, \\
E_n: & a_{n,n-1}x_{n-1} + a_{nn}x_n = a_{n,n+1},
\end{array}$$

o qual é suposto ter uma única solução:

ENTRADA a dimensão n; os elementos de A.

SAÍDA a solução $x_1, \ldots, x_n$.

(*Passos 1 a 3 configuram e resolvem* $L\mathbf{z} = \mathbf{b}$.)

Passo 1 Faça $l_{11} = a_{11}$;
$u_{12} = a_{12}/l_{11}$;
$z_1 = a_{1,n+1}/l_{11}$.

Passo 2 Para $i = 2, \ldots, n-1$, faça $l_{i,i-1} = a_{i,i-1}$; (*i-ésima linha de L.*)
$l_{ii} = a_{ii} - l_{i,i-1}u_{i-1,i}$;
$u_{i,i+1} = a_{i,i+1}/l_{ii}$; ((*i* + 1)*-ésima coluna de U.*)
$z_i = (a_{i,n+1} - l_{i,i-1}z_{i-1})/l_{ii}$.

Passo 3 Faça $l_{n,n-1} = a_{n,n-1}$; (*enésima linha de L.*)
$l_{nn} = a_{nn} - l_{n,n-1}u_{n-1,n}$.
$z_n = (a_{n,n+1} - l_{n,n-1}z_{n-1})/l_{nn}$.

(*Passos 4 e 5 resolvem* $U\mathbf{x} = \mathbf{z}$.)

Passo 4 Faça $x_n = z_n$.

Passo 5 Para $i = n - 1, \ldots, 1$, faça $x_i = z_i - u_{i,i+1}x_{i+1}$.

Passo 6 SAÍDA $(x_1, \ldots, x_n)$;
PARE. ∎

EXEMPLO 5 Determine a fatoração de Crout de uma matriz tridiagonal simétrica

$$\begin{bmatrix} 2 & -1 & 0 & 0 \\ -1 & 2 & -1 & 0 \\ 0 & -1 & 2 & -1 \\ 0 & 0 & -1 & 2 \end{bmatrix}$$

e use esta fatoração para resolver o sistema linear

$$\begin{aligned} 2x_1 - x_2 \qquad\qquad &= 1, \\ -x_1 + 2x_2 - x_3 \qquad &= 0, \\ - x_2 + 2x_3 - x_4 &= 0, \\ - x_3 + 2x_4 &= 1. \end{aligned}$$

Solução A fatoração LU de A tem a forma

$$A = \begin{bmatrix} a_{11} & 0 & 0 & 0 \\ a_{21} & a_{22} & a_{23} & 0 \\ 0 & a_{32} & a_{33} & a_{34} \\ 0 & 0 & a_{43} & a_{44} \end{bmatrix} = \begin{bmatrix} l_{11} & 0 & 0 & 0 \\ l_{21} & l_{22} & 0 & 0 \\ 0 & l_{32} & l_{33} & 0 \\ 0 & 0 & l_{43} & l_{44} \end{bmatrix} \begin{bmatrix} 1 & u_{12} & 0 & 0 \\ 0 & 1 & u_{23} & 0 \\ 0 & 0 & 1 & u_{34} \\ 0 & 0 & 0 & 1 \end{bmatrix}$$

$$= \begin{bmatrix} l_{11} & l_{11}u_{12} & 0 & 0 \\ l_{21} & l_{22} + l_{21}u_{12} & l_{22}u_{23} & 0 \\ 0 & l_{32} & l_{33} + l_{32}u_{23} & l_{33}u_{34} \\ 0 & 0 & l_{43} & l_{44} + l_{43}u_{34} \end{bmatrix}.$$

Assim,

$$\begin{aligned} &a_{11}: \quad 2 = l_{11} \implies l_{11} = 2, && a_{12}: \quad -1 = l_{11}u_{12} \implies u_{12} = -\tfrac{1}{2}, \\ &a_{21}: \quad -1 = l_{21} \implies l_{21} = -1, && a_{22}: \quad 2 = l_{22} + l_{21}u_{12} \implies l_{22} = \tfrac{3}{2}, \\ &a_{23}: \quad -1 = l_{22}u_{23} \implies u_{23} = -\tfrac{2}{3}, && a_{32}: \quad -1 = l_{32} \implies l_{32} = -1, \\ &a_{33}: \quad 2 = l_{33} + l_{32}u_{23} \implies l_{33} = \tfrac{4}{3}, && a_{34}: \quad -1 = l_{33}u_{34} \implies u_{34} = -\tfrac{3}{4}, \\ &a_{43}: \quad -1 = l_{43} \implies l_{43} = -1, && a_{44}: \quad 2 = l_{44} + l_{43}u_{34} \implies l_{44} = \tfrac{5}{4}. \end{aligned}$$

Isso fornece a fatoração de Crout.

$$A = \begin{bmatrix} 2 & -1 & 0 & 0 \\ -1 & 2 & -1 & 0 \\ 0 & -1 & 2 & -1 \\ 0 & 0 & -1 & 2 \end{bmatrix} = \begin{bmatrix} 2 & 0 & 0 & 0 \\ -1 & \frac{3}{2} & 0 & 0 \\ 0 & -1 & \frac{4}{3} & 0 \\ 0 & 0 & -1 & \frac{5}{4} \end{bmatrix} \begin{bmatrix} 1 & -\frac{1}{2} & 0 & 0 \\ 0 & 1 & \frac{2}{3} & 0 \\ 0 & 0 & 1 & -\frac{3}{4} \\ 0 & 0 & 0 & 1 \end{bmatrix} = LU.$$

A resolução do sitema

$$L\mathbf{z} = \begin{bmatrix} 2 & 0 & 0 & 0 \\ -1 & \frac{3}{2} & 0 & 0 \\ 0 & -1 & \frac{4}{3} & 0 \\ 0 & 0 & -1 & \frac{5}{4} \end{bmatrix} \begin{bmatrix} z_1 \\ z_2 \\ z_3 \\ z_4 \end{bmatrix} = \begin{bmatrix} 1 \\ 0 \\ 0 \\ 1 \end{bmatrix} \text{ fornece } \begin{bmatrix} z_1 \\ z_2 \\ z_3 \\ z_4 \end{bmatrix} = \begin{bmatrix} \frac{1}{2} \\ \frac{1}{3} \\ \frac{1}{4} \\ 1 \end{bmatrix},$$

e, a seguir, a resolução de

$$U\mathbf{x} = \begin{bmatrix} 1 & -\frac{1}{2} & 0 & 0 \\ 0 & 1 & -\frac{2}{3} & 0 \\ 0 & 0 & 1 & -\frac{3}{4} \\ 0 & 0 & 0 & 1 \end{bmatrix} \begin{bmatrix} x_1 \\ x_2 \\ x_3 \\ x_4 \end{bmatrix} = \begin{bmatrix} \frac{1}{2} \\ \frac{1}{3} \\ \frac{1}{4} \\ 1 \end{bmatrix} \text{ fornece } \begin{bmatrix} x_1 \\ x_2 \\ x_3 \\ x_4 \end{bmatrix} = \begin{bmatrix} 1 \\ 1 \\ 1 \\ 1 \end{bmatrix}. \quad \blacksquare$$

O algoritmo de fatoração de Crout pode ser aplicado sempre que $l_{ii} \neq 0$ para cada $i = 1, 2, \ldots, n$. Duas condições, cada uma das quais garante que isto é verdadeiro, são que a matriz dos coeficientes do sistema é definida positiva ou que é estritamente diagonal dominante. Uma condição adicional que garante que esse algoritmo pode ser aplicado é dada no próximo teorema, cuja demonstração é considerada no Exercício 30.

▶ Teorema 6.31 Suponha que $A = [a_{ij}]$ seja tridiagonal com $a_{i,i-1}a_{i,i+1} \neq 0$, para cada $i = 2, 3, \ldots, n-1$. Se $|a_{11}| > |a_{12}|$, $|a_{ii}| \geq |a_{i,i-1}| + |a_{i,i+1}|$ para cada $i = 2, 3, \ldots, n-1$, e $|a_{nn}| > |a_{n,n-1}|$, então A é não singular e os elementos de l_{ii} descritos no algoritmo de fatoração de Crout são diferentes de zero para cada $i = 1, 2, \ldots, n$. ■

EXERCÍCIOS 6.6

1. Determine qual(is) das matrizes a seguir são (i) simétrica, (ii) singular, (iii) estritamente diagonal dominante, (iv) definida positiva.

a. $\begin{bmatrix} 2 & 1 \\ 1 & 3 \end{bmatrix}$

b. $\begin{bmatrix} 2 & 1 & 0 \\ 0 & 3 & 0 \\ 1 & 0 & 4 \end{bmatrix}$

c. $\begin{bmatrix} 4 & 2 & 6 \\ 3 & 0 & 7 \\ -2 & -1 & -3 \end{bmatrix}$

d. $\begin{bmatrix} 4 & 0 & 0 & 0 \\ 6 & 7 & 0 & 0 \\ 9 & 11 & 1 & 0 \\ 5 & 4 & 1 & 1 \end{bmatrix}$

2. Determine qual(is) das matrizes a seguir são (i) simétrica, (ii) singular, (iii) estritamente diagonal dominante, (iv) definida positiva.

a. $\begin{bmatrix} -2 & 1 \\ 1 & -3 \end{bmatrix}$

b. $\begin{bmatrix} 2 & 1 & 0 \\ 0 & 3 & 2 \\ 1 & 2 & 4 \end{bmatrix}$

c. $\begin{bmatrix} 2 & -1 & 0 \\ -1 & 4 & 2 \\ 0 & 2 & 2 \end{bmatrix}$

d. $\begin{bmatrix} 2 & 3 & 1 & 2 \\ -2 & 4 & -1 & 5 \\ 3 & 7 & 1{,}5 & 1 \\ 6 & -9 & 3 & 7 \end{bmatrix}$

3. Utilize o algoritmo de fatoração LDL^t para descobrir uma fatoração da forma $A = LDL^t$ para as seguintes matrizes:

a. $A = \begin{bmatrix} 2 & -1 & 0 \\ -1 & 2 & -1 \\ 0 & -1 & 2 \end{bmatrix}$ b. $A = \begin{bmatrix} 4 & 1 & 1 & 1 \\ 1 & 3 & -1 & 1 \\ 1 & -1 & 2 & 0 \\ 1 & 1 & 0 & 2 \end{bmatrix}$

c. $A = \begin{bmatrix} 4 & 1 & -1 & 0 \\ 1 & 3 & -1 & 0 \\ -1 & -1 & 5 & 2 \\ 0 & 0 & 2 & 4 \end{bmatrix}$ d. $A = \begin{bmatrix} 6 & 2 & 1 & -1 \\ 2 & 4 & 1 & 0 \\ 1 & 1 & 4 & -1 \\ -1 & 0 & -1 & 3 \end{bmatrix}$

4. Utilize o algoritmo de fatoração LDL^t para descobrir uma fatoração da forma $A = LDL^t$ para as seguintes matrizes:

a. $A = \begin{bmatrix} 4 & -1 & 1 \\ -1 & 3 & 0 \\ 1 & 0 & 2 \end{bmatrix}$ b. $A = \begin{bmatrix} 4 & 2 & 2 \\ 2 & 6 & 2 \\ 2 & 2 & 5 \end{bmatrix}$

c. $A = \begin{bmatrix} 4 & 0 & 2 & 1 \\ 0 & 3 & -1 & 1 \\ 2 & -1 & 6 & 3 \\ 1 & 1 & 3 & 8 \end{bmatrix}$ d. $A = \begin{bmatrix} 4 & 1 & 1 & 1 \\ 1 & 3 & 0 & -1 \\ 1 & 0 & 2 & 1 \\ 1 & -1 & 1 & 4 \end{bmatrix}$

5. Utilize o algoritmo de Cholesky para encontrar uma fatoração da forma $A = LL^t$ para as matrizes do Exercício 3.

6. Utilize o algoritmo de Cholesky para encontrar uma fatoração da forma $A = LL^t$ para as matrizes do Exercício 4.

7. Modifique o algoritmo de fatoração LDL^t conforme sugerido no texto de forma que possa ser utilizado para resolver sistemas lineares. Utilize o algoritmo modificado para resolver os sistemas lineares a seguir.

a. $$\begin{aligned} 2x_1 - x_2 &= 3, \\ -x_1 + 2x_2 - x_3 &= -3, \\ - x_2 + 2x_3 &= 1. \end{aligned}$$

b. $$\begin{aligned} 4x_1 + x_2 + x_3 + x_4 &= 0{,}65, \\ x_1 + 3x_2 - x_3 + x_4 &= 0{,}05, \\ x_1 - x_2 + 2x_3 &= 0, \\ x_1 + x_2 + 2x_4 &= 0{,}5. \end{aligned}$$

c. $$\begin{aligned} 4x_1 + x_2 - x_3 &= 7, \\ x_1 + 3x_2 - x_3 &= 8, \\ -x_1 - x_2 + 5x_3 + 2x_4 &= -4, \\ 2x_3 + 4x_4 &= 6. \end{aligned}$$

d. $$\begin{aligned} 6x_1 + 2x_2 + x_3 - x_4 &= 0, \\ 2x_1 + 4x_2 + x_3 &= 7, \\ x_1 + x_2 + 4x_3 - x_4 &= -1, \\ -x_1 - x_3 + 3x_4 &= -2. \end{aligned}$$

8. Utilize o algoritmo modificado do Exercício 7 para resolver os sistemas lineares a seguir.

a. $$\begin{aligned} 4x_1 - x_2 + x_3 &= -1, \\ -x_1 + 3x_2 &= 4, \\ x_1 + 2x_3 &= 5. \end{aligned}$$

b. $$\begin{aligned} 4x_1 + 2x_2 + 2x_3 &= 0, \\ 2x_1 + 6x_2 + 2x_3 &= 1, \\ 2x_1 + 2x_2 + 5x_3 &= 0. \end{aligned}$$

c. $$\begin{aligned} 4x_1 + 2x_3 + x_4 &= -2, \\ 3x_2 - x_3 + x_4 &= 0, \\ 2x_1 - x_2 + 6x_3 + 3x_4 &= 7, \\ x_1 + x_2 + 3x_3 + 8x_4 &= -2. \end{aligned}$$

d. $$\begin{aligned} 4x_1 + x_2 + x_3 + x_4 &= 2, \\ x_1 + 3x_2 - x_4 &= 2, \\ x_1 + 2x_3 + x_4 &= 1, \\ x_1 - x_2 + x_3 + 4x_4 &= 1. \end{aligned}$$

9. Modifique o algoritmo de Cholesky conforme sugerido no texto, de forma que possa ser utilizado para resolver sistemas lineares, e utilize o algoritmo modificado para resolver os sistemas lineares do Exercício 7.

10. Utilize o algoritmo modificado desenvolvido no Exercício 9 para resolver os sistemas lineares do Exercício 8.

11. Utilize a fatoração de Crout para sistemas tridiagonais para resolver os sistemas lineares a seguir.

a. $x_1 - x_2 = 0,$
$-2x_1 + 4x_2 - 2x_3 = -1,$
$-x_2 + 2x_3 = 1{,}5.$

b. $3x_1 + x_2 = -1,$
$2x_1 + 4x_2 + x_3 = 7,$
$2x_2 + 5x_3 = 9.$

c. $2x_1 - x_2 = 3,$
$-x_1 + 2x_2 - x_3 = -3,$
$-x_2 + 2x_3 = 1.$

d. $0{,}5x_1 + 0{,}25x_2 = 0{,}35,$
$0{,}35x_1 + 0{,}8x_2 + 0{,}4x_3 = 0{,}77,$
$0{,}25x_2 + x_3 + 0{,}5x_4 = -0{,}5,$
$x_3 - 2x_4 = -2{,}25.$

12. Utilize a fatoração de Crout para sistemas tridiagonais para resolver os sistemas lineares a seguir.

a. $2x_1 + x_2 = 3,$
$x_1 + 2x_2 + x_3 = -2,$
$2x_2 + 3x_3 = 0.$

b. $2x_1 - x_2 = 5,$
$-x_1 + 3x_2 + x_3 = 4,$
$x_2 + 4x_3 = 0.$

c. $2x_1 - x_2 = 3,$
$x_1 + 2x_2 - x_3 = 4,$
$x_2 - 2x_3 + x_4 = 0,$
$x_3 + 2x_4 = 6.$

d. $2x_1 - x_2 = 1,$
$x_1 + 2x_2 - x_3 = 2,$
$2x_2 + 4x_3 - x_4 = -1,$
$2x_4 - x_5 = -2,$
$x_4 + 2x_5 = -1.$

13. Seja A a matriz tridiagonal 10×10 determinada por $a_{ii} = 2$, $a_{i,i+1} = a_{i,i-1} = -1$ para cada $i = 2, \ldots, 9$, e $a_{11} = a_{10,10} = 2$, $a_{12} = a_{10,9} = -1$. Seja $\mathbf{b}$ o vetor coluna de dimensão dez determinado por $b_1 = b_{10} = 1$ e $b_i = 0$, para cada $i = 2, 3, \ldots, 9$. Resolva $A\mathbf{x} = \mathbf{b}$ usando a fatoração de Crout para sistemas tridiagonais.

14. Modifique a fatoração LDL^t para fatorar uma matriz simétrica A. [*Observação*: A fatoração pode nem sempre ser possível.] Aplique o novo algoritmo às seguintes matrizes:

a. $A = \begin{bmatrix} 3 & -3 & 6 \\ -3 & 2 & -7 \\ 6 & -7 & 13 \end{bmatrix}$

b. $A = \begin{bmatrix} 3 & -6 & 9 \\ -6 & 14 & -20 \\ 9 & -20 & 29 \end{bmatrix}$

c. $A = \begin{bmatrix} -1 & 2 & 0 & 1 \\ 2 & -3 & 2 & -1 \\ 0 & 2 & 5 & 6 \\ 1 & -1 & 6 & 12 \end{bmatrix}$

d. $A = \begin{bmatrix} 2 & -2 & 4 & -4 \\ -2 & 3 & -4 & 5 \\ 4 & -4 & 10 & -10 \\ -4 & 5 & -10 & 14 \end{bmatrix}$

15 Quais das matrizes simétricas do Exercício 14 são definidas positivas?

16. Encontre α de forma que $\begin{bmatrix} \alpha & 1 & -1 \\ 1 & 2 & 1 \\ -1 & 1 & 4 \end{bmatrix}$ seja definida positiva.

17. Encontre α de forma que $\begin{bmatrix} 2 & \alpha & -1 \\ \alpha & 2 & 1 \\ -1 & 1 & 4 \end{bmatrix}$ seja definida positiva.

18. Encontre α e $\beta > 0$ de forma que a matriz

$$A = \begin{bmatrix} 4 & \alpha & 1 \\ 2\beta & 5 & 4 \\ \beta & 2 & \alpha \end{bmatrix}$$

seja estritamente diagonal dominante.

19. Encontre todo $\alpha > 0$ e $\beta > 0$ de forma que a matriz

$$A = \begin{bmatrix} 3 & 2 & \beta \\ \alpha & 5 & \beta \\ 2 & 1 & \alpha \end{bmatrix}$$

seja estritamente diagonal dominante.

20. Seja

$$A = \begin{bmatrix} 1 & 0 & -1 \\ 0 & 1 & 1 \\ -1 & 1 & \alpha \end{bmatrix}.$$

Encontre todos os valores de α para os quais

a. A é singular.

b. A é estritamente diagonal dominante.

c. A é simétrica.

d. A é definida positiva.

21. Seja

$$A = \begin{bmatrix} \alpha & 1 & 0 \\ \beta & 2 & 1 \\ 0 & 1 & 2 \end{bmatrix}.$$

Encontre todos os valores de α e β para os quais:

a. A é singular.

b. A é estritamente diagonal dominante.

c. A é simétrica.

d. A é definida positiva.

EXERCÍCIOS APLICADOS

22. Em um artigo de Dorn e Burdick [DoB], é relatado que o comprimento médio da asa que resultou do cruzamento de três variedades mutantes de mosca de frutas (*Drosophila melanogaster*) pode ser expresso na forma da matriz simétrica

$$A = \begin{bmatrix} 1{,}59 & 1{,}69 & 2{,}13 \\ 1{,}69 & 1{,}31 & 1{,}72 \\ 2{,}13 & 1{,}72 & 1{,}85 \end{bmatrix}$$

em que a_{ij} denota o comprimento médio da asa resultante do cruzamento de um macho do tipo i com uma fêmea do tipo j.

a. Qual significado físico é associado à simetria dessa matriz?

b. Essa matriz é definida positiva? Em caso afirmativo, demonstre a afirmação; em caso negativo, encontre um vetor $\mathbf{x}$ diferente de zero para o qual $\mathbf{x}^t A\mathbf{x} \leq 0$.

23. Suponha $V = 5{,}5$ volts no exemplo principal deste capítulo. Reordenando as equações, um sistema linear tridiagonal poderá ser formado. Utilize o algoritmo de fatoração de Crout para encontrar a solução do sistema modificado.

EXERCÍCIOS TEÓRICOS

24. Suponha que A e B sejam matrizes $n \times n$ estritamente diagonais dominantes. Quais das seguintes matrizes precisam ser estritamente diagonais dominantes?

a. $-A$ **b.** A^t **c.** $A+B$ **d.** A^2 **e.** $A-B$

25. Suponha que A e B sejam matrizes $n \times n$ definidas positivas. Quais das seguintes matrizes precisam ser definidas positivas?
a. $-A$ **b.** A^t **c.** $A+B$ **d.** A^2 **e.** $A-B$

26. Suponha que A e B comutem, isto é, $AB = BA$. A^t e B^t também comutam?

27. Construa uma matriz A que não seja simétrica, mas para a qual $\mathbf{x}^t A\mathbf{x} > 0$ para todo $\mathbf{x} \neq 0$.

28. Mostre que a eliminação de Gauss pode ser realizada em A sem trocas de linhas se e somente se todas as submatrizes principais dominantes de A forem não singulares. [*Sugestão*: Separe cada matriz na equação

$$A^{(k)} = M^{(k-1)}M^{(k-2)}\cdots M^{(1)}A$$

verticalmente entre a k-ésima e a $(k+1)$-ésima colunas e horizontalmente entre a k-ésima e a $(k+1)$-ésima linhas (veja o Exercício 9 da Seção 6.3). Mostre que a não singularidade da submatriz principal dominante de A é equivalente a $a_{kk}^{(k)} \neq 0$.

29. As matrizes tridiagonais são normalmente representadas usando a notação

$$A = \begin{bmatrix} a_1 & c_1 & 0 & \cdots & 0 \\ b_2 & a_2 & c_2 & \ddots & \vdots \\ 0 & b_3 & \ddots & \ddots & 0 \\ \vdots & \ddots & \ddots & \ddots & c_{n-1} \\ 0 & \cdots & 0 & b_n & a_n \end{bmatrix}$$

para enfatizar que não é necessário considerar todos os elementos da matriz. Reescreva o algoritmo de fatoração de Crout utilizando esta notação, e mude a notação de l_{ij} e u_{ij} de uma maneira análoga.

30. Demonstre o Teorema 6.31. [*Sugestão*: Mostre que $|u_{i,i+1}| < 1$, para cada $i = 1, 2, \ldots, n-1$, e que $|l_{ii}| > 0$, para cada $i = 1, 2, \ldots, n$. Deduza que $\det A = \det L \cdot \det U \neq 0$.]

31. Construa a contagem de operações para resolver um sistema linear $n \times n$ utilizando o algoritmo de fatoração de Crout.

32. Suponha que a matriz definida positiva A tenha a fatoração Cholesky $A = LL^t$ e também a fatoração $A = \hat{L}D\hat{L}^t$, em que D é uma matriz diagonal com elementos positivos na diagonal, $d_{11}, d_{22}, \ldots, d_{nn}$. Seja $D^{1/2}$ a matriz diagonal com elementos na diagonal $\sqrt{d_{11}}, \sqrt{d_{22}}, \ldots, \sqrt{d_{nn}}$.
a. Mostre que $D = D^{1/2}D^{1/2}$. **b.** Mostre que $L = \hat{L}D^{1/2}$.

QUESTÕES PARA DISCUSSÃO

1. Faça a distinção entre as fatorações de Doolittle, Crout e Cholesky. Sob que condições elas são mais adequadas para o uso?
2. Muitos problemas em robótica podem ser formulados como um problema de otimização não linear por mínimos quadrados. Discuta como o método de Cholesky poderia ser usado para determinar a configuração ótima das variáveis que satisfaz de modo maximal o conjunto das restrições não lineares.

6.7 Software numérico

O software para operações com matrizes e para a solução direta de sistemas lineares implementado em IMSL e NAG é basedo em LAPACK, um pacote de sub-rotinas de domínio público. Existe documentação excelente disponível e livros publicados sobre o assunto. Vamos nos concentrar em várias sub-rotinas que estão disponíveis em todas as três fontes.

O LAPACK é acompanhado por um conjunto de operações de nível inferior chamado Basic Linear Algebra Subprograms (BLAS). O Nível 1 de BLAS geralmente consiste em operações vetor-vetor, como adições de vetores com dados de entrada e contagem de operações de $O(n)$. O Nível 2 consiste em operações vetor-matriz, como o produto de uma matriz e um vetor com dados de entrada e contagem de operações de $O(n^2)$. O Nível 3 consiste em operações matriz-matriz, como produtos de matrizes com dados de entrada e contagem de operações de $O(n^3)$.

As sub-rotinas do LAPACK para resolver sistemas lineares primeiro fatoram a matriz A. A fatoração depende do tipo de matriz da seguinte maneira:

1. Matriz geral $PA = LU$;
2. Matriz definida positiva $A = LL^t$;
3. Matriz simétrica $A = LDL^t$;
4. Matriz tridiagonal $A = LU$ (em forma de banda).

Além disso, inversas e determinantes podem ser calculados.

A biblioteca IMSL inclui contrapartidas para quase todas as sub-rotinas LAPACK, bem como algumas extensões. A biblioteca NAG tem diversas sub-rotinas para métodos diretos de resolução de sistemas lineares similares àquelas no LAPACK e IMSL.

QUESTÕES PARA DISCUSSÃO

1. SuperLU é um pacote de domínio público para fatoração LU. Forneça uma visão geral deste pacote.
2. KLU é um algoritmo de domínio público para fatoração LU. Forneça uma visão geral deste pacote.
3. ALGLIB é uma biblioteca de domínio público multiplataforma de análise numérica e processamento de dados que trata a fatoração LDL^t. Forneça uma visão geral do pacote ALGLIB e, em particular, da sub-rotina de fatoração LDL^t.
4. LIBMF é uma biblioteca de domínio público de fatoração de matrizes que processa a fatoração LL^t. Forneça uma visão geral do pacote LIBMF e, em particular, da sub-rotina da fatoração LL^t.

CONCEITOS-CHAVE

Contagem de operações
Determinante de matriz
Eliminação de Gauss
Fatoração LDL^t
Fatoração de Cholesky
Fatoração de Crout
Fatoração de matriz
Fatoração LU
Fatoração $P^t LU$
Inversão de matriz
Matriz
Matriz de banda
Matriz de permutação
Matriz diagonal
Matriz identidade
Matriz inversa
Matriz quadrada
Matriz triangular inferior
Matriz triangular superior
Matriz tridiagonal
Matrizes especiais
Pivotamente completo
Pivotamento parcial
Pivotamento parcial com escala
Ponto pivô
Produto de matriz por matriz
Produto de vetor por matriz
Sistemas lineares
Substituição regressiva
Transposta de matriz
Vetor

REVISÃO DO CAPÍTULO

Neste capítulo, vimos métodos diretos para resolver sistemas lineares. Um sistema linear consiste em n equações em n incógnitas, expressas em notação de matriz como $A\mathbf{x} = \mathbf{b}$. Estas técnicas utilizam uma sequência finita de operações aritméticas para determinar a solução exata do sistema, sujeita somente ao erro de arredondamento. Descobrimos que o sistema linear $A\mathbf{x} = \mathbf{b}$ tem uma solução única se e somente se A^{-1} existir, o que é equivalente a det $A \neq 0$. Quando A^{-1} é conhecida, a solução do sistema linear é o vetor $\mathbf{x} = A^{-1}\mathbf{b}$.

As técnicas de pivotamento foram introduzidas para minimizar os efeitos do erro de arredondamento, os quais podem dominar a solução ao utilizarmos métodos diretos. Estudamos o pivotamento parcial, pivotamento parcial com escala e discutimos brevemente o pivotamento total. Recomendamos os métodos de pivotamento parcial ou parcial com escala para a maioria dos problemas, pois estes diminuem os efeitos do erro de arredondamento sem adicionar muitos cálculos extras. O pivotamento total deve ser utilizado se houver suspeita de que o erro de arredondamento seja grande. Na Seção 5 do Capítulo 7, veremos alguns procedimentos para estimar este erro de arredondamento.

Foi mostrado que a eliminação de Gauss com modificações secundárias fornece uma fatoração da matriz A em LU, em que L é triangular inferior com 1 na diagonal e U é triangular superior. Esse processo é chamado fatoração de Doolittle. Nem todas as matrizes não singulares podem ser fatoradas desse modo, mas uma permutação das linhas sempre fornecerá uma fatoração da forma $PA = LU$, em que P é a matriz de permutação utilizada para reordenar as linhas de A. A vantagem da fatoração é que o trabalho é reduzido quando forem resolvidos sistemas lineares $A\mathbf{x} = \mathbf{b}$ com a mesma matriz de coeficientes A e diferentes vetores $\mathbf{b}$.

As fatorações tomam uma forma mais simples quando a matriz A é definida positiva. Por exemplo, a fatoração de Cholesky tem a forma $A = LL^t$, em que L é triangular inferior. Uma matriz simétrica que tenha uma fatoração LU também pode ser fatorada na forma $A = LDL^t$, em que D é diagonal e L é triangular inferior com 1 na diagonal. Com essas fatorações, manipulações envolvendo A podem ser simplificadas. Se A for tridiagonal, a fatoração LU toma uma forma particularmente simples, com U tendo 1 na diagonal principal e 0 em todos os outros lugares, exceto na diagonal imediatamente acima da diagonal principal. Além disso, L só tem elementos diferentes de zero na diagonal principal e em uma diagonal abaixo dela. Outro método importante de fatoração de matrizes será considerado na Seção 6 do Capítulo 9.1.

Os métodos diretos são os métodos de escolha para a maioria dos sistemas lineares. Para matrizes tridiagonais, em banda e definidas positivas, os métodos especiais são recomendados. Para o caso geral, a eliminação de Gauss ou os métodos de fatoração LU que permitam pivotamento são recomendados. Nesses casos, os efeitos de erro de arredondamento devem ser monitorados. Na Seção 7.5, discutiremos a estimativa de erros em métodos diretos.

Os sistemas lineares grandes com elementos na maioria 0, que ocorrem em padrões regulares, podem ser eficazmente resolvidos utilizando um procedimento iterativo, como aqueles discutidos no Capítulo 7. Os sistemas deste tipo surgem naturalmente, por exemplo, quando técnicas de diferenças finitas são utilizadas para resolver problemas de valores de contorno, uma aplicação comum na solução numérica de equações diferenciais parciais.

Pode ser muito difícil resolver um sistema linear grande que tenha a maioria dos elementos diferentes de zero ou um no qual os elementos 0 não estão dispostos em um padrão previsível. A matriz associada ao sistema pode ser colocada em armazenamento secundário em forma decomposta, e as partes separadas lidas na memória principal, somente quando necessárias para o cálculo. Os métodos que exigem armazenamento secundário podem ser ou iterativos ou diretos, mas geralmente exigem técnicas das áreas de estruturas de dados e teoria dos grafos. O leitor pode consultar [BuR] e [RW] para uma discussão sobre as técnicas atuais.

Mais informações sobre a solução numérica de sistemas lineares e matrizes podem ser obtidas em Golub e Van Loan [GV], Forsythe e Moler [FM] e Stewart [Stew1]. O uso de técnicas diretas para resolver grandes sistemas esparsos é discutido em detalhes em George e Liu [GL] e em Pissanetzky [Pi]. Coleman e Van Loan [CV] consideram o uso de BLAS, LINPACK e MATLAB.

CAPÍTULO 7

Técnicas iterativas na álgebra das matrizes

Introdução

Treliças são estruturas leves capazes de suportar cargas pesadas. Em projetos de pontes, os membros individuais da treliça são conectados com juntas de pinos rotativos que permitem que as forças sejam transferidas de um membro da treliça para outro. A figura a seguir mostra uma treliça mantida estacionária na extremidade esquerda inferior ①, livre para se mover horizontalmente na extremidade direita inferior ④, e com juntas de pinos em ①, ②, ③ e ④. Uma carga de 10.000 newtons (N) é colocada na junta ③, e as forças resultantes nas juntas são dadas por f_1, f_2, f_3, f_4 e f_5, como mostrado. Quando positivas, essas forças indicam tensão nos elementos da treliça e, quando negativas, compressão. O membro de apoio estacionário poderia ter tanto uma componente de força horizontal F_1 quanto uma componente de força vertical F_2, mas o membro do suporte móvel tem apenas uma componente de força vertical F_3.

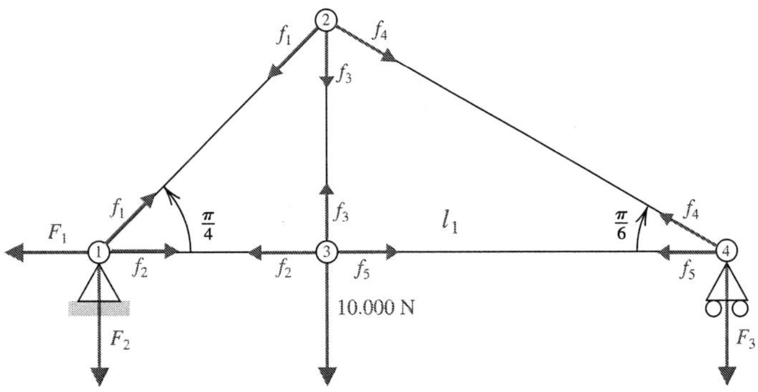

Se a treliça estiver em equilíbrio estático, a soma das forças em cada junta deve ser o vetor nulo, e assim a soma das componentes verticais e horizontais em cada junta deve ser 0. Isto produz o sistema de equações lineares mostrado na tabela a seguir. Uma matriz 8×8 descrevendo esse sistema tem 47 elementos nulos e apenas 17 elementos não nulos. Matrizes com uma alta porcentagem de elementos nulos são denominadas *esparsas* e, em geral, são resolvidas por meio de técnicas iterativas em vez de diretas. A solução iterativa desse sistema é considerada no Exercício 15, da Seção 7.3, e no Exercício 10, na Seção 7.4.

Junta	Componente horizontal	Componente vertical
①	$-F_1 + \frac{\sqrt{2}}{2}f_1 + f_2 = 0$	$\frac{\sqrt{2}}{2}f_1 - F_2 = 0$
②	$-\frac{\sqrt{2}}{2}f_1 + \frac{\sqrt{3}}{2}f_4 = 0$	$-\frac{\sqrt{2}}{2}f_1 - f_3 - \frac{1}{2}f_4 = 0$
③	$-f_2 + f_5 = 0$	$f_3 - 10.000 = 0$
④	$-\frac{\sqrt{3}}{2}f_4 - f_5 = 0$	$\frac{1}{2}f_4 - F_3 = 0$

Os métodos apresentados no Capítulo 6 usaram técnicas diretas para resolver um sistema de equações lineares $n \times n$ da forma $A\mathbf{x} = \mathbf{b}$. Neste capítulo, apresentamos métodos iterativos para resolver um sistema deste tipo.

7.1 Normas de vetores e matrizes

No Capítulo 2, descrevemos técnicas iterativas para encontrar raízes de equações da forma $f(x) = 0$. Uma aproximação (ou aproximações) iniciais foram encontradas, e novas aproximações foram então determinadas com base em quão bem as aproximações anteriores satisfizeram à equação. O objetivo é encontrar uma maneira de minimizar a diferença entre as aproximações e a solução exata.

Para discutir métodos iterativos de resolução de sistemas lineares, primeiramente precisamos ser capazes de medir a distância entre vetores coluna n dimensionais para determinar se uma sequência de vetores converge para uma solução do sistema.

Na verdade, essa medida é também necessária quando a solução é obtida pelos métodos diretos apresentados no Capítulo 6. Aqueles métodos exigiram grande número de operações aritméticas, e a utilização da aritmética com um número finito de algarismos fornece apenas uma aproximação da solução real do sistema.

Normas de vetores

Denote por $\mathbb{R}^n$ o conjunto de todos os vetores coluna n dimensionais com, componentes reais. Para se definir uma distância em $\mathbb{R}^n$, utilizamos a noção de norma, que é a generalização do valor absoluto em $\mathbb{R}$, o conjunto dos números reais.

Definição 7.1 Uma **norma de vetor** em $\mathbb{R}^n$ é uma função, $\|\cdot\|$, de $\mathbb{R}^n$ em $\mathbb{R}$ com as seguintes propriedades:

(i) $\|\mathbf{x}\| \geq 0$ para todo $\mathbf{x} \in \mathbb{R}^n$,

(ii) $\|\mathbf{x}\| = 0$ se e somente se $\mathbf{x} = \mathbf{0}$,

(iii) $\|\alpha\mathbf{x}\| = |\alpha|\,\|\mathbf{x}\|$ para todo $\alpha \in \mathbb{R}$ e $\mathbf{x} \in \mathbb{R}^n$,

(iv) $\|\mathbf{x} + \mathbf{y}\| \leq \|\mathbf{x}\| + \|\mathbf{y}\|$ para todo $\mathbf{x}, \mathbf{y} \in \mathbb{R}^n$. ■

Um escalar é um número real (ou complexo) geralmente denotado em itálico ou letras gregas. Vetores são denotados por letras em negrito.

Uma vez que vetores em $\mathbb{R}^n$ são vetores coluna, é conveniente usar a notação de transposta apresentada na Seção 6.3 quando um vetor for apresentado em termos de suas componentes. Por exemplo, o vetor

$$\mathbf{x} = \begin{bmatrix} x_1 \\ x_2 \\ \vdots \\ x_n \end{bmatrix}$$

será escrito $\mathbf{x} = (x_1, x_2, \ldots, x_n)^t$.

Precisaremos apenas de duas normas específicas em $\mathbb{R}^n$, embora no Exercício 9 seja apresentada uma terceira norma em $\mathbb{R}^n$.

Definição 7.2 As normas l_2 e l_∞ do vetor $\mathbf{x} = (x_1, x_2, \ldots, x_n)^t$ são definidas por

$$\|\mathbf{x}\|_2 = \left\{\sum_{i=1}^{n} x_i^2\right\}^{1/2} \quad \text{e} \quad \|\mathbf{x}\|_\infty = \max_{1\le i\le n} |x_i|. \qquad \blacksquare$$

Observe que cada uma dessas normas se reduz ao valor absoluto no caso $n = 1$.

A norma l_2 é chamada **norma euclidiana** do vetor $\mathbf{x}$, já que ela representa a noção usual de distância à origem, caso $\mathbf{x}$ esteja em $\mathbb{R}^1 \equiv \mathbb{R}$, $\mathbb{R}^2$ ou $\mathbb{R}^3$. Por exemplo, a norma l_2 do vetor $\mathbf{x} = (x_1, x_2, x_3)^t$ fornece o comprimento do segmento de reta que une os pontos (0, 0, 0) e (x_1, x_2, x_3). A Figura 7.1 mostra a fronteira dos vetores em $\mathbb{R}^2$ e $\mathbb{R}^3$ que têm a norma l_2 menor que 1. A Figura 7.2 é uma ilustração similar para a norma l_∞.

Figura 7.1

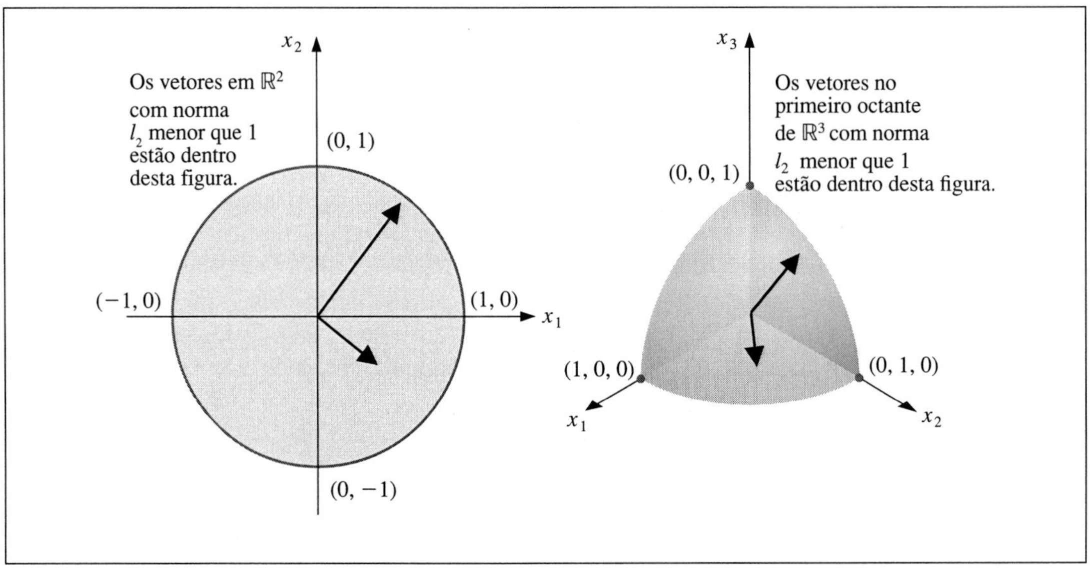

Figura 7.2

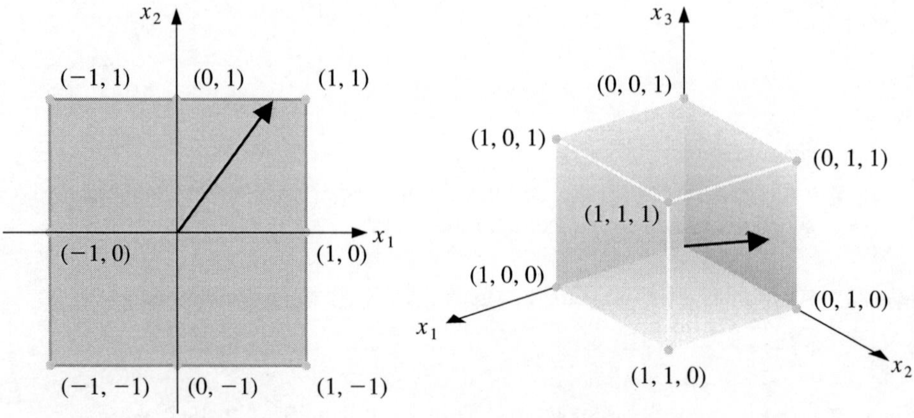

Os vetores em $\mathbb{R}^2$ com norma l_∞ menor que 1 estão dentro desta figura.

Os vetores no primeiro octante de $\mathbb{R}^3$ com norma l_∞ menor que 1 estão dentro desta figura.

EXEMPLO 1 Determine a norma l_2 e a norma l_∞ do vetor $\mathbf{x} = (-1, 1, -2)^t$.

Solução O vetor $\mathbf{x} = (-1, 1, -2)^t$ em $\mathbb{R}^3$ tem normas

$$\|\mathbf{x}\|_2 = \sqrt{(-1)^2 + (1)^2 + (-2)^2} = \sqrt{6}$$

e

$$\|\mathbf{x}\|_\infty = \max\{|-1|, |1|, |-2|\} = 2.$$

■

É fácil mostrar que as propriedades na Definição 7.1 valem para a norma l_∞, já que vêm de resultados similares para valores absolutos. A única propriedade que precisa de uma demonstração menos imediata é a (iv) e, nesse caso, se $\mathbf{x} = (x_1, x_2, \ldots, x_n)^t$ e $\mathbf{y} = (y_1, y_2, \ldots, y_n)^t$, então

$$\|\mathbf{x}+\mathbf{y}\|_\infty = \max_{1\le i\le n}|x_i + y_i| \le \max_{1\le i\le n}(|x_i| + |y_i|) \le \max_{1\le i\le n}|x_i| + \max_{1\le i\le n}|y_i| = \|\mathbf{x}\|_\infty + \|\mathbf{y}\|_\infty.$$

As primeiras três condições também são muito fáceis de mostrar para a norma l_2. Mas, para mostrar que

$$\|\mathbf{x} + \mathbf{y}\|_2 \le \|\mathbf{x}\|_2 + \|\mathbf{y}\|_2, \qquad \text{para cada } \mathbf{x}, \mathbf{y} \in \mathbb{R}_n,$$

precisamos de uma famosa desigualdade.

▶ Teorema 7.3 **(Desigualdade de Cauchy-Bunyakovsky-Schwarz para somas)**

Para cada $\mathbf{x} = (x_1, x_2, \ldots, x_n)^t$ e $\mathbf{y} = (y_1, y_2, \ldots, y_n)^t$ em $\mathbb{R}^n$,

$$\mathbf{x}^t\mathbf{y} = \sum_{i=1}^{n} x_i y_i \le \left\{\sum_{i=1}^{n} x_i^2\right\}^{1/2} \left\{\sum_{i=1}^{n} y_i^2\right\}^{1/2} = \|\mathbf{x}\|_2 \cdot \|\mathbf{y}\|_2. \tag{7.1}$$

Demonstração Se $\mathbf{y} = \mathbf{0}$ ou $\mathbf{x} = \mathbf{0}$, o resultado é imediato, já que ambos os lados da desigualdade são zero.

Suponha $\mathbf{y} \neq \mathbf{0}$ e $\mathbf{x} \neq \mathbf{0}$. Note que, para cada $\lambda \in \mathbb{R}$, temos

$$0 \le \|\mathbf{x} - \lambda\,\mathbf{y}\|_2^2 = \sum_{i=1}^{n} (x_i - \lambda y_i)^2 = \sum_{i=1}^{n} x_i^2 - 2\lambda \sum_{i=1}^{n} x_i y_i + \lambda^2 \sum_{i=1}^{n} y_i^2,$$

de modo que

$$2\lambda \sum_{i=1}^{n} x_i y_i \le \sum_{i=1}^{n} x_i^2 + \lambda^2 \sum_{i=1}^{n} y_i^2 = \|\mathbf{x}\|_2^2 + \lambda^2 \|\mathbf{y}\|_2^2.$$

Entretanto, $\|\mathbf{x}\|_2 > 0$ e $\|\mathbf{y}\|_2 > 0$, de modo que podemos fazer $\lambda = \|\mathbf{x}\|_2/\|\mathbf{y}\|_2$ para obter

$$\left(2\frac{\|\mathbf{x}\|_2}{\|\mathbf{y}\|_2}\right)\left(\sum_{i=1}^{n} x_i y_i\right) \le \|\mathbf{x}\|_2^2 + \frac{\|\mathbf{x}\|_2^2}{\|\mathbf{y}\|_2^2}\|\mathbf{y}\|_2^2 = 2\|\mathbf{x}\|_2^2.$$

Logo,

$$2\sum_{i=1}^{n} x_i y_i \le 2\|\mathbf{x}\|_2^2 \frac{\|\mathbf{y}\|_2}{\|\mathbf{x}\|_2} = 2\|\mathbf{x}\|_2\|\mathbf{y}\|_2,$$

e,

$$\mathbf{x}^t\mathbf{y} = \sum_{i=1}^{n} x_i y_i \le \|\mathbf{x}\|_2\|\mathbf{y}\|_2 = \left\{\sum_{i=1}^{n} x_i^2\right\}^{1/2} \left\{\sum_{i=1}^{n} y_i^2\right\}^{1/2}. \qquad \blacksquare$$

Há muitas formas para esta desigualdade, por isso também muitos descobridores. Augustin Louis Cauchy (1789-1857) descreveu esta desigualdade em 1821 em *Cours d'Analyse Algébrique*, o primeiro livro rigoroso de cálculo. Uma forma integral da desigualdade apareceu no trabalho de Viktor Yakovlevich Bunyakovsky (1804-1889), em 1859, e Hermann Amandus Schwarz (1843-1921) usou uma forma de integral dupla desta desigualdade, em 1885. Mais detalhes sobre a história podem ser encontrados em [Stee].

Com este resultado, vemos que, para cada $\mathbf{x}, \mathbf{y} \in \mathbb{R}^n$,

$$\|\mathbf{x} + \mathbf{y}\|_2^2 = \sum_{i=1}^{n} (x_i + y_i)^2 = \sum_{i=1}^{n} x_i^2 + 2\sum_{i=1}^{n} x_i y_i + \sum_{i=1}^{n} y_i^2 \le \|\mathbf{x}\|_2^2 + 2\|\mathbf{x}\|_2\|\mathbf{y}\|_2 + \|\mathbf{y}\|_2^2,$$

o que nos dá a propriedade de norma **(iv)**:

$$\|\mathbf{x} + \mathbf{y}\|_2 \le (\|\mathbf{x}\|_2^2 + 2\|\mathbf{x}\|_2\|\mathbf{y}\|_2 + \|\mathbf{y}\|_2^2)^{1/2} = \|\mathbf{x}\|_2 + \|\mathbf{y}\|_2.$$

Distância entre vetores em $\mathbb{R}^n$

A uma norma de um vetor é dada a medida da distância entre um vetor arbitrário e o vetor zero, do mesmo modo que o valor absoluto de um número real descreve sua distância ao 0. De modo análogo, **distância entre dois vetores** é definida como a norma da diferença dos vetores, do mesmo modo que a distância entre dois números reais é o valor absoluto de sua diferença.

Definição 7.4 Se $\mathbf{x} = (x_1, x_2, \ldots, x_n)^t$ e $\mathbf{y} = (y_1, y_2, \ldots, y_n)^t$ são vetores em $\mathbb{R}^n$, as distâncias l_2 e l_∞ entre $\mathbf{x}$ e $\mathbf{y}$ são definidas por

$$\|\mathbf{x}-\mathbf{y}\|_2 = \left\{\sum_{i=1}^{n}(x_i - y_i)^2\right\}^{1/2} \quad \text{e} \quad \|\mathbf{x}-\mathbf{y}\|_\infty = \max_{1\le i\le n} |x_i - y_i|. \quad \blacksquare$$

EXEMPLO 2 O sistema linear

$$\begin{aligned} 3{,}3330x_1 + 15920x_2 - 10{,}333x_3 &= 15913,\\ 2{,}2220x_1 + 16{,}710x_2 + 9{,}6120x_3 &= 28{,}544,\\ 1{,}5611x_1 + 5{,}1791x_2 + 1{,}6852x_3 &= 8{,}4254 \end{aligned}$$

tem a solução exata $\mathbf{x} = (x_1, x_2, x_3)^t = (1, 1, 1)^t$. Se for feita eliminação de Gauss, em aritmética com arredondamento de cinco algarismos, usando pivotamento parcial (Algoritmo 6.2), a solução aproximada obtida é

$$\tilde{\mathbf{x}} = (\tilde{x}_1, \tilde{x}_2, \tilde{x}_3)^t = (1{,}2001, 0{,}99991, 0{,}92538)^t.$$

Determine as distâncias l_2 e l_∞ entre as soluções exata e aproximada.

Solução Medidas de $\mathbf{x} - \tilde{\mathbf{x}}$ são dadas por

$$\begin{aligned} \|\mathbf{x} - \tilde{\mathbf{x}}\|_\infty &= \max\{|1 - 1{,}2001|, |1 - 0{,}99991|, |1 - 0{,}92538|\}\\ &= \max\{0{,}2001, 0{,}00009, 0{,}07462\} = 0{,}2001 \end{aligned}$$

e

$$\begin{aligned} \|\mathbf{x} - \tilde{\mathbf{x}}\|_2 &= [(1 - 1{,}2001)^2 + (1 - 0{,}99991)^2 + (1 - 0{,}92538)^2]^{1/2}\\ &= [(0{,}2001)^2 + (0{,}00009)^2 + (0{,}07462)^2]^{1/2} = 0{,}21356. \end{aligned}$$

Embora as componentes $\tilde{x}_2$ e $\tilde{x}_3$ sejam boas aproximações para x_2 e x_3, a componente $\tilde{x}_1$ é uma aproximação ruim de x_1, e $|x_1 - \tilde{x}_1|$ domina ambas as normas. ■

O conceito de distância em $\mathbb{R}^n$ é também usado para definir o limite de uma sequência de vetores neste espaço.

Definição 7.5 Diz-se que uma sequência de vetores $\{\mathbf{x}^{(k)}\}_{k=1}^{\infty}$ em $\mathbb{R}^n$ **converge** para $\mathbf{x}$ com relação à norma $\|\cdot\|$ se, dado qualquer $\varepsilon > 0$, existir um inteiro $N(\varepsilon)$ tal que

$$\|\mathbf{x}^{(k)} - \mathbf{x}\| < \varepsilon, \qquad \text{para todo } k \ge N(\varepsilon). \quad \blacksquare$$

▶Teorema 7.6 A sequência de vetores $\{\mathbf{x}^{(k)}\}$ converge para $\mathbf{x}$ em $\mathbb{R}^n$ com relação à norma l_∞ se, e somente se, $\lim_{k\to\infty} x_i^{(k)} = x_i$, para cada $i = 1, 2, \ldots, n$.

Demonstração Suponha que $\{\mathbf{x}^{(k)}\}$ convirja para $\mathbf{x}$ com relação à norma l_∞. Dado qualquer $\varepsilon > 0$, existe um inteiro $N(\varepsilon)$ tal que, para todo $k \geq N(\varepsilon)$,

$$\max_{i=1,2,\ldots,n} |x_i^{(k)} - x_i| = \|\mathbf{x}^{(k)} - \mathbf{x}\|_\infty < \varepsilon.$$

Este resultado implica que $|x_i^{(k)} - x_i| < \varepsilon$, para cada $i = 1, 2, \ldots, n$ de modo que $\lim_{k\to\infty} x_i^{(k)} = x_i$, para cada i.

Reciprocamente, suponha que $\lim_{k\to\infty} x_i^{(k)} = x_i$, para cada $i = 1, 2, \ldots, n$. Para um dado $\varepsilon > 0$, represente por $N_i(\varepsilon)$, para cada i, um inteiro com a propriedade que

$$|x_i^{(k)} - x_i| < \varepsilon,$$

sempre que $k \geq N_i(\varepsilon)$.

Defina $N(\varepsilon) = \max_{i=1,2,\ldots,n} N_i(\varepsilon)$. Se $k \geq N(\varepsilon)$, então

$$\max_{i=1,2,\ldots,n} |x_i^{(k)} - x_i| = \|\mathbf{x}^{(k)} - \mathbf{x}\|_\infty < \varepsilon.$$

Isto implica que $\{\mathbf{x}^{(k)}\}$ converge para $\mathbf{x}$ com relação à norma l_∞. ■

EXEMPLO 3 Mostre que

$$\mathbf{x}^{(k)} = (x_1^{(k)}, x_2^{(k)}, x_3^{(k)}, x_4^{(k)})^t = \left(1, 2 + \frac{1}{k}, \frac{3}{k^2}, e^{-k} \operatorname{sen} k\right)^t.$$

converge para $\mathbf{x} = (1, 2, 0, 0)^t$ com relação à norma l_∞.

Solução Já que

$$\lim_{k\to\infty} 1 = 1, \quad \lim_{k\to\infty} (2 + 1/k) = 2, \quad \lim_{k\to\infty} 3/k^2 = 0 \quad \text{e} \quad \lim_{k\to\infty} e^{-k} \operatorname{sen} k = 0,$$

o Teorema 7.6 implica que a sequência $\{\mathbf{x}^{(k)}\}$ converge para $(1, 2, 0, 0)^t$ com relação à norma l_∞. ■

Mostrar diretamente que a sequência no Exemplo 3 converge para $(1, 2, 0, 0)^t$ com relação à norma l_2 é um tanto complicado. É mais fácil demonstrar o próximo resultado e aplicá-lo a este caso especial.

▶Teorema 7.7 Para cada $\mathbf{x} \in \mathbb{R}^n$,

$$\|\mathbf{x}\|_\infty \leq \|\mathbf{x}\|_2 \leq \sqrt{n}\,\|\mathbf{x}\|_\infty.$$

Demonstração Seja x_j uma coordenada de $\mathbf{x}$ tal que $\|\mathbf{x}\|_\infty = \max_{1\le i\le n}|x_i| = |x_j|$. Então

$$\|\mathbf{x}\|_\infty^2 = |x_j|^2 = x_j^2 \le \sum_{i=1}^{n} x_i^2 = \|\mathbf{x}\|_2^2,$$

e

$$\|\mathbf{x}\|_\infty \le \|\mathbf{x}\|_2.$$

Além disso,

$$\|\mathbf{x}\|_2^2 = \sum_{i=1}^{n} x_i^2 \le \sum_{i=1}^{n} x_j^2 = nx_j^2 = n\|\mathbf{x}\|_\infty^2,$$

e $\|\mathbf{x}\|_2 \le \sqrt{n}\,\|\mathbf{x}\|_\infty$. ∎

A Figura 7.3 ilustra este resultado quando $n = 2$.

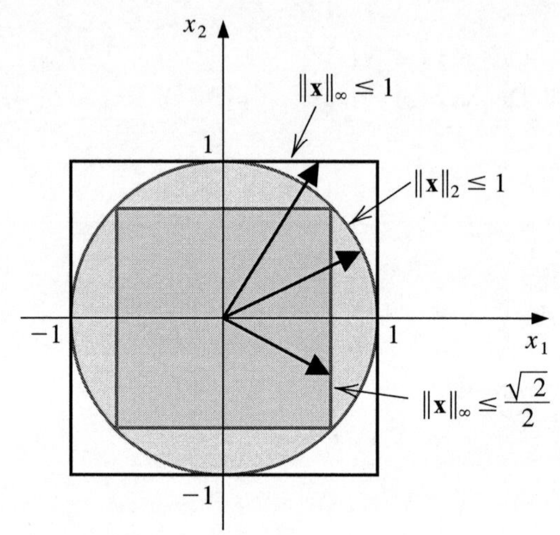

Figura 7.3

EXEMPLO 4

No Exemplo 3, vimos que a sequência $\{\mathbf{x}^{(k)}\}$, definida por

$$\mathbf{x}^{(k)} = \left(1, 2 + \frac{1}{k}, \frac{3}{k^2}, e^{-k}\,\text{sen}\,k\right)^t,$$

converge para $\mathbf{x} = (1, 2, 0, 0)^t$ com relação à norma l_∞. Mostre que esta sequência também converge para $\mathbf{x}$ com relação à norma l_2.

Solução Dado qualquer $\varepsilon > 0$, existe um inteiro $N(\varepsilon/2)$ com a propriedade que

$$\|\mathbf{x}^{(k)} - \mathbf{x}\|_\infty < \frac{\varepsilon}{2},$$

sempre que $k \ge N(\varepsilon/2)$. Pelo Teorema 7.7, isto implica que

$$\|\mathbf{x}^{(k)} - \mathbf{x}\|_2 \le \sqrt{4}\|\mathbf{x}^{(k)} - \mathbf{x}\|_\infty \le 2(\varepsilon/2) = \varepsilon,$$

quando $k \ge N(\varepsilon/2)$. Assim, $\{\mathbf{x}^{(k)}\}$ também converge para $\mathbf{x}$ com relação à norma l_2. ∎

Pode ser mostrado que todas as normas em $\mathbb{R}^n$ são equivalentes com relação à convergência; isto é, se $\|\cdot\|$ e $\|\cdot\|'$ forem quaisquer duas normas em $\mathbb{R}^n$ e $\{\mathbf{x}^{(k)}\}_{k=1}^{\infty}$ tiver o limite $\mathbf{x}$ com relação a $\|\cdot\|$, então $\{\mathbf{x}^{(k)}\}_{k=1}^{\infty}$ também terá o limite $\mathbf{x}$ com relação a $\|\cdot\|'$. A demonstração desse fato para o caso geral pode ser encontrada em [Or2], p. 8. O caso para as normas l_2 e l_∞ advém do Teorema 7.7.

Normas e distâncias de matrizes

Nas seções subsequentes neste e nos capítulos seguintes, precisaremos de métodos para determinar a distância entre matrizes $n \times n$. Isso exige novamente o uso de uma norma.

Definição 7.8 Uma **norma de matriz** no conjunto de todas as matrizes $n \times n$ é uma função a valores reais, $\|\cdot\|$, definida neste conjunto, satisfazendo, para todas as matrizes A e B, $n \times n$ e todos os números reais α:

(i) $\|A\| > 0$;
(ii) $\|A\| = 0$, se e somente se A for 0, a matriz com todos os elementos 0;
(iii) $\|\alpha A\| = |\alpha|\,\|A\|$;
(iv) $\|A + B\| \leq \|A\| + \|B\|$;
(v) $\|AB\| \leq \|A\|\,\|B\|$. ■

A **distância entre as matrizes** A e B $\boldsymbol{n \times n}$ com relação a esta norma de matriz é $\|A - B\|$.

Embora normas de matrizes possam ser obtidas de vários modos, as únicas normas que consideramos são, em geral, aquelas que são consequências naturais das normas de vetores l_2 e l_∞.

Estas normas são definidas utilizando-se o seguinte teorema, cuja demonstração é considerada no Exercício 17.

Teorema 7.9 Se $\|\cdot\|$ for uma norma de vetor em $\mathbb{R}^n$, então

$$\|A\| = \max_{\|\mathbf{x}\|=1} \|A\mathbf{x}\| \tag{7.2}$$

é uma norma de matriz. ■

Cada norma de vetor produz uma norma de matriz natural associada.

Normas de matrizes definidas por normas de vetores são chamadas **norma de matriz natural**, ou *induzida*, associadas à norma de vetor. Nesse texto, assumiremos que todas as normas de matrizes são normas de matrizes naturais, salvo quando especificado de outro modo.

Para qualquer $\mathbf{z} \neq \mathbf{0}$, o vetor $\mathbf{x} = \mathbf{z}/\|\mathbf{z}\|$ é um vetor unitário. Assim,

$$\max_{\|\mathbf{x}\|=1} \|A\mathbf{x}\| = \max_{\mathbf{z}\neq\mathbf{0}} \left\| A\left(\frac{\mathbf{z}}{\|\mathbf{z}\|}\right)\right\| = \max_{\mathbf{z}\neq\mathbf{0}} \frac{\|A\mathbf{z}\|}{\|\mathbf{z}\|},$$

e podemos alternativamente escrever

$$\|A\| = \max_{\mathbf{z}\neq\mathbf{0}} \frac{\|A\mathbf{z}\|}{\|\mathbf{z}\|}. \tag{7.3}$$

O seguinte corolário do Teorema 7.9 segue desta representação de $\|A\|$.

Corolário 7.10 Para qualquer vetor $\mathbf{z} \neq \mathbf{0}$, qualquer matriz A e qualquer norma natural $\|\cdot\|$, temos

$$\|A\mathbf{z}\| \leq \|A\| \cdot \|\mathbf{z}\|. \qquad \blacksquare$$

A medida dada a uma matriz por uma norma natural descreve o quanto a matriz alonga vetores unitários em relação a essa norma. O máximo alongamento é a norma da matriz. As normas de matrizes que consideraremos têm as formas

$$\|A\|_\infty = \max_{\|\mathbf{x}\|_\infty=1} \|A\mathbf{x}\|_\infty, \quad \text{a norma } l_\infty,$$

e

$$\|A\|_2 = \max_{\|\mathbf{x}\|_2=1} \|A\mathbf{x}\|_2, \quad \text{a norma } l_2.$$

Ilustrações destas normas quando $n = 2$ são mostradas nas Figuras 7.4 e 7.5 para a matriz

$$A = \begin{bmatrix} 0 & -2 \\ 2 & 0 \end{bmatrix}.$$

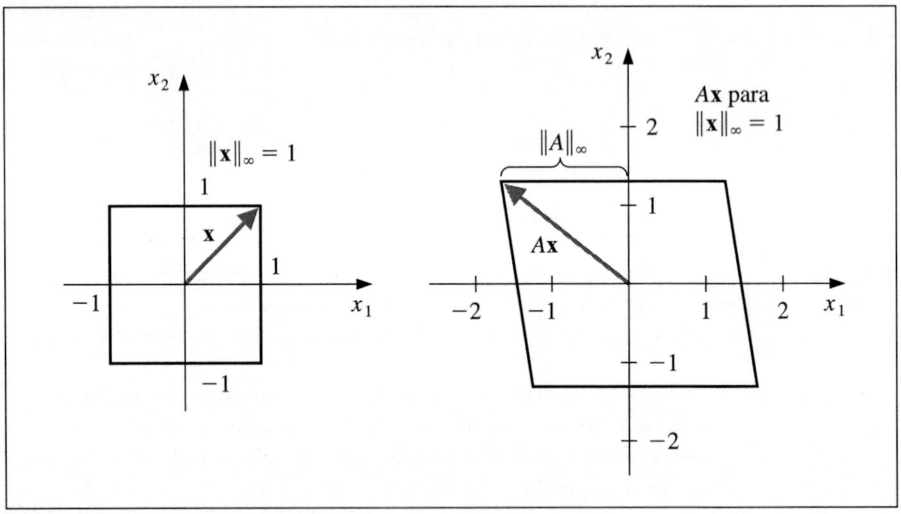

Figura 7.4

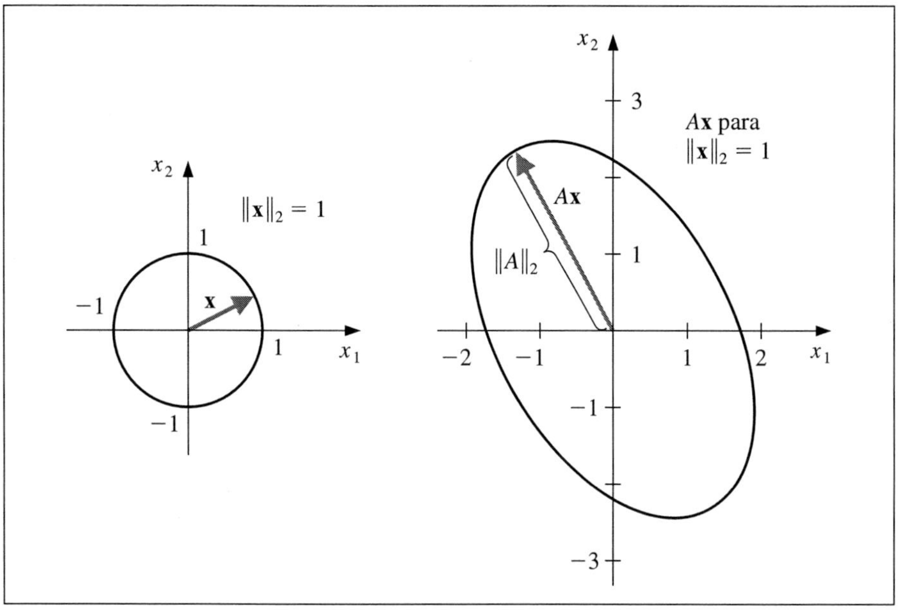

Figura 7.5

A norma l_∞ de uma matriz pode ser facilmente calculada a partir dos elementos da matriz.

▶ Teorema 7.11 Se $A = (a_{ij})$ for uma matriz $n \times n$, então $\|A\|_\infty = \max\limits_{1\le i\le n} \sum\limits_{j=1}^{n} |a_{ij}|$.

Demonstração Primeiro mostramos que $\|A\|_\infty \le \max\limits_{1\le i\le n} \sum\limits_{j=1}^{n} |a_{ij}|$.

Seja **x** um vetor n dimensional com $1 = \|\mathbf{x}\|_\infty = \max_{1\le i\le n} |x_i|$. Como $A\mathbf{x}$ também é um vetor n dimensional,

$$\|A\mathbf{x}\|_\infty = \max_{1\le i\le n} |(A\mathbf{x})_i| = \max_{1\le i\le n} \left| \sum_{j=1}^{n} a_{ij}x_j \right| \le \max_{1\le i\le n} \sum_{j=1}^{n} |a_{ij}| \max_{1\le i\le n} |x_j|.$$

Mas $\max_{1\le j\le n} |x_j| = \|\mathbf{x}\|_\infty = 1$, então

$$\|A\mathbf{x}\|_\infty \le \max_{1\le i\le n} \sum_{j=1}^{n} |a_{ij}|,$$

e, consequentemente,

$$\|A\|_\infty = \max_{\|\mathbf{x}\|_\infty=1} \|A\mathbf{x}\|_\infty \le \max_{1\le i\le n} \sum_{j=1}^{n} |a_{ij}|. \tag{7.4}$$

Agora mostraremos a desigualdade oposta. Seja p um inteiro com

$$\sum_{j=1}^{n} |a_{pj}| = \max_{1\le i\le n} \sum_{j=1}^{n} |a_{ij}|$$

e seja $\mathbf{x}$ o vetor com componentes

$$x_j = \begin{cases} 1, & \text{se } a_{pj} \ge 0, \\ -1, & \text{se } a_{pj} < 0. \end{cases}$$

Então $\|\mathbf{x}\|_\infty = 1$ e $a_{pj}x_j = |a_{pj}|$, para todo $j = 1, 2, \ldots, n$, de modo que

$$\|A\mathbf{x}\|_\infty = \max_{1\le i\le n} \left|\sum_{j=1}^{n} a_{ij}x_j\right| \ge \left|\sum_{j=1}^{n} a_{pj}x_j\right| = \left|\sum_{j=1}^{n} |a_{pj}|\right| = \max_{1\le i\le n} \sum_{j=1}^{n} |a_{ij}|.$$

Este resultado implica que

$$\|A\|_\infty = \max_{\|\mathbf{x}\|_\infty=1} \|A\mathbf{x}\|_\infty \ge \max_{1\le i\le n} \sum_{j=1}^{n} |a_{ij}|.$$

Isso junto com a Desigualdade (7.4) nos dá $\|A\|_\infty = \max_{1\le i\le n} \sum_{j=1}^{n} |a_{ij}|$. ■

EXEMPLO 5 Determine $\|A\|_\infty$ da matriz

$$A = \begin{bmatrix} 1 & 2 & -1 \\ 0 & 3 & -1 \\ 5 & -1 & 1 \end{bmatrix}.$$

Solução Temos

$$\sum_{j=1}^{3} |a_{1j}| = |1| + |2| + |-1| = 4, \qquad \sum_{j=1}^{3} |a_{2j}| = |0| + |3| + |-1| = 4,$$

e

$$\sum_{j=1}^{3} |a_{3j}| = |5| + |-1| + |1| = 7.$$

Assim, o Teorema 7.11 implica que $\|A\|_\infty = \max\{4, 4, 7\} = 7$. ■

Na próxima seção descobriremos um método alternativo para encontrar a norma l_2 de uma matriz.

EXERCÍCIOS 7.1

1. Encontre as normas l_∞ e l_2 dos vetores.
   a. $\mathbf{x} = (3, -4, 0, \frac{3}{2})^t$
   b. $\mathbf{x} = (2, 1, -3, 4)^t$
   c. $\mathbf{x} = (\operatorname{sen} k, \cos k, 2^k)^t$ para um inteiro positivo fixo k.
   d. $\mathbf{x} = (4/(k+1), 2/k^2, k^2e^{-k})^t$ para um inteiro positivo fixo k.
2. Encontre as normas l_∞ e l_2 dos vetores
   a. $\mathbf{x} = (2, -2, 1)^t$
   b. $\mathbf{x} = (-4/5, -2/5, 1/5, 2/5)^t$
   c. $\mathbf{x} = ((2+k)/k, 1/\sqrt{k}, -3)^t$ para um inteiro positivo fixo k
   d. $\mathbf{x} = ((3k+1)/(2k), 2, 0, 1/k)^t$ para um inteiro positivo fixo k
3. Demonstre que as seguintes sequências são convergentes e encontre seus limites.
   a. $\mathbf{x}^{(k)} = (1/k, e^{1-k}, -2/k^2)^t$
   b. $\mathbf{x}^{(k)} = (e^{-k}\cos k, k \operatorname{sen}(1/k), 3 + k^{-2})^t$
   c. $\mathbf{x}^{(k)} = (ke^{-k^2}, (\cos k)/k, \sqrt{k^2+k} - k)^t$
   d. $\mathbf{x}^{(k)} = (e^{1/k}, (k^2+1)/(1-k^2), (1/k^2)(1 + 3 + 5 + \cdots + (2k-1)))^t$
4. Demonstre que as seguintes sequências são convergentes e encontre seus limites.
   a. $\mathbf{x}^{(k)} = (2 + 1/k, -2 + 1/k, 1 + 1/k^2)^t$
   b. $\mathbf{x}^{(k)} = ((2+k)/k, k/(2+k), (2k+1)/k)^t$
   c. $\mathbf{x}^{(k)} = ((3k+1)/k^2, (1/k)\ln k, k^2e^{-k}, 2k/(1+2k))^t$
   d. $\mathbf{x}^{(k)} = \left(\dfrac{\cos k}{k}, \dfrac{\operatorname{sen} k}{k}, \dfrac{1-k}{k^2+1}, \dfrac{3k-2}{4k+1}\right)^t$
5. Encontre a normal l_∞ para as seguintes matrizes.
   a. $\begin{bmatrix} 10 & 15 \\ 0 & 1 \end{bmatrix}$ **b.** $\begin{bmatrix} 10 & 0 \\ 15 & 1 \end{bmatrix}$
   c. $\begin{bmatrix} 2 & -1 & 0 \\ -1 & 2 & -1 \\ 0 & -1 & 2 \end{bmatrix}$ **d.** $\begin{bmatrix} 4 & -1 & 7 \\ -1 & 4 & 0 \\ -7 & 0 & 4 \end{bmatrix}$
6. Encontre a normal l_∞ para as seguintes matrizes.
   a. $\begin{bmatrix} 10 & -1 \\ -1 & 11 \end{bmatrix}$ **b.** $\begin{bmatrix} 11 & -11 \\ 0 & 1 \end{bmatrix}$
   c. $\begin{bmatrix} \sqrt{2}/2 & -\sqrt{2}/2 & 1 \\ 1 & 0 & 0 \\ \pi & -1 & 2 \end{bmatrix}$ **d.** $\begin{bmatrix} 1/3 & -1/3 & 1/3 \\ -1/4 & 1/2 & 1/4 \\ 2 & -2 & -1 \end{bmatrix}$
7. Os seguintes sistemas lineares $A\mathbf{x} = \mathbf{b}$ têm $\mathbf{x}$ como a solução exata e $\tilde{\mathbf{x}}$ como uma solução aproximada. Calcule $\|\mathbf{x} - \tilde{\mathbf{x}}\|_\infty$ e $\|A\tilde{\mathbf{x}} - \mathbf{b}\|_\infty$.
   a.
   $$\frac{1}{2}x_1 + \frac{1}{3}x_2 = \frac{1}{63},$$
   $$\frac{1}{3}x_1 + \frac{1}{4}x_2 = \frac{1}{168},$$
   $$\mathbf{x} = \left(\frac{1}{7}, -\frac{1}{6}\right)^t,$$
   $$\tilde{\mathbf{x}} = (0{,}142, -0{,}166)^t.$$
   b.
   $$x_1 + 2x_2 + 3x_3 = 1,$$
   $$2x_1 + 3x_2 + 4x_3 = -1,$$
   $$3x_1 + 4x_2 + 6x_3 = 2,$$
   $$\mathbf{x} = (0, -7, 5)^t,$$
   $$\tilde{\mathbf{x}} = (-0{,}33, -7{,}9, 5{,}8)^t.$$

c. $x_1 + 2x_2 + 3x_3 = 1,$
$2x_1 + 3x_2 + 4x_3 = -1,$
$3x_1 + 4x_2 + 6x_3 = 2,$
$\mathbf{x} = (0, -7, 5)^t,$
$\tilde{\mathbf{x}} = (-0{,}2, -7{,}5, 5{,}4)^t.$

d. $0{,}04x_1 + 0{,}01x_2 - 0{,}01x_3 = 0{,}06,$
$0{,}2x_1 + 0{,}5x_2 - 0{,}2x_3 = 0{,}3,$
$x_1 + 2x_2 + 4x_3 = 11,$
$\mathbf{x} = (1{,}827586, 0{,}6551724, 1{,}965517)^t,$
$\tilde{\mathbf{x}} = (1{,}8, 0{,}64, 1{,}9)^t.$

8. Os seguintes sistemas lineares $A\mathbf{x} = \mathbf{b}$ têm $\mathbf{x}$ como a solução exata e $\tilde{\mathbf{x}}$ como uma solução aproximada. Calcule $\|\mathbf{x} - \tilde{\mathbf{x}}\|_\infty$ e $\|A\tilde{\mathbf{x}} - \mathbf{b}\|_\infty$.

a. $3{,}9x_1 + 1{,}5x_2 = 5{,}4,$
$6{,}8x_1 - 2{,}9x_2 = 3{,}9,$
$\mathbf{x} = (1, 1)^t,$
$\tilde{\mathbf{x}} = (0{,}98, 1{,}02)^t.$

b. $x_1 + 2x_2 = 3,$
$1{,}001x_1 - x_2 = 0{,}001,$
$\mathbf{x} = (1, 1)^t,$
$\tilde{\mathbf{x}} = (1{,}02, 0{,}98)^t.$

c. $x_1 + x_2 + x_3 = 2\pi,$
$-x_1 + x_2 - x_3 = 0,$
$x_1 + x_3 = \pi,$
$\mathbf{x} = (0, \pi, \pi)^t,$
$\tilde{\mathbf{x}} = (0{,}1, 3{,}18, 3{,}10)^t.$

d. $0{,}04x_1 + 0{,}01x_2 - 0{,}01x_3 = 0{,}0478,$
$0{,}4x_1 + 0{,}1x_2 - 0{,}2x_3 = 0{,}413,$
$x_1 + 2x_2 + 3x_3 = 0{,}14,$
$\mathbf{x} = (1{,}81, -1{,}81, 0{,}65)^t,$
$\tilde{\mathbf{x}} = (2, -2, 1)^t.$

EXERCÍCIOS TEÓRICOS

9. a. Verifique que a função $\|\cdot\|_1$, definida em $\mathbb{R}^n$ por

$$\|\mathbf{x}\|_1 = \sum_{i=1}^{n} |x_i|,$$

é uma norma em $\mathbb{R}^n$.

b. Encontre $\|\mathbf{x}\|_1$ para os vetores dados no Exercício 1.

c. Demonstre que, para todo $\mathbf{x} \in \mathbb{R}^n$, $\|\mathbf{x}\|_1 \geq \|\mathbf{x}\|_2$.

10. A norma de matriz $\|\cdot\|_1$, definida por $\|A\|_1 = \max_{\|\mathbf{x}\|_1=1} \|A\mathbf{x}\|_1$, pode ser calculada utilizando a fórmula

$$\|A\|_1 = \max_{1\leq j\leq n} \sum_{i=1}^{n} |a_{ij}|,$$

em que a norma de vetor $\|\cdot\|_1$ é definida no Exercício 9. Encontre $\|\cdot\|_1$ para as matrizes do Exercício 5.

11. Mostre, por exemplo, que $\|\cdot\|_{\infty}$, definida por $\|A\|_\infty = \max_{1\leq i,j\leq n} |a_{ij}|$, não define uma norma de matriz.

12. Mostre que $\|\cdot\|_{①}$, definida por

$$\|A\|_{①} = \sum_{i=1}^{n} \sum_{j=1}^{n} |a_{ij}|,$$

é uma norma de matriz. Encontre $\|\cdot\|_{①}$ para as matrizes do Exercício 5.

13. a. A norma de Frobenius (que não é uma norma natural) é definida para uma matriz A, $n \times n$, por

$$\|A\|_F = \left(\sum_{i=1}^{n} \sum_{j=1}^{n} |a_{ij}|^2 \right)^{1/2}.$$

Mostre que $\|\cdot\|_F$ é uma norma de matriz.

b. Encontre $\|\cdot\|_F$ para as matrizes do Exercício 5.

c. Para qualquer matriz A, mostre que $\|A\|_2 \leq \|A\|_F \leq n^{1/2}\|A\|_2$.

14. No Exercício 13, foi definida a norma de Frobenius de uma matriz. Mostre que para qualquer matriz A, $n \times n$, e qualquer vetor $\mathbf{x}$ em $\mathbb{R}^n$, $\|A\mathbf{x}\|_2 \leq \|A\|_F \|\mathbf{x}\|_2$.

15. Seja S uma matriz $n \times n$ definida positiva. Para qualquer $\mathbf{x}$ em $\mathbb{R}^n$ defina $\|\mathbf{x}\| = (\mathbf{x}^t S\mathbf{x})^{1/2}$. Mostre que isso define uma norma em $\mathbb{R}^n$. [*Sugestão*: use a fatoração de Cholesky de S para mostrar que $\mathbf{x}^t S\mathbf{y} = \mathbf{y}^t S\mathbf{x} \leq (\mathbf{x}^t S\mathbf{x})^{1/2}(\mathbf{y}^t S\mathbf{y})^{1/2}$].

16. Seja S uma matriz real e não singular e seja $\|\cdot\|$ qualquer norma em $\mathbb{R}^n$. Defina $\|\cdot\|'$ por $\|\mathbf{x}\|' = \|S\mathbf{x}\|$. Mostre que $\|\cdot\|'$ também é uma norma em $\mathbb{R}^n$.

17. Demonstre que, se $\|\cdot\|$ for uma norma de vetor em $\mathbb{R}^n$, então $\|A\| = \max_{\|\mathbf{x}\|=1}\|A\mathbf{x}\|$ é uma norma de matriz.

18. O seguinte excerto da *Mathematics Magazine* [Sz] fornece um modo alternativo para demonstrar a Desigualdade de Cauchy-Bunyakovsky-Schwarz.

a. Mostre que, quando $\mathbf{x} \neq \mathbf{0}$ e $\mathbf{y} \neq \mathbf{0}$, temos

$$\frac{\sum_{i=1}^n x_i y_i}{\left(\sum_{i=1}^n x_i^2\right)^{1/2}\left(\sum_{i=1}^n y_i^2\right)^{1/2}} = 1 - \frac{1}{2}\sum_{i=1}^n \left(\frac{x_i}{\left(\sum_{j=1}^n x_j^2\right)^{1/2}} - \frac{y_i}{\left(\sum_{j=1}^n y_j^2\right)^{1/2}}\right)^2.$$

b. Use o resultado da parte (a) para mostrar que

$$\sum_{i=1}^n x_i y_i \leq \left(\sum_{i=1}^n x_i^2\right)^{1/2}\left(\sum_{i=1}^n y_i^2\right)^{1/2}.$$

19. Mostre que a Desigualdade de Cauchy-Bunyakowsky-Schwarz pode ser generalizada para

$$\sum_{i=1}^n x_i y_i \leq \sum_{i=1}^n |x_i y_i| \leq \left(\sum_{i=1}^n x_i^2\right)^{1/2}\left(\sum_{i=1}^n y_i^2\right)^{1/2}.$$

QUESTÕES PARA DISCUSSÃO

1. A análise de erros para problemas relativos a vetores e matrizes envolve a medição do tamanho dos erros em um vetor ou uma matriz. Existem dois tipos comuns de análise de erro usadas para este propósito. Quais são elas e como as normas dos vetores e matrizes são usadas?
2. O que é a norma espectral e como ela difere das normas definidas nesta seção?
3. O que é a norma p e como ela difere das normas definidas nesta seção?
4. O que é a norma de Frobenius e como ela difere das normas definidas nesta seção?

7.2 Autovalores e autovetores

Uma matriz $m \times n$ pode ser considerada uma função que utiliza multiplicação de matrizes para transformar vetores colunas m dimensionais em vetores colunas n dimensionais. Assim, uma matriz $n \times m$ realmente corresponde a uma função linear de $\mathbb{R}^m$ para $\mathbb{R}^n$. Uma matriz quadrada A leva o conjunto de vetores n dimensionais em si mesmo, o que gera uma função linear de $\mathbb{R}^n$ para $\mathbb{R}^n$. Neste caso, certos vetores $\mathbf{x}$, não nulos, são paralelos a $A\mathbf{x}$, o que significa que existe uma constante λ tal que $A\mathbf{x} = \lambda\mathbf{x}$. Para esses vetores, temos

$(A - \lambda I)\mathbf{x} = \mathbf{0}$. Há uma conexão íntima entre esses valores de λ e a probabilidade de que um método iterativo convirja. Consideraremos essa conexão nesta seção.

Definição 7.12 Se A for uma matriz quadrada, o **polinômio característico** de A é definido por

$$p(\lambda) = \det(A - \lambda I).$$ ■

Não é difícil demonstrar (veja Exercício 15) que p é um polinômio de enésimo grau e, consequentemente, tem no máximo n zeros distintos, alguns dos quais podem ser complexos. Se λ for um zero de p, então, já que $\det(A - \lambda I) = 0$, o Teorema 6.17, na página 402, implica que o sistema linear definido por $(A - \lambda I)\mathbf{x} = \mathbf{0}$ tem uma solução $\mathbf{x} \neq \mathbf{0}$. Desejamos estudar os zeros de p e as soluções não nulas correspondentes a esses sistemas.

Definição 7.13 Se p for o polinômio característico da matriz A, os zeros de p são os **autovalores**, ou valores próprios, da matriz A. Se λ for um autovalor de A e $\mathbf{x} \neq \mathbf{0}$ satisfizer $(A - \lambda I)\mathbf{x} = \mathbf{0}$, então $\mathbf{x}$ é um **autovetor**, ou vetor próprio, de A correspondente ao autovalor λ. ■

Para determinar os autovalores de uma matriz, podemos usar o fato que

- λ é um autovalor de A se e somente se $\det(A - \lambda I) = 0$.

Uma vez que o autovalor λ tenha sido determinado, determina-se um autovetor correspondente $\mathbf{x} \neq \mathbf{0}$ pela resolução do sistema

- $(A - \lambda I)\mathbf{x} = \mathbf{0}$.

EXEMPLO 1 Mostre que não existe nenhum vetor não nulo $\mathbf{x}$ em $\mathbb{R}^2$ com $A\mathbf{x}$ paralelo a $\mathbf{x}$ se

$$A = \begin{bmatrix} 0 & 1 \\ -1 & 0 \end{bmatrix}.$$

Solução Os autovalores de A são os zeros do polinômio característico

$$0 = \det(A - \lambda I) = \det \begin{bmatrix} -\lambda & 1 \\ -1 & -\lambda \end{bmatrix} = \lambda^2 + 1,$$

de modo que os autovalores de A são os números complexos $\lambda_1 = i$ e $\lambda_2 = -i$. Um autovetor correspondente $\mathbf{x}$ para λ_1 precisa satisfazer

$$\begin{bmatrix} 0 \\ 0 \end{bmatrix} = \begin{bmatrix} -i & 1 \\ -1 & -i \end{bmatrix} \begin{bmatrix} x_1 \\ x_2 \end{bmatrix} = \begin{bmatrix} -ix_1 + x_2 \\ -x_1 - ix_2 \end{bmatrix},$$

ou seja, $0 = -ix_1 + x_2$, assim $x_2 = ix_1$, e $0 = -x_1 - ix_2$. Portanto, se $\mathbf{x}$ for um autovetor de A, então exatamente uma componente será real e a outra complexa. Como consequência, não há nenhum vetor não nulo $\mathbf{x}$ em $\mathbb{R}^2$ com $A\mathbf{x}$ paralelo a $\mathbf{x}$. ■

Se $\mathbf{x}$ for um autovetor associado ao autovalor λ, então $A\mathbf{x} = \lambda\mathbf{x}$, e assim a matriz A transforma o vetor $\mathbf{x}$ em um múltiplo escalar de si próprio.

- Se λ for real e se $\lambda > 1$, então A tem o efeito de alongar $\mathbf{x}$ por um fator λ, como ilustrado na Figura 7.6(a).
- Se $0 < \lambda < 1$, então A "encolhe" $\mathbf{x}$ por um fator λ (veja a Figura 7.6 (b)).
- Se $\lambda < 0$, os efeitos são similares (veja as Figuras 7.6(c) e (d)), embora o sentido de $A\mathbf{x}$ seja invertido.

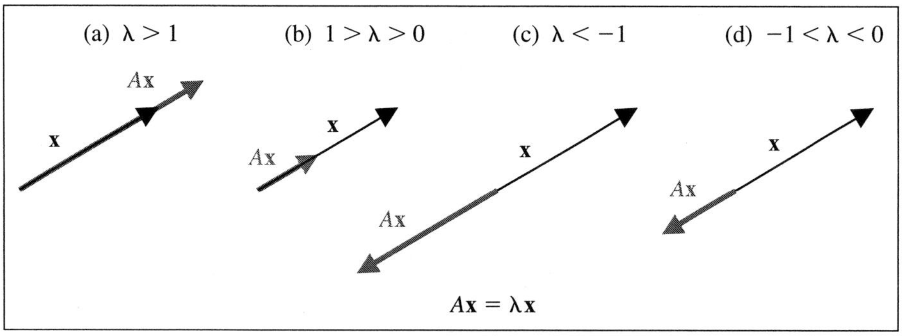

Figura 7.6

Observe também que se $\mathbf{x}$ for um autovetor de A associado ao autovalor λ e α for qualquer constante não nula, então $\alpha\mathbf{x}$ é também um autovetor, já que

$$A(\alpha\mathbf{x}) = \alpha(A\mathbf{x}) = \alpha(\lambda\mathbf{x}) = \lambda(\alpha\mathbf{x}).$$

Uma consequência importante disso é que, para qualquer norma de vetor $\|\cdot\|$, poderíamos escolher $\alpha = \pm\|\mathbf{x}\|^{-1}$, o que resultaria em $\alpha\mathbf{x}$ ser um autovetor com norma 1. Assim,

- para todo autovalor e qualquer norma de vetor, existem autovetores com norma 1.

EXEMPLO 2 Determine os autovalores e autovetores da matriz

$$A = \begin{bmatrix} 2 & 0 & 0 \\ 1 & 1 & 2 \\ 1 & -1 & 4 \end{bmatrix}.$$

Solução O polinômio característico é

$$p(\lambda) = \det(A - \lambda I) = \det \begin{bmatrix} 2-\lambda & 0 & 0 \\ 1 & 1-\lambda & 2 \\ 1 & -1 & 4-\lambda \end{bmatrix}$$

$$= -(\lambda^3 - 7\lambda^2 + 16\lambda - 12) = -(\lambda - 3)(\lambda - 2)^2,$$

de modo que há dois autovalores de A: $\lambda_1 = 3$ e $\lambda_2 = 2$.

Um autovetor $\mathbf{x}_1$ correspondente ao autovalor $\lambda_1 = 3$ é uma solução da equação matriz-vetor $(A - 3 \cdot I)\,\mathbf{x}_1 = \mathbf{0}$, e então,

$$\begin{bmatrix} 0 \\ 0 \\ 0 \end{bmatrix} = \begin{bmatrix} -1 & 0 & 0 \\ 1 & -2 & 2 \\ 1 & -1 & 1 \end{bmatrix} \cdot \begin{bmatrix} x_1 \\ x_2 \\ x_3 \end{bmatrix},$$

o que implica que $x_1 = 0$ e $x_2 = x_3$.

Qualquer valor não nulo de x_3 produz um autovetor para o autovalor $\lambda_1 = 3$. Por exemplo, quando $x_3 = 1$, temos o autovetor $\mathbf{x}_1 = (0, 1, 1)^t$. Qualquer autovetor de A correspondente a $\lambda = 3$ é um múltiplo não nulo de $\mathbf{x}_1$.

Um autovetor $\mathbf{x} \neq \mathbf{0}$ de A associado a $\lambda_2 = 2$ é uma solução do sistema $(A - 2 \cdot I)\,\mathbf{x} = \mathbf{0}$, e então

$$\begin{bmatrix} 0 \\ 0 \\ 0 \end{bmatrix} = \begin{bmatrix} 0 & 0 & 0 \\ 1 & -1 & 2 \\ 1 & -1 & 2 \end{bmatrix} \cdot \begin{bmatrix} x_1 \\ x_2 \\ x_3 \end{bmatrix}.$$

Nesse caso, o autovetor tem de satisfazer somente à equação

$$x_1 - x_2 + 2x_3 = 0$$

o que pode ser feito de várias formas. Por exemplo, quando $x_1 = 0$, temos $x_2 = 2x_3$, de modo que uma escolha seria $\mathbf{x}_2 = (0, 2, 1)^t$. Também é possível escolher $x_2 = 0$, o que requer que $x_1 = -2x_3$. Então, $\mathbf{x}_3 = (-2, 0, 1)^t$ fornece um segundo autovetor para o autovalor $\lambda_2 = 2$, que não é um múltiplo de $\mathbf{x}_2$. Os autovetores de A correspondentes ao autovalor $\lambda_2 = 2$ geram um plano inteiro. Este plano é descrito por todos os vetores da forma

$$\alpha\mathbf{x}_2 + \beta\mathbf{x}_3 = (-2\beta, 2\alpha, \alpha + \beta)^t,$$

para constantes arbitrárias α e β, contanto que ao menos uma das constantes seja não nula. ■

As noções de autovalores e autovetores são introduzidas aqui por uma conveniência computacional específica, mas esses conceitos surgem frequentemente no estudo de sistemas físicos. De fato, eles são de interesse suficiente para que o Capítulo 9 seja dedicado à sua aproximação numérica.

Raio espectral

Definição 7.14 O **raio espectral** $\rho(A)$ de uma matriz A é definido por

$$\rho(A) = \max |\lambda|, \qquad \text{em que } \lambda \text{ é um autovalor de } A.$$

(Para o complexo $\lambda = \alpha + \beta i$, temos $|\lambda| = (\alpha^2 + \beta^2)^{1/2}$.) ■

Para a matriz considerada no Exemplo 2, $\rho(A) = \max\{2,3\} = 3$.

O raio espectral está intimamente relacionado à norma de uma matriz, conforme mostrado no teorema a seguir.

Teorema 7.15 Se A é uma matriz $n \times n$, então

(i) $\|A\|_2 = [\rho(A^t A)]^{1/2}$,
(ii) $\rho(A) \leq \|A\|$, para qualquer norma natural $\|\cdot\|$. ■

Demonstração A demonstração da parte (i) exige mais informação a respeito de autovalores que as que temos atualmente disponíveis. Para os detalhes envolvidos na demonstração, consulte [Or2], p. 21.

Para demonstrar a parte (ii), suponha que λ seja um autovalor de A com autovetor $\mathbf{x}$ e $\|\mathbf{x}\| = 1$. Como $A\mathbf{x} = \lambda\mathbf{x}$,

$$|\lambda| = |\lambda| \cdot \|\mathbf{x}\| = \|\lambda\mathbf{x}\| = \|A\mathbf{x}\| \leq \|A\|\,\|\mathbf{x}\| = \|A\|.$$

Assim,

$$\rho(A) = \max|\lambda| \leq \|A\|.$$ ■

A parte (i) do Teorema 7.15 implica que, se A for simétrica, então $\|A\|_2 = \rho(A)$ (veja o Exercício 18).

Um resultado interessante e útil, que é similar à parte (ii) do Teorema 7.15, é que, para qualquer matriz A e qualquer $\varepsilon > 0$, há uma norma natural $\|\cdot\|$ com a propriedade de que $\rho(A) < \|A\| < \rho(A) + \varepsilon$. Consequentemente, $\rho(A)$ é o maior limitante inferior para as normas naturais em A. A demonstração desse resultado pode ser encontrada em [Or2], p. 23.

EXEMPLO 3 Determine a norma l_2 de

$$A = \begin{bmatrix} 1 & 1 & 0 \\ 1 & 2 & 1 \\ -1 & 1 & 2 \end{bmatrix}.$$

Solução Para aplicar o Teorema 7.15, precisamos calcular $\rho(A^t A)$, de modo que primeiro precisamos dos autovalores de $A^t A$:

$$A^t A = \begin{bmatrix} 1 & 1 & -1 \\ 1 & 2 & 1 \\ 0 & 1 & 2 \end{bmatrix} \begin{bmatrix} 1 & 1 & 0 \\ 1 & 2 & 1 \\ -1 & 1 & 2 \end{bmatrix} = \begin{bmatrix} 3 & 2 & -1 \\ 2 & 6 & 4 \\ -1 & 4 & 5 \end{bmatrix}.$$

Se

$$0 = \det(A^t A - \lambda I) = \det \begin{bmatrix} 3-\lambda & 2 & -1 \\ 2 & 6-\lambda & 4 \\ -1 & 4 & 5-\lambda \end{bmatrix}$$
$$= -\lambda^3 + 14\lambda^2 - 42\lambda = -\lambda(\lambda^2 - 14\lambda + 42),$$

então $\lambda = 0$ ou $\lambda = 7 \pm \sqrt{7}$. Pelo Teorema 7.15, temos

$$\|A\|_2 = \sqrt{\rho(A^t A)} = \sqrt{\max\{0, 7-\sqrt{7}, 7+\sqrt{7}\}} = \sqrt{7+\sqrt{7}} \approx 3{,}106.$$ ■

Matrizes convergentes

Ao estudar técnicas iterativas para matrizes, é particularmente importante saber quando potências de uma matriz se tornam pequenas (isto é, quando todos os elementos se aproximam de zero). Matrizes desse tipo são denominadas *convergentes*.

Definição 7.16 Dizemos que uma matriz A, $n \times n$ é convergente se

$$\lim_{k\to\infty} (A^k)_{ij} = 0, \qquad \text{para cada } i = 1, 2, \ldots, n \quad \text{e} \quad j = 1, 2, \ldots, n. \qquad \blacksquare$$

EXEMPLO 4 Mostre que

$$A = \begin{bmatrix} \frac{1}{2} & 0 \\ \frac{1}{4} & \frac{1}{2} \end{bmatrix}$$

é uma matriz convergente.

Solução Calculando potências de A, obtemos:

$$A^2 = \begin{bmatrix} \frac{1}{4} & 0 \\ \frac{1}{4} & \frac{1}{4} \end{bmatrix}, \quad A^3 = \begin{bmatrix} \frac{1}{8} & 0 \\ \frac{3}{16} & \frac{1}{8} \end{bmatrix}, \quad A^4 = \begin{bmatrix} \frac{1}{16} & 0 \\ \frac{1}{8} & \frac{1}{16} \end{bmatrix},$$

e, em geral,

$$A^k = \begin{bmatrix} (\frac{1}{2})^k & 0 \\ \frac{k}{2^{k+1}} & (\frac{1}{2})^k \end{bmatrix}.$$

Assim, A é uma matriz convergente, já que

$$\lim_{k\to\infty} \left(\frac{1}{2}\right)^k = 0 \quad \text{e} \quad \lim_{k\to\infty} \frac{k}{2^{k+1}} = 0. \qquad \blacksquare$$

Observe que a matriz convergente A no Exemplo 4 tem $\rho(A) = \frac{1}{2}$, já que $\frac{1}{2}$ é o único autovalor de A. Isso ilustra a importante conexão que existe entre o raio espectral de uma matriz e a convergência da matriz, conforme detalhado no seguinte resultado.

Teorema 7.17 As seguintes afirmações são equivalentes.

(i) A é uma matriz convergente.
(ii) $\lim_{n\to\infty} \|A^n\| = 0$, para alguma norma natural.
(iii) $\lim_{n\to\infty} \|A^n\| = 0$, para todas as normas naturais.
(iv) $\rho(A) < 1$.
(v) $\lim_{n\to\infty} A^n\mathbf{x} = \mathbf{0}$, para todo $\mathbf{x}$. $\blacksquare$

A demonstração deste teorema pode ser encontrada em [IK], p. 14.

EXERCÍCIOS 7.2

1. Calcule os autovalores e os autovetores associados das seguintes matrizes.

a. $\begin{bmatrix} 2 & -1 \\ -1 & 2 \end{bmatrix}$ b. $\begin{bmatrix} 0 & 1 \\ 1 & 1 \end{bmatrix}$ c. $\begin{bmatrix} 0 & \frac{1}{2} \\ \frac{1}{2} & 0 \end{bmatrix}$

d. $\begin{bmatrix} 2 & 1 & 0 \\ 1 & 2 & 0 \\ 0 & 0 & 3 \end{bmatrix}$ e. $\begin{bmatrix} -1 & 2 & 0 \\ 0 & 3 & 4 \\ 0 & 0 & 7 \end{bmatrix}$ f. $\begin{bmatrix} 2 & 1 & 1 \\ 2 & 3 & 2 \\ 1 & 1 & 2 \end{bmatrix}$

2. Calcule os autovalores e autovetores associados das seguintes matrizes.

a. $\begin{bmatrix} 1 & 1 \\ -2 & -2 \end{bmatrix}$ b. $\begin{bmatrix} -1 & -1 \\ \frac{1}{3} & \frac{1}{6} \end{bmatrix}$ c. $\begin{bmatrix} 3 & 4 \\ 1 & 0 \end{bmatrix}$

d. $\begin{bmatrix} 3 & 2 & -1 \\ 1 & -2 & 3 \\ 2 & 0 & 4 \end{bmatrix}$ e. $\begin{bmatrix} \frac{1}{2} & 0 & 0 \\ -1 & \frac{1}{2} & 0 \\ 2 & 2 & -\frac{1}{3} \end{bmatrix}$ f. $\begin{bmatrix} 2 & 0 & 0 \\ 0 & 2 & 4 \\ 0 & -1 & 2 \end{bmatrix}$

3. Calcule os autovalores complexos e os autovalores associados das seguintes matrizes.

a. $\begin{bmatrix} 2 & 2 \\ -1 & 2 \end{bmatrix}$ b. $\begin{bmatrix} 1 & 2 \\ -1 & 2 \end{bmatrix}$

4. Calcule os autovalores complexos e os autovalores associados das seguintes matrizes.

a. $\begin{bmatrix} 1 & 0 & 2 \\ 0 & 1 & -1 \\ -1 & 1 & 1 \end{bmatrix}$ b. $\begin{bmatrix} 0 & 1 & -2 \\ 1 & 0 & 0 \\ 1 & 1 & 1 \end{bmatrix}$

5. Encontre o raio espectral para cada matriz no Exercício 1.
6. Encontre o raio espectral para cada matriz no Exercício 2.
7. Quais das matrizes no Exercício 1 são convergentes?
8. Quais das matrizes no Exercício 2 são convergentes?
9. Encontre a norma l_2 das matrizes no Exercício 1.
10. Encontre a norma l_2 das matrizes no Exercício 2.
11. Sejam $A_1 = \begin{bmatrix} 1 & 0 \\ \frac{1}{4} & \frac{1}{2} \end{bmatrix}$ e $A_2 = \begin{bmatrix} \frac{1}{2} & 0 \\ 16 & \frac{1}{2} \end{bmatrix}$. Mostre que A_1 não é convergente, mas A_2 é convergente.
12. Uma matriz A, $n \times n$, é dita *nilpotente* se existe um inteiro m com $A^m = O$. Mostre que, se λ for um autovalor de uma matriz nilpotente, então $\lambda = 0$.

EXERCÍCIOS APLICADOS

13. No Exercício 11 da Seção 6.3, supusemos que a contribuição de um besouro fêmea de certo tipo para a população de besouros dos anos futuros poderia ser expressa em termos da matriz

$$A = \begin{bmatrix} 0 & 0 & 6 \\ \frac{1}{2} & 0 & 0 \\ 0 & \frac{1}{3} & 0 \end{bmatrix},$$

em que o elemento na i-ésima linha e j-ésima coluna representa a contribuição probabilística de um besouro com a idade j para população feminina de idade i do ano seguinte.

a. A matriz A tem algum autovalor real? Se sim, determine-os, além de quaisquer autovetores associados.

b. Se, para testes de laboratório, fosse necessária uma amostra dessa espécie que tivesse uma proporção constante em cada grupo etário de ano para ano, quais critérios poderiam ser impostos sobre a população inicial para garantir que essa exigência fosse satisfeita?

14. No Exercício 11 da Seção 6.5, foi considerada a população fêmea de besouros, o que levou à seguinte matriz

$$A = \begin{bmatrix} 0 & 1/8 & 1/4 & 1/2 \\ 1/2 & 0 & 0 & 0 \\ 0 & 1/4 & 0 & 0 \\ 0 & 0 & 1/8 & 0 \end{bmatrix},$$

na qual os elementos a_{ij} denotam a contribuição que um único besouro fêmea com idade j terá para a população de besouros fêmeas de idade i no próximo ano.

a. Encontre o polinômio característico de A.

b. Encontre o raio espectral $\rho(A)$.

c. Dada qualquer população inicial $\mathbf{x} = (x_1, x_2, x_3, x_4)^t$, de besouros fêmeas, o que acabará acontecendo?

EXERCÍCIOS TEÓRICOS

15. Mostre que o polinômio característico $p(\lambda) = \det(A - \lambda I)$ da matriz, A, $n \times n$, é um polinômio de enésimo grau. [*Sugestão*: expanda o $\det(A - \lambda I)$ ao longo da primeira linha e use indução matemática em n.]

16. a. Mostre que, se A for uma matriz $n \times n$, então

$$\det A = \prod_{i=1}^{n} \lambda_1,$$

em que $\lambda_i, \ldots, \lambda_n$ são os autovalores de A. [Sugestão: considere $p(0)$.]

b. Mostre que A é singular se e somente se $\lambda = 0$ for um autovalor de A.

17. Seja λ um autovalor da matriz, A, $n \times n$, e seja $\mathbf{x} \neq \mathbf{0}$ um autovetor associado.

a. Mostre que λ é também um autovalor de A^t.

b. Mostre que, para qualquer inteiro $k \geq 1$, λ^k é um autovalor de A^k com autovetor $\mathbf{x}$.

c. Mostre que, se A^{-1} existir, então $1/\lambda$ é um autovalor de A^{-1} com autovetor $\mathbf{x}$.

d. Generalize as partes (b) e (c) para $(A^{-1})^k$ para inteiros $k \geq 2$.

e. Dado o polinômio $q(x) = q_0 + q_1 x + \cdots + q_k x^k$, defina $q(A)$ como sendo a matriz $q(A) = q_0 I + q_1 A + \cdots + q_k A^k$. Mostre que $q(\lambda)$ é um autovalor de $q(A)$ com autovetor $\mathbf{x}$.

f. Seja dado $\alpha \neq \lambda$. Mostre que se $A - \alpha I$ é não singular, então $1/(\lambda - \alpha)$ é um autovalor de $(A - \alpha I)^{-1}$ com autovetor $\mathbf{x}$.

18. Mostre que, se A é simétrica, então $\|A\|_2 = \rho(A)$.

19. Encontre matrizes A e B para as quais $\rho(A + B) > \rho(A) + \rho(B)$. (Isto mostra que $\rho(A)$ não pode ser uma norma de matriz.)

20. Mostre que, se $\|\cdot\|$ for qualquer norma natural, então $(\|A^{-1}\|)^{-1} \leq |\lambda| \leq \|A\|$ para qualquer autovalor λ da matriz não singular A.

QUESTÕES PARA DISCUSSÃO

1. Encontre uma aplicação, na qual um autovalor 1 tenha um significado importante.
2. Discuta o significado geométrico do raio espectral em relação aos autovalores da matriz A.
3. Em quais circunstâncias, o raio espectral de uma matriz também é um autovalor da matriz?

7.3 Técnicas iterativas de Jacobi e Gauss-Seidel

Nesta seção descrevemos os métodos iterativos de Jacobi e de Gauss-Seidel, métodos clássicos datados do fim do século XVIII. Técnicas iterativas são raramente utilizadas para a solução de sistemas lineares de pequena dimensão, já que o tempo necessário para obter precisão suficiente excede o necessário por técnicas diretas, tais como a eliminação de Gauss. Para grandes sistemas com alta porcentagem de elementos 0, todavia, essas técnicas são eficientes em termos tanto de armazenamento no computador quanto de cálculos. Sistemas desse tipo surgem frequentemente em análise de circuitos e na solução numérica de problemas de contorno e equações diferenciais parciais.

Uma técnica iterativa para a solução do sistema linear, $A\mathbf{x} = \mathbf{b}$, $n \times n$, começa com uma aproximação inicial $\mathbf{x}^{(0)}$ para a solução $\mathbf{x}$ e gera uma sequência de vetores $\{\mathbf{x}^{(k)}\}_{k=0}^{\infty}$ que converge para $\mathbf{x}$.

Método de Jacobi

O **método iterativo de Jacobi** é obtido isolando-se x_i na i-ésima equação de $A\mathbf{x} = \mathbf{b}$ para obter (contanto que $a_{ii} \neq 0$)

$$x_i = \sum_{\substack{j=1\\ j\neq i}}^{n} \left(-\frac{a_{ij}x_j}{a_{ii}} \right) + \frac{b_i}{a_{ii}}, \qquad \text{para } i = 1, 2, \ldots, n.$$

Para cada $k \geq 1$, gere as componentes $x_i^{(k)}$ de $\mathbf{x}^{(k)}$ a partir das componentes de $\mathbf{x}^{(k-1)}$ por

$$x_i^{(k)} = \frac{1}{a_{ii}} \left[\sum_{\substack{j=1\\ j\neq i}}^{n} \left(-a_{ij}x_j^{(k-1)} \right) + b_i \right], \qquad \text{para } i = 1, 2, \ldots, n. \tag{7.5}$$

EXEMPLO 1 O sistema linear $A\mathbf{x} = \mathbf{b}$ dado por

$$\begin{array}{rrcrcrcrcr}
E_1: & 10x_1 & - & x_2 & + & 2x_3 & & & = & 6, \\
E_2: & -x_1 & + & 11x_2 & - & x_3 & + & 3x_4 & = & 25, \\
E_3: & 2x_1 & - & x_2 & + & 10x_3 & - & x_4 & = & -11, \\
E_4: & & & 3x_2 & - & x_3 & + & 8x_4 & = & 15
\end{array}$$

tem a solução única $\mathbf{x} = (1, 2, -1)^t$. Use a técnica iterativa de Jacobi para determinar aproximações $\mathbf{x}^{(k)}$ de $\mathbf{x}$, começando com $\mathbf{x}^{(0)} = (0, 0, 0, 0)^t$ até que

$$\frac{\|\mathbf{x}^{(k)} - \mathbf{x}^{(k-1)}\|_\infty}{\|\mathbf{x}^{(k)}\|_\infty} < 10^{-3}.$$

Solução Primeiramente, isolaremos x_1 na equação E_i para cada $i = 1,2,3,4$, para obter

$$\begin{aligned}
x_1 &= \qquad\quad \frac{1}{10}x_2 - \frac{1}{5}x_3 \qquad\qquad + \frac{3}{5}, \\
x_2 &= \frac{1}{11}x_1 \qquad\quad + \frac{1}{11}x_3 - \frac{3}{11}x_4 + \frac{25}{11}, \\
x_3 &= -\frac{1}{5}x_1 + \frac{1}{10}x_2 \qquad\quad + \frac{1}{10}x_4 - \frac{11}{10}, \\
x_4 &= \qquad\quad -\frac{3}{8}x_2 + \frac{1}{8}x_3 \qquad\qquad + \frac{15}{8}.
\end{aligned}$$

Para a aproximação inicial $\mathbf{x}^{(0)} = (0, 0, 0, 0)^t$ temos $\mathbf{x}^{(1)}$ dado por

$$\begin{aligned}
x_1^{(1)} &= \qquad\quad \frac{1}{10}x_2^{(0)} - \frac{1}{5}x_3^{(0)} \qquad\qquad + \frac{3}{5} = 0{,}6000,\\
x_2^{(1)} &= \frac{1}{11}x_1^{(0)} \qquad\qquad + \frac{1}{11}x_3^{(0)} - \frac{3}{11}x_4^{(0)} + \frac{25}{11} = 2{,}2727,\\
x_3^{(1)} &= -\frac{1}{5}x_1^{(0)} + \frac{1}{10}x_2^{(0)} \qquad\qquad + \frac{1}{10}x_4^{(0)} - \frac{11}{10} = -1{,}1000,\\
x_4^{(1)} &= \qquad\quad - \frac{3}{8}x_2^{(0)} + \frac{1}{8}x_3^{(0)} \qquad\qquad + \frac{15}{8} = 1{,}8750.
\end{aligned}$$

Iterações adicionais, $\mathbf{x}^{(k)} = (x_1^{(k)}, x_2^{(k)}, x_3^{(k)}, x_4^{(k)})^t$, são geradas de modo análogo e são apresentadas na Tabela 7.1.

Tabela 7.1

k	0	1	2	3	4	5	6	7	8	9	10
$x_1^{(k)}$	0,000	0,6000	1,0473	0,9326	1,0152	0,9890	1,0032	0,9981	1,0006	0,9997	1,0001
$x_2^{(k)}$	0,0000	2,2727	1,7159	2,053	1,9537	2,0114	1,9922	2,0023	1,9987	2,0004	1,9998
$x_3^{(k)}$	0,0000	−1,1000	−0,8052	−1,0493	−0,9681	−1,0103	−0,9945	−1,0020	−0,9990	−1,0004	−0,9998
$x_4^{(k)}$	0,0000	1,8750	0,8852	1,1309	0,9739	1,0214	0,9944	1,0036	0,9989	1,0006	0,9998

Paramos depois de 10 iterações porque

$$\frac{\|\mathbf{x}^{(10)} - \mathbf{x}^{(9)}\|_\infty}{\|\mathbf{x}^{(10)}\|_\infty} = \frac{8{,}0 \times 10^{-4}}{1{,}9998} < 10^{-3}.$$

Carl Gustav Jacob Jacobi (1804-1851) foi inicialmente reconhecido por seu trabalho na teoria dos números e funções elípticas, mas seus interesses e habilidades matemáticos eram muito amplos. Sua forte personalidade influenciou o estabelecimento de uma atitude orientada à pesquisa que se tornou o núcleo de um renascimento da matemática em universidades alemãs no século XIX.

Na verdade, $\|\mathbf{x}^{(10)} - \mathbf{x}\|_\infty = 0{,}0002$. ■

Em geral, as técnicas iterativas para a solução de sistemas lineares envolve um processo que converte os sistemas $A\mathbf{x} = \mathbf{b}$ em um sistema equivalente da forma $\mathbf{x} = T\mathbf{x} + \mathbf{c}$ para alguma matriz T e vetor $\mathbf{c}$ fixos. Depois de um vetor incial $\mathbf{x}^{(0)}$ ser escolhido, a sequência de vetores que aproxima a solução é gerada pelo cálculo de

$$\mathbf{x}^{(k)} = T\mathbf{x}^{(k-1)} + \mathbf{c},$$

para cada $k = 1, 2, 3, \ldots$. Isso deveria ser reminiscente da iteração de ponto fixo estudada no Capítulo 2.

O método de Jacobi é escrito na forma $\mathbf{x}^{(k)} = T\mathbf{x}^{(k-1)} + \mathbf{c}$ decompondo A em suas partes diagonal e fora da diagonal. Para perceber isto, seja D a matriz diagonal cujos elementos de diagonal são os mesmos de A, $-L$, a parte triangular inferior estrita de A e $-U$, a parte triangular superior estrita de A. Com esta notação,

$$A = \begin{bmatrix} a_{11} & a_{12} & \cdots & a_{1n} \\ a_{21} & a_{22} & \cdots & a_{2n} \\ \vdots & \vdots & & \vdots \\ a_{n1} & a_{n2} & \cdots & a_{nn} \end{bmatrix}$$

decompõe-se em

$$A = \begin{bmatrix} a_{11} & 0 & \cdots & 0 \\ 0 & a_{22} & \ddots & \vdots \\ \vdots & \ddots & \ddots & 0 \\ 0 & \cdots & 0 & a_{nn} \end{bmatrix} - \begin{bmatrix} 0 & \cdots & \cdots & 0 \\ -a_{21} & \ddots & & \vdots \\ \vdots & \ddots & \ddots & \vdots \\ -a_{n1} & \cdots & -a_{n,n-1} & 0 \end{bmatrix} - \begin{bmatrix} 0 & -a_{12} & \cdots & -a_{1n} \\ \vdots & \ddots & \ddots & \vdots \\ \vdots & & \ddots & -a_{n-1,n} \\ 0 & \cdots & \cdots & 0 \end{bmatrix}$$

$$= D - L - U.$$

A equação $A\mathbf{x} = \mathbf{b}$, ou $(D - L - U)\mathbf{x} = \mathbf{b}$, é então transformada em

$$D\mathbf{x} = (L + U)\mathbf{x} + \mathbf{b},$$

e, se D^{-1} existir, isto é, se $a_{ii} \neq 0$ para cada i, então

$$\mathbf{x} = D^{-1}(L + U)\mathbf{x} + D^{-1}\mathbf{b}.$$

Isto resulta na forma de matriz da técnica iterativa de Jacobi:

$$\mathbf{x}^{(k)} = D^{-1}(L + U)\mathbf{x}^{(k-1)} + D^{-1}\mathbf{b}, \qquad k = 1, 2, \ldots \tag{7.6}$$

Introduzindo a notação $T_j = D^{-1}(L + U)$ e $\mathbf{c}_j = D^{-1}\mathbf{b}$, a técnica de Jacobi assume a forma

$$\mathbf{x}^{(k)} = T_j\mathbf{x}^{(k-1)} + \mathbf{c}_j. \tag{7.7}$$

Na prática, a Equação (7.5) é usada em cálculos e a Equação (7.7) para fins teóricos.

EXEMPLO 2 Expresse o método iterativo de Jacobi para o sistema linear $A\mathbf{x} = \mathbf{b}$ dado por

$$\begin{aligned} E_1:&\quad 10x_1 - x_2 + 2x_3 = 6,\\ E_2:&\quad -x_1 + 11x_2 - x_3 + 3x_4 - 25,\\ E_3:&\quad 2x_1 - x_2 + 10x_3 - x_4 = -11,\\ E_4:&\quad 3x_2 - x_3 + 8x_4 = 15, \end{aligned}$$

na forma $\mathbf{x}^{(k)} = T\mathbf{x}^{(k-1)} + \mathbf{c}$.

Solução Vimos no Exemplo 1 que o método de Jacobi para este sistema tem a forma

$$\begin{aligned}
x_1 &= \phantom{-\frac{1}{5}x_1 +{}} \frac{1}{10}x_2 - \frac{1}{5}x_3 \phantom{+\frac{1}{10}x_4} + \frac{3}{5},\\
x_2 &= \frac{1}{11}x_1 \phantom{+\frac{1}{10}x_2} + \frac{1}{11}x_3 - \frac{3}{11}x_4 + \frac{25}{11},\\
x_3 &= -\frac{1}{5}x_1 + \frac{1}{10}x_2 \phantom{+\frac{1}{8}x_3} + \frac{1}{10}x_4 - \frac{11}{10},\\
x_4 &= \phantom{-\frac{1}{5}x_1} - \frac{3}{8}x_2 + \frac{1}{8}x_3 \phantom{+\frac{1}{10}x_4} + \frac{15}{8}.
\end{aligned}$$

Assim, temos

$$T = \begin{bmatrix} 0 & \frac{1}{10} & -\frac{1}{5} & 0 \\ \frac{1}{11} & 0 & \frac{1}{11} & -\frac{3}{11} \\ -\frac{1}{5} & \frac{1}{10} & 0 & \frac{1}{10} \\ 0 & -\frac{3}{8} & \frac{1}{8} & 0 \end{bmatrix} \quad \text{e} \quad \mathbf{c} = \begin{bmatrix} \frac{3}{5} \\ \frac{25}{11} \\ -\frac{11}{10} \\ \frac{15}{8} \end{bmatrix}. \qquad \blacksquare$$

O Algoritmo 7.1 implementa a técnica iterativa de Jacobi.

ALGORITMO 7.1 **Técnica iterativa de Jacobi**

Para resolver $A\mathbf{x} = \mathbf{b}$ dada uma aproximação inicial $\mathbf{x}^{(0)}$:

ENTRADA o número de equações e incógnitas n; os elementos a_{ij}, $1 \leq i, j \leq n$ da matriz A; as componentes b_i, $1 \leq i \leq n$ de $\mathbf{b}$; as componentes XO_i, $1 \leq i \leq n$ de $\mathbf{XO} = \mathbf{x}^{(0)}$; tolerância TOL; número máximo de iterações N.

SAÍDA a solução aproximada $x_1, \ldots, x_n$ ou uma mensagem de que o número máximo de iterações foi excedido.

Passo 1 Faça $k = 1$.

Passo 2 Enquanto ($k \leq N$) execute Passos 3 a 6.

Passo 3 Para $i = 1, \ldots, n$

faça $x_i = \dfrac{1}{a_{ii}}\left[-\sum_{\substack{j=1\\ j\neq i}}^{n}(a_{ij}XO_j) + b_i\right]$.

Passo 4 Se $\|\mathbf{x} - \mathbf{XO}\| < TOL$ então SAÍDA $(x_1, \ldots, x_n)$;
(O procedimento foi bem-sucedido.)
PARE.

Passo 5 Faça $k = k + 1$.

Passo 6 Para $i = 1, \ldots, n$ faça $XO_i = x_i$.

Passo 7 SAÍDA ('Número máximo de iterações excedido');
(O procedimento não foi bem-sucedido.)
PARE. ■

O passo 3 do algoritmo exige que $a_{ii} \neq 0$, para cada $i = 1, 2, \ldots, n$. Se um dos elementos a_{ii} for 0 e o sistema for não singular, um reordenamento das equações pode ser realizado de modo que $a_{ii} = 0$. Para acelerar a convergência, as equações deveriam ser arranjadas de tal modo que nunca ocorra a_{ii} seja tão grande quanto possível. Este assunto é discutido em mais detalhes mais tarde neste capítulo.

Outro possível critério de parada no Passo 4 é iterar até que

$$\frac{\|\mathbf{x}^{(k)} - \mathbf{x}^{(k-1)}\|}{\|\mathbf{x}^{(k)}\|}$$

seja menor que alguma tolerância preestabelecida. Para tal, qualquer norma conveniente pode ser utilizada, sendo o usual a norma l_∞.

O método de Gauss-Seidel

Uma possível melhora no Algoritmo 7.1 pode ser percebida ao se reconsiderar a Equação (7.5). As componentes de $\mathbf{x}^{(k-1)}$ são utilizadas para calcular todas as componentes $x_i^{(k)}$ de $\mathbf{x}^{(k)}$. Mas, para $i > 1$, as componentes $x_i^{(k)}, \ldots, x_{i-1}^{(k)}$ de $\mathbf{x}^{(k)}$ já foram calculadas e são aproximações melhores para as soluções verdadeiras $x_1, \ldots, x_{i-1}$ que $x_1^{(k-1)}, \ldots, x_{i-1}^{(k-1)}$. Assim, parece mais razoável calcular $x_i^{(k)}$ usando estes valores mais recentemente calculados. Isto é, podemos utilizar

$$x_i^{(k)} = \frac{1}{a_{ii}} \left[-\sum_{j=1}^{i-1} \left(a_{ij} x_j^{(k)}\right) - \sum_{j=i+1}^{n} \left(a_{ij} x_j^{(k-1)}\right) + b_i \right], \tag{7.8}$$

para cada $i = 1, 2, \ldots, n$, em vez da Equação (7.5). Esta modificação é denominada a **técnica iterativa de Gauss-Seidel** e está ilustrada no seguinte exemplo.

Phillip Ludwig von Seidel (1821-1896) trabalhou como assistente de Jacobi, resolvendo problemas sobre sistemas de equações lineares que resultavam do trabalho de Gauss a respeito de mínimos quadrados. Essas equações geralmente tinham elementos fora da diagonal que eram muito menores que os da diagonal, de modo que os métodos iterativos eram particularmente eficientes. As técnicas iterativas, atualmente conhecidas como Jacobi e Gauss-Seidel, eram ambas conhecidas por Gauss antes de serem aplicadas a esta situação, mas os resultados de Gauss em geral não eram amplamente divulgados.

EXEMPLO 3 Use a técnica iterativa de Gauss-Seidel para encontrar soluções aproximadas de

$$\begin{aligned}
10x_1 - x_2 + 2x_3 \phantom{{}+3x_4} &= 6,\\
-x_1 + 11x_2 - x_3 + 3x_4 &= 25,\\
2x_1 - x_2 + 10x_3 - x_4 &= -11,\\
3x_2 - x_3 + 8x_4 &= 15,
\end{aligned}$$

começando com $\mathbf{x} = (0, 0, 0, 0)^t$ e iterando até que

$$\frac{\|\mathbf{x}^{(k)} - \mathbf{x}^{(k-1)}\|_\infty}{\|\mathbf{x}^{(k)}\|_\infty} < 10^{-3}.$$

Solução A solução $\mathbf{x} = (1,2,-1,1)^t$ foi aproximada pelo método de Jacobi no Exemplo 1. Para o método de Gauss-Seidel, escrevemos o sistema, para cada $k = 1,2,...$ como

$$\begin{aligned}
x_1^{(k)} &= \phantom{-\frac{1}{5}x_1^{(k)} +} \frac{1}{10}x_2^{(k-1)} - \frac{1}{5}x_3^{(k-1)} \phantom{- \frac{3}{11}x_4^{(k-1)}} + \frac{3}{5},\\
x_2^{(k)} &= \frac{1}{11}x_1^{(k)} \phantom{+ \frac{1}{10}x_2^{(k)}} + \frac{1}{11}x_3^{(k-1)} - \frac{3}{11}x_4^{(k-1)} + \frac{25}{11},\\
x_3^{(k)} &= -\frac{1}{5}x_1^{(k)} + \frac{1}{10}x_2^{(k)} \phantom{+ \frac{1}{11}x_3^{(k-1)}} + \frac{1}{10}x_4^{(k-1)} - \frac{11}{10},\\
x_4^{(k)} &= \phantom{-\frac{1}{5}x_1^{(k)}} - \frac{3}{8}x_2^{(k)} + \frac{1}{8}x_3^{(k)} \phantom{+ \frac{1}{10}x_4^{(k-1)}} + \frac{15}{8}.
\end{aligned}$$

Quando $\mathbf{x}^{(0)} = (0,0,0,0)^t$, temos $\mathbf{x}^{(1)} = (0.6000, 2.3272, -0.9873, 0.8789)^t$. As iterações subsequentes fornecem os valores na Tabela 7.2.

Tabela 7.2

k	0	1	2	3	4	5
$x_1^{(k)}$	0,0000	0,6000	1,030	1,0065	1,0009	1,0001
$x_2^{(k)}$	0,0000	2,3272	2,037	2,0036	2,0003	2,0000
$x_3^{(k)}$	0,0000	−0,9873	−1,014	−1,0025	−1,0003	−1,0000
$x_4^{(k)}$	0,0000	0,8789	0,9844	0,9983	0,9999	1,0000

Como

$$\frac{\|\mathbf{x}^{(5)} - \mathbf{x}^{(4)}\|_\infty}{\|\mathbf{x}^{(5)}\|_\infty} = \frac{0{,}0008}{2{,}000} = 4 \times 10^{-4},$$

$\mathbf{x}^{(5)}$ é aceito como uma aproximação razoável para a solução. Observe que o método de Jacobi, no Exemplo 1, exigiu duas vezes mais iterações para a mesma precisão. ■

Para escrever o método de Gauss-Seidel em forma de matriz, multiplique ambos os lados da Equação (7.8) por a_{ii} e colete todos os termos da k-ésima iteração, para que

$$a_{i1}x_1^{(k)} + a_{i2}x_2^{(k)} + \ldots + a_{ii}x_i^{(k)} = -a_{i,i+1}x_{i+1}^{(k-1)} - \ldots - a_{in}x_n^{(k-1)} + b_i,$$

para cada $i = 1, 2, \ldots, n$. Escrevendo todas as n equações, temos

$$\begin{aligned}
a_{11}x_1^{(k)} \phantom{+ a_{22}x_2^{(k)} + \cdots + a_{nn}x_n^{(k)}} &= -a_{12}x_2^{(k-1)} - a_{13}x_3^{(k-1)} - \cdots - a_{1n}x_n^{(k-1)} + b_1,\\
a_{21}x_1^{(k)} + a_{22}x_2^{(k)} \phantom{+ \cdots + a_{nn}x_n^{(k)}} &= \phantom{-a_{12}x_2^{(k-1)}} - a_{23}x_3^{(k-1)} - \cdots - a_{2n}x_n^{(k-1)} + b_2,\\
&\vdots\\
a_{n1}x_1^{(k)} + a_{n2}x_2^{(k)} + \cdots + a_{nn}x_n^{(k)} &= b_n;
\end{aligned}$$

com as definições de D, L e U dadas previamente, temos o método de Gauss-Seidel representado por

$$(D - L)\mathbf{x}^{(k)} = U\mathbf{x}^{(k-1)} + \mathbf{b}$$

e

$$\mathbf{x}^{(k)} = (D - L)^{-1}U\mathbf{x}^{(k-1)} + (D - L)^{-1}\mathbf{b} \qquad \text{para cada } k = 1, 2, \ldots. \quad (7.9)$$

Fazendo $T_g = (D - L)^{-1}U$ e $\mathbf{c}_g = (D - L)^{-1}\mathbf{b}$, a técnica de Gauss-Seidel fica com a forma

$$\mathbf{x}^{(k)} = T_g\mathbf{x}^{(k-1)} + \mathbf{c}_g. \quad (7.10)$$

Para a matriz triangular inferior $D - L$ ser não singular, é necessário e suficiente que $a_{ii} \neq 0$ para cada $i = 1, 2, \ldots, n$.

O Algoritmo 7.2 implementa o método de Gauss-Seidel.

ALGORITMO 7.2 **Método iterativo de Gauss-Seidel**

Para resolver $A\mathbf{x} = \mathbf{b}$ dada uma aproximação inicial $\mathbf{x}^{(0)}$:

ENTRADA o número de equações e incógnitas n; os elementos a_{ij}, $1 \leq i,j \leq n$ da matriz A; as componentes b_i, $1 \leq i \leq n$ de $\mathbf{b}$; as componentes XO_i, $1 \leq i \leq n$ de $\mathbf{XO} = \mathbf{x}^{(0)}$; tolerância TOL; número máximo de iterações N.

SAÍDA a solução aproximada $x_1, \ldots, x_n$ ou uma mensagem de que o número máximo de iterações foi excedido.

Passo 1 Faça $k = 1$.

Passo 2 Enquanto ($k \leq N$) execute Passos 3 a 6.

Passo 3 Para $i = 1, \ldots, n$

faça $x_i = \dfrac{1}{a_{ii}}\left[-\sum_{j=1}^{i-1} a_{ij}x_j - \sum_{j=i+1}^{n} a_{ij}XO_j + b_i\right].$

Passo 4 Se $\|\mathbf{x} - \mathbf{XO}\| < TOL$ então SAÍDA ($x_1, \ldots, x_n$);
(O procedimento foi bem-sucedido.)
PARE.

Passo 5 Faça $k = k + 1$

Passo 6 Para $i = 1, \ldots, n$ faça $XO_i = x_i$.

Passo 7 SAÍDA ('Número máximo de iterações excedido');
(*O procedimento não foi bem-sucedido.*)
PARE. ■

Os comentários a seguir do Algoritmo 7.1 a respeito dos critérios de reordenação e de parada também se aplicam ao Algoritmo 7.2 de Gauss-Seidel.

Os resultados dos Exemplos 1 e 2 parecem implicar que o método de Gauss-Seidel é superior ao método de Jacobi. Isto é quase sempre verdade, mas existem sistemas lineares para os quais o método de Jacobi converge, mas o método de Gauss-Seidel, não (veja os Exercícios 9 e 10).

Métodos gerais de iteração

Para estudar a convergência de técnicas gerais de iteração, precisamos analisar a fórmula

$$\mathbf{x}^{(k)} = T\mathbf{x}^{(k-1)} + \mathbf{c}, \qquad \text{para cada } k = 1, 2, \ldots,$$

em que $\mathbf{x}^{(0)}$ é arbitrário. O próximo lema e o Teorema 7.17 na página 498 fornecem a chave para este estudo.

Lema 7.18 Se o raio espectral $\rho(T)$ satisfaz a $\rho(T) < 1$, então $(I - T)^{-1}$ existe e

$$(I - T)^{-1} = I + T + T^2 + \ldots = \sum_{j=0}^{\infty} T^j.$$

Demonstração Já que $T\mathbf{x} = \lambda\mathbf{x}$ é verdadeiro precisamente quando $(I - T)\mathbf{x} = (1 - \lambda)\mathbf{x}$, temos λ como um autovalor de T precisamente quando $1 - \lambda$ for um autovalor de $I - T$. Mas $|\lambda| \leq \rho(T) < 1$, e assim $\lambda = 1$ não é um autovalor de T e 0 não pode ser um autovalor de $I - T$. Assim, $(I - T)^{-1}$ existe.

Seja $S_m = I + T + T^2 + \cdots + T^m$. Então

$$(I - T)S_m = (1 + T + T^2 + \cdots + T^m) - (T + T^2 + \cdots + T^{m+1}) = I - T^{m+1},$$

e, como T é convergente, o Teorema 7.17 implica que

$$\lim_{m\to\infty} (I - T)S_m = \lim_{m\to\infty} (I - T^{m+1}) = I.$$

Assim, $(I - T)^{-1} = \lim_{m\to\infty} S_m = I + T + T^2 + \cdots = \sum_{j=0}^{\infty} T^j$. ∎

▶Teorema 7.19 Para qualquer $\mathbf{x}^{(0)} \in \mathbb{R}^n$, a sequência $\{\mathbf{x}^{(k)}\}_{k=0}^{\infty}$ definida por

$$\mathbf{x}^{(k)} = T\mathbf{x}^{(k-1)} + \mathbf{c}, \qquad \text{para cada } k \geq 1, \tag{7.11}$$

converge para a solução única de $\mathbf{x} = T\mathbf{x} + \mathbf{c}$ se, e somente, se $\rho(T) < 1$.

Demonstração Primeiro, suponha que $\rho(T) < 1$. Então,

$$\begin{aligned}\mathbf{x}^{(k)} &= T\mathbf{x}^{(k-1)} + \mathbf{c}\\ &= T(T\mathbf{x}^{(k-2)} + \mathbf{c}) + \mathbf{c}\\ &= T^2\mathbf{x}^{(k-2)} + (T + I)\mathbf{c}\\ &\vdots\\ &= T^k\mathbf{x}^{(0)} + (T^{k-1} + \cdots + T + I)\mathbf{c}.\end{aligned}$$

Como $\rho(T) < 1$, o Theorema 7.17 inplica que T é convergente e

$$\lim_{k\to\infty} T^k\mathbf{x}^{(0)} = \mathbf{0}.$$

O Lema 7.18 implica que

$$\lim_{k\to\infty} \mathbf{x}^{(k)} = \lim_{k\to\infty} T^k\mathbf{x}^{(0)} + \left(\sum_{j=0}^{\infty} T^j\right)\mathbf{c} = \mathbf{0} + (I - T)^{-1}\mathbf{c} = (I - T)^{-1}\mathbf{c}.$$

Assim, a sequência $\{\mathbf{x}^{(k)}\}$ converge para o vetor $\mathbf{x} \equiv (I - T)^{-1}\mathbf{c}$ e $\mathbf{x} = T\mathbf{x} + \mathbf{c}$.

Para demonstrar a recíproca, mostramos que, para qualquer $\mathbf{z} \in \mathbb{R}^n$, temos $\lim_{k\to\infty} T^k\mathbf{z} = \mathbf{0}$. Pelo Teorema 7.17, isto é equivalente a $\rho(T) < 1$.

Seja $\mathbf{z}$ um vetor arbitrário e $\mathbf{x}$ a solução única de $\mathbf{x} = T\mathbf{x} + \mathbf{c}$. Defina $\mathbf{x}^{(0)} = \mathbf{x} - \mathbf{z}$, e, para $k \geq 1$, $\mathbf{x}^{(k)} = T\mathbf{x}^{(k-1)} + \mathbf{c}$. Então $\{\mathbf{x}^{(k)}\}$ converge para $\mathbf{x}$. Além disso,

$$\mathbf{x} - \mathbf{x}^{(k)} = (T\mathbf{x} + \mathbf{c}) - (T\mathbf{x}^{(k-1)} + \mathbf{c}) = T(\mathbf{x} - \mathbf{x}^{(k-1)}),$$

de modo que,

$$\mathbf{x} - \mathbf{x}^{(k)} = T(\mathbf{x} - \mathbf{x}^{(k-1)}) = T^2(\mathbf{x} - \mathbf{x}^{(k-2)}) = \cdots = T^k(\mathbf{x} - \mathbf{x}^{(0)}) = T^k\mathbf{z}.$$

Logo, $\lim_{k\to\infty} T^k\mathbf{z} = \lim_{k\to\infty} T^k(\mathbf{x} - \mathbf{x}^{(0)}) = \lim_{k\to\infty} (\mathbf{x} - \mathbf{x}^{(k)}) = \mathbf{0}$.
Como $\mathbf{z} \in \mathbb{R}^n$ era arbitrário, então, pelo Teorema 7.17, T é uma matriz convergente e $\rho(T) < 1$. ∎

A demonstração do corolário seguinte é análoga às demonstrações no Corolário 2.5, na página 66. Ela é considerada no Exercício 18.

Corolário 7.20 Se $\|T\| < 1$ para qualquer norma de matriz natural e se $\mathbf{c}$ for um vetor dado, então a sequência $\{\mathbf{x}^{(k)}\}_{k=0}^{\infty}$ definida por $\mathbf{x}^{(k)} = T\mathbf{x}^{(k-1)} + \mathbf{c}$ converge, para qualquer $\mathbf{x}^{(0)} \in \mathbb{R}^n$, para um vetor $\mathbf{x} \in \mathbb{R}^n$ satisfazendo $\mathbf{x} = T\mathbf{x} + \mathbf{c}$, e os seguintes limitantes nos erros são válidos:

$$\textbf{(i)}\ \|\mathbf{x} - \mathbf{x}^{(k)}\| \leq \|T\|^k\|\mathbf{x}^{(0)} - \mathbf{x}\|; \qquad \textbf{(ii)}\ \|\mathbf{x} - \mathbf{x}^{(k)}\| \leq \frac{\|T\|^k}{1-\|T\|}\|\mathbf{x}^{(1)} - \mathbf{x}^{(0)}\|.$$ ∎

Vimos que as técnicas iterativas de Jacobi e de Gauss-Seidel podem ser escritas como

$$\mathbf{x}^{(k)} = T_j\mathbf{x}^{(k-1)} + \mathbf{c}_j \qquad \text{e} \qquad \mathbf{x}^{(k)} = T_g\mathbf{x}^{(k-1)} + \mathbf{c}_g,$$

utilizando as matrizes

$$T_j = D^{-1}(L + U) \qquad \text{e} \qquad T_g = (D - L)^{-1}U.$$

Se $\rho(T_j)$ ou $\rho(T_g)$ for menor que 1, então a sequência correspondente $\{\mathbf{x}^{(k)}\}_{k=0}^{\infty}$ convergirá para a solução $\mathbf{x}$ de $A\mathbf{x} = \mathbf{b}$. Por exemplo, o esquema de Jacobi tem

$$\mathbf{x}^{(k)} = D^{-1}(L + U)\mathbf{x}^{(k-1)} + D^{-1}\mathbf{b},$$

e, se $\{\mathbf{x}^{(k)}\}_{k=0}^{\infty}$ convergir para $\mathbf{x}$, então

$$\mathbf{x} = D^{-1}(L + U)\mathbf{x} + D^{-1}\mathbf{b}.$$

Isto implica que

$$D\mathbf{x} = (L + U)\mathbf{x} + \mathbf{b} \qquad \text{e} \qquad (D - L - U)\mathbf{x} = \mathbf{b}.$$

Como $D - L - U = A$, a solução $\mathbf{x}$ satisfaz a $A\mathbf{x} = \mathbf{b}$.

Podemos agora dar condições suficientes facilmente verificáveis para as convergências dos métodos de Jacobi e de Gauss-Seidel. (Para demonstrar a convergência para o esquema de Jacobi, veja o Exercício 17 e, para o esquema de Gauss-Seidel, consulte [Or2], p. 120.)

▶ Teorema 7.21 Se A for estritamente diagonal dominante, então para qualquer escolha de $\mathbf{x}^{(0)}$, tanto o método de Jacobi quanto o de Gauss-Seidel fornecem sequências $\{\mathbf{x}^{(k)}\}_{k=0}^{\infty}$ que convergem para a solução única de $A\mathbf{x} = \mathbf{b}$. ■

A relação da rapidez da convergência com o raio espectral da matriz T de iteração pode ser vista no Corolário 7.20. Como as desigualdades são válidas para qualquer norma de matriz natural, segue, da afirmação do Teorema 7.15 na página 497, que

$$\|\mathbf{x}^{(k)} - \mathbf{x}\| \approx \rho(T)^k \|\mathbf{x}^{(0)} - \mathbf{x}\|. \tag{7.12}$$

Assim, é desejável escolher a técnica iterativa com $\rho(T) < 1$ mínimo para um sistema particular $A\mathbf{x} = \mathbf{b}$. Não existe resultado geral para dizer qual dentre as técnicas, Jacobi ou Gauss-Seidel, será a mais bem-sucedida para um sistema linear arbitrário. Em casos especiais, todavia, a resposta é conhecida, conforme é demonstrado no teorema a seguir. A demonstração deste resultado pode ser encontrada em [Y], p. 120-127.

▶ Teorema 7.22 **(Stein-Rosenberg)**

Se $a_{ij} \leq 0$, para cada $i \neq j$, e $a_{ii} > 0$, para cada $i = 1, 2, \ldots, n$, então uma e somente uma das seguintes afirmações é válida:

(i) $0 \leq \rho(T_g) < \rho(T_j) < 1$;

(ii) $1 < \rho(T_j) < \rho(T_g)$;

(iii) $\rho(T_j) = \rho(T_g) = 0$;

(iv) $\rho(T_j) = \rho(T_g) = 1$. ■

Para o caso especial descrito no Teorema 7.22, vemos, a partir da parte (i), que quando um método fornece convergência, então ambos fornecem convergência, e o método de Gauss-Seidel converge mais rápido que o de Jacobi. A parte (ii) indica que, quando um método diverge, então ambos divergem, e a divergência é mais pronunciada para o método de Gauss-Seidel.

EXERCÍCIOS 7.3

1. Encontre as duas primeiras iterações do método de Jacobi para os seguintes sistemas lineares, utilizando $\mathbf{x}^{(0)} = \mathbf{0}$:

a. $$\begin{aligned} 3x_1 - x_2 + x_3 &= 1, \\ 3x_1 + 6x_2 + 2x_3 &= 0, \\ 3x_1 + 3x_2 + 7x_3 &= 4. \end{aligned}$$

b. $$\begin{aligned} 10x_1 - x_2 \phantom{{}- 2x_3} &= 9, \\ -x_1 + 10x_2 - 2x_3 &= 7, \\ - 2x_2 + 10x_3 &= 6. \end{aligned}$$

c. $$\begin{aligned} 10x_1 + 5x_2 &= 6, \\ 5x_1 + 10x_2 - 4x_3 &= 25, \\ - 4x_2 + 8x_3 - x_4 &= -11, \\ - x_3 + 5x_4 &= -11. \end{aligned}$$

d. $$\begin{aligned} 4x_1 + x_2 + x_3 + x_5 &= 6, \\ -x_1 - 3x_2 + x_3 + x_4 &= 6, \\ 2x_1 + x_2 + 5x_3 - x_4 - x_5 &= 6, \\ -x_1 - x_2 - x_3 + 4x_4 &= 6, \\ 2x_2 - x_3 + x_4 + 4x_5 &= 6. \end{aligned}$$

2. Encontre as duas primeiras iterações do método de Jacobi para os seguintes sistemas lineares, utilizando $\mathbf{x}^{(0)} = \mathbf{0}$:

a. $4x_1 + x_2 - x_3 = 5,$
$-x_1 + 3x_2 + x_3 = -4,$
$2x_1 + 2x_2 + 5x_3 = 1.$

b. $-2x_1 + x_2 + \frac{1}{2}x_3 = 4,$
$x_1 - 2x_2 - \frac{1}{2}x_3 = -4,$
$x_2 + 2x_3 = 0.$

c. $4x_1 + x_2 - x_3 + x_4 = -2,$
$x_1 + 4x_2 - x_3 - x_4 = -1,$
$-x_1 - x_2 + 5x_3 + x_4 = 0,$
$x_1 - x_2 + x_3 + 3x_4 = 1.$

d. $4x_1 - x_2 = 0,$
$-x_1 + 4x_2 - x_3 = 5,$
$- x_2 + 4x_3 = 0,$
$+ 4x_4 - x_5 = 6,$
$- x_4 + 4x_5 - x_6 = -2,$
$- x_5 + 4x_6 = 6.$

3. Repita o Exercício 1 usando o método de Gauss-Seidel.

4. Repita o Exercício 2 usando o método de Gauss-Seidel.

5. Use o método de Jacobi para resolver os sistemas lineares do Exercício 1, com $TOL = 10^{-3}$ na norma l_∞.

6. Use o método de Jacobi para resolver os sistemas lineares do Exercício 2, com $TOL = 10^{-3}$ na norma l_∞.

7. Use o método de Gauss-Seidel para resolver os sistemas lineares do Exercício 1, com $TOL = 10^{-3}$ na norma l_∞.

8. Use o método de Gauss-Seidel para resolver os sistemas lineares do Exercício 2, com $TOL = 10^{-3}$ na norma l_∞.

9. O sistema linear

$$\begin{aligned} 2x_1 - x_2 + x_3 &= -1, \\ 2x_1 + 2x_2 + 2x_3 &= 4, \\ -x_1 - x_2 + 2x_3 &= -5 \end{aligned}$$

tem a solução $(1, 2, -1)^t$.

a. Mostre que $\rho(T_j) = \frac{\sqrt{5}}{2} > 1$.

b. Mostre que o método de Jacobi com $\mathbf{x}^{(0)} = \mathbf{0}$ falha em dar uma boa aproximação após 25 iterações.

c. Mostre que $\rho(T_g) = \frac{1}{2}$.

d. Use o método de Gauss-Seidel com $\mathbf{x}^{(0)} = \mathbf{0}$ para obter uma aproximação da solução do sistema linear com precisão de 10^{-5} na norma l_∞.

10. O sistema linear

$$\begin{aligned} x_1 + 2x_2 - 2x_3 &= 7, \\ x_1 + x_2 + x_3 &= 2, \\ 2x_1 + 2x_2 + x_3 &= 5 \end{aligned}$$

tem a solução $(1, 2, -1)^t$.

a. Mostre que $\rho(T_j) = 0$.

b. Use o método de Jacobi com $\mathbf{x}^{(0)} = \mathbf{0}$ para obter uma aproximação da solução do sistema linear com precisão de 10^{-5} na norma l_∞.

c. Mostre que $\rho(T_g) = 2$.

d. Mostre que o método de Gauss-Seidel aplicado como na parte (b) falha em dar uma boa aproximação em 25 iterações.

11. O sistema linear

$$\begin{aligned} x_1 \qquad\qquad - x_3 &= 0{,}2, \\ -\frac{1}{2}x_1 + x_2 - \frac{1}{4}x_3 &= -1{,}425. \\ x_1 - \frac{1}{2}x_2 + x_3 &= 2. \end{aligned}$$

tem a solução $(0{,}9, -0{,}8, 0{,}7)^t$.

a. A matriz dos coeficientes

$$A = \begin{bmatrix} 1 & 0 & -1 \\ -\frac{1}{2} & 1 & -\frac{1}{4} \\ 1 & -\frac{1}{2} & 1 \end{bmatrix}$$

é estritamente diagonal dominante?

b. Calcule o raio espectral da matriz de Gauss-Seidel T_g.

c. Utilize o método iterativo de Gauss-Seidel para obter uma aproximação da solução do sistema linear com tolerância de 10^{-2} e o máximo de 300 iterações.

d. O que acontece na parte (c) quando o sistema é alterado para

$$\begin{aligned} x_1 \qquad\qquad - 2x_3 &= 0{,}2, \\ -\frac{1}{2}x_1 + x_2 - \frac{1}{4}x_3 &= -1{,}425, \\ x_1 - \frac{1}{2}x_2 + x_3 &= 2. \end{aligned}$$

12. Repita o Exercício 11 utilizando o método de Jacobi.

13. Use os métodos **(a)** de Jacobi e **(b)** de Gauss-Seidel para resolver o sistema linear $A\mathbf{x} = \mathbf{b}$ com precisão de 10^{-5} na norma l_∞, em que os elementos de A são

$$a_{i,j} = \begin{cases} 2i, & \text{quando } j = i \text{ e } i = 1, 2, \ldots, 80, \\ 0{,}5i, & \text{quando } \begin{cases} j = i + 2 \text{ e } i = 1, 2, \ldots, 78, \\ j = i - 2 \text{ e } i = 3, 4, \ldots, 80, \end{cases} \\ 0{,}25i, & \text{quando } \begin{cases} j = i + 4 \text{ e } i = 1, 2, \ldots, 76, \\ j = i - 4 \text{ e } i = 5, 6, \ldots, 80, \end{cases} \\ 0, & \text{caso contrário,} \end{cases}$$

e os de **b** são $b_i = \pi$ para cada $i = 1, 2, \ldots, 80$.

EXERCÍCIOS APLICADOS

14. Suponha que um objeto possa estar em qualquer um dos $n + 1$ pontos igualmente espaçados $x_0, x_1, \ldots, x_n$. Quando um objeto estiver na posição x_i, ele tem igual probabilidade de se deslocar tanto para x_{i-1} quanto para x_{i+1} e não pode se deslocar diretamente para nenhuma outra posição. Considere as probabilidades $\{P_i\}_{i=0}^{n}$ de um objeto, começando na posição x_i, alcançar a extremidade esquerda x_0 antes de alcançar a extremidade direita x_n. Claramente, $P_0 = 1$ e $P_n = 0$. Como o objeto pode deslocar-se para x_i apenas a partir de x_{i-1} ou de x_{i+1} e o faz com probabilidade $\frac{1}{2}$ para cada uma dessas posições,

$$P_i = \frac{1}{2}P_{i-1} + \frac{1}{2}P_{i+1}, \quad \text{para cada } i = 1, 2, \ldots, n - 1.$$

a. Mostre que

$$\begin{bmatrix} 1 & -\frac{1}{2} & 0 & \cdots & \cdots & 0 \\ -\frac{1}{2} & 1 & -\frac{1}{2} & \ddots & & \vdots \\ 0 & -\frac{1}{2} & 1 & \ddots & \ddots & \vdots \\ \vdots & \ddots & \ddots & \ddots & \ddots & 0 \\ \vdots & & \ddots & -\frac{1}{2} & 1 & -\frac{1}{2} \\ 0 & \cdots & \cdots & 0 & -\frac{1}{2} & 1 \end{bmatrix} \begin{bmatrix} P_1 \\ P_2 \\ \vdots \\ P_{n-1} \end{bmatrix} = \begin{bmatrix} \frac{1}{2} \\ 0 \\ \vdots \\ 0 \end{bmatrix}.$$

b. Resolva o sistema utilizando $n = 10$, 50 e 100.

c. Altere as probabilidades para α e $1 - \alpha$ para movimento para a esquerda e para a direita, respectivamente, e deduza o sistema linear análogo ao da parte (a).

d. Repita a parte (b) com $\alpha = \frac{1}{3}$.

15. As forças na treliça da ponte descrita na abertura deste capítulo satisfazem às equações da seguinte tabela:

Junta	Componente horizontal	Componente vertical
①	$-F_1 + \frac{\sqrt{2}}{2}f_1 + f_2 = 0$	$\frac{\sqrt{2}}{2}f_1 - F_2 = 0$
②	$-\frac{\sqrt{2}}{2}f_1 + \frac{\sqrt{3}}{2}f_4 = 0$	$-\frac{\sqrt{2}}{2}f_1 - f_3 - \frac{1}{2}f_4 = 0$
③	$-f_2 + f_5 = 0$	$f_3 - 10.000 = 0$
④	$-\frac{\sqrt{3}}{2}f_4 - f_5 = 0$	$\frac{1}{2}f_4 - F_3 = 0$

Este sistema linear pode ser colocado na forma matricial

$$\begin{bmatrix} -1 & 0 & 0 & \frac{\sqrt{2}}{2} & 1 & 0 & 0 & 0 \\ 0 & -1 & 0 & \frac{\sqrt{2}}{2} & 0 & 0 & 0 & 0 \\ 0 & 0 & -1 & 0 & 0 & 0 & \frac{1}{2} & 0 \\ 0 & 0 & 0 & -\frac{\sqrt{2}}{2} & 0 & -1 & -\frac{1}{2} & 0 \\ 0 & 0 & 0 & 0 & -1 & 0 & 0 & 1 \\ 0 & 0 & 0 & 0 & 0 & 1 & 0 & 0 \\ 0 & 0 & 0 & -\frac{\sqrt{2}}{2} & 0 & 0 & \frac{\sqrt{3}}{2} & 0 \\ 0 & 0 & 0 & 0 & 0 & 0 & -\frac{\sqrt{3}}{2} & -1 \end{bmatrix} \begin{bmatrix} F_1 \\ F_2 \\ F_3 \\ f_1 \\ f_2 \\ f_3 \\ f_4 \\ f_5 \end{bmatrix} = \begin{bmatrix} 0 \\ 0 \\ 0 \\ 0 \\ 0 \\ 10.000 \\ 0 \\ 0 \end{bmatrix}.$$

a. Explique por que o sistema de equações foi reordenado.

b. Aproxime a solução do sistema linear resultante com precisão de 10^{-2} na norma l_∞ utilizando como aproximação inicial o vetor cujas componentes são 1 e com **(i)** o método de Jacobi e **(ii)** o método de Gauss-Seidel.

16. Um cabo coaxial é feito de um condutor interno de 0,1 polegada quadrada e de um condutor externo de 0,5 polegada quadrada. O potencial em um ponto na seção transversal do cabo é descrito pela equação de Laplace.

Suponha que o condutor interno seja mantido a 0 volt e que o condutor interno seja mantido a 110 volts. A aproximação do potencial entre os dois condutores requer a resolução do seguinte sistema linear. (Veja o Exercício 5 da Seção 12.1.)

$$\begin{bmatrix} 4 & -1 & 0 & 0 & -1 & 0 & 0 & 0 & 0 & 0 & 0 & 0 \\ -1 & 4 & -1 & 0 & 0 & 0 & 0 & 0 & 0 & 0 & 0 & 0 \\ 0 & -1 & 4 & -1 & 0 & 0 & 0 & 0 & 0 & 0 & 0 & 0 \\ 0 & 0 & -1 & 4 & 0 & -1 & 0 & 0 & 0 & 0 & 0 & 0 \\ -1 & 0 & 0 & 0 & 4 & 0 & -1 & 0 & 0 & 0 & 0 & 0 \\ 0 & 0 & 0 & -1 & 0 & 4 & 0 & -1 & 0 & 0 & 0 & 0 \\ 0 & 0 & 0 & 0 & -1 & 0 & 4 & 0 & -1 & 0 & 0 & 0 \\ 0 & 0 & 0 & 0 & 0 & -1 & 0 & 4 & 0 & 0 & 0 & -1 \\ 0 & 0 & 0 & 0 & 0 & 0 & -1 & 0 & 4 & -1 & 0 & 0 \\ 0 & 0 & 0 & 0 & 0 & 0 & 0 & 0 & -1 & 4 & -1 & 0 \\ 0 & 0 & 0 & 0 & 0 & 0 & 0 & 0 & 0 & -1 & 4 & -1 \\ 0 & 0 & 0 & 0 & 0 & -1 & 0 & 0 & 0 & 0 & -1 & 4 \end{bmatrix} \begin{bmatrix} w_1 \\ w_2 \\ w_3 \\ w_4 \\ w_5 \\ w_6 \\ w_7 \\ w_8 \\ w_9 \\ w_{10} \\ w_{11} \\ w_{12} \end{bmatrix} = \begin{bmatrix} 220 \\ 110 \\ 110 \\ 220 \\ 110 \\ 110 \\ 110 \\ 110 \\ 220 \\ 110 \\ 110 \\ 220 \end{bmatrix}.$$

a. Esta matriz é estritamente diagonal dominante?

b. Resolva o sistema linear usando o método de Jacobi com $\mathbf{x}^{(0)} = \mathbf{0}$ e $TOL = 10^{-2}$.

c. Repita a parte (b) usando o método de Gauss-Seidel.

EXERCÍCIOS TEÓRICOS

17. Mostre que, se A é estritamente diagonal dominante, então $\|T_j\|_\infty < 1$.

18. a. Demonstre que

$$\|\mathbf{x}^{(k)} - \mathbf{x}\| \leq \|T\|^k \, \|\mathbf{x}^{(0)} - \mathbf{x}\| \quad \text{e} \quad \|\mathbf{x}^{(k)} - \mathbf{x}\| \leq \frac{\|T\|^k}{1 - \|T\|} \|\mathbf{x}^{(1)} - \mathbf{x}^{(0)}\|,$$

em que T é uma matriz $n \times n$ com $\|T\| < 1$ e

$$\mathbf{x}^{(k)} = T\mathbf{x}^{(k-1)} + \mathbf{c}, \qquad k = 1, 2, \ldots,$$

com $\mathbf{x}^{(0)}$ arbitrário, $\mathbf{c} \in \mathbb{R}^n$ e $\mathbf{x} = T\mathbf{x} + \mathbf{c}$.

b. Aplique os limitantes no Exercício 1, quando possível, utilizando a norma l_∞.

19. Suponha que A seja uma matriz definida positiva.

a. Mostre que podemos escrever $A = D - L - L^t$, em que D é diagonal com $d_{ii} > 0$ para cada $1 \leq i \leq n$ e L é triangular inferior. Além disso, mostre que $D - L$ é não singular.

b. Seja $T_g = (D - L)^{-1}L^t$ e $P = A - T_g^t A T_g$. Mostre que P é simétrica.

c. Mostre que T_g também pode ser escrita como $T_g = I - (D - L)^{-1}A$.

d. Seja $Q = (D - L)^{-1}A$. Mostre que $T_g = I - Q$ e $P = Q^t[AQ^{-1} - A + (Q^t)^{-1}A]Q$.

e. Mostre que $P = Q^tDQ$ e que P é definida positiva.

f. Seja λ um autovalor de T_g com autovetor $\mathbf{x} \neq \mathbf{0}$. Use a parte (b) para mostrar que $\mathbf{x}^tP\mathbf{x} > 0$ implica que $|\lambda| < 1$.

g. Mostre que T_g é convergente e demonstre que o método de Gauss-Seidel converge.

QUESTÕES PARA DISCUSSÃO

1. O método GMRES é um método iterativo usado para a resolução de sistemas lineares grandes, esparsos e não simétricos. Compare esse método aos métodos iterativos discutidos nesta seção.
2. Os métodos diretos tais como a eliminação de Gauss ou a fatoração LU são mais eficientes dos que os métodos indiretos tais como Gauss-Seidel ou Jacobi quando o tamanho do sistema aumenta significativamente?

7.4 Técnicas de relaxação para a resolução de sistemas lineares

Vimos na Seção 7.3 que a taxa de convergência de uma técnica iterativa depende do raio espectral da matriz associada ao método. Um modo de se escolher um procedimento para acelerar a convergência é escolher um método cuja matriz associada tenha um raio espectral mínimo. Antes de descrever um procedimento para escolher tal método, precisamos introduzir um novo meio para medir o quanto uma aproximação da solução de um sistema linear difere da verdadeira solução do sistema. O método utiliza o vetor descrito na seguinte definição.

Definição 7.23 Suponha que $\tilde{\mathbf{x}} \in \mathbb{R}^n$ seja uma aproximação para a solução do sistema linear definido por $A\mathbf{x} = \mathbf{b}$. O **vetor resíduo** para $\tilde{\mathbf{x}}$ com relação a este sistema é $\mathbf{r} = \mathbf{b} - A\tilde{\mathbf{x}}$. ∎

"Resíduo" significa o que restou, o que é um nome apropriado para o vetor.

Em procedimentos tais como os métodos de Jacobi ou o de Gauss-Seidel, um vetor resíduo estará associado a cada cálculo de uma componente da aproximação do vetor solução. O objetivo é gerar uma sequência de aproximações que farão os vetores resíduos convergirem rapidamente para zero. Suponha que

$$\mathbf{r}_i^{(k)} = (r_{1i}^{(k)}, r_{2i}^{(k)}, \ldots, r_{ni}^{(k)})^t$$

denote o vetor resíduo para o método de Gauss-Seidel correspondente ao vetor solução aproximado $\mathbf{x}_i^{(k)}$ definido por

$$\mathbf{x}_i^{(k)} = (\mathbf{x}_1^{(k)}, \mathbf{x}_2^{(k)}, \ldots, \mathbf{x}_{i-1}^{(k)}, \mathbf{x}_i^{(k-1)}, \ldots, \mathbf{x}_n^{(k-1)})^t.$$

A m-ésima componente de $\mathbf{r}_i^{(k)}$ é

$$r_{mi}^{(k)} = b_m - \sum_{j=1}^{i-1} a_{mj}x_j^{(k)} - \sum_{j=i}^{n} a_{mj}x_j^{(k-1)}, \qquad (7.13)$$

ou, equivalentemente,

$$r_{mi}^{(k)} = b_m - \sum_{j=1}^{i-1} a_{mj}x_j^{(k)} - \sum_{j=i+1}^{n} a_{mj}x_j^{(k-1)} - a_{mi}x_i^{(k-1)},$$

para cada $m = 1, 2, \ldots, n$.

Em particular, a i-ésima componente de $\mathbf{r}_i^{(k)}$ é

$$r_{ii}^{(k)} = b_i - \sum_{j=1}^{i-1} a_{ij}x_j^{(k)} - \sum_{j=i+1}^{n} a_{ij}x_j^{(k-1)} - a_{ii}x_i^{(k-1)},$$

e, assim,

$$a_{ii}x_i^{(k-1)} + r_{ii}^{(k)} = b_i - \sum_{j=1}^{i-1} a_{ij}x_j^{(k)} - \sum_{j=i+1}^{n} a_{ij}x_j^{(k-1)}. \qquad (7.14)$$

Lembre, todavia, que no método de Gauss-Seidel, $x_i^{(k)}$ é escolhido como

$$x_i^{(k)} = \frac{1}{a_{ii}}\left[b_i - \sum_{j=1}^{i-1} a_{ij}x_j^{(k)} - \sum_{j=i+1}^{n} a_{ij}x_j^{(k-1)}\right], \tag{7.15}$$

de modo que a Equação (7.14) pode ser reescrita como

$$a_{ii}x_i^{(k-1)} + r_{ii}^{(k)} = a_{ii}x_i^{(k)}.$$

Consequentemente, o método de Gauss-Seidel pode ser caracterizado como a escolha de $x_i^{(k)}$ que satisfaz

$$x_i^{(k)} = x_i^{(k-1)} + \frac{r_{ii}^{(k)}}{a_{ii}}. \tag{7.16}$$

Podemos deduzir outra conexão entre os vetores resíduos e a técnica de Gauss--Seidel. Considere o vetor resíduo $\mathbf{r}_{i+1}^{(k)}$, associado ao vetor $\mathbf{x}_{i+1}^{(k)} = (x_1^{(k)}, \ldots, x_i^{(k)}, x_{i+1}^{(k-1)}, \ldots, x_n^{(k-1)})^t$. Pela Equação (7.13), a i-ésima componente de $\mathbf{r}_{i+1}^{(k)}$ é

$$\begin{aligned} r_{i,i+1}^{(k)} &= b_i - \sum_{j=1}^{i} a_{ij}x_j^{(k)} - \sum_{j=i+1}^{n} a_{ij}x_j^{(k-1)} \\ &= b_i - \sum_{j=1}^{i-1} a_{ij}x_j^{(k)} - \sum_{j=i+1}^{n} a_{ij}x_j^{(k-1)} - a_{ii}x_i^{(k)}. \end{aligned}$$

Pela maneira na qual $x_i^{(k)}$ é definida na Equação (7.15), podemos ver que $r_{i,i+1}^{(k)} = 0$. Em certo sentido, então, a técnica de Gauss-Seidel é também caracterizada pela escolha de $x_{i+1}^{(k)}$ de tal modo que a i-ésima componente de $\mathbf{r}_{i+1}^{(k)}$ seja zero.

Escolher $x_{i+1}^{(k)}$ de modo que uma coordenada do vetor resíduo seja zero, contudo, não é a maneira mais eficiente de reduzir a norma do vetor $\mathbf{r}_{i+1}^{(k)}$. Se modificarmos o procedimento de Gauss-Seidel, dado pela Equação (7.16), para

$$x_i^{(k)} = x_i^{(k-1)} + \omega\frac{r_{ii}^{(k)}}{a_{ii}}, \tag{7.17}$$

para determinadas escolhas de ω positivo, podemos reduzir a norma do vetor resíduo e obter convergência significativamente mais rápida.

Métodos que envolvam a Equação (7.17) são denominados **métodos de relaxação.** Para escolhas de ω com $0 < \omega < 1$, os procedimentos são denominados **métodos de sub-relaxação.** Para escolhas de ω com $1 < \omega$, os procedimentos são denominados **métodos da sobre-relaxação**, os quais são utilizados para acelerar a convergência para sistemas que sejam convergentes pela técnica de Gauss-Seidel. Esses métodos são abreviados **SRS**, de **sobre-relaxação sucessiva**, e são particularmente úteis na solução dos sistemas lineares que ocorrem na solução numérica de certas equações diferenciais parciais.

Antes de ilustrar as vantagens do método SRS, notamos que, pelo uso da Equação (7.14), a Equação (7.17) pode ser reformulada para efeito de cálculo para

$$x_i^{(k)} = (1-\omega)x_i^{(k-1)} + \frac{\omega}{a_{ii}}\left[b_i - \sum_{j=1}^{i-1} a_{ij}x_j^{(k)} - \sum_{j=i+1}^{n} a_{ij}x_j^{(k-1)}\right].$$

Para determinarmos a matriz do método SRS, reescrevemos isto como

$$a_{ii}x_i^{(k)} + \omega\sum_{j=1}^{i-1} a_{ij}x_j^{(k)} = (1-\omega)a_{ii}x_i^{(k-1)} - \omega\sum_{j=i+1}^{n} a_{ij}x_j^{(k-1)} + \omega b_i,$$

de modo que, em forma vetorial, tenhamos

$$(D - \omega L)\mathbf{x}^{(k)} = [(1-\omega)D + \omega U]\mathbf{x}^{(k-1)} + \omega\mathbf{b}.$$

Ou seja

$$\mathbf{x}^{(k)} = (D-\omega L)^{-1}[(1-\omega)D + \omega U]\mathbf{x}^{(k-1)} + \omega(D-\omega L)^{-1}\mathbf{b}. \qquad (7.18)$$

Se fizermos $T_\omega = (D-\omega L)^{-1}[(1-\omega)D + \omega U]$ e $\mathbf{c}_\omega = \omega(D-\omega L)^{-1}\mathbf{b}$, a técnica SRS assume a forma

$$\mathbf{x}^{(k)} = T_\omega\mathbf{x}^{(k-1)} + \mathbf{c}_\omega. \qquad (7.19)$$

EXEMPLO 1 O sistema linear $A\mathbf{x} = \mathbf{b}$ dado por

$$\begin{aligned} 4x_1 + 3x_2 \phantom{{}-x_3} &= 24,\\ 3x_1 + 4x_2 - x_3 &= 30,\\ -x_2 + 4x_3 &= -24, \end{aligned}$$

tem a solução $(3, 4, -5)^t$. Compare as iterações do método de Gauss-Seidel e do método SRS com $\omega = 1{,}25$ usando $\mathbf{x}^{(0)} = (1, 1, 1)^t$ para ambos os métodos.

Solução Para cada $k = 1, 2, \ldots$, as equações para o método Gauss-Seidel são

$$\begin{aligned} x_1^{(k)} &= -0{,}75x_2^{(k-1)} + 6,\\ x_2^{(k)} &= -0{,}75x_1^{(k)} + 0{,}25x_3^{(k-1)} + 7{,}5,\\ x_3^{(k)} &= 0{,}25x_2^{(k)} - 6, \end{aligned}$$

e as equações para o método SRS com $\omega = 1{,}25$ são

$$\begin{aligned} x_1^{(k)} &= -0{,}25x_1^{(k-1)} - 0{,}9375x_2^{(k-1)} + 7{,}5,\\ x_2^{(k)} &= -0{,}9375x_1^{(k)} - 0{,}25x_2^{(k-1)} + 0{,}3125x_3^{(k-1)} + 9{,}375,\\ x_3^{(k)} &= 0{,}3125x_2^{(k)} - 0{,}25x_3^{(k-1)} - 7{,}5. \end{aligned}$$

As sete primeiras iterações para cada método estão listadas nas Tabelas 7.3 e 7.4. Para que as iterações tenham precisão de sete casas decimais, o método de Gauss-Seidel exige 34 iterações, o que se opõe a 14 iterações para o método de sobre-relaxação com $\omega = 1{,}25$. ∎

Tabela 7.3

k	0	1	2	3	4	5	6	7
$x_1^{(k)}$	1	5,250000	3,1406250	3,0878906	3,0549316	3,0343323	3,0214577	3,0134110
$x_2^{(k)}$	1	3,812500	3,8828125	3,9267578	3,9542236	3,9713898	3,9821186	3,9888241
$x_3^{(k)}$	1	−5,046875	−5,0292969	−5,0183105	−5,0114441	−5,0071526	−5,0044703	−5,0027940

Tabela7.4

k	0	1	2	3	4	5	6	7
$x_1^{(k)}$	1	6,312500	2,6223145	3,1333027	2,9570512	3,0037211	2,9963276	3,0000498
$x_2^{(k)}$	1	3,5195313	3,9585266	4,0102646	4,0074838	4,0029250	4,0009262	4,0002586
$x_3^{(k)}$	1	−6,6501465	−4,6004238	−5,0966863	−4,9734897	−5,0057135	−4,9982822	−5,0003486

A pergunta óbvia a ser feita é como o valor apropriado de ω será escolhido quando o método SRS é usado. Embora nenhuma resposta completa para essa pergunta seja conhecida para o sistema linear $n \times n$ geral, os seguintes resultados podem ser utilizados em certas situações.

▶ Teorema 7.24 (Kahan)

Se $a_{ii} \neq 0$ para cada $i = 1, 2, \ldots, n$, então $\rho(T_\omega) \geq |\omega - 1|$. Isso implica que o método SRS pode convergir somente se $0 < \omega < 2$. ■

A demonstração deste teorema é considerada no Exercício 13. A demonstração dos próximos dois resultados pode ser encontrada em [Or2], p. 123-133. Esses resultados serão utilizados no Capítulo 12.

▶ Teorema 7.25 (Ostrowski-Reich)

Se A for uma matriz definida positiva e $0 < \omega < 2$, então o método SRS converge para qualquer escolha do vetor aproximado inicial $\mathbf{x}^{(0)}$. ■

▶ Teorema 7.26 Se A for uma matriz definida positiva e tridiagonal, então $\rho(T_g) = [\rho(T_j)]^2 < 1$, e a escolha ótima de ω para o método SRS será

$$\omega = \frac{2}{1 + \sqrt{1 - [\rho(T_j)]^2}}.$$

Com essa escolha de ω, temos $\rho(T_\omega) = \omega - 1$. ■

EXEMPLO 2 Encontre a escolha ótima de ω para o método SRS para a matriz

$$A = \begin{bmatrix} 4 & 3 & 0 \\ 3 & 4 & -1 \\ 0 & -1 & 4 \end{bmatrix}.$$

Solução Esta matriz é claramente tridiagonal, de modo que podemos aplicar o resultado no Teorema 7.26, se pudermos mostrar também que é definida positiva. Como a matriz é simétrica, o Teorema 6.25 na página 462 afirma que ela é definida positiva se e somente se todas suas submatrizes principais dominantes tiverem determinantes positivos. Pode-se ver facilmente que isso ocorre neste caso, pois

$$\det(A) = 24, \quad \det\left(\begin{bmatrix} 4 & 3 \\ 3 & 4 \end{bmatrix}\right) = 7 \quad \text{e} \quad \det([4]) = 4.$$

Como

$$T_j = D^{-1}(L+U) = \begin{bmatrix} \frac{1}{4} & 0 & 0 \\ 0 & \frac{1}{4} & 0 \\ 0 & 0 & \frac{1}{4} \end{bmatrix} \begin{bmatrix} 0 & -3 & 0 \\ -3 & 0 & 1 \\ 0 & 1 & 0 \end{bmatrix} = \begin{bmatrix} 0 & -0{,}75 & 0 \\ -0{,}75 & 0 & 0{,}25 \\ 0 & 0{,}25 & 0 \end{bmatrix},$$

temos

$$T_j - \lambda I = \begin{bmatrix} -\lambda & -0{,}75 & 0 \\ -0{,}75 & -\lambda & 0{,}25 \\ 0 & 0{,}25 & -\lambda \end{bmatrix},$$

e, então,

$$\det(T_j - \lambda I) = -\lambda(\lambda^2 - 0{,}0625).$$

Assim,

$$\rho(T_j) = \sqrt{0{,}625}$$

e

$$\omega = \frac{2}{1 + \sqrt{1 - [\rho(T_j)]^2}} = \frac{2}{1 + \sqrt{1 - 0{,}625}} \approx 1{,}24.$$

Isto explica a rápida convergência obtida no Exemplo 1 ao se usar $\omega = 1{,}25$. ■

Fechamos esta seção com o Algoritmo 7.3 para o método SRS.

ALGORITMO 7.3 **SRS**

Para resolver $A\mathbf{x} = \mathbf{b}$, dados o parâmetro ω e uma aproximação inicial $\mathbf{x}^{(0)}$:

ENTRADA o número de equações e incógnitas n; os elementos a_{ij}, $1 \leq i, j \leq n$ da matriz A; as componentes b_i, $1 \leq i \leq n$ de $\mathbf{b}$; as componentes XO_i, $1 \leq i \leq n$ de $\mathbf{XO} = \mathbf{x}^{(0)}$; o parâmetro ω; tolerância TOL; número máximo de iterações N.

SAÍDA a solução aproximada $x_1, \ldots, x_n$ ou uma mensagem de que o número máximo de iterações foi excedido.

Passo 1 Faça $k = 1$.

Passo 2 Enquanto ($k \leq N$) execute Passos 3 a 6.

Passo 3 Para $i = 1, \ldots, n$

faça $x_i = (1 - \omega)XO_i +$

$$\frac{1}{a_{ii}}\left[\omega\left(-\sum_{j=1}^{i-1} a_{ij}x_j - \sum_{j=i+1}^{n} a_{ij}XO_j + b_i\right)\right].$$

Passo 4 Se $\|\mathbf{x} - \mathbf{XO}\| < TOL$ então SAÍDA $(x_1, \ldots, x_n)$;
(*O procedimento foi bem-sucedido.*)
PARE.

Passo 5 Faça $k = k + 1$.

Passo 6 Para $i = 1, \ldots, n$ faça $XO_i = x_i$.

Passo 7 SAÍDA ('Número máximo de iterações excedido');
(*O procedimento não foi bem-sucedido.*)
PARE. ■

EXERCÍCIOS 7.4

1. Encontre as duas primeiras iterações do método SRS com $\omega = 1{,}1$ para os seguintes sistemas lineares, utilizando $\mathbf{x}^{(0)} = \mathbf{0}$:

a. $3x_1 - x_2 + x_3 = 1,$
$3x_1 + 6x_2 + 2x_3 = 0,$
$3x_1 + 3x_2 + 7x_3 = 4.$

b. $10x_1 - x_2 = 9,$
$-x_1 + 10x_2 - 2x_3 = 7,$
$-2x_2 + 10x_3 = 6.$

c. $10x_1 + 5x_2 = 6,$
$5x_1 + 10x_2 - 4x_3 = 25,$
$-4x_2 + 8x_3 - x_4 = -11,$
$-x_3 + 5x_4 = -11.$

d. $4x_1 + x_2 + x_3 + x_5 = 6,$
$-x_1 - 3x_2 + x_3 + x_4 = 6,$
$2x_1 + x_2 + 5x_3 - x_4 - x_5 = 6,$
$-x_1 - x_2 - x_3 + 4x_4 = 6,$
$2x_2 - x_3 + x_4 + 4x_5 = 6.$

2. Encontre as duas primeiras iterações do método SRS com $\omega = 1{,}1$ para os seguintes sistemas lineares, utilizando $\mathbf{x}^{(0)} = \mathbf{0}$:

a. $4x_1 + x_2 - x_3 = 5,$
$-x_1 + 3x_2 + x_3 = -4,$
$2x_1 + 2x_2 + 5x_3 = 1.$

b. $-2x_1 + x_2 + \frac{1}{2}x_3 = 4,$
$x_1 - 2x_2 - \frac{1}{2}x_3 = -4,$
$x_2 + 2x_3 = 0.$

c. $4x_1 + x_2 - x_3 + x_4 = -2,$
$x_1 + 4x_2 - x_3 - x_4 = -1,$
$-x_1 - x_2 + 5x_3 + x_4 = 0,$
$x_1 - x_2 + x_3 + 3x_4 = 1.$

d. $4x_1 - x_2 = 0,$
$-x_1 + 4x_2 - x_3 = 5,$
$-x_2 + 4x_3 = 0,$
$+4x_4 - x_5 = 6,$
$-x_4 + 4x_5 - x_6 = -2,$
$-x_5 + 4x_6 = 6.$

3. Repita o Exercício 1, usando $\omega = 1{,}3$.

4. Repita o Exercício 2, usando $\omega = 1{,}3$.

5. Use o método SRS, com $\omega = 1{,}2$, para resolver os sistemas lineares do Exercício 1, com tolerância $TOL = 10^{-3}$ na norma l_∞.

6. Use o método SRS, com $\omega = 1{,}2$, para resolver os sistemas lineares do Exercício 2, com tolerância $TOL = 10^{-3}$ na norma l_∞.

7. Determine quais matrizes no Exercício 1 são tridiagonais e definidas positivas. Repita o Exercício 1 para essas matrizes, utilizando a escolha ótima de ω.

8. Determine quais matrizes no Exercício 2 são tridiagonais e definidas positivas. Repita o Exercício 2 para essas matrizes utilizando a escolha ótima de ω.

9. Utilize o método SRS para resolver o sistema linear $A\mathbf{x} = \mathbf{b}$ com precisão de 10^{-5} na norma l_∞, em que os elementos de A são

$$a_{i,j}=\begin{cases}2i, & \text{quando } j=i \text{ e } i=1,2,\ldots,80,\\ 0{,}5i, & \text{quando } \begin{cases} j=i+2 \text{ e } i=1,2,\ldots,78,\\ j=i-2 \text{ e } i=3,4,\ldots,80,\end{cases}\\ 0{,}25i, & \text{quando } \begin{cases} j=i+4 \text{ e } i=1,2,\ldots,76,\\ j=i-4 \text{ e } i=5,6,\ldots,80,\end{cases}\\ 0, & \text{caso contrário,}\end{cases}$$

e os de **b** são $b_i = \pi$, para cada $i = 1, 2, \ldots, 80$.

EXERCÍCIOS APLICADOS

10. As forças na treliça da ponte descrita na abertura deste capítulo satisfazem as equações na tabela a seguir:

Junta	Componente horizontal	Componente vertical
①	$-F_1 + \frac{\sqrt{2}}{2}f_1 + f_2 = 0$	$\frac{\sqrt{2}}{2}f_1 - F_2 = 0$
②	$-\frac{\sqrt{2}}{2}f_1 + \frac{\sqrt{3}}{2}f_4 = 0$	$-\frac{\sqrt{2}}{2}f_1 - f_3 - \frac{1}{2}f_4 = 0$
③	$-f_2 + f_5 = 0$	$f_3 - 10.000 = 0$
④	$-\frac{\sqrt{3}}{2}f_4 - f_5 = 0$	$\frac{1}{2}f_4 - F_3 = 0$

Este sistema linear pode ser colocado na forma matricial

$$\begin{bmatrix} -1 & 0 & 0 & \frac{\sqrt{2}}{2} & 1 & 0 & 0 & 0\\ 0 & -1 & 0 & \frac{\sqrt{2}}{2} & 0 & 0 & 0 & 0\\ 0 & 0 & -1 & 0 & 0 & 0 & \frac{1}{2} & 0\\ 0 & 0 & 0 & -\frac{\sqrt{2}}{2} & 0 & -1 & -\frac{1}{2} & 0\\ 0 & 0 & 0 & 0 & -1 & 0 & 0 & 1\\ 0 & 0 & 0 & 0 & 0 & 1 & 0 & 0\\ 0 & 0 & 0 & -\frac{\sqrt{2}}{2} & 0 & 0 & \frac{\sqrt{3}}{2} & 0\\ 0 & 0 & 0 & 0 & 0 & 0 & -\frac{\sqrt{3}}{2} & -1 \end{bmatrix} \begin{bmatrix} F_1\\ F_2\\ F_3\\ f_1\\ f_2\\ f_3\\ f_4\\ f_5 \end{bmatrix} = \begin{bmatrix} 0\\ 0\\ 0\\ 0\\ 0\\ 10.000\\ 0\\ 0 \end{bmatrix}.$$

a. Explique por que o sistema de equações foi reordenado.

b. Aproxime a solução do sistema linear resultante com precisão de 10^{-2} na norma l_∞, usando como aproximação inicial o vetor cujos elementos são todos 1 e o método SRS, com $\omega = 1{,}25$.

11. Suponha que um objeto possa estar em qualquer um dos $n + 1$ s pontos igualmente espaçados x_0, $x_1, \ldots$, x_n. Quando um objeto está na posição x_i, é igualmente provável que ele se mova para x_{i-1} ou x_{i+1} e ele não pode se mover diretamente para nenhuma outra posição. Considere as probabilidades $\{P_i\}_{i=0}^{n}$ de que um objeto, inicialmente na posição x_i atinja o ponto mais à esquerda x_0 antes de atingir o ponto mais à direita x_n. Claramente, $P_0 = 1$ e $P_n = 0$. Como o objeto pode se mover para x_i apenas de x_{i-1} ou x_{i+1}, e ele o faz com probabilidade $\frac{1}{2}$ para cada uma destas posições,

$$P_i = \frac{1}{2}P_{i-1} + \frac{1}{2}P_{i+1}, \quad \text{para cada} \quad i = 1, 2, \ldots, n-1.$$

a. Mostre que

$$\begin{bmatrix} 1 & -\frac{1}{2} & 0 & \cdots & \cdots & 0 \\ -\frac{1}{2} & 1 & -\frac{1}{2} & \ddots & & \vdots \\ 0 & -\frac{1}{2} & 1 & \ddots & \ddots & \vdots \\ \vdots & \ddots & \ddots & \ddots & \ddots & 0 \\ \vdots & & \ddots & -\frac{1}{2} & 1 & -\frac{1}{2} \\ 0 & \cdots & \cdots & 0 & -\frac{1}{2} & 1 \end{bmatrix} \begin{bmatrix} P_1 \\ P_2 \\ \vdots \\ P_{n-1} \end{bmatrix} = \begin{bmatrix} \frac{1}{2} \\ 0 \\ \vdots \\ 0 \end{bmatrix}.$$

b. Resolva este sistema usando $n = 10$, 50 e 100.

c. Mude as probabilidades para α e $1 - \alpha$ para movimentos para a esquerda e direita, respectivamente, e deduza um sistema linear similar ao da parte (a).

d. Repita a parte (b) com $\alpha = \frac{1}{3}$.

12. Um cabo coaxial é feito de um condutor interno de 0,1 polegada quadrada e de um condutor externo de 0,5 polegada quadrada. O potencial em um ponto na seção transversal do cabo é descrito pela equação de Laplace. Suponha que o condutor interno seja mantido a 0 volt e que o condutor interno seja mantido a 110 volts. A aproximação do potencial entre os dois condutores requer a resolução do seguinte sistema linear. (Veja o Exercício 5 da Seção 12.1.)

$$\begin{bmatrix} 4 & -1 & 0 & 0 & -1 & 0 & 0 & 0 & 0 & 0 & 0 & 0 \\ -1 & 4 & -1 & 0 & 0 & 0 & 0 & 0 & 0 & 0 & 0 & 0 \\ 0 & -1 & 4 & -1 & 0 & 0 & 0 & 0 & 0 & 0 & 0 & 0 \\ 0 & 0 & -1 & 4 & 0 & -1 & 0 & 0 & 0 & 0 & 0 & 0 \\ -1 & 0 & 0 & 0 & 4 & 0 & -1 & 0 & 0 & 0 & 0 & 0 \\ 0 & 0 & 0 & -1 & 0 & 4 & 0 & -1 & 0 & 0 & 0 & 0 \\ 0 & 0 & 0 & 0 & -1 & 0 & 4 & 0 & -1 & 0 & 0 & 0 \\ 0 & 0 & 0 & 0 & 0 & -1 & 0 & 4 & 0 & 0 & 0 & -1 \\ 0 & 0 & 0 & 0 & 0 & 0 & -1 & 0 & 4 & -1 & 0 & 0 \\ 0 & 0 & 0 & 0 & 0 & 0 & 0 & 0 & -1 & 4 & -1 & 0 \\ 0 & 0 & 0 & 0 & 0 & 0 & 0 & 0 & 0 & -1 & 4 & -1 \\ 0 & 0 & 0 & 0 & 0 & -1 & 0 & 0 & 0 & 0 & -1 & 4 \end{bmatrix} \begin{bmatrix} w_1 \\ w_2 \\ w_3 \\ w_4 \\ w_5 \\ w_6 \\ w_7 \\ w_8 \\ w_9 \\ w_{10} \\ w_{11} \\ w_{12} \end{bmatrix} = \begin{bmatrix} 220 \\ 110 \\ 110 \\ 220 \\ 110 \\ 110 \\ 110 \\ 110 \\ 220 \\ 110 \\ 110 \\ 220 \end{bmatrix}.$$

a. A matriz é definida positiva?

b. Embora a matriz não seja tridiagonal, faça

$$\omega = \frac{2}{1 + \sqrt{1 - [\rho(T_j)]^2}}.$$

Aproxime a solução do sistema linear usando o método SRS com $\mathbf{x}^{(0)} = \mathbf{0}$ e $TOL = 10^{-2}$.

c. O método SRS tem um desempenho melhor do que os métodos de Jacobi e de Gauss-Seidel?

EXERCÍCIOS TEÓRICOS

13. Demonstre o Teorema 7.24 de Kahan. [*Sugestão:* se $\lambda_1, \ldots, \lambda_n$ forem autovalores de T_ω, então $T_\omega = \Pi_{i=1}^n \lambda_i$. Como $\det D^{-1} = \det(D - \omega L)^{-1}$ e o determinante de um produto de matrizes é o produto dos determinantes dos fatores, o resultado é consequência da Equação (7.18).]

14. No Exercício 19 de Seção 7.3, foi esboçada uma técnica para demonstrar que o método de Gauss-Seidel converge quando A for uma matriz definida positiva. Estenda este método de demonstração para mostrar que, neste caso, também há a convergência no método SRS com $0 < \omega < 2$.

QUESTÕES PARA DISCUSSÃO

1. Os métodos de relaxação deste capítulo podem ser aplicados às inequações lineares? Por que sim ou por que não?
2. Por que a escolha de $x_{i+1}^{(k)}$ de modo que uma das coordenadas do vetor resíduo seja zero não é necessariamente a maneira mais eficiente de reduzir a norma do vetor $r_{i+1}^{(k)}$?
3. Com frequência, é desejável acelerar (sobre-relaxação) ou frear (sub-relaxação) as mudanças nos valores das variáveis dependentes de iteração para iteração. O processo de sobre-relaxação é usado em geral em conjunção com o método de Gauss-Seidel. Quando o processo de sub-relaxação é usado?

7.5 Limitantes do erro e refinamento iterativo

Parece intuitivamente razoável que, se $\tilde{\mathbf{x}}$ for uma aproximação para a solução $\mathbf{x}$ de $A\mathbf{x} = \mathbf{b}$ e o vetor resíduo $\mathbf{r} = \mathbf{b} - A\tilde{\mathbf{x}}$ tiver a propriedade de que $\|\mathbf{r}\|$ é pequena, então $\|\mathbf{x} - \tilde{\mathbf{x}}\|$ será pequena também. Este é frequentemente o caso, mas certos sistemas, os quais ocorrem amiúde na prática, não têm essa propriedade.

EXEMPLO 1 O sistema linear $A\mathbf{x} = \mathbf{b}$ dado por

$$\begin{bmatrix} 1 & 2 \\ 1{,}0001 & 2 \end{bmatrix} \begin{bmatrix} x_1 \\ x_2 \end{bmatrix} = \begin{bmatrix} 3 \\ 3{,}0001 \end{bmatrix}$$

tem a solução única $\mathbf{x} = (1, 1)^t$. Determine o vetor resíduo para a aproximação grosseira $\tilde{\mathbf{x}} = (3, -0{,}0001)^t$.

Solução Temos

$$\mathbf{r} = \mathbf{b} - A\tilde{\mathbf{x}} = \begin{bmatrix} 3 \\ 3{,}0001 \end{bmatrix} - \begin{bmatrix} 1 & 2 \\ 1{,}0001 & 2 \end{bmatrix} \begin{bmatrix} 3 \\ -0{,}0001 \end{bmatrix} = \begin{bmatrix} 0{,}0002 \\ 0 \end{bmatrix},$$

e assim $\|\mathbf{r}\|_\infty = 0{,}0002$. Embora a norma do vetor resíduo seja pequena, a aproximação $\tilde{\mathbf{x}} = (3, -0{,}001)^t$ é obviamente bastante ruim; de fato, $\|\mathbf{x} - \tilde{\mathbf{x}}\|_\infty = 2$. ■

A dificuldade no Exemplo 1 é explicada de forma bastante simples, observando que a solução do sistema representa a intersecção das retas

$$l_1:\ x_1 + 2x_2 = 3 \qquad \text{e} \qquad l_2:\ 1{,}0001x_1 + 2x_2 = 3{,}0001.$$

O ponto (3, –0,001) está em l_2 e as retas são quase paralelas. Isso implica que (3, –0,001) também está perto de l_1, mesmo que difira significativamente da solução do sistema, dada pelo ponto de intersecção (1,1). (Veja a Figura 7.7.)

O Exemplo 1 foi claramente escolhido para mostrar as dificuldades que podem – e, de fato, costumam – surgir. Não fossem as retas quase coincidentes, poderíamos esperar que um pequeno vetor resíduo implicasse uma aproximação precisa.

Na situação geral, não podemos confiar que a geometria do sistema dê uma indicação de quando os problemas podem ocorrer. Podemos, todavia, obter essa informação considerando as normas da matriz e da sua inversa.

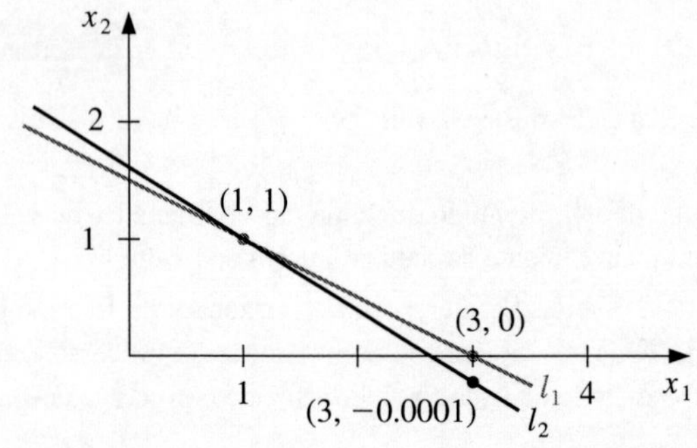

Figura 7.7

▶ **Teorema 7.27** Suponha que $\tilde{\mathbf{x}}$ seja uma aproximação para a solução de $A\mathbf{x} = \mathbf{b}$, que A seja uma matriz não singular e que $\mathbf{r}$ seja o vetor resíduo para $\tilde{\mathbf{x}}$. Então, para qualquer norma natural,

$$\|\mathbf{x} - \tilde{\mathbf{x}}\| \leq \|\mathbf{r}\| \cdot \|A^{-1}\|$$

e, se $\mathbf{x} \neq \mathbf{0}$ e $\mathbf{b} \neq \mathbf{0}$,

$$\frac{\|\mathbf{x} - \tilde{\mathbf{x}}\|}{\|\mathbf{x}\|} \leq \|A\| \cdot \|A^{-1}\| \frac{\|\mathbf{r}\|}{\|\mathbf{b}\|}. \tag{7.20}$$

Demonstração Como $\mathbf{r} = \mathbf{b} - A\tilde{\mathbf{x}} = A\mathbf{x} - A\tilde{\mathbf{x}}$ e A é não singular, $\mathbf{x} - \tilde{\mathbf{x}} = A^{-1}\mathbf{r}$. O Corolário 7.10, na página 488 implica que

$$\|\mathbf{x} - \tilde{\mathbf{x}}\| = \|A^{-1}\mathbf{r}\| \leq \|A^{-1}\| \cdot \|\mathbf{r}\|.$$

Além disso, já que $\mathbf{b} = A\mathbf{x}$, temos $\|\mathbf{b}\| \leq \|A\| \cdot \|\mathbf{x}\|$, e então $1/\|\mathbf{x}\| \leq \|A\|/\|\mathbf{b}\|$ e

$$\frac{\|\mathbf{x} - \tilde{\mathbf{x}}\|}{\|\mathbf{x}\|} \leq \frac{\|A\| \cdot \|A^{-1}\|}{\|\mathbf{b}\|} \|\mathbf{r}\|.$$

■

Números de condicionamento

As desigualdades no Teorema 7.27 implicam que $\|A^{-1}\|$ e $\|A\| \cdot \|A^{-1}\|$ fornecem uma indicação da conexão entre o vetor resíduo e a precisão da aproximação. Em geral, o erro relativo $\|\mathbf{x} - \tilde{\mathbf{x}}\|/\|\mathbf{x}\|$ é de maior interesse e, pela Desigualdade (7.20), esse erro é limitado pelo produto de $\|A\| \cdot \|A^{-1}\|$ pelo resíduo relativo para essa aproximação, $\|\mathbf{r}\|/\|\mathbf{b}\|$. Qualquer norma conveniente pode ser utilizada para essa aproximação; a única exigência é que ela seja usada consistentemente do começo ao fim.

▶ **Definição 7.28** O **número de condicionamento** da matriz não singular A em relação a uma norma $\|\cdot\|$ é

$$K(A) = \|A\| \cdot \|A^{-1}\|.$$

■

Com esta notação, as desigualdades no Teorema 7.27 tornam-se

$$\|\mathbf{x} - \tilde{\mathbf{x}}\| \leq K(A)\frac{\|\mathbf{r}\|}{\|A\|}$$

e

$$\frac{\|\mathbf{x} - \tilde{\mathbf{x}}\|}{\|\mathbf{x}\|} \leq K(A)\frac{\|\mathbf{r}\|}{\|\mathbf{b}\|}.$$

Para qualquer matriz não singular A e qualquer norma natural $\|\cdot\|$,

$$1 = \|I\| = \|A \cdot A^{-1}\| \leq \|A\| \cdot \|A^{-1}\| = K(A).$$

Uma matriz A é **bem condicionada** se $K(A)$ estiver próximo de 1 e é **mal condicionada** quando $K(A)$ for significativamente maior que 1. Condicionamento, neste contexto, refere-se à segurança relativa de que um vetor resíduo pequeno implique uma solução aproximada correspondentemente precisa.

EXEMPLO 2 Determine o número de condicionamento da matriz

$$A = \begin{bmatrix} 1 & 2 \\ 1{,}0001 & 2 \end{bmatrix}.$$

Solução Vimos no Exemplo 1 que a aproximação bem grosseira $(3, -0{,}0001)^t$ da solução exata $(1,1)^t$ tinha um vetor resíduo com norma pequena, de modo que devemos esperar que o número de condicionamento de A seja grande. Temos $A_\infty = \max\{|1|+|2|, |1{,}001| + |2|\} = 3{,}0001$, que não seria considerado grande. Entretanto,

$$A^{-1} = \begin{bmatrix} -10000 & 10000 \\ 5000{,}5 & -5000 \end{bmatrix}, \text{ de modo que } \|A^{-1}\|_\infty = 20000,$$

e para a norma infinita, $K(A) = (20000)(3.0001) = 60002$. O tamanho do número de condicionamento para este exemplo evita que tomemos decisões precipitadas baseadas no resíduo de uma aproximação. ∎

Embora o número de condicionamento de uma matriz dependa totalmente das normas da matriz e da sua inversa, na prática o cálculo da inversa fica sujeito a erros de arredondamento e depende da precisão com a qual os cálculos são realizados. Se as operações envolverem aritmética com t algarismos de precisão, o número de condicionamento aproximado para a matriz A será a norma da matriz vezes a norma da aproximação para a inversa de A, que é obtida usando aritmética de t algarismos. Na verdade, este número de condicionamento também depende do método usado para calcular a inversa de A. Além disso, por causa do número de cálculos necessários para o cálculo da inversa, precisamos ser capazes de obter uma estimativa do número de condicionamento sem determinar diretamente a inversa.

Se supusermos que a solução aproximada do sistema linear $A\mathbf{x} = \mathbf{b}$ está sendo determinada usando aritmética de t algarismos e eliminação de Gauss, pode ser mostrado (consultar [FM] p. 45-47) que o vetor resíduo $\mathbf{r}$ para a aproximação $\tilde{\mathbf{x}}$ tem

$$\|\mathbf{r}\| \approx 10^{-t}\|A\| \cdot \|\tilde{\mathbf{x}}\|. \tag{7.21}$$

A partir dessa aproximação, uma estimativa para o número efetivo de condicionamento em aritmética de t algarismos pode ser obtida sem ter de inverter a matriz A. Na verdade, essa aproximação assume que todas as operações aritméticas na técnica de eliminação de Gauss sejam realizadas usando aritmética de t algarismos, mas que as operações necessárias para determinar o resíduo sejam feitas em aritmética de dupla precisão (isto é, $2t$ algarismos). Essa técnica não aumenta significativamente o esforço computacional e elimina muito da perda de precisão envolvida na subtração dos números quase iguais que ocorrem no cálculo do resíduo.

A aproximação para o número de condicionamento $K(A)$ em t algarismos vem da consideração do sistema linear

$$A\mathbf{y} = \mathbf{r}.$$

A solução desse sistema pode ser facilmente aproximada, já que os multiplicadores para o método de eliminação de Gauss já foram calculados. Assim, A pode ser fatorada na forma $P^t LU$ descrita na Seção 5 do Capítulo 6. De fato, $\tilde{\mathbf{y}}$, a solução aproximada de $A\mathbf{y} = \mathbf{r}$, satisfaz

$$\tilde{\mathbf{y}} \approx A^{-1}\mathbf{r} = A^{-1}(\mathbf{b} - A\tilde{\mathbf{x}}) = A^{-1}\mathbf{b} - A^{-1}A\tilde{\mathbf{x}} = \mathbf{x} - \tilde{\mathbf{x}}; \tag{7.22}$$

e

$$\mathbf{x} \approx \tilde{\mathbf{x}} + \tilde{\mathbf{y}}.$$

Assim, $\tilde{\mathbf{y}}$ é uma estimativa do erro produzido quando $\tilde{\mathbf{x}}$ aproxima a solução $\mathbf{x}$ do sistema original. As Equações (7.21) e (7.22) implicam que

$$\|\tilde{\mathbf{y}}\| \approx \|\mathbf{x} - \tilde{\mathbf{x}}\| = \|A^{-1}\mathbf{r}\| \leq \|A^{-1}\| \cdot \|\mathbf{r}\| \approx \|A^{-1}\|(10^{-t}\|A\| \cdot \|\tilde{\mathbf{x}}\|) = 10^{-t}\,\|\tilde{\mathbf{x}}\|K(A).$$

Isso fornece uma aproximação para o número de condicionamento envolvido na solução do sistema $A\mathbf{x} = \mathbf{b}$ utilizando eliminação de Gauss e o tipo de aritmética de t algarismos que acabamos de descrever:

$$K(A) \approx \frac{\|\tilde{\mathbf{y}}\|}{\|\tilde{\mathbf{x}}\|}10^t. \tag{7.23}$$

Ilustração O sistema linear dado por

$$\begin{bmatrix} 3{,}3330 & 15920 & -10{,}333 \\ 2{,}2220 & 16{,}710 & 9{,}6120 \\ 1{,}5611 & 5{,}1791 & 1{,}6852 \end{bmatrix} \begin{bmatrix} x_1 \\ x_2 \\ x_3 \end{bmatrix} = \begin{bmatrix} 15913 \\ 28{,}544 \\ 8{,}4254 \end{bmatrix}$$

tem a solução exata $\mathbf{x} = (1, 1, 1)^t$.

O uso da eliminação de Gauss e da aritmética de arredondamento de cinco algarismos conduz sucessivamente às matrizes aumentadas

$$\begin{bmatrix} 3{,}3330 & 15920 & -10{,}333 & 15913 \\ 0 & -10596 & 16{,}501 & 10580 \\ 0 & -7451{,}4 & 6{,}5250 & -7444{,}9 \end{bmatrix}$$

e

$$\begin{bmatrix} 3,3330 & 15920 & -10,333 & 15913 \\ 0 & -10596 & 16,501 & -10580 \\ 0 & 0 & -5,0790 & -4,7000 \end{bmatrix}.$$

A solução aproximada desse sistema é

$$\tilde{\mathbf{x}} = (1,2001,\ 0,99991,\ 0,92538)^t.$$

O vetor resíduo correspondente a $\tilde{\mathbf{x}}$ é calculado em precisão dupla como sendo

$$\begin{aligned}\mathbf{r} &= \mathbf{b} - A\tilde{\mathbf{x}} \\ &= \begin{bmatrix} 15913 \\ 28,544 \\ 8,4254 \end{bmatrix} - \begin{bmatrix} 3,3330 & 15920 & -10,333 \\ 2,2220 & 16,710 & 9,6120 \\ 1,5611 & 5,1791 & 1,6852 \end{bmatrix} \begin{bmatrix} 1,2001 \\ 0,99991 \\ 0,92538 \end{bmatrix} \\ &= \begin{bmatrix} 15913 \\ 28,544 \\ 8,4254 \end{bmatrix} - \begin{bmatrix} 15913,00518 \\ 28,26987086 \\ 8,611560367 \end{bmatrix} = \begin{bmatrix} -0,00518 \\ 0,27412914 \\ -0,186160367 \end{bmatrix},\end{aligned}$$

e assim

$$\|\mathbf{r}\|_\infty = 0,27413.$$

A estimativa para o número de condicionamento dado na discussão anterior é obtida primeiramente resolvendo o sistema $A\mathbf{y} = \mathbf{r}$ para determinar $\tilde{\mathbf{y}}$:

$$\begin{bmatrix} 3,3330 & 15920 & -10,333 \\ 2,2220 & 16,710 & 9,6120 \\ 1,5611 & 5,1791 & 1,6852 \end{bmatrix} \begin{bmatrix} y_1 \\ y_2 \\ y_3 \end{bmatrix} = \begin{bmatrix} -0,00518 \\ 0,27413 \\ -0,18616 \end{bmatrix}.$$

Isso implica que $\tilde{\mathbf{y}} = (-0,20008,\ 8,9987 \times 10^{-5},\ 0,074607)^t$. Usar a estimativa na Equação (7.23) resulta em

$$K(A) \approx \frac{\|\tilde{\mathbf{y}}\|_\infty}{\|\tilde{\mathbf{x}}\|_\infty} 10^5 = \frac{0,20008}{1,2001} 10^5 = 16672. \tag{7.24}$$

Para determinar o número de condicionamento *exato* de A, primeiramente devemos construir A^{-1}. O uso de aritmética de arredondamento de cinco algarismos para os cálculos fornece a aproximação:

$$A^{-1} \approx \begin{bmatrix} -1,1701 \times 10^{-4} & -1,4983 \times 10^{-1} & 8,5416 \times 10^{-1} \\ 6,2782 \times 10^{-5} & 1,2124 \times 10^{-4} & -3,0662 \times 10^{-4} \\ -8,6631 \times 10^{-5} & 1,3846 \times 10^{-1} & -1,9689 \times 10^{-1} \end{bmatrix}.$$

O Teorema 7.11, na página 489, implica que $\|A^{-1}\|_\infty = 1,0041$ e $\|A\|_\infty = 15934$.

Como consequência, a matriz mal condicionada A tem

$$K(A) = (1,0041)(15934) = 15999.$$

A estimativa na Equação (7.24) está bastante próxima de $K(A)$ e exige consideravelmente menos esforço computacional.

Uma vez que a solução real $\mathbf{x} = (1, 1, 1)^t$ é conhecida para esse sistema, podemos calcular tanto

$$\|\mathbf{x} - \tilde{\mathbf{x}}\|_\infty = 0{,}2001 \quad \text{quanto} \quad \frac{\|\mathbf{x} - \tilde{\mathbf{x}}\|_\infty}{\|\mathbf{x}\|_\infty} = \frac{0{,}2001}{1} = 0{,}2001.$$

Os limitantes de erro fornecidos no Teorema 7.27 para esses valores são

$$\|\mathbf{x} - \tilde{\mathbf{x}}\|_\infty \leq K(A)\frac{\|\mathbf{r}\|_\infty}{\|A\|_\infty} = \frac{(15999)(0{,}27413)}{15934} = 0{,}27525$$

e

$$\frac{\|\mathbf{x} - \tilde{\mathbf{x}}\|_\infty}{\|\mathbf{x}\|_\infty} \leq K(A)\frac{\|\mathbf{r}\|_\infty}{\|\mathbf{b}\|_\infty} = \frac{(15999)(0{,}27413)}{15913} = 0{,}27561.$$

■

Refinamento iterativo

Na Equação (7.22), usamos a estimativa $\tilde{\mathbf{y}} \approx \mathbf{x} - \tilde{\mathbf{x}}$, em que $\tilde{\mathbf{y}}$ é a solução aproximada do sistema $A\mathbf{y} = \mathbf{r}$. Em geral, $\tilde{\mathbf{x}} + \tilde{\mathbf{y}}$ é uma aproximação mais precisa para a solução do sistema linear $A\mathbf{x} = \mathbf{b}$ do que a aproximação original $\tilde{\mathbf{x}}$. O método que utiliza essa hipótese é denominado **refinamento iterativo** ou *melhora iterativa* e consiste em realizar iterações no sistema cujo lado direito é o vetor resíduo para obter sucessivas aproximações até que os resultados tenham precisão satisfatória.

Se o processo for aplicado usando aritmética de t algarismos e se $K_\infty(A) \approx 10^q$, então após k iterações de refinamento iterativo, a solução tem aproximadamente o menor dentre t e $k(t - q)$ algarismos corretos. Se o sistema for bem condicionado, uma ou duas iterações indicarão que a solução é precisa. Existe a possibilidade de significativa melhora em sistemas mal condicionados, a menos que a matriz seja tão mal condicionada que $K_\infty(A) > 10^t$. Nessa situação, uma precisão maior deveria ser usada para os cálculos. O Algoritmo 7.4 implementa a técnica de refinamento iterativo.

ALGORITMO 7.4 **Refinamento iterativo**

Para obter uma aproximação da solução do sistema linear $A\mathbf{x} = \mathbf{b}$:

ENTRADA o número de equações e incógnitas n; os elementos a_{ij}, $1 \leq i, j \leq n$ da matriz A; as componentes b_i, $1 \leq i \leq n$ de $\mathbf{b}$; o número máximo de iterações N; tolerância TOL; número de algarismos de precisão t.

SAÍDA a aproximação $\mathbf{xx} = (xx_i, \ldots, xx_n)^t$ ou uma mensagem de que o número máximo de iterações foi excedido e uma aproximação $COND$ para $K_\infty(A)$.

Passo 0 Resolva o sistema linear $A\mathbf{x} = \mathbf{b}$ para determinar $x_1, \ldots, x_n$ utilizando eliminação de Gauss, salvando os multiplicadores $m_{ji}, j = i + 1, i + 2, \ldots, n, i = 1, 2, \ldots, n - 1$ e anotando as trocas de linhas.

Passo 1 Faça $k = 1$.

Passo 2 Enquanto ($k \leq N$) execute Passos 3 a 9.

Passo 3 Para $i = 1, 2, \ldots, n$ (*Calcula* $\mathbf{r}$.)

$$\text{faça } r_i = b_i - \sum_{j=1}^{n} a_{ij}x_j.$$

(*Efetuar as operações em aritmética de dupla precisão.*)

Passo 4 Resolva o sistema linear $A\mathbf{y} = \mathbf{r}$ utilizando eliminação de Gauss na mesma ordem que no Passo 0.

Passo 5 Para $i = 1, \ldots, n$ faça $xx_i = x_i + y_i$.

Passo 6 Se $k = 1$ então faça $COND = \dfrac{\|\mathbf{y}\|_\infty}{\|\mathbf{xx}\|_\infty} 10^t$.

Passo 7 Se $\|\mathbf{x} - \mathbf{xx}\|_\infty < TOL$ então SAÍDA ($\mathbf{xx}$);
SAÍDA ($COND$);
(*O procedimento foi bem-sucedido.*)
PARE.

Passo 8 Faça $k = k + 1$.

Passo 9 Para $i = 1, \ldots, n$ faça $x_i = xx_i$.

Passo 10 SAÍDA ('Número máximo de iterações excedido');
SAÍDA ($COND$);
(*O procedimento não foi bem-sucedido.*)
PARE. ■

Se for usada aritmética de t algarismos, um procedimento de parada recomendado no Passo 7 é iterar até que $|y_i^{(k)}| \leq 10^{-t}$, para cada $i = 1, 2, \ldots, n$.

Ilustração Em nossa ilustração anterior, encontramos que a solução aproximada do sistema linear

$$\begin{bmatrix} 3{,}3330 & 15920 & -10{,}333 \\ 2{,}2220 & 16{,}710 & 9{,}6120 \\ 1{,}5611 & 5{,}1791 & 1{,}6852 \end{bmatrix} \begin{bmatrix} x_1 \\ x_2 \\ x_3 \end{bmatrix} = \begin{bmatrix} 15913 \\ 28{,}544 \\ 8{,}4254 \end{bmatrix}$$

utilizando aritmética de cinco algarismos e eliminação de Gauss, era

$$\tilde{\mathbf{x}}^{(1)} = (1{,}2001, 0{,}99991, 0{,}92538)^t$$

e que a solução para $A\mathbf{y} = \mathbf{r}^{(1)}$ era

$$\tilde{\mathbf{y}}^{(1)} = (-0{,}20008, 8{,}9987 \times 10^{-5}, 0{,}074607)^t.$$

Pelo Passo 5 neste algoritmo,

$$\tilde{\mathbf{x}}^{(2)} = \tilde{\mathbf{x}}^{(1)} + \tilde{\mathbf{y}}^{(1)} = (1{,}0000, 1{,}0000, 0{,}99999)^t,$$

e o erro real nesta aproximação é

$$\|\mathbf{x} - \tilde{\mathbf{x}}^{(2)}\|_\infty = 1 \times 10^{-5}.$$

Utilizando a técnica de parada sugerida para o algoritmo, calculamos $\mathbf{r}^{(2)} = \mathbf{b} - A\tilde{\mathbf{x}}^{(2)}$ e resolvemos o sistema $A\mathbf{y}^{(2)} = \mathbf{r}^{(2)}$, o que resulta em

$$\tilde{\mathbf{y}}^{(2)} = (1{,}5002 \times 10^{-9}, 2{,}0951 \times 10^{-10}, 1{,}0000 \times 10^{-5})^t.$$

Já que $\|\tilde{\mathbf{y}}^{(2)}\|_\infty \leq 10^{-5}$, concluímos que

$$\tilde{\mathbf{x}}^{(3)} = \tilde{\mathbf{x}}^{(2)} + \tilde{\mathbf{y}}^{(2)} = (1{,}0000, 1{,}0000, 1{,}0000)^t$$

é suficientemente precisa, o que certamente está correto. ∎

Por toda esta seção foi suposto que no sistema linear $A\mathbf{x} = \mathbf{b}$, A e $\mathbf{b}$ podem ser representados exatamente. Realisticamente, os elementos a_{ij} e b_j serão alterados ou perturbados pela quantidade δa_{ij} e δb_j, fazendo que o sistema linear

$$(A + \delta A)\mathbf{x} = \mathbf{b} + \delta\mathbf{b}$$

seja resolvido em lugar de $A\mathbf{x} = \mathbf{b}$. Normalmente, se $\|\delta A\|$ e $\|\delta\mathbf{b}\|$ são pequenos (da ordem de 10^{-t}), a aritmética de t algarismos deveria permitir uma solução $\tilde{\mathbf{x}}$ para a qual $\|\mathbf{x} - \tilde{\mathbf{x}}\|$ seja correspondentemente pequeno. Contudo, no caso de sistemas mal condicionados, vimos que, mesmo se A e $\mathbf{b}$ forem representados exatamente, erros de arredondamento podem fazer que $\|\mathbf{x} - \tilde{\mathbf{x}}\|$ fique muito grande. O teorema seguinte relaciona as perturbações de sistemas lineares ao número de condicionamento de uma matriz. A demonstração desse resultado pode ser encontrada em [Or2], p. 33.

▶ Teorema 7.29 Suponha que A seja não singular e

$$\|\delta A\| < \frac{1}{\|A^{-1}\|}.$$

A solução $\tilde{\mathbf{x}}$ de $(A + \delta A)\,\tilde{\mathbf{x}} = \mathbf{b} + \delta\mathbf{b}$ aproxima a solução $\mathbf{x}$ de $A\mathbf{x} = \mathbf{b}$ com a estimativa de erro

$$\frac{\|\mathbf{x} - \tilde{\mathbf{x}}\|}{\|\mathbf{x}\|} \leq \frac{K(A)\|A\|}{\|A\| - K(A)\|\delta A\|}\left(\frac{\|\delta\mathbf{b}\|}{\|\mathbf{b}\|} + \frac{\|\delta A\|}{\|A\|}\right). \tag{7.25}$$

∎

A estimativa na Desigualdade (7.25) afirma que, se a matriz A for bem condicionada (isto é, $K(A)$ não for grande demais), então pequenas alterações em A e $\mathbf{b}$ produzirão alterações correspondentemente pequenas na solução $\mathbf{x}$. Se, por outro lado, A for mal condicionada, então pequenas alterações em A e $\mathbf{b}$ poderão produzir grandes alterações em $\mathbf{x}$.

O teorema é independente do procedimento numérico particular utilizado para resolver $A\mathbf{x} = \mathbf{b}$. Pode ser mostrado, por intermédio de uma análise de erros regressiva (consulte [Wil1] ou [Wil2]), que se for usada a eliminação de Gauss com pivotamento para resolver $A\mathbf{x} = \mathbf{b}$ em aritmética de t algarismos, a solução numérica $\tilde{\mathbf{x}}$ será a solução real de um sistema linear:

$$(A + \delta A)\tilde{\mathbf{x}} = \mathbf{b}, \qquad \text{em que } \|\delta A\|_\infty \leq f(n)10^{1-t}\max_{i,j,k}|a_{ij}^{(k)}|.$$

para alguma função $f(n)$. Wilkinson descobriu na prática que $f(n) \approx n$ e, no pior caso, $f(n) \leq 1{,}01(n^3 + 3n^2)$.

James Hardy Wilkinson (1919-1986) é mais conhecido por seu extenso trabalho em métodos numéricos para solução de sistemas de equações lineares e problemas de autovalores. Também desenvolveu a técnica de análise de erros regressiva.

EXERCÍCIOS 7.5

1. Calcule os números de condicionamento das seguintes matrizes com relação a $\|\cdot\|_\infty$.

   a. $\begin{bmatrix} \frac{1}{2} & \frac{1}{3} \\ \frac{1}{3} & \frac{1}{4} \end{bmatrix}$

   b. $\begin{bmatrix} 3{,}9 & 1{,}6 \\ 6{,}8 & 2{,}9 \end{bmatrix}$

   c. $\begin{bmatrix} 1 & 2 \\ 1{,}00001 & 2 \end{bmatrix}$

   d. $\begin{bmatrix} 1{,}003 & 58{,}09 \\ 5{,}550 & 321{,}8 \end{bmatrix}$

2. Calcule os números de condicionamento das seguintes matrizes com relação a $\|\cdot\|_\infty$.

   a. $\begin{bmatrix} 0{,}03 & 58{,}9 \\ 5{,}31 & -6{,}10 \end{bmatrix}$

   b. $\begin{bmatrix} 58{,}9 & 0{,}03 \\ -6{,}10 & 5{,}31 \end{bmatrix}$

   c. $\begin{bmatrix} 1 & -1 & -1 \\ 0 & 1 & -1 \\ 0 & 0 & -1 \end{bmatrix}$

   d. $\begin{bmatrix} 0{,}04 & 0{,}01 & -0{,}01 \\ 0{,}2 & 0{,}5 & -0{,}2 \\ 1 & 2 & 4 \end{bmatrix}$

3. Os seguintes sistemas lineares $A\mathbf{x} = \mathbf{b}$ têm $\mathbf{x}$ como solução real e $\tilde{\mathbf{x}}$ como solução aproximada. Utilizando os resultados do Exercício 1, calcule

$$\|\mathbf{x} - \tilde{\mathbf{x}}\|_\infty \quad \text{e} \quad K_\infty(A)\frac{\|\mathbf{b} - A\tilde{\mathbf{x}}\|_\infty}{\|A\|_\infty}.$$

   a. $\frac{1}{2}x_1 + \frac{1}{3}x_2 = \frac{1}{63}$,
   $\frac{1}{3}x_1 + \frac{1}{4}x_2 = \frac{1}{168}$,
   $\mathbf{x} = \left(\frac{1}{7}, -\frac{1}{6}\right)^t$,
   $\tilde{\mathbf{x}} = (0.142, -0.166)^t$.

   b. $3{,}9x_1 + 1{,}6x_2 = 5{,}5$,
   $6{,}8x_1 + 2{,}9x_2 = 9{,}7$,
   $\mathbf{x} = (1, 1)^t$,
   $\tilde{\mathbf{x}} = (0{,}98, 1{,}1)^t$.

   c. $x_1 + 2x_2 = 3$,
   $1{,}0001x_1 + 2x_2 = 3{,}0001$,
   $\mathbf{x} = (1, 1)^t$,
   $\tilde{\mathbf{x}} = (0{,}96, 1{,}02)^t$.

   d. $1{,}003x_1 + 58{,}09x_2 = 68{,}12$,
   $5{,}550x_1 + 321{,}8x_2 = 377{,}3$,
   $\mathbf{x} = (10, 1)^t$,
   $\tilde{\mathbf{x}} = (-10, 1)^t$.

4. Os seguintes sistemas lineares $A\mathbf{x} = \mathbf{b}$ têm $\mathbf{x}$ como solução real e $\tilde{\mathbf{x}}$ como solução aproximada. Utilizando os resultados do Exercício 2, calcule

$$\|\mathbf{x} - \tilde{\mathbf{x}}\|_\infty \quad \text{e} \quad K_\infty(A)\frac{\|\mathbf{b} - A\tilde{\mathbf{x}}\|_\infty}{\|A\|_\infty}.$$

a. $0{,}03x_1 + 58{,}9x_2 = 59{,}2,$
$5{,}31x_1 - 6{,}10x_2 = 47{,}0,$
$\mathbf{x} = (10, 1)^t,$
$\tilde{\mathbf{x}} = (30{,}0, 0{,}990)^t.$

b. $58{,}9x_1 + 0{,}03x_2 = 59{,}2,$
$-6{,}10x_1 + 5{,}31x_2 = 47{,}0,$
$\mathbf{x} = (1, 10)^t,$
$\tilde{\mathbf{x}} = (1{,}02, 9{,}98)^t.$

c. $x_1 - x_2 - x_3 = 2\pi,$
$x_2 - x_3 = 0,$
$-x_3 = \pi.$
$\mathbf{x} = (0, -\pi, -\pi)^t,$
$\tilde{\mathbf{x}} = (-0{,}1, -3{,}15, -3{,}14)^t.$

d. $0{,}04x_1 + 0{,}01x_2 - 0{,}01x_3 = 0{,}06,$
$0{,}2x_1 + 0{,}5x_2 - 0{,}2x_3 = 0{,}3,$
$x_1 + 2x_2 + 4x_3 = 11,$
$\mathbf{x} = (1{,}827586, 0{,}6551724, 1{,}965517)^t,$
$\tilde{\mathbf{x}} = (1{,}8, 0{,}64, 1{,}9)^t.$

5. **(i)** Use a eliminação de Gauss e a aritmética de arredondamento de três algarismos para obter uma aproximação das soluções dos seguintes sistemas lineares. **(ii)** A seguir, use uma iteração de refinamento iterativo para melhorar a aproximação e compare as aproximações com as soluções reais.

   a. $0{,}03x_1 + 58{,}9x_2 = 59{,}2,$
   $5{,}31x_1 - 6{,}10x_2 = 47{,}0.$
   Solução real $(10, 1)^t$.

   b. $3{,}3330x_1 + 15920x_2 + 10{,}333x_3 = 7953,$
   $2{,}2220x_1 + 16{,}710x_2 + 9{,}6120x_3 = 0{,}965,$
   $-1{,}5611x_1 + 5{,}1792x_2 - 1{,}6855x_3 = 2{,}714.$
   Solução real $(1, 0{,}5, -1)^t$.

   c. $1{,}19x_1 + 2{,}11x_2 - 100x_3 + x_4 = 1{,}12,$
   $14{,}2x_1 - 0{,}122x_2 + 12{,}2x_3 - x_4 = 3{,}44,$
   $100x_2 - 99{,}9x_3 + x_4 = 2{,}15,$
   $15{,}3x_1 + 0{,}110x_2 - 13{,}1x_3 - x_4 = 4{,}16.$
   Solução real $(0{,}17682530, 0{,}01269269, -0{,}02065405, -1{,}18260870)^t$.

   d. $\pi x_1 - ex_2 + \sqrt{2}x_3 - \sqrt{3}x_4 = \sqrt{11},$
   $\pi^2 x_1 + ex_2 - e^2 x_3 + \frac{3}{7}x_4 = 0,$
   $\sqrt{5}x_1 - \sqrt{6}x_2 + x_3 - \sqrt{2}x_4 = \pi,$
   $\pi^3 x_1 + e^2 x_2 - \sqrt{7}x_3 + \frac{1}{9}x_4 = \sqrt{2}.$

   Solução real $(0{,}78839378, -3{,}12541367, 0{,}16759660, 4{,}55700252)^t$.

6. Repita o Exercício 5, utilizando aritmética de arredondamento de quatro algarismos.

7. O sistema linear

$$\begin{bmatrix} 1 & 2 \\ 1{,}0001 & 2 \end{bmatrix} \begin{bmatrix} x_1 \\ x_2 \end{bmatrix} = \begin{bmatrix} 3 \\ 3{,}0001 \end{bmatrix}$$

tem solução $(1, 1)^t$. Mude A ligeiramente para

$$\begin{bmatrix} 1 & 2 \\ 0{,}9999 & 2 \end{bmatrix}$$

e considere o sistema linear

$$\begin{bmatrix} 1 & 2 \\ 0{,}9999 & 2 \end{bmatrix} \begin{bmatrix} x_1 \\ x_2 \end{bmatrix} = \begin{bmatrix} 3 \\ 3{,}0001 \end{bmatrix}.$$

Calcule a nova solução, utilizando aritmética de arredondamento de cinco algarismos, e compare o erro real com a estimativa (7.25). A é mal condicionada?

8. O sistema linear $A\mathbf{x} = \mathbf{b}$, dado por

$$\begin{bmatrix} 1 & 2 \\ 1{,}00001 & 2 \end{bmatrix}\begin{bmatrix} x_1 \\ x_2 \end{bmatrix} = \begin{bmatrix} 3 \\ 3{,}00001 \end{bmatrix}$$

tem solução $(1, 1)^t$. Utilize aritmética de arredondamento de sete algarismos para encontrar a solução do sistema perturbado

$$\begin{bmatrix} 1 & 2 \\ 1{,}000011 & 2 \end{bmatrix}\begin{bmatrix} x_1 \\ x_2 \end{bmatrix} = \begin{bmatrix} 3{,}00001 \\ 3{,}00003 \end{bmatrix}$$

e compare o erro real com a estimativa (7.25). A é mal condicionada?

9. A *matriz de Hilbert* $n \times n$, $H^{(n)}$, (veja a página 571) definida por

$$H_{ij}^{(n)} = \frac{1}{i + j - 1}, \quad 1 \leq i, j \leq n,$$

é uma matriz mal condicionada que surge na solução de equações normais para os coeficientes dos mínimos quadrados polinomiais. (Veja o Exemplo 1 da Seção 8.2.)

a. Mostre que

$$[H^{(4)}]^{-1} = \begin{bmatrix} 16 & -120 & 240 & -140 \\ -120 & 1200 & -2700 & 1680 \\ 240 & -2700 & 6480 & -4200 \\ -140 & 1680 & -4200 & 2800 \end{bmatrix}$$

e calcule $K_\infty(H^{(4)})$.

b. Mostre que

$$[H^{(5)}]^{-1} = \begin{bmatrix} 25 & -300 & 1050 & -1400 & 630 \\ -300 & 4800 & -18900 & 26880 & -12600 \\ 1050 & -18900 & 79380 & -117600 & 56700 \\ -1400 & 26880 & -117600 & 179200 & -88200 \\ 630 & -12600 & 56700 & -88200 & 44100 \end{bmatrix}$$

e calcule $K_\infty(H^{(5)})$.

c. Resolva o sistema linear

$$H^{(4)}\begin{bmatrix} x_1 \\ x_2 \\ x_3 \\ x_4 \end{bmatrix} = \begin{bmatrix} 1 \\ 0 \\ 0 \\ 1 \end{bmatrix}$$

usando aritmética de arredondamento de cinco algarismos e compare o erro real com o estimado pela Equação (7.25).

10. Use aritmética de arredondamento de quatro algarismos para calcular a inversa H^{-1} da matriz de Hilbert 3×3, H, e então calcule $\hat{H} = (H^{-1})^{-1}$. Determine $\|H - \hat{H}\|_\infty$.

EXERCÍCIOS TEÓRICOS

11. Mostre que, se B for singular, então

$$\frac{1}{K(A)} \leq \frac{||A - B||}{||A||}.$$

[*Sugestão*: existe um vetor com $||\text{x}|| = 1$, tal que $B\mathbf{x} = \mathbf{0}$. Deduza a estimativa usando $||A\mathbf{x}|| \geq ||\mathbf{x}|| / ||A^{-1}||$.]

12. Usando o Exercício 11, obtenha uma estimativa dos números de condicionamento das seguintes matrizes:

a. $\begin{bmatrix} 1 & 2 \\ 1{,}0001 & 2 \end{bmatrix}$ **b.** $\begin{bmatrix} 3{,}9 & 1{,}6 \\ 6{,}8 & 2{,}9 \end{bmatrix}$

QUESTÕES PARA DISCUSSÃO

1. Podemos avaliar a precisão de uma aproximação $\mathbf{x}$ da solução de $A\mathbf{x} = \mathbf{b}$ pelo cálculo do tamanho do vetor resíduo $\mathbf{r} = \mathbf{b} - A\mathbf{x}$ usando qualquer norma. Entretanto, um resíduo pequeno não implica necessariamente que o erro na solução seja pequeno. Por que isso pode ocorrer? O que pode ser feito para superar este problema?

2. O valor real do número de condicionamento de uma matriz depende da norma de matriz usada para calculá-lo? Em caso afirmativo, forneça alguns exemplos para confirmar sua resposta.

3. Por que é difícil e/ou não prático calcular precisamente o número de condicionamento?

7.6 Método do gradiente conjugado

O método do gradiente conjugado de Hestenes e Stiefel [HS] foi originalmente desenvolvido como um método direto criado para resolver um sistema linear definido positivo, $n \times n$. Como um método direto, é geralmente inferior à eliminação de Gauss com pivotamento, já que ambos os métodos exigem n passos para determinar uma solução, e os passos do método do gradiente conjugado são computacionalmente mais caros que os da eliminação de Gauss.

Todavia, o método do gradiente conjugado é muito útil quando empregado como um método de aproximação iterativa para resolver grandes sistemas esparsos com elementos não nulos ocorrendo em padrões previsíveis. Esses problemas frequentemente surgem na solução de problemas de contorno. Quando a matriz tiver sido precondicionada para tornar os cálculos mais eficientes, bons resultados são obtidos em cerca de apenas $\sqrt{n}$ iterações. Empregado dessa maneira, o método é preferível ao da eliminação de Gauss e aos métodos iterativos anteriormente discutidos.

Magnus Hestenes (1906-1991) e Edward Stiefel (1907-1998) publicaram o artigo original sobre o método do gradiente conjugado em 1952, enquanto trabalhavam no Instituto de Análise Numérica no campus da UCLA.

Nesta seção, supomos que a matriz A seja definida positiva. Utilizaremos a notação de *produto interno*

$$\langle \mathbf{x}, \mathbf{y} \rangle = \mathbf{x}^t \mathbf{y}, \tag{7.26}$$

em que **x** e **y** são vetores n dimensionais. Também precisaremos de resultados padrão adicionais da álgebra linear. Uma revisão desse material é encontrada na Seção 9.1.

O próximo resultado segue facilmente a partir das propriedades da transposta. (Veja o Exercício 14.)

▶Teorema 7.30 Para quaisquer vetores **x**, **y** e **z** e qualquer número real α, temos

(a) $\langle \mathbf{x}, \mathbf{y} \rangle = \langle \mathbf{y}, \mathbf{x} \rangle$;
(b) $\langle \alpha\mathbf{x}, \mathbf{y} \rangle = \langle \mathbf{x}, \alpha\mathbf{y} \rangle = \alpha\langle \mathbf{x}, \mathbf{y} \rangle$;
(c) $\langle \mathbf{x} + \mathbf{z}, \mathbf{y} \rangle = \langle \mathbf{x}, \mathbf{y} \rangle = \langle \mathbf{z}, \mathbf{y} \rangle$;
(d) $\langle \mathbf{x}, \mathbf{x} \rangle \geq 0$;
(e) $\langle \mathbf{x}, \mathbf{x} \rangle = 0$ se e somente se $\mathbf{x} = \mathbf{0}$. ■

Quando A for definida positiva, $\langle \mathbf{x}, A\mathbf{x} \rangle = \mathbf{x}^t A\mathbf{x} > 0$ a menos que $\mathbf{x} = \mathbf{0}$. Também, como A é simétrica, temos $\mathbf{x}^t A\mathbf{y} = \mathbf{x}^t A^t\mathbf{y} = (A\mathbf{x})^t\mathbf{y}$, e assim, além dos resultados no Teorema 7.30, temos, para cada **x** e **y**,

$$\langle A\mathbf{x}, \mathbf{y} \rangle = (A\mathbf{x})^t\mathbf{y} = \mathbf{x}^t A^t\mathbf{y} = \mathbf{x}^t A\mathbf{y} = \langle \mathbf{x}, A\mathbf{y} \rangle. \tag{7.27}$$

O resultado seguinte é uma ferramenta básica no desenvolvimento do método do gradiente conjugado.

▶Teorema 7.31 O vetor $\mathbf{x}^*$ é uma solução do sistema linear definido positivo $A\mathbf{x} = \mathbf{b}$ se e somente se $\mathbf{x}^*$ produzir o valor mínimo de

$$g(\mathbf{x}) = \langle \mathbf{x}, A\mathbf{x} \rangle - 2\langle \mathbf{x}, \mathbf{b} \rangle.$$

Demonstração Sejam **x** e $\mathbf{v} \neq \mathbf{0}$ vetores fixos e t uma variável real. Temos

$$\begin{aligned} g(\mathbf{x} + t\mathbf{v}) &= \langle \mathbf{x} + t\mathbf{v}, A\mathbf{x} + tA\mathbf{v} \rangle - 2\langle \mathbf{x} + t\mathbf{v}, \mathbf{b} \rangle \\ &= \langle \mathbf{x}, A\mathbf{x} \rangle + t\langle \mathbf{v}, A\mathbf{x} \rangle + t\langle \mathbf{x}, A\mathbf{v} \rangle + t^2\langle \mathbf{v}, A\mathbf{v} \rangle - 2\langle \mathbf{x}, \mathbf{b} \rangle - 2t\langle \mathbf{v}, \mathbf{b} \rangle \\ &= \langle \mathbf{x}, A\mathbf{x} \rangle - 2\langle \mathbf{x}, \mathbf{b} \rangle + 2t\langle \mathbf{v}, A\mathbf{x} \rangle - 2t\langle \mathbf{v}, \mathbf{b} \rangle + t^2\langle \mathbf{v}, A\mathbf{v} \rangle, \end{aligned}$$

e assim,

$$g(\mathbf{x} + t\mathbf{v}) = g(\mathbf{x}) - 2t\langle \mathbf{v}, \mathbf{b} - A\mathbf{x} \rangle + t^2\langle \mathbf{v}, A\mathbf{v} \rangle. \tag{7.28}$$

Como **x** e **v** são fixos, podemos definir a função quadrática h em t por meio de

$$h(t) = g(\mathbf{x} + t\mathbf{v}).$$

Então, h assume um valor mínimo quando $h'(t) = 0$, pois o seu coeficiente de t^2, $\langle \mathbf{v}, A\mathbf{v} \rangle$, é positivo. Já que

$$h'(t) = 2\langle \mathbf{v}, \mathbf{b} - A\mathbf{x} \rangle + 2t\langle \mathbf{v}, A\mathbf{v} \rangle,$$

o mínimo ocorre quando

$$\hat{t} = \frac{\langle \mathbf{v}, \mathbf{b} - A\mathbf{x} \rangle}{\langle \mathbf{v}, A\mathbf{v} \rangle},$$

e, da Equação (7.28),

$$\begin{aligned}
h(\hat{t}) &= g(\mathbf{x}+\hat{t}\mathbf{v}) \\
&= g(\mathbf{x}) - 2\hat{t}\langle \mathbf{v}, \mathbf{b} - A\mathbf{x}\rangle + \hat{t}^2\langle \mathbf{v}, A\mathbf{v}\rangle \\
&= g(\mathbf{x}) - 2\frac{\langle \mathbf{v}, \mathbf{b} - A\mathbf{x}\rangle}{\langle \mathbf{v}, A\mathbf{v}\rangle}\langle \mathbf{v}, \mathbf{b} - A\mathbf{x}\rangle + \left(\frac{\langle \mathbf{v}, \mathbf{b} - A\mathbf{x}\rangle}{\langle \mathbf{v}, A\mathbf{v}\rangle}\right)^2 \langle \mathbf{v}, A\mathbf{v}\rangle \\
&= g(\mathbf{x}) - \frac{\langle \mathbf{v}, \mathbf{b} - A\mathbf{x}\rangle^2}{\langle \mathbf{v}, A\mathbf{v}\rangle}.
\end{aligned}$$

Assim, para qualquer vetor $\mathbf{v} \neq \mathbf{0}$, temos $g(\mathbf{x} + \hat{t}\mathbf{v}) < g(\mathbf{x})$ a menos que $\langle \mathbf{v}, \mathbf{b} - A\mathbf{x}\rangle = 0$, caso no qual $g(\mathbf{x}) = g(\mathbf{x} + \hat{t}\mathbf{v})$. Esse é o resultado básico de que precisamos para demonstrar o Teorema 7.31.

Suponha que $\mathbf{x}^*$ satisfaça a $A\mathbf{x}^* = \mathbf{b}$. Então, $\langle \mathbf{v}, \mathbf{b} - A\mathbf{x}^*\rangle = \mathbf{0}$ para qualquer vetor $\mathbf{v}$, e $g(\mathbf{x})$ não pode se tornar menor que $g(\mathbf{x}^*)$. Assim, $\mathbf{x}^*$ minimiza g.

Por outro lado, suponha que $\mathbf{x}^*$ seja um vetor que minimiza g. Então, para qualquer vetor $\mathbf{v}$, temos $g(\mathbf{x}^* + \hat{t}\mathbf{v}) \geq g(\mathbf{x}^*)$. Assim, $\langle \mathbf{v}, \mathbf{b} - A\mathbf{x}^*\rangle = 0$. Isso implica que $\mathbf{b} - A\mathbf{x}^* = \mathbf{0}$ e, consequentemente, que $A\mathbf{x}^* = \mathbf{b}$. ■

Para começar o método do gradiente conjugado, escolhemos $\mathbf{x}$, uma solução aproximada de $A\mathbf{x}^* = \mathbf{b}$, e $\mathbf{v} \neq \mathbf{0}$, o que fornece uma *direção de busca* para se afastar de $\mathbf{x}$ de melhorar a aproximação. Seja $\mathbf{r} = \mathbf{b} - A\mathbf{x}$ o vetor resíduo associado a $\mathbf{x}$ e

$$t = \frac{\langle \mathbf{v}, \mathbf{b} - A\mathbf{x}\rangle}{\langle \mathbf{v}, A\mathbf{v}\rangle} = \frac{\langle \mathbf{v}, \mathbf{r}\rangle}{\langle \mathbf{v}, A\mathbf{v}\rangle}.$$

Se $\mathbf{r} \neq \mathbf{0}$ e se $\mathbf{v}$ e $\mathbf{r}$ não forem ortogonais, então $\mathbf{x} + t\mathbf{v}$ fornece um valor menor para g que $g(\mathbf{x})$ e está presumivelmente mais próximo de $\mathbf{x}^*$ do que $\mathbf{x}$. Isso sugere o método seguinte.

Seja $\mathbf{x}^{(0)}$ uma aproximação inicial de $\mathbf{x}^*$, e seja $\mathbf{v}^{(1)} \neq \mathbf{0}$ um sentido inicial de busca. Para $k = 1, 2, 3, \ldots$, calculamos

$$t_k = \frac{\langle \mathbf{v}^{(k)}, \mathbf{b} - A\mathbf{x}^{(k-1)}\rangle}{\langle \mathbf{v}^{(k)}, A\mathbf{v}^{(k)}\rangle}$$

$$\mathbf{x}^{(k)} = \mathbf{x}^{(k-1)} + t_k\mathbf{v}^{(k)}$$

e escolhemos uma nova direção de busca $\mathbf{v}^{(k+1)}$. O objetivo é fazer esta escolha de modo que a sequência de aproximações $\{\mathbf{x}^{(k)}\}$ convirja rapidamente para $\mathbf{x}^*$.

Para escolher a direção de busca, consideramos g como uma função das componentes de $\mathbf{x} = (x_1, x_2, \ldots, x_n)^t$. Assim,

$$g(x_1, x_2, \ldots, x_n) = \langle \mathbf{x}, A\mathbf{x}\rangle - 2\langle \mathbf{x}, \mathbf{b}\rangle = \sum_{i=1}^{n}\sum_{j=1}^{n} a_{ij}x_ix_j - 2\sum_{i=1}^{n} x_ib_i.$$

Tomando a derivada parcial em relação às variáveis x_k, temos

$$\frac{\partial g}{\partial x_k}(\mathbf{x}) = 2\sum_{i=1}^{n} a_{ki}x_i - 2b_k,$$

que é a k-ésima componente do vetor $2(A\mathbf{x} - \mathbf{b})$. Assim, o gradiente de g é

$$\nabla g(\mathbf{x}) = \left(\frac{\partial g}{\partial x_1}(\mathbf{x}), \frac{\partial g}{\partial x_2}(\mathbf{x}), \ldots, \frac{\partial g}{\partial x_n}(\mathbf{x})\right)^t = 2(A\mathbf{x} - \mathbf{b}) = -2\mathbf{r},$$

em que o vetor $\mathbf{r}$ é o vetor resíduo para $\mathbf{x}$.

Do cálculo de várias variáveis, sabemos que a direção de maior diminuição no valor de $g(\mathbf{x})$ é a direção dada por $-\nabla g(\mathbf{x})$; isto é, na direção do resíduo $\mathbf{r}$. O método que escolhe

$$\mathbf{v}^{(k+1)} = \mathbf{r}^{(k)} = \mathbf{b} - A\mathbf{x}^{(k)}$$

é denominado o *método do declive máximo*. Embora venhamos a ver na Seção 10.4 que este método tem méritos para sistemas não lineares e problemas de otimização, ele não é utilizado para sistemas lineares por causa de convergência lenta.

Uma abordagem alternativa usa um conjunto de vetores direção não nulos $\{\mathbf{v}^{(1)}, \ldots, \mathbf{v}^{(n)}\}$ que satisfaçam a

$$\langle \mathbf{v}^{(i)}, A\mathbf{v}^{(j)} \rangle = 0 \qquad \text{se} \qquad i \neq j.$$

Isso é chamado uma **condição de A-ortogonalidade,** e diz-se que o conjunto de vetores $\{\mathbf{v}^{(1)}, \ldots, \mathbf{v}^{(n)}\}$ é **A-ortogonal**. Não é difícil de mostrar que um conjunto de vetores A-ortogonais associados à matriz definida positiva A é linearmente independente. (Veja o Exercício 15.) Esse conjunto de direções de busca dá

$$t_k = \frac{\langle \mathbf{v}^{(k)}, \mathbf{b} - A\mathbf{x}^{(k-1)} \rangle}{\langle \mathbf{v}^{(k)}, A\mathbf{v}^{(k)} \rangle} = \frac{\langle \mathbf{v}^{(k)}, \mathbf{r}^{(k-1)} \rangle}{\langle \mathbf{v}^{(k)}, A\mathbf{v}^{(k)} \rangle}$$

e $\mathbf{x}^{(k)} = \mathbf{x}^{(k-1)} + t_k\mathbf{v}^{(k)}$.

O teorema seguinte mostra que esta escolha de direções de busca fornece convergência em, no máximo, n passos, de modo que, como um método direto, produz a solução exata, supondo que a aritmética seja exata.

▶ Teorema 7.32 Seja $\{\mathbf{v}^{(1)}, \ldots, \mathbf{v}^{(n)}\}$ um conjunto A-ortogonal de vetores não nulos associados à matriz definida positiva A, e seja $\mathbf{x}^{(0)}$ arbitrário. Defina

$$t_k = \frac{\langle \mathbf{v}^{(k)}, \mathbf{b} - A\mathbf{x}^{(k-1)} \rangle}{\langle \mathbf{v}^{(k)}, A\mathbf{v}^{(k)} \rangle} \quad \text{e} \quad \mathbf{x}^{(k)} = \mathbf{x}^{(k-1)} + t_k\mathbf{v}^{(k)},$$

para $k = 1, 2, \ldots, n$. Então, supondo aritmética exata, $A\mathbf{x}^{(n)} = \mathbf{b}$.

Demonstração Como, para cada $k = 1, 2, \ldots, n$, $\mathbf{x}^{(k)} = \mathbf{x}^{(k-1)} + t_k\mathbf{v}^{(k)}$, temos

$$\begin{aligned} A\mathbf{x}^{(n)} &= A\mathbf{x}^{(n-1)} + t_nA\mathbf{v}^{(n)} \\ &= (A\mathbf{x}^{(n-2)} + t_{n-1}A\mathbf{v}^{(n-1)}) + t_nA\mathbf{v}^{(n)} \\ &\vdots \\ &= A\mathbf{x}^{(0)} + t_1A\mathbf{v}^{(1)} + t_2A\mathbf{v}^{(2)} + \cdots + t_nA\mathbf{v}^{(n)}, \end{aligned}$$

e, subtraindo **b** deste resultado, vem

$$A\mathbf{x}^{(n)} - \mathbf{b} = A\mathbf{x}^{(0)} - \mathbf{b} + t_1 A\mathbf{v}^{(1)} + t_2 A\mathbf{v}^{(2)} + \cdots + t_n A\mathbf{v}^{(n)}.$$

Agora, tomamos o produto interno de ambos os lados com o vetor $\mathbf{v}^{(k)}$ e usamos as propriedades de produto interno e o fato de A ser simétrica para obter

$$\begin{aligned}\langle A\mathbf{x}^{(n)} - \mathbf{b}, \mathbf{v}^{(k)}\rangle &= \langle A\mathbf{x}^{(0)} - \mathbf{b}, \mathbf{v}^{(k)}\rangle + t_1\langle A\mathbf{v}^{(1)}, \mathbf{v}^{(k)}\rangle + \cdots + t_n\langle A\mathbf{v}^{(n)}, \mathbf{v}^{(k)}\rangle \\ &= \langle A\mathbf{x}^{(0)} - \mathbf{b}, \mathbf{v}^{(k)}\rangle + t_1\langle \mathbf{v}^{(1)}, A\mathbf{v}^{(k)}\rangle + \cdots + t_n\langle \mathbf{v}^{(n)}, A\mathbf{v}^{(k)}\rangle.\end{aligned}$$

A propriedade de A-ortogonalidade implica que, para cada k,

$$\langle A\mathbf{x}^{(n)} - \mathbf{b}, \mathbf{v}^{(k)}\rangle = \langle A\mathbf{x}^{(0)} - \mathbf{b}, \mathbf{v}^{(k)}\rangle + t_k\langle \mathbf{v}^{(k)}, A\mathbf{v}^{(k)}\rangle. \tag{7.29}$$

Todavia, $t_k\langle \mathbf{v}^{(k)}, A\mathbf{v}^{(k)}\rangle = \langle \mathbf{v}^{(k)}, \mathbf{b} - A\mathbf{x}^{(k-1)}\rangle$, de modo que,

$$\begin{aligned}t_k\langle \mathbf{v}^{(k)}, A\mathbf{v}^{(k)}\rangle &= \langle \mathbf{v}^{(k)}, \mathbf{b} - A\mathbf{x}^{(0)} + A\mathbf{x}^{(0)} - A\mathbf{x}^{(1)} + \cdots - A\mathbf{x}^{(k-2)} + A\mathbf{x}^{(k-2)} - A\mathbf{x}^{(k-1)}\rangle \\ &= \langle \mathbf{v}^{(k)}, \mathbf{b} - A\mathbf{x}^{(0)}\rangle + \langle \mathbf{v}^{(k)}, A\mathbf{x}^{(0)} - A\mathbf{x}^{(1)}\rangle + \cdots + \langle \mathbf{v}^{(k)}, A\mathbf{x}^{(k-2)} - A\mathbf{x}^{(k-1)}\rangle.\end{aligned}$$

Mas, para qualquer i,

$$\mathbf{x}^{(i)} = \mathbf{x}^{(i-1)} + t_i\mathbf{v}^{(i)} \quad \text{e} \quad A\mathbf{x}^{(i)} = A\mathbf{x}^{(i-1)} + t_i A\mathbf{v}^{(i)},$$

e então,

$$A\mathbf{x}^{(i-1)} - A\mathbf{x}^{(i)} = -t_i A\mathbf{v}^{(i)}.$$

Assim,

$$t_k\langle \mathbf{v}^{(k)}, A\mathbf{v}^{(k)}\rangle = \langle \mathbf{v}^{(k)}, \mathbf{b} - A\mathbf{x}^{(0)}\rangle - t_1\langle \mathbf{v}^{(k)}, A\mathbf{v}^{(1)}\rangle - \cdots - t_{k-1}\langle \mathbf{v}^{(k)}, A\mathbf{v}^{(k-1)}\rangle.$$

Devido à A-ortogonalidade, $\langle \mathbf{v}^{(k)}, A\mathbf{v}^{(i)}\rangle = 0$, para $i \neq k$, de modo que

$$\langle \mathbf{v}^{(k)}, A\mathbf{v}^{(k)}\rangle t_k = \langle \mathbf{v}^{(k)}, \mathbf{b} - A\mathbf{x}^{(0)}\rangle.$$

Da Equação (7.29),

$$\begin{aligned}\langle A\mathbf{x}^{(n)} - \mathbf{b}, \mathbf{v}^{(k)}\rangle &= \langle A\mathbf{x}^{(0)} - \mathbf{b}, \mathbf{v}^{(k)}\rangle + \langle \mathbf{v}^{(k)}, \mathbf{b} - A\mathbf{x}^{(0)}\rangle \\ &= \langle A\mathbf{x}^{(0)} - \mathbf{b}, \mathbf{v}^{(k)}\rangle + \langle \mathbf{b} - A\mathbf{x}^{(0)}, \mathbf{v}^{(k)}\rangle \\ &= \langle A\mathbf{x}^{(0)} - \mathbf{b}, \mathbf{v}^{(k)}\rangle - \langle A\mathbf{x}^{(0)} - \mathbf{b}, \mathbf{v}^{(k)}\rangle = 0.\end{aligned}$$

O vetor $A\mathbf{x}^{(n)} - \mathbf{b}$ é ortogonal ao conjunto de vetores A-ortogonais $\{\mathbf{v}^{(1)}, \ldots, \mathbf{v}^{(n)}\}$. Disso, segue que $A\mathbf{x}^{(n)} - \mathbf{b} = \mathbf{0}$, então $\mathrm{A}\mathbf{x}^{(n)} = \mathbf{b}$. (Veja o Exercício 15.) ■

EXEMPLO 1 O sistema linear

$$\begin{aligned}4x_1 + 3x_2 &= 24,\\ 3x_1 + 4x_2 - x_3 &= 30,\\ - x_2 + 4x_3 &= -24,\end{aligned}$$

tem a solução exata $\mathbf{x}^* = (3, 4, -5)^t$. Mostre que o procedimento descrito no Teorema 7.32 com $\mathbf{x}^{(0)} = (0, 0, 0)^t$ produz esta solução exata depois de três iterações.

Solução Mostramos no Exemplo 2 da Seção 7.4 que a matriz dos coeficientes

$$A = \begin{bmatrix} 4 & 3 & 0 \\ 3 & 4 & -1 \\ 0 & -1 & 4 \end{bmatrix}$$

deste sistema é definida positiva. Seja $\mathbf{v}^{(1)} = (1, 0, 0)^t$, $\mathbf{v}^{(2)} = (-3/4, 1, 0)^t$ e $\mathbf{v}^{(3)} = (-3/7, 4/7, 1)^t$. Então,

$$\langle \mathbf{v}^{(1)}, A\mathbf{v}^{(2)} \rangle = \mathbf{v}^{(1)t} A\mathbf{v}^{(2)} = (1, 0, 0) \begin{bmatrix} 4 & 3 & 0 \\ 3 & 4 & -1 \\ 0 & -1 & 4 \end{bmatrix} \begin{bmatrix} -\frac{3}{4} \\ 1 \\ 0 \end{bmatrix} = 0,$$

$$\langle \mathbf{v}^{(1)}, A\mathbf{v}^{(3)} \rangle = (1, 0, 0) \begin{bmatrix} 4 & 3 & 0 \\ 3 & 4 & -1 \\ 0 & -1 & 4 \end{bmatrix} \begin{bmatrix} -\frac{3}{7} \\ \frac{4}{7} \\ 1 \end{bmatrix} = 0,$$

e

$$\langle \mathbf{v}^{(2)}, A\mathbf{v}^{(3)} \rangle = \left(-\frac{3}{4}, 1, 0\right) \begin{bmatrix} 4 & 3 & 0 \\ 3 & 4 & -1 \\ 0 & -1 & 4 \end{bmatrix} \begin{bmatrix} -\frac{3}{7} \\ \frac{4}{7} \\ 1 \end{bmatrix} = 0.$$

Assim, $\{\mathbf{v}^{(1)}, \mathbf{v}^{(2)}, \mathbf{v}^{(3)}\}$ é um conjunto A-ortogonal.

Aplicando as iterações descritas no Teorema 7.22 em A, com $\mathbf{x}^{(0)} = (0, 0, 0)^t$ e $\mathbf{b} = (24, 30, -24)^t$, obtemos

$$\mathbf{r}^{(0)} = \mathbf{b} - A\mathbf{x}^{(0)} = \mathbf{b} = (24, 30, -24)^t,$$

de modo que

$$\langle \mathbf{v}^{(1)}, \mathbf{r}^{(0)} \rangle = \mathbf{v}^{(1)t}\mathbf{r}^{(0)} = 24, \quad \langle \mathbf{v}^{(1)}, A\mathbf{v}^{(1)} \rangle = 4 \quad \text{e} \quad t_0 = \frac{24}{4} = 6.$$

Assim,

$$\mathbf{x}^{(1)} = \mathbf{x}^{(0)} + t_0\mathbf{v}^{(1)} = (0, 0, 0)^t + 6(1, 0, 0)^t = (6, 0, 0)^t.$$

Continuando, temos

$$\mathbf{r}^{(1)} = \mathbf{b} - A\mathbf{x}^{(1)} = (0, 12, -24)^t, \quad t_1 = \frac{\langle \mathbf{v}^{(2)}, \mathbf{r}^{(1)} \rangle}{\langle \mathbf{v}^{(2)}, A\mathbf{v}^{(2)} \rangle} = \frac{12}{7/4} = \frac{48}{7},$$

$$\mathbf{x}^{(2)} = \mathbf{x}^{(1)} + t_1\mathbf{v}^{(2)} = (6, 0, 0)^t + \frac{48}{7}\left(-\frac{3}{4}, 1, 0\right)^t = \left(\frac{6}{7}, \frac{48}{7}, 0\right)^t,$$

$$\mathbf{r}^{(2)} = \mathbf{b} - A\mathbf{x}^{(2)} = \left(0, 0, -\frac{120}{7}\right), \quad t_2 = \frac{\langle \mathbf{v}^{(3)}, \mathbf{r}^{(2)} \rangle}{\langle \mathbf{v}^{(3)}, A\mathbf{v}^{(3)} \rangle} = \frac{-120/7}{24/7} = -5,$$

e

$$\mathbf{x}^{(3)} = \mathbf{x}^{(2)} + t_2\mathbf{v}^{(3)} = \left(\frac{6}{7}, \frac{48}{7}, 0\right)^t + (-5)\left(-\frac{3}{7}, \frac{4}{7}, 1\right)^t = (3, 4, -5)^t.$$

Como aplicamos a técnica $n = 3$ vezes, esta será a solução real. ∎

Antes de discutir como determinar o conjunto A-ortogonal, continuaremos o desenvolvimento. A utilização de um conjunto A-ortogonal $\{\mathbf{v}^{(1)}, \ldots, \mathbf{v}^{(n)}\}$ de vetores direção fornece o que é denominado um método de *direção conjugada*. O teorema seguinte mostra a ortogonalidade dos vetores residuais $\mathbf{r}^{(k)}$ e dos vetores direção $\mathbf{v}^{(j)}$. Uma demonstração desse resultado, usando indução matemática, é considerada no Exercício 16.

▶Teorema 7.33 Os vetores residuais $\mathbf{r}^{(k)}$, em que $k = 1, 2, \ldots, n$, de um método de direção conjugada, satisfazem às equações

$$\langle \mathbf{r}^{(k)}, \mathbf{v}^{(j)} \rangle = 0, \quad \text{para cada} \quad j = 1, 2, \ldots, k.$$ ∎

O método do gradiente conjugado de Hestenes e Stiefel escolhe as direções de busca $\{\mathbf{v}^{(k)}\}$ durante o processo iterativo, de modo que os vetores residuais $\{\mathbf{r}^{(k)}\}$ sejam mutuamente ortogonais. Para construir os vetores direção $\{\mathbf{v}^{(1)}, \mathbf{v}^{(2)}, \ldots\}$ e as aproximações $\{\mathbf{x}^{(1)}, \mathbf{x}^{(2)}, \ldots\}$, começamos com uma aproximação inicial $\mathbf{x}^{(0)}$ e usamos a direção de máximo declive $\mathbf{r}^{(0)} = \mathbf{b} - A\mathbf{x}^{(0)}$ como a primeira direção de busca $\mathbf{v}^{(1)}$.

Suponha que as direções conjugadas $\mathbf{v}^{(1)}, \ldots, \mathbf{v}^{(k-1)}$ e as aproximações $\mathbf{x}^{(1)}, \ldots, \mathbf{x}^{(k-1)}$ foram calculadas com

$$\mathbf{x}^{(k-1)} = \mathbf{x}^{(k-2)} + t_{k-1}\mathbf{v}^{(k-1)},$$

em que

$$\langle \mathbf{v}^{(i)}, A\mathbf{v}^{(j)} \rangle = 0 \quad \text{e} \quad \langle \mathbf{r}^{(i)}, \mathbf{r}^{(j)} \rangle = 0 \quad \text{para } i \neq j.$$

Se $\mathbf{x}^{(k-1)}$ é a solução para $A\mathbf{x} = \mathbf{b}$, terminamos. Caso contrário, $\mathbf{r}^{(k-1)} = \mathbf{b} - A\mathbf{x}^{(k-1)} \neq \mathbf{0}$ e o Teorema 7.33 implica que $\langle \mathbf{r}^{(k-1)}, \mathbf{v}^{(i)} \rangle = 0$ para $i = 1, 2, \ldots, k-1$.

Então usamos $\mathbf{r}^{(k-1)}$ para gerar $\mathbf{v}^{(k)}$, fazendo

$$\mathbf{v}^{(k)} = \mathbf{r}^{(k-1)} + s_{k-1}\mathbf{v}^{(k-1)}.$$

Queremos escolher s_{k-1} de modo que

$$\langle \mathbf{v}^{(k-1)}, A\mathbf{v}^{(k)} \rangle = 0.$$

Como

$$A\mathbf{v}^{(k)} = A\mathbf{r}^{(k-1)} + s_{k-1}A\mathbf{v}^{(k-1)}$$

e

$$\langle \mathbf{v}^{(k-1)}, A\mathbf{v}^{(k)} \rangle = \langle \mathbf{v}^{(k-1)}, A\mathbf{r}^{(k-1)} \rangle + s_{k-1}\langle \mathbf{v}^{(k-1)}, A\mathbf{v}^{(k-1)} \rangle,$$

teremos $\langle \mathbf{v}^{(k-1)}, A\mathbf{v}^{(k)} \rangle = 0$ quando

$$s_{k-1} = -\frac{\langle \mathbf{v}^{(k-1)}, A\mathbf{r}^{(k-1)} \rangle}{\langle \mathbf{v}^{(k-1)}, A\mathbf{v}^{(k-1)} \rangle}.$$

Também pode ser mostrado que, com esta escolha de s_{k-1}, temos $\langle \mathbf{v}^{(k)}, A\mathbf{v}^{(i)} \rangle = 0$, para cada $i = 1, 2, \ldots, k-2$ (consultar [Lu] p. 245). Assim, $\{\mathbf{v}^{(1)}, \ldots, \mathbf{v}^{(k)}\}$ é um conjunto A-ortogonal.

Tendo escolhido $\mathbf{v}^{(k)}$, calculamos

$$t_k = \frac{\langle \mathbf{v}^{(k)}, \mathbf{r}^{(k-1)} \rangle}{\langle \mathbf{v}^{(k)}, A\mathbf{v}^{(k)} \rangle} = \frac{\langle \mathbf{r}^{(k-1)} + s_{k-1}\mathbf{v}^{(k-1)}, \mathbf{r}^{(k-1)} \rangle}{\langle \mathbf{v}^{(k)}, A\mathbf{v}^{(k)} \rangle}$$
$$= \frac{\langle \mathbf{r}^{(k-1)}, \mathbf{r}^{(k-1)} \rangle}{\langle \mathbf{v}^{(k)}, A\mathbf{v}^{(k)} \rangle} + s_{k-1}\frac{\langle \mathbf{v}^{(k-1)}, \mathbf{r}^{(k-1)} \rangle}{\langle \mathbf{v}^{(k)}, A\mathbf{v}^{(k)} \rangle}.$$

Pelo Teorema 7.33, temos $\langle \mathbf{v}^{(k-1)}, \mathbf{r}^{(k-1)} \rangle = 0$, e então

$$t_k = \frac{\langle \mathbf{r}^{(k-1)}, \mathbf{r}^{(k-1)} \rangle}{\langle \mathbf{v}^{(k)}, A\mathbf{v}^{(k)} \rangle}. \tag{7.30}$$

Assim,

$$\mathbf{x}^{(k)} = \mathbf{x}^{(k-1)} + t_k\mathbf{v}^{(k)}.$$

Para calcular $\mathbf{r}^{(k)}$, multiplicamos por A e subtraímos $\mathbf{b}$ para obter

$$A\mathbf{x}^{(k)} - \mathbf{b} = A\mathbf{x}^{(k-1)} - \mathbf{b} + t_k A\mathbf{v}^{(k)}$$

ou

$$\mathbf{r}^{(k)} = \mathbf{r}^{(k-1)} - t_k A\mathbf{v}^{(k)}.$$

Assim,

$$\langle \mathbf{r}^{(k)}, \mathbf{r}^{(k)} \rangle = \langle \mathbf{r}^{(k-1)}, \mathbf{r}^{(k)} \rangle - t_k\langle A\mathbf{v}^{(k)}, \mathbf{r}^{(k)} \rangle = -t_k\langle \mathbf{r}^{(k)}, A\mathbf{v}^{(k)} \rangle.$$

Além disso, da Equação (7.30),

$$\langle \mathbf{r}^{(k-1)}, \mathbf{r}^{(k-1)} \rangle = t_k\langle \mathbf{v}^{(k)}, A\mathbf{v}^{(k)} \rangle,$$

de modo que

$$s_k = -\frac{\langle \mathbf{v}^{(k)}, A\mathbf{r}^{(k)} \rangle}{\langle \mathbf{v}^{(k)}, A\mathbf{v}^{(k)} \rangle} = -\frac{\langle \mathbf{r}^{(k)}, A\mathbf{v}^{(k)} \rangle}{\langle \mathbf{v}^{(k)}, A\mathbf{v}^{(k)} \rangle} = \frac{(1/t_k)\langle \mathbf{r}^{(k)}, \mathbf{r}^{(k)} \rangle}{(1/t_k)\langle \mathbf{r}^{(k-1)}, \mathbf{r}^{(k-1)} \rangle} = \frac{\langle \mathbf{r}^{(k)}, \mathbf{r}^{(k)} \rangle}{\langle \mathbf{r}^{(k-1)}, \mathbf{r}^{(k-1)} \rangle}.$$

Em suma, temos:

$$\mathbf{r}^{(0)} = \mathbf{b} - A\mathbf{x}^{(0)}; \qquad \mathbf{v}^{(1)} = \mathbf{r}^{(0)};$$

e, para $k = 1, 2, \ldots, n$,

$$t_k = \frac{\langle \mathbf{r}^{(k-1)}, \mathbf{r}^{(k-1)} \rangle}{\langle \mathbf{v}^{(k)}, A\mathbf{v}^{(k)} \rangle}, \quad \mathbf{x}^{(k)} = \mathbf{x}^{(k-1)} + t_k\mathbf{v}^{(k)}, \mathbf{r}^{(k)} = \mathbf{r}^{(k-1)} - t_k A\mathbf{v}^{(k)}, s_k = \frac{\langle \mathbf{r}^{(k)}, \mathbf{r}^{(k)} \rangle}{\langle \mathbf{r}^{(k-1)}, \mathbf{r}^{(k-1)} \rangle},$$

e

$$\mathbf{v}^{(k+1)} = \mathbf{r}^{(k)} + s_k\mathbf{v}^{(k)}. \tag{7.31}$$

Precondicionamento

Em vez de apresentar um algoritmo para o método do gradiente conjugado usando essas fórmulas, estendemos o método para incluir *precondicionamento*. Se a matriz A for mal condicionada, o método do gradiente conjugado fica altamente suscetível a erros de arredondamento. Assim, embora a resposta exata devesse ser obtida em n passos, este não é normalmente o caso. Como um método direto, o método do gradiente conjugado não é tão bom quanto a eliminação de Gauss com pivotamento. O principal uso do método do gradiente conjugado é como um método iterativo aplicado a um sistema mais bem condicionado. Nesse caso, uma solução aproximada aceitável é frequentemente obtida em cerca de $\sqrt{n}$ passos.

O precondicionamento substitui um sistema dado por outro tendo as mesmas soluções, porém com melhores características de convergência.

Quando é usado o precondicionmento, o método do gradiente conjugado não é aplicado diretamente à matriz A, mas à outra matriz definida positiva que tem um número de condicionamento menor. Precisamos fazer isso de tal forma que, uma vez que a solução deste novo sistema seja encontrada, será fácil obter a solução do sistema original. A expectativa é que isso reduza o erro de arredondamento quando o método for aplicado. Para que a matriz resultante também seja definida positiva, precisamos multiplicar de cada lado por uma matriz não singular. Denotaremos esta matriz por C^{-1} e consideraremos

$$\tilde{A} = C^{-1}A(C^{-1})^t,$$

na esperança que $\tilde{A}$ tenha um número de condicionamento menor do que A. Para simplificar, usaremos a notação $C^{-t} \equiv (C^{-1})^t$. Mais adiante na seção, veremos uma maneira razoável de escolher C, mas primeiro vamos considerar o método do gradiente conjugado aplicado a $\tilde{A}$.

Considere o sistema linear

$$\tilde{A}\tilde{\mathbf{x}} = \tilde{\mathbf{b}},$$

em que $\tilde{\mathbf{x}} = C^t\mathbf{x}$ e $\tilde{\mathbf{b}} = C^{-1}\mathbf{b}$. Então

$$\tilde{A}\tilde{\mathbf{x}} = (C^{-1}AC^{-t})(C^t\mathbf{x}) = C^{-1}A\mathbf{x}.$$

Assim, poderíamos resolver $\tilde{A}\tilde{\mathbf{x}} = \tilde{\mathbf{b}}$ e então obter $\mathbf{x}$ multiplicando por C^{-t}. Todavia, em vez de reescrever a Equação (7.31) utilizando $\tilde{\mathbf{r}}^{(k)}$, $\tilde{\mathbf{v}}^{(k)}$, $\tilde{t}_k$, $\tilde{\mathbf{x}}^{(k)}$ e $\tilde{s}_k$, incorporamos implicitamente o precondicionamento.

Como

$$\tilde{\mathbf{x}}^{(k)} = C^t\mathbf{x}^{(k)},$$

temos

$$\tilde{\mathbf{r}}^{(k)} = \tilde{\mathbf{b}} - \tilde{A}\tilde{\mathbf{x}}^{(k)} = C^{-1}\mathbf{b} - (C^{-1}AC^{-t})C^t\mathbf{x}^{(k)} = C^{-1}(\mathbf{b} - A\mathbf{x}^{(k)}) = C^{-1}\mathbf{r}^{(k)}.$$

Sejam $\tilde{\mathbf{v}}^{(k)} = C^t\mathbf{v}^{(k)}$ e $\mathbf{w}^{(k)} = C^{-1}\mathbf{r}^{(k)}$. Então

$$\tilde{s}_k = \frac{\langle \tilde{\mathbf{r}}^{(k)}, \tilde{\mathbf{r}}^{(k)} \rangle}{\langle \tilde{\mathbf{r}}^{(k-1)}, \tilde{\mathbf{r}}^{(k-1)} \rangle} = \frac{\langle C^{-1}\mathbf{r}^{(k)}, C^{-1}\mathbf{r}^{(k)} \rangle}{\langle C^{-1}\mathbf{r}^{(k-1)}, C^{-1}\mathbf{r}^{(k-1)} \rangle},$$

de modo que

$$\tilde{s}_k = \frac{\langle \mathbf{w}^{(k)}, \mathbf{w}^{(k)} \rangle}{\langle \mathbf{w}^{(k-1)}, \mathbf{w}^{(k-1)} \rangle}. \tag{7.32}$$

Assim,

$$\tilde{t}_k = \frac{\langle \tilde{\mathbf{r}}^{(k-1)}, \tilde{\mathbf{r}}^{(k-1)} \rangle}{\langle \tilde{\mathbf{v}}^{(k)}, \tilde{A}\tilde{\mathbf{v}}^{(k)} \rangle} = \frac{\langle C^{-1}\mathbf{r}^{(k-1)}, C^{-1}\mathbf{r}^{(k-1)} \rangle}{\langle C^t\mathbf{v}^{(k)}, C^{-1}AC^{-t}C^t\mathbf{v}^{(k)} \rangle} = \frac{\langle \mathbf{w}^{(k-1)}, \mathbf{w}^{(k-1)} \rangle}{\langle C^t\mathbf{v}^{(k)}, C^{-1}A\mathbf{v}^{(k)} \rangle}$$

e, já que

$$\begin{aligned}\langle C^t\mathbf{v}^{(k)}, C^{-1}A\mathbf{v}^{(k)} \rangle &= [C^t\mathbf{v}^{(k)}]^t\, C^{-1}A\mathbf{v}^{(k)} \\ &= [\mathbf{v}^{(k)}]^t\, CC^{-1}A\mathbf{v}^{(k)} = [\mathbf{v}^{(k)}]^t\, A\mathbf{v}^{(k)} = \langle \mathbf{v}^{(k)}, A\mathbf{v}^{(k)} \rangle,\end{aligned}$$

temos

$$\tilde{t}_k = \frac{\langle \mathbf{w}^{(k-1)}, \mathbf{w}^{(k-1)} \rangle}{\langle \mathbf{v}^{(k)}, A\mathbf{v}^{(k)} \rangle}. \tag{7.33}$$

Prosseguindo,

$$\tilde{\mathbf{x}}^{(k)} = \tilde{\mathbf{x}}^{(k-1)} + \tilde{t}_k\tilde{\mathbf{v}}^{(k)}, \qquad \text{e assim,} \qquad C^t\mathbf{x}^{(k)} = C^t\mathbf{x}^{(k-1)} + \tilde{t}_k C^t\mathbf{v}^{(k)}$$

e

$$\mathbf{x}^{(k)} = \mathbf{x}^{(k-1)} + \tilde{t}_k\mathbf{v}^{(k)}. \tag{7.34}$$

Continuando,

$$\tilde{\mathbf{r}}^{(k)} = \tilde{\mathbf{r}}^{(k-1)} - \tilde{t}_k\tilde{A}\tilde{\mathbf{v}}^{(k)},$$

de modo que

$$C^{-1}\mathbf{r}^{(k)} = C^{-1}\mathbf{r}^{(k-1)} - \tilde{t}_k C^{-1}AC^{-t}\tilde{\mathbf{v}}^{(k)}, \qquad \mathbf{r}^{(k)} = \mathbf{r}^{(k-1)} - \tilde{t}_k AC^{-t}C^t\mathbf{v}^{(k)},$$

e

$$\mathbf{r}^{(k)} = \mathbf{r}^{(k-1)} - \tilde{t}_k A\mathbf{v}^{(k)}. \tag{7.35}$$

Finalmente,

$$\tilde{\mathbf{v}}^{(k+1)} = \tilde{\mathbf{r}}^{(k)} + \tilde{s}_k\tilde{\mathbf{v}}^{(k)} \qquad \text{e} \qquad C^t\mathbf{v}^{(k+1)} = C^{-1}\mathbf{r}^{(k)} + \tilde{s}_k C^t\mathbf{v}^{(k)},$$

então,

$$\mathbf{v}^{(k+1)} = C^{-t}C^{-1}\mathbf{r}^{(k)} + \tilde{s}_k\mathbf{v}^{(k)} = C^{-t}\mathbf{w}^{(k)} + \tilde{s}_k\mathbf{v}^{(k)}. \tag{7.36}$$

O método do gradiente conjugado precondicionado baseia-se na utilização das Equações (7.32) a (7.36) na ordem (7.33), (7.34), (7.35), (7.32) e (7.36). O Algoritmo 7.5 implementa esse procedimento.

Algoritmo 7.5 **Método do gradiente conjugado precondicionado**

Para resolver $A\mathbf{x} = \mathbf{b}$, dada a matriz de precondicionamento C^{-1} e uma aproximação inicial $\mathbf{x}^{(0)}$:

ENTRADA o número de equações e incógnitas n; os elementos a_{ij}, $1 \leq i, j \leq n$ da matriz A; as componentes b_j, $1 \leq j \leq n$ do vetor $\mathbf{b}$; os elementos y_{ij}, $1 \leq i, j \leq n$ da matriz de precondicionamento C^{-1}, as componentes x_i, $1 \leq i \leq n$ da aproximação inicial $\mathbf{x} = \mathbf{x}^{(0)}$, o número máximo de iterações N; tolerância TOL.

SAÍDA a solução aproximada $x_1, \ldots, x_n$ e o resíduo $r_1, \ldots, r_n$ ou uma mensagem de que o número máximo de iterações foi excedido.

Passo 1 Faça $\mathbf{r} = \mathbf{b} - A\mathbf{x}$; (*Calcula* $\mathbf{r}^{(0)}$)
$\mathbf{w} = C^{-1}\mathbf{r}$; (*Observação*: $\mathbf{w} = \mathbf{w}^{(0)}$)
$\mathbf{v} = C^{-t}\mathbf{w}$; (*Observação*: $\mathbf{v} = \mathbf{v}^{(1)}$)
$\alpha = \sum_{j=1}^{n} \omega_j^2$.

Passo 2 Faça $k = 1$.

Passo 3 Enquanto ($k \leq N$) execute Passos 4 a 7.

Passo 4 Se $\|\mathbf{v}\| < TOL$, então
SAÍDA ('Vetor solução'; $x_1, \ldots, x_n$);
SAÍDA ('com resíduo'; $r_1, \ldots, r_n$);
(*O procedimento foi bem-sucedido.*)
PARE.

Passo 5 Faça $\mathbf{u} = A\mathbf{v}$; (*Observação*: $\mathbf{u} = A\mathbf{v}^{(k)}$)
$t = \dfrac{\alpha}{\sum_{j=1}^{n} v_j u_j}$; (*Observação*: $t = t_k$)
$\mathbf{x} = \mathbf{x} + t\mathbf{v}$; (*Observação*: $\mathbf{x} = \mathbf{x}^{(k)}$)
$\mathbf{r} = \mathbf{r} - t\mathbf{u}$; (*Observação*: $\mathbf{r} = \mathbf{r}^{(k)}$)
$\mathbf{w} = C^{-1}\mathbf{r}$; (*Observação*: $\mathbf{w} = \mathbf{w}^{(k)}$)
$\beta = \sum_{j=1}^{n} \omega_j^2$. (*Observação*: $\beta = \langle \mathbf{w}^{(k)}, \mathbf{w}^{(k)} \rangle$)

Passo 6 Se $|\beta| < TOL$ então
se $\|\mathbf{r}\| < TOL$ então
SAÍDA ('Vetor solução'; $x_1, \ldots, x_n$);
SAÍDA ('com resíduo'; $r_1, \ldots, r_n$);
(*O procedimento foi bem-sucedido.*)
PARE.

Passo 7 Faça $s = \beta/\alpha$; ($s = s_k$)
$\mathbf{v} = C^{-1}\mathbf{w} + s\mathbf{v}$; (*Observação*: $\mathbf{v} = \mathbf{v}^{(k+1)}$)
$\alpha = \beta$; (*Atualiza* α.)
$k = k + 1$.

Passo 8 Se ($k > n$) então
SAÍDA ('O número máximo de iterações foi excedido.');
(*O procedimento não foi bem-sucedido.*)
PARE. ■

O próximo exemplo ilustra os cálculos em um problema simples.

EXEMPLO 2

O sistema linear $A\mathbf{x} = \mathbf{b}$ dado por

$$\begin{aligned} 4x_1 + 3x_2 \qquad &= 24, \\ 3x_1 + 4x_2 - x_3 &= 30, \\ - x_2 + 4x_3 &= -24 \end{aligned}$$

tem solução $(3, 4, -5)^t$. Use o método do gradiente conjugado com $\mathbf{x}^{(0)} = (0, 0, 0)^t$ e sem precondicionamento, isto é, com $C = C^{-1} = I$, para aproximar a solução.

Solução A solução foi considerada no Exemplo 2 da Seção 7.4, na qual o método SRS foi usado com o valor quase ótimo de $\omega = 1{,}25$.

Para o método do gradiente conjugado, começamos com

$$\begin{aligned} \mathbf{r}^{(0)} &= \mathbf{b} - A\mathbf{x}^{(0)} = \mathbf{b} = (24, 30, -24)^t; \\ \mathbf{w} &= C^{-1}\mathbf{r}^{(0)} = (24, 30, -24)^t; \\ \mathbf{v}^{(1)} &= C^{-t}\mathbf{w} = (24, 30, -24)^t; \\ \alpha &= \langle \mathbf{w}, \mathbf{w} \rangle = 2052. \end{aligned}$$

Iniciamos a primeira iteração com $k = 1$. Então

$$\begin{aligned} \mathbf{u} &= A\mathbf{v}^{(1)} = (186{,}0, 216{,}0, -126{,}0)^t; \\ t_1 &= \frac{\alpha}{\langle \mathbf{v}^{(1)}, \mathbf{u} \rangle} = 0{,}1469072165; \\ \mathbf{x}^{(1)} &= \mathbf{x}^{(0)} + t_1\mathbf{v}^{(1)} = (3{,}525773196, 4{,}407216495, -3{,}525773196)^t; \\ \mathbf{r}^{(1)} &= \mathbf{r}^{(0)} - t_1\mathbf{u} = (-3{,}32474227, -1{,}73195876, -5{,}48969072)^t; \\ \mathbf{w} &= C^{-1}\mathbf{r}^{(1)} = \mathbf{r}^{(1)}; \\ \beta &= \langle \mathbf{w}, \mathbf{w} \rangle = 44{,}19029651; \\ s_1 &= \frac{\beta}{\alpha} = 0{,}02153523222; \\ \mathbf{v}^{(2)} &= C^{-t}\mathbf{w} + s_1\mathbf{v}^{(1)} = (-2{,}807896697, -1{,}085901793, -6{,}006536293)^t. \end{aligned}$$

Faça

$$\alpha = \beta = 44{,}19029651.$$

Para a segunda iteração, temos

$$\begin{aligned} \mathbf{u} &= A\mathbf{v}^{(2)} = (-14{,}48929217, -6{,}760760967, -22{,}94024338)^t; \\ t_2 &= 0{,}2378157558; \\ \mathbf{x}^{(2)} &= (2{,}858011121, 4{,}148971939, -4{,}954222164)^t; \\ \mathbf{r}^{(2)} &= (0{,}121039698, -0{,}124143281, -0{,}034139402)^t; \\ \mathbf{w} &= C^{-1}\mathbf{r}^{(2)} = \mathbf{r}^{(2)}; \\ \beta &= 0{,}03122766148; \\ s_2 &= 0{,}0007066633163; \\ \mathbf{v}^{(3)} &= (0{,}1190554504, -0{,}1249106480, -0{,}03838400086)^t. \end{aligned}$$

Faça $\alpha = \beta = 0{,}03122766148$.

Finalmente, a terceira iteração fornece

$$\mathbf{u} = A\mathbf{v}^{(3)} = (0{,}1014898976, -0{,}1040922099, -0{,}0286253554)^t;$$
$$t_3 = 1{,}192628008;$$
$$\mathbf{x}^{(3)} = (2{,}999999998, 4{,}000000002, -4{,}999999998)^t;$$
$$\mathbf{r}^{(3)} = (0{,}36 \times 10^{-8}, 0{,}39 \times 10^{-8}, -0{,}141 \times 10^{-8})^t.$$

Como $\mathbf{x}^{(3)}$ é quase a solução exata, erros de arredondamento não afetaram significativamente o resultado. No Exemplo 2 da Seção 7.4, o método SRS, com $\omega = 1{,}25$, precisou de 14 iterações para uma precisão de 10^{-7}. Deveria ser observado, porém, que neste exemplo estamos realmente comparando um método direto com métodos iterativos. ■

O próximo exemplo ilustra o efeito do precondicionamento em uma matriz mal condicionada. Neste exemplo, usamos $D^{-1/2}$ para representar a matriz diagonal cujos elementos sejam os recíprocos das raízes quadradas dos elementos da diagonal da matriz A dos coeficientes. Isso é usado como precondicionador. Como a matriz A é definida positiva, esperamos que os autovalores de $D^{-1/2}AD^{-t/2}$ estejam próximos de 1, com o resultado que o número de condicionamento da matriz passe a ser pequeno quando comparado ao número de condicionamento de A.

EXEMPLO 3 Encontre os autovalores e o número de condicionamento da matriz

$$A = \begin{bmatrix} 0{,}2 & 0{,}1 & 1 & 1 & 0 \\ 0{,}1 & 4 & -1 & 1 & -1 \\ 1 & -1 & 60 & 0 & -2 \\ 1 & 1 & 0 & 8 & 4 \\ 0 & -1 & -2 & 4 & 700 \end{bmatrix}$$

e compare-os com os autovalores e o número de condicionamento da matriz $D^{-1/2}AD^{-t/2}$.

Solução Para determinar a matriz precondicionada, primeiro precisamos da matriz diagonal, a qual, sendo simétrica, também é sua própria transposta. Seus elementos diagonais são especificados por

$$a1 = \frac{1}{\sqrt{0{,}2}};\ a2 = \frac{1}{\sqrt{4{,}0}};\ a3 = \frac{1}{\sqrt{60{,}0}};\ a4 = \frac{1}{\sqrt{8{,}0}};\ a5 = \frac{1}{\sqrt{700{,}0}},$$

e a matriz de precondicionamento é

$$C^{-1} = \begin{bmatrix} 2{,}23607 & 0 & 0 & 0 & 0 \\ 0 & 0{,}500000 & 0 & 0 & 0 \\ 0 & 0 & 0{,}129099 & 0 & 0 \\ 0 & 0 & 0 & 0{,}353553 & 0 \\ 0 & 0 & 0 & 0 & 0{,}0377965 \end{bmatrix}.$$

A matriz precondicionada é

$$\tilde{A} = C^{-1}AC^{-t}$$

$$= \begin{bmatrix} 1,000002 & 0,1118035 & 0,2886744 & 0,7905693 & 0 \\ 0,1118035 & 1 & -0,0645495 & 0,1767765 & -0,0188983 \\ 0,2886744 & -0,0645495 & 0,9999931 & 0 & -0,00975898 \\ 0,7905693 & 0,1767765 & 0 & 0,9999964 & 0,05345219 \\ 0 & -0,0188983 & -0,00975898 & 0,05345219 & 1,000005 \end{bmatrix}.$$

Encontra-se que os autovalores de A e $\tilde{A}$ são

autovalores de A: $700,031, 60,0284, 0,0570747, 8,33845, 3,74533$ e

autovalores de $\tilde{A}$: $1,88052, 0,156370, 0,852686, 1,10159, 1,00884$.

Encontra-se que os números de condicionamento de A e $\tilde{A}$ na norma l_∞ são 13961,7 e 16,1155, respectivamente. Neste caso, é certamente verdade que $\tilde{A}$ é mais bem condicionada do que a matriz original A. ■

Ilustração O sistema linear $A\mathbf{x} = \mathbf{b}$ com

$$A = \begin{bmatrix} 0,2 & 0,1 & 1 & 1 & 0 \\ 0,1 & 4 & -1 & 1 & -1 \\ 1 & -1 & 60 & 0 & -2 \\ 1 & 1 & 0 & 8 & 4 \\ 0 & -1 & -2 & 4 & 700 \end{bmatrix} \quad \text{e} \quad \mathbf{b} = \begin{bmatrix} 1 \\ 2 \\ 3 \\ 4 \\ 5 \end{bmatrix}$$

tem a solução

$$\mathbf{x}^* = (7,859713071,\ 0,4229264082,\ -0,07359223906, -0,5406430164, 0,\ 01062616286)^t.$$

A Tabela 7.5 lista os resultados obtidos pelo uso dos métodos iterativos de Jacobi, Gauss-Seidel e SRS (com ω) aplicados ao sistema com A com uma tolerância de 0,01, bem como aqueles para os quais o método do gradiente conjugado é aplicado tanto na forma sem precondicionamento quanto usando a matriz de precondicionamento descrita no Exemplo 3. O método do gradiente conjugado com precondicionamento não só fornece as aproximações mais precisas, mas também usa o menor número de iterações. ■

Tabela 7.5

Método	Número de iterações	$\mathbf{x}^{(k)}$	$\|\mathbf{x}^* - \mathbf{x}^{(k)}\|_\infty$
Jacobi	49	$(7,86277141, 0,42320802, -0,07348669, -0,53975964, 0,01062847)^t$	0,00305834
Gauss-Seidel	15	$(7,83525748, 0,42257868, -0,07319124, -0,53753055, 0,01060903)^t$	0,02445559
SRS (ω = 1,25)	7	$(7,85152706, 0,42277371, -0,07348303, -0,53978369, 0,01062286)^t$	0,00818607
Gradiente conjugado	5	$(7,85341523, 0,42298677, -0,07347963, -0,53987920, 0,008628916)^t$	0,00629785
Gradiente conjugado (precondicionado)	4	$(7,85968827, 0,42288329, -0,07359878, -0,54063200, 0,01064344)^t$	0,00009312

O método do gradiente conjugado precondicionado é frequentemente usado na solução de grandes sistemas lineares, nos quais a matriz é definida positiva e esparsa. Estes sistemas devem ser resolvidos para obter soluções aproximadas de problemas de contorno em equações diferenciais ordinárias (Seções 11.3, 11.4, 11.5). Quanto maior o sistema, mais impressionante o método do gradiente conjugado se torna, uma vez que reduz significativamente o número de iterações necessárias. Nesses sistemas, a matriz de precondicionamento C é aproximadamente igual a L na fatoração LL^t de Cholesky de A. Geralmente, pequenos elementos em A são ignorados, e o método de Cholesky é aplicado para se obter o que se denomina uma fatoração LL^t incompleta de A. Assim, $C^{-t}C^{-1} \approx A^{-1}$ e uma boa aproximação é obtida. Mais informações sobre o método do gradiente conjugado podem ser encontradas em [Kelley].

EXERCÍCIOS 7.6

1. O sistema linear

$$x_1 + \frac{1}{2}x_2 = \frac{5}{21},$$
$$\frac{1}{2}x_1 + \frac{1}{3}x_2 = \frac{11}{84},$$

tem solução $(x_1, x_2)^t = (1/6, 1/7)^t$.

a. Resolva o sistema linear utilizando eliminação de Gauss com aritmética de arredondamento de dois algarismos.

b. Resolva o sistema linear utilizando o método do gradiente conjugado ($C = C^{-1} = I$) com aritmética de arredondamento de dois algarismos.

c. Qual método fornece a melhor resposta?

d. Escolha $C^{-1} = D^{-1/2}$. Esta escolha melhora o método do gradiente conjugado?

2. O sistema linear

$$0{,}1x_1 + 0{,}2x_2 = 0{,}3,$$
$$0{,}2x_1 + 113x_2 = 113{,}2$$

tem solução $(x_1, x_2)^t = (1, 1)^t$. Repita as instruções no Exercício 1 para este sistema linear.

3. O sistema linear

$$x_1 + \frac{1}{2}x_2 + \frac{1}{3}x_3 = \frac{5}{6},$$
$$\frac{1}{2}x_1 + \frac{1}{3}x_2 + \frac{1}{4}x_3 = \frac{5}{12},$$
$$\frac{1}{3}x_1 + \frac{1}{4}x_2 + \frac{1}{5}x_3 = \frac{17}{60},$$

tem solução $(1, -1, 1)^t$.

a. Resolva o sistema linear utilizando eliminação de Gauss com aritmética de arredondamento de três algarismos.

b. Resolva o sistema linear utilizando o método do gradiente conjugado com aritmética de arredondamento de três algarismos.

c. O pivotamento melhora a resposta em (a)?

d. Repita a parte (b) usando $C^{-1} = D^{-1/2}$. Isto melhora a resposta em (b)?

4. Repita o Exercício 3 utilizando aritmética de precisão simples em um computador.

5. Execute apenas dois passos do método do gradiente conjugado com $C = C^{-1} = I$ em cada um dos seguintes sistemas lineares. Compare os resultados nas partes (b) e (c) com os obtidos nas partes (b) e (c) do Exercício 1 da Seção 7.3 e Exercício 1 da Seção 7.4.

a.
$$\begin{aligned} 3x_1 - x_2 + x_3 &= 1,\\ -x_1 + 6x_2 + 2x_3 &= 0,\\ x_1 + 2x_2 + 7x_3 &= 4. \end{aligned}$$

b.
$$\begin{aligned} 10x_1 - x_2 \qquad &= 9,\\ -x_1 + 10x_2 - 2x_3 &= 7,\\ -2x_2 + 10x_3 &= 6. \end{aligned}$$

c.
$$\begin{aligned} 10x_1 + 5x_2 \qquad &= 6,\\ 5x_1 + 10x_2 - 4x_3 \qquad &= 25,\\ -4x_2 + 8x_3 - x_4 &= -11,\\ -x_3 + 5x_4 &= -11. \end{aligned}$$

d.
$$\begin{aligned} 4x_1 + x_2 - x_3 + x_4 &= -2,\\ x_1 + 4x_2 - x_3 - x_4 &= -1,\\ -x_1 - x_2 + 5x_3 + x_4 &= 0,\\ x_1 - x_2 + x_3 + 3x_4 &= 1. \end{aligned}$$

e.
$$\begin{aligned} 4x_1 + x_2 + x_3 + x_5 &= 6,\\ x_1 + 3x_2 + x_3 + x_4 &= 6,\\ x_1 + x_2 + 5x_3 - x_4 - x_5 &= 6,\\ x_2 - x_3 + 4x_4 &= 6,\\ x_1 - x_3 + + 4x_5 &= 6. \end{aligned}$$

f.
$$\begin{aligned} 4x_1 - x_2 &= 0,\\ -x_1 + 4x_2 - x_3 &= 5,\\ -x_2 + 4x_3 &= 0,\\ +4x_4 - x_5 &= 6,\\ -x_4 + 4x_5 - x_6 &= -2,\\ -x_5 + 4x_6 &= 6. \end{aligned}$$

6. Repita o Exercício 5 utilizando $C^{-1} = D^{-1/2}$.

7. Repita o Exercício 5 com $TOL = 10^{-3}$ na norma l_∞. Compare os resultados nas partes (b) e (c) com os obtidos nos Exercícios 5, 7 da Seção 7.3 e Exercício 5 da Seção 7.4.

8. Repita o Exercício 7 utilizando $C^{-1} = D^{-1/2}$.

9. Determine soluções aproximadas dos seguintes sistemas lineares $A\mathbf{x} = \mathbf{b}$ com precisão de 10^{-5} na norma l_∞.

(i)

$$a_{i,j} = \begin{cases} 4, & \text{quando } j = i \text{ e } i = 1, 2, \ldots, 16,\\ -1, & \text{quando } \begin{cases} j = i + 1 \text{ e } i = 1, 2, 3, 5, 6, 7, 9, 10, 11, 13, 14, 15,\\ j = i - 1 \text{ e } i = 2, 3, 4, 6, 7, 8, 10, 11, 12, 14, 15, 16,\\ j = i + 4 \text{ e } i = 1, 2, \ldots, 12,\\ j = i - 4 \text{ e } i = 5, 6, \ldots, 16, \end{cases}\\ 0, & \text{caso contrário} \end{cases}$$

e

$$\mathbf{b} = (1{,}902207, 1{,}051143, 1{,}175689, 3{,}480083, 0{,}819600, -0{,}264419, -0{,}412789, 1{,}175689, 0{,}913337, -0{,}150209\ -0{,}264419, 1{,}051143, 1{,}966694, 0{,}913337, 0{,}819600, 1{,}902207)^t$$

(ii)

$$a_{i,j} = \begin{cases} 4, & \text{quando } j = i \text{ e } i = 1, 2, \ldots, 25,\\ -1, & \text{quando } \begin{cases} j = i + 1 \text{ e } i = \begin{cases} 1, 2, 3, 4, 6, 7, 8, 9, 11, 12, 13, 14,\\ 16, 17, 18, 19, 21, 22, 23, 24, \end{cases}\\ j = i - 1 \text{ e } i = \begin{cases} 2, 3, 4, 5, 7, 8, 9, 10, 12, 13, 14, 15,\\ 17, 18, 19, 20, 22, 23, 24, 25, \end{cases}\\ j = i + 5 \text{ e } i = 1, 2, \ldots, 20,\\ j = i - 5 \text{ e } i = 6, 7, \ldots, 25, \end{cases}\\ 0, & \text{caso contrário} \end{cases}$$

e

$$\mathbf{b} = (1, 0, -1, 0, 2, 1, 0, -1, 0, 2, 1, 0, -1, 0, 2, 1, 0, -1, 0, 2, 1, 0, -1, 0, 2)^t.$$

(iii)

$$a_{i,j} = \begin{cases} 2i, & \text{quando } j = i \text{ e } i = 1, 2, \ldots, 40, \\ -1, & \text{quando } \begin{cases} j = i + 1 \text{ e } i = 1, 2, \ldots, 39, \\ j = i - 1 \text{ e } i = 2, 3, \ldots, 40, \end{cases} \\ 0, & \text{caso contrário} \end{cases}$$

e $b_i = 1{,}5i - 6$, para cada $i = 1, 2, \ldots, 40$.

a. Use o método de Jacobi.

b. Use o método de Gauss-Seidel.

c. Use o método SRS com $\omega = 1{,}3$ em (i), $\omega = 1{,}2$ em (ii) e $\omega = 1{,}1$ em (iii).

d. Use o método do gradiente conjugado e precondicionamento com $C^{-1} = D^{-1/2}$.

10. Resolva o sistema linear no Exercício 14(b) da Seção 7.3 utilizando o método do gradiente conjugado com $C^{-1} = I$.

11. Sejam

$$A_1 = \begin{bmatrix} 4 & -1 & 0 & 0 \\ -1 & 4 & -1 & 0 \\ 0 & -1 & 4 & -1 \\ 0 & 0 & -1 & 4 \end{bmatrix}, \quad -I = \begin{bmatrix} -1 & 0 & 0 & 0 \\ 0 & -1 & 0 & 0 \\ 0 & 0 & -1 & 0 \\ 0 & 0 & 0 & -1 \end{bmatrix} \quad \text{e}$$

$$O = \begin{bmatrix} 0 & 0 & 0 & 0 \\ 0 & 0 & 0 & 0 \\ 0 & 0 & 0 & 0 \\ 0 & 0 & 0 & 0 \end{bmatrix}.$$

Forme a matriz A, 16×16, sob a forma particionada,

$$A = \begin{bmatrix} A_1 & -I & O & O \\ -I & A_1 & -I & O \\ O & -I & A_1 & -I \\ O & O & -I & A_1 \end{bmatrix}.$$

Seja $\mathbf{b} = (1, 2, 3, 4, 5, 6, 7, 8, 9, 0, 1, 2, 3, 4, 5, 6)^t$.

a. Resolva $A\mathbf{x} = \mathbf{b}$ usando o método do gradiente conjugado com tolerância 0,05.

b. Resolva $A\mathbf{x} = \mathbf{b}$ usando o método do gradiente conjugado precondicionado com $C^{-1} = D^{-1/2}$ e tolerância 0,05.

c. Existe alguma tolerância para a qual os métodos da parte (a) e da parte (b) exijam um número diferente de iterações?

EXERCÍCIOS APLICADOS

12. Um cabo coaxial é feito de um condutor interno de 0,1 polegada quadrada e de um condutor externo de 0,5 polegada quadrada. O potencial em um ponto na seção transversal do cabo é descrito pela equação de Laplace.

Suponha que o condutor interno seja mantido a 0 volt e que o condutor interno seja mantido a 110 volts. A aproximação do potencial entre os dois condutores requer a resolução do seguinte sistema linear. (Veja o Exercício 5 da Seção 12.1.)

$$\begin{bmatrix} 4 & -1 & 0 & 0 & -1 & 0 & 0 & 0 & 0 & 0 & 0 & 0 \\ -1 & 4 & -1 & 0 & 0 & 0 & 0 & 0 & 0 & 0 & 0 & 0 \\ 0 & -1 & 4 & -1 & 0 & 0 & 0 & 0 & 0 & 0 & 0 & 0 \\ 0 & 0 & -1 & 4 & 0 & -1 & 0 & 0 & 0 & 0 & 0 & 0 \\ -1 & 0 & 0 & 0 & 4 & 0 & -1 & 0 & 0 & 0 & 0 & 0 \\ 0 & 0 & 0 & -1 & 0 & 4 & 0 & -1 & 0 & 0 & 0 & 0 \\ 0 & 0 & 0 & 0 & -1 & 0 & 4 & 0 & -1 & 0 & 0 & 0 \\ 0 & 0 & 0 & 0 & 0 & -1 & 0 & 4 & 0 & 0 & 0 & -1 \\ 0 & 0 & 0 & 0 & 0 & 0 & -1 & 0 & 4 & -1 & 0 & 0 \\ 0 & 0 & 0 & 0 & 0 & 0 & 0 & 0 & -1 & 4 & -1 & 0 \\ 0 & 0 & 0 & 0 & 0 & 0 & 0 & 0 & 0 & -1 & 4 & -1 \\ 0 & 0 & 0 & 0 & 0 & -1 & 0 & 0 & 0 & 0 & -1 & 4 \end{bmatrix} \begin{bmatrix} w_1 \\ w_2 \\ w_3 \\ w_4 \\ w_5 \\ w_6 \\ w_7 \\ w_8 \\ w_9 \\ w_{10} \\ w_{11} \\ w_{12} \end{bmatrix} = \begin{bmatrix} 220 \\ 110 \\ 110 \\ 220 \\ 110 \\ 110 \\ 110 \\ 110 \\ 220 \\ 110 \\ 110 \\ 220 \end{bmatrix}.$$

Resolva esse sistema linear usando o método do gradiente conjugado, com $TOL = 10^{-2}$ e $C^{-1} = D^{-1}$.

13. Suponha que um objeto possa estar em qualquer um dos $n + 1$ pontos igualmente espaçados $x_0, x_1, \ldots, x_n$. Quando um objeto está na posição x_i, é igualmente provável que ele se mova para x_{i-1} ou x_{i+1} e ele não pode se mover diretamente para nenhuma outra posição. Considere as probabilidades $\{P_i\}_{i=0}^{n}$ de que um objeto inicialmente na posição x_i atinja o ponto mais à esquerda x_0 antes de atingir o ponto mais à direita x_n. Claramente, $P_0 = 1$ e $P_n = 0$. Como o objeto pode se mover para x_i apenas de x_{i-1} ou x_{i+1}, e ele o faz com probabilidade $\frac{1}{2}$ para cada uma destas posições,

$$P_i = \frac{1}{2}P_{i-1} + \frac{1}{2}P_{i+1}, \quad \text{para cada } i = 1, 2, \ldots, n-1.$$

a. Mostre que

$$\begin{bmatrix} 1 & -\frac{1}{2} & 0 & \cdots & \cdots & 0 \\ -\frac{1}{2} & 1 & -\frac{1}{2} & \ddots & & \vdots \\ 0 & -\frac{1}{2} & 1 & \ddots & \ddots & \vdots \\ \vdots & \ddots & \ddots & \ddots & \ddots & 0 \\ \vdots & & \ddots & -\frac{1}{2} & 1 & -\frac{1}{2} \\ 0 & \cdots & \cdots & 0 & -\frac{1}{2} & 1 \end{bmatrix} \begin{bmatrix} P_1 \\ P_2 \\ \vdots \\ P_{n-1} \end{bmatrix} = \begin{bmatrix} \frac{1}{2} \\ 0 \\ \vdots \\ 0 \end{bmatrix}.$$

b. Resolva este sistema usando $n = 10$, 50 e 100.

c. Mude as probabilidades para α e $1 - \alpha$ para movimentos para a esquerda e direita, respectivamente, e deduza um sistema linear similar ao da parte (a).

d. Repita a parte (b) com $\alpha = \frac{1}{3}$.

EXERCÍCIOS TEÓRICOS

14. Use as propriedades de transposta dadas no Teorema 6.14 para demonstrar o Teorema 7.30.

15. a. Mostre que um conjunto de vetores não nulos A-ortogonal associados a uma matriz definida positiva é linearmente independente.

b. Mostre que, se $\{\mathbf{v}^{(1)}, \mathbf{v}^{(2)}, \ldots, \mathbf{v}^{(n)}\}$ for um conjunto de vetores não nulos A-ortogonal em $\mathbb{R}$ e $\mathbf{z}^t\mathbf{v}^{(i)} = 0$ para cada $i = 1, 2, \ldots, n$, então $\mathbf{z} = \mathbf{0}$.

16. Demonstre o Teorema 7.33 utilizando indução matemática, como se segue:

a. Mostre que $\langle \mathbf{r}^{(1)}, \mathbf{v}^{(1)} \rangle = 0$.

b. Suponha que $\langle \mathbf{r}^{(k)}, \mathbf{v}^{(j)} \rangle = 0$, para cada $k \leq l$ e $j = 1, 2, \ldots, k$, e mostre que isto implica que $\langle \mathbf{r}^{(l+1)}, \mathbf{v}^{(j)} \rangle = 0$, para cada $j = 1, 2, \ldots, l$.

c. Mostre que $\langle \mathbf{r}^{(l+1)}, \mathbf{v}^{(l+1)} \rangle = 0$.

17. No Exemplo 3, foram encontrados os autovalores da matriz A e a matriz condicionada $\tilde{A}$. Use-os para determinar os números de condicionamento das matrizes A e $\tilde{A}$ na norma l_2.

QUESTÕES PARA DISCUSSÃO

1. O método do gradiente conjugado precondicionado pode ser usado para resolver o sistema de equações lineares $Ax = b$, em que A é uma matriz singular, semidefinida positiva e simétrica. Entretanto, o método divergirá sob certas condições. Quais são elas? A divergência pode ser evitada?

2. O método do gradiente conjugado pode ser usado como um método direto ou um método iterativo. Discuta como ele poderia ser usado em cada caso.

7.7 Software numérico

Quase todos os pacotes comerciais e de domínio público que contêm métodos iterativos para a solução de um sistema linear de equações exigem que um precondicionador seja utilizado com o método. Em geral, consegue-se uma convergência mais rápida de softwares iterativos com o uso de um precondicionador. Um precondicionador produz um sistema equivalente de equações que, espera-se, exiba melhores características de convergência que o sistema original. A biblioteca IMSL tem um método do gradiente conjugado precondicionado, e a biblioteca NAG tem várias sub-rotinas, as quais são prefixadas, para a solução iterativa de sistemas lineares.

Aleksei Nikolaevich Krylov (1863-1945) trabalhou em matemática aplicada principalmente nas áreas de problemas de contorno, da aceleração da convergência da série de Fourier e de vários problemas clássicos envolvendo sistemas mecânicos. Durante o início da década de 1930, ele foi diretor do Instituto de Física Matemática da Academia Soviética de Ciências.

Todas as sub-rotinas baseiam-se em subespaços de Krylov. Saad [Sa2] tem uma descrição detalhada dos métodos de subespaço de Krylov. Os pacotes LINPACK e LAPACK contêm somente métodos diretos para a solução de sistemas lineares; contudo, os pacotes realmente contêm muitas sub-rotinas que são usadas pelos algoritmos iterativos. Os pacotes de domínio público IML++, ITPACK, SLAP e Templates contêm métodos iterativos. O MATLAB contém vários métodos iterativos que também são baseados em subespaços de Krylov.

Os conceitos de número de condicionamento e matrizes mal condicionadas foram introduzidos na Seção 7.5. Muitas das sub-rotinas para resolver um sistema linear ou para fatorar uma matriz A em uma fatoração LU incluem verificações quanto a matrizes mal condicionadas e também fornecem uma estimativa do número de condicionamento. O LAPACK tem diversas sub-rotinas que incluem a estimativa de um número de condicionamento, como também as bibliotecas IMSL e NAG.

LAPACK, LINPACK, a biblioteca IMSL e a biblioteca NAG têm sub-rotinas que melhoram uma solução de um sistema linear que seja mal condicionado. As sub-rotinas testam o número de condicionamento e, então, utilizam refinamento iterativo para obter a solução mais precisa possível, dada a precisão do computador.

QUESTÕES PARA DISCUSSÃO

1. PARALUTION é uma biblioteca de domínio público para métodos iterativos esparsos com foco especial em tecnologia multicore e de aceleradoras, tais como CPUs. Forneça uma visão geral deste método.
2. Dê uma visão geral do conjunto de ferramentas BPKIT.
3. Dê uma visão geral da biblioteca SuperLU.
4. Dê uma visão geral do projeto CERFACS.

CONCEITOS-CHAVE

Autovalor
Autovetor
Bem condicionada
Condição de ortogonalidade
Desigualdade de Cauchy-Bunya-kovsky-Schwarz
Distância entre matrizes
Distância entre vetores
Mal condicionada
Matriz convergente
Método de Gauss-Seidel
Método de Jacobi
Método do gradiente conjugado
Norma de matriz
Norma de vetor
Norma euclidiana
Norma infinita
Número de Condicionamento
Polinômio característico
Precondicionamento
Raio espectral
Refinamento iterativo
Sobre-relaxação
SRS
Stein-Rosenberg
Sub-relaxação
Técnica iterativa
Vetor resíduo

REVISÃO DO CAPÍTULO

Neste capítulo, estudamos técnicas iterativas para obter aproximações da solução de sistemas lineares. Começamos com o método de Jacobi e com o método de Gauss-Seidel para introduzir os métodos iterativos. Ambos os métodos requerem uma aproximação inicial arbitrária $\mathbf{x}^{(0)}$ e geram uma sequência de vetores $\mathbf{x}^{(i+1)}$ utilizando uma equação da forma

$$\mathbf{x}^{(i+1)} = T\mathbf{x}^{(i)} + \mathbf{c}.$$

Observou-se que o método convergirá se e somente se o raio espectral da matriz de iteração $\rho(T) < 1$, e quanto menor o raio espectral, mais rápida será a convergência. Uma análise dos vetores resíduos da técnica de Gauss-Seidel levou ao método iterativo SRS, o qual envolve um parâmetro ω para acelerar a convergência.

Esses métodos iterativos e modificações são usados extensivamente na solução de sistemas lineares, os quais surgem na solução numérica de problemas de contorno e de equações diferenciais parciais (veja os Capítulos 11 e 12). Esses sistemas são amiúde muito grandes, da ordem de 10.000 equações com 10.000 incógnitas, e são esparsos, com seus elementos não nulos em posições previsíveis. Os métodos iterativos também são úteis para outros sistemas esparsos grandes e são facilmente adaptados para uma utilização eficiente em computadores paralelos.

Mais informações sobre a utilização de métodos iterativos para resolver sistemas lineares podem ser encontradas em Varga [Var1], Young [Y], Hageman e Young [HY] e Axelsson [Ax]. Métodos iterativos para grandes sistemas esparsos são discutidos em Barrett et al. [Barr], Hackbusch [Hac], Kelley [Kelley] e Saad [Sa2].

CAPÍTULO 8

Teoria da aproximação

Introdução

A lei de Hooke afirma que quando uma força é aplicada a uma mola feita de material uniforme, o comprimento dessa mola é uma função linear dessa força. Podemos escrever a função linear como $F(l) = k(l - E)$, onde $F(l)$ representa a força necessária para esticar a mola l unidades, a constante E representa o comprimento da mola sem nenhuma força aplicada, e a constante k é a constante da mola.

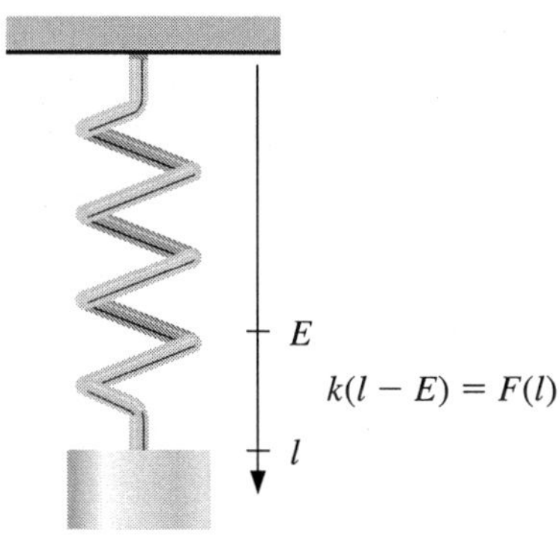

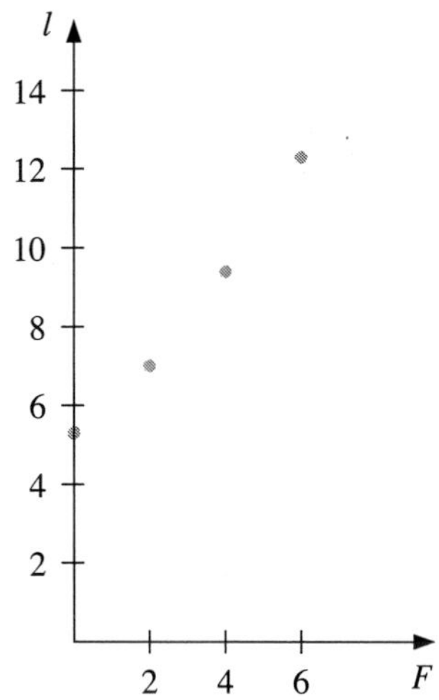

Suponha que desejamos determinar a constante da mola para uma mola que tenha comprimento inicial de 5,3 pol. Aplicamos forças de 2, 4 e 6 lb à mola e descobrimos que seu comprimento aumenta para 7,0, 9,4 e 12,3 pol, respectivamente. Um rápido cálculo mostra que os pontos (0, 5,3), (2, 7,0), (4, 9,4) e (6, 12,3) não se encontram exatamente em uma reta. Embora pudéssemos simplesmente utilizar um par aleatório desses dados para obter uma aproximação da constante da mola, parece mais razoável encontrar a reta que *melhor* aproxima todos os dados a fim de determinar a constante. Esse tipo de aproximação será abordado neste capítulo e essa aplicação da mola pode ser encontrada no Exercício 7 da Seção 8.1.

O estudo da teoria da aproximação envolve dois tipos gerais de problemas. Um problema surge quando uma função é dada de forma explícita, mas queremos encontrar um tipo mais "simples" de função, tal como um polinômio, que possa ser utilizado para determinar valores aproximados da função dada. O outro problema da teoria da aproximação está relacionado ao ajuste de funções aos pontos dados e a determinação da "melhor" função em certa classe para representar os dados.

Ambos os problemas foram mencionados no Capítulo 3. O polinômio de Taylor de grau n em torno do número x_0 é uma excelente aproximação de uma função f que seja $(n + 1)$ vezes diferenciável em uma pequena vizinhança de x_0. Os polinômios interpoladores de Lagrange ou, mais geralmente, os polinômios osculadores foram discutidos tanto como polinômios de aproximação quanto como polinômios para ajustar certos dados. Os splines cúbicos também foram discutidos no Capítulo 3. Neste capítulo, são consideradas as limitações dessas técnicas e são discutidas outras abordagens.

8.1 Aproximações por mínimos quadrados discretos

Considere o problema de obter estimativas para os valores de uma função em pontos não tabulados, quando são fornecidos os dados experimentais apresentados na Tabela 8.1.

A Figura 8.1 mostra um gráfico com os valores da Tabela 8.1. A partir desse gráfico, parece que a relação real entre x e y é linear. A razão provável de nenhuma reta ajustar precisamente os dados é a presença de erros nos dados. Portanto, não é razoável exigir que a função de aproximação coincida exatamente com os dados. Na realidade, tal função introduziria oscilações que não estavam presentes originalmente. Por exemplo, o gráfico do polinômio interpolador de grau nove para os dados da Tabela 8.1 é mostrado, de modo não restrito, na Figura 8.2.

Tabela 8.1

x_i	y_i	x_i	y_i
1	1,3	6	8,8
2	3,5	7	10,1
3	4,2	8	12,5
4	5,0	9	13,0
5	7,0	10	15,6

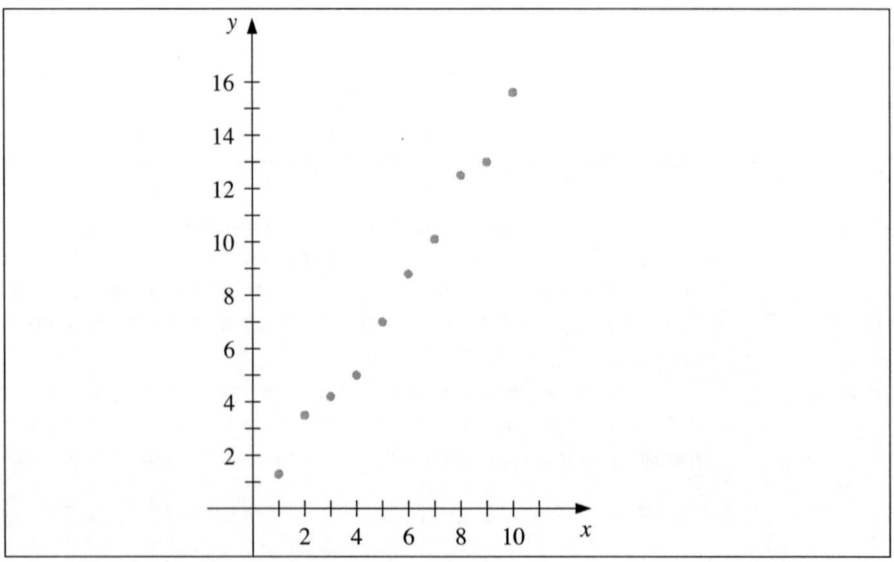

Figura 8.1

O gráfico obtido (com os pontos dados adicionados) é mostrado na Figura 8.2.

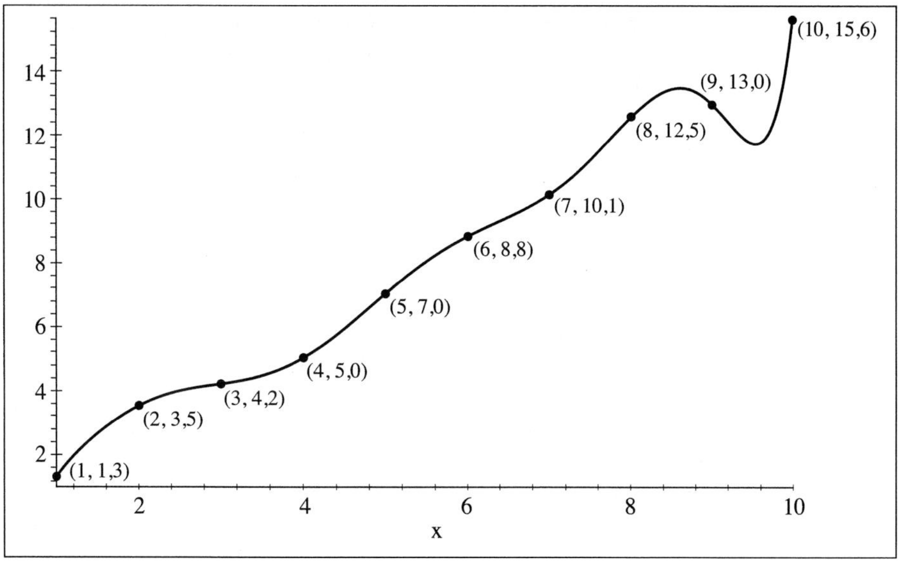

Figura 8.2

Este polinômio é claramente um preditor ruim de informações entre diversos dos pontos dados. Uma abordagem mais acertada seria encontrar a "melhor" (em algum sentido) reta de aproximação, mesmo que ela não coincida precisamente com os dados em nenhum ponto.

Denote por $a_1x_i + a_0$ o i-ésimo valor na reta de aproximação e por y_i o i-ésimo valor dado de y. Vamos supor no que segue que as variáveis independentes, os x_i, são exatas; são as variáveis dependentes, os y_i, que são suspeitas. Esta é uma hipótese razoável na maior parte das situações experimentais.

O problema de encontrar a equação da melhor aproximação linear, no sentido de valor absoluto, exige que sejam encontrados os valores de a_0 e a_1 que minimizem

$$E_\infty(a_0, a_1) = \max_{1\leq i\leq 10} \{|y_i - (a_1x_i + a_0)|\}.$$

Este é um problema comumente chamado de **minimax,** e não pode ser tratado por meio de técnicas elementares.

Outra abordagem para determinar a melhor aproximação linear implica encontrar valores de a_0 e a_1 que minimizem

$$E_1(a_0, a_1) = \sum_{i=1}^{10} |y_i - (a_1x_i + a_0)|.$$

Essa quantidade é denominada **desvio absoluto**. A fim de minimizar uma função de duas variáveis, precisamos igualar suas derivadas parciais a zero e resolver simultaneamente as equações resultantes. No caso do desvio absoluto, é necessário encontrar a_0 e a_1 com

$$0 = \frac{\partial}{\partial a_0} \sum_{i=1}^{10} |y_i - (a_1x_i + a_0)| \quad \text{e} \quad 0 = \frac{\partial}{\partial a_1} \sum_{i=1}^{10} |y_i - (a_1x_i + a_0)|.$$

A dificuldade é que a função valor absoluto não é diferenciável no zero, e pode ser que não sejamos capazes de encontrar soluções para esse par de equações.

Mínimos quadrados linear

A abordagem de **mínimos quadrados** para este problema implica determinar as melhores retas de aproximação quando o erro envolvido for a soma dos quadrados das diferenças entre os valores de y na reta de aproximação e os valores dados de y. Portanto, devem ser encontradas as constantes a_0 e a_1 que minimizem o erro de mínimos quadrados:

$$E_2(a_0, a_1) = \sum_{i=1}^{10} [y_i - (a_1x_i + a_0)]^2.$$

O método dos mínimos quadrados é o procedimento mais adequado para determinar melhores aproximações lineares, mas importantes considerações teóricas também o favorecem. A abordagem minimax geralmente atribui muito peso a uma pequena parte dos dados que possui erros grandes, ao passo que o método de desvio absoluto não dá peso suficiente a um ponto que se encontre consideravelmente fora da reta de aproximação. O método de mínimos quadrados atribui substancialmente mais peso a um ponto que esteja desalinhado com o resto dos dados, mas não permitirá que tal ponto domine completamente a aproximação. Uma razão a mais para considerar a abordagem pelo método dos mínimos quadrados envolve o estudo da distribuição estatística de erros. (Consulte [Lar, p. 463-481].)

O problema geral de ajustar a melhor reta de mínimos quadrados a um conjunto de dados $\{(x_i, y_i)\}_{i=1}^m$ envolve minimizar o erro total,

$$E \equiv E_2(a_0, a_1) = \sum_{i=1}^{m} [y_i - (a_1x_i + a_0)]^2,$$

com relação aos parâmetros a_0 e a_1. Para que ocorra um mínimo, é necessário que

$$\frac{\partial E}{\partial a_0} = 0 \quad \text{e} \quad \frac{\partial E}{\partial a_1} = 0,$$

ou seja,

$$0 = \frac{\partial}{\partial a_0}\sum_{i=1}^{m}[(y_i - (a_1x_i - a_0)]^2 = 2\sum_{i=1}^{m}(y_i - a_1x_i - a_0)(-1)$$

e

$$0 = \frac{\partial}{\partial a_1}\sum_{i=1}^{m}[y_i - (a_1x_i + a_0)]^2 = 2\sum_{i=1}^{m}(y_i - a_1x_i - a_0)(-x_i).$$

Estas equações simplificam-se em **equações normais**:

$$a_0 \cdot m + a_1\sum_{i=1}^{m} x_i = \sum_{i=1}^{m} y_1 \qquad \text{e} \qquad a_0\sum_{i=1}^{m} x_i + a_1\sum_{i=1}^{m} x_i^2 = \sum_{i=1}^{m} x_iy_i.$$

A solução para esse sistema de equações é

$$a_0 = \frac{\sum_{i=1}^{m} x_i^2 \sum_{i=1}^{m} y_i - \sum_{i=1}^{m} x_iy_i \sum_{i=1}^{m} x_i}{m\left(\sum_{i=1}^{m} x_i^2\right) - \left(\sum_{i=1}^{m} x_i\right)^2} \tag{8.1}$$

e

$$a_1 = \frac{m\sum_{i=1}^{m} x_i y_i - \sum_{i=1}^{m} x_i \sum_{i=1}^{m} y_i}{m\left(\sum_{i=1}^{m} x_i^2\right) - \left(\sum_{i=1}^{m} x_i\right)^2}. \tag{8.2}$$

A palavra "normal", como é empregada aqui, significa "perpendicular". As equações normais são obtidas ao se encontrarem direções perpendiculares a uma superfície multidimensional.

EXEMPLO 1 Encontre a reta de mínimos quadrados que aproxima os dados na Tabela 8.1.

Solução Primeiro, estendemos a tabela para incluir x_i^2, $x_i y_i$ e a soma das colunas. Isso é mostrado na Tabela 8.2.

Tabela 8.2

x_i	y_i	x_i^2	$x_i y_i$	$P(x_i) = 1{,}538x_i - 0{,}360$
1	1,3	1	1,3	1,18
2	3,5	4	7,0	2,72
3	4,2	9	12,6	4,25
4	5,0	16	20,0	5,79
5	7,0	25	35,0	7,33
6	8,8	36	52,8	8,87
7	10,1	49	70,7	10,41
8	12,5	64	100,0	11,94
9	13,0	81	117,0	13,48
10	15,6	100	156,0	15,02
55	81,0	385	572,4	$E = \sum_{i=1}^{10} (y_i - P(x_i))^2 \approx 2{,}34$

As equações normais (8.1) e (8.2) implicam que

$$a_0 = \frac{385(81) - 55(572{,}4)}{10(385) - (55)^2} = -0{,}360$$

e

$$a_1 = \frac{10(572{,}4) - 55(81)}{10(385) - (55)^2} = 1{,}538,$$

dc modo quc $P(x) = 1{,}538x \quad 0{,}360$. O gráfico dcssa rcta c os pontos dados são mostrados na Figura 8.3. Os valores aproximados fornecidos pela técnica de mínimos quadrados nos pontos dados estão na Tabela 8.2. ∎

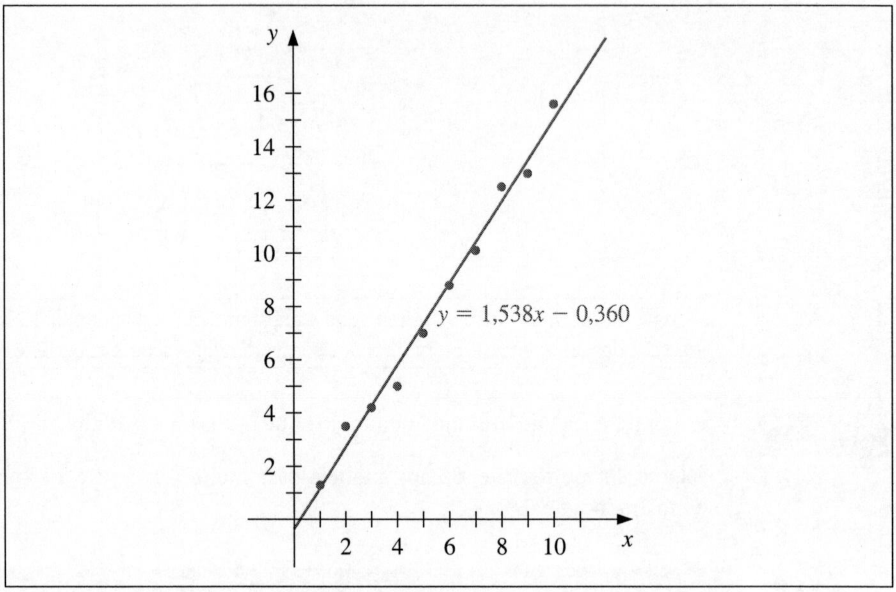

Figura 8.3

Mínimos quadrados polinomial

O problema geral de aproximar um conjunto de dados, $\{(x_i, y_i) \mid i = 1, 2, \ldots, m\}$, por um polinômio algébrico

$$P_n(x) = a_n x^n + a_{n-1}x^{n-1} + \ldots + a_1 x + a_0,$$

de grau $n < m - 1$, utilizando o procedimento dos mínimos quadrados, é tratado de maneira análoga. Escolhemos as constantes $a_0, a_1, \ldots, a_n$ para minimizar o erro dos mínimos quadrados $E = E_2(a_0, a_1, \ldots, a_n)$, no qual

$$\begin{aligned} E &= \sum_{i=1}^{m}(y_i - P_n(x_i))^2 \\ &= \sum_{i=1}^{m} y_i^2 - 2\sum_{i=1}^{m} P_n(x_i)y_i + \sum_{i=1}^{m}(P_n(x_i))^2 \\ &= \sum_{i=1}^{m} y_i^2 - 2\sum_{i=1}^{m}\left(\sum_{j=0}^{n} a_j x_i^j\right) y_i + \sum_{i=1}^{m}\left(\sum_{j=0}^{n} a_j x_i^j\right)^2 \\ &= \sum_{i=1}^{m} y_i^2 - 2\sum_{j=0}^{n} a_j \left(\sum_{i=1}^{m} y_i x_i^j\right) + \sum_{j=0}^{n}\sum_{k=0}^{n} a_j a_k \left(\sum_{i=1}^{m} x_i^{j+k}\right). \end{aligned}$$

Como no caso linear, para que E seja minimizado, é necessário que $\partial E/\partial a_j = 0$, para cada $j = 0, 1, \ldots, n$. Desse modo, para cada j, devemos ter

$$0 = \frac{\partial E}{\partial a_j} = -2\sum_{i=1}^{m} y_i x_i^j + 2\sum_{k=0}^{n} a_k \sum_{i=1}^{m} x_i^{j+k}.$$

Isso fornece as $n+1$ **equações normais** nas $n+1$ incógnitas a_j. São elas

$$\sum_{k=0}^{n} a_k \sum_{i=1}^{m} x_i^{j+k} = \sum_{i=1}^{m} y_i x_i^j, \quad \text{para cada } j = 0, 1, \ldots, n. \tag{8.3}$$

É útil escrever as equações conforme segue:

$$a_0 \sum_{i=1}^{m} x_i^0 + a_1 \sum_{i=1}^{m} x_i^1 + a_2 \sum_{i=1}^{m} x_i^2 + \cdots + a_n \sum_{i=1}^{m} x_i^n = \sum_{i=1}^{m} y_i x_i^0,$$

$$a_0 \sum_{i=1}^{m} x_i^1 + a_1 \sum_{i=1}^{m} x_i^2 + a_2 \sum_{i=1}^{m} x_i^3 + \cdots + a_n \sum_{i=1}^{m} x_i^{n+1} = \sum_{i=1}^{m} y_i x_i^1,$$

$$\vdots$$

$$a_0 \sum_{i=1}^{m} x_i^n + a_1 \sum_{i=1}^{m} x_i^{n+1} + a_2 \sum_{i=1}^{m} x_i^{n+2} + \cdots + a_n \sum_{i=1}^{m} x_i^{2n} = \sum_{i=1}^{m} y_i x_i^n.$$

Estas *equações normais* possuem uma única solução, contanto que os x_i sejam distintos (veja o Exercício 14).

EXEMPLO 2 Ajuste os dados na Tabela 8.3 com os polinômios no máximo de grau, dois, dos mínimos quadrados discretos.

Tabela 8.3

i	x_i	y_i
1	0	1,0000
2	0,25	1,2840
3	0,50	1,6487
4	0,75	2,1170
5	1,00	2,7183

Solução Para este problema, $n = 2$, $m = 5$ e as três equações normais são:

$$\begin{aligned} 5a_0 + \quad 2{,}5a_1 + \quad 1{,}875a_2 &= 8{,}7680, \\ 2{,}5a_0 + \quad 1{,}875a_1 + 1{,}5625a_2 &= 5{,}4514 \text{ e} \\ 1{,}875a_0 + 1{,}5625a_1 + 1{,}3828a_2 &= 4{,}4015. \end{aligned}$$

A resolução destas equações nos dá

$$a_0 = 1{,}005075519, \qquad a_1 = 0{,}8646758482 \text{ e} \qquad a_2 = 0{,}8431641518.$$

Assim, o polinômio dos mínimos quadrados de grau 2 que ajusta os dados na Tabela 8.3 é

$$P_2(x) = 1{,}0051 + 0{,}86468x + 0{,}84316x^2,$$

cujo gráfico é apresentado na Figura 8.4. Nos valores dados de x_i, temos as aproximações mostradas na Tabela 8.4.

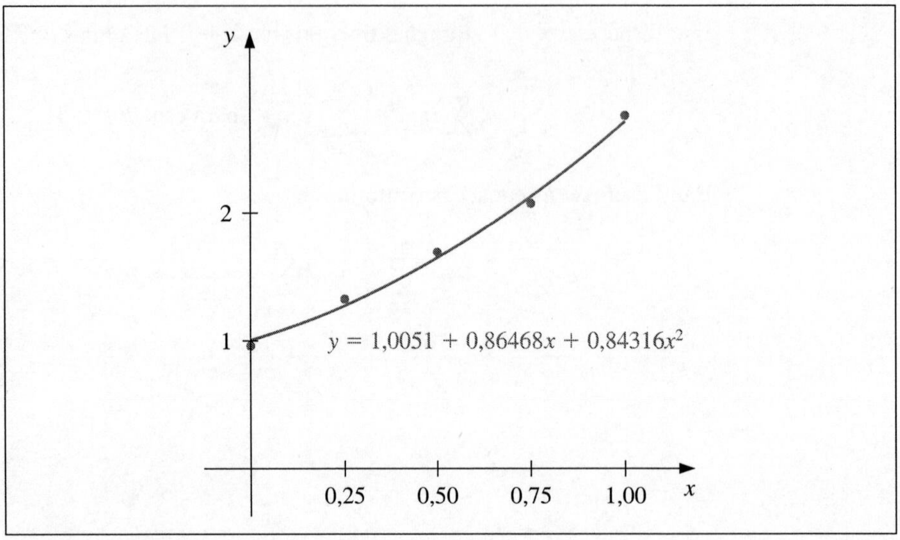

Figura 8.4

O erro total,

$$E = \sum_{i=1}^{5} (y_i - P(x_i))^2 = 2{,}74 \times 10^{-4},$$

é o mínimo que pode ser obtido usando um polinômio com grau no máximo 2. ∎

Tabela 8.4

i	1	2	3	4	5
x_i	0	0,25	0,50	0,75	1,00
y_i	1,0000	1,2840	1,6487	2,1170	2,7183
$P(x_i)$	1,0051	1,2740	1,6482	2,1279	2,7129
$y_i - P(x_i)$	−0,0051	0,0100	0,0004	−0,0109	0,0054

Ocasionalmente, é apropriado supor que os dados estejam relacionados exponencialmente. Isso requer que a função de aproximação seja do tipo

$$y = be^{ax} \tag{8.4}$$

ou

$$y = bx^a, \tag{8.5}$$

para certas constantes a e b. A dificuldade de aplicar o procedimento de mínimos quadrados a uma situação desse tipo vem da tentativa de minimizar

$$E = \sum_{i=1}^{m} (y_i - be^{ax_i})^2, \quad \text{no caso da Equação (8.4),}$$

ou

$$E = \sum_{i=1}^{m} (y_i - bx_i^a)^2, \quad \text{no caso da Equação (8.5).}$$

As equações normais associadas a esses procedimentos são obtidas ou de

$$0 = \frac{\partial E}{\partial b} = 2\sum_{i=1}^{m}(y_i - be^{ax_i})(-e^{ax_i})$$

e

$$0 = \frac{\partial E}{\partial a} = 2\sum_{i=1}^{m}(y_i - be^{ax_i})(-bx_i e^{ax_i}), \qquad \text{no caso da Equação (8.4),}$$

ou

$$0 = \frac{\partial E}{\partial b} = 2\sum_{i=1}^{m}(y_i - bx_i^a)(-x_i^a)$$

e

$$0 = \frac{\partial E}{\partial a} = 2\sum_{i=1}^{m}(y_i - bx_i^a)(-b(\ln x_i)x_i^a), \qquad \text{no caso da Equação (8.5).}$$

Geralmente, nenhuma solução exata de qualquer um desses dois sistemas em a e b pode ser encontrada.

O método normalmente utilizado quando se suspeita que os dados estejam relacionados exponencialmente é considerar o logaritmo da equação de aproximação:

$$\ln y = \ln b + ax, \qquad \text{no caso da Equação (8.4),}$$

e

$$\ln y = \ln b + a\ln x, \qquad \text{no caso da Equação (8.5).}$$

Em cada caso, agora aparece um problema linear, e as soluções para $\ln b$ e a podem ser obtidas modificando-se apropriadamente as equações normais (8.1) e (8.2).

Entretanto, a aproximação obtida dessa maneira *não* é a aproximação por mínimos quadrados para o problema original. Essa aproximação, em alguns casos, difere significativamente da aproximação por mínimos quadrados do problema original. A aplicação no Exercício 13 descreve tal problema. Essa aplicação será reconsiderada no Exercício 9 na Seção 10.3, no qual a solução exata para o problema dos mínimos quadrados exponenciais será aproximada por meio da utilização de métodos adequados para resolver sistemas de equações não lineares.

Ilustração Considere o conjunto de dados nas três primeiras colunas da Tabela 8.5.

Tabela 8.5

i	x_i	y_i	$\ln y_i$	x_i^2	$x_i \ln y_i$
1	1,00	5,10	1,629	1,0000	1,629
2	1,25	5,79	1,756	1,5625	2,195
3	1,50	6,53	1,876	2,2500	2,814
4	1,75	7,45	2,008	3,0625	3,514
5	2,00	8,46	2,135	4,0000	4,270
	7,50		9,404	11,875	14,422

Se x_i for traçado com $\ln y_i$, os dados parecerão ter uma relação linear, de modo que é razoável supor uma aproximação do tipo

$$y = be^{ax}, \qquad \text{o que implica que} \qquad \ln y = \ln b + ax.$$

Ao estender a tabela e somar as colunas apropriadas, obtêm-se os dados restantes da Tabela 8.5.

Utilizando as equações normais (8.1) e (8.2),

$$a = \frac{(5)(14{,}422) - (7{,}5)(9{,}404)}{(5)(11{,}875) - (7{,}5)^2} = 0{,}5056$$

e

$$\ln b = \frac{(11{,}875)(9{,}404) - (14{,}422)(7{,}5)}{(5)(11{,}875) - (7{,}5)^2} = 1{,}122.$$

Como $\ln b = 1{,}122$, temos $b = e^{1{,}122} = 3{,}071$, a aproximação assume a forma

$$y = 3{,}071e^{0{,}5056x},$$

que, nos pontos dados, fornece os valores na Tabela 8.6. (Veja a Figura 8.5.) ■

Tabela 8.6

i	x_i	y_i	$3{,}071e^{0{,}5056x_i}$	$\lvert y_i - 3{,}071e^{0{,}5056x_i}\rvert$
1	1,00	5,10	5,09	0,01
2	1,25	5,79	5,78	0,01
3	1,50	6,53	6,56	0,03
4	1,75	7,45	7,44	0,01
5	2,00	8,46	8,44	0,02

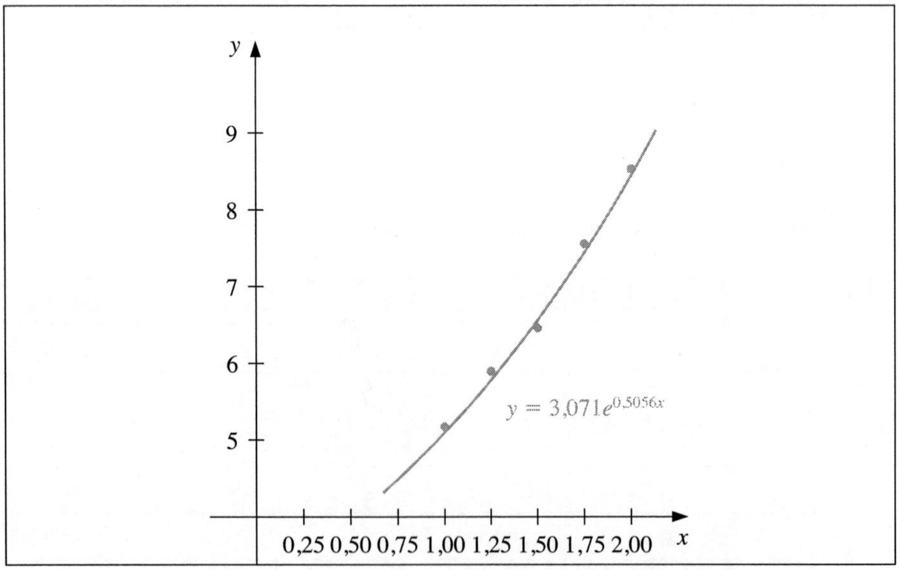

Figura 8.5

EXERCÍCIOS 8.1

1. Calcule o polinômio de mínimos quadrados linear para os dados do Exemplo 2.
2. Calcule o polinômio de mínimos quadrados de grau 2 para os dados do Exemplo 1 e compare o erro total E dos dois polinômios.
3. Encontre os polinômios de mínimos quadrados de graus 1, 2 e 3 para os dados da tabela a seguir. Calcule o erro E para cada caso. Faça o gráfico dos dados e dos polinômios.

x_i	1,0	1,1	1,3	1,5	1,9	2,1
y_i	1,84	1,96	2,21	2,45	2,94	3,18

4. Encontre os polinômios de mínimos quadrados de graus 1, 2 e 3 para os dados da tabela a seguir. Calcule o erro E para cada caso. Faça o gráfico dos dados e dos polinômios.

x_i	0	0,15	0,31	0,5	0,6	0,75
y_i	1,0	1,004	1,031	1,117	1,223	1,422

5. Fornecidos os dados:

x_i	4,0	4,2	4,5	4,7	5,1	5,5	5,9	6,3	6,8	7,1
y_i	102,56	113,18	130,11	142,05	167,53	195,14	224,87	256,73	299,50	326,72

   a. Construa o polinômio de mínimos quadrados de grau 1 e calcule o erro.
   b. Construa o polinômio de mínimos quadrados de grau 2 e calcule o erro.
   c. Construa o polinômio de mínimos quadrados de grau 3 e calcule o erro.
   d. Construa a aproximação por mínimos quadrados do tipo be^{ax} e calcule o erro.
   e. Construa a aproximação por mínimos quadrados do tipo bx^a e calcule o erro.

6. Repita o Exercício 5 para os seguintes dados:

x_i	0,2	0,3	0,6	0,9	1,1	1,3	1,4	1,6
y_i	0,050446	0,098426	0,33277	0,72660	1,0972	1,5697	1,8487	2,5015

EXERCÍCIOS APLICADOS

7. No exemplo inicial deste capítulo, descreveu-se uma experiência para determinar a constante k da mola na lei de Hooke:

$$F(l) = k(l - E).$$

A função F é a força necessária para esticar a mola l unidades, e a constante $E = 5{,}3$ pol. é o comprimento da mola não esticada.

   a. Suponha que sejam feitas medidas para o comprimento l, em polegadas, para pesos aplicados $F(l)$, em libras, conforme apresentado na tabela a seguir.

$F(l)$	l
2	7,0
4	9,4
6	12,3

   Encontre a aproximação por mínimos quadrados para k.

b. Medições adicionais são feitas, fornecendo mais dados:

$F(l)$	l
3	8,3
5	11,3
8	14,4
10	15,9

Calcule a nova aproximação por mínimos quadrados para *k*. Qual dos dois, (a) ou (b), representa melhor todos os dados experimentais?

8. A lista a seguir contém notas de trabalhos de casa e de exames finais para 30 alunos de análise numérica. Encontre a equação da reta de mínimos quadrados para esses dados e utilize essa reta para determinar a nota de trabalhos de casa necessária para prever no mínimo A (90%) e D (60%) na nota final.

Trabalho de casa	Final	Trabalho de casa	Final
302	45	323	83
325	72	337	99
285	54	337	70
339	54	304	62
334	79	319	66
322	65	234	51
331	99	337	53
279	63	351	100
316	65	339	67
347	99	343	83
343	83	314	42
290	74	344	79
326	76	185	59
233	57	340	75
254	45	316	45

9. A tabela a seguir lista as médias das notas dos 20 melhores alunos de matemática e ciências da computação da faculdade, juntamente com a pontuação que esses alunos obtiveram na seção de matemática do exame do ACT (American College Testing Program), quando estavam no ensino médio. Represente esses dados graficamente e encontre a equação da reta de mínimos quadrados para esses dados.

Pontuação do ACT	Média nas notas	Pontuação no ACT	Média das notas
28	3,84	29	3,75
25	3,21	28	3,65
28	3,23	27	3,87
27	3,63	29	3,75
28	3,75	21	1,66
33	3,20	28	3,12
28	3,41	28	2,96
29	3,38	26	2,92
23	3,53	30	3,10
27	2,03	24	2,81

10. O seguinte conjunto de dados apresentados ao Subcomitê Antitruste do Senado mostra características comparativas de sobrevivência a acidentes de carros pertencentes a diversas categorias. Encontre a reta de mínimos quadrados que aproxima esses dados. (A tabela mostra a porcentagem de carros envolvidos em acidentes nos quais os danos mais severos foram fatais ou causaram ferimentos graves.)

Tipo	Peso médio	Porcentagem de ocorrência
1. Luxo padrão nacional	4.800 lb	3,1
2. Intermediário padrão nacional	3.700 lb	4,0
3. Econômico padrão nacional	3.400 lb	5,2
4. Compacto nacional	2.800 lb	6,4
5. Compacto importado	1.900 lb	9,6

11. Para determinar a relação entre o número de peixes e o número de espécies de peixes em amostras retiradas da Grande Barreira de Corais, P. Sale e R. Dybdahl [SD] empregaram um polinômio de mínimos quadrados linear para o seguinte conjunto de dados, que foram coletados durante o período de dois anos. Seja x o número de peixes na amostra e y o número de espécies na amostra.

x	y	x	y	x	y
13	11	29	12	60	14
15	10	30	14	62	21
16	11	31	16	64	21
21	12	36	17	70	24
22	12	40	13	72	17
23	13	42	14	100	23
25	13	55	22	130	34

Determine o polinômio de mínimos quadrados linear para esses dados.

12. Para determinar uma relação funcional entre o coeficiente de atenuação e a espessura de uma amostra de taconita, V. P. Singh [Si] ajustou um conjunto de dados utilizando um polinômio de mínimos quadrados linear. O conjunto de dados a seguir foi tirado de um gráfico desse artigo. Encontre o polinômio de mínimos quadrados linear que ajusta esses dados.

Espessura (cm)	Coeficiente de atenuação (dB/cm)
0,040	26,5
0,041	28,1
0,055	25,2
0,056	26,0
0,062	24,0
0,071	25,0
0,071	26,4
0,078	27,2
0,082	25,6
0,090	25,0
0,092	26,8
0,100	24,8
0,105	27,0
0,120	25,0
0,123	27,3
0,130	26,9
0,140	26,2

13. Em um artigo tratando da eficiência da utilização de energia das larvas das mariposas (*Pachysphinx modesta*), L. Schroeder [Schr1] utilizou os seguintes dados para determinar a relação entre W, o peso das larvas vivas em gramas, e R, o consumo de oxigênio das larvas em mililitros por hora. Por razões biológicas, suponha que exista uma relação da forma $R = bW^a$ entre W e R.

a. Encontre o polinômio de mínimos quadrados linear logarítmico utilizando

$$\ln R = \ln b + a \ln W.$$

b. Calcule o erro associado à aproximação na parte (a):

$$E_2 = \sum_{i=1}^{37} (R_i - bW_i^a)^2.$$

c. Modifique a equação logarítmica de mínimos quadrados na parte (a) adicionando o termo quadrático $c(\ln W_i)^2$ e determine o polinômio de mínimos quadrados quadrático logarítmico.

d. Determine a fórmula da aproximação e calcule o erro associado a ela na parte (c).

W	R	W	R	W	R	W	R	W	R
0,017	0,154	0,025	0,23	0,020	0,181	0,020	0,180	0,025	0,234
0,087	0,296	0,111	0,357	0,085	0,260	0,119	0,299	0,233	0,537
0,174	0,363	0,211	0,366	0,171	0,334	0,210	0,428	0,783	1,47
1,11	0,531	0,999	0,771	1,29	0,87	1,32	1,15	1,35	2,48
1,74	2,23	3,02	2,01	3,04	3,59	3,34	2,83	1,69	1,44
4,09	3,58	4,28	3,28	4,29	3,40	5,48	4,15	2,75	1,84
5,45	3,52	4,58	2,96	5,30	3,88			4,83	4,66
5,96	2,40	4,68	5,10					5,53	6,94

EXERCÍCIO TEÓRICO

14. Mostre que as equações normais (8.3) resultantes da aproximação por mínimos quadrados discreta dão origem a uma matriz simétrica e não singular e, portanto, têm uma única solução. [*Sugestão*: seja $A = (a_{ij})$, em que

$$a_{ij} = \sum_{k=1}^{m} x_k^{i+j-2}$$

e $x_1, x_2, \ldots, x_m$ são distintos com $n < m - 1$. Suponha que A seja singular e que $\mathbf{c} \neq \mathbf{0}$ seja tal que $\mathbf{c}^t A \mathbf{c} = 0$. Mostre que o polinômio de enésimo grau cujos coeficientes são as coordenadas de $\mathbf{c}$ tem mais que n raízes e utilize isso para estabelecer uma contradição].

QUESTÕES PARA DISCUSSÃO

1. Um ou dois pontos com erros aparentes grandes podem alterar seriamente os resultados de uma análise por mínimos quadrados. Por que isso ocorre?

2. Como podemos lidar com pontos com erros aparentes grandes para garantir que os resultados de uma análise por mínimos quadrados seja válida?

3. Existem dois tipos diferentes de erros de arredondamento (truncamento e arredondamento) quando usamos um computador ou calculadora. Discuta como cada um deles afeta a aproximação polinomial por mínimos quadrados.

8.2 Polinômios ortogonais e aproximação por mínimos quadrados

A seção anterior considerou o problema da aproximação por mínimos quadrados para ajustar um conjunto de dados. O outro problema de aproximação mencionado na introdução diz respeito à aproximação de funções.

Suponha que $f \in C\,[a, b]$ e que queiramos determinar um polinômio $P_n(x)$ de grau no máximo n que minimize o erro.

$$\int_a^b [f(x) - P_n(x)]^2 dx.$$

Para determinar um polinômio de aproximação por mínimos quadrados, ou seja, um polinômio para minimizar essa expressão, seja

$$P_n(x) = a_n x^n + a_{n-1} x^{n-1} + \cdots + a_1 x + a_0 = \sum_{k=0}^{n} a_k x^k,$$

e defina, como mostrado na Figura 8.6,

$$E \equiv E_2(a_0, a_1, \ldots, a_n) = \int_a^b \left(f(x) - \sum_{k=0}^{n} a_k x^k \right)^2 dx.$$

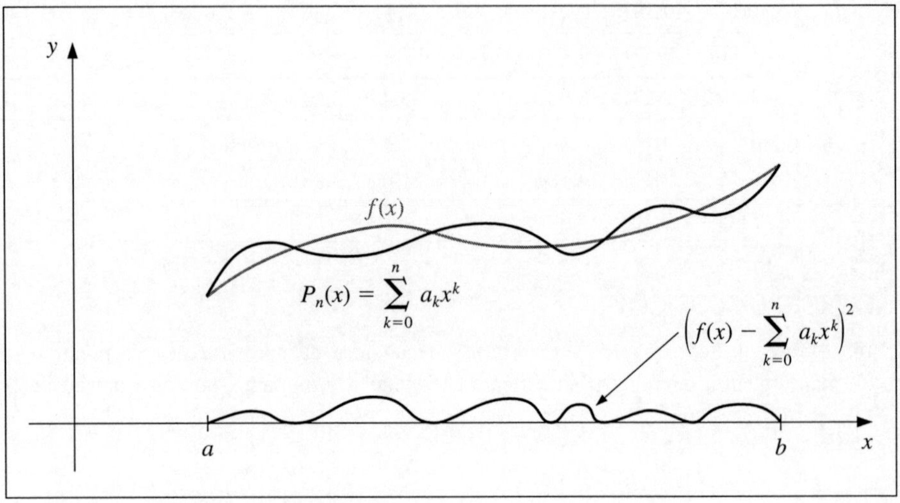

Figura 8.6

O problema é encontrar os coeficientes reais $a_0, a_1, \ldots, a_n$ que minimizem E. Uma condição necessária para que os números $a_0, a_1, \ldots, a_n$ minimizem E é que

$$\frac{\partial E}{\partial a_j} = 0, \quad \text{para cada } j = 0, 1, \ldots, n.$$

Como

$$E = \int_a^b [f(x)]^2\, dx - 2\sum_{k=0}^{n} a_k \int_a^b x^k f(x)\, dx + \int_a^b \left(\sum_{k=0}^{n} a_k x^k \right)^2 dx,$$

temos

$$\frac{\partial E}{\partial a_j} = -2 \int_a^b x^j f(x)\, dx + 2 \sum_{k=0}^{n} a_k \int_a^b x^{j+k}\, dx.$$

Portanto, para encontrar $P_n(x)$, as $(n + 1)$ **equações normais** lineares

$$\sum_{k=0}^{n} a_k \int_a^b x^{j+k} dx = \int_a^b x^j f(x) dx, \qquad \text{para cada } j = 0, 1, \ldots, n \tag{8.6}$$

devem ser resolvidas, para se determinar as $(n + 1)$ incógnitas a_j. As equações normais sempre têm uma única solução desde que $f \in C[a, b]$. (Veja o Exercício 15.)

EXEMPLO 1 Encontre o polinômio de aproximação por mínimos quadrados de segundo grau para a função $f(x) = \operatorname{sen} \pi x$ no intervalo $[0, 1]$.

Solução As equações normais para $P_2(x) = a_2 x^2 + a_1 x + a_0$ são

$$a_0 \int_0^1 1\,dx + a_1 \int_0^1 x\,dx + a_2 \int_0^1 x^2\,dx = \int_0^1 \operatorname{sen} \pi x\,dx,$$

$$a_0 \int_0^1 x\,dx + a_1 \int_0^1 x^2\,dx + a_2 \int_0^1 x^3\,dx = \int_0^1 x \operatorname{sen} \pi x\,dx, \quad \text{e}$$

$$a_0 \int_0^1 x^2\,dx + a_1 \int_0^1 x^3\,dx + a_2 \int_0^1 x^4\,dx = \int_0^1 x^2 \operatorname{sen} \pi x\,dx.$$

Calculando as integrais, obtemos

$$a_0 + \frac{1}{2}a_1 + \frac{1}{3}a_2 = \frac{2}{\pi}, \quad \frac{1}{2}a_0 + \frac{1}{3}a_1 + \frac{1}{4}a_2 = \frac{1}{\pi} \quad \text{e} \quad \frac{1}{3}a_0 + \frac{1}{4}a_1 + \frac{1}{5}a_2 = \frac{\pi^2 - 4}{\pi^3}.$$

Estas três equações em três incógnitas podem ser resolvidas a fim de se obter

$$a_0 = \frac{12\pi^2 - 120}{\pi^3} \approx -0{,}050465 \quad \text{e} \quad a_1 = -a_2 = \frac{720 - 60\pi^2}{\pi^3} \approx 4{,}12251.$$

Consequentemente, a aproximação polinomial por mínimos quadrados de segundo grau para $f(x) = \operatorname{sen} \pi x$ em $[0, 1]$ é $P_2(x) = -4{,}12251x^2 + 4{,}12251x - 0{,}050465$. (Veja a Figura 8.7.) ■

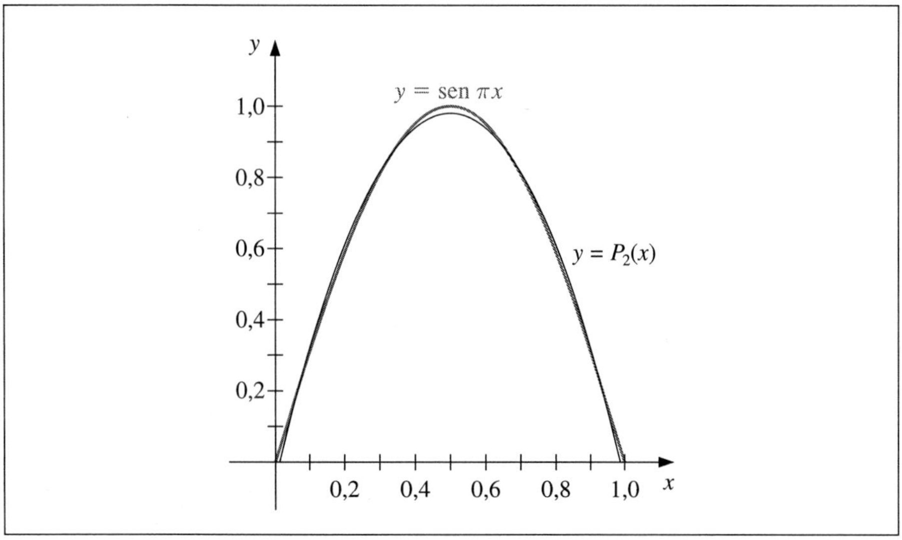

Figura 8.7

O Exemplo 1 ilustra a dificuldade de obter a aproximação polinomial por mínimos quadrados. Um sistema linear $(n + 1) \times (n + 1)$ nas incógnitas $a_0, \ldots, a_n$ deve ser resolvido e os coeficientes no sistema linear são da forma

$$\int_a^b x^{j+k}\,dx = \frac{b^{j+k+1} - a^{j+k+1}}{j + k + 1},$$

um sistema linear que não tem uma solução numérica facilmente calculável. A matriz no sistema linear é conhecida como **matriz de Hilbert**, que é um exemplo típico para ilustrar dificuldades causadas por erros de arredondamento. (Veja o Exercício 9 da Seção 7.5.)

Outra desvantagem é semelhante à situação que ocorreu quando os polinômios de Lagrange foram apresentados inicialmente na Seção 3.1. Os cálculos feitos durante a obtenção do melhor polinômio de enésimo grau, $P_n(x)$, não diminuem a quantidade de trabalho necessária para obter $P_{n+1}(x)$, o polinômio de grau maior seguinte.

David Hilbert (1862-1943) foi o principal matemático na virada do século XX. Ele é lembrado, principalmente, por uma palestra no Congresso Internacional de Matemática, em Paris, no ano de 1900, durante a qual ele apresentou 23 problemas que considerava de grande importância serem resolvidos pelos matemáticos no século seguinte.

Funções linearmente independentes

Uma técnica diferente para obter as aproximações dos mínimos quadrados será estudada a partir de agora. Ela se mostra computacionalmente eficiente e, uma vez conhecido o $P_n(x)$, fica fácil determinar o $P_{n+1}(x)$. Para facilitar a discussão, precisamos de alguns novos conceitos.

Definição 8.1 Diz-se que o conjunto de funções $\{\phi_0, \ldots, \phi_n\}$ é **linearmente independente** em $[a, b]$, se, sempre que

$$c_0\phi_0(x) + c_1\phi_1(x) + \cdots + c_n\phi_n(x) = 0, \quad \text{para todo } x \in [a, b],$$

temos $c_0 = c_1 = \ldots = c_n = 0$. Caso contrário, diz-se que o conjunto de funções é **linearmente dependente**. ■

Teorema 8.2 Se $\phi_j(x)$ for um polinômio de grau j, para cada $j = 0, 1, \ldots, n$, então $\{\phi_0, \ldots, \phi_n\}$ é linearmente independente em qualquer intervalo $[a, b]$.

Demonstração Suponha que $c_0, \ldots, c_n$ sejam números reais para os quais

$$P(x) = c_0\phi_0(x) + c_1\phi_1(x) + \cdots + c_n\phi_n(x) = 0, \quad \text{para todo } x \in [a, b].$$

O polinômio $P(x)$ se anula em $[a, b]$, portanto deve ser o polinômio nulo, e os coeficientes de todas as potências de x são zero. Em particular, o coeficiente de x^n é zero. Visto que $c_n\phi_n(x)$ é o único termo em $P(x)$ que contém x^n, devemos ter $c_n = 0$ e

$$P(x) = \sum_{j=0}^{n-1} c_j\phi_j(x).$$

Nessa representação de $P(x)$, o único termo que contém uma potência de x^{n-1} é $c_{n-1}\phi_{n-1}(x)$, então este termo também deve ser zero e

$$P(x) = \sum_{j=0}^{n-2} c_j\phi_j(x).$$

De maneira análoga, as constantes restantes $c_{n-2}, c_{n-3}, \ldots, c_1, c_0$ são todas zero, o que implica que $\{\phi_0, \phi_1, \ldots, \phi_n\}$ é linearmente independente em $[a, b]$. ■

EXEMPLO 2 Seja $\phi_0(x) = 2$, $\phi_1(x) = x - 3$ e $\phi_2(x) = x^2 + 2x + 7$, e $Q(x) = a_0 + a_1x + a_2x^2$. Mostre que existem constantes c_0, c_1 e c_2 tal que $Q(x) = c_0\phi_0(x) + c_1\phi_1(x) + c_2\phi_2(x)$.

Solução Pelo Teorema 8.2, $\{\phi_0, \phi_1, \phi_2\}$ é linearmente independente em qualquer intervalo $[a, b]$. Primeiramente observe que

$$1 = \frac{1}{2}\phi_0(x), \quad x = \phi_1(x) + 3 = \phi_1(x) + \frac{3}{2}\phi_0(x)$$

e

$$x^2 = \phi_2(x) - 2x - 7 = \phi_2(x) - 2\left[\phi_1(x) + \frac{3}{2}\phi_0(x)\right] - 7\left[\frac{1}{2}\phi_0(x)\right]$$
$$= \phi_2(x) - 2\phi_1(x) - \frac{13}{2}\phi_0(x).$$

Portanto,

$$Q(x) = a_0\left[\frac{1}{2}\phi_0(x)\right] + a_1\left[\phi_1(x) + \frac{3}{2}\phi_0(x)\right] + a_2\left[\phi_2(x) - 2\phi_1(x) - \frac{13}{2}\phi_0(x)\right]$$
$$= \left(\frac{1}{2}a_0 + \frac{3}{2}a_1 - \frac{13}{2}a_2\right)\phi_0(x) + [a_1 - 2a_2]\,\phi_1(x) + a_2\phi_2(x).$$ ■

A situação ilustrada no Exemplo 2 se mantém em um cenário muito mais geral. Seja $\prod_n$ o **conjunto de todos os polinômios de grau no máximo *n*.** O resultado seguinte é utilizado amplamente em muitas aplicações de álgebra linear. Sua demonstração é considerada no Exercício 13.

▶ Teorema 8.3 Se $\{\phi_0(x), \phi_1(x), \ldots, \phi_n(x)\}$ for um conjunto de polinômios linearmente independentes em $\prod_n$, então qualquer polinômio em $\prod_n$ pode ser escrito de forma única como uma combinação linear de $\phi_0(x), \phi_1(x), \ldots, \phi_n(x)$. ■

Funções ortogonais

Para discutir as aproximações de função gerais é necessária a introdução das noções de funções peso e ortogonalidade.

▶ Definição 8.4 Uma função integrável w é chamada **função peso** em um intervalo I se $w(x) \geq 0$, para todo x em I, porém $w(x) \not\equiv 0$ em qualquer subintervalo de I. ■

A finalidade de uma função peso é atribuir graus variados de importância a aproximações em certas partes do intervalo. Por exemplo, a função peso

$$w(x) = \frac{1}{\sqrt{1-x^2}}$$

dá menos ênfase perto do centro do intervalo $(-1, 1)$ e mais ênfase quando $|x|$ estiver próximo de 1 (veja a Figura 8.8). Essa função peso será utilizada na próxima seção.

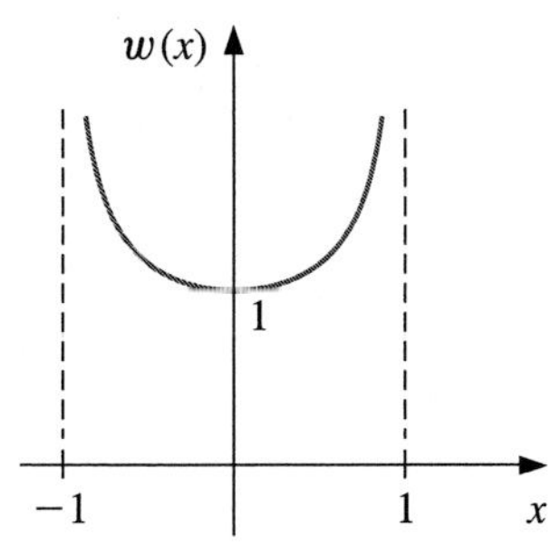

Figura 8.8

Suponha que $\{\phi_0, \phi_1, \ldots, \phi_n\}$ seja um conjunto de funções linearmente independentes em $[a, b]$, que w seja uma função peso em $[a, b]$ e, para $f \in C[a, b]$, uma combinação linear

$$P(x) = \sum_{k=0}^{n} a_k \phi_k(x)$$

deve ser determinada para minimizar o erro

$$E = E(a_0, \ldots, a_n) = \int_a^b w(x) \left[f(x) - \sum_{k=0}^{n} a_k \phi_k(x) \right]^2 dx.$$

Esse problema se reduz à situação considerada no início desta seção, no caso especial no qual $w(x) \equiv 1$ e $\phi_k(x) = x^k$ para cada $k = 0, 1, \ldots, n$.

As equações normais associadas a esse problema são deduzidas do fato de que para cada $j = 0, 1, \ldots, n$,

$$0 = \frac{\partial E}{\partial a_j} = 2 \int_a^b w(x) \left[f(x) - \sum_{k=0}^{n} a_k \phi_k(x) \right] \phi_j(x)\, dx.$$

O sistema normal de equações pode ser escrito

$$\int_a^b w(x) f(x) \phi_j(x) dx = \sum_{k=0}^{n} a_k \int_a^b w(x) \phi_k(x) \phi_j(x) dx, \qquad \text{para } j = 0, 1, \ldots, n.$$

Se for possível escolher as funções $\phi_0, \phi_1, \ldots, \phi_n$ de modo que

$$\int_a^b w(x) \phi_k(x) \phi_j(x)\, dx = \begin{cases} 0, & \text{quando } j \neq k, \\ \alpha_j > 0, & \text{quando } j = k, \end{cases} \tag{8.7}$$

então as equações normais reduzem a

$$\int_a^b w(x) f(x) \phi_j(x) dx = a_j \int_a^b w(x) [\phi_j(x)]^2 dx = a_j \alpha_j,$$

para cada $j = 0, 1, \ldots, n$ e são facilmente resolvidas por

$$a_j = \frac{1}{\alpha_j} \int_a^b w(x) f(x) \phi_j(x)\, dx.$$

Sendo assim, o problema da aproximação por mínimos quadrados é muito simplificado quando as funções $\phi_0, \phi_1, \ldots, \phi_n$ são escolhidas de modo a satisfazerem as condições de *ortogonalidade* na Equação (8.7). O restante desta seção é dedicado a estudar conjuntos desse tipo.

A palavra "ortogonal" quer dizer "com ângulo reto". Então, em certo sentido, as funções ortogonais são perpendiculares umas às outras.

Definição 8.5 Diz-se que $\{\phi_0, \phi_1, \ldots, \phi_n\}$ é um **conjunto de funções ortogonais** no intervalo $[a, b]$, com relação à função peso w, se

$$\int_a^b w(x)\phi_k(x)\phi_j(x)\,dx = \begin{cases} 0, & \text{quando } j \neq k, \\ \alpha_j > 0, & \text{quando } j = k. \end{cases}$$

Se, além disso, $\alpha_j = 1$ para cada $j = 0, 1, \ldots, n$, o conjunto é dito **ortonormal**. ■

Essa definição, junto com as observações precedentes, produz o seguinte teorema.

▶ Teorema 8.6 Se $\{\phi_0, \ldots, \phi_n\}$ for um conjunto de funções ortogonais em um intervalo $[a, b]$ com relação à função peso w, então a aproximação por mínimos quadrados para f em $[a, b]$ com relação a w é

$$P(x) = \sum_{j=0}^{n} a_j \phi_j(x),$$

em que, para cada $j = 0, 1, \ldots, n$,

$$a_j = \frac{\int_a^b w(x)\phi_j(x)f(x)\,dx}{\int_a^b w(x)[\phi_j(x)]^2\,dx} = \frac{1}{\alpha_j}\int_a^b w(x)\phi_j(x)f(x)\,dx. \quad ■$$

Embora a Definição 8.5 e o Teorema 8.6 permitam extensas categorias de funções ortogonais, somente conjuntos ortogonais de polinômios serão considerados aqui. O próximo teorema, que tem base no **processo de Gram-Schmidt**, descreve como construir polinômios ortogonais em $[a, b]$ com relação a uma função peso w.

▶ Teorema 8.7 O conjunto de funções polinomiais $\{\phi_0, \phi_1, \ldots, \phi_n\}$ definido da forma seguinte é ortogonal em $[a, b]$ em relação à função peso w:

$$\phi_0(x) \equiv 1, \qquad \phi_1(x) = x - B_1, \qquad \text{para cada } x \text{ em } [a, b],$$

em que

$$B_1 = \frac{\int_a^b xw(x)[\phi_0(x)]^2\,dx}{\int_a^b w(x)[\phi_0(x)]^2\,dx},$$

e, quando $k \geq 2$,

$$\phi_k(x) = (x - B_k)\phi_{k-1}(x) - C_k\phi_{k-2}(x), \qquad \text{para cada } x \text{ em } [a, b],$$

em que

$$B_k = \frac{\int_a^b xw(x)[\phi_{k-1}(x)]^2\,dx}{\int_a^b w(x)[\phi_{k-1}(x)]^2\,dx}$$

e

$$C_k = \frac{\int_a^b xw(x)\phi_{k-1}(x)\phi_{k-2}(x)\,dx}{\int_a^b w(x)[\phi_{k-2}(x)]^2\,dx}. \quad ■$$

O Teorema 8.7 fornece um procedimento recursivo para a construção de um conjunto de polinômios ortogonais. A demonstração desse teorema segue da aplicação da indução matemática ao grau do polinômio $\phi_n(x)$.

Erhard Schmidt (1876-1959) recebeu seu doutorado sob a orientação de David Hilbert, em 1905, por um problema que envolve equações integrais. Schmidt publicou um artigo sobre equações integrais em 1907, no qual apresentou o que é atualmente chamado de processo Gram-Schmidt para construir uma base ortonormal para um conjunto de funções. Isso generalizou os resultados de Jorgen Pedersen Gram (1850-1916), que considerou esse problema ao estudar mínimos quadrados. Laplace, no entanto, apresentou um processo semelhante muito antes de Gram e de Schmidt.

Corolário 8.8 Para qualquer $n > 0$, o conjunto das funções polinomiais $\{\phi_0, \ldots, \phi_n\}$ dado no Teorema 8.7 é linearmente independente em $[a, b]$ e

$$\int_a^b w(x)\phi_n(x)Q_k(x)dx = 0,$$

para qualquer polinômio $Q_k(x)$ de grau $k < n$.

Demonstração Para cada $k = 0, 1, \ldots, n$, $\phi_k(x)$ é um polinômio de grau k. O Teorema 8.2 implica que $\{\phi_0, \ldots, \phi_n\}$ é um conjunto linearmente independente.

Seja $Q_k(x)$ um polinômio de grau $k < n$. Pelo Teorema 8.3, existem números $c_0, \ldots, c_k$ tais que

$$Q_k(x) = \sum_{j=0}^{k} c_j\phi_j(x).$$

Desse modo, já que ϕ_n é ortogonal a ϕ_j para cada $j = 0, 1, \ldots, k$, temos

$$\int_a^b w(x)Q_k(x)\phi_n(x)dx = \sum_{j=0}^{k} c_j \int_a^b w(x)\phi_j(x)\phi_n(x)dx = \sum_{j=0}^{k} c_j \cdot 0 = 0. \quad \blacksquare$$

Ilustração O conjunto de **polinômios de Legendre**, $\{P_n(x)\}$, é ortogonal em $[-1, 1]$ com relação à função peso $w(x) \equiv 1$. A definição clássica dos polinômios de Legendre impõe $P_n(1) = 1$ para cada n e uma relação de recorrência é utilizada para gerar esses polinômios quando $n \geq 2$. Essa normalização não será necessária em nossa discussão e os polinômios de aproximação por mínimos quadrados gerados em qualquer um dos casos são essencialmente os mesmos.

A utilização do processo de Gram-Schmidt com $P_0(x) \equiv 1$ fornece

$$B_1 = \frac{\int_{-1}^{1} x\,dx}{\int_{-1}^{1} dx} = 0 \quad \text{e} \quad P_1(x) = (x - B_1)P_0(x) = x.$$

E também,

$$B_2 = \frac{\int_{-1}^{1} x^3\,dx}{\int_{-1}^{1} x^2\,dx} = 0 \quad \text{e} \quad C_2 = \frac{\int_{-1}^{1} x^2\,dx}{\int_{-1}^{1} 1\,dx} = \frac{1}{3},$$

de modo que

$$P_2(x) = (x - B_2)P_1(x) - C_2P_0(x) = (x - 0)x - \frac{1}{3} \cdot 1 = x^2 - \frac{1}{3}.$$

Os polinômios de Legendre de grau mais alto, mostrados na Figura 8.9, se originam da mesma maneira. Embora a integração possa ser tediosa, ela não é difícil com a utilização do SCA.

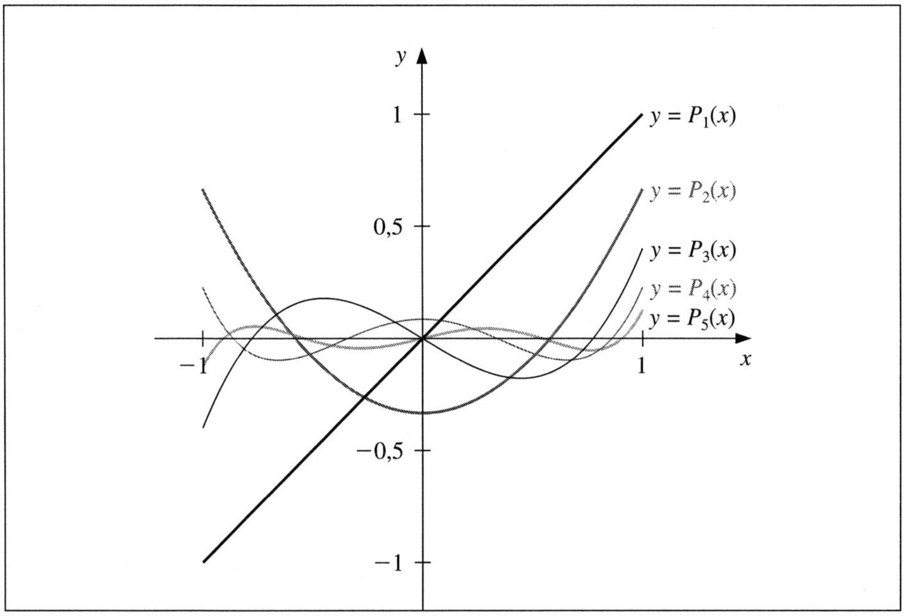

Figura 8.9

Temos

$$P_3(x) = xP_2(x) - \frac{4}{15}P_1(x) = x^3 - \frac{1}{3}x - \frac{4}{15}x = x^3 - \frac{3}{5}x,$$

Os próximos dois polinômios de Legendre são

$$P_4(x) = x^4 - \frac{6}{7}x^2 + \frac{3}{35} \quad \text{e} \quad P_5(x) = x^5 - \frac{10}{9}x^3 + \frac{5}{21}x. \quad \blacksquare$$

Os polinômios de Legendre foram mencionados na Seção 4.7, na qual suas raízes, dadas na página 252, foram utilizadas como nós na quadratura de Gauss.

EXERCÍCIOS 8.2

1. Encontre a aproximação polinomial por mínimos quadrados linear para $f(x)$ nos intervalos indicados se:
   a. $f(x) = x^2 + 3x + 2$, $[0, 1]$;
   b. $f(x) = x^3$, $[0, 2]$;
   c. $f(x) = \frac{1}{x}$, $[1, 3]$;
   d. $f(x) = e^x$, $[0, 2]$;
   e. $f(x) = \frac{1}{2}\cos x + \frac{1}{3}\operatorname{sen} 2x$, $[0, 1]$;
   f. $f(x) = x \ln x$, $[1, 3]$.

2. Encontre a aproximação polinomial por mínimos quadrados linear no intervalo $[-1, 1]$ para as seguintes funções:
   a. $f(x) = x^2 - 2x + 3$
   b. $f(x) = x^3$
   c. $f(x) = \frac{1}{x+2}$
   d. $f(x) = e^x$

e. $f(x) = \frac{1}{2}\cos x + \frac{1}{3}\operatorname{sen} 2x$

f. $f(x) = \ln(x + 2)$

3. Encontre a aproximação polinomial por mínimos quadrados de segundo grau para as funções e intervalos no Exercício 1.
4. Encontre a aproximação polinomial por mínimos quadrados de segundo grau no intervalo $[-1, 1]$ para as funções no Exercício 3.
5. Calcule o erro E para as aproximações no Exercício 3.
6. Calcule o erro E para as aproximações no Exercício 4.
7. Utilize o processo de Gram-Schmidt para construir $\phi_0(x)$, $\phi_1(x)$, $\phi_2(x)$ e $\phi_3(x)$ para os seguintes intervalos:

   a. $[0, 1]$ b. $[0, 2]$ c. $[1, 3]$
8. Repita o Exercício, utilizando os resultados do Exercício 7.
9. Obtenha o polinômio de aproximação por mínimos quadrados de terceiro grau para as funções no Exercício 1, utilizando os resultados do Exercício 7.
10. Repita o Exercício 3, utilizando os resultados do Exercício 7.
11. Utilize o procedimento de Gram-Schmidt para calcular L_1, L_2 e L_3, em que $\{L_0(x), L_1(x), L_2(x), L_3(x)\}$ é um conjunto de polinômios ortogonais em $(0, \infty)$ com relação à função peso $w(x) = e^{-x}$ e $L_0(x) \equiv 1$. Os polinômios obtidos a partir desse procedimento são chamados **polinômios de Laguerre**.
12. Utilize os polinômios de Laguerre calculados no Exercício 11 para calcular os polinômios por mínimos quadrados de graus um, dois e três no intervalo $(0, \infty)$ com relação à função peso $w(x) = e^{-x}$ para as seguintes funções:

   a. $f(x) = x^2$ b. $f(x) = e^{-x}$ c. $f(x) = x^3$ d. $f(x) = e^{-2x}$

EXERCÍCIOS TEÓRICOS

13. Suponha que $\{\phi_0, \phi_1, \ldots, \phi_n\}$ é qualquer conjunto linearmente independente em $\prod_n$. Mostre que, para qualquer elemento $Q \in \prod_n$, existem constantes únicas $c_0, c_1, \ldots, c_n$ tais que

$$Q(x) = \sum_{k=0}^{n} c_k \phi_k(x).$$

14. Mostre que, se $\{\phi_0, \phi_1, \ldots, \phi_n\}$ for um conjunto de funções ortogonais em $[a, b]$ com relação à função peso w, então $\{\phi_0, \phi_1, \ldots, \phi_n\}$ será um conjunto linearmente independente.
15. Mostre que as equações normais (8.6) têm uma única solução. [*Sugestão:* mostre que a única solução para a função $f(x) \equiv 0$ é $a_j = 0, j = 0, 1, \ldots, n$. Multiplique a equação (8.6) por a_j e some todos os j. Troque o sinal de integração com o sinal de somatória para obter $\int_a^b [P(x)]^2 dx = 0$. Dessa maneira, $P(x) \equiv 0$, e então $a_j = 0$, para $j = 0, \ldots, n$. Por essa razão, a matriz dos coeficientes é não singular e existe uma única solução para a Equação (8.6)].

QUESTÕES PARA DISCUSSÃO

1. Existem dois tipos diferentes de erros de arredondamento (truncamento e arredondamento) quando usamos um computador ou calculadora. Discuta como cada um deles afeta a aproximação polinomial por mínimos quadrados.
2. Ao usar a ortogonalidade, o problema dos erros de arredondamento foi resolvido?
3. Discuta pelo menos uma desvantagem de usar a aproximação por mínimos quadrados.

8.3 Polinômios de Chebyshev e economia na série de potências

Os polinômios Chebyshev $\{T_n(x)\}$ são ortogonais em $(-1, 1)$, com relação à função peso $w(x) = (1 - x^2)^{-1/2}$. Embora eles possam ser deduzidos com o método da seção anterior, é mais fácil defini-los e mostrar que satisfazem as propriedades de ortogonalidade exigidas.

Pafnuty Lvovich Chebyshev (1821-1894) realizou trabalhos excepcionais de matemática em muitas áreas, incluindo matemática aplicada, teoria dos números e probabilidade. Em 1852, ele viajou de São Petersburgo para visitar matemáticos na França, na Inglaterra e na Alemanha. Lagrange e Legendre haviam estudado conjuntos individuais de polinômios ortogonais, mas Chebyshev foi o primeiro a perceber as importantes consequências dos estudos da teoria em geral. Ele desenvolveu os polinômios de Chebyshev para estudar a aproximação por mínimos quadrados e probabilidade, e aplicou, então, seus resultados à interpolação, quadratura aproximada e outras áreas.

Para $x \in [-1, 1]$, defina

$$T_n(x) = \cos[n \arccos x], \qquad \text{para cada } n \geqslant 0. \tag{8.8}$$

Não é óbvio, a partir dessa definição, que para cada n, $T_n(x)$ é um polinômio em x, mas mostraremos agora que é. Primeiramente, observe que

$$T_0(x) = \cos 0 = 1 \qquad \text{e} \qquad T_1(x) = \cos(\arccos x) = x.$$

Para $n \geq 1$, introduzimos a substituição de $\theta = \arccos x$ para mudar essa equação para

$$T_n(\theta(x)) \equiv T_n(\theta) = \cos(n\theta), \qquad \text{em que } \theta \in [0, \pi].$$

Uma relação de recorrência é originada ao se observar que

$$T_{n+1}(\theta) = \cos(n+1)\theta = \cos\theta \cos(n\theta) - \operatorname{sen}\theta \operatorname{sen}(n\theta)$$

e

$$T_{n-1}(\theta) = \cos(n-1)\theta = \cos\theta \cos(n\theta) + \operatorname{sen}\theta \operatorname{sen}(n\theta).$$

Ao somar essas duas equações, obtemos

$$T_{n+1}(\theta) = 2\cos\theta\cos(n\theta) - T_{n-1}(\theta).$$

Quando retornamos à variável $x = \cos\theta$, temos, para $n \geq 1$,

$$T_{n+1}(x) = 2x\cos(n \arccos x) - T_{n-1}(x),$$

ou

$$T_{n+1}(x) = 2x\, T_n(x) - T_{n-1}(x). \tag{8.9}$$

Visto que $T_0(x) = 1$ e $T_1(x) = x$, a relação de recorrência implica que os próximos três polinômios de Chebyshev são

$$T_2(x) = 2xT_1(x) - T_0(x) = 2x^2 - 1,$$
$$T_3(x) = 2xT_2(x) - T_1(x) = 4x^3 - 3x$$

e

$$T_4(x) = 2xT_3(x) - T_2(x) = 8x^4 - 8x^2 + 1.$$

A relação de recorrência também implica que, quando $n \geq 1$, $T_n(x)$ é um polinômio de grau n, com coeficiente dominante 2^{n-1}. Os gráficos de T_1, T_2, T_3 e T_4 são mostrados na Figura 8.10.

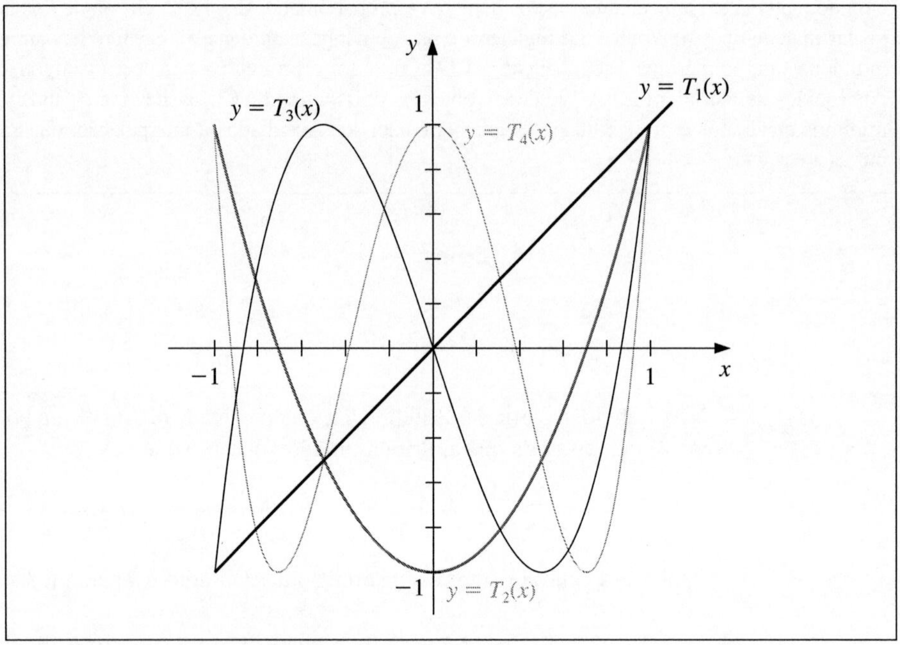

Figura 8.10

Para mostrar a ortogonalidade dos polinômios de Chebyshev, com relação à função peso $w(x) = (1 - x^2)^{-1/2}$ considere

$$\int_{-1}^{1} \frac{T_n(x)T_m(x)}{\sqrt{1-x^2}}\,dx = \int_{-1}^{1} \frac{\cos(n \arccos x)\cos(m \arccos x)}{\sqrt{1-x^2}}\,dx.$$

Ao reintroduzir a substituição $\theta = \arccos x$, obtemos

$$d\theta = -\frac{1}{\sqrt{1-x^2}}\,dx$$

e

$$\int_{-1}^{1} \frac{T_n(x)T_m(x)}{\sqrt{1-x^2}}\,dx = -\int_{\pi}^{0} \cos(n\theta)\cos(m\theta)\,d\theta = \int_{0}^{\pi} \cos(n\theta)\cos(m\theta)\,d\theta.$$

Suponha que $n \neq m$. Como

$$\cos(n\theta)\cos(m\theta) = \frac{1}{2}[\cos(n+m)\theta + \cos(n-m)\theta],$$

temos

$$\int_{-1}^{1} \frac{T_n(x)T_m(x)}{\sqrt{1-x^2}}\,dx = \frac{1}{2}\int_0^{\pi} \cos((n+m)\theta)\,d\theta + \frac{1}{2}\int_0^{\pi} \cos((n-m)\theta)\,d\theta$$

$$= \left[\frac{1}{2(n+m)}\,\text{sen}((n+m)\theta) + \frac{1}{2(n-m)}\,\text{sen}((n-m)\theta)\right]_0^{\pi} = 0.$$

Por meio de uma técnica análoga (veja o Exercício 11), pode-se demonstrar que

$$\int_{-1}^{1} \frac{[T_n(x)]^2}{\sqrt{1-x^2}}\,dx = \frac{\pi}{2}, \quad \text{para cada } n \geq 1. \tag{8.10}$$

Os polinômios de Chebyshev são utilizados para minimizar o erro da aproximação. Veremos como são utilizados para resolver dois problemas desse tipo:

- um posicionamento ótimo de pontos interpoladores para minimizar o erro na interpolação de Lagrange;
- uma maneira de reduzir o grau de um polinômio de aproximação com o mínimo de perda de precisão.

O próximo resultado diz respeito aos zeros e aos pontos extremos de $T_n(x)$.

▶ Teorema 8.9 O polinômio de Chebyshev $T_n(x)$, de grau $n \geq 1$, tem n zeros simples em $[-1, 1]$, nos pontos

$$\bar{x}_k = \cos\left(\frac{2k-1}{2n}\pi\right), \quad \text{para cada } k = 1, 2, \ldots, n.$$

Além disso, $T_n(x)$ assume seus extremos absolutos em

$$\bar{x}'_k = \cos\left(\frac{k\pi}{n}\right) \quad \text{com} \quad T_n(\bar{x}'_k) = (-1)^k, \quad \text{para cada } k = 0, 1, \ldots, n.$$

Demonstração Se fizermos

$$\bar{x}_k = \cos\left(\frac{2k-1}{2n}\pi\right), \quad \text{para cada } k = 1, 2, \ldots, n,$$

então

$$T_n(\bar{x}_k) = \cos(n \arccos \bar{x}_k) = \cos\left(n \arccos\left(\cos\left(\frac{2k-1}{2n}\pi\right)\right)\right) = \cos\left(\frac{2k-1}{2}\pi\right) = 0.$$

Mas os $\bar{x}_k$ são distintos (veja o Exercício 12) e $T_n(x)$ é um polinômio de grau n, de modo que todos os zeros de $T_n(x)$ devem ser dessa forma.

Para mostrar a segunda parte, observe primeiro que

$$T'_n(x) = \frac{d}{dx}[\cos(n \arccos x)] = \frac{n\,\text{sen}(n \arccos x)}{\sqrt{1-x^2}}$$

e que, quando $k = 1, 2, \ldots, n-1$,

$$T'_n(\bar{x}'_k) = \frac{n \operatorname{sen}\left(n \arccos\left(\cos\left(\frac{k\pi}{n}\right)\right)\right)}{\sqrt{1-\left[\cos\left(\frac{k\pi}{n}\right)\right]^2}} = \frac{n \operatorname{sen}(k\pi)}{\operatorname{sen}\left(\frac{k\pi}{n}\right)} = 0.$$

Como $T_n(x)$ é um polinômio de grau n, sua derivada $T'_n(x)$ é um polinômio de grau $(n-1)$, e todos os zeros de $T'_n(x)$ ocorrem nesses $n-1$ pontos distintos (que eles são distintos é considerado no Exercício 13). As únicas outras possibilidades para extremos de $T_n(x)$ ocorrem nas extremidades do intervalo $[-1, 1]$; ou seja, em $\bar{x}'_0 = 1$ e em $\bar{x}'_n = -1$.

Já que, para cada $k = 0, 1, \ldots, n$, temos

$$T_n(\bar{x}'_k) = \cos\left(n \arccos\left(\cos\left(\frac{k\pi}{n}\right)\right)\right) = \cos(k\pi) = (-1)^k.$$

Então, ocorre um máximo em cada valor par de k e um mínimo em cada valor ímpar.■

Os polinômios mônicos de Chebyshev (polinômios com coeficiente dominante 1) $\tilde{T}_n(x)$ são obtidos do polinômio de Chebyshev $T_n(x)$ quando ele é dividido pelo coeficiente dominante 2^{n-1}. Assim,

$$\tilde{T}_0(x) = 1 \quad \text{e} \quad \tilde{T}_n(x) = \frac{1}{2^{n-1}} T_n(x), \quad \text{para cada } n \geq 1. \tag{8.11}$$

A relação de recorrência satisfeita pelos polinômios de Chebyshev implica que

$$\tilde{T}_2(x) = x\tilde{T}_1(x) - \frac{1}{2}\tilde{T}_0(x) \quad \text{e}$$

$$\tilde{T}_{n+1}(x) = x\tilde{T}_n(x) - \frac{1}{4}\tilde{T}_{n-1}(x), \quad \text{para cada } n \geq 2. \tag{8.12}$$

Os gráficos de $\tilde{T}_1$, $\tilde{T}_2$, $\tilde{T}_3$, $\tilde{T}_4$, e $\tilde{T}_5$ são mostrados na Figura 8.11 (página 583).

Como $\tilde{T}_n(x)$ é apenas um múltiplo de $T_n(x)$, o Teorema 8.9 implica que os zeros de $\tilde{T}_n(x)$ também ocorram em

$$\bar{x}_k = \cos\left(\frac{2k-1}{2n}\pi\right), \quad \text{para cada } k = 1, 2, \ldots, n,$$

e os valores extremos de $\tilde{T}_n(x)$, para $n \geq 1$, ocorrem em

$$\bar{x}'_k = \cos\left(\frac{k\pi}{n}\right), \quad \text{com} \quad \tilde{T}_n(\bar{x}'_k) = \frac{(-1)^k}{2^{n-1}}, \quad \text{para cada } k = 0, 1, 2, \ldots, n. \tag{8.13}$$

Denote por $\tilde{\prod}_n$ **o conjunto de todos os polinômios mônicos de grau n.** A relação expressa na Equação (8.13) leva a uma importante propriedade de minimização que distingue $\tilde{T}_n(x)$ de outros membros de $\tilde{\prod}_n$.

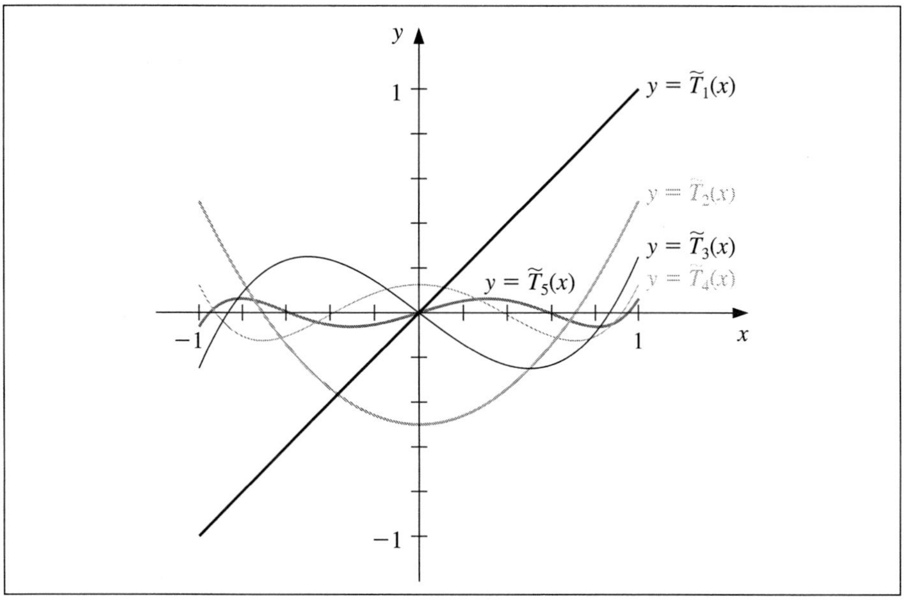

Figura 8.11

▶**Teorema 8.10** Os polinômios da forma $\tilde{T}_n(x)$, quando $n \geq 1$, têm a propriedade que

$$\frac{1}{2^{n-1}} = \max_{x\in[-1,1]} |\tilde{T}_n(x)| \leq \max_{x\in[-1,1]} |P_n(x)|, \quad \text{para todos } P_n(x) \in \widetilde{\prod}_n.$$

Além disso, a igualdade pode ocorrer se e somente se $P_n \equiv \tilde{T}_n$.

Demonstração Suponha que $P_n(x) \in \tilde{\prod}_n$ e

$$\max_{x\in[-1,1]} |P_n(x)| \leq \frac{1}{2^{n-1}} = \max_{x\in[-1,1]} |\tilde{T}_n(x)|.$$

Seja $Q = \tilde{T}_n - P_n$. Já que $\tilde{T}_n(x)$ e $P_n(x)$ são ambos polinômios mônicos de grau n, $Q(x)$ é um polinômio de grau no máximo $(n - 1)$. Além disso, nos $n + 1$ pontos extremos $\bar{x}'_k$ de $\tilde{T}_n(x)$,

$$Q(\bar{x}'_k) = \tilde{T}_n(\bar{x}'_k) - P_n(\bar{x}'_k) = \frac{(-1)^k}{2^{n-1}} - P_n(\bar{x}'_k).$$

Visto que

$$|P_n(\bar{x}'_k)| \leq \frac{1}{2^{n-1}}, \quad \text{para cada } k = 0, 1, \ldots, n,$$

temos

$$Q(\bar{x}'_k) \leq 0, \quad \text{quando } k \text{ é ímpar,} \quad \text{e} \quad Q(\bar{x}'_k) \geq 0, \quad \text{quando } k \text{ é par.}$$

Como Q é contínuo, o teorema do valor intermediário implica que o polinômio $Q(x)$ tem pelo menos um zero entre $\bar{x}'_j$ e $\bar{x}'_{j+1}$, para cada $j = 0, 1, \ldots, n - 1$. Portanto, Q tem pelo menos n zeros no intervalo $[-1, 1]$. Mas, o grau de $Q(x)$ é menor que n, de modo que $Q \equiv 0$. Isso implica que $P_n \equiv \tilde{T}_n$. ■

Minimização do erro na interpolação de Lagrange

O Teorema 8.10 pode ser utilizado para responder à questão sobre onde posicionar os nós interpoladores para minimizar o erro na interpolação de Lagrange. O Teorema 3.3 na página 122 aplicado ao intervalo $[-1, 1]$ afirma que, se $x_0, \ldots, x_n$ forem números distintos no intervalo $[-1, 1]$ e se $f \in C^{n+1}[-1, 1]$, então, para cada $x \in [-1, 1]$, existe um número $\xi(x)$ em $(-1, 1)$ com

$$f(x) - P(x) = \frac{f^{(n+1)}(\xi(x))}{(n+1)!}(x - x_0)(x - x_1)\cdots(x - x_n),$$

em que $P(x)$ é o polinômio interpolador de Lagrange. Geralmente, não há controle sobre $\xi(x)$, de modo que para minimizar o erro por meio de um posicionamento eficaz dos nós $x_0, \ldots, x_n$, encontramos $x_0, \ldots, x_n$ para minimizar a quantidade

$$|(x - x_0)(x - x_1) \ldots (x - x_n)|$$

no intervalo $[-1, 1]$.

Já que $(x - x_0)(x - x_1) \ldots (x - x_n)$ é um polinômio mônico de grau $(n + 1)$, acabamos de ver que o mínimo é obtido quando

$$(x - x_0)(x - x_1) \ldots (x - x_n) = \tilde{T}_{n+1}(x).$$

O valor máximo de $|(x - x_0)(x - x_1) \ldots (x - x_n)|$ é menor quando x_k é escolhido como o $(k + 1)$-ésimo zero de $\tilde{T}_{n+1}$, para cada $k = 0, 1, \ldots, n$. Assim, escolhemos x_k como sendo

$$\bar{x}_{k+1} = \cos\left(\frac{2k+1}{2(n+1)}\pi\right).$$

Uma vez que $\max_{x\in[-1,1]} |\tilde{T}_{n+1}(x)| = 2^{-n}$, isso também implica que

$$\frac{1}{2^n} = \max_{x\in[-1,1]} |(x - \bar{x}_1)\cdots(x - \bar{x}_{n+1})| \leq \max_{x\in[-1,1]} |(x - x_0)\cdots(x - x_n)|,$$

para qualquer escolha de $x_0, x_1, \ldots, x_n$ no intervalo $[-1, 1]$. O próximo corolário é consequência dessa discussão.

Corolário 8.11 Se $P(x)$ for o polinômio interpolador de grau no máximo n com nós nas raízes de $T_{n+1}(x)$, então

$$\max_{x\in[-1,1]} |f(x) - P(x)| \leq \frac{1}{2^n(n+1)!} \max_{x\in[-1,1]} |f^{(n+1)}(x)|, \quad \text{para cada } f \in C^{n+1}[-1, 1].$$ ■

Minimização do erro na aproximação em intervalos arbitrários

Esta técnica para escolher pontos que minimizem o erro de interpolação pode ser estendida a um intervalo fechado geral $[a, b]$ utilizando uma mudança de variáveis

$$\tilde{x} = \frac{1}{2}[(b - a)x + a + b]$$

para transformar os números $\bar{x}_k$ no intervalo $[-1, 1]$ em um número correspondente $\tilde{x}_k$ no intervalo $[a, b]$, como mostrado no próximo exemplo.

EXEMPLO 1

Seja $f(x) = xe^x$ em [0, 1,5]. Compare os valores dados pelo polinômio de Lagrange com quatro nós igualmente espaçados com aqueles dados pelo polinômio de Lagrange com nós dados pelos zeros do quarto polinômio de Chebyshev.

Solução Em primeiro lugar, os nós igualmente espaçados $x_0 = 0$, $x_1 = 0{,}5$, $x_2 = 1$ e $x_3 = 1{,}5$ são utilizados para fornecer

$$\begin{aligned} L_0(x) &= -1{,}3333x^3 + 4{,}0000x^2 - 3{,}6667x + 1, \\ L_1(x) &= 4{,}0000x^3 - 10{,}000x^2 + 6{,}0000x, \\ L_2(x) &= -4{,}0000x^3 + 8{,}0000x^2 - 3{,}0000x \text{ e} \\ L_3(x) &= 1{,}3333x^3 - 2{,}000x^2 + 0{,}66667x, \end{aligned}$$

o que produz o polinômio

$$\begin{aligned} P_3(x) &= L_0(x)(0) + L_1(x)(0{,}5e^{0,5}) + L_2(x)e^1 + L_3(x)(1{,}5e^{1,5}) \\ &= 1{,}3875x^3 + 0{,}057570x^2 + 1{,}2730x. \end{aligned}$$

Para o segundo polinômio interpolador, trazemos os zeros de $\tilde{T}_4$, $\bar{x}_k = \cos((2k + 1)/8)\pi$, para $k = 0, 1, 2, 3$, de $[-1, 1]$ para $[0, 1{,}5]$, usando a transformação linear

$$\tilde{x}_k = \frac{1}{2}\left[(1{,}5-0)\bar{x}_k + (1{,}5+0)\right] = 0{,}75 + 0{,}75\bar{x}_k.$$

Como

$$\bar{x}_0 = \cos\frac{\pi}{8} = 0{,}92388,\quad \bar{x}_1 = \cos\frac{3\pi}{8} = 0{,}38268,\quad \bar{x}_2 = \cos\frac{5\pi}{8} = -0{,}38268 \quad \text{e}$$

$$\bar{x}_3 = \cos\frac{7\pi}{8} = -0{,}92388,$$

temos

$$\tilde{x}_0 = 1{,}44291,\quad \tilde{x}_1 = 1{,}03701,\quad \tilde{x}_2 = 0{,}46299 \quad \text{e} \quad \tilde{x}_3 = 0{,}05709.$$

Os polinomiais coeficientes de Lagrange para esse conjunto de nós são:

$$\begin{aligned} \tilde{L}_0(x) &= 1{,}8142x^3 - 2{,}8249x^2 + 1{,}0264x - 0{,}049728, \\ \tilde{L}_1(x) &= -4{,}3799x^3 + 8{,}5977x^2 - 3{,}4026x + 0{,}16705, \\ \tilde{L}_2(x) &= 4{,}3799x^3 - 11{,}112x^2 + 7{,}1738x - 0{,}37415 \text{ e} \\ \tilde{L}_3(x) &= -1{,}8142x^3 + 5{,}3390x^2 - 4{,}7976x + 1{,}2568. \end{aligned}$$

Os valores funcionais necessários para esses polinômios são fornecidos nas duas últimas colunas da Tabela 8.7. O polinômio interpolador de grau no máximo 3 é

$$\tilde{P}_3(x) = 1{,}3811x^3 + 0{,}044652x^2 + 1{,}3031x - 0{,}014352.$$

Tabela 8.7

x	$f(x) = xe^x$	$\tilde{x}$	$f(\tilde{x}) = xe^x$
$x_0 = 0{,}0$	0,00000	$\tilde{x}_0 = 1{,}44291$	6,10783
$x_1 = 0{,}5$	0,824361	$\tilde{x}_1 = 1{,}03701$	2,92517
$x_2 = 1{,}0$	2,71828	$\tilde{x}_2 = 0{,}46299$	0,73560
$x_3 = 1{,}5$	6,72253	$\tilde{x}_3 = 0{,}05709$	0,060444

Para comparação, a Tabela 8.8 lista diversos valores de x, junto aos valores de $f(x)$, $P_3(x)$ e $\tilde{P}_3(x)$. Pode-se verificar a partir dessa tabela que, embora o erro usando $P_3(x)$ seja menor do que utilizando $\tilde{P}_3(x)$ próximo ao meio da tabela, o erro máximo envolvido na utilização de $\tilde{P}_3(x)$, 0,0180, é consideravelmente menor que na utilização de $P_3(x)$, que resulta no erro 0,0290. (Veja a Figura 8.12.) ∎

Tabela 8.8

x	$f(x) = xe^x$	$P_3(x)$	$\lvert xe^x - P_3(x)\rvert$	$\tilde{P}_3(x)$	$\lvert xe^x - \tilde{P}_3(x)\rvert$
0,15	0,1743	0,1969	0,0226	0,1868	0,0125
0,25	0,3210	0,3435	0,0225	0,3358	0,0148
0,35	0,4967	0,5121	0,0154	0,5064	0,0097
0,65	1,245	1,233	0,012	1,231	0,014
0,75	1,588	1,572	0,016	1,571	0,017
0,85	1,989	1,976	0,013	1,974	0,015
1,15	3,632	3,650	0,018	3,644	0,012
1,25	4,363	4,391	0,028	4,382	0,019
1,35	5,208	5,237	0,029	5,224	0,016

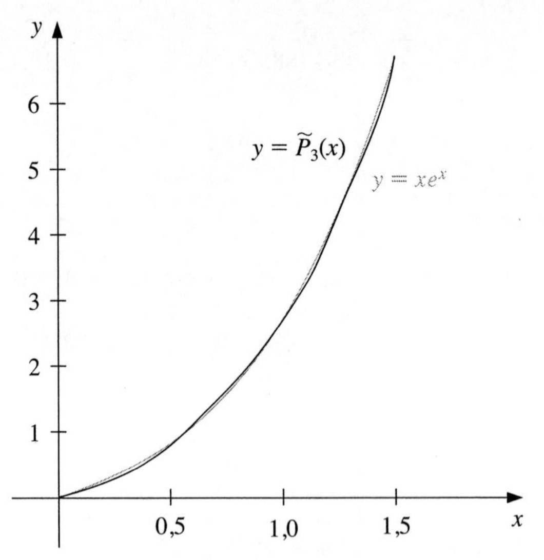

Figura 8.12

Redução do grau dos polinômios aproximadores

Os polinômios de Chebyshev também podem ser utilizados para reduzir o grau da aproximação de um polinômio com perda mínima de precisão. Como os polinômios de Chebyshev têm um valor absoluto máximo que é mínimo e que está espalhado uniformemente em um intervalo, eles podem ser utilizados para reduzir o grau de um polinômio de aproximação, sem exceder a tolerância de erro.

Considere a aproximação de um polinômio arbitrário de grau n

$$P_n(x) = a_n x^n + a_{n-1}x^{n-1} + \cdots + a_1 x + a_0$$

em $[-1,1]$ por um polinômio de grau no máximo $n-1$. O objetivo é escolher $P_{n-1}(x)$ em $\prod_{n-1}$, de modo que

$$\max_{x\in[-1,1]} |P_n(x) - P_{n-1}(x)|$$

seja o menor possível.

Primeiramente, observamos que $(P_n(x) - P_{n-1}(x))/a_n$ é um polinômio mônico de grau n, de modo que, quando aplicamos o Teorema 8.10, obtemos

$$\max_{x\in[-1,1]} \left|\frac{1}{a_n}(P_n(x) - P_{n-1}(x))\right| \geq \frac{1}{2^{n-1}}.$$

A igualdade ocorre precisamente quando

$$\frac{1}{a_n}(P_n(x) - P_{n-1}(x)) = \tilde{T}_n(x).$$

Isso significa que deveríamos escolher

$$P_{n-1}(x) = P_n(x) - a_n\tilde{T}_n(x),$$

e com essa escolha temos o valor mínimo de

$$\max_{x\in[-1,1]} |P_n(x) - P_{n-1}(x)| = |a_n| \max_{x\in[-1,1]} \left|\frac{1}{a_n}(P_n(x) - P_{n-1}(x))\right| = \frac{|a_n|}{2^{n-1}}.$$

Ilustração A função $f(x) = e^x$ é aproximada no intervalo $[-1, 1]$ pelo quarto polinômio de Maclaurin

$$P_4(x) = 1 + x + \frac{x^2}{2} + \frac{x^3}{6} + \frac{x^4}{24},$$

que tem um erro de truncamento

$$|R_4(x)| = \frac{|f^{(5)}(\xi(x))||x^5|}{120} \leq \frac{e}{120} \approx 0{,}023, \quad \text{para } -1 \leq x \leq 1.$$

Suponha que um erro de 0,05 seja tolerável e que gostaríamos de reduzir o grau do polinômio de aproximação enquanto permanecendo dentro dessa limitação.

O polinômio de grau menor ou igual a três que melhor aproxima, uniformemente, $P_4(x)$ em $[-1, 1]$ é

$$\begin{aligned} P_3(x) = P_4(x) - a_4\tilde{T}_4(x) &= 1 + x + \frac{x^2}{2} + \frac{x^3}{6} + \frac{x^4}{24} - \frac{1}{24}\left(x^4 - x^2 + \frac{1}{8}\right) \\ &= \frac{191}{192} + x + \frac{13}{24}x^2 + \frac{1}{6}x^3. \end{aligned}$$

Com essa escolha, temos

$$|P_4(x) - P_3(x)| = |a_4\tilde{T}_4(x)| \leq \frac{1}{24} \cdot \frac{1}{2^3} = \frac{1}{192} \leq 0{,}0053.$$

Adicionar esse limitante de erro ao limitante para o erro de truncamento de Maclaurin fornece

$$0{,}023 + 0{,}0053 = 0{,}0283,$$

que ainda se encontra dentro do erro permissível de 0,05.

O polinômio de grau menor ou igual a dois que melhor aproxima uniformemente $P_3(x)$ em $[-1, 1]$ é

$$P_2(x) = P_3(x) - \frac{1}{6}\tilde{T}_3(x)$$

$$= \frac{191}{192} + x + \frac{13}{24}x^2 + \frac{1}{6}x^3 - \frac{1}{6}\left(x^3 - \frac{3}{4}x\right) = \frac{191}{192} + \frac{9}{8}x + \frac{13}{24}x^2.$$

Entretanto,

$$|P_3(x) - P_2(x)| = \left|\frac{1}{6}\tilde{T}_3(x)\right| = \frac{1}{6}\left(\frac{1}{2}\right)^2 = \frac{1}{24} \approx 0{,}042,$$

que − quando adicionado ao limitante de erro já acumulado de 0,0283 − excede a tolerância de 0,05. Consequentemente, o polinômio de grau mínimo que melhor aproxima e^x em $[-1, 1]$ com um limitante de erro menor que 0,05 é

$$P_3(x) = \frac{191}{192} + x + \frac{13}{24}x^2 + \frac{1}{6}x^3.$$

A Tabela 8.9 especifica a função e os polinômios de aproximação em diversos pontos em $[-1, 1]$. Observe que os valores tabulados para P_2 estão bem dentro da tolerância de 0,05, mesmo que o limitante de erro para $P_2(x)$ tenha excedido a tolerância. ■

Tabela 8.9

x	e^x	$P_4(x)$	$P_3(x)$	$P_2(x)$	$\|e^x - P_2(x)\|$
−0,75	0,47237	0,47412	0,47917	0,45573	0,01664
−0,25	0,77880	0,77881	0,77604	0,74740	0,03140
0,00	1,00000	1,00000	0,99479	0,99479	0,00521
0,25	1,28403	1,28402	1,28125	1,30990	0,02587
0,75	2,11700	2,11475	2,11979	2,14323	0,02623

EXERCÍCIOS 8.3

1. Utilize os zeros de $\tilde{T}_3$ para construir um polinômio interpolador de segundo grau para as seguintes funções, no intervalo $[-1, 1]$.
   a. $f(x) = e^x$ **b.** $f(x) = \operatorname{sen} x$ **c.** $f(x) = \ln(x + 2)$ **d.** $f(x) = x^4$
2. Utilize os zeros de $\tilde{T}_4$ para construir um polinômio interpolador de terceiro grau para as funções no Exercício 1.
3. Encontre um limitante para o erro máximo da aproximação no Exercício 1, no intervalo $[-1, 1]$.

4. Repita o Exercício 3 para as aproximações calculadas no Exercício 3.
5. Utilize os zeros de $\tilde{T}_3$ e transformações do intervalo dado para construir um polinômio interpolador de grau dois para as seguintes funções.
   a. $f(x) = \frac{1}{x}$, $[1, 3]$
   b. $f(x) = e^{-x}$, $[0, 2]$
   c. $f(x) = \frac{1}{2}\cos x + \frac{1}{3}\operatorname{sen} 2x$, $[0, 1]$
   d. $f(x) = x \ln x$, $[1, 3]$
6. Encontre o sexto polinômio de Maclaurin para xe^x e utilize os polinômios de Chebyshev para obter uma aproximação polinomial de grau menor, que mantenha um erro menor que 0,01 em $[-1, 1]$.
7. Encontre o sexto polinômio de Maclaurin para sen x e utilize os polinômios de Chebyshev para obter uma aproximação polinomial de grau menor que mantenha um erro menor que 0,01 em $[-1, 1]$.

EXERCÍCIOS APLICADOS

8. Os polinômios de Chebyshev, $T_n(x)$, são soluções da equação diferencial $(1-x^2)y''-xy'+ n^2 y = 0$, para $n = 0, 1, 2, \ldots$. Verifique este fato para $n = 0, 1, 2, 3$.
9. Um fato interessante é que $T_n(x)$ é igual ao determinante da matriz n por n

$$A = \begin{bmatrix} x & 1 & 0 & \cdots & \cdots & 0 \\ 1 & 2x & 1 & \ddots & & \vdots \\ 0 & \ddots & \ddots & \ddots & \ddots & 0 \\ \vdots & \ddots & \ddots & \ddots & \ddots & 1 \\ 0 & \cdots & \cdots & 0 & 1 & 2x \end{bmatrix}.$$

   Verifique este fato para $n = 1,2,3$.

EXERCÍCIOS TEÓRICOS

10. Mostre que, para quaisquer números inteiros i e j, com $i > j$, obtemos $T_i(x)T_j(x) = \frac{1}{2}[T_{i+j}(x) + T_{i-j}(x)]$.
11. Mostre que, para cada polinômio de Chebyshev, $T_n(x)$, obtemos

$$\int_{-1}^{1} \frac{[T_n(x)]^2}{\sqrt{1-x^2}}\,dx = \frac{\pi}{2}.$$

12. Mostre que para cada n, o polinômio de Chebyshev, $T_n(x)$, tem n zeros distintos em $(-1, 1)$.
13. Mostre que para cada n, a derivada do polinômio de Chebyshev, $T_n(x)$, tem $n - 1$ zeros distintos em $(-1, 1)$.

QUESTÕES PARA DISCUSSÃO

1. Ao usar os zeros dos polinômios de Chebyshev como nós da interpolação, foram introduzidos problemas ligados aos erros de arredondamento? Foram resolvidos?
2. A economia de Chebyshev pode ser usada para reduzir o grau de uma aproximação polinomial por mínimos quadrados? Discuta os prós e os contras.

8.4 Aproximação por função racional

A classe de polinômios algébricos possui algumas vantagens distintas para o uso na aproximação:

- existe um número suficiente de polinômios para aproximar qualquer função contínua em um intervalo fechado, com uma tolerância arbitrária;
- os polinômios são facilmente calculados em valores arbitrários;
- as derivadas e integrais de polinômios existem e são facilmente determinadas.

A desvantagem de utilizar polinômios para aproximação é sua tendência a oscilar. Isso frequentemente faz que os limitantes de erros na aproximação polinomial excedam significativamente o erro médio da aproximação, já que os limitantes de erros são determinados pelo erro máximo de aproximação. Consideraremos agora métodos que distribuem o erro de aproximação mais uniformemente pelo intervalo de aproximação. Essas técnicas envolvem funções racionais.

Uma **função racional** r de grau N tem a forma

$$r(x) = \frac{p(x)}{q(x)},$$

em que $p(x)$ e $q(x)$ são polinômios cujos graus somam N.

Como cada polinômio é uma função racional [simplesmente tome $q(x) \equiv 1$], de modo que a aproximação por funções racionais dá resultados que não são piores que a aproximação por polinômios. No entanto, as funções racionais cujos numeradores e denominadores têm o mesmo, ou quase o mesmo grau, produzem geralmente resultados de aproximação superiores aos métodos polinomiais para o mesmo esforço computacional (essa afirmação baseia-se na hipótese de que o esforço computacional necessário para a divisão é aproximadamente o mesmo que para a multiplicação.)

As funções racionais possuem a vantagem adicional de permitir a aproximação eficiente de funções com descontinuidades infinitas próximas, mas exteriores, ao intervalo de aproximação. A aproximação polinomial é geralmente inaceitável nessa situação.

Aproximação de Padé

Suponha que r seja uma função racional de grau $N = n + m$ da forma

$$r(x) = \frac{p(x)}{q(x)} = \frac{p_0 + p_1 x + \cdots + p_n x^n}{q_0 + q_1 x + \cdots + q_m x^m},$$

que é utilizada para aproximar a função f em um intervalo fechado I, contendo zero. Para que r seja definida em zero é necessário que $q_0 \neq 0$. Na realidade, podemos admitir que $q_0 = 1$, pois se esse não for o caso, podemos simplesmente substituir $p(x)$ por $p(x)/q_0$ e $q(x)$ por $q(x)/q_0$. Consequentemente, existem $N + 1$ parâmetros $q_1, q_2, \ldots, q_m, p_0, p_1, \ldots, p_n$ disponíveis na aproximação de f por r.

Henri Padé (1863-1953) realizou um estudo sistemático do que denominamos aproximantes de Padé em sua tese de doutorado, em 1892. Ele demonstrou resultados sobre sua estrutura geral e também estabeleceu claramente a conexão entre os aproximantes de Padé e as frações contínuas. Essas ideias, no entanto, tinham sido estudadas por Daniel Bernoulli (1700-1782) e outros desde 1730. James Stirling (1692-1770) demonstrou um método semelhante em *Methodus differentialis*, publicado no mesmo ano, e Euler utilizou uma aproximação do tipo de Padé para encontrar a soma de uma série.

A **técnica da aproximação de Padé**, que é a extensão da aproximação polinomial de Taylor para frações racionais, escolhe $N + 1$ parâmetros de modo que $f^{(k)}(0) = r^{(k)}(0)$, para cada $k = 0, 1, \ldots, N$. Quando $n = N$ e $m = 0$, a aproximação de Padé é simplesmente o enésimo polinômio de Maclaurin.

Considere a diferença

$$f(x) - r(x) = f(x) - \frac{p(x)}{q(x)} = \frac{f(x)q(x) - p(x)}{q(x)} = \frac{f(x)\sum_{i=0}^{m} q_i x^i - \sum_{i=0}^{n} p_i x^i}{q(x)}$$

e suponha que f tenha a expansão em série de Maclaurin $f(x) = \sum_{i=0}^{\infty} a_i x^i$. Então,

$$f(x) - r(x) = \frac{\sum_{i=0}^{\infty} a_i x^i \sum_{i=0}^{m} q_i x^i - \sum_{i=0}^{n} p_i x^i}{q(x)}. \tag{8.14}$$

O objetivo é escolher as constantes $q_1, q_2, \ldots, q_m$ e $p_0, p_1, \ldots, p_n$ de modo que

$$f^{(k)}(0) - r^{(k)}(0) = 0, \qquad \text{para cada } k = 0, 1, \ldots, N.$$

Na Seção 2.4 (veja, em particular, o Exercício 10 na página 95), vimos que isso é equivalente a $f - r$ ter um zero de multiplicidade $N + 1$ em $x = 0$. Como consequência, escolhemos $q_1, q_2, \ldots, q_m$ e $p_0, p_1, \ldots, p_n$, de modo que o numerador à direita, na Equação (8.14),

$$(a_0 + a_1x + \cdots)(1 + q_1x + \cdots + q_mx^m) - (p_0 + p_1x + \cdots + p_nx^n), \tag{8.15}$$

não tenha termos de grau menor ou igual a N.

Para simplificar a notação, definimos $p_{n+1} = p_{n+2} = \ldots = p_N = 0$ e $q_{m+1} = q_{m+2} = \ldots = q_N = 0$. Podemos assim representar o coeficiente de x^k na expressão (8.15) como

$$\left(\sum_{i=0}^{k} a_i q_{k-i}\right) - p_k.$$

Desse modo, a função racional para a aproximação de Padé resulta da solução de $N + 1$ equações lineares

$$\sum_{i=0}^{k} a_i q_{k-i} = p_k, \qquad k = 0, 1, \ldots, N$$

nas $N + 1$ incógnitas $q_1, q_2, \ldots, q_m, p_0, p_1, \ldots, p_n$.

EXEMPLO 1 A expansão em série de Maclaurin para e^{-x} é

$$\sum_{i=0}^{\infty} \frac{(-1)^i}{i!} x^i.$$

Encontrar a aproximação de Padé de e^{-x} de grau cinco, com $n = 3$ e $m = 2$.

Solução Para encontrar a aproximação de Padé, precisamos escolher, p_0, p_1, p_2, p_3, q_1 e q_2, de modo que os coeficientes de x^k para $k = 0, 1, \ldots, 5$ sejam 0 na expressão

$$\left(1 - x + \frac{x^2}{2} - \frac{x^3}{6} + \cdots\right)(1 + q_1x + q_2x^2) - (p_0 + p_1x + p_2x^2 + p_3x^3).$$

A expansão e o agrupamento de termos produzem

$$\begin{aligned}
x^5: \quad & -\frac{1}{120} + \frac{1}{24}q_1 - \frac{1}{6}q_2 = 0; & x^2: \quad & \frac{1}{2} - q_1 + q_2 = p_2;\\
x^4: \quad & \frac{1}{24} - \frac{1}{6}q_1 + \frac{1}{2}q_2 = 0; & x^1: \quad & -1 + q_1 = p_1;\\
x^3: \quad & -\frac{1}{6} + \frac{1}{2}q_1 - q_2 = p_3; & x^0: \quad & 1 = p_0.
\end{aligned}$$

A resolução do sistema nos dá

$$\left\{ p_1 = -\frac{3}{5},\ p_2 = \frac{3}{20},\ p_3 = -\frac{1}{60},\ q_1 = \frac{2}{5},\ q_2 = \frac{1}{20} \right\}.$$

Então, a aproximação de Padé é

$$r(x) = \frac{1 - \frac{3}{5}x + \frac{3}{20}x^2 - \frac{1}{60}x^3}{1 + \frac{2}{5}x + \frac{1}{20}x^2}.$$

A Tabela 8.10 lista os valores de $r(x)$ e $P_5(x)$, o quinto polinômio de Maclaurin. A aproximação de Padé é evidentemente superior neste exemplo. ■

Tabela 8.10

x	e^{-x}	$P_5(x)$	$\lvert e^{-x} - P_5(x)\rvert$	$r(x)$	$\lvert e^{-x} - r(x)\rvert$
0,2	0,81873075	0,81873067	$8{,}64 \times 10^{-8}$	0,81873075	$7{,}55 \times 10^{-9}$
0,4	0,67032005	0,67031467	$5{,}38 \times 10^{-6}$	0,67031963	$4{,}11 \times 10^{-7}$
0,6	0,54881164	0,54875200	$5{,}96 \times 10^{-5}$	0,54880763	$4{,}00 \times 10^{-6}$
0,8	0,44932896	0,44900267	$3{,}26 \times 10^{-4}$	0,44930966	$1{,}93 \times 10^{-5}$
1,0	0,36787944	0,36666667	$1{,}21 \times 10^{-3}$	0,36781609	$6{,}33 \times 10^{-5}$

O Algoritmo 8.1 implementa a técnica da aproximação de Padé.

ALGORITMO 8.1 **Aproximação racional de Padé**

Para obter a aproximação racional

$$r(x) = \frac{p(x)}{q(x)} = \frac{\sum_{i=0}^{n} p_i x^i}{\sum_{j=0}^{m} q_j x^j}$$

para uma dada função $f(x)$:

ENTRADA inteiros não negativos m e n.

SAÍDA coeficientes $q_0, q_1, \ldots, q_m$ e $p_0, p_1, \ldots, p_n$.

Passo 1 Faça $N = m + n$.

Passo 2 Para $i = 0, 1, \ldots, N$ faça $a_i = \dfrac{f^{(i)}(0)}{i!}$.

(*Os coeficientes do polinômio de Maclaurin são* $a_0, \ldots, a_N$, *que poderiam ser inseridos em vez de calculados.*)

Passo 3 Faça $q_0 = 1$;
$p_0 = a_0$.

Passo 4 Para $i = 1, 2, \ldots, N$ execute Passos 5 a 10.
(*Monta um sistema linear com matriz B.*)

Passo 5 Para $j = 1, 2, \ldots, i - 1$
se $j \leq n$ então faça $b_{i,j} = 0$.

Passo 6 Se $i \leq n$ então faça $b_{i,i} = 1$.

Passo 7 Para $j = i + 1, i + 2, \ldots, N$ faça $b_{i,j} = 0$.

Passo 8 Para $j = 1, 2, \ldots, i$
se $j \leq m$ então faça $b_{i,n+j} = -a_{i-j}$.

Passo 9 Para $j = n + i + 1, n + i + 2, \ldots, N$ faça $b_{i,j} = 0$.

Passo 10 Faça $b_{i,N+1} = a_i$.

(*Os passos 11 a 22 resolvem o sistema linear com a utilização do pivotamento parcial.*)

Passo 11 Para $i = n + 1, n + 2, \ldots, N - 1$, execute os Passos 12 a 18.

Passo 12 Seja k o menor inteiro com $i \leq k \leq N$
e $|b_{k,i}| = \max_{i \leq j \leq N} |b_{j,i}|$.
(*Encontre o elemento pivô.*)

Passo 13 Se $b_{k,i} = 0$ então SAÍDA ("O sistema é singular");
PARE.

Passo 14 Se $k \neq i$, então (*Troca a linha i e a linha k.*)
para $j = i, i + 1, \ldots, N + 1$, faça
$b_{CÓPIA} = b_{i,j}$;
$b_{i,j} = b_{k,j}$;
$b_{k,j} = b_{CÓPIA}$.

Passo 15 Para $j = i + 1, i + 2, \ldots, N$, execute os Passos 16 a 18
(*Faça a eliminação.*)

Passo 16 Faça $xm = \dfrac{b_{j,i}}{b_{i,i}}$.

Passo 17 Para $k = i + 1, i + 2, \ldots, N + 1$
faça $b_{j,k} = b_{j,k} - xm \cdot b_{i,k}$.

Passo 18 Faça $b_{j,i} = 0$.

Passo 19 Se $b_{N,N} = 0$, então SAÍDA ("O sistema é singular");
PARE.

Passo 20 Se $m > 0$ então faça $q_m = \dfrac{b_{N,N+1}}{b_{N,N}}$ (*Inicia a substituição regressiva.*)

Passo 21 Para $i = N - 1, N - 2, \ldots, n + 1$,

$$\text{faça } q_{i-n} = \frac{b_{i,N+1} - \sum_{j=i+1}^{N} b_{i,j} q_{j-n}}{b_{i,i}}.$$

Passo 22 Para $i = n, n - 1, \ldots, 1$, faça $p_i = b_{i,N+1} - \sum_{j=n+1}^{N} b_{i,j} q_{j-n}$.

Passo 23 SAÍDA ($q_0, q_1, \ldots, q_m, p_0, p_1, \ldots, p_n$);
PARE (*O procedimento foi bem-sucedido.*) ■

Aproximação por frações contínuas

É interessante comparar o número de operações aritméticas necessárias para os cálculos de $P_5(x)$ e $r(x)$ no Exemplo 1. Utilizando multiplicações estruturadas, $P_5(x)$ pode ser expresso como

$$P_5(x) = \left(\left(\left(\left(-\frac{1}{120}x + \frac{1}{24}\right)x - \frac{1}{6}\right)x + \frac{1}{2}\right)x - 1\right)x + 1.$$

Supondo que os coeficientes de 1, x, x^2, x^3, x^4 e x^5 são representados como decimais, um único cálculo de $P_5(x)$ na forma estruturada requer cinco multiplicações e cinco adições/subtrações.

Utilizando multiplicações estruturadas, $r(x)$ pode ser expresso como

$$r(x) = \frac{\left(\left(-\frac{1}{60}x + \frac{3}{20}\right)x - \frac{3}{5}\right)x + 1}{\left(\frac{1}{20}x + \frac{2}{5}\right)x + 1},$$

portanto, um único cálculo de $r(x)$ requer cinco multiplicações, cinco adições/subtrações e uma divisão. Consequentemente, o esforço computacional parece favorecer a aproximação polinomial. No entanto, podemos representar $r(x)$ por meio da divisão, como abaixo

$$\begin{aligned} r(x) &= \frac{1 - \frac{3}{5}x + \frac{3}{20}x^2 - \frac{1}{60}x^3}{1 + \frac{2}{5}x + \frac{1}{20}x^2} \\ &= \frac{-\frac{1}{3}x^3 + 3x^2 - 12x + 20}{x^2 + 8x + 20} \\ &= -\frac{1}{3}x + \frac{17}{3} + \frac{\left(-\frac{152}{3}x - \frac{280}{3}\right)}{x^2 + 8x + 20} \\ &= -\frac{1}{3}x + \frac{17}{3} + \frac{-\frac{152}{3}}{\left(\frac{x^2+8x+20}{x+(35/19)}\right)} \end{aligned}$$

ou

$$r(x) = -\frac{1}{3}x + \frac{17}{3} + \frac{-\frac{152}{3}}{\left(x + \frac{117}{19} + \frac{3125/361}{(x+(35/19))}\right)}. \tag{8.16}$$

Representado dessa forma, um único cálculo de $r(x)$ requer uma multiplicação, cinco adições/subtrações e duas divisões. Se o total de cálculos necessários para a divisão for aproximadamente o mesmo que o da multiplicação, o esforço computacional necessário para um cálculo de $P_5(x)$ excede significativamente o necessário para um cálculo de $r(x)$.

A utilização de frações contínuas para aproximações racionais é um assunto que tem suas origens nos estudos de Christopher Clavius (1537-1612). Tal estudo foi empregado nos séculos XVIII e XIX por Euler, Lagrange e Hermite, para citar alguns exemplos.

A expressão de uma aproximação por função racional em uma forma tal como a Equação (8.16) é denominada aproximação por **fração contínua**. Essa técnica clássica de aproximação é de interesse atual por causa da eficiência computacional dessa representação. No entanto, essa é uma técnica especializada que não discutiremos mais. Um tratamento bastante extensivo sobre esse tópico e sobre a aproximação racional geral pode ser encontrado em [RR] p. 285-322.

Embora a aproximação da função racional no Exemplo 1 tenha dado resultados superiores à aproximação por polinômio do mesmo grau, a aproximação tem ampla variação na precisão. A aproximação em 0,2 tem precisão de 8×10^{-9}, ao passo que, em 1,0, a aproximação e a função coincidem somente até 7×10^{-5}. Espera-se essa variação na precisão porque a aproximação de Padé baseia-se em uma representação polinomial de Taylor de e^{-x}, e a representação de Taylor tem ampla variação de precisão em [0,2, 1,0].

Aproximação por funções racionais de Chebyshev

Para obter aproximações por funções racionais que sejam mais uniformemente precisas, utilizamos os polinômios de Chebyshev, uma classe que exibe um comportamento mais uniforme. O método geral de aproximação por funções racionais de Chebyshev funciona da mesma forma que as aproximações de Padé, exceto pelo fato de cada termo x^k na aproximação de Padé ser substituído pelo polinômio de Chebyshev de k-ésimo grau, $T_k(x)$.

Suponha que desejemos aproximar a função f pela função racional r de enésimo grau representada na forma

$$r(x) = \frac{\sum_{k=0}^{n} p_k T_k(x)}{\sum_{k=0}^{m} q_k T_k(x)}, \quad \text{em que } N = n + m \quad \text{e} \quad q_0 = 1.$$

Representar $f(x)$ em uma série que envolva polinômios de Chebyshev como em

$$f(x) = \sum_{k=0}^{\infty} a_k T_k(x)$$

fornece

$$f(x) - r(x) = \sum_{k=0}^{\infty} a_k T_k(x) - \frac{\sum_{k=0}^{n} p_k T_k(x)}{\sum_{k=0}^{m} q_k T_k(x)}$$

ou

$$f(x) - r(x) = \frac{\sum_{k=0}^{\infty} a_k T_k(x) \sum_{k=0}^{m} q_k T_k(x) - \sum_{k=0}^{n} p_k T_k(x)}{\sum_{k=0}^{m} q_k T_k(x)}. \tag{8.17}$$

Os coeficientes $q_1, q_2, \ldots, q_m$ e $p_0, p_1, \ldots, p_n$ são escolhidos de modo que o numerador no lado direito dessa equação tenha os coeficientes de $T_k(x)$ nulos quando $k = 0, 1, \ldots, N$. Isso implica que a série

$$(a_0T_0(x) + a_1T_1(x) + \cdots)(T_0(x) + q_1T_1(x) + \cdots + q_mT_m(x)) \\ - (p_0T_0(x) + p_1T_1(x) + \cdots + p_nT_n(x))$$

não possui termos de grau menor ou igual a N.

Com o procedimento de Chebyshev, surgem dois problemas que o torna mais difícil de implementar que o método de Padé. Um ocorre porque o produto do polinômio $q(x)$ pela série para $f(x)$ envolve produtos dos polinômios de Chebyshev. Esse problema se resolve usando a relação

$$T_i(x)T_j(x) = \frac{1}{2}\left[T_{i+j}(x) + T_{|i-j|}(x)\right]. \tag{8.18}$$

(Veja o Exercício 10 da Seção 8.3.) O outro problema é mais difícil de resolver e envolve o cálculo da série de Chebyshev para $f(x)$. Na teoria, isso não é difícil, pois se

$$f(x) = \sum_{k=0}^{\infty} a_k T_k(x),$$

então, a ortogonalidade dos polinômios de Chebyshev implica que

$$a_0 = \frac{1}{\pi}\int_{-1}^{1} \frac{f(x)}{\sqrt{1-x^2}}\,dx \quad \text{e} \quad a_k = \frac{2}{\pi}\int_{-1}^{1} \frac{f(x)T_k(x)}{\sqrt{1-x^2}}\,dx, \quad \text{em que } k \geq 1.$$

No entanto, na prática, essas integrais raramente podem ser calculadas de forma fechada, e uma técnica de integração numérica é necessária para cada cálculo.

EXEMPLO 2 Os primeiros cinco termos da expansão de Chebyshev para e^{-x} são

$$\tilde{P}_5(x) = 1{,}266066T_0(x) - 1{,}130318T_1(x) + 0{,}271495T_2(x) - 0{,}044337T_3(x) + 0{,}005474T_4(x) - 0{,}000543T_5(x).$$

Determine a aproximação racional de Chebyshev de grau 5 com $n = 3$ e $m = 2$.

Solução Para encontrar essa aproximação, é necessário escolher p_0, p_1, p_2, p_3, q_1 e q_2 de modo que, para $k = 0, 1, 2, 3, 4$ e 5, os coeficientes de $T_k(x)$ sejam zero na expansão

$$\tilde{P}_5(x)[T_0(x) + q_1T_1(x) + q_2T_2(x)] - [p_0T_0(x) + p_1T_1(x) + p_2T_2(x) + p_3T_3(x)].$$

A utilização da relação (8.18) e o agrupamento de termos resultam nas equações

$$\begin{aligned}
T_0:&\quad 1{,}266066 - 0{,}565159q_1 + 0{,}1357485q_2 = p_0,\\
T_1:&\quad -1{,}130318 + 1{,}401814q_1 - 0{,}587328q_2 = p_1,\\
T_2:&\quad 0{,}271495 - 0{,}587328q_1 + 1{,}268803q_2 = p_2,\\
T_3:&\quad -0{,}044337 + 0{,}138485q_1 - 0{,}565431q_2 = p_3,\\
T_4:&\quad 0{,}005474 - 0{,}022440q_1 + 0{,}135748q_2 = 0 \text{ e}\\
T_5:&\quad -0{,}000543 + 0{,}002737q_1 - 0{,}022169q_2 = 0.
\end{aligned}$$

A solução deste sistema produz a função racional

$$r_T(x) = \frac{1{,}055265T_0(x) - 0{,}613016T_1(x) + 0{,}077478T_2(x) - 0{,}004506T_3(x)}{T_0(x) + 0{,}378331T_1(x) + 0{,}022216T_2(x)}.$$

Descobrimos no início da Seção 8.3 que

$$T_0(x) = 1, \quad T_1(x) = x, \quad T_2(x) = 2x^2 - 1, \quad T_3(x) = 4x^3 - 3x.$$

A utilização desses a fim de converter para uma expressão que envolva potências de x resulta em

$$r_T(x) = \frac{0{,}977787 - 0{,}599499x + 0{,}154956x^2 - 0{,}018022x^3}{0{,}977784 + 0{,}378331x + 0{,}044432x^2}.$$

A Tabela 8.11 lista os valores de $r_T(x)$ e, para fins de comparação, os valores de $r(x)$ obtidos no Exemplo 1. Observe que a aproximação dada por $r(x)$ é superior à dada por $r_T(x)$ para $x = 0{,}2$ e $0{,}4$, mas o erro máximo para $r(x)$ é $6{,}33 \times 10^{-5}$, comparado a $9{,}13 \times 10^{-6}$ para $r_T(x)$. ■

Tabela 8.11

x	e^{-x}	$r(x)$	$\|e^{-x} - r(x)\|$	$r_T(x)$	$\|e^{-x} - r_T(x)\|$
0,2	0,81873075	0,81873075	$7{,}55 \times 10^{-9}$	0,81872510	$5{,}66 \times 10^{-6}$
0,4	0,67032005	0,67031963	$4{,}11 \times 10^{-7}$	0,67031310	$6{,}95 \times 10^{-6}$
0,6	0,54881164	0,54880763	$4{,}00 \times 10^{-6}$	0,54881292	$1{,}28 \times 10^{-6}$
0,8	0,44932896	0,44930966	$1{,}93 \times 10^{-5}$	0,44933809	$9{,}13 \times 10^{-6}$
1,0	0,36787944	0,36781609	$6{,}33 \times 10^{-5}$	0,36787155	$7{,}89 \times 10^{-6}$

A aproximação de Chebyshev pode ser gerada com a utilização do Algoritmo 8.2.

ALGORITMO 8.2 **Aproximação racional de Chebyshev**

Para obter a aproximação racional

$$r_T(x) = \frac{\sum_{k=0}^{n} p_k T_k(x)}{\sum_{k=0}^{m} q_k T_k(x)}$$

para uma dada função $f(x)$:

ENTRADA inteiros não negativos m e n.

SAÍDA coeficientes $q_0, q_1, \ldots, q_m$ e $p_0, p_1, \ldots, p_n$.

Passo 1 Faça $N = m + n$.

Passo 2 Faça $a_0 = \dfrac{2}{\pi}\displaystyle\int_0^{\pi} f(\cos\theta)\, d\theta$; (*Dobra-se o coeficiente a_0 para obter eficiência computacional.*)

Para $k = 1, 2, \ldots, N + m$, faça

$$a_k = \frac{2}{\pi}\int_0^{\pi} f(\cos\theta)\cos k\theta\, d\theta.$$

(*As integrais podem ser calculadas utilizando um procedimento de integração numérica ou os coeficientes podem ser inseridos diretamente.*)

Passo 3 Faça $q_0 = 1$.

Passo 4 Para $i = 0, 1, \ldots, N$, execute Passos 5 a 9. (*Monta um sistema linear com matriz B.*)

Passo 5 Para $j = 0, 1, \ldots, i$
se $j \le n$, então faça $b_{i,j} = 0$.

Passo 6 Se $i \le n$, então faça $b_{i,i} = 1$.

Passo 7 Para $j = i + 1, i + 2, \ldots, n$, faça $b_{i,j} = 0$.

Passo 8 Para $j = n + 1, n + 2, \ldots, N$
se $i \ne 0$, então faça $b_{i,j} = -\frac{1}{2}(a_{i+j-n} + a_{|i-j+n|})$
senão faça $b_{i,j} = -\frac{1}{2}a_{j-n}$.

Passo 9 Se $i \ne 0$, então faça $b_{i,N+1} = a_i$
senão faça $b_{i,N+1} = \frac{1}{2}a_i$.

(*Os Passos 10 a 21 resolvem o sistema linear usando pivotamento parcial.*)

Passo 10 Para $i = n + 1, n + 2, \ldots, N - 1$, execute Passos 11 a 17.

Passo 11 Seja k o menor número inteiro com $i \leq k \leq N$ e $|b_{k,i}| = \text{máx}_{i \leq j \leq N}|b_{j,i}|$. (*Encontra o elemento pivô.*)

Passo 12 Se $b_{k,i} = 0$, então SAÍDA ("O sistema é singular"); PARE.

Passo 13 Se $k \neq i$, então (*Troca a linha i e a linha k.*)
para $j = i, i + 1, \ldots, N + 1$, faça
$b_{CÓPIA} = b_{i,j}$;
$b_{i,j} = b_{k,j}$;
$b_{k,j} = b_{CÓPIA}$.

Passo 14 Para $j = i + 1, i + 2, \ldots, N$, execute Passos 15 a 17. (*Faça a eliminação.*)

Passo 15 Faça $xm = \dfrac{b_{j,i}}{b_{i,i}}$.

Passo 16 Para $k = i + 1, i + 2, \ldots, N + 1$
faça $b_{j,k} = b_{j,k} - xm \cdot b_{i,k}$.

Passo 17 Faça $b_{j,i} = 0$.

Passo 18 Se $b_{N,N} = 0$, então SAÍDA ("O sistema é singular"); PARE.

Passo 19 Se $m > 0$, então faça $q_m = \dfrac{b_{N,N+1}}{b_{N,N}}$ (*Inicia a substituição regressiva.*)

Passo 20 Para $i = N - 1, N - 2, \ldots, n + 1$, faça $q_{i-n} = \dfrac{b_{i,N+1} - \sum_{j=i+1}^{N} b_{i,j}q_{j-n}}{b_{i,i}}$.

Passo 21 Para $i = n, n - 1, \ldots, 0$ faça $p_i = b_{i,N+1} - \sum_{j=n+1}^{N} b_{i,j}q_{j-n}$.

Passo 22 SAÍDA $(q_0, q_1, \ldots, q_m, p_0, p_1, \ldots, p_n)$;
PARE. (*O procedimento foi bem-sucedido*).

■

O método de Chebyshev não produz a melhor aproximação por funções racionais no sentido da aproximação cujo erro de aproximação máximo é mínimo. O método pode ser utilizado, no entanto, como ponto de partida para um método iterativo conhecido como o segundo algoritmo de Remez, que converge para a melhor aproximação. Pode-se encontrar uma discussão sobre as técnicas envolvidas nesse procedimento e um aperfeiçoamento desse algoritmo em [RR] p. 292-305, ou [Po] p. 90-92.

Evgeny Remez (1896-1975) desenvolveu, em 1930, métodos computacionais gerais da aproximação de Chebyshev para polinômios. Ele desenvolveu posteriormente um algoritmo similar que permitiu uma aproximação racional de funções contínuas definidas em um intervalo com um grau predefinido de precisão. Seu trabalho abrangia diversas áreas da teoria da aproximação, bem como métodos para a aproximação de soluções das equações diferenciais.

EXERCÍCIOS 8.4

1. Determine todas as aproximações de Padé de grau dois para $f(x) = e^{2x}$. Compare os resultados em $x_i = 0{,}2i$, para $i = 1, 2, 3, 4, 5$, com os valores reais $f(x_i)$.

2. Determine todas as aproximações de Padé de grau três para $f(x) = x \ln(x + 1)$. Compare os resultados em $x_i = 0{,}2i$, para $i = 1, 2, 3, 4, 5$, com os valores reais $f(x_i)$.
3. Determine a aproximação de Padé de grau cinco com $n = 2$ e $m = 3$ para $f(x) = e^x$. Compare os resultados em $x_i = 0{,}2i$, para $i = 1, 2, 3, 4, 5$, com os do quinto polinômio de Maclaurin.
4. Repita o Exercício 3 utilizando a aproximação de Padé de grau cinco com $n = 3$ e $m = 2$. Compare os resultados em cada x_i com os calculados no Exercício 3.
5. Determine a aproximação de Padé de grau seis com $n = m = 3$ para $f(x) = \operatorname{sen} x$. Compare os resultados em cada $x_i = 0{,}1i$, para $i = 0, 1, \ldots, 5$, com os resultados exatos e os resultados do sexto polinômio de Maclaurin.
6. Determine as aproximações de Padé de grau seis com (a) $n = 2$, $m = 4$ e (b) $n = 4$, $m = 2$, para $f(x) = \operatorname{sen} x$. Compare os resultados em cada x_i com os obtidos no Exercício 5.
7. A Tabela 8.10 lista os resultados da aproximação de Padé de grau cinco com $n = 3$ e $m = 2$, o quinto polinômio de Maclaurin e os valores exatos de $f(x) = e^{-x}$ quando $x_i = 0{,}2i$, para $i = 1, 2, 3, 4$ e 5. Compare esses resultados com os produzidos pelas outras aproximações de Padé de quinto grau.

   a. $n = 0, m = 5$ **b.** $n = 1, m = 4$ **c.** $n = 3, m = 2$ **d.** $n = 4, m = 1$
8. Expresse as seguintes funções racionais na forma de fração contínua:

   a. $\dfrac{x^2 + 3x + 2}{x^2 - x + 1}$ **b.** $\dfrac{4x^2 + 3x - 7}{2x^3 + x^2 - x + 5}$

   c. $\dfrac{2x^3 - 3x^2 + 4x - 5}{x^2 + 2x + 4}$ **d.** $\dfrac{2x^3 + x^2 - x + 3}{3x^3 + 2x^2 - x + 1}$
9. Encontre todas as aproximações racionais de Chebyshev de grau dois para $f(x) = e^{-x}$. Quais produzem as melhores aproximações para $f(x) = e^{-x}$ em $x = 0{,}25$, $0{,}5$ e 1?
10. Encontre todas as aproximações racionais de Chebyshev de grau três para $f(x) = \cos x$. Quais produzem as melhores aproximações para $f(x) = \cos x$ em $x = \pi/4$ e $\pi/3$?
11. Encontre a aproximação racional de Chebyshev de grau quatro com $n = m = 2$ para $f(x) = \operatorname{sen} x$. Compare os resultados em $x_i = 0{,}1i$, para $i = 0, 1, 2, 3, 4, 5$, desta aproximação com os obtidos no Exercício 5, utilizando uma aproximação de Padé de grau seis.
12. Encontre todas as aproximações racionais de Chebyshev de grau cinco para $f(x) = e^x$. Compare os resultados em $x_i = 0{,}2i$, para $i = 1, 2, 3, 4$ e 5, com os obtidos nos Exercícios 3 e 4.

EXERCÍCIOS APLICADOS

13. Para obter uma aproximação para $f(x) = e^x$ com precisão a fim de incluí-la em uma biblioteca matemática, primeiramente restringimos o domínio de f. Dado um número real x, divida-o por $\ln \sqrt{10}$ a fim de obter a relação

$$x = M \cdot \ln \sqrt{10} + s,$$

em que M é um número inteiro e s é um número real satisfazendo $|s| \leq \frac{1}{2} \ln \sqrt{10}$.

   a. Mostre que $e^x = e^s \cdot 10^{M/2}$.

   b. Construa uma aproximação por função racional para e^s utilizando $n = m = 3$. Obtenha uma estimativa do erro quando $0 \leq |s| \leq \frac{1}{2} \ln \sqrt{10}$.

   c. Projete uma implementação de e^x utilizando os resultados da parte (a) e (b) e as aproximações

$$\frac{1}{\ln \sqrt{10}} = 0{,}8685889638 \quad \text{e} \quad \sqrt{10} = 3{,}162277660.$$

14. Para uma aproximação precisa de sen x e de cos x, a fim de incluí-las em uma biblioteca matemática, primeiramente restringimos seus domínios. Dado um número real x, divida por π a fim de obter a relação

$$|x| = M\pi + s, \qquad \text{em que } M \text{ é um número inteiro e } |s| \leq \frac{\pi}{2}$$

a. Mostre que sen $x = \text{sgn}(x) \cdot (-1)^M \cdot$ sen s.

b. Construa uma aproximação racional para sen s utilizando $n = m = 4$. Obtenha uma estimativa do erro quando $0 \leq |s| \leq \pi/2$.

c. Projete uma implementação de sen x utilizando as partes (a) e (b).

d. Repita a parte (c) para o cos x, valendo-se do fato de que cos x = sen$(x + \pi/2)$.

QUESTÕES PARA DISCUSSÃO

1. Nesta seção, discutimos a técnica de aproximação de Padé. Compare essa técnica com a técnica de aproximação de Chisholm.

2. A técnica de aproximação de Padé pode ser aplicada a uma função harmônica a valores complexos definida no disco unitário?

3. O que é a interpolação baricêntrica do tipo Padé (*Padé-type Barycentric interpolant*) e como ela é usada no sentido de mínimos quadrados?

8.5 Aproximação por polinômios trigonométricos

O uso de séries de funções seno e cosseno para representar funções arbitrárias teve seu início na década de 1750 com o estudo do movimento de uma corda vibrante. Esse problema foi considerado por Jean d'Alembert e, a seguir, retomado pelo matemático mais notável da época, Leonhard Euler. Porém foi Daniel Bernoulli quem primeiro defendeu o uso de somas infinitas de senos e cossenos como uma solução para o problema, somas estas conhecidas por nós como séries de Fourier. No início do século XIX, Jean Baptiste Joseph Fourier utilizou essas séries para estudar o fluxo de calor e desenvolveu uma teoria bastante complexa sobre o assunto.

Durante o final do século XVII e começo do século XVIII, a família Bernoulli produziu não menos que oito matemáticos e físicos importantes. O trabalho mais importante de Daniel Bernoulli envolvia a pressão, densidade e velocidade de um escoamento de fluido, o que produziu o que é atualmente conhecido como princípio de Bernoulli.

A primeira observação no desenvolvimento da série de Fourier é que, para cada número inteiro positivo n, o conjunto de funções $\{\phi_0, \phi_1, \ldots, \phi_{2n-1}\}$, em que

$$\phi_0(x) = \frac{1}{2},$$

$$\phi_k(x) = \cos kx, \qquad \text{para cada } k = 1, 2, \ldots, n,$$

e

$$\phi_{n+k}(x) = \text{sen } kx, \qquad \text{para cada } k = 1, 2, \ldots, n - 1,$$

é um conjunto ortogonal em $[-\pi, \pi]$, com relação a $w(x) \equiv 1$. Essa ortogonalidade segue do fato de que, para cada número inteiro j, as integrais de sen jx e cos jx em $[-\pi, \pi]$ são 0, e podemos reescrever os produtos das funções seno e cosseno como somas usando as três identidades trigonométricas

$$\begin{aligned} \operatorname{sen} t_1 \operatorname{sen} t_2 &= \frac{1}{2}[\cos(t_1 - t_2) - \cos(t_1 + t_2)], \\ \cos t_1 \cos t_2 &= \frac{1}{2}[\cos(t_1 - t_2) + \cos(t_1 + t_2)], \quad \text{e} \\ \operatorname{sen} t_1 \cos t_2 &= \frac{1}{2}[\operatorname{sen}(t_1 - t_2) + \operatorname{sen}(t_1 + t_2)]. \end{aligned} \tag{8.19}$$

Polinômios trigonométricos ortogonais

Denote por $\mathcal{T}_n$ o conjunto das combinações lineares das funções $\phi_0, \phi_1, \ldots, \phi_{2n-1}$. Esse conjunto é chamado conjunto de **polinômios trigonométricos** de grau menor ou igual a n. (Algumas fontes também incluem uma função adicional no conjunto, $\phi_{2n}(x) = \operatorname{sen} nx$.)

Para uma função $f \in C[-\pi, \pi]$, desejamos encontrar a aproximação de *mínimos quadrados contínuas* por funções de $\mathcal{T}_n$ na forma

$$S_n(x) = \frac{a_0}{2} + a_n \cos nx + \sum_{k=1}^{n-1}(a_k \cos kx + b_k \operatorname{sen} kx).$$

Uma vez que o conjunto de funções $\{\phi_0, \phi_1, \ldots, \phi_{2n-1}\}$ é ortogonal em $[-\pi, \pi]$ com relação a $w(x) \equiv 1$, resulta do Teorema 8.6 na página 575 e das equações em (8.19) que a escolha apropriada de coeficientes é

$$a_k = \frac{\int_{-\pi}^{\pi} f(x) \cos kx \, dx}{\int_{-\pi}^{\pi} (\cos kx)^2 \, dx} = \frac{1}{\pi} \int_{-\pi}^{\pi} f(x) \cos kx \, dx, \quad \text{para cada } k = 0, 1, 2, \ldots, n, \tag{8.20}$$

e

$$b_k = \frac{\int_{-\pi}^{\pi} f(x) \operatorname{sen} kx \, dx}{\int_{-\pi}^{\pi} (\operatorname{sen} kx)^2 \, dx} = \frac{1}{\pi} \int_{-\pi}^{\pi} f(x) \operatorname{sen} kx \, dx, \quad \text{para cada } k = 1, 2, \ldots, n-1. \tag{8.21}$$

O limite de $S_n(x)$ quando $n \to \infty$ é chamado **série de Fourier** de f. As séries de Fourier são utilizadas para descrever a solução de várias equações diferenciais ordinárias e parciais que ocorrem em situações físicas.

Joseph Fourier (1768-1830) publicou sua teoria das séries trigonométricas em *Théorie analytique de la chaleur* para solucionar o problema da distribuição estacionária de calor em um sólido.

EXEMPLO 1 Determine o polinômio trigonométrico de $\mathcal{T}_n$ que aproxima

$$f(x) = |x|, \quad \text{para } -\pi < x < \pi,$$

Solução Precisamos primeiro encontrar os coeficientes

$$a_0 = \frac{1}{\pi}\int_{-\pi}^{\pi} |x| \, dx = -\frac{1}{\pi}\int_{-\pi}^{0} x \, dx + \frac{1}{\pi}\int_{0}^{\pi} x \, dx = \frac{2}{\pi}\int_{0}^{\pi} x \, dx = \pi,$$

$$a_k = \frac{1}{\pi}\int_{-\pi}^{\pi} |x| \cos kx \, dx = \frac{2}{\pi}\int_{0}^{\pi} x \cos kx \, dx = \frac{2}{\pi k^2}\left[(-1)^k - 1\right],$$

para cada $k = 1, 2, \ldots, n$, e

$$b_k = \frac{1}{\pi}\int_{-\pi}^{\pi} |x| \operatorname{sen} kx \, dx = 0, \quad \text{para cada } k = 1, 2, \ldots, n-1.$$

O fato de os b_k serem todos nulos resulta de $g(x) = |x|$ sen kx ser uma função ímpar para cada k e da integral de qualquer função ímpar sobre qualquer intervalo da forma $[-a, a]$ ser 0. (Veja os Exercícios 15 e 16). O polinômio trigonométrico de $\mathcal{T}_n$ que aproxima f é, portanto,

$$S_n(x) = \frac{\pi}{2} + \frac{2}{\pi}\sum_{k=1}^{n} \frac{(-1)^k - 1}{k^2} \cos kx.$$

Alguns dos primeiros polinômios trigonométricos para $f(x) = |x|$ são mostrados na Figura 8.13. ■

Figura 8.13

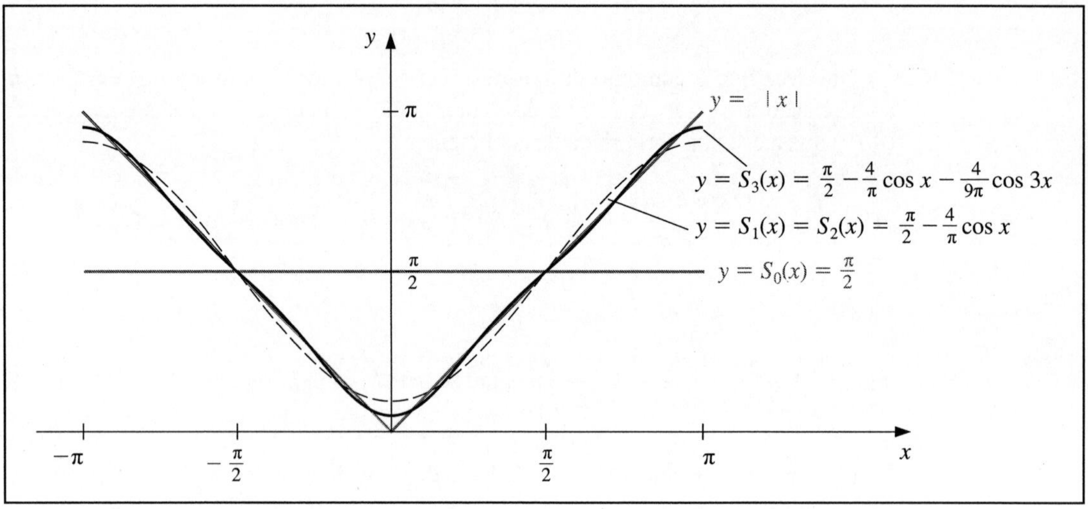

A série de Fourier para f é

$$S(x) = \lim_{n\to\infty} S_n(x) = \frac{\pi}{2} + \frac{2}{\pi}\sum_{k=1}^{\infty} \frac{(-1)^k - 1}{k^2} \cos kx.$$

Como $|\cos kx| \leq 1$, para cada k e x, a série converge e $S(x)$ existe para todos os números reais x.

Aproximação trigonométrica discreta

Há um análogo discreto que é útil para a aproximação por *mínimos quadrados discreta* e a interpolação de grandes quantidades de dados.

Suponha que um conjunto de $2m$ pontos de dados emparelhados $\{(x_j, y_j)\}_{j=0}^{2m-1}$ seja dado, com os primeiros elementos dos pares distribuídos igualmente em um intervalo fechado. Por conveniência, supomos que o intervalo seja $[-\pi, \pi]$; desse modo, conforme mostrado na Figura 8.14,

$$x_j = -\pi + \left(\frac{j}{m}\right)\pi, \quad \text{para cada } j = 0, 1, \ldots, 2m - 1. \tag{8.22}$$

Se não for $[-\pi, \pi]$, uma transformação linear simples pode ser utilizada para transformar os dados para essa forma.

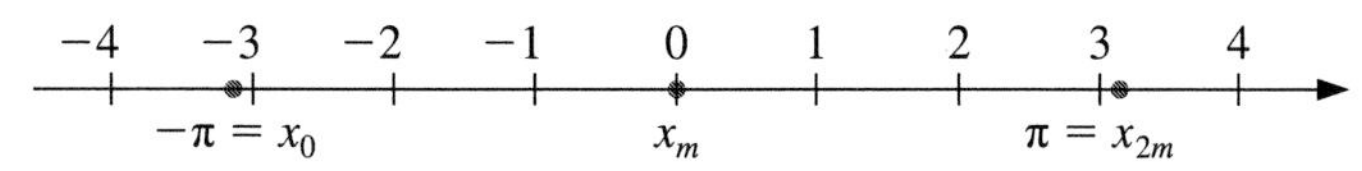

Figura 8.14

O objetivo no caso discreto é determinar o polinômio trigonométrico $S_n(x)$ em $\mathcal{T}_n$ que minimize

$$E(S_n) = \sum_{j=0}^{m-1} [y_j - S_n(x_j)]^2.$$

Para isso, precisamos escolher as constantes $a_0, a_1, \ldots, a_n, b_1, b_2, \ldots, b_{n-1}$ de forma que

$$E(S_n) = \sum_{j=0}^{2m-1} \left\{ y_j - \left[\frac{a_0}{2} + a_n \cos nx_j + \sum_{k=1}^{n-1} (a_k \cos kx_j + b_k \operatorname{sen} kx_j) \right] \right\}^2. \tag{8.23}$$

seja um mínimo.

A determinação das constantes é simplificada pelo fato de o conjunto $\{\phi_0, \phi_1, \ldots, \phi_{2n-1}\}$ ser ortogonal com relação à somatória sobre os pontos igualmente espaçados $\{x_j\}_{j=0}^{2m-1}$ em $[-\pi, \pi]$. Com isso queremos dizer que, para cada $k \neq l$,

$$\sum_{j=0}^{m-1} \phi_k(x_j)\phi_l(x_j) = 0. \tag{8.24}$$

Para mostrar essa ortogonalidade, utilizamos o seguinte lema.

Lema 8.12 Se o número inteiro r não for múltiplo de $2m$, então

- $\displaystyle\sum_{j=0}^{m-1} \cos rx_j = 0$ e $\displaystyle\sum_{j=0}^{m-1} \operatorname{sen} rx_j = 0.$

Além disso, se r não for múltiplo de m, então

- $\displaystyle\sum_{j=0}^{m-1} (\cos rx_j)^2 = m$ e $\displaystyle\sum_{j=0}^{m-1} (\operatorname{sen} rx_j)^2 = m.$

Euler utilizou pela primeira vez o símbolo i em 1794 para representar $\sqrt{-1}$ em sua autobiografia *De Formulis Differentialibus Angularibus*.

Demonstração A *Fórmula de Euler* afirma que, se $i^2 = -1$, então, para todos os números reais z, temos

$$e^{iz} = \cos z + i \operatorname{sen} z. \tag{8.25}$$

A aplicação desse resultado fornece

$$\sum_{j=0}^{m-1} \cos rx_j + i \sum_{j=0}^{m-1} \operatorname{sen} rx_j = \sum_{j=0}^{m-1} (\cos rx_j + i \operatorname{sen} rx_j) = \sum_{j=0}^{m-1} e^{irxy}.$$

Mas

$$e^{irxy} = e^{ir(-\pi + j\pi/m)} = e^{-ir\pi} \cdot e^{irj\pi/m},$$

de modo que

$$\sum_{j=0}^{m-1} \cos rx_j + i \sum_{j=0}^{m-1} \operatorname{sen} rx_j = e^{-ir\pi} \sum_{j=0}^{m-1} e^{irj\pi/m}.$$

Como $\sum_{j=0}^{m-1} e^{irj\pi/m}$ é uma série geométrica com o primeiro termo 1 e a razão $e^{ir\pi/m} \neq 1$, temos

$$\sum_{j=0}^{2m-1} e^{irj\pi/m} = \frac{1 - (e^{ir\pi/m})^{2m}}{1 - e^{ir\pi/m}} = \frac{1 - e^{2ir\pi}}{1 - e^{ir\pi/m}}.$$

Porém, $e^{2ir\pi} = \cos 2r\pi + i \operatorname{sen} 2r\pi = 1$ e, portanto, $1 - e^{2ir\pi} = 0$ e

$$\sum_{j=0}^{m-1} \cos rx_j + i \sum_{j=0}^{m-1} \operatorname{sen} rx_j = e^{-ir\pi} \sum_{j=0}^{m-1} e^{irj\pi/m} = 0.$$

Isso implica que tanto a parte real quanto a imaginária são nulas, de modo que

$$\sum_{j=0}^{m-1} \cos rx_j = 0 \quad \text{e} \quad \sum_{j=0}^{m-1} \operatorname{sen} rx_j = 0.$$

Além disso, se r não for um múltiplo de m, essas somas implicam que

$$\sum_{j=0}^{2m-1} (\cos rx_j)^2 = \sum_{j=0}^{2m-1} \frac{1}{2}\left(1 + \cos 2rx_j\right) = \frac{1}{2}\left[2m + \sum_{j=0}^{2m-1} \cos 2rx_j\right] = \frac{1}{2}(2m + 0) = m$$

e, analogamente,

$$\sum_{j=0}^{2m-1} (\operatorname{sen} rx_j)^2 = \sum_{j=0}^{2m-1} \frac{1}{2}\left(1 - \cos 2rx_j\right) = m.$$

■

Podemos agora mostrar a ortogonalidade enunciada na Equação (8.24). Considere, por exemplo, o caso

$$\sum_{j=0}^{m-1} \phi_k(x_j)\phi_{n+l}(x_j) = \sum_{j=0}^{m-1} (\cos kx_j)(\operatorname{sen} lx_j).$$

Já que

$$\cos kx_j \operatorname{sen} lx_j = \frac{1}{2}[\operatorname{sen}(l+k)x_j + \operatorname{sen}(l-k)x_j]$$

e $(l + k)$ e $(l - k)$ são ambos números inteiros que não são múltiplos de $2m$, o Lema 8.12 implica que

$$\sum_{j=0}^{2m-1}(\cos kx_j)(\operatorname{sen} lx_j) = \frac{1}{2}\left[\sum_{j=0}^{2m-1}\operatorname{sen}(l+k)x_j + \sum_{j=0}^{2m-1}\operatorname{sen}(l-k)x_j\right] = \frac{1}{2}(0+0) = 0.$$

Essa técnica é utilizada para mostrar que a condição de ortogonalidade é satisfeita por qualquer par das funções e para produzir o seguinte resultado.

Teorema 8.13 As constantes na somatória

$$S_n(x) = \frac{a_0}{2} + a_n \cos nx + \sum_{k=1}^{n-1}(a_k \cos kx + b_k \operatorname{sen} kx)$$

que minimizam a soma dos mínimos quadrados

$$E(a_0, \ldots, a_n, b_1, \ldots, b_{n-1}) = \sum_{j=0}^{m-1}(y_j - S_n(x_j))^2$$

são

- $a_k = \dfrac{1}{m}\displaystyle\sum_{j=0}^{2m-1} y_j \cos kx_j,\quad$ para cada $k = 0, 1, \ldots, n,$

e

- $b_k = \dfrac{1}{m}\displaystyle\sum_{j=0}^{2m-1} y_j \operatorname{sen} kx_j,\quad$ para cada $k = 1, 2, \ldots, n-1.$ ∎

O teorema é demonstrado igualando as derivadas parciais de E com relação aos a_k e b_k a zero, conforme feito nas Seções 8.1 e 8.2 e aplicando a ortogonalidade para simplificar as equações. Por exemplo,

$$0 = \frac{\partial E}{\partial b_k} = 2\sum_{j=0}^{2m-1}[y_j - S_n(x_j)](-\operatorname{sen} kx_j),$$

de modo que

$$\begin{aligned}
0 &= \sum_{j=0}^{2m-1} y_j \operatorname{sen} kx_j - \sum_{j=0}^{2m-1} S_n(x_j)\operatorname{sen} kx_j \\
&= \sum_{j=0}^{2m-1} y_j \operatorname{sen} kx_j - \frac{a_0}{2}\sum_{j=0}^{2m-1}\operatorname{sen} kx_j - a_n\sum_{j=0}^{2m-1}\operatorname{sen} kx_j \cos nx_j \\
&\quad - \sum_{l=1}^{n-1} a_l \sum_{j=0}^{2m-1}\operatorname{sen} kx_j \cos lx_j - \sum_{\substack{l=1,\\ l\neq k}}^{n-1} b_l \sum_{j=0}^{2m-1}\operatorname{sen} kx_j \operatorname{sen} lx_j - b_k\sum_{j=0}^{2m-1}(\operatorname{sen} kx_j)^2.
\end{aligned}$$

A ortogonalidade implica que todas as somas no lado direito, exceto a primeira e a última, sejam zero e o Lema 8.12 determina a soma final em m. Por isso,

$$0 = \sum_{j=0}^{2m-1} y_j \operatorname{sen} kx_j - mb_k,$$

o que implica que

$$b_k = \frac{1}{m} \sum_{j=0}^{2m-1} y_j \operatorname{sen} kx_j.$$

O resultado para os a_k's é parecido, mas é necessário um passo adicional para a determinação de a_0 (veja o Exercício 19.)

EXEMPLO 2 Encontre $S_2(x)$, o polinômio trigonométrico por mínimos quadrados discreto de grau 2 para $f(x) = 2x^2 - 9$ quando x está em $[-\pi, \pi]$.

Solução Temos $m = 2(2) - 1 = 3$, modo que os nós são

$$x_j = \pi + \frac{j}{m}\pi \quad \text{e} \quad y_j = f(x_j) = 2x_j^2 - 9, \quad \text{para } j = 0, 1, 2, 3, 4, 5.$$

O polinômio trigonométrico é

$$S_2(x) = \frac{1}{2}a_0 + a_2 \cos 2x + (a_1 \cos x + b_1 \operatorname{sen} x),$$

em que

$$a_k = \frac{1}{3}\sum_{j=0}^{5} y_j \cos kx_j, \text{ para } k = 0, 1, 2, \quad \text{e} \quad b_1 = \frac{1}{3}\sum_{j=0}^{5} y_j \operatorname{sen} x_j.$$

Os coeficientes são

$$\begin{aligned}
a_0 &= \frac{1}{3}\left(f(-\pi) + f\left(-\frac{2\pi}{3}\right) + f\left(-\frac{\pi}{3}\right) + f(0) + f\left(\frac{\pi}{3}\right) + f\left(\frac{2\pi}{3}\right)\right) \\
&= -4{,}10944566, \\
a_1 &= \frac{1}{3}\left(f(-\pi)\cos(-\pi) + f\left(-\frac{2\pi}{3}\right)\cos\left(-\frac{2\pi}{3}\right) + f\left(-\frac{\pi}{3}\right)\cos\left(-\frac{\pi}{3}\right)\right. \\
&\quad \left. + f(0)\cos 0 + f\left(\frac{\pi}{3}\right)\cos\left(\frac{\pi}{3}\right) + f\left(\frac{2\pi}{3}\right)\cos\left(\frac{2\pi}{3}\right)\right) = -8{,}77298169, \\
a_2 &= \frac{1}{3}\left(f(-\pi)\cos(-2\pi) + f\left(-\frac{2\pi}{3}\right)\cos\left(-\frac{4\pi}{3}\right) + f\left(-\frac{\pi}{3}\right)\cos\left(-\frac{2\pi}{3}\right)\right. \\
&\quad \left. + f(0)\cos 0 + f\left(\frac{\pi}{3}\right)\cos\left(\frac{2\pi}{3}\right) + f\left(\frac{2\pi}{3}\right)\cos\left(\frac{4\pi}{3}\right)\right) = 2{,}92432723,
\end{aligned}$$

e

$$\begin{aligned}
b_1 &= \frac{1}{3}\left(f(-\pi)\operatorname{sen}(-\pi) + f\left(-\frac{2\pi}{3}\right)\operatorname{sen}\left(-\frac{\pi}{3}\right) + f\left(-\frac{\pi}{3}\right)\left(-\frac{\pi}{3}\right)\right. \\
&\quad \left. + f(0)\operatorname{sen} 0 + f\left(\frac{\pi}{3}\right)\left(\frac{\pi}{3}\right) + f\left(\frac{2\pi}{3}\right)\left(\frac{2\pi}{3}\right)\right) = 0.
\end{aligned}$$

Portanto,

$$S_2(x) = \frac{1}{2}(-4{,}10944562) - 8{,}77298169 \cos x + 2{,}92432723 \cos 2x.$$

A Figura 8.15 mostra $f(x)$ e o polinômio trigonométrico dos mínimos quadrados discreto $S_2(x)$. ■

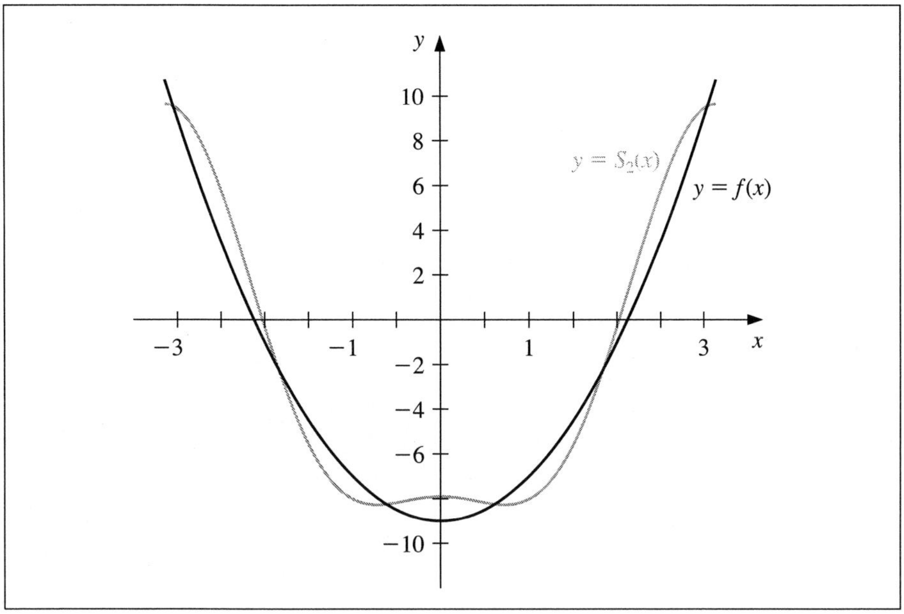

Figura 8.15

O próximo exemplo ilustra como encontrar uma aproximação de mínimos quadrados para uma função que seja definida em um intervalo fechado arbitrário $[-\pi, \pi]$.

EXEMPLO 3 Encontre a aproximação por mínimos quadrados discreto $S_3(x)$ para

$$f(x) = x^4 - 3x^3 + 2x^2 - \operatorname{tg} x(x - 2) \text{ em } [0,2]$$

usando os dados $\{(x_j, y_j)\}_{j=0}^{9}$, em que $x_j = j/5$ e $y_j = f(x_j)$.

Solução Precisamos primeiro da transformação linear de [0, 2] para $[-\pi, \pi]$ dada por

$$z_j = \pi(x_j - 1),$$

Então, os dados transformados são da forma

$$\left\{\left(z_j, f\left(1 + \frac{z_j}{\pi}\right)\right)\right\}_{j=0}^{9}.$$

O polinômio trigonométrico dos mínimos quadrados é, consequentemente,

$$S_3(z) = \left[\frac{a_0}{2} + a_3 \cos 3z + \sum_{k=1}^{2}(a_k \cos kz + b_k \operatorname{sen} kz)\right],$$

em que

$$a_k = \frac{1}{5}\sum_{j=0}^{9} f\left(1 + \frac{z_j}{\pi}\right) \cos kz_j, \quad \text{para } k = 0, 1, 2, 3,$$

e

$$b_k = \frac{1}{5}\sum_{j=0}^{9} f\left(1 + \frac{z_j}{\pi}\right) \operatorname{sen} kz_j, \quad \text{para } k = 1, 2.$$

Ao calcular essas somas, obtemos a aproximação

$$S_3(z) = 0{,}76201 + 0{,}77177 \cos z + 0{,}017423 \cos 2z + 0{,}0065673 \cos 3z \\ - 0{,}38676 \operatorname{sen} z + 0{,}047806 \operatorname{sen} 2z,$$

e convertemos de volta para a variável x temos

$$S_3(x) = 0{,}76201 + 0{,}77177 \cos \pi(x - 1) + 0{,}017423 \cos 2\pi(x - 1) \\ + 0{,}0065673 \cos 3\pi(x - 1) - 0{,}38676 \operatorname{sen} \pi(x - 1) + 0{,}047806 \operatorname{sen} 2\pi(x - 1).$$

A Tabela 8.12 lista os valores de $f(x)$ e $S_3(x)$. ■

Tabela 8.12

x	$f(x)$	$S_3(x)$	$\lvert f(x) - S_3(x)\rvert$
0,125	0,26440	0,24060	$2{,}38 \times 10^{-2}$
0,375	0,84081	0,85154	$1{,}07 \times 10^{-2}$
0,625	1,36150	1,36248	$9{,}74 \times 10^{-4}$
0,875	1,61282	1,60406	$8{,}75 \times 10^{-3}$
1,125	1,36672	1,37566	$8{,}94 \times 10^{-3}$
1,375	0,71697	0,71545	$1{,}52 \times 10^{-3}$
1,625	0,07909	0,06929	$9{,}80 \times 10^{-3}$
1,875	−0,14576	−0,12302	$2{,}27 \times 10^{-2}$

EXERCÍCIOS 8.5

1. Encontre o polinômio trigonométrico dos mínimos quadrados contínuo $S_2(x)$ para $f(x) = x^2$ em $[-\pi, \pi]$.
2. Encontre o polinômio trigonométrico dos mínimos quadrados contínuo $S_n(x)$ para $f(x) = x$ em $[-\pi, \pi]$.
3. Encontre o polinômio trigonométrico dos mínimos quadrados contínuo $S_3(x)$ para $f(x) = e^x$ em $[-\pi, \pi]$.
4. Encontre o polinômio trigonométrico dos mínimos quadrados contínuo geral $S_n(x)$ para $f(x) = e^x$ em $[-\pi, \pi]$.
5. Encontre o polinômio trigonométrico dos mínimos quadrados contínuo geral $S_n(x)$ para

$$f(x) = \begin{cases} 0, & \text{se } -\pi < x \le 0, \\ 1, & \text{se } 0 < x < \pi. \end{cases}$$

6. Encontre o polinômio trigonométrico dos mínimos quadrados contínuo geral $S_n(x)$ para

$$f(x) = \begin{cases} -1, & \text{se } -\pi < x < 0. \\ 1, & \text{se } 0 \le x \le \pi. \end{cases}$$

7. Determine o polinômio trigonométrico dos mínimos quadrados discreto $S_n(x)$ no intervalo $[-\pi, \pi]$ para as seguintes funções, utilizando os valores dados de m e n:

 a. $f(x) = \cos 2x, \quad m = 4, n = 2$ **b.** $f(x) = \cos 3x, \quad m = 4, n = 2$

 c. $f(x) = \operatorname{sen} \frac{x}{2} + 2 \cos \frac{x}{3}, \quad m = 6, n = 3$ **d.** $f(x) = x^2 \cos x, \quad m = 6, n = 3$

8. Calcule o erro $E(S_n)$ para cada uma das funções no Exercício 7.

9. Determine o polinômio trigonométrico dos mínimos quadrados discreto $S_3(x)$, utilizando $m = 4$, para $f(x) = e^x \cos 2x$ no intervalo $[-\pi, \pi]$. Calcule o erro $E(S_3)$.

10. Repita o Exercício 9 utilizando $m = 8$. Compare os valores dos polinômios de aproximação com os valores de f nos pontos $\xi_j = -\pi + 0{,}2j\pi$, para $0 \leq j \leq 10$. Qual aproximação é melhor?

11. Seja $f(x) = 2 \operatorname{tg} x - \sec 2x$, para $2 \leq x \leq 4$. Determine os polinômios trigonométricos dos mínimos quadrados discreto $S_n(x)$ utilizando os valores de n e m a seguir e calcule o erro em cada caso.

 a. $n = 3, m = 6$ **b.** $n = 4, m = 6$

12. **a.** Determine o polinômio dos mínimos quadrados discreto, $S_4(x)$, utilizando $m = 16$, para $f(x) = x^2 \operatorname{sen} x$ no intervalo $[0, 1]$.

 b. Calcule $\int_0^1 S_4(x)dx$.

 c. Compare a integral na parte (b) com $\int_0^1 x^2 \operatorname{sen} x\, dx$.

EXERCÍCIOS APLICADOS

13. A tabela lista o Dow Jones Industrial Averages (DJIA) (Média Industrial Dow Jones) de fechamento no primeiro dia no qual o mercado está aberto nos meses de março de 2013 a junho de 2014.

Elemento	Mês	Ano	DJIA
0	Março	2013	14090
1	Abril	2013	14573
2	Maio	2013	14701
3	Junho	2013	15254
4	Julho	2013	14975
5	Agosto	2013	15628
6	Setembro	2013	14834
7	Outubro	2013	15193
8	Novembro	2013	15616
9	Dezembro	2013	16009
10	Janeiro	2014	16441
11	Fevereiro	2014	15373
12	Março	2014	16168
13	Abril	2014	16533
14	Maio	2014	16559
15	Junho	2014	16744

 a. Construa o polinômio trigonométrico por mínimos quadrado discreto, de grau 4, para os dados acima.

 b. Aproxime as médias de fechamento em 8 de abril de 2013 e 8 de abril de 2014, usando o polinômio construído na parte (a).

c. Os fechamentos nos dias dados na parte (b) foram 14 613 e 16 256. Em geral, quão bem você acha que este polinômio pode prever as médias de fechamento?

d. Aproxime o fechamento em 17 de junho de 2014. O valor real de fechamento foi 16 808. Esta previsão foi de alguma valia?

14. A temperatura $u(x, t)$ em uma barra de prata de comprimento $L = 10\text{cm}$, densidade $\rho = 10{,}6\dfrac{\text{gm}}{\text{cm}^3}$, condutividade térmica $K = 1{,}04\dfrac{\text{cal}}{\text{cm} * \text{deg} * \text{s}}$, e calor específico $\sigma = 0{,}056\dfrac{\text{cal}}{\text{gm} * \text{deg}}$ que está isolada lateralmente e cujas extremidades são mantidas a 0 ° C é governada pela equação do calor

$$\frac{\partial}{\partial t}u(x,t) = \beta\frac{\partial^2}{\partial x^2}u(x,t), \quad 0 < x < L, \quad 0 < t$$

com condições de contorno $u(0, t) = 0$ e $u(L, t) = 0$ e condição inicial $u(x, 0) = f(x) = 10x - x^2$. A solução do problema é dada por

$$u(x,t) = \sum_{n=1}^{\infty} a_n \exp\left(-\frac{\beta^2 n^2 \pi^2}{L^2}t\right)\text{sen}\left(\frac{n\pi}{L}x\right)$$

em que $\beta = \frac{K}{\rho\sigma}$ e os coeficientes são os da série de Fourier em senos, $\sum_{n=1}^{\infty} a_n \,\text{sen}\left(\frac{n\pi}{L}x\right)$, do $f(x)$ onde $a_n = \frac{2}{L}\int_0^L f(x)\,\text{sen}\left(\frac{n\pi}{L}x\right)dx$.

a. Encontre os primeiros quatro termos não nulos da série de Fourier em senos de $f(x) = 10x - x^2$.

b. Compare $f(x)$ aos primeiros quatro termos de $a_1\,\text{sen}\left(\frac{\pi x}{10}\right) + a_2\,\text{sen}\left(2\frac{\pi x}{10}\right) + a_3\,\text{sen}\left(3\frac{\pi x}{10}\right) + a_4\,\text{sen}\left(4\frac{\pi x}{10}\right) + \cdots$ para $x = 3, 6, 9$.

c. Encontre os primeiros quatro termos não nulos de $u(x, t)$.

d. Aproxime $u(9, 0{,}5)$, $u(6, 0{,}75)$, $u(3, 1)$ usando a parte (c).

EXERCÍCIOS TEÓRICOS

15. Mostre que, para qualquer função f ímpar contínua definida no intervalo $[-a, a]$, obtemos

$$\int_{-a}^{a} f(x)\,dx = 0.$$

16. Mostre que, para qualquer função f par contínua definida no intervalo $[-a, a]$, obtemos

$$\int_{-a}^{a} f(x)\,dx = 2\int_{0}^{a} f(x)\,dx.$$

17. Mostre que as funções $\phi_0(x) = 1/2$, $\phi_1(x) = \cos x, \ldots, \phi_n(x) = \cos nx$, $\phi_{n+1}(x) = \text{sen}\, x, \ldots, \phi_{2n-1}(x) = \text{sen}(n-1)x$, são ortogonais em $[-\pi, \pi]$ com relação a $w(x) \equiv 1$.

18. No Exemplo 1, foi determinada a série de Fourier para $f(x) = |x|$. Utilize essa série e a hipótese de que ela represente f no zero para encontrar o valor da série infinita convergente $\sum_{k=0}^{\infty}(1/(2k+1)^2)$.

19. Mostre que a forma das constantes a_k para $k = 0, \ldots, n$ no enunciado do Teorema 8.13 está correta.

QUESTÕES PARA DISCUSSÃO

1. Os problemas de processamento de sinal à vezes envolvem a aproximação de uma função, conhecida apenas em alguns pontos medidos, por um polinômio trigonométrico. Uma técnica chamada de "sliding window scheme" (esquema de janelas deslizantes) pode ser usada nesta aproximação. Discuta o que isso significa.
2. Discuta o uso da série de Fourier na solução de equações diferenciais parciais.
3. Sob quais condições uma série de Fourier converge para a função que ela representa?

8.6 Transformadas rápidas de Fourier

Na segunda metade da Seção 8.5, determinamos a forma do polinômio dos mínimos quadrados discreto de grau n nos $2m - 1$ pontos dados $\{(x_j, y_j)\}_{j=0}^{2m-1}$, em que $x_j = -\pi + (j/m)\pi$, para cada $j = 0, 1, \ldots, 2m - 1$.

O polinômio trigonométrico *interpolador* em $\mathcal{T}_m$ por esses $2m$ pontos dados é quase o mesmo que o polinômio dos mínimos quadrados. Isso ocorre porque o polinômio trigonométrico dos mínimos quadrados minimiza o termo de erro

$$E(S_m) = \sum_{j=0}^{m-1} (y_j - S_m(x_j))^2,$$

e para o polinômio interpolador trigonométrico esse erro é 0, desse modo minimizado, quando $S_m(x_j) = y_j$, para cada $j = 0, 1, \ldots, 2m - 1$.

Entretanto, uma modificação é necessária para a forma do polinômio se desejarmos que os coeficientes assumam a mesma forma que no caso dos mínimos quadrados. No Lema 8.2, vimos que, se r não for múltiplo de m, então

$$\sum_{j=0}^{m-1} (\cos rx_j)^2 = m.$$

A interpolação requer que se calcule em vez disso

$$\sum_{j=0}^{m-1} (\cos mx_j)^2,$$

que (veja o Exercício 10) tem o valor $2m$. Isso requer que o polinômio interpolador seja escrito como

$$S_m(x) = \frac{a_0 + a_m \cos mx}{2} + \sum_{k=1}^{m-1} (a_k \cos kx + b_k \operatorname{sen} kx) \tag{8.26}$$

se quisermos que a forma das constantes a_k e b_k coincidam com aquelas do polinômio dos mínimos quadrados discreto; ou seja, em que

- $a_k = \dfrac{1}{m} \displaystyle\sum_{j=0}^{2m-1} y_j \cos kx_j$, para cada $k = 0, 1, \ldots, m$, e

- $b_k = \dfrac{1}{m} \displaystyle\sum_{j=0}^{2m-1} y_j \operatorname{sen} kx_j$ para cada $k = 1, 2, \ldots, m - 1$.

A interpolação de grandes quantidades de dados igualmente espaçados por polinômios trigonométricos pode produzir resultados bastante precisos. Ela representa uma técnica de aproximação apropriada para áreas que envolvam filtros digitais, padrões de campo de antena, mecânica quântica, ótica e diversos problemas de simulação. No entanto, até a metade da década de 1960, o método não havia sido amplamente aplicado em razão do número de cálculos aritméticos necessários para determinar as constantes na aproximação.

A interpolação de $2m$ pontos dados por técnicas de cálculo direto requer aproximadamente $(2m)^2$ multiplicações e $(2m)^2$ adições. A aproximação de muitos milhares de dados não é incomum em áreas que exigem a interpolação trigonométrica, de modo que os métodos diretos para calcular as constantes exigem um número de operações de multiplicação e adição na casa dos milhões. O erro de arredondamento associado a esse número de cálculos geralmente domina a aproximação.

Em 1965, um artigo publicado por J.W. Cooley e J.W. Tukey na revista *Mathematics of Computation* [CT] descreveu um método diferente para calcular as constantes do polinômio trigonométrico interpolador. Este método requer somente $O(m \log_2 m)$ multiplicações e $O(m \log_2 m)$ adições, contanto que m seja escolhido da maneira adequada. Para um problema com milhares de pontos dados, isso reduz o número de cálculos de milhões para milhares. O método foi descoberto, na realidade, alguns anos antes da publicação do artigo de Cooley-Tukey, mas passou despercebido. ([Bright], p. 8-9 contém um curto, porém interessante, resumo histórico do método.)

O método descrito por Cooley e Tukey é conhecido tanto por **algoritmo de Cooley-Tukey** quanto por **algoritmo da transformada rápida de Fourier (FFT)** e levou a uma revolução no uso de polinômios trigonométricos interpoladores. O método consiste em organizar o problema de modo que o número de dados utilizados possa ser facilmente fatorado, particularmente em potências de dois.

Em vez de calcular diretamente as constantes a_k e b_k, o procedimento da transformada rápida de Fourier calcula os coeficientes complexos c_k em

$$\frac{1}{m}\sum_{k=0}^{2m-1} c_k e^{ikx}, \tag{8.27}$$

em que

$$c_k = \sum_{j=0}^{2m-1} y_j e^{ik\pi j/m}, \qquad \text{para cada } k = 0, 1, \ldots, 2m-1. \tag{8.28}$$

Uma vez que as constantes c_k tenham sido determinadas, a_k e b_k podem ser recuperadas, utilizando a *Fórmula de Euler*,

$$e^{iz} = \cos z + i \operatorname{sen} z.$$

Leonhard Euler apresentou esta fórmula inicialmente em 1748 no *Introductio in analysin infinitorum*, que tornava mais precisas as ideias de Johann Bernoulli. Esse trabalho fundamenta o cálculo na teoria elementar das funções, em vez das curvas.

Para cada $k = 0, 1, \ldots, m$, temos

$$\begin{aligned}\frac{1}{m}c_k(-1)^k = \frac{1}{m}c_k e^{-i\pi k} &= \frac{1}{m}\sum_{j=0}^{2m-1} y_j e^{ik\pi j/m} e^{-i\pi k} = \frac{1}{m}\sum_{j=0}^{2m-1} y_j e^{ik(-\pi+(\pi j/m))}\\ &= \frac{1}{m}\sum_{j=0}^{2m-1} y_j\left(\cos k\left(-\pi+\frac{\pi j}{m}\right) + i \operatorname{sen} k\left(-\pi+\frac{\pi j}{m}\right)\right)\\ &= \frac{1}{m}\sum_{j=0}^{2m-1} y_j(\cos kx_j + i \operatorname{sen} kx_j).\end{aligned}$$

Assim, dado c_k, temos

$$a_k + ib_k = \frac{(-1)^k}{m}c_k. \tag{8.29}$$

Por conveniência de notação, b_0 e b_m são adicionados ao conjunto, porém ambos são 0 e não contribuem para a soma resultante.

A característica de redução no número de operações na transformada rápida de Fourier resulta dos cálculos dos coeficientes c_k em agrupamentos e utiliza como relação básica o fato de que, para qualquer inteiro n,

$$e^{n\pi i} = \cos n\pi + i \operatorname{sen} n\pi = (-1)^n.$$

Suponha que $m = 2^p$ para algum inteiro positivo p. Para cada $k = 0, 1, \ldots, m - 1$, temos

$$c_k + c_{m+k} = \sum_{j=0}^{2m-1} y_j e^{ik\pi j/m} + \sum_{j=0}^{2m-1} y_j e^{i(m+k)\pi j/m} = \sum_{j=0}^{2m-1} y_j e^{ik\pi j/m}(1 + e^{\pi ij}).$$

Porém,

$$1 + e^{i\pi j} = \begin{cases} 2, & \text{se } j \text{ for par,} \\ 0, & \text{se } j \text{ for ímpar,} \end{cases}$$

portanto, existem apenas m termos diferentes de zero a serem somados.

Se j for substituído por $2j$ no índice da somatória, podemos escrevê-la como

$$c_k + c_{m+k} = 2\sum_{j=0}^{m-1} y_{2j} e^{ik\pi(2j)/m},$$

ou seja,

$$c_k + c_{m+k} = 2\sum_{j=0}^{m-1} y_{2j} e^{ik\pi j/(m/2)}. \tag{8.30}$$

De maneira análoga,

$$c_k - c_{m+k} = 2e^{ik\pi/m}\sum_{j=0}^{m-1} y_{2j+1} e^{ik\pi j(m/2)}. \tag{8.31}$$

Já que c_k e c_{m+k} podem ambos ser recuperados das Equações (8.30) e (8.31), estas relações determinam todos os coeficientes c_k. Observe também que as somas nas Equações (8.30) e (8.31) têm a mesma forma que na Equação (8.28), exceto pelo fato de o índice m ter sido substituído por $m/2$.

Existem $2m$ coeficientes $c_0, c_1, \ldots, c_{2m-1}$ a serem calculados. A utilização da fórmula básica (8.28) requer $2m$ multiplicações complexas por coeficiente, para um total de $(2m)^2$ operações. A Equação (8.30) requer m multiplicações complexas para cada $k = 0, 1, \ldots, m - 1$, e a Equação (8.31) requer $m + 1$ multiplicações complexas para cada $k = 0, 1, \ldots, m - 1$. A utilização dessas equações para calcular $c_0, c_1, \ldots, c_{2m-1}$ reduz o número de multiplicações complexas de $(2m)^2 = 4m^2$ para

$$m \cdot m + m(m + 1) = 2m^2 + m.$$

Já que as somas nas Equações (8.30) e (8.31) têm a mesma forma que a original e m é uma potência de 2, a técnica da redução pode ser reaplicada às somas nas Equações (8.30) e (8.31). Cada uma delas é substituída pelas duas somas de $j - 0$ para $j - (m/2) - 1$. Isso reduz as $2m^2$ partes da soma para

$$2\left[\frac{m}{2} \cdot \frac{m}{2} + \frac{m}{2} \cdot \left(\frac{m}{2} + 1\right)\right] = m^2 + m.$$

Portanto, um total de

$$(m^2 + m) + m = m^2 + 2m$$

multiplicações complexas são necessárias agora em vez de $(2m)^2$.

A aplicação dessa técnica mais uma vez fornece quatro somas, cada qual com $m/4$ termos e reduz as m^2 partes desse total para

$$4\left[\left(\frac{m}{4}\right)^2 + \frac{m}{4}\left(\frac{m}{4} + 1\right)\right] = \frac{m^2}{2} + m,$$

para um novo total de $(m^2/2) + 3m$ multiplicações complexas. A repetição desse processo r vezes reduz o número total de multiplicações complexas para

$$\frac{m^2}{2^{r-2}} + mr.$$

O processo está completo quando $r = p + 1$, visto que teremos então $m = 2^p$ e $2m = 2^{p+1}$. Como consequência, após $r = p + 1$ reduções desse tipo, o número de multiplicações complexas é reduzido de $(2m)^2$ para

$$\frac{(2^p)^2}{2^{p-1}} + m(p+1) = 2m + pm + m = 3m + m\log_2 m = O(m \log_2 m).$$

Pelo modo como os cálculos são organizados, o número de adições complexas necessárias é comparável.

Para ilustrar o significado dessa redução, suponha que tenhamos $m = 2^{10} = 1024$. O cálculo direto de c_k, para $k = 0,1, \ldots, 2m - 1$, exigiria

$$(2m)^2 = (2048)^2 \approx 4.200.000$$

cálculos. O procedimento da transformada rápida de Fourier reduz o número de cálculos para

$$3(1024) + 1024 \log_2 1024 \approx 13.300.$$

Ilustração Considere a técnica da transformada rápida de Fourier aplicada a $8 = 2^3$ pontos dados, $\{(x_j, y_j)\}_{j=0}^{7}$ em que $x_j = -\pi + j\pi/4$ para cada $j = 0, 1, \ldots, 7$. Nesse caso, $2m = 8$, portanto $m = 4 = 2^2$ e $p = 2$.

A partir da Equação (8.26) temos

$$S_4(x) = \frac{a_0 + a_4 \cos 4x}{2} + \sum_{k=1}^{3}(a_k \cos kx + b_k \operatorname{sen} kx),$$

em que

$$a_k = \frac{1}{4}\sum_{j=0}^{7} y_j \cos kx_j \quad \text{e} \quad b_k = \frac{1}{4}\sum_{j=0}^{7} y_j \operatorname{sen} kx_j, \quad k = 0, 1, 2, 3, 4.$$

Defina a transformada de Fourier por

$$\frac{1}{4}\sum_{j=0}^{7} c_k e^{ikx},$$

em que

$$c_k = \sum_{j=0}^{7} y_j e^{ik\pi j/4}, \qquad \text{para } k = 0, 1, \ldots, 7.$$

Então, pela Equação (8.31), para $k = 0, 1, 2, 3, 4$, temos

$$\frac{1}{4} c_k e^{-ik\pi} = a_k + ib_k.$$

Pelo cálculo direto, as constantes complexas c_k são dadas por

$$c_0 = y_0 + y_1 + y_2 + y_3 + y_4 + y_5 + y_6 + y_7;$$

$$c_1 = y_0 + \left(\frac{i+1}{\sqrt{2}}\right) y_1 + iy_2 + \left(\frac{i-1}{\sqrt{2}}\right) y_3 - y_4 - \left(\frac{i+1}{\sqrt{2}}\right) y_5 - iy_6 - \left(\frac{i-1}{\sqrt{2}}\right) y_7;$$

$$c_2 = y_0 + iy_1 - y_2 - iy_3 + y_4 + iy_5 - y_6 - iy_7;$$

$$c_3 = y_0 + \left(\frac{i-1}{\sqrt{2}}\right) y_1 - iy_2 + \left(\frac{i+1}{\sqrt{2}}\right) y_3 - y_4 - \left(\frac{i-1}{\sqrt{2}}\right) y_5 + iy_6 - \left(\frac{i+1}{\sqrt{2}}\right) y_7;$$

$$c_4 = y_0 - y_1 + y_2 - y_3 + y_4 - y_5 + y_6 - y_7;$$

$$c_5 = y_0 - \left(\frac{i+1}{\sqrt{2}}\right) y_1 + iy_2 - \left(\frac{i-1}{\sqrt{2}}\right) y_3 - y_4 + \left(\frac{i+1}{\sqrt{2}}\right) y_5 - iy_6 + \left(\frac{i-1}{\sqrt{2}}\right) y_7;$$

$$c_6 = y_0 - iy_1 - y_2 + iy_3 + y_4 - iy_5 - y_6 + iy_7;$$

$$c_7 = y_0 - \left(\frac{i-1}{\sqrt{2}}\right) y_1 - iy_2 - \left(\frac{i+1}{\sqrt{2}}\right) y_3 - y_4 + \left(\frac{i-1}{\sqrt{2}}\right) y_5 + iy_6 + \left(\frac{i+1}{\sqrt{2}}\right) y_7.$$

Por causa do pequeno tamanho da coleção de dados, muitos dos coeficientes de y_j nessas equações são 1 ou -1. Essa frequência diminuirá em uma aplicação maior, de modo que para calcular as operações computacionais precisamente, será incluída a multiplicação por 1 ou -1, embora isso não fosse necessário neste exemplo. Com esse entendimento, 64 multiplicações/divisões e 56 adições/subtrações são necessárias para o cálculo direto de $c_0, c_1, \ldots, c_7$.

Para aplicar o procedimento da transformada rápida de Fourier com $r = 1$, primeiramente definimos

$$d_0 = \frac{c_0 + c_4}{2} = y_0 + y_2 + y_4 + y_6; \qquad d_4 = \frac{c_2 + c_6}{2} = y_0 - y_2 + y_4 - y_6;$$

$$d_1 = \frac{c_0 - c_4}{2} = y_1 + y_3 + y_5 + y_7; \qquad d_5 = \frac{c_2 - c_6}{2} = i(y_1 - y_3 + y_5 - y_7);$$

$$d_2 = \frac{c_1 + c_5}{2} = y_0 + iy_2 - y_4 - iy_6; \qquad d_6 = \frac{c_3 + c_7}{2} = y_0 - iy_2 - y_4 + iy_6;$$

$$d_3 = \frac{c_1 - c_5}{2} \qquad\qquad d_7 = \frac{c_3 - c_7}{2}$$

$$= \left(\frac{i+1}{\sqrt{2}}\right)(y_1 + iy_3 - y_5 - iy_7); \qquad = \left(\frac{i-1}{\sqrt{2}}\right)(y_1 - iy_3 - y_5 + iy_7).$$

Definimos então, para $r = 2$,

$$e_0 = \frac{d_0 + d_4}{2} = y_0 + y_4; \qquad e_4 = \frac{d_2 + d_6}{2} = y_0 - y_4;$$

$$e_1 = \frac{d_0 - d_4}{2} = y_2 + y_6; \qquad e_5 = \frac{d_2 - d_6}{2} = i(y_2 - y_6);$$

$$e_2 = \frac{id_1 + d_5}{2} = i(y_1 + y_5); \qquad e_6 = \frac{id_3 + d_7}{2} = \left(\frac{i-1}{\sqrt{2}}\right)(y_1 - y_5);$$

$$e_3 = \frac{id_1 - d_5}{2} = i(y_3 + y_7); \qquad e_7 = \frac{id_3 - d_7}{2} = i\left(\frac{i-1}{\sqrt{2}}\right)(y_3 - y_7).$$

Por fim, para $r = p + 1 = 3$, definimos

$$f_0 = \frac{e_0 + e_4}{2} = y_0; \qquad f_4 = \frac{((i+1)/\sqrt{2})e_2 + e_6}{2} = \left(\frac{i-1}{\sqrt{2}}\right) y_1;$$

$$f_1 = \frac{e_0 - e_4}{2} = y_4; \qquad f_5 = \frac{((i+1)/\sqrt{2})e_2 - e_6}{2} = \left(\frac{i-1}{\sqrt{2}}\right) y_5;$$

$$f_2 = \frac{ie_1 + e_5}{2} = iy_2; \qquad f_6 = \frac{((i-1)/\sqrt{2})e_3 + e_7}{2} = \left(\frac{-i-1}{\sqrt{2}}\right) y_3;$$

$$f_3 = \frac{ie_1 - e_5}{2} = iy_6; \qquad f_7 = \frac{((i-1)/\sqrt{2})e_3 - e_7}{2} = \left(\frac{-i-1}{\sqrt{2}}\right) y_7.$$

Os $c_0, \ldots, c_7, d_0, \ldots, d_7, e_0, \ldots, e_7$ e $f_0, \ldots, f_7$ são independentes dos pontos particulares dados; eles dependem somente do fato de que $m = 4$. Para cada m existe um único conjunto de constantes $\{c_k\}_{k=0}^{2m-1}$, $\{d_k\}_{k=0}^{2m-1}$, $\{e_k\}_{k=0}^{2m-1}$ e $\{f_k\}_{k=0}^{2m-1}$. Essa parte do trabalho não é necessária para uma aplicação particular. Somente os cálculos a seguir são necessários:

Os f_k:

$$f_0 = y_0; \quad f_1 = y_4; \quad f_2 = iy_2; \quad f_3 = iy_6;$$

$$f_4 = \left(\frac{i-1}{\sqrt{2}}\right) y_1; \quad f_5 = \left(\frac{i-1}{\sqrt{2}}\right) y_5; \quad f_6 = -\left(\frac{i+1}{\sqrt{2}}\right) y_3; \quad f_7 = -\left(\frac{i+1}{\sqrt{2}}\right) y_7.$$

Os e_k:

$$e_0 = f_0 + f_1; \quad e_1 = -i(f_2 + f_3); \quad e_2 = -\left(\frac{i-1}{\sqrt{2}}\right)(f_4 + f_5);$$

$$e_3 = -\left(\frac{i+1}{\sqrt{2}}\right)(f_6 + f_7);$$

$$e_4 = f_0 - f_1; \quad e_5 = f_2 - f_3; \quad e_6 = f_4 - f_5; \quad e_7 = f_6 - f_7.$$

Os d_k:

$$d_0 = e_0 + e_1; \quad d_1 = -i(e_2 + e_3); \quad d_2 = e_4 + e_5; \quad d_3 = -i(e_6 + e_7);$$

$$d_4 = e_0 - e_1; \quad d_5 = e_2 - e_3; \quad d_6 = e_4 - e_5; \quad d_7 = e_6 - e_7.$$

Os c_k:

$$c_0 = d_0 + d_1; \quad c_1 = d_2 + d_3; \quad c_2 = d_4 + d_5; \quad c_3 = d_6 + d_7;$$
$$c_4 = d_0 - d_1; \quad c_5 = d_2 - d_3; \quad c_6 = d_4 - d_5; \quad c_7 = d_6 - d_7.$$

O cálculo das constantes $c_0, c_1, \ldots, c_7$ dessa maneira requer o número de operações mostrado na Tabela 8.13. Observe novamente que a multiplicação por 1 ou -1 foi incluída na contagem, embora esta não exija esforço computacional.

Tabela 8.13

Passo	Multiplicações/divisões	Adições/subtrações
(Os f_k:)	8	0
(Os e_k:)	8	8
(Os d_k:)	8	8
(Os c_k:)	0	8
Total	24	24

A falta de multiplicações/divisões ao determinar os c_k reflete o fato de que, para qualquer m, os coeficientes $\{c_k\}_{k=0}^{2m-1}$ são calculados a partir de $\{d_k\}_{k=0}^{2m-1}$ da mesma maneira:

$$c_k = d_{2k} + d_{2k+1} \quad \text{e} \quad c_{k+m} = d_{2k} - d_{2k+1}, \quad \text{para } k = 0, 1, \ldots, m-1,$$

de modo que nenhuma multiplicação complexa está envolvida.

Em resumo, o cálculo direto dos coeficientes $c_0, c_1, \ldots, c_7$ requer 64 multiplicações/divisões e 56 adições/subtrações. A técnica da transformada rápida de Fourier reduz os cálculos para 24 multiplicações/divisões e 24 adições/subtrações. ∎

O Algoritmo 8.3 realiza a transformada rápida de Fourier quando $m = 2^p$ para algum inteiro positivo p. Podem-se fazer modificações nesta técnica quando m toma outras formas.

ALGORITMO 8.3 **Transformada rápida de Fourier**

Para calcular os coeficientes na soma

$$\frac{1}{m}\sum_{k=0}^{2m-1} c_k e^{ikx} = \frac{1}{m}\sum_{k=0}^{2m-1} c_k(\cos kx + i \operatorname{sen} kx), \quad \text{onde } i = \sqrt{-1},$$

para os dados $\{(x_j, y_j)\}_{k=0}^{2m-1}$ em que $m = 2^p$ e $x_j = -\pi + j\pi/m$ para $j = 0, 1, \ldots, 2m-1$:

ENTRADA $m, p; y_0, y_1, \ldots, y_{2m-1}$.

SAÍDA números complexos $c_0, \ldots, c_{2m-1}$; números reais $a_0, \ldots, a_m$; $b_1, \ldots, b_{m-1}$.

Passo 1 Faça $M = m$;
$q = p$;
$\zeta = e^{\pi i/m}$.

Passo 2 Para $j = 0, 1, \ldots, 2m-1$, faça $c_j = y_j$.

Passo 3 Para $j = 1, 2, \ldots, M$, faça $\xi_j = \zeta^j$;
$\xi_{j+M} = -\xi_j$.

Passo 4 Faça $K = 0$;
$\xi_0 = 1$.

Passo 5 Para $L = 1, 2, \ldots, p + 1$, execute Passos 6 a 12.

Passo 6 Enquanto $K < 2m - 1$, execute Passos 7 a 11.

Passo 7 Para $j = 1, 2, \ldots, M$, execute Passos 8 a 10.

Passo 8 Seja $K = k_p \cdot 2^p + k_{p-1} \cdot 2^{p-1} + \cdots + k_1 \cdot 2 + k_0$;
(*Decompõe k.*)
faça $K_1 = K/2^q = k_p \cdot 2^{p-q} + \cdots + k_{q+1} \cdot 2 + k_q$;
$K_2 = k_q \cdot 2^p + k_{q+1} \cdot 2^{p-1} + \cdots + k_p \cdot 2^q$.

Passo 9 Faça $\eta = c_{K+M}\xi_{K_2}$;
$c_{K+M} = c_K - \eta$;
$c_K = c_K + \eta$.

Passo 10 Faça $K = K + 1$.

Passo 11 Faça $K = K + M$.

Passo 12 Faça $K = 0$;
$M = M/2$;
$q = q - 1$.

Passo 13 Enquanto $K < 2m - 1$, execute Passos 14 a 16.

Passo 14 Seja $K = k_p \cdot 2^p + k_{p-1} \cdot 2^{p-1} + \cdots + k_1 \cdot 2 + k_0$; (*Decompõe k.*)
faça $j = k_0 \cdot 2^p + k_1 \cdot 2^{p-1} + \cdots + k_{p-1} \cdot 2 + k_p$.

Passo 15 Se $j > K$, então troque c_j e c_k.

Passo 16 Faça $K = K + 1$.

Passo 17 Faça $a_0 = c_0/m$;
$a_m = \text{Re}(e^{-i\pi m}c_m/m)$.

Passo 18 Para $j = 1, \ldots, m - 1$, faça $a_j = \text{Re}(e^{-i\pi j}c_j/m)$;
$b_j = \text{Im}(e^{-i\pi j}c_j/m)$.

Passo 19 SAÍDA $(c_0, \ldots, c_{2m-1}; a_0, \ldots, a_m; b_1, \ldots, b_{m-1})$;
PARE. ■

EXEMPLO 1 Encontre o polinômio interpolador trigonométrico de grau 2 em $[-\pi,\pi]$ para os dados $\{(x_j, f(x_j))\}_{j=0}^{3}$ em que $f(x) = 2x^2 - 9$.

Solução Temos

$$a_k = \frac{1}{2}\sum_{j=0}^{3} f(x_j)\cos(kx_j) \quad \text{para } k = 0, 1, 2 \quad \text{e} \quad b_1 = \frac{1}{2}\sum_{j=0}^{3} f(x_j)\,\text{sen}(x_j), \text{assim,}$$

$$a_0 = \frac{1}{2}\left(f(-\pi) + f\left(-\frac{\pi}{2}\right) + f(0) + f\left(\frac{\pi}{2}\right)\right) = -3{,}19559339,$$

$$a_1 = \frac{1}{2}\left(f(-\pi)\cos(-\pi) + f\left(-\frac{\pi}{2}\right)\cos\left(-\frac{\pi}{2}\right) + f(0)\cos 0 + f\left(\frac{\pi}{2}\right)\cos\left(\frac{\pi}{2}\right)\right)$$

$$= -9{,}86960441,$$

$$a_2 = \frac{1}{2}\left(f(-\pi)\cos(-2\pi) + f\left(-\frac{\pi}{2}\right)\cos(-\pi) + f(0)\cos 0 + f\left(\frac{\pi}{2}\right)\cos(\pi)\right)$$

$$= 4{,}93480220,$$

e

$$b_1 = \frac{1}{2}\left(f(-\pi)\,\text{sen}(-\pi) + f\left(-\frac{\pi}{2}\right)\text{sen}\left(-\frac{\pi}{2}\right) + f(0)\,\text{sen}\,0 + f\left(\frac{\pi}{2}\right)\text{sen}\left(\frac{\pi}{2}\right)\right) = 0.$$

Portanto,

$$S_2(x) = \frac{1}{2}\,(-3{,}19559339 + 4{,}93480220\cos 2x) - 9{,}86960441\cos x.$$

A Figura 8.16 mostra $f(x)$ e o polinômio trigonométrico interpolador $S_2(x)$. ■

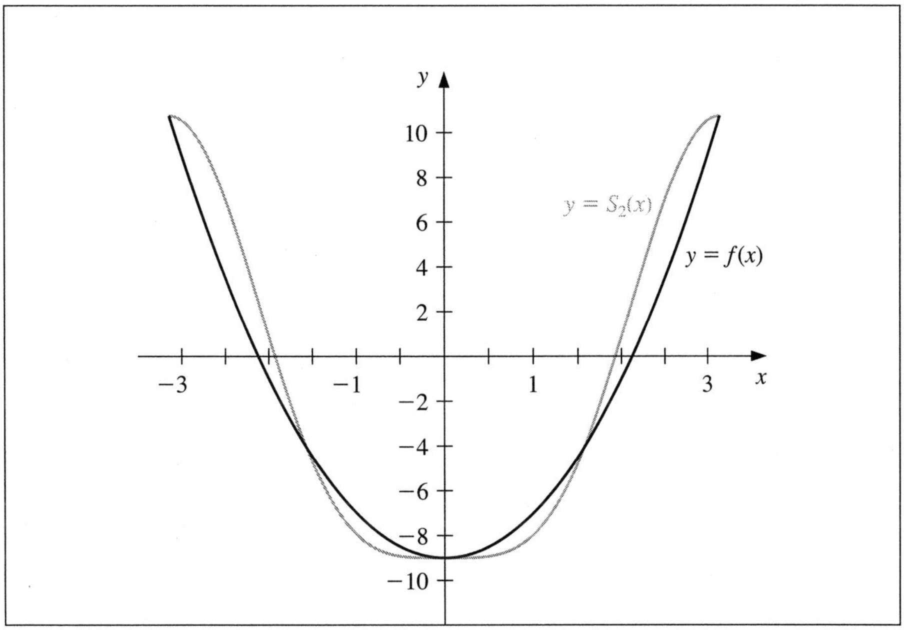

Figura 8.16

O próximo exemplo ilustra como encontrar um polinômio trigonométrico interpolador para uma função definida em um intervalo fechado arbitrário diferente de $[-\pi,\pi]$.

EXEMPLO 2 Determine o polinômio interpolador trigonométrico de grau 4 em [0, 2] para os dados $\{(j/4, f(j/4))\}_{j=0}^{7}$, em que $f(x) = x^4 - 3x^3 + 2x^2 - \text{tg}\,x\,(x-2)$.

Solução Precisamos primeiro transformar o intervalo [0, 2] em $[-\pi, \pi]$. Isso é dado por

$$z_j = \pi(x_j - 1),$$

de modo que os dados de entrada para o Algoritmo 8.3 são

$$\left\{z_j, f\left(1 + \frac{z_j}{\pi}\right)\right\}_{j=0}^{7}.$$

O polinômio interpolador em z é

$$S_4(z) = 0{,}761979 + 0{,}771841 \cos z + 0{,}0173037 \cos 2z + 0{,}00686304 \cos 3z.$$
$$- 0{,}000578545 \cos 4z - 0{,}386374 \operatorname{sen} z + 0{,}0468750 \operatorname{sen} 2z - 0{,}0113738 \operatorname{sen} 3z.$$

O polinômio trigonométrico $S_4(x)$ em $[0, 2]$ é obtido por meio da substituição $z = \pi(x - 1)$ em $S_4(z)$. Os gráficos de $y = f(x)$ e $y = S_4(x)$ são mostrados na Figura 8.17. Valores de $f(x)$ e $S_4(x)$ são dados na Tabela 8.14. ■

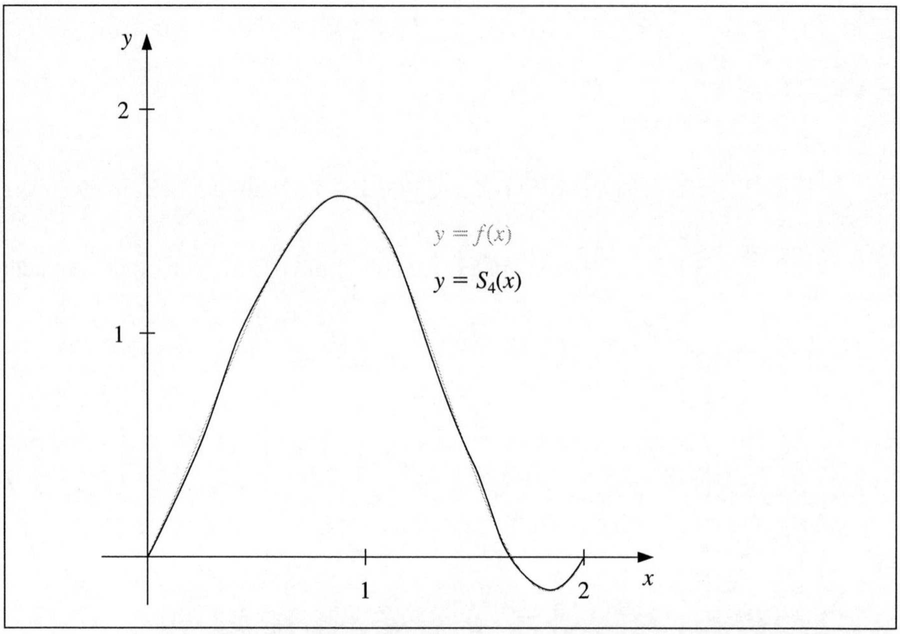

Figura 8.17

Tabela 8.14

x	$f(x)$	$S_4(x)$	$\lvert f(x) - S_4(x)\rvert$
0,125	0,26440	0,25001	$1{,}44 \times 10^{-2}$
0,375	0,84081	0,84647	$5{,}66 \times 10^{-3}$
0,625	1,36150	1,35824	$3{,}27 \times 10^{-3}$
0,875	1,61282	1,61515	$2{,}33 \times 10^{-3}$
1,125	1,36672	1,36471	$2{,}02 \times 10^{-3}$
1,375	0,71697	0,71931	$2{,}33 \times 10^{-3}$
1,625	0,07909	0,07496	$4{,}14 \times 10^{-3}$
1,875	−0,14576	−0,13301	$1{,}27 \times 10^{-2}$

Mais detalhes sobre a verificação da validade do procedimento da transformada rápida de Fourier podem ser encontrados em [Ham], que apresenta o método do ponto de vista matemático, ou em [Brac], no qual a apresentação baseia-se em métodos provavelmente mais familiares para engenheiros. [AHU], p. 252-269, é uma boa referência para uma discussão sobre os aspectos computacionais do método. A modificação do procedimento para o caso em que m não seja uma potência de 2 pode ser encontrada em [Win]. Uma apresentação das técnicas e materiais relacionados a partir do ponto de vista da álgebra abstrata aplicada é dada em [Lau] p. 438-465.

EXERCÍCIOS 8.6

1. Determine o polinômio trigonométrico interpolador $S_2(x)$, de grau dois, em $[-\pi, \pi]$, para as seguintes funções e gráfico $f(x) - S_2(x)$:

   a. $f(x) = \pi(x - \pi)$ b. $f(x) = x(\pi - x)$

   c. $f(x) = |x|$ d. $f(x) = \begin{cases} -1, & -\pi \leq x \leq 0 \\ 1, & 0 < x \leq \pi \end{cases}$

2. Determine o polinômio trigonométrico interpolador de grau quatro, para $f(x) = x(\pi - x)$, no intervalo $[-\pi, \pi]$ utilizando:

   a. Cálculo direto; b. O algoritmo da transformada rápida de Fourier.

3. Utilize o algoritmo da transformada rápida de Fourier para calcular o polinômio trigonométrico interpolador de grau quatro em $[-\pi, \pi]$ para as seguintes funções:

   a. $f(x) = \pi(x - \pi)$ b. $f(x) = |x|$

   c. $f(x) = \cos \pi x - 2 \operatorname{sen} \pi x$ d. $f(x) = x \cos x^2 + e^x \cos e^x$

4. a. Determine o polinômio trigonométrico interpolador $S_4(x)$ de grau quatro para $f(x) = x^2 \operatorname{sen} x$ no intervalo $[0, 1]$.

   b. Calcule $\int_0^1 S_4(x)dx$.

   c. Compare a integral na parte (b) com $\int_0^1 x^2 \operatorname{sen} x\, dx$.

5. Utilize as aproximações obtidas no Exercício 3 para aproximar as integrais a seguir e compare seus resultados com os valores reais.

   a. $\int_{-\pi}^{\pi} \pi(x - \pi)dx$ b. $\int_{-\pi}^{\pi} |x|dx$

   c. $\int_{-\pi}^{\pi}(\cos \pi x - 2 \operatorname{sen} \pi x)dx$ d. $\int_{-\pi}^{\pi}(x \cos x^2 + e^x \cos e^x)dx$

6. Utilize o algoritmo da transformada rápida de Fourier para determinar o polinômio trigonométrico interpolador, de grau dezesseis, para $f(x) = x^2 \cos x$, em $[-\pi, \pi]$.

7. Utilize o algoritmo da transformada rápida de Fourier para determinar o polinômio trigonométrico interpolador, de grau sessenta e quatro, para $f(x) = x^2 \cos x$, em $[-\pi, \pi]$.

EXERCÍCIOS APLICADOS

8. Os seguintes dados representam as temperaturas em dois dias consecutivos no Aeroporto Regional de Youngstown-Warren.

Horário	6 da manhã	7 da manhã	8 da manhã	9 da manhã	10 da manhã	11 da manhã	12 da tarde	1 da tarde	2 da tarde	3 da tarde	4 da tarde	5 da tarde	6 da tarde	7 da tarde	8 da tarde	9 da tarde
17 de junho	71	71	72	75	78	81	82	83	85	85	85	85	84	83	83	80
18 de Junho	68	69	70	72	74	77	78	79	81	81	84	81	79	78	77	75

   a. Use algoritmo da transformada rápida de Fourier para construir o polinômio interpolador trigonométrico para os dados de 17 de junho.

   b. Trace o polinômio e marque os dados para 18 de junho no mesmo gráfico. Parece que o polinômio poderia ser usado de qualquer maneira para prever as temperaturas em 18 de junho, dado que às 6 da manhã era 68?

9. A tabela lista o Dow Jones Industrial Averages (DJIA) (Média Industrial Dow Jones) de fechamento no primeiro dia no qual o mercado está aberto nos meses de março de 2013 a junho de 2014.

Elemento	Mês	Ano	DJIA
0	Março	2013	14090
1	Abril	2013	14573
2	Maio	2013	14701
3	Junho	2013	15254
4	Julho	2013	14975
5	Agosto	2013	15628
6	Setembro	2013	14834
7	Outubro	2013	15193
8	Novembro	2013	15616
9	Dezembro	2013	16009
10	Janeiro	2014	16441
11	Fevereiro	2014	15373
12	Março	2014	16168
13	Abril	2014	16533
14	Maio	2014	16559
15	Junho	2014	16744

a. Construa o polinômio interpolador trigonométrico usando o algoritmo da transformada rápida de Fourier para os dados acima.

b. Aproxime as médias de fechamento em 8 de abril de 2013 e 8 de abril de 2014, usando o polinômio interpolador construído na parte (a).

c. Os fechamentos nos dias dados na parte (b) foram 14613 e 16256. Em geral, quão bem você acha que esse polinômio pode prever as médias de fechamento?

d. Aproxime o fechamento em 17 de junho de 2014. O valor real de fechamento foi 16808. Essa previsão foi de alguma valia?

EXERCÍCIOS TEÓRICOS

10. Utilize uma identidade trigonométrica para demonstrar que $\sum_{k=0}^{2m-1} (\cos mx_j)^2 = 2m$.

11. Mostre que $c_0, \ldots, c_{2m-1}$ no Algoritmo 8.3 são dados por

$$\begin{bmatrix} c_0 \\ c_1 \\ c_2 \\ \vdots \\ c_{2m-1} \end{bmatrix} = \begin{bmatrix} 1 & 1 & 1 & \cdots & 1 \\ 1 & \zeta & \zeta^2 & \cdots & \zeta^{2m-1} \\ 1 & \zeta^2 & \zeta^4 & \cdots & \zeta^{4m-2} \\ \vdots & \vdots & \vdots & & \vdots \\ 1 & \zeta^{2m-1} & \zeta^{4m-2} & \cdots & \zeta^{(2m-1)^2} \end{bmatrix} \begin{bmatrix} y_0 \\ y_1 \\ y_2 \\ \vdots \\ y_{2m-1} \end{bmatrix},$$

em que $\zeta = e^{\pi i/m}$.

12. Na discussão que precede o Algoritmo 8.3, foi explicado um exemplo para $m = 4$. Defina os vetores **c**, **d**, **e**, **f** e **y** como

$$\mathbf{c} = (c_0, \ldots, c_7)^t,\ \mathbf{d} = (d_0, \ldots, d_7)^t,\ \mathbf{e} = (e_0, \ldots, e_7)^t,\ \mathbf{f} = (f_0, \ldots, f_7)^t,\ \mathbf{y} = (y_0, \ldots, y_7)^t.$$

Encontre as matrizes A, B, C e D de modo que $\mathbf{c} = A\mathbf{d}$, $\mathbf{d} = B\mathbf{e}$, $\mathbf{e} = C\mathbf{f}$, e $\mathbf{f} = D\mathbf{y}$.

QUESTÕES PARA DISCUSSÃO

1. A transformada rápida de Fourier é um tópico muito importante no processamento de sinais digitais. Por que isso acontece?
2. Funcionalmente, a transformada rápida de Fourier decompõe conjuntos de dados em uma série de conjuntos de dados menores. Explique como isso é feito.
3. As transformadas rápidas de Fourier estão limitadas a tamanhos que são potências de 2?

8.7 Software numérico

A biblioteca IMLS fornece diversas rotinas para aproximação que incluem:

1. Ajuste de dados por mínimos quadrados linear com estatística.
2. Ajuste de dados por mínimos quadrados discreto com escolha pelo usuário das funções base.
3. Aproximação de mínimos quadrados por *splines* cúbicos.
4. Aproximação racional com peso de Chebyshev.
5. Ajuste de dados por transformada rápida de Fourier.

A biblioteca NAG fornece rotinas que incluem o cálculo do seguinte:

1. Aproximação polinomial de mínimos quadrados usando uma técnica que minimiza os erros de arredondamento.
2. Aproximação de mínimos quadrados por *splines* cúbicos.
3. Ajuste ótimo no sentido l_1.
4. Ajuste ótimo no sentido l_∞.
5. Ajuste de dados por transformada rápida de Fourier.

A biblioteca Netlib contém uma rotina que calcula a aproximação polinomial de mínimos quadrados de um conjunto discreto de pontos e uma rotina para calcular esse polinômio e qualquer uma de suas derivadas em um ponto dado.

QUESTÕES PARA DISCUSSÃO

1. A FFTSS é uma biblioteca de transformada rápida de Fourier de domínio público. Discuta essa biblioteca.
2. Descreva a biblioteca de transformada rápida de Fourier de domínio público FFTW. Discuta essa biblioteca.
3. Discuta como a transformada rápida de Fourier pode ser implementada no Excel.

CONCEITOS-CHAVE

Aproximação	Dependência linear	Equações normais
Aproximação de Padé	Desvio absoluto	Erro da aproximação
Conjunto ortogonal de funções	Equações normais	Fração contínua

Função peso
Função racional de Chebyshev
Gram-Schmidt
Independência linear
Minimax
Mínimos quadrados linear
Mínimos quadrados polinomial
Ortonormal
Polinômio de Legendre
Polinômio mônico
Polinômios de Chebyshev
Polinômios trigonométricos
Série de Fourier
Transformada de Fourier
Transformada rápida de Fourier

REVISÃO DO CAPÍTULO

Neste capítulo consideramos a aproximação de dados e funções por funções elementares. As funções elementares utilizadas foram polinômios, funções racionais e polinômios trigonométricos. Consideramos dois tipos de aproximações: discretas e contínuas. As aproximações discretas surgem quando se aproxima um conjunto finito de dados por uma função elementar. Aproximações contínuas são utilizadas quando a função a ser aproximada é conhecida.

As técnicas de mínimos quadrados discreto são recomendadas quando a função for especificada fornecendo um conjunto de dados que pode não representar exatamente a função. O ajuste de dados por mínimos quadrados pode tomar a forma de uma aproximação linear ou outra aproximação por polinômios ou mesmo uma forma exponencial. Essas aproximações são calculadas com a resolução dos conjuntos de equações normais, conforme apresentado na Seção 8.1.

Se os dados forem periódicos, um ajuste trigonométrico por mínimos quadrados pode ser apropriado. Por causa da ortonormalidade das funções trigonométricas básicas, a aproximação trigonométrica por mínimos quadrados não requer a solução de um sistema linear. Para grandes quantidades de dados periódicos, a interpolação por polinômios trigonométricos também é recomendada. Um método eficiente de calcular o polinômio trigonométrico interpolador é dado pela transformada rápida de Fourier.

Quando a função a ser aproximada puder ser calculada em qualquer argumento necessário, as aproximações buscam minimizar uma integral em vez de uma soma. As aproximações polinomiais por mínimos quadrados contínuo foram consideradas na Seção 8.2. Os cálculos eficientes dos polinômios dos mínimos quadrados levam a conjuntos ortonormais de polinômios, tais como os polinômios de Legendre e Chebyshev. A aproximação por funções racionais foi estudada na Seção 8.4, na qual foram apresentadas a aproximação de Padé como generalização do polinômio de Maclaurin e a sua extensão à aproximação racional de Chebyshev. Ambos os métodos possibilitam um método mais uniforme de aproximação que de polinômios. A aproximação por mínimos quadrados contínuo por meio de funções trigonométricas foi discutida na Seção 8.5, em particular quanto à sua relação com a série de Fourier.

Para informações adicionais sobre a teoria geral da teoria da aproximação consulte Powell [Po], Davis [Da] ou Cheney [Ch]. Uma boa referência relacionada a métodos para mínimos quadrados é Lawson e Hanson [LH], e informações sobre as transformadas de Fourier podem ser encontradas em Van Loan [Van] e em Briggs e Hanson [BH].

CAPÍTULO 9

Aproximação de autovalores

Introdução

As vibrações longitudinais de uma barra elástica de rigidez local $p(x)$ e densidade $\rho(x)$ são descritas pela equação diferencial parcial

$$\rho(x)\frac{\partial^2 v}{\partial t^2}(x,t) = \frac{\partial}{\partial x}\left[p(x)\frac{\partial v}{\partial x}(x,t)\right],$$

em que $v(x, t)$ é o deslocamento médio longitudinal de uma seção da barra a partir de sua posição de equilíbrio x no instante t. As vibrações podem ser escritas como uma soma de vibrações harmônicas simples:

$$v(x,t) = \sum_{k=0}^{\infty} c_k u_k(x) \cos\sqrt{\lambda_k}\,(t - t_0),$$

em que

$$\frac{d}{dx}\left[p(x)\frac{du_k}{dx}(x)\right] + \lambda_k \rho(x) u_k(x) = 0.$$

Se a barra tiver comprimento l e estiver fixa em ambas as extremidades, então essa equação diferencial vale para $0 < x < l$ e $v(0) = v(l) = 0$.

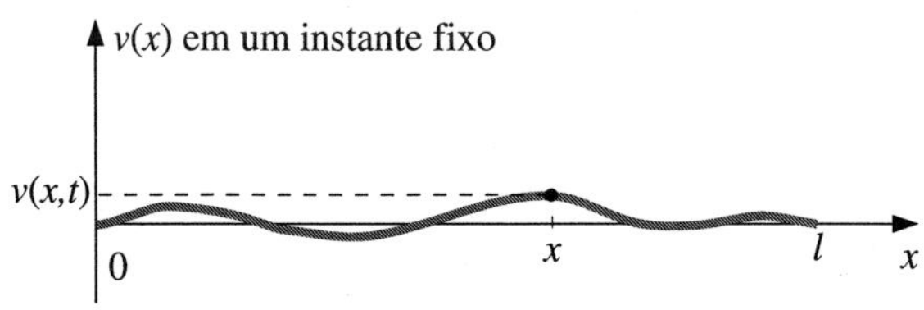

Um sistema dessas equações diferenciais é denominado sistema de Sturm-Liouville, e os números λ_k são autovalores com autofunções correspondentes $u_k(x)$.

Suponha que a barra tenha o comprimento de 1 m com rigidez uniforme $p(x) = p$ e densidade uniforme $\rho(x) = \rho$. Para determinar aproximações para u e λ, seja $h = 0{,}2$. Então, $x_j = 0{,}2j$, para $0 \le j \le 5$, e podemos utilizar a Equação (4.5) de diferença centrada na Seção 4.1 para obter aproximações para as primeiras derivadas. Isso nos dá o sistema linear

$$Aw = \begin{bmatrix} 2 & -1 & 0 & 0 \\ -1 & 2 & -1 & 0 \\ 0 & -1 & 2 & -1 \\ 0 & 0 & -1 & 2 \end{bmatrix} \begin{bmatrix} w_1 \\ w_2 \\ w_3 \\ w_4 \end{bmatrix} = -0{,}04\frac{\rho}{p}\lambda \begin{bmatrix} w_1 \\ w_2 \\ w_3 \\ w_4 \end{bmatrix} = -0{,}04\frac{\rho}{p}\lambda \mathbf{w}.$$

Nesse sistema, $w_j \approx u(x_j)$, para $1 \leq j \leq 4$, e $w_0 = w_5 = 0$. Os quatro autovalores de A são aproximações para os autovalores do *sistema de Sturm-Liouville*. É essa aproximação dos autovalores que consideraremos neste capítulo. Uma aplicação de Sturm--Liouville é discutida no Exercício 7 da Seção 9.5.

9.1 Álgebra linear e autovalores

Autovalores e autovetores foram apresentados no Capítulo 7, em conexão com a convergência de métodos iterativos para obter uma aproximação para a solução de um sistema linear. Para determinar os autovalores de uma matriz A, $n \times n$, construímos o polinômio característico

$$p(\lambda) = \det(A - \lambda I)$$

e então determinamos seus zeros. Encontrar o determinante de uma matriz $n \times n$ é computacionalmente dispendioso e encontrar boas aproximações para as raízes de $p(\lambda)$ também é difícil. Neste capítulo exploraremos outros meios para obter aproximações para os autovalores de uma matriz. Na Seção 9.6, apresentamos uma introdução a uma técnica para fatorar uma matriz geral $m \times n$ em uma forma que tem aplicações importantes em diversas áreas.

No Capítulo 7, vimos que uma técnica iterativa para resolver um sistema linear convergirá se todos os autovalores associados ao problema tiverem um módulo menor que 1. Os valores exatos dos autovalores, neste caso, não são de importância fundamental – somente a região do plano complexo no qual se encontram. Um resultado importante com relação a isso foi descoberto primeiramente por S. A. Geršgorin. Ele é o assunto de um livro bem interessante de Richard Varga, [Var2].

▶Teorema 9.1 (Círculo de Geršgorin)

Seja A uma matriz $n \times n$ e denote por R_i o círculo no plano complexo com centro a_{ii} e raio $\sum_{j=1,\, j\neq i}^{n} |a_{ij}|$; ou seja,

$$R_i = \left\{ z \in \mathcal{C} \,\middle|\, |z - a_{ii}| \leq \sum_{j=1, j\neq i}^{n} |a_{ij}| \right\},$$

em que $\mathcal{C}$ denota o plano complexo. Os autovalores de A estão contidos na união desses círculos, $R = \cup_{i=1}^{n} R_i$. Além do mais, a união de qualquer k desses círculos que não intercepte os $(n - k)$ restantes contém precisamente k dos autovalores (contando multiplicidades).

Semyon Aranovich Geršgorin (1901-1933) trabalhou no Instituto Tecnológico de Petrogrado até 1930, quando mudou para o Instituto de Engenharia Mecânica de Leningrado. Seu artigo de 1931, *Über die Abgrenzung der Eigenwerte einer Matrix* ([Ger]), inclui o que atualmente é conhecido como teorema do círculo.

Demonstração Suponha que λ seja um autovalor de A com um autovetor associado $\mathbf{x}$, com $\|\mathbf{x}\|_\infty = 1$. Já que $A\mathbf{x} = \lambda\mathbf{x}$, a representação equivalente em componentes é

$$\sum_{j=1}^{n} a_{ij}x_j = \lambda x_i \qquad \text{para cada } i = 1, 2, \ldots, n. \tag{9.1}$$

Se k for um inteiro com $|x_k| = \|\mathbf{x}\|_\infty = 1$, esta equação, com $i = k$, implica que

$$\sum_{j=1}^{n} a_{kj}x_j = \lambda x_k.$$

Assim,

$$\sum_{\substack{j=1,\\ j\neq k}}^{n} a_{kj}x_j = \lambda x_k - a_{kk}x_k = (\lambda - a_{kk})x_k,$$

e

$$|\lambda - a_{kk}| \cdot |x_k| = \left|\sum_{\substack{j=1,\\ j\neq k}}^{n} a_{kj}x_j\right| \leq \sum_{\substack{j=1,\\ j\neq k}}^{n} |a_{kj}||x_j|.$$

Mas, $|x_k| = \|\mathbf{x}\|_\infty = 1$, de modo que $|x_j| \leq |x_k| = 1$ para todo $j = 1, 2, \ldots, n$. Portanto,

$$|\lambda - a_{kk}| \leq \sum_{\substack{j=1,\\ j\neq k}}^{n} |a_{kj}|.$$

Isso demonstra a primeira afirmação no teorema, que $\lambda \in R_k$. Pode-se encontrar uma demonstração em [Var2], p. 8, ou em [or2], p. 48. ■

EXEMPLO 1 Determine os círculos de Geršgorin da matriz

$$A = \begin{bmatrix} 4 & 1 & 1 \\ 0 & 2 & 1 \\ -2 & 0 & 9 \end{bmatrix}$$

e use-os para encontrar limitantes para o raio espectral de A.

Solução Os círculos no Teorema do círculo de Geršgorin são (veja a Figura 9.1)

$$R_1 = \{z \in \mathcal{C} \mid |z - 4| \leq 2\}, \quad R_2 = \{z \in \mathcal{C} \mid |z - 2| \leq 1\}, \text{ e } R_3 = \{z \in \mathcal{C} \mid |z - 9| \leq 2\}.$$

Já que R_1 e R_2 são disjuntos de R_3, existem dois autovalores dentro de $R_1 \cup R_2$ e um dentro de R_3. Além do mais, como $\rho(A) = \max_{1\leq i\leq 3}|\lambda_i|$, temos $7 \leq \rho(A) \leq 11$. ■

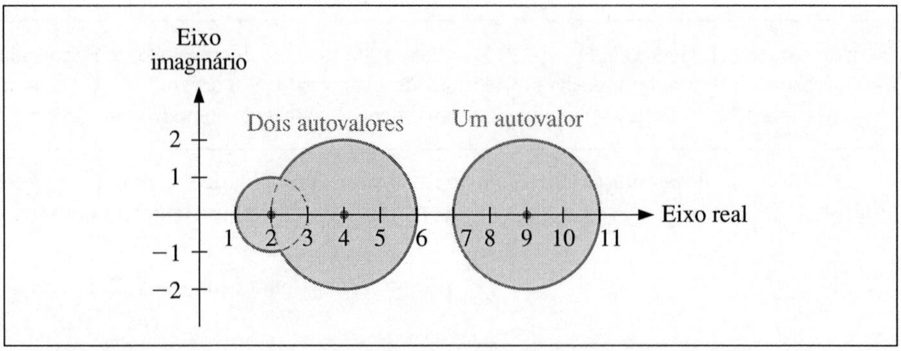

Figura 9.1

Mesmo quando precisamos saber os autovalores, o fato de muitas das técnicas para sua aproximação serem iterativas implica que a determinação de regiões nas quais eles se encontram é um primeiro passo para determinar a aproximação, já que nos fornece a aproximação inicial de que os métodos iterativos necessitam.

Antes de considerar mais resultados a respeito de autovalores e autovetores, precisamos de algumas definições e resultados da álgebra linear. Todos os resultados gerais que serão necessários no restante deste capítulo estão listados aqui, para facilidade de referência. As demonstrações dos resultados que não forem fornecidas podem ser encontradas na maioria dos textos padrão sobre álgebra linear (consulte, por exemplo, [ND], [Poo] ou [DG]).

A primeira definição corresponde à definição de independência linear de funções descrita na Seção 8.2. De fato, muito do que veremos nesta seção é parecido com o material do Capítulo 8.

Definição 9.2 Seja $\{\mathbf{v}^{(1)}, \mathbf{v}^{(2)}, \mathbf{v}^{(3)}, \ldots, \mathbf{v}^{(k)}\}$ um conjunto de vetores. O conjunto é **linearmente independente** se toda vez que

$$\mathbf{0} = \alpha_1\mathbf{v}^{(1)} + \alpha_2\mathbf{v}^{(2)} + \alpha_3\mathbf{v}^{(3)} + \ldots + \alpha_k\mathbf{v}^{(k)},$$

então $\alpha_i = 0$, para cada $i = 0, 1, \ldots, k$. Caso contrário, o conjunto de vetores será **linearmente dependente**. ■

Observe que qualquer conjunto de vetores contendo o vetor nulo é linearmente dependente.

Teorema 9.3 Se $\{\mathbf{v}^{(1)}, \mathbf{v}^{(2)}, \mathbf{v}^{(3)}, \ldots, \mathbf{v}^{(n)}\}$ for um conjunto de n vetores linearmente independente em $\mathbb{R}^n$, então para qualquer vetor $\mathbf{x} \in \mathbb{R}^n$, existe uma coleção única de constantes $\beta_1, \beta_2, \ldots, \beta_n$ para as quais

$$\mathbf{x} = \beta_1\mathbf{v}^{(1)} + \beta_2\mathbf{v}^{(2)} + \beta_3\mathbf{v}^{(3)} + \cdots + \beta_n\mathbf{v}^{(n)}.$$

Demonstração Suponha que A seja a matriz cujas colunas são os vetores $\mathbf{v}^{(1)}, \mathbf{v}^{(2)}, \ldots, \mathbf{v}^{(n)}$. Então, o conjunto $\{\mathbf{v}^{(1)}, \mathbf{v}^{(2)}, \ldots, \mathbf{v}^{(n)}\}$ é linearmente independente se, e somente se, a equação matricial

$$A(\alpha_1, \alpha_2, \ldots, \alpha_n)^t = \mathbf{0} \quad \text{tem como solução única} \quad (\alpha_1, \alpha_2, \ldots, \alpha_n)^t = \mathbf{0}.$$

Mas, pelo Teorema 6.17, isso é equivalente à equação matricial $A(\beta_1, \beta_2, \ldots, \beta_n)^t = \mathbf{x}$, tendo solução única para qualquer vetor $\mathbf{x} \in \mathbb{R}^n$. Isso, por sua vez, é equivalente à afirmação de que, para qualquer vetor $\mathbf{x} \in \mathbb{R}^n$, existe uma única coleção de constantes $\beta_1, \beta_2, \ldots, \beta_n$ tais que

$$\mathbf{x} = \beta_1\mathbf{v}^{(1)} + \beta_2\mathbf{v}^{(2)} + \beta_3\mathbf{v}^{(3)} + \cdots + \beta_n\mathbf{v}^{(n)}. \quad \blacksquare$$

Definição 9.4 Qualquer conjunto de n vetores linearmente independente em $\mathbb{R}^n$ é denominado uma **base** para $\mathbb{R}^n$. ■

EXEMPLO 2 (a) Mostre que $\mathbf{v}^{(1)} = (1,0,0)^t, \mathbf{v}^{(2)} = (-1,1,1)^t$ e $\mathbf{v}^{(3)} = (0,4,2)^t$ formam uma base de $\mathbb{R}^3$ e (b) Dado um vetor arbitrário $\mathbf{x} \in \mathbb{R}^3$, encontre β_1, β_2 e β_3 de modo que

$$\mathbf{x} = \beta_1\mathbf{v}^{(1)} + \beta_2\mathbf{v}^{(2)} + \beta_3\mathbf{v}^{(3)}.$$

Solução (a) Sejam α_1, α_2 e α_3 números tais que $\mathbf{0} = \alpha_1\mathbf{v}^{(1)} + \alpha_2\mathbf{v}^{(2)} + \alpha_3\mathbf{v}^{(3)}$. Então

$$\begin{aligned}(0,0,0)^t &= \alpha_1(1,0,0)^t + \alpha_2(-1,1,1)^t + \alpha_3(0,4,2)^t \\ &= (\alpha_1 - \alpha_2, \alpha_2 + 4\alpha_3, \alpha_2 + 2\alpha_3)^t,\end{aligned}$$

de modo que $\quad \alpha_1 - \alpha_2 = 0, \quad \alpha_2 + 4\alpha_3 = 0, \quad$ e $\quad \alpha_2 + 2\alpha_3 = 0.$

A única solução deste sistema é $\alpha_1 = \alpha_2 = \alpha_3 = 0$, de modo que este conjunto $\{\mathbf{v}^{(1)}, \mathbf{v}^{(2)}, \mathbf{v}^{(3)}\}$ de três vetores linearmente independente em $\mathbb{R}^3$ é uma base de $\mathbb{R}^3$.

(b) Seja $\mathbf{x} = (x_1, x_2, x_3)^t$ um vetor de $\mathbb{R}^3$. Resolver

$$\begin{aligned}\mathbf{x} &= \beta_1\mathbf{v}^{(1)} + \beta_2\mathbf{v}^{(2)} + \beta_3\mathbf{v}^{(3)} \\ &= \beta_1(1,0,0)^t + \beta_2(-1,1,1)^t + \beta_3((0,4,2)^t \\ &= (\beta_1 - \beta_2, \beta_2 + 4\beta_3, \beta_2 + 2\beta_3)^t\end{aligned}$$

é equivalente a determinar β_1, β_2 e β_3 que resolva o sistema

$$\beta_1 - \beta_2 = x_1, \quad \beta_2 + 4\beta_3 = x_2 \quad \beta_2 + 2\beta_3 = x_3.$$

Este sistema tem a solução única

$$\beta_1 = x_1 - x_2 + 2x_3, \quad \beta_2 = 2x_3 - x_2, \quad \text{e} \quad \beta_3 = \frac{1}{2}(x_2 - x_3). \quad \blacksquare$$

O próximo resultado será utilizado na Seção 9.3 para desenvolver o método da potência para a aproximação de autovalores. Uma demonstração desse resultado é considerada no Exercício 12.

Teorema 9.5 Se A é uma matriz e $\lambda_1, \ldots, \lambda_k$ são autovalores distintos de A, com autovetores associados $\mathbf{x}^{(1)}, \mathbf{x}^{(2)}, \ldots, \mathbf{x}^{(k)}$, então $\{\mathbf{x}^{(1)}, \mathbf{x}^{(2)}, \ldots, \mathbf{x}^{(k)}\}$ é linearmente independente. ■

EXEMPLO 3 Mostre que é possível usar os autovetores da matriz 3×3 para formar uma base de $\mathbb{R}^3$.

$$A = \begin{bmatrix} 2 & 0 & 0 \\ 1 & 1 & 2 \\ 1 & -1 & 4 \end{bmatrix}.$$

Solução No Exemplo 2 da Seção 7.2, encontramos que A tem o polinômio característico

$$p(\lambda) = p(A - \lambda I) = (\lambda - 3)(\lambda - 2)^2.$$

Portanto, há dois autovalores distintos de $A : \lambda_1 = 3$ e $\lambda_2 = 2$. Naquele exemplo, encontramos também que $\lambda_1 = 3$ tem autovetor $\mathbf{x}_1 = (0, 1, 1)^t$ e que há dois autovetores linearmente independentes $\mathbf{x}_2 = (0, 2, 1)^t$ e $\mathbf{x}_3 = (-2, 0, 1)^t$ correspondentes a $\lambda_2 = 2$.

Não é difícil mostrar (veja o Exercício 10) que esse conjunto de três autovetores

$$\{\mathbf{x}_1, \mathbf{x}_2, \mathbf{x}_3\} = \{(0, 1, 1)^t, (0, 2, 1)^t, (-2, 0, 1)^t\}$$

é linearmente independente e, portanto, forma uma base de $\mathbb{R}^3$. ■

No próximo exemplo, veremos uma matriz cujos autovalores são os mesmos do Exemplo 3, mas cujos autovetores têm um caráter diferente.

EXEMPLO 4 Mostre que nenhum conjunto de autovetores da matriz 3×3

$$B = \begin{bmatrix} 2 & 1 & 0 \\ 0 & 2 & 0 \\ 0 & 0 & 3 \end{bmatrix}$$

forma uma base de $\mathbb{R}^3$.

Solução A matriz também tem o mesmo polinômio característico que a matriz A do Exemplo 3:

$$p(\lambda) = \det \begin{bmatrix} 2-\lambda & 1 & 0 \\ 0 & 2-\lambda & 0 \\ 0 & 0 & 3-\lambda \end{bmatrix} = (\lambda - 3)(\lambda - 2)^2,$$

de modo que os autovalores são os mesmos que aqueles de A no Exemplo 3, ou seja, $\lambda_1 = 3$ e $\lambda_2 = 2$.

Para determinar os autovetores de B correspondentes ao autovalor $\lambda_1 = 3$, precisamos resolver o sistema $(B - 3I)\mathbf{x} = \mathbf{0}$, assim,

$$\begin{bmatrix} 0 \\ 0 \\ 0 \end{bmatrix} = (B - 3I) \begin{bmatrix} x_1 \\ x_2 \\ x_3 \end{bmatrix} = \begin{bmatrix} -1 & 1 & 0 \\ 0 & -1 & 0 \\ 0 & 0 & 0 \end{bmatrix} \begin{bmatrix} x_1 \\ x_2 \\ x_3 \end{bmatrix} = \begin{bmatrix} -x_1 + x_2 \\ -x_2 \\ 0, \end{bmatrix}.$$

Logo, $x_2 = 0$, $x_1 = x_2 = 0$ e x_3 é arbitrário. A escolha $x_3 = 1$ fornece o único autovetor linearmente independente $(0, 0, 1)^t$ correspondente a $\lambda_1 = 3$.

Considere $\lambda_2 = 2$. Se

$$\begin{bmatrix} 0 \\ 0 \\ 0 \end{bmatrix} = (B - 2\lambda) \begin{bmatrix} x_1 \\ x_2 \\ x_3 \end{bmatrix} = \begin{bmatrix} 0 & 1 & 0 \\ 0 & 0 & 0 \\ 0 & 0 & 1 \end{bmatrix} \cdot \begin{bmatrix} x_1 \\ x_2 \\ x_3 \end{bmatrix} = \begin{bmatrix} x_2 \\ 0 \\ x_3, \end{bmatrix},$$

então $x_2 = 0$, $x_3 = 0$ e x_1 é arbitrário. Há apenas um autovetor linearmente independente correspondendo a $\lambda_2 = 2$, o qual pode ser expresso por $(1, 0, 0)^t$, mesmo que $\lambda_2 = 2$ fosse um zero de multiplicidade dois do polinômio característico de B.

Esses dois autovetores claramente não são suficientes para formar uma base de $\mathbb{R}^3$. Em particular, $(0, 1, 0)^t$ não é uma combinação linear de $\{(0, 0, 1)^t, (1, 0, 0)^t\}$. ■

Veremos que, quando o número de autovetores linearmente independentes não coincide com o tamanho da matriz, pode haver dificuldades nos métodos de aproximação para encontrar autovalores.

Na Seção 8.2, consideramos conjuntos de funções ortogonais e ortonormais. Vetores com essas propriedades são definidos de modo similar.

Definição 9.6 Um conjunto de vetores $\{\mathbf{v}^{(1)}, \mathbf{v}^{(2)}, \ldots, \mathbf{v}^{(n)}\}$ é denominado **ortogonal** se $(\mathbf{v}^{(i)})^t\, \mathbf{v}^{(j)} = 0$, para todo $i \neq j$. Se, adicionalmente, $(\mathbf{v}^{(i)})^t\, \mathbf{v}^{(i)} = 1$, para todo $i = 1, 2, \ldots, n$, então o conjunto é denominado **ortonormal**. ■

Já que $\mathbf{x}^t\mathbf{x} = \|\mathbf{x}\|_2^2$, para todo $\mathbf{x}$ em $\mathbb{R}^n$, um conjunto de vetores ortogonais $\{\mathbf{v}^{(1)}, \mathbf{v}^{(2)}, \ldots, \mathbf{v}^{(n)}\}$é ortonormal se e somente se

$$\|\mathbf{v}^{(i)}\|_2 = 1, \qquad \text{para cada } i = 1, 2, \ldots, n.$$

EXEMPLO 5 **(a)** Mostre que os vetores $\mathbf{v}^{(1)} = (0, 4, 2)^t$, $\mathbf{v}^{(2)} = (-5, -1, 2)^t$ e $\mathbf{v}^{(3)} = (1, -1, 2)^t$ formam um conjunto ortogonal e **(b)** use-os para determinar um conjunto ortonormal de vetores.

Solução **(a)** Temos $(\mathbf{v}^{(1)})^t\mathbf{v}^{(2)} = 0(-5) + 4(-1) + 2(2) = 0$,

$$(\mathbf{v}^{(1)})^t\mathbf{v}^{(3)} = 0(1) + 4(-1) + 2(2) = 0 \quad \text{e} \quad (\mathbf{v}^{(2)})^t\mathbf{v}^{(3)} = -5(1) - 1(-1) + 2(2) = 0,$$

de modo que os vetores são ortogonais e formam uma base de $\mathbb{R}^n$. As normas l_2 desses vetores são

$$\|\mathbf{v}^{(1)}\|_2 = 2\sqrt{5}, \qquad \|\mathbf{v}^{(2)}\|_2 = \sqrt{30} \quad \text{e} \quad \|\mathbf{v}^{(3)}\|_2 = \sqrt{6}.$$

(b) Os vetores

$$\mathbf{u}^{(1)} = \frac{\mathbf{v}^{(1)}}{\|\mathbf{v}^{(1)}\|_2} = \left(\frac{0}{2\sqrt{5}}, \frac{4}{2\sqrt{5}}, \frac{2}{2\sqrt{5}}\right)^t = \left(0, \frac{2\sqrt{5}}{5}, \frac{\sqrt{5}}{5}\right)^t,$$

$$\mathbf{u}^{(2)} = \frac{\mathbf{v}^{(2)}}{\|\mathbf{v}^{(2)}\|_2} = \left(\frac{-5}{\sqrt{30}}, \frac{-1}{\sqrt{30}}, \frac{2}{\sqrt{30}}\right)^t = \left(-\frac{\sqrt{30}}{6}, -\frac{\sqrt{30}}{30}, \frac{\sqrt{30}}{15}\right)^t \quad \text{e}$$

$$\mathbf{u}^{(3)} = \frac{\mathbf{v}^{(3)}}{\|\mathbf{v}^{(3)}\|_2} = \left(\frac{1}{\sqrt{6}}, \frac{-1}{\sqrt{6}}, \frac{2}{\sqrt{6}}\right)^t = \left(\frac{\sqrt{6}}{6}, -\frac{\sqrt{6}}{6}, \frac{\sqrt{6}}{3}\right)^t$$

formam um conjunto ortonormal, já que herdam ortogonalidade de $\mathbf{v}^{(1)}$, $\mathbf{v}^{(2)}$ e $\mathbf{v}^{(3)}$ e, adicionalmente,

$$\|\mathbf{u}^{(1)}\|_2 = \|\mathbf{u}^{(2)}\|_2 = \|\mathbf{u}^{(3)}\|_2 = 1.$$ ■

A demonstração do próximo resultado é considerada no Exercício 11.

Teorema 9.7 Um conjunto ortogonal de vetores não nulos é linearmente independente. ■

O processo de **Gram-Schmidt** para a construção de um conjunto de polinômios que sejam ortogonais com relação a uma dada função peso foi descrito no Teorema 8.7 da Seção 8.2 (veja a página 575). Há um processo paralelo, também conhecido como

Gram-Schmidt, o qual nos permite construir uma base ortonormal de $\mathbb{R}^n$ dado um conjunto de n vetores linearmente independente em $\mathbb{R}^n$.

▶ Teorema 9.8 Seja $\{\mathbf{x}_1, \mathbf{x}_2, \ldots, \mathbf{x}_k\}$ um conjunto de k vetores linearmente independente de $\mathbb{R}^n$. Então, $\{\mathbf{v}_1, \mathbf{v}_2, \ldots, \mathbf{v}_k\}$ definido por

$$\mathbf{v}_1 = \mathbf{x}_1,$$

$$\mathbf{v}_2 = \mathbf{x}_2 - \left(\frac{\mathbf{v}_1^t \mathbf{x}_2}{\mathbf{v}_1^t \mathbf{v}_1}\right) \mathbf{v}_1,$$

$$\mathbf{v}_3 = \mathbf{x}_3 - \left(\frac{\mathbf{v}_1^t \mathbf{x}_3}{\mathbf{v}_1^t \mathbf{v}_1}\right) \mathbf{v}_1 - \left(\frac{\mathbf{v}_2^t \mathbf{x}_3}{\mathbf{v}_2^t \mathbf{v}_2}\right) \mathbf{v}_2,$$

$$\vdots$$

$$\mathbf{v}_k = \mathbf{x}_k - \sum_{i=1}^{k-1} \left(\frac{\mathbf{v}_i^t \mathbf{x}_k}{\mathbf{v}_i^t \mathbf{v}_i}\right) \mathbf{v}_i$$

é um conjunto de k vetores ortogonais em $\mathbb{R}^n$. ■

A demonstração desse teorema, discutida no Exercício 16, é uma verificação direta do fato de que, para cada $1 \leq i \leq k$ e $1 \leq j \leq k$, com $i \neq j$, temos $\mathbf{v}_i^t \mathbf{v}_j = 0$.

Observe que, quando o conjunto original de vetores forma uma base de $\mathbb{R}^n$, ou seja, quando $k = n$, então os vetores construídos formam uma base ortogonal de $\mathbb{R}^n$. A partir disso, podemos formar uma base ortonormal $\{\mathbf{u}_1, \mathbf{u}_2, \ldots, \mathbf{u}_n\}$ simplesmente definindo, para cada $i = 1, 2, \ldots, n$

$$\mathbf{u}_i = \frac{\mathbf{v}_i}{||\mathbf{v}_i||_2}.$$

O exemplo a seguir ilustra como uma base ortogonal de $\mathbb{R}^3$ pode ser construída a partir de três vetores linearmente independentes em $\mathbb{R}^3$.

EXEMPLO 6 Use o processo de Gram-Schmidt para determinar um conjunto de vetores ortogonais a partir dos vetores linearmente independentes

$$\mathbf{x}^{(1)} = (1, 0, 0)^t, \qquad \mathbf{x}^{(2)} = (1, 1, 0)^t \qquad \text{e} \quad \mathbf{x}^{(3)} = (1, 1, 1)^t.$$

Solução Temos os vetores ortogonais $\mathbf{v}^{(1)}$, $\mathbf{v}^{(2)}$ e $\mathbf{v}^{(3)}$ dados por

$$\mathbf{v}^{(1)} = \mathbf{x}^{(1)} = (1, 0, 0)^t$$

$$\mathbf{v}^{(2)} = (1, 1, 0)^t - \left(\frac{((1, 0, 0)^t)^t (1, 1, 0)^t}{((1, 0, 0)^t)^t (1, 0, 0)^t}\right) (1, 0, 0)^t = (1, 1, 0)^t - (1, 0, 0)^t = (0, 1, 0)^t$$

$$\mathbf{v}^{(3)} = (1, 1, 1)^t - \left(\frac{((1, 0, 0)^t)^t (1, 1, 1)^t}{((1, 0, 0)^t)^t (1, 0, 0)^t}\right) (1, 0, 0)^t - \left(\frac{((0, 1, 0)^t)^t (1, 1, 1)^t}{((0, 1, 0)^t)^t (0, 1, 0)^t}\right) (0, 1, 0)^t$$

$$= (1, 1, 1)^t - (1, 0, 0)^t - (0, 1, 0)^t = (0, 0, 1)^t.$$

O conjunto $\{\mathbf{v}^{(1)}, \mathbf{v}^{(2)}, \mathbf{v}^{(3)}\}$, por acaso, também é ortonormal, além de ortogonal, mas essa não é a situação que ocorre em geral. ■

EXERCÍCIOS 9.1

1. Encontre os autovalores e os autovetores associados das seguintes matrizes 3 × 3. Existe um conjunto de autovetores linearmente independente?

a. $A = \begin{bmatrix} 2 & -3 & 6 \\ 0 & 3 & -4 \\ 0 & 2 & -3 \end{bmatrix}$ **b.** $A = \begin{bmatrix} 2 & 0 & 1 \\ 0 & 2 & 0 \\ 1 & 0 & 2 \end{bmatrix}$

c. $A = \begin{bmatrix} 1 & 1 & 1 \\ 1 & 1 & 0 \\ 1 & 0 & 1 \end{bmatrix}$ **d.** $A = \begin{bmatrix} 2 & 1 & -1 \\ 0 & 2 & 1 \\ 0 & 0 & 3 \end{bmatrix}$

2. Encontre os autovalores e os autovetores associados das seguintes matrizes 3 × 3. Existe um conjunto de autovetores linearmente independente?

a. $A = \begin{bmatrix} 1 & 0 & 0 \\ -1 & 0 & 1 \\ -1 & -1 & 2 \end{bmatrix}$ **b.** $A = \begin{bmatrix} 2 & -1 & -1 \\ -1 & 2 & -1 \\ -1 & -1 & 2 \end{bmatrix}$

c. $A = \begin{bmatrix} 2 & 1 & 1 \\ 1 & 2 & 1 \\ 1 & 1 & 2 \end{bmatrix}$ **d.** $A = \begin{bmatrix} 2 & 1 & 1 \\ 0 & 3 & 1 \\ 0 & 0 & 2 \end{bmatrix}$

3. Utilize o Teorema do círculo de Geršgorin para determinar limitantes para **(a)** os autovalores e **(b)** os raios espectrais das matrizes.

a. $\begin{bmatrix} 1 & 0 & 0 \\ -1 & 0 & 1 \\ -1 & -1 & 2 \end{bmatrix}$ **b.** $\begin{bmatrix} 4 & -1 & 0 \\ -1 & 4 & -1 \\ -1 & -1 & 4 \end{bmatrix}$

c. $\begin{bmatrix} 3 & 2 & 1 \\ 2 & 3 & 0 \\ 1 & 0 & 3 \end{bmatrix}$ **d.** $\begin{bmatrix} 4{,}75 & 2{,}25 & -0{,}25 \\ 2{,}25 & 4{,}75 & 1{,}25 \\ -0{,}25 & 1{,}25 & 4{,}75 \end{bmatrix}$

4. Utilize o Teorema do círculo de Geršgorin para determinar limitantes para **(a)** os autovalores e **(b)** os raios espectrais das matrizes.

a. $\begin{bmatrix} -4 & 0 & 1 & 3 \\ 0 & -4 & 2 & 1 \\ 1 & 2 & -2 & 0 \\ 3 & 1 & 0 & -4 \end{bmatrix}$ **b.** $\begin{bmatrix} 1 & 0 & -1 & 1 \\ 2 & 2 & -1 & 1 \\ 0 & 1 & 3 & -2 \\ 1 & 0 & 1 & 4 \end{bmatrix}$

c. $\begin{bmatrix} 1 & 1 & 0 & 0 \\ 1 & 2 & 0 & 1 \\ 0 & 0 & 3 & 3 \\ 0 & 1 & 3 & 2 \end{bmatrix}$ **d.** $\begin{bmatrix} 3 & -1 & 0 & 1 \\ -1 & 3 & 1 & 0 \\ 0 & 1 & 9 & 2 \\ 1 & 0 & 2 & 9 \end{bmatrix}$

5. Mostre que $\mathbf{v}_1 = (2, -1)^t$, $\mathbf{v}_2 = (1, 1)^t$ e $\mathbf{v}_3 = (1, 3)^t$ são linearmente dependentes.

6. Considere os seguintes conjuntos de vetores. **(i)** Mostre que o conjunto é linearmente independente; **(ii)** use o processo de Gram-Schmidt para encontrar um conjunto ortogonal de vetores; **(iii)** determine um conjunto ortonormal de vetores a partir dos vetores em **(ii)**.

a. $\mathbf{v}_1 = (2,-1)^t,\ \mathbf{v}_2 = (1,3)^t$

b. $\mathbf{v}_1 = (2,-1,1)^t,\ \mathbf{v}_2 = (1,0,1)^t,\ \mathbf{v}_3 = (0,2,0)^t$

c. $\mathbf{v}_1 = (1,1,1,1)^t,\ \mathbf{v}_2 = (0,1,1,1)^t,\ \mathbf{v}_3 = (0,0,1,0)^t$

d. $\mathbf{v}_1 = (2,2,0,2,1)^t,\ \mathbf{v}_2 = (-1,2,0,-1,1)^t,\ \mathbf{v}_3 = (0,1,0,1,0)^t,\ \mathbf{v}_4 = (-1,0,0,1,1)^t$

7. Considere os seguintes conjuntos de vetores. **(i)** Mostre que o conjunto é linearmente independente; **(ii)** use o processo de Gram-Schmidt para encontrar um conjunto ortogonal de vetores; **(iii)** determine um conjunto ortonormal de vetores a partir dos vetores em **(ii)**.

a. $\mathbf{v}_1 = (1,1)^t$, $\mathbf{v}_2 = (-2,1)^t$

b. $\mathbf{v}_1 = (1,1,0)^t$, $\mathbf{v}_2 = (1,0,1)^t$, $\mathbf{v}_3 = (0,1,1)^t$

c. $\mathbf{v}_1 = (1,1,1,1)^t$, $\mathbf{v}_2 = (0,2,2,2)^t$, $\mathbf{v}_3 = (1,0,0,1)^t$

d. $\mathbf{v}_1 = (2,2,3,2,3)^t$, $\mathbf{v}_2 = (2,-1,0,-1,0)^t$, $\mathbf{v}_3 = (0,0,1,0,-1)^t$, $\mathbf{v}_4 = (1,2,-1,0,-1)^t$, $\mathbf{v}_5 = (0,1,0,-1,0)^t$

EXERCÍCIOS APLICADOS

8. Em um artigo, J. Keener [KE] descreveu um método para classificar times. Considere que queiramos classificar N times. Associamos uma pontuação a cada time com base em seus desempenhos uns com os outros e na força de seus oponentes. Suponha que existe um vetor de classificação $\mathbf{r}$ em $\mathbb{R}^N$ com elementos positivos r_i indicando a força do time i. A pontuação para i é dada por

$$s_i = \frac{1}{n_i}\sum_{j=1}^{N} a_{ij} r_j,$$

em que $a_{ij} \geq 0$ depende do histórico que o time i tem contra o time j e n_i é o número de jogos que o time i jogou. Neste problema, faremos com que a matriz A tenha os elementos

$$(A)_{ij} = \frac{a_{ij}}{n_i},$$

em que a_{ij} é o número de vezes que o time i ganhou do time j. É razoável supor que a classificação deve ser proporcional à pontuação; ou seja, $A\mathbf{r} = \lambda\mathbf{r}$, em que λ é a constante de proporcionalidade. Como $a_{ij} \geq 0$ para todo i e j, $1 \leq i, j \leq N$, o Teorema de Perron-Frobenius, discutido no artigo de Keenes, garante a existência um único maior autovalor $\lambda_1 > 0$, com autovetor $\mathbf{r}$ com elementos positivos que determinam a classificação dos times.

No início da temporada de beisebol de 2014, os times da Divisão Central da Liga Americana tinham o seguinte histórico uns contra os outros:

	CHI	CLE	DET	KC	MIN
CHI	X	7-3	4-5	3-6	2-3
CLE	3-7	X	4-2	3-3	4-3
DET	5-4	2-4	X	6-3	4-4
KC	6-3	3-3	3-6	X	2-4
MIN	3-2	3-4	4-4	4-2	X

O elemento 7-3 indica que em 10 jogos entre CHI e CLE, CHI ganhou 7 e perdeu 3.

a. Encontre a matriz de preferência A.

b. Encontre o polinômio característico de A.

c. Encontre o maior autovalor positivo de A.

d. Resolva o sistema $(A - \lambda I)\,\mathbf{r} = \mathbf{0}$ para determinar o vetor de classificação $\mathbf{r}$.

e. Dê a classificação dos times.

9. Uma **matriz bissimétrica** é uma matriz que é simétrica em relação a ambas as diagonais, isto é, uma matriz $A = (a_{ij})$, $N \times N$, é bissimétrica se $a_{ij} = a_{ji} = a_{N+1-i,N+1-j}$, para todo $i = 1, 2, \ldots, N$ e $j = 1, 2, \ldots, N$.

Diversos problemas em teoria da comunicação têm soluções que envolvem os autovalores e os autovetores de matrizes que estão em forma bissimétrica. Por exemplo, o autovetor correspondente ao autovalor mínimo da matriz bissimétrica 4×4

$$A = \begin{bmatrix} 2 & -1 & 0 & 0 \\ -1 & 2 & -1 & 0 \\ 0 & -1 & 2 & -1 \\ 0 & 0 & -1 & 2 \end{bmatrix}$$

fornece a resposta ao impulso do canal de energia unitário para uma dada sequência de erro de comprimento 2 e subsequentemente o peso mínimo de qualquer sequência de erro possível.

a. Utilize o Teorema do círculo de Geršgorin para mostrar que, se A for a matriz dada acima e λ for seu autovalor mínimo, então $|\lambda - 4| = \rho(A - 4I)$, em que ρ denota o raio espectral.

b. Encontre o autovalor mínimo da matriz A encontrando todos os autovalores de $A - 4I$ e calculando seu raio espectral. A seguir, ache o autovetor correspondente.

c. Utilize o Teorema do círculo de Geršgorin para mostrar que, se λ é o autovalor mínimo da matriz

$$B = \begin{bmatrix} 3 & -1 & -1 & 1 \\ -1 & 3 & -1 & -1 \\ -1 & -1 & 3 & -1 \\ 1 & -1 & -1 & 3 \end{bmatrix},$$

então $|\lambda - 6| = \rho(B - 6I)$.

d. Repita a parte (b) utilizando a matriz B e o resultado na parte (c).

EXERCÍCIOS TEÓRICOS

10. Mostre que os três autovetores no Exemplo 3 são linearmente independentes.

11. Mostre que um conjunto $\{\mathbf{v}_1, \ldots, \mathbf{v}_k\}$ de k vetores não nulos é linearmente independente.

12. Mostre que se A é uma matriz e $\lambda_1, \lambda_2, \ldots, \lambda_k$ são autovalores distintos com autovetores associados $\mathbf{x}_1, \mathbf{x}_2, \ldots, \mathbf{x}_k$, então $\{\mathbf{x}_1, \mathbf{x}_2, \ldots, \mathbf{x}_k\}$ é um conjunto linearmente independente.

13. Seja $\{\mathbf{v}_1, \ldots, \mathbf{v}_n\}$ um conjunto de vetores não nulos ortonormal em $\mathbb{R}^n$ e $\mathbf{x} \in \mathbb{R}^n$. Determine os valores de c_k, para $k = 1, 2, \ldots, n$, se

$$\mathbf{x} = \sum_{k=1}^{n} c_k \mathbf{v}_k.$$

14. Suponha que $\{\mathbf{x}_1, \mathbf{x}_2\}$, $\{\mathbf{x}_1, \mathbf{x}_3\}$ e $\{\mathbf{x}_2, \mathbf{x}_3\}$ são todos linearmente independentes. Nesse caso, $\{\mathbf{x}_1, \mathbf{x}_2, \mathbf{x}_3\}$ também precisa ser linearmente independente?

15. Use o Teorema do círculo de Geršgorin para mostrar que uma matriz estritamente diagonal dominante precisa ser não singular.

16. Demonstre que o conjunto de vetores $\{\mathbf{v}_1, \mathbf{v}_2, \ldots, \mathbf{v}_k\}$ descrito no Teorema de Gram-Schmidt é ortogonal.

QUESTÕES PARA DISCUSSÃO

1. Descreva como diversos círculos de Geršgorin podem ser desenhados em uma planilha como MS Excel. Duplique a Figura 9.1 para comprovar sua discussão.
2. Todos os vetores ortogonais são ortonormais? Por que sim ou por que não?
3. Todos os vetores ortonormais são ortogonais? Por que sim ou por que não?
4. Os vetores $\mathbf{v}_1$, $\mathbf{v}_2$ e $\mathbf{v}_3$ em $\mathbb{R}^2$ podem ser linearmente independentes? Por que sim ou por que não?

9.2 Matrizes ortogonais e transformações de semelhança

Nesta seção, consideraremos a conexão entre conjuntos de vetores e matrizes formadas usando esses vetores como suas colunas. Consideraremos primeiro alguns resultados sobre uma classe especial de matrizes. A terminologia na próxima definição segue do fato de que as colunas de uma matriz ortogonal formarão um conjunto ortogonal de vetores.

Definição 9.9 Uma matriz Q é dita **ortogonal** se suas colunas $\{\mathbf{q}_1^t, \mathbf{q}_2^t, \ldots, \mathbf{q}_3^t\}$ formam um conjunto ortonormal de vetores em $\mathbb{R}^n$. ∎

Seria provavelmente melhor chamar as matrizes ortogonais de *ortonormais*, pois as colunas formam conjuntos de vetores não apenas ortogonais, mas ortonormais.

As seguintes propriedades importantes de matrizes ortogonais serão consideradas no Exercício 19.

Teorema 9.10 Suponha que Q seja uma matriz ortogonal $n \times n$. Então

(i) Q é inversível com $Q^{-1} = Q^t$.

(ii) Para quaisquer $\mathbf{x}$ e $\mathbf{y}$ em $\mathbb{R}^n$, $(Q\mathbf{x})^t Q\mathbf{y} = \mathbf{x}^t \mathbf{y}$.

(iii) Para qualquer $\mathbf{x}$ em $\mathbb{R}^n$, $\|Q\mathbf{x}\|_2 = \|\mathbf{x}\|_2$.

(v) Além disso, qualquer matriz inversível Q com $Q^{-1} = Q^t$ é ortogonal. ∎

Como exemplo, as matrizes de permutação discutidas na Seção 6.5 têm essa propriedade e, portanto, são ortogonais.

A propriedade (iii) do Teorema 9.10 é, em geral, expressa pela afirmação de que as matrizes ortogonais preservam a norma l_2. Como consequência imediata dessa propriedade, toda matriz ortogonal Q tem $\|Q\|_2 = 1$.

EXEMPLO 1 Verifique que a matriz

$$Q = [\mathbf{u}^{(1)}, \mathbf{u}^{(2)}, \mathbf{u}^{(3)}] = \begin{bmatrix} 0 & -\frac{\sqrt{30}}{6} & \frac{\sqrt{6}}{6} \\ \frac{2\sqrt{5}}{5} & -\frac{\sqrt{30}}{30} & -\frac{\sqrt{6}}{6} \\ \frac{\sqrt{5}}{5} & \frac{\sqrt{30}}{15} & \frac{\sqrt{6}}{3} \end{bmatrix}$$

formada com o conjunto ortonormal de vetores do Exemplo 5 da Seção 9.1 é uma matriz ortogonal.

Solução Observe que

$$QQ^t = \begin{bmatrix} 0 & \frac{-\sqrt{30}}{6} & \frac{\sqrt{6}}{6} \\ \frac{2\sqrt{5}}{5} & -\frac{\sqrt{30}}{30} & -\frac{\sqrt{6}}{6} \\ \frac{\sqrt{5}}{5} & \frac{\sqrt{30}}{15} & \frac{\sqrt{6}}{3} \end{bmatrix} \cdot \begin{bmatrix} 0 & \frac{2\sqrt{5}}{5} & \frac{\sqrt{5}}{5} \\ -\frac{\sqrt{30}}{6} & -\frac{\sqrt{30}}{30} & \frac{\sqrt{30}}{15} \\ \frac{\sqrt{6}}{6} & -\frac{\sqrt{6}}{6} & \frac{\sqrt{6}}{3} \end{bmatrix} = \begin{bmatrix} 1 & 0 & 0 \\ 0 & 1 & 0 \\ 0 & 0 & 1 \end{bmatrix} = I.$$

Pelo Corolário 6.18 da Seção 6.4 (veja a página 441), isso é suficiente para garantir que $Q^t = Q^{-1}$. Assim, Q é uma matriz ortogonal. ■

A definição a seguir fornece a base para muitas técnicas de determinação de autovalores de uma matriz.

Definição 9.11 Duas matrizes A e B são **semelhantes** se existe uma matriz não singular S tal que $A = S^{-1}BS$. ■

Um fato importante sobre as matrizes semelhantes é que elas têm os mesmos autovalores.

Teorema 9.12 Suponha que A e B sejam matrizes semelhantes, com $A = S^{-1}BS$, e seja λ um autovalor de A com autovetor associado $\mathbf{x}$. Então, λ é um autovalor de B com autovetor associado $S\mathbf{x}$.

Demonstração Suponha que $\mathbf{x} \neq \mathbf{0}$ seja tal que

$$S^{-1}BS\mathbf{x} = A\mathbf{x} = \lambda\mathbf{x}.$$

Multiplicar o lado esquerdo pela matriz S nos dá

$$BS\mathbf{x} = \lambda S\mathbf{x}.$$

Já que $\mathbf{x} \neq \mathbf{0}$ e S é não singular, $S\mathbf{x} \neq \mathbf{0}$. Então, $S\mathbf{x}$ é um autovetor de B correspondente a seu autovalor λ. ■

Um uso particularmente importante da semelhança ocorre quando uma matriz A, $n \times n$, é semelhante a uma matriz diagonal, ou seja, quando existem uma matriz diagonal D e uma matriz inversível S tais que

$$A = S^{-1}DS \qquad \text{ou, equivalentemente,} \qquad D = SAS^{-1}.$$

O resultado a seguir não é difícil de mostrar. Ele é considerado no Exercício 20.

Teorema 9.13 Uma matriz A, $n \times n$, é semelhante a uma matriz diagonal D se e somente se A tem n autovetores linearmente independentes. Neste caso, $D = S^{-1}AS$, em que as colunas de S consistem nos autovetores e o i-ésimo elemento na diagonal de D é o autovalor de A que corresponde à i-ésima coluna de S. ■

O par de matrizes S e D não é único. Por exemplo, qualquer reordenação das colunas de S e correspondente reordenação dos elementos da diagonal de D fornecerá um par diferente. Veja o Exercício 13 para uma ilustração.

Vimos no Teorema 9.5 que os autovetores de uma matriz que correspondem a autovalores distintos formam um conjunto linearmente independente. Como consequência, temos o seguinte corolário do Teorema 9.13.

Corolário 9.14 Uma matriz A, $n \times n$, que tem n autovalores distintos é semelhante a uma matriz diagonal. ■

De fato, não precisamos que a matriz semelhante seja diagonal para que esse conceito seja útil. Suponha que A seja semelhante a uma matriz triangular B. A determinação de autovalores é fácil para uma matriz triangular B, pois neste caso λ é uma solução da equação

$$0 = \det(B - \lambda I) = \prod_{i=1}^{n} (b_{ii} - \lambda)$$

se e somente se $\lambda = b_{ii}$ para algum i. O próximo resultado descreve uma relação, denominada **transformação de semelhança**, entre matrizes arbitrárias e matrizes triangulares.

▶ Teorema 9.15 (Teorema de Schur)

Seja A uma matriz arbitrária. Existe uma matriz não singular U com a propriedade de que

$$T = U^{-1}AU,$$

em que T é uma matriz triangular superior cujos elementos na diagonal consistem nos autovalores de A. ■

Issai Schur (1875-1941) é conhecido principalmente pelo seu trabalho em teoria de grupo, mas ele também trabalhou em teoria dos números, análise e outras áreas. Ele publicou o que é atualmente conhecido como o Teorema de Schur, em 1909.

A matriz U, cuja existência é assegurada no Teorema 9.15, satisfaz à condição $\|U\mathbf{x}\|_2 = \|\mathbf{x}\|_2$ para qualquer vetor $\mathbf{x}$. Matrizes com essa propriedade são chamadas **unitárias**. Ainda que não venhamos a fazer uso dessa propriedade de preservar a norma, ela aumenta significativamente a aplicação do Teorema de Schur.

A norma l_2 de uma matriz unitária é 1, daí o nome unitária.

O Teorema 9.15 é um teorema de existência que assegura que a matriz triangular T exista, mas não fornece um meio construtivo para achar T, já que requer conhecimento dos autovalores de A. Na maioria dos exemplos, a transformação de semelhança U é demasiadamente difícil de determinar.

O resultado a seguir para matrizes simétricas reduz a complicação, já que, nesse caso, a matriz de transformação é ortogonal.

▶ Teorema 9.16 A matriz A, $n \times n$, é simétrica se e somente se existe uma matriz diagonal D e uma matriz ortogonal Q tais que $A = QDQ^t$.

Demonstração Suponha primeiro que $A = QDQ^t$, em que Q é ortogonal e D é diagonal. Então

$$A^t = (QDQ^t)^t = (Q^t)^t D Q^t = QDQ^t = A,$$

e A é simétrica.

Para demonstrar que toda matriz simétrica A pode ser escrita na forma $A = QDQ^t$, considere primeiro os autovalores distintos de A. Se $A\mathbf{v}_1 = \lambda_1\mathbf{v}_1$ e $A\mathbf{v}_2 = \lambda_2\mathbf{v}_2$, com $\lambda_1 \neq \lambda_2$, então, como $A^t = A$, temos

$$(\lambda_1 - \lambda_2)\mathbf{v}_1^t\mathbf{v}_2 = (\lambda_1\mathbf{v}_1)^t\,\mathbf{v}_2 - \mathbf{v}_1^t(\lambda_2\,\mathbf{v}_2) = (A\mathbf{v}_1)^t\,\mathbf{v}_2 - \mathbf{v}_1^t(A\mathbf{v}_2) = \mathbf{v}_1^t A^t\,\mathbf{v}_2 - \mathbf{v}_1^t A\mathbf{v}_2 = 0,$$

de modo que $\mathbf{v}_1^t\mathbf{v}_2 = 0$. Portanto, podemos escolher vetores ortonormais para autovalores distintos simplesmente normalizando todos esses autovetores ortogonais. Quando os autovalores não são distintos, haverá um subespaço de autovetores para cada um dos autovalores múltiplos e, com a ajuda do processo de ortogonalização de Gram-Schmidt, podemos encontrar um conjunto de n autovetores ortogonais. ■

Os seguintes corolários do Teorema 9.16 ilustram algumas das propriedades interessantes de matrizes simétricas.

Corolário 9.17 Se A é uma matriz simétrica $n \times n$, então existem n autovetores de A que formam um conjunto ortonormal, e os autovalores de A são números reais. ■

Demonstração Se $Q = (q_{ij})$ e $D = (d_{ij})$ são as matrizes especificadas no Teorema 9.16, então

$$D = Q^t AQ = Q^{-1}AQ \quad \text{implica que} \quad AQ = QD.$$

Seja $1 \leq i \leq n$ e seja $\mathbf{v}_i = (q_{1i}, q_{2i}, \ldots, q_{ni})^t$ a i-ésima coluna de Q. Então

$$A\mathbf{v}_i = d_{ii}\mathbf{v}_i,$$

e d_{ii} é um autovalor de A com autovetor $\mathbf{v}_i$, a i-ésima coluna de Q. Uma vez que as colunas de Q são ortonormais, os autovetores de A serão ortonormais.

A multiplicação dessa equação, no lado esquerdo, por $\mathbf{v}_i^t$ nos dá

$$\mathbf{v}_i^t A\mathbf{v}_i = d_{ii}\mathbf{v}_i^t\mathbf{v}_i.$$

Como $\mathbf{v}_i^tA\mathbf{v}_i$ e $\mathbf{v}_i^t\mathbf{v}_i$ são números reais e $\mathbf{v}_i^t\mathbf{v}_i = 1$, o autovalor $d_{ii} = \mathbf{v}_i^tA\mathbf{v}_i$ será um número real para cada $i = 1, 2, \ldots, n$. ■

Lembre-se da Seção 6.6 que uma matriz simétrica A é chamada definida positiva se, para todos os vetores não nulos $\mathbf{x}$, tivermos $\mathbf{x}^t\mathrm{A}\mathbf{x} > 0$. O seguinte teorema caracteriza matrizes definidas positivas em termos de autovalores. Essa propriedade de autovalor torna matrizes definidas positivas importantes em aplicações.

▸Teorema 9.18 Uma matriz simétrica A é definida positiva se, e somente se, todos os autovalores de A forem positivos.

Demonstração Primeiramente, suponha que A seja definida positiva e que λ seja um autovalor de A com autovetor associado $\mathbf{x}$ com $\|\mathbf{x}\|_2 = 1$. Então

$$0 < \mathbf{x}^tA\mathbf{x} = \lambda\mathbf{x}^t\mathbf{x} = \lambda\|\mathbf{x}\|_2^2 = \lambda.$$

Para mostrar a recíproca, suponha que A seja simétrica com autovalores positivos. Pelo Corolário 9.17, A tem n autovetores, $\mathbf{v}^{(1)}, \mathbf{v}^{(2)}, \ldots, \mathbf{v}^{(n)}$, que formam um conjunto ortonormal e, pelo Teorema 9.17, linearmente independente. Assim, para qualquer $\mathbf{x} \neq \mathbf{0}$ existe um conjunto único de constantes não nulas $\beta_1, \beta_2, \ldots, \beta_n$, para as quais

$$\mathbf{x} = \sum_{i=1}^{n} \beta_i\mathbf{v}^{(i)}.$$

Multiplicando por $\mathbf{x}^tA$ temos

$$\mathbf{x}^t A\mathbf{x} = \mathbf{x}^t \left(\sum_{i=1}^{n} \beta_i A\mathbf{v}^{(i)}\right) = \mathbf{x}^t \left(\sum_{i=1}^{n} \beta_i\lambda_i\mathbf{v}^{(i)}\right) = \sum_{j=1}^{n}\sum_{i=1}^{n} \beta_j\beta_i\lambda_i(\mathbf{v}^{(j)})^t\mathbf{v}^{(i)}.$$

Mas os vetores $\mathbf{v}^{(1)}, \mathbf{v}^{(2)}, \ldots, \mathbf{v}^{(n)}$ formam um conjunto ortonormal, e assim

$$(\mathbf{v}^{(j)})^t\mathbf{v}^{(i)} = \begin{cases} 0, & \text{se } i \neq j, \\ 1, & \text{se } i = j. \end{cases}$$

Isso, juntamente com o fato de que os λ_i são todos positivos, implica que

$$\mathbf{x}^t A\mathbf{x} = \sum_{j=1}^{n} \sum_{i=1}^{n} \beta_j \beta_i \lambda_i (\mathbf{v}^{(j)})^t \mathbf{v}^{(i)} = \sum_{i=1}^{n} \lambda_i \beta_i^2 > 0.$$

Assim, A é definida positiva. ■

EXERCÍCIOS 9.2

1. Mostre que os seguintes pares de matrizes não são semelhantes.

   a. $A = \begin{bmatrix} 2 & 1 \\ 1 & 2 \end{bmatrix}$ e $B = \begin{bmatrix} 1 & 2 \\ 2 & 1 \end{bmatrix}$

   b. $A = \begin{bmatrix} 2 & 0 \\ 1 & 3 \end{bmatrix}$ e $B = \begin{bmatrix} 4 & -1 \\ -2 & 2 \end{bmatrix}$

   c. $A = \begin{bmatrix} 1 & 2 & 1 \\ 0 & 1 & 2 \\ 0 & 0 & 2 \end{bmatrix}$ e $B = \begin{bmatrix} 1 & 2 & 0 \\ 0 & 1 & 2 \\ 1 & 0 & 2 \end{bmatrix}$

   d. $A = \begin{bmatrix} 1 & 2 & 1 \\ -3 & 2 & 2 \\ 0 & 1 & 2 \end{bmatrix}$ e $B = \begin{bmatrix} 1 & 2 & 1 \\ 0 & 1 & 2 \\ -3 & 2 & 2 \end{bmatrix}$

2. Mostre que os seguintes pares de matrizes não são semelhantes.

   a. $A = \begin{bmatrix} 1 & 1 \\ 0 & 3 \end{bmatrix}$ e $B = \begin{bmatrix} 2 & 2 \\ 1 & 2 \end{bmatrix}$

   b. $A = \begin{bmatrix} 1 & 1 \\ 2 & -2 \end{bmatrix}$ e $B = \begin{bmatrix} -1 & 2 \\ 1 & 2 \end{bmatrix}$

   c. $A = \begin{bmatrix} 1 & 1 & -1 \\ -1 & 0 & 1 \\ 0 & 1 & 1 \end{bmatrix}$ e $B = \begin{bmatrix} 2 & -2 & 0 \\ -2 & 0 & 2 \\ 2 & 2 & -2 \end{bmatrix}$

   d. $A = \begin{bmatrix} 1 & 1 & -1 \\ 2 & -2 & 2 \\ -3 & 3 & 3 \end{bmatrix}$ e $B = \begin{bmatrix} 1 & 2 & 1 \\ 2 & 3 & 2 \\ 0 & 1 & 0 \end{bmatrix}$

3. Defina $A = PDP^{-1}$ para as seguintes matrizes D e P. Determine A^3.

   a. $P = \begin{bmatrix} 2 & -1 \\ 3 & 1 \end{bmatrix}$ e $D = \begin{bmatrix} 1 & 0 \\ 0 & 2 \end{bmatrix}$

   b. $P = \begin{bmatrix} -1 & 2 \\ 1 & 0 \end{bmatrix}$ e $D = \begin{bmatrix} -2 & 0 \\ 0 & 1 \end{bmatrix}$

   c. $P = \begin{bmatrix} 1 & 2 & -1 \\ 2 & 1 & 0 \\ 1 & 0 & 2 \end{bmatrix}$ e $D = \begin{bmatrix} 0 & 0 & 0 \\ 0 & 1 & 0 \\ 0 & 0 & -1 \end{bmatrix}$

   d. $P = \begin{bmatrix} 2 & -1 & 0 \\ -1 & 2 & -1 \\ 0 & -1 & 2 \end{bmatrix}$ e $D = \begin{bmatrix} 2 & 0 & 0 \\ 0 & 2 & 0 \\ 0 & 0 & 2 \end{bmatrix}$

4. Determine A^4 para as matrizes do Exercício 3.

5. Determine se cada uma das seguintes matrizes é diagonalizável e, em caso afirmativo, encontre P e D tais que $A = PDP^{-1}$.

a. $A = \begin{bmatrix} 4 & -1 \\ 4 & 1 \end{bmatrix}$ **b.** $A = \begin{bmatrix} 2 & -1 \\ -1 & 2 \end{bmatrix}$

c. $A = \begin{bmatrix} 2 & 0 & 1 \\ 0 & 1 & 0 \\ 1 & 0 & 2 \end{bmatrix}$ **d.** $A = \begin{bmatrix} 1 & 1 & 1 \\ 1 & 1 & 0 \\ 1 & 0 & 1 \end{bmatrix}$

6. Determine se cada uma das seguintes matrizes é diagonalizável e, em caso afirmativo, encontre P e D tais que $A = PDP^{-1}$.

a. $A = \begin{bmatrix} 2 & 1 \\ 0 & 1 \end{bmatrix}$ **b.** $A = \begin{bmatrix} 2 & 1 \\ 1 & 2 \end{bmatrix}$

c. $A = \begin{bmatrix} 2 & 1 & 1 \\ 1 & 2 & 1 \\ 1 & 1 & 2 \end{bmatrix}$ **d.** $A = \begin{bmatrix} 2 & 1 & 1 \\ 0 & 3 & 1 \\ 0 & 0 & 2 \end{bmatrix}$

7. Determine a fatoração $A = PDP^{-1}$ para as matrizes do Exercício 1 da Seção 9.1 que tenham três autovetores linearmente independentes.

8. Determine a fatoração $A = PDP^{-1}$ para as matrizes do Exercício 2 da Seção 9.1 que tenham três autovetores linearmente independentes.

9. **(i)** Determine se as matrizes a seguir são definidas positivas e, em caso afirmativo, **(ii)** construa uma matriz ortogonal Q para a qual $Q^t A Q = D$, em que D é uma matriz diagonal.

a. $A = \begin{bmatrix} 2 & 1 \\ 1 & 2 \end{bmatrix}$ **b.** $A = \begin{bmatrix} 1 & 2 \\ 2 & 1 \end{bmatrix}$

c. $A = \begin{bmatrix} 2 & 0 & 1 \\ 0 & 2 & 0 \\ 1 & 0 & 2 \end{bmatrix}$ **d.** $A = \begin{bmatrix} 1 & 1 & 1 \\ 1 & 1 & 0 \\ 1 & 0 & 1 \end{bmatrix}$

10. **(i)** Determine se as matrizes a seguir são definidas positivas e, em caso afirmativo, **(ii)** construa uma matriz ortogonal Q para a qual $Q^t A Q = D$, em que D é uma matriz diagonal.

a. $A = \begin{bmatrix} 4 & 2 & 1 \\ 2 & 4 & 0 \\ 1 & 0 & 4 \end{bmatrix}$ **b.** $A = \begin{bmatrix} 3 & 2 & 1 \\ 2 & 2 & 0 \\ 1 & 0 & 1 \end{bmatrix}$

c. $A = \begin{bmatrix} 1 & -1 & -1 & 1 \\ -1 & 2 & -1 & -2 \\ -1 & -1 & 3 & 0 \\ 1 & -2 & 0 & 4 \end{bmatrix}$ **d.** $A = \begin{bmatrix} 8 & 4 & 2 & 1 \\ 4 & 8 & 2 & 1 \\ 2 & 2 & 8 & 1 \\ 1 & 1 & 1 & 8 \end{bmatrix}$

11. Mostre que cada uma das matrizes a seguir é não singular, mas não é diagonalizável.

a. $A = \begin{bmatrix} 2 & 1 & 0 \\ 0 & 2 & 0 \\ 0 & 0 & 3 \end{bmatrix}$ **b.** $A = \begin{bmatrix} 2 & -3 & 6 \\ 0 & 3 & -4 \\ 0 & 2 & -3 \end{bmatrix}$

c. $A = \begin{bmatrix} 2 & 1 & -1 \\ 0 & 2 & 1 \\ 0 & 0 & 3 \end{bmatrix}$ **d.** $A = \begin{bmatrix} 1 & 0 & 0 \\ -1 & 0 & 1 \\ -1 & -1 & 2 \end{bmatrix}$

12. Mostre que cada uma das matrizes a seguir é singular mas é diagonalizável.

a. $A = \begin{bmatrix} 2 & -1 & 0 \\ -1 & 2 & 0 \\ 0 & 0 & 0 \end{bmatrix}$ **b.** $A = \begin{bmatrix} 2 & -1 & -1 \\ -1 & 2 & -1 \\ -1 & -1 & 2 \end{bmatrix}$

13. Mostre que a matriz dada no Exemplo 3 da Seção 9.1,

$$A = \begin{bmatrix} 2 & 0 & 0 \\ 1 & 1 & 2 \\ 1 & -1 & 4 \end{bmatrix},$$

é semelhante às matrizes diagonais

$$D_1 = \begin{bmatrix} 3 & 0 & 0 \\ 0 & 2 & 0 \\ 0 & 0 & 2 \end{bmatrix}, \quad D_2 = \begin{bmatrix} 2 & 0 & 0 \\ 0 & 3 & 0 \\ 0 & 0 & 2 \end{bmatrix} \quad \text{e} \quad D_3 = \begin{bmatrix} 2 & 0 & 0 \\ 0 & 2 & 0 \\ 0 & 0 & 3 \end{bmatrix}.$$

14. Mostre que não existe nenhuma matriz diagonal semelhante à matriz dada no Exemplo 4 da Seção 9.1,

$$B = \begin{bmatrix} 2 & 1 & 0 \\ 0 & 2 & 0 \\ 0 & 0 & 3 \end{bmatrix}.$$

EXERCICÍO APLICADO

15. No Exercício 22 da Seção 6.6, a matriz simétrica

$$A = \begin{bmatrix} 1{,}59 & 1{,}69 & 2{,}13 \\ 1{,}69 & 1{,}31 & 1{,}72 \\ 2{,}13 & 1{,}72 & 1{,}85 \end{bmatrix}$$

foi usada para descrever o comprimento médio das asas das moscas de frutas que resultaram do cruzamento de três variedades mutantes de moscas. O elemento a_{ij} representa o comprimento médio da asa resultante do cruzamento de um macho do tipo i com uma fêmea do tipo j.

a. Encontre os autovalores e os autovetores associados dessa matriz.

b. Essa matriz é definida positiva?

EXERCÍCIOS TEÓRICOS

16. Suponha que A e B sejam matrizes $n \times n$ não singulares. Demonstre que AB é semelhante a BA.

17. Mostre que, se A é semelhante a B e B é semelhante a C, então A é semelhante a C.

18. Mostre que, se A é semelhante a B, então

a. $\det(A) = \det(B)$.

b. O polinômio característico de A é o mesmo que o polinômio característico de B.

c. A é não singular se e somente se B é não singular.

d. Se A for não singular, mostre que A^{-1} é semelhante a B^{-1}.

e. A^t é semelhante a B^t.

19. Demonstre o Teorema 9.10.

20. Demonstre o Teorema 9.13.

QUESTÕES PARA DISCUSSÃO

1. Leia o texto da margem do início desta seção. Discuta em detalhe por que poderia ser melhor chamar as matrizes ortogonais de ortonormais.
2. As matrizes ortogonais (ortonormais) preservam o ângulo e o comprimento? Por que sim ou porque não?
3. O que é a fatoração de Takagi e como ela difere da decomposição de Schur?
4. O que é a decomposição polar e como ela difere da decomposição de Schur?

9.3 O método da potência

O **método da potência** é uma técnica iterativa utilizada para determinar o autovalor dominante de uma matriz – isto é, o autovalor com o maior módulo. Por meio de ligeira modificação no método, ele também pode ser utilizado para determinar outros autovalores. Uma característica útil do método da potência é que ele produz não apenas um autovalor, mas também um autovetor associado. De fato, o método da potência é frequentemente aplicado para encontrar um autovetor para um autovalor que tenha sido determinado por algum outro meio.

Para aplicar o método da potência, supomos que a matriz A, $n \times n$, tenha n autovalores $\lambda_1, \lambda_2, \ldots, \lambda_n$ com um conjunto associado de autovetores linearmente independentes $\{\mathbf{v}^{(1)}, \mathbf{v}^{(2)}, \mathbf{v}^{(3)}, \ldots, \mathbf{v}^{(n)}\}$. Além disso, supomos que A tenha precisamente um autovalor, λ_1, que seja o maior em módulo, de forma que

$$|\lambda_1| > |\lambda_2| \geq |\lambda_3| \geq \ldots \geq |\lambda_n| \geq 0.$$

O nome do método da potência deriva do fato de que as iterações exageram o tamanho relativo dos módulos dos autovalores.

O Exemplo 4 da Seção 9.1 ilustra que uma matriz $n \times n$ não precisa ter n autovetores linearmente independentes. Quando não tem, o método da potência ainda pode ser bem-sucedido, mas não será garantido que seja.

Se $\mathbf{x}$ for qualquer vetor em $\mathbb{R}^n$, o fato de $\{\mathbf{v}^{(1)}, \mathbf{v}^{(2)}, \mathbf{v}^{(3)}, \ldots, \mathbf{v}^{(n)}\}$ ser linearmente independente implica que existem constantes $\beta_1, \beta_2, \ldots, \beta_n$ tais que

$$\mathbf{x} = \sum_{j=1}^{n} \beta_j \mathbf{v}^{(j)}.$$

Multiplicando ambos os lados desta equação por $A, A^2, \ldots, A^k$ temos

$$A\mathbf{x} = \sum_{j=1}^{n} \beta_j A\mathbf{v}^{(j)} = \sum_{j=1}^{n} \beta_j \lambda_j \mathbf{v}^{(j)}, \qquad A^2\mathbf{x} = \sum_{j=1}^{n} \beta_j \lambda_j A\mathbf{v}^{(j)} = \sum_{j=1}^{n} \beta_j \lambda_j^2 \mathbf{v}^{(j)},$$

e, no caso geral, $A^k\mathbf{x} = \sum_{j=1}^{n} \beta_j \lambda_j^k \mathbf{v}^{(j)}$.

Se λ_1^k for fatorado de cada termo no lado direito da última equação, então

$$A^k\mathbf{x} = \lambda_1^k \sum_{j=1}^{n} \beta_j \left(\frac{\lambda_j}{\lambda_1}\right)^k \mathbf{v}^{(j)}.$$

Já que $|\lambda_1| > |\lambda_j|$, para todo $j = 2, 3, \ldots, n$, temos $\lim_{k\to\infty} (\lambda_j/\lambda_1)^k = 0$ e

$$\lim_{k\to\infty} A^k\mathbf{x} = \lim_{k\to\infty} \lambda_1^k \beta_1 \mathbf{v}^{(1)}. \tag{9.2}$$

Esta sequência na Equação 9.2 converge para 0 se $|\lambda_1| < 1$ e diverge se $|\lambda_1| > 1$, desde que, é claro, $\beta_1 \neq 0$. Como consequência, os elementos de $A^k\mathbf{x}$ crescerão com k se $|\lambda_1| > 1$ e irão a 0 se $|\lambda_1| < 1$, resultado talvez em overflow ou underflow. Para lidar com isso, pode-se tirar vantagem da relação expressa na Equação (9.2) fazendo uma mudança de escala nas potências de $A^k\mathbf{x}$ de um modo apropriado para garantir que o limite na Equação (9.2) seja finito e não nulo. A mudança de escala começa pela escolha de $\mathbf{x}$ como sendo um vetor unitário $\mathbf{x}^{(0)}$ em relação a $\|\cdot\|_\infty$ e escolhendo uma componente $x_{p_0}^{(0)}$ de $\mathbf{x}^{(0)}$ com

$$x_{p_0}^{(0)} = 1 = \|\mathbf{x}^{(0)}\|_\infty.$$

Seja $\mathbf{y}^{(1)} = A\mathbf{x}^{(0)}$ e defina $\mu^{(1)} = y_{p_0}^{(1)}$. Então

$$\mu^{(1)} = y_{p_0}^{(1)} = \frac{y_{p_0}^{(1)}}{x_{p_0}^{(0)}} = \frac{\beta_1\lambda_1 v_{p_0}^{(1)} + \sum_{j=2}^n \beta_j\lambda_j v_{p_0}^{(j)}}{\beta_1 v_{p_0}^{(1)} + \sum_{j=2}^n \beta_j v_{p_0}^{(j)}} = \lambda_1 \left[\frac{\beta_1 v_{p_0}^{(1)} + \sum_{j=2}^n \beta_j(\lambda_j/\lambda_1) v_{p_0}^{(j)}}{\beta_1 v_{p_0}^{(1)} + \sum_{j=2}^n \beta_j v_{p_0}^{(j)}}\right].$$

Seja p_1 o menor inteiro tal que

$$|y_{p_1}^{(1)}| = \|\mathbf{y}^{(1)}\|_\infty,$$

e defina $\mathbf{x}^{(1)}$ por

$$\mathbf{x}^{(1)} = \frac{1}{y_{p_1}^{(1)}}\mathbf{y}^{(1)} = \frac{1}{y_{p_1}^{(1)}} A\mathbf{x}^{(0)}.$$

Então

$$x_{p_1}^{(1)} = 1 = \|\mathbf{x}^{(1)}\|_\infty.$$

Agora defina

$$\mathbf{y}^{(2)} = A\mathbf{x}^{(1)} = \frac{1}{y_{p_1}^{(1)}} A^2\mathbf{x}^{(0)}$$

e

$$\mu^{(2)} = y_{p_1}^{(2)} = \frac{y_{p_1}^{(2)}}{x_{p_1}^{(1)}} = \frac{\left[\beta_1\lambda_1^2 v_{p_1}^{(1)} + \sum_{j=2}^n \beta_j\lambda_j^2 v_{p_1}^{(j)}\right] \Big/ y_{p_1}^{(1)}}{\left[\beta_1\lambda_1 v_{p_1}^{(1)} + \sum_{j=2}^n \beta_j\lambda_j v_{p_1}^{(j)}\right] \Big/ y_{p_1}^{(1)}}$$

$$= \lambda_1 \left[\frac{\beta_1 v_{p_1}^{(1)} + \sum_{j=2}^n \beta_j(\lambda_j/\lambda_1)^2 v_{p_1}^{(j)}}{\beta_1 v_{p_1}^{(1)} + \sum_{j=2}^n \beta_j(\lambda_j/\lambda_1) v_{p_1}^{(j)}}\right].$$

Seja p_2 o menor inteiro com

$$|y_{p_2}^{(2)}| = \|\mathbf{y}^{(2)}\|_\infty,$$

e defina

$$\mathbf{x}^{(2)} = \frac{1}{y_{p_2}^{(2)}}\mathbf{y}^{(2)} = \frac{1}{y_{p_2}^{(2)}}A\mathbf{x}^{(1)} = \frac{1}{y_{p_2}^{(2)}y_{p_1}^{(1)}}A^2\mathbf{x}^{(0)}.$$

De modo análogo, defina sequências de vetores $\{\mathbf{x}^{(m)}\}_{m=0}^{\infty}$ e $\{\mathbf{y}^{(m)}\}_{m=1}^{\infty}$ e uma sequência de escalares $\{\mu^{(m)}\}_{m=1}^{\infty}$ indutivamente por meio de

$$\mathbf{y}^{(m)} = A\mathbf{x}^{(m-1)},$$

$$\mu^{(m)} = y_{p_{m-1}}^{(m)} = \lambda_1\left[\frac{\beta_1 v_{p_{m-1}}^{(1)} + \sum_{j=2}^{n}(\lambda_j/\lambda_1)^m\beta_j v_{p_{m-1}}^{(j)}}{\beta_1 v_{p_{m-1}}^{(1)} + \sum_{j=2}^{n}(\lambda_j/\lambda_1)^{m-1}\beta_j v_{p_{m-1}}^{(j)}}\right] \tag{9.3}$$

e

$$\mathbf{x}^{(m)} = \frac{\mathbf{y}^{(m)}}{y_{p_m}^{(m)}} = \frac{A^m\mathbf{x}^{(0)}}{\prod_{k=1}^{m} y_{p_k}^{(k)}},$$

em que, a cada passo, p_m é utilizado para representar o menor inteiro para o qual

$$|y_{p_m}^{(m)}| = \|\mathbf{y}^{(m)}\|_\infty.$$

Examinando a Equação (9.3) percebemos que, já que $|\lambda_j/\lambda_1| < 1$, para cada $j = 2, 3, \ldots, n$, $\lim_{m\to\infty}\mu^{(m)} = \lambda_1$, desde que $\mathbf{x}^{(0)}$ seja escolhido de modo que $\beta_1 \neq 0$. Além disso, a sequência de vetores $\{\mathbf{x}^{(m)}\}_{m=0}^{\infty}$ converge para um autovetor associado a λ_1 que tem a norma l_∞ igual a um.

Ilustração A matriz

$$A = \begin{bmatrix} -2 & -3 \\ 6 & 7 \end{bmatrix}$$

tem autovalores $\lambda_1 = 4$ e $\lambda_2 = 1$ com autovetores correspondentes $\mathbf{v}_1 = (1, -2)^t$ e $\mathbf{v}_2 = (1, -1)^t$. Se começarmos com o vetor arbitrário $\mathbf{x}_0 = (1, 1)^t$ e multiplicarmos pela matriz A, obtemos

$$\mathbf{x}_1 = A\mathbf{x}_0 = \begin{bmatrix} -5 \\ 13 \end{bmatrix}, \quad \mathbf{x}_2 = A\mathbf{x}_1 = \begin{bmatrix} -29 \\ 61 \end{bmatrix}, \quad \mathbf{x}_3 = A\mathbf{x}_2 = \begin{bmatrix} -125 \\ 253 \end{bmatrix},$$

$$\mathbf{x}_4 = A\mathbf{x}_3 = \begin{bmatrix} -509 \\ 1021 \end{bmatrix}, \quad \mathbf{x}_5 = A\mathbf{x}_4 = \begin{bmatrix} -2045 \\ 4093 \end{bmatrix} \quad \text{e} \quad \mathbf{x}_6 = A\mathbf{x}_5 = \begin{bmatrix} -8189 \\ 16381 \end{bmatrix}.$$

Como consequência, aproximações para o autovalor dominante $\lambda_1 = 4$ são

$$\lambda_1^{(1)} = \frac{61}{13} = 4{,}6923, \qquad \lambda_1^{(2)} = \frac{253}{61} = 4{,}14754, \qquad \lambda_1^{(3)} = \frac{1021}{253} = 4{,}03557,$$

$$\lambda_1^{(4)} = \frac{4093}{1021} = 4{,}00881 \quad \text{e} \quad \lambda_1^{(5)} = \frac{16381}{4093} = 4{,}00200.$$

Um autovetor aproximado correspondente a $\lambda_1^{(5)} = \dfrac{16381}{4093} = 4{,}00200$ é

$$\mathbf{x}_6 = \begin{bmatrix} -8189 \\ 16381 \end{bmatrix}, \text{ o qual, dividido por } -8189, \text{ é normalizado para} \begin{bmatrix} 1 \\ -2.00037 \end{bmatrix} \approx \mathbf{v}_1. \blacksquare$$

O método da potência tem a desvantagem de que não se sabe, no início, se a matriz tem ou não um único autovalor dominante. Tampouco se sabe como $\mathbf{x}^{(0)}$ poderia ser escolhido de modo a garantir que sua representação, em termos dos autovetores da matriz, contenha uma contribuição não nula do autovetor associado ao autovalor dominante, caso ele exista.

O Algoritmo 9.1 implementa o método da potência.

ALGORITMO 9.1 **Método da potência**

Para obter uma aproximação para o autovalor dominante e um autovetor associado da matriz A, $n \times n$, dado um vetor não nulo $\mathbf{x}$:

ENTRADA dimensão n; matriz A; vetor $\mathbf{x}$; tolerância TOL; número máximo de iterações N.

SAÍDA autovalor aproximado μ; autovetor aproximado $\mathbf{x}$ (com $\|\mathbf{x}\|_\infty = 1$) ou uma mensagem de que o número máximo de iterações foi excedido.

Passo 1 Faça $k = 1$.

Passo 2 Encontre o menor inteiro p com $1 \leq p \leq n$ e $|x_p| = \|\mathbf{x}\|_\infty$.

Passo 3 Faça $\mathbf{x} = \mathbf{x}/x_p$.

Passo 4 Enquanto ($k \leq N$) execute Passos 5 a 11.

Passo 5 Faça $\mathbf{y} = A\mathbf{x}$.

Passo 6 Faça $\mu = y_p$.

Passo 7 Encontre o menor inteiro p com $1 \leq p \leq n$ e $|y_p| = \|\mathbf{y}\|_\infty$.

Passo 8 Se $y_p = 0$ então SAÍDA ('Autovetor', $\mathbf{x}$);
SAÍDA ('A tem o autovalor 0, escolha um novo vetor $\mathbf{x}$ e reinicie');
PARE.

Passo 9 Faça $ERR = \|\mathbf{x} - (\mathbf{y}/y_p)\|_\infty$;
$\mathbf{x} - \mathbf{y}/y_p$.

Passo 10 Se $ERR < TOL$ então SAÍDA (μ, $\mathbf{x}$);
(*O procedimento foi bem-sucedido.*)
PARE.

Passo 11 Faça $k = k + 1$.

Passo 12 SAÍDA ('Número máximo de iterações excedido');
(*O procedimento não foi bem-sucedido.*)
PARE. ■

Aceleração da convergência

A escolha, no Passo 7, do menor inteiro p_m para o qual $|y^{(m)}_{p_m}| = \|\mathbf{y}^{(m)}\|_\infty$, em geral garantirá que este índice eventualmente se torne invariante. A taxa com a qual $\{\mu^{(m)}\}_{m=1}^{\infty}$ converge para λ_1 é determinada pelas razões $|\lambda_j/\lambda_1|^{(m)}$, para $j = 2, 3, \ldots, n$ e, em particular, por $|\lambda_2/\lambda_1|^m$. A taxa de convergência é $O(|\lambda_2/\lambda_1|^m)$ (consulte [IK] p. 148), de modo que existe uma constante k tal que para m grande,

$$|\mu^{(m)} - \lambda_1| \approx k\left|\frac{\lambda_2}{\lambda_1}\right|^m,$$

o que implica que

$$\lim_{m\to\infty} \frac{|\mu^{(m+1)} - \lambda_1|}{|\mu^{(m)} - \lambda_1|} \approx \left|\frac{\lambda_2}{\lambda_1}\right| < 1.$$

Portanto, a sequência $\{\mu^{(m)}\}$ converge linearmente para λ_1, e o procedimento Δ^2 de Aitken, discutido na Seção 2.5, pode ser utilizado para acelerar a convergência. A implementação do procedimento Δ^2 no Algoritmo 9.1 é realizada pela modificação do algoritmo, como segue:

Passo 1 Faça $k = 1$;
$\mu_0 = 0$;
$\mu_1 = 0$.

Passo 6 Faça $\mu = y_p$;
$$\hat{\mu} = \mu_0 - \frac{(\mu_1 - \mu_0)^2}{\mu - 2\mu_1 + \mu_0}.$$

Passo 10 Se $ERR < TOL$ e $k \geqslant 4$ então SAÍDA $(\hat{\mu}, \mathbf{x})$;
PARE.

Passo 11 Faça $k = k + 1$;
$\mu_0 = \mu_1$;
$\mu_1 = \mu$.

Na verdade, não é necessário que a matriz tenha autovalores distintos para que o método da potência convirja. Se a matriz tiver um autovalor dominante único, λ_1, com multiplicidade r maior que 1 e $\mathbf{v}^{(1)}, \mathbf{v}^{(2)}, \ldots, \mathbf{v}^{(r)}$ forem autovetores linearmente independentes associados a λ_1, o procedimento ainda convergirá para λ_1. A sequência de vetores $\{\mathbf{x}^{(m)}\}_{m=0}^{\infty}$, neste caso, convergirá para um autovetor de λ_1 de norma l_∞ igual a um que depende da escolha do vetor inicial $\mathbf{x}^{(0)}$ e que é uma combinação linear de $\mathbf{v}^{(1)}, \mathbf{v}^{(2)}, \ldots, \mathbf{v}^{(r)}$.

EXEMPLO 1 Use o método da potência para aproximar o autovalor dominante da matriz

$$A = \begin{bmatrix} -4 & 14 & 0 \\ -5 & 13 & 0 \\ -1 & 0 & 2 \end{bmatrix}$$

e então aplique o método Δ^2 de Aitken às aproximações do autovalor da matriz para acelerar a convergência.

Solução A matriz tem autovalores $\lambda_1 = 6$, $\lambda_2 = 3$ e $\lambda_3 = 2$, e então o método da potência, descrito no Algoritmo 9.1, convergirá. Seja $\mathbf{x}^{(0)} = (1, 1, 1)^t$, então

$$\mathbf{y}^{(1)} = A\mathbf{x}^{(0)} = (10, 8, 1)^t,$$

e assim,

$$||\mathbf{y}^{(1)}||_\infty = 10, \quad \mu^{(1)} = y_1^{(1)} = 10 \quad \text{e} \quad \mathbf{x}^{(1)} = \frac{\mathbf{y}^{(1)}}{10} = (1, 0{,}8, 0{,}1)^t.$$

Continuar dessa maneira nos leva aos valores da Tabela 9.1, em que $\hat{\mu}^{(m)}$ representa a sequência gerada pelo procedimento Δ^2 de Aitken. Uma aproximação para o autovalor dominante, 6, nesta etapa é $\hat{\mu}^{(10)} = 6{,}000000$. O autovetor unitário na norma l_∞ aproximado para o autovalor 6 é $(\mathbf{x}^{(12)})^t = (1, 0{,}714316, -0{,}249895)^t$.

Tabela 9.1

m	$(\mathbf{x}^{(m)})^t$	$\mu^{(m)}$	$\hat{\mu}^{(m)}$
0	(1, 1, 1)		
1	(1, 0,8, 0,1)	10	6,266667
2	(1, 0,75, −0,111)	7,2	6,062473
3	(1, 0,730769, −0,188803)	6,5	6,015054
4	(1, 0,722200, −0,220850)	6,230769	6,004202
5	(1, 0,718182, −0,235915)	6,111000	6,000855
6	(1, 0,716216, −0,243095)	6,054546	6,000240
7	(1, 0,715247, −0,246588)	6,027027	6,000058
8	(1, 0,714765, −0,248306)	6,013453	6,000017
9	(1, 0,714525, −0,249157)	6,006711	6,000003
10	(1, 0,714405, −0,249579)	6,003352	6,000000
11	(1, 0,714346, −0,249790)	6,001675	
12	(1, 0,714316, −0,249895)	6,000837	

Ainda que a aproximação para o autovalor esteja correta nas casas decimais listadas, a aproximação do autovetor é consideravelmente menos precisa para o autovetor real, $(1, 5/7, -1/4)^t \approx (1{,}0{,}714286, -0{,}25)^t$. ■

Matrizes simétricas

Quando A é simétrica, uma variação na escolha dos vetores $\mathbf{x}^{(m)}$, $\mathbf{y}^{(m)}$ e escalares $\mu^{(m)}$ pode ser feita para melhorar significativamente a taxa de convergência da sequência $\{\mu^{(m)}\}_{m=1}^{\infty}$ para o autovalor dominante λ_1. De fato, embora a taxa de convergência do método da potência geral seja $O(|\lambda_2/\lambda_1|^m)$, a taxa de convergência do procedimento modificado dado no Algoritmo 9.2 para matrizes simétricas é $O(|\lambda_2/\lambda_1|^{2m})$. (Consulte [IK, p. 149 ff].) Como a sequência $\{\mu^{(m)}\}$ ainda é linearmente convergente, o procedimento Δ^2 de Aitken pode ser aplicado.

ALGORITMO 9.2

Método da potência simétrico

Para obter uma aproximação para o autovalor dominante e um autovetor associado da matriz $n \times n$ simétrica A, dado um vetor $\mathbf{x}$ não nulo:

ENTRADA dimensão n; matriz A; vetor $\mathbf{x}$; tolerância TOL; número máximo de iterações N.

SAÍDA autovalor aproximado μ; autovetor aproximado $\mathbf{x}$ (com $\|\mathbf{x}\|_2 = 1$) ou uma mensagem de que o número máximo de iterações foi excedido.

Passo 1 Faça $k = 1$;
$\mathbf{x} = \mathbf{x}/\|\mathbf{x}\|_2$.

Passo 2 Enquanto ($k \leq N$) execute Passos 3 a 8.

Passo 3 Faça $\mathbf{y} = A\mathbf{x}$.

Passo 4 Faça $\mu = \mathbf{x}^t\mathbf{y}$.

Passo 5 Se $\|\mathbf{y}\|_2 = 0$ então SAÍDA ('Autovetor', $\mathbf{x}$);
SAÍDA ('A tem autovalor 0, escolha um novo vetor $\mathbf{x}$ e reinicie');
PARE.

Passo 6 Faça $ERR = \left\| \mathbf{x} - \dfrac{\mathbf{y}}{\|\mathbf{y}\|_2} \right\|_2$;
$\mathbf{x} = \mathbf{y}/\|\mathbf{y}\|_2$.

Passo 7 Se $ERR < TOL$ então SAÍDA (μ, $\mathbf{x}$);
(*O procedimento foi bem-sucedido.*)
PARE.

Passo 8 Faça $k = k + 1$.

Passo 9 SAÍDA ('Número máximo de iterações excedido');
(*O procedimento não foi bem-sucedido.*)
PARE. ∎

EXEMPLO 2

Aplique tanto o método da potência quanto o método da potência simétrico à matriz

$$A = \begin{bmatrix} 4 & -1 & 1 \\ -1 & 3 & -2 \\ 1 & -2 & 3 \end{bmatrix},$$

usando o método Δ^2 de Aitken para acelerar a convergência.

Solução Essa matriz tem autovalores $\lambda_1 = 6$, $\lambda_2 = 3$ e $\lambda_3 = 1$. Um autovetor para o autovalor 6 é $(1, -1, 1)^t$. A aplicação do método da potência a essa matriz, com vetor inicial $(1, 0, 0)^t$, fornece os valores na Tabela 9.2.

Aplicaremos agora o método da potência simétrico a essa matriz com o mesmo vetor inicial $(1, 0, 0)^t$. Os primeiros passos são

$$\mathbf{x}^{(0)} = (1, 0, 0)^t, \qquad A\mathbf{x}^{(0)} = (4, -1, 1)^t, M^{(1)} = 4$$

e

$$\mathbf{x}^{(1)} = \frac{1}{\|A\mathbf{x}^{(0)}\|_2} \cdot A\mathbf{x}^{(0)} = (0{,}942809, -0{,}235702, 0{,}235702)^t.$$

Tabela 9.2

m	$(\mathbf{y}^{(m)})^t$	$\mu^{(m)}$	$\hat{\mu}^{(m)}$	$(\mathbf{x}^{(m)})^t$ com $\|\mathbf{x}^{(m)}\|_\infty = 1$
0				(1,0,0)
1	(4, −1, 1)	4		(1, −0,25, 0,25)
2	(4,5, −2,25, 2,25)	4,5	7	(1, −0,5, 0,5)
3	(5, −3,5, 3,5)	5	6,2	(1, −0,7, 0,7)
4	(5,4, −4,5, 4,5)	5,4	6,047617	$(1, -0{,}833\overline{3}, 0{,}833\overline{3})$
5	$(5{,}66\overline{6}, -5{,}166\overline{6}, 5{,}166\overline{6})$	$5{,}66\overline{6}$	6,011767	(1, −0,911765, 0,911765)
6	(5,823529, −5,558824, 5,558824)	5,823529	6,002931	(1, −0,954545, 0,954545)
7	(5,909091, −5,772727, 5,772727)	5,909091	6,000733	(1, −0,976923, 0,976923)
8	(5,953846, −5,884615, 5,884615)	5,953846	6,000184	(1, −0,988372, 0,988372)
9	(5,976744, −5,941861, 5,941861)	5,976744		(1, −0,994163, 0,994163)
10	(5,988327, −5,970817, 5,970817)	5,988327		(1, −0,997076, 0,997076)

Os elementos restantes são mostrados na Tabela 9.3.

Tabela 9.3

m	$(\mathbf{y}^{(m)})^t$	$\mu^{(m)}$	$\hat{\mu}^{(m)}$	$(\mathbf{x}^{(m)})^t$ com $\|\mathbf{x}^{(m)}\|_2 = 1$
0	(1, 0, 0)			(1, 0, 0)
1	(4, −1, 1)	4	7	(0,942809, −0,235702, 0,235702)
2	(4,242641, −2,121320, 2,121320	5	6,047619	(0,816497, −0,408248, 0,408248)
3	(4,082483, −2,857738, 2,857738)	5,666667	6,002932	(0,710669, −0,497468, 0,497468)
4	(3,837613, −3,198011, 3,198011)	5,909091	6,000183	(0,646997, −0,539164, 0,539164)
5	(3,666314, −3,342816, 3,342816)	5,976744	6,000012	(0,612836, −0,558763, 0,558763)
6	(3,568871, −3,406650, 3,406650)	5,994152	6,000000	(0,595247, −0,568190, 0,568190)
7	(3,517370, −3,436200, 3,436200)	5,998536	6,000000	(0,586336, −0,572805, 0,572805)
8	(3,490952, −3,450359, 3,450359)	5,999634		(0,581852, −0,575086, 0,575086)
9	(3,477580, −3,457283, 3,457283)	5,999908		(0,579603, −0,576220, 0,576220)
10	(3,470854, −3,460706, 3,460706)	5,999977		(0,578477, −0,576786, 0,576786)

O método da potência simétrico fornece uma convergência consideravelmente mais rápida para essa matriz do que o método da potência. As aproximações do autovetor no método da potência convergem para $(1, -1, 1)^t$, um vetor unitário na norma l_∞. No método da potência simétrico, a convergência é para o vetor paralelo $(\sqrt{3}/3, -\sqrt{3}/3, \sqrt{3}/3)^t$, o qual tem a norma l_2 unitária. ■

Se λ é um número real que aproxima um autovalor de uma matriz simétrica, A e $\mathbf{x}$ é uma aproximação do autovetor associado, então $A\mathbf{x} - \lambda\mathbf{x}$ é aproximadamente o vetor nulo. O teorema a seguir relaciona a norma desse vetor à precisão do autovalor λ.

▶ Teorema 9.19 Se A for uma matriz $n \times n$ simétrica com autovalores $\lambda_1, \lambda_2, \ldots, \lambda_n$ e $\|A\mathbf{x} - \lambda\mathbf{x}\|_2 < \varepsilon$ para algum número real λ e vetor $\mathbf{x}$ com $\|\mathbf{x}\|_2 = 1$, então

$$\min_{1 \le j \le n} |\lambda_j - \lambda| < \varepsilon.$$

Demonstração Suponha que $\mathbf{v}^{(1)}, \mathbf{v}^{(2)}, \ldots, \mathbf{v}^{(n)}$ formem um conjunto ortonormal de autovetores de A associados, respectivamente, aos autovalores $\lambda_1, \lambda_2, \ldots, \lambda_n$. Pelos Teoremas 9.5 e 9.3, $\mathbf{x}$ pode ser expresso, para algum conjunto único de constantes, $\beta_1, \beta_2, \ldots, \beta_n$, como

$$\mathbf{x} = \sum_{j=1}^{n} \beta_j \mathbf{v}^{(j)}.$$

Assim,

$$\|A\mathbf{x} - \lambda\mathbf{x}\|_2^2 = \left\| \sum_{j=1}^{n} \beta_j (\lambda_j - \lambda)\mathbf{v}^{(j)} \right\|_2^2 = \sum_{j=1}^{n} |\beta_j|^2 |\lambda_j - \lambda|^2 \ge \min_{1 \le j \le n} |\lambda_j - \lambda|^2 \sum_{j=1}^{n} |\beta_j|^2.$$

Porém,

$$\sum_{j=1}^{n} |\beta_j|^2 = \|\mathbf{x}\|_2^2 = 1, \quad \text{então} \quad \varepsilon > \|A\mathbf{x} - \lambda\mathbf{x}\|_2 \geqslant \min_{1 \le j \le n} |\lambda_j - \lambda|.$$

■

Metodo da potência inversa

O **método da potência inversa** é uma modificação do método da potência que permite uma convergência mais rápida. É utilizado para determinar o autovalor de A que esteja mais próximo de um número q especificado.

Suponha que a matriz A tenha autovalores $\lambda_1, \ldots, \lambda_n$ com autovetores linearmente independentes $\mathbf{v}^{(1)} \ldots, \mathbf{v}^{(n)}$. Os autovalores de $(A - qI)^{-1}$, em que $q \ne \lambda_i$, para $i = 1, 2, \ldots, n$, são

$$\frac{1}{\lambda_1 - q}, \quad \frac{1}{\lambda_2 - q}, \ldots, \frac{1}{\lambda_n - q},$$

com autovetores $\mathbf{v}^{(1)}, \mathbf{v}^{(2)}, \ldots, \mathbf{v}^{(n)}$. (Consulte o Exercício 17 da Seção 7.2.) Aplicando o método da potência a $(A - qI)^{-1}$, vem

$$\mathbf{y}^{(m)} = (A - qI)^{-1}\mathbf{x}^{(m-1)},$$

$$\mu^{(m)} = y_{p_{m-1}}^{(m)} = \frac{y_{p_{m-1}}^{(m)}}{x_{p_{m-1}}^{(m-1)}} = \frac{\sum_{j=1}^{n} \beta_j \dfrac{1}{(\lambda_j - q)^m} v_{p_{m-1}}^{(j)}}{\sum_{j=1}^{n} \beta_j \dfrac{1}{(\lambda_j - q)^{m-1}} v_{p_{m-1}}^{(j)}}, \tag{9.4}$$

e

$$\mathbf{x}^{(m)} = \frac{\mathbf{y}^{(m)}}{y_{p_m}^{(m)}},$$

em que, a cada passo, p_m representa o menor inteiro para o qual $|y_{p_m}^{(m)}| = \|\mathbf{y}^{(m)}\|_\infty$. A sequência $\{\mu^{(m)}\}$ na Equação (9.4) converge para $1/(\lambda_k - q)$, em que

$$\frac{1}{|\lambda_k - q|} = \max_{1\le i\le n} \frac{1}{|\lambda_i - q|}$$

e $\lambda_k \approx q + 1/\mu^{(m)}$ é o autovalor de A mais próximo de q.

Com k conhecido, a Equação (9.4) pode ser escrita como

$$\mu^{(m)} = \frac{1}{\lambda_k - q}\left[\frac{\beta_k v_{p_{m-1}}^{(k)} + \sum_{\substack{j=1\\ j\neq k}}^{n} \beta_j \left[\frac{\lambda_k - q}{\lambda_j - q}\right]^m v_{p_{m-1}}^{(j)}}{\beta_k v_{p_{m-1}}^{(k)} + \sum_{\substack{j=1\\ j\neq k}}^{n} \beta_j \left[\frac{\lambda_k - q}{\lambda_j - q}\right]^{m-1} v_{p_{m-1}}^{(j)}}\right]. \tag{9.5}$$

Assim, a escolha de q determina a convergência, contanto que $1/(\lambda_k - q)$ seja um autovalor dominante único de $(A - qI)^{-1}$ (embora possa ser um autovalor múltiplo). Quanto mais próximo q estiver de um autovalor λ_k, mais rápida a convergência, já que a convergência é de ordem

$$O\left(\left|\frac{(\lambda - q)^{-1}}{(\lambda_k - q)^{-1}}\right|^m\right) = O\left(\left|\frac{(\lambda_k - q)}{(\lambda - q)}\right|^m\right),$$

em que λ representa o autovalor de A que seja o segundo mais próximo de q.

O vetor $\mathbf{y}^{(m)}$ é obtido pela resolução do sistema linear

$$(A - qI)\mathbf{y}^{(m)} = \mathbf{x}^{(m-1)}.$$

Em geral, a eliminação de Gauss com pivotamento pode ser utilizada mas, como no caso da fatoração LU, os multiplicadores podem ser guardados para reduzir os cálculos. A escolha de q pode ser baseada no Teorema do círculo de Geršgorin ou em algum outro meio de localizar um autovalor.

O Algoritmo 9.3 calcula q a partir de uma aproximação inicial para o autovetor $\mathbf{x}^{(0)}$ por

$$q = \frac{\mathbf{x}^{(0)t} A\mathbf{x}^{(0)}}{\mathbf{x}^{(0)t}\mathbf{x}^{(0)}}.$$

Essa escolha de q resulta da observação de que, se $\mathbf{x}$ for um autovetor de A correspondente ao autovalor λ, então $A\mathbf{x} = \lambda\mathbf{x}$. Assim, $\mathbf{x}^t A\mathbf{x} = \lambda\mathbf{x}^t\mathbf{x}$ e

$$\lambda = \frac{\mathbf{x}^t A\mathbf{x}}{\mathbf{x}^t\mathbf{x}} = \frac{\mathbf{x}^t A\mathbf{x}}{\|\mathbf{x}\|_2^2}.$$

Se q estiver próximo de um autovalor, a convergência será bastante rápida, mas uma técnica de pivotamento deveria ser utilizada no Passo 6 para evitar contaminação por erro de arredondamento.

O Algoritmo 9.3 é frequentemente utilizado para obter uma aproximação para um autovetor quando um autovalor aproximado q for conhecido.

ALGORITMO 9.3 **Método da potência inversa**

Para obter uma aproximação para um autovalor e um autovetor associado da matriz A, $n \times n$, dado um vetor não nulo $\mathbf{x}$:

ENTRADA dimensão n; matriz A; vetor $\mathbf{x}$; tolerância TOL; número máximo de iterações N.

SAÍDA autovalor aproximado μ; autovetor aproximado $\mathbf{x}$ (com $\|\mathbf{x}\|_\infty = 1$) ou uma mensagem de que o número máximo de iterações foi excedido.

Passo 1 Faça $q = \dfrac{\mathbf{x}^t A\mathbf{x}}{\mathbf{x}^t\mathbf{x}}$.

Passo 2 Faça $k = 1$.

Passo 3 Encontre o menor inteiro p com $1 \le p \le n$ e $|x_p| = \|\mathbf{x}\|_\infty$.

Passo 4 Faça $\mathbf{x} = \mathbf{x}/x_p$.

Passo 5 Enquanto ($k \le N$) execute Passos 6 a 12.

  Passo 6 Resolva o sistema linear $(A - qI)\mathbf{y} = \mathbf{x}$.

  Passo 7 Se o sistema não tiver uma solução única, então
  SAÍDA (‘q é um autovalor’, q);
  PARE.

  Passo 8 Faça $\mu = y_p$.

  Passo 9 Encontre o menor inteiro p com $1 \le p \le n$ e $|y_p| = \|\mathbf{y}\|_\infty$.

  Passo 10 Faça $ERR = \|\mathbf{x} - (\mathbf{y}/y_p)\|_\infty$;
  $\mathbf{x} = \mathbf{y}/y_p$.

  Passo 11 Se $ERR < TOL$ então faça $\mu = (1/\mu) + q$;
  SAÍDA (μ, $\mathbf{x}$);
  (*O procedimento foi bem-sucedido.*)
  PARE.

  Passo 12 Faça $k = k + 1$.

Passo 13 SAÍDA (‘Número máximo de iterações excedido’);
(*O procedimento não foi bem-sucedido.*)
PARE. ■

Como a convergência do método da potência inversa é linear, o procedimento Δ^2 de Aitken pode novamente ser utilizado para acelerar a convergência. O seguinte exemplo ilustra a rápida convergência do método da potência inversa se q estiver próximo de um autovalor.

EXEMPLO 3 Aplique o método da potência inversa com $\mathbf{x}^{(0)} = (1, 1, 1)^t$ à matriz

$$A = \begin{bmatrix} -4 & 14 & 0 \\ -5 & 13 & 0 \\ -1 & 0 & 2 \end{bmatrix} \quad \text{com} \quad q = \frac{\mathbf{x}^{(0)t} A\mathbf{x}^{(0)}}{\mathbf{x}^{(0)t}\mathbf{x}^{(0)}} = \frac{19}{3}$$

e use o método Δ^2 de Aitken para acelerar a convergência.

Solução O método da potência foi aplicado a essa matriz no Exemplo 1 usando o vetor inicial $\mathbf{x}^{(0)} = (1, 1, 1)^t$. Ele deu o autovalor aproximado $\mu^{(12)} = 6{,}000837$ e o autovetor aproximado $(\mathbf{x}^{(12)})^t = (1, 0{,}714316, -0{,}249895)^t$.

Para o método da potência inversa, consideramos

$$A - qI = \begin{bmatrix} -\frac{31}{3} & 14 & 0 \\ -5 & \frac{20}{3} & 0 \\ -1 & 0 & -\frac{13}{3} \end{bmatrix}.$$

Com $\mathbf{x}^{(0)} = (1, 1, 1)^t$, o método primeiro encontra $\mathbf{y}^{(1)}$ pela resolução de $(A - qI)\mathbf{y}^{(1)} = \mathbf{x}^{(0)}$. Isso dá

$$\mathbf{y}^{(1)} = \left(-\frac{33}{5}, -\frac{24}{5}, \frac{84}{65}\right)^t = (-6{,}6, -4{,}8, 1{,}292\overline{307692})^t.$$

Assim,

$$||\mathbf{y}^{(1)}||_\infty = 6{,}6, \quad \mathbf{x}^{(1)} = \frac{1}{-6{,}6}\mathbf{y}^{(1)} = (1, 0{,}7272727, -0{,}1958042)^t,$$

e

$$\mu^{(1)} = -\frac{1}{6{,}6} + \frac{19}{3} = 6{,}1818182.$$

Os resultados subsequentes são listados na Tabela 9.4, e a coluna da direita lista os resultados do método Δ^2 de Aitken aplicado a $\mu^{(m)}$. Esses são resultados claramente superiores àqueles obtidos com o método da potência. ∎

Tabela 9.4

m	$\mathbf{x}^{(m)t}$	$\mu^{(m)}$	$\hat{\mu}^{(m)}$
0	(1, 1, 1)		
1	(1, 0,7272727, −0,1958042)	6,1818182	6,000098
2	(1, 0,7155172, −0,2450520)	6,0172414	6,000001
3	(1, 0,7144082, −0,2495224)	6,0017153	6,000000
4	(1, 0,7142980, −0,2499534)	6,0001714	6,000000
5	(1, 0,7142869, −0,2499954)	6,0000171	
6	(1, 0,7142858, −0,2499996)	6,0000017	

Se A for simétrica, então para qualquer número real q, $(A - qI)^{-1}$ também é simétrica e assim o método da potência simétrico, Algoritmo 9.2, pode ser aplicado a $(A - qI)^{-1}$ para acelerar a convergência para

$$O\left(\left|\frac{\lambda_k - q}{\lambda - q}\right|^{2m}\right).$$

Métodos de deflação

Diversas técnicas estão disponíveis para a obtenção de aproximações para os outros autovalores de uma matriz, uma vez que uma aproximação para o autovalor dominante tenha sido calculada. Restringiremos nossa apresentação a **técnicas de deflação**.

As técnicas de deflação envolvem a formação de uma nova matriz B cujos autovalores sejam os mesmos de A, exceto que o autovalor dominante de A é substituído pelo autovalor 0 em B. O resultado seguinte justifica o procedimento. A demonstração deste teorema pode ser encontrada em [Wil2] p. 596.

▶**Teorema 9.20** Suponha que $\lambda_1, \lambda_2, \ldots, \lambda_n$ sejam autovalores de A com autovetores associados $\mathbf{v}^{(1)}, \mathbf{v}^{(2)}, \ldots, \mathbf{v}^{(n)}$ e que λ_1 tenha multiplicidade 1. Seja $\mathbf{x}$ um vetor com $\mathbf{x}^t\mathbf{v}^{(1)} = 1$. Então a matriz

$$B = A - \lambda_1 \mathbf{v}^{(1)} \mathbf{x}^t$$

tem autovalores $0, \lambda_2, \lambda_3, \ldots, \lambda_n$ com autovetores associados $\mathbf{v}^{(1)}, \mathbf{w}^{(2)}, \mathbf{w}^{(3)} \ldots, \mathbf{w}^{(n)}$, em que $\mathbf{v}^{(i)}$ e $\mathbf{w}^{(i)}$ estão relacionados pela equação

$$\mathbf{v}^{(i)} = (\lambda_i - \lambda_1)\mathbf{w}^{(i)} + \lambda_1(\mathbf{x}^t \mathbf{w}^{(i)})\mathbf{v}^{(1)}, \tag{9.6}$$

para cada $i = 2, 3, \ldots, n$. ■

Helmut Wielandt (1910-2001) originalmente trabalhou em grupos de permutação, mas durante a Segunda Guerra Mundial esteve engajado em pesquisas sobre meteorologia, criptografia e aerodinâmica. Isso envolveu problemas de vibração que exigiram a estimativa de autovalores associados a equações diferenciais e matrizes.

Muitas escolhas do vetor $\mathbf{x}$ poderiam ser utilizadas no Teorema 9.20. A **deflação de Wielandt** advém da definição

$$\mathbf{x} = \frac{1}{\lambda_1 v_i^{(1)}}(a_{i1}, a_{i2}, \ldots, a_{in})^t, \tag{9.7}$$

em que $v_i^{(1)}$ é uma coordenada não nula do autovetor $\mathbf{v}^{(1)}$ e os valores $a_{i1}, a_{i2}, \ldots, a_{in}$ são os elementos da i-ésima linha de A.

Com esta definição,

$$\mathbf{x}^t\mathbf{v}^{(1)} = \frac{1}{\lambda_1 v_i^{(1)}}[a_{i1}, a_{i2}, \ldots, a_{in}](v_1^{(1)}, v_2^{(1)}, \ldots, v_n^{(1)})^t = \frac{1}{\lambda_1 v_i^{(1)}} \sum_{j=1}^{n} a_{ij} v_j^{(1)},$$

em que a soma é a i-ésima coordenada do produto $A\mathbf{v}^{(1)}$. Já que $A\mathbf{v}^{(1)} = \lambda_1\mathbf{v}^{(1)}$, temos

$$\sum_{j=1}^{n} a_{ij} v_j^{(1)} = \lambda_1 v_i^{(1)},$$

o que implica que

$$\mathbf{x}^t\mathbf{v}^{(1)} = \frac{1}{\lambda_1 v_i^{(1)}}(\lambda_1 v_i^{(1)}) = 1.$$

Assim, $\mathbf{x}$ satisfaz as hipóteses do Teorema 9.20. Além disso (veja o Exercício 25), a i-ésima linha de $B = A - \lambda_1\mathbf{v}^{(1)}\mathbf{x}^t$ consiste inteiramente de elementos nulos.

Se $\lambda \neq 0$ for um autovalor com autovetor associado $\mathbf{w}$, a relação $B\mathbf{w} = \lambda\mathbf{w}$ implica que a i-ésima coordenada de $\mathbf{w}$ também é nula. Consequentemente, a i-ésima coluna da matriz B em nada contribui para o produto $B\mathbf{w} = \lambda\mathbf{w}$. Assim, a matriz B pode ser substituída por uma matriz B' $(n-1) \times (n-1)$ obtida apagando-se a i-ésima linha e coluna de B. A matriz B' tem autovalores $\lambda_2, \lambda_3, \ldots, \lambda_n$.

Se $|\lambda_2| > |\lambda_3|$, o método da potência é reaplicado à matriz B' para determinar este novo autovalor dominante e um autovetor $\mathbf{w}^{(2)\prime}$, associado a λ_2, com relação à matriz B'. Para achar o autovetor associado $\mathbf{w}^{(2)}$ para a matriz B, insira uma coordenada nula entre as coordenadas $w_{i-1}^{(2)\prime}$ e $w_i^{(2)\prime}$ do vetor $(n-1)$ dimensional $\mathbf{w}^{(2)\prime}$ e então calcule $\mathbf{v}^{(2)}$ usando a Equação (9.6).

EXEMPLO 4 A matriz

$$A = \begin{bmatrix} 4 & -1 & 1 \\ -1 & 3 & -2 \\ 1 & -2 & 3 \end{bmatrix}$$

tem o autovalor dominante $\lambda_1 = 6$ com autovetor unitário associado $\mathbf{v}^{(1)} = (1, -1, 1)^t$. Considere esse autovalor dominante conhecido e aplique deflação para aproximar os outros autovalores e autovetores.

Solução O procedimento para obter um segundo autovalor λ_2 é o seguinte

$$\mathbf{x} = \frac{1}{6}\begin{bmatrix} 4 \\ -1 \\ 1 \end{bmatrix} = \left(\frac{2}{3}, -\frac{1}{6}, \frac{1}{6}\right)^t,$$

$$\mathbf{v}^{(1)}\mathbf{x}^t = \begin{bmatrix} 1 \\ -1 \\ 1 \end{bmatrix} \begin{bmatrix} \frac{2}{3}, & -\frac{1}{6}, & \frac{1}{6} \end{bmatrix} = \begin{bmatrix} \frac{2}{3} & -\frac{1}{6} & \frac{1}{6} \\ -\frac{2}{3} & \frac{1}{6} & -\frac{1}{6} \\ \frac{2}{3} & -\frac{1}{6} & \frac{1}{6} \end{bmatrix},$$

e

$$B = A - \lambda_1 \mathbf{v}^{(1)}\mathbf{x}^t = \begin{bmatrix} 4 & -1 & 1 \\ -1 & 3 & -2 \\ 1 & -2 & 3 \end{bmatrix} - 6 \begin{bmatrix} \frac{2}{3} & -\frac{1}{6} & \frac{1}{6} \\ -\frac{2}{3} & \frac{1}{6} & -\frac{1}{6} \\ \frac{2}{3} & -\frac{1}{6} & \frac{1}{6} \end{bmatrix} = \begin{bmatrix} 0 & 0 & 0 \\ 3 & 2 & -1 \\ -3 & -1 & 2 \end{bmatrix}.$$

Apagando as primeiras linha e coluna temos

$$B' = \begin{bmatrix} 2 & -1 \\ -1 & 2 \end{bmatrix},$$

que tem autovalores $\lambda_2 = 3$ e $\lambda_3 = 1$. Para $\lambda_2 = 3$, o autovetor $\mathbf{w}^{(2)\prime}$ pode ser obtido ao se resolver o sistema linear

$$(B' - 3I)\mathbf{w}^{(2)\prime} = 0, \qquad \text{resultando em} \qquad \mathbf{w}^{(2)\prime} = (1, -1)^t.$$

Acrescentando um zero para a primeira componente vem $\mathbf{w}^{(2)} = (0, 1, -1)^t$ e, da Equação (9.6), temos o autovetor $\mathbf{v}^{(2)}$ de A correspondendo a $x_2 = 3$:

$$\begin{aligned}\mathbf{v}^{(2)} &= (\lambda_2 - \lambda_1)\mathbf{w}^{(2)} + \lambda_1(\mathbf{x}^t\mathbf{w}^{(2)})\mathbf{v}^{(1)} \\ &= (3-6)(0,1,-1)^t + 6\left[\left(\frac{2}{3}, -\frac{1}{6}, \frac{1}{6}\right)(0,1,-1)^t\right](1,-1,1)^t = (-2,-1,1)^t.\end{aligned}$$

■

Embora esse processo de deflação possa ser utilizado para encontrar aproximações para todos os autovalores e autovetores de uma matriz, o processo é suscetível a erros de arredondamento. Após a deflação ser utilizada para obter uma aproximação para um autovalor de uma matriz, a aproximação deveria ser utilizada como um valor de partida para o método da potência inversa aplicado à matriz original. Isso garantiria convergência para um autovalor da matriz original, não para um da matriz reduzida, que provavelmente contém erros. Quando todos os autovalores de uma matriz forem necessários, as técnicas consideradas na Seção 9.5, com base em transformações de semelhança, deveriam ser utilizadas.

Fechamos esta seção com o Algoritmo 9.4, que calcula o segundo autovalor mais dominante e o autovetor associado para uma matriz, uma vez que o autovalor dominante e o autovetor associado tenham sido determinados.

ALGORITMO 9.4 **Deflação de Wielandt**

Para obter uma aproximação para o segundo autovalor mais dominante e um autovetor associado da matriz A, $n \times n$, dados uma aproximação λ para o autovalor dominante, uma aproximação $\mathbf{v}$ para um autovetor correspondente e um vetor $\mathbf{x} \in \mathbb{R}^{n-1}$:

ENTRADA dimensão n; matriz A; autovalor aproximado λ com autovetor $\mathbf{v} \in \mathbb{R}^n$; vetor $\mathbf{x} \in \mathbb{R}^{n-1}$; tolerância TOL; número máximo de iterações N.

SAÍDA autovalor aproximado μ; autovetor aproximado $\mathbf{u}$ ou uma mensagem de que o método falha.

Passo 1 Faça i o menor inteiro com $1 \leq i \leq n$ e $|v_i| = \max_{1\leq j\leq n}|v_j|$.

Passo 2 Se $i \neq 1$ então
  para $k = 1,\ldots, i-1$
    para $j = 1,\ldots, i-1$
      faça $b_{kj} = a_{kj} - \dfrac{v_k}{v_i}a_{ij}$.

Passo 3 Se $i \neq 1$ e $i \neq n$ então
  para $k = i,\ldots, n-1$
    para $j = 1,\ldots, i-1$
      faça $b_{kj} = a_{k+1,j} - \dfrac{v_{k+1}}{v_i}a_{ij}$;
      $b_{jk} = a_{j,k+1} - \dfrac{v_j}{v_i}a_{i,k+1}$.

Passo 4 Se $i \neq n$ então
  para $k = i,\ldots, n-1$
    para $j = i,\ldots, n-1$
      faça $b_{kj} = a_{k+1,j+1} - \dfrac{v_{k+1}}{v_i}a_{i,j+1}$.

Passo 5 Execute o método da potência na matriz $(n-1) \times (n-1)$ $B' = (b_{kj})$, com $\mathbf{x}$ como aproximação inicial.

Passo 6 Se o método falhar, então SAÍDA ('Método falha'); PARE.

senão, faça μ o autovalor aproximado e $\mathbf{w}' = (w'_1, \ldots, w'_{n-1})^t$ o autovetor aproximado.

Passo 7 Se $i \neq 1$ então para $k = 1, \ldots, i - 1$ faça $w_k = w'_k$.

Passo 8 Faça $w_i = 0$.

Passo 9 Se $i \neq n$ então para $k = i + 1, \ldots, n$ faça $w_k = w'_{k-1}$.

Passo 10 Para $k = 1, \ldots, n$

$$\text{faça } u_k = (\mu - \lambda)w_k + \left(\sum_{j=1}^{n} a_{ij}w_j\right)\frac{v_k}{v_i}.$$

(*Calcula o autovetor utilizando a Equação* (9.6).)

Passo 11 SAÍDA (μ, **u**); (*O procedimento foi bem-sucedido.*) PARE. ■

EXERCÍCIOS 9.3

1. Encontre as três primeiras iterações obtidas pelo método da potência aplicado às seguintes matrizes.

a. $\begin{bmatrix} 2 & 1 & 1 \\ 1 & 2 & 1 \\ 1 & 1 & 2 \end{bmatrix}$; Utilize $\mathbf{x}^{(0)} = (1, -1, 2)^t$.

b. $\begin{bmatrix} 1 & 1 & 1 \\ 1 & 1 & 0 \\ 1 & 0 & 1 \end{bmatrix}$; Utilize $\mathbf{x}^{(0)} = (-1, 0, 1)^t$.

c. $\begin{bmatrix} 1 & -1 & 0 \\ -2 & 4 & -2 \\ 0 & -1 & 2 \end{bmatrix}$; Utilize $\mathbf{x}^{(0)} = (-1, 2, 1)^t$.

d. $\begin{bmatrix} 4 & 1 & 1 & 1 \\ 1 & 3 & -1 & 1 \\ 1 & -1 & 2 & 0 \\ 1 & 1 & 0 & 2 \end{bmatrix}$; Utilize $\mathbf{x}^{(0)} = (1, -2, 0, 3)^t$.

2. Encontre as três primeiras iterações obtidas pelo método da potência aplicado às seguintes matrizes.

a. $\begin{bmatrix} 4 & 2 & 1 \\ 0 & 3 & 2 \\ 1 & 1 & 4 \end{bmatrix}$; Utilize $\mathbf{x}^{(0)} = (1, 2, 1)^t$.

b. $\begin{bmatrix} 1 & 1 & 0 & 0 \\ 1 & 2 & 0 & 1 \\ 0 & 0 & 3 & 3 \\ 0 & 1 & 3 & 2 \end{bmatrix}$; Utilize $\mathbf{x}^{(0)} = (1, 1, 0, 1)^t$.

c. $\begin{bmatrix} 5 & -2 & -\frac{1}{2} & \frac{3}{2} \\ -2 & 5 & \frac{3}{2} & -\frac{1}{2} \\ -\frac{1}{2} & \frac{3}{2} & 5 & -2 \\ \frac{3}{2} & -\frac{1}{2} & -2 & 5 \end{bmatrix}$; Utilize $\mathbf{x}^{(0)} = (1, 1, 0, -3)^t$.

d. $\begin{bmatrix} -4 & 0 & \frac{1}{2} & \frac{1}{2} \\ \frac{1}{2} & -2 & 0 & \frac{1}{2} \\ \frac{1}{2} & \frac{1}{2} & 0 & 0 \\ 0 & 1 & 1 & 4 \end{bmatrix}$; Utilize $\mathbf{x}^{(0)} = (0, 0, 0, 1)^t$.

3. Repita o Exercício 1 utilizando o método da potência inversa.

4. Repita o Exercício 2 utilizando o método da potência inversa.

5. Encontre as três primeiras iterações obtidas pelo Método da Potência Simétrico aplicado às seguintes matrizes.

a. $\begin{bmatrix} 2 & 1 & 1 \\ 1 & 2 & 1 \\ 1 & 1 & 2 \end{bmatrix}$; Utilize $\mathbf{x}^{(0)} = (1, -1, 2)^t$.

b. $\begin{bmatrix} 1 & 1 & 1 \\ 1 & 1 & 0 \\ 1 & 0 & 1 \end{bmatrix}$; Utilize $\mathbf{x}^{(0)} = (-1, 0, 1)^t$.

c. $\begin{bmatrix} 4{,}75 & 2{,}25 & -0{,}25 \\ 2{,}25 & 4{,}75 & 1{,}25 \\ -0{,}25 & 1{,}25 & 4{,}75 \end{bmatrix}$;

Utilize $\mathbf{x}^{(0)} = (0, 1, 0)^t$.

d. $\begin{bmatrix} 4 & 1 & -1 & 0 \\ 1 & 3 & -1 & 0 \\ -1 & -1 & 5 & 2 \\ 0 & 0 & 2 & 4 \end{bmatrix}$;

Utilize $\mathbf{x}^{(0)} = (0, 1, 0, 0)^t$.

6. Encontre as três primeiras iterações obtidas pelo método da potência simétrico aplicado às seguintes matrizes.

a. $\begin{bmatrix} -2 & 1 & 3 \\ 1 & 3 & -1 \\ 3 & -1 & 2 \end{bmatrix}$;

Utilize $\mathbf{x}^{(0)} = (1, -1, 2)^t$.

b. $\begin{bmatrix} 4 & 2 & -1 \\ 2 & 0 & 2 \\ -1 & 2 & 0 \end{bmatrix}$;

Utilize $\mathbf{x}^{(0)} = (-1, 0, 1)^t$.

c. $\begin{bmatrix} 4 & 1 & 1 & 1 \\ 1 & 3 & -1 & 1 \\ 1 & -1 & 2 & 0 \\ 1 & 1 & 0 & 2 \end{bmatrix}$;

Utilize $\mathbf{x}^{(0)} = (1, 0, 0, 0)^t$.

d. $\begin{bmatrix} 5 & -2 & -\frac{1}{2} & \frac{3}{2} \\ -2 & 5 & \frac{3}{2} & -\frac{1}{2} \\ -\frac{1}{2} & \frac{3}{2} & 5 & -2 \\ \frac{3}{2} & -\frac{1}{2} & -2 & 5 \end{bmatrix}$;

Utilize $\mathbf{x}^{(0)} = (1, 1, 0, -3)^t$.

7. Utilize o método da potência para obter uma aproximação para o autovalor mais dominante das matrizes no Exercício 1. Itere até obter a tolerância de 10^{-4} ou até que o número de iterações exceda 25.

8. Utilize o método da potência para obter uma aproximação para o autovalor mais dominante das matrizes no Exercício 2. Itere até obter a tolerância de 10^{-4} ou até que o número de iterações exceda 25.

9. Utilize o método da potência inversa para obter uma aproximação para um autovalor das matrizes no Exercício 1. Itere até obter a tolerância de 10^{-4} ou até que o número de iterações exceda 25.

10. Utilize o método da potência inversa para obter uma aproximação para um autovalor das matrizes no Exercício 2. Itere até obter a tolerância de 10^{-4} ou até que o número de iterações exceda 25.

11. Utilize o método da potência simétrico para obter uma aproximação para o autovalor mais dominante das matrizes no Exercício 5. Itere até obter a tolerância de 10^{-4} ou até que o número de iterações exceda 25.

12. Utilize o método da potência simétrico para obter uma aproximação para o autovalor mais dominante das matrizes no Exercício 6. Itere até obter a tolerância de 10^{-4} ou até que o número de iterações exceda 25.

13. Utilize a deflação de Wielandt e os resultados do Exercício 7 para obter uma aproximação para o segundo autovalor mais dominante das matrizes no Exercício 1. Itere obter a tolerância de 10^{-4} ou até que o número de iterações exceda 25.

14. Utilize a deflação de Wielandt e os resultados do Exercício 8 para obter uma aproximação para o segundo autovalor mais dominante das matrizes no Exercício 2. Itere até obter a tolerância de 10^{-4} ou até que o número de iterações exceda 25.

15. Repita o Exercício 7 utilizando a técnica Δ^2 de Aitken e o método da potência para o autovalor mais dominante.

16. Repita o Exercício 8 utilizando a técnica Δ^2 de Aitken e o método da potência para o autovalor mais dominante.

EXERCÍCIOS APLICADOS

17. Continuando na linha do Exercício 11 na Seção 6.3 e do Exercício 13 na Seção 7.2, suponha que uma espécie de besouro tenha a duração de vida de 4 anos, e que uma fêmea no primeiro ano tenha a taxa de sobrevivência de $\frac{1}{2}$, no segundo ano a taxa de sobrevivência de $\frac{1}{4}$, e no terceiro ano a taxa de sobrevivência de $\frac{1}{8}$. Suponha, adicionalmente, que uma fêmea gere, em média, duas novas fêmeas no terceiro ano, e quatro novas fêmeas no quarto ano. A matriz que descreve a contribuição de uma única fêmea em um ano para a população de fêmeas do ano seguinte é

$$A = \begin{bmatrix} 0 & 0 & 2 & 4 \\ \frac{1}{2} & 0 & 0 & 0 \\ 0 & \frac{1}{4} & 0 & 0 \\ 0 & 0 & \frac{1}{8} & 0 \end{bmatrix},$$

em que, novamente, o elemento na i-ésima linha e na j-ésima coluna denota a contribuição probabilística que uma fêmea de idade j fará para a população feminina de idade i do ano seguinte.

a. Utilize o Teorema do círculo de Geršgorin para determinar uma região no plano complexo que contenha todos os autovalores de A.

b. Utilize o método da potência para determinar o autovalor dominante da matriz e seu autovetor associado.

c. Utilize o Algoritmo 9.4 para determinar quaisquer autovalores e autovetores remanescentes de A.

d. Encontre os autovalores de A pela utilização do polinômio característico de A e do método de Newton.

e. Qual é a previsão a longo prazo para a população desses besouros?

18. Um sistema dinâmico linear pode ser representado pelas equações

$$\frac{d\mathbf{x}}{dt} = A(t)\mathbf{x}(t) + B(t)\mathbf{u}(t), \quad \mathbf{y}(t) = C(t)\mathbf{x}(t) + D(t)\mathbf{u}(t),$$

em que A é uma matriz $n \times n$ variável, B é uma matriz $n \times r$ variável, C é uma matriz $m \times n$ variável, D é uma matriz $m \times r$ variável, $\mathbf{x}$ é uma variável vetorial n-dimensional, $\mathbf{y}$ é uma variável vetorial m-dimensional, e $\mathbf{u}$ é uma variável vetorial r-dimensional. Para o sistema ser estável, a matriz A deve ter todos os seus autovalores com parte real não positiva para todo t. O sistema será estável se

a. $A(t) = \begin{bmatrix} -1 & 2 & 0 \\ -2{,}5 & -7 & 4 \\ 0 & 0 & -5 \end{bmatrix}$?

b. $A(t) = \begin{bmatrix} -1 & 1 & 0 & 0 \\ 0 & -2 & 1 & 0 \\ 0 & 0 & -5 & 1 \\ -1 & -1 & -2 & -3 \end{bmatrix}$?

19. A matriz tridiagonal $(m-1) \times (m-1)$

$$A = \begin{bmatrix} 1+2\alpha & -\alpha & 0 & \cdots & 0 \\ -\alpha & 1+2\alpha & -\alpha & \ddots & \vdots \\ 0 & \ddots & \ddots & \ddots & 0 \\ \vdots & \ddots & \ddots & \ddots & -\alpha \\ 0 & \cdots & 0 & -\alpha & 1+2\alpha \end{bmatrix}$$

está envolvida no método das diferenças regressivas para resolver a equação do calor (veja a Seção 12.2). Para a estabilidade do método, é necessário que $\rho(A^{-1}) < 1$. Com $m = 11$, encontre uma aproximação para $\rho(A^{-1})$ em cada um dos casos

a. $\alpha = \frac{1}{4}$

b. $\alpha = \frac{1}{2}$

c. $\alpha = \frac{3}{4}$

Quando o método é estável?

20. Os autovalores da matriz A no Exercício 19 são

$$\lambda_i = 1 + 4\alpha \left(\text{sen}\,\frac{\pi i}{2m}\right)^2, \quad \text{para } i = 1, \ldots, m-1.$$

Compare a aproximação no Exercício 21 com o valor real de $\rho(A^{-1})$. Novamente, quando o método é estável?

21. As matrizes A e B $(m-1)\times(m-1)$ dadas por

$$A = \begin{bmatrix} 1+\alpha & -\frac{\alpha}{2} & 0 & \cdots & 0 \\ -\frac{\alpha}{2} & 1+\alpha & -\frac{\alpha}{2} & \ddots & \vdots \\ 0 & \ddots & \ddots & \ddots & 0 \\ \vdots & \ddots & \ddots & \ddots & -\frac{\alpha}{2} \\ 0 & \cdots & 0 & -\frac{\alpha}{2} & 1+\alpha \end{bmatrix} \quad \text{e} \quad B = \begin{bmatrix} 1-\alpha & \frac{\alpha}{2} & 0 & \cdots & 0 \\ \frac{\alpha}{2} & 1-\alpha & \frac{\alpha}{2} & \ddots & \vdots \\ 0 & \ddots & \ddots & \ddots & 0 \\ \vdots & \ddots & \ddots & \ddots & \frac{\alpha}{2} \\ 0 & \cdots & 0 & \frac{\alpha}{2} & 1-\alpha \end{bmatrix}$$

estão envolvidas no método de Crank-Nicolson para resolver a equação do calor (veja a Seção 12.2). Com $m = 11$, encontre uma aproximação para $\rho(A^{-1}B)$ em cada um dos casos.

a. $\alpha = \frac{1}{4}$ **b.** $\alpha = \frac{1}{2}$ **c.** $\alpha = \frac{3}{4}$

22. O seguinte sistema homogêneo de equações diferenciais lineares de primeira ordem

$$\begin{aligned} x_1'(t) &= 5x_1(t) + 2x_2(t) \\ x_2'(t) &= x_1(t) + 4x_2(t) - x_3(t) \\ x_3'(t) &= - x_2(t) + 4x_3(t) + 2x_4(t) \\ x_4'(t) &= x_3(t) + 5x_4(t) \end{aligned}$$

pode ser escrito na forma matriz vetor $\mathbf{x}'(t) = A\mathbf{x}(t)$, em que

$$\mathbf{x}(t) = \begin{bmatrix} x_1(t) \\ x_2(t) \\ x_3(t) \\ x_4(t) \end{bmatrix} \quad \text{e} \quad A = \begin{bmatrix} 5 & 2 & 0 & 0 \\ 1 & 4 & -1 & 0 \\ 0 & -1 & 4 & 2 \\ 0 & 0 & 1 & 5 \end{bmatrix}.$$

Se a matriz A tem autovalores reais e distintos $\lambda_1, \lambda_2, \lambda_3$ e λ_4 com autovetores correspondentes $\mathbf{v}_1$, $\mathbf{v}_2$, $\mathbf{v}_3$ e $\mathbf{v}_4$, a solução geral do sistema de equações diferenciais é

$$\mathbf{x} = c_1 e^{\lambda_1 t}\mathbf{v}_1 + c_2 e^{\lambda_2 t}\mathbf{v}_2 + c_3 e^{\lambda_3 t}\mathbf{v}_3 + c_4 e^{\lambda_4 t}\mathbf{v}_4,$$

em que c_1, c_2, c_3 e c_4 são constantes arbitrárias.

a. Use o método da potência, a deflação de Wielandt e o método da potência inversa para aproximar os autovalores e os autovetores de A.

b. Se possível, forme a solução geral do sistema de equações diferenciais.

c. Se possível, encontre a única solução do sistema de equações diferenciais que satisfaz a condição inicial $\mathbf{x}(0) = (2, 1, 0, -1)^t$.

EXERCÍCIOS TEÓRICOS

23. Deflação de Hotelling Suponha que o maior autovalor λ_1 em módulo e um autovetor associado $\mathbf{v}^{(1)}$ tenham sido obtidos para a matriz simétrica A, $n \times n$, mostre que a matriz

$$B = A - \frac{\lambda_1}{(\mathbf{v}^{(1)})^t\mathbf{v}^{(1)}}\mathbf{v}^{(1)}(\mathbf{v}^{(1)})^t$$

tem os mesmos autovalores $\lambda_2, \ldots, \lambda_n$ de A, exceto que B tem autovalor 0 com autovetor $\mathbf{v}^{(1)}$, em vez de autovalor λ_1. Utilize este método de deflação para encontrar λ_2 para cada matriz no Exercício 5. Teoricamente, este método pode ser continuado para encontrar mais autovalores, mas erros de arredondamento logo tornam o esforço sem valor.

24. **Técnica do aniquilação** Suponha que a matriz A, $n \times n$, tenha autovalores $\lambda_1, \ldots, \lambda_n$ ordenados por

$$|\lambda_1| > |\lambda_2| > |\lambda_3| \geq \cdots \geq |\lambda_n|,$$

com autovetores linearmente independentes $\mathbf{v}^{(1)}, \mathbf{v}^{(2)}, \ldots, \mathbf{v}^{(n)}$.

a. Mostre que se o método da potência for aplicado com um vetor inicial $\mathbf{x}^{(0)}$ dado por

$$\mathbf{x}^{(0)} = \beta_2\mathbf{v}^{(2)} + \beta_3\mathbf{v}^{(3)} + \cdots + \beta_n\mathbf{v}^{(n)},$$

então a sequência $\{\mu^{(m)}\}$ descrita no Algoritmo 9.1 convergirá para λ_2.

b. Mostre que, para qualquer vetor $\mathbf{x} = \sum_{i=1}^{n} \beta_i\mathbf{v}^{(i)}$, o vetor $\mathbf{x}^{(0)} = (A - \lambda_1 I)\mathbf{x}$ satisfaz à propriedade dada na parte (a).

c. Obtenha uma aproximação para λ_2 para as matrizes no Exercício 1.

d. Mostre que este método pode ser continuado para encontrar λ_3 utilizando $\mathbf{x}^{(0)} = (A - \lambda_2 I)(A - \lambda_1 I)\mathbf{x}$.

25. Mostre que a i-ésima linha de $B = A - \lambda_1\mathbf{v}^{(1)}\mathbf{x}^t$ é nula, em que λ_1 é o maior autovalor de A em valor absoluto, $\mathbf{v}^{(1)}$ é o autovetor associado de A para λ_1 e $\mathbf{x}$ é o vetor definido na Equação (9.7).

QUESTÕES PARA DISCUSSÃO

1. O método de potência pode ser usado para encontrar o autovalor dominante de uma matriz simétrica. O método precisa de uma aproximação inicial. Como essa aproximação inicial pode ser escolhida na prática?
2. O método da potência funcionará se o autovalor dominante tiver multiplicidade r? Em caso afirmativo, o que será a estimativa do autovetor?
3. Descreva o método do quociente de Rayleigh. Como o erro se compara ao do método da potência?

9.4 O método de Householder

Na Seção 9.5, utilizaremos o método QR para reduzir uma matriz tridiagonal simétrica a uma matriz semelhante que seja quase diagonal. Os elementos na diagonal da matriz reduzida são aproximações para os autovalores da matriz dada. Nesta seção, apresentamos um método desenvolvido por Alston Householder para reduzir uma matriz simétrica arbitrária a uma matriz tridiagonal semelhante. Ainda que haja uma clara conexão entre os problemas que estamos resolvendo nestas duas seções, o método de Householder tem vasta aplicação em outras áreas além da aproximação de autovalores, de modo que merece tratamento especial.

O método de Householder é utilizado para encontrar uma matriz simétrica tridiagonal B que seja semelhante a uma dada matriz simétrica A. O Teorema 9.16 implica que A é semelhante a uma matriz diagonal D, já que existe uma matriz ortogonal Q com a propriedade que $D = Q^{-1}AQ = Q^t AQ$. Por causa de a matriz Q (e, consequentemente, D) ser geralmente difícil de calcular, o método de Householder oferece um compromisso. Após o método de Householder ter sido implementado, métodos eficientes, tais como o algoritmo QR, podem ser utilizados para uma aproximação precisa dos autovalores da matriz tridiagonal simétrica resultante.

Alston Householder (1904-1993) realizou pesquisas sobre biologia matemática antes de se tornar diretor do Laboratório Nacional de Oak Ridge, no Tennessee, em 1948. Esses métodos foram desenvolvidos nos anos 1950, quando ele começou a trabalhar na solução de sistemas lineares.

Transformações de Householder

Definição 9.21 Seja $\mathbf{w} \in \mathbb{R}^n$ com $\mathbf{w}^t\mathbf{w} = 1$. A matriz $n \times n$

$$P = I - 2\mathbf{w}\mathbf{w}^t$$

é denominada **transformação de Householder.** ■

As transformações de Householder são utilizadas para zerar seletivamente blocos de elementos em vetores ou colunas de matrizes de uma maneira que seja extremamente estável com relação ao erro de arredondamento. (Consulte [Wil2] p. 152-162, para uma discussão mais detalhada.) Algumas propriedades das transformações de Householder são fornecidas no seguinte teorema:

Teorema 9.22 Uma transformação de Householder, $P = I - 2\mathbf{w}\mathbf{w}^t$, é simétrica e ortogonal, e assim $P^{-1} = P$. ■

Demonstração Já que

$$(\mathbf{w}\mathbf{w}^t)^t = (\mathbf{w}^t)^t\mathbf{w}^t = \mathbf{w}\mathbf{w}^t,$$

segue que

$$P^t = (I - 2\mathbf{w}\mathbf{w}^t) = I - 2\mathbf{w}\mathbf{w}^t = P.$$

Além disso, como $\mathbf{w}^t\mathbf{w} = 1$,

$$PP^t = (I - 2\mathbf{w}\mathbf{w}^t)(I - 2\mathbf{w}\mathbf{w}^t) = I - 2\mathbf{w}\mathbf{w}^t - 2\mathbf{w}\mathbf{w}^t + 4\mathbf{w}\mathbf{w}^t\mathbf{w}\mathbf{w}^t$$
$$= I - 4\mathbf{w}\mathbf{w}^t + 4\mathbf{w}\mathbf{w}^t = I,$$

de modo que $P^{-1} = P^t = P$. ■

O método de Householder começa pela determinação de uma transformação $P^{(1)}$ com a propriedade de que $A^{(2)} = P^{(1)}AP^{(1)}$ anula os elementos da primeira coluna de A, começando com a terceira linha, ou seja, tal que

$$a_{j1}^{(2)} = 0, \qquad \text{para cada} \qquad j = 3, 4, \ldots, n, \tag{9.8}$$

Por simetria, temos também que $a_{1j}^{(2)} = 0$.

Escolhemos, agora um vetor $\mathbf{w} = (w_1, w_2, \ldots, w_n)^t$, de tal modo que $\mathbf{w}^t\mathbf{w} = 1$, e que na matriz

$$A^{(2)} = P^{(1)}AP^{(1)} = (I - 2\mathbf{w}\mathbf{w}^t)A(I - 2\mathbf{w}\mathbf{w}^t)$$

tenhamos $a_{11}^{(2)} = a_{11}$ e $a_{j1}^{(2)} = 0$, para cada $j = 3, 4, \ldots, n$. Esta escolha impõe n condições nas n incógnitas $w_1, w_2, \ldots, w_n$.

Fazer $w_1 = 0$ garante que $a_{11}^{(2)} = a_{11}$. Queremos que

$$P^{(1)} = I - 2\mathbf{w}\mathbf{w}^t$$

satisfaça a

$$P^{(1)}(a_{11}, a_{21}, a_{31}, \ldots, a_{n1})^t = (a_{11}, \alpha, 0, \ldots, 0)^t, \tag{9.9}$$

em que α será escolhido mais adiante. Para simplificar a notação, seja

$$\hat{\mathbf{w}} = (w_2, w_3, \ldots, w_n)^t \in \mathbb{R}^{n-1}, \qquad \hat{\mathbf{y}} = (a_{21}, a_{31}, \ldots, a_{n1})^t \in \mathbb{R}^{n-1},$$

e seja $\hat{P}$ a transformação de Householder $(n-1) \times (n-1)$

$$\hat{P} = I_{n-1} - 2\hat{\mathbf{w}}\hat{\mathbf{w}}^t.$$

A Equação (9.9) então se torna

$$P^{(1)} \begin{bmatrix} a_{11} \\ a_{21} \\ a_{31} \\ \vdots \\ a_{n1} \end{bmatrix} = \left[\begin{array}{c|c} 1 & 0 \cdots\cdots 0 \\ \hline 0 & \\ \vdots & \hat{P} \\ 0 & \end{array}\right] \cdot \begin{bmatrix} a_{11} \\ \hline \hat{\mathbf{y}} \end{bmatrix} = \begin{bmatrix} a_{11} \\ \hline \hat{P}\hat{\mathbf{y}} \end{bmatrix} = \begin{bmatrix} a_{11} \\ \hline \alpha \\ 0 \\ \vdots \\ 0 \end{bmatrix}$$

com

$$\hat{P}\,\hat{\mathbf{y}} = (I_{n-1} - 2\hat{\mathbf{w}}\hat{\mathbf{w}}^t)\hat{\mathbf{y}} = \hat{\mathbf{y}} - 2(\hat{\mathbf{w}}^t\,\hat{\mathbf{y}})\hat{\mathbf{w}} = (\alpha, 0, \ldots, 0)^t. \tag{9.10}$$

Seja $r = \hat{\mathbf{w}}^t\,\hat{\mathbf{y}}$. Então

$$(\alpha, 0, \ldots, 0)^t = (a_{21} - 2rw_2, a_{31} - 2rw_3, \ldots, a_{n1} - 2rw_n)^t,$$

e podemos determinar todas as w_i uma vez que conheçamos α e r. Igualando as componentes, temos

$$\alpha = a_{21} - 2rw_2 \quad \text{e} \quad 0 = a_{j1} - 2rw_j, \quad \text{para cada } j = 3, \ldots, n.$$

Assim,

$$2rw_2 = a_{21} - \alpha \tag{9.11}$$

e

$$2rw_j = a_{j1}, \quad \text{para cada } j = 3, \ldots, n. \tag{9.12}$$

Elevando ao quadrado ambos os lados de cada uma das equações e somando, temos

$$4r^2 \sum_{j=2}^{n} w_j^2 = (a_{21} - \alpha)^2 + \sum_{j=3}^{n} a_{j1}^2.$$

Como $\mathbf{w}^t\mathbf{w} = 1$ e $w_1 = 0$, temos $\sum_{j=2}^{n} w_j^2 = 1$, e

$$4r^2 = \sum_{j=2}^{n} a_{j1}^2 - 2\alpha a_{21} + \alpha^2. \tag{9.13}$$

A Equação (9.10) e o fato de P ser ortogonal implicam que

$$\alpha^2 = (\alpha, 0, \ldots, 0)(\alpha, 0, \ldots, 0)^t = (\hat{P}\hat{\mathbf{y}})^t \hat{P}\hat{\mathbf{y}} = \hat{\mathbf{y}}^t \hat{P}^t \hat{P}\hat{\mathbf{y}} = \hat{\mathbf{y}}^t\hat{\mathbf{y}}.$$

Assim,

$$\alpha^2 = \sum_{j=2}^{n} a_{j1}^2,$$

que, quando substituída na Equação (9.13), resulta em

$$2r^2 = \sum_{j=2}^{n} a_{j1}^2 - \alpha a_{21}.$$

Para garantir que $2r^2 = 0$ somente se $a_{21} = a_{31} = \cdots = a_{n1} = 0$, escolhemos

$$\alpha = -\operatorname{sgn}(a_{21}) \left(\sum_{j=2}^{n} a_{j1}^2 \right)^{1/2},$$

o que implica que

$$2r^2 = \sum_{j=2}^{n} a_{j1}^2 + |a_{21}| \left(\sum_{j=2}^{n} a_{j1}^2 \right)^{1/2}.$$

Com esta escolha de α e $2r^2$, resolvemos as Equações (9.11) e (9.12) para obter

$$w_2 = \frac{a_{21} - \alpha}{2r} \quad \text{e} \quad w_j = \frac{a_{j1}}{2r}, \quad \text{para cada } j = 3, \ldots, n.$$

Para resumir a escolha de $P^{(1)}$, temos

$$\alpha = -\operatorname{sgn}(a_{21}) \left(\sum_{j=2}^{n} a_{j1}^2 \right)^{1/2},$$

$$r = \left(\frac{1}{2}\alpha^2 - \frac{1}{2}a_{21}\alpha \right)^{1/2},$$

$$w_1 = 0,$$

$$w_2 = \frac{a_{21} - \alpha}{2r},$$

e

$$w_j = \frac{a_{j1}}{2r}, \quad \text{para cada } j = 3, \ldots, n.$$

Com esta escolha,

$$A^{(2)} = P^{(1)}AP^{(1)} = \begin{bmatrix} a_{11}^{(2)} & a_{12}^{(2)} & 0 & \cdots & 0 \\ a_{21}^{(2)} & a_{22}^{(2)} & a_{23}^{(2)} & \cdots & a_{2n}^{(2)} \\ 0 & a_{32}^{(2)} & a_{33}^{(2)} & \cdots & a_{3n}^{(2)} \\ \vdots & \vdots & \vdots & & \vdots \\ 0 & a_{n2}^{(2)} & a_{n3}^{(2)} & \cdots & a_{nn}^{(2)} \end{bmatrix}.$$

Tendo encontrado $P^{(1)}$ e calculado $A^{(2)}$, o processo é repetido para $k = 2, 3, \ldots,$ $n - 2$, como segue:

$$\alpha = -\operatorname{sgn}(a_{k+1,k}^{(k)}) \left(\sum_{j=k+1}^{n} (a_{jk}^{(k)})^2 \right)^{1/2},$$

$$r = \left(\frac{1}{2}\alpha^2 - \frac{1}{2}\alpha a_{k+1,k}^{(k)} \right)^{1/2},$$

$$w_1^{(k)} = w_2^{(k)} = \cdots = w_k^{(k)} = 0,$$

$$w_{k+1}^{(k)} = \frac{a_{k+1,k}^{(k)} - \alpha}{2r},$$

$$w_j^{(k)} = \frac{a_{jk}^{(k)}}{2r}, \quad \text{para cada} \quad j = k+2, k+3, \ldots, n,$$

$$P^{(k)} = I - 2\mathbf{w}^{(k)} \cdot (\mathbf{w}^{(k)})^t,$$

e

$$A^{(k+1)} = P^{(k)}A^{(k)}P^{(k)},$$

em que

$$A^{(k+1)} = \begin{bmatrix} a_{11}^{(k+1)} & a_{12}^{(k+1)} & 0 & \cdots & \cdots & \cdots & 0 \\ a_{21}^{(k+1)} & \ddots & \ddots & \ddots & & & \vdots \\ 0 & \ddots & \ddots & \ddots & 0 & \cdots & 0 \\ \vdots & & a_{k+1,k}^{(k+1)} & a_{k+1,k+1}^{(k+1)} & a_{k+1,k+2}^{(k+1)} & \cdots & a_{k+1,n}^{(k+1)} \\ \vdots & & 0 & \vdots & & \ddots & \vdots \\ \vdots & & \vdots & \vdots & & & \vdots \\ 0 & \cdots & 0 & a_{n,k+1}^{(k+1)} & \cdots & \cdots & a_{nn}^{(k+1)} \end{bmatrix}.$$

Continuando dessa maneira, a matriz simétrica e tridiagonal $A^{(n-1)}$ é formada, em que

$$A^{(n-1)} = P^{(n-2)}P^{(n-3)} \cdots P^{(1)}AP^{(1)} \cdots P^{(n-3)}P^{(n-2)}.$$

EXEMPLO 1

Aplique transformações de Householder à matriz simétrica 4×4

$$A = \begin{bmatrix} 4 & 1 & -2 & 2 \\ 1 & 2 & 0 & 1 \\ -2 & 0 & 3 & -2 \\ 2 & 1 & -2 & -1 \end{bmatrix}$$

para produzir uma matriz simétrica tridiagonal que seja semelhante a A.

Solução Para a primeira aplicação de uma transformação de Householder,

$$\alpha = -(1)\left(\sum_{j=2}^{4} a_{j1}^2\right)^{1/2} = -3, \; r = \left(\frac{1}{2}(-3)^2 - \frac{1}{2}(1)(-3)\right)^{1/2} = \sqrt{6},$$

$$\mathbf{w} = \left(0, \frac{\sqrt{6}}{3}, -\frac{\sqrt{6}}{6}, \frac{\sqrt{6}}{6}\right),$$

$$P^{(1)} = \begin{bmatrix} 1 & 0 & 0 & 0 \\ 0 & 1 & 0 & 0 \\ 0 & 0 & 1 & 0 \\ 0 & 0 & 0 & 1 \end{bmatrix} - 2\left(\frac{\sqrt{6}}{6}\right)^2 \begin{bmatrix} 0 \\ 2 \\ -1 \\ 1 \end{bmatrix} \cdot (0, 2, -1, 1)$$

$$= \begin{bmatrix} 1 & 0 & 0 & 0 \\ 0 & -\frac{1}{3} & \frac{2}{3} & -\frac{2}{3} \\ 0 & \frac{2}{3} & \frac{2}{3} & \frac{1}{3} \\ 0 & -\frac{2}{3} & \frac{1}{3} & \frac{2}{3} \end{bmatrix},$$

e

$$A^{(2)} = \begin{bmatrix} 4 & -3 & 0 & 0 \\ -3 & \frac{10}{3} & 1 & \frac{4}{3} \\ 0 & 1 & \frac{5}{3} & -\frac{4}{3} \\ 0 & \frac{4}{3} & -\frac{4}{3} & -1 \end{bmatrix}.$$

Continuando para a segunda iteração,

$$\alpha = -\frac{5}{3}, \quad r = \frac{2\sqrt{5}}{3}, \quad \mathbf{w} = \left(0, 0, 2\sqrt{5}, \frac{\sqrt{5}}{5}\right)^t,$$

$$P^{(2)} = \begin{bmatrix} 1 & 0 & 0 & 0 \\ 0 & 1 & 0 & 0 \\ 0 & 0 & -\frac{3}{5} & -\frac{4}{5} \\ 0 & 0 & -\frac{4}{5} & \frac{3}{5} \end{bmatrix}$$

e a matriz simétrica tridiagonal é

$$A^{(3)} = \begin{bmatrix} 4 & -3 & 0 & 0 \\ -3 & \frac{10}{3} & -\frac{5}{3} & 0 \\ 0 & -\frac{5}{3} & -\frac{33}{25} & \frac{68}{75} \\ 0 & 0 & \frac{68}{75} & \frac{149}{75} \end{bmatrix}.$$

■

O Algoritmo 9.5 executa o método de Householder como aqui descrito, embora as multiplicações de matrizes reais sejam contornadas.

ALGORITMO 9.5 **Método de Householder**

Para obter uma matriz simétrica tridiagonal $A^{(n-1)}$ semelhante à matriz simétrica $A = A^{(1)}$, construa as seguintes matrizes $A^{(2)}, A^{(3)}, \ldots, A^{(n-1)}$ em que $A^{(k)} = (a_{ij}^{(k)})$ para cada $k = 1, 2, \ldots, n-1$:

ENTRADA dimensão n; matriz A.

SAÍDA $A^{(n-1)}$. (*A cada passo, A pode ser sobrescrita.*)

Passo 1 Para $k = 1, 2, \ldots, n-2$ execute Passos 2 a 14.

Passo 2 Faça

$$q = \sum_{j=k+1}^{n} \left(a_{jk}^{(k)}\right)^2.$$

Passo 3 Se $a_{k+1,k}^{(k)} = 0$ então $\alpha = -q^{1/2}$

$$\text{senão, faça } \alpha = -\frac{q^{1/2} a_{k+1,k}^{(k)}}{|a_{k+1,k}^{(k)}|}.$$

Passo 4 Faça $RSQ = \alpha^2 - \alpha a_{k+1,k}^{(k)}$. (*Observação*: $RSQ = 2r^2$)

Passo 5 Faça $v_k = 0$; (*Observação*: $v_1 = \ldots = v_{k-1} = 0$, *mas não são necessários.*) $v_{k+1} = a_{k+1,k}^{(k)} - \alpha$;

Para $j = k+2, \ldots, n$ faça $v_j = a_{jk}^{(k)}$.

$$\left(\textit{Observação}: \mathbf{w} = \left(\frac{1}{\sqrt{2RSQ}}\right)\mathbf{v} = \frac{1}{2r}\mathbf{v}.\right)$$

Passo 6 Para $j = k, k+1, \ldots, n$ faça $u_j = \left(\dfrac{1}{RSQ}\right) \displaystyle\sum_{i=k+1}^{n} a_{ji}^{(k)} v_i$.

$$\left(\textit{Observação}: \mathbf{u} = \left(\frac{1}{RSQ}\right) A^{(k)}\mathbf{v} = \frac{1}{2r^2} A^{(k)}\mathbf{v} = \frac{1}{r} A^{(k)}\mathbf{w}.\right)$$

Passo 7 Faça $PROD = \displaystyle\sum_{i=k+1}^{n} v_i u_i$.

$$\left(\textit{Observação}: PROD = \mathbf{v}^t\mathbf{u} = \frac{1}{2r^2}\mathbf{v}^t A^{(k)}\mathbf{v}.\right)$$

Passo 8 Para $j = k, k+1, \ldots, n$ faça $z_j = u_j - \left(\dfrac{PROD}{2RSQ}\right) v_j$.

$$\left(\textit{Observação}: \mathbf{z} = \mathbf{u} - \frac{1}{2RSQ}\mathbf{v}^t\mathbf{u}\mathbf{v} = \mathbf{u} - \frac{1}{4r^2}\mathbf{v}^t\mathbf{u}\mathbf{v}\right.$$

$$\left. = \mathbf{u} - \mathbf{w}\mathbf{w}^t\mathbf{u} = \frac{1}{r}A^{(k)}\mathbf{w} - \mathbf{w}\mathbf{w}^t\frac{1}{r}A^{(k)}\mathbf{w}.\right)$$

Passo 9 Para $l = k+1, k+2, \ldots, n-1$ execute Passos 10 e 11. (*Observação*: *calcule* $A^{(k+1)} = A^{(k)} - \mathbf{v}\mathbf{z}^t - \mathbf{z}\mathbf{v}^t = (I - 2\mathbf{w}\mathbf{w}^t)A^{(k)}(I - 2\mathbf{w}\mathbf{w}^t)$.)

Passo 10 Para $j = l + 1, \ldots, n$ faça
$$a_{jl}^{(k+1)} = a_{jl}^{(k)} - v_l z_j - v_j z_l;$$
$$a_{lj}^{(k+1)} = a_{jl}^{(k+1)}.$$

Passo 11 Faça $a_{ll}^{(k+1)} = a_{ll}^{(k)} - 2v_l z_l$.

Passo 12 Faça $a_{nn}^{(k+1)} = a_{nn}^{(k)} - 2v_n z_n$.

Passo 13 Para $j = k + 2, \ldots, n$ faça $a_{kj}^{(k+1)} = a_{jk}^{(k+1)} = 0$.

Passo 14 Faça $a_{k+1,k}^{(k+1)} = a_{k+1,k}^{(k)} - v_{k+1} z_k$;
$$a_{k,k+1}^{(k+1)} = a_{k+1,k}^{(k+1)}.$$

(*Observação: os outros elementos de $A^{(k+1)}$ são os mesmos de $A^{(k)}$.*)

Passo 15 SAÍDA ($A^{(n-1)}$);
(*O processo está completo. $A^{(n-1)}$ é simétrica, tridiagonal e semelhante a A.*)
PARE. ■

Na próxima seção, examinaremos como o algoritmo QR pode ser aplicado para determinar os autovalores de $A^{(n-1)}$, que são os mesmos que os da matriz original A.

Para aplicar o Algoritmo de Householder a uma matriz $n \times n$ arbitrária, as seguintes modificações devem ser feitas para compensar uma possível falta de simetria. A matriz $A^{(n-1)}$ resultante não será tridiagonal, a menos que a matriz original A seja simétrica. Todavia, todos os elementos abaixo da subdiagonal inferior serão 0. Uma matriz deste tipo é chamada *Hessenberg superior*. Isto é, $H = (h_{ij})$ é **Hessenberg superior** se $h_{ij} = 0$ para todo $i \geq j + 2$.

Os seguintes passos são as únicas modificações necessárias para matrizes arbitrárias:

Passo 6 Para $j = 1, 2, \ldots, n$ faça $u_j = \dfrac{1}{RSQ} \sum_{i=k+1}^{n} a_{ji}^{(k)} v_i$;
$$y_j = \frac{1}{RSQ} \sum_{i=k+1}^{n} a_{ij}^{(k)} v_i.$$

Passo 8 Para $j = 1, 2, \ldots, n$ faça $z_j = u_j - \dfrac{PROD}{RSQ} v_j$.

Passo 9 Para $l = k + 1, k + 2, \ldots, n$ execute Passos 10 e 11.

Passo 10 Para $j = 1, 2, \ldots, k$ faça $a_{jl}^{(k+1)} = a_{jl}^{(k)} - z_j v_l$;
$$a_{lj}^{(k+1)} = a_{lj}^{(k)} - y_j v_l.$$

Passo 11 Para $j = k + 1, \ldots, n$ faça $a_{jl}^{(k+1)} = a_{jl}^{(k)} - z_j v_l - y_l v_j$.

Após esses passos serem modificados, apague os Passos 12 a 14 e a saída $A^{(n-1)}$. Observe que o Passo 7 não muda.

EXERCÍCIOS 9.4

1. Utilize o método de Householder para pôr as seguintes matrizes na forma tridiagonal.

a. $\begin{bmatrix} 12 & 10 & 4 \\ 10 & 8 & -5 \\ 4 & -5 & 3 \end{bmatrix}$ **b.** $\begin{bmatrix} 2 & -1 & -1 \\ -1 & 2 & -1 \\ -1 & -1 & 2 \end{bmatrix}$

c. $\begin{bmatrix} 1 & 1 & 1 \\ 1 & 1 & 0 \\ 1 & 0 & 1 \end{bmatrix}$ **d.** $\begin{bmatrix} 4{,}75 & 2{,}25 & -0{,}25 \\ 2{,}25 & 4{,}75 & 1{,}25 \\ -0{,}25 & 1{,}25 & 4{,}75 \end{bmatrix}$

2. Utilize o método de Householder para pôr as seguintes matrizes na forma tridiagonal.

a. $\begin{bmatrix} 4 & -1 & -1 & 0 \\ -1 & 4 & 0 & -1 \\ -1 & 0 & 4 & -1 \\ 0 & -1 & -1 & 4 \end{bmatrix}$ **b.** $\begin{bmatrix} 5 & -2 & -0{,}5 & 1{,}5 \\ -2 & 5 & 1{,}5 & -0{,}5 \\ -0{,}5 & 1{,}5 & 5 & -2 \\ 1{,}5 & -0{,}5 & -2 & 5 \end{bmatrix}$

c. $\begin{bmatrix} 8 & 0{,}25 & 0{,}5 & 2 & -1 \\ 0{,}25 & -4 & 0 & 1 & 2 \\ 0{,}5 & 0 & 5 & 0{,}75 & -1 \\ 2 & 1 & 0{,}75 & 5 & -0{,}5 \\ -1 & 2 & -1 & -0{,}5 & 6 \end{bmatrix}$ **d.** $\begin{bmatrix} 2 & -1 & -1 & 0 & 0 \\ -1 & 3 & 0 & -2 & 0 \\ -1 & 0 & 4 & 2 & 1 \\ 0 & -2 & 2 & 8 & 3 \\ 0 & 0 & 1 & 3 & 9 \end{bmatrix}$

3. Modifique o Algoritmo 9.5 de Householder para calcular matrizes de Hessenberg superiores semelhantes às seguintes matrizes não simétricas.

a. $\begin{bmatrix} 2 & -1 & 3 \\ 2 & 0 & 1 \\ -2 & 1 & 4 \end{bmatrix}$ **b.** $\begin{bmatrix} -1 & 2 & 3 \\ 2 & 3 & -2 \\ 3 & 1 & -1 \end{bmatrix}$

c. $\begin{bmatrix} 5 & -2 & -3 & 4 \\ 0 & 4 & 2 & -1 \\ 1 & 3 & -5 & 2 \\ -1 & 4 & 0 & 3 \end{bmatrix}$ **d.** $\begin{bmatrix} 4 & -1 & -1 & -1 \\ -1 & 4 & 0 & -1 \\ -1 & -1 & 4 & -1 \\ -1 & -1 & -1 & 4 \end{bmatrix}$

EXERCÍCIO APLICADO

4. O seguinte sistema homogêneo de equações diferenciais lineares de primeira ordem

$$\begin{aligned} x_1'(t) &= 5x_1(t) - x_2(t) + 2x_3(t) + x_4(t) \\ x_2'(t) &= -x_1(t) + 4x_2(t) + 2x_4(t) \\ x_3'(t) &= 2x_1(t) + 4x_3(t) + x_4(t) \\ x_4'(t) &= x_1(t) + 2x_2(t) + x_3(t) + 5x_4(t) \end{aligned}$$

pode ser escrito na forma matriz vetor $\mathbf{x}'(t) = A\mathbf{x}(t)$, em que

$$\mathbf{x}(t) = \begin{bmatrix} x_1(t) \\ x_2(t) \\ x_3(t) \\ x_4(t) \end{bmatrix} \quad \text{e} \quad A = \begin{bmatrix} 5 & -1 & 2 & 1 \\ -1 & 4 & 0 & 2 \\ 2 & 0 & 4 & 1 \\ 1 & 2 & 1 & 5 \end{bmatrix}.$$

A construção da solução geral do sistema de equações diferenciais

$$\mathbf{x}(t) = c_1 e^{\lambda_1 t}\mathbf{v}_1 + c_2 e^{\lambda_2 t}\mathbf{v}_2 + c_3 e^{\lambda_3 t}\mathbf{v}_3 + c_4 e^{\lambda_4 t}\mathbf{v}_4$$

requer os autovalores $\lambda_1, \lambda_2, \lambda_3$ e λ_4 de A. A determinação dos autovalores de A usando o método QR requer uma matriz tridiagonal simétrica semelhante a A. Use o método de Householder para encontrar tal matriz.

QUESTÕES PARA DISCUSSÃO

1. Ao calcular autovalores de matrizes simétricas, as reflexões de Householder transformarão a matriz para uma forma tridiagonal. Por que a matriz não pode ser completamente diagonalizada com esse método?
2. As transformações de Householder preservam ângulos e comprimentos? Por que sim ou por que não?

9.5 O algoritmo QR

Os métodos de deflação discutidos na Seção 9.3 geralmente não são adequados para calcular todos os autovalores de uma matriz, por causa do crescimento do erro de arredondamento. Nesta seção, consideramos o Algoritmo QR, uma técnica de redução de matriz utilizada para determinar simultaneamente todos os autovalores de uma matriz simétrica.

Para aplicar o método QR, começamos com uma matriz simétrica em forma tridiagonal; isto é, os únicos elementos não nulos na matriz ficam na diagonal ou nas subdiagonais diretamente acima ou abaixo da diagonal. Se esta não for a forma da matriz simétrica, o primeiro passo é aplicar o método de Householder para determinar uma matriz tridiagonal simétrica semelhante à matriz dada e, portanto, com os mesmos autovalores que ela.

No restante desta seção, será considerado que a matriz simétrica para a qual esses autovalores devem ser calculados é tridiagonal. Se denotarmos por A uma matriz desse tipo, podemos simplificar um pouco a notação, representando os elementos de A como segue:

$$A = \begin{bmatrix} a_1 & b_2 & 0 & \cdots & 0 \\ b_2 & a_2 & b_3 & \ddots & \vdots \\ 0 & b_3 & a_3 & \ddots & 0 \\ \vdots & \ddots & \ddots & \ddots & b_n \\ 0 & \cdots & 0 & b_n & a_n \end{bmatrix}. \tag{9.14}$$

Se $b_2 = 0$ ou $b_n = 0$, então a matriz 1×1 $[a_1]$ ou $[a_n]$ imediatamente produz um autovalor a_1 ou a_n de A. O método QR tira vantagem dessa observação pelo decréscimo sucessivo. sucedido dos valores dos elementos abaixo da diagonal principal até que $b_2 \approx 0$ ou $b_n \approx 0$.

Quando $b_j = 0$ para algum j, em que $2 < j < n$, o problema pode ser reduzido para considerar, em vez de A, as matrizes menores

$$\begin{bmatrix} a_1 & b_2 & 0 & \cdots & 0 \\ b_2 & a_2 & b_3 & \ddots & \vdots \\ 0 & b_3 & a_3 & \ddots & 0 \\ \vdots & \ddots & \ddots & \ddots & b_{j-1} \\ 0 & \cdots & 0 & b_{j-1} & a_{j-1} \end{bmatrix} \quad \text{e} \quad \begin{bmatrix} a_j & b_{j+1} & 0 & \cdots & 0 \\ b_{j+1} & a_{j+1} & b_{j+2} & \ddots & \vdots \\ 0 & b_{j+2} & a_{j+2} & \ddots & 0 \\ \vdots & \ddots & \ddots & \ddots & b_n \\ 0 & \cdots & 0 & b_n & a_n \end{bmatrix}. \tag{9.15}$$

Se nenhum dos b_j for nulo, o método QR prossegue pela formação de uma sequência de matrizes $A = A^{(1)}, A^{(2)}, A^{(3)}, \ldots$, como segue:

I. $A^{(1)} = A$ é fatorada como um produto $A^{(1)} = Q^{(1)}R^{(1)}$, em que $Q^{(1)}$ é ortogonal e $R^{(1)}$ é triangular superior.

II. $A^{(2)}$ é definida como $A^{(2)} = R^{(1)}Q^{(1)}$.

Especificamente, $A^{(i)}$ é fatorada como um produto $A^{(i)} = Q^{(i)}R^{(i)}$ de uma matriz ortogonal $Q^{(i)}$ e uma matriz triangular superior $R^{(i)}$. Então, $A^{(i+1)}$ é definida pelo produto de $R^{(i)}$ e $Q^{(i)}$ no sentido inverso, $A^{(i+1)} = R^{(i)}Q^{(i)}$. Como $Q^{(i)}$ é ortogonal, $R^{(i)} = Q^{(i)t}A^{(i)}$ e

$$A^{(i+1)} = R^{(i)}Q^{(i)} = (Q^{(i)t}A^{(i)})\,Q^{(i)} = Q^{(i)t}A^{(i)}\,Q^{(i)}. \tag{9.16}$$

Assim, $A^{(i+1)}$ é simétrica com os mesmos autovalores que $A^{(i)}$. Da maneira pela qual definiremos $R^{(i)}$ e $Q^{(i)}$, também garantimos que $A^{(i+1)}$ é tridiagonal.

Continuando por indução, $A^{(i+1)}$ tem os mesmos autovalores que a matriz original A, e $A^{(i+1)}$ tende a uma matriz diagonal com os autovalores de A ao longo da diagonal.

Matriz de rotação

Para descrever a construção das matrizes da fatoração $Q^{(i)}$ e $R^{(i)}$, precisamos da noção de *matriz de rotação*.

Definição 9.23 Uma **matriz de rotação** P difere da matriz identidade em no máximo quatro elementos. Esses quatro elementos são da forma

$$p_{ii} = p_{jj} = \cos\theta \quad \text{e} \quad p_{ij} = -p_{ji} = \text{sen}\,\theta,$$

para algum θ e algum $i \neq j$. ■

Se A for a matriz de rotação 2×2

$$A = \begin{bmatrix} \cos\theta & -\text{sen}\,\theta \\ \text{sen}\theta & \cos\theta \end{bmatrix}$$

então $A\mathbf{x}$ é $\mathbf{x}$ girado no sentido anti-horário de um ângulo θ.

É fácil mostrar (veja o Exercício 12) que, para qualquer matriz de rotação P, a matriz AP difere de A apenas nas i-ésima e j-ésima colunas e a matriz PA difere de A apenas nas i-ésima e j-ésima linhas. Para qualquer $i \neq j$, o ângulo θ pode ser escolhido de tal modo que o produto PA tenha um elemento nulo em $(PA)_{ij}$. Adicionalmente, cada matriz de rotação P é ortogonal, já que a definição implica que $PP^t = I$.

EXEMPLO 1 Encontre uma matriz de rotação P com a propriedade que PA tem um elemento nulo na segunda linha e primeira coluna, em que

$$A = \begin{bmatrix} 3 & 1 & 0 \\ 1 & 3 & 1 \\ 0 & 1 & 3 \end{bmatrix}.$$

Solução A forma de P é

$$P = \begin{bmatrix} \cos\theta & \text{sen}\,\theta & 0 \\ -\,\text{sen}\,\theta & \cos\theta & 0 \\ 0 & 0 & 1 \end{bmatrix}, \text{ de modo que } PA = \begin{bmatrix} 3\cos\theta + \text{sen}\,\theta & \cos\theta + 3\,\text{sen}\,\theta & \text{sen}\,\theta \\ -3\,\text{sen}\,\theta + \cos\theta & -\,\text{sen}\,\theta + 3\cos\theta & \cos\theta \\ 0 & 1 & 3 \end{bmatrix}.$$

O ângulo θ é escolhido de modo que $-3\,\text{sen}\,\theta + \cos\theta = 0$, ou seja, de modo que $\text{tg}\,\theta = \frac{1}{3}$. Assim,

$$\cos\theta = \frac{3\sqrt{10}}{10}, \quad \text{sen}\,\theta = \frac{\sqrt{10}}{10}$$

e

$$PA = \begin{bmatrix} \frac{3\sqrt{10}}{10} & \frac{\sqrt{10}}{10} & 0 \\ -\frac{\sqrt{10}}{10} & \frac{3\sqrt{10}}{10} & 0 \\ 0 & 0 & 1 \end{bmatrix} \begin{bmatrix} 3 & 1 & 0 \\ 1 & 3 & 1 \\ 0 & 1 & 3 \end{bmatrix} = \begin{bmatrix} \sqrt{10} & \frac{3}{5}\sqrt{10} & \frac{1}{10}\sqrt{10} \\ 0 & \frac{4}{5}\sqrt{10} & \frac{3}{10}\sqrt{10} \\ 0 & 1 & 3 \end{bmatrix}.$$

Observe que a matriz resultante não é nem simétrica nem tridiagonal. ■

Essas são em geral chamadas de rotações de Givens, pois elas foram usadas por James Wallace Givens (1910-1993) na década de 1950, quando estava no Argonne National Laboratories.

A fatoração de $A^{(1)}$ em $A^{(1)} = Q^{(1)} R^{(1)}$ utiliza um produto de $n - 1$ matrizes de rotação para construir

$$R^{(1)} = P_n P_{n-1} \cdots P_2 A^{(1)}.$$

Primeiramente, escolhemos a matriz de rotação P_2 com

$$p_{11} = p_{22} = \cos\theta_2 \quad \text{e} \quad p_{12} = -p_{21} = \operatorname{sen}\theta_2,$$

em que

$$\operatorname{sen}\theta_2 = \frac{b_2}{\sqrt{b_2^2 + a_1^2}} \quad \text{e} \quad \cos\theta_2 = \frac{a_1}{\sqrt{b_2^2 + a_1^2}}.$$

Esta escolha nos dá

$$(-\operatorname{sen}\theta_2)a_1 + (\cos\theta_2)b_2 = \frac{-b_2 a_1}{\sqrt{b_2^2 + a_1^2}} + \frac{a_1 b_2}{\sqrt{b_2^2 + a_1^2}} = 0$$

para o elemento na posição (2, 1), isto é, na segunda linha e primeira coluna, do produto $P_2 A_2^{(1)}$. Assim, a matriz

$$A_2^{(1)} = P_2 A^{(1)}$$

tem um zero na posição (2,1).

Como a multiplicação $P_2 A^{(1)}$ afeta ambas as linhas 1 e 2 de $A^{(1)}$, a nova matriz $A_2^{(1)}$ não necessariamente retém os elementos nulos nas posições (1, 3), (1, 4), . . . e (1, n). Contudo, $A^{(1)}$ é tridiagonal, e assim os elementos (1, 4), . . . , (1, n) de $A_2^{(1)}$ devem ser 0. Apenas o elemento (1, 3), o da primeira linha e terceira coluna, pode tornar-se não nulo em $A_2^{(1)}$.

Em geral, a matriz P_k é escolhida de tal forma que o elemento (k, $k - 1$) em $A_k^{(1)} = P_k A_{k-1}^{(1)}$ seja nulo, o que faz com que o elemento ($k - 1$, $k + 1$) torne-se não nulo. A matriz $A_k^{(1)}$ tem a forma

$$A_k^{(1)} = \begin{bmatrix} z_1 & q_1 & r_1 & 0 & \cdots & \cdots & \cdots & \cdots & 0 \\ 0 & \ddots & \ddots & \ddots & \ddots & & & & \vdots \\ 0 & \ddots & \ddots & \ddots & \ddots & \ddots & & & \vdots \\ \vdots & & 0 & z_{k-1} & q_{k-1} & r_{k-1} & & & \vdots \\ \vdots & & & 0 & x_k & y_k & 0 & & \vdots \\ \vdots & & & & b_{k+1} & a_{k+1} & b_{k+2} & \ddots & 0 \\ \vdots & & & & & \ddots & \ddots & \ddots & 0 \\ \vdots & & & & & & \ddots & \ddots & b_n \\ 0 & \cdots & \cdots & \cdots & \cdots & \cdots & 0 & b_n & a_n \end{bmatrix},$$

e P_{k+1} tem a forma

$$P_{k+1} = \left[\begin{array}{c|cc|c} I_{k-1} & & O & O \\ \hline & c_{k+1} & s_{k+1} & \\ O & & & O \\ & -s_{k+1} & c_{k+1} & \\ \hline O & & O & I_{n-k-1} \end{array}\right] \begin{array}{l} \\ \leftarrow \text{linha } k \\ \\ \\ \\ \end{array}, \tag{9.17}$$

$$\uparrow$$
$$\text{coluna } k$$

em que O denota a matriz com a dimensão apropriada com todos os elementos nulos.

As constantes $c_{k+1} = \cos\theta_{k+1}$ e $s_{k+1} = \operatorname{sen}\theta_{k+1}$ em P_{k+1} são escolhidas de tal forma que o elemento $(k + 1, k)$ em $A_{k+1}^{(1)}$ seja nulo; isto é, $s_{k+1}x_k - c_{k+1}b_{k+1} = 0$.

Como $c_{k+1}^2 + s_{k+1}^2 = 1$, a solução para esta equação é

$$s_{k+1} = \frac{b_{k+1}}{\sqrt{b_{k+1}^2 + x_k^2}} \quad \text{e} \quad c_{k+1} = \frac{x_k}{\sqrt{b_{k+1}^2 + x_k^2}},$$

e a $A_{k+1}^{(1)}$ tem a forma

$$A_{k+1}^{(1)} = \begin{bmatrix} z_1 & q_1 & r_1 & 0 & \cdots & \cdots & \cdots & \cdots & \vdots \\ 0 & \ddots & \ddots & \ddots & \ddots & & & & \vdots \\ 0 & \ddots & \ddots & \ddots & \ddots & \ddots & & & \vdots \\ \vdots & & 0 & z_k & q_k & r_k & & & \vdots \\ \vdots & & & 0 & x_{k+1} & y_{k+1} & 0 & & \vdots \\ \vdots & & & & b_{k+2} & a_{k+2} & b_{k+3} & \ddots & 0 \\ \vdots & & & & & \ddots & \ddots & \ddots & 0 \\ \vdots & & & & & & \ddots & \ddots & b_n \\ 0 & \cdots & \cdots & \cdots & \cdots & \cdots & 0 & b_n & a_n \end{bmatrix}.$$

Prosseguindo nesta construção da sequência $P_2, \ldots, P_n$ obtemos a matriz triangular superior

$$R^{(1)} \equiv A_n^{(1)} = \begin{bmatrix} z_1 & q_1 & r_1 & 0 & \cdots & 0 \\ 0 & \ddots & \ddots & \ddots & \ddots & \vdots \\ \vdots & \ddots & \ddots & \ddots & \ddots & 0 \\ \vdots & & \ddots & \ddots & \ddots & r_{n-2} \\ \vdots & & & \ddots & z_{n-1} & q_{n-1} \\ 0 & \cdots & \cdots & \cdots & 0 & x_n \end{bmatrix}.$$

A outra metade da fatoração QR é a matriz

$$Q^{(1)} = P_2^t P_3^t \cdots P_n^t,$$

já que a ortogonalidade das matrizes de rotação implica que

$$Q^{(1)} R^{(1)} = (P_2^t P_3^t \cdots P_n^t) \cdot (P_n \cdots P_3 P_2) A^{(1)} = A^{(1)}.$$

A matriz $Q^{(1)}$ é ortogonal, já que

$$(Q^{(1)})^t Q^{(1)} = (P_2^t P_3^t \cdots P_n^t)^t (P_2^t P_3^t \cdots P_n^t) = (P_n \cdots P_3 P_2) \cdot (P_2^t P_3^t \cdots P_n^t) = I.$$

Adicionalmente, $Q^{(1)}$ é uma matriz de Hessenberg superior. Para ver por que isso é verdadeiro, você pode seguir os passos nos Exercícios 13 e 14.

Como uma consequência, $A^{(2)} = R^{(1)}Q^{(1)}$ também é uma matriz de Hessenberg superior, já que multiplicar $Q^{(1)}$ no lado esquerdo pela matriz triangular superior $R^{(1)}$ não afeta os elementos no triângulo inferior. Isso implica que $A^{(2)}$ é de fato tridiagonal, pois já sabemos que é simétrica.

Os elementos fora da diagonal de $A^{(2)}$ geralmente serão menores em módulo que os elementos correspondentes de $A^{(1)}$, e assim $A^{(2)}$ está mais próxima de ser uma matriz diagonal do que está $A^{(1)}$. Repita o processo para construir $A^{(3)}, A^{(4)}, \ldots$. até obter uma convergência satisfatória.

EXEMPLO 2 Aplique uma iteração do método QR à matriz dada no Exemplo 1

$$A = \begin{bmatrix} 3 & 1 & 0 \\ 1 & 3 & 1 \\ 0 & 1 & 3 \end{bmatrix}.$$

Solução Sejam $A^{(1)} = A$ a matriz dada e P_2 a matriz de rotação determinada no Exemplo 1. Encontramos, usando a notação introduzida no método QR, que

$$A_2^{(1)} = P_2 A^{(1)} = \begin{bmatrix} \frac{3\sqrt{10}}{10} & \frac{\sqrt{10}}{10} & 0 \\ -\frac{\sqrt{10}}{10} & \frac{3\sqrt{10}}{10} & 0 \\ 0 & 0 & 1 \end{bmatrix} \begin{bmatrix} 3 & 1 & 0 \\ 1 & 3 & 1 \\ 0 & 1 & 3 \end{bmatrix} = \begin{bmatrix} \sqrt{10} & \frac{3}{5}\sqrt{10} & \frac{\sqrt{10}}{10} \\ 0 & \frac{4\sqrt{10}}{5} & \frac{3\sqrt{10}}{10} \\ 0 & 1 & 3 \end{bmatrix}$$

$$\equiv \begin{bmatrix} z_1 & q_1 & r_1 \\ 0 & x_2 & y_2 \\ 0 & b_3^{(1)} & a_3^{(1)} \end{bmatrix}.$$

Continuando, temos

$$s_3 = \frac{b_3^{(1)}}{\sqrt{x_2^2 + (b_3^{(1)})^2}} = 0{,}36761 \quad \text{e} \quad c_3 = \frac{x_2}{\sqrt{x_2^2 + (b_3^{(1)})^2}} = 0{,}92998,$$

de modo que

$$R^{(1)} \equiv A_3^{(1)} = P_3 A_2^{(1)} = \begin{bmatrix} 1 & 0 & 0 \\ 0 & 0{,}92998 & 0{,}36761 \\ 0 & -0{,}36761 & 0{,}92998 \end{bmatrix} \begin{bmatrix} \sqrt{10} & \frac{3}{5}\sqrt{10} & \frac{\sqrt{10}}{10} \\ 0 & \frac{4\sqrt{10}}{5} & \frac{3\sqrt{10}}{10} \\ 0 & 1 & 3 \end{bmatrix}$$

$$= \begin{bmatrix} \sqrt{10} & \frac{3}{5}\sqrt{10} & \frac{\sqrt{10}}{10} \\ 0 & 2{,}7203 & 1{,}9851 \\ 0 & 0 & 2{,}4412 \end{bmatrix}$$

e

$$Q^{(1)} = P_2^t P_3^t = \begin{bmatrix} \frac{3\sqrt{10}}{10} & -\frac{\sqrt{10}}{10} & 0 \\ \frac{\sqrt{10}}{10} & \frac{3\sqrt{10}}{10} & 0 \\ 0 & 0 & 1 \end{bmatrix} \begin{bmatrix} 1 & 0 & 0 \\ 0 & 0{,}92998 & -0{,}36761 \\ 0 & 0{,}36761 & 0{,}92998 \end{bmatrix}$$

$$= \begin{bmatrix} 0{,}94868 & -0{,}29409 & 0{,}11625 \\ 0{,}31623 & 0{,}88226 & -0{,}34874 \\ 0 & 0{,}36761 & 0{,}92998 \end{bmatrix}.$$

Como consequência,

$$A^{(2)} = R^{(1)} Q^{(1)} = \begin{bmatrix} \sqrt{10} & \frac{3}{5}\sqrt{10} & \frac{\sqrt{10}}{10} \\ 0 & 2{,}7203 & 1{,}9851 \\ 0 & 0 & 2{,}4412 \end{bmatrix} \begin{bmatrix} 0{,}94868 & -0{,}29409 & 0{,}11625 \\ 0{,}31623 & 0{,}88226 & -0{,}34874 \\ 0 & -0{,}36761 & 0{,}92998 \end{bmatrix}$$

$$= \begin{bmatrix} 3{,}6 & 0{,}86024 & 0 \\ 0{,}86024 & 3{,}12973 & 0{,}89740 \\ 0 & 0{,}89740 & 2{,}27027 \end{bmatrix}.$$

Os elementos de $A^{(2)}$ fora da diagonal são menores que os de $A^{(1)}$ por cerca de 14%, de modo que tivemos uma redução, mas ela não é substancial. Para decrescer para abaixo de 0,001, precisaríamos executar 13 iterações do método QR. Ao fazer isso, obtemos

$$A^{(13)} = \begin{bmatrix} 4{,}4139 & 0{,}01941 & 0 \\ 0{,}01941 & 3{,}0003 & 0{,}00095 \\ 0 & 0{,}00095 & 1{,}5858 \end{bmatrix}.$$

Isso daria um autovalor aproximado de 1,5858 e os autovalores restantes poderiam ser aproximados considerando a matriz reduzida

$$\begin{bmatrix} 4{,}4139 & 0{,}01941 \\ 0{,}01941 & 3{,}0003 \end{bmatrix}.$$

■

Aceleração da convergência

Se os autovalores de A tiverem módulos distintos com $|\lambda_1| > |\lambda_2| > \cdots > |\lambda_n|$, então a taxa de convergência do elemento $b_{j+1}^{(i+1)}$ para 0 na matriz $A^{(i+1)}$ dependerá da razão $|\lambda_{j+1}/\lambda_j|$ (consulte [Fr]). A taxa de convergência de $b_{j+1}^{(i+1)}$ para 0 determina a taxa na qual o elemento $a_j^{(i+1)}$ converge para o j-ésimo autovalor λ_j. Assim, a taxa de convergência pode ser lenta se $|\lambda_{j+1}/\lambda_j|$ estiver próximo da unidade.

Para acelerar essa convergência, é empregada uma técnica de deslocamento similar à utilizada no método da potência inversa na Seção 9.3. Uma constante σ é escolhida próxima a um autovalor de A. Modificamos a fatoração na Equação (9.16) escolhendo $Q^{(i)}$ e $R^{(i)}$ de modo que

$$A^{(i)} - \sigma I = Q^{(i)}R^{(i)}, \tag{9.18}$$

e, correspondentemente, a matriz $A^{(i+1)}$ é definida como sendo

$$A^{(i+1)} = R^{(i)}Q^{(i)} + \sigma I. \tag{9.19}$$

Com essa modificação, a taxa de convergência de $b_{j+1}^{(i+1)}$ para 0 depende da razão $|(\lambda_{j+1} - \sigma)/(\lambda_j - \sigma)|$. Isso pode resultar em uma melhora significativa da taxa de convergência original de $a_j^{(i+1)}$ para λ_j, se σ estiver próximo de λ_{j+1}, mas não próximo de λ_j.

Mudamos σ a cada passo, de modo que quando A tiver autovalores de módulos distintos, $b_n^{(i+1)}$ convirja para 0 mais rápido que $b_j^{(i+1)}$ para qualquer inteiro j menor que n. Quando $b_n^{(i+1)}$ for suficientemente pequeno, assumimos que $\lambda_n \approx a_n^{(i+1)}$, apagamos a enésima linha e coluna da matriz e prosseguimos do mesmo modo para encontrar uma aproximação para λ_{n-1}. O processo continua até que tenha sido determinada uma aproximação para cada autovalor.

A técnica de deslocamento escolhe, no i-ésimo passo, a constante de deslocamento σ_i, em que σ_i é o autovalor da matriz

$$E^{(i)} = \begin{bmatrix} a_{n-1}^{(i)} & b_n^{(i)} \\ b_n^{(i)} & a_n^{(i)} \end{bmatrix}$$

que esteja mais próximo de $a_n^{(i)}$. Esse deslocamento translada os autovalores de A por um fator σ_i. Com essa técnica de deslocamento, a convergência é usualmente cúbica. (Consulte [WR] p. 270). O método acumula esses deslocamentos até que $b_n^{(i+1)} \approx 0$ e, então, acrescenta os deslocamentos a $a_n^{(i+1)}$ para obter uma aproximação para o autovalor λ_n.

Se A tiver autovalores com o mesmo módulo, $b_j^{(i+1)}$ pode tender a 0 para algum $j \neq n$ a uma taxa mais rápida que $b_n^{(i+1)}$. Nesse caso, a técnica de decomposição de matriz descrita em (9.14) pode ser empregada para reduzir o problema a um envolvendo duas matrizes de ordem reduzida.

EXEMPLO 3 Incorpore o deslocamento no método QR para a matriz

$$A = \begin{bmatrix} 3 & 1 & 0 \\ 1 & 3 & 1 \\ 0 & 1 & 3 \end{bmatrix} = \begin{bmatrix} a_1^{(1)} & b_2^{(1)} & 0 \\ b_2^{(1)} & a_2^{(1)} & b_3^{(1)} \\ 0 & b_3^{(1)} & a_3^{(1)} \end{bmatrix}.$$

Solução Encontrar o parâmetro de aceleração para deslocamento requer encontrar os autovalores de

$$\begin{bmatrix} a_2^{(1)} & b_3^{(1)} \\ b_3^{(1)} & a_3^{(1)} \end{bmatrix} = \begin{bmatrix} 3 & 1 \\ 1 & 3 \end{bmatrix},$$

que são $\mu_1 = 4$ e $\mu_2 = 2$. A escolha do autovalor mais próximo de $a_3^{(1)} = 3$ é arbitrária e escolhemos $\mu_2 = 2$ e deslocamos por este valor. Então $\sigma_1 = 2$ e

$$\begin{bmatrix} d_1 & b_2^{(1)} & 0 \\ b_2^{(1)} & d_2 & b_3^{(1)} \\ 0 & b_3^{(1)} & d_3 \end{bmatrix} = \begin{bmatrix} 1 & 1 & 0 \\ 1 & 1 & 1 \\ 0 & 1 & 1 \end{bmatrix}.$$

Continuando os cálculos, temos

$$x_1 = 1, \quad y_1 = 1, \quad z_1 = \sqrt{2}, \quad c_2 = \frac{\sqrt{2}}{2}, \quad s_2 = \frac{\sqrt{2}}{2},$$

$$q_1 = \sqrt{2}, \quad x_2 = 0, \quad r_1 = \frac{\sqrt{2}}{2} \quad \text{e} \quad y_2 = \frac{\sqrt{2}}{2},$$

de modo que

$$A_2^{(1)} = \begin{bmatrix} \sqrt{2} & \sqrt{2} & \frac{\sqrt{2}}{2} \\ 0 & 0 & \sqrt{2} \\ 0 & 1 & 1 \end{bmatrix}.$$

Ainda mais,

$$z_2 = 1, \quad c_3 = 0, \quad s_3 = 1, \quad q_2 = 1 \quad \text{e} \quad x_3 = -\frac{\sqrt{2}}{2},$$

e então

$$R^{(1)} = A_3^{(1)} = \begin{bmatrix} \sqrt{2} & \sqrt{2} & \frac{\sqrt{2}}{2} \\ 0 & 1 & 1 \\ 0 & 0 & -\frac{\sqrt{2}}{2} \end{bmatrix}.$$

Para calcular $A^{(2)}$, temos

$$z_3 = -\frac{\sqrt{2}}{2}, \quad a_1^{(2)} = 2, \quad b_2^{(2)} = \frac{\sqrt{2}}{2}, \quad a_2^{(2)} = 1, \quad b_3^{(2)} = -\frac{\sqrt{2}}{2} \quad \text{e} \quad a_3^{(2)} = 0,$$

e assim

$$A^{(2)} = R^{(1)} Q^{(1)} = \begin{bmatrix} 2 & \frac{\sqrt{2}}{2} & 0 \\ \frac{\sqrt{2}}{2} & 1 & -\frac{\sqrt{2}}{2} \\ 0 & -\frac{\sqrt{2}}{2} & 0 \end{bmatrix}.$$

Uma iteração do método QR está completa. Como nem $b_2^{(2)} = \sqrt{2}/2$ nem $b_3^{(2)} = -\sqrt{2}/2$ são pequenos, uma outra iteração do método QR será realizada. Para essa iteração, calculamos os autovalores $\frac{1}{2} \pm \frac{1}{2}\sqrt{3}$ da matriz

$$\begin{bmatrix} a_2^{(2)} & b_3^{(2)} \\ b_3^{(2)} & a_3^{(2)} \end{bmatrix} = \begin{bmatrix} 1 & -\frac{\sqrt{2}}{2} \\ -\frac{\sqrt{2}}{2} & 0 \end{bmatrix}$$

e escolhemos $\sigma_2 = \frac{1}{2} - \frac{1}{2}\sqrt{3}$, o autovalor mais próximo de $a_3^{(2)} = 0$. Completando os cálculos, vem

$$A^{(3)} = \begin{bmatrix} 2{,}6720277 & 0{,}37597448 & 0 \\ 0{,}37597448 & 1{,}4736080 & 0{,}030396964 \\ 0 & 0{,}030396964 & -0{,}047559530 \end{bmatrix}.$$

Se $b_3^{(3)} = 0{,}030396964$ for suficientemente pequeno, então a aproximação para o autovalor λ_3 será 1,5864151, a soma de $a_3^{(3)}$ e dos deslocamentos $\sigma_1 + \sigma_2 = 2 + (1 - \sqrt{3})/2$. Apagando as terceiras linha e coluna, temos

$$A^{(3)} = \begin{bmatrix} 2{,}6720277 & 0{,}37597448 \\ 0{,}37597448 & 1{,}4736080 \end{bmatrix},$$

que tem autovalores $\mu_1 = 2{,}7802140$ e $\mu_2 = 1{,}3654218$. Somando os deslocamentos, temos as aproximações

$$\lambda_1 \approx 4{,}4141886 \quad \text{e} \quad \lambda_2 \approx 2{,}9993964.$$

Como os autovalores reais da matriz A são 4,41420, 3,00000 e 1,58579, o método QR forneceu quatro algarismos significativos de precisão em apenas duas iterações. ■

O algoritmo 9.6 implementa o método QR.

ALGORITMO 9.6 **Método QR**

Para obter os autovalores da matriz $n \times n$ tridiagonal, simétrica

$$A \equiv A_1 = \begin{bmatrix} a_1^{(1)} & b_2^{(1)} & 0 & \cdots & \cdots & 0 \\ b_2^{(1)} & a_2^{(1)} & \ddots & \ddots & & \vdots \\ 0 & \ddots & \ddots & \ddots & \ddots & 0 \\ \vdots & & \ddots & \ddots & \ddots & b_n^{(1)} \\ 0 & \cdots & \cdots & 0 & b_n^{(1)} & a_n^{(1)} \end{bmatrix}$$

ENTRADA $n; a_1^{(1)}, \ldots, a_n^{(1)}, a_2^{(1)}, \ldots, a_n^{(1)}$; tolerância TOL; número máximo de iterações M.

SAÍDA autovalores de A, ou decomposição recomendada de A, ou uma mensagem de que o número máximo de iterações foi excedido.

Passo 1 Faça $k = 1$;
DESLOCAMENTO = 0. (*Deslocamento acumulado.*)

Passo 2 Enquanto $k \leq M$ execute Passos 3 a 19.
(*Passos 3 a 7 testam quanto ao sucesso.*)

Passo 3 Se $|b_n^{(k)}| \leq TOL$ então faça $\lambda = a_n^{(k)} + DESLOCAMENTO$;
SAÍDA (λ);
faça $n = n - 1$.

Passo 4 Se $|b_2^{(k)}| \leq TOL$ então faça $\lambda = a_1^{(k)} + DESLOCAMENTO$;
SAÍDA (λ);
faça $n = n - 1$;
$a_1^{(k)} = a_2^{(k)}$;
para $j = 2, \ldots$, n
faça $a_j^{(k)} = a_{j+1}^{(k)}$;
$b_j^{(k)} = b_{j+1}^{(k)}$.

Passo 5 Se $n = 0$ então
PARE.

Passo 6 Se $n = 1$ então
faça $\lambda = a_1^{(k)}$ + DESLOCAMENTO;
SAÍDA (λ);
PARE.

Passo 7 Para $j = 3, \ldots, n - 1$
se $|b_j^{(k)}| \leq TOL$ então
SAÍDA ('decomponha em' $a_1^{(k)}, \ldots, a_{j-1}^{(k)}, b_2^{(k)}$,
$\ldots, b_{j-1}^{(k)}$,
'e',
$a_j^{(k)}, \ldots, a_n^{(k)}, b_{j+1}^{(k)}, \ldots, b_n^{(k)}$, *DESLOCAMENTO*);
PARE.

Passo 8 (*Calcula o deslocamento.*)
Faça $b = -(a_{n-1}^{(k)} + a_n^{(k)})$;
$c = a_n^{(k)} a_{n-1}^{(k)} - [b_n^{(k)}]^2$;
$d = (b^2 - 4c)^{1/2}$.

Passo 9 Se $b > 0$ então faça $\mu_1 = -2c/(b + d)$;
$\mu_2 = -(b + d)/2$
senão faça $\mu_1 = (d - b)/2$;
$\mu_2 = 2c/(d - b)$.

Passo 10 Se $n = 2$ então faça $\lambda_1 = \mu_1 + DESLOCAMENTO$;
$\lambda_2 = \mu_2 + DESLOCAMENTO$;
SAÍDA (λ_1, λ_2);
PARE.

Passo 11 Escolha σ de modo que $|\sigma - a_n^{(k)}| = \min\{|\mu_1 - a_n^{(k)}|, |\mu_2 - a_n^{(k)}|\}$.

Passo 12 (*Acumule o deslocamento.*)
Faça $DESLOCAMENTO = DESLOCAMENTO + \sigma$

Passo 13 (*Execute deslocamento.*)
Para $j = 1, \ldots, n$, faça $d_j = a_j^{(k)} - \sigma$.

Passo 14 (*Os Passos 14 e 15 calculam $R^{(k)}$.*)
Faça $x_1 = d_1$;
$y_1 = b_2$.

Passo 15 Para $j = 2, \ldots, n$

$$\text{faça}\quad z_{j-1} = \left\{x_{j-1}^2 + \left[b_j^{(k)}\right]^2\right\}^{1/2};$$
$$c_j = \frac{x_{j-1}}{z_{j-1}};$$
$$\sigma_j = \frac{b_j^{(k)}}{z_{j-1}};$$
$$q_{j-1} = c_j y_{j-1} + s_j d_j;$$
$$x_j = -\sigma_j y_{j-1} + c_j d_j;$$
Se $j \neq n$ então faça $r_{j-1} = \sigma_j b_{j+1}^{(k)}$;
$$y_j = c_j b_{j+1}^{(k)}.$$

($A_j^{(k)} = P_j A_{j-1}^{(k)}$ *acabou de ser calculado e* $R^{(k)} = A_n^{(k)}$.)

Passo 16 (*Os passos 16 a 18 calculam* $A^{(k+1)}$.)
Faça $z_n = x_n$;
$a_1^{(k+1)} = \sigma_2 q_1 + c_2 z_1$;
$b_2^{(k+1)} = \sigma_2 z_2$.

Passo 17 Para $j = 2, 3, \ldots, n-1$
faça $a_j^{(k+1)} = \sigma_{j+1} q_j + c_j c_{j+1} z_j$;
$b_{j+1}^{(k+1)} = \sigma_{j+1} z_{j+1}$.

Passo 18 Faça $a_n^{(k+1)} = c_n z_n$.

Passo 19 Faça $k = k + 1$.

Passo 20 SAÍDA ('Número máximo de iterações excedido');
(*O procedimento não foi bem-sucedido.*)
PARE. ■

Um procedimento similar pode ser utilizado para encontrar aproximações para os autovalores de uma matriz $n \times n$ não simétrica. A matriz é primeiramente reduzida a uma matriz de Hessenberg superior H por meio do Algoritmo de Householder para matrizes não simétricas, descrito no final da Seção 9.4.

O processo de fatoração QR assume a seguinte forma. Primeiramente

$$H \equiv H^{(1)} = Q^{(1)}R^{(1)}. \tag{9.20}$$

Então, $H^{(2)}$ é definida por

$$H^{(2)} = R^{(1)}Q^{(1)} \tag{9.21}$$

e fatorada como

$$H^{(2)} = Q^{(2)}R^{(2)}. \tag{9.22}$$

O método de fatorar prossegue com a mesma meta que o algoritmo QR para matrizes simétricas. As matrizes são escolhidas para introduzir zeros em elementos apropriados da matriz, e é utilizado um procedimento de deslocamento similar ao do método QR. Contudo, o deslocamento é um tanto mais complicado para matrizes não simétricas, uma vez que podem ocorrer autovalores complexos com o mesmo módulo. O processo de deslocamento modifica os cálculos nas Equações (9.20), (9.21) e (9.22) para obter o método QR duplo

$$H^{(1)} - \sigma_1 I = Q^{(1)}R^{(1)}, \qquad H^{(2)} = R^{(1)}Q^{(1)} + \sigma_1 I,$$

$$H^{(2)} - \sigma_2 I = Q^{(2)}R^{(2)}, \qquad H^{(3)} = R^{(2)}Q^{(2)} + \sigma_2 I,$$

em que σ_1 e σ_2 são complexos conjugados e $H^{(1)}, H^{(2)}, \ldots$ são matrizes de Hessenberg superiores reais.

Uma descrição completa do método QR pode ser encontrada em trabalhos de Wilkinson [Wil2]. Algoritmos e programas detalhados para este método e para a maioria de outros métodos comumente empregados são dados em [WR]. Sugerimos que o leitor consulte esses trabalhos no caso em que o método que discutimos não forneça resultados satisfatórios.

James Hardy Wilkinson (1919-1986) é mais bem conhecido pelo seu extenso trabalho em métodos numéricos para a resolução de sistemas de equações lineares e problemas de autovalores. Ele também desenvolveu a técnica de álgebra linear numérica de análise de erro regressiva.

O método QR pode ser executado de uma maneira que produza tanto os autovetores de uma matriz quanto seus autovalores, mas o Algoritmo 9.6 não foi desenvolvido para esse fim. Se tanto os autovetores de uma matriz simétrica quanto seus autovalores forem necessários, sugerimos ou a utilização do método da potência inversa após os Algoritmos 9.5 e 9.6 haverem sido empregados, ou então a utilização das técnicas mais poderosas listadas em [WR].

EXERCÍCIOS 9.5

1. Aplique duas iterações do Algoritmo QR sem deslocamento às seguintes matrizes.

a. $\begin{bmatrix} 2 & -1 & 0 \\ -1 & 2 & -1 \\ 0 & -1 & 2 \end{bmatrix}$ **b.** $\begin{bmatrix} 3 & 1 & 0 \\ 1 & 4 & 2 \\ 0 & 2 & 1 \end{bmatrix}$

c. $\begin{bmatrix} 4 & -1 & 0 \\ -1 & 3 & -1 \\ 0 & -1 & 2 \end{bmatrix}$ **d.** $\begin{bmatrix} 1 & 1 & 0 & 0 \\ 1 & 2 & -1 & 0 \\ 0 & -1 & 3 & 1 \\ 0 & 0 & 1 & 4 \end{bmatrix}$

e. $\begin{bmatrix} -2 & 1 & 0 & 0 \\ 1 & -3 & -1 & 0 \\ 0 & -1 & 1 & 1 \\ 0 & 0 & 1 & 3 \end{bmatrix}$ **f.** $\begin{bmatrix} 0{,}5 & 0{,}25 & 0 & 0 \\ 0{,}25 & 0{,}8 & 0{,}4 & 0 \\ 0 & 0{,}4 & 0{,}6 & 0{,}1 \\ 0 & 0 & 0{,}1 & 1 \end{bmatrix}$

2. Aplique duas iterações do Algoritmo QR sem deslocamentto às seguintes matrizes.

a. $\begin{bmatrix} 2 & -1 & 0 \\ -1 & -1 & -2 \\ 0 & -2 & 3 \end{bmatrix}$ **b.** $\begin{bmatrix} 3 & 1 & 0 \\ 1 & 4 & 2 \\ 0 & 2 & 3 \end{bmatrix}$

c. $\begin{bmatrix} 4 & 2 & 0 & 0 & 0 \\ 2 & 4 & 2 & 0 & 0 \\ 0 & 2 & 4 & 2 & 0 \\ 0 & 0 & 2 & 4 & 2 \\ 0 & 0 & 0 & 2 & 4 \end{bmatrix}$ **d.** $\begin{bmatrix} 5 & -1 & 0 & 0 & 0 \\ -1 & 4{,}5 & 0{,}2 & 0 & 0 \\ 0 & 0{,}2 & 1 & -0{,}4 & 0 \\ 0 & 0 & -0{,}4 & 3 & 1 \\ 0 & 0 & 0 & 1 & 3 \end{bmatrix}$

3. Utilize o Algoritmo QR para determinar, com precisão de 10^{-5}, todos os autovalores para as matrizes dadas no Exercício 1.

4. Utilize o Algoritmo QR para determinar, com precisão de 10^{-5}, todos os autovalores das seguintes matrizes.

a. $\begin{bmatrix} 2 & -1 & 0 \\ -1 & -1 & -2 \\ 0 & -2 & 3 \end{bmatrix}$ **b.** $\begin{bmatrix} 3 & 1 & 0 \\ 1 & 4 & 2 \\ 0 & 2 & 3 \end{bmatrix}$

c. $\begin{bmatrix} 4 & 2 & 0 & 0 & 0 \\ 2 & 4 & 2 & 0 & 0 \\ 0 & 2 & 4 & 2 & 0 \\ 0 & 0 & 2 & 4 & 2 \\ 0 & 0 & 0 & 2 & 4 \end{bmatrix}$ **d.** $\begin{bmatrix} 5 & -1 & 0 & 0 & 0 \\ -1 & 4{,}5 & 0{,}2 & 0 & 0 \\ 0 & 0{,}2 & 1 & -0{,}4 & 0 \\ 0 & 0 & -0{,}4 & 3 & 1 \\ 0 & 0 & 0 & 1 & 3 \end{bmatrix}$

5. Utilize o método da potência inversa para determinar, com precisão de 10^{-5}, os autovetores das matrizes no Exercício 1.

6. Utilize o método da potência inversa para determinar, com precisão de 10^{-5}, os autovetores das matrizes no Exercício 2.

EXERCÍCIOS APLICADOS

7. No exemplo principal deste capítulo, o sistema linear $A\mathbf{w} = -0{,}04(\rho/p)\lambda\mathbf{w}$ deve ser resolvido para $\mathbf{w}$ e λ com a finalidade de aproximar os autovalores λ_k do sistema de Sturm-Liouville.

a. Encontre todos os quatro autovalores $\mu_1, \ldots, \mu_4$ da matriz

$$A = \begin{bmatrix} 2 & -1 & 0 & 0 \\ -1 & 2 & -1 & 0 \\ 0 & -1 & 2 & -1 \\ 0 & 0 & -1 & 2 \end{bmatrix}$$

com precisão de 10^{-5}.

b. Aproxime os autovalores $\lambda_1, \ldots, \lambda_4$ do sistema em termos de ρ e p.

8. A matriz tridiagonal $(m-1) \times (m-1)$

$$A = \begin{bmatrix} 1-2\alpha & \alpha & 0 & \cdots & 0 \\ \alpha & 1-2\alpha & \alpha & \ddots & \vdots \\ 0 & \ddots & \ddots & \ddots & 0 \\ \vdots & \ddots & \ddots & \ddots & \alpha \\ 0 & \cdots & 0 & \alpha & 1-2\alpha \end{bmatrix}$$

está envolvida no método das diferenças progressivas para resolver a equação do calor (veja a Seção 12.2). Para a estabilidade do método, precisamos que $\rho(A) < 1$. Com $m = 11$, aproxime os autovalores de A para cada um dos seguintes casos.

a. $\alpha = \dfrac{1}{4}$ **b.** $\alpha = \dfrac{1}{2}$ **c.** $\alpha = \dfrac{3}{4}$

Quando o método é estável?

9. Os autovalores da matriz A no Exercício 8 são

$$\lambda_i = 1 - 4\alpha\left(\operatorname{sen}\frac{\pi i}{2m}\right)^2, \quad \text{para } i = 1, \ldots, m-1.$$

Compare as aproximações no Exercício 14 com os autovalores reais. Novamente, quando o método é estável?

10. O seguinte sistema homogêneo de equações diferenciais lineares de primeira ordem

$$\begin{aligned}
x_1'(t) &= -4x_1(t) - x_2(t)\\
x_2'(t) &= -x_1(t) - 4x_2(t) + 2x_3\\
x_3'(t) &= 2x_2(t) - 4x_3(t) - x_4(t)\\
x_4'(t) &= -x_3(t) + 4x_4(t)
\end{aligned}$$

pode ser escrito na forma matriz vetor $\mathbf{x}^t(t) = A\mathbf{x}(t)$, em que

$$\mathbf{x}(t) = \begin{bmatrix} x_1(t)\\ x_2(t)\\ x_3(t)\\ x_4(t)\end{bmatrix} \quad \text{e} \quad A = \begin{bmatrix} 4 & -1 & 0 & 0\\ -1 & -4 & 2 & 0\\ 0 & 2 & -4 & -1\\ 0 & 0 & -1 & -4\end{bmatrix},$$

para construir a solução geral do sistema de equações diferenciais

$$\mathbf{x}(t) = c_1e^{\lambda_1 t}\mathbf{v}_1 + c_2e^{\lambda_2 t}\mathbf{v}_2 + c_3e^{\lambda_3 t}\mathbf{v}_3 + c_4e^{\lambda_4 t}\mathbf{v}_4,$$

em que c_1, c_2, c_3 e c_4 são constantes arbitrárias e $\lambda_1, \lambda_2, \lambda_3$ e λ_4 são os autovalores correspondentes aos autovetores $\mathbf{x}_1, \mathbf{x}_2, \mathbf{x}_3$ e $\mathbf{x}_4$.

a. Use o método QR para determinar $\lambda_1, \ldots, \lambda_4$.
b. Use o método da potência inversa para determinar $\mathbf{x}_1, \ldots, \mathbf{x}_4$.
c. Forme a solução geral de $\mathbf{x}'(t) = A\mathbf{x}(t)$.
d. Encontre a única solução que satisfaz $\mathbf{x}(0) = (2, 1, -1, 3)^t$.

EXERCÍCIOS TEÓRICOS

11. **a.** Mostre que a matriz de rotação $\begin{bmatrix} \cos\theta & -\operatorname{sen}\theta\\ \operatorname{sen}\theta & \cos\theta\end{bmatrix}$ aplicada ao vetor $\mathbf{x} = (x_1, x_2)^t$ tem o efeito geométrico de girar $\mathbf{x}$ do ângulo θ sem alterar sua norma com relação a l_2.
b. Mostre que a norma l_∞ pode ser alterada por uma matriz de rotação.

12. Seja P a matriz de rotação com $p_{ii} = p_{jj} = \cos\theta$ e $p_{ij} = -p_{ji} = \operatorname{sen}\theta$, para $j < i$. Mostre que para qualquer matriz A, $n \times n$:

$$(AP)_{pq} = \begin{cases} a_{pq}, & \text{se } q \neq i, j,\\ (\cos\theta)a_{pj} + (\operatorname{sen}\theta)a_{pi}, & \text{se } q = j,\\ (\cos\theta)a_{pi} - (\operatorname{sen}\theta)a_{pj}, & \text{se } q = i.\end{cases}$$

$$(PA)_{pq} = \begin{cases} a_{pq}, & \text{se } p \neq i, j,\\ (\cos\theta)a_{jq} - (\operatorname{sen}\theta)a_{iq}, & \text{se } p = j,\\ (\operatorname{sen}\theta)a_{jq} + (\cos\theta)a_{iq}, & \text{se } p = i.\end{cases}$$

13. Mostre que o produto de uma matriz triangular superior (à esquerda) por uma matriz de Hessenberg superior produz uma matriz de Hessenberg superior.

14. Suponha que P_k denote uma matriz de rotação da forma dada na Equação (9.17).

a. Mostre que $P_2^t P_3^t$ difere de uma matriz triangular superior apenas nas posições (2, 1) e (3, 2), no máximo.

b. Suponha que $P_2^t P_3^t \ldots P_k^t$ difira de uma matriz triangular superior apenas nas posições (2, 1), (3, 2), ..., $(k, k-1)$, no máximo. Mostre que $P_2^t P_3^t \ldots P_k^t P_{k+1}^t$ difere de uma matriz triangular superior apenas nas posições (2, 1), (3, 2), ..., $(k, k-1)$, $(k+1, k)$, no máximo.

c. Mostre que a matriz $P_2^t P_3^t \ldots P_n^t$ é de Hessenberg superior.

15. O **método de Jacobi** para uma matriz simétrica A é descrito por

$$A_1 = A,$$
$$A_2 = P_1 A_1 P_1^t$$

e, em geral,

$$A_{i+1} = P_i A_i P_i^t.$$

A matriz A_{i+1} tende a uma matriz diagonal, em que P_i é uma matriz de rotação escolhida para eliminar um elemento grande fora da diagonal em A_i. Suponha que $a_{j,k}$ e $a_{k,j}$ tenham que ser igualados a 0, em que $j \neq k$. Se $a_{jj} \neq a_{kk}$, então

$$(P_i)_{jj} = (P_i)_{kk} = \sqrt{\frac{1}{2}\left(1 + \frac{b}{\sqrt{c^2 + b^2}}\right)},$$

$$(P_i)_{kj} = \frac{c}{2(P_i)_{jj}\sqrt{c^2 + b^2}} = -(P_i)_{jk},$$

em que

$$c = 2a_{jk}\operatorname{sgn}(a_{jj} - a_{kk}) \quad \text{e} \quad b = |a_{jj} - a_{kk}|,$$

ou, se $a_{jj} = a_{kk}$,

$$(P_i)_{jj} = (P_i)_{kk} = \frac{\sqrt{2}}{2}$$

e

$$(P_i)_{kj} = -(P_i)_{jk} = \frac{\sqrt{2}}{2}.$$

Desenvolva um algoritmo para implementar o método de Jacobi, fazendo $a_{21} = 0$. A seguir faça $a_{31}, a_{32}, a_{41}, a_{42}, a_{43}, \ldots, a_{n,1}, \ldots, a_{n,n-1}$ por sua vez, iguais a zero. Isso é repetido até que uma matriz A_k seja calculada com

$$\sum_{i=1}^{n} \sum_{\substack{j=1 \\ j \neq i}}^{n} |a_{ij}^{(k)}|$$

suficientemente pequeno. Os autovalores de A podem então ser aproximados pelos elementos de diagonal de A_k.

16. Repita o Exercício 3 utilizando o método de Jacobi.

QUESTÕES PARA DISCUSSÃO

1. A decomposição RQ transforma a matriz A no produto de uma matriz triangular superior R (também conhecida como triangular direita) e uma matriz ortogonal Q. Como essa decomposição difere da decomposição QR?
2. A transformação de Householder pode ser usada para calcular a transformação QR de uma matriz A, $m \times n$, com $m \geq n$. A transformação de Householder pode ser usada para calcular a transformação RQ?

9.6 Decomposição de valor singular

Nesta seção, consideraremos a fatoração de uma matriz geral A, $m \times n$, no que é chamado decomposição de valor singular. Esta fatoração tem a forma

$$A = U\,S\,V^t,$$

em que U é uma matriz ortogonal $m \times m$, V é uma matriz ortogonal $n \times n$, e S é uma matriz $m \times n$ cujos únicos elementos não nulos estão na diagonal principal. Vamos supor em toda esta seção que $m \geq n$ e, em muitas aplicações importantes m é muito maior do que n.

A decomposição de valor singular tem uma história bem longa, tendo sido considerada pelos matemáticos pela primeira vez no final do século XIX. Entretanto, as aplicações importantes da técnica precisaram esperar até o poder computacional se tornar disponível na segunda metade do século XX, quando foi possível desenvolver algoritmos para sua implementação eficiente. Isso foi principalmente o trabalho de Gene Golub (1932-2007) em uma série de artigos nas décadas de 1960 e 1970. (Consulte, em particular [GK] e [GR].) Uma história bem completa da técnica pode ser encontrada em um artigo de G. W. Stewart, que está disponível na Internet no endereço dado em [Stew3].

Antes de prosseguirmos com a decomposição de valor singular, precisamos descrever algumas propriedades de matrizes arbitrárias.

Definição 9.24 Seja A uma matriz $m \times n$.

(i) O **posto** de A, denotado por posto(A), é o número de linhas linearmente independentes em A.

(ii) A **nulidade** de A, denotada por nulidade(A), é n – Posto(A) e descreve o maior conjunto de vetores linearmente independentes $\mathbf{v}$ de $\mathbb{R}^n$ para os quais $A\mathbf{v} = \mathbf{0}$. ∎

O Posto e a Nulidade de uma matriz são importantes na caracterização do comportamento da matriz. Quando a matriz é quadrada, por exemplo, a matriz é inversível se e somente se sua nulidade for 0 e seu posto for o mesmo que o tamanho da matriz.

O teorema a seguir é um dos mais importantes da álgebra linear.

Teorema 9.25 O número de linhas linearmente independentes de uma matriz A, $m \times n$, é o mesmo que o número de colunas linearmente independentes de A. ∎

Precisamos considerar as duas matrizes quadradas associadas com a matriz a, $m \times n$, a saber, a matriz $A^t A$, $n \times n$, e a matriz $A A^t$, $m \times m$.

▶ **Teorema 9.26** Seja A uma matriz $m \times n$.

(i) As matrizes A^tA e AA^t são simétricas.
(ii) Nulidade (A) = Nulidade (A^tA).
(iii) Posto (A) = Posto (A^tA).
(iv) Os autovalores de A^tA são reais e não negativos.
(v) Os autovalores não nulos de AA^t são os mesmos que os autovalores não nulos de A^tA.

Demonstração **(i)** Como $(A^tA^t) = A^t(A^t)^t = A^tA$, esta matriz é simétrica e, analogamente, também AA^t.

(ii) Seja $\mathbf{v} \neq \mathbf{0}$ um vetor com $A\mathbf{v} = \mathbf{0}$. Então

$$(A^tA)\mathbf{v} = A^t(A\mathbf{v}) = A^t\mathbf{0} = \mathbf{0}, \quad \text{de modo que} \quad \text{nulidade}(A) \leq \text{nulidade}(A^tA).$$

Suponha agora que $\mathbf{v}$ seja vetor $n \times 1$ com $A^tA\mathbf{v} = \mathbf{0}$. Então

$$0 = \mathbf{v}^tA^tA\mathbf{v} = (A\mathbf{v})^tA\mathbf{v} = \|A\mathbf{v}\|_2^2 \quad \text{, o que implica que} \quad A\mathbf{v} = \mathbf{0}.$$

Portanto, nulidade $(A^tA) \leq$ nulidade (A). Como consequência, nulidade (A^tA) = Nulidade (A).

(iii) As matrizes A e A^tA têm n colunas e suas Nulidades coincidem, de modo que

$$\text{posto}(A) = n - \text{nulidade}(A) = n - \text{nulidade}(A^tA) = \text{posto}(A^tA).$$

(iv) As matrizes A^tA e AA^t são simétricas pela parte (i), assim o Corolário 9.17 implica que seus autovalores são números reais. Suponha que $\mathbf{v}$ seja um autovetor de A^tA com $\|\mathbf{v}\|_2 = 1$ correspondente ao autovalor λ. Então

$$0 \leq \|A\mathbf{v}\|_2^2 = (A\mathbf{v})^t(A\mathbf{v}) = \mathbf{v}^tA^tA\mathbf{v} = \mathbf{v}^t(A^tA\mathbf{v}) = \mathbf{v}^t(\lambda\mathbf{v}) = \lambda\mathbf{v}^t\mathbf{v} = \lambda\|\mathbf{v}\|_2^2 = \lambda.$$

A demonstração de que os autovalores de AA^t são não negativos segue da demonstração da parte (v).

(v) Seja $\mathbf{v}$ um autovetor correspondente a um autovalor não nulo λ de A^tA. Então,

$$A^tA\mathbf{v} = \lambda\mathbf{v} \quad \text{implica que } (AA^t)A\mathbf{v} = \lambda A\mathbf{v}.$$

Se $A\mathbf{v} = \mathbf{0}$, então $A^tA\mathbf{v} = A^t\mathbf{0} = \mathbf{0}$, o que contraria a hipótese de que $\lambda \neq 0$. Logo, $A\mathbf{v} \neq \mathbf{0}$ e $A\mathbf{v}$ é um autovetor de AA^t associado a λ. A conclusão recíproca também segue desse argumento porque se λ é um autovalor não nulo de $AA^t = (A^t)^tA^t$, então λ também é um autovalor de $A^t(A^t)^t = A^tA$. ■

Na Seção 5 do Capítulo 6, vimos quão eficiente pode ser a fatoração na resolução de sistemas lineares da forma $A\mathbf{x} = \mathbf{b}$, quando a matriz A é usada repetidamente para diversos $\mathbf{b}$. Nesta seção, consideraremos uma técnica de fatoração para uma matriz geral $m \times n$. Ela tem aplicações em muitas áreas, incluindo o ajuste de dados por mínimos quadrados, compressão da imagem, processamento de sinais e estatística.

Construção de uma decomposição de valor singular para uma matriz A, $m \times n$

Uma matriz não quadrada A, ou seja, uma matriz com um número diferente de linhas e colunas, não pode ter um autovalor, pois $A\mathbf{x}$ e $\mathbf{x}$ serão vetores de tamanhos diferentes. Entretanto, existem números que desempenham para matrizes não quadradas um papel parecido com aqueles desempenhados pelos autovalores para matrizes quadradas. Uma das características importantes da decomposição de valor singular de uma matriz geral é que ela permite a generalização de autovalores e autovetores nessa situação.

Nosso objetivo é determinar uma fatoração da matriz A, $m \times n$, em que $m \geq n$, na forma

$$A = U\,S\,V^t,$$

em que U é uma matriz ortogonal $m \times m$, V é uma matriz ortogonal $n \times n$ e S é uma matriz diagonal $m \times n$; ou seja, seus únicos elementos não nulos são $(S)_{ii} \equiv s_i \geq 0$, para $i = 1, \ldots, n$. (Veja a Figura 9.2.)

Figura 9.2

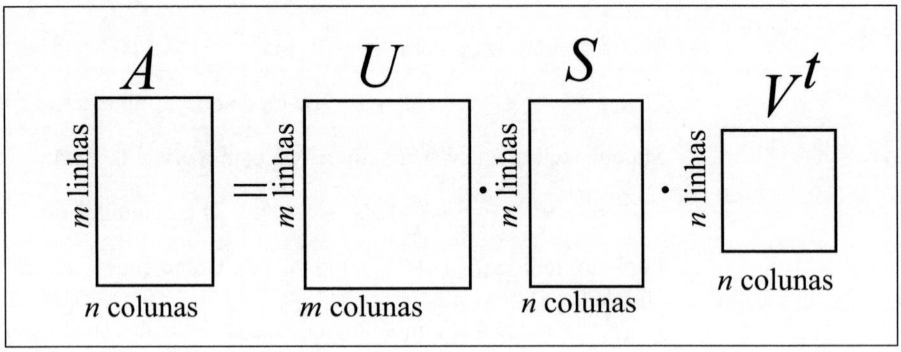

Construção de S na fatoração $A = U\,S\,V^t$

Construímos a matriz S encontrando os autovalores da $n \times n$ matriz simétrica A^tA. Esses autovalores são todos números reais não negativos e nós os ordenamos do maior para o menor e os denotamos por

$$s_1^2 \geq s_2^2 \geq \cdots \geq s_k^2 > s_{k+1} = \cdots = s_n = 0.$$

Ou seja, denotamos por s_k^2 o menor autovalor não nulo de A^tA. As raízes quadradas positivas desses autovalores de A^tA dão os elementos da diagonal de S. Eles são chamados *valores singulares* de A. Logo,

$$S = \begin{bmatrix} s_1 & 0 & \cdots & 0 \\ 0 & s_2 & \ddots & \vdots \\ \vdots & \ddots & \ddots & 0 \\ 0 & \cdots & 0 & s_n \\ 0 & \cdots & \cdots & 0 \\ \vdots & & & \vdots \\ 0 & \cdots & \cdots & 0 \end{bmatrix},$$

em que $s_i = 0$ quando $k < i \leq n$.

Definição 9.27 Os **valores singulares** de uma matriz A, $m \times n$, são as raízes quadradas positivas dos autovalores não nulos da matriz simétrica A^tA, $n \times n$. ■

EXEMPLO 1 Determine os valores singulares da matriz 5×3

$$A = \begin{bmatrix} 1 & 0 & 1 \\ 0 & 1 & 0 \\ 0 & 1 & 1 \\ 0 & 1 & 0 \\ 1 & 1 & 0 \end{bmatrix}.$$

Solução Temos

$$A^t = \begin{bmatrix} 1 & 0 & 0 & 0 & 1 \\ 0 & 1 & 1 & 1 & 1 \\ 1 & 0 & 1 & 0 & 0 \end{bmatrix}, \quad \text{de modo que} \quad A^t A = \begin{bmatrix} 2 & 1 & 1 \\ 1 & 4 & 1 \\ 1 & 1 & 2 \end{bmatrix}.$$

O polinômio característico de $A^t A$ é

$$\rho(A^t A) = \lambda^3 - 8\lambda^2 + 17\lambda - 10 = (\lambda - 5)(\lambda - 2)(\lambda - 1),$$

e, assim, os autovalores de $A^t A$ são $\lambda_1 = s_1^2 = 5$, $\lambda_2 = s_2^2 = 2$ e $\lambda_3 = s_3^2 = 1$. Como consequência, os valores singulares de A são $s_1 = \sqrt{5}$, $s_2 = \sqrt{2}$ e $s_3 = 1$, e, na decomposição de valor singular de A, temos

$$S = \begin{bmatrix} \sqrt{5} & 0 & 0 \\ 0 & \sqrt{2} & 0 \\ 0 & 0 & 1 \\ 0 & 0 & 0 \\ 0 & 0 & 0 \end{bmatrix}.$$

■

Quando A é uma matriz $n \times n$ simétrica, todos os s_i^2 são autovalores de $A^2 = A^t A$ e estes são os quadrados dos autovalores de A (Veja o Exercício 17 da Seção 7.2). Assim, nesse caso, os valores singulares são os valores absolutos dos autovalores de A. No caso especial de A ser positiva definida, os autovalores e os valores singulares de A são os mesmos.

Construção de V na fatoração $A = U\,S\,V^t$

A matriz $A^t A$, $n \times n$, é simétrica, de modo que pelo Teorema 9.6 da Seção 9.2 (veja a página 638), temos a fatoração

$$A^t A = V\,D\,V^t,$$

em que D é uma matriz diagonal cujos elementos na diagonal consistem nos autovalores de $A^t A$ e V é uma matriz ortogonal, cuja i-ésima coluna é um autovetor com norma l_2 igual a 1, correspondente ao autovalor no i-ésimo elemento na diagonal de D. A matriz diagonal específica depende da ordem dos autovalores na diagonal. Escolhemos D de forma que eles estejam escritos em ordem decrescente. As colunas, denotadas por $\mathbf{v}_1^t$, $\mathbf{v}_2^t, \ldots, \mathbf{v}_n^t$, da matriz ortogonal V, $n \times n$, são autovetores ortonormais correspondentes a esses autovalores. Autovalores múltiplos de $A^t A$ permitem escolhas múltiplas dos autovetores correspondentes, de modo que, embora D esteja univocamente determinada, a matriz V pode não estar. Isso, entretanto, não é problema, pois podemos escolher qualquer uma dessas V. Como todos os autovalores de $A^t A$ são não negativos, temos $d_{ii} = s_i^2$ para $1 \le i \le n$.

Construção de U na fatoração $A = U S V^t$

Para construir a matriz U, $m \times m$, consideramos primeiro os elementos não nulos $s_1 \geq s_2 \geq \cdots \geq s_k > 0$ e as colunas correspondentes em V dadas por $\mathbf{v}_1, \mathbf{v}_2, \ldots, \mathbf{v}_k$. Definimos

$$\mathbf{u}_i = \frac{1}{s_i} A\mathbf{v}_i, \text{ para } i = 1, 2, \ldots, k.$$

Usamos isso como as primeiras k das m colunas de U. Como A é $m \times n$ e cada $\mathbf{v}_i$ é $n \times 1$, o vetor $\mathbf{u}_i$ é $m \times 1$, como é preciso. Além disso, para cada $1 \leq i \leq k$ e $1 \leq j \leq k$, o fato de os vetores $\mathbf{v}_1, \mathbf{v}_2, \ldots, \mathbf{v}_n$ serem autovetores de A^tA que formam um conjunto ortonormal implica que

$$\mathbf{u}_i^t \mathbf{u}_j = \left(\frac{1}{s_i} A\mathbf{v}_i\right)^t \frac{1}{s_j} A\mathbf{v}_j = \frac{1}{s_i s_j} \mathbf{v}_i^t A^t A \mathbf{v}_j = \frac{1}{s_i s_j} \mathbf{v}_i^t s_j^2 \mathbf{v}_j = \frac{s_j}{s_i} \mathbf{v}_i^t \mathbf{v}_j = \begin{cases} 0 & \text{se } i \neq j, \\ 1 & \text{se } i = j. \end{cases}$$

Assim, as primeiras k colunas de U formam um conjunto ortonormal de vetores em $\mathbb{R}^m$. Entretanto, precisamos $m - k$ colunas adicionais de U. Para isso, precisamos primeiro encontrar $m - k$ vetores, os quais, quando adicionados aos vetores das primeiras k colunas, nos deem um conjunto linearmente independente. A seguir, podemos aplicar o processo de Gram-Schmidt para obter colunas adicionais adequadas.

A matriz U não será única a menos que $k = m$ e, neste caso, apenas se todos os autovalores de A^tA forem simples. A falta de unicidade não causa preocupação; precisamos apenas uma dessas matrizes U.

Verificação da fatoração $A = U SV^t$

Para verificar que esse processo de fato nos dá uma fatoração $A = USV^t$, lembramos primeiro que a transposta de uma matriz ortogonal também é a inversa da matriz (veja a parte (i) do Teorema 9.10 da Seção 9.1 na página 636). Portanto, para mostrar que $A = USV^t$, podemos mostrar a afirmação equivalente $AV = US$.

Os vetores $\mathbf{v}_1, \mathbf{v}_2, \ldots, \mathbf{v}_n$ formam uma base de $\mathbb{R}^n$, $A\mathbf{v}_i = s_i \mathbf{u}_i$, para $i = 1, \ldots, k$, e $A\mathbf{v}_i = \mathbf{0}$ para $i = k + 1, \ldots, n$. Apenas as primeiras k colunas de U produzem elementos não nulos no produto US, de modo que temos

$$\begin{aligned} AV &= A\,[\mathbf{v}_1\ \mathbf{v}_2\ \cdots \mathbf{v}_k\ \mathbf{v}_{k+1}\ \cdots \mathbf{v}_n] \\ &= [A\mathbf{v}_1\ A\mathbf{v}_2\ \cdots A\mathbf{v}_k\ A\mathbf{v}_{k+1}\ \cdots A\mathbf{v}_n] \\ &= [s_1\mathbf{u}_1\ s_2\mathbf{u}_2\ \cdots s_k\mathbf{u}_k\ \mathbf{0}\ \cdots \mathbf{0}] \\ &= [\mathbf{u}_1\ \mathbf{u}_2\ \cdots \mathbf{u}_k\ \mathbf{0}\ \cdots \mathbf{0}] \begin{bmatrix} s_1 & 0 & \cdots & 0 & 0 & \cdots & 0 \\ 0 & \ddots & \ddots & \vdots & \vdots & & \vdots \\ \vdots & \ddots & \ddots & \vdots & \vdots & & \vdots \\ 0 & \cdots & 0 & s_k & 0 & \cdots & 0 \\ 0 & \cdots & \cdots & 0 & 0 & \cdots & 0 \\ \vdots & & & \vdots & \vdots & & \vdots \\ 0 & \cdots & \cdots & 0 & 0 & \cdots & 0 \end{bmatrix} = US. \end{aligned}$$

Isso completa a construção da decomposição de valor singular de A.

EXEMPLO 2

Determine a decomposição de valor singular da matriz 5×3

$$A = \begin{bmatrix} 1 & 0 & 1 \\ 0 & 1 & 0 \\ 0 & 1 & 1 \\ 0 & 1 & 0 \\ 1 & 1 & 0 \end{bmatrix}.$$

Solução Encontramos no Exemplo 1 que A tem os valores singulares $s_1 = \sqrt{5}$, $s_2 = \sqrt{2}$ e $s_3 = 1$, de modo que

$$S = \begin{bmatrix} \sqrt{5} & 0 & 0 \\ 0 & \sqrt{2} & 0 \\ 0 & 0 & 1 \\ 0 & 0 & 0 \\ 0 & 0 & 0 \end{bmatrix}.$$

Os autovetores de $A^t A$ correspondentes a $s_1 = \sqrt{5}$, $s_2 = \sqrt{2}$ e $s_3 = 1$ são, respectivamente, $(1, 2, 1)^t$, $(1, -1, 1)^t$ e $(-1, 0, 1)^t$ (veja o Exercício 5). Normalizar esses vetores e usar os valores nas colunas de V nos dá

$$V = \begin{bmatrix} \frac{\sqrt{6}}{6} & \frac{\sqrt{3}}{3} & -\frac{\sqrt{2}}{2} \\ \frac{\sqrt{6}}{3} & -\frac{\sqrt{3}}{3} & 0 \\ \frac{\sqrt{6}}{6} & \frac{\sqrt{3}}{3} & \frac{\sqrt{2}}{2} \end{bmatrix} \quad \text{e} \quad V^t = \begin{bmatrix} \frac{\sqrt{6}}{6} & \frac{\sqrt{6}}{3} & \frac{\sqrt{6}}{6} \\ \frac{\sqrt{3}}{3} & -\frac{\sqrt{3}}{3} & \frac{\sqrt{3}}{3} \\ -\frac{\sqrt{2}}{2} & 0 & \frac{\sqrt{2}}{2} \end{bmatrix}.$$

As primeiras três colunas de U são, portanto,

$$\mathbf{u}_1 = \frac{1}{\sqrt{5}} \cdot A \left(\frac{\sqrt{6}}{6}, \frac{\sqrt{6}}{3}, \frac{\sqrt{6}}{6} \right)^t = \left(\frac{\sqrt{30}}{15}, \frac{\sqrt{30}}{15}, \frac{\sqrt{30}}{10}, \frac{\sqrt{30}}{15}, \frac{\sqrt{30}}{10} \right)^t,$$

$$\mathbf{u}_2 = \frac{1}{\sqrt{2}} \cdot A \left(\frac{\sqrt{3}}{3}, -\frac{\sqrt{3}}{3}, \frac{\sqrt{3}}{3} \right)^t = \left(\frac{\sqrt{6}}{3}, -\frac{\sqrt{6}}{6}, 0, -\frac{\sqrt{6}}{6}, 0 \right)^t \quad \text{e}$$

$$\mathbf{u}_3 = 1 \cdot A \left(-\frac{\sqrt{2}}{2}, 0, \frac{\sqrt{2}}{2} \right)^t = \left(0, 0, \frac{\sqrt{2}}{2}, 0, -\frac{\sqrt{2}}{2} \right)^t.$$

Para determinar as duas colunas restantes de U, precisamos primeiro de dois vetores $\mathbf{x}_4$ e $\mathbf{x}_5$ de modo que $\{\mathbf{u}_1, \mathbf{u}_2, \mathbf{u}_3, \mathbf{x}_4, \mathbf{x}_5\}$ seja um conjunto linearmente independente. A seguir, aplicamos o processo de Gram-Schmidt para obter $\mathbf{u}_4$ e $\mathbf{u}_5$ de modo que $\{\mathbf{u}_1, \mathbf{u}_2, \mathbf{u}_3, \mathbf{u}_4, \mathbf{u}_5\}$ seja um conjunto ortogonal. Os dois vetores que satisfazem as condições de independência linear e ortogonalidade são

$$\mathbf{u}_4 = (1, 1, -1, 1, -1)^t \quad \text{e} \quad \mathbf{u}_5 = (0, 1, 0, -1, 0)^t.$$

A normalização dos vetores $\mathbf{u}_i$ para $i = 1, 2, 3, 4$ e 5 fornece a matriz U e a decomposição de valor singular como

$$A = U\,S\,V^t = \begin{bmatrix} \frac{\sqrt{30}}{15} & \frac{\sqrt{6}}{3} & 0 & \frac{\sqrt{5}}{5} & 0 \\ \frac{\sqrt{30}}{15} & -\frac{\sqrt{6}}{6} & 0 & \frac{\sqrt{5}}{5} & \frac{\sqrt{2}}{2} \\ \frac{\sqrt{30}}{10} & 0 & \frac{\sqrt{2}}{2} & -\frac{\sqrt{5}}{5} & 0 \\ \frac{\sqrt{30}}{15} & -\frac{\sqrt{6}}{6} & 0 & \frac{\sqrt{5}}{5} & -\frac{\sqrt{2}}{2} \\ \frac{\sqrt{30}}{10} & 0 & -\frac{\sqrt{2}}{2} & -\frac{\sqrt{5}}{5} & 0 \end{bmatrix} \begin{bmatrix} \sqrt{5} & 0 & 0 \\ 0 & \sqrt{2} & 0 \\ 0 & 0 & 1 \\ 0 & 0 & 0 \\ 0 & 0 & 0 \end{bmatrix}$$

$$\times \begin{bmatrix} \frac{\sqrt{6}}{6} & \frac{\sqrt{6}}{3} & \frac{\sqrt{6}}{6} \\ \frac{\sqrt{3}}{3} & -\frac{\sqrt{3}}{3} & \frac{\sqrt{3}}{3} \\ -\frac{\sqrt{2}}{2} & 0 & \frac{\sqrt{2}}{2} \end{bmatrix}.$$ ■

Uma dificuldade com o processo no Exemplo 2 é a necessidade de determinar os vetores adicionais $\mathbf{x}_4$ e $\mathbf{x}_5$ para obter um conjunto linearmente independente ao qual possamos aplicar o processo de Gram-Schmidt. Consideraremos agora uma maneira de simplificar o processo.

Um método alternativo para a determinação de U

A parte (v) do Teorema 9.26 afirma que os autovalores não nulos de A^tA e os de AA^t são os mesmos. Além disso, os autovetores das matrizes simétricas A^tA e AA^t formam subconjuntos ortonormais completos de $\mathbb{R}^n$ e $\mathbb{R}^m$, respectivamente. Assim, o conjunto ortonormal de n autovetores de A^tA formam as colunas de V, como esboçado acima, e o conjunto ortonormal de m autovetores de AA^t formam as colunas de U do mesmo modo.

Então, em resumo, para determinar a decomposição de valor singular da matriz A, $m \times n$, podemos:

- Encontrar os autovalores $s_1^2 \geq s_2^2 \geq \cdots \geq s_k^2 \geq s_{k+1} = \cdots = s_n = 0$ da matriz simétrica A^tA e colocar a raiz positiva de s_i^2 no elemento $(S)_{ii}$ da matriz $m \times n$ S.
- Encontrar um conjunto de autovetores ortogonais $\{\mathbf{v}_1, \mathbf{v}_2, \ldots, \mathbf{v}_n\}$ correspondentes aos autovalores de A^tA e construir a matriz $n \times n$ V com esses vetores como colunas.
- Encontrar um conjunto de autovetores ortogonais $\{\mathbf{u}_1, \mathbf{u}_2, \ldots, \mathbf{u}_m\}$ correspondentes aos autovalores de AA^t e construir a matriz $m \times m$ U com esses vetores como colunas.

Então, A tem a decomposição de valor singular $A = U\,S\,V^t$.

EXEMPLO 3 Determine a decomposição de valor singular da matriz 5×3

$$A = \begin{bmatrix} 1 & 0 & 1 \\ 0 & 1 & 0 \\ 0 & 1 & 1 \\ 0 & 1 & 0 \\ 1 & 1 & 0 \end{bmatrix}$$

pela determinação de U a partir dos autovetores de AA^t.

Solução Temos

$$AA^t = \begin{bmatrix} 1 & 0 & 1 \\ 0 & 1 & 0 \\ 0 & 1 & 1 \\ 0 & 1 & 0 \\ 1 & 1 & 0 \end{bmatrix} \begin{bmatrix} 1 & 0 & 0 & 0 & 1 \\ 0 & 1 & 1 & 1 & 1 \\ 1 & 0 & 1 & 0 & 0 \end{bmatrix} = \begin{bmatrix} 2 & 0 & 1 & 0 & 1 \\ 0 & 1 & 1 & 1 & 1 \\ 1 & 1 & 2 & 1 & 1 \\ 0 & 1 & 1 & 1 & 1 \\ 1 & 1 & 1 & 1 & 2 \end{bmatrix},$$

que tem os mesmos autovalores não nulos que A^tA, ou seja, $\lambda_1 = 5$, $\lambda_2 = 2$ e $\lambda_3 = 1$, e, adicionalmente, $\lambda_4 = 0$ e $\lambda_5 = 0$. Os autovetores correspondentes a estes autovalores são, respectivamente,

$$\mathbf{x}_1 = (2,2,3,2,3)^t, \quad \mathbf{x}_2 = (2,-1,0,-1,0)^t,$$
$$\mathbf{x}_3 = (0,0,1,0,-1)^t, \quad \mathbf{x}_4 = (1,2,-1,0,-1)^t$$

e $\mathbf{x}_5 = (0,1,0,-1,0)^t$.

Ambos os conjuntos $\{\mathbf{x}_1,\mathbf{x}_2,\mathbf{x}_3,\mathbf{x}_4\}$ e $\{\mathbf{x}_1,\mathbf{x}_2,\mathbf{x}_3,\mathbf{x}_5\}$ são ortogonais, pois eles são autovetores associados a autovalores distintos da matriz simétrica AA^t. Entretanto, $\mathbf{x}_4$ não é ortogonal a $\mathbf{x}_5$. Manteremos $\mathbf{x}_4$ como um dos autovetores usados para formar U e determinaremos o quinto vetor que dará um conjunto ortogonal. Para isso, usamos o processo de Gram-Schmid descrito no Teorema 9.8 da página 632. Usando a notação no teorema, temos

$$\mathbf{v}_1 = \mathbf{x}_1,\ \mathbf{v}_2 = \mathbf{x}_2,\ \mathbf{v}_3 = \mathbf{x}_3,\ \mathbf{v}_4 = \mathbf{x}_4$$

e, como $\mathbf{x}_5$ é ortogonal a todos com exceção de $\mathbf{x}_4$,

$$\begin{aligned}
\mathbf{v}_5 &= \mathbf{x}_5 - \frac{\mathbf{v}_4^t\mathbf{x}_5}{\mathbf{v}_4^t\mathbf{v}_4}\mathbf{v} \\
&= (0,1,0,-1,0)^t - \frac{(1,2,-1,0,-1)\cdot(0,1,0,-1,0)^t}{\|(1,2,-1,0,-1)^t\|_2^2}(1,2,-1,0,-1) \\
&= (0,1,0,-1,0)^t - \frac{2}{7}(1,2,-1,0,-1)^t = -\frac{1}{7}(2,-3,-2,7,-2)^t.
\end{aligned}$$

É fácil verificar que $\mathbf{v}_5$ é ortogonal a $\mathbf{v}_4 = \mathbf{x}_4$. Ele também é ortogonal aos vetores $\{\mathbf{v}_1,\mathbf{v}_2,\mathbf{v}_3\}$ porque é uma combinação linear de $\mathbf{x}_4$ e $\mathbf{x}_5$. A normalização desses vetores fornece as colunas da matriz U na fatoração. Portanto,

$$U = [\mathbf{u}_1, \mathbf{u}_2, \mathbf{u}_3, \mathbf{u}_4, \mathbf{u}_5] = \begin{bmatrix} \frac{\sqrt{30}}{15} & \frac{\sqrt{6}}{3} & 0 & \frac{\sqrt{7}}{7} & \frac{\sqrt{70}}{35} \\ \frac{\sqrt{30}}{15} & -\frac{\sqrt{6}}{6} & 0 & \frac{2\sqrt{7}}{7} & -\frac{3\sqrt{70}}{70} \\ \frac{\sqrt{30}}{10} & 0 & \frac{\sqrt{2}}{2} & -\frac{\sqrt{7}}{7} & -\frac{\sqrt{70}}{35} \\ \frac{\sqrt{30}}{15} & -\frac{\sqrt{6}}{6} & 0 & 0 & \frac{\sqrt{70}}{10} \\ \frac{\sqrt{30}}{10} & 0 & -\frac{\sqrt{2}}{2} & -\frac{\sqrt{7}}{7} & -\frac{\sqrt{70}}{35} \end{bmatrix}.$$

Essa é uma U diferente da encontrada no Exemplo 2, mas ela dá uma fatoração válida $A = U\,S\,V^t$ usando as mesmas S e V daquele exemplo. ■

Aproximação por mínimos quadrados

A decomposição de valor singular tem aplicação em muitas áreas, uma das quais é uma maneira alternativa de encontrar polinômios de mínimos quadrados para ajuste de dados. Sejam A uma matriz $m \times n$, com $m > n$, e $\mathbf{b}$ um vetor de $\mathbb{R}^m$. O objetivo dos mínimos quadrados é encontrar um vetor $\mathbf{x}$ em $\mathbb{R}^n$ tal que ele minimize $\|A\mathbf{x} - \mathbf{b}\|_2$.

Suponha que seja conhecida uma decomposição de valor singular de A, ou seja,

$$A = U S V^t,$$

em que U é uma matriz ortogonal $m \times m$, V é uma matriz ortogonal $n \times n$, e S é uma matriz $m \times n$ que contém os valores singulares não nulos em ordem decrescente ao longo da diagonal principal nas primeiras $k \leq n$ linhas e elementos nulos em todo o resto. Como tanto U quanto V são ortogonais, temos $U^{-1} = U^t$, $V^{-1} = V^t$ e, pela parte (iii) do Teorema 9.10 da Seção 9.2, na página 636, U e V ambas preservam a norma l_2. Como consequência,

$$\|A\mathbf{x} - \mathbf{b}\|_2 = \|U S V^t\mathbf{x} - U U^t\mathbf{b}\|_2 = \|S V^t\mathbf{x} - U^t\mathbf{b}\|_2.$$

Sejam $\mathbf{z} = V^t\mathbf{x}$ e $\mathbf{c} = U^t\mathbf{b}$. Então

$$\| A\mathbf{x} - \mathbf{b}\|_2 = \|(s_1 z_1 - c_1, s_2 z_2 - c_2, \ldots, s_k z_k - c_k, -c_{k+1}, \ldots, -c_m)^t\|_2$$

$$= \left\{ \sum_{i=1}^{k} (s_i z_i - c_i)^2 + \sum_{i=k+1}^{m} (c_i)^2 \right\}^{1/2}.$$

A norma é minimizada quando o vetor $\mathbf{z}$ for escolhido com

$$z_i = \begin{cases} \dfrac{c_i}{s_i}, & \text{quando } i \leq k, \\ \text{arbitrário}, & \text{quando } k < i \leq n. \end{cases}$$

Como tanto $\mathbf{c} = U^t\mathbf{b}$ quanto $\mathbf{x} = V\mathbf{z}$ são fáceis de calcular, a solução de mínimos quadrados também é fácil de encontrar.

EXEMPLO 4 Use a técnica de decomposição de valor singular para determinar o polinômio de mínimos quadrados de grau 2 para os dados na Tabela 9.5.

Tabela 9.5

i	x_i	y_i
1	0	1.0000
2	0,25	1,2840
3	0,50	1,6487
4	0,75	2,1170
5	1,00	2,7183

Solução Este problema foi resolvido usando as equações normais no Exemplo 2 da Seção 8.1. Aqui, precisamos primeiro determinar a forma apropriada de A, $\mathbf{x}$, e $\mathbf{b}$. No Exemplo 2 da Seção 8.1, o problema foi descrito como a determinação de a_0, a_1, e a_2 tais que

$$P_2(x) = a_0 + a_1 x + a_2 x^2.$$

Para expressar isso na forma matricial, fazemos

$$\mathbf{x} = \begin{bmatrix} a_0 \\ a_1 \\ a_2 \end{bmatrix}, \quad \mathbf{b} = \begin{bmatrix} y_0 \\ y_1 \\ y_2 \\ y_3 \\ y_4 \end{bmatrix} = \begin{bmatrix} 1{,}0000 \\ 1{,}2840 \\ 1{,}6487 \\ 2{,}1170 \\ 2{,}7183 \end{bmatrix} \quad \text{e}$$

$$A = \begin{bmatrix} 1 & x_0 & x_0^2 \\ 1 & x_1 & x_1^2 \\ 1 & x_2 & x_2^2 \\ 1 & x_3 & x_3^2 \\ 1 & x_4 & x_4^2 \end{bmatrix} = \begin{bmatrix} 1 & 0 & 0 \\ 1 & 0{,}25 & 0{,}0625 \\ 1 & 0{,}5 & 0{,}25 \\ 1 & 0{,}75 & 0{,}5625 \\ 1 & 1 & 1 \end{bmatrix}.$$

A decomposição de valor singular de A tem a forma $A = U\,S\,V^t$, em que

$$U = \begin{bmatrix} -0{,}2945 & -0{,}6327 & 0{,}6314 & -0{,}0143 & -0{,}3378 \\ -0{,}3466 & -0{,}4550 & -0{,}2104 & 0{,}2555 & 0{,}7505 \\ -0{,}4159 & -0{,}1942 & -0{,}5244 & -0{,}6809 & -0{,}2250 \\ -0{,}5025 & 0{,}1497 & -0{,}3107 & 0{,}6524 & -0{,}4505 \\ -0{,}6063 & 0{,}5767 & 0{,}4308 & -0{,}2127 & 0{,}2628 \end{bmatrix},$$

$$S = \begin{bmatrix} 2{,}7117 & 0 & 0 \\ 0 & 0{,}9371 & 0 \\ 0 & 0 & 0{,}1627 \\ 0 & 0 & 0 \\ 0 & 0 & 0 \end{bmatrix} \quad \text{e} \quad V^t = \begin{bmatrix} -0{,}7987 & -0{,}4712 & -0{,}3742 \\ -0{,}5929 & 0{,}5102 & 0{,}6231 \\ 0{,}1027 & -0{,}7195 & 0{,}6869 \end{bmatrix}.$$

Assim,

$$\mathbf{c} = U^t \begin{bmatrix} y_0 \\ y_1 \\ y_2 \\ y_3 \\ y_4 \end{bmatrix} = \begin{bmatrix} -0{,}2945 & -0{,}6327 & 0{,}6314 & -0{,}0143 & -0{,}3378 \\ -0{,}3466 & -0{,}4550 & -0{,}2104 & 0{,}2555 & 0{,}7505 \\ -0{,}4159 & -0{,}1942 & -0{,}5244 & -0{,}6809 & -0{,}2250 \\ -0{,}5025 & 0{,}1497 & -0{,}3107 & 0{,}6524 & -0{,}4505 \\ -0{,}6063 & 0{,}5767 & 0{,}4308 & -0{,}2127 & 0{,}2628 \end{bmatrix}^t \begin{bmatrix} 1 \\ 1{,}284 \\ 1{,}6487 \\ 2{,}117 \\ 2{,}7183 \end{bmatrix}$$

$$= \begin{bmatrix} -4{,}1372 \\ 0{,}3473 \\ 0{,}0099 \\ -0{,}0059 \\ 0{,}0155 \end{bmatrix},$$

e as componentes de $\mathbf{z}$ são

$$z_1 = \frac{c_1}{s_1} = \frac{-4{,}1372}{2{,}7117} = -1{,}526, \quad z_2 = \frac{c_2}{s_2} = \frac{0{,}3473}{0{,}9371} = 0{,}3706 \quad \text{e}$$

$$z_3 = \frac{c_3}{s_3} = \frac{0{,}0099}{0{,}1627} = 0{,}0609.$$

Isso fornece os coeficientes de mínimos quadrados em $P_2(x)$ como sendo

$$\begin{bmatrix} a_0 \\ a_1 \\ a_2 \end{bmatrix} = \mathbf{x} = V\,\mathbf{z} = \begin{bmatrix} -0{,}7987 & -0{,}5929 & 0{,}1027 \\ -0{,}4712 & 0{,}5102 & -0{,}7195 \\ -0{,}3742 & 0{,}6231 & 0{,}6869 \end{bmatrix} \begin{bmatrix} -1{,}526 \\ 0{,}3706 \\ 0{,}0609 \end{bmatrix} = \begin{bmatrix} 1{,}005 \\ 0{,}8642 \\ 0{,}8437 \end{bmatrix},$$

o que coincide com os resultados no Exemplo 2 da Seção 8.1. O erro de mínimos quadrados usando esses valores envolve as duas últimas componentes de **c** e é

$$\| A\mathbf{x} - \mathbf{b} \|_2 = \sqrt{c_2^4 + c_5^2} = \sqrt{(-0{,}0059)^2 + (0{,}0155)^2} = 0{,}0165. \qquad \blacksquare$$

Outras aplicações

A razão para a importância da decomposição de valor singular em muitas aplicações é que ela nos permite obter as características mais importantes de uma matriz $m \times n$ usando uma matriz que é, frequentemente, de tamanho significativamente menor. Como os valores singulares estão listados na diagonal de S em ordem decrescente, manter apenas as primeiras k linhas e colunas de S produz a melhor aproximação possível da matriz A. Como ilustração, veja a Figura 9.3, a qual indica a decomposição de valor singular de uma matriz A, $m \times n$.

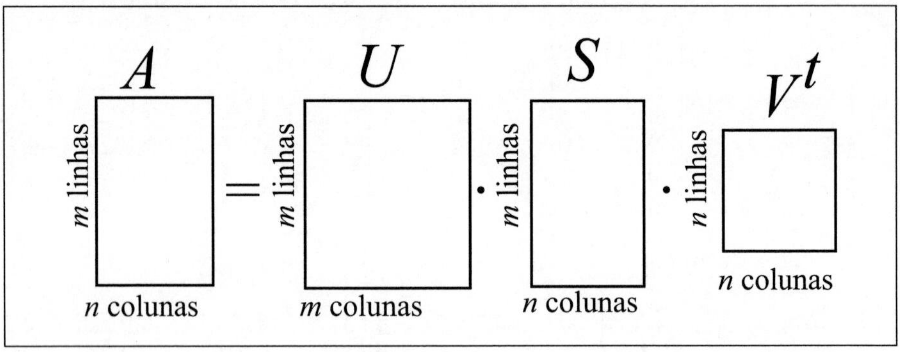

Figura 9.3

Substitua a matriz S, $n \times n$, pela matriz S_k, $k \times k$, que contém os valores singulares mais significativos. Esses certamente seriam apenas aqueles não nulos, mas podemos também desprezar alguns valores singulares que fossem relativamente pequenos.

Determine as matrizes U_k e V_k^t, $k \times n$ e $m \times k$, correspondentes, de acordo com o procedimento de decomposição de valor singular. Isso é mostrado sombreado na Figura 9.4.

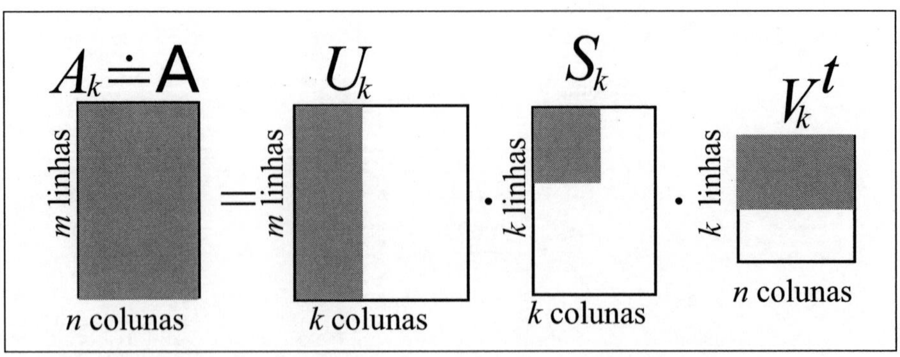

Figura 9.4

Então, a nova matriz $A_k = U_k S_k V_k^t$ ainda tem o tamanho $m \times n$ e exigiria $m \cdot n$ registros de memória para sua representação. Entretanto, na forma fatorada, a necessidade de armazenamento para esses dados é $m \cdot k$ para U_k, k para S_k e $n \cdot k$ para V_k^t para um total de $k(m + n + 1)$.

Suponha, por exemplo, que $m = 2n$ e $k = n/3$. Então a matriz original A contém $mn = 2n^2$ itens de dados. A fatoração que produz A_k, entretanto, contém apenas $mk = 2n^2/3$ para U_k, k para S_k e $nk = n^2/3$ para V_k^t itens de dados, o que ocupa um total de $(n/3)(3n^2 + 1)$ registros de memória. Isso é uma redução de aproximadamente 50% da quantidade necessária para armazenar a matriz A toda e resulta no que é chamado *compressão de dados*.

Ilustração No Exemplo 2, mostramos que

$$A = U\,S\,V^t = \begin{bmatrix} \frac{\sqrt{30}}{15} & \frac{\sqrt{6}}{3} & 0 & \frac{\sqrt{5}}{5} & 0 \\ \frac{\sqrt{30}}{15} & -\frac{\sqrt{6}}{6} & 0 & \frac{\sqrt{5}}{5} & \frac{\sqrt{2}}{2} \\ \frac{\sqrt{30}}{10} & 0 & \frac{\sqrt{2}}{2} & -\frac{\sqrt{5}}{5} & 0 \\ \frac{\sqrt{30}}{15} & -\frac{\sqrt{6}}{6} & 0 & \frac{\sqrt{5}}{5} & -\frac{\sqrt{2}}{2} \\ \frac{\sqrt{30}}{10} & 0 & -\frac{\sqrt{2}}{2} & -\frac{\sqrt{5}}{5} & 0 \end{bmatrix} \begin{bmatrix} \sqrt{5} & 0 & 0 \\ 0 & \sqrt{2} & 0 \\ 0 & 0 & 1 \\ 0 & 0 & 0 \\ 0 & 0 & 0 \end{bmatrix} \begin{bmatrix} \frac{\sqrt{6}}{6} & \frac{\sqrt{6}}{3} & \frac{\sqrt{6}}{6} \\ \frac{\sqrt{3}}{3} & -\frac{\sqrt{3}}{3} & \frac{\sqrt{3}}{3} \\ -\frac{\sqrt{2}}{2} & 0 & \frac{\sqrt{2}}{2} \end{bmatrix}.$$

Considere as matrizes reduzidas associadas a essa fatoração

$$U_3 = \begin{bmatrix} \frac{\sqrt{30}}{15} & \frac{\sqrt{6}}{3} & 0 \\ \frac{\sqrt{30}}{15} & -\frac{\sqrt{6}}{6} & 0 \\ \frac{\sqrt{30}}{10} & 0 & \frac{\sqrt{2}}{2} \\ \frac{\sqrt{30}}{15} & -\frac{\sqrt{6}}{6} & 0 \\ \frac{\sqrt{30}}{10} & 0 & -\frac{\sqrt{2}}{2} \end{bmatrix}, \quad S_3 = \begin{bmatrix} \sqrt{5} & 0 & 0 \\ 0 & \sqrt{2} & 0 \\ 0 & 0 & 1 \end{bmatrix} \quad \text{e}$$

$$V_3^t = \begin{bmatrix} \frac{\sqrt{6}}{6} & \frac{\sqrt{6}}{3} & \frac{\sqrt{6}}{6} \\ \frac{\sqrt{3}}{3} & -\frac{\sqrt{3}}{3} & \frac{\sqrt{3}}{3} \\ -\frac{\sqrt{2}}{2} & 0 & \frac{\sqrt{2}}{2} \end{bmatrix}.$$

Então

$$S_3 V_3^t = \begin{bmatrix} \frac{\sqrt{30}}{6} & \frac{\sqrt{30}}{3} & \frac{\sqrt{30}}{6} \\ \frac{\sqrt{6}}{3} & -\frac{\sqrt{6}}{3} & \frac{\sqrt{6}}{3} \\ -\frac{\sqrt{2}}{2} & 0 & \frac{\sqrt{2}}{2} \end{bmatrix} \quad \text{e} \quad A_3 = U_3 S_3 V_3^t = \begin{bmatrix} 1 & 0 & 1 \\ 0 & 1 & 0 \\ 0 & 1 & 1 \\ 0 & 1 & 0 \\ 1 & 1 & 0 \end{bmatrix}. \qquad \blacksquare$$

Como os cálculos na Ilustração foram feitos usando aritmética exata, a matriz A_3 coincide precisamente com a matriz original A. Em geral, seria usada a aritmética com um número finito de algarismos para efetuar os cálculos e não seria esperada uma coincidência completa. O que se espera é que a compressão dos dados não resulte em uma matriz A_k que seja significativamente diferente da matriz original A, e isso depende das magnitudes relativas dos valores singulares de A. Quando o posto da matriz A for k, não haverá deterioração, já que existem apenas k linhas linearmente independentes na matriz original A e a matriz poderia, em teoria, ser reduzida a uma matriz que tem só zeros nas últimas $m - k$ linhas ou $n - k$ colunas. Quando k é menor do que o posto de A, A_k será diferente de A, mas isso nem sempre é prejudicial.

Considere a situação na qual A é a matriz que consiste nos pixels em uma fotografia em tons de cinza, talvez tirada a grande distância, como uma foto de satélite de uma parte da Terra. A fotografia provavelmente inclui *ruído*, ou seja, dados que não representam realmente a imagem, mas, em vez disso, a deterioração das imagens por partículas atmosféricas, qualidade das lentes e reprodução do processo, e assim por diante. Os dados do ruído estão incorporados nos dados em A, mas espera-se que esse ruído seja muito menos significativo do que a verdadeira imagem. Esperamos que os valores singulares maiores representem a verdadeira imagem e os valores singulares menores, aqueles próximos de zero, sejam as contribuições do ruído. Ao fazer a decomposição de valor singular que mantém apenas os valores singulares acima de certo limiar, poderíamos ser capazes de eliminar muito do ruído e obter, na realidade, uma imagem que não só é menor em tamanho mas também uma representação mais verdadeira da fotografia original. (Veja [AP] para maiores detalhes, em particular, a Figura 3.)

Aplicações adicionais importantes da decomposição de valor singular incluem a determinação efetiva do número de condicionamento de uma matriz quadrada (consulte o Exercício 19), a determinação efetiva do posto de uma matriz e a remoção de ruídos. Para mais informações sobre esse importante tópico e uma interpretação geométrica da fatoração, veja o artigo de revisão de Kalman [Ka] e as referências nesse artigo. Para um estudo mais completo e extenso da teoria, consulte Golub e Van Loan [GV].

EXERCÍCIOS 9.6

1. Determine os valores singulares das seguintes matrizes.

a. $A = \begin{bmatrix} 2 & 1 \\ 1 & 0 \end{bmatrix}$

b. $A = \begin{bmatrix} 2 & 1 \\ 1 & 1 \\ 0 & 1 \end{bmatrix}$

c. $A = \begin{bmatrix} 2 & 1 \\ -1 & 1 \\ 1 & 1 \\ 2 & -1 \end{bmatrix}$

d. $A = \begin{bmatrix} 1 & 1 & 0 \\ -1 & 0 & 1 \\ 0 & 1 & -1 \\ 1 & 1 & -1 \end{bmatrix}$

2. Determine os valores singulares das seguintes matrizes.

a. $A = \begin{bmatrix} -1 & 1 \\ 1 & 1 \end{bmatrix}$

b. $A = \begin{bmatrix} 1 & 1 & 0 \\ 1 & 0 & 1 \\ 0 & 1 & 1 \end{bmatrix}$

c. $A = \begin{bmatrix} 1 & -1 \\ 1 & 1 \\ 0 & 1 \\ 1 & 0 \\ -1 & 1 \end{bmatrix}$

d. $A = \begin{bmatrix} 0 & 1 & 1 \\ 0 & 1 & 0 \\ 1 & 1 & 0 \\ 0 & 1 & 0 \\ 1 & 0 & 1 \end{bmatrix}$

3. Determine a decomposição de valor singular das matrizes do Exercício 1.

4. Determine a decomposição de valor singular das matrizes do Exercício 2.

5. Seja A a matriz dada no Exemplo 2. Mostre que $(1, 2, 1)^t$, $(1, -1, 1)^t$ e $(-1, 0, 1)^t$ são autovetores de $A^t A$ correspondentes a, respectivamente, $\lambda_1 = 5$, $\lambda_2 = 2$, e $\lambda_3 = 1$.

EXERCÍCIOS APLICADOS

6. Dados os pontos

x_i	1,0	2,0	3,0	4,0	5,0
y_i	1,3	3,5	4,2	5,0	7,0

a. Use a técnica da decomposição de valor singular para determinar o polinômio de mínimos quadrados de grau 1.

b. Use a técnica da decomposição de valor singular para determinar o polinômio de mínimos quadrados de grau 2.

7. Dados os pontos

x_i	1,0	1,1	1,3	1,5	1,9	2,1
y_i	1,84	1,96	2,21	2,45	2,94	3,18

a. Use a técnica da decomposição de valor singular para determinar o polinômio de mínimos quadrados de grau 2.

b. Use a técnica da decomposição de valor singular para determinar o polinômio de mínimos quadrados de grau 3.

8. Para determinar uma relação entre o número de peixes e o número de espécies de peixe nas amostras tiradas em uma parte da grande barreira de corais, P. Sale e R. Dybdahl [SD] ajustaram um polinômio linear por mínimos quadrados à seguinte coleção de dados, que foram coletados em amostra de um período de dois anos. Seja x o número de peixes na amostra e y o número de espécies na amostra.

x	y	x	y	x	y
13	11	29	12	60	14
15	10	30	14	62	21
16	11	31	16	64	21
21	12	36	17	70	24
22	12	40	13	72	17
23	13	42	14	100	23
25	13	55	22	130	34

Determine o polinômio linear de mínimos quadrados para esses dados.

9. O seguinte conjunto de dados, apresentado ao Subcomitê Antitruste do Senado, mostra as características de sobrevivência a colisões de carros em diversas classes. Encontre o polinômio quadrático de mínimos quadrados que aproxime esses dados. (A tabela mostra o percentual de veículos envolvidos em acidentes nos quais o ferimento mais severo foi fatal ou sério.)

Tipo	Peso médio	Percentual de ocorrência
1. Nacional de luxo padrão	4800 lb	3,1
2. Nacional intermediário padrão	3700 lb	4,0
3. Nacional econômico padrão	3400 lb	5,2
4. Nacional compacto	2800 lb	6,4
5. Importado compacto	1900 lb	9,6

EXERCÍCIOS TEÓRICOS

10. Suponha que A seja uma matriz $m \times n$ A. Mostre que posto (A) é o mesmo que posto (A^t).

11. Mostre que nulidade (A) $=$ nulidade (A^t)se e somente se A é uma matriz quadrada.

12. Suponha que A tenha uma decomposição de valor singular $A = U\,S\,V^t$. Determine, com justificativa, uma decomposição de valor singular de A^t.

13. Suponha que A tenha uma decomposição de valor singular $A = U\,S\,V^t$. Mostre que posto (A) $=$ posto (S).

14. Suponha que a matriz A, $m \times n$, tenha uma decomposição de valor singular $A = U\,S\,V^t$. Expresse a nulidade (A) em termos do posto (S).

15. Suponha que a matriz A, $n \times n$, tenha uma decomposição de valor singular $A = U\,S\,V^t$. Mostre que A^{-1} existe se e somente se S^{-1} existe e encontre uma decomposição de valor singular de A^{-1}, quando ela existir.

16. A parte (ii) do Teorema 9.26 afirma que nulidade(A) = nulidade (A^tA). Também é verdade que nulidade (A) = nulidade(AA^t)?

17. A parte (iii) do Teorema 9.26 afirma que posto (A) = posto (A^tA). Também é verdade que posto (A) = posto (AA^t)?

18. Mostre que se A é uma matriz $m \times n$ e P é uma matriz $n \times n$ ortogonal, então PA tem os mesmos valores singulares que A.

19. Mostre que se A for uma matriz $n \times n$ não singular com valores singulares $s_1, s_2, \ldots, s_n$, então o número de condicionamento na norma l_2 de A é $K_2(A) = (s_1/s_n)^2$.

20. Use o resultado no Exercício 19 para determinar o número de condicionamento das matrizes quadradas não singulares nos Exercícios 1 e 2.

QUESTÕES PARA DISCUSSÃO

1. Um sistema linear $A\mathbf{x} = \mathbf{b}$ com mais equações do que incógnitas é chamado sistema linear sobredeterminado. Como a técnica de valor singular pode ser usada para resolver um sistema linear sobredeterminado quando existir uma solução?

2. A importância da decomposição de valor singular em muitas aplicações é que podemos extrair as características mais importantes de uma matriz $m \times n$ usando uma matriz que muitas vezes é significativamente menor. Encontre alguns exemplos adicionais nos quais essa técnica possa ser usada.

3. Forneça alguns exemplos de como as aproximações por mínimos quadrados pode ser usada em diversas disciplinas. Por exemplo, você pode escolher entre disciplinas como engenharia computacional e elétrica, estatística, administração ou economia, para citar algumas.

9.7 Software numérico

As sub-rotinas nas bibliotecas IMSL e NAG, bem como as rotinas no Netlib e os comandos no MATLAB, Maple e Mathematica, baseiam-se nas contidas no EISPACK e LAPACK, pacotes que foram discutidos na Seção 1.4. Em geral, as sub-rotinas transformam uma matriz na forma apropriada para o método QR ou uma de suas modificações, tal como o método QL. As sub-rotinas aproximam todos os autovalores e podem aproximar um autovetor associado a cada autovalor. As matrizes não simétricas em geral são balanceadas, de modo que as somas dos módulos dos elementos em cada linha e em cada coluna são aproximadamente as mesmas. O método de Householder é então aplicado para determinar uma matriz de Hessenberg superior semelhante. Os autovalores podem ser calculados usando o método QR ou QL. Também é possível calcular a forma de Schur $S\, D\, S^t$, em que S é ortogonal e a diagonal de D tem os autovalores de A. Os autovetores correspondentes podem então ser determinados. Para uma matriz simétrica, é calculada uma matriz tridiagonal semelhante. Os autovalores e autovetores podem então ser calculados usando o método QR ou QL.

Existem rotinas especiais que encontram todos os autovalores dentro de um intervalo ou região ou então que encontram somente o maior ou o menor autovalor. Estão disponíveis também sub-rotinas para determinar a precisão da aproximação do autovalor e a sensibilidade do processo a erros de arredondamento.

Um procedimento no MATLAB que calcula um número escolhido de autovalores e autovetores tem base no método de Arnoldi implicitamente reiniciado por Sorensen [SO]. Há um pacote de software contido no Netlib que resolve problemas que também é baseado no método implicitamente reiniciado de Arnoldi. O método de Arnoldi implicitamente reiniciado é um método de subespaço de Krylov que encontra uma sequência de subespaços de Krylov que converge para um subespaço que contém os autovalores.

QUESTÕES PARA DISCUSSÃO

1. Forneça uma visão geral da implementação SVD na biblioteca GSL.
2. Dê uma visão geral do projeto Apache Mahout e implicações para a implementação SVD.

CONCEITOS-CHAVE

Algoritmo QR
Círculo de Geršgorin
Decomposição de valor singular
Deflação de Wielandt
Matriz de rotação
Matriz ortogonal
Matriz simétrica
Método da potência
Método da potência inversa
Método da potência simétrico
Método de Householder
Métodos de deflação
Transformação de Householder
Transformação de semelhança
Valores singulares
Vetor ortogonal
Vetor ortonormal

REVISÃO DO CAPÍTULO

Este capítulo discutiu a aproximação de autovalores e autovetores. Ele é concluído com uma técnica para fatorar uma matriz arbitrária que necessite desses métodos de aproximação.

Os círculos de Geršgorin fornecem uma aproximação grosseira para a localização dos autovalores de uma matriz. O método da potência pode ser utilizado para encontrar o autovalor dominante e um autovetor associado para uma matriz arbitrária A. Se A for simétrica. O método da potência simétrico fornece convergência mais rápida para o autovalor dominante e um autovetor associado. O método da potência inversa encontrará o autovalor mais próximo a um dado valor e um autovetor associado. Esse método é frequentemente utilizado para refinar um autovalor aproximado e para calcular um autovetor, uma vez que um autovalor tenha sido encontrado por alguma outra técnica.

Os métodos de deflação, tais como a deflação de Wielandt, obtêm outros autovalores, uma vez que o autovalor dominante seja conhecido. Esses métodos são usados se apenas uns poucos autovalores forem necessários, uma vez que são suscetíveis a erro de arredondamento. O método da potência inversa deveria ser utilizado para melhorar a precisão de autovalores aproximados obtidos a partir de uma técnica de deflação.

Os métodos com base em transformações de semelhança, tais como o método de Householder, são utilizados para converter uma matriz simétrica em uma matriz semelhante que seja tridiagonal (ou de Hessenberg superior, caso a matriz não seja simétrica). Técnicas tais como o método QR podem então ser aplicadas à matriz tridiagonal (ou de Hessenberg superior) para obter aproximações para todos os autovalores. Os autovetores associados podem ser encontrados mediante a utilização de um método iterativo, tal como o método da potência inversa, ou pela modificação do método QR, para incluir a aproximação de autovetores. Restringimos nosso estudo a matrizes simétricas e apresentamos o método QR apenas para calcular autovalores para o caso simétrico.

A decomposição de valor singular é discutida na Seção 9.6. Ela é usada para fatorar uma matriz $m \times n$ na forma $U\,S\,V^t$, em que U é uma matriz ortogonal $m \times m$, V é uma matriz ortogonal $n \times n$, e S é uma matriz $m \times n$ cujos únicos elementos não nulos estão localizados ao longo da diagonal principal. Essa fatoração tem aplicações importantes que incluem processamento de imagem, compressão de dados e resolução de sistemas lineares sobredeterminados que aparecem nas aproximações por mínimos quadrados. A decomposição de valor singular requer o cálculo de autovalores e autovetores, de modo que é adequado concluir este capítulo com essa técnica.

Os livros de Wilkinson [Wil2] e Wilkinson e Reinsch [WR] são clássicos no estudo de problemas de autovalores. Stewart [Stew2] também é uma boa fonte de informação sobre o problema geral, e Parlett [Par] considera o problema simétrico. Um estudo do problema não simétrico pode ser encontrado em Saad [Sal].

CAPÍTULO **10**

Soluções numéricas de sistemas de equações não lineares

Introdução

A pressão total necessária para afundar um objeto grande e pesado em um solo macio, homogêneo, assentado sobre um solo com uma base dura pode ser prevista pela pressão total necessária para afundar objetos menores no mesmo solo. Especificamente, a pressão total p para afundar uma placa circular de raio r até uma profundidade d no solo macio, em que o solo duro fica a uma profundidade $D > d$ abaixo da superfície, pode ser aproximada por uma equação da forma

$$p = k_1 e^{k_2 r} + k_3 r,$$

em que k_1, k_2 e k_3 são constantes,dependendo de d e da consistência do solo, mas não do raio da placa.

Existem três constantes desconhecidas nessa equação, de modo que se afundam três pequenas placas, de raios distintos, na mesma profundidade. Isso permitirá a determinação do tamanho mínimo da placa necessária para sustentar uma carga grande. As cargas necessárias para estes afundamentos são registradas como na figura abaixo.

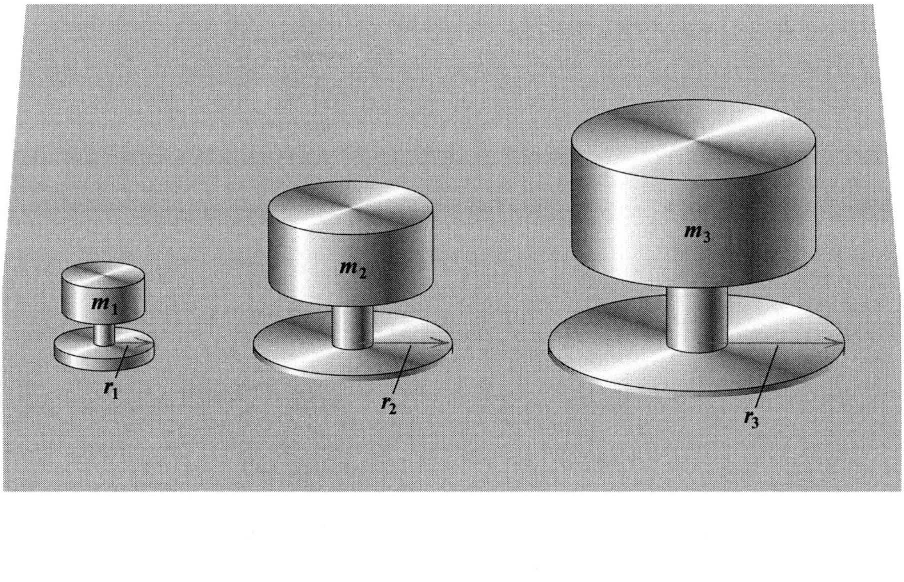

Isso produz as três equações não lineares

$$m_1 = k_1 e^{k_2 r_1} + k_3 r_1,$$
$$m_2 = k_1 e^{k_2 r_2} + k_3 r_2 \text{ e}$$
$$m_3 = k_1 e^{k_2 r_3} + k_3 r_3,$$

com as três incógnitas k_1, k_2 e k_3. Métodos de aproximação numérica são geralmente necessários para resolver sistemas de equações, quando as equações são não lineares. O Exercício 10 da Seção 10.2 diz respeito a uma aplicação do tipo aqui descrito.

Resolver um sistema de equações não lineares é um problema que é evitado quando possível, usualmente pela aproximação do sistema não linear por um sistema de equações lineares. Quando isso é insatisfatório, o problema deve ser enfrentado diretamente. A abordagem mais direta é adaptar os métodos do Capítulo 2, que aproximam as soluções de uma única equação não linear com uma variável, para aplicar quando o problema de uma única variável for substituído por um problema vetorial que incorpore todas as variáveis.

A principal ferramenta no Capítulo 2 foi o método de Newton, uma técnica que é, em geral, quadraticamente convergente. Esta é a primeira técnica que modificamos para resolver sistemas de equações não lineares. O método de Newton tem alto custo de aplicação ao ser modificado para sistemas de equações; assim na Seção 10.3 descrevemos como um método da secante modificado pode ser utilizado para obter aproximações mais facilmente, embora com a perda da convergência extremamente rápida que o método de Newton proporciona.

A Seção 10.4 descreve o método do declive máximo. Ele é apenas linearmente convergente, mas não requer as aproximações iniciais precisas necessárias para técnicas mais rapidamente convergentes. É frequentemente usado para encontrar uma boa aproximação inicial para o método de Newton ou para uma de suas modificações.

Na Seção 10.5, fornecemos uma introdução aos métodos de continuação, que usam um parâmetro para mudar de um problema com uma solução facilmente determinada para a solução do problema não linear original.

A maioria das demonstrações dos resultados teóricos neste capítulo é omitida, já que envolve métodos que são normalmente estudados em cálculo avançado. Uma boa referência geral para esse material é o livro de Ortega, intitulado *Numerical Analysis – A Second Course* [Or2]. Uma referência mais completa é [OR].

10.1 Pontos fixos para funções de várias variáveis

Um sistema de equações não lineares tem a forma

$$\begin{aligned} f_1(x_1, x_2, \ldots, x_n) &= 0, \\ f_2(x_1, x_2, \ldots, x_n) &= 0, \\ \vdots \qquad & \quad \vdots \\ f_n(x_1, x_2, \ldots, x_n) &= 0 \end{aligned} \tag{10.1}$$

em que cada função f_i pode ser imaginada como levando um vetor $\mathbf{x} = (x_1, x_2, \ldots, x_n)^t$ do espaço n-dimensional $\mathbb{R}^n$ na reta real $\mathbb{R}$. Uma representação geométrica de um sistema não linear quando $n = 2$ é dada na Figura 10.1.

Este sistema de n equações não lineares com n incógnitas pode também ser representado definindo-se uma função $\mathbf{F}$ levando $\mathbb{R}^n$ em $\mathbb{R}^n$ por

$$\mathbf{F}(x_1, x_2, \ldots, x_n) = (f_1(x_1, x_2, \ldots, x_n), f_2(x_1, x_2, \ldots, x_n) \ldots, f_n(x_1, x_2, \ldots, x_n))^t.$$

Se for usada notação vetorial para representar as variáveis $x_1, x_2, \ldots, x_n$, o sistema (10.1) assume a forma

$$\mathbf{F}(\mathbf{x}) = \mathbf{0}. \qquad (10.2)$$

As funções $f_1, f_2, \ldots, f_n$ são as **funções coordenadas** de **F**.

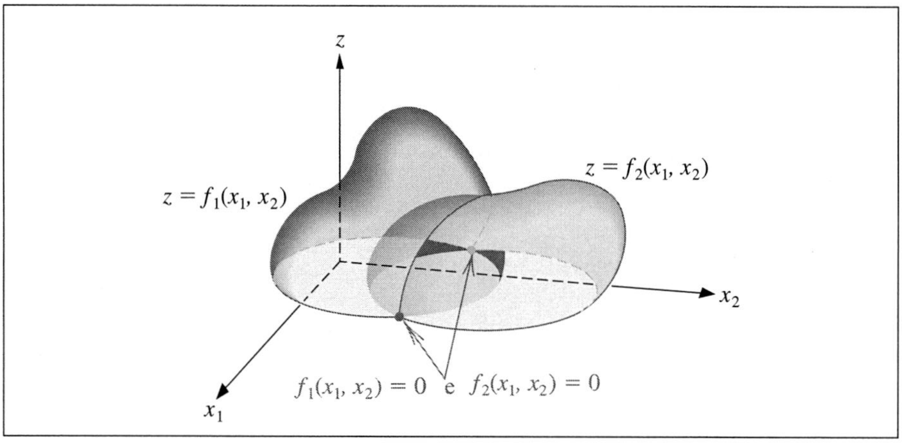

Figura 10.1

EXEMPLO 1 Coloque o sistema não linear 3 × 3

$$3x_1 - \cos(x_2 x_3) - \frac{1}{2} = 0,$$

$$x_1^2 - 81(x_2 + 0{,}1)^2 + \operatorname{sen} x_3 + 1{,}06 = 0,$$

$$e^{-x_1 x_2} + 20x_3 + \frac{10\pi - 3}{3} = 0,$$

na forma da Equação (10.2).

Solução Escreva as três funções coordenadas f_1, f_2 e f_3 de $\mathbb{R}^3$ para $\mathbb{R}$ como

$$f_1(x_1, x_2, x_3) = 3x_1 - \cos(x_2 x_3) - \frac{1}{2},$$

$$f_2(x_1, x_2, x_3) = x_1^2 - 81(x_2 + 0{,}1)^2 + \operatorname{sen} x_3 + 1{,}06 \quad \text{e}$$

$$f_3(x_1, x_2, x_3) = e^{-x_1 x_2} + 20x_3 + \frac{10\pi - 3}{3}.$$

Então, defina **F** de $\mathbb{R}^3 \to \mathbb{R}^3$ por

$$\begin{aligned}
\mathbf{F}(\mathbf{x}) &= \mathbf{F}(x_1, x_2, x_3) \\
&= (f_1(x_1, x_2, x_3), f_2(x_1, x_2, x_3), f_3(x_1, x_2, x_3))^t \\
&= \left(3x_1 - \cos(x_2 x_3) - \frac{1}{2}, x_1^2 - 81(x_2 + 0{,}1)^2 \right. \\
&\quad \left. + \operatorname{sen} x_3 + 1{,}06, e^{-x_1 x_2} + 20x_3 + \frac{10\pi - 3}{3}\right)^t.
\end{aligned}$$

■

Antes de discutirmos a solução de um sistema dado na forma das Equações (10.1) ou (10.2), precisamos de alguns resultados referentes à continuidade e à diferenciabilidade de funções de $\mathbb{R}^n$ em $\mathbb{R}^n$. Embora este estudo pudesse ser apresentado diretamente (veja Exercício 14), utilizamos um método alternativo que permite apresentar os conceitos teoricamente mais difíceis de limites e continuidade em termos de funções de $\mathbb{R}^n$ em $\mathbb{R}$.

Definição 10.1 Seja f uma função definida em um conjunto $D \subset \mathbb{R}^n$ com valores em $\mathbb{R}$. Diz-se que a função f tem **limite** L em $\mathbf{x}_0$, denotado

$$\lim_{\mathbf{x}\to\mathbf{x}_0} f(\mathbf{x}) = L,$$

se, dado qualquer número $\varepsilon > 0$, existe um número $\delta > 0$ com

$$|f(\mathbf{x}) - L| < \varepsilon,$$

sempre que $\mathbf{x} \in D$ e

$$0 < \|\mathbf{x} - \mathbf{x}_0\| < \delta.$$

■

A existência de um limite independe da norma de vetor particular que está sendo usada, conforme discutido na Seção 7.1. Qualquer norma conveniente pode ser utilizada para satisfazer a condição nesta definição. O valor específico de δ dependerá da norma escolhida, mas a existência de um δ não depende da norma.

A noção de limite nos permite definir a continuidade para funções de $\mathbb{R}^n$ em $\mathbb{R}$. Embora várias normas possam ser utilizadas, a continuidade é independente da escolha particular.

Definição 10.2 Seja f uma função de um conjunto $D \subset \mathbb{R}^n$ em $\mathbb{R}$. A função f é **contínua** em $\mathbf{x}_0 \in D$, contanto que $\lim_{\mathbf{x}\to\mathbf{x}_0} f(\mathbf{x})$ exista e

$$\lim_{\mathbf{x}\to\mathbf{x}_0} f(\mathbf{x}) = f(\mathbf{x}_0).$$

Além disso, f é **contínua** em um conjunto D se f for contínua em cada ponto de D. Este conceito é expresso escrevendo-se $f \in C(D)$.

■

Definições de continuidade para funções de n variáveis advêm daquelas para uma única variável pela substituição, onde necessário, de valores absolutos por normas.

Podemos agora definir os conceitos de limite e continuidade para funções de $\mathbb{R}^n$ em $\mathbb{R}^n$ pela consideração das funções coordenadas de $\mathbb{R}^n$ em $\mathbb{R}$.

Definição 10.3 Seja $\mathbf{F}$ uma função de $D \subset \mathbb{R}^n$ em $\mathbb{R}^n$ da forma

$$\mathbf{F}(\mathbf{x}) = (f_1(\mathbf{x}), f_2(\mathbf{x}), \ldots, f_n(\mathbf{x}))^t$$

em que f_i é uma aplicação de $\mathbb{R}^n$ em $\mathbb{R}$ para cada i. Definimos

$$\lim_{\mathbf{x}\to\mathbf{x}_0} \mathbf{F}(\mathbf{x}) = \mathbf{L} = (L_1, L_2, \ldots, L_n)^t,$$

se, e somente se, $\lim_{\mathbf{x}\to\mathbf{x}_0} f_i(\mathbf{x}) = L_i$, para cada $i = 1, 2, \ldots, n$.

■

A função $\mathbf{F}$ é *contínua* em $\mathbf{x}_0 \in D$, contanto que $\lim_{\mathbf{x}\to\mathbf{x}_0} \mathbf{F}(\mathbf{x})$ exista e $\lim_{\mathbf{x}\to\mathbf{x}_0} \mathbf{F}(\mathbf{x}) = \mathbf{F}(\mathbf{x}_0)$. Além disso, $\mathbf{F}$ é contínua no conjunto D se $\mathbf{F}$ for contínua em cada $\mathbf{x}$ em D. Este conceito é expresso escrevendo-se $\mathbf{F} \in C(D)$.

Para funções de $\mathbb{R}$ em $\mathbb{R}$, a continuidade pode frequentemente ser mostrada demonstrando-se que a função é diferenciável (veja o Teorema 1.6). Embora este teorema se generalize para funções de várias variáveis, a diferencial (ou derivada total) de uma função de várias variáveis é bastante complicada e não será apresentada aqui. Em vez disso, apresentamos o seguinte teorema, que relaciona a continuidade de uma função de n variáveis em um ponto às derivadas parciais da função no ponto.

▶ Teorema 10.4 Seja f uma função de $D \subset \mathbb{R}^n$ em $\mathbb{R}$ e $\mathbf{x}_0 \in D$. Se todas as derivadas parciais de f existirem e se existirem constantes $\delta > 0$ e $K > 0$ tais que, sempre que $\|\mathbf{x} - \mathbf{x}_0\| < \delta$ e $\mathbf{x} \in D$, tenhamos

$$\left|\frac{\partial f(\mathbf{x})}{\partial x_j}\right| \le K, \quad \text{para cada } j = 1, 2, \ldots, n,$$

então a função f é contínua em $\mathbf{x}_0$. ■

Pontos fixos em $\mathbb{R}^n$

No Capítulo 2, um processo iterativo para resolver uma equação $f(x) = 0$ foi desenvolvido, primeiramente transformando-se a equação em uma forma de ponto fixo $x = g(x)$. Um procedimento similar será investigado para funções de $\mathbb{R}^n$ em $\mathbb{R}^n$.

▶ Definição 10.5 A função $\mathbf{G}$ de $D \subset \mathbb{R}^n$ em $\mathbb{R}^n$ tem um **ponto fixo** em $\mathbf{p} \in D$ se $\mathbf{G}(\mathbf{p}) = \mathbf{p}$. ■

O seguinte teorema estende o Teorema 2.4 do ponto fixo, para o caso n-dimensional. Este teorema é um caso especial do teorema da contração, e sua demonstração pode ser encontrada em [Or2], p. 153.

▶ Teorema 10.6 Seja $D = \{(x_1, x_2, \ldots, x_n)^t \mid a_i \le x_i \le b_i$, para cada $i = 1, 2, \ldots, n\}$, para algum conjunto de constantes $a_1, a_2, \ldots, a_n$ e $b_1, b_2, \ldots, b_n$. Suponha que $\mathbf{G}$ seja uma função contínua de $D \subset \mathbb{R}^n$ em $\mathbb{R}^n$ com a propriedade de que $\mathbf{G}(\mathbf{x}) \in D$ sempre que $\mathbf{x} \in D$. Então, $\mathbf{G}$ tem um ponto fixo em D.

Suponha, além disso, que todas as funções componentes de $\mathbf{G}$ tenham derivadas parciais contínuas e que exista uma constante $K < 1$ com

$$\left|\frac{\partial g_i(\mathbf{x})}{\partial x_j}\right| \le \frac{K}{n}, \quad \text{sempre que } \mathbf{x} \in D,$$

para cada $j = 1, 2, \ldots, n$ e cada função componente g_i. Então, a sequência do ponto fixo $\{\mathbf{x}^{(k)}\}_{k=0}^{\infty}$, definida por um $\mathbf{x}^{(0)}$ arbitrariamente selecionado em D e gerada por

$$\mathbf{x}^{(k)} = G(\mathbf{x}^{(k-1)}), \qquad \text{para cada k} \ge 1,$$

converge para o único ponto fixo $\mathbf{p} \in D$ e

$$\left\|\mathbf{x}^{(k)} - \mathbf{p}\right\|_\infty \le \frac{K^k}{1-K}\left\|\mathbf{x}^{(1)} - \mathbf{x}^{(0)}\right\|_\infty. \tag{10.3}$$

■

EXEMPLO 2

Coloque o sistema não linear

$$3x_1 - \cos(x_2x_3) - \frac{1}{2} = 0,$$

$$x_1^2 - 81(x_2 + 0{,}1)^2 + \operatorname{sen} x_3 + 1{,}06 = 0 \quad \text{e}$$

$$e^{-x_1x_2} + 20x_3 + \frac{10\pi - 3}{3} = 0$$

na forma de ponto fixo $\mathbf{x} = \mathbf{G}(\mathbf{x})$, isolando x_i na i-ésima equação. Mostre que existe uma única solução em

$$D = \{(x_1, x_2, x_3)^t \mid -1 \le x_i \le 1, \text{ para cada } i = 1, 2, 3\},$$

e itere começando com $\mathbf{x}^{(0)} = (0{,}1,\ 0{,}1,\ -0{,}1)^t$ até que seja obtida a precisão de 10^{-5} na norma l_∞.

Solução Isolar x_i a i-ésima equação fornece o problema de ponto fixo

$$\begin{aligned}
x_1 &= \frac{1}{3}\cos(x_2x_3) + \frac{1}{6},\\
x_2 &= \frac{1}{9}\sqrt{x_1^2 + \operatorname{sen} x_3 + 1{,}06} - 0{,}1, \qquad (10.4)\\
x_3 &= -\frac{1}{20}e^{-x_1x_2} - \frac{10\pi - 3}{60}.
\end{aligned}$$

Seja $\mathbf{G}\colon \mathbb{R}^3 \to \mathbb{R}^3$ definida por $\mathbf{G}(\mathbf{x}) = (g_1(\mathbf{x}), g_2(\mathbf{x}), g_3(\mathbf{x}))^t$, em que

$$\begin{aligned}
g_1(x_1, x_2, x_3) &= \frac{1}{3}\cos(x_2x_3) + \frac{1}{6},\\
g_2(x_1, x_2, x_3) &= \frac{1}{9}\sqrt{x_1^2 + \operatorname{sen} x_3 + 1{,}06} - 0{,}1,\\
g_3(x_1, x_2, x_3) &= -\frac{1}{20}e^{-x_1x_2} - \frac{10\pi - 3}{60}.
\end{aligned}$$

Os Teoremas 10.4 e 10.6 serão utilizados para mostrar que $\mathbf{G}$ tem um único ponto fixo em

$$D = \{(x_1, x_2, x_3)^t \mid -1 \le x_i \le 1, \quad \text{para cada } i = 1, 2, 3\}.$$

Para $\mathbf{x} = (x_1, x_2, x_3)^t$ em D,

$$|g_1(x_1, x_2, x_3)| \le \frac{1}{3}|\cos(x_2x_3)| + \frac{1}{6} \le 0{,}50,$$

$$|g_2(x_1, x_2, x_3)| = \left|\frac{1}{9}\sqrt{x_1^2 + \operatorname{sen} x_3 + 1{,}06} - 0{,}1\right| \le \frac{1}{9}\sqrt{1 + \operatorname{sen} 1 + 1{,}06} - 0{,}1 < 0{,}09,$$

e

$$|g_3(x_1, x_2, x_3)| = \frac{1}{20}e^{-x_1x_2} + \frac{10\pi - 3}{60} \le \frac{1}{20}e + \frac{10\pi - 3}{60} < 0{,}61.$$

de modo que, para cada $i = 1, 2, 3$,

$$-1 \leq g_i(x_1, x_2, x_3) \leq 1.$$

Então, $\mathbf{G}(\mathbf{x}) \in D$ sempre que $\mathbf{x} \in D$.

Encontrar os limitantes para as derivadas parciais em D fornece

$$\left|\frac{\partial g_1}{\partial x_1}\right| = 0, \quad \left|\frac{\partial g_2}{\partial x_2}\right| = 0 \quad \text{e} \quad \left|\frac{\partial g_3}{\partial x_3}\right| = 0$$

bem como

$$\left|\frac{\partial g_1}{\partial x_2}\right| \leq \frac{1}{3}|x_3| \cdot |\operatorname{sen} x_2 x_3| \leq \frac{1}{3}\operatorname{sen} 1 < 0{,}281, \quad \left|\frac{\partial g_1}{\partial x_3}\right| \leq \frac{1}{3}|x_2| \cdot |\operatorname{sen} x_2 x_3| \leq \frac{1}{3}\operatorname{sen} 1 < 0{,}281,$$

$$\left|\frac{\partial g_2}{\partial x_1}\right| = \frac{|x_1|}{9\sqrt{x_1^2 + \operatorname{sen} x_3 + 1{,}06}} < \frac{1}{9\sqrt{0{,}218}} < 0{,}238,$$

$$\left|\frac{\partial g_2}{\partial x_3}\right| = \frac{|\cos x_3|}{18\sqrt{x_1^2 + \operatorname{sen} x_3 + 1{,}06}} < \frac{1}{18\sqrt{0{,}218}} < 0{,}119,$$

$$\left|\frac{\partial g_3}{\partial x_1}\right| = \frac{|x_2|}{20}e^{-x_1 x_2} \leq \frac{1}{20}e < 0{,}14 \quad \text{e} \quad \left|\frac{\partial g_3}{\partial x_2}\right| = \frac{|x_1|}{20}e^{-x_1 x_2} \leq \frac{1}{20}e < 0{,}14.$$

Como as derivadas de g_1, g_2, e g_3 são limitadas em D, o Teorema 10.4 implica que essas funções sejam contínuas em D. Consequentemente, $\mathbf{G}$ é contínua em D. Além disso, para cada $\mathbf{x} \in D$,

$$\left|\frac{\partial g_i(\mathbf{x})}{\partial x_j}\right| \leq 0{,}281 \text{ para cada } i = 1, 2, 3 \text{ e } j = 1, 2, 3,$$

e a condição na segunda parte do Teorema 10.6 vale com $K = 3(0{,}281) = 0{,}843$.

Do mesmo modo, pode também ser mostrado que $\partial g_i/\partial x_j$ é contínua em D para cada $i = 1, 2, 3$ e $j = 1, 2, 3$. (Isto é considerado no Exercício 13.) Consequentemente, $\mathbf{G}$ tem um único ponto fixo em D, e o sistema não linear tem uma solução em D.

Observe que o fato de $\mathbf{G}$ ter um único ponto fixo em D não implica que a solução para o sistema original seja única neste domínio, já que isolar x_2 na Equação (10.4) envolveu a escolha da raiz quadrada positiva. O Exercício 5(d) examina a situação que ocorre se, em vez disso, a raiz quadrada negativa tivesse sido escolhida neste passo.

Para aproximar o ponto fixo $\mathbf{p}$, escolhemos $\mathbf{x}^{(0)} = (0{,}1,\ 0{,}1,\ -0{,}1)^t$. A sequência de vetores gerada por

$$x_1^{(k)} = \frac{1}{3}\cos x_2^{(k-1)} x_3^{(k-1)} + \frac{1}{6},$$

$$x_2^{(k)} = \frac{1}{9}\sqrt{\left(x_1^{(k-1)}\right)^2 + \operatorname{sen} x_3^{(k-1)} + 1{,}06} - 0{,}1 \quad \text{e}$$

$$x_3^{(k)} = -\frac{1}{20}e^{-x_1^{(k-1)} x_2^{(k-1)}} - \frac{10\pi - 3}{60}$$

converge para a solução única da Equação (10.4). Os resultados na Tabela 10.1 foram gerados até que

$$\|\mathbf{x}^{(k)} - \mathbf{x}^{(k-1)}\|_\infty < 10^{-5}.$$

■

Tabela 10.1

k	$x_1^{(k)}$	$x_2^{(k)}$	$x_3^{(k)}$	$\|\mathbf{x}^{(k)} - \mathbf{x}^{(k-1)}\|_\infty$
0	0,10000000	0,10000000	−0,10000000	
1	0,49998333	0,00944115	−0,52310127	0,423
2	0,49999593	0,00002557	−0,52336331	$9,4 \times 10^{-3}$
3	0,50000000	0,00001234	−0,52359814	$2,3 \times 10^{-4}$
4	0,50000000	0,00000003	−0,52359847	$1,2 \times 10^{-5}$
5	0,50000000	0,00000002	−0,52359877	$3,1 \times 10^{-7}$

Podemos usar o limitante de erro (10.3) com $K = 0,843$ no exemplo anterior. Isso fornece

$$\|\mathbf{x}^{(5)} - \mathbf{p}\|_\infty \leq \frac{(0,843)^5}{1 - 0,843}(0,423) < 1,15,$$

que não indica a verdadeira precisão de $\mathbf{x}^{(5)}$. A solução real é

$$\mathbf{p} = \left(0,5,\, 0,\, -\frac{\pi}{6}\right)^t \approx (0,5,\, 0,\, -0,5235987757)^t, \text{ então } \|\mathbf{x}^{(5)} - \mathbf{p}\|_\infty \leq 2 \times 10^{-8}.$$

Aceleração da convergência

Uma maneira de acelerar a convergência da iteração de ponto fixo é utilizar as mais recentes estimativas $x_1^{(k)}, \ldots, x_{i-1}^{(k)}$ em vez de $x_1^{(k-1)}, \ldots, x_{i-1}^{(k-1)}$ para calcular $x_i^{(k)}$, como no método de Gauss-Seidel para sistemas lineares. As equações componentes então se tornam

$$x_1^{(k)} = \frac{1}{3}\cos\left(x_2^{(k-1)}x_3^{(k-1)}\right) + \frac{1}{6},$$

$$x_2^{(k)} = \frac{1}{9}\sqrt{\left(x_1^{(k)}\right)^2 + \operatorname{sen} x_3^{(k-1)} + 1,06} - 0,1 \quad \text{e}$$

$$x_3^{(k)} = -\frac{1}{20}e^{-x_1^{(k)}x_2^{(k)}} - \frac{10\pi - 3}{60}.$$

Com $\mathbf{x}^{(0)} = (0,1,\, 0,1,\, -0,1)^t$, os resultados desses cálculos estão listados na Tabela 10.2.

Tabela 10.2

k	$x_1^{(k)}$	$x_2^{(k)}$	$x_3^{(k)}$	$\|\mathbf{x}^{(k)} - \mathbf{x}^{(k-1)}\|_\infty$
0	0,10000000	0,10000000	−0,10000000	
1	0,49998333	0,02222979	−0,52304613	0,423
2	0,49997747	0,00002815	−0,52359807	$2,2 \times 10^{-2}$
3	0,50000000	0,00000004	−0,52359877	$2,8 \times 10^{-5}$
4	0,50000000	0,00000000	−0,52359877	$3,8 \times 10^{-8}$

A iteração $\mathbf{x}^{(4)}$ é exata até 10^{-7} na norma l_∞; assim, a convergência foi de fato acelerada para este problema pelo uso do método de Gauss-Seidel. Contudo, esse método não acelera *sempre* a convergência.

EXERCÍCIOS 10.1

1. O sistema não linear

$$-x_1(x_1 + 1) + 2x_2 = 18, \quad (x_1 - 1)^2 + (x_2 - 6)^2 = 25$$

tem duas soluções.

a. Aproxime as soluções graficamente.

b. Use as aproximações da parte (a) como aproximações iniciais para uma iteração de ponto fixo apropriada e determine as soluções com precisão de 10^{-5} na norma l_∞.

2. O sistema não linear

$$x_2^2 - x_1^2 + 4x_1 - 2 = 0, \quad x_1^2 + 3x_2^2 - 4 = 0$$

tem duas soluções.

a. Aproxime as soluções graficamente.

b. Use as aproximações da parte (a) como aproximações iniciais para uma iteração de ponto fixo apropriada e determine as soluções com precisão de 10^{-5} na norma l_∞.

3. O sistema não linear

$$x_1^2 - 10x_1 + x_2^2 + 8 = 0, \quad x_1x_2^2 + x_1 - 10x_2 + 8 = 0$$

pode ser transformado no problema de ponto fixo

$$x_1 = g_1(x_1, x_2) = \frac{x_1^2 + x_2^2 + 8}{10}, \quad x_2 = g_1(x_1, x_2) = \frac{x_1x_2^2 + x_1 + 8}{10}.$$

a. Utilize o Teorema 10.6 para mostrar que $\mathbf{G} = (g_1, g_2)^t$ levando $D \subset \mathbb{R}^2$ em $\mathbb{R}^2$ tem um único ponto fixo em

$$D = \{(x_1, x_2)^t \mid 0 \le x_1, x_2 \le 1{,}5\}.$$

b. Aplique iteração de ponto fixo para aproximar a solução com precisão de 10^{-5} na norma l_∞.

c. O método de Gauss-Seidel acelera a convergência?

4. O sistema não linear

$$5x_1^2 - x_2^2 = 0, \quad x_2 - 0{,}25(\operatorname{sen} x_1 + \cos x_2) = 0$$

tem uma solução próxima a $\left(\frac{1}{4}, \frac{1}{4}\right)^t$.

a. Encontre uma função $\mathbf{G}$ e um conjunto D em $\mathbb{R}^2$ tal que $\mathbf{G} : D \to \mathbb{R}^2$ e que $\mathbf{G}$ tenha um único ponto fixo em D.

b. Aplique iteração de ponto fixo para aproximar a solução até 10^{-5} na norma l_∞.

c. O método de Gauss-Seidel acelera a convergência?

5. Use o Teorema 10.6 para mostrar que $\mathbf{G} : D \subset \mathbb{R}^3 \to \mathbb{R}^3$ tem um único ponto fixo em D. Aplique iteração de ponto fixo para aproximar a solução com precisão de 10^{-5}, utilizando a norma l_∞.

a. $$\mathbf{G}(x_1, x_2, x_3) = \left(\frac{\cos(x_2x_3) + 0{,}5}{3}, \frac{1}{25}\sqrt{x_1^2 + 0{,}3125} - 0{,}03, -\frac{1}{20}e^{-x_1x_2} - \frac{10\pi - 3}{60}\right)^t,$$

$$D = \{ (x_1, x_2, x_3)^t \mid -1 \le x_i \le 1, i = 1, 2, 3 \}$$

b. $\mathbf{G}(x_1, x_2, x_3) = \left(\dfrac{13 - x_2^2 + 4x_3}{15}, \dfrac{11 + x_3 - x_1^2}{10}, \dfrac{22 + x_2^3}{25}\right);$

$$D = \{(x_1, x_2, x_3)^t \mid 0 \leq x_1 \leq 1{,}5, i = 1, 2, 3\}$$

c. $\mathbf{G}(x_1, x_2, x_3) = (1 - \cos(x_1 x_2 x_3), 1 - (1 - x_1)^{1/4} - 0{,}05x_3^2 + 0{,}15x_3, x_1^2 + 0{,}1x_2^2 - 0{,}01x_2 + 1)$

$$D = \{(x_1, x_2, x_3)^t \mid -0{,}1 \leq x_1 \leq 0{,}1, -0{,}1 \leq x_2 \leq 0{,}3, 0{,}5 \leq x_3 \leq 1{,}1\}$$

d. $\mathbf{G}(x_1, x_2, x_3) = \left(\dfrac{1}{3}\cos(x_2 x_3) + \dfrac{1}{6}, -\dfrac{1}{9}\sqrt{x_1^2 + \operatorname{sen} x_3 + 1{,}06} - 0{,}1, -\dfrac{1}{20}e^{-x_1 x_2} - \dfrac{10\pi - 3}{60}\right)^t;$

$$D = \{(x_1, x_2, x_3)^t \mid -1 \leq x_i \leq 1, i = 1, 2, 3\}$$

6. Utilize iteração de ponto fixo para encontrar soluções para os seguintes sistemas não lineares, com precisão de 10^{-5}, utilizando a norma l_∞.

a $x_2^2 + x_2^2 - x_1 = 0,$
$x_1^2 - x_2^2 - x_2 = 0.$

b. $3x_1^2 - x_2^2 = 0,$
$3x_1 x_2^2 - x_1^3 - 1 = 0.$

c. $x_1^2 + x_2 - 37 = 0,$
$x_1 - x_2^2 - 5 = 0,$
$x_1 + x_2 + x_3 - 3 = 0.$

d. $x_1^2 + 2x_2^2 - x_2 - 2x_3 = 0,$
$x_1^2 - 8x_2^2 + 10x_3 = 0,$
$\dfrac{x_1^2}{7x_2 x_3} - 1 = 0.$

7. Use o método de Gauss-Seidel para aproximar os pontos fixos no Exercício 7 com precisão de 10^{-5}, utilizando a norma l_∞.

8. Repita o Exercício 6, utilizando o método de Gauss-Seidel.

EXERCÍCIOS APLICADOS

9. No Exercício 6 da Seção 5.9, consideramos o problema de prever a população de duas espécies que competem pela mesma fonte de alimento. No problema, assumimos que as populações podiam ser previstas pela solução do sistema de equações

$$\frac{dx_1(t)}{dt} = x_1(t)(4 - 0{,}0003x_1(t) - 0{,}0004x_2(t))$$

e

$$\frac{dx_2(t)}{dt} = x_2(t)(2 - 0{,}0002x_1(t) - 0{,}0001x_2(t)).$$

Neste exercício, gostaríamos de considerar o problema de determinar populações de equilíbrio para as duas espécies. Os critérios matemáticos que devem ser satisfeitos para que as populações estejam em equilíbrio são que, simultaneamente,

$$\frac{dx_1(t)}{dt} = 0 \quad \text{e} \quad \frac{dx_2(t)}{dt} = 0.$$

Isto ocorre quando a primeira espécie estiver extinta e a segunda espécie tiver uma população de 20.000 ou quando a segunda espécie estiver extinta e a primeira espécie tiver uma população de 13.333. Pode ocorrer um equilíbrio em qualquer outra situação?

10. A dinâmica populacional de três espécies que competem pode ser descrita por

$$\frac{dx_i(t)}{dt} = r_i x_i(t)\left[1 - \sum_{i=1}^{3} \alpha_{ij} x_j(t)\right]$$

para cada $i = 1, 2, 3$, em que a população da i-ésima espécie no instante t é $x_i(t)$. A taxa de crescimento da i-ésima espécie é r_i, e α_{ij} mede o quanto a espécie j afeta a taxa de crescimento da espécie i. Suponha que as três taxas de crescimento sejam iguais a r. Fazendo uma mudança de escala no tempo de um fator r, podemos fazer efetivamente $r = 1$. Além disso, suponha que a espécie 2 afete a 1 do mesmo modo que a 3 afeta a 2 e a 1 afeta a 3. Assim, $\alpha_{12} = \alpha_{23} = \alpha_{31}$, que faremos iguais a α, e, analogamente, $\alpha_{21} = \alpha_{32} = \alpha_{13} = \beta$. É possível fazer uma mudança de escala na população, de modo que todos $\alpha_{ii} = 1$. Isso fornece o sistema de equações diferenciais

$$x_1'(t) = x_1(t)\left[1 - x_1(t) - \alpha x_2(t) - \beta x_3(t)\right],$$

$$x_2'(t) = x_2(t)\left[1 - x_2(t) - \beta x_1(t) - \alpha x_3(t)\right] \quad \text{e}$$

$$x_3'(t) = x_3(t)\left[1 - x_3(t) - \alpha x_1(t) - \beta x_2(t)\right].$$

Se $\alpha = 0{,}3$ e $\beta = 0{,}6$, determine uma solução estável ($x_1'(t) = x_2'(t) = x_3'(t) = 0$) da população com mudança de escala $x_1(t), x_2(t), x_3(t)$ no conjunto descrito por $0{,}5 \le x_1(t) \le 1$, $0 \le x_2(t) \le 1$ e $0{,}5 \le x_3(t) \le 1$.

EXERCÍCIOS TEÓRICOS

11. Mostre que a função $\mathbf{F} : \mathbb{R}^3 \to \mathbb{R}^3$ definida por

$$\mathbf{F}(x_1, x_2, x_3) = (x_1 + 2x_3, x_1 \cos x_2, x_2^2 + x_3)^t$$

é contínua em cada ponto de $\mathbb{R}^3$.

12. Dê um exemplo de uma função $\mathbf{F} : \mathbb{R}^2 \to \mathbb{R}^2$ que seja contínua em cada ponto de $\mathbb{R}^2$, exceto em (1, 0).

13. Mostre que as primeiras derivadas parciais no Exemplo 2 são contínuas em D.

14. Mostre que uma função $\mathbf{F}$ levando $D \subset \mathbb{R}^n$ em $\mathbb{R}^n$ é contínua em $\mathbf{x}_0 \in D$ precisamente quando, dado qualquer número $\varepsilon > 0$, puder ser encontrado um número $\delta > 0$ com a propriedade que, para qualquer norma de vetor $\|\cdot\|$,

$$\|\mathbf{F}(\mathbf{x}) - \mathbf{F}(\mathbf{x}_0)\| < \varepsilon,$$

sempre que $\mathbf{x} \in D$ e $\|\mathbf{x} - \mathbf{x}_0\| < \delta$.

15. Seja A uma matriz $n \times n$ e $\mathbf{F}$ a função de $\mathbb{R}^n$ to $\mathbb{R}^n$ definida por $\mathbf{F}(\mathbf{x}) = A\mathbf{x}$. Use o resultado do Exercício 14 para mostrar que $\mathbf{F}$ Use o resultado do Exercício 14 para mostrar que $\mathbb{R}^n$.

QUESTÕES PARA DISCUSSÃO

1. No Capítulo 2 , foi desenvolvido um processo iterativo para resolver a equação $f(x) = 0$, transformando inicialmente a equação para a forma de ponto fixo $x \equiv g(x)$. Um procedimento parecido foi desenvolvido neste capítulo. O método Müller pode ser transformado dessa maneira?

2. No Capítulo 2 , foi desenvolvido um processo iterativo para resolver a equação $f(x) = 0$, transformando inicialmente a equação para a forma de ponto fixo $x \equiv g(x)$. Um procedimento parecido foi desenvolvido neste capítulo. O método da secante pode ser transformado dessa maneira?

10.2 O método de Newton

O problema no Exemplo 2 da Seção 10.1 é transformado em um problema de ponto fixo convergente ao isolar algebricamente as três variáveis x_1, x_2 e x_3 nas três equações. É, todavia, bastante incomum conseguir encontrar uma representação explícita para todas as variáveis. Nesta seção, consideramos um procedimento algorítmico para efetuar a transformação em uma situação mais geral.

Para construir o algoritmo que conduziu a um método de ponto fixo apropriado no caso unidimensional, encontramos uma função ϕ com a propriedade que

$$g(x) = x - \phi(x) f(x)$$

fornece convergência quadrática para o ponto fixo p da função g (veja a Seção 2.4). Desta condição, o método de Newton evoluiu mediante a escolha de $\phi(x) = 1/f'(x)$, supondo que $f'(x) \neq 0$.

O uso de uma abordagem similar no caso n-dimensional envolve uma matriz

$$A(\mathbf{x}) = \begin{bmatrix} a_{11}(\mathbf{x}) & a_{12}(\mathbf{x}) & \cdots & a_{1n}(\mathbf{x}) \\ a_{21}(\mathbf{x}) & a_{22}(\mathbf{x}) & \cdots & a_{2n}(\mathbf{x}) \\ \vdots & \vdots & & \vdots \\ a_{n1}(\mathbf{x}) & a_{n2}(\mathbf{x}) & \cdots & a_{nn}(\mathbf{x}) \end{bmatrix} \qquad (10.5)$$

em que cada um dos elementos $a_{ij}(\mathbf{x})$ é uma função de $\mathbb{R}^n$ em $\mathbb{R}$. Isto requer que seja encontrada $A(\mathbf{x})$ tal que

$$\mathbf{G}(\mathbf{x}) = \mathbf{x} - A(\mathbf{x})^{-1}\mathbf{F}(\mathbf{x})$$

forneça convergência quadrática para a solução de $\mathbf{F}(\mathbf{x}) = \mathbf{0}$, supondo que $A(\mathbf{x})$ seja não singular perto do ponto fixo $\mathbf{p}$ de $\mathbf{G}$.

O seguinte teorema é um paralelo ao Teorema 2.8 na página 79. Sua demonstração baseia-se na capacidade de expressar $\mathbf{G}$ em termos de sua série de Taylor em n variáveis em torno de $\mathbf{p}$.

▶Teorema 10.7 Seja $\mathbf{p}$ uma solução de $\mathbf{G}(\mathbf{x}) = \mathbf{x}$. Suponha que exista um número $\delta > 0$ tal que

(i) $\partial g_i/\partial x_j$ é contínua em $N_\delta = \{\mathbf{x} \mid \|\mathbf{x} - \mathbf{p}\| < \delta\}$, para cada $i = 1, 2, \ldots, n$ e $j = 1, 2, \ldots, n$;
(ii) $\partial^2 g_i(\mathbf{x})/(\partial x_j\, \partial x_k)$ é contínua e $|\partial^2 g_i(\mathbf{x})/(\partial x_j\, \partial x_k)| \leq M$, para alguma constante M, sempre que $\mathbf{x} \in N_\delta$, para cada $i = 1, 2, \ldots, n$, $j = 1, 2, \ldots, n$ e $k = 1, 2, \ldots, n$;
(iii) $\partial g_i(\mathbf{p})/\partial x_k = 0$, para cada $i = 1, 2, \ldots, n$ e $k = 1, 2, \ldots, n$.

Então, existe um número $\hat{\delta} \leq \delta$ tal que a sequência gerada por $\mathbf{x}^{(k)} = \mathbf{G}(\mathbf{x}^{(k-1)})$ converge quadraticamente para $\mathbf{p}$ para qualquer escolha de $\mathbf{x}^{(0)}$ satisfazendo $\|\mathbf{x}^{(0)} - \mathbf{p}\| < \hat{\delta}$. Além disso,

$$\|\mathbf{x}^{(k)} - \mathbf{p}\|_\infty \leq \frac{n^2 M}{2} \|\mathbf{x}^{(k-1)} - \mathbf{p}\|_\infty^2 \qquad \text{para cada } k \geq 1. \qquad ■$$

Para usar o Teorema 10.7, suponha que $A(\mathbf{x})$ seja uma matriz $n \times n$ de funções de $\mathbb{R}^n$ em $\mathbb{R}$ na forma da Equação (10.5), em que os elementos específicos serão escolhidos mais tarde. Suponha ainda que $A(\mathbf{x})$ seja não singular perto de uma solução $\mathbf{p}$ de $\mathbf{F}(\mathbf{x}) = \mathbf{0}$ e que $b_{ij}(\mathbf{x})$ denote o elemento de $A(\mathbf{x})^{-1}$ na i-ésima linha e j-ésima coluna.

Já que $\mathbf{G}(\mathbf{x}) = \mathbf{x} - A(\mathbf{x})^{-1}\mathbf{F}(\mathbf{x})$, temos $g_i(\mathbf{x}) = x_i - \sum_{j=1}^{n} b_{ij}(\mathbf{x})f_j(\mathbf{x})$. Assim,

$$\frac{\partial g_i}{\partial x_k}(\mathbf{x}) = \begin{cases} 1 - \displaystyle\sum_{j=1}^{n}\left(b_{ij}(\mathbf{x})\frac{\partial f_j}{\partial x_k}(\mathbf{x}) + \frac{\partial b_{ij}}{\partial x_k}(\mathbf{x})f_j(\mathbf{x})\right), & \text{se } i = k, \\ -\displaystyle\sum_{j=1}^{n}\left(b_{ij}(\mathbf{x})\frac{\partial f_j}{\partial x_k}(\mathbf{x}) + \frac{\partial b_{ij}}{\partial x_k}(\mathbf{x})f_j(\mathbf{x})\right), & \text{se } i \neq k. \end{cases}$$

O Teorema 10.7 implica que precisamos que $\partial g_i(\mathbf{p})/\partial x_k = 0$, para cada $i = 1, 2, \ldots, n$ e $k = 1, 2, \ldots, n$. Isso significa que, para $i = k$,

$$0 = 1 - \sum_{j=1}^{n} b_{ij}(\mathbf{p})\frac{\partial f_j}{\partial x_i}(\mathbf{p}),$$

isto é,

$$\sum_{j=1}^{n} b_{ij}(\mathbf{p})\frac{\partial f_j}{\partial x_i}(\mathbf{p}) = 1. \tag{10.6}$$

Quando $k \neq i$,

$$0 = -\sum_{j=1}^{n} b_{ij}(\mathbf{p})\frac{\partial f_j}{\partial x_k}(\mathbf{p}),$$

e então

$$\sum_{j=1}^{n} b_{ij}(\mathbf{p})\frac{\partial f_j}{\partial x_k}(\mathbf{p}) = 0. \tag{10.7}$$

A matriz jacobiana

Defina a matriz $J(\mathbf{x})$ por

$$J(\mathbf{x}) = \begin{bmatrix} \frac{\partial f_1}{\partial x_1}(\mathbf{x}) & \frac{\partial f_1}{\partial x_2}(\mathbf{x}) & \cdots & \frac{\partial f_1}{\partial x_n}(\mathbf{x}) \\ \frac{\partial f_2}{\partial x_1}(\mathbf{x}) & \frac{\partial f_2}{\partial x_2}(\mathbf{x}) & \cdots & \frac{\partial f_2}{\partial x_n}(\mathbf{x}) \\ \vdots & \vdots & & \vdots \\ \frac{\partial f_n}{\partial x_1}(\mathbf{x}) & \frac{\partial f_n}{\partial x_2}(\mathbf{x}) & \cdots & \frac{\partial f_n}{\partial x_n}(\mathbf{x}) \end{bmatrix}. \tag{10.8}$$

Então, as condições (10.6) e (10.7) requerem que

$$A(\mathbf{p})^{-1}J(\mathbf{p}) = I, \quad \text{a matriz identidade, de modo que} \quad A(\mathbf{p}) = J(\mathbf{p}).$$

Uma escolha adequada para $A(\mathbf{x})$ é, consequentemente, $A(\mathbf{x}) = J(\mathbf{x})$, já que isto satisfaz à condição (iii) no Teorema 10.7. A função $\mathbf{G}$ é definida por

$$\mathbf{G}(\mathbf{x}) = \mathbf{x} - J(\mathbf{x})^{-1}\mathbf{F}(\mathbf{x}),$$

e o procedimento de iteração de ponto função evolui da seleção de $\mathbf{x}^{(0)}$, gerando, para $k \geq 1$,

$$\mathbf{x}^{(k)} = \mathbf{G}(\mathbf{x}^{(k-1)}) = \mathbf{x}^{(k-1)} - J(\mathbf{x}^{(k-1)})^{-1}\mathbf{F}(\mathbf{x}^{(k-1)}). \tag{10.9}$$

Isto é denominado **método de Newton para sistemas não lineares**, do qual, geralmente, se espera a convergência quadrática, contanto que um valor de partida suficientemente preciso seja conhecido e $J(\mathbf{p})^{-1}$ exista. A matriz $J(\mathbf{x})$ é denominada a matriz **jacobiana** e tem várias aplicações em análise. Poderia, em particular, ser familiar ao leitor devido a sua aplicação na integração múltipla de uma função de várias variáveis em uma região na qual seja necessário que se faça uma mudança de variáveis.

A matriz jacobiana apareceu pela primeira vez em um artigo de Cauchy de 1815, mas Jacobi escreveu *De determinantibus functionalibus*, em 1841, e demonstrou vários resultados sobre essa matriz.

A vulnerabilidade no método de Newton surge a partir da necessidade de se calcular e inverter a matriz $J(\mathbf{x})$ em cada passo. Na prática, o cálculo explícito de $J(\mathbf{x})^{-1}$ é evitado fazendo a operação em um modo de dois passos. Primeiramente, é encontrado um vetor $\mathbf{y}$ que satisfaça $J(\mathbf{x}^{(k-1)})\mathbf{y} = -\mathbf{F}(\mathbf{x}^{(k-1)})$. Então, a nova aproximação, $\mathbf{x}^{(k)}$, é obtida pela adição de $\mathbf{y}$ a $\mathbf{x}^{(k-1)}$. O Algoritmo 10.1 utiliza esse procedimento de dois passos.

ALGORITMO 10.1 **Método de Newton para sistemas**

Para aproximar a solução do sistema não linear $\mathbf{F}(\mathbf{x}) = \mathbf{0}$, dada uma aproximação inicial $\mathbf{x}$:

ENTRADA número n de equações e incógnitas; aproximação inicial $\mathbf{x} = (x_1, \ldots, x_n)^t$; tolerância TOL; número máximo de iterações N.

SAÍDA solução aproximada $\mathbf{x} = (x_1, \ldots, x_n)^t$ ou uma mensagem de que o número máximo de iterações foi excedido.

Passo 1 Faça $k = 1$.

Passo 2 Enquanto ($k \leq N$) execute Passos 3 a 7.

Passo 3 Calcule $\mathbf{F}(\mathbf{x})$ e $J(\mathbf{x})$, em que $J(\mathbf{x})_{i,j} = (\partial f_i(\mathbf{x})/\partial x_j)$ para $1 \leq i, j \leq n$.

Passo 4 Resolva o sistema linear, $n \times n$, $J(\mathbf{x})\mathbf{y} = -\mathbf{F}(\mathbf{x})$.

Passo 5 Faça $\mathbf{x} = \mathbf{x} + \mathbf{y}$.

Passo 6 Se $\|\mathbf{y}\| < TOL$ então SAÍDA ($\mathbf{x}$);
(*O procedimento foi bem-sucedido.*)
PARE.

Passo 7 Faça $k = k + 1$.

Passo 8 SAÍDA ('Número máximo de iterações excedido');
(*O procedimento não foi bem-sucedido.*)
PARE.

■

EXEMPLO 1

Foi mostrado que no Exemplo 2 da Seção 10.1, o sistema não linear

$$3x_1 - \cos(x_2x_3) - \frac{1}{2} = 0,$$

$$x_1^2 - 81(x_2 + 0{,}1)^2 + \operatorname{sen} x_3 + 1{,}06 = 0 \quad \text{e}$$

$$e^{-x_1x_2} + 20x_3 + \frac{10\pi - 3}{3} = 0$$

tinha uma solução aproximada $(0{,}5,\ 0,\ -0{,}52359877)^t$. Aplique o método de Newton a esse problema, com $\mathbf{x}^{(0)} = (0{,}1,\ 0{,}1,\ -0{,}1)^t$.

Solução Defina

$$\mathbf{F}(x_1, x_2, x_3) = (f_1(x_1, x_2, x_3), f_2(x_1, x_2, x_3), f_3(x_1, x_2, x_3))^t,$$

em que

$$f_1(x_1, x_2, x_3) = 3x_1 - \cos(x_2x_3) - \frac{1}{2},$$

$$f_2(x_1, x_2, x_3) = x_1^2 - 81(x_2 + 0{,}1)^2 + \operatorname{sen} x_3 + 1{,}06$$

e

$$f_3(x_1, x_2, x_3) = e^{-x_1x_2} + 20x_3 + \frac{10\pi - 3}{3}.$$

A matriz jacobiana $J(\mathbf{x})$ para este sistema é

$$J(x_1, x_2, x_3) = \begin{bmatrix} 3 & x_3 \operatorname{sen} x_2x_3 & x_2 \operatorname{sen} x_2x_3 \\ 2x_1 & -162(x_2 + 0{,}1) & \cos x_3 \\ -x_2e^{-x_1x_2} & -x_1e^{-x_1x_2} & 20 \end{bmatrix}.$$

Seja $\mathbf{x}^{(0)} = (0{,}1, 0{,}1, -0{,}1)^t$. Então $\mathbf{F}(\mathbf{x}^{(0)}) = (-0.199995, -2{,}269833417, 8{,}462025346)^t$ e

$$J(\mathbf{x}^{(0)}) = \begin{bmatrix} 3 & 9{,}999833334 \times 10^{-4} & 9{,}999833334 \times 10^{-4} \\ 0{,}2 & -32{,}4 & 0{,}9950041653 \\ -0{,}09900498337 & -0{,}09900498337 & 20 \end{bmatrix}.$$

A resolução do sistema linear $J(\mathbf{x}^{(0)})\mathbf{y}^{(0)} = -\mathbf{F}(\mathbf{x}^{(0)})$ fornece

$$\mathbf{y}^{(0)} = \begin{bmatrix} 0{,}3998696728 \\ -0{,}08053315147 \\ -0{,}4215204718 \end{bmatrix} \quad \text{e} \quad \mathbf{x}^{(1)} = \mathbf{x}^{(0)} + \mathbf{y}^{(0)} = \begin{bmatrix} 0{,}4998696782 \\ 0{,}01946684853 \\ -0{,}5215204718 \end{bmatrix}.$$

Continuando para $k = 2, 3, \ldots$, temos

$$\begin{bmatrix} x_1^{(k)} \\ x_2^{(k)} \\ x_3^{(k)} \end{bmatrix} = \begin{bmatrix} x_1^{(k-1)} \\ x_2^{(k-1)} \\ x_3^{(k-1)} \end{bmatrix} + \begin{bmatrix} y_1^{(k-1)} \\ y_2^{(k-1)} \\ y_3^{(k-1)} \end{bmatrix},$$

em que

$$\begin{bmatrix} y_1^{(k-1)} \\ y_2^{(k-1)} \\ y_3^{(k-1)} \end{bmatrix} = -\left(J\left(x_1^{(k-1)}, x_2^{(k-1)}, x_3^{(k-1)}\right)\right)^{-1} \mathbf{F}\left(x_1^{(k-1)}, x_2^{(k-1)}, x_3^{(k-1)}\right).$$

Assim, no k-ésimo passo, o sistema linear $J(\mathbf{x}^{(k-1)})\mathbf{y}^{(k-1)} = -\mathbf{F}(\mathbf{x}^{(k-1)})$ deve ser resolvido, em que

$$J\left(\mathbf{x}^{(k-1)}\right) = \begin{bmatrix} 3 & x_3^{(k-1)} \operatorname{sen} x_2^{(k-1)} x_3^{(k-1)} & x_2^{(k-1)} \operatorname{sen} x_2^{(k-1)} x_3^{(k-1)} \\ 2x_1^{(k-1)} & -162\left(x_2^{(k-1)} + 0{,}1\right) & \cos x_3^{(k-1)} \\ -x_2^{(k-1)} e^{-x_1^{(k-1)} x_2^{(k-1)}} & -x_1^{(k-1)} e^{-x_1^{(k-1)} x_2^{(k-1)}} & 20 \end{bmatrix},$$

$$\mathbf{y}^{(k-1)} = \begin{bmatrix} y_1^{(k-1)} \\ y_2^{(k-1)} \\ y_3^{(k-1)} \end{bmatrix},$$

e

$$\mathbf{F}\left(\mathbf{x}^{(k-1)}\right) = \begin{bmatrix} 3x_1^{(k-1)} - \cos x_2^{(k-1)} x_3^{(k-1)} - \frac{1}{2} \\ \left(x_1^{(k-1)}\right)^2 - 81\left(x_2^{(k-1)} + 0{,}1\right)^2 + \operatorname{sen} x_3^{(k-1)} + 1{,}06 \\ e^{-x_1^{(k-1)} x_2^{(k-1)}} + 20x_3^{(k-1)} + \frac{10\pi - 3}{3} \end{bmatrix}.$$

Os resultados usando este procedimento iterativo são mostrados na Tabela 10.3. ■

Tabela 10.3

k	$x_1^{(k)}$	$x_2^{(k)}$	$x_3^{(k)}$	$\lVert \mathbf{x}^{(k)} - \mathbf{x}^{(k-1)} \rVert_\infty$
0	0,1000000000	0,1000000000	−0,1000000000	
1	0,4998696728	0,0194668485	−0,5215204718	0,4215204718
2	0,5000142403	0,0015885914	−0,5235569638	$1{,}788 \times 10^{-2}$
3	0,5000000113	0,0000124448	−0,5235984500	$1{,}576 \times 10^{-3}$
4	0,5000000000	$8{,}516 \times 10^{-10}$	−0,5235987755	$1{,}244 \times 10^{-5}$
5	0,5000000000	$-1{,}375 \times 10^{-11}$	−0,5235987756	$8{,}654 \times 10^{-10}$

O exemplo anterior ilustra que o método de Newton pode convergir muito rapidamente, uma vez que seja obtida uma boa aproximação que esteja próxima da solução verdadeira. Contudo, não é sempre fácil determinar bons valores de partida, e o método é comparativamente caro para ser empregado. Na próxima seção, consideramos um método para contornar esta fraqueza. Bons valores de partida usualmente podem ser encontrados pelo método do declive máximo, que será discutido na Seção 10.4.

EXERCÍCIOS 10.2

1. Use o método de Newton com $\mathbf{x}^{(0)} = \mathbf{0}$ para calcular $\mathbf{x}^{(2)}$ para cada um dos seguintes sistemas não lineares.

a. $4x_1^2 - 20x_1 + \frac{1}{4}x_2^2 + 8 = 0,$
$\frac{1}{2}x_1x_2^2 + 2x_1 - 5x_2 + 8 = 0.$

b. $\operatorname{sen}(4\pi x_1x_2) - 2x_2 - x_1 = 0,$
$\left(\frac{4\pi - 1}{4\pi}\right)(e^{2x_1} - e) + 4ex_2^2 - 2ex_1 = 0.$

c. $x_1(1 - x_1) + 4x_2 = 12,$
$(x_1 - 2)^2 + (2x_2 - 3)^2 = 25.$

d. $5x_1^2 - x_2^2 = 0,$
$x_2 - 0{,}25(\operatorname{sen} x_1 + \cos x_2) = 0.$

2. Use o método de Newton com $\mathbf{x}^{(0)} = \mathbf{0}$ para calcular $\mathbf{x}^{(2)}$ para cada um dos seguintes sistemas não lineares.

a. $3x_1 - \cos(x_2x_3) - \frac{1}{2} = 0,$
$4x_1^2 - 625x_2^2 + 2x_2 - 1 = 0,$
$e^{-x_1x_2} + 20x_3 + \frac{10\pi - 3}{3} = 0.$

b. $x_1^2 + x_2 - 37 = 0,$
$x_1 - x_2^2 - 5 = 0,$
$x_1 + x_2 + x_3 - 3 = 0.$

c. $15x_1 + x_2^2 - 4x_3 = 13,$
$x_1^2 + 10x_2 - x_3 = 11,$
$x_2^3 - 25x_3 = -22.$

d. $10x_1 - 2x_2^2 + x_2 - 2x_3 - 5 = 0,$
$8x_2^2 + 4x_3^2 - 9 = 0,$
$8x_2x_3 + 4 = 0.$

3. Use os recursos gráficos de seu SCA ou calculadora para obter aproximações para as soluções dos seguintes sistemas não lineares.

a. $4x_1^2 - 20x_1 + \frac{1}{4}x_2^2 + 8 = 0,$
$\frac{1}{2}x_1x_2^2 + 2x_1 - 5x_2 + 8 = 0.$

b. $\operatorname{sen}(4\pi x_1x_2) - 2x_2 - x_1 = 0,$
$\left(\frac{4\pi - 1}{4\pi}\right)(e^{2x_1} - e) + 4ex_2^2 - 2ex_1 = 0.$

c. $x_1(1 - x_1) + 4x_2 = 12,$
$(x_1 - 2)^2 + (2x_2 - 3)^2 = 25.$

d. $5x_1^2 - x_2^2 = 0,$
$x_2 - 0{,}25(\operatorname{sen} x_1 + \cos x_2) = 0.$

4. Use os recursos gráficos de seu SCA ou calculadora para obter aproximações para as soluções dos seguintes sistemas não lineares nos intervalos dados.

a. $3x_1 - \cos(x_2x_3) - \frac{1}{2} = 0,$
$4x_1^2 - 625x_2^2 + 2x_2 - 1 = 0,$
$e^{-x_1x_2} + 20x_3 + \frac{10\pi - 3}{3} = 0.$
$-1 \le x_1 \le 1, -1 \le x_2 \le 1, -1 \le x_3 \le 1$

b. $x_1^2 + x_2 - 37 = 0,$
$x_1 - x_2^2 - 5 = 0,$
$x_1 + x_2 + x_3 - 3 = 0.$
$-4 \le x_1 \le 8, -2 \le x_2 \le 0, -6 \le x_3 \le 0$

c. $15x_1 + x_2^2 - 4x_3 = 13,$
$x_1^2 + 10x_2 - x_3 = 11,$
$x_2^3 - 25x_3 = -22.$
$0 \le x_1 \le 2, 0 \le x_2 \le 2, 0 \le x_3 \le 2$
e $0 \le x_1 \le 2, 0 \le x_2 \le 2, -2 \le x_3 \le 0$

d. $10x_1 - 2x_2^2 + x_2 - 2x_3 - 5 = 0,$
$8x_2^2 + 4x_3^2 - 9 = 0,$
$8x_2x_3 + 4 = 0.$
$0 \le x_1 \le 2, -2 \le x_2 \le 0, 0 \le x_3 \le 2$

5. Utilize as respostas obtidas no Exercício 3 como aproximação inicial para o método de Newton. Itere até que $\|\mathbf{x}^{(k)} - \mathbf{x}^{(k-1)}\|_\infty < 10^{-6}$.

6. Utilize as respostas obtidas no Exercício 4 como aproximação inicial para o método de Newton. Itere até que $\|\mathbf{x}^{(k)} - \mathbf{x}^{(k-1)}\|_\infty < 10^{-6}$.

7. Use o método de Newton para encontrar uma solução para os seguintes sistemas não lineares no domínio dado. Itere até que $\|\mathbf{x}^{(k)} - \mathbf{x}^{(k-1)}\|_\infty < 10^{-6}$.

a. $3x_1^2 - x_2^2 = 0,$
$3x_1x_2^2 - x_1^3 - 1 = 0.$
Use $\mathbf{x}^{(0)} = (1, 1)^t$.

b. $\ln(x_1^2 + x_2^2) - \operatorname{sen}(x_1x_2) = \ln 2 + \ln\pi,$
$e^{x_1 - x_2} + \cos(x_1x_2) = 0.$
Use $\mathbf{x}^{(0)} = (2, 2)^t$.

c. $x_1^3 + x_1^2x_2 - x_1x_3 + 6 = 0,$

$e^{x_1} + e^{x_2} - x_3 = 0,$

$x_2^2 - 2x_1x_3 = 4.$

Use $\mathbf{x}^{(0)} = (-1, -2, 1)^t$.

d.

$$6x_1 - 2\cos(x_2x_3) - 1 = 0,$$
$$9x_2 + \sqrt{x_1^2 + \operatorname{sen} x_3 + 1{,}06} + 0{,}9 = 0,$$
$$60x_3 + 3e^{-x_1x_2} + 10\pi - 3 = 0.$$

Use $\mathbf{x}^{(0)} = (0, 0, 0)^t$.

8. O sistema não linear

$$4x_1 - x_2 + x_3 = x_1x_4, \qquad -x_1 + 3x_2 - 2x_3 = x_2x_4,$$
$$x_1 - 2x_2 + 3x_3 = x_3x_4, \qquad x_1^2 + x_2^2 + x_3^2 = 1$$

tem seis soluções.

a. Mostre que, se $(x_1, x_2, x_3, x_4)^t$ for uma solução, então $(-x_1, -x_2, -x_3, -x_4)^t$ será uma solução.

b. Use o método de Newton três vezes para aproximar todas as soluções. Itere até que $\|\mathbf{x}^{(k)} - \mathbf{x}^{(k-1)}\|_\infty < 10^{-5}$.

9. O sistema não linear

$$3x_1 - \cos(x_2x_3) - \frac{1}{2} = 0,$$
$$x_1^2 - 625x_2^2 - \frac{1}{4} = 0,$$
$$e^{-x_1x_2} + 20x_3 + \frac{10\pi - 3}{3} = 0,$$

tem uma matriz jacobiana singular na solução. Aplique o método de Newton com $\mathbf{x}^{(0)} = (1, 1\ -1)^t$. Observe que a convergência pode ser lenta ou pode não ocorrer em um número razoável de iterações.

EXERCÍCIOS APLICADOS

10. A pressão total necessária para afundar um objeto grande e pesado em um solo macio, homogêneo, assentado sobre um solo com uma base dura, pode ser prevista pela pressão total necessária para afundar objetos menores no mesmo solo. Especificamente, a pressão total p necessária para afundar uma placa circular de raio r até uma profundidade d no solo macio, em que o solo duro fica a uma profundidade $D > d$ abaixo da superfície, pode ser aproximada por uma equação da forma

$$p = k_1 e^{k_2 r} + k_3 r,$$

em que k_1, k_2 e k_3 são constantes, com $k_2 > 0$, dependendo de d e da consistência do solo, mas não do raio da placa. (Consulte [Bek], p. 89-94.)

a. Encontre os valores de k_1, k_2 e k_3 se assumirmos que uma placa com raio de 1 pol. requer uma pressão de 10 lb/pol.² para afundar 1 pé em um campo lamacento, uma placa com raio de 2 pol. requer uma pressão de 12 lb/pol.² para afundar 1 pé e uma placa com raio de 3 pol. requer uma pressão de 15 lb/pol.² para afundar esta profundidade (assumindo que a lama tem mais de 1 pé de profundidade).

b. Use seus cálculos da parte (a) para prever o tamanho mínimo de placa circular que seria necessário para aguentar uma carga de 500 lb nesse campo, afundando menos de 1 pé.

11. Ao calcular a forma de uma calha de descarga por escoamento por gravidade que minimizará o tempo de trânsito de partículas granulares descarregadas, C. Chiarella, W. Charlton e A. W. Roberts [CCR] resolveram as seguintes equações pelo método de Newton:

(i) $f_n(\theta_1, \ldots, \theta_N) = \dfrac{\operatorname{sen} \theta_{n+1}}{v_{n+1}}(1 - \mu w_{n+1}) - \dfrac{\operatorname{sen} \theta_n}{v_n}(1 - \mu w_n) = 0$, para cada $n = 1, 2, \ldots, N - 1$.

(ii) $f_N(\theta_1, \ldots, \theta_N) = \Delta y \sum_{i=1}^{N} \operatorname{tg} \theta_i - X = 0$, em que

a. $v_n^2 = v_0^2 + 2gn\Delta y - 2\mu\Delta y \sum_{j=1}^{n} \dfrac{1}{\cos\theta_j}$ para cada $n = 1, 2, \ldots, N$, e

b. $w_n = -\Delta y v_n \sum_{i=1}^{N} \dfrac{1}{v_i^3 \cos\theta_i}$ para cada $n = 1, 2, \ldots, N$.

A constante v_0 é a velocidade inicial do material granular, X é a coordenada x do final da queda, μ é a força de atrito, N é o número de segmentos da calha e $g = 32{,}17$ pés/s^2 é a aceleração da gravidade. A variável θ_i é o ângulo do i-ésimo segmento da calha a partir da vertical, conforme mostrado na figura seguinte, e v_i é a velocidade da partícula no i-ésimo segmento da calha. Resolva (i) e (ii) para $\theta = (\theta_1, \ldots, \theta_N)^t$ com $\mu = 0$, $X = 2$, $\Delta y = 0{,}2$, $N = 20$ e $v_0 = 0$, em que os valores para v_n e w_n podem ser obtidos diretamente de (a) e (b). Itere até que $\|\theta^{(k)} - \theta^{(k-1)}\|_\infty < 10^{-2}$.

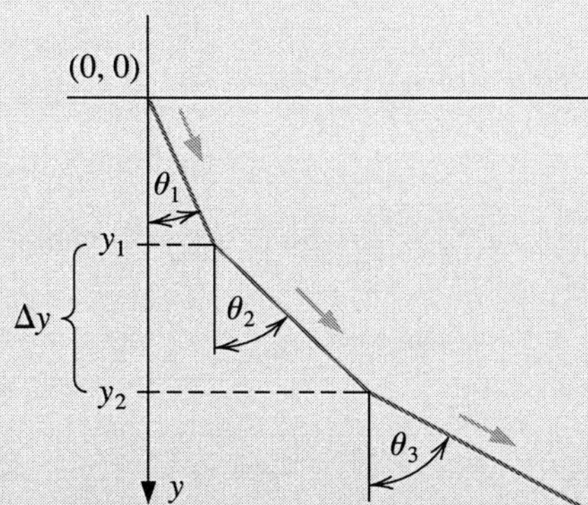

12. Uma experiência biológica interessante (consulte [Schr2]) diz respeito à determinação da máxima temperatura, X_M, da água na qual várias espécies de hidra possam sobreviver sem uma expectativa reduzida de vida. Uma abordagem para a solução deste problema usa um ajuste por quadrados mínimos com pesos da forma $f(x) = y = a/(x - b)^c$, para uma coleção de dados experimentais. Os valores x dos dados referem-se à temperatura da água. A constante b é a assíntota do gráfico de f e, como tal, é uma aproximação de X_M.

a. Mostre que escolher a, b e c para minimizar $\sum_{i=1}^{n}\left[w_i y_i - \frac{a}{(x_i-b)^c}\right]^2$ se reduz à solução do sistema não linear

$$a = \sum_{i=1}^{n} \frac{w_i y_i}{(x_i - b)^c} \Big/ \sum_{i=1}^{n} \frac{1}{(x_i - b)^{2c}},$$

$$0 = \sum_{i=1}^{n} \frac{w_i y_i}{(x_i - b)^c} \cdot \sum_{i=1}^{n} \frac{1}{(x_i - b)^{2c+1}} - \sum_{i=1}^{n} \frac{w_i y_i}{(x_i - b)^{c+1}} \cdot \sum_{i=1}^{n} \frac{1}{(x_i - b)^{2c}},$$

$$0 = \sum_{i=1}^{n} \frac{w_i y_i}{(x_i - b)^c} \cdot \sum_{i=1}^{n} \frac{\ln(x_i - b)}{(x_i - b)^{2c}} - \sum_{i=1}^{n} \frac{w_i y_i \ln(x_i - b)}{(x_i - b)^c} \cdot \sum_{i=1}^{n} \frac{1}{(x_i - b)^{2c}}.$$

b. Resolva o sistema não linear para as espécies com os seguintes dados. Utilize os pesos $w_i = \ln y_i$.

i	1	2	3	4
y_i	2,40	3,80	4,75	21,60
x_i	31,8	31,5	31,2	30,2

EXERCÍCIOS TEÓRICOS

13. Mostre que, quando $n = 1$, o método de Newton dado pela Equação (10.9) se reduz ao método familiar de Newton dado pela Equação (2.3).

14. Para o que o método de Newton se reduza quando aplicado ao sistema linear $A\mathbf{x} = \mathbf{b}$ dado por

$$\begin{aligned} a_{11}x_1 + a_{12}x_2 + \cdots + a_{1n}x_n &= b_1, \\ a_{21}x_1 + a_{22}x_2 + \cdots + a_{2n}x_n &= b_2, \\ &\vdots \\ a_{n1}x_1 + a_{n2}x_2 + \cdots + a_{nn}x_n &= b_n, \end{aligned}$$

em que A é uma matriz não singular?

QUESTÕES PARA DISCUSSÃO

1. Com frequência, na discussão do método de Newton para sistemas não lineares, encontra-se a frase "termo forçante". O que isso significa e por que é importante?
2. O método de Newton inexato foi amplamente usado para resolver sistemas de equações não lineares. É bem conhecido que os termos forçantes devem ser escolhidos relativamente grandes no começo do processo e devem ficar menores durante o processo de iteração. Discuta como isso pode ser feito.
3. O método de Newton para sistemas não lineares converge para qualquer valor inicial? Por que sim ou por que não?

10.3 Métodos quasi-Newton

Uma fraqueza significativa do método de Newton para a solução de sistemas de equações não lineares é que, para cada iteração, deve ser calculada uma matriz jacobiana e resolvido um sistema linear $n \times n$ envolvendo esta matriz. Considere o volume de cálculos associado a uma iteração do método de Newton. A matriz jacobiana associada a um sistema de n equações não lineares escritas sob a forma $\mathbf{F}(\mathbf{x}) = \mathbf{0}$ requer que as n^2 derivadas parciais das n funções componentes de $\mathbf{F}$ sejam determinadas e calculadas em um ponto. Na maioria das situações, o cálculo exato das derivadas parciais é inconveniente, embora o problema tenha se tornado mais tratável com a ampla utilização de sistemas simbólicos de computação, tais como o Maple, Mathematica e Matlab.

Quando o cálculo exato não for prático, podemos utilizar aproximações por diferenças finitas para as derivadas parciais. Por exemplo,

$$\frac{\partial f_j}{\partial x_k}(\mathbf{x}^{(i)}) \approx \frac{f_j(\mathbf{x}^{(i)} + \mathbf{e}_k h) - f_j(\mathbf{x}^{(i)})}{h}, \tag{10.10}$$

em que h é pequeno em valor absoluto e $\mathbf{e}_k$ é o vetor cuja única componente diferente de zero é 1 na k-ésima coordenada. Essa aproximação, todavia, ainda requer que pelo menos n^2 cálculos de funções escalares sejam realizados para aproximar a jacobiana e não diminuir o total de cálculos, em geral $O(n^3)$, necessário para a solução do sistema linear envolvendo essa jacobiana aproximada.

O esforço total em termos de recursos computacionais para apenas uma iteração do método de Newton é consequentemente pelo menos $n^2 + n$ cálculos de funções escalares (n^2 para o cálculo da matriz jacobiana e n para o cálculo de $\mathbf{F}$) junto com $O(n^3)$ operações aritméticas para resolver o sistema linear. Esse total de esforço computacional é grande demais, exceto para valores de n relativamente pequenos e funções escalares facilmente calculadas.

Nesta seção, consideramos uma generalização do método da secante para sistemas de equações não lineares, uma técnica conhecida como **método de Broyden** (consulte [Broy]). Esse método requer apenas n cálculos de funções escalares por iteração e também reduz a quantidade de cálculos aritméticos para $O(n^2)$. Pertence a uma classe de métodos conhecidos como *métodos de atualização de secante de alteração mínima* que produzem algoritmos denominados **quasi-Newton**. Esses métodos substituem a matriz jacobiana no método de Newton por uma matriz de aproximação que é atualizada a cada iteração.

A desvantagem destes métodos quasi-Newton é que a convergência quadrática do método de Newton é perdida, sendo substituída, em geral, por uma convergência chamada **superlinear**, que implica que

$$\lim_{i\to\infty} \frac{\left\|\mathbf{x}^{(i+1)} - \mathbf{p}\right\|}{\left\|\mathbf{x}^{(i)} - \mathbf{p}\right\|} = 0,$$

em que $\mathbf{p}$ denota a solução de $\mathbf{F}(\mathbf{x}) = \mathbf{0}$ e $\mathbf{x}^{(i)}$ e $\mathbf{x}^{(i+1)}$ são aproximações consecutivas de $\mathbf{p}$.

Na maioria das aplicações, a redução para convergência superlinear é uma troca mais que aceitável para a diminuição no total de computação. Uma desvantagem adicional dos métodos quasi-Newton é que, diferentemente do método de Newton, eles não são autocorretivos. O método de Newton, geralmente, corrigirá o erro de arredondamento com iterações sucessivas, mas a menos que salvaguardas especiais sejam incorporadas, o método de Broyden não corrigirá.

Para descrever o método de Broyden, suponha que uma aproximação inicial $\mathbf{x}^{(0)}$ seja dada para a solução $\mathbf{p}$ de $\mathbf{F}(\mathbf{x}) = \mathbf{0}$. Calculamos a aproximação seguinte $\mathbf{x}^{(1)}$ do mesmo modo que no método de Newton, ou, se for inconveniente determinar $J(\mathbf{x}^{(0)})$ exatamente, utilizamos as equações de diferença dadas pela Equação (10.10) para aproximar as derivadas parciais. Para calcular $\mathbf{x}^{(2)}$, contudo, saímos do método de Newton e examinamos o método da secante para uma única equação não linear. O método da secante usa a aproximação

$$f'(x_1) \approx \frac{f(x_1) - f(x_0)}{x_1 - x_0}$$

como uma substituição para $f'(x_1)$ no método de Newton de única variável.

Para sistemas não lineares, $\mathbf{x}^{(1)} - \mathbf{x}^{(0)}$ é um vetor, e o quociente correspondente não é definido. Todavia, o método prossegue analogamente quanto a substituirmos a matriz $J(\mathbf{x}^{(1)})$ no método de Newton para sistemas por uma matriz A_1 com a propriedade que

$$A_1(\mathbf{x}^{(1)} - \mathbf{x}^{(0)}) = \mathbf{F}(\mathbf{x}^{(1)}) - \mathbf{F}(\mathbf{x}^{(0)}). \tag{10.11}$$

Qualquer vetor diferente de zero em $\mathbb{R}^n$ pode ser escrito como a soma de um múltiplo de $\mathbf{x}^{(1)} - \mathbf{x}^{(0)}$ e um múltiplo de um vetor no complemento ortogonal de $\mathbf{x}^{(1)} - \mathbf{x}^{(0)}$ (veja o Exercício 10). Assim, para definirmos a matriz A_1 de modo único, precisamos especificar como ela atua no complemento ortogonal de $\mathbf{x}^{(1)} - \mathbf{x}^{(0)}$. Já que nenhuma informação está disponível a respeito da variação em $\mathbf{F}$ em uma direção ortogonal a $\mathbf{x}^{(1)} - \mathbf{x}^{(0)}$, então especificamos que nenhuma mudança será feita nessa direção, ou seja,

$$A_1\mathbf{z} = J(\mathbf{x}^{(0)})\mathbf{z}, \qquad \text{sempre que} \qquad (\mathbf{x}^{(1)} - \mathbf{x}^{(0)})^t\mathbf{z} = 0. \qquad (10.12)$$

Assim, qualquer vetor ortogonal a $\mathbf{x}^{(1)} - \mathbf{x}^{(0)}$ não é afetado pela atualização de $J(\mathbf{x}^{(0)})$, que foi usada para calcular $\mathbf{x}^{(1)}$, para A_1, que foi usada na determinação de $\mathbf{x}^{(2)}$.

As condições (10.11) e (10.12) definem A_1 de modo único (consulte [DM]) como

$$A_1 = J(\mathbf{x}^{(0)}) + \frac{\left[\mathbf{F}\left(\mathbf{x}^{(1)}\right) - \mathbf{F}\left(\mathbf{x}^{(0)}\right) - J\left(\mathbf{x}^{(0)}\right)\left(\mathbf{x}^{(1)} - \mathbf{x}^{(0)}\right)\right]\left(\mathbf{x}^{(1)} - \mathbf{x}^{(0)}\right)^t}{\left\|\mathbf{x}^{(1)} - \mathbf{x}^{(0)}\right\|_2^2}.$$

É esta matriz que é utilizada no lugar de $J(\mathbf{x}^{(1)})$ para se determinar $\mathbf{x}^{(2)}$ como

$$\mathbf{x}^{(2)} = \mathbf{x}^{(1)} - A_1^{-1}\mathbf{F}(\mathbf{x}^{(1)}).$$

Uma vez que $\mathbf{x}^{(2)}$ tenha sido determinado, o método é repetido para determinar $\mathbf{x}^{(3)}$, usando A_1 no lugar de $A_0 \equiv J(\mathbf{x}^{(0)})$, e com $\mathbf{x}^{(2)}$ e $\mathbf{x}^{(1)}$ no lugar de $\mathbf{x}^{(1)}$ e $\mathbf{x}^{(0)}$. Em geral, uma vez que $\mathbf{x}^{(i)}$ tenha sido determinado, $\mathbf{x}^{(i+1)}$ é calculado por

$$A_i = A_{i-1} + \frac{\mathbf{y}_i - A_{i-1}\mathbf{s}_i}{||\mathbf{s}_i||_2^2}\mathbf{s}_i^t \qquad (10.13)$$

e

$$\mathbf{x}^{(i+1)} = \mathbf{x}^{(i)} - A_i^{-1}\mathbf{F}(\mathbf{x}^{(i)}), \qquad (10.14)$$

em que as notações $\mathbf{y}_i = \mathbf{F}(\mathbf{x}^{(i)}) - \mathbf{F}(\mathbf{x}^{(i-1)})$ e $\mathbf{s}_i = \mathbf{x}^{(i)} - \mathbf{x}^{(i-1)}$ são introduzidas para simplificar as equações.

Se o método for realizado como delineado nas Equações (10.13) e (10.14), a quantidade de cálculos de funções escalares ficará reduzida de $n^2 + n$ para n (aquelas necessárias para calcular $\mathbf{F}(\mathbf{x}^{(i)})$, mas cálculos de $O(n^3)$ ainda são necessários para resolver o sistema linear $n \times n$ associado. (Veja o Passo 4 no Algoritmo 10.1.)

$$A_i\mathbf{s}_{i+1} = -\mathbf{F}(\mathbf{x}^{(i)}). \qquad (10.15)$$

O emprego do método nesta forma não seria justificado por causa da redução para convergência superlinear a partir da convergência quadrática do método de Newton.

Fórmula de Sherman-Morrison

Uma melhora considerável pode ser incorporada, todavia, pelo emprego de uma fórmula de inversão de matriz de Sherman e Morrison (consulte, por exemplo, [DM], p. 55). A demonstração dessa fórmula é considerada nos Exercícios 11 e 12.

▶Teorema 10.8 (Fórmula de Sherman-Morrison)

Suponha que A é uma matriz não singular e que $\mathbf{x}$ e $\mathbf{y}$ são vetores com $\mathbf{y}^tA^{-1}\mathbf{x} \neq -1$. Então $A + \mathbf{x}\mathbf{y}^t$ é não singular, e

$$\left(A + \mathbf{x}\mathbf{y}^t\right)^{-1} = A^{-1} - \frac{A^{-1}\mathbf{x}\mathbf{y}^tA^{-1}}{1 + \mathbf{y}^tA^{-1}\mathbf{x}}. \qquad \blacksquare$$

A fórmula de Sherman-Morrison permite que A_i^{-1} seja calculada diretamente a partir de A_{i-1}^{-1}, eliminando a necessidade de uma inversão de matriz a cada iteração.

Fazendo $A = A_{i-1}$, $\mathbf{x} = (\mathbf{y}_i - A_{i-1}\mathbf{s}_i)/\|\mathbf{s}_i\|_2^2$ e $\mathbf{y} = \mathbf{s}_i$, a Equação (10.13) implica que

$$\begin{aligned} A_i^{-1} &= \left(A_{i-1} + \frac{\mathbf{y}_i - A_{i-1}\mathbf{s}_i}{\|\mathbf{s}_i\|_2^2}\mathbf{s}_i^t\right)^{-1} \\ &= A_{i-1}^{-1} - \frac{A_{i-1}^{-1}\left(\frac{\mathbf{y}_i - A_{i-1}\mathbf{s}_i}{\|\mathbf{s}_i\|_2^2}\mathbf{s}_i^t\right)A_{i-1}^{-1}}{1 + \mathbf{s}_i^t A_{i-1}^{-1}\left(\frac{\mathbf{y}_i - A_{i-1}\mathbf{s}_i}{\|\mathbf{s}_i\|_2^2}\right)} \\ &= A_{i-1}^{-1} - \frac{\left(A_{i-1}^{-1}\mathbf{y}_i - \mathbf{s}_i\right)\mathbf{s}_i^t A_{i-1}^{-1}}{\|\mathbf{s}_i\|_2^2 + \mathbf{s}_i^t A_{i-1}^{-1}\mathbf{y}_i - \|\mathbf{s}_i\|_2^2}, \end{aligned}$$

de modo que

$$A_i^{-1} = A_{i-1}^{-1} + \frac{\left(\mathbf{s}_i - A_{i-1}^{-1}\mathbf{y}_i\right)\mathbf{s}_i^t A_{i-1}^{-1}}{\mathbf{s}_i^t A_{i-1}^{-1}\mathbf{y}_i}. \tag{10.16}$$

Este cálculo envolve apenas multiplicações de matriz por vetor a cada passo e assim requer apenas $O(n^2)$ cálculos aritméticos. O cálculo de A_i é contornado, como também a necessidade de resolver o sistema linear (10.15).

O Algoritmo 10.2 advém diretamente dessa construção, incorporando a Equação (10.16) na técnica iterativa (10.14).

ALGORITMO 10.2 **Método de Broyden**

Para aproximar a solução do sistema não linear $\mathbf{F}(\mathbf{x}) = \mathbf{0}$, dada uma aproximação inicial $\mathbf{x}$:

ENTRADA número n de equações e incógnitas; aproximação inicial $\mathbf{x} = (x_1, \ldots, x_n)^t$; tolerância TOL; número máximo de iterações N.

SAÍDA solução aproximada $\mathbf{x} = (x_1, \ldots, x_n)^t$ ou uma mensagem de que o número máximo de iterações foi excedido.

Passo 1 Faça $A_0 = J(\mathbf{x})$ em que $J(\mathbf{x})_{i,j} = \frac{\partial f_i}{\partial x_j}(\mathbf{x})$ para $1 \le i, j \le n$;
$\mathbf{v} = \mathbf{F}(\mathbf{x})$. (*Observação*: $\mathbf{v} = \mathbf{F}(\mathbf{x}^{(0)})$.)

Passo 2 Faça $A = A_0^{-1}$. (*Utilize eliminação de Gauss.*)

Passo 3 Faça $\mathbf{s} = -A\mathbf{v}$; (*Observação*: $\mathbf{s} = \mathbf{s}_1$.)
$\mathbf{x} = \mathbf{x} + \mathbf{s}$; (*Observação*: $(\mathbf{x} = \mathbf{x}^{(1)})$)
$k = 2$.

Passo 4 Enquanto ($k \le N$) execute os Passos 5 a 13.

Passo 5 Faça $\mathbf{w} = \mathbf{v}$; (*Salve* $\mathbf{v}$.)
$\mathbf{v} = \mathbf{F}(\mathbf{x})$; (*Observação*: $\mathbf{v} = \mathbf{F}(\mathbf{x}^{(k)})$.)
$\mathbf{y} = \mathbf{v} - \mathbf{w}$. (*Observação*: $\mathbf{y} = \mathbf{y}_k$.)

Passo 6 Faça $\mathbf{z} = -A\mathbf{y}$. (*Observação*: $\mathbf{z} = -A_{k-1}^{-1}\mathbf{y}_k$.)

Passo 7 Faça $p = -\mathbf{s}^t\mathbf{z}$. (*Observação*: $p = \mathbf{s}_k^t A_{k-1}^{-1}\mathbf{y}_k$.)

Passo 8 Faça $\mathbf{u}^t = \mathbf{s}^t A$.

Passo 9 Faça $A = A + \frac{1}{p}(\mathbf{s} + \mathbf{z})\mathbf{u}^t$. (*Observação*: $A = A_k^{-1}$.)

Passo 10 Faça $\mathbf{s} = -A\mathbf{v}$. (*Observação*: $\mathbf{s} = -A_k^{-1}\mathbf{F}(\mathbf{x}^{(k)})$.)

Passo 11 Faça $\mathbf{x} = \mathbf{x} + \mathbf{s}$. (*Observação*: $\mathbf{x} = \mathbf{x}^{(k+1)}$.)

Passo 12 Se $\|\mathbf{s}\| < TOL$ então SAÍDA ($\mathbf{x}$);
(*O procedimento foi bem-sucedido.*)
PARE.

Passo 13 Faça $k = k + 1$.

Passo 14 SAÍDA ('Número máximo de iterações excedido');
(*O procedimento não foi bem-sucedido.*)
PARE. ■

EXEMPLO 1 Use o método de Broyden com $\mathbf{x}^{(0)} = (0{,}1,\ 0{,}1,\ -0{,}1)^t$ para obter aproximações da solução do sistema não linear

$$3x_1 - \cos(x_2x_3) - \frac{1}{2} = 0,$$

$$x_1^2 - 81(x_2 + 0{,}1)^2 + \operatorname{sen} x_3 + 1{,}06 = 0,$$

$$e^{-x_1x_2} + 20x_3 + \frac{10\pi - 3}{3} = 0.$$

Solução Esse sistema foi resolvido pelo método de Newton no Exemplo 1 da Seção 10.2. A matriz jacobiana para este sistema é

$$J(x_1, x_2, x_3) = \begin{bmatrix} 3 & x_3 \operatorname{sen} x_2x_3 & x_2 \operatorname{sen} x_2x_3 \\ 2x_1 & -162(x_2 + 0{,}1) & \cos x_3 \\ -x_2e^{-x_1x_2} & -x_1e^{-x_1x_2} & 20 \end{bmatrix}.$$

Seja $\mathbf{x}^{(0)} = (0{,}1,\ 0{,}1,\ -0{,}1)^t$ e

$$\mathbf{F}(x_1, x_2, x_3) = (f_1(x_1, x_2, x_3), f_2(x_1, x_2, x_3), f_3(x_1, x_2, x_3))^t,$$

em que

$$f_1(x_1, x_2, x_3) = 3x_1 - \cos(x_2x_3) - \frac{1}{2},$$

$$f_2(x_1, x_2, x_3) = x_1^2 - 81(x_2 + 0{,}1)^2 + \operatorname{sen} x_3 + 1{,}06,$$

e

$$f_3(x_1, x_2, x_3) = e^{-x_1x_2} + 20x_3 + \frac{10\pi - 3}{3}.$$

Então,

$$\mathbf{F}\left(\mathbf{x}^{(0)}\right) = \begin{bmatrix} -1{,}199950 \\ -2{,}269833 \\ 8{,}462025 \end{bmatrix}.$$

Como

$$A_0 = J\left(x_1^{(0)}, x_2^{(0)}, x_3^{(0)}\right)$$

$$= \begin{bmatrix} 3 & 9{,}999833 \times 10^{-4} & -9{,}999833 \times 10^{-4} \\ 0{,}2 & -32{,}4 & 0{,}9950042 \\ -9{,}900498 \times 10^{-2} & -9{,}900498 \times 10^{-2} & 20 \end{bmatrix},$$

temos

$$A_0^{-1} = J\left(x_1^{(0)}, x_2^{(0)}, x_3^{(0)}\right)^{-1}$$

$$= \begin{bmatrix} 0{,}3333332 & 1{,}023852 \times 10^{-5} & 1{,}615701 \times 10^{-5} \\ 2{,}108607 \times 10^{-3} & -3{,}086883 \times 10^{-2} & 1{,}535836 \times 10^{-3} \\ 1{,}660520 \times 10^{-3} & -1{,}527577 \times 10^{-4} & 5{,}000768 \times 10^{-2} \end{bmatrix}.$$

Assim,

$$\mathbf{x}^{(1)} = \mathbf{x}^{(0)} - A_0^{-1}\mathbf{F}\left(\mathbf{x}^{(0)}\right) = \begin{bmatrix} 0{,}4998697 \\ 1{,}946685 \times 10^{-2} \\ -0{,}5215205 \end{bmatrix},$$

$$\mathbf{F}\left(\mathbf{x}^{(1)}\right) = \begin{bmatrix} -3{,}394465 \times 10^{-4} \\ -0{,}3443879 \\ 3{,}188238 \times 10^{-2} \end{bmatrix},$$

$$\mathbf{y}_1 = \mathbf{F}\left(\mathbf{x}^{(1)}\right) - \mathbf{F}\left(\mathbf{x}^{(0)}\right) = \begin{bmatrix} 1{,}199611 \\ 1{,}925445 \\ -8{,}430143 \end{bmatrix},$$

$$\mathbf{s}_1 = \begin{bmatrix} 0{,}3998697 \\ -8{,}053315 \times 10^{-2} \\ -0{,}4215204 \end{bmatrix},$$

$$\mathbf{s}_1^t A_0^{-1}\mathbf{y}_1 = 0{,}3424604,$$

$$A_1^{-1} = A_0^{-1} + (1/0{,}3424604)\left[\left(\mathbf{s}_1 - A_0^{-1}\mathbf{y}_1\right)\mathbf{s}_1^t A_0^{-1}\right]$$

$$= \begin{bmatrix} 0{,}3333781 & 1{,}11050 \times 10^{-5} & 8{,}967344 \times 10^{-6} \\ -2{,}021270 \times 10^{-3} & -3{,}094849 \times 10^{-2} & 2{,}196906 \times 10^{-3} \\ 1{,}022214 \times 10^{-3} & -1{,}650709 \times 10^{-4} & 5{,}010986 \times 10^{-2} \end{bmatrix},$$

e

$$\mathbf{x}^{(2)} = \mathbf{x}^{(1)} - A_1^{-1}\mathbf{F}\left(\mathbf{x}^{(1)}\right) = \begin{bmatrix} 0{,}4999863 \\ 8{,}737833 \times 10^{-3} \\ -0{,}5231746 \end{bmatrix}.$$

Iterações adicionais são listadas na Tabela 10.4. A quinta iteração do método de Broyden é ligeiramente menos precisa do que foi a quarta iteração do método de Newton dada no exemplo ao final da seção anterior. ■

Tabela 10.4

k	$x_1^{(k)}$	$x_2^{(k)}$	$x_3^{(k)}$	$\|\mathbf{x}^{(k)} - \mathbf{x}^{(k-1)}\|_2$
3	0,5000066	$8{,}672157 \times 10^{-4}$	$-0{,}5236918$	$7{,}88 \times 10^{-3}$
4	0,5000003	$6{,}083352 \times 10^{-5}$	$-0{,}5235954$	$8{,}12 \times 10^{-4}$
5	0,5000000	$-1{,}448889 \times 10^{-6}$	$-0{,}5235989$	$6{,}24 \times 10^{-5}$
6	0,5000000	$6{,}059030 \times 10^{-9}$	$-0{,}5235988$	$1{,}50 \times 10^{-6}$

Também estão disponíveis procedimentos que mantêm convergência quadrática, mas reduzem significativamente a quantidade de cálculos necessários. Métodos desse tipo foram originariamente propostos por Brown [Brow, K]. Um resumo e uma comparação de alguns métodos deste tipo comumente utilizados podem ser encontrados em [MC]. Em geral, contudo, estes métodos são muito mais difíceis de implementar de forma eficiente que o método de Broyden.

EXERCÍCIOS 10.3

1. Use o método de Broyden para calcular $\mathbf{x}^{(2)}$ para cada um dos sistemas não lineares.

a. $4x_1^2 - 20x_1 + \frac{1}{4}x_2^2 + 8 = 0,$

$\frac{1}{2}x_1x_2^2 + 2x_1 - 5x_2 + 8 = 0.$

Use $\mathbf{x}^{(0)} = (0, 0)^t$.

b. $\operatorname{sen}(4\pi x_1x_2) - 2x_2 - x_1 = 0,$

$\left(\frac{4\pi - 1}{4\pi}\right)(e^{2x_1} - e) + 4ex_2^2 - 2ex_1 = 0.$

Use $\mathbf{x}^{(0)} = (0, 0)^t$.

c. $3x_1^2 - x_2^2 = 0,$

$3x_1x_2^2 - x_1^3 - 1 = 0.$

Use $\mathbf{x}(0) = (1, 1)^t$.

d. $\ln(x_1^2 + x_2^2) - \operatorname{sen}(x_1x_2) = \ln 2 + \ln \pi,$

$e^{x_1 - x_2} + \cos(x_1x_2) = 0.$

Use $\mathbf{x}^{(0)} = (2, 2)^t$.

2. Use o método de Broyden para calcular $\mathbf{x}^{(2)}$ para cada um dos sistemas não lineares.

a. $3x_1 - \cos(x_2x_3) - \frac{1}{2} = 0,$

$4x_1^2 - 625x_2^2 + 2x_2 - 1 = 0,$

$e^{-x_1x_2} + 20x_3 + \frac{10\pi - 3}{3} = 0.$

Use $\mathbf{x}^{(0)} = (0, 0, 0)^t$.

b. $x_1^2 + x_2 - 37 = 0,$

$x_1 - x_2^2 - 5 = 0,$

$x_1 + x_2 + x_3 - 3 = 0.$

Use $\mathbf{x}^{(0)} = (0, 0, 0)^t$.

c. $x_1^3 + x_1^2x_2 - x_1x_3 + 6 = 0,$

$e^{x_1} + e^{x_2} - x_3 = 0,$

$x_2^2 - 2x_1x_3 = 4.$

Use $\mathbf{x}^{(0)} = (-1, -2, 1)^t$.

d. $6x_1 - 2\cos(x_2x_3) - 1 = 0,$

$9x_2 + \sqrt{x_1^2 + \operatorname{sen} x_3 + 1{,}06} + 0{,}9 = 0,$

$60x_3 + 3e^{-x_1x_2} + 10\pi - 3 = 0.$

Use $\mathbf{x}^{(0)} = (0, 0, 0)^t$.

3. Use o método de Broyden para obter aproximações para as soluções dos sistemas não lineares no Exercício 1, usando as seguintes aproximações iniciais $\mathbf{x}^{(0)}$.

a. $(0, 0)^t$ **b.** $(0, 0)^t$ **c.** $(1, 1)^t$ **d.** $(2, 2)^t$

4. Use o método de Broyden para obter aproximações para as soluções dos sistemas não lineares no Exercício 2, usando as seguintes aproximações iniciais $\mathbf{x}^{(0)}$.

a. $(1, 1, 1)^t$ **b.** $(2, 1, -1)^t$ **c.** $(-1, -2, 1)^t$ **d.** $(0, 0, 0)^t$

5. Use o método de Broyden para obter aproximações para as soluções dos seguintes sistemas não lineares. Itere até que $\|\mathbf{x}^{(k)} - \mathbf{x}^{(k-1)}\|_\infty < 10^{-6}$.

a. $x_1(1 - x_1) + 4x_2 = 12,$
$(x_1 - 2)^2 + (2x_2 - 3)^2 = 25.$

b. $5x_1^2 - x_2^2 = 0,$
$x_2 - 0{,}25(\operatorname{sen} x_1 + \cos x_2) = 0.$

c. $15x_1 + x_2^2 - 4x_3 = 13,$
$x_1^2 + 10x_2 - x_3 = 11,$
$x_2^3 - 25x_3 = -22.$

d. $10x_1 - 2x_2^2 + x_2 - 2x_3 - 5 = 0,$
$8x_2^2 + 4x_3^2 - 9 = 0,$
$8x_2x_3 + 4 = 0.$

6. O sistema não linear,

$$\begin{aligned} 4x_1 - x_2 + x_3 &= x_1x_4, \\ -x_1 + 3x_2 - 2x_3 &= x_2x_4, \\ x_1 - 2x_2 + 3x_3 &= x_3x_4, \\ x_1^2 + x_2^2 + x_3^2 &= 1, \end{aligned}$$

tem seis soluções.

a. Mostre que, se $(x_1, x_2, x_3, x_4)^t$ for uma solução, então $(-x_1, -x_2, -x_3, x_4)^t$ será uma solução.

b. Use o método de Broyden três vezes, para aproximar cada solução. Itere até que $\|\mathbf{x}^{(k)} - \mathbf{x}^{(k-1)}\|_\infty < 10^{-5}$.

7. O sistema não linear

$$3x_1 - \cos(x_2x_3) - \frac{1}{2} = 0, \quad x_1^2 - 625x_2^2 - \frac{1}{4} = 0, \quad e^{-x_1x_2} + 20x_3 + \frac{10\pi - 3}{3} = 0$$

tem uma matriz jacobiana singular na solução. Aplique o método de Broyden com $\mathbf{x}^{(0)} = (1, 1 - 1)^t$. Observe que a convergência pode ser lenta ou pode não ocorrer dentro de um número razoável de iterações.

EXERCÍCIOS APLICADOS

8. A dinâmica populacional de três espécies que competem pode ser descrita por

$$\frac{dx_i(t)}{dt} = r_i x_i(t)\left[1 - \sum_{i=1}^{3} \alpha_{ij} x_j(t)\right]$$

para cada $i = 1, 2, 3$, em que a população da i-ésima espécie no instante t é $x_i(t)$. A taxa de crescimento da i-ésima espécie é r_i, e α_{ij} mede o quanto a espécie j afeta a taxa de crescimento da espécie i. Suponha que as três taxas de crescimento sejam iguais a r. Fazendo uma mudança de escala no tempo de um fator r, podemos fazer efetivamente $r = 1$. Além disso, suponha que a espécie 2 afete a 1 do mesmo modo que a 3 afeta a 2 e a 1 afeta a 3. Assim, $\alpha_{12} = \alpha_{23} = \alpha_{31}$, que faremos iguais a α e, analogamente, $\alpha_{21} = \alpha_{32} = \alpha_{13} = \beta$. É possível fazer uma mudança de escala na população de modo que todos $\alpha_{ii} = 1$. Isso fornece o sistema de equações diferenciais

$$\begin{aligned} x_1'(t) &= x_1(t)\left[1 - x_1(t) - \alpha x_2(t) - \beta x_3(t)\right], \\ x_2'(t) &= x_2(t)\left[1 - x_2(t) - \beta x_1(t) - \alpha x_3(t)\right] \quad \text{e} \\ x_3'(t) &= x_3(t)\left[1 - x_3(t) - \alpha x_1(t) - \beta x_2(t)\right]. \end{aligned}$$

Se $\alpha = 0{,}5$ e $\beta = 0{,}25$, determine uma solução estável $(x_1'(t) = x_2'(t) = x_3'(t) = 0)$ no conjunto $\{(x_1, x_2, x_3) \mid 0 \le x_1(t) \le 1,\ 0{,}25 \le x_2(t) \le 1,\ 0{,}25 \le x_3(t) \le 1\}$ usando o método de Broyden.

9. O Exercício 13 da Seção 8.1 lidou com a determinação de uma relação exponencial por mínimos quadrados da forma $R = bw^a$ para aproximar um conjunto de dados relativos ao peso e à regra de respiração das mariposas *Modest sphinx*. Neste exercício, o problema foi convertido para uma relação log-log, e na parte (c) um termo quadrático foi introduzido como tentativa de melhorar a aproximação. Em vez de converter o problema, determine as constantes a e b que minimizam $\sum_{i=1}^{n} (R_i - bw_i^a)^2$ para os dados listados no Exercício 13 da Seção 8.1. Calcule o erro associado a essa aproximação e compare este ao erro das aproximações anteriores para este problema.

EXERCÍCIOS TEÓRICOS

10. Mostre que, se $\mathbf{0} \neq \mathbf{y} \in \mathbb{R}^n$ e $\mathbf{z} \in \mathbb{R}^n$, então $\mathbf{z} = \mathbf{z}_1 + \mathbf{z}_2$, em que $\mathbf{z}_1 = (\mathbf{y}^t\mathbf{z}/\|\mathbf{y}\|_2^2)\mathbf{y}$ é paralelo a $\mathbf{y}$ e $\mathbf{z}_2$ é ortogonal a $\mathbf{y}$.
11. Mostre que, se $\mathbf{u}, \mathbf{v} \in \mathbb{R}^n$, então $\det(I + \mathbf{u}\mathbf{v}^t) = 1 + \mathbf{v}^t\mathbf{u}$.
12. **a.** Use o resultado no Exercício 11 para mostrar que, se A^{-1} existe e $\mathbf{x}, \mathbf{y} \in \mathbb{R}^n$, então $(A + \mathbf{x}\mathbf{y}^t)^{-1}$ existe se e somente se $\mathbf{y}^t A^{-1}\mathbf{x} \neq -1$.

    b. Pela multiplicação no lado direito por $A + \mathbf{x}\mathbf{y}^t$, mostre que, quando $\mathbf{y}^t A^{-1}\mathbf{x} \neq -1$, temos

$$(A + \mathbf{x}\mathbf{y}^t)^{-1} = A^{-1} - \frac{A^{-1}\mathbf{x}\mathbf{y}^t A^{-1}}{1 + \mathbf{y}^t A^{-1}\mathbf{x}}.$$

QUESTÕES PARA DISCUSSÃO

1. As mais bem conhecidas implementações modernas de propósito geral dos métodos quasi-Newton para a resolução de sistemas não lineares grandes têm base nas fórmulas de correção de posto um como BGM, BBM, COLUM e ICUM. Como essas fórmulas de correção são implementadas?
2. A fórmula de Sherman-Morrison descreve a solução de $A + uvT$, quando já existe uma fatoração de A. O que é a fórmula de Sherman-Morrison-Woodbury e no que ela é diferente?

10.4 Técnicas de declive máximo

A vantagem dos métodos de Newton e quasi-Newton para resolver sistemas de equações não lineares é a sua velocidade de convergência, uma vez que uma aproximação suficientemente precisa seja conhecida. Uma fraqueza desses métodos é que é necessária uma aproximação inicial precisa para a solução, para assegurar a convergência. O método do **declive máximo** considerado nesta seção, converge apenas linearmente para a solução, mas normalmente convergirá mesmo para aproximações iniciais ruins. Como consequência, este método é utilizado para encontrar aproximações de partida suficientemente precisas para as técnicas baseadas em Newton, do mesmo modo que o método da bissecção é usado para uma única equação.

O nome deste método vem da aplicação tridimensional de se apontar para a direção de declive máximo.

O método do declive máximo determina um mínimo local para uma função com várias variáveis da forma $g : \mathbb{R}^n \to \mathbb{R}$. O método é bastante valioso à parte da aplicação como um método de partida para resolver sistemas não lineares. (Algumas outras aplicações são consideradas nos exercícios.)

A conexão entre a minimização de uma função de $\mathbb{R}^n$ para $\mathbb{R}$ e a solução de um sistema de equações não lineares se deve ao fato de que um sistema da forma

$$\begin{aligned} f_1(x_1, x_2, \ldots, x_n) &= 0, \\ f_2(x_1, x_2, \ldots, x_n) &= 0, \\ &\vdots \\ f_n(x_1, x_2, \ldots, x_n) &= 0 \end{aligned}$$

tem uma solução em $\mathbf{x} = (x_1, x_2, \ldots, x_n)^t$, precisamente quando a função g definida por

$$g(x_1, x_2, \ldots, x_n) = \sum_{i=1}^{n} [f_i(x_1, x_2, \ldots, x_n)]^2$$

tiver o valor mínimo 0.

O método do declive máximo para encontrar um mínimo local para uma função arbitrária g de $\mathbb{R}^n$ em $\mathbb{R}$ pode ser descrito intuitivamente como se segue:

1. Calcule g em uma aproximação inicial $\mathbf{x}^{(0)} = (x_1^{(0)}, x_2^{(0)}, \ldots, x_n^{(0)})^t$.
2. Determine uma direção a partir de $\mathbf{x}^{(0)}$ que resulte um decréscimo no valor de g.
3. Movimente uma distância adequada nesta direção e chame o novo valor de $\mathbf{x}^{(1)}$.
4. Repita os passos de 1 a 3 com $\mathbf{x}^{(0)}$ substituído por $\mathbf{x}^{(1)}$.

O gradiente de uma função

Antes de descrever como escolher a direção correta e a distância adequada para se deslocar nesta direção, precisamos rever alguns resultados do cálculo. O Teorema 1.9 do valor extremo estabelece que uma função diferenciável de uma única variável pode ter um mínimo relativo somente quando a derivada for nula. Para estender este resultado às funções com várias variáveis, precisamos da seguinte definição.

Definição 10.9 Para $g : \mathbb{R}^n \to \mathbb{R}$, o **gradiente** de g em $\mathbf{x} = (x_1, x_2, \ldots, x_n)^t$ é denotado por $\nabla g(\mathbf{x})$ e definido por

$$\nabla g(\mathbf{x}) = \left(\frac{\partial g}{\partial x_1}(\mathbf{x}), \frac{\partial g}{\partial x_2}(\mathbf{x}), \ldots, \frac{\partial g}{\partial x_n}(\mathbf{x}) \right)^t .$$ ■

A raiz da palavra gradiente é a palavra latina *gradi*, que significa "caminhar". Neste sentido, o gradiente de uma superfície é a taxa em que ela "caminha morro acima".

O gradiente para uma função com várias variáveis é análogo à derivada de uma função de uma única variável, no sentido em que uma função diferenciável de várias variáveis pode ter um mínimo relativo em $\mathbf{x}$ apenas quando o gradiente em $\mathbf{x}$ for o vetor nulo. O gradiente tem outra propriedade importante ligada à minimização de funções com várias variáveis. Suponha que $\mathbf{v} = (v_1, v_2, \ldots, v_n)^t$ seja um vetor unitário em $\mathbb{R}^n$; isto é,

$$\|\mathbf{v}\|_2^2 = \sum_{i=1}^{n} v_i^2 = 1.$$

A **derivada direcional** de g em $\mathbf{x}$ na direção de $\mathbf{v}$ mede a variação no valor da função g relativa à variação da variável na direção de $\mathbf{v}$. Ela é definida por

$$D_{\mathbf{v}} g(\mathbf{x}) = \lim_{h \to 0} \frac{1}{h} [g(\mathbf{x} + h\mathbf{v}) - g(\mathbf{x})] = \mathbf{v}^t \cdot \nabla g(\mathbf{x}).$$

Quando g for diferenciável, a direção que produz o valor máximo para a derivada direcional ocorre quando $\mathbf{v}$ é escolhido paralelo a $\nabla g(\mathbf{x})$, contanto que $\nabla g(\mathbf{x}) \neq \mathbf{0}$. Como consequência, a direção de maior diminuição no valor de g em $\mathbf{x}$ é a direção dada por $-\nabla g(\mathbf{x})$. (A Figura 10.2 e um exemplo quando g for uma função de duas variáveis.)

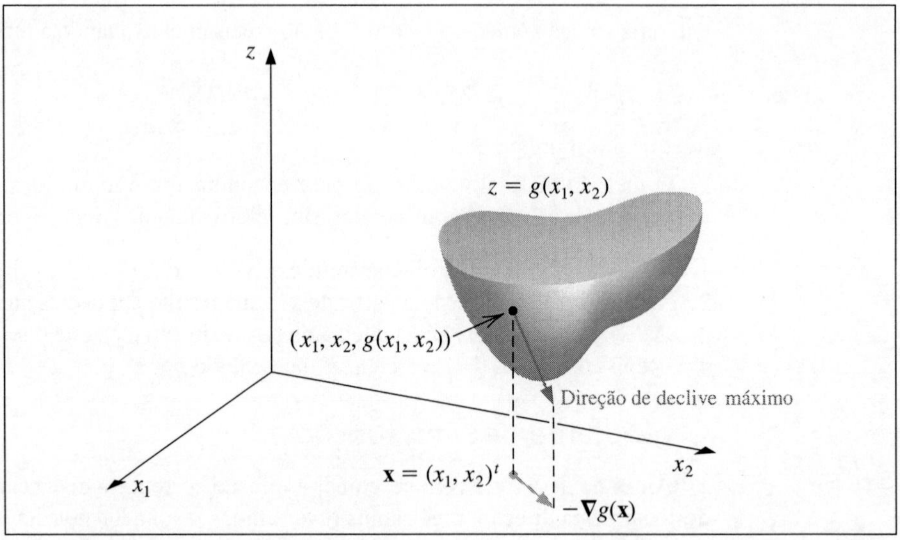

Figura 10.2

O objetivo é reduzir $g(\mathbf{x})$ a seu valor mínimo nulo, e assim uma escolha adequada para $\mathbf{x}^{(1)}$ é se afastar de $\mathbf{x}^{(0)}$ na direção que dá a maior diminuição no valor de $g(\mathbf{x})$. Assim, fazemos

$$\mathbf{x}^{(1)} = \mathbf{x}^{(0)} - \alpha \nabla g(\mathbf{x}^{(0)}), \quad \text{para alguma constante } \alpha > 0. \tag{10.17}$$

O problema agora se reduz a escolher um valor apropriado de α, de modo que $g(\mathbf{x}^{(1)})$ seja significativamente menor que $g(\mathbf{x}^{(0)})$.

Para determinar uma escolha adequada para o valor de α, consideramos a função de uma única variável

$$h(\alpha) = g(\mathbf{x}^{(0)} - \alpha \nabla g(\mathbf{x}^{(0)})). \tag{10.18}$$

O valor de α que minimiza h é o valor necessário para a Equação (10.17).

Encontrar um valor mínimo para h diretamente requereria diferenciar h e então resolver um problema de calcular raízes para determinar os pontos críticos de h. Esse procedimento é geralmente muito custoso. Em vez disso, escolhemos três números $\alpha_1 < \alpha_2 < \alpha_3$ que, esperamos, estejam próximos de onde o valor mínimo de $h(\alpha)$ ocorre. Então construímos o polinômio quadrático $P(x)$, que interpola h em α_1, α_2 e α_3. O mínimo de um polinômio quadrático é facilmente encontrado de forma parecida àquela usada no método de Muller na Seção 2.6.

Definimos $\hat{\alpha}$ em $[\alpha_1, \alpha_3]$ de forma que $P(\hat{\alpha})$ seja um mínimo em $[\alpha_1, \alpha_3]$ e usamos $P(\hat{\alpha})$ para aproximar o valor mínimo de $h(\alpha)$. Em seguida, utilizamos $\hat{\alpha}$ para determinar a nova iteração para aproximar o valor mínimo de g:

$$\mathbf{x}^{(1)} = \mathbf{x}^{(0)} - \hat{\alpha}\, \nabla g(\mathbf{x}^{(0)}).$$

Já que $g(\mathbf{x}^{(0)})$ está disponível, primeiramente escolhemos $\alpha_1 = 0$ para minimizar o cálculo. Em seguida, um número α_3 é encontrado com $h(\alpha_3) < h(\alpha_1)$. (Como α_1 não minimiza h, o tal número α_3 realmente existe.) Finalmente, α_2 é escolhido como $\alpha_3/2$.

O valor mínimo de P em $[\alpha_1, \alpha_3]$ ocorre no único ponto crítico de P ou na extremidade direita a_3 porque, por hipótese, $P(\alpha_3) = h(\alpha_3) < h(\alpha_1) = P(\alpha_1)$. O ponto crítico é facilmente determinado, já que $P(x)$ é um polinômio quadrático, pela resolução de uma equação linear.

EXEMPLO 1

Utilize o método do declive máximo com $\mathbf{x}^{(0)} = (0, 0, 0)^t$ para encontrar uma aproximação de partida razoável para a solução do sistema não linear

$$f_1(x_1, x_2, x_3) = 3x_1 - \cos(x_2x_3) - \frac{1}{2} = 0,$$

$$f_2(x_1, x_2, x_3) = x_1^2 - 81(x_2 + 0{,}1)^2 + \operatorname{sen} x_3 + 1{,}06 = 0,$$

$$f_3(x_1, x_2, x_3) = e^{-x_1x_2} + 20x_3 + \frac{10\pi - 3}{3} = 0.$$

Solução Seja $g(x_1, x_2, x_3) = [f_1(x_1, x_2, x_3)]^2 + [f_2(x_1, x_2, x_3)]^2 + [f_3(x_1, x_2, x_3)]^2$. Então

$$\begin{aligned}\nabla g(x_1, x_2, x_3) \equiv \nabla g(\mathbf{x}) &= \Big(2f_1(\mathbf{x})\frac{\partial f_1}{\partial x_1}(\mathbf{x}) + 2f_2(\mathbf{x})\frac{\partial f_2}{\partial x_1}(\mathbf{x}) + 2f_3(\mathbf{x})\frac{\partial f_3}{\partial x_1}(\mathbf{x}),\\ &\quad 2f_1(\mathbf{x})\frac{\partial f_1}{\partial x_2}(\mathbf{x}) + 2f_2(\mathbf{x})\frac{\partial f_2}{\partial x_2}(\mathbf{x}) + 2f_3(\mathbf{x})\frac{\partial f_3}{\partial x_2}(\mathbf{x}),\\ &\quad 2f_1(\mathbf{x})\frac{\partial f_1}{\partial x_3}(\mathbf{x}) + 2f_2(\mathbf{x})\frac{\partial f_2}{\partial x_3}(\mathbf{x}) + 2f_3(\mathbf{x})\frac{\partial f_3}{\partial x_3}(\mathbf{x})\Big)\\ &= 2\mathbf{J}(\mathbf{x})^t\mathbf{F}(\mathbf{x}).\end{aligned}$$

Para $\mathbf{x}^{(0)} = (0, 0, 0)^t$, temos

$$g(\mathbf{x}^{(0)}) = 111{,}975 \quad \text{e} \quad z_0 = \|\nabla g(\mathbf{x}^{(0)})\|_2 = 419{,}554.$$

Seja

$$\mathbf{z} = \frac{1}{z_0}\nabla g\left(\mathbf{x}^{(0)}\right) = (-0{,}0214514, -0{,}0193062, 0{,}999583)^t.$$

Com $\alpha_1 = 0$, temos $g_1 = g(\mathbf{x}^{(0)} - \alpha_1\mathbf{z}) = g(\mathbf{x}^{(0)}) = 111{,}975$. Façamos, arbitrariamente, $\alpha_3 = 1$, de modo que

$$g_3 = g(\mathbf{x}^{(0)} - \alpha_3\mathbf{z}) = 93{,}5649.$$

Como $g_3 < g_1$, aceitamos α_3 e fazemos $\alpha_2 = \alpha_3/2 = 0{,}5$. Assim,

$$g_2 = g(\mathbf{x}^{(0)} - \alpha_2\mathbf{z}) = 2{,}53557.$$

Nós encontraremos o polinômio quadrático que interpola os dados (0, 111.975), (1, 93,5649) e (0,5, 2,53557). É mais conveniente, para esse propósito, usar o polinômio interpolador de Newton de diferenças progressivas, que tem a forma

$$P(\alpha) = g_1 + h_1\alpha + h_3\alpha(\alpha - \alpha_2).$$

Este interpola

$$g(\mathbf{x}^{(0)} - \alpha\nabla g(\mathbf{x}^{(0)})) = g(\mathbf{x}^{(0)} - \alpha\mathbf{z})$$

em $\alpha_1 = 0$, $\alpha_2 = 0{,}5$ e $\alpha_3 = 1$, como se segue:

$$\alpha_1 = 0, \quad g_1 = 111{,}975,$$

$$\alpha_2 = 0{,}5, \quad g_2 = 2{,}53557, \quad h_1 = \frac{g_2 - g_1}{\alpha_2 - \alpha_1} = -218{,}878,$$

$$\alpha_3 = 1, \quad g_3 = 93{,}5649, \quad h_2 = \frac{g_3 - g_2}{\alpha_3 - \alpha_2} = 182{,}059, \quad h_3 = \frac{h_2 - h_1}{\alpha_3 - \alpha_1} = 400{,}937.$$

Assim,

$$P(\alpha) = 111{,}975 - 218{,}878\alpha + 400{,}937\alpha(\alpha - 0{,}5).$$

Temos $P'(\alpha) = 0$ quando $\alpha = \alpha_0 = 0{,}522959$. Como $g_0 = g(\mathbf{x}^{(0)} - \alpha_0\mathbf{z}) = 2{,}32762$ é menor que g_1 e g_3, fazemos

$$\mathbf{x}^{(1)} = \mathbf{x}^{(0)} - \alpha_0\mathbf{z} = \mathbf{x}^{(0)} - 0{,}522959\mathbf{z} = (0{,}0112182,\ 0{,}0100964,\ -0{,}522741)^t$$

e

$$g(\mathbf{x}^{(1)}) = 2{,}32762.$$

A Tabela 10.5 contém o restante dos resultados. Uma solução verdadeira para o sistema não linear é $(0{,}5,\ 0,\ -0{,}5235988)^t$, e assim, $\mathbf{x}^{(2)}$, provavelmente, seria adequado como uma aproximação inicial para o método de Newton ou para o método de Broyden. Uma dessas técnicas rapidamente convergente seria apropriada neste estágio, já que 70 iterações do método do declive máximo são necessárias para encontrar $\|\mathbf{x}^{(k)} - \mathbf{x}\|_\infty < 0{,}01$. ∎

Tabela 10.5

k	$x_1^{(k)}$	$x_2^{(k)}$	$x_3^{(k)}$	$g(x_1^{(k)}, x_2^{(k)}, x_3^{(k)})$
2	0,137860	−0,205453	−0,522059	1,27406
3	0,266959	0,00551102	−0,558494	1,06813
4	0,272734	−0,00811751	−0,522006	0,468309
5	0,308689	−0,0204026	−0,533112	0,381087
6	0,314308	−0,0147046	−0,520923	0,318837
7	0,324267	−0,00852549	−0,528431	0,287024

O Algoritmo 10.3 aplica o método do declive máximo para aproximar o valor mínimo de $g(\mathbf{x})$. Para começar uma iteração, o valor 0 é atribuído a α_1 e o valor 1 é atribuído a α_3. Se $h(\alpha_3) \geq h(\alpha_1)$, então sucessivas divisões de α_3 por 2 são realizadas e o valor de α_3 é reatribuído até que $h(\alpha_3) < h(\alpha_1)$ e $\alpha_3 = 2^{-k}$ para algum valor de k.

Para empregar o método para aproximar a solução do sistema

$$\begin{aligned} f_1(x_1, x_2, \ldots, x_n) &= 0,\\ f_2(x_1, x_2, \ldots, x_n) &= 0,\\ \vdots \qquad & \quad \vdots\\ f_n(x_1, x_2, \ldots, x_n) &= 0, \end{aligned}$$

simplesmente substituímos a função g por $\sum_{i=1}^{n} f_i^2$.

ALGORITMO 10.3 **Declive máximo**

Para aproximar uma solução **p** para o problema de minimização

$$g(\mathbf{p}) = \min_{\mathbf{x}\in\mathbb{R}^n} g(\mathbf{x})$$

dada uma aproximação inicial **x**:

ENTRADA número n de variáveis; aproximação inicial $\mathbf{x} = (x_1, \ldots, x_n)^t$; tolerância TOL; número máximo de iterações N.

SAÍDA solução aproximada $\mathbf{x} = (x_1, \ldots, x_n)^t$ ou uma mensagem de erro.

Passo 1 Faça $k = 1$.

Passo 2 Enquanto ($k \leq N$) execute Passos 3 a 15.

Passo 3 Faça $g_1 = g(x_1, \ldots, x_n)$; (*Observação*: $g_1 = g(\mathbf{x}^{(k)})$.)
$\mathbf{z} = \nabla g(x_1, \ldots, x_n)$; (*Observação*: $\mathbf{z} = \nabla g(\mathbf{x}^{(k)})$.)
$z_0 = \|\mathbf{z}\|_2$.

Passo 4 Se $\mathbf{z}_0 = 0$ então SAÍDA ('Gradiente nulo');
SAÍDA $(x_1, \ldots, x_n, g_1)$;
(*O procedimento foi completado, pode haver um mínimo.*)
PARE.

Passo 5 Faça $\mathbf{z} = \mathbf{z}/z_0$; (*Transforme* $\mathbf{z}$ *em um vetor unitário.*)
$\alpha_1 = 0$;
$\alpha_3 = 1$;
$g_3 = g(\mathbf{x} - \alpha_3\mathbf{z})$.

Passo 6 Enquanto ($g_3 \geq g_1$) execute Passos 7 e 8.

Passo 7 Faça $\alpha_3 = \alpha_3/2$;
$g_3 = g(\mathbf{x} - \alpha_3\mathbf{z})$.

Passo 8 Se $\alpha_3 < TOL/2$ então
SAÍDA ('Nenhum melhoramento provável');
SAÍDA $(x_1, \ldots, x_n, g_1)$;
(*O procedimento foi completado, pode haver um mínimo.*)
PARE.

Passo 9 Faça $\alpha_2 = \alpha_3/2$;
$g_2 = g(\mathbf{x} - \alpha_2\mathbf{z})$.

Passo 10 Faça $h_1 = (g_2 - g_1)/\alpha_2$;
$h_2 = (g_3 - g_2)/(\alpha_3 - \alpha_2)$;
$h_3 = (h_2 - h_1)/\alpha_3$.
(*Observação: A fórmula das diferenças divididas progressivas de Newton é usada para encontrar o polinômio quadrático* $P(\alpha) = g_1 + h_1\alpha + h_3\alpha(\alpha - \alpha_2)$ *que interpola* $h(\alpha)$ em $\alpha = 0, \alpha = \alpha_2, \alpha = \alpha_3$.)

Passo 11 Faça $\alpha_0 = 0{,}5(\alpha_2 - h_1/h_3)$; (*O ponto crítico de P ocorre em* α_0.)
$g_0 = g(\mathbf{x} - \alpha_0\mathbf{z})$.

Passo 12 Encontre α entre $\{\alpha_0, \alpha_3\}$ tal que $g = g(\mathbf{x} - \alpha\mathbf{z}) = \min\{g_0, g_3\}$.

Passo 13 Faça $\mathbf{x} = \mathbf{x} - \alpha\mathbf{z}$.

Passo 14 Se $|g - g_1| < TOL$ então
SAÍDA $(x_1, \ldots, x_n, g)$;
(*O procedimento foi bem-sucedido.*)
PARE.

Passo 15 Faça $k = k + 1$.

Passo 16 SAÍDA ('Número máximo de iterações excedido');
(*O procedimento não foi bem-sucedido.*)
PARE. ■

Há muitas variações do método do declive máximo, algumas das quais envolvem métodos mais intrincados para determinar o valor de α que produzirá um mínimo para a função de uma única variável h definida na Equação (10.18). Outras técnicas utilizam um polinômio multidimensional de Taylor para substituir a função de várias variáveis g original e minimizar o polinômio em vez de g. Embora haja vantagens para alguns desses métodos sobre o procedimento aqui discutido, todos os métodos de declive máximo são, em geral, linearmente convergentes e convergem independentemente da aproximação de partida. Em alguns exemplos, todavia, os métodos podem convergir para algo diferente do mínimo absoluto da função g.

Uma discussão mais completa dos métodos de declive máximo pode ser encontrada em [OR] ou [RR].

EXERCÍCIOS 10.4

1. Use o método do declive máximo, com $TOL = 0{,}05$, para obter aproximações para as soluções dos seguintes sistemas não lineares.

   a. $4x_1^2 - 20x_1 + \frac{1}{4}x_2^2 + 8 = 0,$
   $\frac{1}{2}x_1x_2^2 + 2x_1 - 5x_2 + 8 = 0.$

   b. $3x_1^2 - x_2^2 = 0,$
   $3x_1x_2^2 - x_1^3 - 1 = 0.$

   c. $\ln(x_1^2 + x_2^2) - \text{sen}(x_1x_2) = \ln 2 + \ln \pi,$
   $e^{x_1 - x_2} + \cos(x_1x_2) = 0.$

   d. $\text{sen}(4\pi x_1 x_2) - 2x_2 - x_1 = 0,$
   $\left(\frac{4\pi - 1}{4\pi}\right)(e^{2x_1} - e) + 4ex_2^2 - 2ex_1 = 0.$

2. Use o método do declive máximo, com $TOL = 0{,}05$, para obter aproximações para as soluções dos seguintes sistemas não lineares.

   a. $15x_1 + x_2^2 - 4x_3 = 13,$
   $x_1^2 + 10x_2 - x_3 = 11,$
   $x_2^3 - 25x_3 = -22.$

   b. $10x_1 - 2x_2^2 + x_2 - 2x_3 - 5 = 0,$
   $8x_2^2 + 4x_3^2 - 9 = 0,$
   $8x_2x_3 + 4 = 0.$

   c. $x_1^3 + x_1^2x_2 - x_1x_3 + 6 = 0,$
   $e^{x_1} + e^{x_2} - x_3 = 0,$
   $x_2^2 - 2x_1x_3 = 4.$

   d. $x_1 + \cos(x_1x_2x_3) - 1 = 0,$
   $(1 - x_1)^{1/4} + x_2 + 0{,}05x_3^2 - 0{,}15x_3 - 1 = 0,$
   $-x_1^2 - 0{,}1x_2^2 + 0{,}01x_2 + x_3 - 1 = 0.$

3. Use os resultados no Exercício 1 e o método de Newton para obter aproximações para as soluções dos sistemas não lineares no Exercício 1 com previsão de 10^{-6}.

4. Use os resultados no Exercício 2 e o método de Newton para obter aproximações com previsão de 10^{-6} para as soluções dos sistemas não lineares no Exercício 2.

5. Use o método do declive máximo para obter o mínimo aproximado com previsão de 0,005 para as seguintes funções.

   a. $g(x_1, x_2) = \cos(x_1 + x_2) + \text{sen}\, x_1 + \cos x_2$

b. $g(x_1, x_2) = 100(x_1^2 - x_2)^2 + (1 - x_1)^2$

c. $g(x_1, x_2, x_3) = x_1^2 + 2x_2^2 + x_3^2 - 2x_1x_2 + 2x_1 - 2{,}5x_2 - x_3 + 2$

d. $g(x_1, x_2, x_3) = x_1^4 + 2x_2^4 + 3x_3^4 + 1{,}01$

EXERCÍCIOS APLICADOS

6. O Exercício 12 da Seção 10.2 diz respeito a uma experiência biológica para determinar a temperatura máxima da água, na qual diversas espécies de hidra podem sobreviver sem uma expectativa de vida reduzida. Naquele exercício, o método de Newton foi usado para encontrar os valores de a, b e c que minimizam

$$\sum_{i=1}^{4}\left[y_i \ln y_i - \frac{a}{(x_i - b)^c}\right]^2.$$

Os dados fornecidos estão na tabela

i	1	2	3	4
y_i	2,40	3,80	4,75	21,60
x_i	31,8	31,5	31,2	30,2

Use o método do declive máximo para determinar uma aproximação de a, b e c com precisão de 0,05.

7. À medida que envelhecem, as pessoas imaginam se vão durar mais que seu dinheiro. A tabela a seguir, que representa a probabilidade de que seu dinheiro dure até uma certa idade, pode ajudar

x_i	75	80	85	90	95
y_i	100%	99%	83,3%	61,2%	41,2%

Os dados têm base na taxa de investimento anual médio de 1,9%, idade de aposentadoria 65, retorno anual de 6%, inflação de 2,5 % e saque inicial de 4% do portfólio, aumentado anualmente pela inflação. Suponha que os dados possam ser aproximados por uma função $y = bx^a$.

a. Use o método do declive máximo para encontrar a e b que minimize $g(a, b) = \sum_{i=1}^{5} [y_i - bx_i^a]^2$.

b. Use o método dado na Seção 8.1, no qual a equação $\ln y = \ln b + a \ln x$ reduz o ajuste de dados a um ajuste linear de dados.

c. Qual entre (a) e (b) dá o menor erro $E = \sum_{i=1}^{5} [y_i - bx_i^a]^2$?

d. O que a aproximação prevê para a idade de 100 anos?

EXERCÍCIOS TEÓRICOS

8. a. Mostre que o polinômio quadrático

$$P(\alpha) = g_1 + h_1\alpha + h_3\alpha(\alpha - \alpha_2)$$

interpola a função h definida em (10.18):

$$h(\alpha) = g(\mathbf{x}^{(0)} - \alpha\nabla g(\mathbf{x}^{(0)})$$

em $\alpha = 0$, α_2 e α_3.

b. Mostre que um ponto crítico de P ocorre em

$$\alpha_0 = \frac{1}{2}\left(\alpha_2 - \frac{h_1}{h_3}\right).$$

QUESTÕES PARA DISCUSSÃO

1. Modificações no método de declive máximo sugerem que o tamanho de passo original leva a um comportamento de convergência lenta do método. Barzilai e Borwein foram os primeiros a sugerir um novo tamanho de passo. Discuta as descobertas deles.
2. O método do declive máximo pode sucumbir a erros residuais grandes se o problema for vulnerável a ruído, possivelmente levando a uma solução aproximada incorreta do sistema. O método do declive máximo modificado não é sensível a problemas malpostos. Discuta por que isso ocorre.

10.5 Métodos de homotopia e continuação

Os métodos de *homotopia*, ou *continuação*, para sistemas não lineares incluem o problema a ser resolvido dentro de um conjunto de problemas. Especificamente, para resolver um problema da forma

$$\mathbf{F}(\mathbf{x}) = \mathbf{0},$$

que tem a solução desconhecida $\mathbf{x}^*$, consideramos uma família de problemas descritos utilizando um parâmetro λ que assume valores em $[0, 1]$. Um problema com uma solução conhecida $\mathbf{x}(0)$ corresponde à situação na qual $\lambda = 0$, e o problema com a solução desconhecida $\mathbf{x}(1) \equiv \mathbf{x}^*$ corresponde a $\lambda = 1$.

A homotopia é uma deformação contínua, uma função que leva um intervalo real, de forma contínua, a um conjunto de funções.

Por exemplo, suponha que $\mathbf{x}(0)$ seja uma aproximação inicial para a solução de $\mathbf{F}(\mathbf{x}^*) = \mathbf{0}$. Defina

$$\mathbf{G} : [0, 1] \times \mathbb{R}^n \rightarrow \mathbb{R}^n$$

por

$$\mathbf{G}(\lambda, \mathbf{x}) = \lambda\mathbf{F}(\mathbf{x}) + (1 - \lambda)[\mathbf{F}(\mathbf{x}) - \mathbf{F}(\mathbf{x}(0))] = \mathbf{F}(\mathbf{x}) + (\lambda - 1)\mathbf{F}(\mathbf{x}(0)). \tag{10.19}$$

Determinaremos, para vários valores de λ, uma solução para

$$\mathbf{G}(\lambda, \mathbf{x}) = \mathbf{0}.$$

Quando $\lambda = 0$, esta equação assume a forma

$$\mathbf{0} = \mathbf{G}(0, \mathbf{x}) = \mathbf{F}(\mathbf{x}) - \mathbf{F}(\mathbf{x}(0)),$$

e $\mathbf{x}(0)$ é uma solução. Quando $\lambda = 1$, a equação assume a forma

$$\mathbf{0} = \mathbf{G}(1, \mathbf{x}) = \mathbf{F}(\mathbf{x}),$$

e $\mathbf{x}(1) = \mathbf{x}^*$ é uma solução.

A função $\mathbf{G}$, com o parâmetro λ, fornece uma família de funções que podem levar do valor conhecido $\mathbf{x}(0)$ à solução $\mathbf{x}(1) = \mathbf{x}^*$. A função $\mathbf{G}$ é denominada **homotopia** entre a função $\mathbf{G}(0, \mathbf{x}) = \mathbf{F}(\mathbf{x}) - \mathbf{F}(\mathbf{x}(0))$ e a função $\mathbf{G}(1, \mathbf{x}) = \mathbf{F}(\mathbf{x})$.

Método da continuação

O problema da **continuação** é para:

- Determinar um modo de prosseguir da solução conhecida $\mathbf{x}(0)$ de $\mathbf{G}(0, \mathbf{x}) = \mathbf{0}$ para a solução desconhecida $\mathbf{x}(1) = \mathbf{x}^*$ de $\mathbf{G}(1, \mathbf{x}) = \mathbf{0}$, isto é, a solução $\mathbf{F}(\mathbf{x}) = \mathbf{0}$.

Primeiro, supomos que $\mathbf{x}(\lambda)$ seja a única solução para a equação

$$\mathbf{G}(\lambda, \mathbf{x}) = \mathbf{0}, \tag{10.20}$$

para cada $\lambda \in [0, 1]$. O conjunto $\{\mathbf{x}(\lambda) \mid 0 \leq \lambda \leq 1\}$ pode ser visto como uma curva em $\mathbb{R}^n$, desde $\mathbf{x}(0)$ até $\mathbf{x}(1) = \mathbf{x}^*$ parametrizada por λ. Um método da continuação encontra uma sequência de passos ao longo desta curva correspondendo a $\{x(\lambda_k)\}_{k=0}^{m}$, em que $\lambda_0 = 0 < \lambda_1 < \ldots < \lambda_m = 1$.

Se as funções $\lambda \to \mathbf{x}(\lambda)$ e $\mathbf{G}$ forem diferenciáveis, então a derivação da Equação (10.20) em relação a λ resulta em

$$\mathbf{0} = \frac{\partial \mathbf{G}(\lambda, \mathbf{x}(\lambda))}{\partial \lambda} + \frac{\partial \mathbf{G}(\lambda, \mathbf{x}(\lambda))}{\partial \mathbf{x}} \mathbf{x}'(\lambda),$$

e, isolando $\mathbf{x}'(\lambda)$, temos

$$\mathbf{x}'(\lambda) = -\left[\frac{\partial \mathbf{G}(\lambda, \mathbf{x}(\lambda))}{\partial \mathbf{x}}\right]^{-1} \frac{\partial \mathbf{G}(\lambda, \mathbf{x}(\lambda))}{\partial \lambda}.$$

Este é um sistema de equações diferenciais com a condição inicial $\mathbf{x}(0)$.

Como

$$\mathbf{G}(\lambda, \mathbf{x}(\lambda)) = \mathbf{F}(\mathbf{x}(\lambda)) + (\lambda - 1)\mathbf{F}(\mathbf{x}(0)),$$

podemos determinar tanto

$$\frac{\partial \mathbf{G}}{\partial \mathbf{x}}(\lambda, \mathbf{x}(\lambda)) = \begin{bmatrix} \frac{\partial f_1}{\partial x_1}(\mathbf{x}(\lambda)) & \frac{\partial f_1}{\partial x_2}(\mathbf{x}(\lambda)) & \cdots & \frac{\partial f_1}{\partial x_n}(\mathbf{x}(\lambda)) \\ \frac{\partial f_2}{\partial x_1}(\mathbf{x}(\lambda)) & \frac{\partial f_2}{\partial x_2}(\mathbf{x}(\lambda)) & \cdots & \frac{\partial f_2}{\partial x_n}(\mathbf{x}(\lambda)) \\ \vdots & \vdots & & \vdots \\ \frac{\partial f_n}{\partial x_1}(\mathbf{x}(\lambda)) & \frac{\partial f_n}{\partial x_2}(\mathbf{x}(\lambda)) & \cdots & \frac{\partial f_n}{\partial x_n}(\mathbf{x}(\lambda)) \end{bmatrix} = J(\mathbf{x}(\lambda)),$$

a matriz jacobiana, quanto

$$\frac{\partial \mathbf{G}(\lambda, \mathbf{x}(\lambda))}{\partial \lambda} = \mathbf{F}(\mathbf{x}(0)).$$

Assim, o sistema de equações diferenciais torna-se

$$\mathbf{x}'(\lambda) - -[J(\mathbf{x}(\lambda))]^{-1}\mathbf{F}(\mathbf{x}(0)), \quad \text{para } 0 \leq \lambda \leq 1, \tag{10.21}$$

com a condição inicial $\mathbf{x}(0)$. O seguinte teorema (consulte [OR], p. 230-231) dá condições sob as quais o método da continuação é viável.

▶ Teorema 10.10 Seja $\mathbf{F}(\mathbf{x})$ continuamente diferenciável em $\mathbf{x} \in \mathbb{R}^n$. Suponha que a matriz jacobiana $J(\mathbf{x})$ seja não singular para todo $\mathbf{x} \in \mathbb{R}^n$ e que exista uma constante M com $\|J(\mathbf{x})^{-1}\| \leq M$, para todo $\mathbf{x} \in \mathbb{R}^n$. Então, para qualquer $\mathbf{x}(0)$ em $\mathbb{R}^n$, existe uma única função $\mathbf{x}(\lambda)$, tal que

$$\mathbf{G}(\lambda, \mathbf{x}(\lambda)) = \mathbf{0},$$

para todo λ em $[0, 1]$. Além disso, $\mathbf{x}(\lambda)$ é continuamente diferenciável e

$$\mathbf{x}'(\lambda) = -J(\mathbf{x}(\lambda))^{-1}\mathbf{F}(\mathbf{x}(0)), \qquad \text{para cada } \lambda \in [0, 1]. \qquad \blacksquare$$

O seguinte exemplo mostra a forma do sistema de equações diferenciais associadas a um sistema não linear de equações.

Ilustração Considere o sistema não linear

$$f_1(x_1, x_2, x_3) = 3x_1 - \cos(x_2x_3) - 0{,}5 = 0,$$

$$f_2(x_1, x_2, x_3) = x_1^2 - 81(x_2 + 0{,}1)^2 + \operatorname{sen} x_3 + 1{,}06 = 0,$$

$$f_3(x_1, x_2, x_3) = e^{-x_1x_2} + 20x_3 + \frac{10\pi - 3}{3} = 0.$$

A matriz jacobiana é

$$J(\mathbf{x}) = \begin{bmatrix} 3 & x_3 \operatorname{sen} x_2x_3 & x_2 \operatorname{sen} x_2x_3 \\ 2x_1 & -162(x_2 + 0{,}1) & \cos x_3 \\ -x_2e^{-x_1x_2} & -x_1e^{-x_1x_2} & 20 \end{bmatrix}.$$

Seja $\mathbf{x}(0) = (0, 0, 0)^t$, de modo que

$$\mathbf{F}(\mathbf{x}(0)) = \begin{bmatrix} -1{,}5 \\ 0{,}25 \\ 10\pi/3 \end{bmatrix}.$$

O sistema de equações diferenciais é

$$\begin{bmatrix} x_1'(\lambda) \\ x_2'(\lambda) \\ x_3'(\lambda) \end{bmatrix} = -\begin{bmatrix} 3 & x_3 \operatorname{sen} x_2x_3 & x_2 \operatorname{sen} x_2x_3 \\ 2x_1 & -162(x_2 + 0{,}1) & \cos x_3 \\ -x_2e^{-x_1x_2} & -x_1e^{-x_1x_2} & 20 \end{bmatrix}^{-1} \begin{bmatrix} -1{,}5 \\ 0{,}25 \\ 10\pi/3 \end{bmatrix}. \qquad \blacksquare$$

Em geral, o sistema de equações diferenciais de que precisamos para resolver nosso problema da continuação tem a forma

$$\frac{dx_1}{d\lambda} = \phi_1(\lambda, x_1, x_2, \ldots, x_n),$$

$$\frac{dx_2}{d\lambda} = \phi_2(\lambda, x_1, x_2, \ldots, x_n),$$

$$\vdots$$

$$\frac{dx_n}{d\lambda} = \phi_n(\lambda, x_1, x_2, \ldots, x_n),$$

em que

$$\begin{bmatrix} \phi_1(\lambda, x_1, \ldots, x_n) \\ \phi_2(\lambda, x_1, \ldots, x_n) \\ \vdots \\ \phi_n(\lambda, x_1, \ldots, x_n) \end{bmatrix} = -J(x_1, \ldots, x_n)^{-1} \begin{bmatrix} f_1(\mathbf{x}(0)) \\ f_2(\mathbf{x}(0)) \\ \vdots \\ f_n(\mathbf{x}(0)) \end{bmatrix}. \tag{10.22}$$

Para utilizar o método de Runge-Kutta de ordem quatro para resolver este sistema, primeiro escolhemos um inteiro $N > 0$ e fazemos $h = (1 - 0)/N$. Divida o intervalo $[0, 1]$ em N subintervalos com os pontos de malha

$$\lambda_j = jh, \text{ para cada } j = 0, 1, \ldots, N.$$

Utilizamos a notação w_{ij}, para cada $j = 0, 1, \ldots, N$ e $i = 1, \ldots, n$, para denotar uma aproximação para $x_i(\lambda_j)$. Para as condições iniciais, faça

$$w_{1,0} = x_1(0), \quad w_{2,0} = x_2(0), \quad \ldots, \quad w_{n,0} = x_n(0).$$

Suponha que $w_{1,j}, w_{2,j}, \ldots, w_{n,j}$ tenham sido calculados. Obtemos $w_{1,j+1}, w_{2,j+1}, \ldots, w_{n,j+1}$ usando as equações

$$k_{1,i} = h\phi_i(\lambda_j, w_{1,j}, w_{2,j}, \ldots, w_{n,j}), \quad \text{para cada} \quad i = 1, 2, \ldots, n;$$

$$k_{2,i} = h\phi_i\left(\lambda_j + \frac{h}{2}, w_{1,j} + \frac{1}{2}k_{1,1}, \ldots, w_{n,j} + \frac{1}{2}k_{1,n}\right), \quad \text{para cada} \quad i = 1, 2, \ldots, n;$$

$$k_{3,i} = h\phi_i\left(\lambda_j + \frac{h}{2}, w_{1,j} + \frac{1}{2}k_{2,1}, \ldots, w_{n,j} + \frac{1}{2}k_{2,n}\right), \quad \text{para cada} \quad i = 1, 2, \ldots, n;$$

$$k_{4,i} = h\phi_i\left(\lambda_j + h, w_{1,j} + k_{3,1}, w_{2,j} + k_{3,2}, \ldots, w_{n,j} + k_{3,n}\right), \quad \text{para cada} \quad i = 1, 2, \ldots, n;$$

e, finalmente,

$$w_{i,j+1} = w_{i,j} + \frac{1}{6}\left(k_{1,i} + 2k_{2,i} + 2k_{3,i} + k_{4,i}\right), \quad \text{para cada} \quad i = 1, 2, \ldots, n.$$

Utilizamos a notação vetorial

$$\mathbf{k}_1 = \begin{bmatrix} k_{1,1} \\ k_{1,2} \\ \vdots \\ k_{1,n} \end{bmatrix}, \mathbf{k}_2 = \begin{bmatrix} k_{2,1} \\ k_{2,2} \\ \vdots \\ k_{2,n} \end{bmatrix}, \mathbf{k}_3 = \begin{bmatrix} k_{3,1} \\ k_{3,2} \\ \vdots \\ k_{3,n} \end{bmatrix}, \mathbf{k}_4 = \begin{bmatrix} k_{4,1} \\ k_{4,2} \\ \vdots \\ k_{4,n} \end{bmatrix} \quad \text{e} \quad \mathbf{w}_j = \begin{bmatrix} w_{1,j} \\ w_{2,j} \\ \vdots \\ w_{n,j} \end{bmatrix}$$

para simplificar a apresentação. A Equação (10.22) nos diz que $\mathbf{x}(0) = \mathbf{x}(\lambda_0) = \mathbf{w}_0$, para cada $j = 0, 1, \ldots, N$,

$$\mathbf{k}_1 = h \begin{bmatrix} \phi_1(\lambda_j, w_{1,j}, \ldots, w_{n,j}) \\ \phi_2(\lambda_j, w_{1,j}, \ldots, w_{n,j}) \\ \vdots \\ \phi_n(\lambda_j, w_{1,j}, \ldots, w_{n,j}) \end{bmatrix} = h\left[-J(w_{1,j}, \ldots, w_{n,j})\right]^{-1} \mathbf{F}(\mathbf{x}(0))$$

$$= h\left[-J(\mathbf{w}_j)\right]^{-1} \mathbf{F}(\mathbf{x}(0)),$$

$$\mathbf{k}_2 = h\left[-J\left(\mathbf{w}_j + \frac{1}{2}\mathbf{k}_1\right)\right]^{-1} \mathbf{F}(\mathbf{x}(0)),$$

$$\mathbf{k}_3 = h\left[-J\left(\mathbf{w}_j + \frac{1}{2}\mathbf{k}_2\right)\right]^{-1} \mathbf{F}(\mathbf{x}(0)),$$

$$\mathbf{k}_4 = h\left[-J\left(\mathbf{w}_j + \mathbf{k}_3\right)\right]^{-1} \mathbf{F}(\mathbf{x}(0)),$$

e

$$\mathbf{x}(\lambda_{j+1}) = \mathbf{x}(\lambda_j) + \frac{1}{6}(\mathbf{k}_1 + 2\mathbf{k}_2 + 2\mathbf{k}_3 + \mathbf{k}_4) = \mathbf{w}_j + \frac{1}{6}(\mathbf{k}_1 + 2\mathbf{k}_2 + 2\mathbf{k}_3 + \mathbf{k}_4).$$

Finalmente, $\mathbf{x}(\lambda_n) = \mathbf{x}(1)$ é nossa aproximação para $\mathbf{x}^*$.

EXEMPLO 1

Use o método da continuação com $\mathbf{x}(0) = (0, 0, 0)^t$ para aproximar a solução de

$$f_1(x_1, x_2, x_3) = 3x_1 - \cos(x_2 x_3) - 0{,}5 = 0,$$

$$f_2(x_1, x_2, x_3) = x_1^2 - 81(x_2 + 0{,}1)^2 + \operatorname{sen} x_3 + 1{,}06 = 0,$$

$$f_3(x_1, x_2, x_3) = e^{-x_1 \cdot x_2} + 20x_3 + \frac{10\pi - 3}{3} = 0.$$

Solução A matriz jacobiana é

$$J(\mathbf{x}) = \begin{bmatrix} 3 & x_3 \operatorname{sen} x_2 x_3 & x_2 \operatorname{sen} x_2 x_3 \\ 2x_1 & -162(x_2 + 0{,}1) & \cos x_3 \\ -x_2 e^{-x_1 x_2} & -x_1 e^{-x_1 x_2} & 20 \end{bmatrix}$$

e

$$F(\mathbf{x}(0)) = (-1{,}5,\ 0{,}25,\ 10\pi/3)^t.$$

Com $N = 4$ e $h = 0{,}25$, temos

$$\mathbf{k}_1 = h[-J(\mathbf{x}^{(0)})]^{-1} F(\mathbf{x}(0)) = 0{,}25 \begin{bmatrix} 3 & 0 & 0 \\ 0 & -16{,}2 & 1 \\ 0 & 0 & 20 \end{bmatrix}^{-1} \begin{bmatrix} -1{,}5 \\ 0{,}25 \\ 10\pi/3 \end{bmatrix}$$

$$= (0{,}125,\ -0{,}004222203325,\ -0{,}1308996939)^t,$$

$$\mathbf{k}_2 = h[-J(0{,}0625,\ -0{,}002111101663,\ -0{,}06544984695)]^{-1}(-1{,}5,\ 0{,}25,\ 10\pi/3)^t$$

$$= 0{,}25 \begin{bmatrix} 3 & -0{,}9043289149 \times 10^{-5} & -0{,}2916936196 \times 10^{-6} \\ 0{,}125 & -15{,}85800153 & 0{,}9978589232 \\ 0{,}002111380229 & -0{,}06250824706 & 20 \end{bmatrix}^{-1} \begin{bmatrix} -1{,}5 \\ 0{,}25 \\ 10\pi/3 \end{bmatrix}$$

$$= (0{,}1249999773,\ -0{,}003311761993,\ -0{,}1309232406)^t;$$

$$\mathbf{k}_3 = h\,[-J(0{,}06249998865, -0{,}001655880997, -0{,}0654616203)]^{-1}(-1{,}5, 0{,}25, 10\pi/3)^t$$
$$= (0{,}1249999844, -0{,}003296244825, -0{,}130920346)^t,$$
$$\mathbf{k}_4 = h\,[-J(0{,}1249999844, -0{,}003296244825, -0{,}130920346)]^{-1}(-1{,}5, 0{,}25, 10\pi/3)^t$$
$$= (0{,}1249998945, -0{,}00230206762, -0{,}1309346977)^t$$

e

$$\mathbf{x}(\lambda_1) = \mathbf{w}_1 = \mathbf{w}_0 + \frac{1}{6}(\mathbf{k}_1 + 2\mathbf{k}_2 + 2\mathbf{k}_3 + \mathbf{k}_4)$$
$$= (0{,}1249999697, -0{,}00329004743, -0{,}1309202608)^t.$$

Continuando, temos

$$\mathbf{x}(\lambda_2) = \mathbf{w}_2 = (0{,}2499997679, -0{,}004507400128, -0{,}2618557619)^t,$$
$$\mathbf{x}(\lambda_3) = \mathbf{w}_3 = (0{,}3749996956, -0{,}003430352103, -0{,}3927634423)^t$$

e

$$\mathbf{x}(\lambda_4) = \mathbf{x}(1) = \mathbf{w}_4 = (0{,}4999999954, 0{,}126782 \times 10^{-7}, -0{,}5235987758)^t.$$

Os resultados obtidos aqui são muito precisos, já que a solução real é aproximadamente $(0{,}5, 0, -0{,}52359877)^t$. ■

Observe que nos métodos de Runge-Kutta, os passos análogos a

$$\mathbf{k}_i = h[-J(\mathbf{x}(\lambda_i) + \alpha_{i-1}\mathbf{k}_{i-1})]^{-1}\mathbf{F}(\mathbf{x}(0))$$

podem ser olhados como a solução $\mathbf{k}_i$ o sistema linear

$$J(\mathbf{x}(\lambda_i) + \alpha_{i-1}\mathbf{k}_{i-1})\,\mathbf{k}_i = -h\mathbf{F}(\mathbf{x}(0)).$$

Assim, no método de Runge-Kutta de ordem quatro, o cálculo de cada $\mathbf{w}_j$ requer quatro inversões de matrizes, cada uma ao se calcular $\mathbf{k}_1$, $\mathbf{k}_2$, $\mathbf{k}_3$ e $\mathbf{k}_4$. Assim, o uso de N passos requer $4N$ inversões de matrizes. Por comparação, o método de Newton requer uma inversão de matriz por iteração. Dessa forma, o trabalho envolvido no método de Runge-Kutta é grosseiramente equivalente a $4N$ iterações do método de Newton.

Uma alternativa é utilizar um método de Runge-Kutta de ordem dois, tal como o método de Euler modificado ou mesmo o método de Euler, para diminuir o número de sistemas lineares que precisam ser resolvidos. Outra possibilidade é usar valores menores de N. O seguinte exemplo ilustra essas ideias.

Ilustração A Tabela 10.6 resume uma comparação do método de Euler, do método do ponto médio e do método de Runge-Kutta de ordem quatro aplicados ao problema no exemplo, com aproximação inicial $\mathbf{x}(0) = (0, 0, 0)^t$. A coluna no lado direito da tabela lista o número de sistemas lineares que são necessários para a solução. ■

Tabela 10.6

Método	N	x(1)	Sistemas
Euler	1	$(0{,}5, -0{,}0168888133, -0{,}5235987755)^t$	1
Euler	4	$(0{,}499999379, -0{,}004309160698, -0{,}523679652)^t$	4
Ponto médio	1	$(0{,}4999966628, -0{,}00040240435, -0{,}523815371)^t$	2
Ponto médio	4	$(0{,}500000066, -0{,}00001760089, -0{,}5236127761)^t$	8
Runge-Kutta	1	$(0{,}4999989843, -0{,}1676151 \times 10^{-5}, -0{,}5235989561)^t$	4
Runge-Kutta	4	$(0{,}4999999954, 0{,}126782 \times 10^{-7}, -0{,}5235987758)^t$	16

O método da continuação pode ser usado como um método isolado, não precisando de uma escolha de $\mathbf{x}(0)$ particularmente boa. Todavia, o método também pode ser utilizado para fornecer uma aproximação inicial para o método de Newton ou de Broyden. Por exemplo, o resultado obtido no Exemplo 2 usando o método de Euler e $N = 2$ poderia facilmente ser suficiente para iniciar os métodos de Newton ou de Broyden, mais eficientes, e ser melhor para este propósito do que os métodos da continuação, que requerem mais cálculos. O Algoritmo 10.4 é uma implementação do método da continuação.

ALGORITMO 10.4 **Algoritmo da continuação**

Para aproximar a solução do sistema não linear $\mathbf{F}(\mathbf{x}) = \mathbf{0}$ dada uma aproximação inicial $\mathbf{x}$:

ENTRADA número n de equações e incógnitas; inteiro $N > 0$; aproximação inicial $\mathbf{x} = (x_1, x_2, \ldots, x_n)^t$.

SAÍDA solução aproximada $\mathbf{x} = (x_1, x_2 \ldots, x_n)^t$.

Passo 1 Faça $h = 1/N$;
$\mathbf{b} = -h\mathbf{F}(\mathbf{x})$.

Passo 2 Para $i = 1, 2, \ldots, N$ execute Passos 3 a 7.

Passo 3 Faça $A = J(\mathbf{x})$;
Resolva o sistema linear $A\mathbf{k}_1 = \mathbf{b}$.

Passo 4 Faça $A = J(\mathbf{x} + \frac{1}{2}\mathbf{k}_1)$;
Resolva o sistema linear $A\mathbf{k}_2 = \mathbf{b}$.

Passo 5 Faça $A = J(\mathbf{x} + \frac{1}{2}\mathbf{k}_2)$;
Resolva o sistema linear $A\mathbf{k}_3 = \mathbf{b}$.

Passo 6 Faça $A = J(\mathbf{x} + \mathbf{k}_3)$;
Resolva o sistema linear $A\mathbf{k}_3 = \mathbf{b}$ para $\mathbf{k}_4$.

Passo 7 Faça $\mathbf{x} = \mathbf{x} + (\mathbf{k}_1 + 2\mathbf{k}_2 + 2\mathbf{k}_3 + \mathbf{k}_4)/6$.

Passo 8 SAÍDA $(x_1, x_2, \ldots, x_n)$;
PARE. ■

EXERCÍCIOS 10.5

1. O sistema não linear

$$f_1(x_1, x_2) = x_1^2 - x_2^2 + 2x_2 = 0, \qquad f_2(x_1, x_2) = 2x_1 + x_2^2 - 6 = 0$$

tem duas soluções, $(0{,}625204094, 2{,}179355825)^t$ e $(2{,}109511920, -1{,}334532188)^t$. Use o método da continuação e o método de Euler com $N = 2$ para aproximar as soluções quando

a. $\mathbf{x}(0) = (0, 0)^t$ **b.** $\mathbf{x}(0) = (1, 1)^t$ **c.** $\mathbf{x}(0) = (3, -2)^t$

2. Repita o Exercício 1, utilizando o método de Runge-Kutta de ordem quatro com $N = 1$.

3. Use o método da continuação e o método de Euler com $N = 2$ nos seguintes sistemas não lineares.

a. $4x_1^2 - 20x_1 + \frac{1}{4}x_2^2 + 8 = 0,$
$\frac{1}{2}x_1x_2^2 + 2x_1 - 5x_2 + 8 = 0.$

b. $\operatorname{sen}(4\pi x_1 x_2) - 2x_2 - x_1 = 0,$
$\left(\frac{4\pi - 1}{4\pi}\right)(e^{2x_1} - e) + 4ex_2^2 - 2ex_1 = 0.$

c. $3x_1 - \cos(x_2x_3) - \frac{1}{2} = 0,$
$4x_1^2 - 625x_2^2 + 2x_2 - 1 = 0,$
$e^{-x_1x_2} + 20x_3 + \frac{10\pi - 3}{3} = 0.$

d. $x_1^2 + x_2 - 37 = 0,$
$x_1 - x_2^2 - 5 = 0,$
$x_1 + x_2 + x_3 - 3 = 0.$

4. Use o método da continuação e o método de Runge-Kutta de ordem quatro com $N = 1$ nos seguintes sistemas não lineares, usando $\mathbf{x}(0) = \mathbf{0}$. As respostas aqui são comparáveis às do método de Newton ou são aproximações iniciais adequadas para o método de Newton?

a. $x_1(1 - x_1) + 4x_2 = 12,$
$(x_1 - 2)^2 + (2x_2 - 3)^2 = 25.$
Compare com 10.2(5c).

b. $5x_1^2 - x_2^2 = 0,$
$x_2 - 0{,}25(\operatorname{sen} x_1 + \cos x_2) = 0.$
Compare com 10.2(5d).

c. $15x_1 + x_2^2 - 4x_3 = 13,$
$x_1^2 + 10x_2 - x_3 = 11,$
$x_2^3 - 25x_3 = -22.$
Compare com 10.2(6c).

d. $10x_1 - 2x_2^2 + x_2 - 2x_3 - 5 = 0,$
$8x_2^2 + 4x_3^2 - 9 = 0.$
$8x_2x_3 + 4 = 0.$
Compare com 10.2(6d).

5. Repita o Exercício 4, utilizando as aproximações iniciais obtidas como se segue.

a. De 10.2(3c) **b.** De 10.2(3d) **c.** De 10.2(4c) **d.** De 10.2(4d)

6. Use o método da continuação e o método de Runge-Kutta de ordem quatro com $N = 1$ no Exercício 7 da Seção 10.2. Os resultados são tão bons quanto os obtidos lá?

7. Repita o Exercício 5, usando $N = 2$.

8. Repita o Exercício 8 da Seção 10.2, usando o método da continuação e o método de Runge-Kutta de ordem quatro, com $N = 1$.

9. Repita o Exercício 9 da Seção 10.2, usando o método da continuação e o método de Runge-Kutta de ordem quatro, com $N = 2$.

EXERCÍCIOS APLICADOS

10. Ao calcular a forma de uma rampa de descarregamento por escoamento gravitacional que minimize o tempo de trânsito das partículas granulares descarregadas, C. Chiarella, W. Charlton e A. W. Roberts [CCR] resolveram as seguintes equações pelo método de Newton:

(i) $f_n(\theta_1, \ldots, \theta_N) = \frac{\operatorname{sen}\theta_{n+1}}{v_{n+1}}(1 - \mu w_{n+1}) - \frac{\operatorname{sen}\theta_n}{v_n}(1 - \mu w_n) = 0$, para cada $n = 1, 2, \ldots, N - 1$.

(ii) $f_N(\theta_1, \ldots, \theta_N) = \Delta y \sum_{i=1}^{N} \operatorname{tg} \theta_i - X = 0$, em que

a. $v_n^2 = v_0^2 + 2gn\Delta y - 2\mu\Delta y \sum_{j=1}^{n} \frac{1}{\cos\theta_j}$, para cada $n = 1, 2, \ldots, N$, e

b. $w_n = -\Delta y v_n \sum_{i=1}^{N} \frac{1}{v_i^3 \cos\theta_i}$, para cada $n = 1, 2, \ldots, N$.

A constante v_0 é a velocidade inicial do material granular, X é a coordenada x do final da rampa, μ é a força de atrito, N é o número de segmentos na rampa e $g = 32,17$pés/s^2 é a aceleração da gravidade. A variável θ_i é o ângulo do i-ésimo segmento da rampa com a vertical, como mostrado na figura, e v_i é a velocidade da partícula no i-ésimo segmento da rampa. Resolva (i) e (ii) para determinar $\theta = (\theta_1, \ldots, \theta_N)^t$ com $\mu = 0$, $X = 2$, $y = 0,2$, $N = 20$, e $v_0 = 0$, em que os valores de v_n e w_n podem ser obtidos diretamente de (a) e (b). Itere até que $\|\theta^{(k)} - \theta^{(k-1)}\|_\infty < 10^{-2}$.

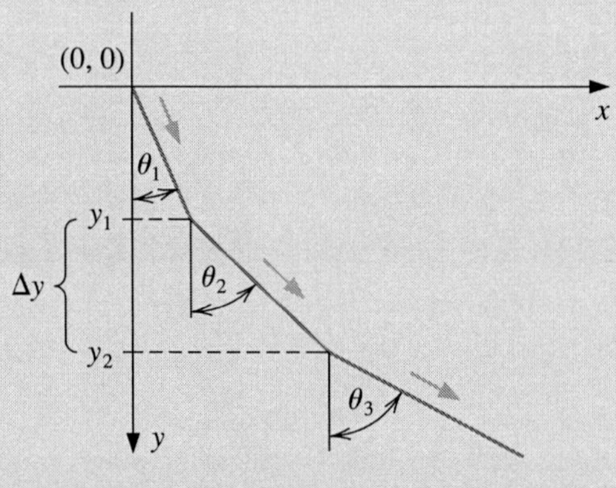

11. A dinâmica populacional de três espécies que competem pode ser descrita por

$$\frac{dx_i(t)}{dt} = r_i x_i(t)\left[1 - \sum_{i=1}^{3} \alpha_{ij} x_j(t)\right]$$

para cada $i = 1, 2, 3$, em que a população da i-ésima espécie no instante t é $x_i(t)$. A taxa de crescimento da i-ésima espécie é r_i, e α_{ij} mede o quanto a espécie j afeta a taxa de crescimento da espécie i. Suponha que as três taxas de crescimento sejam iguais a r. Fazendo uma mudança de escala no tempo de um fator r, podemos fazer efetivamente $r = 1$. Além disso, suponha que a espécie 2 afete a 1 do mesmo modo que a 3 afeta a 2 e a 1 afeta a 3. Assim, $\alpha_{12} = \alpha_{23} = \alpha_{31}$ que faremos iguais a α e, analogamente, $\alpha_{21} = \alpha_{32} = \alpha_{13} = \beta$. É possível fazer uma mudança de escala na população de modo que todos $\alpha_{ii} = 1$. Isso fornece o sistema de equações diferenciais

$$x_1'(t) = x_1(t)\left[1 - x_1(t) - \alpha x_2(t) - \beta x_3(t)\right]$$
$$x_2'(t) = x_2(t)\left[1 - x_2(t) - \beta x_1(t) - \alpha x_3(t)\right]$$
$$x_3'(t) = x_3(t)\left[1 - x_3(t) - \alpha x_1(t) - \beta x_2(t)\right].$$

Se $\alpha = 0,5$ e $\beta = 0,25$, determine uma solução estável ($x'_1(t) = x'_2(t) = x'_3(t) = 0$) no conjunto $\{(x_1, x_2, x_3) | \, 0 \le x_1(t) \le 1, 0,25 \le x_2(t) \le 1, 0,25 \le x_3(t) \le 1\}$ usando o método de Broyden.

EXERCÍCIOS TEÓRICOS

12. Mostre que o método da continuação e o método de Euler com $N = 1$ fornecem o mesmo resultado que o método de Newton para a primeira iteração; isto é, com $\mathbf{x}(0) = \mathbf{x}^{(0)}$ sempre obtemos $\mathbf{x}(1) = \mathbf{x}^{(1)}$.

13. Mostre que a homotopia

$$G(\lambda, \mathbf{x}) = F(\mathbf{x}) - e^{-\lambda} F(\mathbf{x}(0))$$

utilizada no método da continuação com o método de Euler e $h = 1$ também duplica o método de Newton para qualquer $\mathbf{x}^{(0)}$; isto é, com $\mathbf{x}(0) = \mathbf{x}^{(0)}$, temos $\mathbf{x}(1) = \mathbf{x}^{(1)}$.

14. Abreviemos como CMRK4 o método da continuação com o método de Runge-Kutta de ordem quatro. Após ter completado os Exercícios 4, 5, 6, 7, 8 e 9, responda às seguintes perguntas.

a. O CMRK4 com $N = 1$ é comparável com o método de Newton? Comprove sua resposta com os resultados de exercícios anteriores.

b. O CMRK4 com $N = 1$ deveria ser utilizado como um meio para se obter uma aproximação inicial para o método de Newton? Comprove sua resposta com os resultados de exercícios anteriores.

c. Repita a parte (a) para o CMRK4 com $N = 2$.

d. Repita a parte (b) para o CMRK4 com $N = 2$.

QUESTÕES PARA DISCUSSÃO

1. Dê uma visão geral do método GMRES. Como ele difere dos métodos iterativos descritos neste capítulo?
2. O texto menciona que o método da continuação pode ser usado como um método isolado e que não requer um ponto inicial particularmente bom. Como esse método pode ser usado em conjunção com o método de Newton para obter uma melhor aproximação do conjunto solução?
3. O texto menciona que o método da continuação pode ser usado como um método isolado e que não requer um ponto inicial particularmente bom. Como esse método pode ser usado em conjunção com o método de Broyden para obter uma melhor aproximação do conjunto solução?

10.6 Software numérico

O pacote Hompack no Netlib resolve um sistema de equações não lineares mediante a utilização de vários métodos de homotopia.

Os métodos para sistemas não lineares nas bibliotecas IMSL e NAG utilizam o método de Levenberg-Marquardt, que é uma média ponderada do método de Newton e do método do declive máximo. O peso é direcionado para o método do declive máximo até ser detectada convergência, momento em que o peso é deslocado na direção do método de Newton, que converge mais rapidamente. Em qualquer das duas rotinas, pode ser usada uma aproximação por diferenças finitas para a jacobiana ou pode ser inserida uma sub-rotina fornecida pelo usuário para calcular a jacobiana.

QUESTÕES PARA DISCUSSÃO

1. O pacote Hompack no Netlib resolve um sistema de equações não lineares usando diversos métodos de homotopia. Discuta um desses métodos.
2. O método de Levenberg-Marquardt é uma média ponderada do método de Newton e do método do declive máximo. Discuta em mais detalhes como essa média ponderada é obtida e comente a taxa de convergência.

CONCEITOS-CHAVE

Continuidade
Declive máximo
Derivada direcional
Fórmula de Sherman-Morrison
Função gradiente
Funções coordenadas
Matriz jacobiana
Método de Broyden
Método de Newton
Métodos da continuação
Métodos da homotopia
Métodos quasi-Newton
Ponto fixo

REVISÃO DO CAPÍTULO

Neste capítulo, consideramos métodos para aproximar soluções de sistemas não lineares

$$\begin{aligned} f_1(x_1, x_2, \ldots, x_n) &= 0, \\ f_2(x_1, x_2, \ldots, x_n) &= 0, \\ &\vdots \\ f_n(x_1, x_2, \ldots, x_n) &= 0. \end{aligned}$$

O método de Newton para sistemas requer uma boa aproximação inicial $(x_1^{(0)}, x_2^{(0)}, \ldots, x_n^{(0)})^t$ e gera uma sequência

$$\mathbf{x}^{(k)} = \mathbf{x}^{(k-1)} - J(\mathbf{x}^{(k-1)})^{-1}\mathbf{F}(\mathbf{x}^{(k-1)}),$$

que converge rapidamente para uma solução $\mathbf{x}$ se $\mathbf{p}^{(0)}$ estiver suficientemente próximo de $\mathbf{p}$. Contudo, o método de Newton requer calcular ou aproximar n^2 derivadas parciais e resolver um sistema linear $n \times n$ a cada passo, o que requer $O(n^3)$ cálculos.

O método de Broyden reduz o total de cálculos a cada passo, sem degradar significativamente a velocidade de convergência. Esta técnica substitui a matriz jacobiana J por uma matriz A_{k-1} cuja inversa é determinada diretamente a cada passo. Isso reduz os cálculos aritméticos de $O(n^3)$ para $O(n^2)$. Além disso, os únicos cálculos de função escalar necessários estão no cálculo de f_i, poupando n^2 cálculos de função escalar por passo. O método de Broyden também requer uma boa aproximação inicial.

O método do declive máximo foi apresentado como um modo de se obter boas aproximações iniciais para os métodos de Newton e de Broyden. Embora o declive máximo não forneça uma sequência rapidamente convergente, ele não requer uma boa aproximação inicial. O método do declive máximo aproxima um mínimo de uma função de várias variáveis g. Para nossa aplicação escolhemos

$$g(x_1, x_2, \ldots, x_n) = \sum_{i=1}^{n} [f_i(x_1, x_2, \ldots, x_n)]^2.$$

O valor mínimo de g é 0, o que ocorre quando as funções f_i são simultaneamente 0.

Os métodos da homotopia e da continuação também são utilizados para sistemas não lineares e são assuntos de pesquisas atuais (consultar [AG]). Nesses métodos, um dado problema

$$\mathbf{F}(\mathbf{x}) = \mathbf{0}$$

é incluído em uma família a um parâmetro de problemas, utilizando um parâmetro λ que assume valores em [0, 1]. O problema original corresponde a $\lambda = 1$ e um problema com soluções conhecidas corresponde a $\lambda = 0$. Por exemplo, o conjunto de problemas

$$\mathbf{G}(\lambda, \mathbf{x}) = \lambda\mathbf{F}(\mathbf{x}) + (1 - \lambda)(\mathbf{F}(\mathbf{x}) - \mathbf{F}(\mathbf{x}_0) = \mathbf{0}, \qquad \text{para } 0 \leq \lambda \leq 1,$$

com $\mathbf{x}_0 \in \mathbb{R}^n$ fixo forma uma homotopia. Quando $\lambda = 0$, a solução é $\mathbf{x}(\lambda = 0) = \mathbf{x}_0$. A solução para o problema original corresponde a $\mathbf{x}(\lambda = 1)$.

Um método da continuação tenta determinar $\mathbf{x}(\lambda = 1)$ mediante a solução da sequência de problemas correspondendo a $\lambda_0 = 0 < \lambda_1 < \ldots < \lambda_m = 1$. A aproximação inicial para a solução de

$$\lambda_i\mathbf{F}(\mathbf{x}) + (1 - \lambda_i)(\mathbf{F}(\mathbf{x}) - \mathbf{F}(\mathbf{x}_0)) = \mathbf{0}$$

seria a solução, $\mathbf{x}\ (\lambda = \lambda_{i-1})$, para o problema

$$\lambda_{i-1}\mathbf{F}(\mathbf{x}) + (1 - \lambda_{i-1})(\mathbf{F}(\mathbf{x}) - \mathbf{F}(\mathbf{x}_0) = \mathbf{0}.$$

Um tratamento abrangente dos métodos para resolução de sistemas não lineares de equações pode ser encontrado em Ortega e Rheinbolt [OR] e em Dennis e Schnabel [DenS]. Recentes desenvolvimentos em métodos iterativos podem ser encontrados em Argyros e Szidarovszky [AS], e informações sobre a utilização de métodos da continuação estão disponíveis em Allgower e Georg [AG].

CAPÍTULO **11**

Problemas de contorno para equações diferenciais ordinárias

Introdução

Um problema comum em engenharia civil diz respeito à deflexão de uma viga com seção transversal retangular sujeita a uma carga uniforme, enquanto as extremidades da viga estão apoiadas de modo que não sofram nenhuma deflexão.

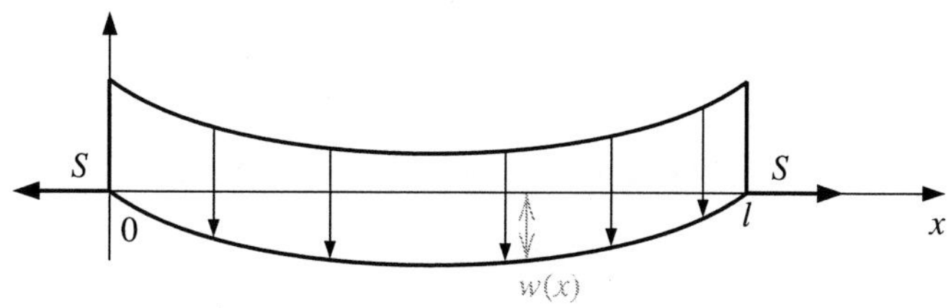

Suponha que l, q, E, S e I representam, respectivamente, o comprimento da viga, a intensidade da carga uniforme, o módulo de elasticidade, o esforço nas extremidades e o momento de inércia central. A equação diferencial aproximando a situação física é da forma

$$\frac{d^2w}{dx^2}(x) = \frac{S}{EI}w(x) + \frac{qx}{2EI}(x - l),$$

em que $w(x)$ é a deflexão a uma distância x a partir da extremidade esquerda da viga. Já que nenhuma deflexão ocorre nas extremidades da viga, também temos as duas condições de contorno

$$w(0) = 0 \quad \text{e} \quad w(l) = 0.$$

Quando a viga tem espessura uniforme, o produto EI é constante. Neste caso, a solução exata é facilmente obtida. Quando a espessura não é uniforme, o momento de inércia I é uma função de x, e técnicas de aproximação são necessárias. Problemas desse tipo são considerados nos Exercícios 7 da Seção 11.3, 6 da Seção 11.4 e 7 da Seção 11.5.

As equações diferenciais no Capítulo 5 são de primeira ordem e têm uma condição inicial a satisfazer. Mais adiante no capítulo, vimos que as técnicas podiam ser estendidas a sistemas de equações e então a equações de ordem superior, mas todas as condições especificadas estão na mesma extremidade. Estes são problemas de valor inicial. Neste capítulo, mostramos como aproximar a solução de **problemas de con-**

torno, equações diferenciais com condições impostas em pontos distintos. Para equações diferenciais de primeira ordem, apenas uma condição é especificada e então não há distinção entre problemas de valor inicial e de contorno. Consideraremos equações de segunda ordem com dois valores de contorno.

Problemas físicos que são mais dependentes de posição do que de tempo, geralmente, são descritos em termos de equações diferenciais com condições impostas em mais de um ponto. Os problemas de contorno de dois pontos neste capítulo envolvem uma equação diferencial de segunda ordem da forma

$$y'' = f(x, y, y'),\ \text{para } a \leq x \leq b, \tag{11.1}$$

com as condições de contorno

$$y(a) = \alpha \text{ e } y(b) = \beta. \tag{11.2}$$

11.1 O método *shooting*[1] linear

O seguinte teorema fornece condições gerais que garantem que a solução de um problema de contorno de segunda ordem exista e seja única. A demonstração desse teorema pode ser encontrada em [Keller, H].

▶Teorema 10.2 Suponha que a função f no problema de contorno

$$y'' = f(x, y, y'), \quad \text{para } a \leq x \leq b, \text{ com } y(a) = \alpha \text{ e } y(b) = \beta,$$

seja contínua no conjunto

$$D = \{(x, y, y') \mid \text{para } a \leq x \leq b, \text{ com } -\infty < y < \infty, \text{ e } -\infty < y' < \infty\},$$

e que as derivadas parciais f_y e $f_{y'}$ também sejam contínuas em D. Se

(i) $f_y(x, y, y') > 0$ para todo $(x, y, y') \in D$, e
(ii) existir uma constante M com

$$|f_{y'}(x, y, y')| \leq M, \text{ para todo } (x, y, y') \in D,$$

então o problema de contorno tem uma solução única. ■

EXEMPLO 1 Use o Teorema 11.1 para mostrar que o problema de contorno

$$y'' + e^{-xy} + \operatorname{sen} y' = 0, \quad \text{para } 1 \leq x \leq 2, \text{ com } y(1) = y(2) = 0,$$

tem uma solução única.

Solução Temos

$$f(x, y, y') = -e^{-xy} - \operatorname{sen} y'$$

e, para todo x em $[1, 2]$,

$$f_y(x, y, y') = xe^{-xy} > 0 \text{ e } |f_{y'}(x, y, y')| = |-\cos y'| \leq 1,$$

Assim, esse problema tem uma solução única. ■

1 *Shooting* poderia ser traduzido, literalmente, como tiro ao alvo. (N.T.)

Problemas de contorno lineares

A equação diferencial

$$y'' = f(x, y, y')$$

é linear quando existem funções $p(x)$, $q(x)$ e $r(x)$ tais que

$$f(x, y, y') = p(x)y' + q(x)y + r(x).$$

Problemas desse tipo ocorrem frequentemente e, nessa situação, o Teorema 11.1 pode ser simplificado.

Uma equação linear envolve apenas potências lineares de y e suas derivadas.

Corolário 11.2 Suponha que o problema de contorno linear

$$y'' = p(x)y' + q(x)y + r(x), \quad \text{para } a \leq x \leq b, \text{ com } y(a) = \alpha \text{ e } y(b) = \beta,$$

satisfaz a

(i) $p(x)$, $q(x)$ e $r(x)$ são contínuas em $[a, b]$,
(ii) $q(x) > 0$ em $[a, b]$.

Então, o problema de contorno tem uma solução única. ■

Para obter uma aproximação para a solução única desse problema linear, consideremos primeiro os problemas de valor inicial

$$y'' = p(x)y' + q(x)y + r(x), \text{ com } \quad a \leq x \leq b, \quad y(a) = \alpha \text{ e } \quad y'(a) = 0, \tag{11.3}$$

e

$$y'' = p(x)y' + q(x)y, \text{ com } \quad a \leq x \leq b, \quad y(a) = 0 \text{ e } \quad y'(a) = 1. \tag{11.4}$$

O Teorema 5.17 na Seção 5.9 (veja a página 295) assegura que, sob as hipóteses do Corolário 11.2, ambos os problemas têm uma solução única.

Denotemos por $y_1(x)$ a solução da Equação (11.3) e por $y_2(x)$ a solução da Equação (11.4). Suponha que $y_2(b) \neq 0$. (O fato de $y_2(b) = 0$ estar em conflito com as hipóteses do Corolário 11.2 é considerado no Exercício 8.) Defina

$$y(x) = y_1(x) + \frac{\beta - y_1(b)}{y_2(b)} y_2(x). \tag{11.5}$$

Então, $y(x)$ é a solução do problema de contorno linear (11.3). Para ver isso, observe primeiro que

$$y'(x) = y_1'(x) + \frac{\beta - y_1(b)}{y_2(b)} y_2'(x)$$

e

$$y''(x) = y_1''(x) + \frac{\beta - y_1(b)}{y_2(b)} y_2''(x).$$

A substituição das expressões para $y_1''(x)$ e $y_2''(x)$ nessa equação fornece

$$\begin{aligned} y'' &= p(x)y_1' + q(x)y_1 + r(x) + \frac{\beta - y_1(b)}{y_2(b)}\left(p(x)y_2' + q(x)y_2\right) \\ &= p(x)\left(y_1' + \frac{\beta - y_1(b)}{y_2(b)}y_2'\right) + q(x)\left(y_1 + \frac{\beta - y_1(b)}{y_2(b)}y_2\right) + r(x) \\ &= p(x)y'(x) + q(x)y(x) + r(x). \end{aligned}$$

Além disso,

$$y(a) = y_1(a) + \frac{\beta - y_1(b)}{y_2(b)}y_2(a) = \alpha + \frac{\beta - y_1(b)}{y_2(b)} \cdot 0 = \alpha$$

e

$$y(b) = y_1(b) + \frac{\beta - y_1(b)}{y_2(b)}y_2(b) = y_1(b) + \beta - y_1(b) = \beta.$$

Shooting linear

O método *shooting* para equações lineares baseia-se na substituição do problema de contorno pelos dois problemas de valor inicial (11.3) e (11.4). Vários métodos estão disponíveis no Capítulo 5 para obter uma aproximação para as soluções $y_1(x)$ e $y_2(x)$, e uma vez que essas aproximações estejam disponíveis, a solução para o problema de contorno é aproximada usando-se a Equação (11.5). Graficamente, o método tem o aspecto mostrado na Figura 11.1.

Este "shooting" atinge o alvo depois de uma tentativa. Na próxima seção, veremos que os problemas não lineares requerem várias tentativas.

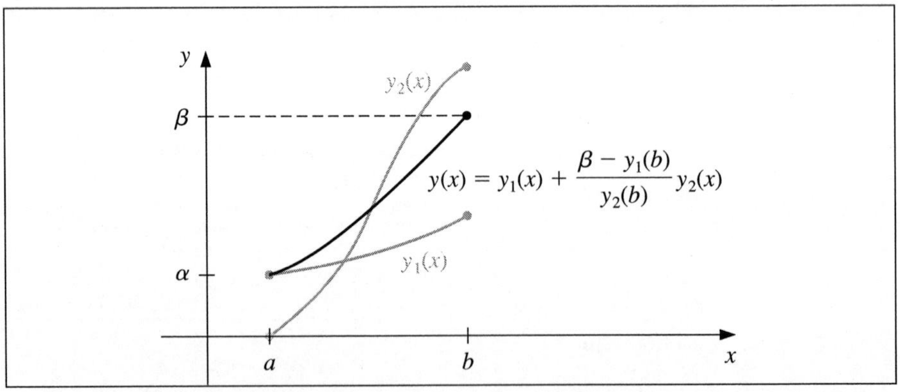

Figura 11.1

O Algoritmo 11.1 utiliza a técnica de Runge-Kutta de quarta ordem para encontrar as aproximações para $y_1(x)$ e $y_2(x)$, mas outras técnicas para obter uma aproximação para as soluções dos problemas de valor inicial podem ser substituídas no Passo 4.

Primeiro, escrevemos a Equação (11.3) como um sistema de duas equações diferenciais lineares, fazendo $z_1(x) = y(x)$ e $z_2(x) = y'(x)$, de modo que

$$z_1'(x) = z_2(x)$$

$$z_2'(x) = p(x)z_2(x) + q(x)z_1(x) + r(x)$$

para $a \leq x \leq b$, com $z_1(a) = \alpha$ e $z_2(a) = 0$. A seguir, escrevemos a Equação (11.4) como um sistema de equações diferenciais lineares, fazendo $z_3(x) = y(x)$ e $z_4(x) = y$ (x), de modo que

$$z_3'(x) = z_4(x)$$

$$z_4'(x) = p(x)z_4(x) + q(x)z_3(x)$$

para $a \leq x \leq b$ com $z_3(a) = 0$ e $z_4(a) = 1$. As aproximações calculadas pelo algoritmo são

$$u_{1,i} \approx z_1(x_i) = y_1(x_i), \quad u_{2,i} \approx z_2(x_i) = y_1'(x_i)$$

e

$$v_{1,i} \approx z_3(x_i) = y_2(x_i), \quad v_{2,i} \approx z_4(x_i) = y_2'(x_i).$$

As aproximações finais são

$$w_{1,i} = u_{1,i} + \frac{\beta - u_{1,N}}{v_{1,N}} v_{1,i} \approx y(x_i)$$

e

$$w_{2,i} = u_{2,i} + \frac{\beta - u_{1,N}}{v_{1,N}} v_{2,i} \approx y'(x_i).$$

O algoritmo tem a facilidade adicional de obter aproximações para a derivada da solução do problema de contorno, bem como para a solução do próprio problema. O uso do algoritmo não está restrito aos problemas para os quais as hipóteses do Corolário 11.2 podem ser verificadas; funcionará para muitos problemas que não satisfazem estas hipóteses. Um desses exemplos pode ser encontrado no Exercício 4.

ALGORITMO 11.1 **Shooting linear**

Para obter uma aproximação para a solução do problema de contorno

$$-y'' + p(x)y' + q(x)y + r(x) = 0, \quad \text{para } a \leq x \leq b, \text{ com } y(a) = \alpha \text{ e } y(b) = \beta:$$

(*Observação: As Equações (11.3) e (11.4) são escritas como sistemas de primeira ordem e resolvidas.*)

ENTRADA extremidades a e b; condições de contorno α e β; número de subintervalos N.

SAÍDA aproximações $\omega_{1,i}$ para $y(x_i)$; $\omega_{2,i}$ para $y'(x_i)$ para cada $i = 0, 1, \ldots, N$.

Passo 1 Faça $h = (b - a)/N$;
$u_{1,0} = \alpha$;
$u_{2,0} = 0$;
$v_{1,0} = 0$;
$v_{2,0} = 1$.

Passo 2 Para $i = 0, \ldots, N-1$ execute os Passos 3 e 4.
(*O método de Runge-Kutta para sistemas é utilizado nos Passos 3 e 4.*)

Passo 3 Faça $x = a + ih$.

Passo 4 Faça $k_{1,1} = hu_{2,i}$;

$$k_{1,2} = h\left[p(x)u_{2,i} + q(x)u_{1,i} + r(x)\right];$$
$$k_{2,1} = h\left[u_{2,i} + \tfrac{1}{2}k_{1,2}\right];$$
$$k_{2,2} = h\left[p(x+h/2)\left(u_{2,i} + \tfrac{1}{2}k_{1,2}\right) + q(x+h/2)\left(u_{1,i} + \tfrac{1}{2}k_{1,1}\right) + r(x+h/2)\right];$$
$$k_{3,1} = h\left[u_{2,i} + \tfrac{1}{2}k_{2,2}\right];$$
$$k_{3,2} = h\left[p(x+h/2)\left(u_{2,i} + \tfrac{1}{2}k_{2,2}\right) + q(x+h/2)(u_{1,i} + \tfrac{1}{2}k_{2,1}) + r(x+h/2)\right];$$
$$k_{4,1} = h\left[u_{2,i} + k_{3,2}\right];$$
$$k_{4,2} = h\left[p(x+h)(u_{2,i} + k_{3,2}) + q(x+h)(u_{1,i} + k_{3,1}) + r(x+h)\right];$$
$$u_{1,i+1} = u_{1,i} + \tfrac{1}{6}\left[k_{1,1} + 2k_{2,1} + 2k_{3,1} + k_{4,1}\right];$$
$$u_{2,i+1} = u_{2,i} + \tfrac{1}{6}\left[k_{1,2} + 2k_{2,2} + 2k_{3,2} + k_{4,2}\right];$$
$$k'_{1,1} = hv_{2,i};$$
$$k'_{1,2} = h\left[p(x)v_{2,i} + q(x)v_{1,i}\right];$$
$$k'_{2,1} = h\left[v_{2,i} + \tfrac{1}{2}k'_{1,2}\right];$$
$$k'_{2,2} = h\left[p(x+h/2)\left(v_{2,i} + \tfrac{1}{2}k'_{1,2}\right) + q(x+h/2)\left(v_{1,i} + \tfrac{1}{2}k'_{1,1}\right)\right];$$
$$k'_{3,1} = h\left[v_{2,i} + \tfrac{1}{2}k'_{2,2}\right];$$
$$k'_{3,2} = h\left[p(x+h/2)\left(v_{2,i} + \tfrac{1}{2}k'_{2,2}\right) + q(x+h/2)\left(v_{1,i} + \tfrac{1}{2}k'_{2,1}\right)\right];$$
$$k'_{4,1} = h\left[v_{2,i} + k'_{3,2}\right];$$
$$k'_{4,2} = h\left[p(x+h)(v_{2,i} + k'_{3,2}) + q(x+h)(v_{1,i} + k'_{3,1})\right];$$
$$v_{1,i+1} = v_{1,i} + \tfrac{1}{6}\left[k'_{1,1} + 2k'_{2,1} + 2k'_{3,1} + k'_{4,1}\right];$$
$$v_{2,i+1} = v_{2,i} + \tfrac{1}{6}\left[k'_{1,2} + 2k'_{2,2} + 2k'_{3,2} + k'_{4,2}\right].$$

Passo 5 Faça $\omega_{1,0} = \alpha$;
$$\omega_{2,0} = \frac{\beta - u_{1,N}}{v_{1,N}};$$
SAÍDA $(a, \omega_{1,0}, \omega_{2,0})$.

Passo 6 Para $i = 1, \ldots, N$
faça $W1 = u_{1,i} + \omega_{2,0}v_{1,i}$;
$W2 = u_{2,i} + \omega_{2,0}v_{2,i}$;
$x = a + ih$;
SAÍDA $(x, W1, W2)$. (*A saída é* $x_i, \omega_{1,i}, \omega_{2,i}$.)

Passo 7 PARE. (*O processo está completo.*) ■

EXEMPLO 2 Aplique a técnica de *shooting* linear com $N = 10$ ao problema de contorno

$$y'' = -\frac{2}{x}y' + \frac{2}{x^2}y + \frac{\operatorname{sen}(\ln x)}{x^2}, \quad \text{para } 1 \le x \le 2, \text{ com } y(1) = 1 \text{ e } y(2) = 2,$$

e compare os resultados com aqueles da solução exata

$$y = c_1 x + \frac{c_2}{x^2} - \frac{3}{10}\operatorname{sen}(\ln x) - \frac{1}{10}\cos(\ln x),$$

em que

$$c_2 = \frac{1}{70}[8 - 12\operatorname{sen}(\ln 2) - 4\cos(\ln 2)] \approx -0{,}03920701320$$

e

$$c_1 = \frac{11}{10} - c_2 \approx 1{,}1392070132.$$

Solução Aplicar o Algoritmo 11.1 a esse problema requer aproximar as soluções para os problemas de valor inicial

$$y_1'' = -\frac{2}{x}y_1' + \frac{2}{x^2}y_1 + \frac{\operatorname{sen}(\ln x)}{x^2}, \quad \text{para } 1 \le x \le 2, \text{ com } y_1(1) = 1 \text{ e } y'_1(1) = 0,$$

e

$$y_2'' = -\frac{2}{x}y_2' + \frac{2}{x^2}y_2, \quad \text{para } 1 \le x \le 2, \text{ com } y_2(1) = 0 \text{ e } y_2'(1) = 1.$$

Os resultados dos cálculos, usando o Algoritmo 11.1 com $N = 10$ e $h = 0{,}1$, são fornecidos na Tabela 11.1. O valor listado como $u_{1,i}$ aproxima $y_1(x_i)$, o valor $v_{1,i}$ aproxima $y_2(x_i)$, e w_i aproxima

$$y(x_i) = y_1(x_i) + \frac{2 - y_1(2)}{y_2(2)}y_2(x_i).$$

■

Tabela 11.1

x_i	$u_{1,i} \approx y_1(x_i)$	$v_{1,i} \approx y_2(x_i)$	$w_i \approx y(x_i)$	$y(x_i)$	$\lvert y(x_i) - w_i \rvert$
1,0	1,00000000	0,00000000	1,00000000	1,00000000	
1,1	1,00896058	0,09117986	1,09262917	1,09262930	$1{,}43 \times 10^{-7}$
1,2	1,03245472	0,16851175	1,18708471	1,18708484	$1{,}34 \times 10^{-7}$
1,3	1,06674375	0,23608704	1,28338227	1,28338236	$9{,}78 \times 10^{-8}$
1,4	1,10928795	0,29659067	1,38144589	1,38144595	$6{,}02 \times 10^{-8}$
1,5	1,15830000	0,35184379	1,48115939	1,48115942	$3{,}06 \times 10^{-8}$
1,6	1,21248372	0,40311695	1,58239245	1,58239246	$1{,}08 \times 10^{-8}$
1,7	1,27087454	0,45131840	1,68501396	1,68501396	$5{,}43 \times 10^{-10}$
1,8	1,33273851	0,49711137	1,78889854	1,78889853	$5{,}05 \times 10^{-9}$
1,9	1,39750618	0,54098928	1,89392951	1,89392951	$4{,}41 \times 10^{-9}$
2,0	1,46472815	0,58332538	2,00000000	2,00000000	

Os resultados precisos nesse exemplo devem-se ao fato de que o método de Runge-Kutta de quarta ordem fornece aproximações $O(h^4)$ para as soluções dos problemas de valor inicial. Infelizmente, por causa de erros de arredondamento, pode haver problemas escondidos nessa técnica.

Redução do erro de arredondamento

Problemas de arredondamento podem ocorrer se $y_1(x)$ crescer rapidamente à medida que x for de a para b. Nesse caso, $u_{1,N} \approx y_1(b)$ ficará grande. Se β for pequeno em módulo comparado a $u_{1,N}$, então o termo $w_{2,0} = (\beta - u_{1,N})/v_{1,N}$ será aproximadamente $-u_{1,N}/v_{1,N}$. Os cálculos no Passo 6 então se tornam

$$W1 = u_{1,i} + w_{2,0}v_{1,i} \approx u_{1,i} - \left(\frac{u_{1,N}}{v_{1,N}}\right) v_{1,i},$$

$$W2 = u_{2,i} + w_{2,0}v_{2,i} \approx u_{2,i} - \left(\frac{u_{1,N}}{v_{1,N}}\right) v_{2,i},$$

o que permite uma possibilidade de perda de algarismos significativos devida ao cancelamento. Contudo, como $u_{1,i}$ é uma aproximação para $y_1(x_i)$, o comportamento de y_1 pode ser facilmente monitorado, e se $u_{1,i}$ aumentar rapidamente de a para b, a técnica *shooting* pode ser empregada regressivamente de $x_0 = b$ a $x_N = a$. Isso muda os problemas de valor inicial que precisam ser resolvidos para

$$y'' = p(x)y' + q(x)y + r(x), \quad \text{para } a \leq x \leq b \text{ com } y(b) = \beta \text{ e } y'(b) = 0,$$

e

$$y'' = p(x)y' + q(x)y, \quad \text{para } a \leq x \leq b \text{ com } y(b) = 0 \text{ e } y'(b) = 1.$$

Se a técnica do *shooting* reverso ainda gerar cancelamento de algarismos significativos e se uma precisão aumentada não possibilitar maior precisão, outras técnicas devem ser utilizadas, tais como as apresentadas mais adiante neste capítulo. Em geral, todavia, se $u_{1,i}$ e $v_{1,i}$ forem aproximações $O(h^n)$ para $y_1(x_i)$ e $y_2(x_i)$, respectivamente, para cada $i = 0, 1, \ldots, N$, então $w_{1,i}$ será uma aproximação $O(h^n)$ para $y(x_i)$. Em particular,

$$|w_{1,i} - y(x_i)| \leq Kh^n \left|1 + \frac{v_{1,i}}{v_{1,N}}\right|,$$

para alguma constante K (consulte [IK], p. 426).

EXERCÍCIOS 11.1

1. O problema de contorno

$$y'' = 4(y - x), \quad 0 \leq x \leq 1, \quad y(0) = 0, \quad y(1) = 2,$$

tem a solução $y(x) = e^2(e^4 - 1)^{-1}(e^{2x} - e^{-2x}) + x$. Use o método *shooting* linear para obter uma aproximação para a solução e compare os resultados à solução real.

a. com $h = \frac{1}{2}$; **b.** com $h = \frac{1}{4}$.

2. O problema de contorno

$$y'' = y' + 2y + \cos x, \quad 0 \leq x \leq \frac{\pi}{2}, \quad y(0) = -0{,}3, \quad y\left(\frac{\pi}{2}\right) = -0{,}1$$

tem a solução $y(x) = -\frac{1}{10}(\text{sen}\, x + 3\cos x)$. Use o método *shooting* linear para obter uma aproximação para a solução e compare os resultados à solução real.

a. Com $h = \frac{\pi}{4}$; **b.** com $h = \frac{\pi}{8}$.

3. Use o método *shooting* linear para obter uma aproximação para a solução para os problemas de contorno.

a. $y'' = -3y' + 2y + 2x + 3, \quad 0 \le x \le 1, y(0) = 2, y(1) = 1$; use $h = 0{,}1$.

b. $y'' = -4x^{-1}y' - 2x^{-2}y + 2x^{-2}\ln x, \quad 1 \le x \le 2, y(1) = -\frac{1}{2}, y(2) = \ln 2$; use $h = 0{,}05$.

c. $y'' = -(x+1)y' + 2y + (1 - x^2)e^{-x}, \quad 0 \le x \le 1, y(0) = -1, y(1) = 0$; use $h = 0{,}1$.

d. $y'' = x - 1\, y' + 3x^{-2}y + x^{-1}\ln x - 1, \quad 1 \le x \le 2, y(1) = y(2) = 0$; use $h = 0{,}1$.

4. Embora $q(x) < 0$ nos seguintes problemas de contorno, soluções únicas existem e são fornecidas. Use o algoritmo para o *shooting* linear para obter uma aproximação para as soluções para os seguintes problemas e compare os resultados à solução real.

a. $y'' + y = 0 \quad 0 \le x \le \frac{\pi}{4}, y(0) = 1, \ y(\frac{\pi}{4}) = 1$; use $h = \frac{\pi}{20}$; solução real $y(x) = \cos x + (\sqrt{2} - 1)\,\text{sen}\, x$.

b. $y'' + 4y = \cos x \quad 0 \le x \le \frac{\pi}{4}, \ y(0) = 0, \ y(\frac{\pi}{4}) = 0$; use $h = \frac{\pi}{20}$; solução real $y(x) = -\frac{1}{3}\cos 2x - \frac{\sqrt{2}}{6}\,\text{sen}\, 2x + \frac{1}{3}\cos x$.

c. $y'' = -4x^{-1}y' - 2x^{-2}y + 2x^{-2}\ln x, \quad 1 \le x \le 2, \ y(1) = \frac{1}{2}, \ y(2) = \ln 2$; use $h = 0{,}05$; solução real $y(x) = 4x^{-1} - 2x^{-2} + \ln x - 3/2$.

d. $y'' = 2y' - y + xe^x - x, \ 0 \le x \le 2, \ y(0) = 0, \ y(2) = -4$; use $h = 0{,}2$; solução real $y(x) = \frac{1}{6}x^3e^x - \frac{5}{3}xe^x + 2e^x - x - 2$.

5. Use o algoritmo para o *shooting* linear para obter uma aproximação para a solução $y = e^{-10x}$ para o problema de contorno

$$y'' = 100y, 0 \le x \le 1, y(0) = 1, y(1) = e^{-10}.$$

Use $h = 0{,}1$ e $0{,}05$.

EXERCÍCIO APLICADO

6. Represente por u o potencial eletrostático entre duas esferas de metal concêntricas de raios R_1 e R_2 ($R_1 < R_2$). O potencial da esfera interna é mantido constante a V_1 volts e o potencial da esfera externa é 0 volt. O potencial na região entre as duas esferas é governado pela equação de Laplace, que, nessa aplicação em particular, se reduz a

$$\frac{d^2u}{dr^2} + \frac{2}{r}\frac{du}{dr} = 0, \quad R_1 \le r \le R_2, \quad u(R_1) = V_1, \quad u(R_2) = 0.$$

Suponha que $R_1 = 2$ pol., $R_2 = 4$ pol. e $V_1 = 110$ volts.

a. Aproxime $u(3)$ utilizando o algoritmo para o *shooting* linear.

b. Compare os resultados da parte (a) com o potencial real $u(3)$, em que

$$u(r) = \frac{V_1R_1}{r}\left(\frac{R_2 - r}{R_2 - R_1}\right).$$

EXERCÍCIOS TEÓRICOS

7. Escreva os problemas de valor inicial de segunda ordem (11.3) e (11.4) como sistemas de primeira ordem e deduza as equações necessárias para resolver os sistemas utilizando o método de Runge-Kutta de quarta ordem para sistemas.

8. Mostre que, sob as hipóteses do Corolário 11.2, se y_2 for a solução para $y'' = p(x)y' + q(x)y$ e $y_2(a) = y_2(b) = 0$, então $y_2 \equiv 0$.

9. Considere o problema de contorno

$$y'' + y = 0, \quad 0 \leq x \leq b, \quad y(0) = 0, \quad y(b) = B.$$

Encontre escolhas para b e B tais que o problema de contorno tenha

a. nenhuma solução; **b.** exatamente uma solução; **c.** infinitas soluções.

10. Tente aplicar o Exercício 9 ao problema de contorno

$$y'' - y = 0, \quad 0 \leq x \leq b, \quad y(0) = 0, \quad y(b) = B.$$

O que acontece? Como ambos os problemas se relacionam ao Corolário 11.2?

QUESTÕES PARA DISCUSSÃO

1. Por que um método para resolver problemas de contorno, com base em um método de *shooting*, usando um método de Runge-Kutta contínuo, com controle de defeito, para resolver o problema de valor inicial associado poderia alcançar um desempenho melhor do que o método *shooting* linear?
2. *Shooting* múltiplo é uma das técnicas numéricas mais amplamente usadas para resolver problemas de contonto em EDO. Algoritmos paralelos são algoritmos que podem ser executados simultaneamente, um pedaço de cada vez, em muitos processadores diferentes e então serem novamente combinados no final para obter um resultado. Faz sentido usar um algoritmo numérico paralelo para problemas de contorno em EDO que tenha base em *shooting* múltiplo?
3. Por que as condições do Teorema 11.1 que garantem a existência de uma solução do problema de contorno devem ser verificadas antes que qualquer esquema numérico seja aplicado?
4. Os métodos *shooting* linear são estáveis? Por que sim ou por que não?

11.2 O método *shooting* para problemas não lineares

A técnica de *shooting* para o problema de contorno de segunda ordem não linear

$$y'' = f(x, y, y'), \quad \text{para } a \leq x \leq b, \text{ com } y(a) = \alpha \text{ e } y(b) = \beta, \tag{11.6}$$

é similar à técnica linear, exceto que a solução para um problema não linear não pode ser expressa como uma combinação linear das soluções para dois problemas de valor inicial. Em vez disso, aproximamos a solução para o problema de contorno pela utilização das soluções de uma *sequência* de problemas de valor inicial envolvendo o parâmetro t. Esses problemas têm a forma

$$y'' = f(x, y, y'), \quad \text{para } a \leq x \leq b, \text{ com } y(a) = \alpha \text{ e } y'(a) = t. \tag{11.7}$$

Fazemos isso pela escolha dos parâmetros $t = t_k$ de modo a assegurar que

$$\lim_{k\to\infty} y(b, t_k) = y(b) = \beta,$$

em que $y\,(x, t_k)$ denota a solução para o problema de valor inicial (11.7) com $t = t_k$ e $y(x)$ denota a solução para o problema de contorno (11.6).

Métodos *shooting* para problemas não lineares precisam de iterações para aproximar o "alvo".

Esta técnica é chamada método *shooting* ("tiro ao alvo"), por analogia ao procedimento de disparar objetos contra um alvo estacionário. (Veja a Figura 11.2.) Começamos com um parâmetro t_0 que determina a elevação inicial com a qual o objeto é disparado a partir do ponto (a, α) e ao longo da curva descrita pela solução para o problema de valor inicial:

$$y'' = f(x, y, y'), \quad \text{para } a \leq x \leq b, \text{ com } y(a) = \alpha \text{ e } y'(a) = t_0.$$

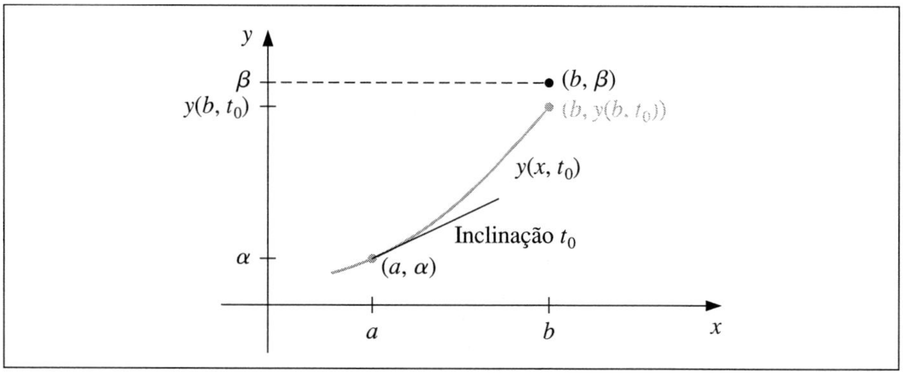

Figura 11.2

Se $y(b, t_0)$ não estiver suficientemente próxima de β, corrigimos nossa aproximação pela escolha de elevações t_1, t_2, e assim por diante, até que $y(b, t_k)$ esteja suficientemente próxima de "atingir" β. (Veja a Figura 11.3.)

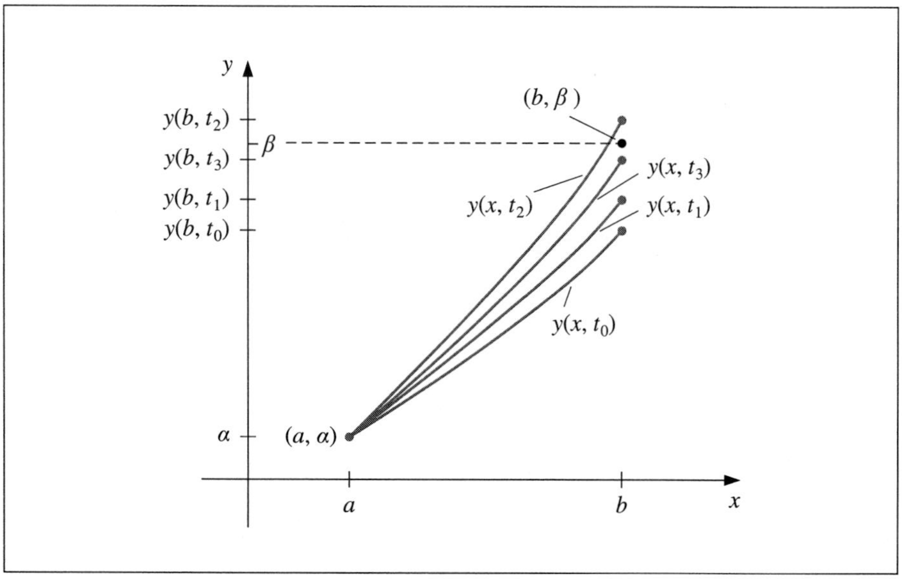

Figura 11.3

Para determinar os parâmetros t_k, suponha que um problema de contorno da forma (11.6) satisfaça às hipóteses do Teorema 11.1. Se $y(x, t)$ denotar a solução do problema de valor inicial (11.7), em seguida determinamos t com

$$y(b, t) - \beta = 0. \tag{11.8}$$

Esta é uma equação não linear na variável t. Problemas desse tipo foram considerados no Capítulo 2, e assim uma variedade de métodos está disponível.

Para usar o método da secante para resolver o problema, precisamos escolher aproximações iniciais t_0 e t_1 e então gerar os termos restantes da sequência por meio de

$$t_k = t_{k-1} - \frac{(y(b, t_{k-1}) - \beta)(t_{k-1} - t_{k-2})}{y(b, t_{k-1}) - y(b, t_{k-2})}, \quad k = 2, 3, \ldots.$$

Iteração de Newton

Para usar o método de Newton, mais poderoso, para gerar a sequência $\{t_k\}$, apenas uma aproximação inicial, t_0, é necessária. Contudo, a iteração tem a forma

$$t_k = t_{k-1} - \frac{y(b, t_{k-1}) - \beta}{\frac{dy}{dt}(b, t_{k-1})}, \tag{11.9}$$

e ela requer o conhecimento de $(dy/dt)(b, t_{k-1})$. Isso representa uma dificuldade, já que uma representação explícita para $y(b, t)$ não é conhecida; sabemos apenas os valores $y(b, t_0), y(b, t_1), \ldots, y(b, t_{k-1})$.

Suponha que reescrevamos o problema do valor inicial (11.7), enfatizando que a solução depende tanto de x quanto do parâmetro t:

$$y''(x, t) = f(x, y(x, t), y'(x, t)), \quad \text{para } a \leq x \leq b, \text{ com } y(a, t) = \alpha \text{ e } y'(a, t) = t. \tag{11.10}$$

Mantivemos a notação da linha para indicar derivação com relação a x. Como precisamos determinar $(dy/dt)(b, t)$ quando $t = t_{k-1}$, primeiro tomamos a derivada parcial da Equação (11.10) com relação a t. Isso implica

$$\begin{aligned}\frac{\partial y''}{\partial t}(x, t) &= \frac{\partial f}{\partial t}(x, y(x, t), y'(x, t)) \\ &= \frac{\partial f}{\partial x}(x, y(x, t), y'(x, t))\frac{\partial x}{\partial t} + \frac{\partial f}{\partial y}(x, y(x, t), y'(x, t))\frac{\partial y}{\partial t}(x, t) \\ &\quad + \frac{\partial f}{\partial y'}(x, y(x, t), y'(x, t))\frac{\partial y'}{\partial t}(x, t).\end{aligned}$$

Como x e t são independentes, temos $\partial x/\partial t = 0$, e a equação se simplifica para

$$\frac{\partial y''}{\partial t}(x, t) = \frac{\partial f}{\partial y}(x, y(x, t), y'(x, t))\frac{\partial y}{\partial t}(x, t) + \frac{\partial f}{\partial y'}(x, y(x, t), y'(x, t))\frac{\partial y'}{\partial t}(x, t), \tag{11.11}$$

para $a \leq x \leq b$. As condições iniciais fornecem

$$\frac{\partial y}{\partial t}(a, t) = 0 \quad \text{e} \quad \frac{\partial y'}{\partial t}(a, t) = 1.$$

Se simplificarmos a notação pelo uso de $z(x, t)$ para denotar $(\partial y/\partial t)(x, t)$ e assumirmos que a ordem de derivação em relação a x e t pode ser trocada, a Equação (11.11) com as condições iniciais torna-se o problema de valor inicial

$$z''(x,t) = \frac{\partial f}{\partial y}(x,y,y')z(x,t) + \frac{\partial f}{\partial y'}(x,y,y')z'(x,t), \quad \text{para } a \le x \le b, \quad (11.12)$$

com $z(a, t) = 0$ e $z'(a, t) = 1$.

O método de Newton, portanto, requer que dois problemas de valor inicial sejam resolvidos para cada iteração, (11.10) e (11.12). Então, da Equação (11.9),

$$t_k = t_{k-1} - \frac{y(b, t_{k-1}) - \beta}{z(b, t_{k-1})} \quad (11.13)$$

Certamente, nenhum desses problemas de valor inicial é resolvido exatamente; as soluções são aproximadas por um dos métodos discutidos no Capítulo 5. O Algoritmo 11.2 utiliza o método de Runge-Kutta de ordem quatro para obter uma aproximação para ambas as soluções requeridas pelo método de Newton. Um procedimento similar para o método da secante é considerado no Exercício 6.

ALGORITMO 11.2 ***Shooting* não linear com o método de Newton**

Para obter uma aproximação para a solução do problema de contorno não linear

$$y'' = f(x, y, y'), \quad \text{para } a \le x \le b, \text{ com } y(a) = \alpha \text{ e } y(b) = \beta;$$

(*Observação: As Equações (11.10) e (11.12) são escritas como sistemas de primeira ordem e resolvidas.*)

ENTRADA extremidades a e b; condições de contorno α, β; número de subintervalos $N \geqslant 2$; tolerância TOL; número máximo de iterações M.

SAÍDA aproximações $w_{1,i}$ para $y(x_i)$; $w_{2,i}$ para $y'(x_i)$ para cada $i = 0, 1, \ldots, N$ ou uma mensagem de que o número máximo de iterações foi excedido.

Passo 1 Faça $h = (b - a)/N$;
$k = 1$;
$TK = (\beta - \alpha)/(b - a)$. (*Observação*: *TK também podia ser entrada.*)

Passo 2 Enquanto ($k \leqslant M$) execute Passos 3 a 10.

Passo 3 Faça $w_{1,0} = \alpha$;
$w_{2,0} = TK$;
$u_1 = 0$;
$u_2 = 1$.

Passo 4 Para $i = 1, \ldots, N$ execute Passos 5 e 6.
(*O método de Runge-Kutta para sistemas é utilizado nos Passos 5 e 6.*)

Passo 5 Faça $x = a + (i - 1)h$.

Passo 6 Faça $k_{1,1} = hw_{2,i-1}$;
$k_{1,2} = hf(x, w_{1,i-1}, w_{2,i-1})$;
$k_{2,1} = h\left(w_{2,i-1} + \frac{1}{2}k_{1,2}\right)$;
$k_{2,2} = hf\left(x + h/2, w_{1,i-1} + \frac{1}{2}k_{1,1}, w_{2,i-1} + \frac{1}{2}k_{1,2}\right)$;
$k_{3,1} = h\left(w_{2,i-1} + \frac{1}{2}k_{2,2}\right)$;

$$k_{3,2} = hf\left(x + h/2, w_{1,i-1} + \tfrac{1}{2}k_{2,1}, w_{2,i-1} + \tfrac{1}{2}k_{2,2}\right);$$
$$k_{4,1} = h(w_{2,i-1} + k_{3,2});$$
$$k_{4,2} = hf(x + h, w_{1,i-1} + k_{3,1}, w_{2,i-1} + k_{3,2});$$
$$w_{1,i} = w_{1,i-1} + (k_{1,1} + 2k_{2,1} + 2k_{3,1} + k_{4,1})/6;$$
$$w_{2,i} = w_{2,i-1} + (k_{1,2} + 2k_{2,2} + 2k_{3,2} + k_{4,2})/6;$$
$$k'_{1,1} = hu_2;$$
$$k'_{1,2} = h[f_y(x, w_{1,i-1}, w_{2,i-1})u_1 + f_{y'}(x, w_{1,i-1}, w_{2,i-1})u_2];$$
$$k'_{2,1} = h\left[u_2 + \tfrac{1}{2}k'_{1,2}\right];$$
$$k'_{2,2} = h\left[f_y(x + h/2, w_{1,i-1}, w_{2,i-1})\left(u_1 + \tfrac{1}{2}k'_{1,1}\right) + f_{y'}(x + h/2, w_{1,i-1}, w_{2,i-1})\left(u_2 + \tfrac{1}{2}k'_{1,2}\right)\right];$$
$$k'_{3,1} = h\left(u_2 + \tfrac{1}{2}k'_{2,2}\right);$$
$$k'_{3,2} = h\left[f_y(x + h/2, w_{1,i-1}, w_{2,i-1})\left(u_1 + \tfrac{1}{2}k'_{2,1}\right) + f_{y'}(x + h/2, w_{1,i-1}, w_{2,i-1})\left(u_2 + \tfrac{1}{2}k'_{2,2}\right)\right];$$
$$k'_{4,1} = h(u_2 + k'_{3,2});$$
$$k'_{4,2} = h\left[f_y(x + h, w_{1,i-1}, w_{2,i-1})\left(u_1 + k'_{3,1}\right) + f_{y'}(x + h, w_{1,i-1}, w_{2,i-1})\left(u_2 + k'_{3,2}\right)\right];$$
$$u_1 = u_1 + \tfrac{1}{6}[k'_{1,1} + 2k'_{2,1} + 2k'_{3,1} + k'_{4,1}];$$
$$u_2 = u_2 + \tfrac{1}{6}[k'_{1,2} + 2k'_{2,2} + 2k'_{3,2} + k'_{4,2}].$$

Passo 7 Se $|w_{1,N} - \beta| \leq TOL$, execute Passos 8 e 9.

Passo 8 Para $i = 0, 1, \ldots, N$
faça $x = a + ih$;
SAÍDA $(x, w_{1,i}, w_{2,i})$.

Passo 9 (*O processo está completo.*)
PARE.

Passo 10 Faça $TK = TK - \dfrac{w_{1,N} - \beta}{u_1}$;

(*O método de Newton é utilizado para calcular TK.*)
$k = k + 1$.

Passo 11 SAÍDA ('Número máximo de iterações excedido');
(*O procedimento não foi bem-sucedido.*)
PARE. ■

O valor $t_0 = TK$ selecionado no Passo 1 é a inclinação da reta por (a, α) e (b, β). Se o problema satisfizer às hipóteses do Teorema 11.1, qualquer escolha de t_0 fornecerá convergência, mas uma boa escolha de t_0 melhorará a convergência e o procedimento funcionará para muitos problemas que não satisfaçam essas hipóteses. Um desses exemplos pode ser encontrado no Exercício 3(d).

EXEMPLO 1 Aplique o método *shooting* com o método de Newton ao problema de contorno

$$y'' = \frac{1}{8}(32 + 2x^3 - yy'), \quad \text{para } 1 \leq x \leq 3, \text{ com } y(1) = 17 \text{ e } y(3) = \frac{43}{3}.$$

Use $N = 20$, $M = 10$ e $TOL = 10^{-5}$ e compare os resultados com a solução exata $y(x) = x^2 + 16/x$.

Solução Precisamos de soluções aproximadas dos problemas de valor inicial

$$y'' = \frac{1}{8}(32 + 2x^3 - yy'), \quad \text{para } 1 \leq x \leq 3, \text{ com } y(1) = 17 \text{ e } y'(1) = t_k,$$

e

$$z'' = \frac{\partial f}{\partial y}z + \frac{\partial f}{\partial y'}z' = -\frac{1}{8}(y'z + yz'), \quad \text{para } 1 \leq x \leq 3, \text{ com } z(1) = 0 \text{ e } z'(1) = 1,$$

a cada passo na iteração. Se a técnica de parada no Algoritmo 11.2 requerer

$$|w_{1,N}(t_k) - y(3)| \leq 10^{-5},$$

então precisamos de quatro iterações e $t_4 = -14{,}000203$. Os resultados obtidos para este valor de t são mostrados na Tabela 11.2. ■

Tabela 11.2

x_i	$w_{1,i}$	$y(x_i)$	$\|w_{1,i} - y(x_i)\|$
1,0	17,000000	17,000000	
1,1	15,755495	15,755455	$4{,}06 \times 10^{-5}$
1,2	14,773389	14,773333	$5{,}60 \times 10^{-5}$
1,3	13,997752	13,997692	$5{,}94 \times 10^{-5}$
1,4	13,388629	13,388571	$5{,}71 \times 10^{-5}$
1,5	12,916719	12,916667	$5{,}23 \times 10^{-5}$
1,6	12,560046	12,560000	$4{,}64 \times 10^{-5}$
1,7	12,301805	12,301765	$4{,}02 \times 10^{-5}$
1,8	12,128923	12,128889	$3{,}14 \times 10^{-5}$
1,9	12,031081	12,031053	$2{,}84 \times 10^{-5}$
2,0	12,000023	12,000000	$2{,}32 \times 10^{-5}$
2,1	12,029066	12,029048	$1{,}84 \times 10^{-5}$
2,2	12,112741	12,112727	$1{,}40 \times 10^{-5}$
2,3	12,246532	12,246522	$1{,}01 \times 10^{-5}$
2,4	12,426673	12,426667	$6{,}68 \times 10^{-6}$
2,5	12,650004	12,650000	$3{,}61 \times 10^{-6}$
2,6	12,913847	12,913845	$9{,}17 \times 10^{-7}$
2,7	13,215924	13,215926	$1{,}43 \times 10^{-6}$
2,8	13,554282	13,554286	$3{,}46 \times 10^{-6}$
2,9	13,927236	13,927241	$5{,}21 \times 10^{-6}$
3,0	14,333327	14,333333	$6{,}69 \times 10^{-6}$

Embora o método de Newton usado com a técnica de *shooting* exija a solução de um problema adicional de valor inicial, ele geralmente fornecerá uma convergência mais rápida que o método da secante. Ambos os métodos são apenas localmente convergentes, já que exigem boas aproximações iniciais.

Para uma discussão geral da convergência das técnicas de *shooting* para problemas não lineares, o leitor pode consultar o excelente livro de Keller [Keller, H]. Nessa referência, são discutidas condições mais gerais de contorno. Observe também que a técnica de *shooting* para problemas não lineares é sensível a erros de arredondamento, especialmente se as soluções $y(x)$ e $z(x, t)$ forem funções rapidamente crescentes de x em $[a, b]$.

EXERCÍCIOS 11.2

1. Use o algoritmo para o *shooting* linear, com $h = 0{,}5$, para obter uma aproximação para a solução do problema de contorno.

$$y'' = -(y')^2 - y + \ln x, \quad 1 \leq x \leq 2, \quad y(1) = 0, \quad y(2) = \ln 2.$$

Compare seus resultados à solução real $y = \ln x$.

2. Use o algoritmo para o *shooting* linear, com $h = 0{,}25$, para obter uma aproximação para a solução do problema de contorno.

$$y'' = 2y^3, \quad -1 \leq x \leq 0, \quad y(-1) = \tfrac{1}{2}, \quad y(0) = \tfrac{1}{3}.$$

Compare seus resultados à solução real $y(x) = 1/(x + 3)$.

3. Use o método *shooting* não linear, com $TOL = 10^{-4}$, para obter uma aproximação para a solução dos seguintes problemas de contorno. A solução real é dada para comparação com seus resultados.

a. $y'' = -e^{-2y}$, $\quad 1 \leq x \leq 2, y(1) = 0, y(2) = \ln 2$; use $N = 10$; solução real $y(x) = \ln x$.

b. $y'' = y' \cos x - y \ln y$, $\quad 0 \leq x \leq \frac{\pi}{2}, y(0) = 1, y\left(\frac{\pi}{2}\right) = e$; use $N = 10$; solução real $y(x) = e^{\operatorname{sen} x}$.

c. $y'' = -\left(2(y')^3 + y^2 y'\right) \sec x$, $\quad \frac{\pi}{4} \leq x \leq \frac{\pi}{3}, y\left(\frac{\pi}{4}\right) = 2^{-1/4}, y\left(\frac{\pi}{3}\right) = \frac{1}{2}\sqrt[4]{12}$; use $N = 5$; solução real $y(x) = \sqrt{\operatorname{sen} x}$.

d. $y'' = \frac{1}{2}\left(1 - (y')^2 - y \operatorname{sen} x\right)$, $\quad 0 \leq x \leq \pi, y(0) = 2, y(\pi) = 2$; use $N = 20$; solução real $y(x) = 2 + \operatorname{sen} x$.

4. Use o método *shooting* não linear, com $TOL = 10^{-4}$, para obter uma aproximação para a solução dos seguintes problemas de contorno. A solução real é dada para comparação com seus resultados

a. $y'' = y^3 - yy'$, $\quad 1 \leq x \leq 2, y(1) = \frac{1}{2}, y(2) = \frac{1}{3}$; use $h = 0{,}1$; solução real $y(x) = (x + 1)^{-1}$.

b. $y'' = 2y^3 - 6y - 2x^3$, $\quad 1 \leq x \leq 2, y(1) = 2, y(2) = \frac{5}{2}$; use $h = 0{,}1$; solução real $y(x) = x + x^{-1}$.

c. $y'' = y' + 2(y - \ln x)^3 - x^{-1}$, $\quad 2 \leq x \leq 3, y(2) = \frac{1}{2} + \ln 2, y(3) = \frac{1}{3} + \ln 3$; use $h = 0{,}1$; solução real $y(x) = x^{-1} + \ln x$.

d. $y'' = 2(y')^2 x^{-3} - 9y^2 x^{-5} + 4x$, $\quad 1 \leq x \leq 2, y(1) = 0, y(2) = \ln 256$; use $h = 0{,}05$; solução real $y(x) = x^3 \ln x$.

EXERCÍCIO APLICADO

5. A equação de Van der Pol,

$$y'' - \mu(y^2 - 1)y' + y = 0, \quad \mu > 0,$$

governa o fluxo de corrente em um tubo de vácuo com três elementos internos. Sejam $\mu = \frac{1}{2}$, $y(0) = 0$ e $y(2) = 1$. Encontre aproximações para a solução $y(t)$ em $t = 0{,}2i$, em que $1 \leq i \leq 9$.

EXERCÍCIO TEÓRICO

6. **a.** Altere o Algoritmo 11.2 para incorporar o método da secante em vez do método de Newton. Use $t_0 = (\beta - \alpha)/(b - a)$ e $t_1 = t_0 + (\beta - y(b, t_0))/(b - a)$.

b. Repita o Exercício 4(a) e 4(c) usando o algoritmo da secante desenvolvido na parte (a) e compare os números de iterações necessárias nos dois métodos.

QUESTÕES PARA DISCUSSÃO

1. Faz sentido combinar o método de Euler explícito com o método de Newton para resolver um problema de contorno de dois pontos não linear?
2. Foi desenvolvido um método *shooting* modificado que combina o método *shooting* simples com o método *shooting* múltiplo. Quais são as vantagens (desvantagens) desse tipo de abordagem?
3. Os métodos *shooting* não lineares são estáveis? Por que sim ou por que não?

11.3 O método das diferenças finitas para problemas lineares

Os métodos *shooting* linear e não linear para problemas de contorno podem apresentar problemas de instabilidade. Os métodos nesta seção têm melhores características de estabilidade, mas, geralmente, requerem mais recursos de computação para obter uma precisão específica.

Os métodos envolvendo diferenças finitas para solução de problemas de contorno substituem cada uma das derivadas na equação diferencial por uma aproximação diferença-quociente adequada do tipo considerado na Seção 4.1. A diferença-quociente particular e o tamanho do passo h são escolhidos para manter uma ordem especificada de erro de truncamento. Contudo, h não pode ser escolhido muito pequeno por causa da instabilidade das aproximações para as derivadas.

Aproximação discreta

O método das diferenças finitas para o problema de contorno de segunda ordem linear

$$y'' = p(x)y' + q(x)y + r(x), \quad \text{para } a \leq x \leq b \text{ com } y(a) = \alpha \text{ e } y(b) = \beta, \tag{11.14}$$

requer que aproximações diferença-quociente sejam usadas para encontrar aproximações tanto de y' quanto de y''. Primeiramente, selecionamos um inteiro $N > 0$ e dividimos o intervalo $[a, b]$ em $(N + 1)$ subintervalos iguais, cujas extremidades são os pontos de malha $x_i = a + ih$, para $i = 0, 1, \ldots, N + 1$, em que $h = (b - a)/(N + 1)$. Escolher o tamanho do passo h desta maneira facilita a aplicação de um algoritmo para matrizes do Capítulo 6, que resolve um sistema linear envolvendo uma matriz $N \times N$.

Nos pontos de malha interiores, x_i, para $i = 1, 2, \ldots, N$, a equação diferencial a ser aproximada é

$$y''(x_i) = p(x_i)y'(x_i) + q(x_i)y(x_i) + r(x_i). \tag{11.15}$$

Expandindo y em um polinômio de Taylor de terceira ordem em torno de x_i, calculado em x_{i+1} e x_{i-1}, temos, assumindo que $y \in C^4[x_{i-1}, x_{i+1}]$,

$$y(x_{i+1}) = y(x_i + h) = y(x_i) + hy'(x_i) + \frac{h^2}{2}y''(x_i) + \frac{h^3}{6}y'''(x_i) + \frac{h^4}{24}y^{(4)}(\xi_i^+),$$

para algum ξ_i^+ em (x_i, x_{i+1}) e

$$y(x_{i-1}) = y(x_i - h) = y(x_i) - hy'(x_i) + \frac{h^2}{2}y''(x_i) - \frac{h^3}{6}y'''(x_i) + \frac{h^4}{24}y^{(4)}(\xi_i^-),$$

para algum ξ_i^- em (x_{i-1}, x_i). Se essas equações forem somadas, temos

$$y(x_{i+1}) + y(x_{i-1}) = 2y(x_i) + h^2y''(x_i) + \frac{h^4}{24}[y^{(4)}(\xi_i^+) + y^{(4)}(\xi_i^-)],$$

e isolando $y''(x_i)$ temos

$$y''(x_i) = \frac{1}{h^2}\,[y(x_{i+1}) - 2y(x_i) + y(x_{i-1})] - \frac{h^2}{24}[y^{(4)}(\xi_i^+) + y^{(4)}(\xi_i^-)].$$

O Teorema 1.11 do valor intermediário pode ser utilizado para simplificar o termo de erro para

$$y''(x_i) = \frac{1}{h^2}\,[y(x_{i+1}) - 2y(x_i) + y(x_{i-1})] - \frac{h^2}{12}y^{(4)}(\xi_i), \tag{11.16}$$

para algum ξ_i em (x_{i-1}, x_{i+1}). A isto se denomina fórmula de **diferenças centradas** para $y''(x_i)$.

Uma fórmula de diferenças centradas para $y'(x_i)$ é obtida de um modo similar (os detalhes foram considerados na Seção 4.1), resultando em

$$y'(x_i) = \frac{1}{2h}[y(x_{i+1}) - y(x_{i-1})] - \frac{h^2}{6}y'''(\eta_i), \tag{11.17}$$

para algum η_i em (x_{i-1}, x_{i+1}).

A utilização destas fórmulas de diferenças centradas na Equação (11.15) resulta na equação

$$\frac{y(x_{i+1}) - 2y(x_i) + y(x_{i-1})}{h^2} = p(x_i)\left[\frac{y(x_{i+1}) - y(x_{i-1})}{2h}\right] + q(x_i)y(x_i)$$
$$+ r(x_i) - \frac{h^2}{12}\left[2p(x_i)y'''(\eta_i) - y^{(4)}(\xi_i)\right].$$

Um método de diferenças finitas com erro de truncamento de ordem $O(h^2)$ resulta do uso desta equação junto com as condições de contorno, $y(a) = \alpha$ e $y(b) = \beta$, para definir o sistema de equações lineares

$$w_0 = \alpha,\; w_{N+1} = \beta$$

e

$$\left(\frac{-w_{i+1} + 2w_i - w_{i-1}}{h^2}\right) + p(x_i)\left(\frac{w_{i+1} - w_{i-1}}{2h}\right) + q(x_i)w_i = -r(x_i), \tag{11.18}$$

para cada $i = 1, 2, \ldots, N$.

Na forma que consideraremos, a Equação (11.18) é reescrita como

$$-\left(1 + \frac{h}{2}p(x_i)\right)w_{i-1} + \left(2 + h^2q(x_i)\right)w_i - \left(1 - \frac{h}{2}p(x_i)\right)w_{i+1} = -h^2r(x_i),$$

e o sistema de equações resultante é expresso na forma de matriz tridiagonal $N \times N$

$$A\mathbf{w} = \mathbf{b}, \text{ em que} \tag{11.19}$$

$$A = \begin{bmatrix} 2 + h^2 q(x_1) & -1 + \frac{h}{2}p(x_1) & 0 & \cdots & \cdots & 0 \\ -1 - \frac{h}{2}p(x_2) & 2 + h^2 q(x_2) & -1 + \frac{h}{2}p(x_2) & \ddots & & \vdots \\ 0 & \ddots & \ddots & \ddots & \ddots & 0 \\ \vdots & & \ddots & \ddots & \ddots & -1 + \frac{h}{2}p(x_{N-1}) \\ 0 & \cdots & \cdots & 0 & -1 - \frac{h}{2}p(x_N) & 2 + h^2 q(x_N) \end{bmatrix},$$

$$\mathbf{w} = \begin{bmatrix} w_1 \\ w_2 \\ \vdots \\ w_{N-1} \\ w_N \end{bmatrix} \quad \text{e} \quad \mathbf{b} = \begin{bmatrix} -h^2 r(x_1) + \left(1 + \frac{h}{2}p(x_1)\right) w_0 \\ -h^2 r(x_2) \\ \vdots \\ -h^2 r(x_{N-1}) \\ -h^2 r(x_N) + \left(1 - \frac{h}{2}p(x_N)\right) w_{N+1} \end{bmatrix}.$$

O seguinte teorema fornece condições sob as quais o sistema linear tridiagonal (11.19) tem uma solução única. Sua demonstração é uma consequência do Teorema 6.31 e é considerada no Exercício 9.

▶Teorema 11.3 Suponha que p, q e r sejam contínuas em $[a, b]$. Se $q(x) \geq 0$ em $[a, b]$, então o sistema linear tridiagonal (11.19) tem uma solução única, contanto que $h < 2/L$, em que $L = \max_{a \leq x \leq b} |p(x)|$. ∎

Observe que as hipóteses do Teorema 11.3 garantem uma solução única para o problema de contorno (11.14), mas não garantem que $y \in C^4[a, b]$. Precisamos garantir que $y^{(4)}$ é contínua em $[a, b]$ para assegurar que o erro de truncamento tenha ordem $O(h^2)$.

O Algoritmo 11.3 implementa o método das diferenças finitas linear.

ALGORITMO 11.3 Diferenças finitas linear

Para obter uma aproximação para a solução do problema de contorno

$$y'' = p(x)y' + q(x)y + r(x), \quad \text{para } a \leq x \leq b, \text{ com } y(a) = \alpha \text{ e } y(b) = \beta,$$

ENTRADA extremidades a, b; condições de contorno α, β ; inteiro $N \geq 2$.

SAÍDA aproximações w_i para $y(x_i)$ para cada $i = 0, 1, \ldots, N + 1$.

Passo 1 Faça $h = (b - a)/(N + 1)$;
$x = a + h$;
$a_1 = 2 + h^2 q(x)$;
$b_1 = -1 + (h/2)p(x)$;
$d_1 = -h^2 r(x) + (1 + (h/2)p(x))\alpha$.

Passo 2 Para $i = 2, \dots, N-1$

faça $x = a + ih$;

$a_i = 2 + h^2 q(x)$;

$b_i = -1 + (h/2)p(x)$;

$c_i = -1 - (h/2)p(x)$;

$d_i = -h^2 r(x)$.

Passo 3 Faça $x = b - h$;

$a_N = 2 + h^2 q(x)$;

$c_N = -1 - (h/2)p(x)$;

$d_N = -h^2 r(x) + (1 - (h/2)p(x))\beta$.

Passo 4 Faça $l_1 = a_1$; (*Os Passos 4 a 8 resolvem um sistema linear tridiagonal usando o Algoritmo 6.7.*)

$u_1 = b_1/a_1$;

$z_1 = d_1/l_1$.

Passo 5 Para $i = 2, \dots, N-1$ faça $l_i = a_i - c_i u_{i-1}$;

$u_i = b_i/l_i$;

$z_i = (d_i - c_i z_{i-1})/l_i$.

Passo 6 Faça $l_N = a_N - c_N u_{N-1}$;

$z_N = (d_N - c_N z_{N-1})/l_N$.

Passo 7 Faça $w_0 = \alpha$;

$w_{N+1} = \beta$;

$w_N = z_N$.

Passo 8 Para $i = N-1, \dots, 1$ faça $w_i = z_i - u_i w_{i+1}$.

Passo 9 Para $i = 0, \dots, N+1$ faça $x = a + ih$;

SAÍDA (x, w_i).

Passo 10 PARE. (*O procedimento está completo.*) ■

EXEMPLO 1

Use o Algoritmo 11.3 com $N = 9$ para obter uma aproximação para a solução do problema de contorno

$$y'' = -\frac{2}{x}y' + \frac{2}{x^2}y + \frac{\operatorname{sen}(\ln x)}{x^2}, \quad \text{para } 1 \le x \le 2, \text{ com } y(1) = 1 \text{ e } y(2) = 2,$$

e compare os resultados com aqueles obtidos usando o método *shooting* no Exemplo 2 da Seção 11.1.

Solução Para este exemplo, usaremos $N = 9$, e assim $h = 0{,}1$, e teremos o mesmo espaçamento que no Exemplo 2 da Seção 11.1. Os resultados completos estão listados na Tabela 11.3.

Esses resultados são consideravelmente menos precisos que os obtidos no Exemplo 2 da Seção 11.1. Isso porque o método utilizado naquele exemplo envolveu a técnica de Runge-Kutta com erro de truncamento local de ordem $O(h^4)$, ao passo que o método de diferença usado aqui tem erro de truncamento local de ordem $O(h^2)$. ■

Tabela 11.3

x_i	w_i	$y(x_i)$	$\lvert w_i - y(x_i)\rvert$
1.0	1.00000000	1.00000000	
1,1	1,09260052	1,09262930	$2,88 \times 10^{-5}$
1,2	1,18704313	1,18708484	$4,17 \times 10^{-5}$
1,3	1,28333687	1,28338236	$4,55 \times 10^{-5}$
1,4	1,38140205	1,38144595	$4,39 \times 10^{-5}$
1,5	1,48112026	1,48115942	$3,92 \times 10^{-5}$
1,6	1,58235990	1,58239246	$3,26 \times 10^{-5}$
1,7	1,68498902	1,68501396	$2,49 \times 10^{-5}$
1,8	1,78888175	1,78889853	$1,68 \times 10^{-5}$
1,9	1,89392110	1,89392951	$8,41 \times 10^{-6}$
2,0	2,00000000	2,00000000	

Para obter um método de diferença com maior precisão, podemos proceder de várias maneiras. A utilização da série de Taylor de grau cinco para aproximar $y''(x_i)$ e $y'(x_i)$ resulta em um termo de erro de truncamento envolvendo h^4. Contudo, este processo requer o uso de múltiplos não apenas de $y(x_{i+1})$ e $y(x_{i-1})$, mas também de $y(x_{i+2})$ e $y(x_{i-2})$ nas fórmulas de aproximação para $y''(x_i)$ e $y'(x_i)$. Isso leva a dificuldades em $i = 0$ porque não temos w_{-1} e em $i = N$ porque não temos w_{N+2}. Além disso, o sistema resultante de equações análogas à Equação (11.9) não está na forma tridiagonal, e a resolução do sistema requer muitos cálculos a mais.

Utilização da extrapolação de Richardson

Em vez de tentar obter um método de diferenças com um erro de truncamento de ordem superior dessa maneira, é geralmente mais satisfatório considerar uma redução no tamanho do passo. Além disso, a técnica de extrapolação de Richardson pode ser utilizada efetivamente para este método, já que o termo de erro é expresso em potências pares de h com coeficientes independentes de h, contanto que y seja suficientemente diferenciável (consulte, por exemplo, [Keller, H] p. 81).

O Exercício 10 dá alguma percepção da forma do erro de truncamento e a justificativa para usar extrapolação.

EXEMPLO 2

Aplique a extrapolação de Richardson para obter uma aproximação para a solução do problema de contorno

$$y'' = -\frac{2}{x}y' + \frac{2}{x^2}y + \frac{\operatorname{sen}(\ln x)}{x^2}, \quad \text{para } 1 \leq x \leq 2, \text{ com } y(1) = 1 \text{ e } y(2) = 2,$$

com $h = 0{,}1$, $0{,}05$ e $0{,}025$.

Solução Os resultados estão listados na Tabela 11.4. A primeira extrapolação é

$$\text{Ext}_{1i} = \frac{4w_i(h = 0{,}05) - w_i(h = 0{,}1)}{3},$$

a segunda extrapolação é

$$\text{Ext}_{2i} = \frac{4w_i(h = 0{,}025) - w_i(h = 0{,}05)}{3},$$

e a extrapolação final é

$$\text{Ext}_{3i} = \frac{16\text{Ext}_{2i} - \text{Ext}_{1i}}{15}.$$

Tabela 11.4

x_i	$w_i(h = 0{,}1)$	$w_i(h = 0{,}05)$	$w_i(h = 0{,}025)$	Ext_{1i}	Ext_{2i}	Ext_{3i}
1,0	1,00000000	1,00000000	1,00000000	1,00000000	1,00000000	1,00000000
1,1	1,09260052	1,09262207	1,09262749	1,09262925	1,09262930	1,09262930
1,2	1,18704313	1,18707436	1,18708222	1,18708477	1,18708484	1,18708484
1,3	1,28333687	1,28337094	1,28337950	1,28338230	1,28338236	1,28338236
1,4	1,38140205	1,38143493	1,38144319	1,38144589	1,38144595	1,38144595
1,5	1,48112026	1,48114959	1,48115696	1,48115937	1,48115941	1,48115942
1,6	1,58235990	1,58238429	1,58239042	1,58239242	1,58239246	1,58239246
1,7	1,68498902	1,68500770	1,68501240	1,68501393	1,68501396	1,68501396
1,8	1,78888175	1,78889432	1,78889748	1,78889852	1,78889853	1,78889853
1,9	1,89392110	1,89392740	1,89392898	1,89392950	1,89392951	1,89392951
2,0	2,00000000	2,00000000	2,00000000	2,00000000	2,00000000	2,00000000

Os valores de w_i $(h = 0{,}1)$ foram omitidos da tabela para economizar espaço, mas eles estão listados na Tabela 11.3. Os resultados para w_i $(h = 0{,}025)$ têm precisão de aproximadamente 3×10^{-6}. Entretanto, os resultados de Ext_{3i} estão corretos até as casas decimais listadas. De fato, se algarismos suficientes tivessem sido utilizados, essa aproximação coincidiria com a solução exata com erro máximo de $6{,}3 \times 10^{-11}$ nos pontos de malha, uma melhora impressionante. ■

EXERCÍCIOS 11.3

1. O problema de contorno

$$y'' = 4(y - x), \quad 0 \leq x \leq 1, \quad y(0) = 0, \quad y(1) = 2$$

tem a solução $y(x) = e^2(e^4 - 1)^{-1}(e^{2x} - e^{-2x}) + x$. Use o método das diferenças finitas linear para obter uma aproximação para a solução e compare os resultados com a solução real,

a. com $h = \frac{1}{2}$; **b.** com $h = \frac{1}{4}$.

c. Use extrapolação para encontrar uma aproximação para $y(1/2)$.

2. O problema de contorno

$$y'' = y' + 2y + \cos x, \quad 0 \le x \le \tfrac{\pi}{2}, \quad y(0) = -0{,}3, \quad y\left(\tfrac{\pi}{2}\right) = -0{,}1,$$

tem a solução $y(x) = -\frac{1}{10}(\operatorname{sen} x + 3\cos x)$. Use o método das diferenças finitas linear para obter uma aproximação para a solução e compare os resultados com a solução real

a. com $h = \frac{\pi}{4}$; **b.** com $h = \frac{\pi}{8}$.

c. Use extrapolação para encontrar uma aproximação para $y(\pi/4)$.

3. Use o algoritmo das diferenças finitas linear para obter uma aproximação para a solução dos seguintes problemas de contorno

a. $y'' = -3y' + 2y + 2x + 3, \quad 0 \le x \le 1, y(0) = 2, \quad y(1) = 1$; use $h = 0{,}1$.

b. $y'' = -4x^{-1}y' + 2x^{-2}y - 2x^{-2}\ln x, \quad 1 \le x \le 2, \quad y(1) = -\frac{1}{2}, \quad y(2) = \ln 2$; use $h = 0{,}05$.

c. $y'' = -(x+1)y' + 2y + (1 - x^2)e^{-x}, \quad 0 \le x \le 1, \quad y(0) = -1, \quad y(1) = 0$; use $h = 0{,}1$.

d. $y'' = x^{-1}y' + 3x^{-2}y + x^{-1}\ln x - 1, \quad 1 \le x \le 2, \quad y(1) = y(2) = 0$; use $h = 0{,}1$.

4. Embora $q(x) < 0$ nos seguintes problemas de contorno, soluções únicas existem e são dadas. Utilize o algoritmo das diferenças finitas linear para obter uma aproximação para as soluções e compare os resultados com as soluções reais.

a. $y'' + y = 0, \quad 0 \le x \le \frac{\pi}{4}, y(0) = 1, y(\frac{\pi}{4}) = 1$; use $h = \frac{\pi}{20}$; solução real $y(x) = \cos x + (\sqrt{2} - 1)\operatorname{sen} x$.

b. $y'' + 4y = \cos x, \quad 0 \le x \le \frac{\pi}{4}, y(0) = 0, y(\frac{\pi}{4}) = 0$; use $h = \frac{\pi}{20}$; solução real $y(x) = -\frac{1}{3}\cos 2x - \frac{\sqrt{2}}{6}\operatorname{sen} 2x + \frac{1}{3}\cos x$.

c. $y'' = -4x^{-1}y' - 2x^{-2}y + 2x^{-2}\ln x, y(1) = \frac{1}{2}, y(2) = \ln 2$; use $h = 0{,}05$; solução real $y(x) = 4x^{-1} - 2x^{-2} + \ln x - 3/2$.

d. $y'' = 2y' - y + xe^x - x, 0 \le x \le 2, y(0) = 0, y(2) = -4$; use $h = 0{,}2$; solução real $y(x) = \frac{1}{6}x^3e^x - \frac{5}{3}xe^x + 2e^x - x - 2$.

5. Utilize o algoritmo das diferenças finitas linear para obter uma aproximação para a solução $y = e^{-10x}$ do problema de contorno

$$y'' = 100y, \quad 0 \le x \le 1, \quad y(0) = 1, \quad y(1) = e^{-10}.$$

Use $h = 0{,}1$ e $0{,}05$. Você consegue explicar as consequências?

6. Repita o Exercício 3(a) e (b) usando a extrapolação discutida no Exemplo 2.

EXERCÍCIOS APLICADOS

7. O exemplo principal deste capítulo considerou a deflexão de uma viga, com extremidades apoiadas, sujeita a uma carga uniforme. O problema de contorno governando essa situação física é

$$\frac{d^2w}{dx^2} = \frac{S}{EI}w + \frac{qx}{2EI}(x - l), \quad 0 < x < l,$$

com condições de contorno $w(0) = 0$ e $w(l) = 0$.

Suponha que se trate de uma viga-I de aço tipo W10 com as seguintes características: comprimento $l = 120$ pol., intensidade da carga uniforme $q = 100$ lb/pé, módulo de elasticidade $E = 3{,}0 \times 10^7$ lb/pé^2, tensão nas extremidades $S = 1000$ lb e momento de inércia central $I = 625$ pol.^{4}.

a. Aproxime a deflexão $w(x)$ da barra a cada 6 pol.

b. A relação real é dada por

$$w(x) = c_1e^{ax} + c_2e^{-ax} + b(x - l)x + c,$$

em que $c_1 = 7{,}7042537 \times 10^4$, $c_2 = 7{,}9207462 \times 10^4$, $a = 2{,}3094010 \times 10^{-4}$, $b = -4{,}1666666 \times 10^{-3}$ e $c = -1{,}5625 \times 10^5$. O erro máximo no intervalo é inferior a 0,2 pol.?

c. Uma lei estadual requer que $\max_{0<x<l} w(x) < 1/300$. A viga atende ao código estadual?

8. A deflexão de uma placa retangular, longa, com carga uniforme, sob uma força de tensão axial é governada por uma equação diferencial de segunda ordem. Represente por S a força axial e por q a intensidade da carga uniforme. A deflexão W ao longo do comprimento é dada por

$$W''(x) - \frac{S}{D}W(x) = \frac{-ql}{2D}x + \frac{q}{2D}x^2, \quad 0 \leq x \leq l, \; W(0) = W(l) = 0,$$

em que l é o comprimento da placa e D é a resistência da placa à flexão. Sejam $q = 200$ lb/pol.^{2}, $S = 100$ lb/pol., $D = 8{,}8 \times 10^7$lb/pol., e $l = 50$ pol. Aproxime a deflexão em intervalos de 1 pol.

EXERCÍCIOS TEÓRICOS

9. Demonstre o Teorema 11.3. [*Sugestão*: para utilizar o Teorema 6.31, primeiro mostre que $\left|\frac{h}{2}p(x_i)\right| < 1$ implica que $\left|-1 - \frac{h}{2}p(x_i)\right| + \left|-1 + \frac{h}{2}p(x_i)\right| = 2$.]

10. Mostre que, se $y \in C^6[a, b]$ e $w_0, w_1, \ldots, w_{N+1}$ satisfazem à Equação (11.18), então

$$w_i - y(x_i) = Ah^2 + O(h^4),$$

em que A independe de h, contanto que $q(x) \geq w > 0$ em $[a,b]$ para algum w.

QUESTÕES PARA DISCUSSÃO

1. Qual seria o efeito de usar a fórmula de diferenças progressivas ou regressivas para y em vez da fórmula de diferenças centradas?

2. Quocientes de diferenças de ordem superior poderiam ser usados para as derivadas no método de diferenças finitas para melhorar a precisão? Qual seria o efeito?

3. O que é cancelamento subtrativo?

11.4 Métodos de diferenças finitas para problemas não lineares

Para o problema de contorno não linear geral

$$y'' = f(x, y, y'), \quad \text{para } a \leq x \leq b, \text{ com } y(a) = \alpha, \text{ e } y(b) = \beta,$$

o método de diferenças é análogo ao método aplicado a problemas lineares na Seção 11.3. Aqui, contudo, o sistema de equações não será linear e por isso um processo iterativo é necessário para resolvê-lo.

Para o desenvolvimento do procedimento, assumimos do começo ao fim que f satisfaz às seguintes condições:

- f e as derivadas parciais f_y e $f_{y'}$ são todas contínuas em

$$D = \{(x, y, y') \mid a \leq x \leq b, \text{ com } -\infty < y < \infty \text{ e } -\infty < y' < \infty\};$$

- $f_y(x, y, y') \geq \delta$ em D, para algum $\delta > 0$;

- Existem constantes k e L, tais que

$$k = \max_{(x,y,y')\in D} |f_y(x, y, y')| \quad \text{e} \quad L = \max_{(x,y,y')\in D} |f_{y'}(x, y, y')|.$$

Isso garante, pelo Teorema 11.1, que existe uma única solução.

Como no caso linear, dividimos $[a, b]$ em $(N + 1)$ subintervalos iguais cujas extremidades são $x_i = a + ih$, para $i = 0, 1, \ldots, N + 1$. Assumir que a solução exata tem uma quarta derivada limitada permite substituir $y''(x_i)$ e $y'(x_i)$ em cada uma das equações

$$y''(x_i) = f(x_i, y(x_i), y'(x_i))$$

pela fórmula de diferença centrada adequada, dada nas Equações (11.16) e (11.17), na página 768. Isto dá, para cada $i = 1, 2, \ldots, N$,

$$\frac{y(x_{i+1}) - 2y(x_i) + y(x_{i-1})}{h^2} = f\left(x_i, y(x_i), \frac{y(x_{i+1}) - y(x_{i-1})}{2h} - \frac{h^2}{6}y'''(\eta_i)\right) + \frac{h^2}{12}y^{(4)}(\xi_i),$$

para algum ξ_i e η_i no intervalo (x_{i-1}, x_{i+1}).

Como no caso linear, o método de diferenças é obtido quando os termos de erros são desprezados e as condições de contorno são empregadas:

$$w_0 = \alpha, \; w_{N+1} = \beta,$$

e

$$-\frac{w_{i+1} - 2w_i + w_{i-1}}{h^2} + f\left(x_i, w_i, \frac{w_{i+1} - w_{i-1}}{2h}\right) = 0,$$

para cada $i = 1, 2, \ldots, N$.

O sistema não linear $N \times N$ obtido a partir deste método,

$$\begin{aligned}
2w_1 - w_2 + h^2 f\left(x_1, w_1, \frac{w_2 - \alpha}{2h}\right) - \alpha &= 0,\\
-w_1 + 2w_2 - w_3 + h^2 f\left(x_2, w_2, \frac{w_3 - w_1}{2h}\right) &= 0,\\
&\ \vdots \qquad (11.20)\\
-w_{N-2} + 2w_{N-1} - w_N + h^2 f\left(x_{N-1}, w_{N-1}, \frac{w_N - w_{N-2}}{2h}\right) &= 0,\\
-w_{N-1} + 2w_N + h^2 f\left(x_N, w_N, \frac{\beta - w_{N-1}}{2h}\right) - \beta &= 0,
\end{aligned}$$

tem uma solução única contanto que $h < 2/L$, conforme mostrado em [Keller, H], p. 86. Veja também o Exercício 7.

Método de Newton para iterações

Utilizamos o método de Newton para sistemas não lineares, discutido na Seção 10.2, para obter uma aproximação para a solução deste sistema. É gerada uma sequência de iterações $\{(w_1^{(k)}, w_2^{(k)}, \ldots, w_N^{(k)})^t\}$ que converge para a solução do sistema (11.20), contanto que a aproximação inicial $(w_1^{(0)}, w_2^{(0)}, \ldots, w_N^{(0)})^t$ esteja suficientemente próxima da solução $(w_1, w_2, \ldots, w_N)^t$, e que a matriz jacobiana do sistema seja não singular. Para o sistema (11.20), a matriz jacobiana $J(w_1, \ldots, w_N)$ é tridiagonal com elemento ij

$$J(w_1, \ldots, w_N)_{ij} = \begin{cases} -1 + \dfrac{h}{2} f_{y'}\left(x_i, w_i, \dfrac{w_{i+1} - w_{i-1}}{2h}\right), & \text{para } i = j - 1 \text{ e } j = 2, \ldots, N, \\ 2 + h^2 f_y\left(x_i, w_i, \dfrac{w_{i+1} - w_{i-1}}{2h}\right), & \text{para } i = j \text{ e } j = 1, \ldots, N, \\ -1 - \dfrac{h}{2} f_{y'}\left(x_i, w_i, \dfrac{w_{i+1} - w_{i-1}}{2h}\right), & \text{para } i = j + 1 \text{ e } j = 1, \ldots, N - 1, \end{cases}$$

em que $w_0 = \alpha$ e $w_{N+1} = \beta$.

O método de Newton para sistemas não lineares requer que em cada iteração o sistema linear $N \times N$

$$\begin{aligned} &J(w_1, \ldots, w_N)(v_1, \ldots, v_N)^t \\ &= -\left(2w_1 - w_2 - \alpha + h^2 f\left(x_1, w_1, \frac{w_2 - \alpha}{2h}\right),\right. \\ &\quad -w_1 + 2w_2 - w_3 + h^2 f\left(x_2, w_2, \frac{w_3 - w_1}{2h}\right), \ldots, \\ &\quad -w_{N-2} + 2w_{N-1} - w_N + h^2 f\left(x_{N-1}, w_{N-1}, \frac{w_N - w_{N-2}}{2h}\right), \\ &\quad \left. -w_{N-1} + 2w_N + h^2 f\left(x_N, w_N, \frac{\beta - w_{N-1}}{2h}\right) - \beta\right)^t \end{aligned}$$

seja resolvido para $v_1, v_2, \ldots, v_N$, já que

$$w_i^{(k)} = w_i^{(k-1)} + v_i, \text{ para cada } i = 1, 2, \ldots, N.$$

Como J é tridiagonal, este não é um problema tão complicado como poderia parecer. Em particular, o Algoritmo (6.7) de fatoração de Crout pode ser aplicado. O processo é detalhado no Algoritmo 11.4.

ALGORITMO 11.4 **Diferenças finitas não linear**

Para obter uma aproximação para a solução do problema de contorno não linear

$$y'' = f(x, y, y'), \quad \text{para } a \leq x \leq b, \text{ com } y(a) = \alpha, \text{ e } y(b) = \beta,$$

ENTRADA extremidades a e b; condições de contorno α, β; inteiro $N \geq 2$; tolerância TOL; número máximo de iterações M.

SAÍDA aproximações w_i para $y(x_i)$ para cada $i = 0, 1, \ldots, N + 1$ ou uma mensagem de que o número máximo de iterações foi excedido.

Passo 1 Faça $h = (b - a)/(N + 1)$;
$w_0 = \alpha$;
$w_{N+1} = \beta$,

Passo 2 Para $i = 1, \ldots, N$ faça $w_i = \alpha + i\left(\dfrac{\beta - \alpha}{b - a}\right)h$.

Passo 3 Faça $k = 1$.

Passo 4 Enquanto $k \leq M$ execute Passos 5 a 16.

Passo 5 Faça $x = a + h$;
$t = (w_2 - \alpha)/(2h)$;
$a_1 = 2 + h^2 f_y(x, w_1, t)$;
$b_1 = -1 + (h/2) f_{y'}(x, w_1, t)$;
$d_1 = -(2w_1 - w_2 - \alpha + h^2 f(x, w_1, t))$.

Passo 6 Para $i = 2, \ldots, N-1$
faça $x = a + ih$;
$t = (w_{i+1} - w_{i-1})/(2h)$;
$a_i = 2 + h^2 f_y(x, w_i, t)$;
$b_i = -1 + (h/2) f_{y'}(x, w_i, t)$;
$c_i = -1 - (h/2) f_{y'}(x, w_i, t)$;
$d_i = -(2w_i - w_{i+1} - w_{i-1} + h^2 f(x, w_i, t))$.

Passo 7 Faça $x = b - h$;
$t = (\beta - w_{N-1})/(2h)$;
$a_N = 2 + h^2 f_y(x, w_N, t)$;
$c_N = -1 - (h/2) f_{y'}(x, w_N, t)$;
$d_N = -(2w_N - w_{N-1} - \beta + h^2 f(x, w_N, t))$.

Passo 8 Faça $l_1 = a_1$; (*Os Passos 8 a 12 resolvem um sistema linear tridiagonal utilizando o Algoritmo 6.7.*)
$u_1 = b_1/a_1$;
$z_1 = d_1/l_1$;

Passo 9 Para $i = 2, \ldots, N-1$ faça $l_i = a_i - c_i u_{i-1}$;
$u_i = b_i/l_i$;
$z_i = (d_i - c_i z_{i-1})/l_1$.

Passo 10 Faça $l_N = a_N - c_N u_{N-1}$;
$z_N = (d_N - c_N z_{N-1})/l_N$.

Passo 11 Faça $v_N = z_N$;
$w_N = w_N + v_N$.

Passo 12 Para $i = N-1, \ldots, 1$ faça $v_i = z_i - u_i v_{i+1}$;
$w_i = w_i + v_i$.

Passo 13 Se $\|\mathbf{v}\| \leq TOL$ então execute Passos 14 e 15.

Passo 14 Para $i = 0, \ldots, N+1$ faça $x = a + ih$;
SAÍDA (x, w_i).

Passo 15 PARE. (*O procedimento foi bem-sucedido.*)

Passo 16 Faça $k = k + 1$.

Passo 17 SAÍDA ('Número máximo de iterações excedido');
(*O procedimento não foi bem-sucedido.*)
PARE. ■

Pode ser mostrado (consulte [IK], p. 433) que este método das diferenças finitas não linear é de ordem $O(h^2)$.

Como uma boa aproximação inicial é necessária quando não for possível verificar que as condições (1), (2), e (3) fornecidas no começo desta apresentação são satisfeitas, um limitante superior para o número de iterações deveria ser especificado e, se ultrapassado, uma nova aproximação inicial ou uma redução no tamanho do passo deve ser considerada. A menos que esteja disponível informação em contrário, é razoável começar o procedimento supondo que a solução é linear. Assim, as aproximações iniciais $w_i^{(0)}$ para w_i, para cada $i = 1, 2, \ldots, N$, são obtidas no Passo 2 passando-se uma reta por (a, α) e (b, β) e calculando em x_i.

EXEMPLO 1 Aplique o Algoritmo 11.4, com $h = 0{,}1$, ao problema de contorno não linear

$$y'' = \frac{1}{8}(32 + 2x^3 - yy'), \quad \text{para } 1 \leq x \leq 3, \text{ com } y(1) = 17 \text{ e } y(3) = \frac{43}{3},$$

e compare os resultados àqueles obtidos no Exemplo 1 da Seção 11.2.

Solução O procedimento de parada utilizado neste exemplo foi iterar até que valores de iterações sucessivas diferissem em menos de 10^{-8}. Isso foi conseguido com quatro iterações. Isso dá os resultados da Tabela 11.5. Eles são menos precisos do que os obtidos usando o método *shooting* não linear, o qual deu os resultados no meio da tabela com precisão de 10^{-5}. ■

Tabela 11.5

x_i	w_i	$y(x_i)$	$\lvert w_i - y(x_i)\rvert$
1,0	17,000000	17,000000	
1,1	15,754503	15,755455	$9{,}520 \times 10^{-4}$
1,2	14,771740	14,773333	$1{,}594 \times 10^{-3}$
1,3	13,995677	13,997692	$2{,}015 \times 10^{-3}$
1,4	13,386297	13,388571	$2{,}275 \times 10^{-3}$
1,5	12,914252	12,916667	$2{,}414 \times 10^{-3}$
1,6	12,557538	12,560000	$2{,}462 \times 10^{-3}$
1,7	12,299326	12,301765	$2{,}438 \times 10^{-3}$
1,8	12,126529	12,128889	$2{,}360 \times 10^{-3}$
1,9	12,028814	12,031053	$2{,}239 \times 10^{-3}$
2,0	11,997915	12,000000	$2{,}085 \times 10^{-3}$
2,1	12,027142	12,029048	$1{,}905 \times 10^{-3}$
2,2	12,111020	12,112727	$1{,}707 \times 10^{-3}$
2,3	12,245025	12,246522	$1{,}497 \times 10^{-3}$
2,4	12,425388	12,426667	$1{,}278 \times 10^{-3}$
2,5	12,648944	12,650000	$1{,}056 \times 10^{-3}$
2,6	12,913013	12,913846	$8{,}335 \times 10^{-4}$
2,7	13,215312	13,215926	$6{,}142 \times 10^{-4}$
2,8	13,553885	13,554286	$4{,}006 \times 10^{-4}$
2,9	13,927046	13,927241	$1{,}953 \times 10^{-4}$
3,0	14,333333	14,333333	

Utilização da extrapolação de Richardson

O procedimento de extrapolação de Richardson também pode ser utilizado para o método das diferenças finitas não linear. A Tabela 11.6 lista os resultados quando este método for aplicado ao nosso exemplo utilizando $h = 0{,}1$, $0{,}05$ e $0{,}025$, com quatro iterações em cada caso. Os valores w_i $(h = 0{,}1)$ são omitidos da tabela para economizar espaço, mas eles estão listados na Tabela 11.5. Os valores de w_i $(h = 0{,}25)$ têm precisão de $1{,}5 \times 10^{-4}$. Entretanto, os valores de Ext_{3i} têm todos a precisão dos algarismos listada, com erro máximo real de $3{,}68 \times 10^{-10}$.

Tabela 11.6

x_i	$w_i(h = 0{,}05)$	$w_i(h = 0{,}025)$	Ext_{1i}	Ext_{2i}	Ext_{3i}
1,0	17,00000000	17,00000000	17,00000000	17,00000000	17,00000000
1,1	15,75521721	15,75539525	15,75545543	15,75545460	15,75545455
1,2	14,77293601	14,77323407	14,77333479	14,77333342	14,77333333
1,3	13,99718996	13,99756690	13,99769413	13,99769242	13,99769231
1,4	13,38800424	13,38842973	13,38857346	13,38857156	13,38857143
1,5	12,91606471	12,91651628	12,91666881	12,91666680	12,91666667
1,6	12,55938618	12,55984665	12,56000217	12,56000014	12,56000000
1,7	12,30115670	12,30161280	12,30176684	12,30176484	12,30176471
1,8	12,12830042	12,12874287	12,12899094	12,12888902	12,12888889
1,9	12,03049438	12,03091316	12,03105457	12,03105275	12,03105263
2,0	11,99948020	11,99987013	12,00000179	12,00000011	12,00000000
2,1	12,02857252	12,02892892	12,02902924	12,02904772	12,02904762
2,2	12,11230149	12,11262089	12,11272872	12,11272736	12,11272727
2,3	12,24614846	12,24642848	12,24652299	12,24652182	12,24652174
2,4	12,42634789	12,42658702	12,42666773	12,42666673	12,42666667
2,5	12,64973666	12,64993420	12,65000086	12,65000005	12,65000000
2,6	12,91362828	12,91379422	12,91384683	12,91384620	12,91384615
2,7	13,21577275	13,21588765	13,21592641	13,21592596	13,21592593
2,8	13,55418579	13,55426075	13,55428603	13,55428573	13,55428571
2,9	13,92719268	13,92722921	13,92724153	13,92724139	13,92724138
3,0	14,33333333	14,33333333	14,33333333	14,33333333	14,33333333

EXERCÍCIOS 11.4

1. Use o método das diferenças finitas não linear com $h = 0{,}5$, para obter uma aproximação para a solução do problema de contorno

$$y'' = -(y')^2 - y + \ln x, \quad 1 \leq x \leq 2, \quad y(1) = 0, \quad y(2) = \ln 2.$$

Compare seus resultados com a solução real $y = \ln x$.

2. Use o método das diferenças finitas não linear com $h = 0{,}25$, para obter uma aproximação para a solução do problema de contorno

$$y'' = 2y^3, \quad -1 \leq x \leq 0, \quad y(-1) = \frac{1}{2}, \quad y(0) = \frac{1}{3}.$$

Compare seus resultados com a solução real $y(x) = 1/(x + 3)$.

3. Use o algoritmo das diferenças finitas não linear com $TOL = 10^{-4}$ para obter uma aproximação para a solução dos seguintes problemas de contorno. A solução real é fornecida para comparação com seus resultados.

   a. $y'' = -e^{-2y}$, $1 \leq x \leq 2$, $y(1) = 0$, $y(2) = \ln 2$; use $N = 9$; solução real $y(x) = \ln x$.

   b. $y'' = y' \cos x - y \ln y$, $0 \leq x \leq \frac{\pi}{2}$, $y(0) = 1$, $y\left(\frac{\pi}{2}\right) = e$; use $N = 9$; solução real $y(x) = e^{\operatorname{sen} x}$.

   c. $y'' = -\left(2(y')^3 + y^2 y'\right) \sec x$, $\frac{\pi}{4} \leq x \leq \frac{\pi}{3}$, $y\left(\frac{\pi}{4}\right) = 2^{-1/4}$, $y\left(\frac{\pi}{3}\right) = \frac{1}{2}\sqrt[4]{12}$; use $N = 4$; solução real $y(x) = \sqrt{\operatorname{sen} x}$.

   d. $y'' = \frac{1}{2}\left(1 - (y')^2 - y \operatorname{sen} x\right)$, $0 \leq x \leq \pi$, $y(0) = 2$, $y(\pi) = 2$; use $N = 19$; solução real $y(x) = 2 + \operatorname{sen} x$.

4. Use o algoritmo das diferenças finitas não linear com $TOL = 10^{-4}$ para obter uma aproximação para a solução dos seguintes problemas de contorno. A solução real é fornecida para comparação com seus resultados.

   a. $y'' = y^3 - yy'$, $1 \leq x \leq 2$, $y(1) = \frac{1}{2}$, $y(2) = \frac{1}{3}$; use $h = 0{,}1$; solução real $y(x) = (x + 1)^{-1}$.

   b. $y'' = 2y^3 - 6y - 2x^3$, $1 \leq x \leq 2$, $y(1) = 2$, $y(2) = \frac{5}{2}$; use $h = 0{,}1$; solução real $y(x) = x + x^{-1}$.

   c. $y'' = y' + 2(y - \ln x)^3 - x^{-1}$, $2 \leq x \leq 3$, $y(2) = \frac{1}{2} + \ln 2$, $y(3) = \frac{1}{3} + \ln 3$; use $h = 0{,}1$; solução real $y(x) = x^{-1} + \ln x$.

   d. $y'' = (y')^2 x^{-3} - 9y^2 x^{-5} + 4x$, $1 \leq x \leq 2$, $y(1) = 0$, $y(2) = \ln 256$; use $h = 0{,}05$; solução real $y(x) = x^3 \ln x$.

5. Repita o Exercício 4(a) e 4(b) utilizando extrapolação.

EXERCÍCIO APLICADO

6. No Exercício 7 da Seção 11.3, a deflexão de uma viga com extremidades apoiadas sujeita à carga uniforme foi aproximada. A utilização de uma representação mais adequada da curvatura fornece a equação diferencial

$$[1 + (w'(x))^2]^{-3/2} w''(x) = \frac{S}{EI} w(x) + \frac{qx}{2EI}(x - l), \quad \text{para } 0 < x < l.$$

Aproxime a deflexão $w(x)$ da viga a cada 6 pol. e compare os resultados aos do Exercício 7 da Seção 11.3.

EXERCÍCIO TEÓRICO

7. Mostre que as hipóteses listadas no começo da seção asseguram que a matriz jacobiana J seja não singular para $h < 2/L$.

QUESTÕES PARA DISCUSSÃO

1. Qual seria o efeito de usar a fórmula de diferenças progressiva ou regressiva ao invés da fórmula de diferença centrada?

2. Quocientes de diferenças de ordem superior poderiam ser usados para as derivadas no método de diferenças finitas para melhorar a precisão? Qual seria o efeito?

11.5 O método de Rayleigh-Ritz

John William Strutto, Lord Rayleigh (1842-1919), um físico matemático que era particularmente interessado em propagação de ondas, recebeu um prêmio Nobel de Física em 1904.

Walter Ritz (1842-1919), um físico teórico da Universidade de Göttigen publicou um artigo sobre um problema variacional em 1909 [Ri]. Ele morreu de tuberculose ao 31 anos.

O método *shooting* para obter uma aproximação para a solução de um problema de contorno substituiu o problema de contorno por um par de problemas de valor inicial. A abordagem das diferenças finitas substitui a operação contínua de derivação pela operação discreta de diferenças finitas. O método de Rayleigh-Ritz é uma técnica variacional que ataca o problema a partir de uma terceira abordagem. Primeiro, o problema de contorno é reformulado como um problema de escolher, do conjunto de todas as funções suficientemente diferenciáveis satisfazendo as condições de contorno, a função para minimizar certa integral. Em seguida, o conjunto de funções viáveis é reduzido em tamanho, e, nesse conjunto, é encontrada uma função que minimize a integral. Isso fornece nossa aproximação para a solução do problema de contorno.

Para descrever o método de Rayleigh-Ritz, consideramos a aproximação para a solução de um problema de contorno linear de dois pontos da análise da tensão na viga. Esse problema de contorno é descrito pela equação diferencial

$$-\frac{d}{dx}\left(p(x)\frac{dy}{dx}\right) + q(x)y = f(x), \quad \text{para } 0 \leq x \leq 1, \tag{11.21}$$

com as condições de contorno

$$y(0) = y(1) = 0. \tag{11.22}$$

Essa equação diferencial descreve a deflexão $y(x)$ de uma viga de comprimento 1 com seção transversal variável representada por $q(x)$. A deflexão se deve às tensões adicionadas $p(x)$ e $f(x)$. Condições de contorno mais gerais são consideradas nos Exercícios 9 e 12.

Na discussão que segue, supomos que $p \in C^1[0,1]$ e $q, f \in C[0,1]$. Além disso, supomos que existe uma constante $\delta > 0$ tal que

$$p(x) \geq \delta, \text{ e que } q(x) \geq 0, \text{ para cada } x \text{ em } [0, 1].$$

Essas hipóteses são suficientes para garantir que o problema de contorno dado pelas Equações (11.21) e (11.22) tenha uma solução única (consulte [BSW]).

Problemas variacionais

Como em muitos problemas de contorno que descrevem fenômenos físicos, a solução da equação da viga satisfaz uma propriedade **variacional**. O princípio variacional para a equação da viga é fundamental para o desenvolvimento do método de Rayleigh-Ritz e caracteriza a solução da equação da viga como a função que minimiza certa integral entre todas as funções em $C_0^2[0,1]$, o conjunto daquelas funções u em $C^2[0,1]$ com a propriedade de que $u(0) = u(1) = 0$. O seguinte teorema fornece a caracterização.

▶ Teorema 11.4 Seja $p \in C^1[0,1]$, $q, f \in C[0,1]$, e

$$p(x) \geq \delta > 0, \quad q(x) \geq 0, \quad \text{para } 0 \leq x \leq 1.$$

A função $y \in C_0^2[0,1]$ é a solução única da equação diferencial

$$-\frac{d}{dx}\left(p(x)\frac{dy}{dx}\right) + q(x)y = f(x), \quad \text{para } 0 \leq x \leq 1, \tag{11.23}$$

se e somente se y for a única função em $C_0^2[0,1]$ que minimiza a integral

$$I[u] = \int_0^1 \{p(x)[u'(x)]^2 + q(x)[u(x)]^2 - 2f(x)u(x)\}dx. \tag{11.24}$$

■

Os detalhes da demonstração deste teorema podem ser encontrados em [Shul], p. 88-89. Ela é feita em três passos. Primeiro é mostrado que qualquer solução y da Equação (11.23) também satisfaz à equação

- $$\int_0^1 f(x)u(x)\,dx = \int_0^1 p(x)y'(x)u'(x) + q(x)y(x)u(x)dx, \tag{11.25}$$

  para todo $u \in C_0^2[0,1]$.
- O segundo passo mostra que $y \in C_0^2[0,1]$ é uma solução da Equação (11.24) se e somente se a Equação (11.25) for válida para todo $u \in C_0^2[0,1]$.
- O passo final mostra que a Equação (11.25) tem uma solução única. A solução única será também uma solução para as Equações (11.24) e (11.23), de modo que as soluções das Equações (11.23) e (11.24) são idênticas.

O método de Rayleigh-Ritz aproxima a solução y minimizando a integral, não entre todas as funções em $C_0^2[0,1]$, mas em um conjunto menor de funções consistindo de combinações lineares de certas bases de funções $\phi_1, \phi_2, \ldots, \phi_n$. As funções da base são linearmente independentes e satisfazem a

$$\phi_i(0) = \phi_i(1) = 0, \text{ para cada } i = 1, 2, \ldots, n.$$

Uma aproximação $\phi(x) = \sum_{i=1}^n c_i\phi_i(x)$ para a solução $y(x)$ da Equação (11.23) é então obtida ao se encontrar as constantes $c_1, c_2, \ldots, c_n$ que minimizem $I[\sum_{i=1}^n c_i\phi_i]$.

Da Equação (11.24),

$$I[\phi] = I\left[\sum_{i=1}^n c_i\phi_i\right] \tag{11.26}$$

$$= \int_0^1 \left\{p(x)\left[\sum_{i=1}^n c_i\phi_i'(x)\right]^2 + q(x)\left[\sum_{i=1}^n c_i\phi_i(x)\right]^2 - 2f(x)\sum_{i=1}^n c_i\phi_i(x)\right\} dx,$$

e, para ocorrer um mínimo, é necessário, quando consideramos I como uma função de $c_1, c_2, \ldots, c_n$, ter

$$\frac{\partial I}{\partial c_j} = 0, \quad \text{para cada } j = 1, 2, \ldots, n. \tag{11.27}$$

Derivando a Equação (11.26), temos

$$\frac{\partial I}{\partial c_j} = \int_0^1 \left\{ 2p(x) \sum_{i=1}^{n} c_i \phi_i'(x) \phi_j'(x) + 2q(x) \sum_{i=1}^{n} c_i \phi_i(x) \phi_j(x) - 2f(x) \phi_j(x) \right\} dx,$$

e substituindo na Equação (11.27), obtemos

$$0 = \sum_{i=1}^{n} \left[\int_0^1 \{ p(x) \phi_i'(x) \phi_j'(x) + q(x) \phi_i(x) \phi_j(x) \} \, dx \right] c_i - \int_0^1 f(x) \phi_j(x) \, dx, \quad (11.28)$$

para cada $j = 1, 2, \ldots, n$.

As **equações normais** descritas na Equação (11.28) produzem um sistema linear $A\mathbf{c} = \mathbf{b}$, $n \times n$, nas variáveis $c_1, c_2, \ldots, c_n$, em que a matriz simétrica A é dada por

$$a_{ij} = \int_0^1 [p(x)\phi'_i(x)\phi'_j(x) + q(x)\phi_i(x)\phi_j(x)]dx,$$

e $\mathbf{b}$ é definido por

$$b_i = \int_0^1 f(x)\phi_i(x)dx.$$

Base linear por partes

A escolha mais simples da base de funções envolve polinômios lineares por partes. O primeiro passo é formar uma partição de [0, 1] pela escolha dos pontos $x_0, x_1, \ldots, x_{n+1}$ com

$$0 = x_0 < x_1 < \cdots < x_n < x_{n+1} = 1.$$

Fazendo $h_i = x_{i+1} - x_i$, para cada $i = 0, 1, \ldots, n$, definimos as funções da base $\phi_1(x)$, $\phi_2(x), \ldots, \phi_n(x)$ por meio de

$$\phi_i(x) = \begin{cases} 0, & \text{se } 0 \le x \le x_{i-1}, \\ \dfrac{1}{h_{i-1}}(x - x_{i-1}), & \text{se } x_{i-1} < x \le x_i, \\ \dfrac{1}{h_i}(x_{i+1} - x), & \text{se } x_i < x \le x_{i+1}, \\ 0, & \text{se } x_{i+1} < x \le 1, \end{cases} \quad (11.29)$$

para cada $i = 1, 2, \ldots, n$. (Veja a Figura 11.4.)

Figura 11.4

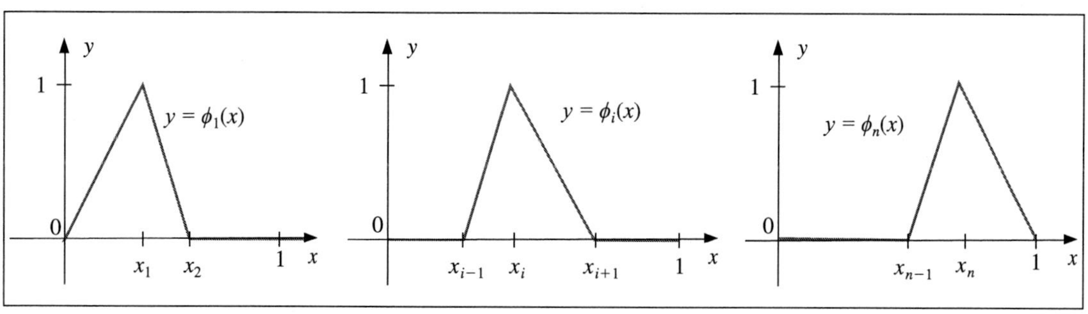

Como as funções ϕ_i são lineares por partes, as derivadas ϕ'_i, embora não contínuas, são constantes em (x_j, x_{j+1}), para cada $j = 0, 1, \ldots, n$, e

$$\phi_i'(x) = \begin{cases} 0, & \text{se} \quad 0 < x < x_{i-1}, \\ \dfrac{1}{h_{i-1}}, & \text{se} \quad x_{i-1} < x < x_i, \\ -\dfrac{1}{h_i}, & \text{se} \quad x_i < x < x_{i+1}, \\ 0, & \text{se} \quad x_{i+1} < x < 1, \end{cases} \tag{11.30}$$

para cada $i = 1, 2, \ldots, n$.

Como ϕ_i e ϕ'_i são diferentes de zero somente em (x_{i-1}, x_{i+1}), temos

$$\phi_i(x)\phi_j(x) \equiv 0 \text{ e } \phi'_i(x)\phi'_j(x) \equiv 0,$$

exceto quando j for $i - 1$ ou $i + 1$. Como uma consequência, o sistema linear dado pela Equação (11.28) se reduz a um sistema linear tridiagonal $n \times n$. Os elementos diferentes de zero em A são

$$\begin{aligned} a_{ii} &= \int_0^1 \left\{ p(x)[\phi_i'(x)]^2 + q(x)[\phi_i(x)]^2 \right\} dx \\ &= \left(\frac{1}{h_{i-1}}\right)^2 \int_{x_{i-1}}^{x_i} p(x)\,dx + \left(\frac{-1}{h_i}\right)^2 \int_{x_i}^{x_{i+1}} p(x)\,dx \\ &\quad + \left(\frac{1}{h_{i-1}}\right)^2 \int_{x_{i-1}}^{x_i} (x - x_{i-1})^2 q(x)\,dx + \left(\frac{1}{h_i}\right)^2 \int_{x_i}^{x_{i+1}} (x_{i+1} - x)^2 q(x)\,dx, \end{aligned}$$

para cada $i = 1, 2, \ldots, n$;

$$\begin{aligned} a_{i,i+1} &= \int_0^1 \{ p(x)\phi_i'(x)\phi_{i+1}'(x) + q(x)\phi_i(x)\phi_{i+1}(x) \}\,dx \\ &= -\left(\frac{1}{h_i}\right)^2 \int_{x_i}^{x_{i+1}} p(x)\,dx + \left(\frac{1}{h_i}\right)^2 \int_{x_i}^{x_{i+1}} (x_{i+1} - x)(x - x_i) q(x)\,dx, \end{aligned}$$

para cada $i = 1, 2, \ldots, n - 1$; e

$$\begin{aligned} a_{i,i-1} &= \int_0^1 \{ p(x)\phi_i'(x)\phi_{i-1}'(x) + q(x)\phi_i(x)\phi_{i-1}(x) \}\,dx \\ &= -\left(\frac{1}{h_{i-1}}\right)^2 \int_{x_{i-1}}^{x_i} p(x)\,dx + \left(\frac{1}{h_{i-1}}\right)^2 \int_{x_{i-1}}^{x_i} (x_i - x)(x - x_{i-1}) q(x)\,dx, \end{aligned}$$

para cada $i = 2, \ldots, n$. Os elementos em $\mathbf{b}$ são

$$b_i = \int_0^1 f(x)\phi_i(x)\,dx = \frac{1}{h_{i-1}} \int_{x_{i-1}}^{x_i} (x - x_{i-1}) f(x)\,dx + \frac{1}{h_i} \int_{x_i}^{x_{i+1}} (x_{i+1} - x) f(x)\,dx,$$

para cada $i = 1, 2, \ldots, n$.

Há seis tipos de integrais a serem calculadas:

$$Q_{1,i} = \left(\frac{1}{h_i}\right)^2 \int_{x_i}^{x_{i+1}} (x_{i+1} - x)(x - x_i)q(x)\,dx, \quad \text{para cada } i = 1, 2, \ldots, n-1,$$

$$Q_{2,i} = \left(\frac{1}{h_{i-1}}\right)^2 \int_{x_{i-1}}^{x_i} (x - x_{i-1})^2 q(x)\,dx, \quad \text{para cada } i = 1, 2, \ldots, n,$$

$$Q_{3,i} = \left(\frac{1}{h_i}\right)^2 \int_{x_i}^{x_{i+1}} (x_{i+1} - x)^2 q(x)\,dx, \quad \text{para cada } i = 1, 2, \ldots, n,$$

$$Q_{4,i} = \left(\frac{1}{h_{i-1}}\right)^2 \int_{x_{i-1}}^{x_i} p(x)\,dx, \quad \text{para cada } i = 1, 2, \ldots, n+1,$$

$$Q_{5,i} = \frac{1}{h_{i-1}} \int_{x_{i-1}}^{x_i} (x - x_{i-1})f(x)\,dx, \quad \text{para cada } i = 1, 2, \ldots, n,$$

e

$$Q_{6,i} = \frac{1}{h_i} \int_{x_i}^{x_{i+1}} (x_{i+1} - x)f(x)\,dx, \text{ para cada } i = 1, 2, \ldots, n.$$

A matriz A e o vetor $\mathbf{b}$ no sistema linear $A\mathbf{c} = \mathbf{b}$ têm os elementos

$$\begin{aligned} a_{i,i} &= Q_{4,i} + Q_{4,i+1} + Q_{2,i} + Q_{3,i}, \quad \text{para cada } i = 1, 2, \ldots, n. \\ a_{i,i+1} &= -Q_{4,i+1} + Q_{1,i}, \quad \text{para cada } i = 1, 2, \ldots, n-1. \\ a_{i,i-1} &= -Q_{4,i} + Q_{1,i-1}, \quad \text{para cada } i = 2, 3, \ldots, n \end{aligned}$$

e

$$b_i = Q_{5,i} + Q_{6,i}, \text{ para cada } i = 1, 2, \ldots, n.$$

Os elementos em $\mathbf{c}$ são os coeficientes desconhecidos $c_1, c_2, \ldots, c_n$, a partir dos quais a aproximação ϕ, de Rayleigh-Ritz, dada por $\phi(x) = \sum_{i=}^{n} c_i\phi_i(x)$, é construída.

Para utilizar esse método, é necessário calcular $6n$ integrais, o que pode ser feito quer diretamente, quer por uma fórmula de quadratura tal como a regra de Simpson composta.

Uma abordagem alternativa para o cálculo da integral é aproximar cada uma das funções p, q, e f por seus polinômios interpoladores lineares por partes e então integrar a aproximação. Considere, por exemplo, a integral $Q_{1,i}$. A interpolação linear por partes de q é

$$P_q(x) = \sum_{i=0}^{n+1} q(x_i)\phi_i(x),$$

em que $\phi_1, \ldots, \phi_n$ são definidas na Equação (11.30) e

$$\phi_0(x) = \begin{cases} \dfrac{x_1 - x}{x_1}, & \text{se } \quad 0 \le x \le x_1 \\ 0, & \text{caso contrário} \end{cases} \quad \text{e} \quad \phi_{n+1}(x) = \begin{cases} \dfrac{x - x_n}{1 - x_n}, & \text{se } \quad x_n \le x \le 1 \\ 0, & \text{caso contrário} \end{cases}$$

Já que o intervalo de integração é $[x_i, x_{i+1}]$, o polinômio por partes $P_q(x)$ se reduz a

$$P_q(x) = q(x_i)\phi_i(x) + q(x_{i+1})\phi_{i+1}(x).$$

Este é o polinômio interpolador de grau um estudado na Seção 3.1. Pelo Teorema 3.3 na página 122,

$$|q(x) - P_q(x)| = O(h_i^2), \quad \text{para } x_i \leq x \leq x_{i+1},$$

se $q \in C^2[x_i, x_{i+1}]$. Para $i = 1, 2, \ldots, n-1$, a aproximação para $Q_{1,i}$ é obtida pela integração da aproximação para o integrando

$$\begin{aligned} Q_{1,i} &= \left(\frac{1}{h_i}\right)^2 \int_{x_i}^{x_{i+1}} (x_{i+1} - x)(x - x_i)q(x)\, dx \\ &\approx \left(\frac{1}{h_i}\right)^2 \int_{x_i}^{x_{i+1}} (x_{i+1} - x)(x - x_i)\left[\frac{q(x_i)(x_{i+1} - x)}{h_i} + \frac{q(x_{i+1})(x - x_i)}{h_i}\right] dx \\ &= \frac{h_i}{12}[q(x_i) + q(x_{i+1})]. \end{aligned}$$

Além disso, se $q \in C^2[x_i, x_{i+1}]$, então

$$\left| Q_{1,i} - \frac{h_i}{12}[q(x_i) + q(x_{i+1})] \right| = O(h_i^3).$$

Aproximações para as outras integrais são deduzidas de modo análogo e são dadas por

$$Q_{2,i} \approx \frac{h_{i-1}}{12}[3q(x_i) + q(x_{i-1})], \qquad Q_{3,i} \approx \frac{h_i}{12}[3q(x_i) + q(x_{i+1})],$$

$$Q_{4,i} \approx \frac{1}{2h_{i-1}}[p(x_i) + p(x_{i-1})], \qquad Q_{5,i} \approx \frac{h_{i-1}}{6}[2f(x_i) + f(x_{i-1})],$$

e

$$Q_{6,i} \approx \frac{h_i}{6}[2f(x_i) + f(x_{i+1})].$$

O Algoritmo 11.5 monta o sistema linear tridiagonal e incorpora o Algoritmo 6.7 de fatoração de Crout para resolver o sistema. As integrais $Q_{1,i}, \ldots, Q_{6,i}$ podem ser calculadas por um dos métodos mencionados anteriormente.

ALGORITMO 11.5 **Rayleigh-Ritz linear por partes**

Para obter uma aproximação para a solução do problema de contorno

$$-\frac{d}{dx}\left(p(x)\frac{dy}{dx}\right) + q(x)y = f(x), \quad \text{para } 0 \leq x \leq 1, \text{ com } y(0) = 0 \text{ e } y(1) = 0,$$

com a função linear por partes

$$\phi(x) = \sum_{i=1}^{n} c_i\phi_i(x):$$

ENTRADA inteiro $n \geq 1$; pontos $x_0 = 0 < x_1 < \ldots < x_n < x_{n+1} = 1$.

SAÍDA coeficientes $c_1, \ldots, c_n$.

Passo 1 Para $i = 0, \ldots, n$ faça $h_i = x_{i+1} - x_i$.

Passo 2 Para $i = 1, \ldots, n$ defina a base linear por partes ϕ_i, por

$$\phi_i(x) = \begin{cases} 0, & 0 \leq x \leq x_{i-1}, \\ \dfrac{x - x_{i-1}}{h_{i-1}}, & x_{i-1} < x \leq x_i, \\ \dfrac{x_{i+1} - x}{h_i}, & x_i < x \leq x_{i+1}, \\ 0, & x_{i+1} < x \leq 1. \end{cases}$$

Passo 3 Para cada $i = 1, 2, \ldots, n-1$ calcule $Q_{1,i}, Q_{2,i}, Q_{3,i}, Q_{4,i}, Q_{5,i}, Q_{6,i}$;
Calcule $Q_{2,n}, Q_{3,n}, Q_{4,n}, Q_{4,n+1}, Q_{5,n}, Q_{6,n}$.

Passo 4 Para cada $i = 1, 2, \ldots, n-1$ faça $\alpha_i = Q_{4,i} + Q_{4,i+1} + Q_{2,i} + Q_{3,i}$;
$\beta_i = Q_{1,i} - Q_{4,i+1}$;
$b_i = Q_{5,i} + Q_{6,i}$.

Passo 5 Faça $\alpha_n = Q_{4,n} + Q_{4,n+1} + Q_{2,n} + Q_{3,n}$;
$b_n = Q_{5,n} + Q_{6,n}$.

Passo 6 Faça $a_1 = \alpha_1$; (*Os passos 6 a 10 resolvem um sistema linear tridiagonal simétrico utilizando o Algoritmo 6.7*)
$\zeta_1 = \beta_1/\alpha_1$;
$z_1 = b_1/a_1$.

Passo 7 Para $i = 2, \ldots, n-1$ faça $a_i = \alpha_i - \beta_{i-1}\zeta_{i-1}$;
$\zeta_i = \beta_i/\alpha_i$;
$z_i = (b_i - \beta_{i-1}z_{i-1})/a_i$.

Passo 8 Faça $a_n = \alpha_n - \beta_{n-1}\zeta_{n-1}$;
$z_n = (b_n - \beta_{n-1}z_{n-1})/a_n$.

Passo 9 Faça $c_n = z_n$;
SAÍDA (c_n).

Passo 10 Para $i = n-1, \ldots, 1$ faça $c_i = z_i - \zeta_i c_{i+1}$;
SAÍDA (c_i);

Passo 11 PARE. (*O procedimento está completo.*) ■

A ilustração a seguir usa o Algoritmo 11.5. Por causa da natureza elementar desse exemplo, as integrais nos Passos 3, 4 e 5 foram encontradas diretamente.

Ilustração Considere o problema de contorno

$$-y'' + \pi^2 y = 2\pi^2 \operatorname{sen}(\pi x), \quad \text{para } 0 \leq x \leq 1, \text{ com } y(0) = y(1) = 0.$$

Seja $h_i = h = 0{,}1$, de modo que $x_i = 0{,}1i$, para cada $i = 0, 1, \ldots, 9$. As integrais são

$$Q_{1,i} = 100 \int_{0,1i}^{0,1i+0,1} (0{,}1i + 0{,}1 - x)(x - 0{,}1i)\pi^2 \, dx = \frac{\pi^2}{60},$$

$$Q_{2,i} = 100 \int_{0,1i-0,1}^{0,1i} (x - 0{,}1i + 0{,}1)^2 \pi^2 \, dx = \frac{\pi^2}{30},$$

$$Q_{3,i} = 100 \int_{0,1i}^{0,1i+0,1} (0{,}1i + 0{,}1 - x)^2 \pi^2 \, dx = \frac{\pi^2}{30},$$

$$Q_{4,i} = 100 \int_{0,1i-0,1}^{0,1i} dx = 10,$$

$$Q_{5,i} = 10 \int_{0,1i-0,1}^{0,1i} (x - 0,1i + 0,1)2\pi^2 \operatorname{sen} \pi x \, dx$$

$$= -2\pi \cos 0,1\pi i + 20[\operatorname{sen}(0,1\pi i) - \operatorname{sen}((0,1i - 0,1)\pi)],$$

e

$$Q_{6,i} = 10 \int_{0,1i}^{0,1i+0,1} (0,1i + 0,1 - x)2\pi^2 \operatorname{sen} \pi x \, dx$$

$$= 2\pi \cos 0,1\pi i - 20[\operatorname{sen}((0,1i + 0,1)\pi) - \operatorname{sen}(0,1\pi i)].$$

O sistema linear $A\mathbf{c} = \mathbf{b}$ tem

$$a_{i,i} = 20 + \frac{\pi^2}{15}, \quad \text{para cada } i = 1, 2, \ldots, 9,$$

$$a_{i,i+1} = -10 + \frac{\pi^2}{60}, \quad \text{para cada } i = 1, 2, \ldots, 8,$$

$$a_{i,i-1} = -10 + \frac{\pi^2}{60}, \quad \text{para cada } i = 2, 3, \ldots, 9,$$

e

$$b_i = 40 \operatorname{sen}(0,1\pi i)[1 - \cos 0,1\pi], \text{ para cada } i = 1, 2, \ldots, 9$$

A solução do sistema linear tridiagonal é

$$c_9 = 0,3102866742,\ c_8 = 0,5902003271,\ c_7 = 0,8123410598,$$
$$c_6 = 0,9549641893,\ c_5 = 1,004108771,\ c_4 = 0,9549641893,$$
$$c_3 = 0,8123410598,\ c_2 = 0,5902003271,\ c_1 = 0,3102866742.$$

A aproximação linear por partes é

$$\phi(x) = \sum_{i=1}^{9} c_i \phi_i(x),$$

e a solução real do problema de contorno é $y(x) = \operatorname{sen} \pi x$. A Tabela 11.7 lista o erro na aproximação em x_i, para cada $i = 1, \ldots, 9$. ■

Tabela 11.7

i	x_i	$\phi(x_i)$	$y(x_i)$	$\lvert\phi(x_i) - y(x_i)\rvert$
1	0,1	0,3102866742	0,3090169943	0,00127
2	0,2	0,5902003271	0,5877852522	0,00241
3	0,3	0,8123410598	0,8090169943	0,00332
4	0,4	0,9549641896	0,9510565162	0,00390
5	0,5	1,0041087710	1,0000000000	0,00411
6	0,6	0,9549641893	0,9510565162	0,00390
7	0,7	0,8123410598	0,8090169943	0,00332
8	0,8	0,5902003271	0,5877852522	0,00241
9	0,9	0,3102866742	0,3090169943	0,00127

Pode ser mostrado que a matriz tridiagonal A dada pela base de funções lineares por partes é definida positiva (veja o Exercício 15) e assim, pelo Teorema 6.26, o sistema linear é estável com relação a erros de arredondamento. Sob as hipóteses apresentadas no começo da seção, temos

$$|\phi(x) - y(x)| = O(h^2), \text{ para cada x em } [0, 1].$$

Uma demonstração desse resultado pode ser encontrada em [Schul], p. 103-104.

Base B-*Spline*

O uso de uma base de funções lineares por partes resulta em uma solução aproximada para as Equações (11.22) e (11.23) que é contínua, mas não diferenciável em [0, 1]. Um conjunto mais complicado de funções da base é necessário para construir uma aproximação que pertença a $C_0^2[0,1]$. Essas da base de funções são similares aos *splines* interpoladores cúbicos discutidos na Seção 3.5.

Lembre que o *spline interpolador* cúbico S nos cinco nós x_0, x_1, x_2, x_3 e x_4 para uma função f é definido por:

(a) $S(x)$ é um polinômio cúbico, denotado por $S_j(x)$, no subintervalo $[x_j, x_{j+1}]$, para cada $j = 0, 1, 2, 3, 4$;
(b) $S_j(x_j) = f(x_j)$ e $S_j(x_{j+1}) = f(x_{j+1})$ para cada $j = 0,1,2$;
(c) $S_{j+1}(x_{j+1}) = S_j(x_{j+1})$ para $j = 0, 1, 2$; (*Consequência de* **(b)**.)
(d) $S'_{j+1}(x_{j+1}) = S'_j(x_{j+1})$ para $j = 0, 1, 2$;
(e) $S''_{j+1}(x_{j+1}) = S''_j(x_{j+1})$ para $j = 0, 1, 2$;
(f) Uma das seguintes condições de contorno é satisfeita:
(i) $S''(x_0) = S''(x_n) = 0$ (*condições de contorno livre ou natural*);
(ii) $S'(x_0) = f'(x_0)$ e $S'(x_n) = f'(x_n)$ (*condições de contorno fixadas*).

Como a unicidade de solução requer que o número de constantes em **(a)**, 16, seja igual ao número de condições em **(b)** a **(f)**, apenas uma das condições de contorno em **(f)** pode ser especificada para os *splines* cúbicos interpoladores.

B-*splines* (de "base") foram introduzidos em 1946 por I. J. Schoenberg [Scho], mas durante mais de uma década foram difíceis de calcular. Em 1972, Carl de Boor (1937-) [Deb1] descreveu fórmulas de recorrência para calculá-las, o que melhorou sua estabilidade e utilidade.

As funções *splines* cúbicos que utilizaremos como nossa base de funções são chamadas **B-splines** ou *splines em forma de sino*. Estas diferem dos *splines* interpoladores no sentido de que ambos os conjuntos de condições de contorno em **(f)** são satisfeitos. Isso requer o relaxamento de duas das condições em **(b)** até **(e)**. Como o *spline* deve ter duas derivadas contínuas em $[x_0, x_4]$, desconsideramos duas das condições de interpolação da descrição dos *splines* interpoladores. Em particular, modificamos a condição **(b)** para

b. $S(x_j) = f(x_j)$ para $j = 0, 2, 4$,

Por exemplo, o B-*spline* S básico definido em seguida e mostrado na Figura 11.5 utiliza os nós igualmente espaçados $x_0 = -2$, $x_1 = -1$, $x_2 = 0$, $x_3 = 1$ e $x_4 = 2$. Ele satisfaz às condições de interpolação

b. $S(x_0) = 0$, $S(x_2) = 1$, $S(x_4) = 0$;

assim como ambos os conjuntos de condições

$$\textbf{(i)}\ S''(x_0) = S''(x_4) = 0 \text{ e } \textbf{(ii)}\ S'(x_0) = S'(x_4) = 0.$$

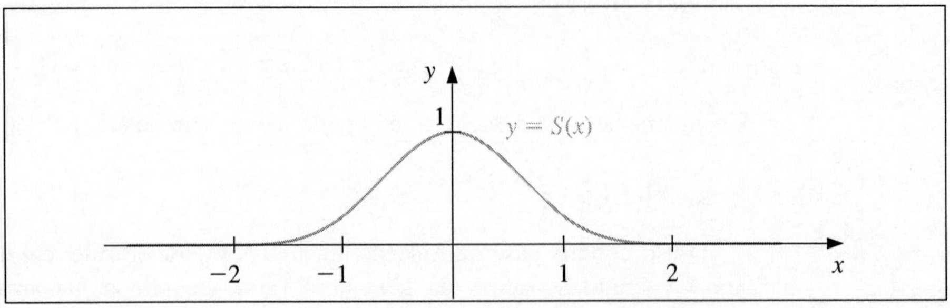

Figura 11.5

Como consequência, $S \in C_0^2(-\infty, \infty)$, e é dado especificamente por

$$S(x) = \begin{cases} 0, & \text{se } x \leq -2, \\ \frac{1}{4}(2+x)^3, & \text{se } -2 \leq x \leq -1, \\ \frac{1}{4}\left[(2+x)^3 - 4(1+x)^3\right], & \text{se } -1 < x \leq 0, \\ \frac{1}{4}\left[(2-x)^3 - 4(1-x)^3\right], & \text{se } 0 < x \leq 1, \\ \frac{1}{4}(2-x)^3, & \text{se } 1 < x \leq 2, \\ 0, & \text{se } 2 < x. \end{cases} \tag{11.31}$$

Usaremos agora esse B-*spline* básico para construir as funções da base ϕ_i em $C_0^2\,[0, 1]$. Primeiramente, obtemos uma partição de $[0, 1]$ pela escolha de um inteiro positivo n e pela definição de $h = 1/(n + 1)$. Isso produz os nós igualmente espaçados $x_i = ih$, para cada $i = 0, 1, \ldots, n + 1$. Então definimos as funções da base $\{\phi_i\}_{i=0}^{n+1}$ como

$$\phi_i(x) = \begin{cases} S\left(\frac{x}{h}\right) - 4S\left(\frac{x+h}{h}\right), & \text{se } i = 0, \\ S\left(\frac{x-h}{h}\right) - S\left(\frac{x+h}{h}\right), & \text{se } i = 1, \\ S\left(\frac{x-ih}{h}\right), & \text{se } 2 \leq i \leq n-1 \\ S\left(\frac{x-nh}{h}\right) - S\left(\frac{x-(n+2)h}{h}\right), & \text{se } i = n, \\ S\left(\frac{x-(n+1)h}{h}\right) - 4S\left(\frac{x-(n+2)h}{h}\right), & \text{se } i = n+1. \end{cases}$$

Não é difícil mostrar que $\{\phi_i\}_{i=0}^{n+1}$ é um conjunto linearmente independente de *splines* cúbicos, satisfazendo $\phi_i(0) = \phi_i(1) = 0$, para cada $i = 0, 1, \ldots, n, n + 1$ (consulte o Exercício 14). Os gráficos de ϕ_i, para $2 \leq i \leq n - 1$, são mostrados na Figura 11.6, e os gráficos ϕ_0, ϕ_1, ϕ_n e ϕ_{n+1} estão na Figura 11.7.

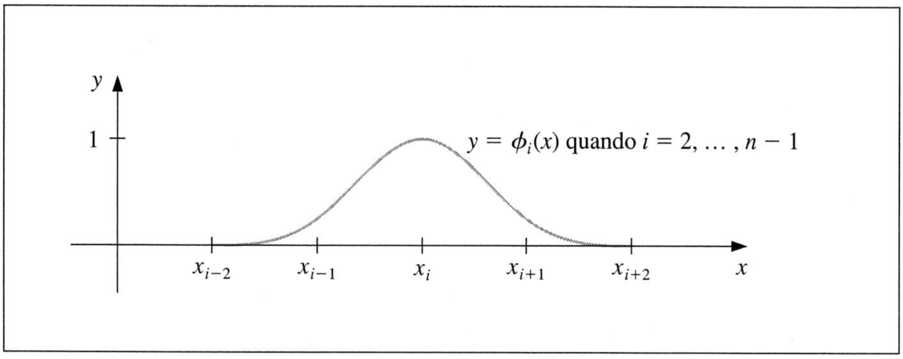

Figura 11.6

Como $\phi_i(x)$ e $\phi_i'(x)$ são não nulas apenas para $x \in [x_{i-2}, x_{i+2}]$, a matriz na aproximação de Rayleigh-Ritz é uma matriz de banda com largura de banda no máximo sete:

$$A = \begin{bmatrix} a_{00} & a_{01} & a_{02} & a_{03} & 0 & \cdots & \cdots & 0 \\ a_{10} & a_{11} & a_{12} & a_{13} & a_{14} & \ddots & & \vdots \\ a_{20} & a_{21} & a_{22} & a_{23} & a_{24} & a_{25} & \ddots & \vdots \\ a_{30} & a_{31} & a_{32} & a_{33} & a_{34} & a_{35} & a_{36} & 0 \\ 0 & \ddots & \ddots & \ddots & \ddots & \ddots & \ddots & a_{n-2,n+1} \\ \vdots & \ddots & & & & & & a_{n-1,n+1} \\ \vdots & & & & & & & a_{n,n+1} \\ 0 & \cdots & \cdots & 0 & a_{n+1,n-2} & a_{n+1,n-1} & a_{n+1,n} & a_{n+1,n+1} \end{bmatrix}$$

Figura 11.7

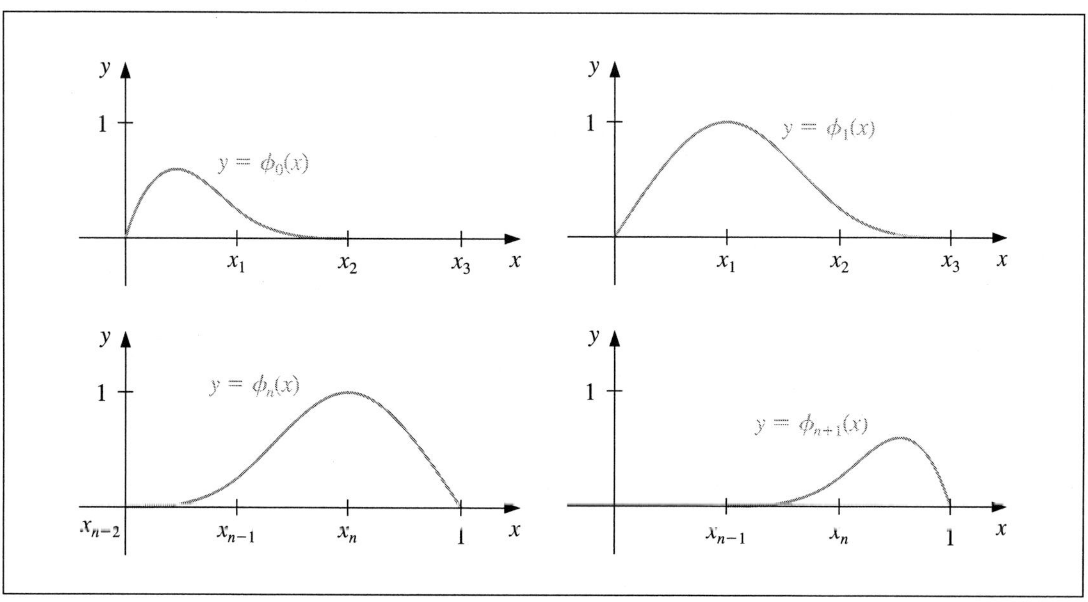

em que

$$a_{ij} = \int_0^1 [p(x)\phi'_i(x)\phi'_j(x) + q(x)\phi_i(x)\phi_j(x)]dx,$$

para cada $i, j = 0, 1, \ldots, n + 1$. O vetor **b** tem os elementos

$$b_i = \int_0^1 f(x)\phi_i(x)dx.$$

A matriz A é positiva definida (veja o Exercício 16) e assim o sistema linear $A\mathbf{c} = \mathbf{b}$ pode ser resolvido pelo Algoritmo 6.6 de Cholesky ou pela eliminação de Gauss. O Algoritmo 11.6 detalha a construção da aproximação por *spline* cúbico $\phi(x)$ pelo método de Rayleigh-Ritz para os problemas de contorno (11.21) e (11.22) dados no começo desta seção.

ALGORITMO 11.6 **Método Rayleigh-Ritz com *spline* cúbico**

Para obter uma aproximação para a solução do problema de contorno

$$-\frac{d}{dx}\left(p(x)\frac{dy}{dx}\right) + q(x)y = f(x), \quad \text{para } 0 \le x \le 1, \text{ com } y(0) = 0 \text{ e } y(1) = 0$$

com a soma de *splines* cúbicos

$$\phi(x) = \sum_{i=0}^{n+1} c_i\phi_i(x):$$

ENTRADA inteiro $n \geq 1$.

SAÍDA coeficientes $c_0, \ldots, c_{n+1}$.

Passo 1 Faça $h = 1/(n + 1)$.

Passo 2 Para $i = 0, \ldots, n + 1$ faça $x_i = ih$.
Faça $x_{-2} = x_{-1} = 0$; $x_{n+2} = x_{n+3} = 1$.

Passo 3 Defina a função S por

$$S(x) = \begin{cases} 0, & x \le -2, \\ \frac{1}{4}(2+x)^3, & -2 < x \le -1, \\ \frac{1}{4}\left[(2+x)^3 - 4(1+x)^3\right], & -1 < x \le 0, \\ \frac{1}{4}\left[(2-x)^3 - 4(1-x)^3\right], & 0 < x \le 1, \\ \frac{1}{4}(2-x)^3, & 1 < x \le 2, \\ 0, & 2 < x \end{cases}$$

Passo 4 Defina a base de *splines* cúbicos $\{\phi_i\}_{i=0}^{n+1}$ por

$$\phi_0(x) = S\left(\frac{x}{h}\right) - 4S\left(\frac{x+h}{h}\right),$$

$$\phi_1(x) = S\left(\frac{x-x_1}{h}\right) - S\left(\frac{x+h}{h}\right),$$

$$\phi_i(x) = S\left(\frac{x-x_i}{h}\right), \text{ for } i = 2, \ldots, n-1,$$

$$\phi_n(x) = S\left(\frac{x-x_n}{h}\right) - S\left(\frac{x-(n+2)h}{h}\right),$$

$$\phi_{n+1}(x) = S\left(\frac{x-x_{n+1}}{h}\right) - 4S\left(\frac{x-(n+2)h}{h}\right).$$

Passo 5 Para $i = 0, \ldots, n + 1$ execute Passos 6 a 9.
(*Observação: As integrais nos Passos 6 e 9 podem ser calculadas utilizando-se um procedimento de integração numérica.*)

Passo 6 Para $j = i, i + 1, \ldots, \min\{i + 3, n + 1\}$
faça $L = \max\{x_{j-2}, 0\}$;
$U = \min\{x_{i+2}, 1\}$;

$$a_{ij} = \int_L^U [p(x)\phi_i'(x)\phi_j'(x) + q(x)\phi_i(x)\phi_j(x)]dx;$$

se $i \neq j$, então faça $a_{ji} = a_{ij}$. (*Já que A é simétrica.*)

Passo 7 Se $i \geq 4$, então para $j = 0, \ldots, i - 4$ faça $a_{ij} = 0$.

Passo 8 Se $i \leq n - 3$, então para $j = i + 4, \ldots, n + 1$ faça $a_{ij} = 0$.

Passo 9 Faça $L = \max\{x_{i-2}, 0\}$;
$U = \min\{x_{i+2}, 1\}$;

$$b_i = \int_L^U f(x)\phi_i(x)dx.$$

Passo 10 Resolva o sistema linear $A\mathbf{c} = \mathbf{b}$, em que $A = (a_{ij})$ e $\mathbf{b} = (b_0, \ldots, b_{n+1})^t$ e $\mathbf{c} = (c_0, \ldots, c_{n+1})^t$.

Passo 11 Para $i = 0, \ldots, n + 1$
SAÍDA (c_i).

Passo 12 PARE. (*O procedimento está completo.*) ■

Ilustração Considere o problema de contorno

$$-y'' + \pi^2 y = 2\pi^2 \operatorname{sen}(\pi x), \quad \text{para } 0 \leq x \leq 1, \quad \text{com } y(0) = y(1) = 0.$$

Na ilustração depois do Algoritmo 11.5, fizemos $h = 0{,}1$ e geramos aproximações usando uma base de funções lineares por partes. A Tabela 11.8 lista os resultados obtidos pela aplicação de *B-splines* conforme detalhado no Algoritmo 11.6 com essa mesma escolha de nós. ■

Tabela 11.8

i	c_i	x_i	$\phi(x_i)$	$y(x_i)$	$\lvert y(x_i) - \phi(x_i)\rvert$
0	$0{,}50964361 \times 10^{-5}$	0	0,00000000	0,00000000	0,00000000
1	0,20942608	0,1	0,30901644	0,30901699	0,00000055
2	0,39835678	0,2	0,58778549	0,58778525	0,00000024
3	0,54828946	0,3	0,80901687	0,80901699	0,00000012
4	0,64455358	0,4	0,95105667	0,95105652	0,00000015
5	0,67772340	0,5	1,00000002	1,00000000	0,00000020
6	0,64455370	0,6	0,95105713	0,95105652	0,00000061
7	0,54828951	0,7	0,80901773	0,80901699	0,00000074
8	0,39835730	0,8	0,58778690	0,58778525	0,00000165
9	0,20942593	0,9	0,30901810	0,30901699	0,00000111
10	$0{,}74931285 \times 10^{-5}$	1,0	0,00000000	0,00000000	0,00000000

Recomendamos que as integrações nos Passos 6 e 9 sejam realizadas em duas etapas. Primeiramente, construa polinômios interpolados por *spline* cúbico para p, q e f, utilizando os métodos apresentados na Seção 3.5. Em seguida, aproxime os integrandos pelos produtos de *splines* cúbicos ou derivadas de *splines* cúbicos. Os integrandos agora são polinômios por partes e podem ser integrados exatamente em cada subintervalo e então somados. Isso leva a aproximações precisas das integrais.

As hipóteses assumidas no começo desta seção são suficientes para garantir que

$$\left\{\int_0^1 |y(x) - \phi(x)|^2\, dx\right\}^{1/2} = O(h^4), \text{ se } 0 \leq x \leq 1.$$

Para uma demonstração desse resultado, consulte [Schul], p. 107-108.

B-*splines* também podem ser definidos para nós desigualmente espaçados, mas os detalhes são mais complicados. Uma apresentação da técnica pode ser encontrada em [Schul], p. 73. Uma outra base comumente usada são os polinômios cúbicos de Hermite por partes. Para uma excelente apresentação deste método, recorra novamente a [Schul], p. 24ff.

Outros métodos que recebem atenção considerável são os métodos de Galerkin, ou "de forma fraca". Para o problema de contorno que temos considerado

$$-\frac{d}{dx}\left(p(x)\frac{dy}{dx}\right) + q(x)y = f(x), \quad \text{para } 0 \leq x \leq 1, \text{ com } y(0) = 0 \text{ e } y(1) = 0,$$

sob as hipóteses listadas no começo desta seção, ambos os métodos de Galerkin e de Rayleigh-Ritz são determinados pela Equação (11.27). Todavia, este não é o caso para um problema de contorno arbitrário. Um tratamento das semelhanças e diferenças nos dois métodos e uma discussão da ampla aplicação do método de Galerkin podem ser encontrados em [Schul] e em [SF].

Boris Grigorievich Galerkin (1871-1945) realizou um trabalho fundamental aplicando técnicas de aproximação para resolver problemas de contorno associados a problemas de engenharia civil. Seu artigo inicial em análise de elementos finitos foi publicado em 1915, e seu manuscrito fundamental sobre as placas elásticas, em 1937.

Uma outra técnica popular para solução de problemas de contorno é o **método de colocação**.

A palavra "colocação" tem sua raiz no latim *co-* e *locus*, indicando "junto com" e "lugar". É equivalente ao que denominamos interpolação.

Esse procedimento começa pela escolha de um conjunto de funções da base $\{\phi_1, \ldots, \phi_N\}$, um conjunto de números $\{x_i, \ldots, x_n\}$ em [0, 1] e exigindo que uma aproximação

$$\sum_{i=1}^{N} c_i\phi_i(x)$$

satisfaça à equação diferencial em cada um dos números x_j, para $1 \leq j \leq n$. Se, adicionalmente, for exigido que $\phi_i(0) = \phi_i(1) = 0$, para $1 \leq i \leq N$, então as condições de contorno serão automaticamente satisfeitas. Muita atenção tem sido dada na literatura à escolha dos números $\{x_j\}$ e às funções da base $\{\phi_i\}$. Uma escolha popular é tomar as funções da base ϕ_i como funções *spline* relativas a uma partição de [0, 1] e tomar os nós $\{x_j\}$ como os pontos de Gauss ou as raízes de certos polinômios ortogonais, transformados para o subintervalo adequado.

Uma comparação de vários métodos de colocação e métodos de diferenças finitas está contida em [Ru]. A conclusão é que os métodos de colocação utilizando *splines* de grau superior são competitivos com técnicas de diferenças finitas usando extrapolação. Outras referências para métodos de colocação são [DebS] e [LR].

EXERCÍCIOS 11.5

1. Utilize o algoritmo linear por partes para obter uma aproximação para a solução do problema de contorno

$$y'' + \frac{\pi^2}{4}y = \frac{\pi^2}{16}\cos\frac{\pi}{4}x, \quad 0 \le x \le 1, \quad y(0) = y(1) = 0$$

utilizando $x_0 = 0$, $x_1 = 0{,}3$, $x_2 = 0{,}7$, $x_3 = 1$. Compare seus resultados com a solução real $-\frac{1}{3}\cos\frac{\pi}{2}x - \frac{\sqrt{2}}{6}\operatorname{sen}\frac{\pi}{2}x + \frac{1}{3}\cos\frac{\pi}{4}x$.

2. Utilize o algoritmo linear por partes para obter uma aproximação para a solução do problema de contorno

$$-\frac{d}{dx}(xy') + 4y = 4x^2 - 8x + 1, \quad 0 \le x \le 1, \quad y(0) = y(1) = 0$$

utilizando $x_0 = 0, x_1 = 0{,}4, x_2 = 0{,}8, x_3 = 1$. Compare seus resultados com a solução real $y(x) = x^2 - x$.

3. Utilize o algoritmo linear por partes para obter uma aproximação para a solução do problema de contorno e compare seus resultados com a solução real:

a. $-x^2y'' - 2xy' + 2y = -4x^2$; $0 \le x \le 1, y(0) = y(1) = 0$; use $h = 0{,}1$; solução real $y(x) = x^2 - x$.

b. $-\frac{d}{dx}(e^x y') + e^x y = x + (2 - x)e^x$, $0 \le x \le 1$, $y(0) = y(1) = 0$; use $h = 0{,}1$; solução real $y(x) = (x - 1)(e^{-x} - 1)$.

c. $-\frac{d}{dx}(e^{-x}y') + e^{-x}y = (x-1) - (x+1)e^{-(x-1)}$, $0 \le x \le 1$, $y(0) = y(1) = 0$; use $h = 0{,}05$; solução real $y(x) = x(e^x - e)$.

d. $-(x + 1)y'' - y' + (x + 2)y = [2 - (x + 1)^2]e \ln 2 - 2e^x$; $0 \le x \le 1, y(0) = y(1) = 0$; use $h = 0{,}05$; solução real $y(x) = e^x \ln(x + 1) - (e \ln 2)x$.

4. Use o algoritmo de *spline* cúbico com $n = 3$ para obter uma aproximação para a solução do problema de contorno

$$y'' + \frac{\pi^2}{4}y = \frac{\pi^2}{16}\cos\frac{\pi}{4}x, \quad 0 \le x \le 1,\ y(0) = 0,\ y(1) = 0$$

e compare os resultados com a solução real dada no Exercício 1.

5. Use o algoritmo de *spline* cúbico com $n = 3$ para determinar aproximações do problema de contorno

$$-\frac{d}{dx}(xy') + 4y = 4x^2 - 8x + 1, \quad 0 \le x \le 1,\ y(0) = 0,\ y(1) = 0$$

e compare os resultados com a solução real dada no Exercício 2.

6. Repita o Exercício 3 usando o algoritmo de *spline* cúbico.

EXERCÍCIOS APLICADOS

7. O exemplo principal deste capítulo diz respeito ao problema de contorno

$$\frac{d^2w}{dx^2} = \frac{S}{EI}w + \frac{qx}{2EI}(x - l),\ 0 < x < l,\ w(0) = w(l) = 0.$$

Foi resolvido um exemplo particular usando diferenças finitas no Exercício 7 da Seção 11.3. A mudança de variável $x = l\,z$ fornece o problema de contorno

$$-\frac{d^2w}{dz^2} + \frac{Sl^2}{EI}w = -\frac{ql^4}{2EI}z(z-1),\ 0 < z < 1,\ z(0) = z(1) = 0.$$

Repita o Exercício 7 da Seção 11.3 usando o algoritmo linear por partes.

8. No Exercício 8 da Seção 11.3, a deflação de uma placa retangular longa com carga uniforme sob uma força de tensão axial é governada por um problema de contorno de segunda ordem. Represente por S a força axial e por q a intensidade da carga uniforme. A deflação W ao longo de um comprimento r é dada por

$$W''(x) - \frac{S}{D}W(x) = -\frac{ql}{2D}x + \frac{q}{2D}x^2,\ 0 < x < l,\ W(0) = W(l) = 0.$$

A mudança de variável $x = l\,z$ fornece o problema de contorno

$$-\frac{d^2W}{dz^2} + \frac{Sl^2}{DI}W = \frac{ql^4}{2D}z - \frac{ql^4}{2D}z^2,\ 0 < z < 1,\ W(0) = W(1) = 0.$$

Repita o Exercício 8 da Seção 11.3 usando o algoritmo de *spline* cúbico de Rayleigh-Ritz.

EXERCÍCIOS TEÓRICOS

9. Mostre que o problema de contorno

$$-\frac{d}{dx}(p(x)y') + q(x)y = f(x), \quad 0 \le x \le 1, \quad y(0) = \alpha, \quad y(1) = \beta,$$

pode ser transformado pela mudança de variável

$$z = y - \beta x - (1 - x)\alpha$$

para a forma

$$-\frac{d}{dx}(p(x)z') + q(x)z = F(x), \quad 0 \le x \le 1, \quad z(0) = 0, \quad z(1) = 0.$$

10. Utilize o Exercício 10 e o algoritmo linear por partes com $n = 9$ para obter uma aproximação para a solução do problema de contorno

$$-y'' + y' = x, \quad 0 \le x \le 1, y(0) = 1, \quad y(1) = 1 + e^{-1}.$$

11. Repita o Exercício 9 usando o algoritmo do *spline* cúbico.

12. Mostre que o problema de contorno

$$-\frac{d}{dx}(p(x)y') + q(x)y = f(x), \quad a \le x \le b, \quad y(a) = \alpha, \quad y(b) = \beta$$

pode ser transformado para a forma

$$-\frac{d}{dw}(p(w)z') + q(w)z = F(w), \quad 0 \le w \le 1, \quad z(0) = 0, \quad z(1) = 0,$$

por um método similar ao dado no Exercício 9.

13. Mostre que as funções da base linear por partes $\{\phi_i\}_{i=1}^{n}$ são linearmente independentes.

14. Mostre que as funções da base de *spline* cúbico $\{\phi_i\}_{i=0}^{n+1}$ são linearmente independentes.

15. Mostre que a matriz dada pelas funções da base linear por partes é positiva definida.

16. Mostre que a matriz dada pelas funções da base de *spline* cúbico é definida positiva.

QUESTÕES PARA DISCUSSÃO

1. Explique o método de colocação. Como o método de colocação difere do método de Rayleigh-Ritz?
2. Há alguma diferença entre os métodos de colocação e de Galerkin?

11.6 Software numérico

A biblioteca IMSL tem diversas sub-rotinas para problemas de contorno. Elas são tanto métodos *shooting* quanto de diferenças finitas. Os métodos de *shooting* usam a técnica de Runge-Kutta-Verber para resolver os problemas de valor inicial associados.

A biblioteca NAG também tem muitas sub-rotinas de resolução de problemas de contorno. Alguma delas são: um método de *shooting* usando o método de valor inicial de Runge-Kutta-Merson em conjunção com o método de Newton, um método de diferenças finitas com o método de Newton para resolver o sistema não linear e um método de diferenças finitas linear com base na colocação.

Existem sub-rotinas no pacote de EDO contido na biblioteca Netlib para resolver problemas de contorno de dois pontos, tanto linear quanto não lineares. Essas rotinas têm base nos métodos *shooting* múltiplos.

QUESTÕES PARA DISCUSSÃO

1. O ACADO Toolkit é um método *Shooting* único direto com base no Runge-Kutta. Descreva alguns aspectos dessa ferramenta.
2. Descreva o método Ejs (*Easy Java Simulations*) *Shooting*.

CONCEITOS-CHAVE

Aproximação discreta
Base linear por partes
Extrapolação de Richard
Iteração de Newton
Método de diferenças finitas
Método de Rayleigh-Ritz
Método *shooting* linear
Método *shooting* não linear
Problema de contorno linear
Problema variacional
Rayleigh-Ritz linear por partes
Spline cúbico de Rayleigh-Ritz

REVISÃO DO CAPÍTULO

Neste capítulo, discutimos métodos para aproximar soluções de problemas de contorno. Para o problema de contorno linear

$$y'' = p(x)y' + q(x)y + r(x), \quad a \le x \le b, \quad y(a) = \alpha, \quad y(b) = \beta,$$

consideramos tanto um método *shooting* linear quanto um método das diferenças finitas para obter uma aproximação para a solução. O método *shooting* utiliza técnicas de valor inicial para resolver os problemas

$$y'' = p(x)y' + q(x)y + r(x), \quad \text{para } a \le x \le b, \text{ com } y(a) = \alpha \text{ e } y'(a) = 0$$

e

$$y'' = p(x)y' + q(x)y, \quad \text{para } a \le x \le b, \text{ com } y(a) = 0 \text{ e } y'(a) = 1.$$

Uma média ponderada dessas soluções produz uma solução para o problema de contorno, embora em algumas situações haja problemas com erros de arredondamento.

No método das diferenças finitas, substituímos y'' e y' pelas aproximações por diferença e resolvemos um sistema linear. Embora as aproximações possam não ser tão precisas como no método *shooting*, existe menos sensibilidade a erros de arredondamento. Métodos de diferença de ordem superior estão disponíveis ou a extrapolação pode ser usada para melhorar a precisão.

Para o problema de contorno não linear

$$y'' = f(x, y, y'), \quad \text{para } a \le x \le b, \quad \text{com } y(a) = \alpha \text{ e } y(b) = \beta,$$

também apresentamos dois métodos. O método *shooting* não linear requer a solução do problema de valor inicial

$$y'' = f(x, y, y'), \quad \text{para } a \le x \le b, \text{ com } y(a) = \alpha \text{ e } y'(a) = t,$$

para uma escolha inicial de t. Melhoramos a escolha pela utilização do método de Newton para obter uma aproximação para a solução de $y(b, t) = \beta$. Esse método requer resolver dois problemas de valor inicial a cada iteração. A precisão depende da escolha do método para resolver os problemas de valor inicial.

O método das diferenças finitas para a equação não linear requer a substituição de y'' e y' por quocientes de diferenças, que resulta em um sistema não linear. O sistema é resolvido usando-se o método de Newton. Diferenças de ordem superior ou extrapolação podem ser utilizadas para melhorar a precisão. Métodos de diferenças finitas tendem a ser menos sensíveis a erros de arredondamento do que métodos *shooting*.

O método de Rayleigh-Ritz-Galerkin foi ilustrado pela aproximação da solução do problema de contorno

$$-\frac{d}{dx}\left(p(x)\frac{dy}{dx}\right) + q(x)y = f(x), \quad 0 \le x \le 1, \quad y(0) = y(1) = 0.$$

Uma aproximação linear por partes ou uma aproximação por *spline* cúbico pode ser obtida.

A maioria do material a respeito de problemas de contorno de segunda ordem pode ser estendida a problemas com condições de contorno da forma

$$\alpha_1 y(a) + \beta_1 y'(a) = \alpha \text{ e } \alpha_2 y(b) + \beta_2 y'(b) = \beta,$$

em que $|\alpha_1| + |\beta_1| \neq 0$ e $|\alpha_2| + |\beta_2| \neq 0$, mas algumas das técnicas tornam-se razoavelmente complicadas. O leitor que estiver interessado em problemas desse tipo é aconselhado a considerar um livro especializado em problemas de contorno, tal como o [Keller, H].

Mais informações sobre os problemas gerais envolvidos na solução numérica de problemas de contorno de dois pontos podem ser encontradas em Keller [Keller, H] e Bailey, Shampine e Waltman [BSW]. Roberts e Shipman [RS] concentram-se nos métodos *shooting* para o problema de contorno de dois pontos e Pryce [Pr] restringe a atenção aos problemas de Sturm-Liouville. O livro de Ascher, Mattheij e Russell [AMR] tem uma apresentação abrangente de métodos *shooting* múltiplo e *shooting* paralelo.

CAPÍTULO 12

Soluções numéricas de equações diferenciais parciais

Introdução

Um corpo é *isotrópico* se a condutividade térmica em cada ponto do corpo independe da direção do fluxo de calor no ponto. Suponha que k, c e ρ são funções de (x, y, z) e representam, respectivamente, a condutividade térmica, o calor específico e a densidade de um corpo isotrópico no ponto (x, y, z). Então a temperatura, $u \equiv u(x, y, z, t)$ no corpo pode ser encontrada resolvendo-se a equação diferencial parcial

$$\frac{\partial}{\partial x}\left(k\frac{\partial u}{\partial x}\right) + \frac{\partial}{\partial y}\left(k\frac{\partial u}{\partial y}\right) + \frac{\partial}{\partial z}\left(k\frac{\partial u}{\partial z}\right) = c\rho\frac{\partial u}{\partial t}.$$

Quando k, c e ρ são constantes, esta equação é conhecida como a equação do calor tridimensional simples e é expressa como

$$\frac{\partial^2 u}{\partial x^2} + \frac{\partial^2 u}{\partial y^2} + \frac{\partial^2 u}{\partial z^2} = \frac{c\rho}{k}\frac{\partial u}{\partial t}.$$

Se a fronteira do corpo for relativamente simples, a solução para esta equação pode ser encontrada usando-se a série de Fourier.

Na maioria das situações em que k, c e ρ não são constantes ou quando a fronteira for irregular, a solução da equação diferencial parcial deve ser obtida por técnicas de aproximação. Uma introdução às técnicas deste tipo é apresentada neste capítulo.

Equações elípticas

As equações diferenciais parciais comuns são classificadas de modo parecido com as seções cônicas. A equação diferencial parcial que consideraremos na Seção 12.1 envolve $u_{xx}(x, y) + u_{yy}(x, y)$ e é uma equação **elíptica**. A equação elíptica particular que consideraremos é conhecida como **equação de Poisson:**

$$\frac{\partial^2 u}{\partial x^2}(x, y) + \frac{\partial^2 u}{\partial y^2}(x, y) = f(x, y).$$

Nesta equação, assumimos que f descreve a entrada para o problema em uma região plana R, com fronteira S. Equações deste tipo surgem no estudo de vários problemas da física independentes de tempo, tais como a distribuição de calor estacionária em uma região plana, a energia potencial de um ponto em um plano submetido a forças gravitacionais no plano e problemas bidimensionais estacionários envolvendo fluidos incompressíveis.

Restrições adicionais devem ser impostas para se obter uma solução única da equação de Poisson. Por exemplo, o estudo da distribuição de calor estacionária em uma região plana requer que $f(x, y) \equiv 0$, resultando em uma simplificação para **equação de Laplace**

$$\frac{\partial^2 u}{\partial x^2}(x, y) + \frac{\partial^2 u}{\partial y^2}(x, y) = 0.$$

Siméon-Denis Poisson (1781-1840) foi aluno de Laplace e Legendre durante os anos napoleônicos na França. Mais tarde, ele assumiu a cadeira de Fourier como professor na École Polytechnique, onde trabalhou em equações diferenciais ordinárias e parciais e, posteriormente, na teoria da probabilidade.

Pierre-Simon Laplace (1749-1827) trabalhou em muitas áreas da matemática, produzindo artigos fundamentais sobre probabilidade e física matemática. Publicou seu principal trabalho sobre a teoria de calor durante o período 1817-1820.

Johann Peter Gustav Lejeune Dirichlet (1805-1859) fez importantes contribuições para as áreas de teoria dos números e de convergência de séries. De fato, ele poderia ser considerado o fundador da série de Fourier, já que, de acordo com Riemann, ele foi o primeiro a escrever um artigo profundo sobre esse assunto.

Se a temperatura dentro da região for determinada pela distribuição de temperatura na fronteira da região, as restrições são denominadas **condições de contorno de Dirichlet**, são dadas por

$$u(x, y) = g(x, y),$$

para todo (x, y) em S, a fronteira da região R. (Veja a Figura 12.1.)

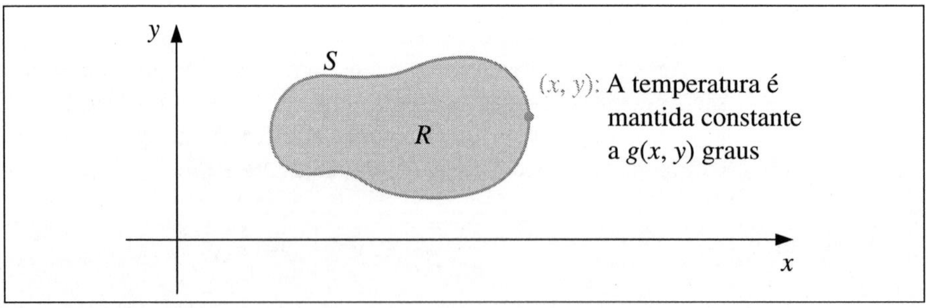

Figura 12.1

Equações parabólicas

Na Seção 12.2 consideramos a solução numérica para um problema envolvendo uma equação diferencial parcial **parabólica** da forma

$$\frac{\partial u}{\partial t}(x, t) - \alpha^2 \frac{\partial^2 u}{\partial x^2}(x, t) = 0.$$

O problema físico considerado aqui diz respeito ao fluxo de calor ao longo de uma haste de comprimento l (veja a Figura 12.2), que tem uma temperatura uniforme dentro de cada seção transversal. Isto requer que a haste esteja perfeitamente isolada em sua superfície lateral. A constante α independe da posição na haste e é determinada pelas propriedades de condução de calor do material de que a haste é composta.

Figura 12.2

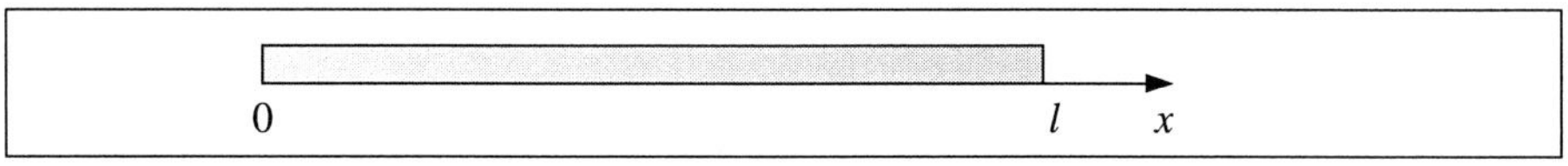

Um dos conjuntos típicos de restrições para um problema de fluxo de calor deste tipo é especificar a distribuição de calor inicial na haste,

$$u(x, 0) = f(x),$$

e descrever o comportamento nas extremidades da haste. Por exemplo, se as extremidades forem mantidas a temperaturas constantes U_1 e U_2, as condições de contorno têm a forma

$$u(0, t) = U_1 \quad \text{e} \quad u(l, t) = U_2,$$

e a distribuição de calor se aproxima da distribuição de temperatura-limite

$$\lim_{t\to\infty} u(x, t) = U_1 + \frac{U_2 - U_1}{l} x.$$

Se, em vez disso, a haste for isolada de modo que nenhum calor flua pelas pontas, as condições de contorno serão

$$\frac{\partial u}{\partial x}(0, t) = 0 \quad \text{e} \quad \frac{\partial u}{\partial x}(l, t) = 0.$$

Assim, não escapa nenhum calor da haste e, no caso limite, a temperatura na haste é constante. A equação diferencial parcial parabólica é também de importância no estudo de difusão gasosa; de fato, ela é conhecida em alguns círculos como a **equação da difusão.**

Equações hiperbólicas

O problema estudado na Seção 12.3 é a **equação da onda** unidimensional e é um exemplo de uma equação diferencial parcial **hiperbólica**. Suponha que uma corda elástica de comprimento l seja esticada entre dois apoios no mesmo nível horizontal (veja a Figura 12.3).

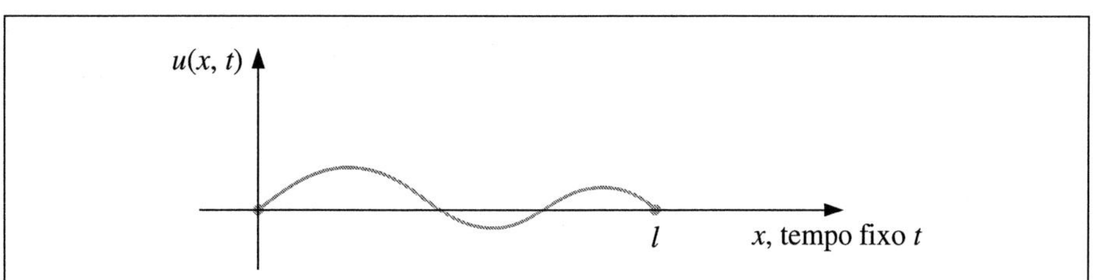

Figura 12.3

Se a corda for posta para vibrar em um plano vertical, o deslocamento vertical $u(x, t)$ de um ponto x no instante t satisfaz a equação diferencial parcial

$$\alpha^2 \frac{\partial^2 u}{\partial x^2}(x,t) - \frac{\partial^2 u}{\partial t^2}(x,t) = 0, \quad \text{para } 0 < x < l \quad \text{e} \quad 0 < t,$$

contanto que efeitos de amortecimento sejam desprezados e que a amplitude não seja muito grande. Para impor restrições a este problema, suponha que a posição e a velocidade iniciais do fio sejam dadas por

$$u(x,0) = f(x) \quad \text{e} \quad \frac{\partial u}{\partial t}(x,0) = g(x), \quad \text{para } 0 \leq x \leq l.$$

Se as extremidades estiverem fixas, também teremos $u(0, t) = 0$ e $u(l, t) = 0$.

Outros problemas físicos envolvendo a equação diferencial parcial hiperbólica ocorrem no estudo de vigas em vibração com uma ou ambas as extremidades fixas e na transmissão de eletricidade em uma linha longa onde haja algum vazamento de corrente para a terra.

12.1 Equações diferenciais parciais elípticas

A equação diferencial parcial *elíptica* que consideramos é a equação de Poisson,

$$\nabla^2 u(x,y) \equiv \frac{\partial^2 u}{\partial x^2}(x,y) + \frac{\partial^2 u}{\partial y^2}(x,y) = f(x,y), \tag{12.1}$$

em $R = \{(x,y) \mid a < x < b, c < y < d\}$, com $u(x, y) = g(x, y)$ para $(x, y) \in S$, em que S denota a fronteira de R. Se f e g forem contínuas em seu domínio, então existe uma única solução para esta equação.

Escolha de uma malha

O método utilizado é uma adaptação do método das diferenças finitas para problemas de contorno lineares, que foi discutido na Seção 11.3. O primeiro passo é escolher inteiros n e m e definir tamanhos de passo $h = (b - a)/n$ e $k = (d - c)/m$. Divida o intervalo $[a, b]$ em n partes iguais de largura h e o intervalo $[c, d]$ em m partes iguais de largura k (veja Figura 12.4).

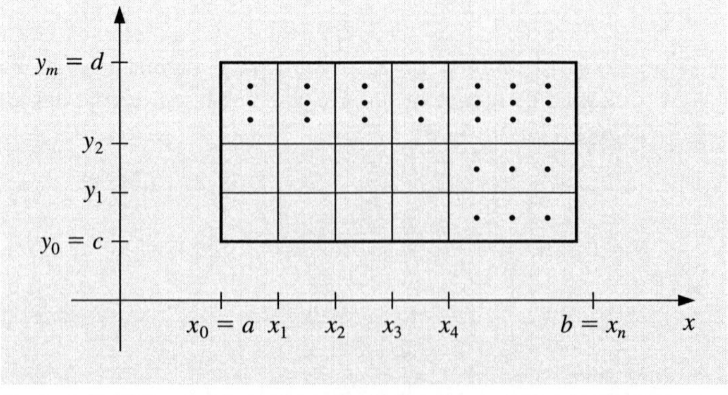

Figura 12.4

Ponha uma grade no retângulo R desenhando linhas verticais e horizontais através dos pontos com coordenadas (x_i, y_j), em que

$$x_i = a + ih, \text{ para cada } i = 0, 1, \ldots, n \quad \text{e} \quad y_j = c + jk, \text{ para cada } j = 0, 1, \ldots, m.$$

As retas $x = x_i$ e $y = y_j$ são as **retas da grade**, e suas intersecções são os **pontos da malha** da grade. Para cada ponto da malha no interior da grade, (x_i, y_j), para $i = 1, 2, \ldots, n - 1$ e $j = 1, 2, \ldots, m - 1$, usamos a série de Taylor na variável x em torno de x_i para gerar a fórmula de diferenças centradas

$$\frac{\partial^2 u}{\partial x^2}(x_i, y_j) = \frac{u(x_{i+1}, y_j) - 2u(x_i, y_j) + u(x_{i-1}, y_j)}{h^2} - \frac{h^2}{12}\frac{\partial^4 u}{\partial x^4}(\xi_i, y_j), \tag{12.2}$$

em que $\xi_i \in (x_{i-1}, x_{i+1})$. Também usamos a série de Taylor na variável y em torno de y_j para gerar a fórmula de diferenças centradas

$$\frac{\partial^2 u}{\partial y^2}(x_i, y_j) = \frac{u(x_i, y_{j+1}) - 2u(x_i, y_j) + u(x_i, y_{j-1})}{k^2} - \frac{k^2}{12}\frac{\partial^4 u}{\partial y^4}(x_i, \eta_j), \tag{12.3}$$

em que $\eta_j \in (y_{j-1}, y_{j+1})$.

A utilização destas fórmulas na Equação (12.1) nos permite expressar a equação de Poisson nos pontos (x_i, y_j) como

$$\frac{u(x_{i+1}, y_j) - 2u(x_i, y_j) + u(x_{i-1}, y_j)}{h^2} + \frac{u(x_i, y_{j+1}) - 2u(x_i, y_j) + u(x_i, y_{j-1})}{k^2}$$
$$= f(x_i, y_j) + \frac{h^2}{12}\frac{\partial^4 u}{\partial x^4}(\xi_i, y_j) + \frac{k^2}{12}\frac{\partial^4 u}{\partial y^4}(x_i, \eta_j),$$

para cada $i = 1, 2, \ldots, n - 1$ e $j = 1, 2, \ldots, m - 1$ e as condições de contorno como

$$u(x_0, y_j) = g(x_0, y_j) \text{ e } u(x_n, y_j) = g(x_n, y_j), \text{ para cada } j = 0, 1, \ldots, m;$$
$$u(x_i, y_0) = g(x_i, y_0) \text{ e } u(x_i, y_m) = g(x_i, y_m), \text{ para cada } i = 1, 2, \ldots, n - 1.$$

Método das diferenças finitas

Na forma de equação diferença, isto resulta no **método das diferenças finitas:**

$$2\left[\left(\frac{h}{k}\right)^2 + 1\right]w_{ij} - (w_{i+1,j} + w_{i-1,j}) - \left(\frac{h}{k}\right)^2(w_{i,j+1} + w_{i,j-1}) = -h^2 f(x_i, y_j), \tag{12.4}$$

para cada $i = 1, 2, \ldots, n - 1$ e $j = 1, 2, \ldots, m - 1$, e

$$w_{0j} = g(x_0, y_j) \text{ e } w_{nj} = g(x_n, y_j), \text{ para cada } j = 0, 1, \ldots, m; \tag{12.5}$$
$$w_{i0} = g(x_i, y_0) \text{ e } w_{im} = g(x_i, y_m), \text{ para cada } i = 1, 2, \ldots, n-1;$$

em que $w_{i,j}$ aproxima $u(x_i, y_j)$. Este método tem erro de truncamento local de ordem $O(h^2 + k^2)$.

A equação típica em (12.4) envolve aproximações de $u(x, y)$ nos pontos

$$(x_{i-1}, y_j), \quad (x_i, y_j), \quad (x_{i+1}, y_j), \quad (x_i, y_{j-1}) \quad \text{e} \quad (x_i, y_{j+1}).$$

A reprodução da porção da grade onde estes pontos estão localizados (veja a Figura 12.5) mostra que cada equação envolve aproximações em uma região em formato de estrela ao redor de (x_i, y_j).

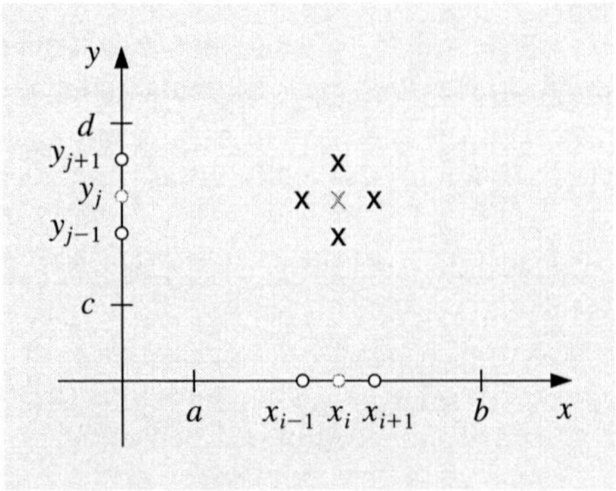

Figura 12.5

Usamos a informação das condições de contorno (12.5) sempre que apropriado no sistema dado pela Equação (12.4), isto é, em todos os pontos (x_i, y_j) adjacentes a um ponto da fronteira da malha. Isso produz um sistema linear $(n-1)(m-1) \times (n-1)(m-1)$ com as incógnitas sendo as aproximações $w_{i,j}$ para $u(x_i, y_i)$ nos pontos interiores da malha.

O sistema linear envolvendo estas incógnitas é expresso para cálculos de matriz mais eficientemente se for introduzida uma enumeração dos pontos interiores da malha. Uma enumeração recomendada destes pontos (consulte [Var1] p. 210) é fazer

$$P_l = (x_i, y_j) \text{ e } w_l = w_{i,j},$$

em que $l = i + (m - 1 - j)(n - 1)$, para cada $i = 1, 2, \ldots, n - 1$ e $j = 1, 2, \ldots, m - 1$. Isto enumera os pontos da malha consecutivamente da esquerda para a direita e de cima para baixo. Enumerar os pontos desta maneira assegura que o sistema necessário para determinar a $w_{i,j}$ seja uma matriz de banda com largura máxima de $2n - 1$.

Por exemplo, com $n = 4$ e $m = 5$, a enumeração resulta em uma grade cujos pontos são mostrados na Figura 12.6.

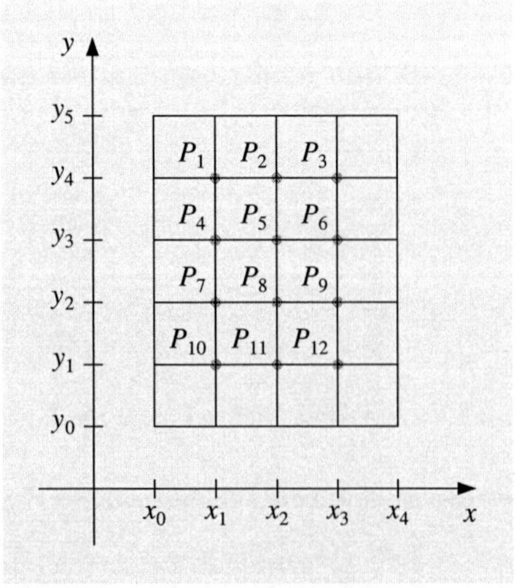

Figura 12.6

EXEMPLO 1 Determine a distribuição de calor estacionária em uma placa de metal fina com dimensões 0,5 m por 0,5 m usando $n = m = 4$. Dois lados adjacentes são mantidos a 0 °C e o calor nos outros lados aumenta linearmente de 0 °C em um canto a 100 °C onde os lados se encontram.

Solução Se colocarmos os lados com condições de contorno nulas ao longo dos eixos x e y, o problema será expresso como

$$\frac{\partial^2 u}{\partial x^2}(x, y) + \frac{\partial^2 u}{\partial y^2}(x, y) = 0,$$

para (x, y) no conjunto $R = \{(x, y) \mid 0 < x < 0{,}5,\ 0 < y < 0{,}5\}$, com as condições de contorno

$$u(0, y) = 0,\ u(x, 0) = 0,\ u(x, 0{,}5) = 200x \text{ e } u(0{,}5, y) = 200y.$$

Se $n = m = 4$, o problema tem a grade dada na Figura 12.7, e a equação diferença (12.4) é

$$4w_{i,j} - w_{i+1,j} - w_{i-1,j} - w_{i,j-1} - w_{i,j+1} = 0,$$

para cada $i = 1, 2, 3$ e $j = 1, 2, 3$.

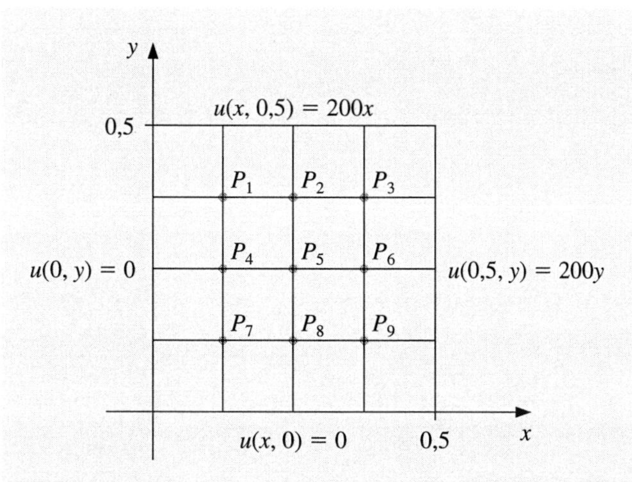

Figura 12.7

Expressar isto em termos dos pontos interiores da grade, com a enumeração descrita acima, $w_i = u(P_i)$, implica que as equações nos pontos P_i serão:

$$
\begin{aligned}
P_1:&\quad 4w_1 - w_2 - w_4 = w_{0,3} + w_{1,4},\\
P_2:&\quad 4w_2 - w_3 - w_1 - w_5 = w_{2,4},\\
P_3:&\quad 4w_3 - w_2 - w_6 = w_{4,3} + w_{3,4},\\
P_4:&\quad 4w_4 - w_5 - w_1 - w_7 = w_{0,2},\\
P_5:&\quad 4w_5 - w_6 - w_4 - w_2 - w_8 = 0,\\
P_6:&\quad 4w_6 - w_5 - w_3 - w_9 = w_{4,2},\\
P_7:&\quad 4w_7 - w_8 - w_4 = w_{0,1} + w_{1,0},\\
P_8:&\quad 4w_8 - w_9 - w_7 - w_5 = w_{2,0},\\
P_9:&\quad 4w_9 - w_8 - w_6 = w_{3,0} + w_{4,1},
\end{aligned}
$$

em que os lados direitos das equações são obtidos a partir das condições de contorno. De fato, as condições de contorno implicam que

$$w_{1,0} = w_{2,0} = w_{3,0} = w_{0,1} = w_{0,2} = w_{0,3} = 0,$$
$$w_{1,4} = w_{4,1} = 25, \quad w_{2,4} = w_{4,2} = 50 \text{ e } w_{3,4} = w_{4,3} = 75.$$

O sistema linear associado a este problema tem a forma

$$\begin{bmatrix} 4 & -1 & 0 & -1 & 0 & 0 & 0 & 0 & 0 \\ -1 & 4 & -1 & 0 & -1 & 0 & 0 & 0 & 0 \\ 0 & -1 & 4 & 0 & 0 & -1 & 0 & 0 & 0 \\ -1 & 0 & 0 & 4 & -1 & 0 & -1 & 0 & 0 \\ 0 & -1 & 0 & -1 & 4 & -1 & 0 & -1 & 0 \\ 0 & 0 & -1 & 0 & -1 & 4 & 0 & 0 & -1 \\ 0 & 0 & 0 & -1 & 0 & 0 & 4 & -1 & 0 \\ 0 & 0 & 0 & 0 & -1 & 0 & -1 & 4 & -1 \\ 0 & 0 & 0 & 0 & 0 & -1 & 0 & -1 & 4 \end{bmatrix} \begin{bmatrix} w_1 \\ w_2 \\ w_3 \\ w_4 \\ w_5 \\ w_6 \\ w_7 \\ w_8 \\ w_9 \end{bmatrix} = \begin{bmatrix} 25 \\ 50 \\ 150 \\ 0 \\ 0 \\ 50 \\ 0 \\ 0 \\ 25 \end{bmatrix}.$$

Tabela 12.1

i	w_i
1	18,75
2	37,50
3	56,25
4	12,50
5	25,00
6	37,50
7	6,25
8	12,50
9	18,75

Os valores de $w_1, w_2, \ldots, w_9$, encontrados pela aplicação do método de Gauss-Seidel a esta matriz, são dados na Tabela 12.1.

Estas respostas são exatas, já que a verdadeira solução, $u(x, y) = 400xy$, tem

$$\frac{\partial^4 u}{\partial x^4} = \frac{\partial^4 u}{\partial y^4} \equiv 0,$$

de modo que o erro de truncamento é zero a cada passo. ■

O problema que consideramos no Exemplo 1 tem o mesmo tamanho de malha, 0,125, em cada eixo e requer apenas a solução de um sistema linear 9 × 9. Isto simplifica a situação e não introduz os problemas de computação que estão presentes quando o sistema é maior. O Algoritmo 12.1 utiliza o método iterativo de Gauss-Seidel para resolver o sistema linear que é produzido e permite tamanhos de malha diferentes nos eixos.

ALGORITMO 12.1 **Diferenças finitas na equação de Poisson**

Para obter uma aproximação para a solução da equação de Poisson

$$\frac{\partial^2 u}{\partial x^2}(x, y) + \frac{\partial^2 u}{\partial y^2}(x, y) = f(x, y), \quad a \leq x \leq b, \quad c \leq y \leq d,$$

sujeita às condições de contorno

$$u(x, y) = g(x, y) \quad \text{se } x = a \text{ ou } x = b \quad \text{e} \quad c \leq y \leq d$$

e

$$u(x, y) = g(x, y) \quad \text{se } y = c \text{ ou } y = d \quad \text{e} \quad a \leq x \leq b:$$

ENTRADA extremidades a, b, c e d; inteiros $m \geq 3$, $n \geq 3$; tolerância TOL; número máximo de iterações N.

SAÍDA aproximações $w_{i,j}$ para $u(x_i, y_j)$ para cada $i = 1, \ldots, n-1$ e para cada $j = 1, \ldots, m-1$ ou uma mensagem de que o número máximo de iterações foi excedido.

Passo 1 Faça $h = (b - a)/n$;
$k = (d - c)/m$.

Passo 2 Para $i = 1, \ldots, n-1$ faça $x_i = a + ih$. (*Os Passos 2 e 3 constroem os pontos da malha.*)

Passo 3 Para $j = 1, \ldots, m-1$ faça $y_j = c + jk$.

Passo 4 Para $i = 1, \ldots, n-1$
para $j = 1, \ldots, m-1$ faça $w_{i,j} = 0$.

Passo 5 Faça $\lambda = h^2/k^2$;
$\mu = 2(1 + \lambda)$;
$l = 1$.

Passo 6 Enquanto $l \leq N$ execute Passos 7 a 20. (*Os Passos 7 a 20 fazem iterações de Gauss-Seidel.*)

Passo 7 Faça $z = (-h^2 f(x_1, y_{m-1}) + g(a, y_{m-1}) + \lambda g(x_1, d) + \lambda w_{1,m-2} + w_{2,m-1})/\mu$;
$NORMA = |z - w_{1,m-1}|$;
$w_{1,m-1} = z$.

Passo 8 Para $i = 2, \ldots, n-2$
faça $z = (-h^2 f(x_i, y_{m-1}) + \lambda g(x_i, d) + w_{i-1,m-1} + w_{i+1,m-1} + \lambda w_{i,m-2})/\mu$;
se $|w_{i,m-1} - z| > NORMA$ então faça $NORM = |w_{i,m-1} - z|$;
faça $w_{i,m-1} = z$.

Passo 9 Faça $z = (-h^2 f(x_{n-1}, y_{m-1}) + g(b, y_{m-1}) + \lambda g(x_{n-1}, d) + w_{n-2,m-1} + \lambda w_{n-1,m-2})/\mu$;
se $|w_{n-1,m-1} - z| > NORMA$ então faça $NORMA = |w_{n-1,m-1} - z|$;
faça $w_{n-1,m-1} = z$.

Passo 10 Para $j = m-2, \ldots, 2$ execute Passos 11, 12 e 13.

Passo 11 Faça $z = (-h^2 f(x_1, y_j) + g(a, y_j) + \lambda w_{1,j+1} + \lambda w_{1,j-1} + w_{2,j})/\mu$;
se $|w_{1,j} - z| > NORMA$ então faça $NORMA = |w_{1,j} - z|$;
faça $w_{1,j} = z$.

Passo 12 Para $i = 2, \ldots, n-2$
faça $z = (-h^2 f(x_i, y_j) + w_{i-1,j} + \lambda w_{i,j+1}$
$+ w_{i+1,j} + \lambda w_{i,j-1})/\mu$;
se $|w_{i,j} - z| > NORMA$ então faça $NORMA = |w_{i,j} - z|$;
faça $w_{i,j} = z$.

Passo 13 Faça $z = (-h^2 f(x_{n-1}, y_j) + g(b, y_j) + w_{n-2,j}$
$+ \lambda w_{n-1,j+1} + \lambda w_{n-1,j-1})/\mu$;
se $|w_{n-1,j} - z| > NORMA$ então faça $NORMA = |w_{n-1,j} - z|$;
faça $w_{n-1,j} = z$.

Passo 14 Faça $z = (-h^2 f(x_1, y_1) + g(a, y_1) + \lambda g(x_1, c) + \lambda w_{1,2} + w_{2,1})/\mu$;
se $|w_{1,1} - z| > NORMA$ então faça $NORMA = |w_{1,1} - z|$;
faça $w_{1,1} = z$.

Passo 15 Para $i = 2, \ldots, n-2$
faça $z = (-h^2 f(x_i, y_1) + \lambda g(x_i, c) + w_{i-1,1} + \lambda w_{i,2} + w_{i+1,1})/\mu$;
se $|w_{i,1} - z| > NORMA$ então faça $NORMA = |w_{i,1} - z|$;
faça $w_{i,1} = z$.

Passo 16 Faça $z = (-h^2 f(x_{n-1}, y_1) + g(b, y_1) + \lambda g(x_{n-1}, c)$
$+ w_{n-2,1} + \lambda w_{n-1,2})/\mu$;
se $|w_{n-1,1} - z| > NORMA$ então faça $NORMA = |w_{n-1,1} - z|$;
faça $w_{n-1,1} = z$.

Passo 17 Se $NORMA \leqslant TOL$, então execute Passos 18 e 19.

Passo 18 Para $i = 1, \ldots, n-1$
para $j = 1, \ldots, m-1$ SAÍDA $(x_i, y_j, w_{i,j})$.

Passo 19 PARE. (*O processo foi bem-sucedido.*)

Passo 20 Faça $l = l + 1$;

Passo 21 SAÍDA ('Número máximo de iterações excedido');
(*O processo não foi bem-sucedido.*)
PARE. ■

Embora o procedimento iterativo de Gauss-Seidel esteja incorporado no Algoritmo 12.1 por simplicidade, é aconselhável utilizar uma técnica direta, tal como uma eliminação de Gauss, quando o sistema é pequeno, da ordem de 100 ou menor, já que o fato de ser definido positivo garante a estabilidade com relação a erros de arredondamento. Em particular, uma generalização do Algoritmo 6.7 de fatoração de Crout (consulte [Var1], p. 221) é eficiente para resolver este sistema, já que a matriz está em uma forma tridiagonal simétrica por blocos

$$\begin{bmatrix} A_1 & C_1 & 0 & \cdots & \cdots & 0 \\ C_1 & A_2 & C_2 & \ddots & & \vdots \\ 0 & C_2 & \ddots & \ddots & \ddots & \vdots \\ \vdots & \ddots & \ddots & \ddots & \ddots & 0 \\ \vdots & & \ddots & \ddots & \ddots & C_{m-1} \\ 0 & \cdots & \cdots & 0 & C_{m-1} & A_{m-1} \end{bmatrix},$$

com blocos quadrados de tamanho $(n-1) \times (n-1)$.

Escolha do método iterativo

Para sistemas grandes, um método iterativo deveria ser utilizado – especificamente, o método SRS discutido no Algoritmo 7.3. A escolha de ω, que é ótima nesta situação, vem do fato de que, quando A é decomposta em sua diagonal D e partes triangulares superior e inferior U e L,

$$A = D - L - U,$$

e B é a matriz para o método de Jacobi,

$$B = D^{-1}(L + U),$$

então o raio espectral de B é (consulte [Var1])

$$\rho(B) = \frac{1}{2}\left[\cos\left(\frac{\pi}{m}\right) + \cos\left(\frac{\pi}{n}\right)\right].$$

O valor de ω a ser utilizado é, consequentemente,

$$\omega = \frac{2}{1 + \sqrt{1 - [\rho(B)]^2}} = \frac{4}{2 + \sqrt{4 - \left[\cos\left(\frac{\pi}{m}\right) + \cos\left(\frac{\pi}{n}\right)\right]^2}}.$$

Uma técnica de blocos pode ser incorporada ao algoritmo para uma convergência mais rápida do procedimento SRS. Para uma apresentação desta técnica, consulte [Var1], p. 219-223.

EXEMPLO 2 Use o método de Poisson de diferenças finitas com $n = 6$, $m = 5$, e tolerância de 10^{-10} para obter uma aproximação da solução de

$$\frac{\partial^2 u}{\partial x^2}(x, y) + \frac{\partial^2 u}{\partial y^2}(x, y) = xe^y, \quad 0 < x < 2, \quad 0 < y < 1,$$

com as condições de contorno

$$u(0, y) = 0, \; u(2, y) = 2e^y, \; 0 \le y \le 1,$$
$$u(x, 0) = x, \; u(x, 1) = ex, \; 0 \le x \le 2$$

e compare os resultados com a solução exata $u(x, y) = xe^y$.

Solução A utilização do Algoritmo 12.1 com o número máximo de iterações definido por $N = 100$ fornece os resultados na Tabela 12.2. O critério de parada para o método de Gauss-Seidel no Passo 17 requer que

$$\left|w_{ij}^{(l)} - w_{ij}^{(l-1)}\right| \le 10^{-10},$$

para cada $i = 1, \ldots, 5$ e $j = 1, \ldots, 4$. Assim, a solução para a equação diferença foi obtida com precisão e o procedimento parou em $l = 61$. Os resultados, juntamente com os valores corretos, são apresentados na Tabela 12.2. ∎

Tabela 12.2

i	j	x_i	y_j	$w_{i,j}^{(61)}$	$u(x_i,y_j)$	$\lvert u(x_i,y_j) - w_{i,j}^{(61)}\rvert$
1	1	0,3333	0,2000	0,40726	0,40713	$1{,}30 \times 10^{-4}$
1	2	0,3333	0,4000	0,49748	0,49727	$2{,}08 \times 10^{-4}$
1	3	0,3333	0,6000	0,60760	0,60737	$2{,}23 \times 10^{-4}$
1	4	0,3333	0,8000	0,74201	0,74185	$1{,}60 \times 10^{-4}$
2	1	0,6667	0,2000	0,81452	0,81427	$2{,}55 \times 10^{-4}$
2	2	0,6667	0,4000	0,99496	0,99455	$4{,}08 \times 10^{-4}$
2	3	0,6667	0,6000	1,2152	1,2147	$4{,}37 \times 10^{-4}$
2	4	0,6667	0,8000	1,4840	1,4837	$3{,}15 \times 10^{-4}$
3	1	1,0000	0,2000	1,2218	1,2214	$3{,}64 \times 10^{-4}$
3	2	1,0000	0,4000	1,4924	1,4918	$5{,}80 \times 10^{-4}$
3	3	1,0000	0,6000	1,8227	1,8221	$6{,}24 \times 10^{-4}$
3	4	1,0000	0,8000	2,2260	2,2255	$4{,}51 \times 10^{-4}$
4	1	1,3333	0,2000	1,6290	1,6285	$4{,}27 \times 10^{-4}$
4	2	1,3333	0,4000	1,9898	1,9891	$6{,}79 \times 10^{-4}$
4	3	1,3333	0,6000	2,4302	2,4295	$7{,}35 \times 10^{-4}$
4	4	1,3333	0,8000	2,9679	2,9674	$5{,}40 \times 10^{-4}$
5	1	1,6667	0,2000	2,0360	2,0357	$3{,}71 \times 10^{-4}$
5	2	1,6667	0,4000	2,4870	2,4864	$5{,}84 \times 10^{-4}$
5	3	1,6667	0,6000	3,0375	3,0369	$6{,}41 \times 10^{-4}$
5	4	1,6667	0,8000	3,7097	3,7092	$4{,}89 \times 10^{-4}$

EXERCÍCIOS 12.1

1. Utilize o Algoritmo 12.1 para determinar uma solução aproximada da equação diferencial parcial elíptica

$$\frac{\partial^2 u}{\partial x^2} + \frac{\partial^2 u}{\partial y^2} = 4, \qquad 0 < x < 1, \quad 0 < y < 2;$$
$$u(x,0) = x^2, \quad u(x,2) = (x-2)^2, \quad 0 \le x \le 1;$$
$$u(0,y) = y^2, \quad u(1,y) = (y-1)^2, \quad 0 \le y \le 2.$$

Use $h = k = \frac{1}{2}$ e compare os resultados com a solução real $u(x, y) = (x - y)^2$.

2. Utilize o Algoritmo 12.1 para determinar uma solução aproximada da equação diferencial parcial elíptica

$$\frac{\partial^2 u}{\partial x^2} + \frac{\partial^2 u}{\partial y^2} = 0, \qquad 1 < x < 2, \quad 0 < y < 1;$$
$$u(x,0) = 2\ln x, \qquad u(x,1) = \ln(x^2+1), \quad 1 \le x \le 2;$$
$$u(1,y) = \ln(y^2+1), \quad u(2,y) = \ln(y^2+4), \quad 0 \le y \le 1.$$

Use $h = k = \frac{1}{3}$ e compare os resultados com a solução real $u(x, y) = \ln(x^2 + y^2)$.

3. Obtenha aproximações para as soluções das equações diferenciais parciais elípticas seguintes, utilizando o Algoritmo 12.1:

a. $$\frac{\partial^2 u}{\partial x^2} + \frac{\partial^2 u}{\partial y^2} = 0, \quad 0 < x < 1, \quad 0 < y < 1;$$

$$u(x, 0) = 0, \quad u(x, 1) = x, \quad 0 \leq x \leq 1;$$
$$u(0, y) = 0, \quad u(1, y) = y, \quad 0 \leq y \leq 1.$$

Use $h = k = 0{,}2$ e compare os resultados com a solução real $u(x, y) = xy$.

b. $$\frac{\partial^2 u}{\partial x^2} + \frac{\partial^2 u}{\partial y^2} = -(\cos(x + y) + \cos(x - y)), \qquad 0 < x < \pi, \quad 0 < y < \frac{\pi}{2};$$

$$u(0, y) = \cos y, \quad u(\pi, y) = -\cos y, \qquad 0 \leq y \leq \frac{\pi}{2},$$
$$u(x, 0) = \cos x, \quad u\left(x, \frac{\pi}{2}\right) = 0, \qquad 0 \leq x \leq \pi.$$

Use $h = \pi/5$ e $k = \pi/10$ e compare os resultados com a solução real $u(x, y) = \cos x \cos y$.

c. $$\frac{\partial^2 u}{\partial x^2} + \frac{\partial^2 u}{\partial y^2} = (x^2 + y^2)e^{xy}, \quad 0 < x < 2, 0 < y < 1;$$

$$u(0, y) = 1, \quad u(2, y) = e^{2y}, \quad 0 \leq y \leq 1;$$
$$u(x, 0) = 1, \quad u(x, 1) = e^{x}, \quad 0 \leq y \leq 2.$$

Use $h = 0{,}2$ e $k = 0{,}1$ e compare os resultados com a solução real $u(x, y) = e^{xy}$.

d. $$\frac{\partial^2 u}{\partial x^2} + \frac{\partial^2 u}{\partial y^2} = \frac{x}{y} + \frac{y}{x}, \quad 1 < x < 2, \quad 1 < y < 2;$$

$$u(x, 1) = x \ln x, \quad u(x, 2) = x \ln(4x^2), \quad 1 \leq x \leq 2;$$
$$u(1, y) = y \ln y, \quad u(2, y) = 2y \ln(2y), \quad 1 \leq y \leq 2.$$

Use $h = k = 0{,}1$ e compare os resultados com a solução real $u(x, y) = xy \ln xy$.

4. Repita o Exercício 3(a) usando extrapolação com $h_0 = 0{,}2$, $h_1 = h_0/2$ e $h_2 = h_0/4$.

EXERCÍCIOS APLICADOS

5. Um cabo coaxial é feito de um condutor interno de 0,1 pol. quadrada e de um condutor externo de 0,5 pol. quadrada. O potencial em um ponto da seção transversal do cabo é descrito pela equação de Laplace. Suponha que o condutor interno seja mantido a 0 volt e que o condutor externo seja mantido a 110 volts. Encontre o potencial entre os dois condutores pela colocação de uma grade com espaçamento de malha horizontal $h = 0{,}1$ pol. e espaçamento de malha vertical $k = 0{,}1$ pol. na região

$$D = \{(x, y) \mid 0 \leq x, y \leq 0{,}5\}.$$

Encontre uma aproximação para a solução da equação de Laplace em cada ponto da grade e use os dois conjuntos de condições de contorno para deduzir um sistema linear a ser resolvido pelo método de Gauss--Seidel.

6. Está sendo gerado calor, uniformemente, em cada ponto de uma placa de prata retangular de 6 cm por 5 cm, à taxa $q = 1{,}5$ cal/cm$^3 \cdot$ s. Represente por x a distância ao longo da beirada da placa de comprimento 6 cm e por y a distância ao longo da beirada da placa de comprimento 5 cm. Suponha que a temperatura u ao longo das beiradas seja mantida às seguintes temperaturas:

$$u(x, 0) = x(6 - x), \quad u(x, 5) = 0, \quad 0 \leq x \leq 6,$$

$$u(0, y) = y\,(5 - y), \quad u(6, y) = 0, \quad 0 \leq y \leq 5,$$

em que a origem fica no canto da placa com coordenadas (0, 0) e as beiradas ficam ao longo dos eixos x e y positivos. A temperatura estacionária $u = u(x, y)$ satisfaz a equação de Poisson:

$$\frac{\partial^2 u}{\partial x^2}(x, y) + \frac{\partial^2 u}{\partial y^2}(x, y) = -\frac{q}{K}, \quad 0 < x < 6,\ 0 < y < 5,$$

em que K, a condutividade térmica, é 1,04 cal/cm · grau · s. Determine uma aproximação para a temperatura $u(x, y)$ utilizando o Algoritmo 12.1 com $h = 0{,}4$ e $k = \frac{1}{3}$.

EXERCÍCIOS TEÓRICOS

7. Construa um algoritmo similar ao Algoritmo12.1, mas utilizando o método SRS com ω ótimo em vez do método de Gauss-Seidel para resolver o sistema linear.
8. Repita o Exercício 3 usando o algoritmo construído no Exercício 7.

QUESTÕES PARA DISCUSSÃO

1. O texto descreve a formação de linhas de malha verticais igualmente espaçadas e linhas de malha horizontais igualmente espaçadas. Poderia ser usado um tamanho de malha variável no método das diferenças finitas? E, em caso afirmativo, como você poderia implementar essa modificação?
2. Como você espaçaria as linhas da malha no caso de um domínio de forma irregular?
3. Discuta os métodos multigrid para a resolução dos problemas elípticos.

12.2 Equações diferenciais parciais parabólicas

A equação diferencial parcial *parabólica* que estudamos é a equação do calor, ou difusão,

$$\frac{\partial u}{\partial t}(x, t) = \alpha^2 \frac{\partial^2 u}{\partial x^2}(x, t), \quad 0 < x < l, \quad t > 0, \tag{12.6}$$

sujeita às condições

$$u(0, t) = u(l, t) = 0, \quad t > 0 \quad \text{e} \quad u(x, 0) = f(x), \quad 0 \leq x \leq l.$$

A abordagem que utilizamos para obter uma aproximação para a solução deste problema envolve diferenças finitas e é similar ao método usado na Seção 12.1.

Primeiro selecionamos um inteiro $m > 0$ e definimos o tamanho de passo no eixo x, $h = l/m$. Então selecionamos um tamanho de passo no tempo k. Os pontos de grade para esta situação são (x_i, t_j), em que $x_i = ih$, para $i = 0, 1, \ldots, m$, e $t_j = jk$, para $j = 0, 1, \ldots$.

Método das diferenças progressivas

Obtemos o método de diferença utilizando a série de Taylor em t para formar o quociente das diferenças

$$\frac{\partial u}{\partial t}(x_i, t_j) = \frac{u(x_i, t_j + k) - u(x_i, t_j)}{k} - \frac{k}{2}\frac{\partial^2 u}{\partial t^2}(x_i, \mu_j), \tag{12.7}$$

para algum $\mu_j \in (t_j, t_{j+1})$ e as séries de Taylor em x para formar o quociente das diferenças

$$\frac{\partial^2 u}{\partial x^2}(x_i, t_j) = \frac{u(x_i + h, t_j) - 2u(x_i, t_j) + u(x_i - h, t_j)}{h^2} - \frac{h^2}{12}\frac{\partial^4 u}{\partial x^4}(\xi_i, t_j), \quad (12.8)$$

em que $\xi_i \in (x_{i-1}, x_{i+1})$.

A equação diferencial parcial parabólica (12.6) implica que, no ponto interior da grade, (x_i, t_j), para cada $i = 1, 2, \ldots, m-1$ e $j = 1, 2, \ldots$, temos

$$\frac{\partial u}{\partial t}(x_i, t_j) - \alpha^2 \frac{\partial^2 u}{\partial x^2}(x_i, t_j) = 0,$$

de modo que o método de diferença utilizando os quocientes das diferenças (12.7) e (12.8) é

$$\frac{w_{i,j+1} - w_{ij}}{k} - \alpha^2 \frac{w_{i+1,j} - 2w_{ij} + w_{i-1,j}}{h^2} = 0, \quad (12.9)$$

em que $w_{i,j}$ é uma aproximação de $u(x_i, t_j)$.

O erro de truncamento local para esta equação de diferença é

$$\tau_{ij} = \frac{k}{2}\frac{\partial^2 u}{\partial t^2}(x_i, \mu_j) - \alpha^2 \frac{h^2}{12}\frac{\partial^4 u}{\partial x^4}(\xi_i, t_j). \quad (12.10)$$

Isolando $w_{i,j+1}$ na Equação (12.9) temos

$$w_{i,j+1} = \left(1 - \frac{2\alpha^2 k}{h^2}\right) w_{ij} + \alpha^2 \frac{k}{h^2}(w_{i+1,j} + w_{i-1,j}), \quad (12.11)$$

para cada $i = 1, 2, ..., m - 1$ e $j = 1,2, ...$

Assim, temos

$$w_{0,0} = f(x_0), \quad w_{1,0} = f(x_1), \quad \ldots w_{m,0} = f(x_m).$$

A seguir, geramos a próxima linha na variável t com

$$\begin{aligned}
w_{0,1} &= u(0, t_1) = 0;\\
w_{1,1} &= \left(1 - \frac{2\alpha^2 k}{h^2}\right) w_{1,0} + \alpha^2 \frac{k}{h^2}(w_{2,0} + w_{0,0});\\
w_{2,1} &= \left(1 - \frac{2\alpha^2 k}{h^2}\right) w_{2,0} + \alpha^2 \frac{k}{h^2}(w_{3,0} + w_{1,0});\\
&\vdots\\
w_{m-1,1} &= \left(1 - \frac{2\alpha^2 k}{h^2}\right) w_{m-1,0} + \alpha^2 \frac{k}{h^2}(w_{m,0} + w_{m-2,0});\\
w_{m,1} &= u(m, t_1) = 0.
\end{aligned}$$

Podemos agora usar os valores de $w_{i,1}$ para gerar todos os valores de $w_{i,2}$ e assim por diante.

A natureza explícita do método de diferença implica que a matriz $(m-1) \times (m-1)$ associada a este sistema poder ser escrita na forma tridiagonal

$$A = \begin{bmatrix} (1-2\lambda) & \lambda & 0 & \cdots & 0 \\ \lambda & (1-2\lambda) & \lambda & \ddots & \vdots \\ 0 & \ddots & \ddots & \ddots & 0 \\ \vdots & & \ddots & \ddots & \lambda \\ 0 & \cdots & 0 & \lambda & (1-2\lambda) \end{bmatrix},$$

em que $\lambda = \alpha^2(k/h^2)$. Se fizermos

$$\mathbf{w}^{(0)} = (f(x_1), f(x_2), \ldots, f(x_{m-1}))^t$$

e

$$\mathbf{w}^{(j)} = (w_{1j}, w_{2j}, \ldots, w_{m-1,j})^t, \text{ para cada } j = 1, 2, \ldots,$$

então a solução aproximada é dada por

$$\mathbf{w}^{(j)} = A\mathbf{w}^{(j-1)}, \text{ para cada j} = 1, 2, \ldots,$$

de modo que $\mathbf{w}^{(j)}$ é obtido a partir de $\mathbf{w}^{(j-1)}$ mediante uma simples multiplicação por matriz. Isto é conhecido como o **método das diferenças progressivas,** e a aproximação no ponto superior da Figura 12.8 usa informação dos outros pontos da figura. Se a solução da equação diferencial parcial tiver quatro derivadas parciais contínuas em x e duas em t, então a Equação (12.10) implica que o método é de ordem $O(k + h^2)$.

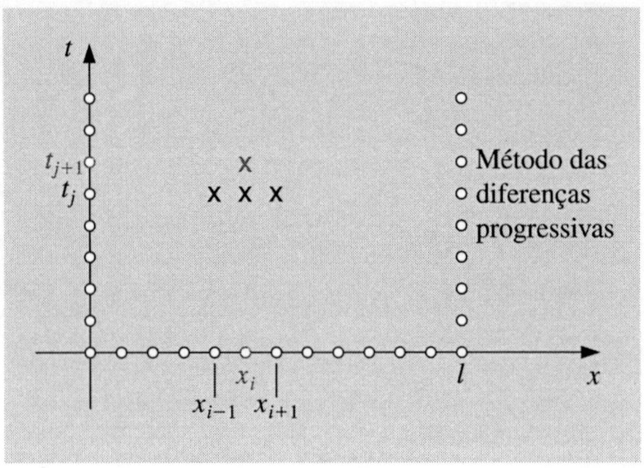

Figura 12.8

EXEMPLO 1

Use tamanhos de passo **(a)** $h = 0{,}1$ e $k = 0{,}0005$ e **(b)** $h = 0{,}1$ e $k = 0{,}01$ para determinar aproximações para a equação do calor

$$\frac{\partial u}{\partial t}(x, t) - \frac{\partial^2 u}{\partial x^2}(x, t) = 0, \quad 0 < x < 1, \quad 0 \leq t,$$

com condições de contorno

$$u(0, t) = u(1, t) = 0, \quad 0 < t,$$

e condições iniciais

$$u(x, 0) = \text{sen}(\pi x), \quad 0 \leq x \leq 1.$$

Compare os resultados em $t = 0{,}5$ com a solução exata

$$u(x, t) = e^{-\pi^2 t}\,\text{sen}(\pi x).$$

Solução (a) O método das diferenças progressivas com $h = 0{,}1$, $k = 0{,}0005$ e $\lambda = (1)^2\,(0{,}0005/(0{,}1)^2) = 0{,}05$ fornece os resultados na terceira coluna da Tabela 12.3. Como pode ser visto pela quarta coluna, esses resultados são bem precisos.

(b) O método das diferenças progressivas com $h = 0{,}1$, $k = 0{,}01$ e $\lambda = (1)^2\,(0.01/(0.1)^2) = 1$ fornece os resultados na quinta coluna da Tabela 12.3. Como pode ser visto pela sexta coluna, esses resultados não têm nenhuma valia. ■

Tabela 12.3

		$w_{i,1000}$		$w_{i,50}$	
x_i	$u(x_i, 0.5)$	$k = 0{,}0005$	$\lvert u(x_i, 0.5) - w_{i,1000}\rvert$	$k = 0.01$	$\lvert u(x_i, 0.5) - w_{i,50}\rvert$
0,0	0	0		0	
0,1	0,00222241	0,00228652	$6{,}411 \times 10^{-5}$	$8{,}19876 \times 10^{7}$	$8{,}199 \times 10^{7}$
0,2	0,00422728	0,00434922	$1{,}219 \times 10^{-4}$	$-1{,}55719 \times 10^{8}$	$1{,}557 \times 10^{8}$
0,3	0,00581836	0,00598619	$1{,}678 \times 10^{-4}$	$2{,}13833 \times 10^{8}$	$2{,}138 \times 10^{8}$
0,4	0,00683989	0,00703719	$1{,}973 \times 10^{-4}$	$-2{,}50642 \times 10^{8}$	$2{,}506 \times 10^{8}$
0,5	0,00719188	0,00739934	$2{,}075 \times 10^{-4}$	$2{,}62685 \times 10^{8}$	$2{,}627 \times 10^{8}$
0,6	0,00683989	0,00703719	$1{,}973 \times 10^{-4}$	$-2{,}49015 \times 10^{8}$	$2{,}490 \times 10^{8}$
0,7	0,00581836	0,00598619	$1{,}678 \times 10^{-4}$	$2{,}11200 \times 10^{8}$	$2{,}112 \times 10^{8}$
0,8	0,00422728	0,00434922	$1{,}219 \times 10^{-4}$	$-1{,}53086 \times 10^{8}$	$1{,}531 \times 10^{8}$
0,9	0,00222241	0,00228652	$6{,}511 \times 10^{-15}$	$8{,}03604 \times 10^{7}$	$8{,}036 \times 10^{7}$
1,0	0	0		0	

Considerações de estabilidade

Um erro de truncamento de ordem $O(k + h^2)$ é esperado no Exemplo 1. Embora isto seja obtido com $h = 0{,}1$ e $k = 0{,}0005$, certamente não o é com $h = 0{,}1$ e $k = 0{,}01$. Para explicar a dificuldade, devemos olhar para a estabilidade do método das diferenças progressivas.

Se um erro $\mathbf{e}^{(0)} = (e_1^{(0)}, e_2^{(0)}, \ldots, e_{m-1}^{(0)})^t$ for cometido ao se representarem os dados iniciais

$$\mathbf{w}^{(0)} = (f(x_1), f(x_2), \ldots, f(x_{m-1}))^t,$$

(ou em qualquer passo particular; a escolha do passo inicial é simplesmente por conveniência), um erro $A\mathbf{e}^{(0)}$ se propagará para $\mathbf{w}^{(1)}$, já que

$$\mathbf{w}^{(1)} = A(\mathbf{w}^{(0)} + \mathbf{e}^{(0)}) = A\mathbf{w}^{(0)} + A\mathbf{e}^{(0)}.$$

Este processo continua. No enésimo passo no tempo, o erro em $\mathbf{w}^{(n)}$, devido a $\mathbf{e}^{(0)}$, é $A^n\mathbf{e}^{(0)}$. Consequentemente, o método é estável precisamente quando estes erros não crescerem à medida que n cresce. Mas isto é verdade se e somente se, para qualquer erro inicial $\mathbf{e}^{(0)}$, tivermos $\|A^n\mathbf{e}^{(0)}\| \leq \|\mathbf{e}^{(0)}\|$ para todo n. Logo, devemos ter $\|A^n\| \leq 1$, uma condição que, pelo Teorema 7.15 na página 497, requer que $\rho(A^n) = (\rho(A))^n \leq 1$. Assim, o método das diferenças progressivas é estável somente se $\rho(A) \leq 1$.

Pode-se mostrar que os autovalores de A (veja Exercício 15) são

$$\mu_i = 1 - 4\lambda\left(\operatorname{sen}\left(\frac{i\pi}{2m}\right)\right)^2, \quad \text{para cada } i = 1, 2, \ldots, m-1.$$

Consequentemente, a condição para estabilidade se reduz a determinar se

$$\rho(A) = \max_{1\leq i\leq m-1}\left|1 - 4\lambda\left(\operatorname{sen}\left(\frac{i\pi}{2m}\right)\right)^2\right| \leq 1,$$

o que se simplifica para

$$0 \leq \lambda\left(\operatorname{sen}\left(\frac{i\pi}{2m}\right)\right)^2 \leq \frac{1}{2}, \quad \text{para cada } i = 1, 2, \ldots, m-1.$$

A estabilidade requer que esta desigualdade seja válida conforme $h \to 0$ ou, equivalentemente, à medida que $m \to \infty$. O fato de que

$$\lim_{m\to\infty}\left[\operatorname{sen}\left(\frac{(m-1)\pi}{2m}\right)\right]^2 = 1$$

significa que a estabilidade ocorrerá somente se $0 \leq \lambda \leq \frac{1}{2}$.

Como $\lambda = \alpha^2(k/h^2)$, esta desigualdade requer que h e k sejam escolhidos de modo que

$$\alpha^2\frac{k}{h^2} \leq \frac{1}{2}.$$

No Exemplo 1, temos $\alpha^2 = 1$ e então esta condição é satisfeita quando $h = 0{,}1$ e $k = 0{,}0005$. Mas quando k aumentou para 0,01 sem um correspondente aumento em h, a razão passou a ser

$$\frac{0{,}01}{(0{,}1)^2} = 1 > \frac{1}{2},$$

e os problemas de estabilidade tornaram-se evidentes.

Consistentemente com a terminologia do Capítulo 5, denominamos o método das diferenças progressivas **condicionalmente estável** e observamos que o método converge para a solução da Equação (12.6) com taxa de convergência $O(k + h^2)$, contanto que

$$\alpha^2\frac{k}{h^2} \leq \frac{1}{2}$$

e que as condições de continuidade requeridas na solução forem satisfeitas. (Para uma demonstração detalhada deste fato, consulte [IK] p. 502-505.)

Método das diferenças regressivas

Para obter um método que seja **incondicionalmente estável**, consideramos um método de diferenças implícitas que resulta da utilização do quociente de diferenças regressivas para $(\partial u/\partial t)(x_i, t_j)$ da forma

$$\frac{\partial u}{\partial t}(x_i, t_j) = \frac{u(x_i, t_j) - u(x_i, t_{j-1})}{k} + \frac{k}{2}\frac{\partial^2 u}{\partial t^2}(x_i, \mu_j),$$

em que μ_j está em (t_{j-1}, t_j). Substituindo esta equação, juntamente com a Equação (12.8) para $\partial^2 u/\partial x^2$, na equação diferencial parcial vem

$$\frac{u(x_i, t_j) - u(x_i, t_{j-1})}{k} - \alpha^2\frac{u(x_{i+1}, t_j) - 2u(x_i, t_j) + u(x_{i-1}, t_j)}{h^2}$$
$$= -\frac{k}{2}\frac{\partial^2 u}{\partial t^2}(x_i, \mu_j) - \alpha^2\frac{h^2}{12}\frac{\partial^4 u}{\partial x^4}(\xi_i, t_j),$$

para algum $\xi_i \in (x_{i-1}, x_{i+1})$. O **método das diferenças regressivas** que resulta é

$$\frac{w_{ij} - w_{i,j-1}}{k} - \alpha^2\frac{w_{i+1,j} - 2w_{ij} + w_{i-1,j}}{h^2} = 0, \qquad (12.12)$$

para cada $i = 1, 2, \ldots, m-1$ e para cada $j = 1, 2, \ldots$.

O método das diferenças regressivas envolve os pontos da malha (x_i, t_{j-1}), (x_{i-1}, t_j) e (x_{i+1}, t_j) para aproximar o valor em (x_i, t_j), como ilustrado na Figura 12.9.

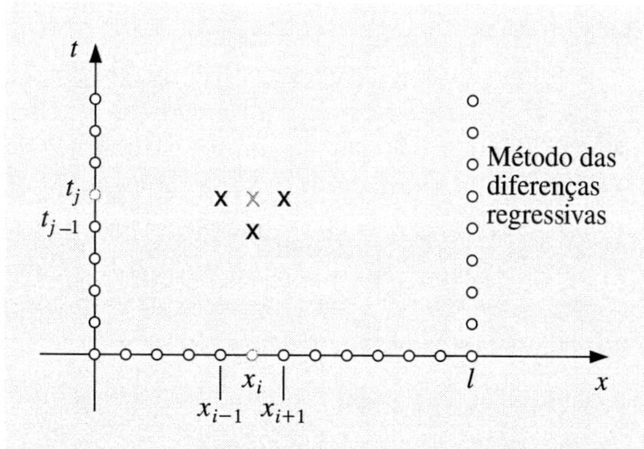

Figura 12.9

Já que as condições iniciais e de contorno associadas ao problema fornecem informação nos pontos da malha circulados, a figura mostra que nenhum procedimento explícito pode ser usado para resolver a Equação (12.12). Lembre que no método das diferenças progressivas (veja a Figura 12.10), eram usadas aproximações em (x_{i-1}, t_{j-1}), (x_i, t_{j-1}) e (x_{i+1}, t_{j-1}) para encontrar a aproximação em (x_i, t_j). Assim, poderia ser usado um método explícito para encontrar as aproximações, baseado nas informações das condições iniciais e de contorno.

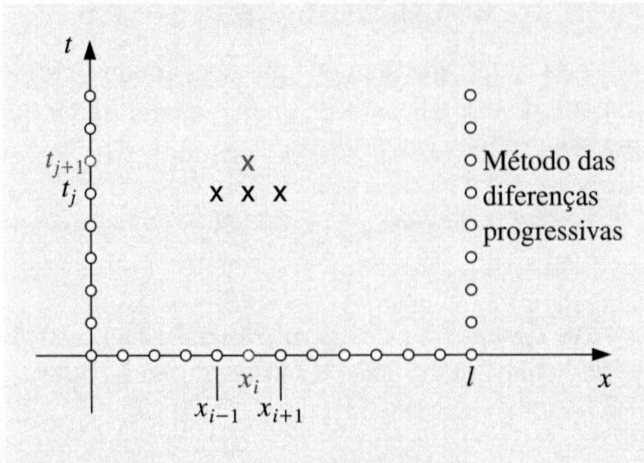

Figura 12.10

Se novamente denotarmos por λ a quantidade $\alpha^2(k/h^2)$, o método das diferenças regressivas torna-se

$$(1 + 2\lambda)\, w_{ij} - \lambda w_{i+1,j} - \lambda w_{i-1,j} = w_{i,j-1},$$

para cada $i = 1, 2, \ldots, m-1$ e $j = 1, 2, \ldots$ Usando o conhecimento de que $w_{i,0} = f(x_i)$ para cada $i = 1, 2, \ldots, m-1$ e $w_{m,j} = w_{0,j} = 0$ para cada $j = 1, 2, \ldots$, este método de diferença tem a representação matricial:

$$\begin{bmatrix} (1+2\lambda) & -\lambda & 0 & \cdots & 0 \\ -\lambda & \ddots & \ddots & \ddots & \vdots \\ 0 & \ddots & \ddots & \ddots & 0 \\ \vdots & \ddots & \ddots & \ddots & -\lambda \\ 0 & \cdots & 0 & -\lambda & (1+2\lambda) \end{bmatrix} \begin{bmatrix} w_{1,j} \\ w_{2,j} \\ \vdots \\ w_{m-1,j} \end{bmatrix} = \begin{bmatrix} w_{1,j-1} \\ w_{2,j-1} \\ \vdots \\ w_{m-1,j-1} \end{bmatrix}, \quad (12.13)$$

ou $A\mathbf{w}^{(j)} = \mathbf{w}^{(j-1)}$, para cada $i = 1, 2, \ldots$.

Portanto, devemos agora resolver um sistema linear para obter $\mathbf{w}^{(j)}$ a partir de $\mathbf{w}^{(j-1)}$. Já que $\lambda > 0$, a matriz A é positiva definida e estritamente diagonal dominante, além de ser tridiagonal. Podemos utilizar o Algoritmo 6.7 da fatoração de Crout ou o Algoritmo 7.3 do SRS para resolver o sistema. O Algoritmo 12.2 resolve a Equação (12.13) utilizando a fatoração de Crout, o que é aceitável, a menos que m seja grande. Neste algoritmo assumimos, para propósitos de parada, que seja dado um limitante para t.

ALGORITMO 12.2 **Diferenças regressivas na equação do calor**

Para obter uma aproximação para a solução da equação diferencial parcial parabólica

$$\frac{\partial u}{\partial t}(x,t) - \alpha^2 \frac{\partial^2 u}{\partial x^2}(x,t) = 0, \quad 0 < x < l, \quad 0 < t < T,$$

sujeita às condições de contorno

$$u(0,t) = u(l,t) = 0, \quad 0 < t < T,$$

e às condições iniciais

$$u(x,0) = f(x), \quad 0 \le x \le l:$$

ENTRADA extremidade l; tempo máximo T; constante α; inteiros $m \geq 3$, $N \geq 1$.

SAÍDA aproximações $w_{i,j}$ para $u(x_i, t_j)$ para cada $i = 1, \ldots, m-1$ e para cada $j = 1, \ldots, N$.

Passo 1 Faça $h = l/m$;
$k = T/N$;
$\lambda = \alpha^2 k/h^2$.

Passo 2 Para $i = 1, \ldots, m-1$ faça $w_i = f(ih)$ (*Valores iniciais.*)
(*Os Passos 3 a 11 resolvem um sistema linear tridiagonal usando o Algoritmo 6.7.*)

Passo 3 Faça $l_1 = 1 + 2\lambda$;
$u_1 = -\lambda/l_1$.

Passo 4 Para $i = 2, \ldots, m-2$ faça $l_i = 1 + 2\lambda + \lambda u_{i-1}$;
$u_i = -\lambda/l_i$.

Passo 5 Faça $l_{m-1} = 1 + 2\lambda + \lambda u_{m-2}$.

Passo 6 Para $j = 1, \ldots, N$ execute Passos 7 a 11.

Passo 7 Faça $t = jk$; (t_j *atual.*)
$z_1 = w_1/l_1$.

Passo 8 Para $i = 2, \ldots, m-1$ faça $z_i = (w_i + \lambda z_{i-1})/l_i$.

Passo 9 Faça $w_{m-1} = z_{m-1}$.

Passo 10 Para $i = m-2, \ldots, 1$ faça $w_i = z_i - u_i w_{i+1}$.

Passo 11 SAÍDA (t); (*Observação:* $t = t_j$.)
Para $i = 1, \ldots, m-1$ faça $x = ih$;
SAÍDA (x, w_i); (*Observação:* $w_i = w_{i,j}$.)

Passo 12 PARE. (*O procedimento está completo.*) ∎

EXEMPLO 2

Use o método das diferenças regressivas (Algoritmo 12.2) com $h = 0,1$ e $k = 0,01$ para obter uma aproximação para a solução da equação do calor

$$\frac{\partial u}{\partial t}(x,t) - \frac{\partial^2 u}{\partial x^2}(x,t) = 0, \quad 0 < x < 1, \quad 0 < t,$$

sujeita às restrições

$$u(0,t) = u(1,t) = 0, \quad 0 < t, \quad u(x,0) = \text{sen}\,\pi x, \quad 0 \leq x \leq 1.$$

Solução Esse problema foi considerado no Exemplo 1, no qual vimos que a escolha $h = 0,1$ e $k = 0,0005$ fornece resultados bem precisos. Entretanto, com os valores desse exemplo, $h = 0,1$ e $k = 0,01$, os resultados eram excepcionalmente fracos. Para ilustrar a estabilidade incondicional do método das diferenças regressivas, usaremos $h = 0,1$ e $k = 0,01$ e, novamente, compararemos $w_{i,50}$ com $u(x_i, 0,5)$, em que $i = 0,1,...,10$.

Os resultados listados na Tabela 12.4 têm os mesmos valores de h e de k que os da quinta e sexta colunas da Tabela 12.3, o que ilustra a estabilidade deste método. ∎

O motivo pelo qual o método das diferenças regressivas não tem os problemas de estabilidade do método das diferenças progressivas pode ser visto pela análise dos autovalores da matriz A. Para o método das diferenças regressivas (veja o Exercício 16), os autovalores são:

$$\mu_i = 1 + 4\lambda\left[\text{sen}\left(\frac{i\pi}{2m}\right)\right]^2, \quad \text{para cada } i = 1, 2, \ldots, m-1,$$

Tabela 12.4

x_i	$w_{i,50}$	$u(x_i, 0{,}5)$	$\lvert w_{i,50} - u(x_i, 0{,}5)\rvert$
0,0	0	0	
0,1	0,00289802	0,00222241	$6{,}756 \times 10^{-4}$
0,2	0,00551236	0,00422728	$1{,}285 \times 10^{-3}$
0,3	0,00758711	0,00581836	$1{,}769 \times 10^{-3}$
0,4	0,00891918	0,00683989	$2{,}079 \times 10^{-3}$
0,5	0,00937818	0,00719188	$2{,}186 \times 10^{-3}$
0,6	0,00891918	0,00683989	$2{,}079 \times 10^{-3}$
0,7	0,00758711	0,00581836	$1{,}769 \times 10^{-3}$
0,8	0,00551236	0,00422728	$1{,}285 \times 10^{-3}$
0,9	0,00289802	0,00222241	$6{,}756 \times 10^{-4}$
1,0	0	0	

Como $\lambda > 0$, temos $\mu_i > 1$, para todo $i = 1, 2, \ldots, m-1$. Como os autovalores de A^{-1} são os recíprocos daqueles de A, o raio espectral de A^{-1}, $\rho(A^{-1}) < 1$. Isso implica que A^{-1} é uma matriz convergente.

Um erro $\mathbf{e}^{(0)}$ nos dados iniciais produz um erro $(A^{-1})^n\mathbf{e}^{(0)}$ no enésimo passo do método das diferenças regressivas. Como A^{-1} é convergente,

$$\lim_{n\to\infty} (A^{-1})^n \mathbf{e}^{(0)} = \mathbf{0}.$$

Assim, o método é estável, independentemente da escolha de $\lambda = \alpha^2(k/h^2)$. Na terminologia do Capítulo 5, denominamos o método das diferenças regressivas um método **incondicionalmente estável**. O erro de truncamento local para o método é da ordem $O(k + h^2)$, contanto que a solução da equação diferencial satisfaça às condições de diferenciabilidade usuais. Neste caso, o método converge para a solução da equação diferencial parcial com esta mesma taxa de convergência (consulte [IK], p. 508).

A fraqueza no método das diferenças regressivas resulta do fato de que o erro de truncamento local tem uma parte com ordem $O(h^2)$ e outra com ordem $O(k)$. Isso requer que os intervalos de tempo sejam muito menores que os intervalos no eixo x. Seria claramente desejável ter um procedimento com erro de truncamento local de ordem $O(k^2 + h^2)$. O primeiro passo nesta direção é utilizar uma equação de diferença que tenha erro $O(k^2)$ para $u_t(x, t)$ em vez daquelas que usamos anteriormente, cujo erro era $O(k)$. Isto pode ser feito usando a série de Taylor em t para a função $u(x, t)$ no ponto (x_i, t_j) e calculando-a em (x_i, t_{j+1}) e (x_i, t_{j-1}) para obter a fórmula de diferença centrada

$$\frac{\partial u}{\partial t}(x_i, t_j) = \frac{u(x_i, t_{j+1}) - u(x_i, t_{j-1})}{2k} + \frac{k^2}{6}\frac{\partial^3 u}{\partial t^3}(x_i, \mu_j),$$

em que $\mu_j \in (t_{j-1}, t_{j+1})$. O método de diferença que resulta da substituição desta e do quociente de diferenças usual para $(\partial^2 u/\partial x^2)$, Equação (12.8), na equação diferencial é denominado **método de Richardson** e é dado por

$$\frac{w_{i,j+1} - w_{i,j-1}}{2k} - \alpha^2 \frac{w_{i+1,j} - 2w_{ij} + w_{i-1,j}}{h^2} = 0. \tag{12.14}$$

Este método tem erro de truncamento local de ordem $O(k^2 + h^2)$, mas infelizmente, assim como o método das diferenças progressivas, também tem sérios problemas de estabilidade (veja os Exercícios 11 e 12).

L. E. Richardson, que já vimos como associado à extrapolação, realizou um trabalho substancial na aproximação de equações diferenciais parciais.

Método de Crank-Nicolson

Um método mais compensador é deduzido tomando uma média do método das diferenças progressivas no j-ésimo passo em t,

$$\frac{w_{i,j+1} - w_{i,j}}{k} - \alpha^2 \frac{w_{i+1,j} - 2w_{i,j} + w_{i-1,j}}{h^2} = 0,$$

que tem erro de truncamento local

$$\tau_F = \frac{k}{2} \frac{\partial^2 u}{\partial t^2}(x_i, \mu_j) + O(h^2),$$

e o método das diferenças regressivas no $(j + 1)$-ésimo passo em t,

$$\frac{w_{i,j+1} - w_{i,j}}{k} - \alpha^2 \frac{w_{i+1,j+1} - 2w_{i,j+1} + w_{i-1,j+1}}{h^2} = 0,$$

que tem erro de truncamento local

$$\tau_B = -\frac{k}{2} \frac{\partial^2 u}{\partial t^2}(x_i, \hat{u}_j) + O(h^2).$$

Se assumirmos que

$$\frac{\partial^2 u}{\partial t^2}(x_i, \hat{\mu}_j) \approx \frac{\partial^2 u}{\partial t^2}(x_i, \mu_j),$$

então o método de diferença com média,

$$\frac{w_{i,j+1} - w_{ij}}{k} - \frac{\alpha^2}{2}\left[\frac{w_{i+1,j} - 2w_{i,j} + w_{i-1,j}}{h^2} + \frac{w_{i+1,j+1} - 2w_{i,j+1} + w_{i-1,j+1}}{h^2}\right] = 0,$$

tem erro de truncamento local da ordem $O(k^2 + h^2)$, contanto, claro, que as condições de diferenciabilidade costumeiras sejam satisfeitas.

Dando proseguimento a seu trabalho como físico-matemático durante a Segunda Guerra Mundial, John Crank (1916-2006) pesquisou a solução numérica de equações diferenciais parciais, em particular, problemas de condução de calor. O método de Crank-Nicolson baseia-se em trabalho feito com Phyllis Nicolson (1917-1968), físico da Universidade de Leeds. O artigo original deles sobre o método apareceu em 1947 [CN].

Isso é conhecido como o **método de Crank-Nicolson** e é representado na forma matricial

$$Aw^{(j+1)} = Bw^{(j)}, \text{ para cada } j = 0, 1, 2, \ldots, \tag{12.15}$$

em que

$$\lambda = \alpha^2 \frac{k}{h^2}, \quad \mathbf{w}^{(j)} = (w_{1,j}, w_{2,j}, \ldots, w_{m-1,j})^t,$$

e as matrizes A e B são dadas por:

$$A = \begin{bmatrix} (1+\lambda) & -\frac{\lambda}{2} & 0 & \cdots & 0 \\ -\frac{\lambda}{2} & \ddots & \ddots & \ddots & \vdots \\ 0 & \ddots & \ddots & \ddots & 0 \\ \vdots & \ddots & \ddots & \ddots & -\frac{\lambda}{2} \\ 0 & \cdots & 0 & -\frac{\lambda}{2} & (1+\lambda) \end{bmatrix}$$

e

$$B = \begin{bmatrix} (1-\lambda) & \frac{\lambda}{2} & 0 & \cdots & 0 \\ \frac{\lambda}{2} & \ddots & \ddots & \ddots & \vdots \\ 0 & \ddots & \ddots & \ddots & 0 \\ \vdots & \ddots & \ddots & \ddots & \frac{\lambda}{2} \\ 0 & \cdots & 0 & \frac{\lambda}{2} & (1-\lambda) \end{bmatrix}.$$

A é uma matriz positiva definida, estritamente diagonal dominante, tridiagonal e não singular. Ou o Algoritmo 6.7 de fatoração de Crout ou o Algoritmo 7.3 do SRS pode ser utilizado para se obter $\mathbf{w}^{(j+1)}$ de $\mathbf{w}^{(j)}$ para cada $j = 0, 1, 2, \ldots$. O Algoritmo 12.3 incorpora a fatoração de Crout na técnica de Crank-Nicolson. Como no Algoritmo 12.2, um comprimento finito para o intervalo de tempo deve ser especificado para se determinar um procedimento de parada. A verificação de que o método de Crank-Nicolson é incondicionalmente estável e tem ordem de convergência $O(k^2 + h^2)$ pode ser encontrada em [IK], p. 508-512. Um diagrama que mostra a interação dos nós na determinação da aproximação em (x_i, t_{j+1}) é mostrado na Figura 12.11.

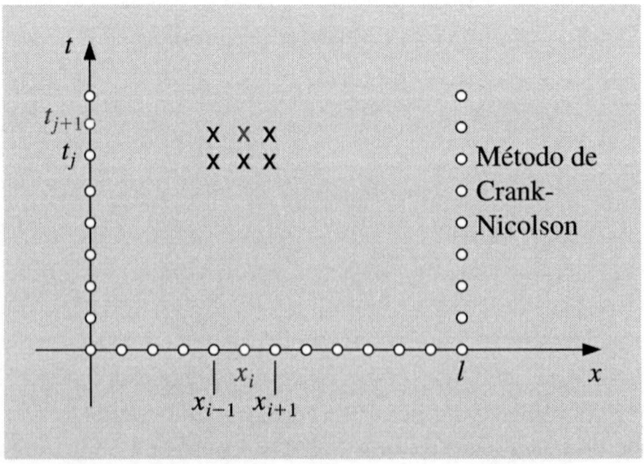

Figura 12.11

ALGORITMO 12.3 **Método Crank-Nicolson**

Para obter uma aproximação para a solução da equação diferencial parcial parabólica

$$\frac{\partial u}{\partial t}(x, t) - \alpha^2 \frac{\partial^2 u}{\partial x^2}(x, t) = 0, \quad 0 < x < l, \quad 0 < t < T,$$

sujeita às condições de contorno

$$u(0, t) = u(l, t) = 0, \quad 0 < t < T,$$

e às condições iniciais

$$u(x, 0) = f(x), \quad 0 \leq x \leq l:$$

ENTRADA extremidade l; tempo máximo T; constante α; inteiros $m \geq 3$, $N \geq 1$.
SAÍDA aproximações $w_{i,j}$ para $u(x_i, t_j)$ para cada $i = 1, \ldots, m-1$ e para cada $j = 1, \ldots, N$.

Passo 1 Faça $h = l/m$;
$k = T/N$;
$\lambda = \alpha^2 k/h^2$;
$w_m = 0$.

Passo 2 Para $i = 1, \ldots, m - 1$ faça $w_i = f(ih)$ (*Valores iniciais.*)

(*Os Passos 3 a 11 resolvem um sistema linear tridiagonal usando o Algoritmo 6.7.*)

Passo 3 Faça $l_1 = 1 + \lambda$;
$u_1 = -\lambda/(2l_1)$.

Passo 4 Para $i = 2, \ldots, m - 2$ faça $l_i = 1 + \lambda + \lambda u_{i-1}/2$;
$u_i = -\lambda/(2l_i)$.

Passo 5 Faça $l_{m-1} = 1 + \lambda + \lambda u_{m-2}/2$.

Passo 6 Para $j = 1, \ldots, N$ execute Passos 7 a 11.

Passo 7 Faça $t = jk$; (t_j *atual.*)

$$z_1 = \left[(1 - \lambda)w_1 + \frac{\lambda}{2}w_2\right] \Big/ l_1.$$

Passo 8 Para $i = 2, \ldots, m - 1$ faça

$$z_i = \left[(1 - \lambda)w_i + \frac{\lambda}{2}(w_{i+1} + w_{i-1} + z_{i-1})\right] \Big/ l_i.$$

Passo 9 Faça $w_{m-1} = z_{m-1}$.

Passo 10 Para $i = m - 2, \ldots, 1$ faça $w_i = z_i - u_i w_{i+1}$.

Passo 11 SAÍDA (t); (*Observação:* $t = t_j$.)
Para $i = 1, \ldots, m - 1$ faça $x = ih$;
SAÍDA (x, w_i). (*Observação:* $w_i = w_{i,j}$.)

Passo 12 PARE. (*O procedimento está completo.*) ■

EXEMPLO 3 Use o método de Crank-Nicolson com $h = 0{,}1$ e $k = 0{,}01$ para obter uma aproximação para a solução do problema

$$\frac{\partial u}{\partial t}(x, t) - \frac{\partial^2 u}{\partial x^2}(x, t) = 0, \quad 0 < x < 1 \quad 0 < t,$$

sujeita às condições

$$u(0, t) = u(1, t) = 0, \quad 0 < t$$

e

$$u(x, 0) = \text{sen}(\pi x), \quad 0 \leq x \leq 1.$$

Solução As escolhas $h = 0,1$ e $k = 0,01$ fornecem $m = 10$, $N = 50$ e $\lambda = 1$ no Algoritmo 12.3. Lembre-se de que o método das diferenças progressivas deu resultados dramaticamente ruins para essa escolha de h e k, mas o método das diferenças regressivas deu resultados que tinham precisão de cerca de 2×10^{-3} para elementos no meio da tabela. Os resultados na Tabela 12.5 indicam o aumento na precisão do método de Crank-Nicolson sobre o método das diferenças regressivas, a melhor dentre as duas técnicas anteriormente discutidas. ■

Tabela 12.5

x_i	$w_{i,50}$	$u(x_i, 0,5)$	$\lvert w_{i,50} - u(x_i, 0,5)\rvert$
0,0	0	0	
0,1	0,00230512	0,00222241	$8,271 \times 10^{-5}$
0,2	0,00438461	0,00422728	$1,573 \times 10^{-4}$
0,3	0,00603489	0,00581836	$2,165 \times 10^{-4}$
0,4	0,00709444	0,00683989	$2,546 \times 10^{-4}$
0,5	0,00745954	0,00719188	$2,677 \times 10^{-4}$
0,6	0,00709444	0,00683989	$2,546 \times 10^{-4}$
0,7	0,00603489	0,00581836	$2,165 \times 10^{-4}$
0,8	0,00438461	0,00422728	$1,573 \times 10^{-4}$
0,9	0,00230512	0,00222241	$8,271 \times 10^{-5}$
1,0	0	0	

EXERCÍCIOS 12.2

1. Determine uma aproximação para a solução da equação diferencial parcial seguinte utilizando o método das diferenças regressivas.

$$\frac{\partial u}{\partial t} - \frac{\partial^2 u}{\partial x^2} = 0, \quad 0 < x < 2, \ 0 < t;$$

$$u(0, t) = u(2, t) = 0, \quad 0 < t, \quad u(x, 0) = \text{sen}\,\frac{\pi}{2}x, \quad 0 \leq x \leq 2.$$

Use $m = 4$, $T = 0,1$ e $N = 2$ e compare seus resultados com a solução real $u(x, t) = e^{-(\pi^2/4)t}\,\text{sen}\,\frac{\pi}{2}x$.

2. Determine uma aproximação para a solução da equação diferencial parcial seguinte utilizando o método das diferenças regressivas.

$$\frac{\partial u}{\partial t} - \frac{1}{16}\frac{\partial^2 u}{\partial x^2} = 0, \quad 0 < x < 1, \ 0 < t;$$

$$u(0, t) = u(1, t) = 0, \quad 0 < t, \quad u(x, 0) = 2\,\text{sen}\,2\pi x, \quad 0 \leq x \leq 1.$$

Use $m = 3$, $T = 0,1$ e $N = 2$ e compare seus resultados com a solução real $u(x, t) = 2e^{-(\pi^2/4)t}\,\text{sen}\,2\pi x$.

3. Repita o Exercício 1 utilizando o algoritmo de Crank-Nicolson.
4. Repita o Exercício 2 utilizando oalgoritmo de Crank-Nicolson.
5. Utilize o método das diferenças progressivas para obter uma aproximação para a solução das equações diferenciais parciais parabólicas seguintes.

   a. $$\frac{\partial u}{\partial t} - \frac{\partial^2 u}{\partial x^2} = 0, \quad 0 < x < 2, \ 0 < t;$$
   $$u(0,t) = u(2,t) = 0, \quad 0 < t,$$
   $$u(x,0) = \operatorname{sen} 2\pi x, \quad 0 \le x \le 2.$$

   Use $h = 0{,}4$ e $k = 0{,}1$ e compare seus resultados em $t = 0{,}5$ com a solução real $u(x, t) = e^{-4\pi^2 t} \operatorname{sen} 2\pi x$. A seguir, use $h = 0{,}4$ e $k = 0{,}05$ e compare as respostas.

   b. $$\frac{\partial u}{\partial t} - \frac{\partial^2 u}{\partial x^2} = 0, \quad 0 < x < \pi, \ 0 < t;$$
   $$u(0,t) = u(\pi,t) = 0, \quad 0 < t,$$
   $$u(x,0) = \operatorname{sen} x, \quad 0 \le x \le \pi.$$

   Use $h = \pi/10$ e $k = 0{,}05$ e compare seus resultados em $t = 0{,}5$ com a solução real $u(x, t) = e^{-t} \operatorname{sen} x$.

6. Utilize o método das diferenças progressivas para obter uma aproximação para a solução das equações diferenciais parciais parabólicas seguintes.

   a. $$\frac{\partial u}{\partial t} - \frac{4}{\pi^2}\frac{\partial^2 u}{\partial x^2} = 0, \quad 0 < x < 4, \ 0 < t;$$
   $$u(0,t) = u(4,t) = 0, \quad 0 < t,$$
   $$u(x,0) = \operatorname{sen} \tfrac{\pi}{4}x \left(1 + 2\cos \tfrac{\pi}{4}x\right), \quad 0 \le x \le 4.$$

   Use $h = 0{,}2$ e $k = 0{,}04$ e compare seus resultados em $t = 0{,}4$ com a solução real $u(x, t) = e^{-t} \operatorname{sen} \frac{\pi}{2}x + e^{-t/4} \operatorname{sen} \frac{\pi}{4}x$.

   b. $$\frac{\partial u}{\partial t} - \frac{1}{\pi^2}\frac{\partial^2 u}{\partial x^2} = 0, \quad 0 < x < 1, \ 0 < t;$$
   $$u(0,t) = u(1,t) = 0, \quad 0 < t,$$
   $$u(x,0) = \cos \pi \left(x - \tfrac{1}{2}\right), \quad 0 \le x \le 1.$$

   Use $h = 0{,}1$ e $k = 0{,}04$ e compare seus resultados em $t = 0{,}4$ com a solução real $u(x, t) = e^{-t} \cos \pi (x - \frac{1}{2})$.

7. Repita o Exercício 5 utilizando o algoritmo das diferenças regressivas.
8. Repita o Exercício 6 utilizando o algoritmo das diferenças regressivas.
9. Repita o Exercício 5 utilizando o algoritmo de Crank-Nicolson.
10. Repita o Exercício 6 utilizando o algoritmo de Crank-Nicolson.
11. Repita o Exercício 5 utilizando o método de Richardson.
12. Repita o Exercício 6 utilizando o método de Richardson.

EXERCÍCIOS APLICADOS

13. A temperatura $u(x, t)$ de uma haste fina, longa, com seção transversal constante e material condutor homogêneo é governada pela equação unidimensional do calor. Se for gerado calor no material, por exemplo, por resistência a corrente elétrica ou reação nuclear, a equação do calor torna-se

$$\frac{\partial^2 u}{\partial x^2} + \frac{Kr}{\rho C} = K\frac{\partial u}{\partial t}, \quad 0 < x < l, \quad 0 < t,$$

em que l é o comprimento, ρ é a densidade, C é o calor específico e K é o coeficiente de difusão térmica da haste. A função $r = r(x, t, u)$ representa o calor gerado por unidade de volume. Suponha que

$$l = 1{,}5 \text{ cm}, K = 1{,}04 \text{ cal/cm} \cdot \text{grau} \cdot \text{s}, \rho = 10{,}6 \text{ g/cm}^3, C = 0{,}056 \text{ cal/g} \cdot \text{grau}$$

e

$$r(x, t, u) = 5{,}0 \text{ cal/cm}^3. \text{ s.}$$

Se as extremidades da haste forem mantidas a 0 °C, então

$$u0, t) = u(l, t) = 0, \quad t > 0.$$

Suponha que a distribuição inicial de temperatura seja dada por

$$u(x, 0) = \text{sen}\,\frac{\pi x}{l}, \quad 0 \leq x \leq l.$$

Use os resultados do Exercício 17 para obter uma aproximação para a distribuição de temperatura com $h = 0{,}15$ e $k = 0{,}0225$.

14. Sagar e Payne [SP] analisam as relações de esforço-tensão e propriedades materiais de um cilindro alternadamente submetido a aquecimento e resfriamento e consideram a equação

$$\frac{\partial^2 T}{\partial r^2} + \frac{1}{r}\frac{\partial T}{\partial r} = \frac{1}{4K}\frac{\partial T}{\partial t}, \quad \frac{1}{2} < r < 1, \ 0 < T,$$

em que $T = T(r, t)$ é a temperatura, r é a distância radial desde o centro do cilindro, t é o tempo e K é um coeficiente de difusão.

a. Encontre aproximações para $T(r, 10)$ para um cilindro com raio externo 1, dadas as condições iniciais e de contorno:

$$T(1, t) = 100 + 40t, \quad T\left(\frac{1}{2}, t\right) = t, \quad 0 \leq t \leq 10;$$

$$T(r, 0) = 200(r - 0{,}5), \quad 0{,}5 \leq r \leq 1.$$

Use a modificação do método das diferenças regressivas com $K = 0{,}1$, $k = 0{,}5$ e $h = \Delta r = 0{,}1$.

b. Use a distribuição de temperatura da parte (a) para calcular o esforço I mediante a aproximação da integral

$$I = \int_{0{,}5}^{1} \alpha T(r, t) r\, dr,$$

em que $\alpha = 10{,}7$ e $t = 10$. Use o método do trapézio composto com $n = 5$.

EXERCÍCIOS TEÓRICOS

15. Mostre que os autovalores da matriz, A $(m - 1)$ por $(m - 1)$, do método tridiagonal dada por

$$a_{ij} = \begin{cases} \lambda, & j = i - 1 \text{ ou } j = i + 1, \\ 1 - 2\lambda, & j = i, \\ 0, & \text{caso contrário} \end{cases}$$

são

$$\mu_i = 1 - 4\lambda\left(\text{sen}\,\frac{i\pi}{2m}\right)^2, \quad \text{para cada } i = 1, 2, \ldots, m - 1,$$

com autovetores correspondentes $\mathbf{v}^{(i)}$, em que $v_j^{(i)} = \text{sen}\,\frac{ij\pi}{m}$.

16. Mostre que a matriz A, $(m-1)$ por $(m-1)$, do método tridiagonal dada por

$$a_{ij} = \begin{cases} -\lambda, & j = i-1 \text{ or } j = i+1, \\ 1+2\lambda, & j = i, \\ 0, & \text{caso contrário,} \end{cases}$$

em que $\lambda > 0$, é positiva definida, diagonal dominante e tem autovalores

$$\mu_i = 1 + 4\lambda\left(\operatorname{sen}\frac{i\pi}{2m}\right)^2, \quad \text{para cada } i = 1, 2, \ldots, m-1,$$

com autovetores correspondentes $\mathbf{v}^{(i)}$, em que $v_j^{(i)} = \operatorname{sen}\frac{ij\pi}{m}$.

17. Modifique os Algoritmos 12.2 e 12.3 para incluir a equação diferencial parcial parabólica

$$\frac{\partial u}{\partial t} - \frac{\partial^2 u}{\partial x^2} = F(x), \quad 0 < x < l, \; 0 < t;$$

$$u(0,t) = u(l,t) = 0, \quad 0 < t;$$

$$u(x,0) = f(x), \quad 0 \le x \le l.$$

18. Utilize os resultados do Exercício 17 para obter uma aproximação para a solução de

$$\frac{\partial u}{\partial t} - \frac{\partial^2 u}{\partial x^2} = 2, \quad 0 < x < 1, \; 0 < t;$$

$$u(0,t) = u(1,t) = 0, \quad 0 < t;$$

$$u(x,0) = \operatorname{sen}\pi x + x(1-x),$$

com $h = 0{,}1$ e $k = 0{,}01$. Compare sua resposta em $t = 0{,}25$ com a solução real $u(x,t) = e^{-\pi^2 t}\operatorname{sen}\pi x + x(1-x)$.

19. Modifique os Algoritmos 12.2 e 12.3 para incluir a equação diferencial parcial

$$\frac{\partial u}{\partial t} - \alpha^2\frac{\partial^2 u}{\partial x^2} = 0, \quad 0 < x < l, \; 0 < t;$$

$$u(0,t) = \phi(t), \; u(l,t) = \Psi(t), \quad 0 < t;$$

$$u(x,0) = f(x), \quad 0 \le x \le l,$$

em que $f(0) = \phi(0)$ e $f(l) = \Psi(0)$.

QUESTÕES PARA DISCUSSÃO

1. Descreva o método da direção implícita alternada (DIA).
2. Os métodos de elementos finitos podem ser usados nos problemas parabólicos?

12.3 Equações diferenciais parciais hiperbólicas

Nesta seção, consideramos a resolução numérica da **equação da onda**, um exemplo de uma equação diferencial parcial *hiperbólica*. A equação da onda é dada pela equação diferencial

$$\frac{\partial^2 u}{\partial t^2}(x, t) - \alpha^2 \frac{\partial^2 u}{\partial x^2}(x, t) = 0, \quad 0 < x < l, \quad t > 0, \tag{12.16}$$

sujeita às condições

$$u(0, t) = u(l, t) = 0, \quad \text{para } t > 0,$$

$$u(x, 0) = f(x) \quad \text{e} \quad \frac{\partial u}{\partial t}(x, 0) = g(x), \quad \text{para } 0 \leq x \leq l,$$

em que α é uma constante que depende das condições físicas do problema.

Escolha um inteiro $m > 0$ para definir os pontos da malha do eixo x usando $h = l/m$. Além disso, escolha um tamanho de passo temporal $k > 0$. Os pontos da malha (x_i, t_j) são definidos por

$$x_i = ih \quad \text{e} \quad t_j = jk,$$

para cada $i = 0, 1, \ldots, m$ e $j = 0, 1, \ldots$.

Em qualquer ponto interior da malha, (x_i, t_j), a equação da onda torna-se

$$\frac{\partial^2 u}{\partial t^2}(x_i, t_j) - \alpha^2 \frac{\partial^2 u}{\partial x^2}(x_i, t_j) = 0. \tag{12.17}$$

O método de diferença é obtido utilizando-se o quociente das diferenças centradas para as segundas derivadas parciais dadas por

$$\frac{\partial^2 u}{\partial t^2}(x_i, t_j) = \frac{u(x_i, t_{j+1}) - 2u(x_i, t_j) + u(x_i, t_{j-1})}{k^2} - \frac{k^2}{12}\frac{\partial^4 u}{\partial t^4}(x_i, \mu_j),$$

em que $\mu_j \in (t_{j-1}, t_{j+1})$ e

$$\frac{\partial^2 u}{\partial x^2}(x_i, t_j) = \frac{u(x_{i+1}, t_j) - 2u(x_i, t_j) + u(x_{i-1}, t_j)}{h^2} - \frac{h^2}{12}\frac{\partial^4 u}{\partial x^4}(\xi_i, t_j),$$

em que $\xi_i \in (x_{i-1}, x_{i+1})$. Substituindo estas na Equação (12.17), obtemos

$$\frac{u(x_i, t_{j+1}) - 2u(x_i, t_j) + u(x_i, t_{j-1})}{k^2} - \alpha^2 \frac{u(x_{i+1}, t_j) - 2u(x_i, t_j) + u(x_{i-1}, t_j)}{h^2}$$
$$= \frac{1}{12}\left[k^2 \frac{\partial^4 u}{\partial t^4}(x_i, \mu_j) - \alpha^2 h^2 \frac{\partial^4 u}{\partial x^4}(\xi_i, t_j)\right].$$

Desprezar o termo de erro

$$\tau_{i,j} = \frac{1}{12}\left[k^2 \frac{\partial^4 u}{\partial t^4}(x_i, \mu_j) - \alpha^2 h^2 \frac{\partial^4 u}{\partial x^4}(\xi_i, t_j)\right], \tag{12.18}$$

leva à equação de diferença

$$\frac{w_{i,j+1} - 2w_{i,j} + w_{i,j-1}}{k^2} - \alpha^2 \frac{w_{i+1,j} - 2w_{i,j} + w_{i-1,j}}{h^2} = 0.$$

Define $\lambda = \alpha k/h$. Então podemos escrever a equação diferença como

$$w_{i,j+1} - 2w_{i,j} + w_{i,j-1} - \lambda^2 w_{i+1,j} + 2\lambda^2 w_{i,j} - \lambda^2 w_{i-1,j} = 0$$

e isolar $w_{i,j+1}$, a aproximação mais avançada de passo no tempo, para obter

$$w_{i,j+1} = 2(1-\lambda^2)w_{i,j} + \lambda^2(w_{i+1,j} + w_{i-1,j}) - w_{i,j-1}. \tag{12.19}$$

Esta equação vale para cada $i = 1, 2, \ldots, m-1$ e $j = 1, 2, \ldots$. As condições de contorno fornecem

$$w_{0,j} = w_{m,j} = 0, \text{ para cada } j = 1, 2, 3, \ldots, \tag{12.20}$$

e a condição inicial implica que

$$w_{i,0} = f(x_i), \text{ para cada } i = 1, 2, \ldots, m-1.$$

Escrevendo este conjunto de equações em forma matricial, tem-se

$$\begin{bmatrix} w_{1,j+1} \\ w_{2,j+1} \\ \vdots \\ w_{m-1,j+1} \end{bmatrix} = \begin{bmatrix} 2(1-\lambda^2) & \lambda^2 & 0 & \cdots & 0 \\ \lambda^2 & 2(1-\lambda^2) & \lambda^2 & \ddots & \vdots \\ 0 & \ddots & \ddots & \ddots & 0 \\ \vdots & \ddots & \ddots & \ddots & \lambda^2 \\ 0 & \cdots & 0 & \lambda^2 & 2(1-\lambda^2) \end{bmatrix} \begin{bmatrix} w_{1,j} \\ w_{2,j} \\ \vdots \\ w_{m-1,j} \end{bmatrix} - \begin{bmatrix} w_{1,j-1} \\ w_{2,j-1} \\ \vdots \\ w_{m-1,j-1} \end{bmatrix}. \tag{12.22}$$

As Equações (12.19) e (12.22) implicam que o $(j+1)$-ésimo passo no tempo necessita dos valores dos j-ésimo e $(j-1)$-ésimo passos no tempo. (Veja Figura 12.12.) Isto produz um pequeno problema de partida, já que os valores para $j = 0$ são dados pela Equação (12.21), mas os valores para $j = 1$, que são necessários na Equação (12.19) para calcular $w_{i,2}$, devem ser obtidos da condição de velocidade inicial

$$\frac{\partial u}{\partial t}(x, 0) = g(x), \quad 0 \le x \le l.$$

Figura 12.12

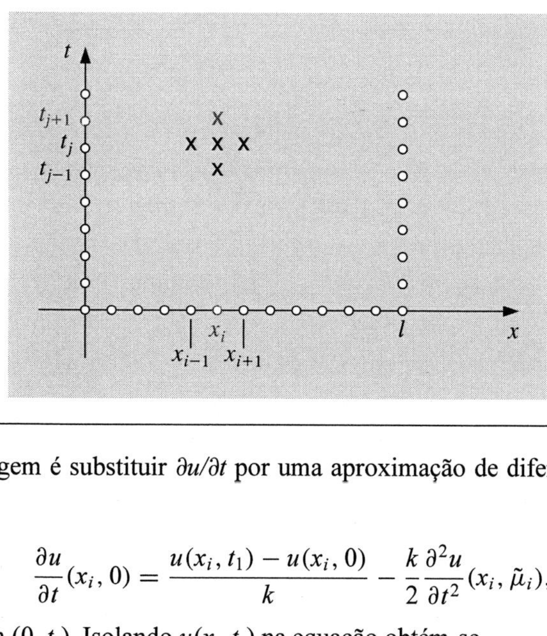

Uma abordagem é substituir $\partial u/\partial t$ por uma aproximação de diferenças progressivas,

$$\frac{\partial u}{\partial t}(x_i, 0) = \frac{u(x_i, t_1) - u(x_i, 0)}{k} - \frac{k}{2}\frac{\partial^2 u}{\partial t^2}(x_i, \tilde{\mu}_i), \tag{12.23}$$

para algum $\tilde{\mu}_i$ em $(0, t_1)$. Isolando $u(x_i, t_1)$ na equação obtém-se

$$u(x_i, t_1) = u(x_i, 0) + k\frac{\partial u}{\partial t}(x_i, 0) + \frac{k^2}{2}\frac{\partial^2 u}{\partial t^2}(x_i, \tilde{\mu}_i)$$
$$= u(x_i, 0) + kg(x_i) + \frac{k^2}{2}\frac{\partial^2 u}{\partial t^2}(x_i, \tilde{\mu}_i).$$

Desprezando o termo de truncamento obtemos

$$w_{i,1} = w_{i,0} + kg(x_i), \text{ afastar um pouco para cada } i = 1, \ldots, m-1. \qquad (12.24)$$

Contudo, isto fornece uma aproximação que tem erro de apenas $O(k)$, enquanto que o erro de truncamento na Equação (12.18) é $O(k^2)$.

Melhorando a aproximação inicial

Para obter uma aproximação melhor para $u(x_i, 0)$, expanda $u(x_i, t_1)$ no polinômio de Maclaurin de segunda ordem em t. Então,

$$u(x_i, t_1) = u(x_i, 0) + k\frac{\partial u}{\partial t}(x_i, 0) + \frac{k^2}{2}\frac{\partial^2 u}{\partial t^2}(x_i, 0) + \frac{k^3}{6}\frac{\partial^3 u}{\partial t^3}(x_i, \hat{\mu}_i),$$

para algum $\hat{\mu}_i$ em $(0, t_1)$. Se f'' existir, então

$$\frac{\partial^2 u}{\partial t^2}(x_i, 0) = \alpha^2\frac{\partial^2 u}{\partial x^2}(x_i, 0) = \alpha^2\frac{d^2 f}{dx^2}(x_i) = \alpha^2 f''(x_i)$$

e

$$u(x_i, t_1) = u(x_i, 0) + kg(x_i) + \frac{\alpha^2 k^2}{2}f''(x_i) + \frac{k^3}{6}\frac{\partial^3 u}{\partial t^3}(x_i, \hat{\mu}_i).$$

Isso produz uma aproximação com erro $O(k^3)$:

$$w_{i1} = w_{i0} + kg(x_i) + \frac{\alpha^2 k^2}{2}f''(x_i).$$

Se $f \in C^4[0,1]$, mas $f''(x_i)$ não estiver prontamente disponível, podemos usar a equação da diferença na Equação (4.9) para escrever

$$f''(x_i) = \frac{f(x_{i+1}) - 2f(x_i) + f(x_{i-1})}{h^2} - \frac{h^2}{12}f^{(4)}(\tilde{\xi}_i),$$

para algum $\tilde{\xi}_i$ em (x_{i-1}, x_{i+1}). Isso implica que

$$u(x_i, t_1) = u(x_i, 0) + kg(x_i) + \frac{k^2\alpha^2}{2h^2}[f(x_{i+1}) - 2f(x_i) + f(x_{i-1})] + O(k^3 + h^2k^2).$$

Fazendo $\lambda = k\alpha/h$, podemos escrever isso como

$$u(x_i, t_1) = u(x_i, 0) + kg(x_i) + \frac{\lambda^2}{2}[f(x_{i+1}) - 2f(x_i) + f(x_{i-1})] + O(k^3 + h^2k^2)$$
$$= (1 - \lambda^2)f(x_i) + \frac{\lambda^2}{2}f(x_{i+1}) + \frac{\lambda^2}{2}f(x_{i-1}) + kg(x_i) + O(k^3 + h^2k^2).$$

Assim, a equação de diferença,

$$w_{i,1} = (1 - \lambda^2) f(x_i) + \frac{\lambda^2}{2} f(x_{i+1}) + \frac{\lambda^2}{2} f(x_{i-1}) + kg(x_i), \tag{12.25}$$

pode ser usada para encontrar $w_{i,1}$, para cada $i = 1, 2, \ldots, m - 1$. Para determinar aproximações subsequentes, usamos o sistema na Equação (12.22).

O Algoritmo 12.4 usa a Equação (12.25) para aproximar $w_{i,1}$, embora a Equação (12.24) também pudesse ser usada. É suposto que exista um limitante superior para o valor de t, que será usado na técnica de parada e que $k = T/N$, em que N também é dado.

ALGORITMO 12.4 **Diferenças finitas na equação da onda**

Para obter uma aproximação para a solução da equação da onda

$$\frac{\partial^2 u}{\partial t^2}(x, t) - \alpha^2 \frac{\partial^2 u}{\partial x^2}(x, t) = 0, \quad 0 < x < l, \quad 0 < t < T,$$

sujeita às condições de contorno

$$u(0, t) = u(l, t) = 0, \quad 0 < t < T,$$

e às condições iniciais

$$u(x, 0) = f(x) \quad \text{e} \quad \frac{\partial u}{\partial t}(x, 0) = g(x), \quad \text{para} \quad 0 \leq x \leq l,$$

ENTRADA extremidade l; tempo máximo T; constante α; inteiros $m \geq 2$, $N \geq 2$.

SAÍDA aproximações $w_{i,j}$ para $u(x_i, t_j)$ para cada $i = 0, \ldots, m$ e $j = 0, \ldots, N$.

Passo 1 Faça $h = l/m$;
$k = T/N$;
$\lambda = k\alpha/h$.

Passo 2 Para $j = 1, \ldots, N$ faça $w_{0,j} = 0$;
$w_{m,j} = 0$,

Passo 3 Faça $w_{0,0} = f(0)$;
$w_{m,0} = f(l)$.

Passo 4 Para $i = 1, \ldots, m - 1$ (*Inicializa para $t = 0$ e $t = k$.*)
faça $w_{i,0} = f(ih)$;
$$w_{i,1} = (1 - \lambda^2) f(ih) + \frac{\lambda^2}{2}[f((i+1)h) + f((i-1)h)] + kg(ih).$$

Passo 5 Para $j = 1, \ldots, N - 1$ (*Efetua a multiplicação de matrizes.*)
para $i = 1, \ldots, m - 1$
faça $w_{i,j+1} = 2(1 - \lambda^2)w_{i,j} + \lambda^2(w_{i+1,j} + w_{i-1,j}) - w_{i,j-1}$.

Passo 6 Para $j = 0, \ldots, N$
faça $t = jk$;
para $i = 0, \ldots, m$
faça $x = ih$;
SAÍDA $(x, t, w_{i,j})$.

Passo 7 PARE. (*O procedimento está completo.*) ■

EXEMPLO 1

Determine uma aproximação para a solução do problema hiperbólico

$$\frac{\partial^2 u}{\partial t^2}(x,t) - 4\frac{\partial^2 u}{\partial x^2}(x,t) = 0, \quad 0 < x < 1, \quad 0 < t,$$

com as condições de contorno

$$u(0,t) = u(1,t) = 0, \quad \text{para} \quad 0 < t,$$

e condições iniciais

$$u(x,0) = \text{sen}(\pi x), \quad 0 \le x \le 1, \quad \text{e} \quad \frac{\partial u}{\partial t}(x,0) = 0, \quad 0 \le x \le 1,$$

usando $h = 0{,}1$ e $k = 0{,}05$. Compare os resultados com a solução exata.

$$u(x,t) = \text{sen}\,\pi\,x\cos 2\pi\,t.$$

Solução As escolhas $h = 0{,}1$ e $k = 0{,}05$ fornecem $\lambda = 1, m = 10$ e $N = 20$. Escolheremos um tempo máximo $T = 1$ e aplicaremos o Algoritmo 12.4 das diferenças finitas. Isso produz as aproximações $w_{i,N}$ para $u(0{,}1i, 1)$ para $i = 0, 1, ..., 10$. Esses resultados são mostrados na Tabela 12.6 e estão corretos em todas as casas dadas. ■

Tabela 12.6

x_i	$w_{i,20}$
0,0	0,0000000000
0,1	0,3090169944
0,2	0,5877852523
0,3	0,8090169944
0,4	0,9510565163
0,5	1,0000000000
0,6	0,9510565163
0,7	0,8090169944
0,8	0,5877852523
0,9	0,3090169944
1,0	0,0000000000

Os resultados do exemplo foram muito precisos, mais que o erro de truncamento $O(k^2 + h^2)$ nos levaria a acreditar. Isto ocorre porque a solução verdadeira para a equação é infinitamente diferenciável. Quando é este o caso, a utilização da série de Taylor fornece

$$\frac{u(x_{i+1},t_j) - 2u(x_i,t_j) + u(x_{i-1},t_j)}{h^2}$$
$$= \frac{\partial^2 u}{\partial x^2}(x_i,t_j) + 2\left[\frac{h^2}{4!}\frac{\partial^4 u}{\partial x^4}(x_i,t_j) + \frac{h^4}{6!}\frac{\partial^6 u}{\partial x^6}(x_i,t_j) + \cdots\right]$$

e

$$\frac{u(x_i, t_{j+1}) - 2u(x_i, t_j) + u(x_i, t_{j-1})}{k^2}$$
$$= \frac{\partial^2 u}{\partial t^2}(x_i, t_j) + 2\left[\frac{k^2}{4!}\frac{\partial^4 u}{\partial t^4}(x_i, t_j) + \frac{h^4}{6!}\frac{\partial^6 u}{\partial t^6}(x_i, t_j) + \cdots\right].$$

Como $u(x, t)$ satisfaz a equação diferencial parcial,

$$\frac{u(x_i, t_{j+1}) - 2u(x_i, t_j) + u(x_i, t_{j-1})}{k^2} - \alpha^2 \frac{u(x_{i+1}, t_j) - 2u(x_i, t_j) + u(x_{i-1}, t_j)}{h^2}$$
$$= 2\left[\frac{1}{4!}\left(k^2\frac{\partial^4 u}{\partial t^4}(x_i, t_j) - \alpha^2 h^2 \frac{\partial^4 u}{\partial x^4}(x_i, t_j)\right)\right.$$
$$\left. + \frac{1}{6!}\left(k^4\frac{\partial^6 u}{\partial t^6}(x_i, t_j) - \alpha^2 h^4 \frac{\partial^6 u}{\partial x^6}(x_i, t_j)\right) + \cdots\right]. \tag{12.26}$$

Todavia, a diferenciação da equação da onda resulta em

$$k^2\frac{\partial^4 u}{\partial t^4}(x_i, t_j) = k^2\frac{\partial^2}{\partial t^2}\left[\alpha^2\frac{\partial^2 u}{\partial x^2}(x_i, t_j)\right] = \alpha^2 k^2 \frac{\partial^2}{\partial x^2}\left[\frac{\partial^2 u}{\partial t^2}(x_i, t_j)\right]$$
$$= \alpha^2 k^2 \frac{\partial^2}{\partial x^2}\left[\alpha^2\frac{\partial^2 u}{\partial x^2}(x_i, t_j)\right] = \alpha^4 k^2 \frac{\partial^4 u}{\partial x^4}(x_i, t_j),$$

e vemos que, como $\lambda^2 = (\alpha^2 k^2/h^2) = 1$, temos

$$\frac{1}{4!}\left[k^2\frac{\partial^4 u}{\partial t^4}(x_i, t_j) - \alpha^2 h^2 \frac{\partial^4 u}{\partial x^4}(x_i, t_j)\right] = \frac{\alpha^2}{4!}[\alpha^2 k^2 - h^2]\frac{\partial^4 u}{\partial x^4}(x_i, t_j) = 0.$$

Continuando desta maneira, todos os termos no lado direito da Equação (12.26) são 0, implicando que o erro de truncamento local é 0. Os únicos erros no Exemplo 1 são os devidos à aproximação de $w_{i,1}$ e ao arredondamento.

Como no caso do método das diferenças progressivas para a equação do calor, o método das diferenças finitas explícitas para a equação da onda tem problemas de estabilidade. De fato, é necessário que $\lambda = \alpha k/h \leq 1$ para o método ser estável. (Consulte [IK], p. 489.) O método explícito dado no Algoritmo 12.4, com $\lambda \leq 1$, é $O(h^2 + k^2)$ convergente se f e g forem suficientemente diferenciáveis. Para a verificação disto, consulte [IK], p. 491.

Embora não venhamos a discuti-los, há métodos implícitos que são incondicionalmente estáveis. Uma discussão desses métodos pode ser encontrada em [Am], p. 199, [Mi] ou [Sm, B].

EXERCÍCIOS 12.3

1. Determine uma aproximação para a solução da equação da onda

$$\frac{\partial^2 u}{\partial t^2} - \frac{\partial^2 u}{\partial x^2} = 0, \quad 0 < x < 1, \quad 0 < t;$$

$$u(0, t) = u(1, t) = 0, \quad 0 < t,$$

$$u(x, 0) = \operatorname{sen} \pi x, \quad 0 \leq x \leq 1,$$

$$\frac{\partial u}{\partial t}(x, 0) = 0, \quad 0 \leq x \leq 1,$$

utilizando o Algoritmo 12.4 das diferenças finitas com $m = 4$, $N = 4$ e $T = 1{,}0$. Compare seus resultados em $t = 1{,}0$ com a solução real $u(x, t) = \cos \pi t \operatorname{sen} \pi x$.

2. Determine uma aproximação para a solução da equação da onda

$$\frac{\partial^2 u}{\partial t^2} - \frac{1}{16\pi^2}\frac{\partial^2 u}{\partial x^2} = 0, \quad 0 < x < 0{,}5, \ 0 < t;$$

$$u(0, t) = u(0{,}5, t) = 0, \quad 0 < t,$$

$$u(x, 0) = 0, \quad 0 \leq x \leq 0{,}5,$$

$$\frac{\partial u}{\partial t}(x, 0) = \operatorname{sen} 4\pi x, \quad 0 \leq x \leq 0{,}5,$$

utilizando o Algoritmo 12.4 das diferenças finitas com $m = 4$, $N = 4$ e $T = 0{,}5$. Compare seus resultados em $t = 0{,}5$ com a solução real $u(x, t) = \operatorname{sen} t \operatorname{sen} 4\pi x$.

3. Determine uma aproximação para a solução da equação da onda

$$\frac{\partial^2 u}{\partial t^2} - \frac{\partial^2 u}{\partial x^2} = 0, \quad 0 < x < \pi, \ 0 < t;$$

$$u(0, t) = u(\pi, t) = 0, \quad 0 < t,$$

$$u(x, 0) = \operatorname{sen} x, \quad 0 \leq x \leq \pi,$$

$$\frac{\partial u}{\partial t}(x, 0) = 0, \quad 0 \leq x \leq \pi,$$

utilizando o algoritmo das diferenças finitas com $h = \pi/10$ e $k = 0{,}05$, com $h = \pi/20$ e $k = 0{,}1$ e em seguida com $h = \pi/20$ e $k = 0{,}05$. Compare seus resultados em $t = 0{,}5$ com a solução real $u(x, t) = \cos t \operatorname{sen} x$.

4. Repita o Exercício 3, usando no Passo 4 do Algoritmo 12.4 a aproximação

$$w_{i,1} = w_{i,0} + kg(x_i), \quad \text{para cada } i = 1, \ldots, m-1.$$

5. Determine uma aproximação para a solução da equação da onda

$$\frac{\partial^2 u}{\partial t^2} - \frac{\partial^2 u}{\partial x^2} = 0, \quad 0 < x < 1, \ 0 < t;$$

$$u(0, t) = u(1, t) = 0, \quad 0 < t,$$

$$u(x, 0) = \operatorname{sen} 2\pi x, \quad 0 \leq x \leq 1,$$

$$\frac{\partial u}{\partial t}(x, 0) = 2\pi \operatorname{sen} 2\pi x, \quad 0 \leq x \leq 1,$$

utilizando o Algoritmo 12.4 com $h = 0{,}1$ e $k = 0{,}1$. Compare seus resultados em $t = 0{,}3$ com a solução real $u(x, t) = \operatorname{sen} 2\pi x (\cos 2\pi t + \operatorname{sen} 2\pi t)$.

6. Determine uma aproximação para a solução da equação da onda

$$\frac{\partial^2 u}{\partial t^2} - \frac{\partial^2 u}{\partial x^2} = 0, \quad 0 < x < 1, \; 0 < t;$$

$$u(0,t) = u(1,t) = 0, \quad 0 < t,$$

$$u(x,0) = \begin{cases} 1, & 0 \le x \le \frac{1}{2}, \\ -1, & \frac{1}{2} < x \le 1, \end{cases}$$

$$\frac{\partial u}{\partial t}(x,0) = 0, \quad 0 \le x \le 1.$$

utilizando o Algoritmo 12.4 com $h = 0{,}1$ e $k = 0{,}1$.

EXERCÍCIOS APLICADOS

7. A pressão do ar $p(x, t)$ em um tubo de órgão é governada pela equação da onda

$$\frac{\partial^2 p}{\partial x^2} = \frac{1}{c^2}\frac{\partial^2 p}{\partial t^2}, \quad 0 < x < l, \; 0 < t,$$

em que l é o comprimento do tubo e c é uma constante física. Se o tubo estiver aberto, as condições de contorno são dadas por

$$p(0,t) = p_0 \quad \text{e} \quad p(l,t) = p_0.$$

Se o tubo estiver fechado na extremidade em que $x = l$, as condições de contorno são

$$p(0,t) = p_0 \quad \text{e} \quad \frac{\partial p}{\partial x}(l,t) = 0.$$

Suponha que $c = 1$, $l = 1$ e que as condições iniciais sejam

$$p(x,0) = p_0 \cos 2\pi x \quad \text{e} \quad \frac{\partial p}{\partial t}(x,0) = 0, \quad 0 \le x \le 1.$$

a. Determine uma aproximação para a pressão em um tubo aberto, com $p_0 = 0{,}9$, em $x = \frac{1}{2}$ para $t = 0{,}5$ e $t = 1$, usando o Algoritmo 12.4 com $h = k = 0{,}1$.

b. Modifique o Algoritmo 12.4 para o problema do tubo fechado, com $p_0 = 0{,}9$, e determine aproximações para $p(0{,}5,\, 0{,}5)$ e $p(0{,}5,\, 1)$, usando $h = k = 0{,}1$.

8. Em uma linha de transmissão elétrica de comprimento l que transporta corrente alternada de alta frequência (denominada uma linha "sem perdas"), a voltagem V e a corrente i são descritas por

$$\frac{\partial^2 V}{\partial x^2} = LC\frac{\partial^2 V}{\partial t^2}, \quad 0 < x < l, \; 0 < t;$$

$$\frac{\partial^2 i}{\partial x^2} = LC\frac{\partial^2 i}{\partial t^2}, \quad 0 < x < l, \; 0 < t;$$

em que L é a indutância por unidade de comprimento e C é a capacitância por unidade de comprimento. Suponha que a linha tenha 200 pés de comprimento e as constantes C e L sejam dadas por

$$C = 0{,}1 \text{ farad/pé} \quad \text{e} \quad L = 0{,}3 \text{ henry/pé}.$$

Suponha que a voltagem e a corrente também satisfazem a

$$V(0,t) = V(200,t) = 0, \quad 0 < t;$$

$$V(x,0) = 110 \operatorname{sen} \frac{\pi x}{200}, \quad 0 \le x \le 200;$$

$$\frac{\partial V}{\partial t}(x,0) = 0, \quad 0 \le x \le 200;$$

$$i(0,t) = i(200,t) = 0, \quad 0 < t;$$

$$i(x,0) = 5{,}5 \cos \frac{\pi x}{200}, \quad 0 \le x \le 200;$$

e

$$\frac{\partial i}{\partial t}(x,0) = 0, \quad 0 \le x \le 200.$$

Aproxime a voltagem e a corrente em $t = 0{,}2$ e $t = 0{,}5$, utilizando o Algoritmo 12.4 com $h = 10$ e $k = 0{,}1$.

QUESTÕES PARA DISCUSSÃO

1. Discuta o método das características para problemas hiperbólicos.
2. Existem muitos métodos de diferenças finitas implícito para problemas hiperbólicos por que eles seriam usados?

12.4 Uma introdução ao método dos elementos finitos

O **método dos elementos finitos** é similar ao método de Rayleigh-Ritz para obter uma aproximação para a solução de problemas de valor de contorno de dois pontos que foi introduzido na Seção 11.5. Foi originalmente desenvolvido para uso em engenharia civil, mas agora é usado para obter aproximações para as soluções de equações diferenciais parciais que surgem em todas as áreas de matemática aplicada.

Os elementos finitos apareceram na década de 1950 na indústria aeronáutica. A utilização das técnicas foi consequência do artigo do Turner, Clough, Martin e Topp [TCMT], publicado em 1956. A ampla aplicação dos métodos exigia grandes recursos de computação que não estavam disponíveis até o início da década de 1970.

Uma vantagem do método dos elementos finitos sobre métodos das diferenças finitas é a relativa facilidade com que lida com as condições de contorno do problema. Muitos problemas de física têm condições de contorno envolvendo derivadas e fronteiras de formato irregular. Condições de contorno deste tipo são difíceis de tratar usando técnicas de diferenças finitas, já que a condição de contorno envolvendo uma derivada deve ser aproximada por um quociente de diferenças nos pontos da grade, e uma forma irregular da fronteira torna difícil colocar os pontos da grade. O método dos elementos finitos inclui as condições de contorno como integrais em uma funcional que está sendo minimizada, de modo que o procedimento de construção independe das condições de contorno particulares do problema.

Em nossa discussão, consideramos a equação diferencial parcial

$$\frac{\partial}{\partial x}\left(p(x,y)\frac{\partial u}{\partial x}\right) + \frac{\partial}{\partial y}\left(q(x,y)\frac{\partial u}{\partial y}\right) + r(x,y)u(x,y) = f(x,y), \qquad (12.27)$$

com $(x, y) \in \mathcal{D}$, em que $\mathcal{D}$ é uma região do plano com fronteira $\mathcal{S}$.

Condições de contorno da forma

$$u(x, y) = g(x, y) \tag{12.28}$$

são impostas em uma parte, $\mathcal{S}_1$, da fronteira. No restante da fronteira, $\mathcal{S}_2$, é exigido que a solução $u(x, y)$ satisfaça a

$$p(x, y)\frac{\partial u}{\partial x}(x, y)\cos\theta_1 + q(x, y)\frac{\partial u}{\partial y}(x, y)\cos\theta_2 + g_1(x, y)u(x, y) = g_2(x, y), \tag{12.29}$$

em que θ_1 e θ_2 são os ângulos diretores da normal exterior da fronteira no ponto (x, y). (Veja a Figura 12.13.)

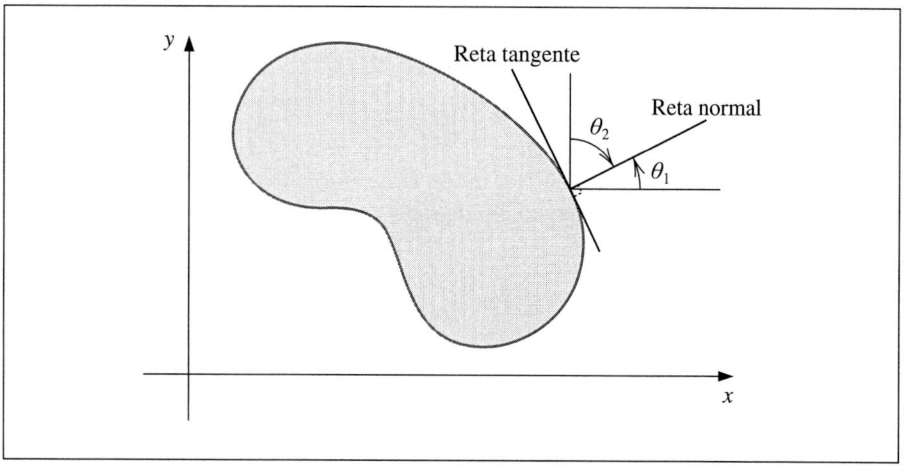

Figura 12.13

Problemas de física nas áreas de mecânica dos sólidos e elasticidade estão associados a equações diferenciais parciais similares à Equação (12.27). A solução para um problema dessa espécie tipicamente minimiza certo funcional envolvendo integrais, sobre uma classe de funções determinadas pelo problema.

Suponha que p, q, r e f sejam todas contínuas em $\mathcal{D} \cup \mathcal{S}$, p e q tenham primeiras derivadas parciais contínuas, e g_1 e g_2 sejam contínuas em $\mathcal{S}_2$. Suponha, adicionalmente, que $p(x, y) > 0$, $q(x, y) > 0$, $r(x, y) \leq 0$ e $g_1(x, y) > 0$. Então uma solução para a Equação (12.27) minimiza de forma única o funcional

$$I[w] = \iint_{\mathcal{D}} \left\{ \frac{1}{2}\left[p(x, y)\left(\frac{\partial w}{\partial x}\right)^2 + q(x, y)\left(\frac{\partial w}{\partial y}\right)^2 - r(x, y)w^2 \right] + f(x, y)w \right\} dx\, dy + \int_{\mathcal{S}_2} \left\{ -g_2(x, y)w + \frac{1}{2}g_1(x, y)w^2 \right\} dS \tag{12.30}$$

sobre todas as funções duas vezes continuamente diferençáveis w satisfazendo à Equação (12.28) em $\mathcal{S}_1$. O método dos elementos finitos aproxima esta solução pela minimização do funcional I sobre uma classe menor de funções, exatamente como o método de Rayleigh-Ritz fez para o problema de contorno considerado na Seção 11.5.

Definição dos elementos

O primeiro passo é dividir a região em um número finito de seções, ou elementos, de uma forma regular, quer retângulos, quer triângulos. (Veja a Figura 12.14.)

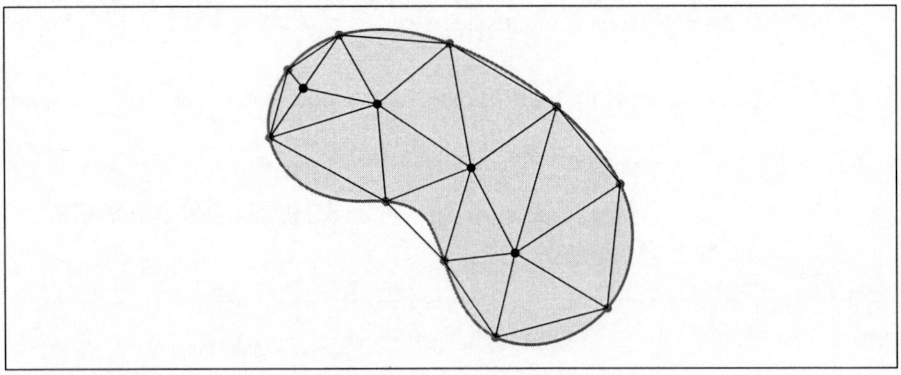

Figura 12.14

O conjunto de funções utilizado para aproximação é geralmente um conjunto de polinômios por partes de grau fixo em x e y, e a aproximação requer que os polinômios sejam colados de tal modo que a função resultante seja contínua com uma derivada primeira ou segunda integrável ou contínua na região toda. Polinômios do tipo linear em x e y,

$$\phi(x, y) = a + bx + cy,$$

são comumente utilizados com elementos triangulares, ao passo que polinômios do tipo bilinear em x e y,

$$\phi(x, y) = a + bx + cy + dxy,$$

são utilizados com elementos retangulares.

Para nossa discussão, suponha que a região $\mathcal{D}$ tenha sido subdividida em elementos triangulares. O conjunto de triângulos é denotado por D, e os vértices desses triângulos são denominados **nós**. O método procura uma aproximação da forma

$$\phi(x, y) = \sum_{i=1}^{m} \gamma_i \phi_i(x, y), \tag{12.31}$$

em que $\phi_1, \phi_2, \ldots, \phi_m$ são polinômios por partes linearmente independentes, e $\gamma_1, \gamma_2, \ldots, \gamma_m$ são constantes. Algumas dessas constantes, por exemplo, $\gamma_{n+1}, \gamma_{n+2}, \ldots, \gamma_m$, são usadas para garantir que a condição de contorno,

$$\phi(x, y) = g(x, y),$$

seja satisfeita em $\mathcal{S}_1$, e as constantes remanescentes, $\gamma_1, \gamma_2, \ldots, \gamma_n$, são usadas para minimizar a funcional $I[\sum_{i=1}^{m} \gamma_i \phi_i]$.

A substituição de w na Equação (12.30) pela forma de $\phi(x, y)$ dada na Eq. (12.31) produz

$$\begin{aligned}
I[\phi] &= I\left[\sum_{i=1}^{m}\gamma_i\phi_i\right] \\
&= \iint_{\mathcal{D}}\left(\frac{1}{2}\left\{p(x,y)\left[\sum_{i=1}^{m}\gamma_i\frac{\partial\phi_i}{\partial x}(x,y)\right]^2 + q(x,y)\left[\sum_{i=1}^{m}\gamma_i\frac{\partial\phi_i}{\partial y}(x,y)\right]^2\right.\right. \\
&\quad \left.\left. - r(x,y)\left[\sum_{i=1}^{m}\gamma_i\phi_i(x,y)\right]^2\right\} + f(x,y)\sum_{i=1}^{m}\gamma_i\phi_i(x,y)\right)dy\,dx \\
&\quad + \int_{\mathcal{S}_2}\left\{-g_2(x,y)\sum_{i=1}^{m}\gamma_i\phi_i(x,y) + \frac{1}{2}g_1(x,y)\left[\sum_{i=1}^{m}\gamma_i\phi_i(x,y)\right]^2\right\}dS.
\end{aligned} \tag{12.32}$$

Para um mínimo ocorrer, considerando I como uma função de $\gamma_1, \gamma_2, \ldots, \gamma_n$, é necessário ter

$$\frac{\partial I}{\partial \gamma_j} = 0, \quad \text{para cada } j = 1, 2, \ldots, n.$$

Derivando a Equação (12.32), temos

$$\begin{aligned}
\frac{\partial I}{\partial \gamma_j} = \iint_{\mathcal{D}}&\left\{p(x,y)\sum_{i=1}^{m}\gamma_i\frac{\partial\phi_i}{\partial x}(x,y)\frac{\partial\phi_j}{\partial x}(x,y)\right. \\
&+ q(x,y)\sum_{i=1}^{m}\gamma_i\frac{\partial\phi_i}{\partial y}(x,y)\frac{\partial\phi_j}{\partial y}(x,y) \\
&\left. - r(x,y)\sum_{i=1}^{m}\gamma_i\phi_i(x,y)\phi_j(x,y) + f(x,y)\phi_j(x,y)\right\}dx\,dy \\
&+ \int_{\mathcal{S}_2}\left\{-g_2(x,y)\phi_j(x,y) + g_1(x,y)\sum_{i=1}^{m}\gamma_i\phi_i(x,y)\phi_j(x,y)\right\}dS,
\end{aligned}$$

de modo que

$$\begin{aligned}
0 = \sum_{i=1}^{m}&\left[\iint_{\mathcal{D}}\left\{p(x,y)\frac{\partial\phi_i}{\partial x}(x,y)\frac{\partial\phi_j}{\partial x}(x,y) + q(x,y)\frac{\partial\phi_i}{\partial y}(x,y)\frac{\partial\phi_j}{\partial y}(x,y)\right.\right. \\
&\left. - r(x,y)\phi_i(x,y)\phi_j(x,y)\right\}dx\,dy \\
&\left. + \int_{\mathcal{S}_2} g_1(x,y)\phi_i(x,y)\phi_j(x,y)\,dS\right]\gamma_i \\
&+ \iint_{\mathcal{D}} f(x,y)\phi_j(x,y)\,dx\,dy - \int_{\mathcal{S}_2} g_2(x,y)\phi_j(x,y)\,dS,
\end{aligned}$$

para cada $j = 1, 2, \ldots, n$. Este conjunto de equações pode ser escrito como um sistema linear:

$$A\mathbf{c} = \mathbf{b},$$

em que $\mathbf{c} = (\gamma_1, \ldots, \gamma_n)^t$ e em que a matriz $A = (\alpha_{ij})$, $n \times n$, e $\mathbf{b} = (\beta_1, \ldots, \beta_n)^t$ são definidos por

$$\alpha_{ij} = \iint_{\mathcal{D}} \left[p(x,y)\frac{\partial \phi_i}{\partial x}(x,y)\frac{\partial \phi_j}{\partial x}(x,y) + q(x,y)\frac{\partial \phi_i}{\partial y}(x,y)\frac{\partial \phi_j}{\partial y}(x,y) - r(x,y)\phi_i(x,y)\phi_j(x,y)\right] dx\,dy + \int_{\mathcal{S}_2} g_1(x,y)\phi_i(x,y)\phi_j(x,y)\,dS, \quad (12.33)$$

para cada $i = 1, 2, \ldots, n$ e $j = 1, 2, \ldots, m$ e

$$\beta_i = -\iint_{\mathcal{D}} f(x,y)\phi_i(x,y)\,dx\,dy + \int_{\mathcal{S}_2} g_2(x,y)\phi_i(x,y)\,dS - \sum_{k=n+1}^{m} \alpha_{ik}\gamma_k, \quad (12.34)$$

para cada $i = 1, \ldots, n$.

A escolha particular de funções da base é importante, já que a escolha apropriada pode frequentemente tornar a matriz A positiva definida e de banda. Para o problema de segunda ordem (12.27), vamos supor que $\mathcal{D}$ seja um polígono, de modo que $\mathcal{D} = D$ e que $\mathcal{S}$ seja um conjunto contíguo de segmentos de retas.

Triangulação da região

Para começar o procedimento, dividimos a região D em um conjunto de triângulos $T_1, T_2, \ldots, T_M$, com o i-ésimo triângulo tendo três vértices, ou nós, denotados por

$$V_j^{(i)} = (x_j^{(i)}, y_j^{(i)}), \text{ para } j = 1, 2, 3.$$

Para simplificar a notação, escrevemos $V_j^{(i)}$ simplesmente como $V_j = (x_j, y_j)$ ao trabalharmos com o triângulo fixo T_i. A cada vértice V_j associamos um polinômio linear

$$N_j^{(i)}(x,y) \equiv N_j(x,y) = a_j + b_jx + c_jy, \quad \text{em que} \quad N_j^{(i)}(x_k, y_k) = \begin{cases} 1, & \text{se } j = k, \\ 0, & \text{se } j \neq k. \end{cases}$$

Isto produz sistemas lineares da forma

$$\begin{bmatrix} 1 & x_1 & y_1 \\ 1 & x_2 & y_2 \\ 1 & x_3 & y_3 \end{bmatrix} \begin{bmatrix} a_j \\ b_j \\ c_j \end{bmatrix} = \begin{bmatrix} 0 \\ 1 \\ 0 \end{bmatrix},$$

com o elemento 1 ocorrendo na j-ésima linha no vetor à direita (aqui $j = 2$).

Seja $E_1, \ldots, E_n$ uma enumeração dos nós que ficam em $\mathcal{D} \cup \mathcal{S}$. A cada nó E_k, associamos uma função ϕ_k, que é linear em cada triângulo, tem o valor 1 em E_k e é 0 em cada um dos demais nós. Esta escolha torna ϕ_k idêntica a $N_j^{(i)}$ no triângulo T_i quando o nó E_k é o vértice denotado por $V_j^{(i)}$.

Ilustração Suponha que um problema de elementos finitos contenha os triângulos T_1 e T_2 mostrados na Figura 12.15.

A função linear $N_1^{(1)}(x, y)$ que assume o valor 1 em (1, 1) e o valor 0 tanto em (0, 0) quanto em (−1, 2) satisfaz a

$$a_1^{(1)} + b_1^{(1)}(1) + c_1^{(1)}(1) = 1,$$
$$a_1^{(1)} + b_1^{(1)}(-1) + c_1^{(1)}(2) = 0$$

e

$$a_1^{(1)} + b_1^{(1)}(0) + c_1^{(1)}(0) = 0.$$

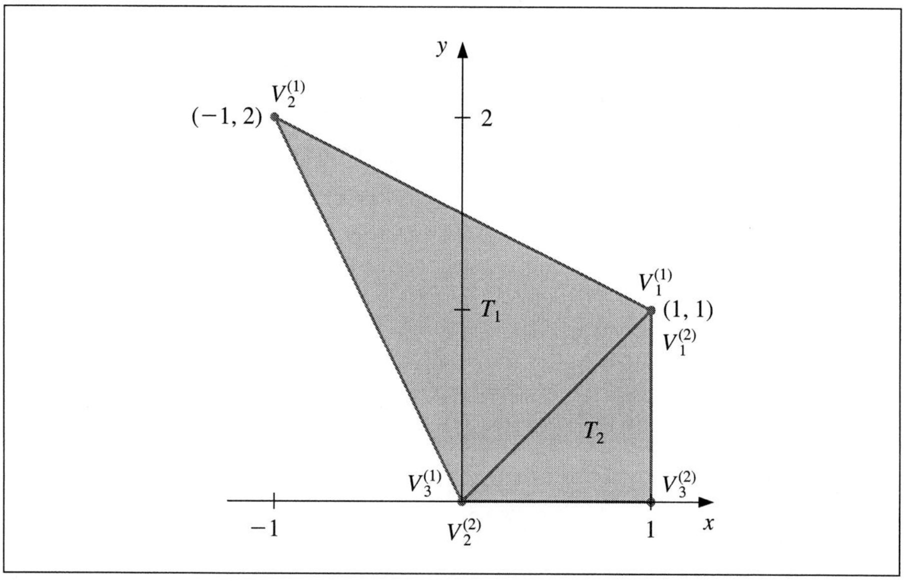

Figura 12.15

A solução desse sistema é $a_1^{(1)} = 0$, $b_1^{(1)} = \frac{2}{3}$ e $c_1^{(1)} = \frac{1}{3}$, então

$$N_1^{(1)}(x, y) = \frac{2}{3}x + \frac{1}{3}y.$$

De maneira similar, a função linear $N_1^{(2)}(x, y)$ que assume o valor 1 em (1,1) e o valor 0 tanto em (0, 0) quanto em (1, 0) satisfaz a

$$a_1^{(2)} + b_1^{(2)}(1) + c_1^{(2)}(1) = 1,$$
$$a_1^{(2)} + b_1^{(2)}(0) + c_1^{(2)}(0) = 0$$

e

$$a_1^{(2)} + b_1^{(2)}(1) + c_1^{(2)}(0) = 0,$$

Isso implica que $a_1^{(2)} = 0$, $b_1^{(2)} = 0$ e $c_1^{(2)} = 1$. Como consequência, $N_1^{(2)}(x,y) = y$. Observe que, na fronteira comum de T_1 e T_2, $N_1^{(1)}(x, y) = N_1^{(2)}(x, y)$, já que $y = x$. ■

Considere a Figura 12.16, a porção superior esquerda da região mostrada na Figura 12.12. Geraremos os elementos na matriz A que correspondam aos nós mostrados nesta figura.

Por simplicidade, assumimos que E_1 seja um dos nós em $\mathcal{S}_1$, nos quais a condição de contorno $u(x, y) = g(x, y)$ é imposta. A relação entre os nós e os vértices dos triângulos para esta parte é

$$E_1 = V_3^{(1)} = V_1^{(2)}, \quad E_4 = V_2^{(2)}, \quad E_3 = V_2^{(1)} = V_3^{(2)} \quad \text{e} \quad E_2 = V_1^{(1)}.$$

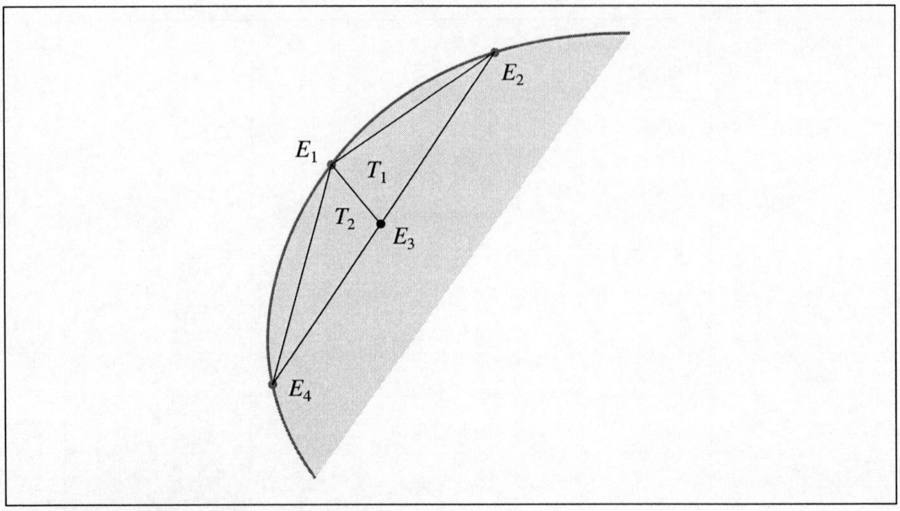

Figura 12.16

Já que ϕ_1 e ϕ_3 são ambos não nulos em T_1 e T_2, os elementos $\alpha_{1,3} = \alpha_{3,1}$ são calculados por

$$\begin{aligned}\alpha_{1,3} &= \iint_D \left[p\frac{\partial\phi_1}{\partial x}\frac{\partial\phi_3}{\partial x} + q\frac{\partial\phi_1}{\partial y}\frac{\partial\phi_3}{\partial y} - r\phi_1\phi_3\right] dx\, dy \\ &= \iint_{T_1} \left[p\frac{\partial\phi_1}{\partial x}\frac{\partial\phi_3}{\partial x} + q\frac{\partial\phi_1}{\partial y}\frac{\partial\phi_3}{\partial y} - r\phi_1\phi_3\right] dx\, dy \\ &\quad + \iint_{T_2} \left[p\frac{\partial\phi_1}{\partial x}\frac{\partial\phi_3}{\partial x} + q\frac{\partial\phi_1}{\partial y}\frac{\partial\phi_3}{\partial y} - r\phi_1\phi_3\right] dx\, dy.\end{aligned}$$

No triângulo T_1,

$$\phi_1(x, y) = N_3^{(1)}(x, y) = a_3^{(1)} + b_3^{(1)}x + c_3^{(1)}y$$

e

$$\phi_3(x, y) = N_2^{(1)}(x, y) = a_2^{(1)} + b_2^{(1)}x + c_2^{(1)}y,$$

de modo que, para todo (x, y),

$$\frac{\partial\phi_1}{\partial x} = b_3^{(1)}, \quad \frac{\partial\phi_1}{\partial y} = c_3^{(1)}, \quad \frac{\partial\phi_3}{\partial x} = b_2^{(1)} \quad \text{e} \quad \frac{\partial\phi_3}{\partial y} = c_2^{(1)}.$$

Analogamente, em T_2,

$$\phi_1(x, y) = N_1^{(2)}(x, y) = a_1^{(2)} + b_1^{(2)}x + c_1^{(2)}y$$

e

$$\phi_3(x, y) = N_3^{(2)}(x, y) = a_3^{(2)} + b_3^{(2)}x + c_3^{(2)}y,$$

de modo que, para todo (x, y),

$$\frac{\partial\phi_1}{\partial x} = b_1^{(2)}, \quad \frac{\partial\phi_1}{\partial y} = c_1^{(2)}, \quad \frac{\partial\phi_3}{\partial x} = b_3^{(2)} \quad \text{e} \quad \frac{\partial\phi_3}{\partial y} = c_3^{(2)}.$$

Assim,

$$\alpha_{1,3} = b_3^{(1)}b_2^{(1)} \iint_{T1} p\,dx\,dy + c_3^{(1)}c_2^{(1)} \iint_{T1} q\,dx\,dy$$

$$- \iint_{T1} r(a_3^{(1)} + b_3^{(1)}x + c_3^{(1)}y)(a_2^{(1)} + b_2^{(1)}x + c_2^{(1)}y)dx\,dy$$

$$+ b_1^{(2)}b_3^{(2)} \iint_{T2} p\,dx\,dy + c_1^{(2)}c_3^{(2)} \iint_{T2} q\,dx\,dy$$

$$- \iint_{T2} r(a_1^{(2)} + b_1^{(2)}x + c_1^{(2)}y)(a_3^{(2)} + b_3^{(2)}x + c_3^{(2)}y)dx\,dy.$$

Todas as integrais duplas em D reduzem-se a integrais duplas em triângulos. O procedimento usual é calcular todas as integrais possíveis nos triângulos e acumulá-las no elemento correto α_{ij} em A. Analogamente, as integrais duplas da forma

$$\iint_D f(x, y)\phi_i(x, y)\,dx\,dy$$

são calculadas em triângulos e então acumuladas no elemento correto β_i do vetor **b**. Por exemplo, para determinar β_1, precisamos de

$$-\iint_D f(x, y)\phi_i(x, y)\,dx\,dy = -\iint_{T1} f(x, y)[a_3^{(1)} + b_3^{(1)}x + c_3^{(1)}y]\,dx\,dy$$

$$-\iint_{T2} f(x, y)[a_1^{(2)} + b_1^{(2)}x + c_1^{(2)}y]dx\,dy.$$

Como E_1 é um vértice tanto de T_1 quanto de T_2, parte de β_1 vem de uma contribuição de ϕ_1 restrita a T_1 e o remanescente de ϕ_1 restrita a T_2. Além disso, os nós que ficam em $\mathcal{S}_2$ têm integrais de linha adicionadas a seus elementos em A e **b**.

O Algoritmo 12.5 executa o método dos elementos finitos em uma equação diferencial de segunda ordem elíptica. Inicialmente o algoritmo iguala todos os elementos da matriz A e do vetor **b** a 0 e, depois que todas as integrais tiverem sido calculadas em todos os triângulos, soma esses valores aos elementos apropriados em A e **b**.

ALGORITMO 12.5 **Método dos elementos finitos**

Para obter uma aproximação para a solução da equação diferencial parcial

$$\frac{\partial}{\partial x}\left(p(x, y)\frac{\partial u}{\partial x}\right) + \frac{\partial}{\partial y}\left(q(x, y)\frac{\partial u}{\partial y}\right) + r(x, y)u = f(x, y), \quad (x, y) \in D$$

sujeita às condições de contorno

$$u(x, y) = g(x, y) \text{ para } (x, y) \in \mathcal{S}_1$$

e para

$$p(x, y)\frac{\partial u}{\partial x}(x, y)\cos\theta_1 + q(x, y)\frac{\partial u}{\partial y}(x, y)\cos\theta_2 + g_1(x, y)u(x, y) = g_2(x, y),$$

$$(x, y) \in \mathcal{S}_2,$$

em que $\mathcal{S}_1 \cup \mathcal{S}_2$ é a fronteira de D e θ_1 e θ_2 são os ângulos diretores da normal à fronteira:

Passo 0 Divida a região D em triângulos $T_1, \ldots, T_M$ tais que:
$T_1, \ldots, T_K$ são os triângulos sem arestas em $\mathcal{S}_1$ ou $\mathcal{S}_2$;
(*Observação*: $K = 0$ *implica que nenhum triângulo é interior a* D.)
$T_{K+1}, \ldots, T_N$ são os triângulos com ao menos um lado em $\mathcal{S}_2$;
$T_{N+1}, \ldots, T_M$ são os demais triângulos.
(*Observação*: $M = N$ *implica que todos os triângulos têm arestas em* $\mathcal{S}_2$.)
Denote os três vértices do triângulo T_i por

$$\left(x_1^{(i)}, y_1^{(i)}\right), \left(x_2^{(i)}, y_2^{(i)}\right), \text{ e } \left(x_3^{(i)}, y_3^{(i)}\right).$$

Denote os nós (vértices) por $E_1, \ldots, E_m$, em que
$E_1, \ldots, E_n$ estão em $D \cup \mathcal{S}_2$ e $E_{n+1}, \ldots, E_m$ estão em $\mathcal{S}_1$.
(*Observação*: $n = m$ *implica que* $\mathcal{S}_1$ *não contém nenhum nó*.)

ENTRADA inteiros K, N, M, n, m; vértices $\left(x_1^{(i)}, y_1^{(i)}\right), \left(x_2^{(i)}, y_2^{(i)}\right), \left(x_3^{(i)}, y_3^{(i)}\right)$ para cada $i = 1, \ldots, M$; nós E_j para cada $j = 1, \ldots, m$.
(*Observação: Tudo que é preciso é um meio de fazer corresponder um vértice* $\left(x_k^{(i)}, y_k^{(i)}\right)$ *a um nó* $E_j = (x_j, y_j)$.)

SAÍDA constantes $\gamma_1, \ldots, \gamma_m$; $a_j^{(i)}, b_j^{(i)}, c_j^{(i)}$ para cada $j = 1, 2, 3$ e $i = 1, \ldots, M$.

Passo 1 Para $l = n + 1, \ldots, m$ faça $\gamma_l = g(x_l, y_l)$. (*Observação*: $E_l = (x_l, y_l)$.)

Passo 2 Para $i = 1, \ldots, n$
faça $\beta_i = 0$;
para $j = 1, \ldots, n$ faça $\alpha_{i,j} = 0$.

Passo 3 Para $i = 1, \ldots, M$

$$\text{faça } \Delta_i = \det \begin{vmatrix} 1 & x_1^{(i)} & y_1^{(i)} \\ 1 & x_2^{(i)} & y_2^{(i)} \\ 1 & x_3^{(i)} & y_3^{(i)} \end{vmatrix};$$

$$a_1^{(i)} = \frac{x_2^{(i)}y_3^{(i)} - y_2^{(i)}x_3^{(i)}}{\Delta_i}; \quad b_1^{(i)} = \frac{y_2^{(i)} - y_3^{(i)}}{\Delta_i}; \quad c_1^{(i)} = \frac{x_3^{(i)} - x_2^{(i)}}{\Delta_i};$$

$$a_2^{(i)} = \frac{x_3^{(i)}y_1^{(i)} - y_3^{(i)}x_1^{(i)}}{\Delta_i}; \quad b_2^{(i)} = \frac{y_3^{(i)} - y_1^{(i)}}{\Delta_i}; \quad c_2^{(i)} = \frac{x_1^{(i)} - x_3^{(i)}}{\Delta_i};$$

$$a_3^{(i)} = \frac{x_1^{(i)}y_2^{(i)} - y_1^{(i)}x_2^{(i)}}{\Delta_i}; \quad b_3^{(i)} = \frac{y_1^{(i)} - y_2^{(i)}}{\Delta_i}; \quad c_3^{(i)} = \frac{x_2^{(i)} - x_1^{(i)}}{\Delta_i};$$

para $j = 1, 2, 3$
defina $N_j^{(i)}(x, y) = a_j^{(i)} + b_j^{(i)}x + c_j^{(i)}y$.

Passo 4 Para $i = 1, \ldots, M$ (*As integrais nos Passos 4 e 5 podem ser calculadas por integração numérica.*)
para $j = 1, 2, 3$
para $k = 1, \ldots, j$ (*Calcula todas as integrais duplas nos triângulos.*)

$$\text{faça } z_{j,k}^{(i)} = b_j^{(i)}b_k^{(i)}\iint_{T_i} p(x, y)\,dx\,dy + c_j^{(i)}c_k^{(i)}\iint_{T_i} q(x, y)\,dx\,dy - \iint_{T_i} r(x, y)N_j^{(i)}(x, y)N_k^{(i)}(x, y)\,dx\,dy;$$

$$\text{faça } H_j^{(i)} = -\iint_{T_i} f(x, y)N_j^{(i)}(x, y)\,dx\,dy.$$

Passo 5 Para $i = K+1, \ldots, N$ (*Calcula todas as integrais de linha.*)
para $j = 1, 2, 3$
para $k = 1, \ldots, j$

$$\text{faça } J_{j,k}^{(i)} = \int_{\mathcal{S}_2} g_1(x, y)N_j^{(i)}(x, y)N_k^{(i)}(x, y)\,dS;$$

$$\text{faça } I_j^{(i)} = \int_{\mathcal{S}_2} g_2(x, y)N_j^{(i)}(x, y)\,dS.$$

Passo 6 Para $i = 1, \ldots, M$ execute Passos 7 a 12. (*Monta as integrais sobre cada triângulo no sistema linear.*)

Passo 7 Para $k = 1, 2, 3$ execute Passos 8 a 12.

Passo 8 Encontre l tal que $E_l = \left(x_k^{(i)}, y_k^{(i)}\right)$.

Passo 9 Se $k > 1$ então para $j = 1, \ldots, k - 1$ execute Passos 10 e 11.

Passo 10 Encontre t tal que $E_t = \left(x_j^{(i)}, y_j^{(i)}\right)$.

Passo 11 Se $l \leq n$ então

se $t \leq n$ então faça $\alpha_{lt} = \alpha_{lt} + z_{k,j}^{(i)}$;

$\alpha_{tl} = \alpha_{tl} + z_{k,j}^{(i)}$

senão faça $\beta_l = \beta_l - \gamma_t z_{k,j}^{(i)}$

senão

se $t \leq n$ então faça $\beta_t = \beta_t - \gamma_l z_{k,j}^{(i)}$.

Passo 12 Se $l \leq n$ então faça $a_{ll} = \alpha_{ll} + z_{k,k}^{(i)}$;

$\beta_l = \beta_l - H_k^{(i)}$.

Passo 13 Para $i = K+1, \ldots, N$ execute Passos 14 a 19. (*Monta as integrais no sistema linear.*)

Passo 14 Para $k = 1, 2, 3$ execute Passos 15 a 19.

Passo 15 Encontre l tal que $E_l = \left(x_k^{(i)}, y_k^{(i)}\right)$.

Passo 16 Se $k > 1$ então para $j = 1, \ldots, k - 1$ execute Passos 17 e 18.

Passo 17 Encontre t tal que $E_t = \left(x_j^{(i)}, y_j^{(i)}\right)$.

Passo 18 Se $l \leq n$ então

se $t \leq n$ então faça $\alpha_{lt} = \alpha_{lt} + J_{k,j}^{(i)}$;

$\alpha_{tl} = \alpha_{tl} + J_{k,j}^{(i)}$

senão faça $\beta_l = \beta_l - \gamma_t J_{k,j}^{(i)}$

senão

se $t \leq n$ então faça $\beta_t = \beta_t - \gamma_l J_{k,j}^{(i)}$.

Passo 19 Se $l \leq n$ então faça $\alpha_{ll} = \alpha_{ll} + J_{k,k}^{(i)}$;

$\beta_t = \beta_t + I_k^{(i)}$.

Passo 20 Resolva o sistema linear $A\mathbf{c} = \mathbf{b}$, em que $A = (\alpha_{l,t})$, $\mathbf{b} = (\beta_l)$ e $\mathbf{c} = (\gamma_t)$ para $1 \leq l \leq n$ e $1 \leq t \leq n$.

Passo 21 SAÍDA $(\gamma_1, \ldots, \gamma_m)$.
(*Para cada* $k = 1, \ldots, m$ *faça* $\phi_k = N_j^{(i)}$ *em* T_i *se* $E_k = \left(x_j^{(i)}, y_j^{(i)}\right)$.
Então $\phi(x, y) = \sum_{k=1}^{m} \gamma_k \phi_k(x, y)$ *é uma aproximação de* $u(x, y)$ *em* $D \cup \mathcal{S}_1 \cup \mathcal{S}_2$.)

Passo 22 Para $i = 1, \ldots, M$

para $j = 1, 2, 3$ SAÍDA $\left(a_j^{(i)}, b_j^{(i)}, c_j^{(i)}\right)$.

Passo 23 PARE. (*O procedimento está completo.*) ■

Ilustração A temperatura $u(x, y)$, em uma região bidimensional D, satisfaz à equação de Laplace

$$\frac{\partial^2 u}{\partial x^2}(x, y) + \frac{\partial^2 u}{\partial y^2}(x, y) = 0 \quad \text{em } D.$$

Considere a região D mostrada na Figura 12.17 com condições de contorno dadas por

$$
\begin{aligned}
&u(x, y) = 4, && \text{para } (x, y) \in L_6 \ \text{ e } \ (x, y) \in L_7;\\
&\frac{\partial u}{\partial \mathbf{n}}(x, y) = x, && \text{para } (x, y) \in L_2 \ \text{ e } \ (x, y) \in L_4;\\
&\frac{\partial u}{\partial \mathbf{n}}(x, y) = y, && \text{para } (x, y) \in L_5;\\
&\frac{\partial u}{\partial \mathbf{n}}(x, y) = \frac{x+y}{\sqrt{2}}, && \text{para } (x, y) \in L_1 \ \text{ e } \ (x, y) \in L_3,
\end{aligned}
$$

em que $\partial u/\partial \boldsymbol{n}$ denota a derivada direcional na direção da normal $\mathbf{n}$ à fronteira da região D no ponto (x, y).

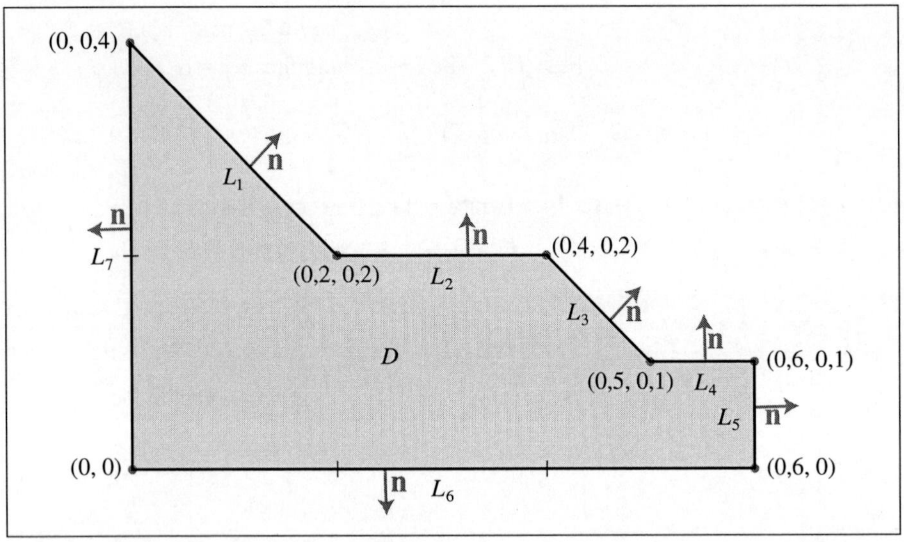

Figura 12.17

Primeiramente subdividimos D em triângulos com a definição de índices sugerida no Passo 0 do algoritmo. Para este exemplo, $\mathcal{S}_1 = L_6 \cup L_7$ e $\mathcal{S}_2 = L_1 \cup L_2 \cup L_3 \cup L_4 \cup L_5$. A enumeração dos triângulos é mostrada na Figura 12.18.

A condição de contorno $u(x, y) = 4$ em L_6 e L_7 implica que $\gamma_t = 4$ quando $t = 6, 7, \ldots, 11$, ou seja, nos nós $E_6, E_7, \ldots, E_{11}$. Para determinar os valores de γ_l para $l = 1, 2, \ldots, 5$, aplique os passos restantes do algoritmo e gere a matriz

$$
A = \begin{bmatrix} 2{,}5 & 0 & -1 & 0 & 0 \\ 0 & 1{,}5 & -1 & -0{,}5 & 0 \\ -1 & -1 & 4 & 0 & 0 \\ 0 & -0{,}5 & 0 & 2{,}5 & -0{,}5 \\ 0 & 0 & 0 & -0{,}5 & 1 \end{bmatrix}
$$

e o vetor

$$
\mathbf{b} = \begin{bmatrix} 6{,}066\overline{6} \\ 0{,}063\overline{3} \\ 8{,}000\overline{0} \\ 6{,}056\overline{6} \\ 2{,}031\overline{6} \end{bmatrix}.
$$

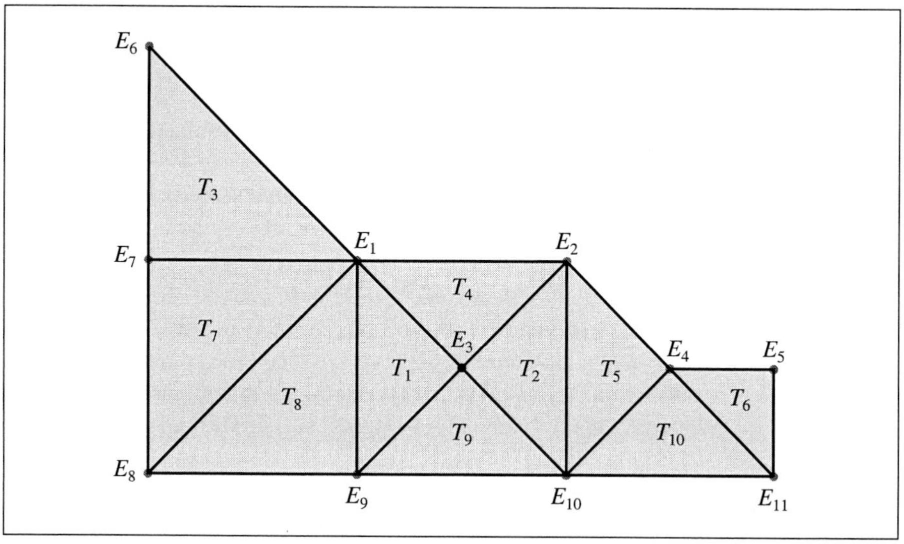

Figura 12.18

A solução da equação $A\mathbf{c} = \mathbf{b}$ é

$$\mathbf{c} = \begin{bmatrix} \gamma_1 \\ \gamma_2 \\ \gamma_3 \\ \gamma_4 \\ \gamma_5 \end{bmatrix} = \begin{bmatrix} 4{,}0383 \\ 4{,}0782 \\ 4{,}0291 \\ 4{,}0496 \\ 4{,}0565 \end{bmatrix}.$$

A resolução desse sistema fornece a seguinte aproximação para a solução da equação de Laplace e as condições de contorno nos respectivos triângulos:

$$\begin{aligned}
T_1&: \phi(x, y) = 4{,}0383\,(1 - 5x + 5y) + 4{,}0291(-2 + 10x) + 4(2 - 5x - 5y),\\
T_2&: \phi(x, y) = 4{,}0782\,(-2 + 5x + 5y) + 4{,}0291(4 - 10x) + 4\,(-1 + 5x - 5y),\\
T_3&: \phi(x, y) = 4(-1 + 5y) + 4(2 - 5x - 5y) + 4{,}0383(5x),\\
T_4&: \phi(x, y) = 4{,}0383(1 - 5x + 5y) + 4{,}0782(-2 + 5x + 5y) + 4{,}0291(2 - 10y),\\
T_5&: \phi(x, y) = 4{,}0782(2 - 5x + 5y) + 4{,}0496\,(-4 + 10x) + 4(3 - 5x - 5y),\\
T_6&: \phi(x, y) = 4{,}0496(6 - 10x) + 4\,0565(-6 + 10x + 10y) + 4(1 - 10y),\\
T_7&: \phi(x, y) = 4\,(-5x + 5y) + 4{,}0383(5x) + 4(1 - 5y),\\
T_8&: \phi(x, y) = 4{,}0383(5y) + 4(1 - 5x) + 4(5x - 5y),\\
T_9&: \phi(x, y) = 4{,}0291(10y) + 4(2 - 5x - 5y) + 4(-1 + 5x - 5y),\\
T_{10}&: \phi(x, y) = 4{,}0496(10y) + 4(3 - 5x - 5y) + 4(-2 + 5x - 5y).
\end{aligned}$$

A solução real para o problema de valor de contorno é $u(x, y) = xy + 4$. A Tabela 12.7 compara o valor de u ao valor de ϕ em E_i, para cada $i = 1, \ldots, 5$. ■

Tabela 12.7

x	y	$\phi(x, y)$	$u(x, y)$	$\lvert\phi(x, y) - u(x, y)\rvert$
0,2	0,2	4,0383	4,04	0,0017
0,4	0,2	4,0782	4,08	0,0018
0,3	0,1	4,0291	4,03	0,0009
0,5	0,1	4,0496	4,05	0,0004
0,6	0,1	4,0565	4,06	0,0035

Tipicamente, o erro para problemas elípticos de segunda ordem do tipo (12.27) com funções coeficientes lisas é $O(h^2)$, em que h é o diâmetro máximo dos elementos triangulares. Espera-se também que funções da base bilineares por partes em elementos retangulares deem resultados $O(h^2)$, em que h é o comprimento diagonal máximo dos elementos retangulares. Outras classes de funções de base podem ser utilizadas para fornecer resultados $O(h^4)$, mas a construção é mais complexa. Teoremas de erro eficientes para métodos de elementos finitos são difíceis de enunciar e aplicar, porque a precisão da aproximação depende das propriedades de continuidade da solução e da regularidade da fronteira.

O método dos elementos finitos também pode ser aplicado a equações diferenciais parciais parabólicas e hiperbólicas, porém o processo de minimização é mais difícil. Um bom estudo sobre as vantagens e técnicas do método dos elementos finitos aplicado a vários problemas da física pode ser encontrado em um artigo de [Fi]. Para uma discussão mais abrangente, consulte [SF], [ZM] ou [AB].

EXERCÍCIOS 12.4

1. Use o Algoritmo 12.5 para obter uma aproximação para a solução da equação diferencial parcial seguinte (veja a figura):

$$\frac{\partial}{\partial x}\left(y^2\frac{\partial u}{\partial x}(x,y)\right)+\frac{\partial}{\partial y}\left(y^2\frac{\partial u}{\partial y}(x,y)\right)-yu(x,y)=-x,\quad (x,y)\in D,$$

$$u(x,0{,}5)=2x,\quad 0\le x\le 0{,}5,\quad u(0,y)=0,\quad 0{,}5\le y\le 1,$$

$$y^2\frac{\partial u}{\partial x}(x,y)\cos\theta_1+y^2\frac{\partial u}{\partial y}(x,y)\cos\theta_2=\frac{\sqrt{2}}{2}(y-x)\quad \text{para}\,(x,y)\in\mathcal{S}_2.$$

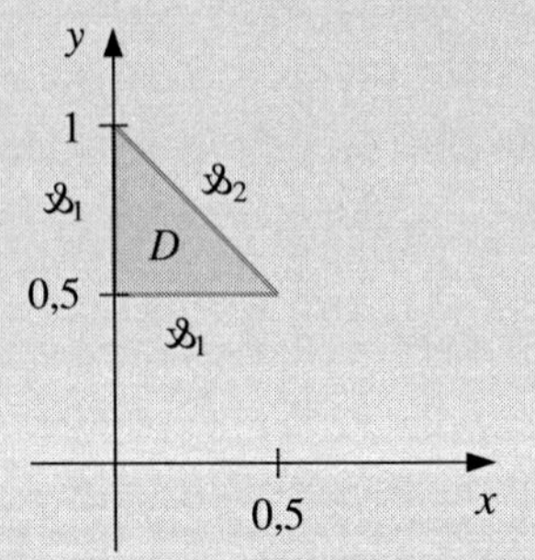

Suponha que $M = 2$; que T_1 tenha vértices (0, 0,5), (0,25, 0,75), (0, 1); que T_2 tenha vértices (0, 0,5), (0,5, 0,5) e (0,25, 0,75).

2. Repita o Exercício 1, usando no lugar os triângulos

T_1: (0, 0,75), (0, 1), (0,25, 0,75);

T_2: (0,25, 0,5), (0,25, 0,75), (0,5, 0,5);

T_3: (0, 0,5), (0, 0,75), (0,25, 0,75);

T_4: (0, 0,5), (0,25, 0,5), (0,25, 0,75) .

3. Determine uma aproximação para a solução da equação diferencial parcial

$$\frac{\partial^2 u}{\partial x^2}(x,y)+\frac{\partial^2 u}{\partial y^2}(x,y)-12{,}5\pi^2u(x,y)=-25\pi^2\,\text{sen}\,\frac{5\pi}{2}x\,\text{sen}\,\frac{5\pi}{2}y,\quad 0<x,\ y<0{,}4,$$

sujeita à condição de contorno de Dirichlet

$$u(x, y) = 0,$$

utilizando o Algoritmo 12.5 dos elementos finitos com os elementos dados na figura a seguir. Compare a solução aproximada com a solução real,

$$u(x, y) = \operatorname{sen} \frac{5\pi}{2}x \operatorname{sen} \frac{5\pi}{2}y,$$

nos vértices interiores e nos pontos (0,125, 0,125), (0,125, 0,25), (0,25, 0,125) e (0,25, 0,25).

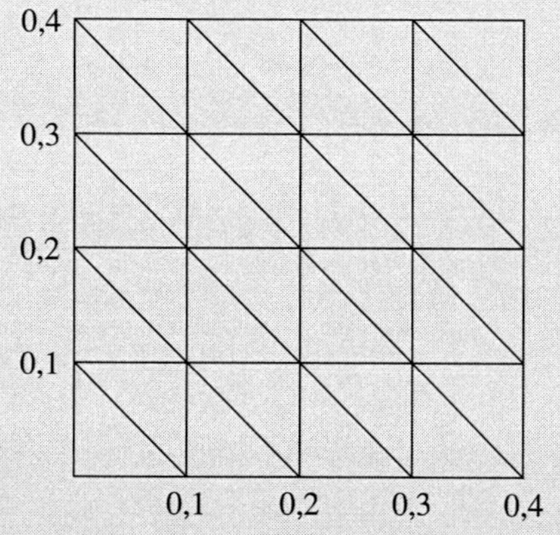

4. Repita o Exercício 3 com $f(x, y) = 25\pi^2 \cos \frac{5\pi}{2}x \cos \frac{5\pi}{2}y$ utilizando a condição de contorno de Neumann

$$\frac{\partial u}{\partial n}(x, y) = 0.$$

A solução real para este problema é

$$u(x, y) = \cos \frac{5\pi}{2}x \cos \frac{5\pi}{2}y.$$

EXERCÍCIO APLICADO

5. Calor está sendo uniformemente gerado em cada ponto de uma placa de prata com a forma de um trapézio (veja a figura a seguir), à taxa $q = 1{,}5$ cal/cm$^3 \cdot$ s. A temperatura estacionária $u(x, y)$ da placa satisfaz à equação de Poisson

$$\frac{\partial^2 u}{\partial x^2}(x, y) + \frac{\partial^2 u}{\partial y^2}(x, y) = \frac{-q}{k},$$

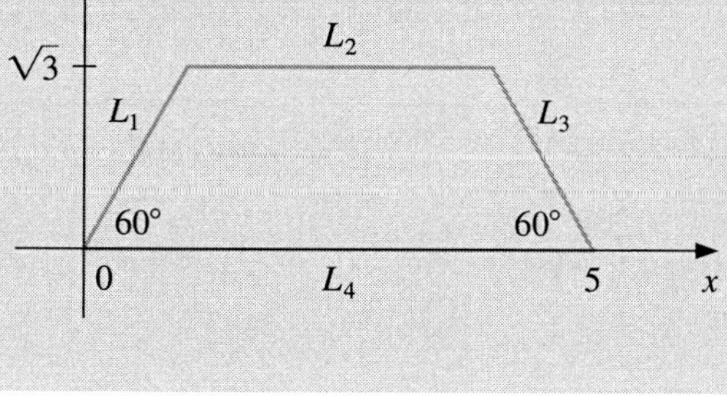

em que k, a condutividade térmica, é 1,04 cal/cm · grau · s. Suponha que a temperatura seja mantida a 15 °C em L_2, que calor seja perdido nas arestas inclinadas L_1 e L_3 de acordo com a condição de contorno $\partial u/\partial n = 4$ e que nenhum calor seja perdido em L_4; isto é, $\partial u/\partial n = 0$. Determine aproximações para a temperatura da placa em (1, 0), (4, 0) e $\left(\frac{5}{2}, \sqrt{3}/2\right)$ usando o Algoritmo 12.5.

QUESTÕES PARA DISCUSSÃO

1. Investigue o uso de retângulos em vez de triângulos no método dos elementos finitos.
2. Discuta a abordagem da engenharia para usar estresses e tensões para desenvolver o método de elementos finitos.

12.5 Software numérico

Uma das sub-rotinas da biblioteca IMSL é utilizada para resolver a equação diferencial parcial

$$\frac{\partial u}{\partial t} = F\left(x, t, u, \frac{\partial u}{\partial x}, \frac{\partial^2 u}{\partial x^2}\right),$$

com condições de contorno

$$\alpha(x, t)u(x, t) + \beta(x, t)\frac{\partial u}{\partial x}(x, t) = \gamma(x, t).$$

A rotina baseia-se em colocação em pontos de Gauss no eixo x para cada valor de t e usa *splines* cúbicos de Hermite como funções de base. Outra sub-rotina do IMSL é usada para resolver a equação de Poisson em um retângulo. O método de solução baseia-se em uma escolha de diferenças finitas de segunda ou quarta ordem em uma malha uniforme.

A biblioteca NAG tem diversas sub-rotinas para equações diferenciais parciais. Uma sub-rotina é usada para a equação de Laplace em um domínio arbitrário no plano xy, e outra é usada para resolver uma única equação diferencial parcial parabólica pelo método de linhas.

Há pacotes especializados, como o NASTRAN, que consistem de códigos para o método dos elementos finitos. Esses pacotes são populares em aplicações de engenharia. O pacote FISHPACK na biblioteca Netlib é utilizado para resolver equações diferenciais parciais elípticas separáveis. Códigos gerais para equações diferenciais parciais são difíceis de escrever por causa do problema de se especificar domínios diferentes das figuras geométricas comuns. Pesquisas na área de solução de equações diferenciais parciais estão muito ativas atualmente.

QUESTÕES PARA DISCUSSÃO

1. Dê uma visão geral do pacote de software MUDPACK.
2. Dê uma visão geral do pacote de software Chombo.
3. Dê uma visão geral do pacote de software ReacTran.

CONCEITOS-CHAVE

Condições de contorno de Dirichlet
Diferenças finitas na equação de onda
Diferenças regressivas na equação do calor
EDP elíptica
EDP hiperbólica
EDP parabólica
Equação de difusão
Equação de Laplace
Equação de onda
Equação de Poisson
Equação do calor
Equações elípticas
Estabilidade
Método das diferenças finitas
Método de Crank-Nicolson
Método de diferenças finitas de Poisson
Método de diferenças progressivas
Método dos elementos finitos
Métodos de diferenças regressivas
Nós
Triangulação

REVISÃO DO CAPÍTULO

Neste capítulo, consideramos métodos para aproximar soluções de equações diferenciais parciais. Restringimos nossa atenção à equação de Poisson como um exemplo de uma equação diferencial parcial elíptica, à equação do calor ou de difusão como um exemplo de uma equação diferencial parcial parabólica e à equação da onda como um exemplo de uma equação diferencial parcial hiperbólica. Aproximações por diferenças finitas foram discutidas para esses três exemplos.

A equação de Poisson em um retângulo exigiu a solução de um grande sistema linear esparso, para o qual técnicas iterativas, tais como o método SRS, são recomendadas. Quatro métodos de diferenças finitas foram apresentados para a equação do calor. Os métodos das diferenças progressivas e de Richardson apresentaram problemas de estabilidade e, assim, o método das diferenças regressivas e o método de Crank-Nicolson foram introduzidos. Embora um sistema linear tridiagonal deva ser resolvido a cada passo nesses métodos implícitos, eles são mais estáveis que os métodos das diferenças progressivas e de Richardson. O método das diferenças finitas para a equação da onda é explícito e pode também ter problemas de estabilidade para certas escolhas de discretizações de tempo e espaço.

Na última seção do capítulo, apresentamos uma introdução ao método dos elementos finitos para uma equação diferencial parcial elíptica autoadjunta, em um domínio poligonal. Embora nossos métodos funcionem adequadamente para os problemas e exemplos do livro, generalizações e modificações mais poderosas dessas técnicas são necessárias para aplicações comerciais.

Apresentamos apenas uma pequena amostra das muitas técnicas utilizadas para obter uma aproximação para as soluções dos problemas envolvendo equações diferenciais parciais. Mais informações sobre o tópico geral podem ser encontradas em Lapidus e Pinder [LP], Twizell [Tw] e no recente livro de Morton e Mayers [MM]. Informação sobre software pode ser encontrada em Rice e Boisvert [RB] e em Bank [Ban].

Livros que se concentram em métodos de diferenças finitas incluem Strikwerda [Strik], Thomas [Th] e Shashkov e Steinberg [ShS]. Strange e Fix [SF] e Zienkiewicz e Morgan [ZM] são boas fontes de informação sobre o método de elementos finitos. Equações dependentes do tempo são tratadas em Schiesser [Schi] e em Gustafsson, Kreiss, e Oliger [GKO]. Birkhoff e Lynch [BL] e Roache [Ro] discutem a solução de problemas elípticos.

Métodos multigrid usam aproximações em uma grade grosseira e técnicas iterativas para fornecer aproximações em grades mais finas. Referências sobre estas técnicas incluem Briggs [Brigg], McCormick [Mc] e Bramble [Bram].

Bibliografia

[AHU] Aho, A. V., J. E. Hopcroft e J. D. Ullman, *The design and analysis of computer algorithms*, Addison-Wesley, Reading, MA, 1974, 470 p. QA76.6.A36

[Ai] Aitken, A. C. *On interpolation by iteration of proportional parts, without the use of differences.* Proc. Edinburgh Math. Soc. 3(2): 56-76 (1932) QA1.E23

[AG] Allgower, E. e K. Georg, *Numerical continuation methods: an introduction*, Springer-Verlag, New York, 1990, 388 p. QA377.A56

[AM] Arnold, M. (n.d.). Order of Convergence. Disponível em: <http://www.uark.edu/misc/arnold/public_html/4363/OrderConv.pdf>.

[Am] Ames, W. F., *Numerical methods for partial differential equations*, (Third edition), Academic Press, New York, 1992, 451 p. QA374.A46

[AP] Andrews, H. C. e C. L. Patterson, *Outer product expansions and their uses in digital image processing*, American Mathematical Monthly 82, Nº 1 (1975), 1–13, QA1.A515

[AS] Argyros, I. K. e F. Szidarovszky, *The theory and applications of iteration methods*, CRC Press, Boca Raton, FL, 1993, 355 p. QA297.8.A74

[AMR] Ascher, U.M., R. M. M. Mattheij e R. D. Russell, *Numerical solution of boundary value problems for ordinary differential equations*, Prentice-Hall, Englewood Cliffs, NJ, 1988, 595 p. QA379.A83

[Ax] Axelsson, O., *Iterative solution methods*, Cambridge University Press, New York, 1994, 654 p. QA297.8.A94

[AB] Axelsson, O. e V. A. Barker, *Finite element solution of boundary value problems: theory and computation*, Academic Press, Orlando, FL, 1984, 432 p. QA379.A9

[BA] A. Bogomolny, Emergence of Chaos from Interactive Mathematics Miscellany and Puzzles. Disponível em: <http://www.cut-theknot.org/blue/chaos.shtml>. Acesso em: 2 out. 2014

[Ba1] Bailey, N. T. J., *The mathematical approach to biology and medicine*, John Wiley & Sons, New York, 1967, 269 p. QH324.B28

[Ba2] Bailey, N. T. J., *The mathematical theory of epidemics*, Hafner, New York, 1957, 194 p. RA625.B3

[Ba3] Bruton, A., Conway, J., & Holgate, S. (2000, February). A Comparison of Iterative Methods for the Solution of Non-Linear Systems of equations. Disponível em: <http://www.slideshare.net/ analisedecurvas/reliability-what-isit-and-how-is-it-measured>

[BSW] Bailey, P. B., L. F. Shampine e P. E.Waltman, *Nonlinear two-point boundary-value problems*, Academic Press, New York, 1968, 171 p. QA372.B27

[Ban] Bank, R. E., *PLTMG, A software package for solving elliptic partial differential equations: Users' Guide 7.0*, SIAM Publications, Philadelphia, PA, 1994, 128 p. QA377.B26

[Barr] Barrett, R. et al., *Templates for the solution of linear systems: building blocks for iterative methods*, SIAM Publications, Philadelphia, PA, 1994, 112 p. QA297.8.T45

[Bart] Bartle, R. G., *The elements of real analysis*, (Second edition), John Wiley & Sons, New York, 1976, 480 p. QA300.B29

[Bek] Bekker, M. G., *Introduction to terrain vehicle systems*, University of Michigan Press, Ann Arbor, MI, 1969, 846 p. TL243.B39

[Ber] Bernadelli, H., *Population waves*, Journal of the Burma Research Society 31 (1941), 1–18, DS527.B85

[BD] Birkhoff, G. e C. De Boor, *Error bounds for spline interpolation*, Journal of Mathematics and Mechanics 13 (1964), 827–836, QA1.J975

[BL] Birkhoff, G. e R. E. Lynch, *Numerical solution of elliptic problems*, SIAM Publications, Philadelphia, PA, 1984, 319 p. QA377.B57

[BiR] Birkhoff, G. e G. Rota, *Ordinary differential equations*, (Fourth edition), JohnWiley & Sons, New York, 1989, 399 p. QA372.B57

[BP] Botha, J. F. e G. F. Pinder, *Fundamental concepts in the numerical solution of differential equations*, Wiley-Interscience, New York, 1983, 202 p. QA374.B74

[Brac] Bracewell, R., *The Fourier transform and its application*, (Third edition), McGraw-Hill, New York, 2000, 616 p. QA403.5.B7

[Bram] Bramble, J.H., *Multigrid methods*, John Wiley & Sons, New York, 1993, 161 p. QA377.B73

[Bre] Brent, R., *Algorithms for minimization without derivatives*, Prentice-Hall, Englewood Cliffs, NJ, 1973, 195 p. QA402.5.B74

[Brigg] Briggs, W. L., *A multigrid tutorial*, SIAM Publications, Philadelphia, PA, 1987, 88 p. QA377. B75

[BH] Briggs, W. L. e V. E. Henson, *The DFT: an owner's manual for the discrete Fourier transform*, SIAM Publications, Philadelphia, PA, 1995, 434 p. QA403.5.B75

[Brigh] Brigham, E. O., *The fast Fourier transform*, Prentice-Hall, Englewood Cliffs, NJ, 1974, 252 p. QA403.B74

[Brow,K] Brown, K. M., *A quadratically convergent Newton-like method based upon Gaussian elimination*, SIAM Journal on Numerical Analysis 6, Nº 4 (1969), 560–569, QA297.A1S2

[Brow,W] Brown, W. S., *A simple but realistic model of floating point computation*, ACM transactions of Mathematical Software 7 (1981), 445–480, QA76.A8

[Broy] Broyden, C. G., *A class of methods for solving nonlinear simultaneous equations*, Mathematics of Computation 19 (1965), 577–593, QA1.M4144

[BS1] Bulirsch R. e J. Stoer, *Numerical treatment of ordinary differential equations by extrapolation methods*, Numerische Mathematik 8 (1966), 1–13, QA241.N9

[BS2] Bulirsch, R. e J. Stoer, *Fehlerabschätzungen und extrapolation mit rationalen Funktionen bei Verfahren von Richardson-typus*, Numerische Mathematik 6 (1964), 413–427, QA241.N9

[BS3] Bulirsch, R. e J. Stoer, *Asymptotic upper and lower bounds for results of extrapolation methods*, Numerische Mathematik 8 (1966), 93–104, QA241.N9

[BuR] Bunch, J. R. e D. J. Rose (eds.), *Sparse matrix computations* (Proceedings of a conference held at Argonne National Laboratories, September 9–11, 1975), Academic Press, New York, 1976, 453 p. QA188.S9

[BFR] Burden, R. L., J. D. Faires e A. C. Reynolds, *Numerical Analysis*, (Second edition), Prindle,Weber & Schmidt, Boston, MA, 1981, 598 p. QA297.B84

[Bur] Burrage, K., 1995, *Parallel and sequential methods for ordinary differential equations*, Oxford University Press, New York, 446 p. QA372.B883

[But] Butcher, J. C., *The non-existence of ten-stage eighth-order explicit Runge-Kutta methods*, BIT 25 (1985), 521–542, QA76.N62

[CF] Chaitin-Chatelin, F. e Fraysse, V., *Lectures on finite precision computations*, SIAM Publications, Philadelphia, PA, 1996, 235 p. QA297.C417

[CGGG] Char, B. W., K. O. Geddes, W. M. Gentlemen e G. H. Gonnet, *The design of Maple: A compact, portable, and powerful computer algebra system*, Computer Algebra. Lecture Notes in Computer Science Nº 162, (J. A. Van Hulzen, ed.), Springer-Verlag, Berlin, 1983, 101–115 p. QA155.7 E4 E85

[CCR] Chiarella, C., W. Charlton e A. W. Roberts, *Optimum chute profiles in gravity flow of granular materials: a discrete segment solution method*, Transactions of the ASME, Journal of Engineering for Industry Series B 97 (1975), 10–13, TJ1.A712

[Ch] Cheney, E. W., *Introduction to approximation theory*, McGraw-Hill, New York, 1966, 259 p. QA221.C47

[CC] Clenshaw, C. W. e C. W. Curtis, *A method for numerical integration on an automatic computer*, Numerische Mathematik 2 (1960), 197–205, QA241.N9

[CW] Cody, W. J. e W. Waite, *Software manual for the elementary functions*, Prentice-Hall, Englewood Cliffs, NJ, 1980, 269 p. QA331.C635

[CV] Coleman, T. F. e C. Van Loan, *Handbook for matrix computations*, SIAM Publications, Philadelphia, PA, 1988, 264 p. QA188.C65

[CT] Cooley, J. W. e J. W. Tukey, *An algorithm for the machine calculation of complex Fourier series*, Mathematics of Computation 19, Nº 90 (1965), 297–301, QA1.M4144

[CLRS] Cormen, T. H., C. E. Leiserson, R. I. Rivest, C. Stein, *Introduction to algorithms*, (Second Edition) The MIT Press, Cambridge MA, 2001, 1180 p. QA76.66.I5858

[Co] Cowell,W. (ed.), *Sources and development of mathematical software*, Prentice-Hall, Englewood Cliffs, NJ, 1984, 404 p. QA76.95.S68

[CN] Crank, J. e P Nicolson. *A practical method for numerical evaluation of solutions of partial differential equations of the heat-conduction type*, Proc. Cambridge Philos. Soc. 43 (1947), 0–67, Q41.C17

[DaB] Dahlquist, G. e A°. Björck (Translated by N. Anderson), *Numerical methods*, Prentice-Hall, Englewood Cliffs, NJ, 1974, 573 p. QA297.D3313

[Da] Davis, P. J., *Interpolation and approximation*, Dover, New York, 1975, 393 p. QA221.D33

[DR] Davis, P. J. e P. Rabinowitz, *Methods of numerical integration*, (Second edition), Academic Press, New York, 1984, 612 p. QA299.3.D28

[Deb1] De Boor, C., *On calculating with B-splines*, Journal of Approximation Theory, 6, (1972), 50–62, QA221.J63

[Deb2] De Boor, C., *A practical guide to splines*, Springer-Verlag, New York, 1978, 392 p. QA1. A647 vol. 27

[DebS] De Boor, C. e B. Swartz, *Collocation at Gaussian points*, SIAM Journal on Numerical Analysis 10, Nº 4 (1973), 582–606, QA297.A1S2

[DG] DeFranza, J. e D. Gagliardi, *Introduction to linear algebra*, McGraw-Hill, New York, 2009, 488 p. QA184.2.D44

[DM] Dennis, J. E., Jr. e J. J. Moré, *Quasi-Newton methods, motivation and theory*, SIAM Review 19, Nº 1 (1977), 46–89, QA1.S2

[DenS] Dennis, J. E., Jr. e R. B. Schnabel, *Numerical methods for unconstrained optimization and nonlinear equations*, Prentice-Hall, Englewood Cliffs, NJ, 1983, 378 p. QA402.5.D44

[Di] Dierckx, P., *Curve and surface fitting with splines*, Oxford University Press, NewYork, 1993, 285 p. QA297.6.D54

[DBMS] Dongarra, J. J., J. R. Bunch, C. B. Moler e G.W. Stewart, *LINPACK users guide*, SIAM Publications, Philadephia, PA, 1979, 367 p. QA214.L56

[DRW] Dongarra, J. J., T. Rowan e R. Wade, *Software distributions using Xnetlib*, ACM Transactions on Mathematical Software 21, Nº 1 (1995), 79–88 QA76.6.A8

[DW] Dongarra, J. e D. W. Walker, *Software libraries for linear algebra computation on high performance computers*, SIAM Review 37, Nº 2 (1995), 151–180 QA1.S2

[Do] Dormand, J. R., *Numerical methods for differential equations: a computational approach*, CRC Press, Boca Raton, FL, 1996, 368 p. QA372.D67

[DoB] Dorn, G. L. e A. B. Burdick, *On the recombinational structure of complementation relationships in the m-dy complex of the* Drosophila melanogaster, Genetics 47 (1962), 503–518, QH431.G43

[E] Engels, H., *Numerical quadrature and cubature*, Academic Press, New York, 1980, 441 p. QA299.3.E5

[EM] Euler's Method. (2010). Disponível em: <http://www.mathscoop.com/calculus/differential--equations/euler-method.php>

[Fe] Fehlberg, E., *Klassische Runge-Kutta Formeln vierter und niedrigerer Ordnung mit Schrittweiten-Kontrolle und ihre Anwendung auf Wärmeleitungsprobleme*, Computing 6 (1970), 61–71, QA76.C777

[Fi] Fix, G., *A survey of numerical methods for selected problems in continuum mechanics*, Proceedings of a Conference on Numerical Methods of Ocean Circulation, National Academy of Sciences (1975), 268–283, Q11.N26

[FVFH] Foley, J., A. van Dam, S. Feiner e J. Hughes, *Computer graphics: principles and practice*, (Second Edition), Addison-Wesley, Reading, MA, 1996, 1175 p. T385.C5735

[FM] Forsythe, G. E. e C. B. Moler, *Computer solution of linear algebraic systems*, Prentice-Hall, Englewood Cliffs, NJ, 1967, 148 p. QA297.F57

[Fr] Francis, J. G. F., *The QR transformation*, Computer Journal 4 (1961–2), Part I, 265–271; Part II, 332–345, QA76.C57

[Fu] Fulks, W., *Advanced calculus*, (Third edition), John Wiley & Sons, New York, 1978, 731 p. QA303.F954

[Gar] Garbow, B. S. et al., *Matrix eigensystem routines: EISPACK guide extension*, Springer-Verlag, New York, 1977, 343 p. QA193.M38

[Gea1] Gear, C.W., *Numerical initial-value problems in ordinary differential equations*, Prentice--Hall, Englewood Cliffs, NJ, 1971, 253 p. QA372.G4

[Gea2] Gear, C. W., *Numerical solution of ordinary differential equations: Is there anything left to do?*, SIAM Review 23, Nº 1 (1981), 10–24, QA1.S2

[Ger] Gerš gorin, S. A. *Über die Abgrenzung der Eigenwerte einer Matrix*. Dokl. Akad. Nauk.(A), Otd. Fiz-Mat. Nauk. (1931), 749–754, QA1.A3493

[Gl] Goadrich, L. (2006, February 2). Introduction to Numerical Methods cs412-1. Disponível em: <http://pages.cs.wisc.edu/ goadl/cs412/examples/chaosNR.pdf>

[GL] George, A. e J. W. Liu, *Computer solution of large sparse positive definite systems*, Prentice--Hall, Englewood Cliffs, NJ, 1981, 324 p. QA188.G46

[Goldb] Goldberg, D., *What every scientist should know about floating-point arithmetic*, ACM Computing Surveys 23, No. 1 (1991), 5–48, QA76.5.A1

[Golds] Goldstine, H. H. *A History of Numerical Analysis from the 16th through the 19th Centuries.* Springer-Verlag, 348 p. QA297.G64

[GK] Golub, G.H. e W. Kahan, *Calculating the singular values and pseudo-inverse of a matrix*, SIAM Journal on Numerical Analysis 2, Ser. B (1965) 205–224, QA297.A1S2

[GO] Golub, G. H. e J. M. Ortega, *Scientific computing: an introduction with parallel computing*, Academic Press, Boston, MA, 1993, 442 p. QA76.58.G64

[GR] Golub, G. H. e C. Reinsch, *Singular value decomposition and least squares solutions*, Numerische Mathematik 14 (1970) 403–420, QA241.N9

[GV] Golub, G. H. e C. F.Van Loan, *Matrix computations*, (Third edition), Johns Hopkins University Press, Baltimore, MD, 1996, 694 p. QA188.G65

[Gr] Gragg, W. B., *On extrapolation algorithms for ordinary initial-value problems*, SIAM Journal on Numerical Analysis 2 (1965), 384–403, QA297.A1S2

[GKO] Gustafsson, B., H. Kreiss, e J. Oliger, *Time dependent problems and difference methods*, John Wiley & Sons, New York, 1995, 642 p. QA374.G974

[Hac] Hackbusch, W., *Iterative solution of large sparse systems of equations*, Springer-Verlag, New York, 1994, 429 p. QA1.A647 vol. 95

[HY] Hageman, L. A. e D. M. Young, *Applied iterative methods*, Academic Press, New York, 1981, 386 p. QA297.8.H34

[HNW1] Hairer, E., S. P. Nörsett, e G. Wanner, *Solving ordinary differential equations. Vol. 1: Nonstiff equations*, (Second revised edition), Springer-Verlag, Berlin, 1993, 519 p. QA372.H16

[HNW2] Hairer, E., S. P. Nörsett, e G. Wanner, *Solving ordinary differential equations. Vol. 2: Stiff and differential algebraic problems*, (Second revised edition), Springer, Berlin, 1996, 614 p. QA372.H16

[Ham] Hamming, R. W., *Numerical methods for scientists and engineers*, (Second edition), McGraw-Hill, New York, 1973, 721 p. QA297.H28

[He1] Henrici, P., *Discrete variable methods in ordinary differential equations*, John Wiley & Sons, New York, 1962, 407 p. QA372.H48

[He2] Henrici, P., *Elements of numerical analysis*, John Wiley & Sons, New York, 1964, 328 p. QA297.H54

[HS] Hestenes, M. R. e E. Steifel, *Conjugate gradient methods in optimization*, Journal of Research of the National Bureau of Standards 49, (1952), 409–436, Q1.N34

[Heu] Heun, K., *Neue methode zur approximativen integration der differntialqleichungen einer unabhängigen veränderlichen*, Zeitschrift für Mathematik und Physik, 45, (1900), 23–38, QA1. Z48

[Hild] Hildebrand, F. B., *Introduction to numerical analysis*, (Second edition), McGraw-Hill, New York, 1974, 669 p. QA297.H54

[Hill] Hill, F. S., Jr., *Computer graphics: using openGL*, (Second edition), Prentice-Hall, Englewood Cliffs, NJ, 2001, 922 p. T385.H549

[Ho] Householder, A. S., *The numerical treatment of a single nonlinear equation*, McGraw-Hill, New York, 1970, 216 p. QA218.H68

[IK] Issacson, E. e H. B. Keller, *Analysis of numerical methods*, John Wiley & Sons, New York, 1966, 541 p. QA297.I8

[JT] Jenkins, M. A. e J. F. Traub, *A three-stage algorithm for real polynomials using quadratic iteration*, SIAM Journal on Numerical Analysis 7, Nº 4 (1970), 545–566, QA297.A1S2

[JN] Jamil, N. (2013, June). A Comparison of Iterative Methods for the Solution of Non-Linear Systems of equations. Disponível em: <http://ijes.info/3/2/42543201.pdf>

[Joh] Johnston, R. L., *Numerical methods: a software approach*, John Wiley & Sons, NewYork, 1982, 276 p. QA297.J64

[Joy] Joyce, D. C., *Survey of extrapolation processes in numerical analysis*, SIAM Review 13, Nº 4 (1971), 435–490, QA1.S2

[Ka] Kalman, D., *A singularly valuable decomposition: The SVD of a matrix*, The College Mathematics Journal, vol. 27 (1996), 2–23, QA11.A1 T9.

[KE] Keener, J., *The Mathematics of Ranking Schemes or Should Utah Be Ranked in the Top 25?*, The College Mathematics Journal, vol. 27 (1996), 2–23, QA11.A1 T9.

[KE1] Keener, J., *The Perron-Frobenius Theorem and the Ranking of Football Teams*, SIAM Review, vol. 35, Nº 1 (1993), 80–93, QA1.S2.

[Keller,H] Keller, H. B., *Numerical methods for two-point boundary-value problems*, Blaisdell, Waltham, MA, 1968, 184 p. QA372.K42

[Keller,J] Keller, J. B., *Probability of a shutout in racquetball*, SIAM Review 26, Nº 2 (1984), 267–268, QA1.S2

[Kelley] Kelley, C. T., *Iterative methods for linear and nonlinear equations*, SIAM Publications, Philadelphia, PA, 1995, 165 p. QA297.8.K45

[Ko] Köckler, N., *Numerical methods and scientific computing: using software libraries for problem solving*, Oxford University Press, New York, 1994, 328 p. TA345.K653

[Lam] Lambert, J. D., *The initial value problem for ordinary differential equations. The state of art in numerical analysis* (D. Jacobs, ed.), Academic Press, New York, 1977, 451–501 p. QA297. C646

[LP] Lapidus, L. e G. F. Pinder, *Numerical solution of partial differential equations in science and engineering*, John Wiley & Sons, New York, 1982, 677 p. Q172.L36

[Lar] Larson, H. J., *Introduction to probability theory and statistical inference*, (Third edition), John Wiley & Sons, New York, 1982, 637 p. QA273.L352

[Lau] Laufer, H. B., *Discrete mathematics and applied modern algebra*, PWS-Kent Publishing, Boston, MA, 1984, 538 p. QA162.L38

[LH] Lawson, C. L. e R. J. Hanson, *Solving least squares problems*, SIAM Publications, Philadelphia, PA, 1995, 337 p. QA275.L38

[Lo1] Lotka, A.J., *Relation between birth rates and death rates*, Science, 26 (1907), 121–130 Q1

[Lo2] Lotka, A.J., *Natural selection as a physical principle*, Science, Proc. Natl. Acad. Sci., 8 (1922), 151–154 Q11.N26

[LR] Lucas, T. R. e G. W. Reddien, Jr., *Some collocation methods for nonlinear boundary value problems*, SIAM Journal on Numerical Analysis 9, Nº 2 (1972), 341–356, QA297.A1S2

[Lu] Luenberger, D. G., *Linear and nonlinear programming*, (Second edition), Addison-Wesley, Reading, MA, 1984, 245 p. T57.7L8

[Mc] McCormick, S. F., *Multigrid methods*, SIAM Publications, Philadelphia, PA, 1987, 282 p. QA374.M84

[Mi] Mitchell, A. R., *Computation methods in partial differential equations*, John Wiley & Sons, New York, 1969, 255 p. QA374.M68

[Mo] Moler, C. B., *Demonstration of a matrix laboratory. Lecture notes in mathematics* (J. P. Hennart, ed.), Springer-Verlag, Berlin, 1982, 84–98

[MC] Moré J. J. e M. Y. Cosnard, *Numerical solution of nonlinear equations*, ACM Transactions on Mathematical Software 5, Nº 1 (1979), 64–85, QA76.6.A8

[MM] Morton, K.W. e D. F. Mayers, *Numerical solution of partial differential equations: an introduction*, Cambridge University Press, New York, 1994, 227 p. QA377.M69

[Mu] Müller, D. E., *A method for solving algebraic equations using an automatic computer*, Mathematical Tables and Other Aids to Computation 10 (1956), 208–215, QA47.M29

[N] Neville, E.H. *Iterative Interpolation*, J. Indian Math Soc. 20: 87-120 (1934)

[ND] Noble, B. e J. W. Daniel, *Applied linear algebra*, (Third edition), Prentice-Hall, Englewood Cliffs, NJ, 1988, 521 p. QA184.N6

[Or1] Ortega, J. M., *Introduction to parallel and vector solution of linear systems*, Plenum Press, New York, 1988, 305 p. QA218.O78

[Or2] Ortega, J. M., *Numerical analysis; a second course*, Academic Press, New York, 1972, 201 p. QA297.O78

[OP] Ortega, J. M. e W. G. Poole, Jr., *An introduction to numerical methods for differential equations*, Pitman Publishing, Marshfield, MA, 1981, 329 p. QA371.O65

[OR] Ortega, J.M. e W. C. Rheinboldt, *Iterative solution of nonlinear equations in several variables*, Academic Press, New York, 1970, 572 p. QA297.8.O77

[Os] Ostrowski, A. M., *Solution of equations and systems of equations*, (Second edition), Academic Press, New York, 1966, 338 p. QA3.P8 vol. 9

[Par] Parlett, B. N., *The symmetric eigenvalue problem*, Prentice-Hall, Englewood Cliffs, NJ, 1980, 348 p. QA188.P37

[Pat] Patterson, T. N. L., *The optimum addition of points to quadrature formulae*, Mathematics of Computation 22, Nº 104 (1968), 847–856, QA1.M4144

[PF] Phillips, C. e T. L. Freeman, *Parallel numerical algorithms*, Prentice-Hall, NewYork, 1992, 315 p. QA76.9.A43 F74

[Ph] Phillips, J., *The NAG Library: a beginner's guide*, Clarendon Press, Oxford, 1986, 245 p. QA297.P35

[PDUK] Piessens, R., E. de Doncker-Kapenga, C. W. Überhuber e D. K. Kahaner, *QUADPACK: a subroutine package for automatic integration*, Springer-Verlag, New York, 1983, 301 p. QA299.3.Q36

[Pi] Pissanetzky, S., *Sparse matrix technology*, Academic Press, New York, 1984, 321 p. QA188. P57

[Poo] Poole, *Linear algebra: A modern introduction*, (Second Edition), Thomson Brooks/Cole, Belmont CA, 2006, 712 p. QA184.2.P66

[Pow] Powell, M. J. D., *Approximation theory and methods*, Cambridge University Press, Cambridge, 1981, 339 p. QA221.P65

[Pr] Pryce, J. D., *Numerical solution of Sturm-Liouville problems*, Oxford University Press, New York, 1993, 322 p. QA379.P79

[RR] Ralston, A. e P. Rabinowitz, *A first course in numerical analysis*, (Second edition), McGraw--Hill, New York, 1978, 556 p. QA297.R3

[Ra] Rashevsky, N., *Looking at history through mathematics*, Massachusetts Institute of Technology Press, Cambridge, MA, 1968, 199 p. D16.25.R3

[RB] Rice, J. R. e R. F. Boisvert, *Solving elliptic problems using ELLPACK*, Springer-Verlag, New York, 1985, 497 p. QA377.R53

[RG] Richardson, L. F. e J. A. Gaunt, *The deferred approach to the limit*, Philosophical Transactions of the Royal Society of London 226A (1927), 299–361, Q41.L82

[Ri] Ritz,W.,*Über eine neue methode zur lösung gewisser variationsprobleme der mathematischen physik*, Journal für die reine und angewandte Mathematik, 135 (1909), p. 1–61, QA1.J95

[Ro] Roache, P. J., *Elliptic marching methods and domain decomposition*, CRC Press, Boca Raton, FL, 1995, 190 p. QA377.R63

[RS] Roberts, S. e J. Shipman, *Two-point boundary value problems: shooting methods*, Elsevier, New York, 1972, 269 p. QA372.R76

[RW] Rose, D. J. e R. A.Willoughby (eds.), *Sparse matrices and their applications* (Proceedings of a conference held at IBM Research, New York, September 9–10, 1971. 215 p.), Plenum Press, New York, 1972, QA263.S94

[Ru] Russell, R. D., *A comparison of collocation and finite differences for two-point boundary value problems*, SIAM Journal on Numerical Analysis 14, Nº 1 (1977), 19–39, QA297.A1S2

[Sa1] Saad, Y., *Numerical methods for large eigenvalue problems*, Halsted Press, New York, 1992, 346 p. QA188.S18

[Sa2] Saad, Y., *Iterative methods for sparse linear systems*, (Second Edition), SIAM, Philadelphia, PA, 2003, 528 p. QA188.S17

[SaS] Saff, E. B. e A. D. Snider, *Fundamentals of complex analysis for mathematics, science, and engineering*, (Third edition), Prentice-Hall, Upper Saddle River, NJ, 2003, 511 p. QA300.S18

[SP] Sagar, V. e D. J. Payne, *Incremental collapse of thick-walled circular cylinders under steady axial tension and torsion loads and cyclic transient heating*, Journal of the Mechanics and Physics of Solids 21, Nº 1 (1975), 39–54, TA350.J68

[SD] Sale, P. F. e R. Dybdahl, *Determinants of community structure for coral-reef fishes in experimental habitat*, Ecology 56 (1975), 1343–1355, QH540.E3

[Sche] Schendel, U., *Introduction to numerical methods for parallel computers*, (Translated by B.W. Conolly), Halsted Press, New York, 1984, 151 p. QA297.S3813

[Schi] Schiesser, W. E., *Computational mathematics in engineering and applied science: ODE's, DAE's, and PDE's*, CRC Press, Boca Raton, FL, 1994, 587 p. TA347.D45 S34

[Scho] Schoenberg, I. J., *Contributions to the problem of approximation of equidistant data by analytic functions*, Quarterly of Applied Mathematics 4, (1946), Part A, 45–99; Part B, 112–141, QA1.A26

[Schr1] Schroeder, L. A., *Energy budget of the larvae of the moth* Pachysphinx modesta, Oikos 24 (1973), 278–281, QH540.O35

[Schr2] Schroeder, L. A., *Thermal tolerances and acclimation of two species of hydras*, Limnology and Oceanography 26, Nº 4 (1981), 690–696, GC1.L5

[Schul] Schultz, M. H., *Spline analysis*, Prentice-Hall, Englewood Cliffs, NJ, 1973, 156 p. QA211. S33

[Schum] Schumaker, L. L., *Spline functions: basic theory*, Wiley-Interscience, New York, 1981, 553 p. QA224.S33

[Schw] Schwartzman, S., *The words of mathematics*, The Mathematical Association of America, Washington, 1994, 261 p. QA5 .S375

[Se] Searle, S. R., *Matrix algebra for the biological sciences*, JohnWiley & Sons, NewYork, 1966, 296 p. QH324.S439

[SH] Secrist, D. A. e R.W. Hornbeck, *An analysis of heat transfer and fade in disk brakes*, Transactions of the ASME, Journal of Engineering for Industry Series B 98 Nº 2 (1976), 385–390, TJ1.A712

[Sh] Shampine, L. F., *Numerical solution of ordinary differential equations*, Chapman & Hall, New York, 1994, 484 p. QA372.S417

[SGe] Shampine, L. F. e C. W. Gear, *A user's view of solving stiff ordinary differential equations*, SIAM Review 21, Nº 1 (1979), 1–17, QA1.S2

[ShS] Shashkov, M. e S. Steinberg, *Conservative finite-difference methods on general grids*, CRC Press, Boca Raton, FL, 1996, 359 p. QA431.S484

[Si] Singh, V. P., *Investigations of attentuation and internal friction of rocks by ultrasonics*, International Journal of Rock Mechanics and Mining Sciences (1976), 69–72, TA706.I45

[SJ] Sloan, I. H. e S. Joe, *Lattice methods for multiple integration*, Oxford University Press, New York, 1994, 239 p. QA311.S56

[Sm,B] Smith, B. T. et al., *Matrix eigensystem routines: EISPACK guide*, (Second edition), Springer--Verlag, New York, 1976, 551 p. QA193.M37

[Sm,G] Smith, G. D., *Numerical solution of partial differential equations*, Oxford University Press, New York, 1965, 179 p. QA377.S59

[So] Sorenson, D. C., *Implicitly restarted Arnoldi/Lanczos methods for large scale eigenvalue calculations*, *Parallel numerical algorithms* (David E.Keyes, Ahmed Sameh e V.Vankatakrishan, eds.), Kluwer Academic Publishers, Dordrecht, 1997, 119-166 QA76.9.A43 P35

[Stee] Steele, J. Michael, *The Cauchy-Schwarz Master Class*, Cambridge University Press, 2004, 306 p. QA295.S78

[Stet] Stetter, H. J., *Analysis of discretization methods for ordinary differential equations. From tracts in natural philosophy*, Springer-Verlag, New York, 1973, 388 p. QA372.S84

[Stew1] Stewart, G.W., *Afternotes on numerical analysis*, SIAM Publications, Philadelphia, PA, 1996, 200 p. QA297.S785

[Stew2] Stewart, G. W., *Introduction to matrix computations*, Academic Press, New York, 1973, 441 p. QA188.S7

[Stew3] Stewart, G. W., *On the early history of the singular value decomposition.* http://www.lib.umd.edu/drum/bitstream/1903/566/4/CS-TR-2855.pdf

[SF] Strang, W. G. e G. J. Fix, *An analysis of the finite element method*, Prentice-Hall, Englewood Cliffs, NJ, 1973, 306 p. TA335.S77

[Stri] Strikwerda, J. C.,*Finite difference schemes and partial differential equations*, (second Edition),SIAM Publications, Philadelphia, PA, 2004, 435 p. QA374.S88

[Stro] Stroud, A. H., *Approximate calculation of multiple integrals*, Prentice-Hall, Englewood Cliffs, NJ, 1971, 431 p. QA311.S85

[StS] Stroud, A. H. e D. Secrest, *Gaussian quadrature formulas*, Prentice-Hall, Englewood Cliffs, NJ, 1966, 374 p. QA299.4.G4 S7

[Sz] Szüsz, P., *Math bite*, Mathematics Magazine 68, Nº 2, 1995, 97, QA1.N28

[Th] Thomas, J. W., *Numerical partial differential equations*, Springer-Verlag, New York, 1998, 445 p. QA377.T495

[TCMT] Turner, M. J., R. W. Clough, H. C. Martin e L. J. Topp, *Stiffness and deflection of complex structures*, Journal of the Aeronautical Sciences, 23, (1956), 805–824, TL501.I522

[Tr] Traub, J. F., *Iterative methods for the solution of equations*, Prentice-Hall, Englewood Cliffs, NJ, 1964, 310 p. QA297.T7

[Tw] Twizell, E. H., *Computational methods for partial differential equations*, Ellis Horwood Ltd., Chichester, West Sussex, England, 1984, 276 p. QA377.T95

[Van] Van Loan, C. F., *Computational frameworks for the fast Fourier transform*, SIAM Publications, Philadelphia, PA, 1992, 273 p. QA403.5.V35

[Var1] Varga, R. S., *Matrix iterative analysis*, (Second edition), Springer, New York, 2000, 358 p. QA263.V3

[Var2] Varga, R. S., *Geř sgorin and his circles*, Springer, New York, 2004, 226 p. QA184.V37

[Ve] Verner, J. H., *Explicit Runge-Kutta methods with estimates of the local trucation error*, SIAM Journal on Numerical Analysis 15, Nº 4 (1978), 772–790, QA297.A1S2

[Vo] Volterra, V., *Variazioni e fluttuazioni del numero diindividui in specie animali conviventi*, Mem. Acad. Lineci Roma, 2, (1926), 31–113, QA297.A1S2

[We] Wendroff, B., *Theoretical numerical analysis*, Academic Press, New York, 1966, 239 p. QA297.W43

[Wil1] Wilkinson, J. H., *Rounding errors in algebraic processes*, Prentice-Hall, Englewood Cliffs, NJ, 1963, 161 p. QA76.5.W53

[Wil2] Wilkinson, J. H., *The algebraic eigenvalue problem*, Clarendon Press, Oxford, 1965, 662 p. QA218.W5

[WR] Wilkinson, J. H. e C. Reinsch (eds.), *Handbook for automatic computation. Vol. 2: Linear algebra*, Springer-Verlag, New York, 1971, 439 p. QA251.W67

[Win] Winograd, S., *On computing the discrete Fourier transform*, Mathematics of Computation 32 (1978), 175–199, QA1.M4144

[Y] Young, D. M., *Iterative solution of large linear systems*, Academic Press, New York, 1971, 570 p. QA195.Y68

[YG] Young, D. M. e R. T. Gregory, *A survey of numerical mathematics. Vol. 1*, Addison-Wesley, Reading, MA, 1972, 533 p. QA297.Y63

[YY] Yuan, Y. (2014). The Gauss Algorithm for Linear Equations in Documenta Mathematica · Extra Volume ISMP (2012) 9–14. Disponível em: <http://www.math.uiuc.edu/documenta/vol--ismp/10 yuan-ya-xiang.pdf>

[ZM] Zienkiewicz, O. C. e K. Morgan, *Finite elements and approximation*, JohnWiley & Sons, New York, 1983, 328 p. QA297.5.Z53

Índice Remissivo

A

B

C

D

F

G

N

O

P

Q

R

S

T

U

V

W

X

Z

Impressão e acabamento
psi7 | book7
psi7.com.br book7.com.br